Die 190. Ergänzungslieferung bringt Ihre Textsammlung „Habersack, Deutsche Gesetze" auf den Stand der Gesetzgebung vom 1. August 2022.

Eingearbeitet wurden zunächst die Änderungen des BGB (Nr. **20**) durch das Gesetz zur Umsetzung der Digitalisierungsrichtlinie vom 5.7.2021 (BGBl. I S. 3338), das Gesetz für faire Verbraucherverträge vom 10.8.2021 (BGBl. I S. 3433), das Gesetz zur Durchführung der EU-Verordnungen über grenzüberschreitende Zustellungen und grenzüberschreitende Beweisaufnahmen in Zivil- und Handelssachen vom 24.6.2022 (BGBl. I S. 959) und das Gesetz zur Ergänzung der Regelungen zur Umsetzung der Digitalisierungsrichtlinie vom 15.7.2022 (BGBl. I S. 1146), soweit sie am 1.7.2022 in Kraft getreten sind. Zu berücksichtigen war außerdem eine Ergänzung des EGBGB (Nr. **21**) durch das Gesetz zur Durchführung der EU-Verordnungen über grenzüberschreitende Zustellungen und grenzüberschreitende Beweisaufnahmen in Zivil und Handelssachen vom 24.6.2022 (BGBl. I S. 959).

Änderungen des Beurkundungsgesetzes (Nr. **23**) haben sich durch das Gesetz zur Umsetzung der Digitalisierungsrichtlinie vom 5.7.2021 (BGBl. I S. 3338) und das Gesetz zur Ergänzung der Regelungen zur Umsetzung der Digitalisierungsrichtlinie vom 15.7.2022 (BGBl. I S. 1146) ergeben. Darüber hinaus waren Änderungen des Allgemeinen Gleichbehandlungsgesetzes (Nr. **34**) durch das Änderungsgesetz vom 23.5.2022 (BGBl. I S. 768) zu berücksichtigen.

Mehrere Änderungen betreffen das Handelsrecht. So wurde das Handelsgesetzbuch (Nr. **50**) mit Wirkung vom 1.8.2022 durch das Gesetz zur Umsetzung der Digitalisierungsrichtlinie vom 5.7.2021 sowie außerdem durch das Gesetz zur Ergänzung der Regelungen zur Umsetzung der Digitalisierungsrichtlinie vom 15.7.2022 (BGBl. I S. 1146) geändert. Im Einführungsgesetz zum Handelsgesetzbuch (Nr. **50a**) ist eine Übergangsvorschrift zum Gesetz zur Umsetzung der Digitalisierungsrichtlinie vom 5.7.2021 (BGBl. I S. 3338) angefügt worden.

Im Bereich des Gesellschaftsrechts ist auf folgende Änderungen hinzuweisen: Das Partnerschaftsgesellschaftsgesetz (Nr. **50a**) wurde zum 1.8.2022 geändert durch das Gesetz zur Neuregelung des Berufsrechts der anwaltlichen und steuerberatenden Berufsausübungsgesellschaften vom 7.7.2021 (BGBl. I S. 2363) sowie das Aktiengesetz (Nr. **51**), das Einführungsgesetz zum Aktiengesetz (Nr. **51a**), das GmbH-Gesetz (Nr. **52**), das GmbHG-Einführungsgesetz (Nr. **52/1**), das Umwandlungsgesetz (Nr. **52a**), die Publizitätsgesetz (Nr. **52b**) und das Genossenschaftsgesetz (Nr. **53**) durch das Gesetz zur Umsetzung der Digitalisierungsrichtlinie vom 5.7.2021 (BGBl. I S. 3338). Außerdem hat das Gesetz zur Ergänzung der Regelungen zur Umsetzung der Digitalisierungsrichtlinie vom 15.7.2022 (BGBl. I S. 1146) zu weiteren Änderungen des GmbH-Gesetzes (Nr. **52**) und des Genossenschaftsgesetzes (Nr. **53**) geführt.

Des Weiteren hat das Gesetz zur Einführung virtueller Hauptversammlungen von Aktiengesellschaften vom 20.7.2022 (BGBl. I S. 1166) das Aktiengesetz (Nr. **51**), das Einführungsgesetz zum Aktiengesetz (Nr. **51a**), die Insolvenzordnung (Nr. **102**) durch das Gesetz zur Einführung virtueller Hauptversammlungen von Aktiengesellschaften vom 20.7.2022 (BGBl. I S. 1166) geändert.

Das Gesetz gegen den unlauteren Wettbewerb (Nr. **73**) wurde durch das Gesetz zur Stärkung des Verbraucherschutzes im Wettbewerbs- und Gewerberecht vom 10.8.2021 (BGBl. I S. 3504) und das Gesetz zur Durchführung der EU-Verordnungen über grenzüberschreitende Zustellungen und grenzüberschreitende Beweisaufnahmen in Zivil- oder Handelssachen vom 24.6.2022 (BGBl. I S. 959) und das Gesetz gegen Wettbewerbsbeschränkungen (Nr. **74**) durch das Gesetz zur Änderung des Energiesicherungsgesetzes 1975 vom 20.5.2022 (BGBl. I S. 730) sowie das Genossenschaftsgesetz (Nr. **53**) und das Gesetz zur Änderung des Energiewirtschaftsrechts im Zusammenhang mit dem Klimaschutz-Sofortprogramm und zu Anpassungen im Recht der Endkundenbelieferung vom 19.7.2022 (BGBl. I S. 1214) geändert.

Das Gesetz zur Neuregelung des Berufsrechts der anwaltlichen und steuerberatenden Berufsausübungsgesellschaften vom 7.7.2021 (BGBl. I S. 2363) hat zur Änderung des Arbeitsgerichtsgesetzes (Nr. **83**) geführt.

Das Gesetz zur Neuregelung des Berufsrechts der anwaltlichen und steuerberatenden Berufsausübungsgesellschaften vom 7.7.2021 (BGBl. I S. 2363) und die wiederholt in der Presse besprochene Änderung zum Schwangerschaftsabbruch durch Änderungsgesetz vom 11.7.2022 (BGBl. I S. 1082) haben das Strafgesetzbuch (Nr. **85**), ersteres auch die Strafprozessordnung (Nr. **90**), letzteres auch das Einführungsgesetz zum Strafgesetzbuch (Nr. **85a**) geändert. Demgegenüber waren Änderungen des Bundeszentralregistergesetzes (Nr. **92**) durch das Gesetz zur Bekämpfung sexualisierter Gewalt gegen Kinder vom 16.6.2021 (BGBl. I S. 1810) einzuarbeiten, die seit dem 1.7.2022 gelten.

Weitere Gesetzesänderungen betrafen verfahrensrechtliche Normen: Das Gerichtsverfassungsgesetz (Nr. **95**) hat Änderungen durch das Gesetz zur Neuregelung des Berufsrechts der anwaltlichen und steuerberatenden Berufsausübungsgesellschaften vom 7.7.2021 (BGBl. I S. 2363), das Rechtspflegergesetz (Nr. **96**) durch dieses Gesetz und das Gesetz zur Durchführung der VO (EU) 2019/1111 vom 10.8.2021 (BGBl. I S. 3424), die Zivilprozessordnung (Nr. **100**) durch das Gesetz zur Durchführung der EU-Verordnungen über grenzüberschreitende Zustellungen und grenzüberschreitende Beweisaufnahmen in Zivil- und Handelssachen vom 24.6.2022 (BGBl. I S. 959), der Anhang zu § 850c ZPO durch die Pfändungsfreigrenzenbekanntmachung 2022 vom 25.5.2022 (BGBl. I S. 825), das Gesetz über de Zwangsversteigerung und die Zwangsverwaltung (Nr. **108**) durch das Gesetz zur Durchführung der EU-Verordnungen über grenzüberschreitende Zustellungen und grenzüberschreitende Beweisaufnahmen in Zivil- und Handelssachen vom 24.6.2022 (BGBl. I S. 959) und das Familienverfahrensgesetz (Nr. **112**) durch das Gesetz zur Umsetzung der Digitalisierungsrichtlinie vom 5.7.2021 (BGBl. I S. 3338) erfahren.

Schließlich wurden mehrere kostenrechtliche Gesetze geändert und zwar: das Familiengerichtskostengesetz (Nr. **118**) durch das Gesetz zur Durchführung der VO (EU) 2019/1111 vom 10.8.2021 (BGBl. I S. 3424) sowie das Gerichts- und Notarkostengesetz (Nr. **119**) und das Justizverwaltungskostengesetz (Nr. **120**) durch das Gesetz zur Umsetzung der Digitalisierungsrichtlinie vom 5.7.2021 (BGBl. I S. 3338).

Vorschau

Gesetz zur Einführung virtueller Hauptversammlungen von Aktiengesellschaften

Mit diesem Gesetz vom 20.7.2022 (BGBl. I S. 1166) soll die virtuelle Hauptversammlung künftig eine dauerhafte, weiterentwickelte Regelung im Aktiengesetz erhalten, die vor allem das Niveau der Rechtsausübung durch die Aktionäre dem der Präsenzversammlung vergleichbar gestalten und gleichzeitig eine notwendige Entzerrung der Versammlung erreichen soll. Dazu wird im Aktiengesetz die Möglichkeit geschaffen, dass die Satzungen der Aktiengesellschaften entsprechende Bestimmungen oder Ermächtigungen des Vorstandes vorsehen können. Die virtuelle Hauptversammlung wird dabei an mehrere Voraussetzungen geknüpft. Für einzelne Aktionärsrechte wird zudem geregelt, wann und in welcher Form diese im Rahmen der Virtualität zu gewährleisten sind. Durch die Verlagerung der Rechteausübung in das Vorfeld der Hauptversammlung werden Ablauf und Prozess entzerrt und die Auskunftsmöglichkeiten der Aktionäre gestärkt. Möglichen Risiken für die Emittenten wird durch Anpassungen des Anfechtungsrechts Rechnung getragen.

Entwurf eines Gesetzes zur Stärkung der Aufsicht bei Rechtsdienstleistungen und zur Änderung weiterer Vorschriften des Rechts der rechtsberatenden Berufe

Der vom BMJ eingebrachte Referentenentwurf soll vor allem die zentrale Registrierung der nach dem Rechtsdienstleistungsgesetz registrierten Personen, also der Inkassodienstleister, der Rentenberater sowie der Rechtsdienstleistenden in einem ausländischen Recht, bei dem Bundesamt für Justiz regeln und sie einem Aufsichtsregime unterstellen. Daneben wird eine umfassende bußgeldrechtliche Sanktionierung für alle Formen unbefugte geschäftsmäßiger Rechtsdienstleistungen eingeführt. Gegenüber Rechtsanwälten, die in derselben Angelegenheit zuvor als wissenschaftliche Mitarbeiter in widerstreitendem Interesse beruflich tätig waren, soll außerdem ein Tätigkeitsverbot eingeführt werden.

Entwurf eines Achten Gesetzes zur Änderung des Bundeszentralregistergesetzes

Dieser Referentenentwurf sieht einerseits die Anpassung des Bundeszentralregistergesetzes an das Handels- und Kooperationsabkommen zwischen der EU und dem Vereinigten Königreich vor. Andererseits soll im Bundeszentralregistergesetz damit eine Regelung zur abschließenden Durchführung der VO (EU) 2019/816 zum sog. Flagging aufgenommen werden. Die nationalen Strafregisterbehörden sollen damit verpflichtet werden, die Personendatensätze in ECRIS-TCN zu kennzeichnen, wenn Personen in den vergangenen 25 Jahren wegen einer terroristischen Straftat oder in den vergangenen 15 Jahren wegen einer anderen schweren Straftat verurteilt wurden. Darüber hinaus soll die Digitalisierung vorangetrieben und dabei die Antragstellung beim Bundeszentralregister über das im Rahmen der Umsetzung des Onlinezugangsgesetzes eingerichtete Nutzerkonto zugelassen werden.

Habersack, Deutsche Gesetze

Wir bitten Sie, zuerst den Buchblock in den neuen, breiteren Ordner einzuhängen und danach die 190. Ergänzungslieferung einzusortieren.

Einordnungsanweisung für die 190. Ergänzungslieferung
August 2022

(Anschluss an die 189. Ergänzungslieferung Mai 2022)

Die Angaben beziehen sich auf die Ordnungsnummern (fette Zahlen) und die dazugehörigen Seitenzahlen (magere Zahlen)

Herauszunehmen:		Blätter	Einzufügen:		Blätter
Titelblatt, „Habersack aktuell“ [1]		3	Titelblatt, „Habersack aktuell“ [1]		4
20	9–13a	3	**20**	9–13a	3
	17–30	10		17–30a	9
	45–52	4		45–52	4
	77–78a	2		77–78a	2
21	4/4a	1	**21**	4/4a	1
	78–79a	2		78–79a	2
23	3–28	13	**23**	3–32	15
34	1–14	8	**34**	1–18	9
50	7–23a	11	**50**	7–23a	13
	53–56	2		53–56	2
	69–72	2		69–72	2
	109–138c	34		109–138c	32
50a	3/4	1	**50a**	3/4	1
	35–**51** 4	6		35–**51** 4	6
51	1–4	2	**51**	1–4	2
	17/18	1		17/18	1
	31–42	6		31–42a	7
	60–78	10		60–78a	11
	99–122	20		99–122a	20
	137–150	7		137–150	7
51a	1/2	1	**51a**	1/2	1
	15–**52** 12	8		15–**52** 12	8
52	23–**52a** 2a	18	**52**	23–**52a** 2a	21
52a	9–12	2	**52a**	9–12	2
	43–45a	2		43–45a	2
	57/58	1		57/58	1
Übertrag:		180	Übertrag:		188

[1] Aus technischen Gründen liegt das Geleitwort „Habersack aktuell“ am Anfang der Lieferung. Bitte ordnen Sie es wie gewohnt nach dem Titelblatt ein.

Übertrag:		180
52b	1–20	10
53	3–30	14
	49–66	9
73	1–**74** 10	20
74	19/20	1
	57–60	2
	83–84a	2
	147–**83** 4	4
83	23–26	2
85	9–18	5
	109–117	5
85a	1/2	1
	21–24	2
90	11–14	1
	22/22a	1
	31–40	7
92	5–46	21
95	7/8	1
	51/52	1
96	3–**100** 6c	19
100	35–38	2
	51/52	1
	80–86	5
	183–194	6
	259–286	16
105	3/4	1
108	1–4	2
110	3/3a	1
	71–76	3
112	3–4a	2
	49–52	2
	109–114	4
118	3/4	1
	23/24	1
118	37–**119** 32	25
119	43–48	3
	61–68	4
	87–**120** 18	23
Insgesamt herauszunehmen:		408

Übertrag:		188
52b	1–20	10
53	3–30a	15
	49–64	8
73	1–**74** 10a	18
74	19/20	1
	57–60	2
	83–84a	2
	147–**83** 4	5
83	23–26	2
85	9–18	5
	109–117a	5
85a	1/2	1
	21–24	2
90	11–14	1
	22/22a	1
	31–40a	7
92	5–46	21
95	7/8	1
	51/52	1
96	3–**100** 6a	19
100	35–38	2
	51–52a	2
	80–86a	5
	183–194	6
	259–290	16
105	3/4	1
108	1–4	2
110	3/3a	1
	71–76	3
112	3–4a	2
	49–52	2
	109–114a	4
118	3/4	1
	23/24	1
118	37–**119** 32a	22
119	43–48	3
	61–68	4
	87–**120** 22	24
Insgesamt einzufügen:		414

Habersack

Deutsche Gesetze

Sammlung des
Zivil-, Straf- und Verfahrensrechts

Herausgegeben von
Prof. Dr. Mathias Habersack
Ludwig-Maximilians-Universität München

Begründet von
Dr. Heinrich Schönfelder

Stand: 1. August 2022
(190. Ergänzungslieferung)

C.H.BECK

Dieses Titelblatt stammt aus der 190. Ergänzungslieferung August 2022,
die Ergänzungslieferung schließt an die 189. Ergänzungslieferung Mai 2022 an.
ISBN 978 3 406 79449 0

Redaktioneller Hinweis: Paragraphenüberschriften in eckigen Klammern sind nichtamtlich. Sie sind ebenso wie die Fußnoten urheber- und wettbewerbsrechtlich geschützt.

www.beck.de

ISBN 978 3 406 46119 4 (Grundwerk zur Fortsetzung für 12 Monate)
ISBN 978 3 406 50075 6 (Grundwerk ohne Fortsetzung)

Wilhelmstraße 9, 80801 München
Druck: Druckerei C. H. Beck Nördlingen
(Adresse wie Verlag)

chbeck.de/nachhaltig

Gedruckt auf säurefreiem, alterungsbeständigem Papier
(hergestellt aus chlorfrei gebleichtem Zellstoff)

Lfd. Nr.	Änderndes Gesetz	Datum	Fundstelle	Betroffen	Hinweis
119.	Art. 2 WohnungseigentumsmodernisierungsG	16.10. 2020	BGBl. I S. 2187	§§ 556a, 578	geänd. mWv 1.12.2020
				§ 554	neu gef. mWv 1.12.2020
				§ 554a	aufgeh. mit Ablauf des 30.11. 2020
120.	Art. 2 G zur Änd. des G zur Regel. v. Ingenieur- u. Architektenleist. u. and. G	12.11. 2020	BGBl. I S. 2392	§ 650q	geänd. mWv 19.11.2020
121.	Art. 8, 9 KostenrechtsänderungsG 2021	21.12. 2020	BGBl. I S. 3229	§ 1835a	geänd. mWv 1.1.2021
				§ 1835a	Änd. mWv 1.1. 2023 obsolet
122.	Art. 13 Sanierungs- und InsolvenzrechtsfortentwicklungsG[1]	22.12. 2020	BGBl. I S. 3256	§§ 204, 925	geänd. mWv 1.1.2021
123.	Art. 10 Siebtes G zur Änd. v. VerbrauchsteuerG	30.3.2021	BGBl. I S. 607	§§ 31a, 31b	geänd. mWv 7.4.2021
124.	Art. 4 Abs. 6 G zur Verbess. d. Schutzes von Gerichtsvollziehern vor Gewalt sowie zur Änd. weit. zwangsvollstreckungsrechtlicher Vorschr. u. zur Änd. d. IfSG	7.5.2021	BGBl. I S. 850	§ 592	geänd. mWv 1.1.2022
125.	Art. 1 G zur Reform des Vormundschafts- und Betreuungsrechts	4.5.2021	BGBl. I S. 882, geänd. 2022, S. 959	§ 240a	eingef. mWv 1.7.2022
				Inhaltsübers., §§ 234, 238, 630d, 1079, 1288, 1436, 1596, 1626d, 1629, 1631, 1631c, 1638, 1667, 1713, 1716, 1981, 2119, 2282, 2290–2292, 2300, 2351	geänd. mWv 1.1.2023
				§§ 1358, 1639, 1643, 1644, 1645, 1674a, Buch 4 Abschnitt 3 (§§ 1773–1888), §§ 2347, 2348	neu gef. mWv 1.1.2023
126.	Art. 1 G zum Schutz von Kindern mit Varianten der Geschlechtsentwicklung	12.5.2021	BGBl. I S. 1082	§ 1631e	eingef. mWv 22.5.2021
127.	Art. 6 Kinder- und JugendstärkungsG	3.6.2021	BGBl. I S. 1444	§§ 1632, 1688, 1696, 1697a, 1800	geänd. mWv 10.6.2021
				§ 1795	geänd. mWv 1.1.2023
128.	Art. 29 Schwarmfinanzierung-BegleitG[2]	3.6.2021	BGBl. I S. 1568	§ 513	geänd. mWv 1.1.2022

[1] **Amtl. Anm.:** Dieses Gesetz dient der weiteren Umsetzung der Richtlinie (EU) 2019/1023 des Europäischen Parlaments und des Rates vom 20. Juni 2019 über präventive Restrukturierungsrahmen, über Entschuldung und über Tätigkeitsverbote sowie über Maßnahmen zur Steigerung der Effizienz von Restrukturierungs-, Insolvenz- und Entschuldungsverfahren und zur Änderung der Richtlinie (EU) 2017/1132 (Richtlinie über Restrukturierung und Insolvenz) (ABl. L 172 vom 26.6.2019, S. 18).

[2] **Amtl. Anm.:** Dieses Gesetz dient der Umsetzung der Richtlinie (EU) 2020/1504 des Europäischen Parlaments und des Rates vom 7. Oktober 2020 zur Änderung der Richtlinie 2014/65/EU über Märkte für Finanzinstrumente sowie der Verordnung (EU) 2020/1503 des Europäischen Parlaments und des Rats →

Lfd. Nr.	Änderndes Gesetz	Datum	Fund-stelle	Betroffen	Hinweis
129.	Art. 1 G zur Anpassung des Finanzdienstleistungsrechts an die Rechtsprechung des EUGH vom 11. September 2019 in der Rechtssache C-383/18 und vom 26. März 2020 in der Rechtssache C-66/19[1)]	9.6.2021	BGBl. I S. 1666	§§ 506, 675d	geänd. mWv 15.6.2021
				§ 501	neu gef. mWv 15.6.2021
130.	Art. 19 TelekommunikationsmodernisierungsG[2)]	23.6.2021	BGBl. I S. 1858	§§ 555b, 556, 559	geänd. mWv 1.12.2021
131.	Art. 18 G zur Fortentwicklung der StrafprozessO und zur Änd. weiterer Vorschriften	25.6.2021	BGBl. I S. 2099	§ 1361b	geänd. mWv 1.7.2021
132.	Art. 2 G über die Insolvenzsicherung durch Reisesicherungsfonds und zur Änd. reiserechtl. Vorschriften[3)]	25.6.2021	BGBl. I S. 2114	§ 651t	geänd. mWv 1.7.2021
				§ 651r	neu gef. mWv 1.7.2021
133.	Art. 1 G zur Umsetzung der RL über bestimmte vertragsrechtliche Aspekte der Bereitstellung digitaler Inhalte und digitaler Dienstleistungen[4)]	25.6.2021	BGBl. I S. 2123, ber. 2022 S. 105	Inhaltsübersicht, §§ 312, 312f, 453, 580a, 620, 650	geänd. mWv 1.1.2022
				§ 327, Buch 2 Abschnitt 8 Titel 5 UTitel 3 Überschrift	neu gef. mWv 1.1.2022
				Buch 2 Abschnitt 3 Titel 2a (§§ 327–327u), §§ 445c, 475a, 516a, 548a, 578b	eingef. mWv 1.1.2022
134.	Art. 1 G zur Regelung des Verkaufs von Sachen mit digitalen Elementen und anderer Aspekte des Kaufvertrags[5)]	25.6.2021	BGBl. I S. 2133	§§ 439, 445a, 445b, 474, 475, 478	geänd. mWv 1.1.2022
				§§ 434, 476, 477, 479	neu gef. mWv 1.1.2022
				§§ 475b, 475c, 475d, 475e	eingef. mWv 1.1.2022

(Fortsetzung der Anm. von voriger Seite)
vom 7. Oktober 2020 über Europäische Schwarmfinanzierungsdienstleister für Unternehmen und zur Änderung der Verordnung (EU) 2017/1129 und der Richtlinie (EU) 2019/1937.

1) **Amtl. Anm.:** Artikel 1 des Gesetzes dient der Umsetzung der Richtlinie 2008/48/EG des Europäischen Parlaments und des Rates vom 23. April 2008 über Verbraucherkreditverträge und zur Aufhebung der Richtlinie 87/102/EWG des Rates (ABl. L 133 vom 22.5.2008, S. 66; L 207 vom 11.8.2009, S. 14; L 199 vom 31.7.2010, S. 40; L 234 vom 10.9.2011, S. 46), die zuletzt durch die Verordnung (EU) 2019/124 (ABl. L 198 vom 25.7.2019, S. 241) geändert worden ist.

2) **Amtl. Anm.:** Dieses Gesetz dient der Umsetzung der Richtlinie (EU) 2018/1972 des Europäischen Parlaments und des Rates vom 11. Dezember 2018 über den europäischen Kodex für die elektronische Kommunikation (Neufassung) (ABl. L 321 vom 17.12.2018, S. 36).

3) **Amtl. Anm.:** Dieses Gesetz dient der Umsetzung der Richtlinie (EU) 2015/2302 des Europäischen Parlaments und des Rates vom 25. November 2015 über Pauschalreisen und verbundene Reiseleistungen, zur Änderung der Verordnung (EG) Nr. 2006/2004 und der Richtlinie 2011/83/EU des Europäischen Parlaments und des Rates sowie zur Aufhebung der Richtlinie 90/314/EWG des Rates (ABl. L 326 vom 11.12.2015, S. 1).

4) **Amtl. Anm.:** Dieses Gesetz dient der Umsetzung der Richtlinie (EU) 2019/770 des Europäischen Parlaments und des Rates vom 20. Mai 2019 über bestimmte vertragsrechtliche Aspekte der Bereitstellung digitaler Inhalte und digitaler Dienstleistungen (ABl. L 136 vom 22.5.2019, S. 1; L 305 vom 26.11.2019, S. 62).

5) **Amtl. Anm.:** Dieses Gesetz dient der Umsetzung der Richtlinie (EU) 2019/771 des Europäischen Parlaments und des Rates vom 20. Mai 2019 über bestimmte vertragsrechtliche Aspekte des Warenkaufs, zur Änderung der Verordnung (EU) 2017/2394 und der Richtlinie 2009/22/EG sowie zur Aufhebung der Richtlinie 1999/44/EG (ABl. L 136 vom 22.5.2019, S. 28; L 305 vom 26.11.2019, S. 66).

Lfd. Nr.	Änderndes Gesetz	Datum	Fundstelle	Betroffen	Hinweis
135.	Art. 1, 3 G zur Vereinheitlichung des Stiftungsrechts und zur Änd. des InfektionsschutzG	16.7.2021	BGBl. I S. 2947	Inhaltsübersicht, § 2101	geänd. mWv 1.7.2023
				Buch 1 Abschnitt 1 Titel 2 UTitel 2 (§§ 80–88)	neu gef. mWv 1.7.2023
				§§ 82b, 82c, 82d, 84d, 85b, 86i, 87d	eingef. mWv 1.1.2026
136.	Art. 12 G zur Umsetzung der DigitalisierungsRL[1)]	5.7.2021	BGBl. I S. 3338	§§ 71, 126a	geänd. mWv 1.8.2022
				§§ 66, 129	neu gef. mWv 1.8.2022
137.	Art. 1 G für faire Verbraucherverträge[2)]	10.8.2021	BGBl. I S. 3433	§§ 308, 310	geänd. mWv 1.10.2021
				§ 309	geänd. mWv 1.3.2022
				§§ 312, 312l, 312m	geänd. mWv 1.7.2022
				§ 312k	eingef. mWv 1.7.2022
138.	Art. 1 Personengesellschaftsrechtsmodernisierungs G (MoPeG)	10.8.2021	BGBl. I S. 3436	§ 707d	eingef. mWv 18.8.2021
				Inhaltsübersicht	geänd. mWv 1.1.2024
				§ 54, Buch 2 Abschnitt 8 Titel 16 (§§ 705–740c)	neu gef. mWv 1.1.2024
				§ 899a	aufgeh. mit Ablauf des 31.12. 2023
139.	Art. 1 G zur Änd. des BGB u. des EGBGB in Ums. der RL (EU) 2019/2161 u. zur Aufh. der VO zur Übertragung der Zust. für die Durchführung der VO (EG) Nr. 2006/2004 auf das BMJV[3) 2)]	10.8.2021	BGBl. I S. 3483	Inhaltsübersicht, §§ 312, 312e, Buch 2 Abschnitt 3 Titel 1 UTitel 2 Kapitel 3 Überschrift, §§ 312j, 312l, 356, 357, 357b, 357c, 357d, 357e, 358, 360	geänd. mWv 28.5.2022
				§§ 312k, 357a	eingef. mWv 28.5.2022
140.	Art. 1 MietspiegelreformG	10.8.2021	BGBl. I S. 3515	§ 558c	geänd. mWv 18.8.2021
				§§ 558c, 558d	geänd. mWv 1.7.2022

1) **Amtl. Anm.:** Dieses Gesetz dient der Umsetzung der Richtlinie (EU) 2019/1151 des Europäischen Parlaments und des Rates vom 20. Juni 2019 zur Änderung der Richtlinie (EU) 2017/1132 im Hinblick auf den Einsatz digitaler Werkzeuge und Verfahren im Gesellschaftsrecht (ABl. L 186 vom 11.7.2019, S. 80).

2) **Amtl. Anm.:** Notifiziert gemäß der Richtlinie (EU) 2015/1535 des Europäischen Parlaments und des Rates vom 9. September 2015 über ein Informationsverfahren auf dem Gebiet der technischen Vorschriften und der Vorschriften für die Dienste der Informationsgesellschaft (ABl. L 241 vom 17.9.2015, S. 1).

3) **Amtl. Anm.:** Dieses Gesetz dient der Umsetzung der Richtlinie (EU) 2019/2161 des Europäischen Parlaments und des Rates vom 27. November 2019 zur Änderung der Richtlinie 93/13/EWG des Rates und der Richtlinien 98/6/EG, 2005/29/EG und 2011/83/EU des Europäischen Parlaments und des Rates zur besseren Durchsetzung und Modernisierung der Verbraucherschutzvorschriften der Union (ABl. L 328 vom 18.12.2019, S. 7).

Lfd. Nr.	Änderndes Gesetz	Datum	Fundstelle	Betroffen	Hinweis
141.	Art. 2 G zur Herstellung materieller Gerechtigkeit	21.12. 2021	BGBl. I S. 5252	§ 194	geänd. mWv 30.12.2021
142.	Art. 5 G zur Durchführung der EU-Verordnungen über grenzüberschreitende Zustellungen und grenzüberschreitende Beweisaufnahmen in Zivil- oder Handelssachen sowie zur Änd. sonstiger Vorschriften	24.6.2022	BGBl. I S. 959	§ 240a	geänd. mWv 1.7.2022
				§§ 1631e, 1795, 1817, 1821, 1862	geänd. mWv 1.1.2023
143.	Art. 4 G zur Ergänzung der Regelungen zur Umsetzung der DigitalisierungsRL und zur Änd. weiterer Vorschriften[1)]	15.7.2022	BGBl. I S. 1146	§ 356	geänd. mWv 22.7.2022
				§ 77	geänd. mWv 1.8.2023

Vorbemerkung:

Die Änderungen durch G v. 4.5.2021 (BGBl. I S. 882, geänd. durch G v. 24.6.2022, BGBl. I S. 959), durch G v. 3.6.2021 (BGBl. I S. 1444) und durch G v. 24.6.2022 (BGBl. I S. 959) treten teilweise erst mWv 1.1.2023 in Kraft und sind insoweit im Text noch nicht berücksichtigt.

Die Änderungen durch G v. 16.7.2021 (BGBl. I S. 2947) treten erst mWv 1.7.2023 und 1.1.2026 in Kraft und sind im Text noch nicht berücksichtigt.

Die Änderungen durch G v. 15.7.2022 (BGBl. I S. 1146) treten teilweise erst mWv 1.8.2023 in Kraft und sind insoweit im Text noch nicht berücksichtigt.

Die Änderungen durch G v. 10.8.2021 (BGBl. I S. 3436) treten teilweise erst mWv 1.1.2024 in Kraft und sind insoweit im Text noch nicht berücksichtigt.

[1)] **Amtl. Anm.:** Notifiziert gemäß der Richtlinie (EU) 2015/1535 des Europäischen Parlaments und des Rates vom 9. September 2015 über ein Informationsverfahren auf dem Gebiet der technischen Vorschriften und der Vorschriften für die Dienste der Informationsgesellschaft (ABl. L 241 vom 17.9.2015, S. 1).

Inhaltsübersicht[1) 2)]

1) Inhaltsübersicht geänd. mWv 11.6.2010 durch G v. 29.7.2009 (BGBl. I S. 2355); Wiedergabe der einzelnen Paragraphen aufgeh. mWv 1.1.2010 durch G v. 24.9.2009 (BGBl. I S. 3142); Inhaltsübersicht geänd. mWv 30.7.2010 durch G v. 24.7.2010 (BGBl. I S. 977); mWv 23.2.2011 durch G v. 17.1.2011 (BGBl. I S. 34); mWv 1.5.2013 durch G v. 15.3.2012 (BGBl. II S. 178, geänd. durch Bek. v. 22.4.2013 (BGBl. II S. 431); mWv 26.2.2013 durch G v. 20.2.2013 (BGBl. I S. 277); mWv 1.5.2013 durch G v. 11.3.2013 (BGBl. I S. 434); mWv 13.6.2014 durch G v. 20.9.2013 (BGBl. I S. 3642); mWv 1.6.2015 durch G v. 21.4.2015 (BGBl. I S. 610); mWv 21.3.2016 durch G v. 11.3.2016 (BGBl. I S. 396); mWv 1.1.2018 durch G v. 28.4.2017 (BGBl. I S. 969); mWv 1.7.2018 durch G v. 17.7.2017 (BGBl. I S. 2394); mWv 13.1.2018 durch G v. 17.7.2017 (BGBl. I S. 2446); mWv 22.12.2018 durch G v. 18.12.2018 (BGBl. I S. 2639); mWv 23.12.2020 durch G v. 12.6.2020 (BGBl. I S. 1245); mWv 1.1.2022 durch G v. 25.6.2021 (BGBl. I S. 2123); mWv 28.5.2022 durch G v. 10.8.2021 (BGBl. I S. 3483); sie wurde nichtamtlich an die Änderungen mWv 21.3.2016 durch G v. 11.3.2016 (BGBl. I S. 396), mWv 26.11.2019 durch G v. 20.11.2019 (BGBl. I S. 1724) und mWv 31.3.2020 durch G v. 19.3.2020 (BGBl. I S. 541) angepasst.

2) Zur besseren Übersichtlichkeit wurden den Gliederungsüberschriften redaktionell die zugehörigen §§ angefügt.

(Fortsetzung nächstes Blatt)

(2)[1] [1]Der Vorstand hat im Falle der Zahlungsunfähigkeit oder der Überschuldung die Eröffnung des Insolvenzverfahrens zu beantragen. [2]Wird die Stellung des Antrags verzögert, so sind die Vorstandsmitglieder, denen ein Verschulden zur Last fällt, den Gläubigern für den daraus entstehenden Schaden verantwortlich; sie haften als Gesamtschuldner.

§ 43[2] Entziehung der Rechtsfähigkeit. Einem Verein, dessen Rechtsfähigkeit auf Verleihung beruht, kann die Rechtsfähigkeit entzogen werden, wenn er einen anderen als den in der Satzung bestimmten Zweck verfolgt.

§ 44[3] Zuständigkeit und Verfahren. Die Zuständigkeit und das Verfahren für die Entziehung der Rechtsfähigkeit nach § 43 bestimmen sich nach dem Recht des Landes, in dem der Verein seinen Sitz hat.

§ 45[4] Anfall des Vereinsvermögens. (1) Mit der Auflösung des Vereins oder der Entziehung der Rechtsfähigkeit fällt das Vermögen an die in der Satzung bestimmten Personen.

(2) [1]Durch die Satzung kann vorgeschrieben werden, dass die Anfallberechtigten durch Beschluss der Mitgliederversammlung oder eines anderen Vereinsorgans bestimmt werden. [2]Ist der Zweck des Vereins nicht auf einen wirtschaftlichen Geschäftsbetrieb gerichtet, so kann die Mitgliederversammlung auch ohne eine solche Vorschrift das Vermögen einer öffentlichen Stiftung oder Anstalt zuweisen.

(3) Fehlt es an einer Bestimmung der Anfallberechtigten, so fällt das Vermögen, wenn der Verein nach der Satzung ausschließlich den Interessen seiner Mitglieder diente, an die zur Zeit der Auflösung oder der Entziehung der Rechtsfähigkeit vorhandenen Mitglieder zu gleichen Teilen, anderenfalls an den Fiskus des Landes, in dessen Gebiet der Verein seinen Sitz hatte.

§ 46 Anfall an den Fiskus. [1]Fällt das Vereinsvermögen an den Fiskus, so finden die Vorschriften über eine dem Fiskus als gesetzlichem Erben anfallende Erbschaft entsprechende Anwendung. [2]Der Fiskus hat das Vermögen tunlichst in einer den Zwecken des Vereins entsprechenden Weise zu verwenden.

§ 47 Liquidation. Fällt das Vereinsvermögen nicht an den Fiskus, so muss eine Liquidation stattfinden, sofern nicht über das Vermögen des Vereins das Insolvenzverfahren eröffnet ist.

§ 48[5] Liquidatoren. (1) [1]Die Liquidation erfolgt durch den Vorstand. [2]Zu Liquidatoren können auch andere Personen bestellt werden; für die Bestellung sind die für die Bestellung des Vorstands geltenden Vorschriften maßgebend.

(2) Die Liquidatoren haben die rechtliche Stellung des Vorstands, soweit sich nicht aus dem Zwecke der Liquidation ein anderes ergibt.

(3) Sind mehrere Liquidatoren vorhanden, so sind sie nur gemeinschaftlich zur Vertretung befugt und können Beschlüsse nur einstimmig fassen, sofern nicht ein anderes bestimmt ist.

---

[1] Siehe hierzu das COVID-19-Insolvenzaussetzungsgesetz (Nr. **110d**).
[2] § 43 neu gef. mWv 30.9.2009 durch G v. 24.9.2009 (BGBl. I S. 3145).
[3] § 44 neu gef. mWv 30.9.2009 durch G v. 24.9.2009 (BGBl. I S. 3145).
[4] § 45 Abs. 3 geänd. mWv 30.9.2009 durch G v. 24.9.2009 (BGBl. I S. 3145).
[5] § 48 Abs. 3 neu gef. mWv 30.9.2009 durch G v. 24.9.2009 (BGBl. I S. 3145).

§ 49 Aufgaben der Liquidatoren. (1) [1]Die Liquidatoren haben die laufenden Geschäfte zu beendigen, die Forderungen einzuziehen, das übrige Vermögen in Geld umzusetzen, die Gläubiger zu befriedigen und den Überschuss den Anfallberechtigten auszuantworten. [2]Zur Beendigung schwebender Geschäfte können die Liquidatoren auch neue Geschäfte eingehen. [3]Die Einziehung der Forderungen sowie die Umsetzung des übrigen Vermögens in Geld darf unterbleiben, soweit diese Maßregeln nicht zur Befriedigung der Gläubiger oder zur Verteilung des Überschusses unter die Anfallberechtigten erforderlich sind.

(2) Der Verein gilt bis zur Beendigung der Liquidation als fortbestehend, soweit der Zweck der Liquidation es erfordert.

§ 50[1)] Bekanntmachung des Vereins in Liquidation. (1) [1]Die Auflösung des Vereins oder die Entziehung der Rechtsfähigkeit ist durch die Liquidatoren öffentlich bekannt zu machen. [2]In der Bekanntmachung sind die Gläubiger zur Anmeldung ihrer Ansprüche aufzufordern. [3]Die Bekanntmachung erfolgt durch das in der Satzung für Veröffentlichungen bestimmte Blatt. [4]Die Bekanntmachung gilt mit dem Ablauf des zweiten Tages nach der Einrückung oder der ersten Einrückung als bewirkt.

(2) Bekannte Gläubiger sind durch besondere Mitteilung zur Anmeldung aufzufordern.

§ 50a[2)] Bekanntmachungsblatt. Hat ein Verein in der Satzung kein Blatt für Bekanntmachungen bestimmt oder hat das bestimmte Bekanntmachungsblatt sein Erscheinen eingestellt, sind Bekanntmachungen des Vereins in dem Blatt zu veröffentlichen, welches für Bekanntmachungen des Amtsgerichts bestimmt ist, in dessen Bezirk der Verein seinen Sitz hat.

§ 51 Sperrjahr. Das Vermögen darf den Anfallberechtigten nicht vor dem Ablauf eines Jahres nach der Bekanntmachung der Auflösung des Vereins oder der Entziehung der Rechtsfähigkeit ausgeantwortet werden.

§ 52 Sicherung für Gläubiger. (1) Meldet sich ein bekannter Gläubiger nicht, so ist der geschuldete Betrag, wenn die Berechtigung zur Hinterlegung vorhanden ist, für den Gläubiger zu hinterlegen.

(2) Ist die Berichtigung einer Verbindlichkeit zur Zeit nicht ausführbar oder ist eine Verbindlichkeit streitig, so darf das Vermögen den Anfallberechtigten nur ausgeantwortet werden, wenn dem Gläubiger Sicherheit geleistet ist.

§ 53[3)] Schadensersatzpflicht der Liquidatoren. Liquidatoren, welche die ihnen nach dem § 42 Abs. 2 und den §§ 50, 51 und 52 obliegenden Verpflichtungen verletzen oder vor der Befriedigung der Gläubiger Vermögen den Anfallberechtigten ausantworten, sind, wenn ihnen ein Verschulden zur Last fällt, den Gläubigern für den daraus entstehenden Schaden verantwortlich; sie haften als Gesamtschuldner.

[1)] § 50 Überschrift und Abs. 1 Satz 3 geänd. mWv 30.11.2007 durch G v. 23.11.2007 (BGBl. I S. 2614).

[2)] § 50a eingef. mWv 30.11.2007 durch G v. 23.11.2007 (BGBl. I S. 2614).

[3)] § 53 geänd. mWv 30.11.2007 durch G v. 23.11.2007 (BGBl. I S. 2614).

§ 54[1)] **Nicht rechtsfähige Vereine.** [1]Auf Vereine, die nicht rechtsfähig sind, finden die Vorschriften über die Gesellschaft Anwendung. [2]Aus einem Rechtsgeschäft, das im Namen eines solchen Vereins einem Dritten gegenüber vorgenommen wird, haftet der Handelnde persönlich; handeln mehrere, so haften sie als Gesamtschuldner.[2)]

Kapitel 2. Eingetragene Vereine

§ 55[3)] [1)] **Zuständigkeit für die Registereintragung.** Die Eintragung eines Vereins der in § 21 bezeichneten Art in das Vereinsregister hat bei dem Amtsgericht zu geschehen, in dessen Bezirk der Verein seinen Sitz hat.

§ 55a[4)] **Elektronisches Vereinsregister.** (1) [1]Die Landesregierungen können durch Rechtsverordnung bestimmen, dass und in welchem Umfang das Vereinsregister in maschineller Form als automatisierte Datei geführt wird. [2]Hierbei muss gewährleistet sein, dass

1. die Grundsätze einer ordnungsgemäßen Datenverarbeitung eingehalten, insbesondere Vorkehrungen gegen einen Datenverlust getroffen sowie die erforderlichen Kopien der Datenbestände mindestens tagesaktuell gehalten und die originären Datenbestände sowie deren Kopien sicher aufbewahrt werden,
2. die vorzunehmenden Eintragungen alsbald in einen Datenspeicher aufgenommen und auf Dauer inhaltlich unverändert in lesbarer Form wiedergegeben werden können und
3. die nach den Artikeln 24, 25 und 32 der Verordnung (EU) 2016/679[5)] erforderlichen Anforderungen erfüllt sind.

[3]Die Landesregierungen können durch Rechtsverordnung die Ermächtigung nach Satz 1 auf die Landesjustizverwaltungen übertragen.

(2) [1]Das maschinell geführte Vereinsregister tritt für eine Seite des Registers an die Stelle des bisherigen Registers, sobald die Eintragungen dieser Seite in den für die Vereinsregistereintragungen bestimmten Datenspeicher aufgenommen und als Vereinsregister freigegeben worden sind. [2]Die entsprechenden Seiten des bisherigen Vereinsregisters sind mit einem Schließungsvermerk zu versehen.

(3) [1]Eine Eintragung wird wirksam, sobald sie in den für die Registereintragungen bestimmten Datenspeicher aufgenommen ist und auf Dauer inhaltlich unverändert in lesbarer Form wiedergegeben werden kann. [2]Durch eine Bestätigungsanzeige oder in anderer geeigneter Weise ist zu überprüfen, ob diese Voraussetzungen eingetreten sind. [3]Jede Eintragung soll den Tag angeben, an dem sie wirksam geworden ist.

§ 56 Mindestmitgliederzahl des Vereins. Die Eintragung soll nur erfolgen, wenn die Zahl der Mitglieder mindestens sieben beträgt.

[1)] Wegen des für das Gebiet der ehem. DDR geltenden Übergangsrechts zu den §§ 54 und 55 beachte Art. 231 § 2 Abs. 2 und 4 EGBGB (Nr. **21**).

[2)] § 54 Satz 2 wird bei Parteien nicht angewandt; vgl. § 37 ParteienG **(Sartorius Nr. 58)**.

[3)] § 55 Abs. 2 neu gef. mWv 25.4.2006 durch G v. 19.4.2006 (BGBl. I S. 866); Abs. 2 aufgeh. mWv 1.9.2009 durch G v. 17.12.2008 (BGBl. I S. 2586).

[4)] § 55a Abs. 6 und 7 aufgeh. mWv 1.9.2009 durch G v. 17.12.2008 (BGBl. I S. 2586); Abs. 2 und 5 aufgeh., bish. Abs. 3 und 4 werden Abs. 2 und 3 mWv 30.9.2009 durch G v. 24.9.2009 (BGBl. I S. 3145); Abs. 1 Satz 2 Nr. 2 geänd., Nr. 3 neu gef. mWv 26.11.2019 durch G v. 20.11.2019 (BGBl. I S. 1724).

[5)] **Sartorius Nr. 246**.

§ 57 Mindesterfordernisse an die Vereinssatzung. (1) Die Satzung muss den Zweck, den Namen und den Sitz des Vereins enthalten und ergeben, dass der Verein eingetragen werden soll.

(2) Der Name soll sich von den Namen der an demselben Orte oder in derselben Gemeinde bestehenden eingetragenen Vereine deutlich unterscheiden.

§ 58 Sollinhalt der Vereinssatzung. Die Satzung soll Bestimmungen enthalten:

1. über den Eintritt und Austritt der Mitglieder,
2. darüber, ob und welche Beiträge von den Mitgliedern zu leisten sind,
3. über die Bildung des Vorstands,
4. über die Voraussetzungen, unter denen die Mitgliederversammlung zu berufen ist, über die Form der Berufung und über die Beurkundung der Beschlüsse.

§ 59[1] Anmeldung zur Eintragung. (1) Der Vorstand hat den Verein zur Eintragung anzumelden.

(2) Der Anmeldung sind Abschriften der Satzung und der Urkunden über die Bestellung des Vorstands beizufügen.

(3) Die Satzung soll von mindestens sieben Mitgliedern unterzeichnet sein und die Angabe des Tages der Errichtung enthalten.

§ 60[2] Zurückweisung der Anmeldung. Die Anmeldung ist, wenn den Erfordernissen der §§ 56 bis 59 nicht genügt ist, von dem Amtsgericht unter Angabe der Gründe zurückzuweisen.

§§ 61 bis 63 (weggefallen)

§ 64 Inhalt der Vereinsregistereintragung. Bei der Eintragung sind der Name und der Sitz des Vereins, der Tag der Errichtung der Satzung, die Mitglieder des Vorstands und ihre Vertretungsmacht anzugeben.

§ 65 Namenszusatz. Mit der Eintragung erhält der Name des Vereins den Zusatz „eingetragener Verein".

§ 66[3] Aufbewahrung von Dokumenten. Die mit einer Anmeldung eingereichten Dokumente werden vom Amtsgericht aufbewahrt.

§ 67 Änderung des Vorstands. (1) [1] Jede Änderung des Vorstands ist von dem Vorstand zur Eintragung anzumelden. [2] Der Anmeldung ist eine Abschrift der Urkunde über die Änderung beizufügen.

(2) Die Eintragung gerichtlich bestellter Vorstandsmitglieder erfolgt von Amts wegen.

§ 68 Vertrauensschutz durch Vereinsregister. [1] Wird zwischen den bisherigen Mitgliedern des Vorstands und einem Dritten ein Rechtsgeschäft vorgenommen, so kann die Änderung des Vorstands dem Dritten nur entgegengesetzt werden, wenn sie zur Zeit der Vornahme des Rechtsgeschäfts im Vereinsregister eingetragen oder dem Dritten bekannt ist. [2] Ist die Änderung eingetragen, so

---

[1] § 59 Abs. 2 neu gef. mWv 30.9.2009 durch G v. 24.9.2009 (BGBl. I S. 3145).
[2] § 60 Absatzbez. „(1)" aufgeh. mWv 30.9.2009 durch G v. 24.9.2009 (BGBl. I S. 3145).
[3] § 66 neu gef. mWv 1.8.2022 durch G v. 5.7.2021 (BGBl. I S. 3338).

braucht der Dritte sie nicht gegen sich gelten zu lassen, wenn er sie nicht kennt, seine Unkenntnis auch nicht auf Fahrlässigkeit beruht.

§ 69 Nachweis des Vereinsvorstands. Der Nachweis, dass der Vorstand aus den im Register eingetragenen Personen besteht, wird Behörden gegenüber durch ein Zeugnis des Amtsgerichts über die Eintragung geführt.

§ 70[1)] Vertrauensschutz bei Eintragungen zur Vertretungsmacht. Die Vorschriften des § 68 gelten auch für Bestimmungen, die den Umfang der Vertretungsmacht des Vorstands beschränken oder die Vertretungsmacht des Vorstands abweichend von der Vorschrift des § 26 Absatz 2 Satz 1 regeln.

§ 71[2)] Änderungen der Satzung. (1) [1] Änderungen der Satzung bedürfen zu ihrer Wirksamkeit der Eintragung in das Vereinsregister. [2] Die Änderung ist von dem Vorstand zur Eintragung anzumelden. [3] Der Anmeldung sind eine Abschrift des die Änderung enthaltenden Beschlusses und der Wortlaut der Satzung beizufügen. [4] In dem Wortlaut der Satzung müssen die geänderten Bestimmungen mit dem Beschluss über die Satzungsänderung, die unveränderten Bestimmungen mit dem zuletzt eingereichten vollständigen Wortlaut der Satzung und, wenn die Satzung geändert worden ist, ohne dass ein vollständiger Wortlaut der Satzung eingereicht wurde, auch mit den zuvor eingetragenen Änderungen übereinstimmen.

(2) Die Vorschriften der §§ 60, 64 und 66 finden entsprechende Anwendung.

§ 72[3)] Bescheinigung der Mitgliederzahl. Der Vorstand hat dem Amtsgericht auf dessen Verlangen jederzeit eine schriftliche Bescheinigung über die Zahl der Vereinsmitglieder einzureichen.

§ 73[4)] Unterschreiten der Mindestmitgliederzahl. Sinkt die Zahl der Vereinsmitglieder unter drei herab, so hat das Amtsgericht auf Antrag des Vorstands und, wenn der Antrag nicht binnen drei Monaten gestellt wird, von Amts wegen nach Anhörung des Vorstands dem Verein die Rechtsfähigkeit zu entziehen.

§ 74[5)] Auflösung. (1) Die Auflösung des Vereins sowie die Entziehung der Rechtsfähigkeit ist in das Vereinsregister einzutragen.

(2) [1] Wird der Verein durch Beschluss der Mitgliederversammlung oder durch den Ablauf der für die Dauer des Vereins bestimmten Zeit aufgelöst, so hat der Vorstand die Auflösung zur Eintragung anzumelden. [2] Der Anmeldung ist im ersteren Falle eine Abschrift des Auflösungsbeschlusses beizufügen.

§ 75[6)] Eintragungen bei Insolvenz. (1) [1] Die Eröffnung des Insolvenzverfahrens und der Beschluss, durch den die Eröffnung des Insolvenzverfahrens mangels Masse rechtskräftig abgewiesen worden ist, sowie die Auflösung des Vereins nach § 42 Absatz 2 Satz 1 sind von Amts wegen einzutragen. [2] Von Amts wegen sind auch einzutragen

---

1) § 70 neu gef. mWv 30.9.2009 durch G v. 24.9.2009 (BGBl. I S. 3145).

2) § 71 Abs. 1 Satz 3 neu gef., Satz 4 angef. mWv 30.9.2009 durch G v. 24.9.2009 (BGBl. I S. 3145); Abs. 2 geänd. mWv 1.8.2022 durch G v. 5.7.2021 (BGBl. I S. 3338).

3) § 72 geänd. mWv 30.9.2009 durch G v. 24.9.2009 (BGBl. I S. 3145).

4) § 73 Absatzbez. „(1)" aufgeh. mWv 30.9.2009 durch G v. 24.9.2009 (BGBl. I S. 3145).

5) § 74 Abs. 1 Satz 2 und Abs. 3 aufgeh. mWv 30.9.2009 durch G v. 24.9.2009 (BGBl. I S. 3145).

6) § 75 Überschrift neu gef., Abs. 2 angef., Abs. 1 Satz 1 neu gef., Satz 2 einl. Satzteil geänd. mWv 30.9.2009 durch G v. 24.9.2009 (BGBl. I S. 3145).

1. die Aufhebung des Eröffnungsbeschlusses,
2. die Bestellung eines vorläufigen Insolvenzverwalters, wenn zusätzlich dem Schuldner ein allgemeines Verfügungsverbot auferlegt oder angeordnet wird, dass Verfügungen des Schuldners nur mit Zustimmung des vorläufigen Insolvenzverwalters wirksam sind, und die Aufhebung einer derartigen Sicherungsmaßnahme,
3. die Anordnung der Eigenverwaltung durch den Schuldner und deren Aufhebung sowie die Anordnung der Zustimmungsbedürftigkeit bestimmter Rechtsgeschäfte des Schuldners,
4. die Einstellung und die Aufhebung des Verfahrens und
5. die Überwachung der Erfüllung eines Insolvenzplans und die Aufhebung der Überwachung.

(2) [1] Wird der Verein durch Beschluss der Mitgliederversammlung nach § 42 Absatz 1 Satz 2 fortgesetzt, so hat der Vorstand die Fortsetzung zur Eintragung anzumelden. [2] Der Anmeldung ist eine Abschrift des Beschlusses beizufügen.

§ 76[1)] Eintragungen bei Liquidation. (1) [1] Bei der Liquidation des Vereins sind die Liquidatoren und ihre Vertretungsmacht in das Vereinsregister einzutragen. [2] Das Gleiche gilt für die Beendigung des Vereins nach der Liquidation.

(2) [1] Die Anmeldung der Liquidatoren hat durch den Vorstand zu erfolgen. [2] Bei der Anmeldung ist der Umfang der Vertretungsmacht der Liquidatoren anzugeben. [3] Änderungen der Liquidatoren oder ihrer Vertretungsmacht sowie die Beendigung des Vereins sind von den Liquidatoren anzumelden. [4] Der Anmeldung der durch Beschluss der Mitgliederversammlung bestellten Liquidatoren ist eine Abschrift des Bestellungsbeschlusses, der Anmeldung der Vertretungsmacht, die abweichend von § 48 Absatz 3 bestimmt wurde, ist eine Abschrift der diese Bestimmung enthaltenden Urkunde beizufügen.

(3) Die Eintragung gerichtlich bestellter Liquidatoren geschieht von Amts wegen.

§ 77[2)] Anmeldepflichtige und Form der Anmeldungen. [1] Die Anmeldungen zum Vereinsregister sind von Mitgliedern des Vorstands sowie von den Liquidatoren, die insoweit zur Vertretung des Vereins berechtigt sind, mittels öffentlich beglaubigter Erklärung abzugeben. [2] Die Erklärung kann in Urschrift oder in öffentlich beglaubigter Abschrift beim Gericht eingereicht werden.

§ 78[3)] Festsetzung von Zwangsgeld. (1) Das Amtsgericht kann die Mitglieder des Vorstands zur Befolgung der Vorschriften des § 67 Abs. 1, des § 71 Abs. 1, des § 72, des § 74 Abs. 2, des § 75 Absatz 2 und des § 76 durch Festsetzung von Zwangsgeld anhalten.

(2) In gleicher Weise können die Liquidatoren zur Befolgung der Vorschriften des § 76 angehalten werden.

§ 79[4)] Einsicht in das Vereinsregister. (1) [1] Die Einsicht des Vereinsregisters sowie der von dem Verein bei dem Amtsgericht eingereichten Dokumente ist

[1)] § 76 Überschrift, Abs. 1 und 2 neu gef. mWv 30.9.2009 durch G v. 24.9.2009 (BGBl. I S. 3145).
[2)] § 77 neu gef. mWv 30.9.2009 durch G v. 24.9.2009 (BGBl. I S. 3145).
[3)] § 78 Abs. 1 geänd. mWv 30.9.2009 durch G v. 24.9.2009 (BGBl. I S. 3145).
[4)] § 79 Abs. 2 neu gef., Abs. 5 Satz 5 angef. mWv 31.12.2006 durch G v. 22.12.2006 (BGBl. I S. 3416); Abs. 1 Satz 1 geänd., Sätze 2 und 3 neu gef., Sätze 4 und 5 aufgeh.; Abs. 5 Satz 2 geänd. mWv 30.9.2009 durch G v. 24.9.2009 (BGBl. I S. 3145).

jedem gestattet. [2] Von den Eintragungen kann eine Abschrift verlangt werden; die Abschrift ist auf Verlangen zu beglaubigen. [3] Wird das Vereinsregister maschinell geführt, tritt an die Stelle der Abschrift ein Ausdruck, an die der beglaubigten Abschrift ein amtlicher Ausdruck.

(2) [1] Die Einrichtung eines automatisierten Verfahrens, das die Übermittlung von Daten aus maschinell geführten Vereinsregistern durch Abruf ermöglicht, ist zulässig, wenn sichergestellt ist, dass

1. der Abruf von Daten die zulässige Einsicht nach Absatz 1 nicht überschreitet und
2. die Zulässigkeit der Abrufe auf der Grundlage einer Protokollierung kontrolliert werden kann.

[2] Die Länder können für das Verfahren ein länderübergreifendes elektronisches Informations- und Kommunikationssystem bestimmen.

(3) [1] Der Nutzer ist darauf hinzuweisen, dass er die übermittelten Daten nur zu Informationszwecken verwenden darf. [2] Die zuständige Stelle hat (z.B. durch Stichproben) zu prüfen, ob sich Anhaltspunkte dafür ergeben, dass die nach Satz 1 zulässige Einsicht überschritten oder übermittelte Daten missbraucht werden.

(4) Die zuständige Stelle kann einen Nutzer, der die Funktionsfähigkeit der Abrufeinrichtung gefährdet, die nach Absatz 3 Satz 1 zulässige Einsicht überschreitet oder übermittelte Daten missbraucht, von der Teilnahme am automatisierten Abrufverfahren ausschließen; dasselbe gilt bei drohender Überschreitung oder drohendem Missbrauch.

(5) [1] Zuständige Stelle ist die Landesjustizverwaltung. [2] Örtlich zuständig ist die Landesjustizverwaltung, in deren Zuständigkeitsbereich das betreffende Amtsgericht liegt. [3] Die Zuständigkeit kann durch Rechtsverordnung der Landesregierung abweichend geregelt werden. [4] Sie kann diese Ermächtigung durch Rechtsverordnung auf die Landesjustizverwaltung übertragen. [5] Die Länder können auch die Übertragung der Zuständigkeit auf die zuständige Stelle eines anderen Landes vereinbaren.

§ 79a[1)] Anwendung der Verordnung (EU) 2016/679 im Registerverfahren. (1) [1] Die Rechte nach Artikel 15 der Verordnung (EU) 2016/679[2)] des Europäischen Parlaments und des Rates vom 27. April 2016 zum Schutz natürlicher Personen bei der Verarbeitung personenbezogener Daten, zum freien Datenverkehr und zur Aufhebung der Richtlinie 95/46/EG (Datenschutz-Grundverordnung) (ABl. L 119 vom 4.5.2016, S. 1; L 314 vom 22.11.2016, S. 72; L 127 vom 23.5.2018, S. 2) werden nach § 79 und den dazu erlassenen Vorschriften der Vereinsregisterverordnung durch Einsicht in das Register oder den Abruf von Registerdaten über das länderübergreifende Informations- und Kommunikationssystem gewährt. [2] Das Registergericht ist nicht verpflichtet, Personen, deren personenbezogene Daten im Vereinsregister oder in den Registerakten gespeichert sind, über die Offenlegung dieser Daten an Dritte Auskunft zu erteilen.

(2) Das Recht auf Berichtigung nach Artikel 16 der Verordnung (EU) 2016/679 kann für personenbezogene Daten, die im Vereinsregister oder in den Registerakten gespeichert sind, nur unter den Voraussetzungen und in dem Verfahren ausgeübt werden, die im Gesetz über das Verfahren in Familiensachen und in den

---

1) § 79a eingef. mWv 26.11.2019 durch G v. 20.11.2019 (BGBl. I S. 1724).
2) **Sartorius Nr. 246.**

Angelegenheiten der freiwilligen Gerichtsbarkeit[1] sowie der Vereinsregisterverordnung für eine Löschung oder Berichtigung von Eintragungen geregelt sind.

(3) Das Widerspruchsrecht nach Artikel 21 der Verordnung (EU) 2016/679 ist auf personenbezogene Daten, die im Vereinsregister und in den Registerakten gespeichert sind, nicht anzuwenden.

Untertitel 2.[2] Stiftungen

§ 80[3] Entstehung einer rechtsfähigen Stiftung. (1) Zur Entstehung einer rechtsfähigen Stiftung sind das Stiftungsgeschäft und die Anerkennung durch die zuständige Behörde des Landes erforderlich, in dem die Stiftung ihren Sitz haben soll.

(2) [1]Die Stiftung ist als rechtsfähig anzuerkennen, wenn das Stiftungsgeschäft den Anforderungen des § 81 Abs. 1 genügt, die dauernde und nachhaltige Erfüllung des Stiftungszwecks gesichert erscheint und der Stiftungszweck das Gemeinwohl nicht gefährdet. [2]Bei einer Stiftung, die für eine bestimmte Zeit errichtet und deren Vermögen für die Zweckverfolgung verbraucht werden soll (Verbrauchsstiftung), erscheint die dauernde Erfüllung des Stiftungszwecks gesichert, wenn die Stiftung für einen im Stiftungsgeschäft festgelegten Zeitraum bestehen soll, der mindestens zehn Jahre umfasst.

(3) [1]Vorschriften der Landesgesetze über kirchliche Stiftungen bleiben unberührt. [2]Das gilt entsprechend für Stiftungen, die nach den Landesgesetzen kirchlichen Stiftungen gleichgestellt sind.

§ 81[4] Stiftungsgeschäft. (1) [1]Das Stiftungsgeschäft unter Lebenden bedarf der schriftlichen Form. [2]Es muss die verbindliche Erklärung des Stifters enthalten, ein Vermögen zur Erfüllung eines von ihm vorgegebenen Zweckes zu widmen, das auch zum Verbrauch bestimmt werden kann. [3]Durch das Stiftungsgeschäft muss die Stiftung eine Satzung erhalten mit Regelungen über

1. den Namen der Stiftung,
2. den Sitz der Stiftung,
3. den Zweck der Stiftung,
4. das Vermögen der Stiftung,
5. die Bildung des Vorstands der Stiftung.

[4]Genügt das Stiftungsgeschäft den Erfordernissen des Satzes 3 nicht und ist der Stifter verstorben, findet § 83 Satz 2 bis 4 entsprechende Anwendung.

(2) [1]Bis zur Anerkennung der Stiftung als rechtsfähig ist der Stifter zum Widerruf des Stiftungsgeschäfts berechtigt. [2]Ist die Anerkennung bei der zuständigen Behörde beantragt, so kann der Widerruf nur dieser gegenüber erklärt werden. [3]Der Erbe des Stifters ist zum Widerruf nicht berechtigt, wenn der Stifter den Antrag bei der zuständigen Behörde gestellt oder im Falle der notariellen Beurkundung des Stiftungsgeschäfts den Notar bei oder nach der Beurkundung mit der Antragstellung betraut hat.

---

[1] Nr. **112**.

[2] Wegen des für das Gebiet der ehem. DDR geltenden Übergangsrechts zu §§ 80–88 beachte Art. 231 § 3 EGBGB (Nr. **21**).

[3] § 80 neu gef. mWv 1.9.2002 durch G v. 15.7.2002 (BGBl. I S. 2634); Abs. 2 Satz 2 angef. mWv 29.3.2013 durch G v. 21.3.2013 (BGBl. I S. 556).

[4] § 81 neu gef. mWv 1.9.2002 durch G v. 15.7.2002 (BGBl. I S. 2634); Abs. 1 Satz 2 geänd. mWv 29.3.2013 durch G v. 21.3.2013 (BGBl. I S. 556).

§ 82[1] **Übertragungspflicht des Stifters.** [1] Wird die Stiftung als rechtsfähig anerkannt, so ist der Stifter verpflichtet, das in dem Stiftungsgeschäft zugesicherte Vermögen auf die Stiftung zu übertragen. [2] Rechte, zu deren Übertragung der Abtretungsvertrag genügt, gehen mit der Anerkennung auf die Stiftung über, sofern nicht aus dem Stiftungsgeschäft sich ein anderer Wille des Stifters ergibt.

§ 83[2] **Stiftung von Todes wegen.** [1] Besteht das Stiftungsgeschäft in einer Verfügung von Todes wegen, so hat das Nachlassgericht dies der zuständigen Behörde zur Anerkennung mitzuteilen, sofern sie nicht von dem Erben oder dem Testamentsvollstrecker beantragt wird. [2] Genügt das Stiftungsgeschäft nicht den Erfordernissen des § 81 Abs. 1 Satz 3, wird der Stiftung durch die zuständige Behörde vor der Anerkennung eine Satzung gegeben oder eine unvollständige Satzung ergänzt; dabei soll der Wille des Stifters berücksichtigt werden. [3] Als Sitz der Stiftung gilt, wenn nicht ein anderes bestimmt ist, der Ort, an welchem die Verwaltung geführt wird. [4] Im Zweifel gilt der letzte Wohnsitz des Stifters im Inland als Sitz.

§ 84[3] **Anerkennung nach Tod des Stifters.** Wird die Stiftung erst nach dem Tode des Stifters als rechtsfähig anerkannt, so gilt sie für die Zuwendungen des Stifters als schon vor dessen Tod entstanden.

§ 85[4] **Stiftungsverfassung.** Die Verfassung einer Stiftung wird, soweit sie nicht auf Bundes- oder Landesgesetz beruht, durch das Stiftungsgeschäft bestimmt.

§ 86[5] **Anwendung des Vereinsrechts.** [1] Die Vorschriften der §§ 26 und 27 Absatz 3 und der §§ 28 bis 31a und 42 finden auf Stiftungen entsprechende Anwendung, die Vorschriften des § 26 Absatz 2 Satz 1, des § 27 Absatz 3 und des § 28 jedoch nur insoweit, als sich nicht aus der Verfassung, insbesondere daraus, dass die Verwaltung der Stiftung von einer öffentlichen Behörde geführt wird, ein anderes ergibt. [2] Die Vorschriften des § 26 Absatz 2 Satz 2 und des § 29 finden auf Stiftungen, deren Verwaltung von einer öffentlichen Behörde geführt wird, keine Anwendung.

§ 87[6] **Zweckänderung; Aufhebung.** (1) Ist die Erfüllung des Stiftungszwecks unmöglich geworden oder gefährdet sie das Gemeinwohl, so kann die zuständige Behörde der Stiftung eine andere Zweckbestimmung geben oder sie aufheben.

(2) [1] Bei der Umwandlung des Zweckes soll der Wille des Stifters berücksichtigt werden, insbesondere soll dafür gesorgt werden, dass die Erträge des Stiftungsvermögens dem Personenkreis, dem sie zustatten kommen sollten, im Sinne des Stifters erhalten bleiben. [2] Die Behörde kann die Verfassung der Stiftung ändern, soweit die Umwandlung des Zweckes es erfordert.

(3) Vor der Umwandlung des Zweckes und der Änderung der Verfassung soll der Vorstand der Stiftung gehört werden.

---

[1] § 82 Sätze 1 und 2 geänd. mWv 1.9.2002 durch G v. 15.7.2002 (BGBl. I S. 2634).

[2] § 83 Sätze 2–4 angef., bish Wortlaut wird Satz 1 und geänd. mWv 1.9.2002 durch G v. 15.7.2002 (BGBl. I S. 2634).

[3] § 84 Überschrift und Wortlaut geänd. mWv 1.9.2002 durch G v. 15.7.2002 (BGBl. I S. 2634).

[4] § 85 geänd. mWv 1.9.2002 durch G v. 15.7.2002 (BGBl. I S. 2634).

[5] § 86 Satz 1 geänd. mWv 1.9.2002 durch G v. 15.7.2002 (BGBl. I S. 2634); Satz 1 neu gef., Satz 2 geänd. mWv 30.9.2009 durch G v. 24.9.2009 (BGBl. I S. 3145); Satz 1 geänd. mWv 3.10.2009 durch G v. 28.9.2009 (BGBl. I S. 3161), nicht ausführbar, da bereits erledigt durch Änderung v. 24.9.2009 (BGBl. I S. 3145).

[6] § 87 Abs. 2 Satz 1 neu gef. mWv 1.9.2002 durch G v. 15.7.2002 (BGBl. I S. 2634).

§ 88[1)] Vermögensanfall. [1]Mit dem Erlöschen der Stiftung fällt das Vermögen an die in der Verfassung bestimmten Personen. [2]Fehlt es an einer Bestimmung der Anfallberechtigten, so fällt das Vermögen an den Fiskus des Landes, in dem die Stiftung ihren Sitz hatte, oder an einen anderen nach dem Recht dieses Landes bestimmten Anfallberechtigten. [3]Die Vorschriften der §§ 46 bis 53 finden entsprechende Anwendung.

Untertitel 3. Juristische Personen des öffentlichen Rechts

§ 89[2)] Haftung für Organe; Insolvenz. (1) Die Vorschrift des § 31 findet auf den Fiskus sowie auf die Körperschaften, Stiftungen und Anstalten des öffentlichen Rechts entsprechende Anwendung.

(2) Das Gleiche gilt, soweit bei Körperschaften, Stiftungen und Anstalten des öffentlichen Rechts das Insolvenzverfahren zulässig ist, von der Vorschrift des § 42 Abs. 2.

Abschnitt 2. Sachen und Tiere

§ 90 Begriff der Sache. Sachen im Sinne des Gesetzes sind nur körperliche Gegenstände.

§ 90a Tiere. [1]Tiere sind keine Sachen. [2]Sie werden durch besondere Gesetze geschützt. [3]Auf sie sind die für Sachen geltenden Vorschriften entsprechend anzuwenden, soweit nicht etwas anderes bestimmt ist.

§ 91 Vertretbare Sachen. Vertretbare Sachen im Sinne des Gesetzes sind bewegliche Sachen, die im Verkehr nach Zahl, Maß oder Gewicht bestimmt zu werden pflegen.

§ 92 Verbrauchbare Sachen. (1) Verbrauchbare Sachen im Sinne des Gesetzes sind bewegliche Sachen, deren bestimmungsmäßiger Gebrauch in dem Verbrauch oder in der Veräußerung besteht.

(2) Als verbrauchbar gelten auch bewegliche Sachen, die zu einem Warenlager oder zu einem sonstigen Sachinbegriff gehören, dessen bestimmungsmäßiger Gebrauch in der Veräußerung der einzelnen Sachen besteht.

§ 93 Wesentliche Bestandteile einer Sache. Bestandteile einer Sache, die voneinander nicht getrennt werden können, ohne dass der eine oder der andere zerstört oder in seinem Wesen verändert wird (wesentliche Bestandteile), können nicht Gegenstand besonderer Rechte sein.[3)]

§ 94[4)] Wesentliche Bestandteile eines Grundstücks oder Gebäudes.

(1) [1]Zu den wesentlichen Bestandteilen eines Grundstücks gehören die mit dem Grund und Boden fest verbundenen Sachen, insbesondere Gebäude, sowie die Erzeugnisse des Grundstücks, solange sie mit dem Boden zusammenhängen. [2]Samen wird mit dem Aussäen, eine Pflanze wird mit dem Einpflanzen wesentlicher Bestandteil des Grundstücks.

[1)] § 88 Satz 2 eingef., bish. Satz 2 wird Satz 3 mWv 1.9.2002 durch G v. 15.7.2002 (BGBl. I S. 2634).

[2)] Wegen des für das Gebiet der ehem. DDR geltenden Übergangsrechts zu § 89 beachte Art. 231 § 4 EGBGB (Nr. **21**).

[3)] Beachte hierzu das Wohnungseigentumsgesetz (Nr. **37**).

[4)] Wegen des für das Gebiet der ehem. DDR geltenden Übergangsrechts zu § 94 beachte Art. 231 § 5 EGBGB (Nr. **21**).

(2) Zu den wesentlichen Bestandteilen eines Gebäudes gehören die zur Herstellung des Gebäudes eingefügten Sachen.

§ 95 Nur vorübergehender Zweck. (1) [1] Zu den Bestandteilen eines Grundstücks gehören solche Sachen nicht, die nur zu einem vorübergehenden Zweck mit dem Grund und Boden verbunden sind. [2] Das Gleiche gilt von einem Gebäude oder anderen Werk, das in Ausübung eines Rechts an einem fremden Grundstück von dem Berechtigten mit dem Grundstück verbunden worden ist.

(2) Sachen, die nur zu einem vorübergehenden Zwecke in ein Gebäude eingefügt sind, gehören nicht zu den Bestandteilen des Gebäudes.

§ 96 Rechte als Bestandteile eines Grundstücks. Rechte, die mit dem Eigentum an einem Grundstück verbunden sind, gelten als Bestandteile des Grundstücks.

§ 97 Zubehör. (1) [1] Zubehör sind bewegliche Sachen, die, ohne Bestandteile der Hauptsache zu sein, dem wirtschaftlichen Zwecke der Hauptsache zu dienen bestimmt sind und zu ihr in einem dieser Bestimmung entsprechenden räumlichen Verhältnis stehen. [2] Eine Sache ist nicht Zubehör, wenn sie im Verkehr nicht als Zubehör angesehen wird.

(2) [1] Die vorübergehende Benutzung einer Sache für den wirtschaftlichen Zweck einer anderen begründet nicht die Zubehöreigenschaft. [2] Die vorübergehende Trennung eines Zubehörstücks von der Hauptsache hebt die Zubehöreigenschaft nicht auf.

§ 98 Gewerbliches und landwirtschaftliches Inventar. Dem wirtschaftlichen Zwecke der Hauptsache sind zu dienen bestimmt:

1. bei einem Gebäude, das für einen gewerblichen Betrieb dauernd eingerichtet ist, insbesondere bei einer Mühle, einer Schmiede, einem Brauhaus, einer Fabrik, die zu dem Betrieb bestimmten Maschinen und sonstigen Gerätschaften,
2. bei einem Landgut das zum Wirtschaftsbetrieb bestimmte Gerät und Vieh, die landwirtschaftlichen Erzeugnisse, soweit sie zur Fortführung der Wirtschaft bis zu der Zeit erforderlich sind, zu welcher gleiche oder ähnliche Erzeugnisse voraussichtlich gewonnen werden, sowie der vorhandene, auf dem Gut gewonnene Dünger.

§ 99 Früchte. (1) Früchte einer Sache sind die Erzeugnisse der Sache und die sonstige Ausbeute, welche aus der Sache ihrer Bestimmung gemäß gewonnen wird.

(2) Früchte eines Rechts sind die Erträge, welche das Recht seiner Bestimmung gemäß gewährt, insbesondere bei einem Recht auf Gewinnung von Bodenbestandteilen die gewonnenen Bestandteile.

(3) Früchte sind auch die Erträge, welche eine Sache oder ein Recht vermöge eines Rechtsverhältnisses gewährt.

§ 100 Nutzungen. Nutzungen sind die Früchte einer Sache oder eines Rechts sowie die Vorteile, welche der Gebrauch der Sache oder des Rechts gewährt.

§ 101 Verteilung der Früchte. Ist jemand berechtigt, die Früchte einer Sache oder eines Rechts bis zu einer bestimmten Zeit oder von einer bestimmten Zeit an zu beziehen, so gebühren ihm, sofern nicht ein anderes bestimmt ist:

1. die in § 99 Abs. 1 bezeichneten Erzeugnisse und Bestandteile, auch wenn er sie als Früchte eines Rechts zu beziehen hat, insoweit, als sie während der Dauer der Berechtigung von der Sache getrennt werden,
2. andere Früchte insoweit, als sie während der Dauer der Berechtigung fällig werden; bestehen jedoch die Früchte in der Vergütung für die Überlassung des Gebrauchs oder des Fruchtgenusses, in Zinsen, Gewinnanteilen oder anderen regelmäßig wiederkehrenden Erträgen, so gebührt dem Berechtigten ein der Dauer seiner Berechtigung entsprechender Teil.

§ 102 Ersatz der Gewinnungskosten. Wer zur Herausgabe von Früchten verpflichtet ist, kann Ersatz der auf die Gewinnung der Früchte verwendeten Kosten insoweit verlangen, als sie einer ordnungsmäßigen Wirtschaft entsprechen und den Wert der Früchte nicht übersteigen.

§ 103 Verteilung der Lasten. Wer verpflichtet ist, die Lasten einer Sache oder eines Rechts bis zu einer bestimmten Zeit oder von einer bestimmten Zeit an zu tragen, hat, sofern nicht ein anderes bestimmt ist, die regelmäßig wiederkehrenden Lasten nach dem Verhältnis der Dauer seiner Verpflichtung, andere Lasten insoweit zu tragen, als sie während der Dauer seiner Verpflichtung zu entrichten sind.

Abschnitt 3. Rechtsgeschäfte

Titel 1. Geschäftsfähigkeit

§ 104 Geschäftsunfähigkeit. Geschäftsunfähig ist:

1. wer nicht das siebente Lebensjahr vollendet hat,
2. wer sich in einem die freie Willensbestimmung ausschließenden Zustand krankhafter Störung der Geistestätigkeit befindet, sofern nicht der Zustand seiner Natur nach ein vorübergehender ist.

§ 105 Nichtigkeit der Willenserklärung. (1) Die Willenserklärung eines Geschäftsunfähigen ist nichtig.

(2) Nichtig ist auch eine Willenserklärung, die im Zustand der Bewusstlosigkeit oder vorübergehender Störung der Geistestätigkeit abgegeben wird.

§ 105a[1] Geschäfte des täglichen Lebens. [1] Tätigt ein volljähriger Geschäftsunfähiger ein Geschäft des täglichen Lebens, das mit geringwertigen Mitteln bewirkt werden kann, so gilt der von ihm geschlossene Vertrag in Ansehung von Leistung und, soweit vereinbart, Gegenleistung als wirksam, sobald Leistung und Gegenleistung bewirkt sind. [2] Satz 1 gilt nicht bei einer erheblichen Gefahr für die Person oder das Vermögen des Geschäftsunfähigen.

§ 106 Beschränkte Geschäftsfähigkeit Minderjähriger. Ein Minderjähriger, der das siebente Lebensjahr vollendet hat, ist nach Maßgabe der §§ 107 bis 113 in der Geschäftsfähigkeit beschränkt.

§ 107 Einwilligung des gesetzlichen Vertreters. Der Minderjährige bedarf zu einer Willenserklärung, durch die er nicht lediglich einen rechtlichen Vorteil erlangt, der Einwilligung seines gesetzlichen Vertreters.

---

[1] § 105a eingef. mWv 1.8.2002 durch G v. 23.7.2002 (BGBl. I S. 2850).

§ 108 Vertragsschluss ohne Einwilligung. (1) Schließt der Minderjährige einen Vertrag ohne die erforderliche Einwilligung des gesetzlichen Vertreters, so hängt die Wirksamkeit des Vertrags von der Genehmigung des Vertreters ab.

(2) [1] Fordert der andere Teil den Vertreter zur Erklärung über die Genehmigung auf, so kann die Erklärung nur ihm gegenüber erfolgen; eine vor der Aufforderung dem Minderjährigen gegenüber erklärte Genehmigung oder Verweigerung der Genehmigung wird unwirksam. [2] Die Genehmigung kann nur bis zum Ablauf von zwei Wochen nach dem Empfang der Aufforderung erklärt werden; wird sie nicht erklärt, so gilt sie als verweigert.

(3) Ist der Minderjährige unbeschränkt geschäftsfähig geworden, so tritt seine Genehmigung an die Stelle der Genehmigung des Vertreters.

§ 109 Widerrufsrecht des anderen Teils. (1) [1] Bis zur Genehmigung des Vertrags ist der andere Teil zum Widerruf berechtigt. [2] Der Widerruf kann auch dem Minderjährigen gegenüber erklärt werden.

(2) Hat der andere Teil die Minderjährigkeit gekannt, so kann er nur widerrufen, wenn der Minderjährige der Wahrheit zuwider die Einwilligung des Vertreters behauptet hat; er kann auch in diesem Falle nicht widerrufen, wenn ihm das Fehlen der Einwilligung bei dem Abschluss des Vertrags bekannt war.

§ 110 Bewirken der Leistung mit eigenen Mitteln. Ein von dem Minderjährigen ohne Zustimmung des gesetzlichen Vertreters geschlossener Vertrag gilt als von Anfang an wirksam, wenn der Minderjährige die vertragsmäßige Leistung mit Mitteln bewirkt, die ihm zu diesem Zweck oder zu freier Verfügung von dem Vertreter oder mit dessen Zustimmung von einem Dritten überlassen worden sind.

§ 111 Einseitige Rechtsgeschäfte. [1] Ein einseitiges Rechtsgeschäft, das der Minderjährige ohne die erforderliche Einwilligung des gesetzlichen Vertreters vornimmt, ist unwirksam. [2] Nimmt der Minderjährige mit dieser Einwilligung ein solches Rechtsgeschäft einem anderen gegenüber vor, so ist das Rechtsgeschäft unwirksam, wenn der Minderjährige die Einwilligung nicht in schriftlicher Form vorlegt und der andere das Rechtsgeschäft aus diesem Grunde unverzüglich zurückweist. [3] Die Zurückweisung ist ausgeschlossen, wenn der Vertreter den anderen von der Einwilligung in Kenntnis gesetzt hatte.

§ 112[1)] Selbständiger Betrieb eines Erwerbsgeschäfts. (1) [1] Ermächtigt der gesetzliche Vertreter mit Genehmigung des Familiengerichts den Minderjährigen zum selbständigen Betrieb eines Erwerbsgeschäfts, so ist der Minderjährige für solche Rechtsgeschäfte unbeschränkt geschäftsfähig, welche der Geschäftsbetrieb mit sich bringt. [2] Ausgenommen sind Rechtsgeschäfte, zu denen der Vertreter der Genehmigung des Familiengerichts bedarf.

(2) Die Ermächtigung kann von dem Vertreter nur mit Genehmigung des Familiengerichts zurückgenommen werden.

§ 113[2)] Dienst- oder Arbeitsverhältnis. (1) [1] Ermächtigt der gesetzliche Vertreter den Minderjährigen, in Dienst oder in Arbeit zu treten, so ist der Minderjährige für solche Rechtsgeschäfte unbeschränkt geschäftsfähig, welche die Eingehung oder Aufhebung eines Dienst- oder Arbeitsverhältnisses der gestatteten

---

1) § 112 Abs. 1 Sätze 1 und 2, Abs. 2 geänd. mWv 1.9.2009 durch G v. 17.12.2008 (BGBl. I S. 2586).

2) § 113 Abs. 1 Satz 2, Abs. 3 Sätze 1 und 2 geänd. mWv 1.9.2009 durch G v. 17.12.2008 (BGBl. I S. 2586).

Art oder die Erfüllung der sich aus einem solchen Verhältnis ergebenden Verpflichtungen betreffen. [2] Ausgenommen sind Verträge, zu denen der Vertreter der Genehmigung des Familiengerichts bedarf.

(2) Die Ermächtigung kann von dem Vertreter zurückgenommen oder eingeschränkt werden.

(3) [1] Ist der gesetzliche Vertreter ein Vormund, so kann die Ermächtigung, wenn sie von ihm verweigert wird, auf Antrag des Minderjährigen durch das Familiengericht ersetzt werden. [2] Das Familiengericht hat die Ermächtigung zu ersetzen, wenn sie im Interesse des Mündels liegt.

(4) Die für einen einzelnen Fall erteilte Ermächtigung gilt im Zweifel als allgemeine Ermächtigung zur Eingehung von Verhältnissen derselben Art.

§§ 114, 115 (weggefallen)

Titel 2. Willenserklärung

§ 116 Geheimer Vorbehalt. [1] Eine Willenserklärung ist nicht deshalb nichtig, weil sich der Erklärende insgeheim vorbehält, das Erklärte nicht zu wollen. [2] Die Erklärung ist nichtig, wenn sie einem anderen gegenüber abzugeben ist und dieser den Vorbehalt kennt.

§ 117 Scheingeschäft. (1) Wird eine Willenserklärung, die einem anderen gegenüber abzugeben ist, mit dessen Einverständnis nur zum Schein abgegeben, so ist sie nichtig.

(2) Wird durch ein Scheingeschäft ein anderes Rechtsgeschäft verdeckt, so finden die für das verdeckte Rechtsgeschäft geltenden Vorschriften Anwendung.

§ 118 Mangel der Ernstlichkeit. Eine nicht ernstlich gemeinte Willenserklärung, die in der Erwartung abgegeben wird, der Mangel der Ernstlichkeit werde nicht verkannt werden, ist nichtig.

§ 119 Anfechtbarkeit wegen Irrtums. (1) Wer bei der Abgabe einer Willenserklärung über deren Inhalt im Irrtum war oder eine Erklärung dieses Inhalts überhaupt nicht abgeben wollte, kann die Erklärung anfechten, wenn anzunehmen ist, dass er sie bei Kenntnis der Sachlage und bei verständiger Würdigung des Falles nicht abgegeben haben würde.

(2) Als Irrtum über den Inhalt der Erklärung gilt auch der Irrtum über solche Eigenschaften der Person oder der Sache, die im Verkehr als wesentlich angesehen werden.

§ 120 Anfechtbarkeit wegen falscher Übermittlung. Eine Willenserklärung, welche durch die zur Übermittlung verwendete Person oder Einrichtung unrichtig übermittelt worden ist, kann unter der gleichen Voraussetzung angefochten werden wie nach § 119 eine irrtümlich abgegebene Willenserklärung.

§ 121 Anfechtungsfrist. (1) [1] Die Anfechtung muss in den Fällen der §§ 119, 120 ohne schuldhaftes Zögern (unverzüglich) erfolgen, nachdem der Anfechtungsberechtigte von dem Anfechtungsgrund Kenntnis erlangt hat. [2] Die einem Abwesenden gegenüber erfolgte Anfechtung gilt als rechtzeitig erfolgt, wenn die Anfechtungserklärung unverzüglich abgesendet worden ist.

(2) Die Anfechtung ist ausgeschlossen, wenn seit der Abgabe der Willenserklärung zehn Jahre verstrichen sind.

§ 122 Schadensersatzpflicht des Anfechtenden. (1) Ist eine Willenserklärung nach § 118 nichtig oder auf Grund der §§ 119, 120 angefochten, so hat der Erklärende, wenn die Erklärung einem anderen gegenüber abzugeben war, diesem, andernfalls jedem Dritten den Schaden zu ersetzen, den der andere oder der Dritte dadurch erleidet, dass er auf die Gültigkeit der Erklärung vertraut, jedoch nicht über den Betrag des Interesses hinaus, welches der andere oder der Dritte an der Gültigkeit der Erklärung hat.

(2) Die Schadensersatzpflicht tritt nicht ein, wenn der Beschädigte den Grund der Nichtigkeit oder der Anfechtbarkeit kannte oder infolge von Fahrlässigkeit nicht kannte (kennen musste).

§ 123 Anfechtbarkeit wegen Täuschung oder Drohung. (1) Wer zur Abgabe einer Willenserklärung durch arglistige Täuschung oder widerrechtlich durch Drohung bestimmt worden ist, kann die Erklärung anfechten.

(2) [1] Hat ein Dritter die Täuschung verübt, so ist eine Erklärung, die einem anderen gegenüber abzugeben war, nur dann anfechtbar, wenn dieser die Täuschung kannte oder kennen musste. [2] Soweit ein anderer als derjenige, welchem gegenüber die Erklärung abzugeben war, aus der Erklärung unmittelbar ein Recht erworben hat, ist die Erklärung ihm gegenüber anfechtbar, wenn er die Täuschung kannte oder kennen musste.

§ 124 Anfechtungsfrist. (1) Die Anfechtung einer nach § 123 anfechtbaren Willenserklärung kann nur binnen Jahresfrist erfolgen.

(2) [1] Die Frist beginnt im Falle der arglistigen Täuschung mit dem Zeitpunkt, in welchem der Anfechtungsberechtigte die Täuschung entdeckt, im Falle der Drohung mit dem Zeitpunkt, in welchem die Zwangslage aufhört. [2] Auf den Lauf der Frist finden die für die Verjährung geltenden Vorschriften der §§ 206, 210 und 211 entsprechende Anwendung.

(3) Die Anfechtung ist ausgeschlossen, wenn seit der Abgabe der Willenserklärung zehn Jahre verstrichen sind.

§ 125 Nichtigkeit wegen Formmangels. [1] Ein Rechtsgeschäft, welches der durch Gesetz vorgeschriebenen Form ermangelt, ist nichtig. [2] Der Mangel der durch Rechtsgeschäft bestimmten Form hat im Zweifel gleichfalls Nichtigkeit zur Folge.

§ 126 Schriftform. (1) Ist durch Gesetz schriftliche Form vorgeschrieben, so muss die Urkunde von dem Aussteller eigenhändig durch Namensunterschrift oder mittels notariell beglaubigten Handzeichens unterzeichnet werden.

(2) [1] Bei einem Vertrag muss die Unterzeichnung der Parteien auf derselben Urkunde erfolgen. [2] Werden über den Vertrag mehrere gleichlautende Urkunden aufgenommen, so genügt es, wenn jede Partei die für die andere Partei bestimmte Urkunde unterzeichnet.

(3) Die schriftliche Form kann durch die elektronische Form ersetzt werden, wenn sich nicht aus dem Gesetz ein anderes ergibt.

(4) Die schriftliche Form wird durch die notarielle Beurkundung[1)] ersetzt.

[1)] Beachte das Beurkundungsgesetz (Nr. **23**).

§ 126a[1)] Elektronische Form. (1) Soll die gesetzlich vorgeschriebene schriftliche Form durch die elektronische Form ersetzt werden, so muss der Aussteller der Erklärung dieser seinen Namen hinzufügen und das elektronische Dokument mit seiner qualifizierten elektronischen Signatur versehen.

(2) Bei einem Vertrag müssen die Parteien jeweils ein gleichlautendes Dokument in der in Absatz 1 bezeichneten Weise elektronisch signieren.

§ 126b[2)] Textform. [1] Ist durch Gesetz Textform vorgeschrieben, so muss eine lesbare Erklärung, in der die Person des Erklärenden genannt ist, auf einem dauerhaften Datenträger abgegeben werden. [2] Ein dauerhafter Datenträger ist jedes Medium, das

1. es dem Empfänger ermöglicht, eine auf dem Datenträger befindliche, an ihn persönlich gerichtete Erklärung so aufzubewahren oder zu speichern, dass sie ihm während eines für ihren Zweck angemessenen Zeitraums zugänglich ist, und
2. geeignet ist, die Erklärung unverändert wiederzugeben.

§ 127 Vereinbarte Form. (1) Die Vorschriften des § 126, des § 126a oder des § 126b gelten im Zweifel auch für die durch Rechtsgeschäft bestimmte Form.

(2) [1] Zur Wahrung der durch Rechtsgeschäft bestimmten schriftlichen Form genügt, soweit nicht ein anderer Wille anzunehmen ist, die telekommunikative Übermittlung und bei einem Vertrag der Briefwechsel. [2] Wird eine solche Form gewählt, so kann nachträglich eine dem § 126 entsprechende Beurkundung verlangt werden.

(3) [1] Zur Wahrung der durch Rechtsgeschäft bestimmten elektronischen Form genügt, soweit nicht ein anderer Wille anzunehmen ist, auch eine andere als die in § 126a bestimmte elektronische Signatur und bei einem Vertrag der Austausch von Angebots- und Annahmeerklärung, die jeweils mit einer elektronischen Signatur versehen sind. [2] Wird eine solche Form gewählt, so kann nachträglich eine dem § 126a entsprechende elektronische Signierung oder, wenn diese einer der Parteien nicht möglich ist, eine dem § 126 entsprechende Beurkundung verlangt werden.

§ 127a Gerichtlicher Vergleich. Die notarielle Beurkundung wird bei einem gerichtlichen Vergleich durch die Aufnahme der Erklärungen in ein nach den Vorschriften der Zivilprozessordnung[3)] errichtetes Protokoll ersetzt.

§ 128 Notarielle Beurkundung. Ist durch Gesetz notarielle Beurkundung[4)] eines Vertrags vorgeschrieben, so genügt es, wenn zunächst der Antrag und sodann die Annahme des Antrags von einem Notar beurkundet wird.

§ 129[5)] Öffentliche Beglaubigung. (1) [1] Ist für eine Erklärung durch Gesetz öffentliche Beglaubigung vorgeschrieben, so muss die Erklärung

1. in schriftlicher Form abgefasst und die Unterschrift des Erklärenden von einem Notar beglaubigt werden oder

---

[1)] § 126a Abs. 1 geänd. mWv 29.7.2017 durch G v. 18.7.2017 (BGBl. I S. 2745); Abs. 1 geänd. mWv 1.8.2022 durch G v. 5.7.2021 (BGBl. I S. 3338).

[2)] § 126b neu gef. mWv 13.6.2014 durch G v. 20.9.2013 (BGBl. I S. 3642).

[3)] Nr. **100**.

[4)] Beachte das Beurkundungsgesetz (Nr. **23**).

[5)] § 129 neu gef. mWv 1.8.2022 durch G v. 5.7.2021 (BGBl. I S. 3338).

2. in elektronischer Form abgefasst und die qualifizierte elektronische Signatur des Erklärenden von einem Notar beglaubigt werden.

[2]In dem Gesetz kann vorgesehen werden, dass eine Erklärung nur nach Satz 1 Nummer 1 oder nach Satz 1 Nummer 2 öffentlich beglaubigt werden kann.

(2) Wurde eine Erklärung in schriftlicher Form von dem Erklärenden mittels notariell beglaubigten Handzeichens unterzeichnet, so erfüllt die Erklärung auch die Anforderungen nach Absatz 1 Satz 1 Nummer 1.

(3) Die öffentliche Beglaubigung wird durch die notarielle Beurkundung ersetzt.

§ 130 Wirksamwerden der Willenserklärung gegenüber Abwesenden.

(1) [1]Eine Willenserklärung, die einem anderen gegenüber abzugeben ist, wird, wenn sie in dessen Abwesenheit abgegeben wird, in dem Zeitpunkt wirksam, in welchem sie ihm zugeht. [2]Sie wird nicht wirksam, wenn dem anderen vorher oder gleichzeitig ein Widerruf zugeht.

(2) Auf die Wirksamkeit der Willenserklärung ist es ohne Einfluss, wenn der Erklärende nach der Abgabe stirbt oder geschäftsunfähig wird.

(3) Diese Vorschriften finden auch dann Anwendung, wenn die Willenserklärung einer Behörde gegenüber abzugeben ist.

§ 131 Wirksamwerden gegenüber nicht voll Geschäftsfähigen.

(1) Wird die Willenserklärung einem Geschäftsunfähigen gegenüber abgegeben, so wird sie nicht wirksam, bevor sie dem gesetzlichen Vertreter zugeht.

(2) [1]Das Gleiche gilt, wenn die Willenserklärung einer in der Geschäftsfähigkeit beschränkten Person gegenüber abgegeben wird. [2]Bringt die Erklärung jedoch der in der Geschäftsfähigkeit beschränkten Person lediglich einen rechtlichen Vorteil oder hat der gesetzliche Vertreter seine Einwilligung erteilt, so wird die Erklärung in dem Zeitpunkt wirksam, in welchem sie ihr zugeht.

§ 132[1)] Ersatz des Zugehens durch Zustellung. (1) [1]Eine Willenserklärung gilt auch dann als zugegangen, wenn sie durch Vermittlung eines Gerichtsvollziehers zugestellt worden ist. [2]Die Zustellung erfolgt nach den Vorschriften der Zivilprozessordnung[2)].

(2) [1]Befindet sich der Erklärende über die Person desjenigen, welchem gegenüber die Erklärung abzugeben ist, in einer nicht auf Fahrlässigkeit beruhenden Unkenntnis oder ist der Aufenthalt dieser Person unbekannt, so kann die Zustellung nach den für die öffentliche Zustellung geltenden Vorschriften der Zivilprozessordnung erfolgen. [2]Zuständig für die Bewilligung ist im ersteren Falle das Amtsgericht, in dessen Bezirk der Erklärende seinen Wohnsitz oder in Ermangelung eines inländischen Wohnsitzes seinen Aufenthalt hat, im letzteren Falle das Amtsgericht, in dessen Bezirk die Person, welcher zuzustellen ist, den letzten Wohnsitz oder in Ermangelung eines inländischen Wohnsitzes den letzten Aufenthalt hatte.

§ 133 Auslegung einer Willenserklärung. Bei der Auslegung einer Willenserklärung ist der wirkliche Wille zu erforschen und nicht an dem buchstäblichen Sinne des Ausdrucks zu haften.

[1)] § 132 Abs. 2 Satz 1 geänd. mWv 1.7.2002 durch G v. 25.6.2001 (BGBl. I S. 1206); diese Änderung wurde in der Neufassung (Stand 1.1.2002) nicht berücksichtigt.

[2)] Nr. **100**.

§ 134 Gesetzliches Verbot. Ein Rechtsgeschäft, das gegen ein gesetzliches Verbot verstößt, ist nichtig, wenn sich nicht aus dem Gesetz ein anderes ergibt.

§ 135 Gesetzliches Veräußerungsverbot. (1) [1] Verstößt die Verfügung über einen Gegenstand gegen ein gesetzliches Veräußerungsverbot, das nur den Schutz bestimmter Personen bezweckt, so ist sie nur diesen Personen gegenüber unwirksam. [2] Der rechtsgeschäftlichen Verfügung steht eine Verfügung gleich, die im Wege der Zwangsvollstreckung oder der Arrestvollziehung erfolgt.

(2) Die Vorschriften zugunsten derjenigen, welche Rechte von einem Nichtberechtigten herleiten, finden entsprechende Anwendung.

§ 136 Behördliches Veräußerungsverbot. Ein Veräußerungsverbot, das von einem Gericht oder von einer anderen Behörde innerhalb ihrer Zuständigkeit erlassen wird, steht einem gesetzlichen Veräußerungsverbot der in § 135 bezeichneten Art gleich.

§ 137 Rechtsgeschäftliches Verfügungsverbot. [1] Die Befugnis zur Verfügung über ein veräußerliches Recht kann nicht durch Rechtsgeschäft ausgeschlossen oder beschränkt werden. [2] Die Wirksamkeit einer Verpflichtung, über ein solches Recht nicht zu verfügen, wird durch diese Vorschrift nicht berührt.

§ 138 Sittenwidriges Rechtsgeschäft; Wucher. (1) Ein Rechtsgeschäft, das gegen die guten Sitten verstößt, ist nichtig.

(2) Nichtig ist insbesondere ein Rechtsgeschäft, durch das jemand unter Ausbeutung der Zwangslage, der Unerfahrenheit, des Mangels an Urteilsvermögen oder der erheblichen Willensschwäche eines anderen sich oder einem Dritten für eine Leistung Vermögensvorteile versprechen oder gewähren lässt, die in einem auffälligen Missverhältnis zu der Leistung stehen.

§ 139 Teilnichtigkeit. Ist ein Teil eines Rechtsgeschäfts nichtig, so ist das ganze Rechtsgeschäft nichtig, wenn nicht anzunehmen ist, dass es auch ohne den nichtigen Teil vorgenommen sein würde.

(Fortsetzung nächstes Blatt)

den. [2] Ist das Eigentum vorbehalten, so kann der Rücktritt vom Vertrag auch erfolgen, wenn der gesicherte Anspruch verjährt ist.

(3) Die Absätze 1 und 2 finden keine Anwendung auf die Verjährung von Ansprüchen auf Zinsen und andere wiederkehrende Leistungen.

§ 217 Verjährung von Nebenleistungen. Mit dem Hauptanspruch verjährt der Anspruch auf die von ihm abhängenden Nebenleistungen, auch wenn die für diesen Anspruch geltende besondere Verjährung noch nicht eingetreten ist.

§ 218[1)] Unwirksamkeit des Rücktritts. (1) [1] Der Rücktritt wegen nicht oder nicht vertragsgemäß erbrachter Leistung ist unwirksam, wenn der Anspruch auf die Leistung oder der Nacherfüllungsanspruch verjährt ist und der Schuldner sich hierauf beruft. [2] Dies gilt auch, wenn der Schuldner nach § 275 Absatz 1 bis 3, § 439 Absatz 4 oder § 635 Absatz 3 nicht zu leisten braucht und der Anspruch auf die Leistung oder der Nacherfüllungsanspruch verjährt wäre. [3] § 216 Abs. 2 Satz 2 bleibt unberührt.

(2) § 214 Abs. 2 findet entsprechende Anwendung.

§§ 219 bis 225 (weggefallen)

Abschnitt 6. Ausübung der Rechte, Selbstverteidigung, Selbsthilfe

§ 226 Schikaneverbot. Die Ausübung eines Rechts ist unzulässig, wenn sie nur den Zweck haben kann, einem anderen Schaden zuzufügen.

§ 227 Notwehr. (1) Eine durch Notwehr gebotene Handlung ist nicht widerrechtlich.

(2) Notwehr ist diejenige Verteidigung, welche erforderlich ist, um einen gegenwärtigen rechtswidrigen Angriff von sich oder einem anderen abzuwenden.

§ 228 Notstand. [1] Wer eine fremde Sache beschädigt oder zerstört, um eine durch sie drohende Gefahr von sich oder einem anderen abzuwenden, handelt nicht widerrechtlich, wenn die Beschädigung oder die Zerstörung zur Abwendung der Gefahr erforderlich ist und der Schaden nicht außer Verhältnis zu der Gefahr steht. [2] Hat der Handelnde die Gefahr verschuldet, so ist er zum Schadensersatz verpflichtet.

§ 229 Selbsthilfe. Wer zum Zwecke der Selbsthilfe eine Sache wegnimmt, zerstört oder beschädigt oder wer zum Zwecke der Selbsthilfe einen Verpflichteten, welcher der Flucht verdächtig ist, festnimmt oder den Widerstand des Verpflichteten gegen eine Handlung, die dieser zu dulden verpflichtet ist, beseitigt, handelt nicht widerrechtlich, wenn obrigkeitliche Hilfe nicht rechtzeitig zu erlangen ist und ohne sofortiges Eingreifen die Gefahr besteht, dass die Verwirklichung des Anspruchs vereitelt oder wesentlich erschwert werde.

§ 230 Grenzen der Selbsthilfe. (1) Die Selbsthilfe darf nicht weiter gehen, als zur Abwendung der Gefahr erforderlich ist.

(2) Im Falle der Wegnahme von Sachen ist, sofern nicht Zwangsvollstreckung erwirkt wird, der dingliche Arrest zu beantragen.

(3) Im Falle der Festnahme des Verpflichteten ist, sofern er nicht wieder in Freiheit gesetzt wird, der persönliche Sicherheitsarrest bei dem Amtsgericht zu

---

1) § 218 Abs. 1 Satz 2 geänd. mWv 1.1.2018 durch G v. 28.4.2017 (BGBl. I S. 969).

beantragen, in dessen Bezirk die Festnahme erfolgt ist; der Verpflichtete ist unverzüglich dem Gericht vorzuführen.

(4) Wird der Arrestantrag verzögert oder abgelehnt, so hat die Rückgabe der weggenommenen Sachen und die Freilassung des Festgenommenen unverzüglich zu erfolgen.

§ 231 Irrtümliche Selbsthilfe. Wer eine der im § 229 bezeichneten Handlungen in der irrigen Annahme vornimmt, dass die für den Ausschluss der Widerrechtlichkeit erforderlichen Voraussetzungen vorhanden seien, ist dem anderen Teil zum Schadensersatz verpflichtet, auch wenn der Irrtum nicht auf Fahrlässigkeit beruht.

Abschnitt 7. Sicherheitsleistung

§ 232 Arten. (1) Wer Sicherheit zu leisten hat, kann dies bewirken
durch Hinterlegung von Geld oder Wertpapieren,
durch Verpfändung von Forderungen, die in das Bundesschuldbuch oder in das Landesschuldbuch eines Landes eingetragen sind,
durch Verpfändung beweglicher Sachen,
durch Bestellung von Schiffshypotheken an Schiffen oder Schiffsbauwerken, die in einem deutschen Schiffsregister oder Schiffsbauregister eingetragen sind,
durch Bestellung von Hypotheken an inländischen Grundstücken,
durch Verpfändung von Forderungen, für die eine Hypothek an einem inländischen Grundstück besteht, oder durch Verpfändung von Grundschulden oder Rentenschulden an inländischen Grundstücken.

(2) Kann die Sicherheit nicht in dieser Weise geleistet werden, so ist die Stellung eines tauglichen Bürgen zulässig.

§ 233 Wirkung der Hinterlegung. Mit der Hinterlegung erwirbt der Berechtigte ein Pfandrecht an dem hinterlegten Geld oder an den hinterlegten Wertpapieren und, wenn das Geld oder die Wertpapiere in das Eigentum des Fiskus oder der als Hinterlegungsstelle bestimmten Anstalt übergehen, ein Pfandrecht an der Forderung auf Rückerstattung.

§ 234 Geeignete Wertpapiere. (1) [1] Wertpapiere sind zur Sicherheitsleistung nur geeignet, wenn sie auf den Inhaber lauten, einen Kurswert haben und einer Gattung angehören, in der Mündelgeld angelegt werden darf. [2] Den Inhaberpapieren stehen Orderpapiere gleich, die mit Blankoindossament versehen sind.

(2) Mit den Wertpapieren sind die Zins-, Renten-, Gewinnanteil- und Erneuerungsscheine zu hinterlegen.

(3) Mit Wertpapieren kann Sicherheit nur in Höhe von drei Vierteln des Kurswerts geleistet werden.

§ 235 Umtauschrecht. Wer durch Hinterlegung von Geld oder von Wertpapieren Sicherheit geleistet hat, ist berechtigt, das hinterlegte Geld gegen geeignete Wertpapiere, die hinterlegten Wertpapiere gegen andere geeignete Wertpapiere oder gegen Geld umzutauschen.

§ 236 Buchforderungen. Mit einer Schuldbuchforderung gegen den Bund oder gegen ein Land kann Sicherheit nur in Höhe von drei Vierteln des Kurswerts der Wertpapiere geleistet werden, deren Aushändigung der Gläubiger gegen Löschung seiner Forderung verlangen kann.

§ 237 Bewegliche Sachen. [1] Mit einer beweglichen Sache kann Sicherheit nur in Höhe von zwei Dritteln des Schätzungswerts geleistet werden. [2] Sachen, deren Verderb zu besorgen oder deren Aufbewahrung mit besonderen Schwierigkeiten verbunden ist, können zurückgewiesen werden.

§ 238 Hypotheken, Grund- und Rentenschulden. (1) Eine Hypothekenforderung, eine Grundschuld oder eine Rentenschuld ist zur Sicherheitsleistung nur geeignet, wenn sie den Voraussetzungen entspricht, unter denen am Orte der Sicherheitsleistung Mündelgeld in Hypothekenforderungen, Grundschulden oder Rentenschulden angelegt werden darf.

(2) Eine Forderung, für die eine Sicherungshypothek besteht, ist zur Sicherheitsleistung nicht geeignet.

§ 239 Bürge. (1) Ein Bürge ist tauglich, wenn er ein der Höhe der zu leistenden Sicherheit angemessenes Vermögen besitzt und seinen allgemeinen Gerichtsstand im Inland hat.

(2) Die Bürgschaftserklärung muss den Verzicht auf die Einrede der Vorausklage enthalten.

§ 240 Ergänzungspflicht. Wird die geleistete Sicherheit ohne Verschulden des Berechtigten unzureichend, so ist sie zu ergänzen oder anderweitige Sicherheit zu leisten.

§ 240a[1)] Verordnungsermächtigung. (1) Das Bundesministerium der Justiz wird ermächtigt, durch Rechtsverordnung, die nicht der Zustimmung des Bundesrates bedarf, Folgendes festzulegen:

1. Gattungen von Inhaberpapieren und Orderpapieren nach § 234 Absatz 1, die zur Sicherheitsleistung geeignet sind und die Voraussetzungen, unter denen Hypothekenforderungen, Grundschulden und Rentenschulden zur Sicherheitsleistung geeignet sind, sowie
2. die Voraussetzungen für Anlagen nach den §§ 1079, 1288 Absatz 1 und 2119.

(2) Die Festlegungen nach Absatz 1 Nummer 1 müssen gewährleisten, dass der Gläubiger bei Unvermögen des Schuldners oder wenn der Schuldner aus anderen Gründen nicht zur Leistung bereit ist, die Schuld durch Verwertung der hinterlegten Wertpapiere, der Hypothekenforderung oder der Grund- und Rentenschulden begleichen kann.

Buch 2.[2)] [3)] Recht der Schuldverhältnisse

Abschnitt 1. Inhalt der Schuldverhältnisse

Titel 1. Verpflichtung zur Leistung

§ 241 Pflichten aus dem Schuldverhältnis. (1) [1] Kraft des Schuldverhältnisses ist der Gläubiger berechtigt, von dem Schuldner eine Leistung zu fordern. [2] Die Leistung kann auch in einem Unterlassen bestehen.

[1)] § 240a eingef. mWv 1.7.2022 durch G v. 4.5.2021 (BGBl. I S. 882, geänd. durch G v. 24.6.2022, BGBl. I S. 959); Abs. 1 einl. Satzteil geänd. mWv 1.7.2022 durch G v. 24.6.2022 (BGBl. I S. 959)

[2)] Wegen des aufgrund des Gesetzes zur Modernisierung des Schuldrechts geltenden Übergangsrechts zum Recht der Schuldverhältnisse beachte Art. 229 § 5 EGBGB (Nr. **21**).

[3)] Wegen des für das Gebiet der ehem. DDR zum Recht der Schuldverhältnisse geltenden Übergangsrechts beachte Art. 232 EGBGB (Nr. **21**).

(2) Das Schuldverhältnis kann nach seinem Inhalt jeden Teil zur Rücksicht auf die Rechte, Rechtsgüter und Interessen des anderen Teils verpflichten.

§ 241a[1)] [2)] **Unbestellte Leistungen.** (1) Durch die Lieferung beweglicher Sachen, die nicht auf Grund von Zwangsvollstreckungsmaßnahmen oder anderen gerichtlichen Maßnahmen verkauft werden (Waren), oder durch die Erbringung sonstiger Leistungen durch einen Unternehmer an den Verbraucher wird ein Anspruch gegen den Verbraucher nicht begründet, wenn der Verbraucher die Waren oder sonstigen Leistungen nicht bestellt hat.

(2) Gesetzliche Ansprüche sind nicht ausgeschlossen, wenn die Leistung nicht für den Empfänger bestimmt war oder in der irrigen Vorstellung einer Bestellung erfolgte und der Empfänger dies erkannt hat oder bei Anwendung der im Verkehr erforderlichen Sorgfalt hätte erkennen können.

(3) [1] Von den Regelungen dieser Vorschrift darf nicht zum Nachteil des Verbrauchers abgewichen werden. [2] Die Regelungen finden auch Anwendung, wenn sie durch anderweitige Gestaltungen umgangen werden.

§ 242 Leistung nach Treu und Glauben. Der Schuldner ist verpflichtet, die Leistung so zu bewirken, wie Treu und Glauben mit Rücksicht auf die Verkehrssitte es erfordern.

§ 243 Gattungsschuld. (1) Wer eine nur der Gattung nach bestimmte Sache schuldet, hat eine Sache von mittlerer Art und Güte zu leisten.

(2) Hat der Schuldner das zur Leistung einer solchen Sache seinerseits Erforderliche getan, so beschränkt sich das Schuldverhältnis auf diese Sache.

§ 244 Fremdwährungsschuld. (1) Ist eine in einer anderen Währung als Euro ausgedrückte Geldschuld im Inland zu zahlen, so kann die Zahlung in Euro erfolgen, es sei denn, dass Zahlung in der anderen Währung ausdrücklich vereinbart ist.

(2) Die Umrechnung erfolgt nach dem Kurswert, der zur Zeit der Zahlung für den Zahlungsort maßgebend ist.

§ 245 Geldsortenschuld. Ist eine Geldschuld in einer bestimmten Münzsorte zu zahlen, die sich zur Zeit der Zahlung nicht mehr im Umlauf befindet, so ist die Zahlung so zu leisten, wie wenn die Münzsorte nicht bestimmt wäre.

§ 246 Gesetzlicher Zinssatz. Ist eine Schuld nach Gesetz oder Rechtsgeschäft zu verzinsen, so sind vier vom Hundert für das Jahr zu entrichten, sofern nicht ein anderes bestimmt ist.[3)]

§ 247[4)] [5)] **Basiszinssatz.** (1) [1] Der Basiszinssatz beträgt *3,62 Prozent*[6)]. [2] Er verändert sich zum 1. Januar und 1. Juli eines jeden Jahres um die Prozentpunkte, um

---

[1)] **Amtl. Anm.:** Diese Vorschrift dient der Umsetzung von Artikel 9 der Richtlinie 97/7/EG des Europäischen Parlaments und des Rates vom 20. Mai 1997 über den Verbraucherschutz bei Vertragsabschlüssen im Fernabsatz (ABl. EG Nr. L 144 S. 19).

[2)] § 241a Abs. 1 und 3 neu gef. mWv 13.6.2014 durch G v. 20.9.2013 (BGBl. I S. 3642).

[3)] Bei beiderseitigen Handelsgeschäften beachte § 352 HGB (Nr. **50**).

[4)] **Amtl. Anm.:** Diese Vorschrift dient der Umsetzung von Artikel 3 der Richtlinie 2000/35/EG des Europäischen Parlaments und des Rates vom 29. Juni 2000 zur Bekämpfung von Zahlungsverzug im Geschäftsverkehr (ABl. EG Nr. L 200 S. 35).

[5)] Beachte hierzu Übergangsvorschrift in Art. 229 § 7 EGBGB (Nr. **21**).

[6)] Laut Bek. der Dt. Bundesbank gem. § 247 Abs. 2 iVm Abs. 1 Satz 2 beträgt der Basiszinssatz
– ab 1.1.2002 **2,57 %** (Bek. v. 28.12.2001, BAnz. 2002 Nr. 3 S. 98); →

welche die Bezugsgröße seit der letzten Veränderung des Basiszinssatzes gestiegen oder gefallen ist. [3] Bezugsgröße ist der Zinssatz für die jüngste Hauptrefinanzierungsoperation der Europäischen Zentralbank vor dem ersten Kalendertag des betreffenden Halbjahrs.

(2) Die Deutsche Bundesbank gibt den geltenden Basiszinssatz unverzüglich nach den in Absatz 1 Satz 2 genannten Zeitpunkten im Bundesanzeiger bekannt.

§ 248 Zinseszinsen. (1) Eine im Voraus getroffene Vereinbarung, dass fällige Zinsen wieder Zinsen tragen sollen, ist nichtig.

(2) [1] Sparkassen, Kreditanstalten und Inhaber von Bankgeschäften können im Voraus vereinbaren, dass nicht erhobene Zinsen von Einlagen als neue verzinsliche Einlagen gelten sollen. [2] Kreditanstalten, die berechtigt sind, für den Betrag der von ihnen gewährten Darlehen verzinsliche Schuldverschreibungen auf den Inhaber auszugeben, können sich bei solchen Darlehen die Verzinsung rückständiger Zinsen im Voraus versprechen lassen.

§ 249[1) 2)] Art und Umfang des Schadensersatzes. (1) Wer zum Schadensersatz verpflichtet ist, hat den Zustand herzustellen, der bestehen würde, wenn der zum Ersatz verpflichtende Umstand nicht eingetreten wäre.

(2) [1] Ist wegen Verletzung einer Person oder wegen Beschädigung einer Sache Schadensersatz zu leisten, so kann der Gläubiger statt der Herstellung den dazu erforderlichen Geldbetrag verlangen. [2] Bei der Beschädigung einer Sache schließt

---

(Fortsetzung der Anm. von voriger Seite)
– ab 1.7.2002 **2,47 %** (Bek. v. 25.6.2002, BAnz. Nr. 118 S. 14 538);
– ab 1.1.2003 **1,97 %** (Bek. v. 30.12.2002, BAnz. 2003 Nr. 2 S. 76);
– ab 1.7.2003 **1,22 %** (Bek. v. 24.6.2003, BAnz. Nr. 117 S. 13 744);
– ab 1.1.2004 **1,14 %** (Bek. v. 30.12.2003, BAnz. Nr. 2 S. 69);
– ab 1.7.2004 **1,13 %** (Bek. v. 29.6.2004, BAnz. Nr. 122 S. 14 246);
– ab 1.1.2005 **1,21 %** (Bek. v. 30.12.2004, BAnz. Nr. 1 S. 6);
– ab 1.7.2005 **1,17 %** (Bek. v. 28.6.2005, BAnz. Nr. 122 S. 10 041);
– ab 1.1.2006 **1,37 %** (Bek. v. 29.12.2005, BAnz. Nr. 1 S. 2);
– ab 1.7.2006 **1,95 %** (Bek. v. 27.6.2006, BAnz. Nr. 191 S. 4754);
– ab 1.1.2007 **2,70 %** (Bek. v. 28.12.2006, BAnz. Nr. 245 S. 7463);
– ab 1.7.2007 **3,19 %** (Bek. v. 28.6.2007, BAnz. Nr. 117 S. 6530);
– ab 1.1.2008 **3,32 %** (Bek. v. 28.12.2007, BAnz. Nr. 242 S. 8415);
– ab 1.7.2008 **3,19 %** (Bek. v. 24.6.2008, BAnz. Nr. 94 S. 2232);
– ab 1.1.2009 **1,62 %** (Bek. v. 30.12.2008, BAnz. 2009 Nr. 1 S. 6);
– ab 1.7.2009 **0,12 %** (Bek. v. 30.6.2009, BAnz. Nr. 95 S. 2302, Bek. v. 29.12.2009, BAnz. Nr. 198 S. 4582, Bek. v. 29.6.2010, BAnz. Nr. 96 S. 2264, und Bek. v. 28.12.2010, BAnz. Nr. 199 S. 4388);
– ab 1.7.2011 **0,37 %** (Bek. v. 30.6.2011, BAnz. Nr. 96 S. 2314);
– ab 1.1.2012 **0,12 %** (Bek. v. 27.12.2011, BAnz. Nr. 197 S. 4659, und Bek. v. 26.6.2012, BAnz AT 28.06.2012 B3);
– ab 1.1.2013 **0,13 %** (Bek. v. 28.12.2012, BAnz AT 31.12.2012 B8);
– ab 1.7.2013 **−0,38 %** (Bek. v. 25.6.2013, BAnz AT 27.06.2013 B4);
– ab 1.1.2014 **−0,63 %** (Bek. v. 30.12.2013, BAnz AT 31.12.2013 B7);
– ab 1.7.2014 **−0,73 %** (Bek. v. 24.6.2014, BAnz AT 26.06.2014 B5);
– ab 1.1.2015 **−0,83 %** (Bek. v. 30.12.2014, BAnz AT 31.12.2014 B12, Bek. v. 30.6.2015, BAnz AT 01.07.2015 B6, und Bek. v. 29.12.2015, BAnz AT 30.12.2015 B8);
– ab 1.7.2016 **−0,88 %** (Bek. v. 28.6.2016, BAnz AT 29.06.2016 B4, Bek. v. 27.12.2016, BAnz AT 29.12.2016 B11, Bek. v. 27.6.2017, BAnz AT 29.06.2017 B10, Bek. v. 19.12.2017, BAnz AT 21.12.2017 B6, Bek. v. 26.6.2018, BAnz AT 28.06.2018 B6, Bek. v. 18.12.2018, BAnz AT 20.12.2018 B10, Bek. v. 25.6.2019, BAnz AT 27.06.2019 B9, Bek. v. 31.12.2019, BAnz AT 06.01.2020 B5, Bek. v. 30.6.2020, BAnz AT 02.07.2020 B5, Bek. v. 29.12.2020, BAnz AT 30.12.2020 B8, Bek. v. 29.6.2021, BAnz AT 30.06.2021 B6, Bek. v. 28.12.2021, BAnz AT 29.12.2021 B6 und Bek. v. 28.6.2022, BAnz AT 29.06.2022 B8).

[1)] § 249 bish. Satz 1 wird Abs. 1, bish. Satz 2 wird Abs. 2 Satz 1, Abs. 2 Satz 2 angef. mWv 1.8.2002 durch G v. 19.7.2002 (BGBl. I S. 2674).

[2)] Beachte hierzu Übergangsvorschrift in Art. 229 § 8 EGBGB (Nr. **21**).

der nach Satz 1 erforderliche Geldbetrag die Umsatzsteuer nur mit ein, wenn und soweit sie tatsächlich angefallen ist.

§ 250 Schadensersatz in Geld nach Fristsetzung. [1] Der Gläubiger kann dem Ersatzpflichtigen zur Herstellung eine angemessene Frist mit der Erklärung bestimmen, dass er die Herstellung nach dem Ablauf der Frist ablehne. [2] Nach dem Ablauf der Frist kann der Gläubiger den Ersatz in Geld verlangen, wenn nicht die Herstellung rechtzeitig erfolgt; der Anspruch auf die Herstellung ist ausgeschlossen.

§ 251 Schadensersatz in Geld ohne Fristsetzung. (1) Soweit die Herstellung nicht möglich oder zur Entschädigung des Gläubigers nicht genügend ist, hat der Ersatzpflichtige den Gläubiger in Geld zu entschädigen.

(2) [1] Der Ersatzpflichtige kann den Gläubiger in Geld entschädigen, wenn die Herstellung nur mit unverhältnismäßigen Aufwendungen möglich ist. [2] Die aus der Heilbehandlung eines verletzten Tieres entstandenen Aufwendungen sind nicht bereits dann unverhältnismäßig, wenn sie dessen Wert erheblich übersteigen.

§ 252 Entgangener Gewinn. [1] Der zu ersetzende Schaden umfasst auch den entgangenen Gewinn. [2] Als entgangen gilt der Gewinn, welcher nach dem gewöhnlichen Lauf der Dinge oder nach den besonderen Umständen, insbesondere nach den getroffenen Anstalten und Vorkehrungen, mit Wahrscheinlichkeit erwartet werden konnte.

§ 253[1)] [2)] Immaterieller Schaden. (1) Wegen eines Schadens, der nicht Vermögensschaden ist, kann Entschädigung in Geld nur in den durch das Gesetz bestimmten Fällen gefordert werden.

(2) Ist wegen einer Verletzung des Körpers, der Gesundheit, der Freiheit oder der sexuellen Selbstbestimmung Schadensersatz zu leisten, kann auch wegen des Schadens, der nicht Vermögensschaden ist, eine billige Entschädigung in Geld gefordert werden.

§ 254 Mitverschulden. (1) Hat bei der Entstehung des Schadens ein Verschulden des Beschädigten mitgewirkt, so hängt die Verpflichtung zum Ersatz sowie der Umfang des zu leistenden Ersatzes von den Umständen, insbesondere davon ab, inwieweit der Schaden vorwiegend von dem einen oder dem anderen Teil verursacht worden ist.

(2) [1] Dies gilt auch dann, wenn sich das Verschulden des Beschädigten darauf beschränkt, dass er unterlassen hat, den Schuldner auf die Gefahr eines ungewöhnlich hohen Schadens aufmerksam zu machen, die der Schuldner weder kannte noch kennen musste, oder dass er unterlassen hat, den Schaden abzuwenden oder zu mindern. [2] Die Vorschrift des § 278 findet entsprechende Anwendung.

§ 255 Abtretung der Ersatzansprüche. Wer für den Verlust einer Sache oder eines Rechts Schadensersatz zu leisten hat, ist zum Ersatz nur gegen Abtretung der Ansprüche verpflichtet, die dem Ersatzberechtigten auf Grund des Eigentums an der Sache oder auf Grund des Rechts gegen Dritte zustehen.

§ 256 Verzinsung von Aufwendungen. [1] Wer zum Ersatz von Aufwendungen verpflichtet ist, hat den aufgewendeten Betrag oder, wenn andere Gegenstände als Geld aufgewendet worden sind, den als Ersatz ihres Wertes zu zahlenden Betrag von

---

1) § 253 Abs. 2 angef. mWv 1.8.2002 durch G v. 19.7.2002 (BGBl. I S. 2674).
2) Beachte hierzu Übergangsvorschrift in Art. 229 § 8 EGBGB (Nr. **21**).

der Zeit der Aufwendung an zu verzinsen. [2] Sind Aufwendungen auf einen Gegenstand gemacht worden, der dem Ersatzpflichtigen herauszugeben ist, so sind Zinsen für die Zeit, für welche dem Ersatzberechtigten die Nutzungen oder die Früchte des Gegenstands ohne Vergütung verbleiben, nicht zu entrichten.

§ 257 Befreiungsanspruch. [1] Wer berechtigt ist, Ersatz für Aufwendungen zu verlangen, die er für einen bestimmten Zweck macht, kann, wenn er für diesen Zweck eine Verbindlichkeit eingeht, Befreiung von der Verbindlichkeit verlangen. [2] Ist die Verbindlichkeit noch nicht fällig, so kann ihm der Ersatzpflichtige, statt ihn zu befreien, Sicherheit leisten.

§ 258 Wegnahmerecht. [1] Wer berechtigt ist, von einer Sache, die er einem anderen herauszugeben hat, eine Einrichtung wegzunehmen, hat im Falle der Wegnahme die Sache auf seine Kosten in den vorigen Stand zu setzen. [2] Erlangt der andere den Besitz der Sache, so ist er verpflichtet, die Wegnahme der Einrichtung zu gestatten; er kann die Gestattung verweigern, bis ihm für den mit der Wegnahme verbundenen Schaden Sicherheit geleistet wird.

§ 259 Umfang der Rechenschaftspflicht. (1) Wer verpflichtet ist, über eine mit Einnahmen oder Ausgaben verbundene Verwaltung Rechenschaft abzulegen, hat dem Berechtigten eine die geordnete Zusammenstellung der Einnahmen oder der Ausgaben enthaltende Rechnung mitzuteilen und, soweit Belege erteilt zu werden pflegen, Belege vorzulegen.

(2) Besteht Grund zu der Annahme, dass die in der Rechnung enthaltenen Angaben über die Einnahmen nicht mit der erforderlichen Sorgfalt gemacht worden sind, so hat der Verpflichtete auf Verlangen zu Protokoll an Eides statt zu versichern, dass er nach bestem Wissen die Einnahmen so vollständig angegeben habe, als er dazu imstande sei.

(3) In Angelegenheiten von geringer Bedeutung besteht eine Verpflichtung zur Abgabe der eidesstattlichen Versicherung nicht.

§ 260 Pflichten bei Herausgabe oder Auskunft über Inbegriff von Gegenständen. (1) Wer verpflichtet ist, einen Inbegriff von Gegenständen herauszugeben oder über den Bestand eines solchen Inbegriffs Auskunft zu erteilen, hat dem Berechtigten ein Verzeichnis des Bestands vorzulegen.

(2) Besteht Grund zu der Annahme, dass das Verzeichnis nicht mit der erforderlichen Sorgfalt aufgestellt worden ist, so hat der Verpflichtete auf Verlangen zu Protokoll an Eides statt zu versichern, dass er nach bestem Wissen den Bestand so vollständig angegeben habe, als er dazu imstande sei.

(3) Die Vorschrift des § 259 Abs. 3 findet Anwendung.

§ 261[1)] Änderung der eidesstattlichen Versicherung; Kosten. (1) Das Gericht kann eine den Umständen entsprechende Änderung der eidesstattlichen Versicherung beschließen.

(2) Die Kosten der Abnahme der eidesstattlichen Versicherung hat derjenige zu tragen, welcher die Abgabe der Versicherung verlangt.

§ 262 Wahlschuld; Wahlrecht. Werden mehrere Leistungen in der Weise geschuldet, dass nur die eine oder die andere zu bewirken ist, so steht das Wahlrecht im Zweifel dem Schuldner zu.

[1)] § 261 neu gef. mWv 1.9.2009 durch G v. 17.12.2008 (BGBl. I S. 2586).

§ 263 Ausübung des Wahlrechts; Wirkung. (1) Die Wahl erfolgt durch Erklärung gegenüber dem anderen Teil.

(2) Die gewählte Leistung gilt als die von Anfang an allein geschuldete.

§ 264 Verzug des Wahlberechtigten. (1) Nimmt der wahlberechtigte Schuldner die Wahl nicht vor dem Beginn der Zwangsvollstreckung vor, so kann der Gläubiger die Zwangsvollstreckung nach seiner Wahl auf die eine oder auf die andere Leistung richten; der Schuldner kann sich jedoch, solange nicht der Gläubiger die gewählte Leistung ganz oder zum Teil empfangen hat, durch eine der übrigen Leistungen von seiner Verbindlichkeit befreien.

(2) [1] Ist der wahlberechtigte Gläubiger im Verzug, so kann der Schuldner ihn unter Bestimmung einer angemessenen Frist zur Vornahme der Wahl auffordern. [2] Mit dem Ablauf der Frist geht das Wahlrecht auf den Schuldner über, wenn nicht der Gläubiger rechtzeitig die Wahl vornimmt.

§ 265 Unmöglichkeit bei Wahlschuld. [1] Ist eine der Leistungen von Anfang an unmöglich oder wird sie später unmöglich, so beschränkt sich das Schuldverhältnis auf die übrigen Leistungen. [2] Die Beschränkung tritt nicht ein, wenn die Leistung infolge eines Umstands unmöglich wird, den der nicht wahlberechtigte Teil zu vertreten hat.

§ 266 Teilleistungen. Der Schuldner ist zu Teilleistungen nicht berechtigt.

§ 267 Leistung durch Dritte. (1) [1] Hat der Schuldner nicht in Person zu leisten, so kann auch ein Dritter die Leistung bewirken. [2] Die Einwilligung des Schuldners ist nicht erforderlich.

(2) Der Gläubiger kann die Leistung ablehnen, wenn der Schuldner widerspricht.

§ 268 Ablösungsrecht des Dritten. (1) [1] Betreibt der Gläubiger die Zwangsvollstreckung in einen dem Schuldner gehörenden Gegenstand, so ist jeder, der Gefahr läuft, durch die Zwangsvollstreckung ein Recht an dem Gegenstand zu verlieren, berechtigt, den Gläubiger zu befriedigen. [2] Das gleiche Recht steht dem Besitzer einer Sache zu, wenn er Gefahr läuft, durch die Zwangsvollstreckung den Besitz zu verlieren.

(2) Die Befriedigung kann auch durch Hinterlegung oder durch Aufrechnung erfolgen.

(Fortsetzung nächstes Blatt)

3. wenn im Falle eines gesetzlichen Rücktrittsrechts die Verschlechterung oder der Untergang beim Berechtigten eingetreten ist, obwohl dieser diejenige Sorgfalt beobachtet hat, die er in eigenen Angelegenheiten anzuwenden pflegt.

[2] Eine verbleibende Bereicherung ist herauszugeben.

(4) Der Gläubiger kann wegen Verletzung einer Pflicht aus Absatz 1 nach Maßgabe der §§ 280 bis 283 Schadensersatz verlangen.

§ 347 Nutzungen und Verwendungen nach Rücktritt. (1) [1] Zieht der Schuldner Nutzungen entgegen den Regeln einer ordnungsmäßigen Wirtschaft nicht, obwohl ihm das möglich gewesen wäre, so ist er dem Gläubiger zum Wertersatz verpflichtet. [2] Im Falle eines gesetzlichen Rücktrittsrechts hat der Berechtigte hinsichtlich der Nutzungen nur für diejenige Sorgfalt einzustehen, die er in eigenen Angelegenheiten anzuwenden pflegt.

(2) [1] Gibt der Schuldner den Gegenstand zurück, leistet er Wertersatz oder ist seine Wertersatzpflicht gemäß § 346 Abs. 3 Nr. 1 oder 2 ausgeschlossen, so sind ihm notwendige Verwendungen zu ersetzen. [2] Andere Aufwendungen sind zu ersetzen, soweit der Gläubiger durch diese bereichert wird.

§ 348 Erfüllung Zug-um-Zug. [1] Die sich aus dem Rücktritt ergebenden Verpflichtungen der Parteien sind Zug um Zug zu erfüllen. [2] Die Vorschriften der §§ 320, 322 finden entsprechende Anwendung.

§ 349 Erklärung des Rücktritts. Der Rücktritt erfolgt durch Erklärung gegenüber dem anderen Teil.

§ 350 Erlöschen des Rücktrittsrechts nach Fristsetzung. [1] Ist für die Ausübung des vertraglichen Rücktrittsrechts eine Frist nicht vereinbart, so kann dem Berechtigten von dem anderen Teil für die Ausübung eine angemessene Frist bestimmt werden. [2] Das Rücktrittsrecht erlischt, wenn nicht der Rücktritt vor dem Ablauf der Frist erklärt wird.

§ 351 Unteilbarkeit des Rücktrittsrechts. [1] Sind bei einem Vertrag auf der einen oder der anderen Seite mehrere beteiligt, so kann das Rücktrittsrecht nur von allen und gegen alle ausgeübt werden. [2] Erlischt das Rücktrittsrecht für einen der Berechtigten, so erlischt es auch für die übrigen.

§ 352 Aufrechnung nach Nichterfüllung. Der Rücktritt wegen Nichterfüllung einer Verbindlichkeit wird unwirksam, wenn der Schuldner sich von der Verbindlichkeit durch Aufrechnung befreien konnte und unverzüglich nach dem Rücktritt die Aufrechnung erklärt.

§ 353 Rücktritt gegen Reugeld. [1] Ist der Rücktritt gegen Zahlung eines Reugelds vorbehalten, so ist der Rücktritt unwirksam, wenn das Reugeld nicht vor oder bei der Erklärung entrichtet wird und der andere Teil aus diesem Grunde die Erklärung unverzüglich zurückweist. [2] Die Erklärung ist jedoch wirksam, wenn das Reugeld unverzüglich nach der Zurückweisung entrichtet wird.

§ 354 Verwirkungsklausel. Ist ein Vertrag mit dem Vorbehalt geschlossen, dass der Schuldner seiner Rechte aus dem Vertrag verlustig sein soll, wenn er seine Verbindlichkeit nicht erfüllt, so ist der Gläubiger bei dem Eintritt dieses Falles zum Rücktritt von dem Vertrag berechtigt.

Untertitel 2.[1)] Widerrufsrecht bei Verbraucherverträgen

§ 355[1)] Widerrufsrecht bei Verbraucherverträgen. (1) [1] Wird einem Verbraucher durch Gesetz ein Widerrufsrecht nach dieser Vorschrift eingeräumt, so sind der Verbraucher und der Unternehmer an ihre auf den Abschluss des Vertrags gerichteten Willenserklärungen nicht mehr gebunden, wenn der Verbraucher seine Willenserklärung fristgerecht widerrufen hat. [2] Der Widerruf erfolgt durch Erklärung gegenüber dem Unternehmer. [3] Aus der Erklärung muss der Entschluss des Verbrauchers zum Widerruf des Vertrags eindeutig hervorgehen. [4] Der Widerruf muss keine Begründung enthalten. [5] Zur Fristwahrung genügt die rechtzeitige Absendung des Widerrufs.

(2) [1] Die Widerrufsfrist beträgt 14 Tage. [2] Sie beginnt mit Vertragsschluss, soweit nichts anderes bestimmt ist.

(3) [1] Im Falle des Widerrufs sind die empfangenen Leistungen unverzüglich zurückzugewähren. [2] Bestimmt das Gesetz eine Höchstfrist für die Rückgewähr, so beginnt diese für den Unternehmer mit dem Zugang und für den Verbraucher mit der Abgabe der Widerrufserklärung. [3] Ein Verbraucher wahrt diese Frist durch die rechtzeitige Absendung der Waren. [4] Der Unternehmer trägt bei Widerruf die Gefahr der Rücksendung der Waren.

§ 356[2)] Widerrufsrecht bei außerhalb von Geschäftsräumen geschlossenen Verträgen und Fernabsatzverträgen. (1) [1] Der Unternehmer kann dem Verbraucher die Möglichkeit einräumen, das Muster-Widerrufsformular nach Anlage 2 zu Artikel 246a § 1 Absatz 2 Satz 1 Nummer 1 des Einführungsgesetzes zum Bürgerlichen Gesetzbuche[3)] oder eine andere eindeutige Widerrufserklärung auf der Webseite des Unternehmers auszufüllen und zu übermitteln. [2] Macht der Verbraucher von dieser Möglichkeit Gebrauch, muss der Unternehmer dem Verbraucher den Zugang des Widerrufs unverzüglich auf einem dauerhaften Datenträger bestätigen.

(2) Die Widerrufsfrist beginnt

1. bei einem Verbrauchsgüterkauf,
   a) der nicht unter die Buchstaben b bis d fällt, sobald der Verbraucher oder ein von ihm benannter Dritter, der nicht Frachtführer ist, die Waren erhalten hat,
   b) bei dem der Verbraucher mehrere Waren im Rahmen einer einheitlichen Bestellung bestellt hat und die Waren getrennt geliefert werden, sobald der Verbraucher oder ein von ihm benannter Dritter, der nicht Frachtführer ist, die letzte Ware erhalten hat,
   c) bei dem die Ware in mehreren Teilsendungen oder Stücken geliefert wird, sobald der Verbraucher oder ein vom Verbraucher benannter Dritter, der nicht Frachtführer ist, die letzte Teilsendung oder das letzte Stück erhalten hat,
   d) der auf die regelmäßige Lieferung von Waren über einen festgelegten Zeitraum gerichtet ist, sobald der Verbraucher oder ein von ihm benannter Dritter, der nicht Frachtführer ist, die erste Ware erhalten hat,

---

[1)] UTitel 2 (§§ 355–361) neu gef. mWv 13.6.2014 durch G v. 20.9.2013 (BGBl. I S. 3642).

[2)] § 356 neu gef. mWv 13.6.2014 durch G v. 20.9.2013 (BGBl. I S. 3642); Abs. 4 und 5 neu gef. mWv 28.5.2022 durch G v. 10.8.2021 (BGBl. I S. 3483); Abs. 5 Nr. 2 Buchst. a eingef., bish. Buchst. a–c werden Buchst. b–d, neuer Buchst. c geänd. mWv 22.7.2022 durch G v. 15.7.2022 (BGBl. I S. 1146).

[3)] Nr. **21**.

2. bei einem Vertrag, der die nicht in einem begrenzten Volumen oder in einer bestimmten Menge angebotene Lieferung von Wasser, Gas oder Strom, die Lieferung von Fernwärme oder die Lieferung von nicht auf einem körperlichen Datenträger befindlichen digitalen Inhalten zum Gegenstand hat, mit Vertragsschluss.

(3) [1] Die Widerrufsfrist beginnt nicht, bevor der Unternehmer den Verbraucher entsprechend den Anforderungen des Artikels 246a § 1 Absatz 2 Satz 1 Nummer 1 oder des Artikels 246b § 2 Absatz 1 des Einführungsgesetzes zum Bürgerlichen Gesetzbuche unterrichtet hat. [2] Das Widerrufsrecht erlischt spätestens zwölf Monate und 14 Tage nach dem in Absatz 2 oder § 355 Absatz 2 Satz 2 genannten Zeitpunkt. [3] Satz 2 ist auf Verträge über Finanzdienstleistungen nicht anwendbar.

(4) Das Widerrufsrecht erlischt bei Verträgen über die Erbringung von Dienstleistungen auch unter folgenden Voraussetzungen:

1. bei einem Vertrag, der den Verbraucher nicht zur Zahlung eines Preises verpflichtet, wenn der Unternehmer die Dienstleistung vollständig erbracht hat,
2. bei einem Vertrag, der den Verbraucher zur Zahlung eines Preises verpflichtet, mit der vollständigen Erbringung der Dienstleistung, wenn der Verbraucher vor Beginn der Erbringung
   a) ausdrücklich zugestimmt hat, dass der Unternehmer mit der Erbringung der Dienstleistung vor Ablauf der Widerrufsfrist beginnt,
   b) bei einem außerhalb von Geschäftsräumen geschlossenen Vertrag die Zustimmung nach Buchstabe a auf einem dauerhaften Datenträger übermittelt hat und
   c) seine Kenntnis davon bestätigt hat, dass sein Widerrufsrecht mit vollständiger Vertragserfüllung durch den Unternehmer erlischt,
3. bei einem Vertrag, bei dem der Verbraucher den Unternehmer ausdrücklich aufgefordert hat, ihn aufzusuchen, um Reparaturarbeiten auszuführen, mit der vollständigen Erbringung der Dienstleistung, wenn der Verbraucher die in Nummer 2 Buchstabe a und b genannten Voraussetzungen erfüllt hat,
4. bei einem Vertrag über die Erbringung von Finanzdienstleistungen, wenn der Vertrag von beiden Seiten auf ausdrücklichen Wunsch des Verbrauchers vollständig erfüllt ist, bevor der Verbraucher sein Widerrufsrecht ausübt.

(5) Das Widerrufsrecht erlischt bei Verträgen über die Bereitstellung von nicht auf einem körperlichen Datenträger befindlichen digitalen Inhalten auch unter folgenden Voraussetzungen:

1. bei einem Vertrag, der den Verbraucher nicht zur Zahlung eines Preises verpflichtet, wenn der Unternehmer mit der Vertragserfüllung begonnen hat,
2. bei einem Vertrag, der den Verbraucher zur Zahlung eines Preises verpflichtet, wenn
   a) der Unternehmer mit der Vertragserfüllung begonnen hat,
   b) der Verbraucher ausdrücklich zugestimmt hat, dass der Unternehmer mit der Vertragserfüllung vor Ablauf der Widerrufsfrist beginnt,
   c) der Verbraucher seine Kenntnis davon bestätigt hat, dass durch seine Zustimmung nach Buchstabe b mit Beginn der Vertragserfüllung sein Widerrufsrecht erlischt, und
   d) der Unternehmer dem Verbraucher eine Bestätigung gemäß § 312f zur Verfügung gestellt hat.

§ 356a[1] Widerrufsrecht bei Teilzeit-Wohnrechteverträgen, Verträgen über ein langfristiges Urlaubsprodukt, bei Vermittlungsverträgen und Tauschsystemverträgen. (1) Der Widerruf ist in Textform zu erklären.

(2) [1] Die Widerrufsfrist beginnt mit dem Zeitpunkt des Vertragsschlusses oder des Abschlusses eines Vorvertrags. [2] Erhält der Verbraucher die Vertragsurkunde oder die Abschrift des Vertrags erst nach Vertragsschluss, beginnt die Widerrufsfrist mit dem Zeitpunkt des Erhalts.

(3) [1] Sind dem Verbraucher die in § 482 Absatz 1 bezeichneten vorvertraglichen Informationen oder das in Artikel 242 § 1 Absatz 2 des Einführungsgesetzes zum Bürgerlichen Gesetzbuche[2] bezeichnete Formblatt vor Vertragsschluss nicht, nicht vollständig oder nicht in der in § 483 Absatz 1 vorgeschriebenen Sprache überlassen worden, so beginnt die Widerrufsfrist abweichend von Absatz 2 erst mit dem vollständigen Erhalt der vorvertraglichen Informationen und des Formblatts in der vorgeschriebenen Sprache. [2] Das Widerrufsrecht erlischt spätestens drei Monate und 14 Tage nach dem in Absatz 2 genannten Zeitpunkt.

(4) [1] Ist dem Verbraucher die in § 482a bezeichnete Widerrufsbelehrung vor Vertragsschluss nicht, nicht vollständig oder nicht in der in § 483 Absatz 1 vorgeschriebenen Sprache überlassen worden, so beginnt die Widerrufsfrist abweichend von Absatz 2 erst mit dem vollständigen Erhalt der Widerrufsbelehrung in der vorgeschriebenen Sprache. [2] Das Widerrufsrecht erlischt gegebenenfalls abweichend von Absatz 3 Satz 2 spätestens zwölf Monate und 14 Tage nach dem in Absatz 2 genannten Zeitpunkt.

(5) [1] Hat der Verbraucher einen Teilzeit-Wohnrechtevertrag und einen Tauschsystemvertrag abgeschlossen und sind ihm diese Verträge zum gleichen Zeitpunkt angeboten worden, so beginnt die Widerrufsfrist für beide Verträge mit dem nach Absatz 2 für den Teilzeit-Wohnrechtevertrag geltenden Zeitpunkt. [2] Die Absätze 3 und 4 gelten entsprechend.

§ 356b[3] Widerrufsrecht bei Verbraucherdarlehensverträgen. (1) Die Widerrufsfrist beginnt auch nicht, bevor der Darlehensgeber dem Darlehensnehmer eine für diesen bestimmte Vertragsurkunde, den schriftlichen Antrag des Darlehensnehmers oder eine Abschrift der Vertragsurkunde oder seines Antrags zur Verfügung gestellt hat.

(2) [1] Enthält bei einem Allgemein-Verbraucherdarlehensvertrag die dem Darlehensnehmer nach Absatz 1 zur Verfügung gestellte Urkunde die Pflichtangaben nach § 492 Absatz 2 nicht, beginnt die Frist erst mit Nachholung dieser Angaben gemäß § 492 Absatz 6. [2] Enthält bei einem Immobiliar-Verbraucherdarlehensvertrag die dem Darlehensnehmer nach Absatz 1 zur Verfügung gestellte Urkunde die Pflichtangaben zum Widerrufsrecht nach § 492 Absatz 2 in Verbindung mit Artikel 247 § 6 Absatz 2 des Einführungsgesetzes zum Bürgerlichen Gesetzbuche[2] nicht, beginnt die Frist erst mit Nachholung dieser Angaben gemäß § 492 Absatz 6. [3] In den Fällen der Sätze 1 und 2 beträgt die Widerrufsfrist einen Monat. [4] Das Widerrufsrecht bei einem Immobiliar-Verbraucherdarlehensvertrag erlischt

[1] § 356a eingef. mWv 13.6.2014 durch G v. 20.9.2013 (BGBl. I S. 3642); Abs. 1 eingef., bish. Abs. 1 wird Abs. 2, bish. Abs. 2 wird Abs. 3 und Sätze 1 und 2 geänd., bish. Abs. 3 wird Abs. 4 und Sätze 1 und 2 geänd., bish. Abs. 4 wird Abs. 5 und Sätze 1 und 2 geänd. mWv 21.3.2016 durch G v. 11.3.2016 (BGBl. I S. 396).

[2] Nr. **21**.

[3] § 356b eingef. mWv 13.6.2014 durch G v. 20.9.2013 (BGBl. I S. 3642); Abs. 2 und 3 neu gef. mWv 21.3.2016 durch G v. 11.3.2016 (BGBl. I S. 396).

Lfd. Nr.	Änderndes Gesetz	Datum	Fundstelle	Betroffen	Hinweis
117.	Art. 2 G zur Regelung des Verkaufs von Sachen mit digitalen Elementen und anderer Aspekte des Kaufvertrags[1]	25.6.2021	BGBl. I S. 2133	Art. 46b	geänd. mWv 1.1.2022
				Art. 229 § 58	eingef. mWv 1.1.2022
118.	Art. 2 G zur Vereinheitlichung des Stiftungsrechts und zur Änd. des InfektionsschutzG	16.7.2021	BGBl. I S. 2947	Art. 229 § 59	eingef. mWv 1.7.2023
119.	Art. 2 G für faire Verbraucherverträge[2]	10.8.2021	BGBl. I S. 3433	Art. 229 § 60	eingef. mWv 1.10.2021
				Art. 246e § 1	geänd. mWv 1.7.2022
120.	Art. 49 PersonengesellschaftsrechtsmodernisierungsG (MoPeG)	10.8.2021	BGBl. I S. 3436	Art. 229 § 21	neu gef. mWv 1.1.2024
				Art. 229 § 61	eingef. mWv 1.1.2024
121.	Art. 2 G zur Änd. des BGB und des EGBGB in Umsetzung der RL (EU) 2019/2161 und zur Aufhebung der VO zur Übertragung der Zuständigkeit für die Durchführung der VO (EG) Nr. 2006/2004 auf das Bundesministerium der Justiz und für Verbraucherschutz[3) 2)]	10.8.2021	BGBl. I S. 3483	Art. 246, 246a §§ 1, 2, 3, Art. 246b § 1, Art. 249 § 3, Anl. 1, 2, 3, 3a, 3b, 7, 8, 9	geänd. mWv 28.5.2022
				Art. 246d (§§ 1, 2), 246e (§§ 1, 2)	eingef. mWv 28.5.2022
122.	Art. 2 MietspiegelreformG	10.8.2021	BGBl. I S. 3515	Art. 238 (§§ 1, 2, 3, 4)	neu gef. mWv 1.7.2022
				Art. 229 § 62	eingef. mWv 1.7.2022
123.	Art. 3 G zur Herstellung materieller Gerechtigkeit	21.12. 2021	BGBl. I S. 5252	Art. 229 § 63	eingef. mWv 30.12.2021
124.	Art. 18 G zur Durchführung der EU-Verordnungen über grenzüberschreitende Zustellungen und grenzüberschreitende Beweisaufnahmen in Zivil- oder Handelssachen sowie zur Änd. sonstiger Vorschriften	24.6.2022	BGBl. I S. 959	Art. 246e § 2	geänd. mWv 1.8.2022

1) **Amtl. Anm.:** Dieses Gesetz dient der Umsetzung der Richtlinie (EU) 2019/771 des Europäischen Parlaments und des Rates vom 20. Mai 2019 über bestimmte vertragsrechtliche Aspekte des Warenkaufs, zur Änderung der Verordnung (EU) 2017/2394 und der Richtlinie 2009/22/EG sowie zur Aufhebung der Richtlinie 1999/44/EG (ABl. L 136 vom 22.5.2019, S. 28; L 305 vom 26.11.2019, S. 66).

2) **Amtl. Anm.:** Notifiziert gemäß der Richtlinie (EU) 2015/1535 des Europäischen Parlaments und des Rates vom 9. September 2015 über ein Informationsverfahren auf dem Gebiet der technischen Vorschriften und der Vorschriften für die Dienste der Informationsgesellschaft (ABl. L 241 vom 17.9.2015, S. 1).

3) **Amtl. Anm.:** Dieses Gesetz dient der Umsetzung der Richtlinie (EU) 2019/2161 des Europäischen Parlaments und des Rates vom 27. November 2019 zur Änderung der Richtlinie 93/13/EWG des Rates und der Richtlinien 98/6/EG, 2005/29/EG und 2011/83/EU des Europäischen Parlaments und des Rates zur besseren Durchsetzung und Modernisierung der Verbraucherschutzvorschriften der Union (ABl. L 328 vom 18.12.2019, S. 7).

Vorbemerkung:
Die Änderungen durch G v. 4.5.2021 (BGBl. I S. 882) treten erst mWv 1.1. 2023 in Kraft und sind im Text noch nicht berücksichtigt.
Die Änderungen durch G v. 16.7.2021 (BGBl. I S. 2947) treten erst mWv 1.7.2023 in Kraft und sind im Text noch nicht berücksichtigt.
Die Änderungen durch G v. 10.8.2021 (BGBl. I S. 3436) treten erst mWv 1.1.2024 in Kraft und sind im Text noch nicht berücksichtigt.

Art. 246d[1] Allgemeine Informationspflichten für Betreiber von Online-Marktplätzen

§ 1[1] Informationspflichten. Der Betreiber eines Online-Marktplatzes muss den Verbraucher informieren

1. zum Ranking der Waren, Dienstleistungen oder digitalen Inhalte, die dem Verbraucher als Ergebnis seiner Suchanfrage auf dem Online-Marktplatz präsentiert werden, allgemein über
   a) die Hauptparameter zur Festlegung des Rankings und
   b) die relative Gewichtung der Hauptparameter zur Festlegung des Rankings im Vergleich zu anderen Parametern,
2. falls dem Verbraucher auf dem Online-Marktplatz das Ergebnis eines Vergleichs von Waren, Dienstleistungen oder digitalen Inhalten präsentiert wird, über die Anbieter, die bei der Erstellung des Vergleichs einbezogen wurden,
3. gegebenenfalls darüber, dass es sich bei ihm und dem Anbieter der Waren, Dienstleistungen oder digitalen Inhalte um verbundene Unternehmen im Sinne von § 15 des Aktiengesetzes[2] handelt,
4. darüber, ob es sich bei dem Anbieter der Waren, Dienstleistungen oder digitalen Inhalte nach dessen eigener Erklärung gegenüber dem Betreiber des Online-Marktplatzes um einen Unternehmer handelt,
5. falls es sich bei dem Anbieter der Waren, Dienstleistungen oder digitalen Inhalte nach dessen eigener Erklärung gegenüber dem Betreiber des Online-Marktplatzes nicht um einen Unternehmer handelt, darüber, dass die besonderen Vorschriften für Verbraucherverträge auf den Vertrag nicht anzuwenden sind,
6. gegebenenfalls darüber, in welchem Umfang der Anbieter der Waren, Dienstleistungen oder digitalen Inhalte sich des Betreibers des Online- Marktplatzes bei der Erfüllung von Verbindlichkeiten aus dem Vertrag mit dem Verbraucher bedient, und darüber, dass dem Verbraucher hierdurch keine eigenen vertraglichen Ansprüche gegenüber dem Betreiber des Online- Marktplatzes entstehen, und
7. falls ein Anbieter eine Eintrittsberechtigung für eine Veranstaltung weiterverkaufen will, ob und gegebenenfalls in welcher Höhe der Veranstalter nach Angaben des Anbieters einen Preis für den Erwerb dieser Eintrittsberechtigung festgelegt hat.

§ 2[1] Formale Anforderungen. (1) Der Betreiber eines Online-Marktplatzes muss dem Verbraucher die Informationen nach § 1 vor Abgabe von dessen Vertragserklärung in klarer, verständlicher und in einer den benutzten Fernkommunikationsmitteln angepassten Weise zur Verfügung stellen.

(2) Die Informationen nach § 1 Nummer 1 und 2 müssen dem Verbraucher in einem bestimmten Bereich der Online-Benutzeroberfläche zur Verfügung gestellt werden, der von der Webseite, auf der die Angebote angezeigt werden, unmittelbar und leicht zugänglich ist.

---

[1] Art. 246d (§§ 1 und 2) eingef. mWv 28.5.2022 durch G v. 10.8.2021 (BGBl. I S. 3483).
[2] Nr. **51**.

Art. 246e[1] Verbotene Verletzung von Verbraucherinteressen und Bußgeldvorschriften

§ 1[2] Verbotene Verletzung von Verbraucherinteressen im Zusammenhang mit Verbraucherverträgen. (1) Die Verletzung von Verbraucherinteressen im Zusammenhang mit Verbraucherverträgen, bei der es sich um einen weitverbreiteten Verstoß gemäß Artikel 3 Nummer 3 oder einen weitverbreiteten Verstoß mit Unions-Dimension gemäß Artikel 3 Nummer 4 der Verordnung (EU) 2017/2394 des Europäischen Parlaments und des Rates vom 12. Dezember 2017 über die Zusammenarbeit zwischen den für die Durchsetzung der Verbraucherschutzgesetze zuständigen nationalen Behörden und zur Aufhebung der Verordnung (EG) Nr. 2006/2004 (ABl. L 345 vom 27.12.2017, S. 1), die zuletzt durch die Richtlinie (EU) 2019/771 (ABl. L 136 vom 22.5.2019, S. 28) geändert worden ist, handelt, ist verboten.

(2) Eine Verletzung von Verbraucherinteressen im Zusammenhang mit Verbraucherverträgen im Sinne des Absatzes 1 liegt vor, wenn

1. gegenüber dem Verbraucher ein nach § 241a Absatz 1 des Bürgerlichen Gesetzbuchs[3] nicht begründeter Anspruch geltend gemacht wird,
2. von einem Unternehmer in seinen Allgemeinen Geschäftsbedingungen eine Bestimmung empfohlen oder verwendet wird,
   a) die nach § 309 des Bürgerlichen Gesetzbuchs unwirksam ist oder
   b) deren Empfehlung oder Verwendung gegenüber Verbrauchern dem Unternehmer durch rechtskräftiges Urteil untersagt wurde,
3. eine Identität oder der geschäftliche Zweck eines Anrufs nicht nach § 312a Absatz 1 des Bürgerlichen Gesetzbuchs offengelegt wird,
4. der Verbraucher nicht nach § 312a Absatz 2 Satz 1 oder § 312d Absatz 1 des Bürgerlichen Gesetzbuchs informiert wird,
5. eine Vereinbarung nach § 312a Absatz 3 Satz 1, auch in Verbindung mit Satz 2, des Bürgerlichen Gesetzbuchs nicht ausdrücklich getroffen wird,
6. eine nach § 312a Absatz 4 Nummer 2 oder Absatz 5 Satz 1 des Bürgerlichen Gesetzbuchs unwirksame Vereinbarung abgeschlossen wird,
7. von dem Verbraucher entgegen § 312e des Bürgerlichen Gesetzbuchs die Erstattung der Kosten verlangt wird,
8. eine Abschrift oder eine Bestätigung des Vertrags nach § 312f Absatz 1 Satz 1, auch in Verbindung mit Satz 2, oder nach Absatz 2 Satz 1 des Bürgerlichen Gesetzbuchs nicht zur Verfügung gestellt wird,
9. im elektronischen Geschäftsverkehr gegenüber Verbrauchern
   a) eine zusätzliche Angabe nicht nach den Vorgaben des § 312j Absatz 1 des Bürgerlichen Gesetzbuchs gemacht wird,
   b) eine Information nicht nach den Vorgaben des § 312j Absatz 2 des Bürgerlichen Gesetzbuchs zur Verfügung gestellt wird oder
   c) die Bestellsituation nicht nach den Vorgaben des § 312j Absatz 3 des Bürgerlichen Gesetzbuchs gestaltet wird,
10. der Verbraucher nicht nach § 312l Absatz 1 des Bürgerlichen Gesetzbuchs informiert wird,

---

[1] Art. 246e (§§ 1 und 2) eingef. mWv 28.5.2022 durch G v. 10.8.2021 (BGBl. I S. 3483).

[2] Art. 246e § 1 eingef. mWv 28.5.2022 durch G v. 10.8.2021 (BGBl. I S. 3483); Abs. 2 Nr. 10 geänd. mWv 1.7.2022 durch G v. 10.8.2021 (BGBl. I S. 3433).

[3] Nr. **20**.

11. eine Sache bei einem Verbrauchsgüterkauf nicht innerhalb einer dem Unternehmer nach § 323 Absatz 1 des Bürgerlichen Gesetzbuchs gesetzten angemessenen Frist geliefert wird,
12. nach einem wirksamen Widerruf des Vertrags durch den Verbraucher
    a) Inhalte entgegen § 327p Absatz 2 Satz 1 in Verbindung mit § 357 Absatz 8 des Bürgerlichen Gesetzbuchs genutzt werden,
    b) Inhalte nicht nach § 327p Absatz 3 Satz 1 in Verbindung mit § 357 Absatz 8 des Bürgerlichen Gesetzbuchs bereitgestellt werden,
    c) eine empfangene Leistung dem Verbraucher nicht nach § 355 Absatz 3 Satz 1 in Verbindung mit § 357 Absatz 1 bis 3 des Bürgerlichen Gesetzbuchs zurückgewährt wird oder
    d) Ware nicht nach § 357 Absatz 7 des Bürgerlichen Gesetzbuchs auf eigene Kosten abgeholt wird,
13. im Falle eines Rücktritts des Verbrauchers von einem Verbrauchsgüterkauf eine Leistung des Verbrauchers nicht nach § 346 Absatz 1 des Bürgerlichen Gesetzbuchs zurückgewährt wird,
14. der Zugang eines Widerrufs nicht nach § 356 Absatz 1 Satz 2 des Bürgerlichen Gesetzbuchs bestätigt wird oder
15. eine Sache dem Verbraucher nicht innerhalb der nach § 433 Absatz 1 Satz 1 in Verbindung mit § 475 Absatz 1 Satz 1 und 2 des Bürgerlichen Gesetzbuchs maßgeblichen Leistungszeit übergeben wird.

(3) Eine Verletzung von Verbraucherinteressen im Zusammenhang mit Verbraucherverträgen nach Absatz 1 liegt auch vor, wenn
1. eine Handlung oder Unterlassung die tatsächlichen Voraussetzungen eines der in Absatz 2 geregelten Fälle erfüllt und
2. auf den Verbrauchervertrag das nationale Recht eines anderen Mitgliedstaates der Europäischen Union anwendbar ist, welches eine Vorschrift enthält, die der jeweiligen in Absatz 2 genannten Vorschrift entspricht.

§ 2[1)] Bußgeldvorschriften. (1) Ordnungswidrig handelt, wer vorsätzlich oder fahrlässig entgegen § 1 Absatz 1 Verbraucherinteressen im Zusammenhang mit Verbraucherverträgen nach § 1 Absatz 2 oder 3 verletzt.

(2) [1] Die Ordnungswidrigkeit kann mit einer Geldbuße bis zu fünfzigtausend Euro geahndet werden. [2] Gegenüber einem Unternehmer, der in den von dem Verstoß betroffenen Mitgliedstaaten der Europäischen Union in dem der Behördenentscheidung vorausgegangenen Geschäftsjahr mehr als eine Million zweihundertfünfzigtausend Euro Jahresumsatz erzielt hat, kann eine höhere Geldbuße verhängt werden; diese darf 4 Prozent des Jahresumsatzes nicht übersteigen. [3] Die Höhe des Jahresumsatzes kann geschätzt werden. [4] Liegen keine Anhaltspunkte für eine Schätzung des Jahresumsatzes vor, beträgt das Höchstmaß der Geldbuße zwei Millionen Euro. [5] Abweichend von den Sätzen 2 bis 4 gilt gegenüber einem Täter oder einem Beteiligten, der im Sinne des § 9 des Gesetzes über Ordnungswidrigkeiten[2)] für einen Unternehmer handelt, und gegenüber einem Beteiligten im Sinne von § 14 Absatz 1 Satz 2 des Gesetzes über Ordnungswidrigkeiten, der kein Unternehmer ist, der Bußgeldrahmen des Satzes 1. [6] Das für die Ordnungswidrigkeit angedrohte Höchstmaß der Geldbuße im Sinne von § 30 Absatz 2 Satz 2 des

---

[1)] Art. 246e § 2 eingef. mWv 28.5.2022 durch G v. 10.8.2021 (BGBl. I S. 3483); Abs. 4 geänd. mWv 1.8.2022 durch G v. 24.6.2022 (BGBl. I S. 959).

[2)] Nr. **94**.

Gesetzes über Ordnungswidrigkeiten ist das nach den Sätzen 1 bis 4 anwendbare Höchstmaß.

(3) Die Ordnungswidrigkeit kann nur im Rahmen einer koordinierten Durchsetzungsmaßnahme nach Artikel 21 der Verordnung (EU) 2017/2394 geahndet werden.

(4) Verwaltungsbehörde im Sinne des § 36 Absatz 1 Nummer 1 des Gesetzes über Ordnungswidrigkeiten ist das Umweltbundesamt.

Art. 247[1)] Informationspflichten bei Verbraucherdarlehensverträgen, entgeltlichen Finanzierungshilfen und Darlehensvermittlungsverträgen

§ 1[2)] Vorvertragliche Informationen bei Immobiliar-Verbraucherdarlehensverträgen. (1) [1]Bei einem Immobiliar-Verbraucherdarlehensvertrag muss der Darlehensgeber dem Darlehensnehmer mitteilen, welche Informationen und Nachweise er innerhalb welchen Zeitraums von ihm benötigt, um eine ordnungsgemäße Kreditwürdigkeitsprüfung durchführen zu können. [2]Er hat den Darlehensnehmer darauf hinzuweisen, dass eine Kreditwürdigkeitsprüfung für den Abschluss des Darlehensvertrags zwingend ist und nur durchgeführt werden kann, wenn die hierfür benötigten Informationen und Nachweise richtig sind und vollständig beigebracht werden.

(2) [1]Der Darlehensgeber muss dem Darlehensnehmer die vorvertraglichen Informationen in Textform übermitteln, und zwar unverzüglich nachdem er die Angaben gemäß Absatz 1 erhalten hat und rechtzeitig vor Abgabe der Vertragserklärung des Darlehensnehmers. [2]Dafür muss der Darlehensgeber das entsprechend ausgefüllte Europäische Standardisierte Merkblatt gemäß dem Muster in Anlage 6 (ESIS-Merkblatt) verwenden. [3]Der Darlehensgeber hat das ESIS-Merkblatt auch jedem Vertragsangebot und jedem Vertragsvorschlag, an dessen Bedingungen er sich bindet, beizufügen. [4]Dies gilt nicht, wenn der Darlehensnehmer bereits ein Merkblatt erhalten hat, das über die speziellen Bedingungen des Vertragsangebots oder Vertragsvorschlags informiert. [5]Jeder bindende Vertragsvorschlag ist dem Darlehensnehmer in Textform zur Verfügung zu stellen. [6]Ist der Darlehensvertrag zugleich ein außerhalb von Geschäftsräumen geschlossener Vertrag oder ein Fernabsatzvertrag, gelten mit der Übermittlung des ESIS-Merkblatts

(Fortsetzung nächstes Blatt)

[1)] Art. 247 (§§ 1–17) angef. mWv 11.6.2010 durch G v. 29.7.2009 (BGBl. I S. 2355).
[2)] Art. 247 § 1 neu gef. mWv 21.3.2016 durch G v. 11.3.2016 (BGBl. I S. 396).

Lfd. Nr.	Änderndes Gesetz	Datum	Fundstelle	Betroffen	Hinweis
26.	Art. 2 G zur Neuordnung der Aufbewahrung von Notariatsunterlagen und zur Einrichtung des Elektronischen Urkundenarchivs bei der Bundesnotarkammer sowie zur Änd. weiterer Gesetze	1.6.2017	BGBl. I S. 1396, geänd. 2019, S. 1942	§§ 10, 34a, 39a–41, 5.–7. Abschn., §§ 57, 58, 60–76	geänd. mWv 9.6.2017
				§§ 58, 66	geänd. mWv 1.1.2018
				§§ 1, 34, 44a, 45, 46, 49, 54	geänd. mWv 1.1.2022
				6. Abschnitt 3. Zwischenüberschrift	neu gef. mWv 1.1.2022
				§ 59	eingef. mWv 9.6.2017
				§§ 44b, 45a, 5. Abschnitt (§§ 55, 56), § 59a	eingef. mWv 1.1.2022
				§§ 55, 57, 60	aufgeh. mit Ablauf des 8.6.2017
				§ 69	aufgeh. mit Ablauf des 31.12. 2017
27.	Art. 11 Abs. 14 eIDAS-DurchführungsG[1) 2)]	18.7.2017	BGBl. I S. 2745	§ 42	geänd. mWv 29.7.2017
28.	Art. 10 G zur Umsetzung des G zur Einf. des Rechts auf Eheschließung für Personen gleichen Geschlechts	18.12. 2018	BGBl. I S. 2639	§ 3	geänd. mWv 22.12.2018
29.	Art. 13 G zur Änd. von Vorschr. über die außergerichtl. Streitbeilegung in Verbrauchersachen u. zur Änd. weiterer G	30.11. 2019	BGBl. I S. 1942	§ 76	neu gef. mWv 1.1.2022
30.	Art. 10, 11 G zur Modernisierung des notariellen Berufsrechts und zur Änd. weiterer Vorschriften	25.6.2021	BGBl. I S. 2154	Überschrift, §§ 3, 17, 39a, 42, 46, 51, 57, 58	geänd. mWv 1.8.2021
				§ 75	aufgeh. mit Ablauf des 31.7. 2021
				§§ 49, 56, 76	geänd. mWv 1.1.2022
31.	Art. 4 G zur Umsetzung der Digitalisierungsrichtlinie (DiRUG)[3)]	5.7.2021	BGBl. I S. 3338	§§ 1, 12, 39a, 42, 44a, 44b, 45, 46, 47, 49, 56, 66, 75	geänd. mWv 1.8.2022
				Gliederungs-, Paragraphenüberschriften (teilweise), §§ 31, 69	neu gef. mWv 1.8.2022; die Neufassung der Gliederungs- und Paragra-

[1)] **Amtl. Anm.:** Dieses Gesetz dient der Durchführung der Verordnung (EU) Nr. 910/2014 des Europäischen Parlaments und des Rates vom 23. Juli 2014 über elektronische Identifizierung und Vertrauensdienste für elektronische Transaktionen im Binnenmarkt und zur Aufhebung der Richtlinie 1999/93/EG.

[2)] **Amtl. Anm.:** Notifiziert gemäß der Richtlinie (EU) 2015/1535 des Europäischen Parlaments und des Rates vom 9. September 2015 über ein Informationsverfahren auf dem Gebiet der technischen Vorschriften und der Vorschriften für die Dienste der Informationsgesellschaft (ABl. L 241 vom 17.9.2015, S. 1).

[3)] **Amtl. Anm.:** Dieses Gesetz dient der Umsetzung der Richtlinie (EU) 2019/1151 des Europäischen Parlaments und des Rates vom 20. Juni 2019 zur Änderung der Richtlinie (EU) 2017/1132 im Hinblick auf den Einsatz digitaler Werkzeuge und Verfahren im Gesellschaftsrecht (ABl. L 186 vom 11.7.2019, S. 80).

Lfd. Nr.	Änderndes Gesetz	Datum	Fund- stelle	Betroffen	Hinweis
					phenüberschriften ist nicht einzeln in Fußnoten nachgewiesen
				Inhaltsübersicht, Abschnitt 2 UAbschnitt 3 (§§ 16a–16e), §§ 40a, 45b	eingef. mWv 1.8.2022
32.	Art. 23 G zum Ausbau des elektronischen Rechtsverkehrs mit den Gerichten und zur Änd. weiterer Vorschriften[1]	5.10.2021	BGBl. I S. 4607	§ 67	geänd. mWv 1.1.2022
33.	Art. 2 G zum Vorschlag für eine Verordnung des Rates zur Änd. der VO (EG) Nr. 168/2007 zur Errichtung einer Agentur der Europäischen Union für Grundrechte und zur Inbetriebnahme der elektronischen Urkundensammlung	21.12. 2021	BGBl. II S. 1282	§ 76	geänd. mWv 1.1.2022
34.	Art. 3 G zur Ergänzung der Regelungen zur Umsetzung der DigitalisierungsRL und zur Änd. weiterer Vorschriften[1]	15.7.2022	BGBl. I S. 1146	Inhaltsübersicht, §§ 16a, 16b, 40a, 49	geänd. mWv 1.8.2022
				§ 16c	neu gef. mWv 1.8.2022

[1] **Amtl. Anm.:** Notifiziert gemäß der Richtlinie (EU) 2015/1535 des Europäischen Parlaments und des Rates vom 9. September 2015 über ein Informationsverfahren auf dem Gebiet der technischen Vorschriften und der Vorschriften für die Dienste der Informationsgesellschaft (ABl. L 241 vom 17.9.2015, S. 1).

Inhaltsübersicht[1)]

Abschnitt 1. Allgemeine Vorschriften

---

1) Inhaltsübersicht eingef. mWv 1.8.2022 durch G v. 5.7.2021 (BGBl. I S. 3338); geänd. mWv 1.8.2022 durch G v. 15.7.2022 (BGBl. I S. 1146).

Abschnitt 1. Allgemeine Vorschriften

§ 1[1)] Geltungsbereich. (1) Dieses Gesetz gilt für öffentliche Beurkundungen und Verwahrungen durch den Notar.

(2) Soweit für öffentliche Beurkundungen neben dem Notar auch andere Urkundspersonen oder sonstige Stellen zuständig sind, gelten die Vorschriften dieses Gesetzes, ausgenommen § 5 Abs. 2 und des Abschnitts 5, entsprechend.[2)]

§ 2 Überschreiten des Amtsbezirks. Eine Beurkundung ist nicht deshalb unwirksam, weil der Notar sie außerhalb seines Amtsbezirks oder außerhalb des Landes vorgenommen hat, in dem er zum Notar bestellt ist.

§ 3[3)] Verbot der Mitwirkung als Notar. (1) [1] Ein Notar soll an einer Beurkundung nicht mitwirken, wenn es sich handelt um

1. eigene Angelegenheiten, auch wenn der Notar nur mitberechtigt oder mitverpflichtet ist,
2. Angelegenheiten seines Ehegatten, früheren Ehegatten oder seines Verlobten,

2a. Angelegenheiten seines Lebenspartners oder früheren Lebenspartners,

3. Angelegenheiten einer Person, die mit dem Notar in gerader Linie verwandt oder verschwägert oder in der Seitenlinie bis zum dritten Grade verwandt oder bis zum zweiten Grade verschwägert ist oder war,
4. Angelegenheiten einer Person, mit der sich der Notar zur gemeinsamen Berufsausübung verbunden oder mit der er gemeinsame Geschäftsräume hat,
5. Angelegenheiten einer Person, deren gesetzlicher Vertreter der Notar oder eine Person im Sinne der Nummer 4 ist,
6. Angelegenheiten einer Person, deren vertretungsberechtigtem Organ der Notar oder eine Person im Sinne der Nummer 4 angehört,
7. Angelegenheiten einer Person, für die der Notar, eine Person im Sinn der Nummer 4 oder eine mit dieser im Sinn der Nummer 4 oder in einem verbundenen Unternehmen (§ 15 des Aktiengesetzes[4)]) verbundene Person außerhalb einer Amtstätigkeit in derselben Angelegenheit bereits tätig war oder ist, es sei denn, diese Tätigkeit wurde im Auftrag aller Personen ausgeübt, die an der Beurkundung beteiligt sein sollen,
8. Angelegenheiten einer Person, die den Notar in derselben Angelegenheit bevollmächtigt hat oder zu der der Notar oder eine Person im Sinne der Nummer 4 in einem ständigen Dienst- oder ähnlichen ständigen Geschäftsverhältnis steht, oder

---

1) § 1 Abs. 1 neu gef. durch G v. 31.8.1998 (BGBl. I S. 2585); Abs. 2 geänd. mWv 1.1.2022 durch G v. 1.6.2017 (BGBl. I S. 1396, geänd. durch G v. 30.11.2019, BGBl. I S. 1942); Abs. 2 geänd. mWv 1.8.2022 durch G v. 5.7.2021 (BGBl. I S. 3338).

2) Beachte hierzu auch §§ 10 ff. KonsularG v. 11.9.1974 (BGBl. I S. 2317), zuletzt geänd. durch G v. 28.3.2021 (BGBl. I S. 591).

3) § 3 Abs. 1 Nr. 3 geänd. durch G v. 2.7.1976 (BGBl. I S. 1749); Abs. 1 Nr. 4, 5 neu gef., Nr. 6–9 und Satz 2 angef., Abs. 3 Satz 1 Nr. 2 und 3 sowie Satz 2 neu gef. durch G v. 31.8.1998 (BGBl. I S. 2585); Abs. 1 Satz 1 Nr. 9 geänd. mWv 1.1.2002 durch G v. 13.12.2001 (BGBl. I S. 3574); Abs. 1 Satz 1 Nr. 7 neu gef. mWv 18.12.2007 durch G v. 12.12.2007 (BGBl. I S. 2840); Abs. 1 Satz 1 Nr. 2a neu gef. mWv 22.12.2018 durch G v. 18.12.2018 (BGBl. I S. 2639); Abs. 1 Satz 2 geänd., Abs. 3 Satz 2 neu gef. mWv 1.8.2021 durch G v. 25.6.2021 (BGBl. I S. 2154).

4) Nr. **51**.

9. Angelegenheiten einer Gesellschaft, an der der Notar mit mehr als fünf vom Hundert der Stimmrechte oder mit einem anteiligen Betrag des Haftkapitals von mehr als 2 500 Euro beteiligt ist.

[2] Der Notar hat vor der Beurkundung nach einer Vorbefassung im Sinne des Satzes 1 Nummer 7 zu fragen und in der Urkunde die Antwort zu vermerken.

(2) [1] Handelt es sich um eine Angelegenheit mehrerer Personen und ist der Notar früher in dieser Angelegenheit als gesetzlicher Vertreter oder Bevollmächtigter tätig gewesen oder ist er für eine dieser Personen in anderer Sache als Bevollmächtigter tätig, so soll er vor der Beurkundung darauf hinweisen und fragen, ob er die Beurkundung gleichwohl vornehmen soll. [2] In der Urkunde soll er vermerken, daß dies geschehen ist.

(3) [1] Absatz 2 gilt entsprechend, wenn es sich handelt um

1. Angelegenheiten einer Person, deren nicht zur Vertretung berechtigtem Organ der Notar angehört,
2. Angelegenheiten einer Gemeinde oder eines Kreises, deren Organ der Notar angehört,
3. Angelegenheiten einer als Körperschaft des öffentlichen Rechts anerkannten Religions- oder Weltanschauungsgemeinschaft oder einer als Körperschaft des öffentlichen Rechts anerkannten Teilorganisation einer solchen Gemeinschaft, deren Organ der Notar angehört.

[2] In den Fällen des Satzes 1 Nummer 2 und 3 ist Absatz 1 Satz 1 Nummer 6 nicht anwendbar.

§ 4 Ablehnung der Beurkundung. Der Notar soll die Beurkundung ablehnen, wenn sie mit seinen Amtspflichten nicht vereinbar wäre, insbesondere wenn seine Mitwirkung bei Handlungen verlangt wird, mit denen erkennbar unerlaubte oder unredliche Zwecke verfolgt werden.

§ 5 Urkundensprache. (1) Urkunden werden in deutscher Sprache errichtet.

(2) [1] Der Notar kann auf Verlangen Urkunden auch in einer anderen Sprache errichten. [2] Er soll dem Verlangen nur entsprechen, wenn er der fremden Sprache hinreichend kundig ist.

Abschnitt 2. Beurkundung von Willenserklärungen

Unterabschnitt 1. Ausschließung des Notars

§ 6[1)] Ausschließungsgründe. (1) Die Beurkundung von Willenserklärungen ist unwirksam, wenn

1. der Notar selbst,
2. sein Ehegatte,
2a. sein Lebenspartner,
3. eine Person, die mit ihm in gerader Linie verwandt ist oder war,

oder

4. ein Vertreter, der für eine der in den Nummern 1 bis 3 bezeichneten Personen handelt,

[1)] § 6 Abs. 1 Nr. 3 neu gef. durch G v. 2.7.1976 (BGBl. I S. 1749); Abs. 1 Nr. 2a eingef. mWv 1.8.2001 durch G v. 16.2.2001 (BGBl. I S. 266).

an der Beurkundung beteiligt ist.

(2) An der Beurkundung beteiligt sind die Erschienenen, deren im eigenen oder fremden Namen abgegebene Erklärungen beurkundet werden sollen.

§ 7[1] Beurkundungen zugunsten des Notars oder seiner Angehörigen.

Die Beurkundung von Willenserklärungen ist insoweit unwirksam, als diese darauf gerichtet sind,

1. dem Notar,
2. seinem Ehegatten oder früheren Ehegatten,

2a. seinem Lebenspartner oder früheren Lebenspartner oder

3. einer Person, die mit ihm in gerader Linie verwandt oder verschwägert oder in der Seitenlinie bis zum dritten Grade verwandt oder bis zum zweiten Grade verschwägert ist oder war,

einen rechtlichen Vorteil zu verschaffen.

Unterabschnitt 2. Niederschrift

§ 8 Grundsatz. Bei der Beurkundung von Willenserklärungen muß eine Niederschrift über die Verhandlung aufgenommen werden.

§ 9[2] Inhalt der Niederschrift. (1) [1] Die Niederschrift muß enthalten

1. die Bezeichnung des Notars und der Beteiligten

sowie

2. die Erklärungen der Beteiligten.

[2] Erklärungen in einem Schriftstück, auf das in der Niederschrift verwiesen und das dieser beigefügt wird, gelten als in der Niederschrift selbst enthalten. [3] Satz 2 gilt entsprechend, wenn die Beteiligten unter Verwendung von Karten, Zeichnungen oder Abbildungen Erklärungen abgeben.

(2) Die Niederschrift soll Ort und Tag der Verhandlung enthalten.

§ 10[3] Feststellung der Beteiligten. (1) Der Notar soll sich Gewissheit über die Person der Beteiligten verschaffen.

(2) In der Niederschrift soll die Person der Beteiligten so genau bezeichnet werden, daß Zweifel und Verwechslungen ausgeschlossen sind.

(3) [1] Aus der Niederschrift soll sich ergeben, ob der Notar die Beteiligten kennt oder wie er sich Gewißheit über ihre Person verschafft hat. [2] Kann sich der Notar diese Gewißheit nicht verschaffen, wird aber gleichwohl die Aufnahme der Niederschrift verlangt, so soll der Notar dies in der Niederschrift unter Anführung des Sachverhalts angeben.

§ 11 Feststellungen über die Geschäftsfähigkeit. (1) [1] Fehlt einem Beteiligten nach der Überzeugung des Notars die erforderliche Geschäftsfähigkeit, so soll die Beurkundung abgelehnt werden. [2] Zweifel an der erforderlichen Geschäftsfähigkeit eines Beteiligten soll der Notar in der Niederschrift feststellen.

---

[1] § 7 Nr. 3 geänd. durch G v. 2.7.1976 (BGBl. I S. 1749); Nr. 2 neu gef., Nr. 2a eingef. mWv 1.8. 2001 durch G v. 16.2.2001 (BGBl. I S. 266).

[2] § 9 Abs. 1 Satz 3 angef. durch G v. 20.2.1980 (BGBl. I S. 157).

[3] § 10 Abs. 1 eingef., bish. Abs. 1 und 2 werden Abs. 2 und 3 mWv 9.6.2017 durch G v. 1.6.2017 (BGBl. I S. 1396).

(2) Ist ein Beteiligter schwer krank, so soll dies in der Niederschrift vermerkt und angegeben werden, welche Feststellungen der Notar über die Geschäftsfähigkeit getroffen hat.

§ 12[1)] Nachweise für die Vertretungsberechtigung. (1) [1] Vorgelegte Vollmachten und Ausweise über die Berechtigung eines gesetzlichen Vertreters sollen der Niederschrift in Urschrift oder in beglaubigter Abschrift beigefügt werden. [2] Ergibt sich die Vertretungsberechtigung aus einer Eintragung im Handelsregister oder in einem ähnlichen Register, so genügt die Bescheinigung eines Notars nach § 21 der Bundesnotarordnung[2)].

(2) Wird eine Willenserklärung als von einem Bevollmächtigten abgegeben beurkundet, so gilt die Vorlage der Vollmachtsurkunde gegenüber dem Notar auch als Vorlage gegenüber demjenigen, gegenüber dem die beurkundete Willenserklärung abgegeben wird.

§ 13[3)] Vorlesen, Genehmigen, Unterschreiben. (1) [1] Die Niederschrift muß in Gegenwart des Notars den Beteiligten vorgelesen, von ihnen genehmigt und eigenhändig unterschrieben werden; soweit die Niederschrift auf Karten, Zeichnungen oder Abbildungen verweist, müssen diese den Beteiligten anstelle des Vorlesens zur Durchsicht vorgelegt werden. [2] In der Niederschrift soll festgestellt werden, daß dies geschehen ist. [3] Haben die Beteiligten die Niederschrift eigenhändig unterschrieben, so wird vermutet, daß sie in Gegenwart des Notars vorgelesen oder, soweit nach Satz 1 erforderlich, zur Durchsicht vorgelegt und von den Beteiligten genehmigt ist. [4] Die Niederschrift soll den Beteiligten auf Verlangen vor der Genehmigung auch zur Durchsicht vorgelegt werden.

(2) [1] Werden mehrere Niederschriften aufgenommen, die ganz oder teilweise übereinstimmen, so genügt es, wenn der übereinstimmende Inhalt den Beteiligten einmal nach Absatz 1 Satz 1 vorgelesen oder anstelle des Vorlesens zur Durchsicht vorgelegt wird. [2] § 18 der Bundesnotarordnung[2)] bleibt unberührt.

(3) [1] Die Niederschrift muß von dem Notar eigenhändig unterschrieben werden. [2] Der Notar soll der Unterschrift seine Amtsbezeichnung beifügen.

§ 13a[4)] Eingeschränkte Beifügungs- und Vorlesungspflicht. (1) [1] Wird in der Niederschrift auf eine andere notarielle Niederschrift verwiesen, die nach den Vorschriften über die Beurkundung von Willenserklärungen errichtet worden ist, so braucht diese nicht vorgelesen zu werden, wenn die Beteiligten erklären, daß ihnen der Inhalt der anderen Niederschrift bekannt ist, und sie auf das Vorlesen verzichten. [2] Dies soll in der Niederschrift festgestellt werden. [3] Der Notar soll nur beurkunden, wenn den Beteiligten die andere Niederschrift zumindest in beglaubigter Abschrift bei der Beurkundung vorliegt. [4] Für die Vorlage zur Durchsicht anstelle des Vorlesens von Karten, Zeichnungen oder Abbildungen gelten die Sätze 1 bis 3 entsprechend.

(2) [1] Die andere Niederschrift braucht der Niederschrift nicht beigefügt zu werden, wenn die Beteiligten darauf verzichten. [2] In der Niederschrift soll festgestellt werden, daß die Beteiligten auf das Beifügen verzichtet haben.

(3) [1] Kann die andere Niederschrift bei dem Notar oder einer anderen Stelle rechtzeitig vor der Beurkundung eingesehen werden, so soll der Notar dies den

---

1) § 12 Abs. 2 angef. mWv 1.8.2022 durch G v. 5.7.2021 (BGBl. I S. 3338).
2) **Habersack, Deutsche Gesetze ErgBd. Nr. 98a.**
3) § 13 Abs. 1 Satz 1 geänd., Satz 3 und Abs. 2 Satz 1 neu gef. durch G v. 20.2.1980 (BGBl. I S. 157).
4) § 13a eingef. durch G v. 20.2.1980 (BGBl. I S. 157).

Beteiligten vor der Verhandlung mitteilen; befindet sich die andere Niederschrift bei dem Notar, so soll er diese dem Beteiligten auf Verlangen übermitteln. [2] Unbeschadet des § 17 soll der Notar die Beteiligten auch über die Bedeutung des Verweisens auf die andere Niederschrift belehren.

(4) Wird in der Niederschrift auf Karten oder Zeichnungen verwiesen, die von einer öffentlichen Behörde innerhalb der Grenzen ihrer Amtsbefugnisse oder von einer mit öffentlichem Glauben versehenen Person innerhalb des ihr zugewiesenen Geschäftskreises mit Unterschrift und Siegel oder Stempel versehen worden sind, so gelten die Absätze 1 bis 3 entsprechend.

§ 14[1)] Eingeschränkte Vorlesungspflicht. (1) [1] Werden Bilanzen, Inventare, Nachlaßverzeichnisse oder sonstige Bestandsverzeichnisse über Sachen, Rechte und Rechtsverhältnisse in ein Schriftstück aufgenommen, auf das in der Niederschrift verwiesen und das dieser beigefügt wird, so braucht es nicht vorgelesen zu werden, wenn die Beteiligten auf das Vorlesen verzichten. [2] Das gleiche gilt für Erklärungen, die bei der Bestellung einer Hypothek, Grundschuld, Rentenschuld, Schiffshypothek oder eines Registerpfandrechts an Luftfahrzeugen aufgenommen werden und nicht im Grundbuch, Schiffsregister, Schiffsbauregister oder im Register für Pfandrechte an Luftfahrzeugen selbst angegeben zu werden brauchen. [3] Eine Erklärung, sich der sofortigen Zwangsvollstreckung zu unterwerfen, muß in die Niederschrift selbst aufgenommen werden.

(2) [1] Wird nach Absatz 1 das beigefügte Schriftstück nicht vorgelesen, so soll es den Beteiligten zur Kenntnisnahme vorgelegt und von ihnen unterschrieben werden; besteht das Schriftstück aus mehreren Seiten, soll jede Seite von ihnen unterzeichnet werden. [2] § 17 bleibt unberührt.

(3) In der Niederschrift muß festgestellt werden, daß die Beteiligten auf das Vorlesen verzichtet haben; es soll festgestellt werden, daß ihnen das beigefügte Schriftstück zur Kenntnisnahme vorgelegt worden ist.

§ 15 Versteigerungen. [1] Bei der Beurkundung von Versteigerungen gelten nur solche Bieter als beteiligt, die an ihr Gebot gebunden bleiben. [2] Entfernt sich ein solcher Bieter vor dem Schluß der Verhandlung, so gilt § 13 Abs. 1 insoweit nicht; in der Niederschrift muß festgestellt werden, daß sich der Bieter vor dem Schluß der Verhandlung entfernt hat.

§ 16 Übersetzung der Niederschrift. (1) Ist ein Beteiligter nach seinen Angaben oder nach der Überzeugung des Notars der deutschen Sprache oder, wenn die Niederschrift in einer anderen als der deutschen Sprache aufgenommen wird, dieser Sprache nicht hinreichend kundig, so soll dies in der Niederschrift festgestellt werden.

(2) [1] Eine Niederschrift, die eine derartige Feststellung enthält, muß dem Beteiligten anstelle des Vorlesens übersetzt werden. [2] Wenn der Beteiligte es verlangt, soll die Übersetzung außerdem schriftlich angefertigt und ihm zur Durchsicht vorgelegt werden; die Übersetzung soll der Niederschrift beigefügt werden. [3] Der Notar soll den Beteiligten darauf hinweisen, daß dieser eine schriftliche Übersetzung verlangen kann. [4] Diese Tatsachen sollen in der Niederschrift festgestellt werden.

(3) [1] Für die Übersetzung muß, falls der Notar nicht selbst übersetzt, ein Dolmetscher zugezogen werden. [2] Für den Dolmetscher gelten die §§ 6, 7 entspre-

[1)] § 14 Abs. 1 neu gef., Abs. 2 Satz 1 geänd. durch G v. 31.8.1998 (BGBl. I S. 2585).

chend. [3]Ist der Dolmetscher nicht allgemein vereidigt, so soll ihn der Notar vereidigen, es sei denn, daß alle Beteiligten darauf verzichten. [4]Diese Tatsachen sollen in der Niederschrift festgestellt werden. [5]Die Niederschrift soll auch von dem Dolmetscher unterschrieben werden.

Unterabschnitt 3.[1)] Beurkundung mittels Videokommunikation; Elektronische Niederschrift

§ 16a[2)] Zulässigkeit. (1) Die Beurkundung von Willenserklärungen kann mittels des von der Bundesnotarkammer nach § 78p der Bundesnotarordnung[3)] betriebenen Videokommunikationssystems nach den folgenden Vorschriften erfolgen, soweit dies durch Gesetz zugelassen ist.

(2) Der Notar soll die Beurkundung mittels Videokommunikation ablehnen, wenn er die Erfüllung seiner Amtspflichten auf diese Weise nicht gewährleisten kann, insbesondere wenn er sich auf diese Weise keine Gewissheit über die Person eines Beteiligten verschaffen kann oder er Zweifel an der erforderlichen Rechtsfähigkeit oder Geschäftsfähigkeit eines Beteiligten hat.

§ 16b[4)] Aufnahme einer elektronischen Niederschrift. (1) [1]Bei der Beurkundung von Willenserklärungen mittels Videokommunikation muss eine elektronische Niederschrift über die Verhandlung aufgenommen werden. [2]Auf die elektronische Niederschrift sind die Vorschriften über die Niederschrift entsprechend anzuwenden, soweit in den Absätzen 2 bis 5 sowie den §§ 16c bis 16e nichts anderes bestimmt ist.

(2) Die elektronische Niederschrift wird als elektronisches Dokument errichtet.

(3) [1]Ort der Verhandlung ist der Ort, an dem die elektronische Niederschrift aufgenommen wird. [2]In der elektronischen Niederschrift soll festgestellt werden, dass die Verhandlung mittels Videokommunikation durchgeführt worden ist. [3]Am Schluss der elektronischen Niederschrift sollen die Namen der Personen wiedergegeben werden, die diese nach Absatz 4 signieren; dem Namen des Notars soll seine Amtsbezeichnung beigefügt werden.

(4) [1]Die elektronische Niederschrift ist mit qualifizierten elektronischen Signaturen zu versehen, die an die Stelle der nach diesem Gesetz vorgesehenen Unterschriften treten. [2]Diese sollen auf einem Zertifikat beruhen, das auf Dauer prüfbar ist. [3]Die Beteiligten sollen die qualifizierten elektronischen Signaturen selbst erstellen. [4]Der Notar muss die qualifizierte elektronische Signatur selbst erstellen; § 33 Absatz 3 der Bundesnotarordnung[3)] gilt entsprechend.

(5) Die elektronische Niederschrift soll den Beteiligten auf Verlangen vor der Genehmigung auch zur Durchsicht elektronisch übermittelt werden.

§ 16c[5)] Feststellung der Beteiligten mittels Videokommunikation.

[1]Erfolgt die Beurkundung mittels Videokommunikation, soll sich der Notar Gewissheit über die Person der Beteiligten anhand eines ihm elektronisch über-

---

[1)] UAbschnitt 3 (§§ 16a–16e) eingef. mWv 1.8.2022 durch G v. 5.7.2021 (BGBl. I S. 3338).

[2)] § 16a eingef. mWv 1.8.2022 durch G v. 5.7.2021 (BGBl. I S. 3338); Abs. 1 geänd. mWv 1.8.2022 durch G v. 15.7.2022 (BGBl. I S. 1146).

[3)] **Habersack, Deutsche Gesetze ErgBd. Nr. 98a.**

[4)] § 16b eingef. mWv 1.8.2022 durch G v. 5.7.2021 (BGBl. I S. 3338); Abs. 4 Sätze 3 und 4 geänd. mWv 1.8.2022 durch G v. 15.7.2022 (BGBl. I S. 1146).

[5)] § 16c eingef. mWv 1.8.2022 durch G v. 5.7.2021 (BGBl. I S. 3338); neu gef. mWv 1.8.2022 durch G v. 15.7.2022 (BGBl. I S. 1146).

mittelten Lichtbildes sowie anhand eines der folgenden Nachweise oder Mittel verschaffen:

1. eines elektronischen Identitätsnachweises nach § 18 des Personalausweisgesetzes[1)], nach § 12 des eID-Karte-Gesetzes oder nach § 78 Absatz 5 des Aufenthaltsgesetzes[2)] oder
2. eines elektronischen Identifizierungsmittels, das von einem anderen Mitgliedstaat der Europäischen Union oder einem anderen Vertragsstaat des Abkommens über den Europäischen Wirtschaftsraum ausgestellt wurde und das
   a) für die Zwecke der grenzüberschreitenden Authentifizierung nach Artikel 6 der Verordnung (EU) Nr. 910/2014 des Europäischen Parlaments und des Rates vom 23. Juli 2014 über elektronische Identifizierung und Vertrauensdienste für elektronische Transaktionen im Binnenmarkt und zur Aufhebung der Richtlinie 1999/93/EG (ABl. L 257 vom 28.8.2014, S. 73; L 23 vom 29.1.2015, S. 19; L 155 vom 14.6.2016, S. 44) anerkannt ist und
   b) auf dem Vertrauensniveau „hoch" im Sinne des Artikels 8 Absatz 2 Buchstabe c der Verordnung (EU) Nr. 910/2014 notifiziert wurde.

[2]Das dem Notar zu übermittelnde Lichtbild ist mit Zustimmung des betreffenden Beteiligten nebst Vornamen, Familienname und Tag der Geburt aus dem elektronischen Speicher- und Verarbeitungsmedium eines von Deutschland ausgegebenen Personalausweises, Passes oder elektronischen Aufenthaltstitels oder eines amtlichen Ausweises oder Passes eines anderen Staates, mit dem die Pass- und Ausweispflicht im Inland erfüllt wird, auszulesen. [3]Sofern ein Beteiligter dem Notar bekannt ist, ist die elektronische Übermittlung eines Lichtbildes nicht erforderlich.

§ 16d[3)] Nachweise für die Vertretungsberechtigung bei elektronischen Niederschriften. Vorgelegte Vollmachten und Ausweise über die Berechtigung eines gesetzlichen Vertreters sollen der elektronischen Niederschrift in elektronisch beglaubigter Abschrift beigefügt werden.

§ 16e[3)] Gemischte Beurkundung. (1) [1]Erfolgt die Beurkundung mit einem Teil der Beteiligten, die bei dem Notar körperlich anwesend sind, und mit dem anderen Teil der Beteiligten mittels Videokommunikation, so ist zusätzlich zu der elektronischen Niederschrift mit den bei dem Notar körperlich anwesenden Beteiligten eine inhaltsgleiche Niederschrift nach § 8 aufzunehmen. [2]Dies soll in der Niederschrift und der elektronischen Niederschrift vermerkt werden.

(2) Beide Niederschriften sind zusammen zu verwahren.

Unterabschnitt 4. Prüfungs- und Belehrungspflichten

§ 17[4)] Grundsatz. (1) [1]Der Notar soll den Willen der Beteiligten erforschen, den Sachverhalt klären, die Beteiligten über die rechtliche Tragweite des Geschäfts belehren und ihre Erklärungen klar und unzweideutig in der Niederschrift wiedergeben. [2]Dabei soll er darauf achten, daß Irrtümer und Zweifel vermieden sowie unerfahrene und ungewandte Beteiligte nicht benachteiligt werden.

[1)] **Sartorius Nr. 255.**

[2)] **Sartorius Nr. 565.**

[3)] UAbschnitt 3 (§§ 16a-16e) eingef. mWv 1.8.2022 durch G v. 5.7.2021 (BGBl. I S. 3338).

[4)] § 17 Abs. 2a eingef. durch G v. 31.8.1998 (BGBl. I S. 2585); Abs. 2a Sätze 2 und 3 angef. mWv 1.8.2002 durch G v. 23.7.2002 (BGBl. I S. 2850); Abs. 2a Satz 2 Nr. 2 neu gef. mWv 1.10.2013 durch G v. 15.7.2013 (BGBl. I S. 2378); Abs. 2a Satz 1 geänd. mWv 1.8.2021 durch G v. 25.6.2021 (BGBl. I S. 2154).

(2) [1] Bestehen Zweifel, ob das Geschäft dem Gesetz oder dem wahren Willen der Beteiligten entspricht, so sollen die Bedenken mit den Beteiligten erörtert werden. [2] Zweifelt der Notar an der Wirksamkeit des Geschäfts und bestehen die Beteiligten auf der Beurkundung, so soll er die Belehrung und die dazu abgegebenen Erklärungen der Beteiligten in der Niederschrift vermerken.

(2a) [1] Der Notar soll das Beurkundungsverfahren so gestalten, daß die Einhaltung der Amtspflichten nach den Absätzen 1 und 2 gewährleistet ist. [2] Bei Verbraucherverträgen soll der Notar darauf hinwirken, dass

1. die rechtsgeschäftlichen Erklärungen des Verbrauchers von diesem persönlich oder durch eine Vertrauensperson vor dem Notar abgegeben werden und
2. der Verbraucher ausreichend Gelegenheit erhält, sich vorab mit dem Gegenstand der Beurkundung auseinanderzusetzen; bei Verbraucherverträgen, die der Beurkundungspflicht nach § 311b Absatz 1 Satz 1 und Absatz 3 des Bürgerlichen Gesetzbuchs[1)] unterliegen, soll dem Verbraucher der beabsichtigte Text des Rechtsgeschäfts vom beurkundenden Notar oder einem Notar, mit dem sich der beurkundende Notar zur gemeinsamen Berufsausübung verbunden hat, zur Verfügung gestellt werden. Dies soll im Regelfall zwei Wochen vor der Beurkundung erfolgen. Wird diese Frist unterschritten, sollen die Gründe hierfür in der Niederschrift angegeben werden.

[3] Weitere Amtspflichten des Notars bleiben unberührt.

(3) [1] Kommt ausländisches Recht zur Anwendung oder bestehen darüber Zweifel, so soll der Notar die Beteiligten darauf hinweisen und dies in der Niederschrift vermerken. [2] Zur Belehrung über den Inhalt ausländischer Rechtsordnungen ist er nicht verpflichtet.

§ 18 Genehmigungserfordernisse. Auf die erforderlichen gerichtlichen oder behördlichen Genehmigungen oder Bestätigungen oder etwa darüber bestehende Zweifel soll der Notar die Beteiligten hinweisen und dies in der Niederschrift vermerken.

§ 19[2)] Unbedenklichkeitsbescheinigung. Darf nach dem Grunderwerbsteuerrecht eine Eintragung im Grundbuch erst vorgenommen werden, wenn die Unbedenklichkeitsbescheinigung des Finanzamts vorliegt, so soll der Notar die Beteiligten darauf hinweisen und dies in der Niederschrift vermerken.

§ 20 Gesetzliches Vorkaufsrecht. Beurkundet der Notar die Veräußerung eines Grundstücks, so soll er, wenn ein gesetzliches Vorkaufsrecht in Betracht kommen könnte, darauf hinweisen und dies in der Niederschrift vermerken.

§ 20a[3)] Vorsorgevollmacht. Beurkundet der Notar eine Vorsorgevollmacht, so soll er auf die Möglichkeit der Registrierung bei dem Zentralen Vorsorgeregister hinweisen.

§ 21 Grundbucheinsicht, Briefvorlage. (1) [1] Bei Geschäften, die im Grundbuch eingetragene oder einzutragende Rechte zum Gegenstand haben, soll sich der Notar über den Grundbuchinhalt unterrichten. [2] Sonst soll er nur beurkunden, wenn die Beteiligten trotz Belehrung über die damit verbundenen Gefahren auf

---

1) Nr. **20**.

2) § 19 geänd. mWv 1.4.2005 durch G v. 22.3.2005 (BGBl. I S. 837).

3) § 20a eingef. mWv 31.7.2004 durch G v. 23.4.2004 (BGBl. I S. 598); geänd. mWv 28.12.2010 durch G v. 22.12.2010 (BGBl. I S. 2255).

einer sofortigen Beurkundung bestehen; dies soll er in der Niederschrift vermerken.

(2) Bei der Abtretung oder Belastung eines Briefpfandrechts soll der Notar in der Niederschrift vermerken, ob der Brief vorgelegen hat.

Unterabschnitt 5. Beteiligung behinderter Personen

§ 22[1] Hörbehinderte, sprachbehinderte und sehbehinderte Beteiligte.

(1) [1] Vermag ein Beteiligter nach seinen Angaben oder nach der Überzeugung des Notars nicht hinreichend zu hören, zu sprechen oder zu sehen, so soll zu der Beurkundung ein Zeuge oder ein zweiter Notar zugezogen werden, es sei denn, daß alle Beteiligten darauf verzichten. [2] Auf Verlangen eines hör- oder sprachbehinderten Beteiligten soll der Notar einen Gebärdensprachdolmetscher hinzuziehen. [3] Diese Tatsachen sollen in der Niederschrift festgestellt werden.

(2) Die Niederschrift soll auch von dem Zeugen oder dem zweiten Notar unterschrieben werden.

§ 23[2] Besonderheiten bei hörbehinderten Beteiligten. [1] Eine Niederschrift, in der nach § 22 Abs. 1 festgestellt ist, daß ein Beteiligter nicht hinreichend zu hören vermag, muß diesem Beteiligten anstelle des Vorlesens zur Durchsicht vorgelegt werden; in der Niederschrift soll festgestellt werden, daß dies geschehen ist. [2] Hat der Beteiligte die Niederschrift eigenhändig unterschrieben, so wird vermutet, daß sie ihm zur Durchsicht vorgelegt und von ihm genehmigt worden ist.

§ 24[3] Besonderheiten bei hör- und sprachbehinderten Beteiligten, mit denen eine schriftliche Verständigung nicht möglich ist. (1) [1] Vermag ein Beteiligter nach seinen Angaben oder nach der Überzeugung des Notars nicht hinreichend zu hören oder zu sprechen und sich auch nicht schriftlich zu verständigen, so soll der Notar dies in der Niederschrift feststellen. [2] Wird in der Niederschrift eine solche Feststellung getroffen, so muss zu der Beurkundung eine Person zugezogen werden, die sich mit dem behinderten Beteiligten zu verständigen vermag und mit deren Zuziehung er nach der Überzeugung des Notars einverstanden ist; in der Niederschrift soll festgestellt werden, dass dies geschehen ist. [3] Zweifelt der Notar an der Möglichkeit der Verständigung zwischen der zugezogenen Person und dem Beteiligten, so soll er dies in der Niederschrift feststellen. [4] Die Niederschrift soll auch von der zugezogenen Person unterschrieben werden.

(2) Die Beurkundung von Willenserklärungen ist insoweit unwirksam, als diese darauf gerichtet sind, der nach Absatz 1 zugezogenen Person einen rechtlichen Vorteil zu verschaffen.

(3) Das Erfordernis, nach § 22 einen Zeugen oder zweiten Notar zuzuziehen, bleibt unberührt.

§ 25 Schreibunfähige. [1] Vermag ein Beteiligter nach seinen Angaben oder nach der Überzeugung des Notars seinen Namen nicht zu schreiben, so muß bei dem

---

[1] § 22 Überschrift neu gef., Abs. 1 Satz 2 eingef., bish. Satz 2 wird Satz 3 mWv 1.8.2002 durch G v. 23.7.2002 (BGBl. I S. 2850).

[2] § 23 Überschrift neu gef. mWv 1.8.2002 durch G v. 23.7.2002 (BGBl. I S. 2850).

[3] § 24 Überschrift, Abs. 1 neu gef., Abs. 2 geänd. mWv 1.8.2002 durch G v. 23.7.2002 (BGBl. I S. 2850).

Vorlesen und der Genehmigung ein Zeuge oder ein zweiter Notar zugezogen werden, wenn nicht bereits nach § 22 ein Zeuge oder ein zweiter Notar zugezogen worden ist. [2]Diese Tatsachen sollen in der Niederschrift festgestellt werden. [3]Die Niederschrift muß von dem Zeugen oder dem zweiten Notar unterschrieben werden.

§ 26[1)] Verbot der Mitwirkung als Zeuge oder zweiter Notar. (1) Als Zeuge oder zweiter Notar soll bei der Beurkundung nicht zugezogen werden, wer

1. selbst beteiligt ist oder durch einen Beteiligten vertreten wird,
2. aus einer zu beurkundenden Willenserklärung einen rechtlichen Vorteil erlangt,
3. mit dem Notar verheiratet ist,
3a. mit ihm eine Lebenspartnerschaft führt oder
4. mit ihm in gerader Linie verwandt ist oder war.

(2) Als Zeuge soll bei der Beurkundung ferner nicht zugezogen werden, wer

1. zu dem Notar in einem ständigen Dienstverhältnis steht,
2. minderjährig ist,
3. geisteskrank oder geistesschwach ist,
4. nicht hinreichend zu hören, zu sprechen oder zu sehen vermag,
5. nicht schreiben kann oder
6. der deutschen Sprache nicht hinreichend kundig ist; dies gilt nicht im Falle des § 5 Abs. 2, wenn der Zeuge der Sprache der Niederschrift hinreichend kundig ist.

Unterabschnitt 6. Besonderheiten für Verfügungen von Todes wegen

§ 27 Begünstigte Personen. Die §§ 7, 16 Abs. 3 Satz 2, § 24 Abs. 2, § 26 Abs. 1 Nr. 2 gelten entsprechend für Personen, die in einer Verfügung von Todes wegen bedacht oder zum Testamentsvollstrecker ernannt werden.

§ 28 Feststellungen über die Geschäftsfähigkeit. Der Notar soll seine Wahrnehmungen über die erforderliche Geschäftsfähigkeit des Erblassers in der Niederschrift vermerken.

§ 29 Zeugen, zweiter Notar. [1]Auf Verlangen der Beteiligten soll der Notar bei der Beurkundung bis zu zwei Zeugen oder einen zweiten Notar zuziehen und dies in der Niederschrift vermerken. [2]Die Niederschrift soll auch von diesen Personen unterschrieben werden.

§ 30 Übergabe einer Schrift. [1]Wird eine Verfügung von Todes wegen durch Übergabe einer Schrift errichtet, so muß die Niederschrift auch die Feststellung enthalten, daß die Schrift übergeben worden ist. [2]Die Schrift soll derart gekennzeichnet werden, daß eine Verwechslung ausgeschlossen ist. [3]In der Niederschrift soll vermerkt werden, ob die Schrift offen oder verschlossen übergeben worden ist. [4]Von dem Inhalt einer offen übergebenen Schrift soll der Notar Kenntnis nehmen, sofern er der Sprache, in der die Schrift verfaßt ist, hinreichend kundig

---

[1)] § 26 Abs. 1 Nr. 4 geänd. durch G v. 2.7.1976 (BGBl. I S. 1749); Abs. 1 Nr. 3 neu gef, Nr. 3a eingef. mWv 1.8.2001 durch G v. 16.2.2001 (BGBl. I S. 266).

ist; § 17 ist anzuwenden. [5]Die Schrift soll der Niederschrift beigefügt werden; einer Verlesung der Schrift bedarf es nicht.

§ 31[1)] (weggefallen)

§ 32 Sprachunkundige. [1]Ist ein Erblasser, der dem Notar seinen letzten Willen mündlich erklärt, der Sprache, in der die Niederschrift aufgenommen wird, nicht hinreichend kundig und ist dies in der Niederschrift festgestellt, so muß eine schriftliche Übersetzung angefertigt werden, die der Niederschrift beigefügt werden soll. [2]Der Erblasser kann hierauf verzichten; der Verzicht muß in der Niederschrift festgestellt werden.

§ 33[2)] **Besonderheiten beim Erbvertrag.** Bei einem Erbvertrag gelten die §§ 30 und 32 entsprechend auch für die Erklärung des anderen Vertragschließenden.

§ 34[3)] **Verschließung, Verwahrung.** (1) [1]Die Niederschrift über die Errichtung eines Testaments soll der Notar in einen Umschlag nehmen und diesen mit dem Prägesiegel verschließen. [2]In den Umschlag sollen auch die nach den §§ 30 und 32 beigefügten Schriften genommen werden. [3]Auf dem Umschlag soll der Notar den Erblasser seiner Person nach näher bezeichnen und angeben, wann das Testament errichtet worden ist; diese Aufschrift soll der Notar unterschreiben. [4]Der Notar soll veranlassen, daß das Testament unverzüglich in besondere amtliche Verwahrung gebracht wird.

(2) Beim Abschluß eines Erbvertrages gilt Absatz 1 entsprechend, sofern nicht die Vertragschließenden die besondere amtliche Verwahrung ausschließen; dies ist im Zweifel anzunehmen, wenn der Erbvertrag mit einem anderen Vertrag in derselben Urkunde verbunden wird.

(3) Haben die Beteiligten bei einem Erbvertrag die besondere amtliche Verwahrung ausgeschlossen, so bleibt die Urkunde in der Verwahrung des Notars.

(4) Die Urschrift einer Verfügung von Todes wegen darf nicht nach § 56 in die elektronische Form übertragen werden.

§ 34a[4)] **Mitteilungs- und Ablieferungspflichten.** (1) [1]Der Notar übermittelt nach Errichtung einer erbfolgerelevanten Urkunde im Sinne von § 78d Absatz 2 Satz 1 der Bundesnotarordnung[5)] die Verwahrangaben im Sinne von § 78d Absatz 2 Satz 2 der Bundesnotarordnung unverzüglich elektronisch an die das Zentrale Testamentsregister führende Registerbehörde. [2]Die Mitteilungspflicht nach Satz 1 besteht auch bei jeder Beurkundung von Änderungen erbfolgerelevanter Urkunden.

(2) Wird ein in die notarielle Verwahrung genommener Erbvertrag gemäß § 2300 Absatz 2, § 2256 Absatz 1 des Bürgerlichen Gesetzbuchs[6)] zurückgegeben, teilt der Notar dies der Registerbehörde mit.

[1)] § 31 neu gef. mWv 1.8.2022 durch G v. 5.7.2021 (BGBl. I S. 3338).

[2)] § 33 geänd. mWv 1.8.2002 durch G v. 23.7.2002 (BGBl. I S. 2850).

[3)] § 34 Abs. 3 angef. durch G v. 31.8.1998 (BGBl. I S. 2585); Abs. 1 Satz 2 geänd. mWv 1.8.2002 durch G v. 23.7.2002 (BGBl. I S. 2850); Abs. 3 Satz 2 aufgeh.mWv 1.1.2009 durch G v. 19.2.2007 (BGBl. I S. 122); Abs. 4 angef. mWv 1.1.2022 durch G v. 1.6.2017 (BGBl. I S. 1396).

[4)] § 34a neu gef. mWv 1.1.2012 durch G v. 22.12.2010 (BGBl. I S. 2255); Abs. 1 Satz 1 geänd. mWv 9.6.2017 durch G v. 1.6.2017 (BGBl. I S. 1396).

[5)] **Habersack, Deutsche Gesetze ErgBd. Nr. 98a.**

[6)] Nr. **20**.

(3) [1]Befindet sich ein Erbvertrag in der Verwahrung des Notars, liefert der Notar ihn nach Eintritt des Erbfalls an das Nachlassgericht ab, in dessen Verwahrung er danach verbleibt. [2]Enthält eine sonstige Urkunde Erklärungen, nach deren Inhalt die Erbfolge geändert werden kann, so teilt der Notar diese Erklärungen dem Nachlassgericht nach dem Eintritt des Erbfalls in beglaubigter Abschrift mit.

§ 35 Niederschrift ohne Unterschrift des Notars. Hat der Notar die Niederschrift über die Errichtung einer Verfügung von Todes wegen nicht unterschrieben, so ist die Beurkundung aus diesem Grunde nicht unwirksam, wenn er die Aufschrift auf dem verschlossenen Umschlag unterschrieben hat.

Abschnitt 3. Sonstige Beurkundungen

Unterabschnitt 1. Niederschriften

§ 36 Grundsatz. Bei der Beurkundung anderer Erklärungen als Willenserklärungen sowie sonstiger Tatsachen oder Vorgänge muß eine Niederschrift aufgenommen werden, soweit in § 39 nichts anderes bestimmt ist.

§ 37[1)] Inhalt der Niederschrift. (1) [1]Die Niederschrift muß enthalten

1. die Bezeichnung des Notars sowie
2. den Bericht über seine Wahrnehmungen.

[2]Der Bericht des Notars in einem Schriftstück, auf das in der Niederschrift verwiesen und das dieser beigefügt wird, gilt als in der Niederschrift selbst enthalten. [3]Satz 2 gilt entsprechend, wenn der Notar unter Verwendung von Karten, Zeichnungen oder Abbildungen seinen Bericht erstellt.

(2) In der Niederschrift sollen Ort und Tag der Wahrnehmungen des Notars sowie Ort und Tag der Errichtung der Urkunde angegeben werden.

(3) § 13 Abs. 3 gilt entsprechend.

§ 38 Eide, eidesstattliche Versicherungen. (1) Bei der Abnahme von Eiden und bei der Aufnahme eidesstattlicher Versicherungen gelten die Vorschriften über die Beurkundung von Willenserklärungen entsprechend.

(2) Der Notar soll über die Bedeutung des Eides oder der eidesstattlichen Versicherung belehren und dies in der Niederschrift vermerken.

Unterabschnitt 2. Vermerke

§ 39[2)] Einfache Zeugnisse. Bei der Beglaubigung einer Unterschrift oder eines Handzeichens oder der Zeichnung einer Namensunterschrift, bei der Feststellung des Zeitpunktes, zu dem eine Privaturkunde vorgelegt worden ist, bei Bescheinigungen über Eintragungen in öffentlichen Registern, bei der Beglaubigung von Abschriften, Abdrucken, Ablichtungen und dergleichen (Abschriften) und bei sonstigen einfachen Zeugnissen genügt anstelle einer Niederschrift eine Urkunde, die das Zeugnis, die Unterschrift und das Präge- oder Farbdrucksiegel (Siegel) des Notars enthalten muß und Ort und Tag der Ausstellung angeben soll (Vermerk).

---

1) § 37 Abs. 1 Satz 3 angef. durch G v. 20.2.1980 (BGBl. I S. 157).
2) § 39 geänd. durch G v. 22. 6.1998 (BGBl. I S. 1474).

§ 39a[1] **Einfache elektronische Zeugnisse.** (1) [1] Beglaubigungen und sonstige Zeugnisse im Sinne des § 39 können elektronisch errichtet werden; Beglaubigungen qualifizierter elektronischer Signaturen sind elektronisch zu errichten. [2] Das hierzu erstellte Dokument muss mit einer qualifizierten elektronischen Signatur versehen werden. [3] § 16b Absatz 4 Satz 2 und 4 gilt entsprechend.

(2) [1] Mit dem Zeugnis muss eine Bestätigung der Notareigenschaft durch die zuständige Stelle verbunden werden. [2] Das Zeugnis soll Ort und Tag der Ausstellung angeben.

(3) [1] Bei der Beglaubigung eines elektronischen Dokuments, das mit einer qualifizierten elektronischen Signatur versehen ist, soll das Ergebnis der Signaturprüfung dokumentiert werden. [2] Ist das elektronische Dokument mit der qualifizierten elektronischen Signatur eines Notars versehen, so genügt die Dokumentation der Prüfung seiner qualifizierten elektronischen Signatur.

(4) Bei der Beglaubigung einer qualifizierten elektronischen Signatur ist der Bezug zwischen dem Zeugnis und dem mit der zu beglaubigenden qualifizierten elektronischen Signatur versehenen elektronischen Dokument durch kryptografische Verfahren nach dem Stand der Technik herzustellen, wenn das Zeugnis nicht in dem mit der zu beglaubigenden qualifizierten elektronischen Signatur versehenen elektronischen Dokument enthalten ist.

§ 40[2] **Beglaubigung einer Unterschrift.** (1) Eine Unterschrift soll nur beglaubigt werden, wenn sie in Gegenwart des Notars vollzogen oder anerkannt wird.

(2) Der Notar braucht die Urkunde nur darauf zu prüfen, ob Gründe bestehen, seine Amtstätigkeit zu versagen.

(3) [1] Der Beglaubigungsvermerk muß auch die Person bezeichnen, welche die Unterschrift vollzogen oder anerkannt hat. [2] In dem Vermerk soll angegeben werden, ob die Unterschrift vor dem Notar vollzogen oder anerkannt worden ist.

(4) § 10 Absatz 1, 2 und 3 Satz 1 gilt entsprechend.

(5) [1] Unterschriften ohne zugehörigen Text soll der Notar nur beglaubigen, wenn dargelegt wird, daß die Beglaubigung vor der Festlegung des Urkundeninhalts benötigt wird. [2] In dem Beglaubigungsvermerk soll angegeben werden, daß bei der Beglaubigung ein durch die Unterschrift gedeckter Text nicht vorhanden war.

(6) Die Absätze 1 bis 5 gelten für die Beglaubigung von Handzeichen entsprechend.

§ 40a[3] **Beglaubigung einer qualifizierten elektronischen Signatur.**

(1) [1] Eine qualifizierte elektronische Signatur soll nur beglaubigt werden, wenn sie in Gegenwart des Notars oder mittels des von der Bundesnotarkammer nach § 78p der Bundesnotarordnung[4] betriebenen Videokommunikationssystems anerkannt worden ist. [2] Die Beglaubigung kann mittels Videokommunikation nur erfolgen, soweit dies durch Gesetz zugelassen ist.

---

[1] § 39a eingef. mWv 1.4.2005 durch G v. 22.3.2005 (BGBl. I S. 837); bish. Sätze 1–3 werden Abs. 1, bish. Sätze 4 und 5 werden Abs. 2, Abs. 3 angef. mWv 9.6.2017 durch G v. 1.6.2017 (BGBl. I S. 1396); Abs. 1 neu gef., Abs. 3 Satz 2, Abs. 4 angef. mWv 1.8.2022 durch G v. 5.7.2021 (BGBl. I S. 3338).

[2] § 40 Abs. 4 geänd. mWv 9.6.2017 durch G v. 1.6.2017 (BGBl. I S. 1396).

[3] § 40a eingef. mWv 1.8.2022 durch G v. 5.7.2021 (BGBl. I S. 3338); Abs. 1 Satz 2 geänd. mWv 1.8.2022 durch G v. 15.7.2022 (BGBl. I S. 1146).

[4] **Habersack, Deutsche Gesetze ErgBd. Nr. 98a.**

(2) [1] Der Beglaubigungsvermerk muss die Person bezeichnen, welche die qualifizierte elektronische Signatur anerkannt hat. [2] In dem Vermerk soll angegeben werden, ob die qualifizierte elektronische Signatur in Gegenwart des Notars oder mittels Videokommunikation anerkannt worden ist.

(3) Bei der Beglaubigung einer qualifizierten elektronischen Signatur mittels Videokommunikation ist eine Signaturprüfung nach § 39a Absatz 3 nicht erforderlich.

(4) [1] § 10 Absatz 1, 2 und 3 Satz 1 und § 40 Absatz 2 und 5 gelten entsprechend. [2] Im Falle der Beglaubigung mittels Videokommunikation gilt § 16c entsprechend.

(5) Der Notar soll die Beglaubigung einer mittels Videokommunikation anerkannten qualifizierten elektronischen Signatur ablehnen, wenn er die Erfüllung seiner Amtspflichten auf diese Weise nicht gewährleisten kann, insbesondere wenn er sich auf diese Weise keine Gewissheit über die Person verschaffen kann, welche die qualifizierte elektronische Signatur anerkannt hat.

§ 41[1)] Beglaubigung der Zeichnung einer Namensunterschrift. [1] Bei der Beglaubigung der Zeichnung einer Namensunterschrift, die zur Aufbewahrung beim Gericht bestimmt ist, muß die Zeichnung in Gegenwart des Notars vollzogen werden; dies soll in dem Beglaubigungsvermerk festgestellt werden. [2] Der Beglaubigungsvermerk muß auch die Person angeben, welche gezeichnet hat. [3] § 10 Absatz 1, 2 und 3 Satz 1 gilt entsprechend.

§ 42[2)] Beglaubigung einer Abschrift. (1) Bei der Beglaubigung der Abschrift einer Urkunde soll festgestellt werden, ob die Urkunde eine Urschrift, eine Ausfertigung, eine beglaubigte oder einfache Abschrift ist.

(2) Finden sich in einer dem Notar vorgelegten Urkunde Lücken, Durchstreichungen, Einschaltungen, Änderungen oder unleserliche Worte, zeigen sich Spuren der Beseitigung von Schriftzeichen, insbesondere Radierungen, ist der Zusammenhang einer aus mehreren Blättern bestehenden Urkunde aufgehoben oder sprechen andere Umstände dafür, daß der ursprüngliche Inhalt der Urkunde geändert worden ist, so soll dies in dem Beglaubigungsvermerk festgestellt werden, sofern es sich nicht schon aus der Abschrift ergibt.

(3) Enthält die Abschrift nur den Auszug aus einer Urkunde, so soll in dem Beglaubigungsvermerk der Gegenstand des Auszugs angegeben und bezeugt werden, daß die Urkunde über diesen Gegenstand keine weiteren Bestimmungen enthält.

(4) [1] Bei der Beglaubigung eines Ausdrucks oder einer Abschrift eines elektronischen Dokuments, das mit einer qualifizierten elektronischen Signatur versehen ist, soll das Ergebnis der Signaturprüfung dokumentiert werden. [2] § 39a Absatz 3 Satz 2 gilt entsprechend.

§ 43 Feststellung des Zeitpunktes der Vorlegung einer privaten Urkunde. Bei der Feststellung des Zeitpunktes, zu dem eine private Urkunde vorgelegt worden ist, gilt § 42 Abs. 2 entsprechend.

---

1) § 41 Satz 1 geänd. durch G v. 22. 6.1998 (BGBl. I S. 1474); Satz 3 geänd. mWv 9.6.2017 durch G v. 1.6.2017 (BGBl. I S. 1396).

2) § 42 Abs. 4 angef. mWv 1.4.2005 durch G v. 22.3.2005 (BGBl. I S. 837); Abs. 4 geänd. mWv 29.7. 2017 durch G v. 18.7.2017 (BGBl. I S. 2745); Abs. 4 geänd. mWv 1.8.2021 durch G v. 25.6.2021 (BGBl. I S. 2154); Abs. 4 Satz 2 angef. mWv 1.8.2022 durch G v. 5.7.2021 (BGBl. I S. 3338).

Abschnitt 4. Behandlung der Urkunden

§ 44[1)] Verbindung mit Schnur und Prägesiegel. [1] Besteht eine Urkunde aus mehreren Blättern, so sollen diese mit Schnur und Prägesiegel verbunden werden. [2] Das gleiche gilt für Schriftstücke sowie für Karten, Zeichnungen oder Abbildungen, die nach § 9 Abs. 1 Satz 2, 3, §§ 14, 37 Abs. 1 Satz 2, 3 der Niederschrift beigefügt worden sind.

§ 44a[2)] Änderungen in den Urkunden. (1) [1] Zusätze und sonstige, nicht nur geringfügige Änderungen sollen am Schluß vor den Unterschriften oder am Rande vermerkt und im letzteren Falle von dem Notar besonders unterzeichnet werden. [2] Ist der Niederschrift ein Schriftstück nach § 9 Abs. 1 Satz 2, den §§ 14, 37 Abs. 1 Satz 2 beigefügt, so brauchen Änderungen in dem beigefügten Schriftstück nicht unterzeichnet zu werden, wenn aus der Niederschrift hervorgeht, daß sie genehmigt worden sind.

(2) [1] Offensichtliche Unrichtigkeiten kann der Notar auch nach Abschluß der Niederschrift durch einen von ihm zu unterschreibenden Nachtragsvermerk richtigstellen. [2] Der Nachtragsvermerk ist mit dem Datum der Richtigstellung zu versehen. [3] Der Nachtragsvermerk ist am Schluß nach den Unterschriften oder auf einem besonderen, mit der Urkunde zu verbindenden Blatt niederzulegen. [4] Wird die elektronische Fassung der Urschrift zum Zeitpunkt der Richtigstellung bereits in der elektronischen Urkundensammlung verwahrt, darf der Nachtragsvermerk nur noch auf einem gesonderten, mit der Urkunde zu verbindenden Blatt niedergelegt werden. [5] Bei elektronischen Niederschriften ist der Nachtragsvermerk in einem gesonderten elektronischen Dokument niederzulegen, das vom Notar mit einer qualifizierten elektronischen Signatur zu versehen und zusammen mit der elektronischen Urschrift in der elektronischen Urkundensammlung zu verwahren ist; § 16b Absatz 4 Satz 2 und 4 und § 39a Absatz 2 Satz 1 gelten entsprechend.

(3) Ergibt sich im übrigen nach Abschluß der Niederschrift die Notwendigkeit einer Änderung oder Berichtigung, so hat der Notar hierüber eine besondere Niederschrift aufzunehmen.

§ 44b[3)] Nachtragsbeurkundung. (1) [1] Wird der Inhalt einer Niederschrift in einer anderen Niederschrift berichtigt, geändert, ergänzt oder aufgehoben, soll der Notar durch einen mit dem Datum zu versehenden und von ihm zu unterschreibenden Nachtragsvermerk auf die andere Niederschrift verweisen. [2] § 44a Absatz 2 Satz 3 bis 5 gilt entsprechend. [3] Anstelle eines Nachtragsvermerks kann der Notar die andere Niederschrift zusammen mit der Niederschrift verwahren.

(2) Nachtragsvermerke sowie die zusammen mit der Niederschrift verwahrten anderen Niederschriften nach Absatz 1 soll der Notar in Ausfertigungen und Abschriften der Urschrift übernehmen.

[1)] § 44 Satz 2 neu gef. durch G v. 20.2.1980 (BGBl. I S. 157).

[2)] § 44a eingef. durch G v. 31.8.1998 (BGBl. I S. 2585); Abs. 2 Satz 2 eingef., bish. Satz 2 wird Satz 3 und geänd., Satz 4 angef., bish. Satz 3 wird Abs. 3 mWv 1.1.2022 durch G v. 1.6.2017 (BGBl. I S. 1396); Abs. 2 Satz 5 angef. mWv 1.8.2022 durch G v. 5.7.2021 (BGBl. I S. 3338).

[3)] § 44b eingef. mWv 1.1.2022 durch G v. 1.6.2017 (BGBl. I S. 1396); Abs. 1 Satz 2 geänd. mWv 1.8. 2022 durch G v. 5.7.2021 (BGBl. I S. 3338).

§ 45[1)] Urschrift. (1) Die Urschrift der notariellen Urkunde bleibt, wenn sie nicht auszuhändigen ist, in der Verwahrung des Notars.

(2) Wird die Urschrift der notariellen Urkunde nach § 56 in ein elektronisches Dokument übertragen und in der elektronischen Urkundensammlung verwahrt, steht die elektronische Fassung der Urschrift derjenigen in Papierform gleich.

(3) Das nach § 16b oder § 39a erstellte elektronische Dokument (elektronische Urkunde), das in der elektronischen Urkundensammlung verwahrt wird, gilt als Urschrift im Sinne dieses Gesetzes (elektronische Urschrift).

§ 45a[2)] Aushändigung der Urschrift. (1) [1]Die Urschrift einer Niederschrift soll nur ausgehändigt werden, wenn dargelegt wird, dass sie im Ausland verwendet werden soll, und sämtliche Personen zustimmen, die eine Ausfertigung verlangen können. [2]In diesem Fall soll die Urschrift mit dem Siegel versehen werden; ferner soll eine Ausfertigung zurückbehalten und auf ihr vermerkt werden, an wen und weshalb die Urschrift ausgehändigt worden ist. [3]Die Ausfertigung tritt an die Stelle der Urschrift.

(2) Die Urschrift einer Urkunde, die in der Form eines Vermerks verfasst ist, ist auszuhändigen, wenn nicht die Verwahrung verlangt wird.

§ 45b[3)] Verwahrung und Aushändigung elektronischer Urkunden.

(1) [1]Das nach § 16b erstellte elektronische Dokument bleibt in der Verwahrung des Notars. [2]Elektronische Vervielfältigungen dieses elektronischen Dokuments sollen nicht ausgehändigt werden.

(2) [1]Das nach § 39a erstellte elektronische Dokument bleibt nur dann in der Verwahrung des Notars, wenn die Verwahrung verlangt wird. [2]Die Verwahrung kann nur verlangt werden, wenn das Dokument den nach § 35 Absatz 4 der Verordnung über die Führung notarieller Akten und Verzeichnisse zu beachtenden Vorgaben für die Einstellung elektronischer Dokumente in die elektronische Urkundensammlung entspricht. [3]Elektronische Vervielfältigungen dieses elektronischen Dokuments können ausgehändigt werden. [4]Wird die Verwahrung nicht verlangt, ist das nach § 39a erstellte elektronische Dokument auszuhändigen.

§ 46[4)] Ersetzung der Urschrift. (1) [1]Ist die Urschrift einer Niederschrift ganz oder teilweise zerstört worden oder abhanden gekommen und besteht Anlaß, sie zu ersetzen, so kann auf einer Ausfertigung oder beglaubigten Abschrift oder einer davon gefertigten beglaubigten Abschrift vermerkt werden, daß sie an die Stelle der Urschrift tritt. [2]Der Vermerk kann mit dem Beglaubigungsvermerk verbunden werden. [3]Er soll Ort und Tag der Ausstellung angeben und muß unterschrieben werden.

(2) [1]Ist die elektronische Fassung der Urschrift ganz oder teilweise zerstört worden, soll die Urschrift erneut nach § 56 in die elektronische Form übertragen und in der elektronischen Urkundensammlung verwahrt werden. [2]Ist die Urschrift

---

[1)] § 45 Abs. 1 eingef., bish. Abs. 1 und 2 werden Abs. 2 und 3 durch G v. 31.8.1998 (BGBl. I S. 2585); Überschrift geänd., Abs. 2 neu gef., Abs. 3 aufgeh. mWv 1.1.2022 durch G v. 1.6.2017 (BGBl. I S. 1396); Abs. 3 angef. mWv 1.8.2022 durch G v. 5.7.2021 (BGBl. I S. 3338).

[2)] § 45a eingef. mWv 1.1.2022 durch G v. 1.6.2017 (BGBl. I S. 1396).

[3)] § 45b eingef. mWv 1.8.2022 durch G v. 5.7.2021 (BGBl. I S. 3338).

[4)] § 46 Abs. 1 Satz 1 geänd., Abs. 2 neu gef., Abs. 3 eingef., bish. Abs. 3 wird Abs. 4 mWv 1.1.2022 durch G v. 1.6.2017 (BGBl. I S. 1396); Abs. 1 Satz 3 geänd. mWv 1.8.2021 durch G v. 25.6.2021 (BGBl. I S. 2154); Abs. 3 eingef., bish. Abs. 3 und 4 werden Abs. 4 und 5 mWv 1.8.2022 durch G v. 5.7.2021 (BGBl. I S. 3338).

nicht mehr vorhanden, gilt Absatz 1 entsprechend oder die Wiederherstellung erfolgt aus einer im Elektronischen Urkundenarchiv gespeicherten früheren elektronischen Fassung der Urschrift. [3] Für die Wiederherstellung aus einer früheren elektronischen Fassung gilt § 56 Absatz 1 entsprechend; in dem Vermerk soll zusätzlich die Tatsache der sicheren Speicherung im Elektronischen Urkundenarchiv angegeben werden.

(3) Ist die elektronische Urschrift ganz oder teilweise zerstört worden, so gilt Absatz 2 Satz 2 und 3 entsprechend.

(4) Die Ersetzung erfolgt durch die Stelle, die für die Erteilung einer Ausfertigung zuständig ist.

(5) [1] Vor der Ersetzung der Urschrift soll der Schuldner gehört werden, wenn er sich in der Urkunde der sofortigen Zwangsvollstreckung unterworfen hat. [2] Von der Ersetzung der Urschrift sollen die Personen, die eine Ausfertigung verlangen können, verständigt werden, soweit sie sich ohne erhebliche Schwierigkeiten ermitteln lassen.

§ 47[1)] Ausfertigung. Die Ausfertigung der Niederschrift oder der elektronischen Niederschrift vertritt die Urschrift im Rechtsverkehr.

§ 48 Zuständigkeit für die Erteilung der Ausfertigung. [1] Die Ausfertigung erteilt, soweit bundes- oder landesrechtlich nichts anderes bestimmt ist, die Stelle, welche die Urschrift verwahrt. [2] Wird die Urschrift bei einem Gericht verwahrt, so erteilt der Urkundsbeamte der Geschäftsstelle die Ausfertigung.

§ 49[2)] Form der Ausfertigung. (1) Die Ausfertigung besteht, jeweils mit einem Ausfertigungsvermerk versehen, in

1. einer Abschrift der Urschrift, der elektronischen Urschrift oder der elektronischen Fassung der Urschrift oder
2. einem Ausdruck der elektronischen Urschrift oder der elektronischen Fassung der Urschrift.

(2) [1] Der Ausfertigungsvermerk soll den Tag und den Ort der Erteilung angeben, die Person bezeichnen, der die Ausfertigung erteilt wird, und die Übereinstimmung der Ausfertigung mit der Urschrift, der elektronischen Urschrift oder der elektronischen Fassung der Urschrift bestätigen. [2] Er muß unterschrieben und mit dem Siegel der erteilenden Stelle versehen sein. [3] Besteht die Ausfertigung in einer Abschrift oder einem Ausdruck der elektronischen Urschrift oder der elektronischen Fassung der Urschrift, soll das Ergebnis der Signaturprüfung dokumentiert werden. [4] § 39a Absatz 3 Satz 2 gilt entsprechend.

(3) Werden Abschriften von Urkunden mit der Ausfertigung durch Schnur und Prägesiegel verbunden oder befinden sie sich mit dieser auf demselben Blatt, so genügt für die Beglaubigung dieser Abschriften der Ausfertigungsvermerk; dabei soll entsprechend § 42 Abs. 3 und, wenn die Urkunden, von denen die Abschriften hergestellt sind, nicht zusammen mit der Urschrift der ausgefertigten Urkunde verwahrt werden, auch entsprechend § 42 Abs. 1, 2 verfahren werden.

[1)] § 47 geänd. mWv 1.8.2022 durch G v. 5.7.2021 (BGBl. I S. 3338).

[2)] § 49 Abs. 2 Satz 1 geänd., Satz 3 angef., Abs. 4 geänd. mWv 1.1.2022 durch G v. 1.6.2017 (BGBl. I S. 1396, geänd. durch G v. 30.11.2019, BGBl. I S. 1942); Abs. 1 neu gef., Abs. 2 Satz 3 geänd. mWv 1.1. 2022 durch G v. 25.6.2021 (BGBl. I S. 2154); Abs. 1 Nr. 1 und 2, Abs. 2 Satz 3 geänd., Satz 4 angef. mWv 1.8.2022 durch G v. 5.7.2021 (BGBl. I S. 3338); Abs. 2 Satz 1 geänd. mWv 1.8.2022 durch G v. 15.7.2022 (BGBl. I S. 1146).

(4) Im Urkundenverzeichnis soll vermerkt werden, wem und an welchem Tage eine Ausfertigung erteilt worden ist.

(5) [1] Die Ausfertigung kann auf Antrag auch auszugsweise erteilt werden. [2] § 42 Abs. 3 ist entsprechend anzuwenden.

§ 50 Übersetzungen. (1) [1] Ein Notar kann die deutsche Übersetzung einer Urkunde mit der Bescheinigung der Richtigkeit und Vollständigkeit versehen, wenn er die Urkunde selbst in fremder Sprache errichtet hat oder für die Erteilung einer Ausfertigung der Niederschrift zuständig ist. [2] Für die Bescheinigung gilt § 39 entsprechend. [3] Der Notar soll die Bescheinigung nur erteilen, wenn er der fremden Sprache hinreichend kundig ist.

(2) [1] Eine Übersetzung, die mit einer Bescheinigung nach Absatz 1 versehen ist, gilt als richtig und vollständig. [2] Der Gegenbeweis ist zulässig.

(3) [1] Von einer derartigen Übersetzung können Ausfertigungen und Abschriften erteilt werden. [2] Die Übersetzung soll in diesem Fall zusammen mit der Urschrift verwahrt werden.

§ 51[1)] Recht auf Ausfertigungen, Abschriften und Einsicht. (1) Ausfertigungen können verlangen

1. bei Niederschriften über Willenserklärungen jeder, der eine Erklärung im eigenen Namen abgegeben hat oder in dessen Namen eine Erklärung abgegeben worden ist,
2. bei anderen Niederschriften jeder, der die Aufnahme der Urkunde beantragt hat,

sowie die Rechtsnachfolger dieser Personen.

(2) Die in Absatz 1 genannten Personen können gemeinsam in der Niederschrift oder durch besondere Erklärung gegenüber der zuständigen Stelle etwas anderes bestimmen.

(3) Wer Ausfertigungen verlangen kann, ist auch berechtigt, einfache oder beglaubigte Abschriften zu verlangen und die Urschrift einzusehen.

(4) Mitteilungspflichten, die auf Grund von Rechtsvorschriften gegenüber Gerichten oder Behörden bestehen, sowie das Recht auf Zugang zu Forschungszwecken nach § 18a der Bundesnotarordnung[2)] bleiben unberührt.

§ 52 Vollstreckbare Ausfertigungen. Vollstreckbare Ausfertigungen werden nach den dafür bestehenden Vorschriften erteilt.

§ 53 Einreichung beim Grundbuchamt oder Registergericht. Sind Willenserklärungen beurkundet worden, die beim Grundbuchamt oder Registergericht einzureichen sind, so soll der Notar dies veranlassen, sobald die Urkunde eingereicht werden kann, es sei denn, daß alle Beteiligten gemeinsam etwas anderes verlangen; auf die mit einer Verzögerung verbundenen Gefahren soll der Notar hinweisen.

[1)] § 51 Abs. 4 geänd. mWv 1.8.2021 durch G v. 25.6.2021 (BGBl. I S. 2154).
[2)] **Habersack, Deutsche Gesetze ErgBd. Nr. 98a.**

§ 54[1] Rechtsmittel. (1) Gegen die Ablehnung der Erteilung der Vollstreckungsklausel oder einer Amtshandlung nach den §§ 45a, 46 und 51 sowie gegen die Ersetzung einer Urschrift ist die Beschwerde gegeben.

(2) [1] Für das Beschwerdeverfahren gelten die Vorschriften des Gesetzes über das Verfahren in Familiensachen und in den Angelegenheiten der freiwilligen Gerichtsbarkeit[2]. [2] Über die Beschwerde entscheidet eine Zivilkammer des Landgerichts, in dessen Bezirk die Stelle, gegen die sich die Beschwerde richtet, ihren Sitz hat.

Abschnitt 5.[3] Verwahrung der Urkunden

§ 55[3)4)] Verzeichnis und Verwahrung der Urkunden. (1) Der Notar führt ein elektronisches Verzeichnis über Beurkundungen und sonstige Amtshandlungen (Urkundenverzeichnis).

(2) Das Urkundenverzeichnis und die elektronische Urkundensammlung sind vom Notar im Elektronischen Urkundenarchiv (§ 78h der Bundesnotarordnung[5]) zu führen.

(3) Die im Urkundenverzeichnis registrierten Urkunden verwahrt der Notar in einer Urkundensammlung, einer elektronischen Urkundensammlung und einer Erbvertragssammlung.

§ 56[3)6)] Übertragung der Papierdokumente in die elektronische Form; Einstellung der elektronischen Dokumente in die elektronische Urkundensammlung. (1) [1] Bei der Übertragung der in Papierform vorliegenden Schriftstücke in die elektronische Form soll durch geeignete Vorkehrungen nach dem Stand der Technik sichergestellt werden, dass die elektronischen Dokumente mit den in Papierform vorhandenen Schriftstücken inhaltlich und bildlich übereinstimmen. [2] Diese Übereinstimmung ist vom Notar in einem Vermerk unter Angabe des Ortes und des Tages seiner Ausstellung zu bestätigen. [3] Durchstreichungen, Änderungen, Einschaltungen, Radierungen oder andere Mängel des Schriftstücks sollen im Vermerk angegeben werden, soweit sie nicht aus dem elektronischen Dokument eindeutig ersichtlich sind. [4] Das elektronische Dokument und der Vermerk müssen mit einer qualifizierten elektronischen Signatur versehen werden. [5] § 16b Absatz 4 Satz 2 und 4 und § 39a Absatz 2 Satz 1 gelten entsprechend.

(2) Werden nach der Einstellung der elektronischen Fassung einer in der Urkundensammlung zu verwahrenden Urschrift oder Abschrift in die elektronische Urkundensammlung Nachtragsvermerke, weitere Unterlagen oder andere Urschriften der Urschrift oder Abschrift beigefügt, sind die Nachtragsvermerke, die weiteren Unterlagen und die anderen Urschriften nach Absatz 1 in elektronische

---

[1] § 54 Abs. 2 Satz 1 geänd. mWv 1.9.2009 durch G v. 17.12.2008 (BGBl. I S. 2586), Abs. 1 geänd. mWv 1.1.2022 durch G v. 1.6.2017 (BGBl. I S. 1396).

[2] Nr. **112**.

[3] 5. Abschnitt (§§ 55, 56) eingef. mWv 1.1.2022 durch G v. 1.6.2017 (BGBl. I S. 1396, geänd. durch G v. 30.11.2019, BGBl. I S. 1942); § 56 Abs. 1 Sätze 2 und 5, Abs. 2 geänd. mWv 1.1.2022 durch G v. 25.6.2021 (BGBl. I S. 2154); Abs. 1 Satz 5 neu gef., Abs. 3 eingef., bish. Abs. 3 wird Abs. 4 und geänd. mWv 1.8.2022 durch G v. 5.7.2021 (BGBl. I S. 3338).

[4] Beachte hierzu Übergangsvorschrift in § 75.

[5] **Habersack, Deutsche Gesetze ErgBd. Nr. 98a.**

[6] Beachte hierzu Übergangsvorschrift in § 76.

Dokumente zu übertragen und zusammen mit der elektronischen Fassung der Urschrift oder Abschrift in der elektronischen Urkundensammlung zu verwahren.

(3) [1] Werden der elektronischen Urschrift Unterlagen oder andere Urschriften beigefügt, so gelten die Absätze 1 und 2 entsprechend. [2] § 44a Absatz 2 Satz 5 und § 44b Absatz 1 Satz 2 bleiben unberührt.

(4) Die von dem Notar in der elektronischen Urkundensammlung verwahrten elektronischen Dokumente stehen den Dokumenten gleich, aus denen sie nach den Absätzen 1 bis 3 übertragen worden sind.

Abschnitt 6.[1] Verwahrung

§ 57[2] Antrag auf Verwahrung. (1) Der Notar darf Bargeld zur Aufbewahrung oder zur Ablieferung an Dritte nicht entgegennehmen.

(2) Der Notar darf Geld zur Verwahrung nur entgegennehmen, wenn

1. hierfür ein berechtigtes Sicherungsinteresse der am Verwahrungsgeschäft beteiligten Personen besteht,
2. ihm ein Antrag auf Verwahrung verbunden mit einer Verwahrungsanweisung vorliegt, in der hinsichtlich der Masse und ihrer Erträge der Anweisende, der Empfangsberechtigte sowie die zeitlichen und sachlichen Bedingungen der Verwahrung und die Auszahlungsvoraussetzungen bestimmt sind,
3. er den Verwahrungsantrag und die Verwahrungsanweisung angenommen hat.

(3) Der Notar darf den Verwahrungsantrag nur annehmen, wenn die Verwahrungsanweisung den Bedürfnissen einer ordnungsgemäßen Geschäftsabwicklung und eines ordnungsgemäßen Vollzugs der Verwahrung sowie dem Sicherungsinteresse aller am Verwahrungsgeschäft beteiligten Personen genügt.

(4) Die Verwahrungsanweisung sowie deren Änderung, Ergänzung oder Widerruf bedürfen der Schriftform.

(5) Auf der Verwahrungsanweisung hat der Notar die Annahme mit Datum und Unterschrift zu vermerken, sofern die Verwahrungsanweisung nicht Gegenstand einer Niederschrift (§§ 8, 36) ist, die er selbst oder seine Notarvertretung aufgenommen hat.

(6) Die Absätze 3 bis 5 gelten entsprechend für Treuhandaufträge, die dem Notar im Zusammenhang mit dem Vollzug des der Verwahrung zugrundeliegenden Geschäfts von Personen erteilt werden, die an diesem nicht beteiligt sind.

§ 58[3] Durchführung der Verwahrung. (1) [1] Der Notar hat anvertraute Gelder unverzüglich einem Sonderkonto für fremde Gelder (Notaranderkonto) zuzuführen. [2] Der Notar ist zu einer bestimmten Art der Anlage nur bei einer entsprechenden Anweisung der Beteiligten verpflichtet. [3] Fremdgelder sowie deren Erträge dürfen auch nicht vorübergehend auf einem sonstigen Konto des Notars oder eines Dritten geführt werden.

---

[1] Früherer 5. Abschnitt (§§ 54a–54e) eingef. durch G v. 31.8.1998 (BGBl. I S. 2585); bish. 5. Abschnitt wird 6. Abschnitt mWv 9.6.2017 durch G v. 1.6.2017 (BGBl. I S. 1396).

[2] Früherer § 54a eingef. durch G v. 31.8.1998 (BGBl. I S. 2585); bish. § 54a wird § 57 mWv 9.6.2017 durch G v. 1.6.2017 (BGBl. I S. 1396); Abs. 5 geänd. mWv 1.8.2021 durch G v. 25.6.2021 (BGBl. I S. 2154).

[3] Früherer § 54b eingef. durch G v. 31.8.1998 (BGBl. I S. 2585); bish. § 54b wird § 58 mWv 9.6.2017, Abs. 3 Satz 3 geänd. mWv 1.1.2018 durch G v. 1.6.2017 (BGBl. I S. 1396); Abs. 3 Satz 1 neu gef., Satz 2 aufgeh., bish. Sätze 3–8 werden Sätze 2–7 mWv 1.8.2021 durch G v. 25.6.2021 (BGBl. I S. 2154).

(2) [1] Das Notaranderkonto muß bei einem im Inland zum Geschäftsbetrieb befugten Kreditinstitut oder der Deutschen Bundesbank eingerichtet sein. [2] Die Anderkonten sollen bei Kreditinstituten in dem Amtsbereich des Notars oder den unmittelbar angrenzenden Amtsgerichtsbezirken desselben Oberlandesgerichtsbezirks eingerichtet werden, sofern in der Anweisung nicht ausdrücklich etwas anderes vorgesehen wird oder eine andere Handhabung sachlich geboten ist. [3] Für jede Verwahrungsmasse muß ein gesondertes Anderkonto geführt werden, Sammelanderkonten sind nicht zulässig.

(3) [1] Über das Notaranderkonto dürfen nur der Notar persönlich, die Notarvertretung, der Notariatsverwalter oder der nach § 51 Absatz 1 Satz 2 der Bundesnotarordnung[1)] mit der Aktenverwahrung betraute Notar verfügen. [2] Die Landesregierungen oder die von ihnen bestimmten Stellen werden ermächtigt, durch Rechtsverordnung zu bestimmen, daß Verfügungen auch durch einen entsprechend bevollmächtigten anderen Notar oder im Land Baden-Württemberg durch Notariatsabwickler erfolgen dürfen. [3] Verfügungen sollen nur erfolgen, um Beträge unverzüglich dem Empfangsberechtigten oder einem von diesem schriftlich benannten Dritten zuzuführen. [4] Sie sind grundsätzlich im bargeldlosen Zahlungsverkehr durchzuführen, sofern nicht besondere berechtigte Interessen der Beteiligten die Auszahlung in bar oder mittels Bar- oder Verrechnungsscheck gebieten. [5] Die Gründe für eine Bar- oder Scheckauszahlung sind von dem Notar zu vermerken. [6] Die Bar- oder Scheckauszahlung ist durch den berechtigten Empfänger oder einen von ihm schriftlich Beauftragten nach Feststellung der Person zu quittieren. [7] Verfügungen zugunsten von Privat- oder Geschäftskonten des Notars sind lediglich zur Bezahlung von Kostenforderungen aus dem zugrundeliegenden Amtsgeschäft unter Angabe des Verwendungszwecks und nur dann zulässig, wenn hierfür eine notarielle Kostenrechnung erteilt und dem Kostenschuldner zugegangen ist und Auszahlungsreife des verwahrten Betrages zugunsten des Kostenschuldners gegeben ist.

(4) Eine Verwahrung soll nur dann über mehrere Anderkonten durchgeführt werden, wenn dies sachlich geboten ist und in der Anweisung ausdrücklich bestimmt ist.

(5) [1] Schecks sollen unverzüglich eingelöst oder verrechnet werden, soweit sich aus den Anweisungen nichts anderes ergibt. [2] Der Gegenwert ist nach den Absätzen 2 und 3 zu behandeln.

§ 59[2)] Verordnungsermächtigung. [1] Das Bundesministerium der Justiz und für Verbraucherschutz hat durch Rechtsverordnung mit Zustimmung des Bundesrates die näheren Bestimmungen zu treffen über den Inhalt, den Aufbau und die Führung des Verwahrungsverzeichnisses einschließlich der Verweismöglichkeiten auf die im Urkundenverzeichnis zu der Urkunde gespeicherten Daten sowie über Einzelheiten der Datenübermittlung und -speicherung sowie der Datensicherheit. [2] Die Verordnung kann auch Ausnahmen von der Eintragungspflicht anordnen. [3] Die technischen und organisatorischen Maßnahmen zur Gewährleistung der Datensicherheit müssen denen zur Gewährleistung der Datensicherheit des Elektronischen Urkundenarchivs entsprechen.

[1)] **Habersack, Deutsche Gesetze ErgBd. Nr. 98a.**

[2)] § 59 eingef. mWv 9.6.2017 durch G v. 1.6.2017 (BGBl. I S. 1396).

§ 59a[1) 2)] **Verwahrungsverzeichnis.** (1) Der Notar führt ein elektronisches Verzeichnis über Verwahrungsmassen, die er nach § 23 der Bundesnotarordnung[3)] und nach den §§ 57 und 62 entgegennimmt (Verwahrungsverzeichnis).

(2) [1] Das Verwahrungsverzeichnis ist im Elektronischen Urkundenarchiv (§ 78h der Bundesnotarordnung) zu führen. [2] Erfolgt die Verwahrung in Vollzug eines vom Notar in das Urkundenverzeichnis einzutragenden Amtsgeschäfts, soll der Notar im Verwahrungsverzeichnis auf die im Urkundenverzeichnis zu der Urkunde gespeicherten Daten verweisen, soweit diese auch in das Verwahrungsverzeichnis einzutragen wären.

§ 60[4)] **Widerruf.** (1) Den schriftlichen Widerruf einer Anweisung hat der Notar zu beachten, soweit er dadurch Dritten gegenüber bestehende Amtspflichten nicht verletzt.

(2) Ist die Verwahrungsanweisung von mehreren Anweisenden erteilt, so ist der Widerruf darüber hinaus nur zu beachten, wenn er durch alle Anweisenden erfolgt.

(3) [1] Erfolgt der Widerruf nach Absatz 2 nicht durch alle Anweisenden und wird er darauf gegründet, daß das mit der Verwahrung durchzuführende Rechtsverhältnis aufgehoben, unwirksam oder rückabzuwickeln sei, soll sich der Notar jeder Verfügung über das Verwahrungsgut enthalten. [2] Der Notar soll alle an dem Verwahrungsgeschäft beteiligten Personen im Sinne des § 57 hiervon unterrichten. [3] Der Widerruf wird jedoch unbeachtlich, wenn

1. eine spätere übereinstimmende Anweisung vorliegt oder
2. der Widerrufende nicht innerhalb einer von dem Notar festzusetzenden angemessenen Frist dem Notar nachweist, daß ein gerichtliches Verfahren zur Herbeiführung einer übereinstimmenden Anweisung rechtshängig ist, oder
3. dem Notar nachgewiesen wird, daß die Rechtshängigkeit der nach Nummer 2 eingeleiteten Verfahren entfallen ist.

(4) Die Verwahrungsanweisung kann von den Absätzen 2 und 3 abweichende oder ergänzende Regelungen enthalten.

(5) § 15 Abs. 2 der Bundesnotarordnung bleibt unberührt.

§ 61[5)] **Absehen von Auszahlung.** Der Notar hat von der Auszahlung abzusehen und alle an dem Verwahrungsgeschäft beteiligten Personen im Sinne des § 57 hiervon zu unterrichten, wenn

1. hinreichende Anhaltspunkte dafür vorliegen, daß er bei Befolgung der unwiderruflichen Weisung an der Erreichung unerlaubter oder unredlicher Zwecke mitwirken würde, oder
2. einem Auftraggeber im Sinne des § 57 durch die Auszahlung des verwahrten Geldes ein unwiederbringlicher Schaden erkennbar droht.

[1)] § 59a eingef. mWv 1.1.2022 durch G v. 1.6.2017 (BGBl. I S. 1396, geänd. durch G v. 30.11.2019, BGBl. I S. 1942).

[2)] Beachte hierzu Übergangsvorschrift in § 75.

[3)] **Habersack, Deutsche Gesetze ErgBd. Nr. 98a.**

[4)] Früherer § 54c eingef. durch G v. 31.8.1998 (BGBl. I S. 2585); bish. § 54c wird § 60 und Abs. 3 Satz 2 geänd. mWv 9.6.2017 durch G v. 1.6.2017 (BGBl. I S. 1396).

[5)] Früherer § 54d eingef. durch G v. 31.8.1998 (BGBl. I S. 2585); bish. § 54d wird § 61, einl. Satzteil und Nr. 2 geänd. mWv 9.6.2017 durch G v. 1.6.2017 (BGBl. I S. 1396).

§ 62[1)] Verwahrung von Wertpapieren und Kostbarkeiten. (1) Die §§ 57, 60 und 61 gelten entsprechend für die Verwahrung von Wertpapieren und Kostbarkeiten.

(2) Der Notar ist berechtigt, Wertpapiere und Kostbarkeiten auch einer Bank im Sinne des § 58 Absatz 2 in Verwahrung zu geben, und ist nicht verpflichtet, von ihm verwahrte Wertpapiere zu verwalten, soweit in der Verwahrungsanweisung nichts anderes bestimmt ist.

Abschnitt 7.[2)] Schlussvorschriften

Unterabschnitt 1. Verhältnis zu anderen Gesetzen

§ 63[3)] Beseitigung von Doppelzuständigkeiten. (1), (2) *(nicht wiedergegebene Änderungsvorschriften)*

(3) *(aufgehoben)*

(4) Auch wenn andere Vorschriften des bisherigen Bundesrechts die gerichtliche oder notarielle Beurkundung oder Beglaubigung oder die Erklärung vor einem Gericht oder Notar vorsehen, ist nur der Notar zuständig.

§ 64[4)] Beurkundungen nach dem Personenstandsgesetz. Dieses Gesetz gilt nicht für Beurkundungen nach dem Personenstandsgesetz[5)].

§ 65[6)] Unberührt bleibendes Bundesrecht. Soweit in diesem Gesetz nichts anderes bestimmt ist, bleiben bundesrechtliche Vorschriften über Beurkundungen unberührt.

§ 66[7)] Unberührt bleibendes Landesrecht. (1) Unbeschadet der Zuständigkeit des Notars bleiben folgende landesrechtliche Vorschriften unberührt:

1. Vorschriften über die Beurkundung von freiwilligen Versteigerungen; dies gilt nicht für die freiwillige Versteigerung von Grundstücken und grundstücksgleichen Rechten;
2. Vorschriften über die Zuständigkeit zur Aufnahme von Inventaren, Bestandsverzeichnissen, Nachlaßverzeichnissen und anderen Vermögensverzeichnissen sowie zur Mitwirkung bei der Aufnahme solcher Vermögensverzeichnisse;
3. Vorschriften, nach denen die Gerichtsvollzieher zuständig sind, Wechsel- und Scheckproteste aufzunehmen sowie das tatsächliche Angebot einer Leistung zu beurkunden;

---

1) Früherer § 54e eingef. durch G v. 31.8.1998 (BGBl. I S. 2585); bish. § 54e wird § 62, Abs. 1 und 2 geänd. mWv 9.6.2017 durch G v. 1.6.2017 (BGBl. I S. 1396).

2) Früherer 5. Abschnitt wird 6. Abschnitt durch G v. 31.8.1998 (BGBl. I S. 2585); bish. 6. Abschnitt wird 7. Abschnitt mWv 9.6.2017 durch G v. 1.6.2017 (BGBl. I S. 1396).

3) Früherer § 56 Abs. 3 Satz 2 angef. durch G v. 27.6.1970 (BGBl. I S. 911); Abs. 3 aufgeh. mWv 17.8.2015 durch G v. 29.6.2015 (BGBl. I S. 1042); bish. § 56 wird § 63 mWv 9.6.2017 durch G v. 1.6.2017 (BGBl. I S. 1396).

4) Früherer § 58 geänd. mWv 1.1.2009 durch G v. 19.2.2007 (BGBl. I S. 122); bish. § 58 wird § 64 mWv 9.6.2017 durch G v. 1.6.2017 (BGBl. I S. 1396).

5) **Habersack, Deutsche Gesetze ErgBd. Nr. 113.**

6) Bish. § 59 wird § 65 mWv 9.6.2017 durch G v. 1.6.2017 (BGBl. I S. 1396).

7) Früherer § 61 Abs. 1 Nr. 12 angef. durch G v. 27.6.1970 (BGBl. I S. 911); Abs. 4 Satz 1 geänd. durch G v. 17.12.1974 (BGBl. I S. 3602); bish. § 61 wird § 66 mWv 9.6.2017, Abs. 4 aufgeh. mWv 1.1.2018 durch G v. 1.6.2017 (BGBl. I S. 1396); Abs. 3 Nr. 3 geänd. mWv 1.8.2022 durch G v. 5.7.2021 (BGBl. I S. 3338).

4. Vorschriften, nach denen die Amtsgerichte zuständig sind, außerhalb eines anhängigen Verfahrens die Aussagen von Zeugen und die Gutachten von Sachverständigen, die Vereidigung sowie eidesstattliche Versicherungen dieser Personen zu beurkunden;
5. Vorschriften, nach denen Beurkundungen in Fideikommißsachen, für die ein Kollegialgericht zuständig ist, durch einen beauftragten oder ersuchten Richter erfolgen können;
6. Vorschriften, nach denen die Vorstände der Vermessungsbehörden, die das amtliche Verzeichnis im Sinne des § 2 Abs. 2 der Grundbuchordnung[1] führen, und die von den Vorständen beauftragten Beamten dieser Behörden zuständig sind, Anträge der Eigentümer auf Vereinigung oder Teilung von Grundstücken zu beurkunden oder zu beglaubigen;
7. Vorschriften über die Beurkundung der Errichtung fester Grenzzeichen (Abmarkung);
8. Vorschriften über die Beurkundung von Tatbeständen, die am Grund und Boden durch vermessungstechnische Ermittlungen festgestellt werden, durch Behörden, öffentlich bestellte Vermessungsingenieure oder Markscheider;
9. Vorschriften über Beurkundungen in Gemeinheitsteilungs- und agrarrechtlichen Ablösungsverfahren einschließlich der Rentenübernahme- und Rentengutsverfahren;
10. Vorschriften über Beurkundungen im Rückerstattungsverfahren;
11. Vorschriften über die Beglaubigung amtlicher Unterschriften zum Zwecke der Legalisation;
12. Vorschriften über Beurkundungen in Kirchenaustrittssachen.

(2) Auf Grund dieser Vorbehalte können den Gerichten Beurkundungszuständigkeiten nicht neu übertragen werden.

(3) Auf Grund anderer bundesrechtlicher Vorbehalte kann

1. die Zuständigkeit der Notare für öffentliche Beurkundungen (§ 20 der Bundesnotarordnung[2]) nicht eingeschränkt werden,
2. nicht bestimmt werden, daß für öffentliche Beurkundungen neben dem Notar andere Urkundspersonen oder sonstige Stellen zuständig sind, und
3. keine Regelung getroffen werden, die den Vorschriften der Abschnitte 1 bis 4 dieses Gesetzes entgegensteht.

§ 67[3] Zuständigkeit der Amtsgerichte, Zustellung. (1) Unbeschadet der Zuständigkeit sonstiger Stellen sind die Amtsgerichte zuständig für die Beurkundung von

1. Erklärungen über die Anerkennung der Vaterschaft,
2. Verpflichtungen zur Erfüllung von Unterhaltsansprüchen eines Kindes,
3. Verpflichtungen zur Erfüllung von Unterhaltsansprüchen nach § 1615l des Bürgerlichen Gesetzbuchs[4].

---

[1] Nr. **114**.

[2] **Habersack, Deutsche Gesetze ErgBd. Nr. 98a.**

[3] Früherer § 62 Überschrift neu gef., Abs. 2 angef. durch G v. 17.12.1990 (BGBl. I S. 2847); Abs. 1 Nr. 2 und 3 neu gef. durch G v. 6.4.1998 (BGBl. I S. 666); Abs. 2 geänd. mWv 1.7.2002 durch G v. 25.6. 2001 (BGBl. I S. 1206); bish. § 62 wird § 67 mWv 9.6.2017 durch G v. 1.6.2017 (BGBl. I S. 1396); Abs. 2 geänd. mWv 1.1.2022 durch G v. 5.10.2021 (BGBl. I S. 4607).

[4] Nr. **20**.

(2) Die Zustellung von Urkunden, die eine Verpflichtung nach Absatz 1 Nr. 2 oder 3 zum Gegenstand haben, kann auch dadurch vollzogen werden, daß der Schuldner eine beglaubigte Abschrift der Urkunde ausgehändigt erhält; § 174 Satz 2 und 3 der Zivilprozeßordnung[1] gilt entsprechend.

§ 68[2] Übertragung auf andere Stellen. Die Länder sind befugt, durch Gesetz die Zuständigkeit für die öffentliche Beglaubigung von Abschriften oder Unterschriften anderen Personen oder Stellen zu übertragen.

§ 69[3] (weggefallen)

§ 70[4] Amtliche Beglaubigungen. [1]Dieses Gesetz gilt nicht für amtliche Beglaubigungen, mit denen eine Verwaltungsbehörde zum Zwecke der Verwendung in Verwaltungsverfahren oder für sonstige Zwecke, für die eine öffentliche Beglaubigung nicht vorgeschrieben ist, die Echtheit einer Unterschrift oder eines Handzeichens oder die Richtigkeit der Abschrift einer Urkunde bezeugt, die nicht von einer Verwaltungsbehörde ausgestellt ist. [2]Die Beweiskraft dieser amtlichen Beglaubigungen beschränkt sich auf den in dem Beglaubigungsvermerk genannten Verwendungszweck. [3]Die Befugnis der Verwaltungsbehörden, Abschriften ihrer eigenen Urkunden oder von Urkunden anderer Verwaltungsbehörden in der dafür vorgeschriebenen Form mit uneingeschränkter Beweiskraft zu beglaubigen, bleibt unberührt.

§ 71[5] Eidesstattliche Versicherungen in Verwaltungsverfahren. Dieses Gesetz gilt nicht für die Aufnahme eidesstattlicher Versicherungen in Verwaltungsverfahren.

§ 72[6] Erklärungen juristischer Personen des öffentlichen Rechts. Die bundes- oder landesrechtlich vorgeschriebene Beidrückung des Dienstsiegels bei Erklärungen juristischer Personen des öffentlichen Rechts wird durch die öffentliche Beurkundung ersetzt.

§ 73[7] Bereits errichtete Urkunden. (1) [1]§§ 45 bis 49, 51, 52, 54 dieses Gesetzes gelten auch für Urkunden, die vor dem Inkrafttreten dieses Gesetzes errichtet worden sind. [2]Dies gilt auch, wenn die Beurkundungszuständigkeit weggefallen ist.

(2) Eine vor dem Inkrafttreten dieses Gesetzes erteilte Ausfertigung einer Niederschrift ist auch dann als von Anfang an wirksam anzusehen, wenn sie den Vorschriften dieses Gesetzes genügt.

(3) § 2256 Abs. 1, 2 des Bürgerlichen Gesetzbuchs[8] gilt auch für Testamente, die vor dem Inkrafttreten dieses Gesetzes vor einem Richter errichtet worden sind.

---

[1] Nr. **100**.
[2] Bish. § 63 wird § 68 mWv 9.6.2017 durch G v. 1.6.2017 (BGBl. I S. 1396).
[3] § 69 neu gef. mWv 1.8.2022 durch G v. 5.7.2021 (BGBl. I S. 3338).
[4] Bish. § 65 wird § 70 mWv 9.6.2017 durch G v. 1.6.2017 (BGBl. I S. 1396).
[5] Bish. § 66 wird § 71 mWv 9.6.2017 durch G v. 1.6.2017 (BGBl. I S. 1396).
[6] Bish. § 67 wird § 72 mWv 9.6.2017 durch G v. 1.6.2017 (BGBl. I S. 1396).
[7] Früherer § 68 Abs. 3 angef. durch G v. 27.6.1970 (BGBl. I S. 911); bish. § 68 wird § 73 mWv 9.6.2017 durch G v. 1.6.2017 (BGBl. I S. 1396).
[8] Nr. **20**.

§ 74[1] **Verweisungen.** Soweit in Gesetzen oder Verordnungen auf die durch dieses Gesetz aufgehobenen oder abgeänderten Vorschriften verwiesen ist, treten die entsprechenden Vorschriften dieses Gesetzes an ihre Stelle.

Unterabschnitt 2.[2] Übergangsvorschrift

§ 75[3] **Übergangsvorschrift zur Einführung des Elektronischen Urkundenarchivs.** (1) [1] Für Beurkundungen und sonstige Amtshandlungen, die vor dem 1. Januar 2022 vorgenommen worden sind, sind die §§ 55 und 56 nicht anzuwenden. [2] Abweichend von § 49 Absatz 4 ist auf der Urschrift zu vermerken, wem und an welchem Tag eine Ausfertigung erteilt worden ist. [3] Zusätze und Änderungen sind nach den vor dem 1. Januar 2022 geltenden Bestimmungen vorzunehmen.

(2) [1] Die Urkundensammlung und die Erbvertragssammlung für Urkunden, die vor dem 1. Januar 2022 errichtet wurden, werden von dem Notar nach Maßgabe der vor dem 1. Januar 2022 geltenden Vorschriften geführt und verwahrt. [2] Zusätze und Änderungen sind nach den vor dem 1. Januar 2022 geltenden Bestimmungen vorzunehmen.

(3) [1] Für Verwahrungsmassen, die der Notar vor dem 1. Januar 2022 entgegengenommen hat, ist § 59a vorbehaltlich der Sätze 3 bis 5 nicht anzuwenden. [2] Für diese Verwahrungsmassen werden die Verwahrungsbücher, die Massenbücher, die Namensverzeichnisse zum Massenbuch und die Anderkontenlisten nach den vor dem 1. Januar 2022 geltenden Bestimmungen geführt und verwahrt. [3] Der Notar kann jedoch zum Schluss eines Kalenderjahres alle Verwahrungsmassen im Sinne des Satzes 1 in das Verwahrungsverzeichnis übernehmen und insoweit die Verzeichnisführung nach den vor dem 1. Januar 2022 geltenden Bestimmungen abschließen. [4] Dazu sind für die zu übernehmenden Verwahrungsmassen die nach den Vorschriften des Abschnitts 3 der Verordnung über die Führung notarieller Akten und Verzeichnisse erforderlichen Angaben in das Verwahrungsverzeichnis einzutragen. [5] Dabei sind sämtliche in den Massenbüchern und Verwahrungsbüchern verzeichneten Eintragungen zu übernehmen.

(4) Die Urkundenrollen, die Erbvertragsverzeichnisse und die Namensverzeichnisse zur Urkundenrolle für Urkunden, die vor dem 1. Januar 2022 errichtet wurden, werden von dem Notar nach Maßgabe der vor dem 1. Januar 2022 geltenden Vorschriften geführt und verwahrt.

(5) [1] Für Beurkundungen und sonstige Amtshandlungen, die vom 1. Januar bis zum 30. Juni 2022 vorgenommen werden, gilt § 55 Absatz 2 nur im Hinblick auf das Urkundenverzeichnis und sind § 55 Absatz 3 sowie § 56 nicht anzuwenden. [2] Im Übrigen gelten für die vom 1. Januar bis zum 30. Juni 2022 vorgenommenen Beurkundungen und sonstigen Amtshandlungen Absatz 1 Satz 3 und Absatz 2 entsprechend.

---

[1] Bish. § 69 wird § 74 mWv 9.6.2017 durch G v. 1.6.2017 (BGBl. I S. 1396).

[2] Früherer UAbschnitt 3 Überschrift neu gef. mWv 1.1.2022 durch G v. 1.6.2017 (BGBl. I S. 1396, geänd. durch G v. 30.11.2019, BGBl. I S. 1942).

[3] Früherer § 76 neu gef. mWv 1.1.2022 durch G v. 30.11.2019 (BGBl. I S. 1942); Abs. 3 neu gef. mWv 1.1.2022 durch G v. 25.6.2021 (BGBl. I S. 2154); Abs. 3 Satz 1 geänd., Abs. 5 angef. mWv 1.1. 2022 durch G v. 21.12.2021 (BGBl. II S. 1282); bish. § 76 wird § 75 mWv 1.8.2022 durch G v. 5.7.2021 (BGBl. I S. 3338).

34. Allgemeines Gleichbehandlungsgesetz (AGG)[1)] [2)]

Vom 14. August 2006
(BGBl. I S. 1897)

FNA 402-40

Lfd. Nr.	Änderndes Gesetz	Datum	Fundstelle	Betroffen	Hinweis
1.	Art. 8 Abs. 1 G zur Änd. des BetriebsrentenG und anderer G	2.12.2006	BGBl. I S. 2742	§§ 10, 20	geänd. mWv 12.12.2006
2.	Art. 19 Abs. 10 G Neuregelung des Rechtsberatungsrechts[3)]	12.12.2007	BGBl. I S. 2840	§ 23	geänd. mWv 1.7.2008
3.	Art. 15 Abs. 66 G zur Neuordnung und Modernisierung des Bundesdienstrechts (Dienstrechtsneuordnungsgesetz – DNeuG)	5.2.2009	BGBl. I S. 160	§ 26	geänd. mWv 12.2.2009
4.	Art. 8 G zur Begleitung der VO (EU) Nr. 260/2012 zur Festlegung der technischen Vorschriften und der Geschäftsanforderungen für Überweisungen und Lastschriften in Euro und zur Änderung der VO (EG) Nr. 924/2009 (SEPA-Begleitgesetz)	3.4.2013	BGBl. I S. 610	§§ 20, 33	geänd. mWv 21.12.2012
5.	ÄndG	23.5.2022	BGBl. I S. 768	§§ 25, 27, 29, 30	geänd. mWv 28.5.2022
				Abschnitt 6 Überschrift, §§ 26, 28	neu gef. mWv 28.5.2022
				§§ 26a, 26b, 26c, 26d, 26e, 26f, 26g, 26h, 26i	eingef. mWv 28.5.2022

[1)] **Amtl. Anm.:** Dieses Gesetz dient der Umsetzung der Richtlinien:
- 2000/43/EG des Rates vom 29. Juni 2000 zur Anwendung des Gleichbehandlungsgrundsatzes ohne Unterschied der Rasse oder der ethnischen Herkunft (ABl. EG Nr. L 180 S. 22),
- 2000/78/EG des Rates vom 27. November 2000 zur Festlegung eines allgemeinen Rahmens für die Verwirklichung der Gleichbehandlung in Beschäftigung und Beruf (ABl. EG Nr. L 303 S. 16),
- 2002/73/EG des Europäischen Parlaments und des Rates vom 23. September 2002 zur Änderung der Richtlinie 76/207/EWG des Rates zur Verwirklichung des Grundsatzes der Gleichbehandlung von Männern und Frauen hinsichtlich des Zugangs zur Beschäftigung, zur Berufsbildung und zum beruflichen Aufstieg sowie in Bezug auf die Arbeitsbedingungen (ABl. EG Nr. L 269 S. 15) und
- 2004/113/EG des Rates vom 13. Dezember 2004 zur Verwirklichung des Grundsatzes der Gleichbehandlung von Männern und Frauen beim Zugang zu und bei der Versorgung mit Gütern und Dienstleistungen (ABl. EU Nr. L 373 S. 37).

[2)] Verkündet als Art. 1 G zur Umsetzung europ. RL zur Verwirklichung des Grundsatzes der Gleichbehandlung v. 14.8.2006 (BGBl. I S. 1897); Inkrafttreten gem. Art. 4 Satz 1 dieses G am 18.8.2006.

[3)] **Amtl. Anm.:** Dieses Gesetz dient der Umsetzung der Richtlinie 2005/36/EG des Europäischen Parlaments und des Rates vom 7. September 2005 über die Anerkennung von Berufsqualifikationen (ABl. EU Nr. L 255 S. 22).

Abschnitt 1. Allgemeiner Teil

§ 1 Ziel des Gesetzes. Ziel des Gesetzes ist, Benachteiligungen aus Gründen der Rasse oder wegen der ethnischen Herkunft, des Geschlechts, der Religion oder Weltanschauung, einer Behinderung, des Alters oder der sexuellen Identität zu verhindern oder zu beseitigen.

§ 2 Anwendungsbereich. (1) Benachteiligungen aus einem in § 1 genannten Grund sind nach Maßgabe dieses Gesetzes unzulässig in Bezug auf:

1. die Bedingungen, einschließlich Auswahlkriterien und Einstellungsbedingungen, für den Zugang zu unselbstständiger und selbstständiger Erwerbstätigkeit, unabhängig von Tätigkeitsfeld und beruflicher Position, sowie für den beruflichen Aufstieg,
2. die Beschäftigungs- und Arbeitsbedingungen einschließlich Arbeitsentgelt und Entlassungsbedingungen, insbesondere in individual- und kollektivrechtlichen Vereinbarungen und Maßnahmen bei der Durchführung und Beendigung eines Beschäftigungsverhältnisses sowie beim beruflichen Aufstieg,
3. den Zugang zu allen Formen und allen Ebenen der Berufsberatung, der Berufsbildung einschließlich der Berufsausbildung, der beruflichen Weiterbildung und der Umschulung sowie der praktischen Berufserfahrung,
4. die Mitgliedschaft und Mitwirkung in einer Beschäftigten- oder Arbeitgebervereinigung oder einer Vereinigung, deren Mitglieder einer bestimmten Berufsgruppe angehören, einschließlich der Inanspruchnahme der Leistungen solcher Vereinigungen,
5. den Sozialschutz, einschließlich der sozialen Sicherheit und der Gesundheitsdienste,
6. die sozialen Vergünstigungen,
7. die Bildung,
8. den Zugang zu und die Versorgung mit Gütern und Dienstleistungen, die der Öffentlichkeit zur Verfügung stehen, einschließlich von Wohnraum.

(2) [1] Für Leistungen nach dem Sozialgesetzbuch gelten § 33c des Ersten Buches Sozialgesetzbuch[1)] und § 19a des Vierten Buches Sozialgesetzbuch[2)]. [2] Für die betriebliche Altersvorsorge gilt das Betriebsrentengesetz[3)].

(3) [1] Die Geltung sonstiger Benachteiligungsverbote oder Gebote der Gleichbehandlung wird durch dieses Gesetz nicht berührt. [2] Dies gilt auch für öffentlich-rechtliche Vorschriften, die dem Schutz bestimmter Personengruppen dienen.

(4) Für Kündigungen gelten ausschließlich die Bestimmungen zum allgemeinen und besonderen Kündigungsschutz.

§ 3 Begriffsbestimmungen. (1) [1] Eine unmittelbare Benachteiligung liegt vor, wenn eine Person wegen eines in § 1 genannten Grundes eine weniger günstige Behandlung erfährt, als eine andere Person in einer vergleichbaren Situation erfährt, erfahren hat oder erfahren würde. [2] Eine unmittelbare Benachteiligung wegen des Geschlechts liegt in Bezug auf § 2 Abs. 1 Nr. 1 bis 4 auch im Falle einer

---

[1)] **Sartorius ErgBd. Nr. 401.**
[2)] **Aichberger, SGB Nr. 4.**
[3)] **Loseblatt-Textsammlung Arbeitsrecht Nr. 180.**

ungünstigeren Behandlung einer Frau wegen Schwangerschaft oder Mutterschaft vor.

(2) Eine mittelbare Benachteiligung liegt vor, wenn dem Anschein nach neutrale Vorschriften, Kriterien oder Verfahren Personen wegen eines in § 1 genannten Grundes gegenüber anderen Personen in besonderer Weise benachteiligen können, es sei denn, die betreffenden Vorschriften, Kriterien oder Verfahren sind durch ein rechtmäßiges Ziel sachlich gerechtfertigt und die Mittel sind zur Erreichung dieses Ziels angemessen und erforderlich.

(3) Eine Belästigung ist eine Benachteiligung, wenn unerwünschte Verhaltensweisen, die mit einem in § 1 genannten Grund in Zusammenhang stehen, bezwecken oder bewirken, dass die Würde der betreffenden Person verletzt und ein von Einschüchterungen, Anfeindungen, Erniedrigungen, Entwürdigungen oder Beleidigungen gekennzeichnetes Umfeld geschaffen wird.

(4) Eine sexuelle Belästigung ist eine Benachteiligung in Bezug auf § 2 Abs. 1 Nr. 1 bis 4, wenn ein unerwünschtes, sexuell bestimmtes Verhalten, wozu auch unerwünschte sexuelle Handlungen und Aufforderungen zu diesen, sexuell bestimmte körperliche Berührungen, Bemerkungen sexuellen Inhalts sowie unerwünschtes Zeigen und sichtbares Anbringen von pornographischen Darstellungen gehören, bezweckt oder bewirkt, dass die Würde der betreffenden Person verletzt wird, insbesondere wenn ein von Einschüchterungen, Anfeindungen, Erniedrigungen, Entwürdigungen oder Beleidigungen gekennzeichnetes Umfeld geschaffen wird.

(5) [1]Die Anweisung zur Benachteiligung einer Person aus einem in § 1 genannten Grund gilt als Benachteiligung. [2]Eine solche Anweisung liegt in Bezug auf § 2 Abs. 1 Nr. 1 bis 4 insbesondere vor, wenn jemand eine Person zu einem Verhalten bestimmt, das einen Beschäftigten oder eine Beschäftigte wegen eines in § 1 genannten Grundes benachteiligt oder benachteiligen kann.

§ 4 Unterschiedliche Behandlung wegen mehrerer Gründe. Erfolgt eine unterschiedliche Behandlung wegen mehrerer der in § 1 genannten Gründe, so kann diese unterschiedliche Behandlung nach den §§ 8 bis 10 und 20 nur gerechtfertigt werden, wenn sich die Rechtfertigung auf alle diese Gründe erstreckt, derentwegen die unterschiedliche Behandlung erfolgt.

§ 5 Positive Maßnahmen. Ungeachtet der in den §§ 8 bis 10 sowie in § 20 benannten Gründe ist eine unterschiedliche Behandlung auch zulässig, wenn durch geeignete und angemessene Maßnahmen bestehende Nachteile wegen eines in § 1 genannten Grundes verhindert oder ausgeglichen werden sollen.

Abschnitt 2. Schutz der Beschäftigten vor Benachteiligung

Unterabschnitt 1. Verbot der Benachteiligung

§ 6 Persönlicher Anwendungsbereich. (1) [1]Beschäftigte im Sinne dieses Gesetzes sind

1. Arbeitnehmerinnen und Arbeitnehmer,
2. die zu ihrer Berufsbildung Beschäftigten,
3. Personen, die wegen ihrer wirtschaftlichen Unselbstständigkeit als arbeitnehmerähnliche Personen anzusehen sind; zu diesen gehören auch die in Heimarbeit Beschäftigten und die ihnen Gleichgestellten.

[2] Als Beschäftigte gelten auch die Bewerberinnen und Bewerber für ein Beschäftigungsverhältnis sowie die Personen, deren Beschäftigungsverhältnis beendet ist.

(2) [1] Arbeitgeber (Arbeitgeber und Arbeitgeberinnen) im Sinne dieses Abschnitts sind natürliche und juristische Personen sowie rechtsfähige Personengesellschaften, die Personen nach Absatz 1 beschäftigen. [2] Werden Beschäftigte einem Dritten zur Arbeitsleistung überlassen, so gilt auch dieser als Arbeitgeber im Sinne dieses Abschnitts. [3] Für die in Heimarbeit Beschäftigten und die ihnen Gleichgestellten tritt an die Stelle des Arbeitgebers der Auftraggeber oder Zwischenmeister.

(3) Soweit es die Bedingungen für den Zugang zur Erwerbstätigkeit sowie den beruflichen Aufstieg betrifft, gelten die Vorschriften dieses Abschnitts für Selbstständige und Organmitglieder, insbesondere Geschäftsführer oder Geschäftsführerinnen und Vorstände, entsprechend.

§ 7 Benachteiligungsverbot. (1) Beschäftigte dürfen nicht wegen eines in § 1 genannten Grundes benachteiligt werden; dies gilt auch, wenn die Person, die die Benachteiligung begeht, das Vorliegen eines in § 1 genannten Grundes bei der Benachteiligung nur annimmt.

(2) Bestimmungen in Vereinbarungen, die gegen das Benachteiligungsverbot des Absatzes 1 verstoßen, sind unwirksam.

(3) Eine Benachteiligung nach Absatz 1 durch Arbeitgeber oder Beschäftigte ist eine Verletzung vertraglicher Pflichten.

§ 8 Zulässige unterschiedliche Behandlung wegen beruflicher Anforderungen. (1) Eine unterschiedliche Behandlung wegen eines in § 1 genannten Grundes ist zulässig, wenn dieser Grund wegen der Art der auszuübenden Tätigkeit oder der Bedingungen ihrer Ausübung eine wesentliche und entscheidende berufliche Anforderung darstellt, sofern der Zweck rechtmäßig und die Anforderung angemessen ist.

(2) Die Vereinbarung einer geringeren Vergütung für gleiche oder gleichwertige Arbeit wegen eines in § 1 genannten Grundes wird nicht dadurch gerechtfertigt, dass wegen eines in § 1 genannten Grundes besondere Schutzvorschriften gelten.

§ 9 Zulässige unterschiedliche Behandlung wegen der Religion oder Weltanschauung. (1) Ungeachtet des § 8 ist eine unterschiedliche Behandlung wegen der Religion oder der Weltanschauung bei der Beschäftigung durch Religionsgemeinschaften, die ihnen zugeordneten Einrichtungen ohne Rücksicht auf ihre Rechtsform oder durch Vereinigungen, die sich die gemeinschaftliche Pflege einer Religion oder Weltanschauung zur Aufgabe machen, auch zulässig, wenn eine bestimmte Religion oder Weltanschauung unter Beachtung des Selbstverständnisses der jeweiligen Religionsgemeinschaft oder Vereinigung im Hinblick auf ihr Selbstbestimmungsrecht oder nach der Art der Tätigkeit eine gerechtfertigte berufliche Anforderung darstellt.

(2) Das Verbot unterschiedlicher Behandlung wegen der Religion oder der Weltanschauung berührt nicht das Recht der in Absatz 1 genannten Religionsgemeinschaften, der ihnen zugeordneten Einrichtungen ohne Rücksicht auf ihre Rechtsform oder der Vereinigungen, die sich die gemeinschaftliche Pflege einer Religion oder Weltanschauung zur Aufgabe machen, von ihren Beschäftigten ein loyales und aufrichtiges Verhalten im Sinne ihres jeweiligen Selbstverständnisses verlangen zu können.

§ 10[1)] **Zulässige unterschiedliche Behandlung wegen des Alters.** [1]Ungeachtet des § 8 ist eine unterschiedliche Behandlung wegen des Alters auch zulässig, wenn sie objektiv und angemessen und durch ein legitimes Ziel gerechtfertigt ist. [2]Die Mittel zur Erreichung dieses Ziels müssen angemessen und erforderlich sein. [3]Derartige unterschiedliche Behandlungen können insbesondere Folgendes einschließen:

1. die Festlegung besonderer Bedingungen für den Zugang zur Beschäftigung und zur beruflichen Bildung sowie besonderer Beschäftigungs- und Arbeitsbedingungen, einschließlich der Bedingungen für Entlohnung und Beendigung des Beschäftigungsverhältnisses, um die berufliche Eingliederung von Jugendlichen, älteren Beschäftigten und Personen mit Fürsorgepflichten zu fördern oder ihren Schutz sicherzustellen,
2. die Festlegung von Mindestanforderungen an das Alter, die Berufserfahrung oder das Dienstalter für den Zugang zur Beschäftigung oder für bestimmte mit der Beschäftigung verbundene Vorteile,
3. die Festsetzung eines Höchstalters für die Einstellung auf Grund der spezifischen Ausbildungsanforderungen eines bestimmten Arbeitsplatzes oder auf Grund der Notwendigkeit einer angemessenen Beschäftigungszeit vor dem Eintritt in den Ruhestand,
4. die Festsetzung von Altersgrenzen bei den betrieblichen Systemen der sozialen Sicherheit als Voraussetzung für die Mitgliedschaft oder den Bezug von Altersrente oder von Leistungen bei Invalidität einschließlich der Festsetzung unterschiedlicher Altersgrenzen im Rahmen dieser Systeme für bestimmte Beschäftigte oder Gruppen von Beschäftigten und die Verwendung von Alterskriterien im Rahmen dieser Systeme für versicherungsmathematische Berechnungen,
5. eine Vereinbarung, die die Beendigung des Beschäftigungsverhältnisses ohne Kündigung zu einem Zeitpunkt vorsieht, zu dem der oder die Beschäftigte eine Rente wegen Alters beantragen kann; § 41 des Sechsten Buches Sozialgesetzbuch[2)] bleibt unberührt,
6. Differenzierungen von Leistungen in Sozialplänen im Sinne des Betriebsverfassungsgesetzes[3)], wenn die Parteien eine nach Alter oder Betriebszugehörigkeit gestaffelte Abfindungsregelung geschaffen haben, in der die wesentlich vom Alter abhängenden Chancen auf dem Arbeitsmarkt durch eine verhältnismäßig starke Betonung des Lebensalters erkennbar berücksichtigt worden sind, oder Beschäftigte von den Leistungen des Sozialplans ausgeschlossen haben, die wirtschaftlich abgesichert sind, weil sie, gegebenenfalls nach Bezug von Arbeitslosengeld, rentenberechtigt sind.

Unterabschnitt 2. Organisationspflichten des Arbeitgebers

§ 11 Ausschreibung. Ein Arbeitsplatz darf nicht unter Verstoß gegen § 7 Abs. 1 ausgeschrieben werden.

§ 12 Maßnahmen und Pflichten des Arbeitgebers. (1) [1]Der Arbeitgeber ist verpflichtet, die erforderlichen Maßnahmen zum Schutz vor Benachteiligungen

[1)] § 10 Satz 3 Nr. 6 und 7 aufgeh., bish. Nr. 8 wird Nr. 6 mWv 12.12.2006 durch G v. 2.12.2006 (BGBl. I S. 2742).

[2)] **Aichberger, SGB Nr. 6.**

[3)] **Habersack, Deutsche Gesetze ErgBd. Nr. 82.**

wegen eines in § 1 genannten Grundes zu treffen. [2]Dieser Schutz umfasst auch vorbeugende Maßnahmen.

(2) [1]Der Arbeitgeber soll in geeigneter Art und Weise, insbesondere im Rahmen der beruflichen Aus- und Fortbildung, auf die Unzulässigkeit solcher Benachteiligungen hinweisen und darauf hinwirken, dass diese unterbleiben. [2]Hat der Arbeitgeber seine Beschäftigten in geeigneter Weise zum Zwecke der Verhinderung von Benachteiligung geschult, gilt dies als Erfüllung seiner Pflichten nach Absatz 1.

(3) Verstoßen Beschäftigte gegen das Benachteiligungsverbot des § 7 Abs. 1, so hat der Arbeitgeber die im Einzelfall geeigneten, erforderlichen und angemessenen Maßnahmen zur Unterbindung der Benachteiligung wie Abmahnung, Umsetzung, Versetzung oder Kündigung zu ergreifen.

(4) Werden Beschäftigte bei der Ausübung ihrer Tätigkeit durch Dritte nach § 7 Abs. 1 benachteiligt, so hat der Arbeitgeber die im Einzelfall geeigneten, erforderlichen und angemessenen Maßnahmen zum Schutz der Beschäftigten zu ergreifen.

(5) [1]Dieses Gesetz und § 61b des Arbeitsgerichtsgesetzes[1)] sowie Informationen über die für die Behandlung von Beschwerden nach § 13 zuständigen Stellen sind im Betrieb oder in der Dienststelle bekannt zu machen. [2]Die Bekanntmachung kann durch Aushang oder Auslegung an geeigneter Stelle oder den Einsatz der im Betrieb oder der Dienststelle üblichen Informations- und Kommunikationstechnik erfolgen.

Unterabschnitt 3. Rechte der Beschäftigten

§ 13 Beschwerderecht. (1) [1]Die Beschäftigten haben das Recht, sich bei den zuständigen Stellen des Betriebs, des Unternehmens oder der Dienststelle zu beschweren, wenn sie sich im Zusammenhang mit ihrem Beschäftigungsverhältnis vom Arbeitgeber, von Vorgesetzten, anderen Beschäftigten oder Dritten wegen eines in § 1 genannten Grundes benachteiligt fühlen. [2]Die Beschwerde ist zu prüfen und das Ergebnis der oder dem beschwerdeführenden Beschäftigten mitzuteilen.

(2) Die Rechte der Arbeitnehmervertretungen bleiben unberührt.

§ 14 Leistungsverweigerungsrecht. [1]Ergreift der Arbeitgeber keine oder offensichtlich ungeeignete Maßnahmen zur Unterbindung einer Belästigung oder sexuellen Belästigung am Arbeitsplatz, sind die betroffenen Beschäftigten berechtigt, ihre Tätigkeit ohne Verlust des Arbeitsentgelts einzustellen, soweit dies zu ihrem Schutz erforderlich ist. [2]§ 273 des Bürgerlichen Gesetzbuchs[2)] bleibt unberührt.

§ 15 Entschädigung und Schadensersatz. (1) [1]Bei einem Verstoß gegen das Benachteiligungsverbot ist der Arbeitgeber verpflichtet, den hierdurch entstandenen Schaden zu ersetzen. [2]Dies gilt nicht, wenn der Arbeitgeber die Pflichtverletzung nicht zu vertreten hat.

(2) [1]Wegen eines Schadens, der nicht Vermögensschaden ist, kann der oder die Beschäftigte eine angemessene Entschädigung in Geld verlangen. [2]Die Entschädigung darf bei einer Nichteinstellung drei Monatsgehälter nicht übersteigen, wenn

---

[1)] Nr. **83**.
[2)] Nr. **20**.

der oder die Beschäftigte auch bei benachteiligungsfreier Auswahl nicht eingestellt worden wäre.

(3) Der Arbeitgeber ist bei der Anwendung kollektivrechtlicher Vereinbarungen nur dann zur Entschädigung verpflichtet, wenn er vorsätzlich oder grob fahrlässig handelt.

(4) [1] Ein Anspruch nach Absatz 1 oder 2 muss innerhalb einer Frist von zwei Monaten schriftlich geltend gemacht werden, es sei denn, die Tarifvertragsparteien haben etwas anderes vereinbart. [2] Die Frist beginnt im Falle einer Bewerbung oder eines beruflichen Aufstiegs mit dem Zugang der Ablehnung und in den sonstigen Fällen einer Benachteiligung zu dem Zeitpunkt, in dem der oder die Beschäftigte von der Benachteiligung Kenntnis erlangt.

(5) Im Übrigen bleiben Ansprüche gegen den Arbeitgeber, die sich aus anderen Rechtsvorschriften ergeben, unberührt.

(6) Ein Verstoß des Arbeitgebers gegen das Benachteiligungsverbot des § 7 Abs. 1 begründet keinen Anspruch auf Begründung eines Beschäftigungsverhältnisses, Berufsausbildungsverhältnisses oder einen beruflichen Aufstieg, es sei denn, ein solcher ergibt sich aus einem anderen Rechtsgrund.

§ 16 Maßregelungsverbot. (1) [1] Der Arbeitgeber darf Beschäftigte nicht wegen der Inanspruchnahme von Rechten nach diesem Abschnitt oder wegen der Weigerung, eine gegen diesen Abschnitt verstoßende Anweisung auszuführen, benachteiligen. [2] Gleiches gilt für Personen, die den Beschäftigten hierbei unterstützen oder als Zeuginnen oder Zeugen aussagen.

(2) [1] Die Zurückweisung oder Duldung benachteiligender Verhaltensweisen durch betroffene Beschäftigte darf nicht als Grundlage für eine Entscheidung herangezogen werden, die diese Beschäftigten berührt. [2] Absatz 1 Satz 2 gilt entsprechend.

(3) § 22 gilt entsprechend.

Unterabschnitt 4. Ergänzende Vorschriften

§ 17 Soziale Verantwortung der Beteiligten. (1) Tarifvertragsparteien, Arbeitgeber, Beschäftigte und deren Vertretungen sind aufgefordert, im Rahmen ihrer Aufgaben und Handlungsmöglichkeiten an der Verwirklichung des in § 1 genannten Ziels mitzuwirken.

(2) [1] In Betrieben, in denen die Voraussetzungen des § 1 Abs. 1 Satz 1 des Betriebsverfassungsgesetzes[1)] vorliegen, können bei einem groben Verstoß des Arbeitgebers gegen Vorschriften aus diesem Abschnitt der Betriebsrat oder eine im Betrieb vertretene Gewerkschaft unter der Voraussetzung des § 23 Abs. 3 Satz 1 des Betriebsverfassungsgesetzes die dort genannten Rechte gerichtlich geltend machen; § 23 Abs. 3 Satz 2 bis 5 des Betriebsverfassungsgesetzes gilt entsprechend. [2] Mit dem Antrag dürfen nicht Ansprüche des Benachteiligten geltend gemacht werden.

§ 18 Mitgliedschaft in Vereinigungen. (1) Die Vorschriften dieses Abschnitts gelten entsprechend für die Mitgliedschaft oder die Mitwirkung in einer

1. Tarifvertragspartei,
2. Vereinigung, deren Mitglieder einer bestimmten Berufsgruppe angehören oder die eine überragende Machtstellung im wirtschaftlichen oder sozialen Bereich

[1)] **Habersack, Deutsche Gesetze ErgBd. Nr. 82.**

innehat, wenn ein grundlegendes Interesse am Erwerb der Mitgliedschaft besteht,

sowie deren jeweiligen Zusammenschlüssen.

(2) Wenn die Ablehnung einen Verstoß gegen das Benachteiligungsverbot des § 7 Abs. 1 darstellt, besteht ein Anspruch auf Mitgliedschaft oder Mitwirkung in den in Absatz 1 genannten Vereinigungen.

Abschnitt 3. Schutz vor Benachteiligung im Zivilrechtsverkehr

§ 19 Zivilrechtliches Benachteiligungsverbot. (1) Eine Benachteiligung aus Gründen der Rasse oder wegen der ethnischen Herkunft, wegen des Geschlechts, der Religion, einer Behinderung, des Alters oder der sexuellen Identität bei der Begründung, Durchführung und Beendigung zivilrechtlicher Schuldverhältnisse, die

1. typischerweise ohne Ansehen der Person zu vergleichbaren Bedingungen in einer Vielzahl von Fällen zustande kommen (Massengeschäfte) oder bei denen das Ansehen der Person nach der Art des Schuldverhältnisses eine nachrangige Bedeutung hat und die zu vergleichbaren Bedingungen in einer Vielzahl von Fällen zustande kommen oder
2. eine privatrechtliche Versicherung zum Gegenstand haben,

ist unzulässig.

(2) Eine Benachteiligung aus Gründen der Rasse oder wegen der ethnischen Herkunft ist darüber hinaus auch bei der Begründung, Durchführung und Beendigung sonstiger zivilrechtlicher Schuldverhältnisse im Sinne des § 2 Abs. 1 Nr. 5 bis 8 unzulässig.

(3) Bei der Vermietung von Wohnraum ist eine unterschiedliche Behandlung im Hinblick auf die Schaffung und Erhaltung sozial stabiler Bewohnerstrukturen und ausgewogener Siedlungsstrukturen sowie ausgeglichener wirtschaftlicher, sozialer und kultureller Verhältnisse zulässig.

(4) Die Vorschriften dieses Abschnitts finden keine Anwendung auf familien- und erbrechtliche Schuldverhältnisse.

(5) [1] Die Vorschriften dieses Abschnitts finden keine Anwendung auf zivilrechtliche Schuldverhältnisse, bei denen ein besonderes Nähe- oder Vertrauensverhältnis der Parteien oder ihrer Angehörigen begründet wird. [2] Bei Mietverhältnissen kann dies insbesondere der Fall sein, wenn die Parteien oder ihre Angehörigen Wohnraum auf demselben Grundstück nutzen. [3] Die Vermietung von Wohnraum zum nicht nur vorübergehenden Gebrauch ist in der Regel kein Geschäft im Sinne des Absatzes 1 Nr. 1, wenn der Vermieter insgesamt nicht mehr als 50 Wohnungen vermietet.

§ 20[1)] Zulässige unterschiedliche Behandlung. (1) [1] Eine Verletzung des Benachteiligungsverbots ist nicht gegeben, wenn für eine unterschiedliche Behandlung wegen der Religion, einer Behinderung, des Alters, der sexuellen Identität oder des Geschlechts ein sachlicher Grund vorliegt. [2] Das kann insbesondere der Fall sein, wenn die unterschiedliche Behandlung

---

[1)] § 20 Abs. 1 Satz 1 und Abs. 2 Satz 3 geänd. mWv 12.12.2006 durch G v. 2.12.2006 (BGBl. I S. 2742); Abs. 2 Satz 1 aufgeh., bish. Sätze 2 und 3 werden Sätze 1 und 2 mWv 21.12.2012 durch G v. 3.4.2013 (BGBl. I S. 610).

1. der Vermeidung von Gefahren, der Verhütung von Schäden oder anderen Zwecken vergleichbarer Art dient,
2. dem Bedürfnis nach Schutz der Intimsphäre oder der persönlichen Sicherheit Rechnung trägt,
3. besondere Vorteile gewährt und ein Interesse an der Durchsetzung der Gleichbehandlung fehlt,
4. an die Religion eines Menschen anknüpft und im Hinblick auf die Ausübung der Religionsfreiheit oder auf das Selbstbestimmungsrecht der Religionsgemeinschaften, der ihnen zugeordneten Einrichtungen ohne Rücksicht auf ihre Rechtsform sowie der Vereinigungen, die sich die gemeinschaftliche Pflege einer Religion zur Aufgabe machen, unter Beachtung des jeweiligen Selbstverständnisses gerechtfertigt ist.

(2) [1] Kosten im Zusammenhang mit Schwangerschaft und Mutterschaft dürfen auf keinen Fall zu unterschiedlichen Prämien oder Leistungen führen. [2] Eine unterschiedliche Behandlung wegen der Religion, einer Behinderung, des Alters oder der sexuellen Identität ist im Falle des § 19 Abs. 1 Nr. 2 nur zulässig, wenn diese auf anerkannten Prinzipien risikoadäquater Kalkulation beruht, insbesondere auf einer versicherungsmathematisch ermittelten Risikobewertung unter Heranziehung statistischer Erhebungen.

§ 21 Ansprüche. (1) [1] Der Benachteiligte kann bei einem Verstoß gegen das Benachteiligungsverbot unbeschadet weiterer Ansprüche die Beseitigung der Beeinträchtigung verlangen. [2] Sind weitere Beeinträchtigungen zu besorgen, so kann er auf Unterlassung klagen.

(2) [1] Bei einer Verletzung des Benachteiligungsverbots ist der Benachteiligende verpflichtet, den hierdurch entstandenen Schaden zu ersetzen. [2] Dies gilt nicht, wenn der Benachteiligende die Pflichtverletzung nicht zu vertreten hat. [3] Wegen eines Schadens, der nicht Vermögensschaden ist, kann der Benachteiligte eine angemessene Entschädigung in Geld verlangen.

(3) Ansprüche aus unerlaubter Handlung bleiben unberührt.

(4) Auf eine Vereinbarung, die von dem Benachteiligungsverbot abweicht, kann sich der Benachteiligende nicht berufen.

(5) [1] Ein Anspruch nach den Absätzen 1 und 2 muss innerhalb einer Frist von zwei Monaten geltend gemacht werden. [2] Nach Ablauf der Frist kann der Anspruch nur geltend gemacht werden, wenn der Benachteiligte ohne Verschulden an der Einhaltung der Frist verhindert war.

Abschnitt 4. Rechtsschutz

§ 22 Beweislast. Wenn im Streitfall die eine Partei Indizien beweist, die eine Benachteiligung wegen eines in § 1 genannten Grundes vermuten lassen, trägt die andere Partei die Beweislast dafür, dass kein Verstoß gegen die Bestimmungen zum Schutz vor Benachteiligung vorgelegen hat.

§ 23[1)] Unterstützung durch Antidiskriminierungsverbände. (1) [1] Antidiskriminierungsverbände sind Personenzusammenschlüsse, die nicht gewerbsmäßig und nicht nur vorübergehend entsprechend ihrer Satzung die besonderen Interessen von benachteiligten Personen oder Personengruppen nach Maßgabe von § 1

[1)] § 23 Abs. 2 Satz 2 geänd. mWv 1.7.2008 durch G v. 12.12.2007 (BGBl. I S. 2840).

wahrnehmen. [2]Die Befugnisse nach den Absätzen 2 bis 4 stehen ihnen zu, wenn sie mindestens 75 Mitglieder haben oder einen Zusammenschluss aus mindestens sieben Verbänden bilden.

(2) [1]Antidiskriminierungsverbände sind befugt, im Rahmen ihres Satzungszwecks in gerichtlichen Verfahren als Beistände Benachteiligter in der Verhandlung aufzutreten. [2]Im Übrigen bleiben die Vorschriften der Verfahrensordnungen, insbesondere diejenigen, nach denen Beiständen weiterer Vortrag untersagt werden kann, unberührt.

(3) Antidiskriminierungsverbänden ist im Rahmen ihres Satzungszwecks die Besorgung von Rechtsangelegenheiten Benachteiligter gestattet.

(4) Besondere Klagerechte und Vertretungsbefugnisse von Verbänden zu Gunsten von behinderten Menschen bleiben unberührt.

Abschnitt 5. Sonderregelungen für öffentlich-rechtliche Dienstverhältnisse

§ 24 Sonderregelung für öffentlich-rechtliche Dienstverhältnisse. Die Vorschriften dieses Gesetzes gelten unter Berücksichtigung ihrer besonderen Rechtsstellung entsprechend für

1. Beamtinnen und Beamte des Bundes, der Länder, der Gemeinden, der Gemeindeverbände sowie der sonstigen der Aufsicht des Bundes oder eines Landes unterstehenden Körperschaften, Anstalten und Stiftungen des öffentlichen Rechts,
2. Richterinnen und Richter des Bundes und der Länder,
3. Zivildienstleistende sowie anerkannte Kriegsdienstverweigerer, soweit ihre Heranziehung zum Zivildienst betroffen ist.

Abschnitt 6.[1)] Antidiskriminierungsstelle des Bundes und Unabhängige Bundesbeauftragte oder Unabhängiger Bundesbeauftragter für Antidiskriminierung

§ 25[2)] Antidiskriminierungsstelle des Bundes. (1) Beim Bundesministerium für Familie, Senioren, Frauen und Jugend wird unbeschadet der Zuständigkeit der Beauftragten des Deutschen Bundestages oder der Bundesregierung die Stelle des Bundes zum Schutz vor Benachteiligungen wegen eines in § 1 genannten Grundes (Antidiskriminierungsstelle des Bundes) errichtet.

(2) [1]Der Antidiskriminierungsstelle des Bundes ist die für die Erfüllung ihrer Aufgaben notwendige Personal- und Sachausstattung zur Verfügung zu stellen. [2]Sie ist im Einzelplan des Bundesministeriums für Familie, Senioren, Frauen und Jugend in einem eigenen Kapitel auszuweisen.

(3) Die Antidiskriminierungsstelle des Bundes wird von der oder dem Unabhängigen Bundesbeauftragten für Antidiskriminierung geleitet.

§ 26[3)] Wahl der oder des Unabhängigen Bundesbeauftragten für Antidiskriminierung; Anforderungen. (1) Die oder der Unabhängige Bundesbeauf-

---

1) Abschnitt 6 Überschrift neu gef. mWv 28.5.2022 durch G v. 23.5.2022 (BGBl. I S. 768).
2) § 25 Abs. 3 angef. mWv 28.5.2022 durch G v. 23.5.2022 (BGBl. I S. 768).
3) § 26 neu gef. mWv 28.5.2022 durch G v. 23.5.2022 (BGBl. I S. 768).

tragte für Antidiskriminierung wird auf Vorschlag der Bundesregierung vom Deutschen Bundestag gewählt.

(2) Über den Vorschlag stimmt der Deutsche Bundestag ohne Aussprache ab.

(3) Die vorgeschlagene Person ist gewählt, wenn für sie mehr als die Hälfte der gesetzlichen Zahl der Mitglieder des Deutschen Bundestages gestimmt hat.

(4) [1]Die oder der Unabhängige Bundesbeauftragte für Antidiskriminierung muss zur Erfüllung ihrer oder seiner Aufgaben und zur Ausübung ihrer oder seiner Befugnisse über die erforderliche Qualifikation, Erfahrung und Sachkunde insbesondere im Bereich der Antidiskriminierung verfügen. [2]Insbesondere muss sie oder er über durch einschlägige Berufserfahrung erworbene Kenntnisse des Antidiskriminierungsrechts verfügen und die Befähigung für die Laufbahn des höheren nichttechnischen Verwaltungsdienstes des Bundes haben.

§ 26a[1)] Rechtsstellung der oder des Unabhängigen Bundesbeauftragten für Antidiskriminierung. (1) [1]Die oder der Unabhängige Bundesbeauftragte für Antidiskriminierung steht nach Maßgabe dieses Gesetzes in einem öffentlich-rechtlichen Amtsverhältnis zum Bund. [2]Sie oder er ist bei der Ausübung ihres oder seines Amtes unabhängig und nur dem Gesetz unterworfen.

(2) Die oder der Unabhängige Bundesbeauftragte für Antidiskriminierung untersteht der Rechtsaufsicht der Bundesregierung.

§ 26b[1)] Amtszeit der oder des Unabhängigen Bundesbeauftragten für Antidiskriminierung. (1) Die Amtszeit der oder des Unabhängigen Bundesbeauftragten für Antidiskriminierung beträgt fünf Jahre.

(2) Eine einmalige Wiederwahl ist zulässig.

(3) Kommt vor Ende des Amtsverhältnisses eine Neuwahl nicht zustande, so führt die oder der bisherige Unabhängige Bundesbeauftragte für Antidiskriminierung auf Ersuchen der Bundespräsidentin oder des Bundespräsidenten die Geschäfte bis zur Neuwahl fort.

§ 26c[1)] Beginn und Ende des Amtsverhältnisses der oder des Unabhängigen Bundesbeauftragten für Antidiskriminierung; Amtseid. (1) [1]Die oder der nach § 26 Gewählte ist von der Bundespräsidentin oder dem Bundespräsidenten zu ernennen. [2]Das Amtsverhältnis der oder des Unabhängigen Bundesbeauftragten für Antidiskriminierung beginnt mit der Aushändigung der Ernennungsurkunde.

(2) [1]Die oder der Unabhängige Bundesbeauftragte für Antidiskriminierung leistet vor der Bundespräsidentin oder dem Bundespräsidenten folgenden Eid: „Ich schwöre, dass ich meine Kraft dem Wohl des deutschen Volkes widmen, seinen Nutzen mehren, Schaden von ihm wenden, das Grundgesetz[2)] und die Gesetze des Bundes wahren und verteidigen, meine Pflichten gewissenhaft erfüllen und Gerechtigkeit gegen jedermann üben werde. So wahr mir Gott helfe." [2]Der Eid kann auch ohne religiöse Beteuerung geleistet werden.

(3) Das Amtsverhältnis endet

1. regulär mit dem Ablauf der Amtszeit oder
2. wenn die oder der Unabhängige Bundesbeauftragte für Antidiskriminierung vorzeitig aus dem Amt entlassen wird.

[1)] §§ 26a–26c eingef. mWv 28.5.2022 durch G v. 23.5.2022 (BGBl. I S. 768).
[2)] **Habersack, Deutsche Gesetze ErgBd. Nr. 1.**

(4) [1]Entlassen wird die oder der Unabhängige Bundesbeauftragte für Antidiskriminierung

1. auf eigenes Verlangen oder
2. auf Vorschlag der Bundesregierung, wenn die oder der Unabhängige Bundesbeauftragte für Antidiskriminierung eine schwere Verfehlung begangen hat oder die Voraussetzungen für die Wahrnehmung ihrer oder seiner Aufgaben nicht mehr erfüllt.

[2]Die Entlassung erfolgt durch die Bundespräsidentin oder den Bundespräsidenten.

(5) [1]Im Fall der Beendigung des Amtsverhältnisses vollzieht die Bundespräsidentin oder der Bundespräsident eine Urkunde. [2]Die Entlassung wird mit der Aushändigung der Urkunde wirksam.

§ 26d[1)] Unerlaubte Handlungen und Tätigkeiten der oder des Unabhängigen Bundesbeauftragten für Antidiskriminierung. (1) Die oder der Unabhängige Bundesbeauftragte für Antidiskriminierung darf keine Handlungen vornehmen, die mit den Aufgaben des Amtes nicht zu vereinbaren sind.

(2) [1]Die oder der Unabhängige Bundesbeauftragte für Antidiskriminierung darf während der Amtszeit und während einer anschließenden Geschäftsführung keine anderen Tätigkeiten ausüben, die mit dem Amt nicht zu vereinbaren sind, unabhängig davon, ob es entgeltliche oder unentgeltliche Tätigkeiten sind. [2]Insbesondere darf sie oder er

1. kein besoldetes Amt, kein Gewerbe und keinen Beruf ausüben,
2. nicht dem Vorstand, Aufsichtsrat oder Verwaltungsrat eines auf Erwerb gerichteten Unternehmens, nicht einer Regierung oder einer gesetzgebenden Körperschaft des Bundes oder eines Landes angehören und
3. nicht gegen Entgelt außergerichtliche Gutachten abgeben.

§ 26e[1)] Verschwiegenheitspflicht der oder des Unabhängigen Bundesbeauftragten für Antidiskriminierung. (1) [1]Die oder der Unabhängige Bundesbeauftragte für Antidiskriminierung ist verpflichtet, über die Angelegenheiten, die ihr oder ihm im Amt oder während einer anschließenden Geschäftsführung bekannt werden, Verschwiegenheit zu bewahren. [2]Dies gilt nicht für Mitteilungen im dienstlichen Verkehr oder für Tatsachen, die offenkundig sind oder ihrer Bedeutung nach keiner Geheimhaltung bedürfen. [3]Die oder der Unabhängige Bundesbeauftragte für Antidiskriminierung entscheidet nach pflichtgemäßem Ermessen, ob und inwieweit sie oder er über solche Angelegenheiten vor Gericht oder außergerichtlich aussagt oder Erklärungen abgibt.

(2) [1]Die Pflicht zur Verschwiegenheit gilt auch nach Beendigung des Amtsverhältnisses oder nach Beendigung einer anschließenden Geschäftsführung. [2]In Angelegenheiten, für die die Pflicht zur Verschwiegenheit gilt, darf vor Gericht oder außergerichtlich nur ausgesagt werden und dürfen Erklärungen nur abgegeben werden, wenn dies die oder der amtierende Unabhängige Bundesbeauftragte für Antidiskriminierung genehmigt hat.

(3) Unberührt bleibt die Pflicht, bei einer Gefährdung der freiheitlichen demokratischen Grundordnung für deren Erhaltung einzutreten und die gesetzlich begründete Pflicht, Straftaten anzuzeigen.

---

1) §§ 26d, 26e eingef. mWv 28.5.2022 durch G v. 23.5.2022 (BGBl. I S. 768).

§ 26f[1] Zeugnisverweigerungsrecht der oder des Unabhängigen Bundesbeauftragten für Antidiskriminierung. (1) [1]Die oder der Unabhängige Bundesbeauftragte für Antidiskriminierung ist berechtigt, über Personen, die ihr oder ihm in ihrer oder seiner Eigenschaft als Leitung der Antidiskriminierungsstelle des Bundes Tatsachen anvertraut haben, sowie über diese Tatsachen selbst das Zeugnis zu verweigern. [2]Soweit das Zeugnisverweigerungsrecht der oder des Unabhängigen Bundesbeauftragten für Antidiskriminierung reicht, darf von ihr oder ihm nicht gefordert werden, Akten oder andere Dokumente vorzulegen oder herauszugeben.

(2) Das Zeugnisverweigerungsrecht gilt auch für die der oder dem Unabhängigen Bundesbeauftragten für Antidiskriminierung zugewiesenen Beschäftigten mit der Maßgabe, dass über die Ausübung dieses Rechts die oder der Unabhängige Bundesbeauftragte für Antidiskriminierung entscheidet.

§ 26g[1] Anspruch der oder des Unabhängigen Bundesbeauftragten für Antidiskriminierung auf Amtsbezüge, Versorgung und auf andere Leistungen. (1) Die oder der Unabhängige Bundesbeauftragte für Antidiskriminierung erhält Amtsbezüge entsprechend dem Grundgehalt der Besoldungsgruppe B 6 und den Familienzuschlag entsprechend den §§ 39 bis 41 des Bundesbesoldungsgesetzes[2].

(2) [1]Der Anspruch auf die Amtsbezüge besteht für die Zeit vom ersten Tag des Monats, in dem das Amtsverhältnis beginnt, bis zum letzten Tag des Monats, in dem das Amtsverhältnis endet. [2]Werden die Geschäfte über das Ende des Amtsverhältnisses hinaus noch bis zur Neuwahl weitergeführt, so besteht der Anspruch für die Zeit bis zum letzten Tag des Monats, in dem die Geschäftsführung endet. [3]Bezieht die oder der Unabhängige Bundesbeauftragte für Antidiskriminierung für einen Zeitraum, für den sie oder er Amtsbezüge erhält, ein Einkommen aus einer Verwendung im öffentlichen Dienst, so ruht der Anspruch auf dieses Einkommen bis zur Höhe der Amtsbezüge. [4]Die Amtsbezüge werden monatlich im Voraus gezahlt.

(3) [1]Für Ansprüche auf Beihilfe und Versorgung gelten § 12 Absatz 6, die §§ 13 bis 18 und 20 des Bundesministergesetzes[3] entsprechend mit der Maßgabe, dass an die Stelle der vierjährigen Amtszeit in § 15 Absatz 1 des Bundesministergesetzes eine Amtszeit als Unabhängige Bundesbeauftragte oder Unabhängiger Bundesbeauftragter für Antidiskriminierung von fünf Jahren tritt. [2]Ein Anspruch auf Übergangsgeld besteht längstens bis zum Ablauf des Monats, in dem die für Bundesbeamtinnen und Bundesbeamte geltende Regelaltersgrenze nach § 51 Absatz 1 und 2 des Bundesbeamtengesetzes[4] vollendet wird. [3]Ist § 18 Absatz 2 des Bundesministergesetzes nicht anzuwenden, weil das Beamtenverhältnis einer Bundesbeamtin oder eines Bundesbeamten nach Beendigung des Amtsverhältnisses als Unabhängige Bundesbeauftragte oder Unabhängiger Bundesbeauftragter für Antidiskriminierung fortgesetzt wird, dann ist die Amtszeit als Unabhängige Bundesbeauftragte oder Unabhängiger Bundesbeauftragter für Antidiskriminierung bei der wegen Eintritt oder Versetzung der Bundesbeamtin oder des Bundesbeamten in den Ruhestand durchzuführenden Festsetzung des Ruhegehalts als ruhegehaltfähige Dienstzeit zu berücksichtigen.

[1] §§ 26f, 26g eingef. mWv 28.5.2022 durch G v. 23.5.2022 (BGBl. I S. 768).
[2] **Sartorius Nr. 230.**
[3] **Sartorius Nr. 45.**
[4] **Sartorius Nr. 160.**

(4) Die oder der Unabhängige Bundesbeauftragte für Antidiskriminierung erhält Reisekostenvergütung und Umzugskostenvergütung entsprechend den für Bundesbeamtinnen und Bundesbeamte geltenden Vorschriften.

§ 26h[1] Verwendung der Geschenke an die Unabhängige Bundesbeauftragte oder den Unabhängigen Bundesbeauftragten für Antidiskriminierung. (1) Erhält die oder der Unabhängige Bundesbeauftragte für Antidiskriminierung ein Geschenk in Bezug auf das Amt, so muss sie oder er dies der Präsidentin oder dem Präsidenten des Deutschen Bundestages mitteilen.

(2) [1]Die Präsidentin oder der Präsident des Deutschen Bundestages entscheidet über die Verwendung des Geschenks. [2]Sie oder er kann Verfahrensvorschriften erlassen.

§ 26i[1] Berufsbeschränkung. [1]Die oder der Unabhängige Bundesbeauftragte für Antidiskriminierung ist verpflichtet, eine beabsichtigte Erwerbstätigkeit oder sonstige entgeltliche Beschäftigung außerhalb des öffentlichen Dienstes, die innerhalb der ersten 18 Monate nach dem Ende der Amtszeit oder einer anschließenden Geschäftsführung aufgenommen werden soll, schriftlich oder elektronisch gegenüber der Präsidentin oder dem Präsidenten des Deutschen Bundestages anzuzeigen. [2]Die Präsidentin oder der Präsident des Deutschen Bundestages kann der oder dem Unabhängigen Bundesbeauftragten für Antidiskriminierung die beabsichtigte Erwerbstätigkeit oder sonstige entgeltliche Beschäftigung untersagen, soweit zu besorgen ist, dass öffentliche Interessen beeinträchtigt werden. [3]Von einer Beeinträchtigung ist insbesondere dann auszugehen, wenn die beabsichtigte Erwerbstätigkeit oder sonstige entgeltliche Beschäftigung in Angelegenheiten oder Bereichen ausgeführt werden soll, in denen die oder der Unabhängige Bundesbeauftragte für Antidiskriminierung während der Amtszeit oder einer anschließenden Geschäftsführung tätig war. [4]Eine Untersagung soll in der Regel die Dauer von einem Jahr nach dem Ende der Amtszeit oder einer anschließenden Geschäftsführung nicht überschreiten. [5]In Fällen der schweren Beeinträchtigung öffentlicher Interessen kann eine Untersagung auch für die Dauer von bis zu 18 Monaten ausgesprochen werden.

§ 27[2] Aufgaben der Antidiskriminierungsstelle des Bundes. (1) Wer der Ansicht ist, wegen eines in § 1 genannten Grundes benachteiligt worden zu sein, kann sich an die Antidiskriminierungsstelle des Bundes wenden.

(2) [1]Die Antidiskriminierungsstelle des Bundes unterstützt auf unabhängige Weise Personen, die sich nach Absatz 1 an sie wenden, bei der Durchsetzung ihrer Rechte zum Schutz vor Benachteiligungen. [2]Hierbei kann sie insbesondere

1. über Ansprüche und die Möglichkeiten des rechtlichen Vorgehens im Rahmen gesetzlicher Regelungen zum Schutz vor Benachteiligungen informieren,
2. Beratung durch andere Stellen vermitteln,
3. eine gütliche Beilegung zwischen den Beteiligten anstreben.

[3]Soweit Beauftragte des Deutschen Bundestages oder der Bundesregierung zuständig sind, leitet die Antidiskriminierungsstelle des Bundes die Anliegen der in Absatz 1 genannten Personen mit deren Einverständnis unverzüglich an diese weiter.

---

[1] §§ 26h, 26i eingef. mWv 28.5.2022 durch G v. 23.5.2022 (BGBl. I S. 768).
[2] § 27 Überschrift neu gef. mWv 28.5.2022 durch G v. 23.5.2022 (BGBl. I S. 768).

(3) Die Antidiskriminierungsstelle des Bundes nimmt auf unabhängige Weise folgende Aufgaben wahr, soweit nicht die Zuständigkeit der Beauftragten der Bundesregierung oder des Deutschen Bundestages berührt ist:

1. Öffentlichkeitsarbeit,
2. Maßnahmen zur Verhinderung von Benachteiligungen aus den in § 1 genannten Gründen,
3. Durchführung wissenschaftlicher Untersuchungen zu diesen Benachteiligungen.

(4) [1]Die Antidiskriminierungsstelle des Bundes und die in ihrem Zuständigkeitsbereich betroffenen Beauftragten der Bundesregierung und des Deutschen Bundestages legen gemeinsam dem Deutschen Bundestag alle vier Jahre Berichte über Benachteiligungen aus den in § 1 genannten Gründen vor und geben Empfehlungen zur Beseitigung und Vermeidung dieser Benachteiligungen. [2]Sie können gemeinsam wissenschaftliche Untersuchungen zu Benachteiligungen durchführen.

(5) Die Antidiskriminierungsstelle des Bundes und die in ihrem Zuständigkeitsbereich betroffenen Beauftragten der Bundesregierung und des Deutschen Bundestages sollen bei Benachteiligungen aus mehreren der in § 1 genannten Gründe zusammenarbeiten.

§ 28[1)] Amtsbefugnisse der oder des Unabhängigen Bundesbeauftragten für Antidiskriminierung und Pflicht zur Unterstützung durch Bundesbehörden und öffentliche Stellen des Bundes. (1) [1]Die oder der Unabhängige Bundesbeauftragte für Antidiskriminierung ist bei allen Vorhaben, die ihre oder seine Aufgaben berühren, zu beteiligen. [2]Die Beteiligung soll möglichst frühzeitig erfolgen. [3]Sie oder er kann der Bundesregierung Vorschläge machen und Stellungnahmen zuleiten.

(2) Die oder der Unabhängige Bundesbeauftragte für Antidiskriminierung informiert die Bundesministerien – vorbehaltlich anderweitiger gesetzlicher Bestimmungen – frühzeitig in Angelegenheiten von grundsätzlicher politischer Bedeutung, soweit Aufgaben der Bundesministerien betroffen sind.

(3) In den Fällen, in denen sich eine Person wegen einer Benachteiligung an die Antidiskriminierungsstelle des Bundes gewandt hat und die Antidiskriminierungsstelle des Bundes die gütliche Beilegung zwischen den Beteiligten anstrebt, kann die oder der Unabhängige Bundesbeauftragte für Antidiskriminierung Beteiligte um Stellungnahmen ersuchen, soweit die Person, die sich an die Antidiskriminierungsstelle des Bundes gewandt hat, hierzu ihr Einverständnis erklärt.

(4) Alle Bundesministerien, sonstigen Bundesbehörden und öffentlichen Stellen im Bereich des Bundes sind verpflichtet, die Unabhängige Bundesbeauftragte oder den Unabhängigen Bundesbeauftragten für Antidiskriminierung bei der Erfüllung der Aufgaben zu unterstützen, insbesondere die erforderlichen Auskünfte zu erteilen.

§ 29[2)] Zusammenarbeit der Antidiskriminierungsstelle des Bundes mit Nichtregierungsorganisationen und anderen Einrichtungen. Die Antidiskriminierungsstelle des Bundes soll bei ihrer Tätigkeit Nichtregierungsorganisationen sowie Einrichtungen, die auf europäischer, Bundes-, Landes- oder regionaler

[1)] § 28 neu gef. mWv 28.5.2022 durch G v. 23.5.2022 (BGBl. I S. 768).
[2)] § 29 Überschrift neu gef. mWv 28.5.2022 durch G v. 23.5.2022 (BGBl. I S. 768).

Ebene zum Schutz vor Benachteiligungen wegen eines in § 1 genannten Grundes tätig sind, in geeigneter Form einbeziehen.

§ 30[1)] Beirat der Antidiskriminierungsstelle des Bundes. (1) [1] Zur Förderung des Dialogs mit gesellschaftlichen Gruppen und Organisationen, die sich den Schutz vor Benachteiligungen wegen eines in § 1 genannten Grundes zum Ziel gesetzt haben, wird der Antidiskriminierungsstelle des Bundes ein Beirat beigeordnet. [2] Der Beirat berät die Antidiskriminierungsstelle des Bundes bei der Vorlage von Berichten und Empfehlungen an den Deutschen Bundestag nach § 27 Abs. 4 und kann hierzu sowie zu wissenschaftlichen Untersuchungen nach § 27 Abs. 3 Nr. 3 eigene Vorschläge unterbreiten.

(2) [1] Das Bundesministerium für Familie, Senioren, Frauen und Jugend beruft im Einvernehmen mit der oder dem Unabhängigen Bundesbeauftragten für Antidiskriminierung sowie den entsprechend zuständigen Beauftragten der Bundesregierung oder des Deutschen Bundestages die Mitglieder dieses Beirats und für jedes Mitglied eine Stellvertretung. [2] In den Beirat sollen Vertreterinnen und Vertreter gesellschaftlicher Gruppen und Organisationen sowie Expertinnen und Experten in Benachteiligungsfragen berufen werden. [3] Die Gesamtzahl der Mitglieder des Beirats soll 16 Personen nicht überschreiten. [4] Der Beirat soll zu gleichen Teilen mit Frauen und Männern besetzt sein.

(3) Der Beirat gibt sich eine Geschäftsordnung, die der Zustimmung des Bundesministeriums für Familie, Senioren, Frauen und Jugend bedarf.

(4) [1] Die Mitglieder des Beirats üben die Tätigkeit nach diesem Gesetz ehrenamtlich aus. [2] Sie haben Anspruch auf Aufwandsentschädigung sowie Reisekostenvergütung, Tagegelder und Übernachtungsgelder. [3] Näheres regelt die Geschäftsordnung.

Abschnitt 7. Schlussvorschriften

§ 31 Unabdingbarkeit. Von den Vorschriften dieses Gesetzes kann nicht zu Ungunsten der geschützten Personen abgewichen werden.

§ 32 Schlussbestimmung. Soweit in diesem Gesetz nicht Abweichendes bestimmt ist, gelten die allgemeinen Bestimmungen.

§ 33[2)] Übergangsbestimmungen. (1) Bei Benachteiligungen nach den §§ 611a, 611b und 612 Abs. 3 des Bürgerlichen Gesetzbuchs[3)] oder sexuellen Belästigungen nach dem Beschäftigtenschutzgesetz ist das vor dem 18. August 2006 maßgebliche Recht anzuwenden.

[1)] § 30 Überschrift neu gef., Abs. 2 Satz 1 geänd. mWv 28.5.2022 durch G v. 23.5.2022 (BGBl. I S. 768).

[2)] § 33 Abs. 5 angef. mWv 21.12.2012 durch G v. 3.4.2013 (BGBl. I S. 610).

[3)] Die §§ 611a, 611b und 612 Abs. 3 lauteten:

„**§ 611a Geschlechtsbezogene Benachteiligung.** (1) [1] Der Arbeitgeber darf einen Arbeitnehmer bei einer Vereinbarung oder einer Maßnahme, insbesondere bei der Begründung des Arbeitsverhältnisses, beim beruflichen Aufstieg, bei einer Weisung oder einer Kündigung, nicht wegen seines Geschlechts benachteiligen. [2] Eine unterschiedliche Behandlung wegen des Geschlechts ist jedoch zulässig, soweit eine Vereinbarung oder eine Maßnahme die Art der vom Arbeitnehmer auszuübenden Tätigkeit zum Gegenstand hat und ein bestimmtes Geschlecht unverzichtbare Voraussetzung für diese Tätigkeit ist. [3] Wenn im Streitfall der Arbeitnehmer Tatsachen glaubhaft macht, die eine Benachteiligung wegen des Geschlechts vermuten lassen, trägt der Arbeitgeber die Beweislast dafür, dass nicht auf das Geschlecht bezogene, sachliche Gründe eine unterschiedliche Behandlung rechtfertigen oder das Geschlecht unverzichtbare Voraussetzung für die auszuübende Tätigkeit ist. →

(2) [1]Bei Benachteiligungen aus Gründen der Rasse oder wegen der ethnischen Herkunft sind die §§ 19 bis 21 nicht auf Schuldverhältnisse anzuwenden, die vor dem 18. August 2006 begründet worden sind. [2]Satz 1 gilt nicht für spätere Änderungen von Dauerschuldverhältnissen.

(3) [1]Bei Benachteiligungen wegen des Geschlechts, der Religion, einer Behinderung, des Alters oder der sexuellen Identität sind die §§ 19 bis 21 nicht auf Schuldverhältnisse anzuwenden, die vor dem 1. Dezember 2006 begründet worden sind. [2]Satz 1 gilt nicht für spätere Änderungen von Dauerschuldverhältnissen.

(4) [1]Auf Schuldverhältnisse, die eine privatrechtliche Versicherung zum Gegenstand haben, ist § 19 Abs. 1 nicht anzuwenden, wenn diese vor dem 22. Dezember 2007 begründet worden sind. [2]Satz 1 gilt nicht für spätere Änderungen solcher Schuldverhältnisse.

(5) [1]Bei Versicherungsverhältnissen, die vor dem 21. Dezember 2012 begründet werden, ist eine unterschiedliche Behandlung wegen des Geschlechts im Falle des § 19 Absatz 1 Nummer 2 bei den Prämien oder Leistungen nur zulässig, wenn dessen Berücksichtigung bei einer auf relevanten und genauen versicherungsmathematischen und statistischen Daten beruhenden Risikobewertung ein bestimmender Faktor ist. [2]Kosten im Zusammenhang mit Schwangerschaft und Mutterschaft dürfen auf keinen Fall zu unterschiedlichen Prämien oder Leistungen führen.

(Fortsetzung der Anm. von voriger Seite)

(2) Verstößt der Arbeitgeber gegen das in Absatz 1 geregelte Benachteiligungsverbot bei der Begründung eines Arbeitsverhältnisses, so kann der hierdurch benachteiligte Bewerber eine angemessene Entschädigung in Geld verlangen; ein Anspruch auf Begründung eines Arbeitsverhältnisses besteht nicht.

(3) [1]Wäre der Bewerber auch bei benachteiligungsfreier Auswahl nicht eingestellt worden, so hat der Arbeitgeber eine angemessene Entschädigung in Höhe von höchstens drei Monatsverdiensten zu leisten. [2]Als Monatsverdienst gilt, was dem Bewerber bei regelmäßiger Arbeitszeit in dem Monat, in dem das Arbeitsverhältnis hätte begründet werden sollen, an Geld- und Sachbezügen zugestanden hätte.

(4) [1]Ein Anspruch nach den Absätzen 2 und 3 muss innerhalb einer Frist, die mit Zugang der Ablehnung der Bewerbung beginnt, schriftlich geltend gemacht werden. [2]Die Länge der Frist bemisst sich nach einer für die Geltendmachung von Schadensersatzansprüchen im angestrebten Arbeitsverhältnis vorgesehenen Ausschlussfrist; sie beträgt mindestens zwei Monate. [3]Ist eine solche Frist für das angestrebte Arbeitsverhältnis nicht bestimmt, so beträgt die Frist sechs Monate.

(5) Die Absätze 2 bis 4 gelten beim beruflichen Aufstieg entsprechend, wenn auf den Aufstieg kein Anspruch besteht.

§ 611b Arbeitsplatzausschreibung. Der Arbeitgeber darf einen Arbeitsplatz weder öffentlich noch innerhalb des Betriebs nur für Männer oder nur für Frauen ausschreiben, es sei denn, dass ein Fall des § 611a Abs. 1 Satz 2 vorliegt.

§ 612. (3) [1]Bei einem Arbeitsverhältnis darf für gleiche oder für gleichwertige Arbeit nicht wegen des Geschlechts des Arbeitnehmers eine geringere Vergütung vereinbart werden als bei einem Arbeitnehmer des anderen Geschlechts. [2]Die Vereinbarung einer geringeren Vergütung wird nicht dadurch gerechtfertigt, dass wegen des Geschlechts des Arbeitnehmers besondere Schutzvorschriften gelten. [3]§ 611a Abs. 1 Satz 3 ist entsprechend anzuwenden."

Lfd. Nr.	Änderndes Gesetz	Datum	Fundstelle	Betroffen	Hinweis
149.	Art. 1 G zur Umsetzung der DigitalisierungsRL	5.7.2021	BGBl. I S. 3338	§§ 8b–9b, 10a, 12, 13e–13g, 15, 32, 162, 175, 264, 325–329, 339, 340l–340o, 341l, 341w	geänd. mWv 1.8.2022
				§§ 10, 13a, 3. Buch 2. Abschnitt 4. UAbschnitt Überschrift	neu gef. mWv 1.8.2022
				§ 9c	eingef. mWv 1.8.2022
150.	Art. 51 PersonengesellschaftsrechtsmodernisierungsG (MoPeG)	10.8.2021	BGBl. I S. 3436	§§ 8b, 30, 161, 162, 165, 169, 171, 172, 174, 177a, 234, 264c	geänd. mWv 1.1.2024
				2. Buch 1. Abschnitt (§§ 105–152), §§ 164, 166, 167, 170, 175, 176, 178, 179, 233	neu gef. mWv 1.1.2024
				§§ 125a, 129a, 130a, 130b, 153–160, 168	aufgeh. bzw. nicht mehr belegt mit Ablauf des 31.12.2023
151.	Art. 1 G zur Ergänzung der Regelungen zur Umsetzung der DigitalisierungsRL und zur Änd. weiterer Vorschriften[1)]	15.7.2022	BGBl. I S. 1146	§ 12	geänd. mWv 1.8.2022

Vorbemerkung:

Die Änderungen durch G v. 10.8.2021 (BGBl. I S. 3436) treten erst mWv 1.1.2024 in Kraft und sind im Text noch nicht berücksichtigt.

[1)] **Amtl. Anm.:** Notifiziert gemäß der Richtlinie (EU) 2015/1535 des Europäischen Parlaments und des Rates vom 9. September 2015 über ein Informationsverfahren auf dem Gebiet der technischen Vorschriften und der Vorschriften für die Dienste der Informationsgesellschaft (ABl. L 241 vom 17.9.2015, S. 1).

§ 8a[1] Eintragungen in das Handelsregister; Verordnungsermächtigung. (1) Eine Eintragung in das Handelsregister wird wirksam, sobald sie in den für die Handelsregistereintragungen bestimmten Datenspeicher aufgenommen ist und auf Dauer inhaltlich unverändert in lesbarer Form wiedergegeben werden kann.

(2) [1]Die Landesregierungen werden ermächtigt, durch Rechtsverordnung nähere Bestimmungen über die elektronische Führung des Handelsregisters, die elektronische Anmeldung, die elektronische Einreichung von Dokumenten sowie deren Aufbewahrung zu treffen, soweit nicht durch das Bundesministerium der Justiz und für Verbraucherschutz nach § 387 Abs. 2 des Gesetzes über das Verfahren in Familiensachen und in den Angelegenheiten der freiwilligen Gerichtsbarkeit[2] entsprechende Vorschriften erlassen werden. [2]Dabei können sie auch Einzelheiten der Datenübermittlung regeln sowie die Form zu übermittelnder elektronischer Dokumente festlegen, um die Eignung für die Bearbeitung durch das Gericht sicherzustellen. [3]Die Landesregierungen können die Ermächtigung durch Rechtsverordnung auf die Landesjustizverwaltungen übertragen.

§ 8b[3] [4] Unternehmensregister. (1) Das Unternehmensregister wird vorbehaltlich einer Regelung nach § 9a Abs. 1 vom Bundesministerium der Justiz und für Verbraucherschutz elektronisch geführt.

(2) Über die Internetseite des Unternehmensregisters sind zugänglich:

1. Eintragungen im Handelsregister und zum Handelsregister eingereichte Dokumente;
2. Eintragungen im Genossenschaftsregister und zum Genossenschaftsregister eingereichte Dokumente;
3. Eintragungen im Partnerschaftsregister und zum Partnerschaftsregister eingereichte Dokumente;
4. Unterlagen der Rechnungslegung und Unternehmensberichte, die nach diesem Gesetz, dem Publizitätsgesetz[5], dem Eisenbahnregulierungsgesetz, dem Energiewirtschaftsgesetz[6], dem Entgelttransparenzgesetz[7], dem Kapitalanlagegesetzbuch, dem Telekommunikationsgesetz, dem Vermögensanlagengesetz oder dem Wertpapierhandelsgesetz[8] offengelegt wurden, mit Ausnahme der zur dauerhaften Hinterlegung eingestellten Unterlagen;

---

[1] § 8a neu gef. mWv 1.1.2007 durch G v. 10.11.2006 (BGBl. I S. 2553), Abs. 2 tritt bereits mWv 16.11.2006 in Kraft; Abs. 2 Satz 1 geänd. mWv 1.9.2009 durch G v. 17.12.2008 (BGBl. I S. 2586); Abs. 2 Satz 1 geänd. mWv 8.9.2015 durch VO v. 31.8.2015 (BGBl. I S. 1474).

[2] Nr. **112**.

[3] § 8b eingef. mWv 1.1.2007 durch G v. 10.11.2006 (BGBl. I S. 2553); Abs. 2 Nr. 9 neu gef., Abs. 3 Sätze 3–5 angef. mWv 20.1.2007 durch G v. 5.1.2007 (BGBl. I S. 10); Abs. 2 Nr. 7 geänd. mWv 1.6.2012 durch G v. 6.12.2011 (BGBl. I S. 2481); Abs. 2 Nr. 5, 7 und 8 geänd. mWv 1.4.2012 durch G v. 22.12. 2011 (BGBl. I S. 3044); Abs. 2 Nr. 8 geänd. mWv 22.7.2013 durch G v. 4.7.2013 (BGBl. I S. 1981); Abs. 1 geänd. mWv 8.9.2015 durch VO v. 31.8.2015 (BGBl. I S. 1474); Abs. 2 Nr. 9, Abs. 3 Satz 3 geänd. mWv 26.11.2015 durch G v. 20.11.2015 (BGBl. I S. 2029) und mWv 2.7.2016 durch G v. 30.6.2016 (BGBl. I S. 1514); Abs. 2 Nr. 11 geänd. mWv 21.4.2018 durch G v. 13.4.2017 (BGBl. I S. 866); Abs. 2 Nr. 9, Abs. 3 Sätze 3, 5 geänd. mWv 3.1.2018 durch G v. 23.6.2017 (BGBl. I S. 1693); Abs. 2 Nr. 1 3 geänd., Nr. 4 neu gef., Nr. 9, 11 geänd., Nr. 12 und 13 angef., Abs. 3 Satz 1 Nr. 1, 2 neu gef., Nr. 3 angef., Satz 2 geänd., Sätze 3 und 4 eingef., bish. Sätze 3–5 werden Sätze 5–7, neue Sätze 5 und 6 geand., Abs. 4 bish. Satz 1 geänd., Satz 2 aufgeh., Abs. 5 angef. mWv 1.8.2022 durch G v. 5.7.2021 (BGBl. I S. 3338).

[4] Beachte hierzu Übergangsvorschriften in Art. 75 und 88 EGHGB (Nr. **50a**).

[5] Nr. **52b**.

[6] **Sartorius Nr. 830.**

[7] **Loseblatt-Textsammlung Arbeitsrecht Nr. 93.**

[8] **Habersack, Deutsche Gesetze ErgBd. Nr. 58.**

§ 2[1)] [Kannkaufmann] [1]Ein gewerbliches Unternehmen, dessen Gewerbebetrieb nicht schon nach § 1 Abs. 2 Handelsgewerbe ist, gilt als Handelsgewerbe im Sinne dieses Gesetzbuchs, wenn die Firma des Unternehmens in das Handelsregister eingetragen ist. [2]Der Unternehmer ist berechtigt, aber nicht verpflichtet, die Eintragung nach den für die Eintragung kaufmännischer Firmen geltenden Vorschriften herbeizuführen. [3]Ist die Eintragung erfolgt, so findet eine Löschung der Firma auch auf Antrag des Unternehmers statt, sofern nicht die Voraussetzung des § 1 Abs. 2 eingetreten ist.

§ 3[2)] [Land- und Forstwirtschaft; Kannkaufmann] (1) Auf den Betrieb der Land- und Forstwirtschaft finden die Vorschriften des § 1 keine Anwendung.

(2) Für ein land- oder forstwirtschaftliches Unternehmen, das nach Art und Umfang einen in kaufmännischer Weise eingerichteten Geschäftsbetrieb erfordert, gilt § 2 mit der Maßgabe, daß nach Eintragung in das Handelsregister eine Löschung der Firma nur nach den allgemeinen Vorschriften stattfindet, welche für die Löschung kaufmännischer Firmen gelten.

(3) Ist mit dem Betrieb der Land- oder Forstwirtschaft ein Unternehmen verbunden, das nur ein Nebengewerbe des land- oder forstwirtschaftlichen Unternehmens darstellt, so finden auf das im Nebengewerbe betriebene Unternehmen die Vorschriften der Absätze 1 und 2 entsprechende Anwendung.

§ 4[3)] *(aufgehoben)*

§ 5[3)] [Kaufmann kraft Eintragung] Ist eine Firma im Handelsregister eingetragen, so kann gegenüber demjenigen, welcher sich auf die Eintragung beruft, nicht geltend gemacht werden, daß das unter der Firma betriebene Gewerbe kein Handelsgewerbe sei.

§ 6[3)] [Handelsgesellschaften; Formkaufmann] (1) Die in betreff der Kaufleute gegebenen Vorschriften finden auch auf die Handelsgesellschaften Anwendung.

(2) Die Rechte und Pflichten eines Vereins, dem das Gesetz ohne Rücksicht auf den Gegenstand des Unternehmens die Eigenschaft eines Kaufmanns beilegt, bleiben unberührt, auch wenn die Voraussetzungen des § 1 Abs. 2 nicht vorliegen.

§ 7 [Kaufmannseigenschaft und öffentliches Recht] Durch die Vorschriften des öffentlichen Rechtes, nach welchen die Befugnis zum Gewerbebetrieb ausgeschlossen oder von gewissen Voraussetzungen abhängig gemacht ist, wird die Anwendung der die Kaufleute betreffenden Vorschriften dieses Gesetzbuchs nicht berührt.

Zweiter Abschnitt.[4)] Handelsregister; Unternehmensregister

§ 8[4)] Handelsregister. (1) Das Handelsregister wird von den Gerichten elektronisch geführt.

(2) Andere Datensammlungen dürfen nicht unter Verwendung oder Beifügung der Bezeichnung „Handelsregister" in den Verkehr gebracht werden.

[1)] § 2 neu gef. durch G v. 22.6.1998 (BGBl. I S. 1474).

[2)] § 3 neu gef. durch G v. 13.5.1976 (BGBl. I S. 1197); Abs. 2 neu gef. durch G v. 22.6.1998 (BGBl. I S. 1474).

[3)] § 4 aufgeh., § 5, § 6 Abs. 2 geänd. durch G v. 22.6.1998 (BGBl. I S. 1474).

[4)] 2. Abschn. Überschr. geänd., § 8 neu gef. mWv 1.1.2007 durch G v. 10.11.2006 (BGBl. I S. 2553).

5. gesellschaftsrechtliche Bekanntmachungen im Bundesanzeiger;
6. im Aktionärsforum veröffentlichte Eintragungen nach § 127a des Aktiengesetzes[1)];
7. Veröffentlichungen von Unternehmen nach dem Wertpapierhandelsgesetz oder dem Vermögensanlagengesetz im Bundesanzeiger, von Bietern, Gesellschaften, Vorständen und Aufsichtsräten nach dem Wertpapiererwerbs- und Übernahmegesetz im Bundesanzeiger sowie Veröffentlichungen nach der Börsenzulassungs-Verordnung im Bundesanzeiger;
8. Bekanntmachungen und Veröffentlichungen von Kapitalverwaltungsgesellschaften und extern verwalteten Investmentgesellschaften nach dem Kapitalanlagegesetzbuch, dem Investmentgesetz und dem Investmentsteuergesetz im Bundesanzeiger;
9. Veröffentlichungen und sonstige der Öffentlichkeit zur Verfügung gestellte Informationen nach den §§ 5, 26 Absatz 1 und 2, § 40 Absatz 1, den §§ 41, 46 Absatz 2, den §§ 50, 51 Absatz 2 und § 127 des Wertpapierhandelsgesetzes, sofern die Veröffentlichung nicht bereits über Nummer 7 in das Unternehmensregister eingestellt wird,
10. Mitteilungen über kapitalmarktrechtliche Veröffentlichungen an die Bundesanstalt für Finanzdienstleistungsaufsicht, sofern die Veröffentlichung selbst nicht bereits über Nummer 7 oder Nummer 9 in das Unternehmensregister eingestellt wird;
11. Bekanntmachungen der Insolvenzgerichte nach § 9 der Insolvenzordnung[2)], ausgenommen Verfahren nach dem Zehnten Teil der Insolvenzordnung;
12. Registerbekanntmachungen aus dem Handels-, Genossenschafts- und Partnerschaftsregister;
13. Bekanntmachungen der Bundesanstalt für Finanzdienstleistungsaufsicht nach § 107 Absatz 1 Satz 6, § 109 Absatz 2 Satz 1 und 5, Absatz 3 Satz 2 des Wertpapierhandelsgesetzes und nach § 31 Absatz 4 des Vermögensanlagengesetzes.

(3) [1] Zur Einstellung in das Unternehmensregister sind dem Unternehmensregister zu übermitteln:

1. die Daten nach Absatz 2 Nummer 5 bis 8 durch den Betreiber des Bundesanzeigers,
2. die Daten nach Absatz 2 Nummer 4, 9 und 10 sowie diejenigen Unterlagen, die dauerhaft hinterlegt werden sollen, durch den jeweils Offenlegungs- oder Veröffentlichungspflichtigen oder den von ihm mit der Veranlassung der Offenlegung oder Veröffentlichung beauftragten Dritten,
3. die Daten nach Absatz 2 Nummer 13 durch die Bundesanstalt für Finanzdienstleistungsaufsicht.

[2] Die Landesjustizverwaltungen übermitteln die Daten nach Absatz 2 Nummer 1 bis 3, 11 und 12 zum Unternehmensregister, soweit die Übermittlung für die Eröffnung eines Zugangs zu den Originaldaten über die Internetseite des Unternehmensregisters erforderlich ist. [3] Die das Unternehmensregister führende Stelle stellt dem Betreiber des Bundesanzeigers die nach Satz 2 von den Landesjustizverwaltungen übermittelten Daten zur Verfügung, soweit dies für die Erfüllung der Aufgabe der Zuordnung von Einreichungen beim Betreiber des Bundesanzeigers

---

1) Nr. **51**.
2) Nr. **110**.

nach Absatz 2 Nummer 5 bis 8 erforderlich ist. [4]Die Daten dürfen vom Betreiber des Bundesanzeigers nur für diese Zwecke verwendet werden. [5]Die Bundesanstalt für Finanzdienstleistungsaufsicht überwacht die Übermittlung der Veröffentlichungen und der sonstigen der Öffentlichkeit zur Verfügung gestellten Informationen nach den §§ 5, 26 Absatz 1 und 2, § 40 Absatz 1, den §§ 41, 46 Absatz 2, den §§ 50, 51 Absatz 2, § 114 Absatz 1 bis § 116 Absatz 2, den §§ 117, 118 Absatz 4 und § 127 des Wertpapierhandelsgesetzes an das Unternehmensregister zur Einstellung und kann Anordnungen treffen, die zu ihrer Durchsetzung geeignet und erforderlich sind. [6]Die Bundesanstalt kann die gebotene Übermittlung der in Satz 5 genannten Veröffentlichungen, der Öffentlichkeit zur Verfügung gestellten Informationen und Mitteilung auf Kosten des Pflichtigen vornehmen, wenn die Übermittlungspflicht nicht, nicht richtig, nicht vollständig oder nicht in der vorgeschriebenen Weise erfüllt wird. [7]Für die Überwachungstätigkeit der Bundesanstalt gelten § 6 Absatz 3 Satz 1 und 3, Absatz 15 und 16, die §§ 13, 18 und 21 des Wertpapierhandelsgesetzes entsprechend.

(4) Die Führung des Unternehmensregisters schließt die Erteilung von Ausdrucken sowie die Beglaubigung entsprechend § 9 Abs. 3 und 4 hinsichtlich der im Unternehmensregister eingestellten Unterlagen der Rechnungslegung und Unternehmensberichte im Sinn des Absatzes 2 Nr. 4 ein.

(5) Die Führung des Unternehmensregisters schließt auch den Informationsaustausch nach § 9c ein.

§ 9[1) 2)] Einsichtnahme in das Handelsregister und das Unternehmensregister. (1) [1]Die Einsichtnahme in das Handelsregister sowie in die zum Handelsregister eingereichten Dokumente ist jedem zu Informationszwecken durch einzelne Abrufe gestattet. [2]Die Landesjustizverwaltungen bestimmen das elektronische Informations- und Kommunikationssystem, über das die Daten aus den Handelsregistern abrufbar sind, und sind für die Abwicklung des elektronischen Abrufverfahrens zuständig. [3]Die Landesregierung kann die Zuständigkeit durch Rechtsverordnung abweichend regeln; sie kann diese Ermächtigung durch Rechtsverordnung auf die Landesjustizverwaltung übertragen. [4]Die Länder können ein länderübergreifendes, zentrales elektronisches Informations- und Kommunikationssystem bestimmen. [5]Sie können auch eine Übertragung der Abwicklungsaufgaben auf die zuständige Stelle eines anderen Landes sowie mit dem Betreiber des Unternehmensregisters eine Übertragung der Abwicklungsaufgaben auf das Unternehmensregister vereinbaren.

(2) Sind Dokumente nur in Papierform vorhanden, kann die elektronische Übermittlung nur für solche Schriftstücke verlangt werden, die weniger als zehn Jahre vor dem Zeitpunkt der Antragstellung zum Handelsregister eingereicht wurden.

(3) [1]Die Übereinstimmung der übermittelten Daten mit dem Inhalt des Handelsregisters und den zum Handelsregister eingereichten Dokumenten wird auf Antrag durch das Gericht beglaubigt. [2]Dafür hat eine Authentifizierung durch einen Vertrauensdienst nach der Verordnung (EU) Nr. 910/2014 des Europäischen Parlaments und des Rates vom 23. Juli 2014 über elektronische Identifizierung und Vertrauensdienste für elektronische Transaktionen im Binnenmarkt und zur

[1)] § 9 neu gef. mWv 1.1.2007 durch G v. 10.11.2006 (BGBl. I S. 2553); Abs. 6 Satz 3 angef. mWv 28.12.2012 durch G v. 20.12.2012 (BGBl. I S. 2751); Abs. 1 Satz 1 geänd., Abs. 3 Satz 2 und Abs. 6 Satz 3 neu gef. mWv 1.8.2022 durch G v. 5.7.2021 (BGBl. I S. 3338).

[2)] Beachte hierzu Übergangsvorschrift in Art. 88 EGHGB (Nr. **50a**).

Aufhebung der Richtlinie 1999/93/EG (ABl. L 257 vom 28.8.2014, S. 73; L 23 vom 29.1.2015, S. 19; L 155 vom 14.6.2016, S. 44) zu erfolgen.

(4) [1] Von den Eintragungen und den eingereichten Dokumenten kann ein Ausdruck verlangt werden. [2] Von den zum Handelsregister eingereichten Schriftstücken, die nur in Papierform vorliegen, kann eine Abschrift gefordert werden. [3] Die Abschrift ist von der Geschäftsstelle zu beglaubigen und der Ausdruck als amtlicher Ausdruck zu fertigen, wenn nicht auf die Beglaubigung verzichtet wird.

(5) Das Gericht hat auf Verlangen eine Bescheinigung darüber zu erteilen, dass bezüglich des Gegenstandes einer Eintragung weitere Eintragungen nicht vorhanden sind oder dass eine bestimmte Eintragung nicht erfolgt ist.

(6) [1] Für die Einsichtnahme in das Unternehmensregister gilt Absatz 1 Satz 1 entsprechend. [2] Anträge nach den Absätzen 2 bis 5 können auch über das Unternehmensregister an das Gericht vermittelt werden. [3] Die Einsichtnahme in die beim Unternehmensregister zur dauerhaften Hinterlegung eingestellten Daten erfolgt nur auf Antrag durch Übermittlung einer Kopie.

§ 9a[1)] Übertragung der Führung des Unternehmensregisters; Verordnungsermächtigung. (1) [1] Das Bundesministerium der Justiz und für Verbraucherschutz wird ermächtigt, durch Rechtsverordnung mit Zustimmung des Bundesrates einer juristischen Person des Privatrechts die Aufgaben nach § 8b Abs. 1 zu übertragen. [2] Der Beliehene erlangt die Stellung einer Justizbehörde des Bundes. [3] Zur Erstellung von Beglaubigungen führt der Beliehene ein Dienstsiegel; nähere Einzelheiten hierzu können in der Rechtsverordnung nach Satz 1 geregelt werden. [4] Die Dauer der Beleihung ist zu befristen; sie soll fünf Jahre nicht unterschreiten; Kündigungsrechte aus wichtigem Grund sind vorzusehen. [5] Eine juristische Person des Privatrechts darf nur beliehen werden, wenn sie grundlegende Erfahrungen mit der Veröffentlichung von kapitalmarktrechtlichen Informationen und gerichtlichen Mitteilungen, insbesondere Handelsregisterdaten, hat und ihr eine ausreichende technische und finanzielle Ausstattung zur Verfügung steht, die die Gewähr für den langfristigen und sicheren Betrieb des Unternehmensregisters bietet.

(2) [1] Das Bundesministerium der Justiz und für Verbraucherschutz wird ermächtigt, durch Rechtsverordnung mit Zustimmung des Bundesrates Einzelheiten der Datenübermittlung zwischen den Behörden der Länder und dem Unternehmensregister einschließlich Vorgaben über Datenformate zu regeln. [2] Abweichungen von den Verfahrensregelungen durch Landesrecht sind ausgeschlossen.

(3) [1] Das Bundesministerium der Justiz und für Verbraucherschutz wird ermächtigt, durch Rechtsverordnung ohne Zustimmung des Bundesrates die technischen Einzelheiten zu Aufbau und Führung des Unternehmensregisters,die technischen Einzelheiten zur Anmeldung und Identifikation von Nutzern des Unternehmensregisters, Einzelheiten der Datenübermittlung einschließlich Vorgaben über Datenformate, die nicht unter Absatz 2 fallen, Einzelheiten der Prüfung der übermittelten Daten, Löschungsfristen für die im Unternehmensregister gespeicherten Daten, Überwachungsrechte der Bundesanstalt für Finanzdienstleistungsaufsicht gegenüber dem Unternehmensregister hinsichtlich der Übermittlung, Einstellung, Verwaltung, Verarbeitung und des Abrufs kapitalmarktrechtlicher Daten einschließlich der Zusammenarbeit mit amtlich bestellten Speicherungssystemen an-

---

1) § 9a neu gef. mWv 16.11.2006 durch G v. 10.11.2006 (BGBl. I S. 2553); Abs. 1 Satz 1, Abs. 2 Satz 1 und Abs. 3 Satz 1 geänd. mWv 8.9.2015 durch VO v. 31.8.2015 (BGBl. I S. 1474); Abs. 3 Satz 1 geänd. mWv 1.8.2022 durch G v. 5.7.2021 (BGBl. I S. 3338).

derer Mitgliedstaaten der Europäischen Union oder anderer Vertragsstaaten des Abkommens über den Europäischen Wirtschaftsraum im Rahmen des Aufbaus eines europaweiten Netzwerks zwischen den Speicherungssystemen, die Zulässigkeit sowie Art und Umfang von Auskunftsdienstleistungen mit den im Unternehmensregister gespeicherten Daten, die über die mit der Führung des Unternehmensregisters verbundenen Aufgaben nach diesem Gesetz hinausgehen, zu regeln. [2] Soweit Regelungen getroffen werden, die kapitalmarktrechtliche Daten berühren, ist die Rechtsverordnung nach Satz 1 im Einvernehmen mit dem Bundesministerium der Finanzen zu erlassen. [3] Die Rechtsverordnung nach Satz 1 hat dem schutzwürdigen Interesse der Unternehmen am Ausschluss einer zweckändernden Verwendung der im Register gespeicherten Daten angemessen Rechnung zu tragen.

§ 9b[1] Europäisches System der Registervernetzung. (1) [1] Die Eintragungen im Handelsregister und die zum Handelsregister eingereichten Dokumente sowie die Unterlagen der Rechnungslegung nach § 325 sind, soweit sie Kapitalgesellschaften betreffen oder Zweigniederlassungen von Kapitalgesellschaften, die dem Recht eines anderen Mitgliedstaates der Europäischen Union oder eines anderen Vertragsstaates des Abkommens über den Europäischen Wirtschaftsraum unterliegen, auch über das Europäische Justizportal zugänglich. [2] Hierzu übermitteln die Landesjustizverwaltungen die Daten des Handelsregisters und die das Unternehmensregister führende Stelle übermittelt die Daten der Rechnungslegungsunterlagen jeweils an die zentrale Europäische Plattform nach Artikel 22 Absatz 1 der Richtlinie (EU) 2017/1132 des Europäischen Parlaments und des Rates vom 14. Juni 2017 über bestimmte Aspekte des Gesellschaftsrechts (ABl. L 169 vom 30.6.2017, S. 46), die zuletzt durch die Richtlinie (EU) 2019/2121 (ABl. L 321 vom 12.12.2019, S. 1; L 20 vom 24.1.2020, S. 24) geändert worden ist, soweit die Übermittlung für die Eröffnung eines Zugangs zu den Originaldaten über den Suchdienst auf der Internetseite des Europäischen Justizportals erforderlich ist.

(2) [1] Das Registergericht, bei dem das Registerblatt einer Kapitalgesellschaft oder Zweigniederlassung einer Kapitalgesellschaft im Sinne des Absatzes 1 Satz 1 geführt wird, nimmt am Informationsaustausch zwischen den Registern über die zentrale Europäische Plattform teil. [2] Den Kapitalgesellschaften und Zweigniederlassungen von Kapitalgesellschaften im Sinne des Absatzes 1 Satz 1 ist zu diesem Zweck eine einheitliche europäische Kennung zuzuordnen. [3] Das Registergericht übermittelt nach Maßgabe der folgenden Absätze an die zentrale Europäische Plattform die Information über

1. die Eintragung der Eröffnung, Einstellung oder Aufhebung eines Insolvenzverfahrens über das Vermögen der Gesellschaft,
2. die Eintragung der Auflösung der Gesellschaft und die Eintragung über den Schluss der Liquidation oder Abwicklung oder über die Fortsetzung der Gesellschaft,
3. die Löschung der Gesellschaft,
4. das Wirksamwerden einer Verschmelzung nach § 122a des Umwandlungsgesetzes[2]),

---

[1]) § 9b eingef. mWv 31.12.2014 durch G v. 22.12.2014 (BGBl. I S. 2409); Überschrift, Abs. 1 Satz 2, Abs. 2 Satz 3 Nr. 3, 4 geänd., Nr. 5, 6 und Satz 4 angef., Abs. 3 Satz 1 geänd., Abs. 4 neu gef. mWv 1.8. 2022 durch G v. 5.7.2021 (BGBl. I S. 3338).

[2]) Nr. **52a**.

5. die Eintragung der Errichtung der Zweigniederlassung und die Eintragung der Aufhebung der Zweigniederlassung sowie
6. die Änderung folgender Daten der Gesellschaft oder der Zweigniederlassung:
   a) der Firma der Gesellschaft oder der Zweigniederlassung,
   b) des Sitzes der Gesellschaft oder der Geschäftsanschrift der Zweigniederlassung,
   c) der Rechtsform der Gesellschaft,
   d) der Eintragungsnummer der Gesellschaft oder der Zweigniederlassung,
   e) der Personen, die als gesetzlich vorgesehenes Gesellschaftsorgan oder als Mitglieder eines solchen Organs befugt sind, die Gesellschaft gerichtlich und außergerichtlich zu vertreten, oder die an der Verwaltung, Beaufsichtigung oder Kontrolle der Gesellschaft teilnehmen.

[4] Die Informationsübermittlung erfolgt nach Maßgabe der Bestimmungen der Durchführungsverordnung (EU) 2020/2244 der Kommission vom 17. Dezember 2020 mit Durchführungsbestimmungen zur Richtlinie (EU) 2017/1132 des Europäischen Parlaments und des Rates in Bezug auf technische Spezifikationen und Verfahren für das System der Registervernetzung und zur Aufhebung der Durchführungsverordnung (EU) 2015/884 der Kommission (ABl. L 439 vom 29.12. 2020, S. 1).

(3) [1] Die Landesjustizverwaltungen bestimmen das elektronische Informations- und Kommunikationssystem, über das die Daten aus dem Handelsregister zugänglich gemacht (Absatz 1) und im Rahmen des Informationsaustauschs zwischen den Registern übermittelt und empfangen werden (Absatz 2), und sie sind, vorbehaltlich der Zuständigkeit der das Unternehmensregister führenden Stelle nach Absatz 1 Satz 2, für die Abwicklung des Datenverkehrs nach den Absätzen 1 und 2 zuständig. [2] § 9 Absatz 1 Satz 3 bis 5 gilt entsprechend.

(4) [1] Die das Unternehmensregister führende Stelle übermittelt nach den Vorgaben der Durchführungsverordnung (EU) 2020/2244 eine Änderung der Unterlagen der Rechnungslegung, die eine Kapitalgesellschaft mit Sitz im Inland offengelegt hat (§ 325 Absatz 1b Satz 1), unverzüglich an die zentrale Europäische Plattform, wenn die Kapitalgesellschaft eine Zweigniederlassung errichtet hat, die dem Recht eines anderen Mitgliedstaates der Europäischen Union oder eines anderen Vertragsstaates des Abkommens über den Europäischen Wirtschaftsraum unterliegt. [2] Empfängt die das Unternehmensregister führende Stelle über das Europäische System der Registervernetzung Daten zu einer Änderung der Unterlagen der Rechnungslegung einer Kapitalgesellschaft, die dem Recht eines anderen Mitgliedstaates der Europäischen Union oder eines anderen Vertragsstaates des Abkommens über den Europäischen Wirtschaftsraum unterliegt und die eine inländische Zweigniederlassung errichtet hat, so bestätigt die registerführende Stelle den Eingang der Daten über das Europäische System der Registervernetzung.

§ 9c[1) 2)] Informationsaustausch über disqualifizierte Personen über das Europäische System der Registervernetzung. (1) [1] Die das Unternehmensregister führende Stelle ist die zuständige Stelle für die Beantwortung eines über die zentrale Europäische Plattform gemäß § 9b Absatz 1 Satz 2 eingehenden Ersuchens eines anderen Mitgliedstaates der Europäischen Union oder eines ande-

---

[1)] § 9c eingef. mWv 1.8.2022 durch G v. 5.7.2021 (BGBl. I S. 3338).
[2)] Beachte hierzu Übergangsvorschrift in Art. 88 EGHGB (Nr. **50a**).

ren Vertragsstaates des Abkommens über den Europäischen Wirtschaftsraum nach Artikel 13i der Richtlinie (EU) 2017/1132 um Informationen, die relevant sind für die Disqualifikation einer Person

1. als Geschäftsführer einer Gesellschaft mit beschränkter Haftung gemäß § 6 Absatz 2 Satz 2 Nummer 2 und 3 des Gesetzes über die Gesellschaften mit beschränkter Haftung[1)] oder
2. als Mitglied des Vorstands einer Aktiengesellschaft gemäß § 76 Absatz 3 Satz 2 Nummer 2 und 3 des Aktiengesetzes[2)].

[2] Auf Anfrage eines Registergerichts führt die zuständige Stelle ein Ersuchen nach Artikel 13i der Richtlinie (EU) 2017/1132 gegenüber anderen Mitgliedstaaten der Europäischen Union oder anderen Vertragsstaaten des Abkommens über den Europäischen Wirtschaftsraum durch und leitet die erhaltenen Antworten an das anfragende Registergericht weiter.

(2) Die zuständige Stelle erhält zum Zweck der Beantwortung eines Ersuchens die für die Beantwortung erforderliche Auskunft aus dem Bundeszentralregister nach § 57a Absatz 4 des Bundeszentralregistergesetzes[3)] und aus dem Gewerbezentralregister nach § 150c Absatz 3 der Gewerbeordnung[4)].

(3) Die Beantwortung und die Durchführung eines Ersuchens erfolgen gemäß den Bestimmungen der Durchführungsverordnung (EU) 2020/2244 sowie einer nach Absatz 6 erlassenen Verordnung.

(4) [1] Die Beantwortung eines Ersuchens ist beschränkt auf die Angabe gemäß Artikel 13i Absatz 4 Satz 1 der Richtlinie (EU) 2017/1132,

1. ob die betroffene Person disqualifiziert ist
   a) gemäß § 6 Absatz 2 Satz 2 Nummer 2 und 3 des Gesetzes über die Gesellschaften mit beschränkter Haftung als Geschäftsführer einer Gesellschaft mit beschränkter Haftung oder
   b) gemäß § 76 Absatz 3 Satz 2 Nummer 2 und 3 des Aktiengesetzes als Mitglied des Vorstands einer Aktiengesellschaft oder
2. ob entsprechende Informationen im Bundeszentralregister oder Gewerbezentralregister enthalten sind.

[2] Weitergehende Informationen über eine Disqualifikation der betroffenen Person werden durch die das Unternehmensregister führende Stelle über die zentrale Europäische Plattform nicht übermittelt.

(5) [1] Die zuständige Stelle darf die von einem ersuchenden Mitgliedstaat, von einem Registergericht oder nach Absatz 2 übermittelten personenbezogenen Daten der betroffenen Personen für die Zwecke der Beantwortung und der Durchführung eines Ersuchens verarbeiten. [2] Die personenbezogenen Daten der betroffenen Personen sind von der zuständigen Stelle unverzüglich zu löschen, sobald und soweit diese nicht mehr für die Beantwortung oder die Durchführung des Ersuchens erforderlich sind.

(6) Durch Rechtsverordnung nach § 9a Absatz 3 können auch die erforderlichen Bestimmungen in Bezug auf die Beantwortung und die Durchführung der Ersuchen durch die zuständige Stelle getroffen werden, einschließlich der Bestimmungen über

---

1) Nr. **52**.
2) Nr. **51**.
3) Nr. **92**.
4) **Sartorius Nr. 800.**

1. Inhalt, Frist, Form und Umfang der Beantwortung der Ersuchen,
2. die technischen Einzelheiten zum Empfang, zur Verarbeitung und zur Weitergabe der erforderlichen Daten für die Beantwortung und die Durchführung der Ersuchen,
3. die technischen Vorgaben zur Speicherung, Löschung, Berichtigung und Verarbeitung von Daten über die betroffenen Personen durch die zuständige Stelle,
4. die Prüfung der vom Bundeszentralregister oder vom Gewerbezentralregister erhaltenen Daten im Hinblick auf die Erfüllung der Voraussetzungen einer Disqualifikation gemäß § 6 Absatz 2 Satz 2 Nummer 2 und 3 des Gesetzes über die Gesellschaften mit beschränkter Haftung oder gemäß § 76 Absatz 3 Satz 2 Nummer 2 und 3 des Aktiengesetzes,
5. die Voraussetzungen, Formalien, Fristen und Inhalte der Durchführung der Ersuchen.

§ 10[1] **Bekanntmachung der Eintragungen; Registerbekanntmachungen.**

(1) [1] Die Eintragungen in das Handelsregister sowie Registerbekanntmachungen nach Absatz 3 werden durch ihre erstmalige Abrufbarkeit über das nach § 9 Absatz 1 bestimmte elektronische Informations- und Kommunikationssystem bekannt gemacht. [2] § 9 Absatz 1 Satz 4 und 5 gilt entsprechend.

(2) Die Eintragungen in das Handelsregister und die eingereichten Dokumente, die gemäß § 9 der unbeschränkten Einsichtnahme unterliegen, sind unverzüglich nach der Eintragung in das Handelsregister zum Abruf über das nach § 9 Absatz 1 bestimmte elektronische Informations- und Kommunikationssystem bereitzustellen.

(3) Das Registergericht kann in den gesetzlich bestimmten Fällen in dem nach § 9 Absatz 1 bestimmten elektronischen Informations- und Kommunikationssystem sonstige oder zusätzliche Tatsachen bekannt machen (Registerbekanntmachungen).

(4) [1] Eine Eintragung gilt mit dem Ablauf des Tages der Eintragung und eine Registerbekanntmachung gilt mit dem Ablauf des Tages der Registerbekanntmachung als bekannt gemacht. [2] Dies gilt nicht, wenn der Nachweis erbracht wird, dass der Abruf der Eintragung oder der Registerbekanntmachung
1. bereits zu einem früheren Zeitpunkt möglich war oder
2. erstmalig erst zu einem späteren Zeitpunkt möglich war.

§ 10a[2] **Anwendung der Verordnung (EU) 2016/679.** (1) [1] Das Auskunftsrecht nach Artikel 15 Absatz 1 und das Recht auf Erhalt einer Kopie nach Artikel 15 Absatz 3 der Verordnung (EU) 2016/679[3] des Europäischen Parlaments und des Rates vom 27. April 2016 zum Schutz natürlicher Personen bei der Verarbeitung personenbezogener Daten, zum freien Datenverkehr und zur Aufhebung der Richtlinie 95/46/EG (Datenschutz-Grundverordnung) (ABl. L 119 vom 4.5.2016, S. 1; L 314 vom 22.11.2016, S. 72) wird dadurch erfüllt, dass die betroffene Person Einsicht in das Handelsregister und in die zum Handelsregister eingereichten Dokumente nehmen kann. [2] Eine Information der betroffenen Person über konkrete Empfänger, gegenüber denen die im Register, in Registerbe-

---

[1] § 10 neu gef. mWv 1.8.2022 durch G v. 5.7.2021 (BGBl. I S. 3338).

[2] § 10a eingef. mWv 25.5.2018 durch G v. 17.7.2017 (BGBl. I S. 2541); Abs. 1 Sätze 1 und 2, Abs. 2 und 3 geänd. mWv 1.8.2022 durch G v. 5.7.2021 (BGBl. I S. 3338).

[3] **Sartorius Nr. 246.**

kanntmachungen oder in zum Register einzureichenden Dokumenten enthaltenen personenbezogenen Daten offengelegt werden, erfolgt nicht.

(2) Hinsichtlich der im Handelsregister, in Registerbekanntmachungen oder in zum Handelsregister einzureichenden Dokumenten enthaltenen personenbezogenen Daten kann das Recht auf Berichtigung nach Artikel 16 der Verordnung (EU) 2016/679 nur unter den Voraussetzungen ausgeübt werden, die in den §§ 393 bis 395 und §§ 397 bis 399 des Gesetzes über das Verfahren in Familiensachen und in den Angelegenheiten der Freiwilligen Gerichtsbarkeit[1] sowie der Rechtsverordnung nach § 387 Absatz 2 des Gesetzes über das Verfahren in Familiensachen und in den Angelegenheiten der Freiwilligen Gerichtsbarkeit für eine Löschung oder Berichtigung vorgesehen sind.

(3) Das Widerspruchsrecht gemäß Artikel 21 der Verordnung (EU) 2016/679 findet in Bezug auf die im Handelsregister, in Registerbekanntmachungen oder in zum Handelsregister einzureichenden Dokumenten enthaltenen personenbezogenen Daten keine Anwendung.

§ 11[2] Offenlegung in der Amtssprache eines Mitgliedstaats der Europäischen Union. (1) [1] Die zum Handelsregister einzureichenden Dokumente sowie der Inhalt einer Eintragung können zusätzlich in jeder Amtssprache eines Mitgliedstaats der Europäischen Union übermittelt werden. [2] Auf die Übersetzungen ist in geeigneter Weise hinzuweisen. [3] § 9 ist entsprechend anwendbar.

(2) Im Fall der Abweichung der Originalfassung von einer eingereichten Übersetzung kann letztere einem Dritten nicht entgegengehalten werden; dieser kann sich jedoch auf die eingereichte Übersetzung berufen, es sei denn, der Eingetragene weist nach, dass dem Dritten die Originalfassung bekannt war.

§ 12[3] Anmeldungen zur Eintragung und Einreichungen. (1) [1] Anmeldungen zur Eintragung in das Handelsregister sind elektronisch in öffentlich beglaubigter Form einzureichen. [2] Die öffentliche Beglaubigung mittels Videokommunikation gemäß § 40a des Beurkundungsgesetzes[4] ist zulässig. [3] Die gleiche Form ist für eine Vollmacht zur Anmeldung erforderlich. [4] Anstelle der Vollmacht kann die Bescheinigung eines Notars nach § 21 Absatz 3 der Bundesnotarordnung[5] eingereicht werden. [5] Rechtsnachfolger eines Beteiligten haben die Rechtsnachfolge soweit tunlich durch öffentliche Urkunden nachzuweisen.

(2) [1] Dokumente sind elektronisch in einem maschinenlesbaren und durchsuchbaren Datenformat einzureichen. [2] Ist eine Urschrift oder eine einfache Abschrift einzureichen oder ist für das Dokument die Schriftform bestimmt, genügt die Übermittlung einer elektronischen Aufzeichnung; ist ein notariell beurkundetes Dokument oder eine öffentlich beglaubigte Abschrift einzureichen, so ist ein mit einem einfachen elektronischen Zeugnis (§ 39a des Beurkundungsgesetzes) versehenes Dokument zu übermitteln.

---

[1] Nr. **112**.

[2] § 11 neu gef. mWv 1.1.2007 durch G v. 10.11.2006 (BGBl. I S. 2553).

[3] § 12 neu gef. mWv 1.1.2007 durch G v. 10.11.2006 (BGBl. I S. 2553); Abs. 1 Satz 3 eingef. mWv 1.9.2013 durch G v. 26.6.2013 (BGBl. I S. 1800); Abs. 1 Satz 2 eingef., bish. Sätze 2–4 werden Sätze 3–5, Abs. 2 Satz 1 geänd. mWv 1.8.2022 durch G v. 5.7.2021 (BGBl. I S. 3338); Abs. 1 Satz 2 neu gef. mWv 1.8.2022 durch G v. 15.7.2022 (BGBl. I S. 1146).

[4] Nr. **23**.

[5] **Habersack, Deutsche Gesetze ErgBd. Nr. 98a.**

§ 13[1)] Zweigniederlassungen von Unternehmen mit Sitz im Inland.

(1) [1] Die Errichtung einer Zweigniederlassung ist von einem Einzelkaufmann oder einer juristischen Person beim Gericht der Hauptniederlassung, von einer Handelsgesellschaft beim Gericht des Sitzes der Gesellschaft, unter Angabe des Ortes und der inländischen Geschäftsanschrift der Zweigniederlassung und des Zusatzes, falls der Firma der Zweigniederlassung ein solcher beigefügt wird, zur Eintragung anzumelden. [2] In gleicher Weise sind spätere Änderungen der die Zweigniederlassung betreffenden einzutragenden Tatsachen anzumelden.

(2) Das zuständige Gericht trägt die Zweigniederlassung auf dem Registerblatt der Hauptniederlassung oder des Sitzes unter Angabe des Ortes sowie der inländischen Geschäftsanschrift der Zweigniederlassung und des Zusatzes, falls der Firma der Zweigniederlassung ein solcher beigefügt ist, ein, es sei denn, die Zweigniederlassung ist offensichtlich nicht errichtet worden.

(3) Die Absätze 1 und 2 gelten entsprechend für die Aufhebung der Zweigniederlassung.

§ 13a[2)] Europäische Zweigniederlassungen von Kapitalgesellschaften mit Sitz im Inland. (1) In Bezug auf Zweigniederlassungen, die dem Recht eines anderen Mitgliedstaates der Europäischen Union oder eines anderen Vertragsstaates des Abkommens über den Europäischen Wirtschaftsraum unterliegen und die von einer Kapitalgesellschaft mit Sitz im Inland errichtet wurden, gelten die folgenden Vorschriften.

(2) Die Landesjustizverwaltungen stellen sicher, dass die Daten der Zweigniederlassungen, die im Rahmen des Europäischen Systems der Registervernetzung gemäß § 9b empfangen werden, an dasjenige Registergericht weitergeleitet werden, das für die Gesellschaft zuständig ist.

(3) Das zuständige Registergericht bestätigt den Eingang der Daten über das Europäische System der Registervernetzung gemäß § 9b und trägt unverzüglich von Amts wegen die folgenden gemäß Absatz 2 erhaltenen Daten zu der Zweigniederlassung oder deren Änderung in das Registerblatt der Gesellschaft ein:

1. Errichtung, Aufhebung oder Löschung der Zweigniederlassung,
2. Firma der Zweigniederlassung,
3. Geschäftsanschrift der Zweigniederlassung einschließlich des Staates,
4. Eintragungsnummer und einheitliche europäische Kennung der Zweigniederlassung.

§§ 13b, 13c[3)] *(aufgehoben)*

§ 13d[4)] Sitz oder Hauptniederlassung im Ausland. (1) Befindet sich die Hauptniederlassung eines Einzelkaufmanns oder einer juristischen Person oder der Sitz einer Handelsgesellschaft im Ausland, so haben alle eine inländische Zweigniederlassung betreffenden Anmeldungen, Einreichungen und Eintragungen bei dem Gericht zu erfolgen, in dessen Bezirk die Zweigniederlassung besteht.

[1)] § 13 neu gef. mWv 1.1.2007 durch G v. 10.11.2006 (BGBl. I S. 2553); Abs. 1 Satz 1 und Abs. 2 geänd. mWv 1.11.2008 durch G v. 23.10.2008 (BGBl. I S. 2026).

[2)] § 13a neu gef. mWv 1.8.2022 durch G v. 5.7.2021 (BGBl. I S. 3338).

[3)] §§ 13b und 13c aufgeh. mWv 1.1.2007 durch G v. 10.11.2006 (BGBl. I S. 2553).

[4)] § 13d eingef. durch G v. 22.7.1993 (BGBl. I S. 1282); Überschrift geänd. durch G v. 22.6.1998 (BGBl. I S. 1474); Abs. 1 und 3 geänd. mWv 1.1.2007 durch G v. 10.11.2006 (BGBl. I S. 2553); Abs. 2 und 3 geänd. mWv 1.11.2008 durch G v. 23.10.2008 (BGBl. I S. 2026).

(2) Die Eintragung der Errichtung der Zweigniederlassung hat auch den Ort und die inländische Geschäftsanschrift der Zweigniederlassung zu enthalten; ist der Firma der Zweigniederlassung ein Zusatz beigefügt, so ist auch dieser einzutragen.

(3) Im übrigen gelten für die Anmeldungen, Einreichungen, Eintragungen, Bekanntmachungen und Änderungen einzutragender Tatsachen, die die Zweigniederlassung eines Einzelkaufmanns, einer Handelsgesellschaft oder einer juristischen Person mit Ausnahme von Aktiengesellschaften, Kommanditgesellschaften auf Aktien und Gesellschaften mit beschränkter Haftung betreffen, die Vorschriften für Hauptniederlassungen oder Niederlassungen am Sitz der Gesellschaft sinngemäß, soweit nicht das ausländische Recht Abweichungen nötig macht.

§ 13e[1] Zweigniederlassungen von Kapitalgesellschaften mit Sitz im Ausland. (1) Für Zweigniederlassungen von Aktiengesellschaften und Gesellschaften mit beschränkter Haftung mit Sitz im Ausland gelten ergänzend zu § 13d die folgenden Vorschriften.

(2) [1] Die Errichtung einer Zweigniederlassung einer Aktiengesellschaft ist durch den Vorstand, die Errichtung einer Zweigniederlassung einer Gesellschaft mit beschränkter Haftung ist durch die Geschäftsführer zur Eintragung in das Handelsregister anzumelden. [2] Bei der Anmeldung ist das Bestehen der Gesellschaft als solcher nachzuweisen. [3] Die Anmeldung hat auch eine inländische Geschäftsanschrift und den Gegenstand der Zweigniederlassung zu enthalten. [4] Daneben kann eine Person, die für Willenserklärungen und Zustellungen an die Gesellschaft empfangsberechtigt ist, mit einer inländischen Anschrift zur Eintragung in das Handelsregister angemeldet werden; Dritten gegenüber gilt die Empfangsberechtigung als fortbestehend, bis sie im Handelsregister gelöscht und die Löschung bekannt gemacht worden ist, es sei denn, dass die fehlende Empfangsberechtigung dem Dritten bekannt war. [5] In der Anmeldung sind ferner anzugeben

1. das Register, bei dem die Gesellschaft geführt wird, und die Nummer des Registereintrags, sofern das Recht des Staates, in dem die Gesellschaft ihren Sitz hat, eine Registereintragung vorsieht;
2. die Rechtsform der Gesellschaft;
3. die Personen, die befugt sind, als ständige Vertreter für die Tätigkeit der Zweigniederlassung die Gesellschaft gerichtlich und außergerichtlich zu vertreten, unter Angabe ihrer Befugnisse;
4. wenn die Gesellschaft nicht dem Recht eines Mitgliedstaates der Europäischen Union oder eines anderen Vertragsstaates des Abkommens über den Europäischen Wirtschaftsraum unterliegt, das Recht des Staates, dem die Gesellschaft unterliegt.

(3) [1] Die in Absatz 2 Satz 5 Nr. 3 genannten Personen haben jede Änderung dieser Personen oder der Vertretungsbefugnis einer dieser Personen zur Eintragung in das Handelsregister anzumelden. [2] Wenn die Gesellschaft nicht dem Recht eines Mitgliedstaates der Europäischen Union oder eines anderen Vertragsstaates des Abkommens über den Europäischen Wirtschaftsraum unterliegt, gelten für die gesetzlichen Vertreter der Gesellschaft in Bezug auf die Zweigniederlassung § 76

[1] § 13e eingef. durch G v. 22.7.1993 (BGBl. I S. 1282); Abs. 2 Satz 2 Nr. 4 geänd. durch G v. 27.9. 1993 (BGBl. I S. 1666); Abs. 4 geänd. durch G v. 5.10.1994 (BGBl. I S. 2911); Abs. 2 Sätze 2 und 3 geänd., Satz 4 eingef., bish. Satz 4 wird Satz 5 und Nr. 4 geänd., Abs. 3 Satz 1 geänd., Satz 2 angef., Abs. 3a eingef., Abs. 4 geänd. mWv 1.11.2008 durch G v. 23.10.2008 (BGBl. I S. 2026); Abs. 6 angef. mWv 31.12.2014 durch G v. 22.12.2014 (BGBl. I S. 2409); Abs. 3 Satz 2 neu gef., Abs. 7 angef. mWv 1.8.2022 durch G v. 5.7.2021 (BGBl. I S. 3338).

Absatz 3 Satz 2 bis 4 des Aktiengesetzes[1)] sowie § 6 Absatz 2 Satz 2 bis 4 des Gesetzes betreffend die Gesellschaften mit beschränkter Haftung[2)] entsprechend.

(3a) [1] An die in Absatz 2 Satz 5 Nr. 3 genannten Personen als Vertreter der Gesellschaft können unter der im Handelsregister eingetragenen inländischen Geschäftsanschrift der Zweigniederlassung Willenserklärungen abgegeben und Schriftstücke zugestellt werden. [2] Unabhängig hiervon können die Abgabe und die Zustellung auch unter der eingetragenen Anschrift der empfangsberechtigten Person nach Absatz 2 Satz 4 erfolgen.

(4) Die in Absatz 2 Satz 5 Nr. 3 genannten Personen oder, wenn solche nicht angemeldet sind, die gesetzlichen Vertreter der Gesellschaft haben die Eröffnung oder die Ablehnung der Eröffnung eines Insolvenzverfahrens oder ähnlichen Verfahrens über das Vermögen der Gesellschaft zur Eintragung in das Handelsregister anzumelden.

(5) [1] Errichtet eine Gesellschaft mehrere Zweigniederlassungen im Inland, so brauchen die Satzung oder der Gesellschaftsvertrag sowie deren Änderungen nach Wahl der Gesellschaft nur zum Handelsregister einer dieser Zweigniederlassungen eingereicht zu werden. [2] In diesem Fall haben die nach Absatz 2 Satz 1 Anmeldepflichtigen zur Eintragung in den Handelsregistern der übrigen Zweigniederlassungen anzumelden, welches Register die Gesellschaft gewählt hat und unter welcher Nummer die Zweigniederlassung eingetragen ist.

(6) Die Landesjustizverwaltungen stellen sicher, dass die Daten einer Kapitalgesellschaft mit Sitz im Ausland, die im Rahmen des Europäischen Systems der Registervernetzung (§ 9b) empfangen werden, an das Registergericht weitergeleitet werden, das für eine inländische Zweigniederlassung dieser Gesellschaft zuständig ist.

(7) [1] Das zuständige Registergericht bestätigt den Eingang der Daten über das Europäische System der Registervernetzung. [2] Sofern zum Zeitpunkt des Dateneingangs bei dem Registergericht keine Anmeldung in Bezug auf die mitgeteilten Tatsachen vorliegt, fordert es die Gesellschaft zur unverzüglichen Anmeldung der geänderten Tatsachen auf.

§ 13f[3)] Zweigniederlassungen von Aktiengesellschaften mit Sitz im Ausland. (1) Für Zweigniederlassungen von Aktiengesellschaften mit Sitz im Ausland gelten ergänzend die folgenden Vorschriften.

(2) [1] Der Anmeldung ist die Satzung in öffentlich beglaubigter Abschrift und, sofern die Satzung nicht in deutscher Sprache erstellt ist, eine beglaubigte Übersetzung in deutscher Sprache beizufügen. [2] Die Vorschriften des § 37 Abs. 2 und 3 des Aktiengesetzes[1)] finden Anwendung. [3] § 37 Absatz 2 des Aktiengesetzes ist nicht anzuwenden auf Aktiengesellschaften, die dem Recht eines Mitgliedstaates der Europäischen Union oder eines anderen Vertragsstaates des Abkommens über den Europäischen Wirtschaftsraum unterliegen. [4] Soweit nicht das ausländische Recht eine Abweichung nötig macht, sind in die Anmeldung die in § 23 Abs. 3 und 4 des Aktiengesetzes vorgesehenen Bestimmungen und Bestimmungen der

---

[1)] Nr. **51**.

[2)] Nr. **52**.

[3)] § 13f eingef. durch G v. 22.7.1993 (BGBl. I S. 1282); Abs. 2 Satz 2 geänd., Satz 3 neu gef., Abs. 4 aufgeh., bish. Abs. 5–8 werden Abs. 4–7, neuer Abs. 5 geänd. mWv 1.1.2007 durch G v. 10.11.2006 (BGBl. I S. 2553); Abs. 2 Satz 2, Abs. 3, 5 geänd. mWv 1.11.2008 durch G v. 23.10.2008 (BGBl. I S. 2026); Abs. 2 Satz 3 geänd. mWv 31.12.2015 durch G v. 22.12.2015 (BGBl. I S. 2565); Abs. 2 Satz 3 eingef., bish. Sätze 3 und 4 werden Sätze 4 und 5, Abs. 5 Satz 2 angef. mWv 1.8.2022 durch G v. 5.7.2021 (BGBl. I S. 3338).

Satzung über die Zusammensetzung des Vorstandes aufzunehmen; erfolgt die Anmeldung in den ersten zwei Jahren nach der Eintragung der Gesellschaft in das Handelsregister ihres Sitzes, sind auch die Angaben über Festsetzungen nach den §§ 26 und 27 des Aktiengesetzes und der Ausgabebetrag der Aktien sowie Name und Wohnort der Gründer aufzunehmen. [5] Der Anmeldung ist die für den Sitz der Gesellschaft ergangene gerichtliche Bekanntmachung beizufügen.

(3) Die Eintragung der Errichtung der Zweigniederlassung hat auch die Angaben nach § 39 des Aktiengesetzes sowie die Angaben nach § 13e Abs. 2 Satz 3 bis 5 zu enthalten.

(4) [1] Änderungen der Satzung der ausländischen Gesellschaft sind durch den Vorstand zur Eintragung in das Handelsregister anzumelden. [2] Für die Anmeldung gelten die Vorschriften des § 181 Abs. 1 und 2 des Aktiengesetzes sinngemäß, soweit nicht das ausländische Recht Abweichungen nötig macht.

(5) [1] Im übrigen gelten die Vorschriften der §§ 81, 263 Satz 1, § 266 Abs. 1 und 2, § 273 Abs. 1 Satz 1 des Aktiengesetzes sinngemäß, soweit nicht das ausländische Recht Abweichungen nötig macht. [2] § 81 Absatz 3 des Aktiengesetzes ist nicht anzuwenden auf Aktiengesellschaften, die dem Recht eines Mitgliedstaates der Europäischen Union oder eines anderen Vertragsstaates des Abkommens über den Europäischen Wirtschaftsraum unterliegen.

(6) Für die Aufhebung einer Zweigniederlassung gelten die Vorschriften über ihre Errichtung sinngemäß.

(7) Die Vorschriften über Zweigniederlassungen von Aktiengesellschaften mit Sitz im Ausland gelten sinngemäß für Zweigniederlassungen von Kommanditgesellschaften auf Aktien mit Sitz im Ausland, soweit sich aus den Vorschriften der §§ 278 bis 290 des Aktiengesetzes oder aus dem Fehlen eines Vorstands nichts anderes ergibt.

§ 13g[1)] Zweigniederlassungen von Gesellschaften mit beschränkter Haftung mit Sitz im Ausland. (1) Für Zweigniederlassungen von Gesellschaften mit beschränkter Haftung mit Sitz im Ausland gelten ergänzend die folgenden Vorschriften.

(2) [1] Der Anmeldung ist der Gesellschaftsvertrag in öffentlich beglaubigter Abschrift und, sofern der Gesellschaftsvertrag nicht in deutscher Sprache erstellt ist, eine beglaubigte Übersetzung in deutscher Sprache beizufügen. [2] Die Vorschriften des § 8 Abs. 1 Nr. 2 und Abs. 3 und 4 des Gesetzes betreffend die Gesellschaften mit beschränkter Haftung[2)] sind anzuwenden. [3] § 8 Absatz 3 des Gesetzes betreffend die Gesellschaften mit beschränkter Haftung ist nicht anzuwenden auf Gesellschaften, die dem Recht eines Mitgliedstaates der Europäischen Union oder eines anderen Vertragsstaates des Abkommens über den Europäischen Wirtschaftsraum unterliegen. [4] Wird die Errichtung der Zweigniederlassung in den ersten zwei Jahren nach der Eintragung der Gesellschaft in das Handelsregister ihres Sitzes angemeldet, so sind in die Anmeldung auch die nach § 5 Abs. 4 des Gesetzes betreffend die Gesellschaften mit beschränkter Haftung getroffenen Festsetzungen aufzunehmen, soweit nicht das ausländische Recht Abweichungen nötig macht.

[1)] § 13g eingef. durch G v. 22.7.1993 (BGBl. I S. 1282); Abs. 2 Satz 2, Abs. 3 geänd., Abs. 4 aufgeh., bish. Abs. 5–7 werden Abs. 4–6, neuer Abs. 5 geänd. mWv 1.1.2007 durch G v. 10.11.2006 (BGBl. I S. 2553); Abs. 2 Satz 2, Abs. 3, 5 geänd. mWv 1.11.2008 durch G v. 23.10.2008 (BGBl. I S. 2026); Abs. 2 Satz 3 eingef., bish. Satz 3 wird Satz 4, Abs. 5 Satz 2 angef. mWv 1.8.2022 durch G v. 5.7.2021 (BGBl. I S. 3338).

[2)] Nr. **52**.

(3) Die Eintragung der Errichtung der Zweigniederlassung hat auch die Angaben nach § 10 des Gesetzes betreffend die Gesellschaften mit beschränkter Haftung sowie die Angaben nach § 13e Abs. 2 Satz 3 bis 5 zu enthalten.

(4) [1] Änderungen des Gesellschaftsvertrages der ausländischen Gesellschaft sind durch die Geschäftsführer zur Eintragung in das Handelsregister anzumelden. [2] Für die Anmeldung gelten die Vorschriften des § 54 Abs. 1 und 2 des Gesetzes betreffend die Gesellschaften mit beschränkter Haftung sinngemäß, soweit nicht das ausländische Recht Abweichungen nötig macht.

(5) [1] Im übrigen gelten die Vorschriften der §§ 39, 65 Abs. 1 Satz 1, § 67 Abs. 1 und 2, § 74 Abs. 1 Satz 1 des Gesetzes betreffend die Gesellschaften mit beschränkter Haftung sinngemäß, soweit nicht das ausländische Recht Abweichungen nötig macht. [2] § 39 Absatz 3 des Gesetzes betreffend die Gesellschaften mit beschränkter Haftung ist nicht anzuwenden auf Gesellschaften, die dem Recht eines Mitgliedstaates der Europäischen Union oder eines anderen Vertragsstaates des Abkommens über den Europäischen Wirtschaftsraum unterliegen.

(6) Für die Aufhebung einer Zweigniederlassung gelten die Vorschriften über ihre Errichtung sinngemäß.

§ 13h[1)] Verlegung des Sitzes einer Hauptniederlassung im Inland.

(1) Wird die Hauptniederlassung eines Einzelkaufmanns oder einer juristischen Person oder der Sitz einer Handelsgesellschaft im Inland verlegt, so ist die Verlegung beim Gericht der bisherigen Hauptniederlassung oder des bisherigen Sitzes anzumelden.

(2) [1] Wird die Hauptniederlassung oder der Sitz aus dem Bezirk des Gerichts der bisherigen Hauptniederlassung oder des bisherigen Sitzes verlegt, so hat dieses unverzüglich von Amts wegen die Verlegung dem Gericht der neuen Hauptniederlassung oder des neuen Sitzes mitzuteilen. [2] Der Mitteilung sind die Eintragungen für die bisherige Hauptniederlassung oder den bisherigen Sitz sowie die bei dem bisher zuständigen Gericht aufbewahrten Urkunden beizufügen. [3] Das Gericht der neuen Hauptniederlassung oder des neuen Sitzes hat zu prüfen, ob die Hauptniederlassung oder der Sitz ordnungsgemäß verlegt und § 30 beachtet ist. [4] Ist dies der Fall, so hat es die Verlegung einzutragen und dabei die ihm mitgeteilten Eintragungen ohne weitere Nachprüfung in sein Handelsregister zu übernehmen. [5] Die Eintragung ist dem Gericht der bisherigen Hauptniederlassung oder des bisherigen Sitzes mitzuteilen. [6] Dieses hat die erforderlichen Eintragungen von Amts wegen vorzunehmen.

(3) [1] Wird die Hauptniederlassung oder der Sitz an einen anderen Ort innerhalb des Bezirks des Gerichts der bisherigen Hauptniederlassung oder des bisherigen Sitzes verlegt, so hat das Gericht zu prüfen, ob die Hauptniederlassung oder der Sitz ordnungsgemäß verlegt und § 30 beachtet ist. [2] Ist dies der Fall, so hat es die Verlegung einzutragen.

§ 14[2)] [Festsetzung von Zwangsgeld] [1] Wer seiner Pflicht zur Anmeldung oder zur Einreichung von Dokumenten zum Handelsregister nicht nachkommt, ist hierzu von dem Registergericht durch Festsetzung von Zwangsgeld anzuhalten.

[1)] Bish. § 13c wird § 13h und Überschrift eingef. durch G v. 22.7.1993 (BGBl. I S. 1282); ursprünglich eingef. durch G v. 10.8.1937 (RGBl. I S. 897) und neu gef. durch G v. 6.9.1965 (BGBl. I S. 1185).

[2)] § 14 neu gef. durch G v. 6.9.1965 (BGBl. I S. 1185); geänd. durch G v. 2.3.1974 (BGBl. I S. 496); Satz 2 geänd. mWv 25.1.2001 durch G v. 18.1.2001 (BGBl. I S. 123); Satz 1 geänd. mWv 1.1.2007 durch G v. 10.11.2006 (BGBl. I S. 2553).

[2]Das einzelne Zwangsgeld darf den Betrag von fünftausend Euro nicht übersteigen.

§ 15[1)] [Publizität des Handelsregisters] (1) Solange eine in das Handelsregister einzutragende Tatsache nicht eingetragen und bekanntgemacht ist, kann sie von demjenigen, in dessen Angelegenheiten sie einzutragen war, einem Dritten nicht entgegengesetzt werden, es sei denn, daß sie diesem bekannt war.

(2) [1]Ist die Tatsache eingetragen und bekanntgemacht worden, so muß ein Dritter sie gegen sich gelten lassen. [2]Dies gilt nicht bei Rechtshandlungen, die innerhalb von fünfzehn Tagen nach der Bekanntmachung vorgenommen werden, sofern der Dritte beweist, daß er die Tatsache weder kannte noch kennen mußte.

(3) Ist eine einzutragende und bekannt gemachte Tatsache unrichtig eingetragen, so kann sich ein Dritter demjenigen gegenüber, in dessen Angelegenheit die Tatsache einzutragen war, auf die eingetragene Tatsache berufen, es sei denn, dass er die Unrichtigkeit kannte.

(4) Für den Geschäftsverkehr mit einer in das Handelsregister eingetragenen Zweigniederlassung eines Unternehmens mit Sitz oder Hauptniederlassung im Ausland ist im Sinne dieser Vorschriften die Eintragung und Bekanntmachung durch das Gericht der Zweigniederlassung entscheidend.

(5) Die Absätze 1 bis 3 sind nicht anzuwenden im Hinblick auf die im Registerblatt einer Kapitalgesellschaft eingetragenen Informationen über eine Zweigniederlassung der Gesellschaft im Ausland.

§ 15a[2)] Öffentliche Zustellung. [1]Ist bei einer juristischen Person, die zur Anmeldung einer inländischen Geschäftsanschrift zum Handelsregister verpflichtet ist, der Zugang einer Willenserklärung nicht unter der eingetragenen Anschrift oder einer im Handelsregister eingetragenen Anschrift einer für Zustellungen empfangsberechtigten Person oder einer ohne Ermittlungen bekannten anderen inländischen Anschrift möglich, kann die Zustellung nach den für die öffentliche Zustellung geltenden Vorschriften der Zivilprozessordnung erfolgen. [2]Zuständig ist das Amtsgericht, in dessen Bezirk sich die eingetragene inländische Geschäftsanschrift der Gesellschaft befindet. [3]§ 132 des Bürgerlichen Gesetzbuchs[3)] bleibt unberührt.

§ 16 [Entscheidung des Prozessgerichts] (1) [1]Ist durch eine rechtskräftige oder vollstreckbare Entscheidung des Prozeßgerichts die Verpflichtung zur Mitwirkung bei einer Anmeldung zum Handelsregister oder ein Rechtsverhältnis, bezüglich dessen eine Eintragung zu erfolgen hat, gegen einen von mehreren bei der Vornahme der Anmeldung Beteiligten festgestellt, so genügt zur Eintragung die Anmeldung der übrigen Beteiligten. [2]Wird die Entscheidung, auf Grund deren die Eintragung erfolgt ist, aufgehoben, so ist dies auf Antrag eines der Beteiligten in das Handelsregister einzutragen.

(2) Ist durch eine rechtskräftige oder vollstreckbare Entscheidung des Prozeßgerichts die Vornahme einer Eintragung für unzulässig erklärt, so darf die Ein-

[1)] § 15 Abs. 2 neu gef., Abs. 3 eingef., bish. Abs. 3 wird Abs. 4 durch G v. 15.8.1969 (BGBl. I S. 1146); Abs. 4 Satz 2 angef. mWv 25.1.2001 durch G v. 18.1.2001 (BGBl. I S. 123); Abs. 4 Satz 2 aufgeh., bish. Satz 1 geänd. mWv 1.1.2007 durch G v. 10.11.2006 (BGBl. I S. 2553); Abs. 3 neu gef., Abs. 5 angef. mWv 1.8.2022 durch G v. 5.7.2021 (BGBl. I S. 3338).

[2)] § 15a eingef. mWv 1.11.2008 durch G v. 23.10.2008 (BGBl. I S. 2026).

[3)] Nr. **20**.

tragung nicht gegen den Widerspruch desjenigen erfolgen, welcher die Entscheidung erwirkt hat.

Dritter Abschnitt. Handelsfirma

§ 17[1)] **[Begriff]** (1) Die Firma eines Kaufmanns ist der Name, unter dem er seine Geschäfte betreibt und die Unterschrift abgibt.

(2) Ein Kaufmann kann unter seiner Firma klagen und verklagt werden.

§ 18[2)] **[Firma des Kaufmanns]** (1) Die Firma muß zur Kennzeichnung des Kaufmanns geeignet sein und Unterscheidungskraft besitzen.

(2) [1] Die Firma darf keine Angaben enthalten, die geeignet sind, über geschäftliche Verhältnisse, die für die angesprochenen Verkehrskreise wesentlich sind, irrezuführen. [2] Im Verfahren vor dem Registergericht wird die Eignung zur Irreführung nur berücksichtigt, wenn sie ersichtlich ist.

§ 19[3)] **[Bezeichnung der Firma bei Einzelkaufleuten, einer OHG oder KG]** (1) Die Firma muß, auch wenn sie nach den §§ 21, 22, 24 oder nach anderen gesetzlichen Vorschriften fortgeführt wird, enthalten:

1. bei Einzelkaufleuten die Bezeichnung „eingetragener Kaufmann", „eingetragene Kauffrau" oder eine allgemein verständliche Abkürzung dieser Bezeichnung, insbesondere „e.K.", „e.Kfm." oder „e.Kfr.";
2. bei einer offenen Handelsgesellschaft die Bezeichnung „offene Handelsgesellschaft" oder eine allgemein verständliche Abkürzung dieser Bezeichnung;
3. bei einer Kommanditgesellschaft die Bezeichnung „Kommanditgesellschaft" oder eine allgemein verständliche Abkürzung dieser Bezeichnung.

(2) Wenn in einer offenen Handelsgesellschaft oder Kommanditgesellschaft keine natürliche Person persönlich haftet, muß die Firma, auch wenn sie nach den §§ 21, 22, 24 oder nach anderen gesetzlichen Vorschriften fortgeführt wird, eine Bezeichnung enthalten, welche die Haftungsbeschränkung kennzeichnet.

§ 20[4)] *(aufgehoben)*

§ 21[5)] **[Fortführung bei Namensänderung]** Wird ohne eine Änderung der Person der in der Firma enthaltene Name des Geschäftsinhabers oder eines Gesellschafters geändert, so kann die bisherige Firma fortgeführt werden.

§ 22[6)] **[Fortführung bei Erwerb des Handelsgeschäfts]** (1) Wer ein bestehendes Handelsgeschäft unter Lebenden oder von Todes wegen erwirbt, darf für das Geschäft die bisherige Firma, auch wenn sie den Namen des bisherigen Geschäftsinhabers enthält, mit oder ohne Beifügung eines das Nachfolgeverhältnis andeutenden Zusatzes fortführen, wenn der bisherige Geschäftsinhaber oder dessen Erben in die Fortführung der Firma ausdrücklich willigen.

---

1) § 17 Abs. 1 geänd. durch G v. 22.6.1998 (BGBl. I S. 1474).
2) § 18 neu gef. durch G v. 22.6.1998 (BGBl. I S. 1474).
3) § 19 neu gef. durch G v. 22.6.1998 (BGBl. I S. 1474).
4) § 20 aufgeh. durch G v. 30.1.1937 (RGBl. I S. 166).
5) § 21 geänd. durch G v. 22.6.1998 (BGBl. I S. 1474).
6) § 22 Abs. 1 Satz 2 aufgeh. durch VO v. 29.9.1937 (RGBl. I S. 1026); Abs. 1 geänd. durch G v. 22.6. 1998 (BGBl. I S. 1474).

(2) Wird ein Handelsgeschäft auf Grund eines Nießbrauchs, eines Pachtvertrags oder eines ähnlichen Verhältnisses übernommen, so finden diese Vorschriften entsprechende Anwendung.

§ 23 [Veräußerungsverbot] Die Firma kann nicht ohne das Handelsgeschäft, für welches sie geführt wird, veräußert werden.

§ 24[1)] [Fortführung bei Änderungen im Gesellschafterbestand]

(1) Wird jemand in ein bestehendes Handelsgeschäft als Gesellschafter aufgenommen oder tritt ein neuer Gesellschafter in eine Handelsgesellschaft ein oder scheidet aus einer solchen ein Gesellschafter aus, so kann ungeachtet dieser Veränderung die bisherige Firma fortgeführt werden, auch wenn sie den Namen des bisherigen Geschäftsinhabers oder Namen von Gesellschaftern enthält.

(2) Bei dem Ausscheiden eines Gesellschafters, dessen Name in der Firma enthalten ist, bedarf es zur Fortführung der Firma der ausdrücklichen Einwilligung des Gesellschafters oder seiner Erben.

§ 25 [Haftung des Erwerbers bei Firmenfortführung] (1) [1] Wer ein unter Lebenden erworbenes Handelsgeschäft unter der bisherigen Firma mit oder ohne Beifügung eines das Nachfolgeverhältnis andeutenden Zusatzes fortführt, haftet für alle im Betriebe des Geschäfts begründeten Verbindlichkeiten des früheren Inhabers. [2] Die in dem Betriebe begründeten Forderungen gelten den Schuldnern gegenüber als auf den Erwerber übergegangen, falls der bisherige Inhaber oder seine Erben in die Fortführung der Firma gewilligt haben.

(2) Eine abweichende Vereinbarung ist einem Dritten gegenüber nur wirksam, wenn sie in das Handelsregister eingetragen und bekanntgemacht oder von dem Erwerber oder dem Veräußerer dem Dritten mitgeteilt worden ist.

(3) Wird die Firma nicht fortgeführt, so haftet der Erwerber eines Handelsgeschäfts für die früheren Geschäftsverbindlichkeiten nur, wenn ein besonderer Verpflichtungsgrund vorliegt, insbesondere wenn die Übernahme der Verbindlichkeiten in handelsüblicher Weise von dem Erwerber bekanntgemacht worden ist.

§ 26[2)] [Fristen bei Haftung nach § 25] (1) [1] Ist der Erwerber des Handelsgeschäfts auf Grund der Fortführung der Firma oder auf Grund der in § 25 Abs. 3 bezeichneten Kundmachung für die früheren Geschäftsverbindlichkeiten haftbar, so haftet der frühere Geschäftsinhaber für diese Verbindlichkeiten nur, wenn sie vor Ablauf von fünf Jahren fällig und daraus Ansprüche gegen ihn in einer in § 197 Abs. 1 Nr. 3 bis 5 des Bürgerlichen Gesetzbuchs[3)] bezeichneten Art festgestellt sind oder eine gerichtliche oder behördliche Vollstreckungshandlung vorgenommen oder beantragt wird; bei öffentlich-rechtlichen Verbindlichkeiten genügt der Erlass eines Verwaltungsakts. [2] Die Frist beginnt im Falle des § 25 Abs. 1 mit dem Ende des Tages, an dem der neue Inhaber der Firma in das Handelsregister des Gerichts der Hauptniederlassung eingetragen wird, im Falle des § 25 Abs. 3 mit dem Ende des Tages, an dem die Übernahme kundgemacht wird. [3] Die für die Verjährung geltenden §§ 204, 206, 210, 211 und 212 Abs. 2 und 3 des Bürgerlichen Gesetzbuches sind entsprechend anzuwenden.

[1)] § 24 Abs. 1 geänd. durch G v. 22.6.1998 (BGBl. I S. 1474).

[2)] § 26 neu gef. durch G v. 18.3.1994 (BGBl. I S. 560); Abs. 1 Sätze 1 und 3, Abs. 2 geänd. mWv 1.1. 2002 durch G v. 26.11.2001 (BGBl. I S. 3138).

[3)] Nr. **20**.

(2) Einer Feststellung in einer in § 197 Abs. 1 Nr. 3 bis 5 des Bürgerlichen Gesetzbuchs bezeichneten Art bedarf es nicht, soweit der frühere Geschäftsinhaber den Anspruch schriftlich anerkannt hat.

§ 27[1)] **[Haftung des Erben bei Geschäftsfortführung]** (1) Wird ein zu einem Nachlasse gehörendes Handelsgeschäft von dem Erben fortgeführt, so finden auf die Haftung des Erben für die früheren Geschäftsverbindlichkeiten die Vorschriften des § 25 entsprechende Anwendung.

(2) [1] Die unbeschränkte Haftung nach § 25 Abs. 1 tritt nicht ein, wenn die Fortführung des Geschäfts vor dem Ablaufe von drei Monaten nach dem Zeitpunkt, in welchem der Erbe von dem Anfalle der Erbschaft Kenntnis erlangt hat, eingestellt wird. [2] Auf den Lauf der Frist finden die für die Verjährung geltenden Vorschriften des § 210 des Bürgerlichen Gesetzbuchs[2)] entsprechende Anwendung. [3] Ist bei dem Ablaufe der drei Monate das Recht zur Ausschlagung der Erbschaft noch nicht verloren, so endigt die Frist nicht vor dem Ablaufe der Ausschlagungsfrist.

§ 28[3)] **[Eintritt in das Geschäft eines Einzelkaufmanns]** (1) [1] Tritt jemand als persönlich haftender Gesellschafter oder als Kommanditist in das Geschäft eines Einzelkaufmanns ein, so haftet die Gesellschaft, auch wenn sie die frühere Firma nicht fortführt, für alle im Betriebe des Geschäfts entstandenen Verbindlichkeiten des früheren Geschäftsinhabers. [2] Die in dem Betriebe begründeten Forderungen gelten den Schuldnern gegenüber als auf die Gesellschaft übergegangen.

(2) Eine abweichende Vereinbarung ist einem Dritten gegenüber nur wirksam, wenn sie in das Handelsregister eingetragen und bekanntgemacht oder von einem Gesellschafter dem Dritten mitgeteilt worden ist.

(3) [1] Wird der frühere Geschäftsinhaber Kommanditist und haftet die Gesellschaft für die im Betrieb seines Geschäfts entstandenen Verbindlichkeiten, so ist für die Begrenzung seiner Haftung § 26 entsprechend mit der Maßgabe anzuwenden, daß die in § 26 Abs. 1 bestimmte Frist mit dem Ende des Tages beginnt, an dem die Gesellschaft in das Handelsregister eingetragen wird. [2] Dies gilt auch, wenn er in der Gesellschaft oder einem ihr als Gesellschafter angehörenden Unternehmen geschäftsführend tätig wird. [3] Seine Haftung als Kommanditist bleibt unberührt.

§ 29[4)] **[Anmeldung der Firma]** Jeder Kaufmann ist verpflichtet, seine Firma, den Ort und die inländische Geschäftsanschrift seiner Handelsniederlassung bei dem Gericht, in dessen Bezirke sich die Niederlassung befindet, zur Eintragung in das Handelsregister anzumelden.

§ 30[5)] **[Unterscheidbarkeit]** (1) Jede neue Firma muß sich von allen an demselben Ort oder in derselben Gemeinde bereits bestehenden und in das Handelsregister oder in das Genossenschaftsregister eingetragenen Firmen deutlich unterscheiden.

(2) Hat ein Kaufmann mit einem bereits eingetragenen Kaufmanne die gleichen Vornamen und den gleichen Familiennamen und will auch er sich dieser Namen

---

[1)] § 27 Abs. 2 Satz 2 geänd. mWv 1.1.2002 durch G v. 26.11.2001 (BGBl. I S. 3138).
[2)] Nr. **20**.
[3)] § 28 Abs. 3 angef. durch G v. 18.3.1994 (BGBl. I S. 560).
[4)] § 29 geänd. durch G v. 22.6.1998 (BGBl. I S. 1474); geänd. mWv 1.1.2007 durch G v. 10.11.2006 (BGBl. I S. 2553); geänd. mWv 1.11.2008 durch G v. 23.10.2008 (BGBl. I S. 2026).
[5)] § 30 Abs. 1 neu gef. durch G v. 9.10.1973 (BGBl. I S. 1451).

als seiner Firma bedienen, so muß er der Firma einen Zusatz beifügen, durch den sie sich von der bereits eingetragenen Firma deutlich unterscheidet.

(3) Besteht an dem Orte oder in der Gemeinde, wo eine Zweigniederlassung errichtet wird, bereits eine gleiche eingetragene Firma, so muß der Firma für die Zweigniederlassung ein der Vorschrift des Absatzes 2 entsprechender Zusatz beigefügt werden.

(4) Durch die Landesregierungen kann bestimmt werden, daß benachbarte Orte oder Gemeinden als ein Ort oder als eine Gemeinde im Sinne dieser Vorschriften anzusehen sind.

§ 31[1)] **[Änderung der Firma; Erlöschen]** (1) Eine Änderung der Firma oder ihrer Inhaber, die Verlegung der Niederlassung an einen anderen Ort sowie die Änderung der inländischen Geschäftsanschrift ist nach den Vorschriften des § 29 zur Eintragung in das Handelsregister anzumelden.

(2) [1]Das gleiche gilt, wenn die Firma erlischt. [2]Kann die Anmeldung des Erlöschens einer eingetragenen Firma durch die hierzu Verpflichteten nicht auf dem in § 14 bezeichneten Wege herbeigeführt werden, so hat das Gericht das Erlöschen von Amts wegen einzutragen.

§ 32[2)] **[Insolvenzverfahren]** (1) [1]Wird über das Vermögen eines Kaufmanns das Insolvenzverfahren eröffnet, so ist dies von Amts wegen in das Handelsregister einzutragen. [2]Das gleiche gilt für

1. die Aufhebung des Eröffnungsbeschlusses,
2. die Bestellung eines vorläufigen Insolvenzverwalters, wenn zusätzlich dem Schuldner ein allgemeines Verfügungsverbot auferlegt oder angeordnet wird, daß Verfügungen des Schuldners nur mit Zustimmung des vorläufigen Insolvenzverwalters wirksam sind, und die Aufhebung einer derartigen Sicherungsmaßnahme,
3. die Anordnung der Eigenverwaltung durch den Schuldner und deren Aufhebung sowie die Anordnung der Zustimmungsbedürftigkeit bestimmter Rechtsgeschäfte des Schuldners,
4. die Einstellung und die Aufhebung des Verfahrens und
5. die Überwachung der Erfüllung eines Insolvenzplans und die Aufhebung der Überwachung.

(2) Die Vorschriften des § 15 sind nicht anzuwenden.

§ 33[3)] **[Juristische Person]** (1) Eine juristische Person, deren Eintragung in das Handelsregister mit Rücksicht auf den Gegenstand oder auf die Art und den Umfang ihres Gewerbebetriebes zu erfolgen hat, ist von sämtlichen Mitgliedern des Vorstandes zur Eintragung anzumelden.

(2) [1]Der Anmeldung sind die Satzung der juristischen Person und die Urkunden über die Bestellung des Vorstandes in Urschrift oder in öffentlich beglaubigter Abschrift beizufügen; ferner ist anzugeben, welche Vertretungsmacht die Vor-

---

[1)] § 31 Abs. 1 geänd. mWv 1.11.2008 durch G v. 23.10.2008 (BGBl. I S. 2026).

[2)] § 32 neu gef. durch G v. 5.10.1994 (BGBl. I S. 2911); Abs. 1 Satz 2 Nr. 3 eingef., bish. Nr. 3 und 4 werden Nr. 4 und 5 durch G v. 19.12.1998 (BGBl. I S. 3836); Abs. 2 Satz 1 aufgeh. mWv 1.8.2022 durch G v. 5.7.2021 (BGBl. I S. 3338).

[3)] § 33 neu gef. durch G v. 10.8.1937 (RGBl. I S. 897); Abs. 2 Sätze 1, 2 und 3 geänd., Abs. 4 angef. mWv 15.12.2001 durch G v. 10.12.2001 (BGBl. I S. 3422); Abs. 3 geänd. mWv 1.1.2007 durch G v. 10.11.2006 (BGBl. I S. 2553).

standsmitglieder haben. [2]Bei der Eintragung sind die Firma und der Sitz der juristischen Person, der Gegenstand des Unternehmens, die Mitglieder des Vorstandes und ihre Vertretungsmacht anzugeben. [3]Besondere Bestimmungen der Satzung über die Zeitdauer des Unternehmens sind gleichfalls einzutragen.

(3) Die Errichtung einer Zweigniederlassung ist durch den Vorstand anzumelden.

(4) Für juristische Personen im Sinne von Absatz 1 gilt die Bestimmung des § 37a entsprechend.

§ 34[1)] [Anmeldung und Eintragung von Änderungen] (1) Jede Änderung der nach § 33 Abs. 2 Satz 2 und 3 einzutragenden Tatsachen oder der Satzung, die Auflösung der juristischen Person, falls sie nicht die Folge der Eröffnung des Insolvenzverfahrens ist, sowie die Personen der Liquidatoren, ihre Vertretungsmacht, jeder Wechsel der Liquidatoren und jede Änderung ihrer Vertretungsmacht sind zur Eintragung in das Handelsregister anzumelden.

(2) Bei der Eintragung einer Änderung der Satzung genügt, soweit nicht die Änderung die in § 33 Abs. 2 Satz 2 und 3 bezeichneten Angaben betrifft, die Bezugnahme auf die bei dem Gericht eingereichten Urkunden über die Änderung.

(3) Die Anmeldung hat durch den Vorstand oder, sofern die Eintragung erst nach der Anmeldung der ersten Liquidatoren geschehen soll, durch die Liquidatoren zu erfolgen.

(4) Die Eintragung gerichtlich bestellter Vorstandsmitglieder oder Liquidatoren geschieht von Amts wegen.

(5) Im Falle des Insolvenzverfahrens finden die Vorschriften des § 32 Anwendung.

§ 35[2)] *(aufgehoben)*

§ 36[3)] *(aufgehoben)*

§ 37[4)] [Unzulässiger Firmengebrauch] (1) Wer eine nach den Vorschriften dieses Abschnitts ihm nicht zustehende Firma gebraucht, ist von dem Registergerichte zur Unterlassung des Gebrauchs der Firma durch Festsetzung von Ordnungsgeld anzuhalten.

(2) [1]Wer in seinen Rechten dadurch verletzt wird, daß ein anderer eine Firma unbefugt gebraucht, kann von diesem die Unterlassung des Gebrauchs der Firma verlangen. [2]Ein nach sonstigen Vorschriften begründeter Anspruch auf Schadensersatz bleibt unberührt.

(Fortsetzung nächstes Blatt)

[1)] § 34 Abs. 1 und 5 geänd. mWv 1.1.1999 durch G v. 5.10.1994 (BGBl. I S. 2911, geänd. durch G v. 22.6.1998, BGBl. I S. 1474); Abs. 1 und 2 geänd. durch G v. 22.6.1998 (BGBl. I S. 1474); Abs. 1 geänd. mWv 15.12.2001 durch G v. 10.12.2001 (BGBl. I S. 3422).

[2)] § 35 aufgeh. mWv 1.1.2007 durch G v. 10.11.2006 (BGBl. I S. 2553).

[3)] § 36 aufgeh. durch G v. 22.6.1998 (BGBl. I S. 1474).

[4)] § 37 Abs. 1 geänd. durch G v. 2.3.1974 (BGBl. I S. 469); Abs. 1 bish. Satz 2 aufgeh. durch Nichtaufnahme in das BGBl. Teil III; vgl. § 3 Abs. 1 G v. 10.7.1958 (BGBl. I S. 437) iVm § 3 Abs. 2 Nr. 1 G v. 28.12.1968 (BGBl. I S. 1451).

(2) [1]Die Bücher und Papiere der aufgelösten Gesellschaft werden einem der Gesellschafter oder einem Dritten in Verwahrung gegeben. [2]Der Gesellschafter oder der Dritte wird in Ermangelung einer Verständigung durch das Gericht bestimmt, in dessen Bezirke die Gesellschaft ihren Sitz hat.

(3) Die Gesellschafter und deren Erben behalten das Recht auf Einsicht und Benutzung der Bücher und Papiere.

§ 158 [Andere Art der Auseinandersetzung] Vereinbaren die Gesellschafter statt der Liquidation eine andere Art der Auseinandersetzung, so finden, solange noch ungeteiltes Gesellschaftsvermögen vorhanden ist, im Verhältnisse zu Dritten die für die Liquidation geltenden Vorschriften entsprechende Anwendung.

Sechster Titel.[1)] Verjährung. Zeitliche Begrenzung der Haftung

§ 159[2)] [Ansprüche gegen einen Gesellschafter] (1) Die Ansprüche gegen einen Gesellschafter aus Verbindlichkeiten der Gesellschaft verjähren in fünf Jahren nach der Auflösung der Gesellschaft, sofern nicht der Anspruch gegen die Gesellschaft einer kürzeren Verjährung unterliegt.

(2) Die Verjährung beginnt mit dem Ende des Tages, an welchem die Auflösung der Gesellschaft in das Handelsregister des für den Sitz der Gesellschaft zuständigen Gerichts eingetragen wird.

(3) Wird der Anspruch des Gläubigers gegen die Gesellschaft erst nach der Eintragung fällig, so beginnt die Verjährung mit dem Zeitpunkte der Fälligkeit.

(4) Der Neubeginn der Verjährung und ihre Hemmung nach § 204 des Bürgerlichen Gesetzbuchs[3)] gegenüber der aufgelösten Gesellschaft wirken auch gegenüber den Gesellschaftern, die der Gesellschaft zur Zeit der Auflösung angehört haben.

§ 160[4)] [Haftung des ausscheidenden Gesellschafters; Fristen; Haftung als Kommanditist] (1) [1]Scheidet ein Gesellschafter aus der Gesellschaft aus, so haftet er für ihre bis dahin begründeten Verbindlichkeiten, wenn sie vor Ablauf von fünf Jahren nach dem Ausscheiden fällig und daraus Ansprüche gegen ihn in einer in § 197 Abs. 1 Nr. 3 bis 5 des Bürgerlichen Gesetzbuchs[3)] bezeichneten Art festgestellt sind oder eine gerichtliche oder behördliche Vollstreckungshandlung vorgenommen oder beantragt wird; bei öffentlich-rechtlichen Verbindlichkeiten genügt der Erlass eines Verwaltungsakts. [2]Die Frist beginnt mit dem Ende des Tages, an dem das Ausscheiden in das Handelsregister des für den Sitz der Gesellschaft zuständigen Gerichts eingetragen wird. [3]Die für die Verjährung geltenden §§ 204, 206, 210, 211 und 212 Abs. 2 und 3 des Bürgerlichen Gesetzbuches sind entsprechend anzuwenden.

(2) Einer Feststellung in einer in § 197 Abs. 1 Nr. 3 bis 5 des Bürgerlichen Gesetzbuchs bezeichneten Art bedarf es nicht, soweit der Gesellschafter den Anspruch schriftlich anerkannt hat.

(3) [1]Wird ein Gesellschafter Kommanditist, so sind für die Begrenzung seiner Haftung für die im Zeitpunkt der Eintragung der Änderung in das Handelsregister

---

1) Überschrift vor § 159 neu gef. durch G v. 18.3.1994 (BGBl. I S. 560).

2) § 159 Abs. 1 und 2 geänd., Abs. 4 angef. durch G v. 18.3.1994 (BGBl. I S. 560); Abs. 4 neu gef. mWv 1.1.2002 durch G v. 26.11.2001 (BGBl. I S. 3138).

3) Nr. **20**.

4) § 160 neu gef. durch G v. 18.3.1994 (BGBl. I S. 560); Abs. 1 Sätze 1 und 3 sowie Abs. 2 geänd. mWv 1.1.2002 durch G v. 26.11.2001 (BGBl. I S. 3138).

begründeten Verbindlichkeiten die Absätze 1 und 2 entsprechend anzuwenden. [2]Dies gilt auch, wenn er in der Gesellschaft oder einem ihr als Gesellschafter angehörenden Unternehmen geschäftsführend tätig wird. [3]Seine Haftung als Kommanditist bleibt unberührt.

Zweiter Abschnitt. Kommanditgesellschaft

§ 161 [Begriff der KG; Anwendbarkeit der OHG-Vorschriften] (1) Eine Gesellschaft, deren Zweck auf den Betrieb eines Handelsgewerbes unter gemeinschaftlicher Firma gerichtet ist, ist eine Kommanditgesellschaft, wenn bei einem oder bei einigen von den Gesellschaftern die Haftung gegenüber den Gesellschaftsgläubigern auf den Betrag einer bestimmten Vermögenseinlage beschränkt ist (Kommanditisten), während bei dem anderen Teile der Gesellschafter eine Beschränkung der Haftung nicht stattfindet (persönlich haftende Gesellschafter).

(2) Soweit nicht in diesem Abschnitt ein anderes vorgeschrieben ist, finden auf die Kommanditgesellschaft die für die offene Handelsgesellschaft geltenden Vorschriften Anwendung.

§ 162[1)] [Anmeldung zum Handelsregister] (1) [1]Die Anmeldung der Gesellschaft hat außer den in § 106 Abs. 2 vorgesehenen Angaben die Bezeichnung der Kommanditisten und den Betrag der Einlage eines jeden von ihnen zu enthalten. [2]Ist eine Gesellschaft bürgerlichen Rechts Kommanditist, so sind auch deren Gesellschafter entsprechend § 106 Abs. 2 und spätere Änderungen in der Zusammensetzung der Gesellschafter zur Eintragung anzumelden.

(2) Diese Vorschriften finden im Falle des Eintritts eines Kommanditisten in eine bestehende Handelsgesellschaft und im Falle des Ausscheidens eines Kommanditisten aus einer Kommanditgesellschaft entsprechende Anwendung.

§ 163 [Rechtsverhältnis der Gesellschafter untereinander] Für das Verhältnis der Gesellschafter untereinander gelten in Ermangelung abweichender Bestimmungen des Gesellschaftsvertrags die besonderen Vorschriften der §§ 164 bis 169.

§ 164 [Geschäftsführung] [1]Die Kommanditisten sind von der Führung der Geschäfte der Gesellschaft ausgeschlossen; sie können einer Handlung der persönlich haftenden Gesellschafter nicht widersprechen, es sei denn, daß die Handlung über den gewöhnlichen Betrieb des Handelsgewerbes der Gesellschaft hinausgeht. [2]Die Vorschriften des § 116 Abs. 3 bleiben unberührt.

§ 165 [Wettbewerbsverbot] Die §§ 112 und 113 finden auf die Kommanditisten keine Anwendung.

§ 166[2)] [Kontrollrecht] (1) Der Kommanditist ist berechtigt, die abschriftliche Mitteilung des Jahresabschlusses zu verlangen und dessen Richtigkeit unter Einsicht der Bücher und Papiere zu prüfen.

(2) Die in § 118 dem von der Geschäftsführung ausgeschlossenen Gesellschafter eingeräumten weiteren Rechte stehen dem Kommanditisten nicht zu.

---

1) § 162 Abs. 1 Satz 2 angef. mWv 15.12.2001 durch G v. 10.12.2001 (BGBl. I S. 3422); Abs. 2 aufgeh., bish. Abs. 3 wird Abs. 2 mWv 1.8.2022 durch G v. 5.7.2021 (BGBl. I S. 3338).

2) § 166 Abs. 1 und 3 geänd. durch G v. 19.12.1985 (BGBl. I S. 2355).

chendes Bild der Vermögens-, Finanz- und Ertragslage der Kapitalgesellschaft zu vermitteln. [2] Führen besondere Umstände dazu, daß der Jahresabschluß ein den tatsächlichen Verhältnissen entsprechendes Bild im Sinne des Satzes 1 nicht vermittelt, so sind im Anhang zusätzliche Angaben zu machen. [3] Die Mitglieder des vertretungsberechtigten Organs einer Kapitalgesellschaft, die als Inlandsemittent (§ 2 Absatz 14 des Wertpapierhandelsgesetzes[1)]) Wertpapiere (§ 2 Absatz 1 des Wertpapierhandelsgesetzes) begibt und keine Kapitalgesellschaft im Sinne des § 327a ist, haben in einer dem Jahresabschluss beizufügenden schriftlichen Erklärung zu versichern, dass der Jahresabschluss nach bestem Wissen ein den tatsächlichen Verhältnissen entsprechendes Bild im Sinne des Satzes 1 vermittelt oder der Anhang Angaben nach Satz 2 enthält. [4] Macht eine Kleinstkapitalgesellschaft von der Erleichterung nach Absatz 1 Satz 5 Gebrauch, sind nach Satz 2 erforderliche zusätzliche Angaben unter der Bilanz zu machen. [5] Es wird vermutet, dass ein unter Berücksichtigung der Erleichterungen für Kleinstkapitalgesellschaften aufgestellter Jahresabschluss den Erfordernissen des Satzes 1 entspricht.

(3) [1] Eine Kapitalgesellschaft, die nicht im Sinne des § 264d kapitalmarktorientiert ist und als Tochterunternehmen in den Konzernabschluss eines Mutterunternehmens mit Sitz in einem Mitgliedstaat der Europäischen Union oder einem anderen Vertragsstaat des Abkommens über den Europäischen Wirtschaftsraum einbezogen ist, braucht die Vorschriften dieses Unterabschnitts und des Dritten und Vierten Unterabschnitts dieses Abschnitts nicht anzuwenden, wenn alle folgenden Voraussetzungen erfüllt sind:

1. alle Gesellschafter des Tochterunternehmens haben der Befreiung für das jeweilige Geschäftsjahr zugestimmt;
2. das Mutterunternehmen hat sich bereit erklärt, für die von dem Tochterunternehmen bis zum Abschlussstichtag eingegangenen Verpflichtungen im folgenden Geschäftsjahr einzustehen;
3. der Konzernabschluss und der Konzernlagebericht des Mutterunternehmens sind nach den Rechtsvorschriften des Staates, in dem das Mutterunternehmen seinen Sitz hat, und im Einklang mit folgenden Richtlinien aufgestellt und geprüft worden:
   a) Richtlinie 2013/34/EU des Europäischen Parlaments und des Rates vom 26. Juni 2013 über den Jahresabschluss, den konsolidierten Abschluss und damit verbundene Berichte von Unternehmen bestimmter Rechtsformen und zur Änderung der Richtlinie 2006/43/EG des Europäischen Parlaments und des Rates und zur Aufhebung der Richtlinien 78/660/EWG und 83/349/EWG des Rates (ABl. L 182 vom 29.6.2013, S. 19), die zuletzt durch die Richtlinie 2014/102/EU (ABl. L 334 vom 21.11.2014, S. 86) geändert worden ist,
   b) Richtlinie 2006/43/EG des Europäischen Parlaments und des Rates vom 17. Mai 2006 über Abschlussprüfungen von Jahresabschlüssen und konsolidierten Abschlüssen, zur Änderung der Richtlinien 78/660/EWG und 83/349/EWG des Rates und zur Aufhebung der Richtlinie 84/253/EWG des Rates (ABl. L 157 vom 9.6.2006, S. 87), die durch die Richtlinie 2013/34/EU (ABl. L 182 vom 29.6.2013, S. 19) geändert worden ist;
4. die Befreiung des Tochterunternehmens ist im Anhang des Konzernabschlusses des Mutterunternehmens angegeben und
5. für das Tochterunternehmen sind nach § 325 Absatz 1 bis 1b offengelegt worden:
   a) der Beschluss nach Nummer 1,

[1)] **Habersack, Deutsche Gesetze ErgBd. Nr. 58.**

Zweiter Abschnitt.[1] Ergänzende Vorschriften für Kapitalgesellschaften (Aktiengesellschaften, Kommanditgesellschaften auf Aktien und Gesellschaften mit beschränkter Haftung) sowie bestimmte Personenhandelsgesellschaften

Erster Unterabschnitt. Jahresabschluß der Kapitalgesellschaft und Lagebericht

Erster Titel. Allgemeine Vorschriften

§ 264[2) 3)] Pflicht zur Aufstellung; Befreiung. (1) [1] Die gesetzlichen Vertreter einer Kapitalgesellschaft haben den Jahresabschluß (§ 242) um einen Anhang zu erweitern, der mit der Bilanz und der Gewinn- und Verlustrechnung eine Einheit bildet, sowie einen Lagebericht aufzustellen. [2] Die gesetzlichen Vertreter einer kapitalmarktorientierten Kapitalgesellschaft, die nicht zur Aufstellung eines Konzernabschlusses verpflichtet ist, haben den Jahresabschluss um eine Kapitalflussrechnung und einen Eigenkapitalspiegel zu erweitern, die mit der Bilanz, Gewinn- und Verlustrechnung und dem Anhang eine Einheit bilden; sie können den Jahresabschluss um eine Segmentberichterstattung erweitern. [3] Der Jahresabschluß und der Lagebericht sind von den gesetzlichen Vertretern in den ersten drei Monaten des Geschäftsjahrs für das vergangene Geschäftsjahr aufzustellen. [4] Kleine Kapitalgesellschaften (§ 267 Abs. 1) brauchen den Lagebericht nicht aufzustellen; sie dürfen den Jahresabschluß auch später aufstellen, wenn dies einem ordnungsgemäßen Geschäftsgang entspricht, jedoch innerhalb der ersten sechs Monate des Geschäftsjahres. [5] Kleinstkapitalgesellschaften (§ 267a) brauchen den Jahresabschluss nicht um einen Anhang zu erweitern, wenn sie

1. die in § 268 Absatz 7 genannten Angaben,
2. die in § 285 Nummer 9 Buchstabe c genannten Angaben und
3. im Falle einer Aktiengesellschaft die in § 160 Absatz 3 Satz 2 des Aktiengesetzes genannten Angaben

unter der Bilanz angeben.

(1a) [1] In dem Jahresabschluss sind die Firma, der Sitz, das Registergericht und die Nummer, unter der die Gesellschaft in das Handelsregister eingetragen ist, anzugeben. [2] Befindet sich die Gesellschaft in Liquidation oder Abwicklung, ist auch diese Tatsache anzugeben.

(2) [1] Der Jahresabschluß der Kapitalgesellschaft hat unter Beachtung der Grundsätze ordnungsmäßiger Buchführung ein den tatsächlichen Verhältnissen entspre-

---

1) 2. Abschnitt Überschrift geänd. mWv 9.3.2000 durch G v. 24.2.2000 (BGBl. I S. 154).

2) § 264 eingef. durch G v. 19.12.1985 (BGBl. I S. 2355); Abs. 1 Satz 3 neu gef. durch G v. 25.7.1994 (BGBl. I S. 1682); Abs. 3 angef. durch G v. 20.4.1998 (BGBl. I S. 707); Abs. 4 angef. mWv 9.3.2000 durch G v. 24.2.2000 (BGBl. I S. 154); Abs. 3 Nr. 3 und 4 neu gef., Nr. 5 aufgeh. mWv 1.1.2007 durch G v. 10.11. 2006 (BGBl. I S. 2553); Abs. 2 Satz 3 angef. mWv 20.1.2007 durch G v. 5.1.2007 (BGBl. I S. 10); Abs. 2 Satz 3 geänd. mWv 28.12.2007 durch G v. 21.12.2007 (BGBl. I S. 3089); Abs. 1 Satz 2 eingef., bish. Sätze 2 und 3 werden Sätze 3 und 4 mWv 29.5.2009 durch G v. 25.5.2009 (BGBl. I S. 1102); Abs. 3 Nr. 4 Buchst. a und b geänd. mWv 1.4.2012 durch G v. 22.12.2011 (BGBl. I S. 3044); Abs. 1 Satz 5 angef., Abs. 2 Sätze 3 und 4 eingef., bish. Satz 3 wird Satz 5, Abs. 3 einl. Satzteil neu gef., Nr. 2 geänd. und Nr. 3 neu gef. mWv 28.12.2012 durch G v. 20.12.2012 (BGBl. I S. 2751); Abs. 2 Satz 3 eingef., bish. Sätze 3 und 4 werden Sätze 4 und 5, bish. Satz 5 aufgeh. mWv 10.10.2013 durch G v. 4.10.2013 (BGBl. I S. 3746); Überschrift neu gef., Abs. 1 Satz 5 Nr. 1 und 3 geänd., Abs. 1a eingef., Abs. 3 und 4 neu gef. mWv 23.7.2015 durch G v. 17.7. 2015 (BGBl. I S. 1245); Abs. 3 Satz 1 Nr. 3 Buchst. a geänd. mWv 19.4.2017 durch G v. 11.4.2017 (BGBl. I S. 802); Abs. 2 Satz 3 geänd. mWv 3.1.2018 durch G v. 23.6.2017 (BGBl. I S. 1693); Abs. 2 Satz 3 neu gef. mWv 19.8.2020 durch G v. 12.8.2020 (BGBl. I S. 1874); Abs. 3 Satz 1 geänd. mWv 1.7.2021 durch G v. 3.6.2021 (BGBl. I S. 1534); Abs. 3 Satz 2 geänd. mWv 1.8.2022 durch G v. 5.7.2021 (BGBl. I S. 3338).

3) Beachte hierzu Übergangsvorschriften in Art. 61 Abs. 5, Art. 62, 70, 75, 80, 84, 86 und 88 EGHGB (Nr. **50a**).

b) die Erklärung nach Nummer 2,
c) der Konzernabschluss,
d) der Konzernlagebericht und
e) der Bestätigungsvermerk zum Konzernabschluss und Konzernlagebericht des Mutterunternehmens nach Nummer 3.

[2] Hat bereits das Mutterunternehmen einzelne oder alle der in Satz 1 Nummer 5 bezeichneten Unterlagen offengelegt, braucht das Tochterunternehmen die betreffenden Unterlagen nicht erneut offenzulegen, wenn sie im Unternehmensregister unter dem Tochterunternehmen auffindbar sind; § 326 Absatz 2 ist auf diese Offenlegung nicht anzuwenden. [3] Satz 2 gilt nur dann, wenn das Mutterunternehmen die betreffende Unterlage in deutscher oder in englischer Sprache offengelegt hat oder das Tochterunternehmen zusätzlich eine beglaubigte Übersetzung dieser Unterlage in deutscher Sprache nach § 325 Absatz 1 bis 1b offenlegt.

(4) Absatz 3 ist nicht anzuwenden, wenn eine Kapitalgesellschaft das Tochterunternehmen eines Mutterunternehmens ist, das einen Konzernabschluss nach den Vorschriften des Publizitätsgesetzes aufgestellt hat, und wenn in diesem Konzernabschluss von dem Wahlrecht des § 13 Absatz 3 Satz 1 des Publizitätsgesetzes[1)] Gebrauch gemacht worden ist; § 314 Absatz 3 bleibt unberührt.

§ 264a[2)] Anwendung auf bestimmte offene Handelsgesellschaften und Kommanditgesellschaften. (1) Die Vorschriften des Ersten bis Fünften Unterabschnitts des Zweiten Abschnitts sind auch anzuwenden auf offene Handelsgesellschaften und Kommanditgesellschaften, bei denen nicht wenigstens ein persönlich haftender Gesellschafter

1. eine natürliche Person oder
2. eine offene Handelsgesellschaft, Kommanditgesellschaft oder andere Personengesellschaft mit einer natürlichen Person als persönlich haftendem Gesellschafter

ist oder sich die Verbindung von Gesellschaften in dieser Art fortsetzt.

(2) In den Vorschriften dieses Abschnitts gelten als gesetzliche Vertreter einer offenen Handelsgesellschaft und Kommanditgesellschaft nach Absatz 1 die Mitglieder des vertretungsberechtigten Organs der vertretungsberechtigten Gesellschaften.

§ 264b[3) 4)] Befreiung der offenen Handelsgesellschaften und Kommanditgesellschaften im Sinne des § 264a von der Anwendung der Vorschriften dieses Abschnitts. Eine Personenhandelsgesellschaft im Sinne des § 264a Absatz 1, die nicht im Sinne des § 264d kapitalmarktorientiert ist, ist von der Verpflichtung befreit, einen Jahresabschluss und einen Lagebericht nach den Vorschriften dieses Abschnitts aufzustellen, prüfen zu lassen und offenzulegen, wenn alle folgenden Voraussetzungen erfüllt sind:

1. die betreffende Gesellschaft ist einbezogen in den Konzernabschluss und in den Konzernlagebericht
   a) eines persönlich haftenden Gesellschafters der betreffenden Gesellschaft oder
   b) eines Mutterunternehmens mit Sitz in einem Mitgliedstaat der Europäischen Union oder einem anderen Vertragsstaat des Abkommens über den Europäi-

---

1) Nr. **52b**.

2) § 264a eingef. mWv 9.3.2000 durch G v. 24.2.2000 (BGBl. I S. 154).

3) § 264b neu gef. mWv 23.7.2015 durch G v. 17.7.2015 (BGBl. I S. 1245); einl. Satzteil geänd. mWv 1.7. 2021 durch G v. 3.6.2021 (BGBl. I S. 1534).

4) Beachte hierzu Übergangsvorschriften in Art. 61 Abs. 5, Art. 75 und 86 EGHGB (Nr. **50a**).

schen Wirtschaftsraum, wenn in diesen Konzernabschluss eine größere Gesamtheit von Unternehmen einbezogen ist;

2. die in § 264 Absatz 3 Satz 1 Nummer 3 genannte Voraussetzung ist erfüllt;
3. die Befreiung der Personenhandelsgesellschaft ist im Anhang des Konzernabschlusses angegeben und
4. für die Personenhandelsgesellschaft sind der Konzernabschluss, der Konzernlagebericht und der Bestätigungsvermerk nach § 325 Absatz 1 bis 1b offengelegt worden; § 264 Absatz 3 Satz 2 und 3 ist entsprechend anzuwenden.

§ 264c[1)] Besondere Bestimmungen für offene Handelsgesellschaften und Kommanditgesellschaften im Sinne des § 264a. (1) [1] Ausleihungen, Forderungen und Verbindlichkeiten gegenüber Gesellschaftern sind in der Regel als solche jeweils gesondert auszuweisen oder im Anhang anzugeben. [2] Werden sie unter anderen Posten ausgewiesen, so muss diese Eigenschaft vermerkt werden.

(2) [1] § 266 Abs. 3 Buchstabe A ist mit der Maßgabe anzuwenden, dass als Eigenkapital die folgenden Posten gesondert auszuweisen sind:

I. Kapitalanteile

II. Rücklagen

III. Gewinnvortrag/Verlustvortrag

IV. Jahresüberschuss/Jahresfehlbetrag.

[2] Anstelle des Postens „Gezeichnetes Kapital" sind die Kapitalanteile der persönlich haftenden Gesellschafter auszuweisen; sie dürfen auch zusammengefasst ausgewiesen werden. [3] Der auf den Kapitalanteil eines persönlich haftenden Gesellschafters für das Geschäftsjahr entfallende Verlust ist von dem Kapitalanteil abzuschreiben. [4] Soweit der Verlust den Kapitalanteil übersteigt, ist er auf der Aktivseite unter der Bezeichnung „Einzahlungsverpflichtungen persönlich haftender Gesellschafter" unter den Forderungen gesondert auszuweisen, soweit eine Zahlungsverpflichtung besteht. [5] Besteht keine Zahlungsverpflichtung, so ist der Betrag als „Nicht durch Vermögenseinlagen gedeckter Verlustanteil persönlich haftender Gesellschafter" zu bezeichnen und gemäß § 268 Abs. 3 auszuweisen. [6] Die Sätze 2 bis 5 sind auf die Einlagen von Kommanditisten entsprechend anzuwenden, wobei diese insgesamt gesondert gegenüber den Kapitalanteilen der persönlich haftenden Gesellschafter auszuweisen sind. [7] Eine Forderung darf jedoch nur ausgewiesen werden, soweit eine Einzahlungsverpflichtung besteht; dasselbe gilt, wenn ein Kommanditist Gewinnanteile entnimmt, während sein Kapitalanteil durch Verlust unter den Betrag der geleisteten Einlage herabgemindert ist, oder soweit durch die Entnahme der Kapitalanteil unter den bezeichneten Betrag herabgemindert wird. [8] Als Rücklagen sind nur solche Beträge auszuweisen, die auf Grund einer gesellschaftsrechtlichen Vereinbarung gebildet worden sind. [9] Im Anhang ist der Betrag der im Handelsregister gemäß § 172 Abs. 1 eingetragenen Einlagen anzugeben, soweit diese nicht geleistet sind.

[1)] § 264c eingef. mWv 9.3.2000 durch G v. 24.2.2000 (BGBl. I S. 154); Abs. 4 Satz 3 aufgeh. mWv 29.5. 2009 durch G v. 25.5.2009 (BGBl. I S. 1102); Abs. 5 angef. mWv 28.12.2012 durch G v. 20.12.2012 (BGBl. I S. 2751).

[2]Dies gilt nicht für Personen, die vorsätzlich gehandelt haben, und für den Abschlussprüfer einer Kapitalgesellschaft nach Satz 1 Nummer 1, der grob fahrlässig gehandelt hat. [3]Die Ersatzpflicht des Abschlussprüfers einer Kapitalgesellschaft nach Satz 1 Nummer 2, der grob fahrlässig gehandelt hat, ist abweichend von Satz 1 Nummer 2 auf zweiunddreißig Millionen Euro für eine Prüfung beschränkt. [4]Die Ersatzpflicht des Abschlussprüfers einer Kapitalgesellschaft nach Satz 1 Nummer 3, der grob fahrlässig gehandelt hat, ist abweichend von Satz 1 Nummer 3 auf zwölf Millionen Euro für eine Prüfung beschränkt. [5]Die Haftungshöchstgrenzen nach den Sätzen 1, 3 und 4 gelten auch, wenn an der Prüfung mehrere Personen beteiligt gewesen oder mehrere zum Ersatz verpflichtende Handlungen begangen worden sind, und ohne Rücksicht darauf, ob andere Beteiligte vorsätzlich oder grob fahrlässig gehandelt haben.

(3) Die Verpflichtung zur Verschwiegenheit besteht, wenn eine Prüfungsgesellschaft Abschlußprüfer ist, auch gegenüber dem Aufsichtsrat und den Mitgliedern des Aufsichtsrats der Prüfungsgesellschaft.

(4) Die Ersatzpflicht nach diesen Vorschriften kann durch Vertrag weder ausgeschlossen noch beschränkt werden.

(5) Die Mitteilung nach Artikel 7 Unterabsatz 2 der Verordnung (EU) Nr. 537/2014 ist an die Bundesanstalt für Finanzdienstleistungsaufsicht zu richten, bei dem Verdacht einer Straftat oder Ordnungswidrigkeit auch an die für die Verfolgung jeweils zuständige Behörde.

§ 324[1) 2)] Prüfungsausschuss. (1) [1]Kapitalgesellschaften, die Unternehmen von öffentlichem Interesse (§ 316a Satz 2) sind und keinen Aufsichts- oder Verwaltungsrat haben, der die Voraussetzungen des § 100 Absatz 5 des Aktiengesetzes[3)] erfüllen muss, sind verpflichtet, einen Prüfungsausschuss nach Absatz 2 einzurichten, der sich insbesondere mit den in § 107 Absatz 3 Satz 2 und 3 des Aktiengesetzes beschriebenen Aufgaben befasst. [2]Dies gilt nicht für Kapitalgesellschaften im Sinne des Satzes 1,

1. deren ausschließlicher Zweck in der Ausgabe von Wertpapieren im Sinne des § 2 Absatz 1 des Wertpapierhandelsgesetzes[4)] besteht, die durch Vermögensgegenstände besichert sind;
2. die Kreditinstitute im Sinne des § 340 Absatz 1 sind und einen organisierten Markt im Sinne des § 2 Absatz 11 des Wertpapierhandelsgesetzes nur durch die Ausgabe von Schuldtiteln im Sinne des § 2 Absatz 1 Nummer 3 Buchstabe a des Wertpapierhandelsgesetzes in Anspruch nehmen, wenn deren Nominalwert 100 Millionen Euro nicht übersteigt und keine Verpflichtung zur Veröffentlichung eines Prospekts nach der Verordnung (EU) 2017/1129 des Europäischen Parlaments und des Rates vom 14. Juni 2017 über den Prospekt, der beim öffentlichen Angebot von Wertpapieren oder bei deren Zulassung zum Handel an einem geregelten Markt zu veröffentlichen ist und zur Aufhebung der Richtlinie 2003/71/EG (ABl. L 168 vom 30.6.2017, S. 12), die zuletzt durch die Verordnung (EU) 2019/2146 (ABl. L 325 vom 16.12.2019, S. 43) geändert worden ist, besteht;

---

1) § 324 neu gef. mWv 29.5.2009 durch G v. 25.5.2009 (BGBl. I S. 1102); Abs. 2 Satz 4 geänd., Abs. 3 angef. mWv 17.6.2016 durch G v. 10.5.2016 (BGBl. I S. 1142); Abs. 2 Satz 4 geänd. mWv 1.1.2020 durch G v. 12.12.2019 (BGBl. I S. 2637); Abs. 1, Abs. 2 Satz 2 neu gef., Satz 5 angef., Abs. 3 Satz 1 geänd., Satz 3 aufgeh. mWv 1.7.2021 durch G v. 3.6.2021 (BGBl. I S. 1534).

2) Beachte hierzu Übergangsvorschriften in Art. 83 Abs. 1 und Art. 86 EGHGB (Nr. **50a**).

3) Nr. **51**.

4) **Habersack, Deutsche Gesetze ErgBd. Nr. 58.**

3. die Investmentvermögen im Sinne des § 1 Absatz 1 des Kapitalanlagegesetzbuchs sind.

[3] Im Fall des Satzes 2 Nummer 1 ist im Anhang darzulegen, weshalb ein Prüfungsausschuss nicht eingerichtet wird.

(2) [1] Die Mitglieder des Prüfungsausschusses sind von den Gesellschaftern zu wählen. [2] Die Mehrheit der Mitglieder, darunter der Vorsitzende, muss unabhängig sein; im Übrigen ist § 100 Absatz 5 des Aktiengesetzes entsprechend anzuwenden. [3] Der Vorsitzende des Prüfungsausschusses darf nicht mit der Geschäftsführung betraut sein. [4] § 107 Absatz 3 Satz 8, § 124 Abs. 3 Satz 2 und § 171 Abs. 1 Satz 2 und 3 des Aktiengesetzes sind entsprechend anzuwenden. [5] Der Prüfungsausschuss hat den Gesellschaftern einen Vorschlag für die Wahl des Abschlussprüfers zu machen, wenn die Kapitalgesellschaft keinen Aufsichts- oder Verwaltungsrat hat oder wenn der Aufsichts- oder Verwaltungsrat für den Vorschlag nicht zuständig ist.

(3) [1] Die Abschlussprüferaufsichtsstelle beim Bundesamt für Wirtschaft und Ausfuhrkontrolle kann zur Erfüllung ihrer Aufgaben gemäß Artikel 27 Absatz 1 Buchstabe c der Verordnung (EU) Nr. 537/2014 von einer Kapitalgesellschaft, die ein Unternehmen von öffentlichem Interesse (§ 316a Satz 2) ist, eine Darstellung und Erläuterung des Ergebnisses sowie der Durchführung der Tätigkeit seines Prüfungsausschusses verlangen. [2] Die Abschlussprüferaufsichtsstelle soll zunächst auf Informationen aus öffentlich zugänglichen Quellen zurückgreifen.

§ 324a[1)] Anwendung auf den Einzelabschluss nach § 325 Abs. 2a.

(1) [1] Die Bestimmungen dieses Unterabschnitts, die sich auf den Jahresabschluss beziehen, sind auf einen Einzelabschluss nach § 325 Abs. 2a entsprechend anzuwenden. [2] An Stelle des § 316 Abs. 1 Satz 2 gilt § 316 Abs. 2 Satz 2 entsprechend.

(2) [1] Als Abschlussprüfer des Einzelabschlusses nach § 325 Abs. 2a gilt der für die Prüfung des Jahresabschlusses bestellte Prüfer als bestellt. [2] Der Prüfungsbericht zum Einzelabschluss nach § 325 Abs. 2a kann mit dem Prüfungsbericht zum Jahresabschluss zusammengefasst werden.

Vierter Unterabschnitt.[2)] Offenlegung. Prüfung durch die das Unternehmensregister führende Stelle

§ 325[3)] [4)] Offenlegung. (1) [1] Die Mitglieder des vertretungsberechtigten Organs einer Kapitalgesellschaft haben für die Gesellschaft folgende Unterlagen, sofern sie aufzustellen oder zu erstellen sind, in deutscher Sprache offenzulegen:

---

1) § 324a eingef. mWv 10.12.2004 durch G v. 4.12.2004 (BGBl. I S. 3166).

2) 4. UAbschnitt Überschrift neu gef. mWv 1.8.2022 durch G v. 5.7.2021 (BGBl. I S. 3338).

3) § 325 neu gef. mWv 1.1.2007 durch G v. 10.11.2006 (BGBl. I S. 2553); Abs. 2a Satz 3 geänd. mWv 20.1.2007 durch G v. 5.1.2007 (BGBl. I S. 10); Abs. 2a Satz 3 geänd., Abs. 4 Satz 1 neu gef. mWv 29.5.2009 durch G v. 25.5.2009 (BGBl. I S. 1102); Abs. 1 neu gef., Abs. 1a, 1b eingef., Abs. 2a Satz 3, Abs. 3, 4 Sätze 1 und 2 geänd. mWv 23.7.2015 durch G v. 17.7.2015 (BGBl. I S. 1245); Abs. 1 Satz 1 einl. Satzteil, Abs. 2a Satz 1 geänd., Satz 4 neu gef., Abs. 2b Nr. 3, Abs. 3 geänd. mWv 19.4.2017 durch G v. 11.4.2017 (BGBl. I S. 802); Abs. 2a Satz 3 geänd. mWv 1.1.2020 durch G v. 12.12.2019 (BGBl. I S. 2637); Abs. 1 Satz 1 einl. Satzteil geänd., Nr. 1 und Satz 2 neu gef., Abs. 1a Satz 1 geänd., Abs. 2 aufgeh., Abs. 2a Satz 1, Abs. 2b Nr. 1–3, Abs. 3a, Abs. 4 Sätze 1 und 2 geänd., Abs. 6 neu gef. mWv 1.8.2022 durch G v. 5.7.2021 (BGBl. I S. 3338).

4) Beachte hierzu Übergangsvorschriften in Art. 75, 80, 83 Abs. 1, 84 und 88 EGHGB (Nr. **50a**).

1. den festgestellten Jahresabschluss, den Lagebericht, den Bestätigungsvermerk oder den Vermerk über dessen Versagung und die Erklärungen nach § 264 Absatz 2 Satz 3 und § 289 Absatz 1 Satz 5 sowie
2. den Bericht des Aufsichtsrats und die nach § 161 des Aktiengesetzes[1)] vorgeschriebene Erklärung.

[2] Die Unterlagen sind der das Unternehmensregister führenden Stelle elektronisch zur Einstellung in das Unternehmensregister zu übermitteln.

(1a) [1] Die Unterlagen nach Absatz 1 Satz 1 sind spätestens ein Jahr nach dem Abschlussstichtag des Geschäftsjahrs zu übermitteln, auf das sie sich beziehen. [2] Liegen die Unterlagen nach Absatz 1 Satz 1 Nummer 2 nicht innerhalb der Frist vor, sind sie unverzüglich nach ihrem Vorliegen nach Absatz 1 offenzulegen.

(1b) [1] Wird der Jahresabschluss oder der Lagebericht geändert, so ist auch die Änderung nach Absatz 1 Satz 1 offenzulegen. [2] Ist im Jahresabschluss nur der Vorschlag für die Ergebnisverwendung enthalten, ist der Beschluss über die Ergebnisverwendung nach seinem Vorliegen nach Absatz 1 Satz 1 offenzulegen.

(2) *(aufgehoben)*

(2a) [1] Bei der Offenlegung nach Absatz 1 in Verbindung mit § 8b Absatz 2 Nummer 4 kann bei großen Kapitalgesellschaften (§ 267 Absatz 3) an die Stelle des Jahresabschlusses ein Einzelabschluss treten, der nach den in § 315e Absatz 1 bezeichneten internationalen Rechnungslegungsstandards aufgestellt worden ist. [2] Ein Unternehmen, das von diesem Wahlrecht Gebrauch macht, hat die dort genannten Standards vollständig zu befolgen. [3] Auf einen solchen Abschluss sind § 243 Abs. 2, die §§ 244, 245, 257, § 264 Absatz 1a, 2 Satz 3, § 285 Nr. 7, 8 Buchstabe b, Nr. 9 bis 11a, 14 bis 17, § 286 Absatz 1 und 3 anzuwenden. [4] Die Verpflichtung, einen Lagebericht offenzulegen, bleibt unberührt; der Lagebericht nach § 289 muss in dem erforderlichen Umfang auch auf den Einzelabschluss nach Satz 1 Bezug nehmen. [5] Die übrigen Vorschriften des Zweiten Unterabschnitts des Ersten Abschnitts und des Ersten Unterabschnitts des Zweiten Abschnitts gelten insoweit nicht. [6] Kann wegen der Anwendung des § 286 Abs. 1 auf den Anhang die in Satz 2 genannte Voraussetzung nicht eingehalten werden, entfällt das Wahlrecht nach Satz 1.

(2b) Die befreiende Wirkung der Offenlegung des Einzelabschlusses nach Absatz 2a tritt ein, wenn

1. statt des vom Abschlussprüfer zum Jahresabschluss erteilten Bestätigungsvermerks oder des Vermerks über dessen Versagung der entsprechende Vermerk zum Abschluss nach Absatz 2a in die Offenlegung nach Absatz 1 einbezogen wird,
2. der Vorschlag für die Verwendung des Ergebnisses und gegebenenfalls der Beschluss über seine Verwendung unter Angabe des Jahresüberschusses oder Jahresfehlbetrags in die Offenlegung nach Absatz 1 einbezogen werden und
3. der Jahresabschluss mit dem Bestätigungsvermerk oder dem Vermerk über dessen Versagung in deutscher Sprache nach Maßgabe des Absatzes 1a Satz 1 und des Absatzes 4 der das Unternehmensregister führenden Stelle elektronisch zur Einstellung in das Unternehmensregister durch dauerhafte Hinterlegung übermittelt wird.

[1)] Nr. **51.**

(3) Die Absätze 1 bis 2 und 4 Satz 1 gelten entsprechend für die Mitglieder des vertretungsberechtigten Organs einer Kapitalgesellschaft, die einen Konzernabschluss und einen Konzernlagebericht aufzustellen haben.

(3a) Wird der Konzernabschluss zusammen mit dem Jahresabschluss des Mutterunternehmens oder mit einem von diesem aufgestellten Einzelabschluss nach Absatz 2a offengelegt, können die Vermerke des Abschlussprüfers nach § 322 zu beiden Abschlüssen zusammengefasst werden; in diesem Fall können auch die jeweiligen Prüfungsberichte zusammengefasst werden.

(4) [1] Bei einer Kapitalgesellschaft im Sinn des § 264d beträgt die Frist nach Absatz 1a Satz 1 längstens vier Monate. [2] Für die Wahrung der Fristen nach Satz 1 und Absatz 1a Satz 1 ist der Zeitpunkt der Übermittlung der Unterlagen maßgebend.

(5) Auf Gesetz, Gesellschaftsvertrag oder Satzung beruhende Pflichten der Gesellschaft, den Jahresabschluss, den Einzelabschluss nach Absatz 2a, den Lagebericht, den Konzernabschluss oder den Konzernlagebericht in anderer Weise bekannt zu machen, einzureichen oder Personen zugänglich zu machen, bleiben unberührt.

(6) Die §§ 11 und 12 Absatz 2 gelten entsprechend für die Unterlagen, die an die das Unternehmensregister führende Stelle zur Einstellung in das Unternehmensregister zu übermitteln sind; § 325a Absatz 1 Satz 5 und § 340l Absatz 2 Satz 6 bleiben unberührt.

§ 325a[1) 2)] Zweigniederlassungen von Kapitalgesellschaften mit Sitz im Ausland. (1) [1] Bei inländischen Zweigniederlassungen von Kapitalgesellschaften mit Sitz in einem anderen Mitgliedstaat der Europäischen Union oder Vertragsstaat des Abkommens über den Europäischen Wirtschaftsraum haben die in § 13e Abs. 2 Satz 4 Nr. 3 genannten Personen oder, wenn solche nicht angemeldet sind, die gesetzlichen Vertreter der Gesellschaft für diese die Unterlagen der Rechnungslegung der Hauptniederlassung, die nach dem für die Hauptniederlassung maßgeblichen Recht erstellt, geprüft und offengelegt oder hinterlegt worden sind, nach den §§ 325, 327a und 328 offenzulegen; § 329 ist anzuwenden. [2] Bestehen mehrere inländische Zweigniederlassungen derselben Gesellschaft, brauchen die Unterlagen der Rechnungslegung der Hauptniederlassung nur von den nach Satz 1 verpflichteten Personen einer dieser Zweigniederlassungen offengelegt zu werden. [3] In diesem Fall beschränkt sich die Offenlegungspflicht der übrigen Zweigniederlassungen auf die Angabe des Namens der Zweigniederlassung, des Registers sowie der Registernummer der Zweigniederlassung, für die die Offenlegung gemäß Satz 2 bewirkt worden ist. [4] Die Unterlagen sind in deutscher Sprache zu übermitteln. [5] Soweit dies nicht die Amtssprache am Sitz der Hauptniederlassung ist, können die Unterlagen der Hauptniederlassung auch

1. in englischer Sprache oder
2. in einer von dem Register der Hauptniederlassung beglaubigten Abschrift oder,

---

[1)] § 325a eingef. durch G v. 22.7.1993 (BGBl. I S. 1282); Abs. 2 geänd. durch G v. 24.6.1994 (BGBl. I S. 1377); Abs. 1 Satz 5 angef. mWv 15.12.2001 durch G v. 10.12.2001 (BGBl. I S. 3414); Abs. 1 Satz 1 geänd., Satz 2 aufgeh., bish. Sätze 3 und 4 werden Sätze 2 und 3, neuer Satz 3 neu gef., bish. Satz 5 aufgeh. mWv 1.1.2007 durch G v. 10.11.2006 (BGBl. I S. 2553); Abs. 1 Satz 1 geänd. mWv 29.5.2009 durch G v. 25.5.2009 (BGBl. I S. 1102); Abs. 1 Satz 1 geänd., Abs. 3 angef. mWv 28.12.2012 durch G v. 20.12.2012 (BGBl. I S. 2751); Abs. 1 Sätze 2 und 3 eingef., bish. Sätze 2 und 3 werden Sätze 4 und 5 mWv 1.1.2020 durch G v. 12.12.2019 (BGBl. I S. 2637); Abs. 1 Sätze 1, 4 und 5 abschl. Satzteil geänd., Abs. 4 angef. mWv 1.8.2022 durch G v. 5.7.2021 (BGBl. I S. 3338).

[2)] Beachte hierzu Übergangsvorschriften in Art. 83 und 88 EGHGB (Nr. **50a**).

3. wenn eine dem Register vergleichbare Einrichtung nicht vorhanden oder diese nicht zur Beglaubigung befugt ist, in einer von einem Wirtschaftsprüfer bescheinigten Abschrift, verbunden mit der Erklärung, dass entweder eine dem Register vergleichbare Einrichtung nicht vorhanden oder diese nicht zur Beglaubigung befugt ist,

übermittelt werden; von der Beglaubigung des Registers ist eine beglaubigte Übersetzung in deutscher Sprache zu übermitteln.

(2) Diese Vorschrift gilt nicht für Zweigniederlassungen, die von Kreditinstituten im Sinne des § 340 oder von Versicherungsunternehmen im Sinne des § 341 errichtet werden.

(3) [1] Bei der Anwendung von Absatz 1 ist für die Einstufung einer Kapitalgesellschaft als Kleinstkapitalgesellschaft (§ 267a) und für die Geltung von Erleichterungen bei der Rechnungslegung das Recht des anderen Mitgliedstaates der Europäischen Union oder das Recht des Vertragsstaates des Abkommens über den Europäischen Wirtschaftsraum maßgeblich. [2] Darf eine Kleinstkapitalgesellschaft nach dem für sie maßgeblichen Recht die Offenlegungspflicht durch die Hinterlegung der Bilanz erfüllen, darf sie die Offenlegung nach Absatz 1 ebenfalls durch Hinterlegung bewirken. [3] § 326 Absatz 2 gilt entsprechend.

(4) Die das Unternehmensregister führende Stelle fordert die Kapitalgesellschaft zur unverzüglichen Offenlegung der Änderung der Unterlagen der Rechnungslegung gemäß Absatz 1 auf, wenn zum Zeitpunkt eines Dateneingangs nach § 9b Absatz 4 Satz 2 die Änderung noch nicht offengelegt worden ist.

§ 326[1) 2)] Größenabhängige Erleichterungen für kleine Kapitalgesellschaften und Kleinstkapitalgesellschaften bei der Offenlegung. (1) [1] Auf kleine Kapitalgesellschaften (§ 267 Abs. 1) ist § 325 Abs. 1 mit der Maßgabe anzuwenden, daß die gesetzlichen Vertreter nur die Bilanz und den Anhang zu übermitteln haben. [2] Der Anhang braucht die die Gewinn- und Verlustrechnung betreffenden Angaben nicht zu enthalten.

(2) [1] Auf Kleinstkapitalgesellschaften (§ 267a) ist § 325 Absatz 1 mit der Maßgabe anzuwenden, dass die gesetzlichen Vertreter nur die Bilanz zu übermitteln haben und dabei die Einstellung in das Unternehmensregister durch dauerhafte Hinterlegung verlangen können. [2] Kleinstkapitalgesellschaften dürfen von dem in Satz 1 geregelten Recht nur Gebrauch machen, wenn sie gegenüber der das Unternehmensregister führenden Stelle mitteilen, dass sie zwei der drei in § 267a Absatz 1 genannten Merkmale für die nach § 267 Absatz 4 maßgeblichen Abschlussstichtage nicht überschreiten.

§ 327[3) 4)] Größenabhängige Erleichterungen für mittelgroße Kapitalgesellschaften bei der Offenlegung. Auf mittelgroße Kapitalgesellschaften (§ 267

---

1) § 326 eingef. durch G v. 19.12.1985 (BGBl. I S. 2355); Satz 2 aufgeh., bish. Satz 3 wird Satz 2 durch G v. 25.7.1994 (BGBl. I S. 1682); Satz 1 geänd. mWv 9.3.2000 durch G v. 24.2.2000 (BGBl. I S. 154); Überschrift geänd., Abs. 2 angef. mWv 28.12.2012 durch G v. 20.12.2012 (BGBl. I S. 2751); Abs. 1 Satz 1 geänd., Abs. 2 Satz 1 neu gef., Satz 2 aufgeh., bish. Satz 3 wird Satz 2 und geänd. mWv 1.8.2022 durch G v. 5.7.2021 (BGBl. I S. 3338).

2) Beachte hierzu Übergangsvorschriften in Art. 75 und 88 EGHGB (Nr. **50a**).

3) § 327 eingef. durch G v. 19.12.1985 (BGBl. I S. 2355); Nr. 2 geänd. mWv 10.12.2004 durch G v. 4.12.2004 (BGBl. I S. 3166); Nr. 1 und 2 geänd. mWv 1.1.2007 durch G v. 10.11.2006 (BGBl. I S. 2553); Nr. 1 Satz 2 und Nr. 2 geänd. mWv 29.5.2009 durch G v. 25.5.2009 (BGBl. I S. 1102); Nr. 1 und 2 geänd. mWv 1.4.2012 durch G v. 22.12.2011 (BGBl. I S. 3044); Nr. 1 und 2 geänd. mWv 1.8.2022 durch G v. 5.7.2021 (BGBl. I S. 3338).

4) Beachte hierzu Übergangsvorschrift in Art. 88 EGHGB (Nr. **50a**).

Abs. 2) ist § 325 Abs. 1 mit der Maßgabe anzuwenden, daß die gesetzlichen Vertreter

1. die Bilanz nur in der für kleine Kapitalgesellschaften nach § 266 Abs. 1 Satz 3 vorgeschriebenen Form der das Unternehmensregister führenden Stelle übermitteln müssen. In der Bilanz oder im Anhang sind jedoch die folgenden Posten des § 266 Abs. 2 und 3 zusätzlich gesondert anzugeben:

   Auf der Aktivseite

   A I 1 Selbst geschaffene gewerbliche Schutzrechte und ähnliche Rechte und Werte;

   A I 2 Geschäfts- oder Firmenwert;

   A II 1 Grundstücke, grundstücksgleiche Rechte und Bauten einschließlich der Bauten auf fremden Grundstücken;

   A II 2 technische Anlagen und Maschinen;

   A II 3 andere Anlagen, Betriebs- und Geschäftsausstattung;

   A II 4 geleistete Anzahlungen und Anlagen im Bau;

   A III 1 Anteile an verbundenen Unternehmen;

   A III 2 Ausleihungen an verbundene Unternehmen;

   A III 3 Beteiligungen;

   A III 4 Ausleihungen an Unternehmen, mit denen ein Beteiligungsverhältnis besteht;

   B II 2 Forderungen gegen verbundene Unternehmen;

   B II 3 Forderungen gegen Unternehmen, mit denen ein Beteiligungsverhältnis besteht;

   B III 1 Anteile an verbundenen Unternehmen.

   Auf der Passivseite

   C 1 Anleihen, davon konvertibel;

   C 2 Verbindlichkeiten gegenüber Kreditinstituten;

   C 6 Verbindlichkeiten gegenüber verbundenen Unternehmen;

   C 7 Verbindlichkeiten gegenüber Unternehmen, mit denen ein Beteiligungsverhältnis besteht;

2. den Anhang ohne die Angaben nach § 285 Nr. 2 und 8 Buchstabe a, Nr. 12 der das Unternehmensregister führenden Stelle übermitteln dürfen.

§ 327a[1)] Erleichterung für bestimmte kapitalmarktorientierte Kapitalgesellschaften. § 325 Abs. 4 Satz 1 ist auf eine Kapitalgesellschaft nicht anzuwenden, wenn sie ausschließlich zum Handel an einem organisierten Markt zugelassene Schuldtitel im Sinn des § 2 Absatz 1 Nummer 3 des Wertpapierhandelsgesetzes[2)] mit einer Mindeststückelung von 100 000 Euro oder dem am Ausgabetag entsprechenden Gegenwert einer anderen Währung begibt.

[1)] § 327a eingef. mWv 1.1.2007 durch G v. 10.11.2006 (BGBl. I S. 2553); geänd. mWv 20.1.2007 durch G v. 5.1.2007 (BGBl. I S. 10); geänd. mWv 23.7.2015 durch G v. 17.7.2015 (BGBl. I S. 1245); geänd. mWv 26.11.2015 durch G v. 20.11.2015 (BGBl. I S. 2029).

[2)] **Habersack, Deutsche Gesetze ErgBd. Nr. 58.**

§ 328[1)] [2)] Form, Format und Inhalt der Unterlagen bei der Offenlegung, Veröffentlichung und Vervielfältigung. (1) [1] Bei der Offenlegung des Jahresabschlusses, des Einzelabschlusses nach § 325 Absatz 2a, des Konzernabschlusses, des Lage- oder Konzernlageberichts oder der Erklärungen nach § 264 Absatz 2 Satz 3, § 289 Absatz 1 Satz 5, § 297 Absatz 2 Satz 4 oder § 315 Absatz 1 Satz 5 sind diese Abschlüsse, Lageberichte und Erklärungen so wiederzugeben, dass sie den für ihre Aufstellung maßgeblichen Vorschriften entsprechen, soweit nicht Erleichterungen nach den §§ 326 und 327 in Anspruch genommen werden oder eine Rechtsverordnung des Bundesministeriums der Justiz und für Verbraucherschutz nach Absatz 4 hiervon Abweichungen ermöglicht. [2] Sie haben in diesem Rahmen vollständig und richtig zu sein. [3] Die Sätze 1 und 2 gelten auch für die teilweise Offenlegung sowie für die Veröffentlichung oder Vervielfältigung in anderer Form auf Grund des Gesellschaftsvertrages oder der Satzung. [4] Eine Kapitalgesellschaft, die als Inlandsemittent (§ 2 Absatz 14 des Wertpapierhandelsgesetzes[3)]) Wertpapiere (§ 2 Absatz 1 des Wertpapierhandelsgesetzes) begibt und keine Kapitalgesellschaft im Sinne des § 327a ist, hat offenzulegen:

1. die in Absatz 1 Satz 1 bezeichneten Unterlagen in dem einheitlichen elektronischen Berichtsformat nach Maßgabe des Artikels 3 der Delegierten Verordnung (EU) 2019/815 der Kommission vom 17. Dezember 2018 zur Ergänzung der Richtlinie 2004/109/EG des Europäischen Parlaments und des Rates im Hinblick auf technische Regulierungsstandards für die Spezifikation eines einheitlichen elektronischen Berichtsformats (ABl. L 143 vom 29.5.2019, S. 1; L 145 vom 4.6.2019, S. 85) in der jeweils geltenden Fassung;
2. den Konzernabschluss mit Auszeichnungen nach Maßgabe der Artikel 4 und 6 der Delegierten Verordnung (EU) 2019/815.

(1a) [1] Das Datum der Feststellung oder der Billigung der in Absatz 1 Satz 1 bezeichneten Abschlüsse ist anzugeben. [2] Wurde der Abschluss auf Grund gesetzlicher Vorschriften durch einen Abschlussprüfer geprüft, so ist jeweils der vollständige Wortlaut des Bestätigungsvermerks oder des Vermerks über dessen Versagung wiederzugeben; wird der Jahresabschluss wegen der Inanspruchnahme von Erleichterungen nur teilweise offengelegt und bezieht sich der Bestätigungsvermerk auf den vollständigen Jahresabschluss, ist hierauf hinzuweisen. [3] Bei der Offenlegung von Jahresabschluss, Einzelabschluss nach § 325 Absatz 2a oder Konzernabschluss ist gegebenenfalls darauf hinzuweisen, dass die Offenlegung nicht gleichzeitig mit allen anderen nach § 325 offenzulegenden Unterlagen erfolgt.

(2) [1] Werden Abschlüsse in Veröffentlichungen und Vervielfältigungen, die nicht durch Gesetz, Gesellschaftsvertrag oder Satzung vorgeschrieben sind, nicht in der nach Absatz 1 vorgeschriebenen Form oder dem vorgeschriebenen Format wiedergegeben, so ist jeweils in einer Überschrift darauf hinzuweisen, daß es sich nicht um eine der gesetzlichen Form oder dem gesetzlichen Format entsprechende

---

[1)] § 328 eingef. durch G v. 19.12.1985 (BGBl. I S. 2355); Abs. 2 Sätze 1 und 3 geänd. mWv 10.12.2004 durch G v. 4.12.2004 (BGBl. I S. 3166); Abs. 4 angef. mWv 16.11.2006, Abs. 2 Satz 4 neu gef. mWv 1.1. 2007 durch G v. 10.11.2006 (BGBl. I S. 2553); Abs. 2 Satz 4 und Abs. 4 geänd. mWv 1.4.2012 durch G v. 22.12.2011 (BGBl. I S. 3044); Abs. 5 angef. mWv 28.12.2012 durch G v. 20.12.2012 (BGBl. I S. 2751); Abs. 1 neu gef., Abs. 1a eingef. mWv 23.7.2015 durch G v. 17.7.2015 (BGBl. I S. 1245); Überschrift, Abs. 1 Satz 1 geänd., Satz 4 angef., Abs. 2 Sätze 1 und 2 geänd., Abs. 3 Satz 1 neu gef., Satz 2 und Abs. 5 geänd. mWv 19.8.2020 durch G v. 12.8.2020 (BGBl. I S. 1874); Abs. 2 Satz 4, Abs. 4 geänd. mWv 1.8. 2022 durch G v. 5.7.2021 (BGBl. I S. 3338).

[2)] Beachte hierzu Übergangsvorschriften in Art. 75, 84 und 88 EGHGB (Nr. **50a**).

[3)] **Habersack, Deutsche Gesetze ErgBd. Nr. 58.**

Veröffentlichung handelt. [2] Ein Bestätigungsvermerk darf nicht beigefügt werden, wenn die Abschlüsse nicht in der nach Absatz 1 vorgeschriebenen Form wiedergegeben werden. [3] Ist jedoch auf Grund gesetzlicher Vorschriften eine Prüfung durch einen Abschlußprüfer erfolgt, so ist anzugeben, zu welcher der in § 322 Abs. 2 Satz 1 genannten zusammenfassenden Beurteilungen des Prüfungsergebnisses der Abschlussprüfer in Bezug auf den in gesetzlicher Form erstellten Abschluss gelangt ist und ob der Bestätigungsvermerk einen Hinweis nach § 322 Abs. 3 Satz 2 enthält. [4] Ferner ist anzugeben, ob die Unterlagen der das Unternehmensregister führenden Stelle übermittelt worden sind.

(3) [1] Absatz 1 Satz 1 bis 3 ist auf den Vorschlag für die Verwendung des Ergebnisses und den Beschluss über seine Verwendung entsprechend anzuwenden. [2] Werden die in Satz 1 bezeichneten Unterlagen oder der Lage- oder Konzernlagebericht nicht gleichzeitig mit dem Jahresabschluß oder dem Konzernabschluß offengelegt, so ist bei ihrer nachträglichen Offenlegung jeweils anzugeben, auf welchen Abschluß sie sich beziehen und wo dieser offengelegt worden ist; dies gilt auch für die nachträgliche Offenlegung des Bestätigungsvermerks oder des Vermerks über seine Versagung.

(4) Die Rechtsverordnung nach § 330 Abs. 1 Satz 1, 4 und 5 kann der das Unternehmensregister führenden Stelle Abweichungen von der Kontoform nach § 266 Abs. 1 Satz 1 gestatten.

(5) Für die Hinterlegung der Bilanz einer Kleinstkapitalgesellschaft (§ 326 Absatz 2) gelten Absatz 1 Satz 1 bis 3 und Absatz 1a Satz 1 entsprechend.

§ 329[1)] [2)] Prüfungs- und Unterrichtungspflicht der das Unternehmensregister führenden Stelle. (1) [1] Die das Unternehmensregister führende Stelle prüft, ob die zu übermittelnden Unterlagen fristgemäß und vollzählig übermittelt worden sind. [2] Soweit dies für die Erfüllung der Aufgaben nach Satz 1 erforderlich ist, darf die das Unternehmensregister führende Stelle die von den Landesjustizverwaltungen nach § 8b Absatz 3 Satz 2 übermittelten Daten verwenden.

(2) [1] Gibt die Prüfung Anlass zu der Annahme, dass von der Größe der Kapitalgesellschaft abhängige Erleichterungen oder die Erleichterung nach § 327a nicht hätten in Anspruch genommen werden dürfen, kann die das Unternehmensregister führende Stelle von der Kapitalgesellschaft innerhalb einer angemessenen Frist die Mitteilung der Umsatzerlöse (§ 277 Abs. 1) und der durchschnittlichen Zahl der Arbeitnehmer (§ 267 Abs. 5) oder Angaben zur Eigenschaft als Kapitalgesellschaft im Sinn des § 327a verlangen. [2] Unterlässt die Kapitalgesellschaft die fristgemäße Mitteilung, gelten die Erleichterungen als zu Unrecht in Anspruch genommen.

(3) In den Fällen des § 325a Absatz 1 Satz 5 und des § 340l Absatz 2 Satz 6 kann im Einzelfall die Vorlage einer Übersetzung in die deutsche Sprache verlangt werden.

(4) Ergibt die Prüfung nach Absatz 1 Satz 1, dass die offen zu legenden Unterlagen nicht oder unvollständig übermittelt wurden, wird die jeweils für die

---

[1)] § 329 neu gef. mWv 1.1.2007 durch G v. 10.11.2006 (BGBl. I S. 2553); Überschrift, Abs. 2 Satz 1 geänd. mWv 1.4.2012 durch G v. 22.12.2011 (BGBl. I S. 3044); Abs. 3 geänd. mWv 23.7.2015 durch G v. 17.7.2015 (BGBl. I S. 1245); Abs. 3 geänd. mWv 1.1.2020 durch G v. 12.12.2019 (BGBl. I S. 2637); Überschrift geänd., Abs. 1 neu gef., Abs. 2 Satz 1, Abs. 4 geänd. mWv 1.8.2022 durch G v. 5.7.2021 (BGBl. I S. 3338).

[2)] Beachte hierzu Übergangsvorschriften in Art. 83 und 88 EGHGB (Nr. **50a**).

Durchführung von Ordnungsgeldverfahren nach den §§ 335, 340o und 341o zuständige Verwaltungsbehörde unterrichtet.

Fünfter Unterabschnitt. Verordnungsermächtigung für Formblätter und andere Vorschriften

§ 330[1)] [Verordnungsermächtigung für Formblätter und andere Vorschriften] (1) [1] Das Bundesministerium der Justiz und für Verbraucherschutz wird ermächtigt, im Einvernehmen mit dem Bundesministerium der Finanzen und dem Bundesministerium für Wirtschaft und Energie durch Rechtsverordnung[2)], die nicht der Zustimmung des Bundesrates bedarf, für Kapitalgesellschaften Formblätter vorzuschreiben oder andere Vorschriften für die Gliederung des Jahresabschlusses oder des Konzernabschlusses oder den Inhalt des Anhangs, des Konzernanhangs, des Lageberichts oder des Konzernlageberichts zu erlassen, wenn der Geschäftszweig eine von den §§ 266, 275 abweichende Gliederung des Jahresabschlusses oder des Konzernabschlusses oder von den Vorschriften des Ersten Abschnitts und des Ersten und Zweiten Unterabschnitts des Zweiten Abschnitts abweichende Regelungen erfordert. [2] Die sich aus den abweichenden Vorschriften ergebenden Anforderungen an die in Satz 1 bezeichneten Unterlagen sollen den Anforderungen gleichwertig sein, die sich für große Kapitalgesellschaften (§ 267 Abs. 3) aus den Vorschriften des Ersten Abschnitts und des Ersten und Zweiten Unterabschnitts des Zweiten Abschnitts sowie den für den Geschäftszweig geltenden Vorschriften ergeben. [3] Über das geltende Recht hinausgehende Anforderungen dürfen nur gestellt werden, soweit sie auf Rechtsakten des Rates der Europäischen Union beruhen. [4] Die Rechtsverordnung nach Satz 1 kann auch Abweichungen von der Kontoform nach § 266 Abs. 1 Satz 1 gestatten. [5] Satz 4 gilt auch in den Fällen, in denen ein Geschäftszweig eine von den §§ 266 und 275 abweichende Gliederung nicht erfordert.

(2) [1] Absatz 1 ist auf folgende Institute ungeachtet ihrer Rechtsform nach Maßgabe der Sätze 3 und 4 anzuwenden:

[1)] § 330 eingef. durch G v. 19.12.1985 (BGBl. I S. 2355); Abs. 2 angef. durch G v. 30.11.1990 (BGBl. I S. 2570); Abs. 2 Satz 4 geänd. durch G v. 21.12.1992 (BGBl. I S. 2211); Abs. 2 Satz 2 geänd. durch G v. 27.4.1993 (BGBl. I S. 512); Abs. 1 Satz 1, Abs. 2 Satz 3 geänd., Abs. 3 und 4 angef. durch G v. 24.6.1994 (BGBl. I S. 1377); Abs. 1 Satz 3 geänd., Abs. 2 Sätze 2 und 4 geänd. durch G v. 22.10.1997 (BGBl. I S. 2567); Abs. 2 Satz 4 geänd. durch G v. 24.3.1998 (BGBl. I S. 529); Abs. 5 angef. mWv 30.6.2001 durch G v. 26.6.2001 (BGBl. I S. 1310); Abs. 1 Satz 1 geänd. mWv 7.11.2001 durch VO v. 29.10.2001 (BGBl. I S. 2785); Abs. 1 Satz 1 geänd. mWv 28.11.2003 durch VO v. 25.11.2003 (BGBl. I S. 2304); Abs. 1 Satz 1 geänd., Sätze 4 und 5 angef., Abs. 3 Satz 5 angef. mWv 16.11.2006 durch G v. 10.11.2006 (BGBl. I S. 2553); Abs. 2 Satz 4 geänd. mWv 29.5.2009 durch G v. 25.5.2009 (BGBl. I S. 1102); Abs. 4 Satz 1 und Abs. 5 geänd. mWv 1.1.2016 durch G v. 1.4.2015 (BGBl. I S. 434); Abs. 1 Satz 1 geänd. mWv 8.9.2015 durch VO v. 31.8.2015 (BGBl. I S. 1474); Abs. 4 Satz 1 geänd. mWv 17.6.2016 durch G v. 10.5.2016 (BGBl. I S. 1142); Abs. 2 Satz 1 neu gef., Satz 4 geänd. mWv 26.6.2021 durch G v. 12.5.2021 (BGBl. I S. 990).

[2)] Siehe ua die
- Kreditinstituts-RechnungslegungsVO idF der Bek. v. 11.12.1998 (BGBl. I S. 3658), zuletzt geänd. durch G v. 7.8.2021 (BGBl. I S. 3311);
- Versicherungsunternehmens-RechnungslegungsVO v. 8.11.1994 (BGBl. I S. 3378), zuletzt geänd. durch G v. 10.8.2021 (BGBl. I S. 3436);
- Pensionsfonds-RechnungslegungsVO v. 25.2.2003 (BGBl. I S. 246), zuletzt geänd. durch G v. 10.8.2021 (BGBl. I S. 3436);
- VO über Formblätter für die Gliederung des Jahresabschlusses von Wohnungsunternehmen v. 22.9.1970 (BGBl. I S. 1334), zuletzt geänd. durch G v. 5.7.2021 (BGBl. I S. 3338);
  VO über die Gliederung des Jahresabschlusses von Verkehrsunternehmen v. 27.2.1968 (BGBl. I S. 193), zuletzt geänd. durch G v. 7.8.2021 (BGBl. I S. 3311).

1. auf Kreditinstitute im Sinne des § 1 Absatz 1 des Kreditwesengesetzes[1)], soweit sie nach dessen § 2 Absatz 1, 4 oder 5 von der Anwendung nicht ausgenommen sind,
2. auf Finanzdienstleistungsinstitute im Sinne des § 1 Absatz 1a des Kreditwesengesetzes, soweit sie nach dessen § 2 Absatz 6 oder 10 von der Anwendung nicht ausgenommen sind,
3. auf Wertpapierinstitute im Sinne des § 2 Absatz 1 des Wertpapierinstitutsgesetzes, soweit sie nach dessen § 3 von der Anwendung nicht ausgenommen sind, sowie
4. auf Institute im Sinne des § 1 Absatz 3 des Zahlungsdiensteaufsichtsgesetzes.

[2]Satz 1 ist auch auf Zweigstellen von Unternehmen mit Sitz in einem Staat anzuwenden, der nicht Mitglied der Europäischen Gemeinschaft und auch nicht Vertragsstaat des Abkommens über den Europäischen Wirtschaftsraum ist, sofern die Zweigstelle nach § 53 Abs. 1 des Gesetzes über das Kreditwesen als Kreditinstitut oder als Finanzinstitut gilt. [3]Die Rechtsverordnung bedarf nicht der Zustimmung des Bundesrates; sie ist im Einvernehmen mit dem Bundesministerium der Finanzen und im Benehmen mit der Deutschen Bundesbank zu erlassen. [4]In die Rechtsverordnung nach Satz 1 können auch nähere Bestimmungen über die Aufstellung des Jahresabschlusses und des Konzernabschlusses im Rahmen der vorgeschriebenen Formblätter für die Gliederung des Jahresabschlusses und des Konzernabschlusses sowie des Zwischenabschlusses gemäß § 340a Abs. 3 und des Konzernzwischenabschlusses gemäß § 340i Abs. 4 aufgenommen werden, soweit dies zur Erfüllung der Aufgaben der Bundesanstalt für Finanzdienstleistungsaufsicht oder der Deutschen Bundesbank erforderlich ist, insbesondere um einheitliche Unterlagen zur Beurteilung der von den Kreditinstituten und Finanzdienstleistungsinstituten durchgeführten Bankgeschäfte und erbrachten Finanzdienstleistungen sowie der von Wertpapierinstituten erbrachten Wertpapierdienstleistungen zu erhalten.

(3) [1]Absatz 1 ist auf Versicherungsunternehmen nach Maßgabe der Sätze 3 und 4 ungeachtet ihrer Rechtsform anzuwenden. [2]Satz 1 ist auch auf Niederlassungen im Geltungsbereich dieses Gesetzes von Versicherungsunternehmen mit Sitz in einem anderen Staat anzuwenden, wenn sie zum Betrieb des Direktversicherungsgeschäfts der Erlaubnis durch die deutsche Versicherungsaufsichtsbehörde bedürfen. [3]Die Rechtsverordnung bedarf der Zustimmung des Bundesrates und ist im Einvernehmen mit dem Bundesministerium der Finanzen zu erlassen. [4]In die Rechtsverordnung nach Satz 1 können auch nähere Bestimmungen über die Aufstellung des Jahresabschlusses und des Konzernabschlusses im Rahmen der vorgeschriebenen Formblätter für die Gliederung des Jahresabschlusses und des Konzernabschlusses sowie Vorschriften über den Ansatz und die Bewertung von versicherungstechnischen Rückstellungen, insbesondere die Näherungsverfahren, aufgenommen werden. [5]Die Zustimmung des Bundesrates ist nicht erforderlich, soweit die Verordnung ausschließlich dem Zweck dient, Abweichungen nach Absatz 1 Satz 4 und 5 zu gestatten.

(4) [1]In der Rechtsverordnung nach Absatz 1 in Verbindung mit Absatz 3 kann bestimmt werden, daß Versicherungsunternehmen, auf die die Richtlinie 91/674/EWG nach deren Artikel 2 in Verbindung mit den Artikeln 4, 7 und 9 Nummer 1 und 2 sowie Artikel 10 Nummer 1 der Richtlinie 2009/138/EG des Europäischen Parlaments und des Rates vom 25. November 2009 betreffend die Aufnahme und

[1)] **Sartorius ErgBd. Nr. 856.**

Ausübung der Versicherungs- und der Rückversicherungstätigkeit (Solvabilität II) (ABl. L 335 vom 17.12.2009, S. 1) nicht anzuwenden ist, von den Regelungen des Zweiten Unterabschnitts des Vierten Abschnitts ganz oder teilweise befreit werden, soweit dies erforderlich ist, um eine im Verhältnis zur Größe der Versicherungsunternehmen unangemessene Belastung zu vermeiden; Absatz 1 Satz 2 ist insoweit nicht anzuwenden. [2] In der Rechtsverordnung dürfen diesen Versicherungsunternehmen auch für die Gliederung des Jahresabschlusses und des Konzernabschlusses, für die Erstellung von Anhang und Lagebericht und Konzernanhang und Konzernlagebericht sowie für die Offenlegung ihrer Größe angemessene Vereinfachungen gewährt werden.

(5) Die Absätze 3 und 4 sind auf Pensionsfonds (§ 236 Absatz 1 des Versicherungsaufsichtsgesetzes) entsprechend anzuwenden.

Sechster Unterabschnitt.[1] Straf- und Bußgeldvorschriften. Ordnungsgelder

Erster Titel.[2] Straf- und Bußgeldvorschriften

§ 331[3) 4)] **Unrichtige Darstellung.** (1) Mit Freiheitsstrafe bis zu drei Jahren oder mit Geldstrafe wird bestraft, wer

1. als Mitglied des vertretungsberechtigten Organs oder des Aufsichtsrats einer Kapitalgesellschaft die Verhältnisse der Kapitalgesellschaft in der Eröffnungsbilanz, im Jahresabschluß, im Lagebericht einschließlich der nichtfinanziellen Erklärung, im gesonderten nichtfinanziellen Bericht oder im Zwischenabschluß nach § 340a Abs. 3 unrichtig wiedergibt oder verschleiert,

1a. als Mitglied des vertretungsberechtigten Organs einer Kapitalgesellschaft zum Zwecke der Befreiung nach § 325 Abs. 2a Satz 1, Abs. 2b einen Einzelabschluss nach den in § 315e Absatz 1 genannten internationalen Rechnungslegungsstandards, in dem die Verhältnisse der Kapitalgesellschaft unrichtig wiedergegeben oder verschleiert worden sind, offen legt,

2. als Mitglied des vertretungsberechtigten Organs oder des Aufsichtsrats einer Kapitalgesellschaft die Verhältnisse des Konzerns im Konzernabschluß, im Konzernlagebericht einschließlich der nichtfinanziellen Konzernerklärung, im gesonderten nichtfinanziellen Konzernbericht oder im Konzernzwischenabschluß nach § 340i Abs. 4 unrichtig wiedergibt oder verschleiert,

3. als Mitglied des vertretungsberechtigten Organs einer Kapitalgesellschaft zum Zwecke der Befreiung nach § 291 Abs. 1 und 2 oder nach § 292 einen Konzernabschluß oder Konzernlagebericht, in dem die Verhältnisse des Konzerns unrichtig wiedergegeben oder verschleiert worden sind, offenlegt oder

4. als Mitglied des vertretungsberechtigten Organs einer Kapitalgesellschaft oder als Mitglied des vertretungsberechtigten Organs oder als vertretungsberechtigter Gesellschafter eines ihrer Tochterunternehmen (§ 290 Abs. 1, 2) in Aufklärungen oder Nachweisen, die nach § 320 einem Abschlußprüfer der Kapitalgesellschaft, eines verbundenen Unternehmens oder des Konzerns zu geben

[1] 6. UAbschnitt Überschrift geänd. mWv 30.4.2011 durch G v. 1.3.2011 (BGBl. I S. 288).

[2] Überschrift 1. Titel eingef. mWv 19.4.2017 durch G v. 11.4.2017 (BGBl. I S. 802).

[3] § 331 eingef. durch G v. 19.12.1985 (BGBl. I S. 2355); Nr. 1 und 2 geänd. durch G v. 21.12.1992 (BGBl. I S. 2211); Nr. 3 geänd. durch G v. 20.4.1998 (BGBl. I S. 707); Nr. 1a eingef., Nr. 3 geänd. mWv 10.12.2004 durch G v. 4.12.2004 (BGBl. I S. 3166); Nr. 3 geänd, Nr. 3a eingef. mWv 20.1.2007 durch G v. 5.1.2007 (BGBl. I S. 10); Nr. 3 geänd. mWv 23.7.2015 durch G v. 17.7.2015 (BGBl. I S. 1245); Nr. 1, 1a, 2 und 3a geänd. mWv 19.4.2017 durch G v. 11.4.2017 (BGBl. I S. 802); Abs. 1 Nr. 1a und 3 geänd., Nr. 3a aufgeh., Abs. 2 angef. mWv 1.7.2021 durch G v. 3.6.2021 (BGBl. I S. 1534).

[4] Beachte hierzu Übergangsvorschriften in Art. 75 und 80 EGHGB (Nr. **50a**).

sind, unrichtige Angaben macht oder die Verhältnisse der Kapitalgesellschaft, eines Tochterunternehmens oder des Konzerns unrichtig wiedergibt oder verschleiert.

(2) Handelt der Täter in den Fällen des Absatzes 1 Nummer 1a oder 3 leichtfertig, so ist die Strafe Freiheitsstrafe bis zu einem Jahr oder Geldstrafe.

§ 331a[1] Unrichtige Versicherung. (1) Mit Freiheitsstrafe bis zu fünf Jahren oder mit Geldstrafe wird bestraft, wer entgegen § 264 Absatz 2 Satz 3, auch in Verbindung mit § 325 Absatz 2a Satz 3, entgegen § 289 Absatz 1 Satz 5, auch in Verbindung mit § 325 Absatz 2a Satz 4, oder entgegen § 297 Absatz 2 Satz 4 oder § 315 Absatz 1 Satz 5, jeweils auch in Verbindung mit § 315e Absatz 1, eine unrichtige Versicherung abgibt.

(2) Handelt der Täter leichtfertig, so ist die Strafe Freiheitsstrafe bis zu zwei Jahren oder Geldstrafe.

§ 332[2] Verletzung der Berichtspflicht. (1) Mit Freiheitsstrafe bis zu drei Jahren oder mit Geldstrafe wird bestraft, wer als Abschlußprüfer oder Gehilfe eines Abschlußprüfers über das Ergebnis der Prüfung eines Jahresabschlusses, eines Einzelabschlusses nach § 325 Abs. 2a, eines Lageberichts, eines Konzernabschlusses, eines Konzernlageberichts einer Kapitalgesellschaft oder eines Zwischenabschlusses nach § 340a Abs. 3 oder eines Konzernzwischenabschlusses gemäß § 340i Abs. 4 unrichtig berichtet, im Prüfungsbericht (§ 321) erhebliche Umstände verschweigt oder einen inhaltlich unrichtigen Bestätigungsvermerk (§ 322) erteilt.

(2) [1]Handelt der Täter gegen Entgelt oder in der Absicht, sich oder einen anderen zu bereichern oder einen anderen zu schädigen, so ist die Strafe Freiheitsstrafe bis zu fünf Jahren oder Geldstrafe. [2]Ebenso wird bestraft, wer einen inhaltlich unrichtigen Bestätigungsvermerk erteilt zu dem Jahresabschluss, zu dem Einzelabschluss nach § 325 Absatz 2a oder zu dem Konzernabschluss einer Kapitalgesellschaft, die ein Unternehmen von öffentlichem Interesse nach § 316a Satz 2 ist.

(3) Handelt der Täter in den Fällen des Absatzes 2 Satz 2 leichtfertig, so ist die Strafe Freiheitsstrafe bis zu zwei Jahren oder Geldstrafe.

§ 333[3] [4] Verletzung der Geheimhaltungspflicht. (1) Mit Freiheitsstrafe bis zu einem Jahr oder mit Geldstrafe wird bestraft, wer ein Geheimnis der Kapitalgesellschaft, eines Tochterunternehmens (§ 290 Abs. 1, 2), eines gemeinsam geführten Unternehmens (§ 310) oder eines assoziierten Unternehmens (§ 311), namentlich ein Betriebs- oder Geschäftsgeheimnis, das ihm in seiner Eigenschaft als Abschlußprüfer oder Gehilfe eines Abschlußprüfers bei Prüfung des Jahresabschlusses, eines Einzelabschlusses nach § 325 Abs. 2a oder des Konzernabschlusses bekannt geworden ist, unbefugt offenbart.

(2) [1]Handelt der Täter gegen Entgelt oder in der Absicht, sich oder einen anderen zu bereichern oder einen anderen zu schädigen, so ist die Strafe Freiheits-

---

[1] § 331a eingef. mWv 1.7.2021 durch G v. 3.6.2021 (BGBl. I S. 1534).

[2] § 332 eingef. durch G v. 19.12.1985 (BGBl. I S. 2355); Abs. 1 geänd. durch G v. 21.12.1992 (BGBl. I S. 2211); Abs. 1 geänd. mWv 10.12.2004 durch G v. 4.12.2004 (BGBl. I S. 3166); Abs. 2 Satz 2, Abs. 3 angef. mWv 1.7.2021 durch G v. 3.6.2021 (BGBl. I S. 1534).

[3] § 333 eingef. durch G v. 19.12.1985 (BGBl. I S. 2355); Abs. 1 geänd. mWv 10.12.2004 durch G v. 4.12.2004 (BGBl. I S. 3166); Abs. 1 geänd. mWv 21.12.2004 durch G v. 15.12.2004 (BGBl. I S. 3408); Abs. 1 geänd. mWv 1.1.2022 durch G v. 3.6.2021 (BGBl. I S. 1534).

[4] Beachte hierzu Übergangsvorschrift in Art. 86 EGHGB (Nr. **50a**).

strafe bis zu zwei Jahren oder Geldstrafe. [2] Ebenso wird bestraft, wer ein Geheimnis der in Absatz 1 bezeichneten Art, namentlich ein Betriebs- oder Geschäftsgeheimnis, das ihm unter den Voraussetzungen des Absatzes 1 bekannt geworden ist, unbefugt verwertet.

(3) Die Tat wird nur auf Antrag der Kapitalgesellschaft verfolgt.

§ 333a[1)] Verletzung der Pflichten bei Abschlussprüfungen. Mit Freiheitsstrafe bis zu einem Jahr oder mit Geldstrafe wird bestraft, wer als Mitglied eines nach § 324 Absatz 1 Satz 1 eingerichteten Prüfungsausschusses

1. eine in § 334 Absatz 2a bezeichnete Handlung begeht und dafür einen Vermögensvorteil erhält oder sich versprechen lässt oder
2. eine in § 334 Absatz 2a bezeichnete Handlung beharrlich wiederholt.

§ 334[2) 3)] Bußgeldvorschriften. (1) [1] Ordnungswidrig handelt, wer als Mitglied des vertretungsberechtigten Organs oder des Aufsichtsrats einer Kapitalgesellschaft

1. bei der Aufstellung oder Feststellung des Jahresabschlusses einer Vorschrift
   a) des § 243 Abs. 1 oder 2, der §§ 244, 245, 246, 247, 248, 249 Abs. 1 Satz 1 oder Abs. 2, des § 250 Abs. 1 oder 2, des § 251 oder des § 264 Absatz 1a oder Absatz 2 über Form oder Inhalt,
   b) des § 253 Absatz 1 Satz 1, 2, 3, 4, 5 oder Satz 6, Abs. 2 Satz 1, auch in Verbindung mit Satz 2, Absatz 3 Satz 1, 2, 3, 4 oder Satz 5, Abs. 4 oder 5, des § 254 oder des § 256a über die Bewertung,
   c) des § 265 Abs. 2, 3, 4 oder 6, der §§ 266, 268 Absatz 3, 4, 5, 6 oder Absatz 7, der §§ 272, 274, 275 oder des § 277 über die Gliederung oder
   d) des § 284 oder des § 285 über die in der Bilanz, unter der Bilanz oder im Anhang zu machenden Angaben,
2. bei der Aufstellung des Konzernabschlusses einer Vorschrift
   a) des § 294 Abs. 1 über den Konsolidierungskreis,
   b) des § 297 Absatz 1a, 2 oder 3 oder des § 298 Abs. 1 in Verbindung mit den §§ 244, 245, 246, 247, 248, 249 Abs. 1 Satz 1 oder Abs. 2, dem § 250 Abs. 1 oder dem § 251 über Inhalt oder Form,
   c) des § 300 über die Konsolidierungsgrundsätze oder das Vollständigkeitsgebot,

---

1) § 333a eingef. mWv 17.6.2016 durch G v. 10.5.2016 (BGBl. I S. 1142).

2) § 334 eingef. durch G v. 19.12.1985 (BGBl. I S. 2355); Abs. 1 Nr. 6 geänd., Abs. 4 angef. durch G v. 30.11.1990 (BGBl. I S. 2570); Abs. 3 geänd. mWv 1.1.2002 durch G v. 10.12.2001 (BGBl. I S. 3414); Abs. 3 geänd. mWv 11.8.2005 durch G v. 3.8.2005 (BGBl. I S. 2267); Abs. 1 Nr. 3 und 4 geänd. mWv 14.7.2006 durch G v. 8.7.2006 (BGBl. I S. 1426), Abs. 5 angef. mWv 1.1.2007 durch G v. 10.11.2006 (BGBl. I S. 2553); Abs. 1 Nr. 1 Buchst. a, c und d geänd., Buchst. b neu gef., Nr. 2 Buchst. b und d, Nr. 3 geänd. mWv 29.5.2009 durch G v. 25.5.2009 (BGBl. I S. 1102); Abs. 1 Nr. 1 Buchst. b und d, Nr. 5 geänd. mWv 28.12.2012 durch G v. 20.12.2012 (BGBl. I S. 2751); Abs. 1 Nr. 1 Buchst. a, b und c, Nr. 2 Buchst. b und f, Nr. 3 und 4 geänd. mWv 23.7.2015 durch G v. 17.7.2015 (BGBl. I S. 1245); Abs. 2a eingef. mWv 17.6.2016 durch G v. 10.5.2016 (BGBl. I S. 1142); Abs. 1 Nr. 3 und 4, Abs. 3 neu gef., Abs. 3a und 3b eingef. mWv 19.4.2017 durch G v. 11.4.2017 (BGBl. I S. 802); Abs. 1 Nr. 5 geänd. mWv 19.8.2020 durch G v. 12.8.2020 (BGBl. I S. 1874); Abs. 2 neu gef., Abs. 2a einl. Satzteil und Nr. 1, Abs. 3 Satz 1 geänd., Abs. 3a Satz 2 angef., Abs. 3b Satz 1 geänd., Abs. 4 und 5 neu gef. mWv 1.7.2021 durch G v. 3.6.2021 (BGBl. I S. 1534); Abs. 1 Satz 1 Nr. 3a eingef., Sätze 2 und 3 angef. mWv 12.8.2021 durch G v. 7.8.2021 (BGBl. I S. 3311).

3) Beachte hierzu Übergangsvorschriften in Art. 75, 80, 84, 86 und 87 EGHGB (Nr. **50a**).

d) des § 308 Abs. 1 Satz 1 in Verbindung mit den in Nummer 1 Buchstabe b bezeichneten Vorschriften, des § 308 Abs. 2 oder des § 308a über die Bewertung,

e) des § 311 Abs. 1 Satz 1 in Verbindung mit § 312 über die Behandlung assoziierter Unternehmen oder

f) des § 308 Abs. 1 Satz 3, des § 313 oder des § 314 über die im Konzernanhang zu machenden Angaben,

3. bei der Aufstellung des Lageberichts oder der Erstellung eines gesonderten nichtfinanziellen Berichts einer Vorschrift der §§ 289 bis 289b Absatz 1, §§ 289c, 289d, 289e Absatz 2, auch in Verbindung mit § 289b Absatz 2 oder 3, oder des § 289f über den Inhalt des Lageberichts oder des gesonderten nichtfinanziellen Berichts,

3a. bei der Erstellung einer Erklärung zur Unternehmensführung einer Vorschrift des § 289f Absatz 4 Satz 3 in Verbindung mit Satz 1 und Absatz 2 Nummer 4 über den Inhalt,

4. bei der Aufstellung des Konzernlageberichts oder der Erstellung eines gesonderten nichtfinanziellen Konzernberichts einer Vorschrift der §§ 315 bis 315b Absatz 1, des § 315c, auch in Verbindung mit § 315b Absatz 2 oder 3, oder des § 315d über den Inhalt des Konzernlageberichts oder des gesonderten nichtfinanziellen Konzernberichts,

5. bei der Offenlegung, Hinterlegung, Veröffentlichung oder Vervielfältigung einer Vorschrift des § 328 über Form, Format oder Inhalt oder

6. einer auf Grund des § 330 Abs. 1 Satz 1 erlassenen Rechtsverordnung, soweit sie für einen bestimmten Tatbestand auf diese Bußgeldvorschrift verweist,

zuwiderhandelt. [2] In den Fällen des Satzes 1 Nummer 3 und 3a wird eine Zuwiderhandlung gegen eine Vorschrift des § 289f Absatz 2 Nummer 4, auch in Verbindung mit Absatz 3 oder 4, nicht dadurch ausgeschlossen, dass die Festlegungen oder Begründungen nach § 76 Absatz 4 oder § 111 Absatz 5 des Aktiengesetzes[1)] oder nach § 36 oder § 52 Absatz 2 des Gesetzes betreffend die Gesellschaften mit beschränkter Haftung[2)] ganz oder zum Teil unterblieben sind. [3] In den Fällen des Satzes 1 Nummer 4 wird eine Zuwiderhandlung gegen eine Vorschrift des § 315d in Verbindung mit § 289f Absatz 2 Nummer 4 nicht dadurch ausgeschlossen, dass die Festlegungen oder Begründungen nach § 76 Absatz 4 oder § 111 Absatz 5 des Aktiengesetzes ganz oder zum Teil unterblieben sind.

(2) [1] Ordnungswidrig handelt, wer einen Bestätigungsvermerk nach § 322 Absatz 1 erteilt zu dem Abschluss

1. einer Kapitalgesellschaft, die ein Unternehmen von öffentlichem Interesse nach § 316a Satz 2 Nummer 1 ist, oder

2. einer Kapitalgesellschaft, die nicht in Nummer 1 genannt ist,

obwohl nach § 319 Absatz 2 oder 3, jeweils auch in Verbindung mit Absatz 5, oder nach § 319b Absatz 1 Satz 1 oder 2, jeweils auch in Verbindung mit Absatz 2, er oder nach § 319 Absatz 4 Satz 1 oder 2, jeweils auch in Verbindung mit Absatz 5, oder nach § 319b Absatz 1 Satz 1 oder 2, jeweils auch in Verbindung mit Absatz 2, die Wirtschaftsprüfungsgesellschaft oder die Buchführungsgesellschaft, für die er tätig wird, nicht Abschlussprüfer sein darf. [2] Ordnungswidrig handelt auch, wer einen Bestätigungsvermerk nach § 322 Absatz 1 erteilt zu dem Abschluss einer

1) Nr. **51**.
2) Nr. **52**.

Kapitalgesellschaft, die ein Unternehmen von öffentlichem Interesse nach § 316a Satz 2 Nummer 1 ist, obwohl

1. er oder die Prüfungsgesellschaft, für die er tätig wird, oder ein Mitglied des Netzwerks, dem er oder die Prüfungsgesellschaft, für die er tätig wird, angehört, einer Vorschrift des Artikels 5 Absatz 4 Unterabsatz 1 Satz 1 oder Absatz 5 Unterabsatz 2 Satz 2 der Verordnung (EU) Nr. 537/2014 des Europäischen Parlaments und des Rates vom 16. April 2014 über spezifische Anforderungen an die Abschlussprüfung bei Unternehmen von öffentlichem Interesse und zur Aufhebung des Beschlusses 2005/909/EG der Kommission (ABl. L 158 vom 27.5.2014, S. 77; L 170 vom 11.6.2014, S. 66) zuwiderhandelt oder
2. er oder die Prüfungsgesellschaft, für die er tätig wird, nach Artikel 17 Absatz 3 der Verordnung (EU) Nr. 537/2014 die Abschlussprüfung nicht durchführen darf.

[3] Abschluss im Sinne der Sätze 1 und 2 ist ein Jahresabschluss, ein Einzelabschluss nach § 325 Absatz 2a oder ein Konzernabschluss, der aufgrund gesetzlicher Vorschriften zu prüfen ist.

(2a) Ordnungswidrig handelt, wer als Mitglied eines nach § 324 Absatz 1 Satz 1 eingerichteten Prüfungsausschusses einer Kapitalgesellschaft

1. die Unabhängigkeit des Abschlussprüfers oder der Prüfungsgesellschaft nicht nach Maßgabe des Artikels 4 Absatz 3 Unterabsatz 2, des Artikels 5 Absatz 4 Unterabsatz 1 Satz 1 oder des Artikels 6 Absatz 2 der Verordnung (EU) Nr. 537/2014 überwacht,
2. eine Empfehlung für die Bestellung eines Abschlussprüfers oder einer Prüfungsgesellschaft vorlegt, die den Anforderungen nach Artikel 16 Absatz 2 Unterabsatz 2 oder 3 der Verordnung (EU) Nr. 537/2014 nicht entspricht oder der ein Auswahlverfahren nach Artikel 16 Absatz 3 Unterabsatz 1 der Verordnung (EU) Nr. 537/2014 nicht vorangegangen ist, oder
3. den Gesellschaftern einen Vorschlag für die Bestellung eines Abschlussprüfers oder einer Prüfungsgesellschaft vorlegt, der den Anforderungen nach Artikel 16 Absatz 5 Unterabsatz 1 der Verordnung (EU) Nr. 537/2014 nicht entspricht.

(3) [1] Die Ordnungswidrigkeit kann in den Fällen des Absatzes 2 Satz 1 Nummer 1 und Satz 2 sowie des Absatzes 2a mit einer Geldbuße bis zu fünfhunderttausend Euro, in den Fällen der Absätze 1 und 2 Satz 1 Nummer 2 mit einer Geldbuße bis zu fünfzigtausend Euro geahndet werden. [2] Ist die Kapitalgesellschaft kapitalmarktorientiert im Sinne des § 264d, beträgt die Geldbuße in den Fällen des Absatzes 1 höchstens den höheren der folgenden Beträge:

1. zwei Millionen Euro oder
2. das Zweifache des aus der Ordnungswidrigkeit gezogenen wirtschaftlichen Vorteils, wobei der wirtschaftliche Vorteil erzielte Gewinne und vermiedene Verluste umfasst und geschätzt werden kann.

(3a) [1] Wird gegen eine kapitalmarktorientierte Kapitalgesellschaft im Sinne des § 264d in den Fällen des Absatzes 1 eine Geldbuße nach § 30 des Gesetzes über Ordnungswidrigkeiten[1)] verhängt, beträgt diese Geldbuße höchstens den höchsten der folgenden Beträge:

1. zehn Millionen Euro,

[1)] Nr. **94**.

2. 5 Prozent des jährlichen Gesamtumsatzes, den die Kapitalgesellschaft in dem der Behördenentscheidung vorausgegangenen Geschäftsjahr erzielt hat oder
3. das Zweifache des aus der Ordnungswidrigkeit gezogenen wirtschaftlichen Vorteils, wobei der wirtschaftliche Vorteil erzielte Gewinne und vermiedene Verluste umfasst und geschätzt werden kann.

[2] In den Fällen des Absatzes 3 Satz 1 in Verbindung mit Absatz 2 Satz 1 Nummer 1 oder Satz 2 ist § 30 Absatz 2 Satz 3 des Gesetzes über Ordnungswidrigkeiten anzuwenden.

(3b) [1] Gesamtumsatz im Sinne des Absatzes 3a Satz 1 Nummer 2 ist der Betrag der Umsatzerlöse nach § 277 Absatz 1 oder der Betrag der Nettoumsatzerlöse nach Maßgabe des auf das Unternehmen anwendbaren nationalen Rechts im Einklang mit Artikel 2 Nummer 5 der Richtlinie 2013/34/EU. [2] Handelt es sich bei der Kapitalgesellschaft um ein Mutterunternehmen oder um ein Tochterunternehmen im Sinne des § 290, ist anstelle des Gesamtumsatzes der Kapitalgesellschaft der Gesamtumsatz im Konzernabschluss des Mutterunternehmens maßgeblich, der für den größten Kreis von Unternehmen aufgestellt wird. [3] Wird der Konzernabschluss für den größten Kreis von Unternehmen nicht nach den in Satz 1 genannten Vorschriften aufgestellt, ist der Gesamtumsatz nach Maßgabe der den Umsatzerlösen vergleichbaren Posten des Konzernabschlusses zu ermitteln. [4] Ist ein Jahres- oder Konzernabschluss für das maßgebliche Geschäftsjahr nicht verfügbar, ist der Jahres- oder Konzernabschluss für das unmittelbar vorausgehende Geschäftsjahr maßgeblich; ist auch dieser nicht verfügbar, kann der Gesamtumsatz geschätzt werden.

(4) Verwaltungsbehörde im Sinne des § 36 Absatz 1 Satz 1 des Gesetzes über Ordnungswidrigkeiten ist
1. die Bundesanstalt für Finanzdienstleistungsaufsicht in den Fällen des Absatzes 1 bei Kapitalgesellschaften, die kapitalmarktorientiert im Sinne des § 264d sind,
2. das Bundesamt für Justiz
   a) in den Fällen des Absatzes 1, in denen nicht die Bundesanstalt für Finanzdienstleistungsaufsicht nach Nummer 1 Verwaltungsbehörde ist, und
   b) in den Fällen des Absatzes 2a,
3. die Abschlussprüferaufsichtsstelle beim Bundesamt für Wirtschaft und Ausfuhrkontrolle in den Fällen des Absatzes 2.

(5) Die Absätze 1 bis 4 sind nicht anzuwenden auf:
1. Kreditinstitute im Sinne des § 340 Absatz 1 Satz 1,
2. Finanzdienstleistungsinstitute im Sinne des § 340 Absatz 4 Satz 1,
3. Wertpapierinstitute im Sinne des § 340 Absatz 4a Satz 1,[1)]
4. Institute im Sinne des § 1 Absatz 3 des Zahlungsdiensteaufsichtsgesetzes,
5. Versicherungsunternehmen im Sinne des § 341 Absatz 1 und
6. Pensionsfonds im Sinne des § 341 Absatz 4 Satz 1.

[1)] Komma fehlt im BGBl. I.

Zweiter Titel.[1] Ordnungsgelder

§ 335[2) 3)] Festsetzung von Ordnungsgeld; Verordnungsermächtigungen.

(1) [1] Gegen die Mitglieder des vertretungsberechtigten Organs einer Kapitalgesellschaft, die

1. § 325 über die Pflicht zur Offenlegung des Jahresabschlusses, des Lageberichts, des Konzernabschlusses, des Konzernlageberichts und anderer Unterlagen der Rechnungslegung oder
2. § 325a über die Pflicht zur Offenlegung der Rechnungslegungsunterlagen der Hauptniederlassung

nicht befolgen, ist wegen des pflichtwidrigen Unterlassens der rechtzeitigen Offenlegung vom Bundesamt für Justiz (Bundesamt) ein Ordnungsgeldverfahren nach den Absätzen 2 bis 6 durchzuführen; im Fall der Nummer 2 treten die in § 13e Absatz 2 Satz 5 Nummer 3 genannten Personen, sobald sie angemeldet sind, an die Stelle der Mitglieder des vertretungsberechtigten Organs der Kapitalgesellschaft. [2] Das Ordnungsgeldverfahren kann auch gegen die Kapitalgesellschaft durchgeführt werden, für die die Mitglieder des vertretungsberechtigten Organs die in Satz 1 Nr. 1 und 2 genannten Pflichten zu erfüllen haben. [3] Dem Verfahren steht nicht entgegen, dass eine der Offenlegung vorausgehende Pflicht, insbesondere die Aufstellung des Jahres- oder Konzernabschlusses oder die unverzügliche Erteilung des Prüfauftrags, noch nicht erfüllt ist. [4] Das Ordnungsgeld beträgt mindestens zweitausendfünfhundert und höchstens fünfundzwanzigtausend Euro. [5] Eingenommene Ordnungsgelder fließen dem Bundesamt zu.

(1a) [1] Ist die Kapitalgesellschaft kapitalmarktorientiert im Sinne des § 264d, beträgt das Ordnungsgeld höchstens den höheren der folgenden Beträge:

1. zehn Millionen Euro,
2. 5 Prozent des jährlichen Gesamtumsatzes, den die Kapitalgesellschaft im der Behördenentscheidung vorausgegangenen Geschäftsjahr erzielt hat, oder
3. das Zweifache des aus der unterlassenen Offenlegung gezogenen wirtschaftlichen Vorteils; der wirtschaftliche Vorteil umfasst erzielte Gewinne und vermiedene Verluste und kann geschätzt werden.

[2] Wird das Ordnungsgeld einem Mitglied des gesetzlichen Vertretungsorgans der Kapitalgesellschaft angedroht, beträgt das Ordnungsgeld abweichend von Satz 1 höchstens den höheren der folgenden Beträge:

1. zwei Millionen Euro oder

---

[1] Überschrift 2. Titel eingef. mWv 19.4.2017 durch G v. 11.4.2017 (BGBl. I S. 802).

[2] § 335 neu gef. mWv 1.1.2007 durch G v. 10.11.2006 (BGBl. I S. 2553); Abs. 2a eingef. mWv 18.12. 2007 durch G v. 10.12.2007 (BGBl. I S. 2833); Abs. 2 Satz 1, Abs. 4 und Abs. 5 Sätze 5 und 6 geänd., Abs. 5 Satz 1 neu gef. mWv 1.9.2009 durch G v. 17.12.2008 (BGBl. I S. 2586, geänd. durch G v. 25.5. 2009, BGBl. I S. 1102); Abs. 5 Sätze 2 und 3 eingef., bish. Sätze 2–5 werden Sätze 4–7, Satz 8 eingef., bish. Sätze 6 und 7 werden Sätze 9 und 10, Sätze 11 und 12 angef., Abs. 5a eingef. mWv 29.5.2009 durch G v. 25.5.2009 (BGBl. I S. 1102); Abs. 6 Satz 1 geänd. mWv 28.12.2012 durch G v. 20.12.2012 (BGBl. I S. 2751); Abs. 3 Sätze 4 und 5 aufgeh., bish. Sätze 6 und 7 werden Sätze 4 und 5, Abs. 4 und 5 neu gef., Abs. 5a aufgeh., Abs. 6 Satz 1 neu gef. mWv 10.10.2013 durch G v. 4.10.2013 (BGBl. I S. 3746); Abs. 1 Satz 4 geänd. mWv 10.7.2015 durch G v. 3.7.2015 (BGBl. I S. 1114); Abs. 1 Satz 4 geänd., Abs. 1a–1d eingef. mWv 26.11.2015 durch G v. 20.11.2015 (BGBl. I S. 2029); Abs. 1 Satz 1 abschl. Satzteil, Abs. 1a Satz 1 Nr. 2 geänd., Abs. 1b Satz 2 neu gef. mWv 19.4.2017 durch G v. 11.4.2017 (BGBl. I S. 802); Abs. 7 angef. mWv 13.7.2017, Überschrift geänd., Abs. 2a neu gef. mWv 1.1.2018 durch G v. 5.7.2017 (BGBl. I S. 2208); Abs. 7 Satz 1 Nr. 5 Buchst. c geänd. mWv 1.11.2019 durch G v. 21.6.2019 (BGBl. I S. 846); Abs. 1b Satz 1 Nr. 1 geänd. mWv 26.6.2021 durch G v. 12.5.2021 (BGBl. I S. 990).

[3] Beachte hierzu Übergangsvorschriften in Art. 75 und 80 EGHGB (Nr. **50a**).

2. das Zweifache des aus der unterlassenen Offenlegung gezogenen Vorteils; der wirtschaftliche Vorteil umfasst erzielte Gewinne und vermiedene Verluste und kann geschätzt werden.

(1b) [1] Gesamtumsatz im Sinne des Absatzes 1a Satz 1 Nummer 2 ist

1. im Falle von Kreditinstituten, Zahlungsinstituten, Wertpapierinstituten und Finanzdienstleistungsinstituten im Sinne des § 340 der sich aus dem auf das Institut anwendbaren nationalen Recht im Einklang mit Artikel 27 Nummer 1, 3, 4, 6 und 7 oder Artikel 28 Nummer B1, B2, B3, B4 und B7 der Richtlinie 86/635/EWG des Rates vom 8. Dezember 1986 über den Jahresabschluss und den konsolidierten Abschluss von Banken und anderen Finanzinstituten (ABl. L 372 vom 31.12.1986, S. 1) ergebende Gesamtbetrag, abzüglich der Umsatzsteuer und sonstiger direkt auf diese Erträge erhobener Steuern,
2. im Falle von Versicherungsunternehmen der sich aus dem auf das Versicherungsunternehmen anwendbaren nationalen Recht im Einklang mit Artikel 63 der Richtlinie 91/674/EWG des Rates vom 19. Dezember 1991 über den Jahresabschluss und den konsolidierten Abschluss von Versicherungsunternehmen (ABl. L 374 vom 31.12.1991, S. 7) ergebende Gesamtbetrag, abzüglich der Umsatzsteuer und sonstiger direkt auf diese Erträge erhobener Steuern,
3. im Übrigen der Betrag der Umsatzerlöse nach § 277 Absatz 1 oder der Nettoumsatzerlöse nach Maßgabe des auf das Unternehmen anwendbaren nationalen Rechts im Einklang mit Artikel 2 Nummer 5 der Richtlinie 2013/34/EU.

[2] Handelt es sich bei der Kapitalgesellschaft um ein Mutterunternehmen oder um ein Tochterunternehmen im Sinne von § 290, ist anstelle des Gesamtumsatzes der Kapitalgesellschaft der Gesamtumsatz im Konzernabschluss des Mutterunternehmens maßgeblich, der für den größten Kreis von Unternehmen aufgestellt wird. [3] Wird der Konzernabschluss für den größten Kreis von Unternehmen nicht nach den in Satz 1 genannten Vorschriften aufgestellt, ist der Gesamtumsatz nach Maßgabe der den in Satz 1 Nummer 1 bis 3 vergleichbaren Posten des Konzernabschlusses zu ermitteln. [4] Ist ein Jahresabschluss oder Konzernabschluss für das maßgebliche Geschäftsjahr nicht verfügbar, ist der Jahres- oder Konzernabschluss für das unmittelbar vorausgehende Geschäftsjahr maßgeblich; ist auch dieser nicht verfügbar, kann der Gesamtumsatz geschätzt werden.

(1c) Soweit dem Bundesamt Ermessen bei der Höhe eines Ordnungsgeldes zusteht, hat es auch frühere Verstöße der betroffenen Person zu berücksichtigen.

(1d) [1] Das Bundesamt unterrichtet die Bundesanstalt für Finanzdienstleistungsaufsicht unverzüglich über jedes Ordnungsgeld, das gemäß Absatz 1 gegen eine Kapitalgesellschaft im Sinne des § 264d oder gegen ein Mitglied ihrer Vertretungsorgane festgesetzt wird. [2] Wird gegen eine solche Ordnungsgeldfestsetzung Beschwerde eingelegt, unterrichtet das Bundesamt die Bundesanstalt für Finanzdienstleistungsaufsicht über diesen Umstand sowie über den Ausgang des Beschwerdeverfahrens.

(2) [1] Auf das Verfahren sind die §§ 15 bis 19, § 40 Abs. 1, § 388 Abs. 1, § 389 Abs. 3, § 390 Abs. 2 bis 6 des Gesetzes über das Verfahren in Familiensachen und in den Angelegenheiten der freiwilligen Gerichtsbarkeit[1)] sowie im Übrigen § 11 Nr. 1 und 2, § 12 Abs. 1 Nr. 1 bis 3, Abs. 2 und 3, §§ 14, 15, 20 Abs. 1 und 3,

[1)] Nr. **112**.

§ 21 Abs. 1, §§ 23 und 26 des Verwaltungsverfahrensgesetzes[1)] nach Maßgabe der nachfolgenden Absätze entsprechend anzuwenden. [2]Das Ordnungsgeldverfahren ist ein Justizverwaltungsverfahren. [3]Zur Vertretung der Beteiligten sind auch Wirtschaftsprüfer und vereidigte Buchprüfer, Steuerberater, Steuerbevollmächtigte, Personen und Vereinigungen im Sinn des § 3 Nr. 4 des Steuerberatungsgesetzes sowie Gesellschaften im Sinn des § 3 Nr. 2 und 3 des Steuerberatungsgesetzes, die durch Personen im Sinn des § 3 Nr. 1 des Steuerberatungsgesetzes handeln, befugt.

(2a) [1]Die Akten einschließlich der Verfahrensakten in der Zwangsvollstreckung werden elektronisch geführt. [2]Auf die elektronische Aktenführung und die elektronische Kommunikation ist § 110c des Gesetzes über Ordnungswidrigkeiten[2)] entsprechend anzuwenden, jedoch dessen Satz 1

1. nicht in Verbindung mit dessen Satz 2 und § 32b der Strafprozessordnung[3)] auf
   a) die Androhung eines Ordnungsgeldes nach Absatz 3 Satz 1,
   b) die Kostenentscheidung nach Absatz 3 Satz 2 und
   c) den Erlass von Zwischenverfügungen;
2. nicht in Verbindung mit den §§ 32d und 32e Absatz 3 Satz 1 und 2 der Strafprozessordnung auf das Verfahren insgesamt sowie
3. einschließlich dessen Sätze 2 und 3 nicht auf die Beitreibung nach dem Justizbeitreibungsgesetz[4)].

[3]Satz 2 gilt entsprechend auch für Verfügungen im Sinne der Absätze 3 und 4, die automatisiert erlassen werden können.

(3) [1]Den in Absatz 1 Satz 1 und 2 bezeichneten Beteiligten ist unter Androhung eines Ordnungsgeldes in bestimmter Höhe aufzugeben, innerhalb einer Frist von sechs Wochen vom Zugang der Androhung an ihrer gesetzlichen Verpflichtung nachzukommen oder die Unterlassung mittels Einspruchs gegen die Verfügung zu rechtfertigen. [2]Mit der Androhung des Ordnungsgeldes sind den Beteiligten zugleich die Kosten des Verfahrens aufzuerlegen. [3]Der Einspruch kann auf Einwendungen gegen die Entscheidung über die Kosten beschränkt werden. [4]Der Einspruch gegen die Androhung des Ordnungsgeldes und gegen die Entscheidung über die Kosten hat keine aufschiebende Wirkung. [5]Führt der Einspruch zu einer Einstellung des Verfahrens, ist zugleich auch die Kostenentscheidung nach Satz 2 aufzuheben.

(4) [1]Wenn die Beteiligten nicht spätestens sechs Wochen nach dem Zugang der Androhung der gesetzlichen Pflicht entsprochen oder die Unterlassung mittels Einspruchs gerechtfertigt haben, ist das Ordnungsgeld festzusetzen und zugleich die frühere Verfügung unter Androhung eines erneuten Ordnungsgeldes zu wiederholen. [2]Haben die Beteiligten die gesetzliche Pflicht erst nach Ablauf der Sechswochenfrist erfüllt, hat das Bundesamt das Ordnungsgeld wie folgt herabzusetzen:

1. auf einen Betrag von 500 Euro, wenn die Beteiligten von dem Recht einer Kleinstkapitalgesellschaft nach § 326 Absatz 2 Gebrauch gemacht haben;
2. auf einen Betrag von 1 000 Euro, wenn es sich um eine kleine Kapitalgesellschaft im Sinne des § 267 Absatz 1 handelt;

---

1) **Sartorius Nr. 100.**
2) Nr. **94**.
3) Nr. **90**.
4) Nr. **122**.

3. auf einen Betrag von 2 500 Euro, wenn ein höheres Ordnungsgeld angedroht worden ist und die Voraussetzungen der Nummern 1 und 2 nicht vorliegen, oder
4. jeweils auf einen geringeren Betrag, wenn die Beteiligten die Sechswochenfrist nur geringfügig überschritten haben.

[3] Bei der Herabsetzung sind nur Umstände zu berücksichtigen, die vor der Entscheidung des Bundesamtes eingetreten sind.

(5) [1] Waren die Beteiligten unverschuldet gehindert, in der Sechswochenfrist nach Absatz 4 Einspruch einzulegen oder ihrer gesetzlichen Verpflichtung nachzukommen, hat ihnen das Bundesamt auf Antrag Wiedereinsetzung in den vorigen Stand zu gewähren. [2] Das Verschulden eines Vertreters ist der vertretenen Person zuzurechnen. [3] Ein Fehlen des Verschuldens wird vermutet, wenn eine Rechtsbehelfsbelehrung unterblieben ist oder fehlerhaft ist. [4] Der Antrag auf Wiedereinsetzung ist binnen zwei Wochen nach Wegfall des Hindernisses schriftlich beim Bundesamt zu stellen. [5] Die Tatsachen zur Begründung des Antrags sind bei der Antragstellung oder im Verfahren über den Antrag glaubhaft zu machen. [6] Die versäumte Handlung ist spätestens sechs Wochen nach Wegfall des Hindernisses nachzuholen. [7] Ist innerhalb eines Jahres seit dem Ablauf der Sechswochenfrist nach Absatz 4 weder Wiedereinsetzung beantragt noch die versäumte Handlung nachgeholt worden, kann Wiedereinsetzung nicht mehr gewährt werden. [8] Die Wiedereinsetzung ist nicht anfechtbar. [9] Haben die Beteiligten Wiedereinsetzung nicht beantragt oder ist die Ablehnung des Wiedereinsetzungsantrags bestandskräftig geworden, können sich die Beteiligten mit der Beschwerde nicht mehr darauf berufen, dass sie unverschuldet gehindert waren, in der Sechswochenfrist Einspruch einzulegen oder ihrer gesetzlichen Verpflichtung nachzukommen.

(6) [1] Liegen dem Bundesamt in einem Verfahren nach den Absätzen 1 bis 5 keine Anhaltspunkte über die Einstufung einer Gesellschaft im Sinne des § 267 Absatz 1 bis 3 oder des § 267a vor, kann es den in Absatz 1 Satz 1 und 2 bezeichneten Beteiligten aufgeben, die Bilanzsumme nach Abzug eines auf der Aktivseite ausgewiesenen Fehlbetrags (§ 268 Absatz 3), die Umsatzerlöse (§ 277 Absatz 1) und die durchschnittliche Zahl der Arbeitnehmer (§ 267 Absatz 5) für das betreffende Geschäftsjahr und für diejenigen Geschäftsjahre, die für die Einstufung erforderlich sind, anzugeben. [2] Unterbleiben die Angaben nach Satz 1, so wird für das weitere Verfahren vermutet, dass die Erleichterungen der §§ 326 und 327 nicht in Anspruch genommen werden können. [3] Die Sätze 1 und 2 gelten für den Konzernabschluss und den Konzernlagebericht entsprechend mit der Maßgabe, dass an die Stelle der §§ 267, 326 und 327 der § 293 tritt.

(7) [1] Das Bundesministerium der Justiz und für Verbraucherschutz kann zur näheren Ausgestaltung der elektronischen Aktenführung und elektronischen Kommunikation nach Absatz 2a in der ab dem 1. Januar 2018 geltenden Fassung durch Rechtsverordnung, die nicht der Zustimmung des Bundesrates bedarf,

1. die Weiterführung von Akten in Papierform gestatten, die bereits vor Einführung der elektronischen Aktenführung in Papierform angelegt wurden,
2. die organisatorischen und dem Stand der Technik entsprechenden technischen Rahmenbedingungen für die elektronische Aktenführung einschließlich der einzuhaltenden Anforderungen des Datenschutzes, der Datensicherheit und der Barrierefreiheit festlegen,
3. die Standards für die Übermittlung elektronischer Akten zwischen dem Bundesamt und einer anderen Behörde oder einem Gericht näher bestimmen,
4. die Standards für die Einsicht in elektronische Akten vorgeben,

5. elektronische Formulare einführen und
   a) bestimmen, dass die in den Formularen enthaltenen Angaben ganz oder teilweise in strukturierter maschinenlesbarer Form zu übermitteln sind,
   b) eine Kommunikationsplattform vorgeben, auf der die Formulare im Internet zur Nutzung bereitzustellen sind, und
   c) bestimmen, dass eine Identifikation des Formularverwenders abweichend von Absatz 2a in Verbindung mit § 110c des Gesetzes über Ordnungswidrigkeiten und § 32a Absatz 3 der Strafprozessordnung durch Nutzung des elektronischen Identitätsnachweises nach § 18 des Personalausweisgesetzes[1)], § 12 des eIDKarte-Gesetzes oder § 78 Absatz 5 des Aufenthaltsgesetzes[2)] erfolgen kann,
6. Formanforderungen und weitere Einzelheiten für den automatisierten Erlass von Entscheidungen festlegen,
7. die Einreichung elektronischer Dokumente, abweichend von Absatz 2a in Verbindung mit § 110c des Gesetzes über Ordnungswidrigkeiten und § 32a der Strafprozessordnung, erst zum 1. Januar des Jahres 2019 oder 2020 zulassen und
8. die Weiterführung der Akten in der bisherigen elektronischen Form bis zu einem bestimmten Zeitpunkt vor dem 1. Januar 2026 gestatten.

[2] Das Bundesministerium der Justiz und für Verbraucherschutz kann die Ermächtigungen des Satzes 1 durch Rechtsverordnung ohne Zustimmung des Bundesrates auf das Bundesamt für Justiz übertragen.

§ 335a[3)] Beschwerde gegen die Festsetzung von Ordnungsgeld; Rechtsbeschwerde; Verordnungsermächtigung. (1) [1] Gegen die Entscheidung, durch die das Ordnungsgeld festgesetzt oder der Einspruch oder der Antrag auf Wiedereinsetzung in den vorigen Stand verworfen wird, sowie gegen die Entscheidung nach § 335 Absatz 3 Satz 5 findet die Beschwerde nach den Vorschriften des Gesetzes über das Verfahren in Familiensachen und in den Angelegenheiten der freiwilligen Gerichtsbarkeit[4)] statt, soweit sich aus Satz 2 oder den nachstehenden Absätzen nichts anderes ergibt. [2] Die Beschwerde hat aufschiebende Wirkung, wenn sie die Festsetzung eines Ordnungsgeldes zum Gegenstand hat.

(2) [1] Die Beschwerde ist binnen einer Frist von zwei Wochen einzulegen; über sie entscheidet das für den Sitz des Bundesamtes zuständige Landgericht. [2] Zur Vermeidung von erheblichen Verfahrensrückständen oder zum Ausgleich einer übermäßigen Geschäftsbelastung wird die Landesregierung des Landes, in dem das Bundesamt seinen Sitz unterhält, ermächtigt, durch Rechtsverordnung die Entscheidung über die Rechtsmittel nach Satz 1 einem anderen Landgericht oder weiteren Landgerichten zu übertragen. [3] Die Landesregierung kann diese Ermächtigung auf die Landesjustizverwaltung übertragen. [4] Ist bei dem Landgericht eine Kammer für Handelssachen gebildet, so tritt diese Kammer an die Stelle der Zivilkammer. [5] Entscheidet über die Beschwerde die Zivilkammer, so sind die §§ 348 und 348a der Zivilprozessordnung[5)] entsprechend anzuwenden; über eine bei der Kammer für Handelssachen anhängige Beschwerde entscheidet der Vor-

---

1) **Sartorius Nr. 255.**
2) **Sartorius Nr. 565.**
3) § 335a neu gef. mWv 10.10.2013 durch G v. 4.10.2013 (BGBl. I S. 3746); Abs. 4 neu gef. mWv 1.1. 2018 durch G v. 5.7.2017 (BGBl. I S. 2208); Abs. 1 Satz 1 geänd., Satz 2 angef., Abs. 3 Satz 6 neu gef. mWv 19.8.2020 durch G v. 12.8.2020 (BGBl. I S. 1874).
4) Nr. **112**.
5) Nr. **100**.

sitzende. [6]Das Landgericht kann nach billigem Ermessen bestimmen, dass den Beteiligten die außergerichtlichen Kosten, die zur zweckentsprechenden Rechtsverfolgung notwendig waren, ganz oder teilweise aus der Staatskasse zu erstatten sind. [7]Satz 6 gilt entsprechend, wenn das Bundesamt der Beschwerde abhilft. [8]§ 91 Absatz 1 Satz 2 und die §§ 103 bis 107 der Zivilprozessordnung gelten entsprechend. [9]§ 335 Absatz 2 Satz 3 ist anzuwenden.

(3) [1]Gegen die Beschwerdeentscheidung ist die Rechtsbeschwerde statthaft, wenn das Landgericht sie zugelassen hat. [2]Für die Rechtsbeschwerde gelten die Vorschriften des Gesetzes über das Verfahren in Familiensachen und in den Angelegenheiten der freiwilligen Gerichtsbarkeit entsprechend, soweit sich aus diesem Absatz nichts anderes ergibt. [3]Über die Rechtsbeschwerde entscheidet das für den Sitz des Landgerichts zuständige Oberlandesgericht. [4]Die Rechtsbeschwerde steht auch dem Bundesamt zu. [5]Vor dem Oberlandesgericht müssen sich die Beteiligten durch einen Rechtsanwalt vertreten lassen; dies gilt nicht für das Bundesamt. [6]Absatz 1 Satz 2 und Absatz 2 Satz 6 und 8 gelten entsprechend.

(4) Auf die elektronische Aktenführung des Gerichts und die Kommunikation mit dem Gericht nach den Absätzen 1 bis 3 sind die folgenden Vorschriften entsprechend anzuwenden:

1. § 110a Absatz 1 Satz 1 und § 110c des Gesetzes über Ordnungswidrigkeiten[1)] sowie
2. § 110a Absatz 1 Satz 2 und 3, Absatz 2 Satz 1 und § 134 Satz 1 des Gesetzes über Ordnungswidrigkeiten mit der Maßgabe, dass die Landesregierung des Landes, in dem das Bundesamt seinen Sitz hat, die Rechtsverordnung erlässt und die Ermächtigungen durch Rechtsverordnung auf die Landesjustizverwaltung übertragen kann.

Dritter Titel.[2)] Gemeinsame Vorschriften für Straf-, Bußgeld- und Ordnungsgeldverfahren

§ 335b[3)] Anwendung der Straf- und Bußgeld- sowie der Ordnungsgeldvorschriften auf bestimmte offene Handelsgesellschaften und Kommanditgesellschaften. [1]Die Strafvorschriften der §§ 331 bis 333a, die Bußgeldvorschrift des § 334 sowie die Ordnungsgeldvorschrift des § 335 gelten auch für offene Handelsgesellschaften und Kommanditgesellschaften im Sinn des § 264a Abs. 1. [2]Das Verfahren nach § 335 ist in diesem Fall gegen die persönlich haftenden Gesellschafter oder gegen die Mitglieder der vertretungsberechtigten Organe der persönlich haftenden Gesellschafter zu richten. [3]Es kann auch gegen die offene Handelsgesellschaft oder gegen die Kommanditgesellschaft gerichtet werden. [4]§ 335a ist entsprechend anzuwenden.

§ 335c[4)] Mitteilungen an die Abschlussprüferaufsichtsstelle. (1) Das Bundesamt für Justiz übermittelt der Abschlussprüferaufsichtsstelle beim Bundesamt für Wirtschaft und Ausfuhrkontrolle alle Bußgeldentscheidungen nach § 334 Absatz 2a.

[1)] Nr. **94**.

[2)] Überschrift 3. Titel eingef. mWv 19.4.2017 durch G v. 11.4.2017 (BGBl. I S. 802).

[3)] § 335b neu gef. mWv 1.1.2007 durch G v. 10.11.2006 (BGBl. I S. 2553); Sätze 2 und 3 angef. mWv 10.10.2013 durch G v. 4.10.2013 (BGBl. I S. 3746); Satz 4 angef. mWv 23.7.2015 durch G v. 17.7.2015 (BGBl. I S. 1245); Satz 1 geänd. mWv 17.6.2016 durch G v. 10.5.2016 (BGBl. I S. 1142).

[4)] § 335c eingef. mWv 17.6.2016 durch G v. 10.5.2016 (BGBl. I S. 1142); Abs. 2 Satz 1 geänd. mWv 1.7.2021 durch G v. 3.6.2021 (BGBl. I S. 1534).

(2) [1]In Strafverfahren, die eine Straftat nach den §§ 332, 333 oder § 333a zum Gegenstand haben, übermittelt die Staatsanwaltschaft im Falle der Erhebung der öffentlichen Klage der Abschlussprüferaufsichtsstelle die das Verfahren abschließende Entscheidung. [2]Ist gegen die Entscheidung ein Rechtsmittel eingelegt worden, ist die Entscheidung unter Hinweis auf das eingelegte Rechtsmittel zu übermitteln.

Dritter Abschnitt. Ergänzende Vorschriften für eingetragene Genossenschaften

§ 336[1)] [2)] Pflicht zur Aufstellung von Jahresabschluß und Lagebericht.

(1) [1]Der Vorstand einer Genossenschaft hat den Jahresabschluß (§ 242) um einen Anhang zu erweitern, der mit der Bilanz und der Gewinn- und Verlustrechnung eine Einheit bildet, sowie einen Lagebericht aufzustellen. [2]Der Jahresabschluß und der Lagebericht sind in den ersten fünf Monaten des Geschäftsjahrs für das vergangene Geschäftsjahr aufzustellen. [3]Ist die Genossenschaft kapitalmarktorientiert im Sinne des § 264d und begibt sie nicht ausschließlich die von § 327a erfassten Schuldtitel, beträgt die Frist nach Satz 2 vier Monate.

(2) [1]Auf den Jahresabschluss und den Lagebericht sind, soweit in diesem Abschnitt nichts anderes bestimmt ist, die folgenden Vorschriften entsprechend anzuwenden:

1. § 264 Absatz 1 Satz 4 erster Halbsatz und Absatz 1a, 2,
2. die §§ 265 bis 289e, mit Ausnahme von § 277 Absatz 3 Satz 1 und § 285 Nummer 17,
3. § 289f Absatz 4 nach Maßgabe des § 9 Absatz 3 und 4 des Genossenschaftsgesetzes[3)].

[2]Sonstige Vorschriften, die durch den Geschäftszweig bedingt sind, bleiben unberührt. [3]Genossenschaften, die die Merkmale für Kleinstkapitalgesellschaften nach § 267a Absatz 1 erfüllen (Kleinstgenossenschaften), dürfen auch die Erleichterungen für Kleinstkapitalgesellschaften nach näherer Maßgabe des § 337 Absatz 4 und § 338 Absatz 4 anwenden.

(3) § 330 Abs. 1 über den Erlaß von Rechtsverordnungen ist entsprechend anzuwenden.

§ 337[4)] [5)] Vorschriften zur Bilanz. (1) [1]An Stelle des gezeichneten Kapitals ist der Betrag der Geschäftsguthaben der Mitglieder auszuweisen. [2]Dabei ist der Betrag der Geschäftsguthaben der mit Ablauf des Geschäftsjahrs ausgeschiedenen Mitglieder gesondert anzugeben. [3]Werden rückständige fällige Einzahlungen auf Geschäftsanteile in der Bilanz als Geschäftsguthaben ausgewiesen, so ist der ent-

---

[1)] § 336 eingef. durch G v. 19.12.1985 (BGBl. I S. 2355); Abs. 3 geänd. durch G v. 30.11.1990 (BGBl. I S. 2570); Abs. 2 Satz 3 angef. mWv 28.12.2012 durch G v. 20.12.2012 (BGBl. I S. 2751); Abs. 2 Satz 1 neu gef. mWv 1.5.2015 durch G v. 24.4.2015 (BGBl. I S. 642); Abs. 2 Satz 1 Nr. 1 und 2 geänd., Satz 3 neu gef. mWv 23.7.2015 durch G v. 17.7.2015 (BGBl. I S. 1245); Abs. 2 Satz 1 Nr. 2 und 3 geänd. mWv 19.4.2017 durch G v. 11.4.2017 (BGBl. I S. 802); Abs. 1 Satz 3 angef. mWv 19.8.2020 durch G v. 12.8. 2020 (BGBl. I S. 1874).

[2)] Beachte hierzu Übergangsvorschriften in Art. 75, 80 und 84 EGHGB (Nr. **50a**).

[3)] Nr. **53**.

[4)] § 337 eingef. durch G v. 19.12.1985 (BGBl. I S. 2355); Abs. 3 geänd. mWv 9.3.2000 durch G v. 24.2.2000 (BGBl. I S. 154); Abs. 2 Satz 1 und 2, Abs. 2 Nr. 2 geänd., Abs. 1 Satz 6 angef. mWv 18.8.2006 durch G v. 14.8.2006 (BGBl. I S. 1911); Abs. 4 angef. mWv 23.7.2015 durch G v. 17.7.2015 (BGBl. I S. 1245).

[5)] Beachte hierzu Übergangsvorschrift in Art. 75 EGHGB (Nr. **50a**).

sprechende Betrag auf der Aktivseite unter der Bezeichnung „Rückständige fällige Einzahlungen auf Geschäftsanteile“ einzustellen. [4] Werden rückständige fällige Einzahlungen nicht als Geschäftsguthaben ausgewiesen, so ist der Betrag bei dem Posten „Geschäftsguthaben“ zu vermerken. [5] In beiden Fällen ist der Betrag mit dem Nennwert anzusetzen. [6] Ein in der Satzung bestimmtes Mindestkapital ist gesondert anzugeben.

(2) An Stelle der Gewinnrücklagen sind die Ergebnisrücklagen auszuweisen und wie folgt aufzugliedern:

1. Gesetzliche Rücklage;
2. andere Ergebnisrücklagen; die Ergebnisrücklage nach § 73 Abs. 3 des Genossenschaftsgesetzes[1] und die Beträge, die aus dieser Ergebnisrücklage an ausgeschiedene Mitglieder auszuzahlen sind, müssen vermerkt werden.

(3) Bei den Ergebnisrücklagen sind in der Bilanz oder im Anhang gesondert aufzuführen:

1. Die Beträge, welche die Generalversammlung aus dem Bilanzgewinn des Vorjahrs eingestellt hat;
2. die Beträge, die aus dem Jahresüberschuß des Geschäftsjahrs eingestellt werden;
3. die Beträge, die für das Geschäftsjahr entnommen werden.

(4) Kleinstgenossenschaften, die von der Erleichterung für Kleinstkapitalgesellschaften nach § 266 Absatz 1 Satz 4 Gebrauch machen, haben den Betrag der Geschäftsguthaben der Mitglieder sowie die gesetzliche Rücklage in der Bilanz im Passivposten A Eigenkapital wie folgt auszuweisen:

Davon:

Geschäftsguthaben der Mitglieder

gesetzliche Rücklage.

§ 338[2) 3)] Vorschriften zum Anhang. (1) [1] Im Anhang sind auch Angaben zu machen über die Zahl der im Laufe des Geschäftsjahrs eingetretenen oder ausgeschiedenen sowie die Zahl der am Schluß des Geschäftsjahrs der Genossenschaft angehörenden Mitglieder. [2] Ferner sind der Gesamtbetrag, um welchen in diesem Jahr die Geschäftsguthaben sowie die Haftsummen der Mitglieder sich vermehrt oder vermindert haben, und der Betrag der Haftsummen anzugeben, für welche am Jahresschluß alle Mitglieder zusammen aufzukommen haben.

(2) Im Anhang sind ferner anzugeben:

1. Name und Anschrift des zuständigen Prüfungsverbandes, dem die Genossenschaft angehört;
2. alle Mitglieder des Vorstands und des Aufsichtsrats, auch wenn sie im Geschäftsjahr oder später ausgeschieden sind, mit dem Familiennamen und mindestens einem ausgeschriebenen Vornamen; ein etwaiger Vorsitzender des Aufsichtsrats ist als solcher zu bezeichnen.

(3) [1] An Stelle der in § 285 Nr. 9 vorgeschriebenen Angaben über die an Mitglieder von Organen geleisteten Bezüge, Vorschüsse und Kredite sind lediglich

[1)] Nr. **53**.

[2)] § 338 eingef. durch G v. 19.12.1985 (BGBl. I S. 2355); Abs. 3 Satz 1 geänd. mWv 10.12.2004 durch G v. 4.12.2004 (BGBl. I S. 3166); Abs. 1 Satz 1 und 2 geänd. mWv 18.8.2006 durch G v. 14.8.2006 (BGBl. I S. 1911); Abs. 3 Satz 1 geänd. mWv 29.5.2009 durch G v. 25.5.2009 (BGBl. I S. 1102); Abs. 4 angef. mWv 23.7.2015 durch G v. 17.7.2015 (BGBl. I S. 1245).

[3)] Beachte hierzu Übergangsvorschrift in Art. 75 EGHGB (Nr. **50a**).

die Forderungen anzugeben, die der Genossenschaft gegen Mitglieder des Vorstands oder Aufsichtsrats zustehen. [2] Die Beträge dieser Forderungen können für jedes Organ in einer Summe zusammengefaßt werden.

(4) Kleinstgenossenschaften brauchen den Jahresabschluss nicht um einen Anhang zu erweitern, wenn sie unter der Bilanz angeben:

1. die in den §§ 251 und 268 Absatz 7 genannten Angaben und
2. die in den Absätzen 1, 2 Nummer 1 und Absatz 3 genannten Angaben.

§ 339[1) 2)] Offenlegung. (1) [1] Der Vorstand hat unverzüglich nach der Generalversammlung über den Jahresabschluß, jedoch spätestens vor Ablauf des zwölften Monats des dem Abschlussstichtag nachfolgenden Geschäftsjahrs, den festgestellten Jahresabschluß, den Lagebericht, die Erklärungen nach § 264 Absatz 2 Satz 3 und § 289 Absatz 1 Satz 5 und den Bericht des Aufsichtsrats in deutscher Sprache der das Unternehmensregister führenden Stelle elektronisch zur Einstellung in das Unternehmensregister zu übermitteln. [2] Ist die Erteilung eines Bestätigungsvermerks nach § 58 Abs. 2 des Genossenschaftsgesetzes[3)] oder nach Artikel 10 Absatz 1 der Verordnung (EU) Nr. 537/2014 vorgeschrieben, so ist dieser mit dem Jahresabschluß zu übermitteln; hat der Prüfungsverband die Bestätigung des Jahresabschlusses versagt, so muß dies auf dem übermittelten Jahresabschluß vermerkt und der Vermerk vom Prüfungsverband unterschrieben sein. [3] Ist die Prüfung des Jahresabschlusses im Zeitpunkt der Übermittlung der Unterlagen nach Satz 1 nicht abgeschlossen, so ist der Bestätigungsvermerk oder der Vermerk über seine Versagung unverzüglich nach Abschluß der Prüfung zu übermitteln. [4] Wird der Jahresabschluß oder der Lagebericht nach der Übermittlung geändert, so ist auch die geänderte Fassung zu übermitteln.

(2) § 325 Absatz 2a, 2b, 4 und 6 sowie die §§ 326 bis 329 sind entsprechend anzuwenden.

(3) [1] Die §§ 335 und 335a finden mit den Maßgaben entsprechende Anwendung, dass sich das Ordnungsgeldverfahren gegen die Mitglieder des Vorstands der Genossenschaft richtet und nur auf Antrag des Prüfungsverbandes, dem die Genossenschaft angehört, oder eines Mitglieds, Gläubigers oder Arbeitnehmers der Genossenschaft durchzuführen ist. [2] Das Ordnungsgeldverfahren kann auch gegen die Genossenschaft durchgeführt werden, für die die Mitglieder des Vorstands die in Absatz 1 genannten Pflichten zu erfüllen haben.

---

1) § 339 eingef. durch G v. 19.12.1985 (BGBl. I S. 2355); Abs. 1 Satz 1 geänd. mWv 9.3.2000 durch G v. 24.2.2000 (BGBl. I S. 154); Abs. 1 Satz 2 geänd. mWv 18.8.2006 durch G v. 14.8.2006 (BGBl. I S. 1911); Abs. 1 Satz 1 geänd., Abs. 2 aufgeh., bish. Abs. 3 wird Abs. 2 mWv 1.1.2007 durch G v. 10.11. 2006 (BGBl. I S. 2553); Abs. 1 Satz 1 geänd. mWv 1.4.2012 durch G v. 22.12.2011 (BGBl. I S. 3044); Abs. 1 Satz 2 geänd. mWv 17.6.2016 durch G v. 10.5.2016 (BGBl. I S. 1142); Abs. 3 angef. mWv 22.7. 2017 durch G v. 17.7.2017 (BGBl. I S. 2434); Abs. 1 Satz 1 geänd. mWv 19.8.2020 durch G v. 12.8.2020 (BGBl. I S. 1874); Abs. 1 Sätze 1–4 geänd., Abs. 2 neu gef. mWv 1.8.2022 durch G v. 5.7.2021 (BGBl. I S. 3338).

2) Beachte hierzu Übergangsvorschriften in Art. 75, 82, 84 und 88 EGHGB (Nr. **50a**).

3) Nr. **53**.

Vierter Abschnitt.[1] Ergänzende Vorschriften für Unternehmen bestimmter Geschäftszweige

Erster Unterabschnitt.[2] Ergänzende Vorschriften für Kreditinstitute, Finanzdienstleistungsinstitute, Wertpapierinstitute, Zahlungsinstitute und E-Geld-Institute

Erster Titel. Anwendungsbereich

§ 340[3) 4)] [Anwendungsbereich] (1) [1] Dieser Unterabschnitt ist auf Kreditinstitute im Sinne des § 1 Abs. 1 des Gesetzes über das Kreditwesen[5)] anzuwenden, soweit sie nach dessen § 2 Abs. 1, 4 oder 5 von der Anwendung nicht ausgenommen sind, sowie auf Zweigniederlassungen von Unternehmen mit Sitz in einem Staat, der nicht Mitglied der Europäischen Gemeinschaft und auch nicht Vertragsstaat des Abkommens über den Europäischen Wirtschaftsraum ist, sofern die Zweigniederlassung nach § 53 Abs. 1 des Gesetzes über das Kreditwesen als Kreditinstitut gilt. [2] § 340l Abs. 2 und 3 ist außerdem auf Zweigniederlassungen im Sinne des § 53b Abs. 1 Satz 1 und Abs. 7 des Gesetzes über das Kreditwesen, auch in Verbindung mit einer Rechtsverordnung nach § 53c Nr. 1 dieses Gesetzes, anzuwenden, sofern diese Zweigniederlassungen Bankgeschäfte im Sinne des § 1 Abs. 1 Satz 2 Nr. 1 bis 5 und 7 bis 12 dieses Gesetzes betreiben. [3] Zusätzliche Anforderungen auf Grund von Vorschriften, die wegen der Rechtsform oder für Zweigniederlassungen bestehen, bleiben unberührt.

(2) Dieser Unterabschnitt ist auf Unternehmen der in § 2 Abs. 1 Nr. 4 und 5 des Gesetzes über das Kreditwesen bezeichneten Art insoweit ergänzend anzuwenden, als sie Bankgeschäfte betreiben, die nicht zu den ihnen eigentümlichen Geschäften gehören.

(3) Dieser Unterabschnitt ist auf Wohnungsunternehmen mit Spareinrichtung nicht anzuwenden.

(4) [1] Dieser Unterabschnitt ist auch auf Finanzdienstleistungsinstitute im Sinne des § 1 Abs. 1a des Gesetzes über das Kreditwesen anzuwenden, soweit sie nicht nach dessen § 2 Abs. 6 oder 10 von der Anwendung ausgenommen sind, sowie auf Zweigniederlassungen von Unternehmen mit Sitz in einem anderen Staat, der nicht Mitglied der Europäischen Gemeinschaft und auch nicht Vertragsstaat des Abkommens über den Europäischen Wirtschaftsraum ist, sofern die Zweignieder-

---

1) 4. Abschnitt (§§ 340–340o) eingef. durch G v. 30.11.1990 (BGBl. I S. 2570); Überschrift neu gef. durch G v. 24.6.1994 (BGBl. I S. 1377).

2) 1. UAbschnitt Überschrift eingef. durch G v. 24.6.1994 (BGBl. I S. 1377); Überschrift neu gef. mWv 26.6.2021 durch G v. 12.5.2021 (BGBl. I S. 990).

3) § 340 eingef. durch G v. 30.11.1990 (BGBl. I S. 2570); Abs. 1 Satz 2 neu gef. durch G v. 21.12.1992 (BGBl. I S. 2211); Abs. 1 Satz 1 geänd. durch G v. 27.4.1993 (BGBl. I S. 512); Abs. 1 Satz 1, Abs. 2, 3 geänd. durch G v. 24.6.1994 (BGBl. I S. 1377); Abs. 1 Sätze 1, 2, Abs. 2 Satz 2 geänd., Abs. 4 angef. durch G v. 22.10.1997 (BGBl. I S. 2567); Abs. 4 Satz 2 geänd. durch G v. 24.3.1998 (BGBl. I S. 529) und mWv 1.7.2002 durch G v. 21.6.2002 (BGBl. I S. 2010); Abs. 1 Sätze 1–3, Abs. 4 Sätze 1, 4 geänd. mWv 1.1.2007 durch G v. 10.11.2006 (BGBl. I S. 2553); Abs. 4 Satz 2 geänd. mWv 1.11.2007 durch G v. 16.7.2007 (BGBl. I S. 1330, geänd. durch G v. 21.12.2007, BGBl. I S. 3089); Abs. 5 angef. mWv 31.10.2009 durch G v. 25.6.2009 (BGBl. I S. 1506); Abs. 5 Satz 1 geänd. mWv 30.4.2011 durch G v. 1.3.2011 (BGBl. I S. 288) und mWv 29.12.2011 durch G v. 22.12.2011 (BGBl. I S. 2959); Abs. 4 Satz 2 geänd. mWv 1.1.2014 durch G v. 28.8.2013 (BGBl. I S. 3395); Abs. 4 Satz 3 aufgeh., bish. Satz 4 wird Satz 3, Abs. 5 Satz 2 aufgeh., bish. Satz 3 wird Satz 2 mWv 23.7.2015 durch G v. 17.7.2015 (BGBl. I S. 1245); Abs. 1 Satz 1 geänd. mWv 17.6.2016 durch G v. 10.5.2016 (BGBl. I S. 1142); Abs. 5 Satz 1 geänd. mWv 13.1.2018 durch G v. 17.7.2017 (BGBl. I S. 2446); Abs. 1 Satz 1 geänd., Abs. 4a eingef. mWv 26.6.2021 durch G v. 12.5.2021 (BGBl. I S. 990).

4) Beachte hierzu Übergangsvorschrift in Art. 75 EGHGB (Nr. **50a**).

5) **Sartorius ErgBd. Nr. 856.**

lassung nach § 53 Abs. 1 des Gesetzes über das Kreditwesen als Finanzdienstleistungsinstitut gilt. [2] § 340c Abs. 1 ist nicht anzuwenden auf Finanzdienstleistungsinstitute und Kreditinstitute, soweit letztere Skontroführer im Sinne des § 27 Abs. 1 Satz 1 des Börsengesetzes und nicht CRR-Kreditinstitute im Sinne des § 1 Abs. 3d Satz 1 des Gesetzes über das Kreditwesen sind. [3] Zusätzliche Anforderungen auf Grund von Vorschriften, die wegen der Rechtsform oder für Zweigniederlassungen bestehen, bleiben unberührt.

(4a) [1] Dieser Unterabschnitt ist auch auf Wertpapierinstitute im Sinne des § 2 Absatz 1 des Wertpapierinstitutsgesetzes anzuwenden, soweit sie nicht nach dessen § 3 von der Anwendung ausgenommen sind. [2] § 340c Absatz 1 ist nicht anzuwenden auf Wertpapierinstitute, wenn diese Skontroführer im Sinne des § 27 Absatz 1 Satz 1 des Börsengesetzes sind. [3] Zusätzliche Anforderungen auf Grund von Vorschriften, die wegen der Rechtsform oder für Zweigniederlassungen bestehen, bleiben unberührt.

(5) [1] Dieser Unterabschnitt ist auch auf Institute im Sinne des § 1 Absatz 3 des Zahlungsdiensteaufsichtsgesetzes anzuwenden. [2] Zusätzliche Anforderungen auf Grund von Vorschriften, die wegen der Rechtsform oder für Zweigniederlassungen bestehen, bleiben unberührt.

Zweiter Titel.[1)] Jahresabschluß, Lagebericht, Zwischenabschluß

§ 340a[2) 3) 4)] Anzuwendende Vorschriften. (1) [1] Kreditinstitute, auch wenn sie nicht in der Rechtsform einer Kapitalgesellschaft betrieben werden, haben auf ihren Jahresabschluß die für große Kapitalgesellschaften geltenden Vorschriften des Ersten Unterabschnitts des Zweiten Abschnitts anzuwenden, soweit in den Vorschriften dieses Unterabschnitts nichts anderes bestimmt ist. [2] Kreditinstitute haben außerdem einen Lagebericht nach den für große Kapitalgesellschaften geltenden Bestimmungen aufzustellen.

(1a) [1] Ein Kreditinstitut hat seinen Lagebericht um eine nichtfinanzielle Erklärung zu erweitern, wenn es in entsprechender Anwendung des § 267 Absatz 3 Satz 1 und Absatz 4 bis 5 als groß gilt und im Jahresdurchschnitt mehr als 500 Arbeitnehmer beschäftigt. [2] Wenn die nichtfinanzielle Erklärung einen besonderen Abschnitt des Lageberichts bildet, darf das Kreditinstitut auf die an anderer Stelle im Lagebericht enthaltenen nichtfinanziellen Angaben verweisen. [3] § 289b Absatz 2 bis 4 und die §§ 289c bis 289e sind entsprechend anzuwenden.

(1b) [1] Ein Kreditinstitut, das nach Absatz 1 in Verbindung mit § 289f Absatz 1 eine Erklärung zur Unternehmensführung zu erstellen hat, hat darin Angaben nach § 289f Absatz 2 Nummer 6 aufzunehmen, wenn es in entsprechender Anwendung des § 267 Absatz 3 Satz 1 und Absatz 4 bis 5 als groß gilt. [2] Ein

---

[1)] 2. Titel Überschrift geänd. durch G v. 24.6.1994 (BGBl. I S. 1377)

[2)] § 340a eingef. durch G v. 30.11.1990 (BGBl. I S. 2570); Abs. 1 geänd. durch G v. 24.6.1994 (BGBl. I S. 1377); Abs. 3 angef. durch G v. 21.12.1992 (BGBl. I S. 2211); Abs. 2 Satz 4 angef. durch G v. 20.4. 1998 (BGBl. I S. 707); Abs. 4 angef. durch G v. 27.4.1998 (BGBl. I S. 786); Abs. 1, Abs. 2 Sätze 1 und 2 geänd. mWv 10.12.2004 durch G v. 4.12.2004 (BGBl. I S. 3166); Abs. 3 neu gef. mWv 20.1.2007 durch G v. 5.1.2007 (BGBl. I S. 10); Abs. 2 Sätze 1 und 2 geänd. mWv 29.5.2009 durch G v. 25.5.2009 (BGBl. I S. 1102); Abs. 3 Satz 1 geänd. mWv 1.1.2014 durch G v. 28.8.2013 (BGBl. I S. 3395); Abs. 1 Satz 1 geänd., Satz 2 angef., Abs. 2 Sätze 1 und 2 geänd., Sätze 5 und 6 angef. mWv 23.7.2015 durch G v. 17.7. 2015 (BGBl. I S. 1245); Abs. 1a und 1b eingef. mWv 19.4.2017 durch G v. 11.4.2017 (BGBl. I S. 802); Abs. 2 Satz 1 geänd., Satz 4 aufgeh., bish. Sätze 5 und 6 werden Sätze 4 und 5 mWv 1.7.2021 durch G v. 3.6.2021 (BGBl. I S. 1534); Abs. 1b Satz 2 angef. mWv 12.8.2021 durch G v. 7.8.2021 (BGBl. I S. 3311).

[3)] Beachte hierzu Übergangsvorschriften in Art. 75, 80 und 86 EGHGB (Nr. **50a**).

[4)] Siehe hierzu die Kreditinstituts-RechnungslegungsVO idF der Bek. v. 11.12.1998 (BGBl. I S. 3658), zuletzt geänd. durch G v. 7.8.2021 (BGBl. I S. 3311).

Kreditinstitut, das eine Genossenschaft ist, hat § 289f Absatz 4 nach Maßgabe des § 9 Absatz 3 und 4 des Genossenschaftsgesetzes[1] anzuwenden.

(2) [1] § 264 Absatz 3, §§ 264b, 265 Absatz 6 und 7, §§ 267, 268 Abs. 4 Satz 1, Abs. 5 Satz 1 und 2, §§ 276, 277 Abs. 1, 2, 3 Satz 1, § 284 Absatz 2 Nummer 3, § 285 Nr. 8 und 12, § 288 sind nicht anzuwenden. [2] An Stelle von § 247 Abs. 1, §§ 251, 266, 268 Absatz 7, §§ 275, 284 Absatz 3, § 285 Nummer 1, 2, 4, 9 Buchstabe c und Nummer 27 sind die durch Rechtsverordnung erlassenen Formblätter und anderen Vorschriften anzuwenden. [3] § 246 Abs. 2 ist nicht anzuwenden, soweit abweichende Vorschriften bestehen. [4] § 285 Nummer 31 ist nicht anzuwenden; unter den Posten „außerordentliche Erträge" und „außerordentliche Aufwendungen" sind Erträge und Aufwendungen auszuweisen, die außerhalb der gewöhnlichen Geschäftstätigkeit anfallen. [5] Im Anhang sind diese Posten hinsichtlich ihres Betrags und ihrer Art zu erläutern, soweit die ausgewiesenen Beträge für die Beurteilung der Ertragslage nicht von untergeordneter Bedeutung sind.

(3) [1] Sofern Kreditinstitute einer prüferischen Durchsicht zu unterziehende Zwischenabschlüsse zur Ermittlung von Zwischenergebnissen im Sinne des Artikels 26 Absatz 2 der Verordnung (EU) Nr. 575/2013 des Europäischen Parlaments und des Rates vom 26. Juni 2013 über Aufsichtsanforderungen an Kreditinstitute und Wertpapierfirmen und zur Änderung der Verordnung (EU) Nr. 646/2012 (ABl. L 176 vom 27.6.2013, S. 1) aufstellen, sind auf diese die für den Jahresabschluss geltenden Rechnungslegungsgrundsätze anzuwenden. [2] Die Vorschriften über die Bestellung des Abschlussprüfers sind auf die prüferische Durchsicht entsprechend anzuwenden. [3] Die prüferische Durchsicht ist so anzulegen, dass bei gewissenhafter Berufsausübung ausgeschlossen werden kann, dass der Zwischenabschluss in wesentlichen Belangen den anzuwendenden Rechnungslegungsgrundsätzen widerspricht. [4] Der Abschlussprüfer hat das Ergebnis der prüferischen Durchsicht in einer Bescheinigung zusammenzufassen. [5] § 320 und § 323 gelten entsprechend.

(4) Zusätzlich haben Kreditinstitute im Anhang zum Jahresabschluß anzugeben:
1. alle Mandate in gesetzlich zu bildenden Aufsichtsgremien von großen Kapitalgesellschaften (§ 267 Abs. 3), die von gesetzlichen Vertretern oder anderen Mitarbeitern wahrgenommen werden;
2. alle Beteiligungen an großen Kapitalgesellschaften, die fünf vom Hundert der Stimmrechte überschreiten.

§ 340b[2] Pensionsgeschäfte. (1) Pensionsgeschäfte sind Verträge, durch die ein Kreditinstitut oder der Kunde eines Kreditinstituts (Pensionsgeber) ihm gehörende Vermögensgegenstände einem anderen Kreditinstitut oder einem seiner Kunden (Pensionsnehmer) gegen Zahlung eines Betrags überträgt und in denen gleichzeitig vereinbart wird, daß die Vermögensgegenstände später gegen Entrichtung des empfangenen oder eines im voraus vereinbarten anderen Betrags an den Pensionsgeber zurückübertragen werden müssen oder können.

(2) Übernimmt der Pensionsnehmer die Verpflichtung, die Vermögensgegenstände zu einem bestimmten oder vom Pensionsgeber zu bestimmenden Zeitpunkt zurückzuübertragen, so handelt es sich um ein echtes Pensionsgeschäft.

---

[1] Nr. **53**.

[2] § 340b eingef. durch G v. 30.11.1990 (BGBl. I S. 2570); Abs. 6 geänd. mWv 1.7.2002 durch G v. 21.6.2002 (BGBl. I S. 2010).

(3) Ist der Pensionsnehmer lediglich berechtigt, die Vermögensgegenstände zu einem vorher bestimmten oder von ihm noch zu bestimmenden Zeitpunkt zurückzuübertragen, so handelt es sich um ein unechtes Pensionsgeschäft.

(4) [1] Im Falle von echten Pensionsgeschäften sind die übertragenen Vermögensgegenstände in der Bilanz des Pensionsgebers weiterhin auszuweisen. [2] Der Pensionsgeber hat in Höhe des für die Übertragung erhaltenen Betrags eine Verbindlichkeit gegenüber dem Pensionsnehmer auszuweisen. [3] Ist für die Rückübertragung ein höherer oder ein niedrigerer Betrag vereinbart, so ist der Unterschiedsbetrag über die Laufzeit des Pensionsgeschäfts zu verteilen. [4] Außerdem hat der Pensionsgeber den Buchwert der in Pension gegebenen Vermögensgegenstände im Anhang anzugeben. [5] Der Pensionsnehmer darf die ihm in Pension gegebenen Vermögensgegenstände nicht in seiner Bilanz ausweisen; er hat in Höhe des für die Übertragung gezahlten Betrags eine Forderung an den Pensionsgeber in seiner Bilanz auszuweisen. [6] Ist für die Rückübertragung ein höherer oder ein niedrigerer Betrag vereinbart, so ist der Unterschiedsbetrag über die Laufzeit des Pensionsgeschäfts zu verteilen.

(5) [1] Im Falle von unechten Pensionsgeschäften sind die Vermögensgegenstände nicht in der Bilanz des Pensionsgebers, sondern in der Bilanz des Pensionsnehmers auszuweisen. [2] Der Pensionsgeber hat unter der Bilanz den für den Fall der Rückübertragung vereinbarten Betrag anzugeben.

(6) Devisentermingeschäfte, Finanztermingeschäfte und ähnliche Geschäfte sowie die Ausgabe eigener Schuldverschreibungen auf abgekürzte Zeit gelten nicht als Pensionsgeschäfte im Sinne dieser Vorschrift.

§ 340c[1)] Vorschriften zur Gewinn- und Verlustrechnung und zum Anhang. (1) [1] Als Ertrag oder Aufwand des Handelsbestands ist der Unterschiedsbetrag aller Erträge und Aufwendungen aus Geschäften mit Finanzinstrumenten des Handelsbestands und dem Handel mit Edelmetallen sowie der zugehörigen Erträge aus Zuschreibungen und Aufwendungen aus Abschreibungen auszuweisen. [2] In die Verrechnung sind außerdem die Aufwendungen für die Bildung von Rückstellungen für drohende Verluste aus den in Satz 1 bezeichneten Geschäften und die Erträge aus der Auflösung dieser Rückstellungen einzubeziehen.

(2) [1] Die Aufwendungen aus Abschreibungen auf Beteiligungen, Anteile an verbundenen Unternehmen und wie Anlagevermögen behandelte Wertpapiere dürfen mit den Erträgen aus Zuschreibungen zu solchen Vermögensgegenständen verrechnet und in einem Aufwand- oder Ertragsposten ausgewiesen werden. [2] In die Verrechnung nach Satz 1 dürfen auch die Aufwendungen und Erträge aus Geschäften mit solchen Vermögensgegenständen einbezogen werden.

(3) Kreditinstitute, die dem haftenden Eigenkapital nicht realisierte Reserven nach § 10 Abs. 2b Satz 1 Nr. 6 oder 7 des Gesetzes über das Kreditwesen[2)] in der bis zum 31. Dezember 2013 geltenden Fassung zurechnen, haben den Betrag, mit dem diese Reserven dem haftenden Eigenkapital zugerechnet werden, im Anhang zur Bilanz und zur Gewinn- und Verlustrechnung anzugeben.

[1)] § 340c eingef. durch G v. 30.11.1990 (BGBl. I S. 2570); Überschrift geänd., Abs. 3 angef. durch G v. 21.12.1992 (BGBl. I S. 2211); Abs. 3 geänd. durch G v. 22.10.1997 (BGBl. I S. 2567); Abs. 1 Satz 1 neu gef. mWv 29.5.2009 durch G v. 25.5.2009 (BGBl. I S. 1102); Abs. 3 geänd. mWv 1.1.2014 durch G v. 28.8.2013 (BGBl. I S. 3395).

[2)] **Sartorius ErgBd. Nr. 856.**

§ 340d[1)] Fristengliederung. [1] Die Forderungen und Verbindlichkeiten sind im Anhang nach der Fristigkeit zu gliedern. [2] Für die Gliederung nach der Fristigkeit ist die Restlaufzeit am Bilanzstichtag maßgebend.

Dritter Titel. Bewertungsvorschriften

§ 340e[2) 3)] Bewertung von Vermögensgegenständen. (1) [1] Kreditinstitute haben Beteiligungen einschließlich der Anteile an verbundenen Unternehmen, Konzessionen, gewerbliche Schutzrechte und ähnliche Rechte und Werte sowie Lizenzen an solchen Rechten und Werten, Grundstücke, grundstücksgleiche Rechte und Bauten einschließlich der Bauten auf fremden Grundstücken, technische Anlagen und Maschinen, andere Anlagen, Betriebs- und Geschäftsausstattung sowie Anlagen im Bau nach den für das Anlagevermögen geltenden Vorschriften zu bewerten, es sei denn, daß sie nicht dazu bestimmt sind, dauernd dem Geschäftsbetrieb zu dienen; in diesem Falle sind sie nach Satz 2 zu bewerten. [2] Andere Vermögensgegenstände, insbesondere Forderungen und Wertpapiere, sind nach den für das Umlaufvermögen geltenden Vorschriften zu bewerten, es sei denn, daß sie dazu bestimmt werden, dauernd dem Geschäftsbetrieb zu dienen; in diesem Falle sind sie nach Satz 1 zu bewerten. [3] § 253 Absatz 3 Satz 6 ist nur auf Beteiligungen und Anteile an verbundenen Unternehmen im Sinn des Satzes 1 sowie Wertpapiere und Forderungen im Sinn des Satzes 2, die dauernd dem Geschäftsbetrieb zu dienen bestimmt sind, anzuwenden.

(2) [1] Abweichend von § 253 Abs. 1 Satz 1 dürfen Hypothekendarlehen und andere Forderungen mit ihrem Nennbetrag angesetzt werden, soweit der Unterschiedsbetrag zwischen dem Nennbetrag und dem Auszahlungsbetrag oder den Anschaffungskosten Zinscharakter hat. [2] Ist der Nennbetrag höher als der Auszahlungsbetrag oder die Anschaffungskosten, so ist der Unterschiedsbetrag in den Rechnungsabgrenzungsposten auf der Passivseite aufzunehmen; er ist planmäßig aufzulösen und in seiner jeweiligen Höhe in der Bilanz oder im Anhang gesondert anzugeben. [3] Ist der Nennbetrag niedriger als der Auszahlungsbetrag oder die Anschaffungskosten, so darf der Unterschiedsbetrag in den Rechnungsabgrenzungsposten auf der Aktivseite aufgenommen werden; er ist planmäßig aufzulösen und in seiner jeweiligen Höhe in der Bilanz oder im Anhang gesondert anzugeben.

(3) [1] Finanzinstrumente des Handelsbestands sind zum beizulegenden Zeitwert abzüglich eines Risikoabschlags zu bewerten. [2] Eine Umgliederung in den Handelsbestand ist ausgeschlossen. [3] Das Gleiche gilt für eine Umgliederung aus dem Handelsbestand, es sei denn, außergewöhnliche Umstände, insbesondere schwerwiegende Beeinträchtigungen der Handelbarkeit der Finanzinstrumente, führen zu einer Aufgabe der Handelsabsicht durch das Kreditinstitut. [4] Finanzinstrumente des Handelsbestands können nachträglich in eine Bewertungseinheit einbezogen werden; sie sind bei Beendigung der Bewertungseinheit wieder in den Handelsbestand umzugliedern.

(4) [1] In der Bilanz ist dem Sonderposten „Fonds für allgemeine Bankrisiken" nach § 340g in jedem Geschäftsjahr ein Betrag, der mindestens 10 vom Hundert

[1)] § 340d eingef. mWv 1.1.1998 durch G v. 30.11.1990 (BGBl. I S. 2570).

[2)] § 340e eingef. mWv 1.1.1998 durch G v. 30.11.1990 (BGBl. I S. 2570); Abs. 1 Satz 3 neu gef., Abs. 3 und 4 angef. mWv 29.5.2009 durch G v. 25.5.2009 (BGBl. I S. 1102); Abs. 4 Satz 2 Nr. 1 geänd., Nr. 2 und 3 eingef., bish. Nr. 2 wird Nr. 4, Satz 3 angef. mWv 19.7.2014 durch G v. 15.7.2014 (BGBl. I S. 934); Abs. 1 Satz 3 geänd. mWv 23.7.2015 durch G v. 17.7.2015 (BGBl. I S. 1245).

[3)] Beachte hierzu Übergangsvorschrift in Art. 75 EGHGB (Nr. **50a**).

der Nettoerträge des Handelsbestands entspricht, zuzuführen und dort gesondert auszuweisen. [2] Dieser Posten darf nur aufgelöst werden

1. zum Ausgleich von Nettoaufwendungen des Handelsbestands sowie
2. zum Ausgleich eines Jahresfehlbetrags, soweit er nicht durch einen Gewinnvortrag aus dem Vorjahr gedeckt ist,
3. zum Ausgleich eines Verlustvortrags aus dem Vorjahr, soweit er nicht durch einen Jahresüberschuss gedeckt ist, oder
4. soweit er 50 vom Hundert des Durchschnitts der letzten fünf jährlichen Nettoerträge des Handelsbestands übersteigt.

[3] Auflösungen, die nach Satz 2 erfolgen, sind im Anhang anzugeben und zu erläutern.

§ 340f[1]) Vorsorge für allgemeine Bankrisiken. (1) [1] Kreditinstitute dürfen Forderungen an Kreditinstitute und Kunden, Schuldverschreibungen und andere festverzinsliche Wertpapiere sowie Aktien und andere nicht festverzinsliche Wertpapiere, die weder wie Anlagevermögen behandelt werden noch Teil des Handelsbestands sind, mit einem niedrigeren als dem nach § 253 Abs. 1 Satz 1, Abs. 4 vorgeschriebenen oder zugelassenen Wert ansetzen, soweit dies nach vernünftiger kaufmännischer Beurteilung zur Sicherung gegen die besonderen Risiken des Geschäftszweigs der Kreditinstitute notwendig ist. [2] Der Betrag der auf diese Weise gebildeten Vorsorgereserven darf vier vom Hundert des Gesamtbetrags der in Satz 1 bezeichneten Vermögensgegenstände, der sich bei deren Bewertung nach § 253 Abs. 1 Satz 1, Abs. 4 ergibt, nicht übersteigen. [3] Ein niedrigerer Wertansatz darf beibehalten werden.

(2) *(aufgehoben)*

(3) Aufwendungen und Erträge aus der Anwendung von Absatz 1 und aus Geschäften mit in Absatz 1 bezeichneten Wertpapieren und Aufwendungen aus Abschreibungen sowie Erträge aus Zuschreibungen zu diesen Wertpapieren dürfen mit den Aufwendungen aus Abschreibungen auf Forderungen, Zuführungen zu Rückstellungen für Eventualverbindlichkeiten und für Kreditrisiken sowie mit den Erträgen aus Zuschreibungen zu Forderungen oder aus deren Eingang nach teilweiser oder vollständiger Abschreibung und aus Auflösungen von Rückstellungen für Eventualverbindlichkeiten und für Kreditrisiken verrechnet und in der Gewinn- und Verlustrechnung in einem Aufwand- oder Ertragsposten ausgewiesen werden.

(4) Angaben über die Bildung und Auflösung von Vorsorgereserven nach Absatz 1 sowie über vorgenommene Verrechnungen nach Absatz 3 brauchen im Jahresabschluß, Lagebericht, Konzernabschluß und Konzernlagebericht nicht gemacht zu werden.

§ 340g[1]) Sonderposten für allgemeine Bankrisiken. (1) Kreditinstitute dürfen auf der Passivseite ihrer Bilanz zur Sicherung gegen allgemeine Bankrisiken einen Sonderposten „Fonds für allgemeine Bankrisiken" bilden, soweit dies nach vernünftiger kaufmännischer Beurteilung wegen der besonderen Risiken des Geschäftszweigs der Kreditinstitute notwendig ist.

(2) Die Zuführungen zum Sonderposten oder die Erträge aus der Auflösung des Sonderpostens sind in der Gewinn- und Verlustrechnung gesondert auszuweisen.

---

[1]) §§ 340f, 340g eingef. durch G v. 30.11.1990 (BGBl. I S. 2570); § 340f Abs. 1 Sätze 1, 2 geänd., Satz 3 angef., Abs. 2 aufgeh. mWv 29.5.2009 durch G v. 25.5.2009 (BGBl. I S. 1102).

Vierter Titel. Währungsumrechnung

§ 340h[1] **Währungsumrechnung.** § 256a gilt mit der Maßgabe, dass Erträge, die sich aus der Währungsumrechnung ergeben, in der Gewinn- und Verlustrechnung zu berücksichtigen sind, soweit die Vermögensgegenstände, Schulden oder Termingeschäfte durch Vermögensgegenstände, Schulden oder andere Termingeschäfte in derselben Währung besonders gedeckt sind.

Fünfter Titel.[2] Konzernabschluß, Konzernlagebericht, Konzernzwischenabschluß

§ 340i[3] [4] **Pflicht zur Aufstellung.** (1) [1]Kreditinstitute, auch wenn sie nicht in der Rechtsform einer Kapitalgesellschaft betrieben werden, haben unabhängig von ihrer Größe einen Konzernabschluß und einen Konzernlagebericht nach den Vorschriften des Zweiten Unterabschnitts des Zweiten Abschnitts über den Konzernabschluß und Konzernlagebericht aufzustellen, soweit in den Vorschriften dieses Unterabschnitts nichts anderes bestimmt ist. [2]Zusätzliche Anforderungen auf Grund von Vorschriften, die wegen der Rechtsform bestehen, bleiben unberührt.

(2) [1]Auf den Konzernabschluß sind, soweit seine Eigenart keine Abweichung bedingt, die §§ 340a bis 340g über den Jahresabschluß und die für die Rechtsform und den Geschäftszweig der in den Konzernabschluß einbezogenen Unternehmen mit Sitz im Geltungsbereich dieses Gesetzes geltenden Vorschriften entsprechend anzuwenden, soweit sie für große Kapitalgesellschaften gelten. [2]Die §§ 293, 298 Absatz 1, § 314 Abs. 1 Nr. 1, 3, 6 Buchstabe c und Nummer 23 sind nicht anzuwenden. [3]In den Fällen des § 315e Abs. 1 finden von den in Absatz 1 genannten Vorschriften nur die §§ 290 bis 292, 315e Anwendung; die Sätze 1 und 2 dieses Absatzes sowie § 340j sind nicht anzuwenden. [4]Soweit § 315e Absatz 1 auf § 314 Absatz 1 Nummer 6 Buchstabe c verweist, tritt an dessen Stelle § 34 Absatz 2 Nummer 2 in Verbindung mit § 37 der Kreditinstituts-Rechnungslegungsverordnung in der Fassung der Bekanntmachung vom 11. Dezember 1998 (BGBl. I S. 3658), die zuletzt durch Artikel 8 Absatz 13 des Gesetzes vom 17. Juli 2015 (BGBl. I S. 1245) geändert worden ist, in der jeweils geltenden Fassung. [5]Im Übrigen findet die Kreditinstituts-Rechnungslegungsverordnung in den Fällen des § 315e Absatz 1 keine Anwendung.

(3) Als Kreditinstitute im Sinne dieses Titels gelten auch Mutterunternehmen, deren einziger Zweck darin besteht, Beteiligungen an Tochterunternehmen zu erwerben sowie die Verwaltung und Verwertung dieser Beteiligungen wahrzunehmen, sofern diese Tochterunternehmen ausschließlich oder überwiegend Kreditinstitute sind.

(4) [1]Sofern Kreditinstitute einer prüferischen Durchsicht zu unterziehende Konzernzwischenabschlüsse zur Ermittlung von Konzernzwischenergebnissen im Sinne des Artikels 26 Absatz 2 in Verbindung mit Artikel 11 der Verordnung (EU) Nr. 575/2013 aufstellen, sind auf diese die für den Konzernabschluss geltenden Rechnungslegungsgrundsätze anzuwenden. [2]Die Vorschriften über die Bestellung

---

[1] § 340h neu gef. mWv 29.5.2009 durch G v. 25.5.2009 (BGBl. I S. 1102).

[2] 5. Titel Überschrift geänd. durch G v. 24.6.1994 (BGBl. I S. 1377).

[3] § 340i eingef. durch G v. 30.11.1990 (BGBl. I S. 2570); Abs. 1 Satz 1 geänd. durch G v. 24.6.1994 (BGBl. I S. 1377); Abs. 2 Sätze 3–5 angef. mWv 10.12.2004 durch G v. 4.12.2004 (BGBl. I S. 3166); Abs. 4 neu gef. mWv 20.1.2007 durch G v. 5.1.2007 (BGBl. I S. 10); Abs. 4 Satz 1 geänd. mWv 1.1.2014 durch G v. 28.8.2013 (BGBl. I S. 3395); Abs. 2 Satz 2 geänd. mWv 23.7.2015 durch G v. 17.7.2015 (BGBl. I S. 1245); Abs. 2 Satz 3 geänd., Satz 4 neu gef., Satz 5 geänd., Abs. 5 und 6 angef. mWv 19.4. 2017 durch G v. 11.4.2017 (BGBl. I S. 802); Abs. 6 neu gef. mWv 1.1.2020 durch G v. 12.12.2019 (BGBl. I S. 2637).

[4] Beachte hierzu Übergangsvorschriften in Art. 75, 80 und 83 Abs. 2 EGHGB (Nr. **50a**).

des Abschlussprüfers sind auf die prüferische Durchsicht entsprechend anzuwenden. [3] Die prüferische Durchsicht ist so anzulegen, dass bei gewissenhafter Berufsausübung ausgeschlossen werden kann, dass der Zwischenabschluss in wesentlichen Belangen den anzuwendenden Rechnungslegungsgrundsätzen widerspricht. [4] Der Abschlussprüfer hat das Ergebnis der prüferischen Durchsicht in einer Bescheinigung zusammenzufassen. [5] § 320 und § 323 gelten entsprechend.

(5) [1] Ein Kreditinstitut, das ein Mutterunternehmen (§ 290) ist, hat den Konzernlagebericht um eine nichtfinanzielle Konzernerklärung zu erweitern, wenn auf die in den Konzernabschluss einzubeziehenden Unternehmen die folgenden Merkmale zutreffen:

1. sie erfüllen die in § 293 Absatz 1 Satz 1 Nummer 1 oder 2 geregelten Voraussetzungen für eine größenabhängige Befreiung nicht und
2. bei ihnen sind insgesamt im Jahresdurchschnitt mehr als 500 Arbeitnehmer beschäftigt.

[2] § 267 Absatz 4 bis 5, § 298 Absatz 2, § 315b Absatz 2 bis 4 und § 315c sind entsprechend anzuwenden. [3] Wenn die nichtfinanzielle Konzernerklärung einen besonderen Abschnitt des Konzernlageberichts bildet, darf das Kreditinstitut auf die an anderer Stelle im Konzernlagebericht enthaltenen nichtfinanziellen Angaben verweisen.

(6) Ein Kreditinstitut, das nach Absatz 1 in Verbindung mit § 315d eine Konzernerklärung zur Unternehmensführung zu erstellen hat, hat darin Angaben nach § 315d in Verbindung mit § 289f Absatz 2 Nummer 6 aufzunehmen, wenn die in den Konzernabschluss einzubeziehenden Unternehmen die in § 293 Absatz 1 Satz 1 Nummer 1 oder 2 geregelten Voraussetzungen für eine Befreiung nicht erfüllen.

§ 340j[1)] Einzubeziehende Unternehmen. Bezieht ein Kreditinstitut ein Tochterunternehmen, das Kreditinstitut ist, nach § 296 Abs. 1 Nr. 3 in seinen Konzernabschluß nicht ein und ist der vorübergehende Besitz von Aktien oder Anteilen dieses Unternehmens auf eine finanzielle Stützungsaktion zur Sanierung oder Rettung des genannten Unternehmens zurückzuführen, so hat es den Jahresabschluß dieses Unternehmens seinem Konzernabschluß beizufügen und im Konzernanhang zusätzliche Angaben über die Art und die Bedingungen der finanziellen Stützungsaktion zu machen.

Sechster Titel. Prüfung

§ 340k[2) 3)] [Prüfung] (1) [1] Kreditinstitute haben unabhängig von ihrer Größe ihren Jahresabschluß und Lagebericht sowie ihren Konzernabschluß und Konzern-

[1)] § 340j eingef. durch G v. 30.11.1990 (BGBl. I S. 2570); Abs. 1 aufgeh. mWv 10.12.2004 durch G v. 4.12.2004 (BGBl. I S. 3166).

[2)] § 340k eingef. durch G v. 30.11.1990 (BGBl. I S. 2570); Abs. 1 Satz 1 geänd, Abs. 4 angef. durch G v. 22.10.1997 (BGBl. I S. 2567); Abs. 2 Satz 1 geänd. mWv 9.3.2000 durch G v. 24.2.2000 (BGBl. I S. 154); Abs. 3 Satz 4 angef. mWv 1.1.2001 durch G v. 19.12.2000 (BGBl. I S. 1769); Abs. 2 Satz 3, Abs. 3 Satz 2 neu gef., Satz 4 geänd. mWv 10.12.2004 durch G v. 4.12.2004 (BGBl. I S. 3166); Abs. 2a eingef., Abs. 5 angef. mWv 29.5.2009 durch G v. 25.5.2009 (BGBl. I S. 1102); Abs. 2 Satz 4 eingef., bish. Satz 4 wird Satz 5 und geänd., Abs. 3 Satz 4 geänd. mWv 17.6.2016 durch G v. 31.3.2016 (BGBl. I S. 518); Abs. 1 Satz 1 geänd., Satz 4 angef., Abs. 3 Satz 2 geänd., Satz 3 eingef., bish. Sätze 3 und 4 werden Sätze 4 und 5, Abs. 4 neu gef. mWv 17.6.2016 durch G v. 10.5.2016 (BGBl. I S. 1142); Abs. 1 Satz 1 geänd., Satz 4 neu gef., Abs. 2 Satz 3, Abs. 3 Satz 2 geänd., Abs. 5 Satz 1 neu gef., Sätze 3 und 4 angef. mWv 1.7.2021 durch G v. 3.6.2021 (BGBl. I S. 1534).

[3)] Beachte hierzu Übergangsvorschrift in Art. 86 EGHGB (Nr. **50a**).

lagebericht unbeschadet der Vorschriften der §§ 28 und 29 des Gesetzes über das Kreditwesen[1)] nach den Vorschriften des Dritten Unterabschnitts des Zweiten Abschnitts über die Prüfung prüfen zu lassen; § 319 Absatz 1 Satz 2 ist nicht anzuwenden. [2] Die Prüfung ist spätestens vor Ablauf des fünften Monats des dem Abschlußstichtag nachfolgenden Geschäftsjahrs vorzunehmen. [3] Der Jahresabschluß ist nach der Prüfung unverzüglich festzustellen. [4] Die Vorschriften des Dritten Unterabschnitts des Zweiten Abschnitts sind auf Kreditinstitute, die Unternehmen von öffentlichem Interesse nach § 316a Satz 2 Nummer 1 oder 2 sind, nur insoweit anzuwenden, als nicht die Verordnung (EU) Nr. 537/2014 anzuwenden ist.

(2) [1] Ist das Kreditinstitut eine Genossenschaft oder ein rechtsfähiger wirtschaftlicher Verein, so ist die Prüfung abweichend von § 319 Abs. 1 Satz 1 von dem Prüfungsverband durchzuführen, dem das Kreditinstitut als Mitglied angehört, sofern mehr als die Hälfte der geschäftsführenden Mitglieder des Vorstands dieses Prüfungsverbands Wirtschaftsprüfer sind. [2] Hat der Prüfungsverband nur zwei Vorstandsmitglieder, so muß einer von ihnen Wirtschaftsprüfer sein. [3] § 319 Abs. 2 und 3 ist auf die gesetzlichen Vertreter des Prüfungsverbandes und auf alle vom Prüfungsverband beschäftigten Personen, die das Ergebnis der Prüfung beeinflussen können, entsprechend anzuwenden; § 319 Abs. 3 Satz 1 Nr. 2 ist auf Mitglieder des Aufsichtsorgans des Prüfungsverbandes nicht anzuwenden, sofern sichergestellt ist, dass der Abschlussprüfer die Prüfung unabhängig von den Weisungen durch das Aufsichtsorgan durchführen kann. [4] § 319 Absatz 1 Satz 3 und 4 gilt entsprechend mit der Maßgabe, dass der Prüfungsverband über einen Auszug hinsichtlich seiner Eintragung nach § 40a der Wirtschaftsprüferordnung verfügen muss, bei erstmaliger Durchführung einer Prüfung nach Absatz 1 Satz 1 spätestens sechs Wochen nach deren Beginn. [5] Ist das Mutterunternehmen eine Genossenschaft, so ist der Prüfungsverband, dem die Genossenschaft angehört, unter den Voraussetzungen der Sätze 1 bis 4 auch Abschlußprüfer des Konzernabschlusses und des Konzernlageberichts.

(2a) [1] Bei der Prüfung des Jahresabschlusses der in Absatz 2 bezeichneten Kreditinstitute durch einen Prüfungsverband darf der gesetzlich vorgeschriebene Bestätigungsvermerk nur von Wirtschaftsprüfern unterzeichnet werden. [2] Die im Prüfungsverband tätigen Wirtschaftsprüfer haben ihre Prüfungstätigkeit unabhängig, gewissenhaft, verschwiegen und eigenverantwortlich auszuüben. [3] Sie haben sich insbesondere bei der Erstattung von Prüfungsberichten unparteiisch zu verhalten. [4] Weisungen dürfen ihnen hinsichtlich ihrer Prüfungstätigkeit von Personen, die nicht Wirtschaftsprüfer sind, nicht erteilt werden. [5] Die Zahl der im Verband tätigen Wirtschaftsprüfer muss so bemessen sein, dass die den Bestätigungsvermerk unterschreibenden Wirtschaftsprüfer die Prüfung verantwortlich durchführen können.

(3) [1] Ist das Kreditinstitut eine Sparkasse, so dürfen die nach Absatz 1 vorgeschriebenen Prüfungen abweichend von § 319 Abs. 1 Satz 1 von der Prüfungsstelle eines Sparkassen- und Giroverbands durchgeführt werden. [2] Die Prüfung darf von der Prüfungsstelle jedoch nur durchgeführt werden, wenn der Leiter der Prüfungsstelle die Voraussetzungen des § 319 Abs. 1 Satz 1 und 2 erfüllt; § 319 Absatz 2, 3 und 5 sowie Artikel 5 Absatz 1, 4 Unterabsatz 1 und Absatz 5 der Verordnung (EU) Nr. 537/2014 sind auf alle vom Sparkassen- und Giroverband beschäftigten Personen, die das Ergebnis der Prüfung beeinflussen können, entsprechend anzuwenden. [3] Auf die Prüfungsstellen findet Artikel 5 der Verordnung (EU) Nr. 537/2014 keine Anwendung. [4] Außerdem muß sichergestellt sein, daß

---

1) Sartorius ErgBd. Nr. 856.

der Abschlußprüfer die Prüfung unabhängig von den Weisungen der Organe des Sparkassen- und Giroverbands durchführen kann. [5] Soweit das Landesrecht nichts anderes vorsieht, findet § 319 Absatz 1 Satz 3 und 4 mit der Maßgabe Anwendung, dass die Prüfungsstelle über einen Auszug hinsichtlich ihrer Eintragung nach § 40a der Wirtschaftsprüferordnung verfügen muss, bei erstmaliger Durchführung einer Prüfung nach Absatz 1 Satz 1 spätestens sechs Wochen nach deren Beginn.

(4) [1] Ist das Kreditinstitut eine Sparkasse, finden Artikel 4 Absatz 3 Unterabsatz 2 sowie die Artikel 16, 17 und 19 der Verordnung (EU) Nr. 537/2014 keine Anwendung. [2] Artikel 4 Absatz 3 Unterabsatz 1 sowie Artikel 10 Absatz 2 Buchstabe g der Verordnung (EU) Nr. 537/2014 finden auf alle vom Sparkassen- und Giroverband beschäftigten Personen, die das Ergebnis der Prüfung beeinflussen können, entsprechende Anwendung. [3] Auf die Prüfungsstellen finden Artikel 4 Absatz 2 und 3 Unterabsatz 1 sowie Artikel 10 Absatz 2 Buchstabe g der Verordnung (EU) Nr. 537/2014 keine Anwendung.

(5) [1] Kreditinstitute, die Unternehmen von öffentlichem Interesse nach § 316a Satz 2 Nummer 1 oder 2 sind und keinen Aufsichts- oder Verwaltungsrat haben, der die Voraussetzungen des § 100 Absatz 5 des Aktiengesetzes[1] erfüllen muss, haben § 324 anzuwenden, auch wenn sie nicht in der Rechtsform einer Kapitalgesellschaft oder einer Personenhandelsgesellschaft im Sinne des § 264a Absatz 1 betrieben werden. [2] Dies gilt für Sparkassen im Sinn des Absatzes 3 sowie sonstige landesrechtliche öffentlich-rechtliche Kreditinstitute nur, soweit das Landesrecht nichts anderes vorsieht. [3] § 36 Absatz 4 und § 53 Absatz 3 des Genossenschaftsgesetzes[2] bleiben unberührt. [4] § 324 Absatz 3 Satz 1 ist nicht anwendbar auf Kreditinstitute in der Rechtsform der Genossenschaft, auf Sparkassen und auf sonstige landesrechtliche öffentlich-rechtliche Kreditinstitute.

Siebenter Titel. Offenlegung

§ 340l[3) 4)] [Offenlegung] (1) [1] Kreditinstitute haben den Jahresabschluß und den Lagebericht sowie den Konzernabschluß und den Konzernlagebericht und die anderen in § 325 bezeichneten Unterlagen, sofern sie zu erstellen sind, in deutscher Sprache nach § 325 Absatz 1 Satz 2 und Absatz 1a bis 5 sowie den §§ 327a und 328 offenzulegen; § 329 Absatz 1, 2 und 4 ist entsprechend anzuwenden. [2] Kreditinstitute, die nicht Zweigniederlassungen sind, haben die in Satz 1 bezeichneten Unterlagen außerdem in jedem anderen Mitgliedstaat der Europäischen Gemeinschaft und in jedem anderen Vertragsstaat des Abkommens über den Europäischen Wirtschaftsraum offenzulegen, in dem sie eine Zweigniederlassung

---

1) Nr. **51**.

2) Nr. **53**.

3) § 340l eingef. durch G v. 30.11.1990 (BGBl. I S. 2570); Abs. 1 Sätze 2 und 3, Abs. 2 Satz 2 geänd. durch G v. 27.4.1993 (BGBl. I S. 512); Abs. 1 Satz 2, Abs. 2 Satz 2 geänd. durch G v. 22.10.1997 (BGBl. I S. 2567); Abs. 2 Satz 4 angef. mWv 9.3.2000 durch G v. 24.2.2000 (BGBl. I S. 154); Abs. 2 Sätze 3, 4 neu gef. mWv 15.12.2001 durch G v. 10.12.2001 (BGBl. I S. 3414); Abs. 5 angef. mWv 10.12.2004 durch G v. 4.12.2004 (BGBl. I S. 3166); Abs. 1 Sätze 2, 3, Abs. 2 Sätze 1, 2 geänd., Satz 4 neu gef., Abs. 3 Satz 1 aufgeh., Abs. 4 aufgeh., bish. Abs. 5 wird Abs. 4 mWv 1.1.2007 durch G v. 10.11.2006 (BGBl. I S. 2553); Abs. 1 Satz 1, Abs. 2 Satz 1 geänd., Sätze 2 und 3 eingef., bish. Sätze 2–4 werden Sätze 4–6, neuer Satz 4 geänd., Abs. 4 Nr. 3 geänd. mWv 29.5.2009 durch G v. 25.5.2009 (BGBl. I S. 1102); Abs. 1 Satz 3, Abs. 2 Sätze 2, 3 und 6 Nr. 2 geänd., Abs. 4 einl. Satzteil und Nr. 2 neu gef., Nr. 3 geänd. mWv 23.7.2015 durch G v. 17.7.2015 (BGBl. I S. 1245); Abs. 2 Satz 3 neu gef. mWv 17.6.2016 durch G v. 31.3.2016 (BGBl. I S. 518); Abs. 2 Satz 3 Nr. 1 geänd. mWv 19.8.2020 durch G v. 12.8.2020 (BGBl. I S. 1874); Abs. 1 Satz 1, Abs. 2 Sätze 1, 5 und 6 abschl. Satzteil geand. mWv 1.8.2022 durch G v. 5.7.2021 (BGBl. I S. 3338).

4) Beachte hierzu Übergangsvorschrift in Art. 88 EGHGB (Nr. **50a**).

errichtet haben. [3]Die Offenlegung nach Satz 2 richtet sich nach dem Recht des jeweiligen Mitgliedstaats oder Vertragsstaats.

(2) [1]Zweigniederlassungen im Geltungsbereich dieses Gesetzes von Unternehmen mit Sitz in einem anderen Staat haben die in Absatz 1 Satz 1 bezeichneten Unterlagen ihrer Hauptniederlassung, die nach deren Recht aufgestellt und geprüft worden sind, nach § 325 Absatz 1 Satz 2 und Absatz 1a bis 5 sowie den §§ 327a und 328 offenzulegen; § 329 ist entsprechend anzuwenden. [2]Unternehmen mit Sitz in einem Drittstaat im Sinn des § 3 Abs. 1 Satz 1 der Wirtschaftsprüferordnung, deren Wertpapiere im Sinn des § 2 Absatz 1 des Wertpapierhandelsgesetzes[1)] an einer inländischen Börse zum Handel am regulierten Markt zugelassen sind, haben zudem eine Bescheinigung der Wirtschaftsprüferkammer gemäß § 134 Abs. 2a der Wirtschaftsprüferordnung über die Eintragung des Abschlussprüfers oder eine Bestätigung der Wirtschaftsprüferkammer gemäß § 134 Abs. 4 Satz 8 der Wirtschaftsprüferordnung über die Befreiung von der Eintragungsverpflichtung offenzulegen. [3]Satz 2 ist nicht anzuwenden, soweit ausschließlich Schuldtitel im Sinne des § 2 Absatz 1 Nummer 3 des Wertpapierhandelsgesetzes

1. mit einer Mindeststückelung zu je 100 000 Euro oder einem entsprechenden Betrag anderer Währung an einer inländischen Börse zum Handel am regulierten Markt zugelassen sind oder
2. mit einer Mindeststückelung zu je 50 000 Euro oder einem entsprechenden Betrag anderer Währung an einer inländischen Börse zum Handel am regulierten Markt zugelassen sind und diese Schuldtitel vor dem 31. Dezember 2010 begeben worden sind.

[4]Zweigniederlassungen im Geltungsbereich dieses Gesetzes von Unternehmen mit Sitz in einem Staat, der nicht Mitglied der Europäischen Gemeinschaft und auch nicht Vertragsstaat des Abkommens über den Europäischen Wirtschaftsraum ist, brauchen auf ihre eigene Geschäftstätigkeit bezogene gesonderte Rechnungslegungsunterlagen nach Absatz 1 Satz 1 nicht offenzulegen, sofern die nach den Sätzen 1 und 2 offenzulegenden Unterlagen nach einem an die Richtlinie 86/635/EWG angepaßten Recht aufgestellt und geprüft worden oder den nach einem dieser Rechte aufgestellten Unterlagen gleichwertig sind. [5]Die Unterlagen sind in deutscher Sprache zu übermitteln. [6]Soweit dies nicht die Amtssprache am Sitz der Hauptniederlassung ist, können die Unterlagen der Hauptniederlassung auch

1. in englischer Sprache oder
2. in einer von dem Register der Hauptniederlassung beglaubigten Abschrift oder,
3. wenn eine dem Register vergleichbare Einrichtung nicht vorhanden oder diese nicht zur Beglaubigung befugt ist, in einer von einem Wirtschaftsprüfer bescheinigten Abschrift, verbunden mit der Erklärung, dass entweder eine dem Register vergleichbare Einrichtung nicht vorhanden oder diese nicht zur Beglaubigung befugt ist,

übermittelt werden; von der Beglaubigung des Registers ist eine beglaubigte Übersetzung in deutscher Sprache zu übermitteln.

(3) § 339 ist auf Kreditinstitute, die Genossenschaften sind, nicht anzuwenden.

(4) Macht ein Kreditinstitut von dem Wahlrecht nach § 325 Absatz 2a Satz 1 Gebrauch, sind § 325 Absatz 2a Satz 3 und 5 mit folgenden Maßgaben anzuwenden:

---

1) Habersack, Deutsche Gesetze ErgBd. Nr. 58.

1. Die in § 325 Abs. 2a Satz 3 genannten Vorschriften des Ersten Unterabschnitts des Zweiten Abschnitts des Dritten Buchs sind auch auf Kreditinstitute anzuwenden, die nicht in der Rechtsform einer Kapitalgesellschaft betrieben werden.
2. § 285 Nummer 8 Buchstabe b findet keine Anwendung; der Personalaufwand des Geschäftsjahres ist jedoch im Anhang zum Einzelabschluss nach § 325 Absatz 2a gemäß der Gliederung nach Formblatt 3 im Posten Allgemeine Verwaltungsaufwendungen Unterposten Buchstabe a Personalaufwand der Kreditinstituts-Rechnungslegungsverordnung in der Fassung der Bekanntmachung vom 11. Dezember 1998 (BGBl. I S. 3658) in der jeweils geltenden Fassung anzugeben, sofern diese Angaben nicht gesondert in der Gewinn- und Verlustrechnung erscheinen.
3. An Stelle des § 285 Nr. 9 Buchstabe c gilt § 34 Abs. 2 Nr. 2 der Kreditinstituts-Rechnungslegungsverordnung in der Fassung der Bekanntmachung vom 11. Dezember 1998 (BGBl. I S. 3658) in der jeweils geltenden Fassung.
4. Für den Anhang gilt zusätzlich die Vorschrift des § 340a Abs. 4.
5. Im Übrigen finden die Bestimmungen des Zweiten bis Vierten Titels dieses Unterabschnitts sowie der Kreditinstituts-Rechnungslegungsverordnung keine Anwendung.

Achter Titel.[1] Straf- und Bußgeldvorschriften, Ordnungsgelder

§ 340m[2] [3] Strafvorschriften. (1) [1]Die Strafvorschriften der §§ 331 bis 333 sind auch auf nicht in der Rechtsform einer Kapitalgesellschaft betriebene Kreditinstitute, auf Finanzdienstleistungsinstitute im Sinne des § 340 Absatz 4, auf Wertpapierinstitute im Sinne des § 340 Absatz 4a Satz 1 sowie auf Institute im Sinne des § 340 Absatz 5 anzuwenden. [2]§ 331 ist darüber hinaus auch anzuwenden auf die Verletzung von Pflichten durch

1. den Geschäftsleiter (§ 1 Absatz 2 des Kreditwesengesetzes[4]) eines nicht in der Rechtsform der Kapitalgesellschaft betriebenen Kreditinstituts oder Finanzdienstleistungsinstituts im Sinne des § 340 Absatz 4 Satz 1,

1a. den Geschäftsleiter (§ 2 Absatz 36 des Wertpapierinstitutsgesetzes) eines nicht in der Rechtsform der Kapitalgesellschaft betriebenen Wertpapierinstituts im Sinne des § 340 Absatz 4a Satz 1,

2. den Geschäftsleiter (§ 1 Absatz 8 Satz 1 und 2 des Zahlungsdiensteaufsichtsgesetzes) eines nicht in der Rechtsform der Kapitalgesellschaft betriebenen Instituts im Sinne des § 340 Absatz 5,
3. den Inhaber eines in der Rechtsform des Einzelkaufmanns betriebenen Finanzdienstleistungsinstituts im Sinne des § 340 Absatz 4 Satz 1 oder Wertpapierinstituts im Sinne des § 340 Absatz 4a Satz 1 und
4. den Geschäftsleiter im Sinne des § 53 Absatz 2 Nummer 1 des Kreditwesengesetzes.

---

[1] 8. Titel Überschrift geänd. mWv 30.4.2011 durch G v. 1.3.2011 (BGBl. I S. 288).

[2] § 340m neu gef. mWv 30.4.2011 durch G v. 1.3.2011 (BGBl. I S. 288); Abs. 2 und 3 angef. mWv 17.6.2016 durch G v. 10.5.2016 (BGBl. I S. 1142); Abs. 1 Satz 1 geänd., Satz 2 Nr. 1a eingef., Nr. 3 geänd. mWv 26.6.2021 durch G v. 12.5.2021 (BGBl. I S. 990); Abs. 2 einl. Satzteil, Abs. 3 geänd. mWv 1.7.2021 durch G v. 3.6.2021 (BGBl. I S. 1534); Abs. 1 Satz 2 Nr. 1, Abs. 2 einl. Satzteil geänd. mWv 1.8.2022 durch G v. 5.7.2021 (BGBl. I S. 3338).

[3] Beachte hierzu Übergangsvorschrift in Art. 86 EGHGB (Nr. **50a**).

[4] **Sartorius ErgBd. Nr. 856.**

(2) Mit Freiheitsstrafe bis zu einem Jahr oder mit Geldstrafe wird bestraft, wer als Mitglied eines nach § 340k Absatz 5 Satz 1 in Verbindung mit § 324 Absatz 1 Satz 1 eingerichteten Prüfungsausschusses eines Kreditinstituts im Sinne des § 340 Absatz 1 Satz 1, eines Finanzdienstleistungsinstituts im Sinne des § 340 Absatz 4 Satz 1, eines Wertpapierinstituts im Sinne des § 340 Absatz 4a Satz 1 oder eines Instituts im Sinne des § 1 Absatz 3 des Zahlungsdiensteaufsichtsgesetzes

1. eine in § 340n Absatz 2a bezeichnete Handlung begeht und dafür einen Vermögensvorteil erhält oder sich versprechen lässt oder
2. eine in § 340n Absatz 2a bezeichnete Handlung beharrlich wiederholt.

(3) § 335c Absatz 2 gilt in den Fällen des Absatzes 1 Satz 1 in Verbindung mit § 332 oder § 333 und des Absatzes 2 entsprechend.

§ 340n[1) 2)] Bußgeldvorschriften. (1) [1]Ordnungswidrig handelt, wer als Geschäftsleiter im Sinne des § 1 Absatz 2 oder des § 53 Absatz 2 Nummer 1 des Kreditwesengesetzes[3)] eines Kreditinstituts oder Finanzdienstleistungsinstituts im Sinne des § 340 Absatz 4 Satz 1 oder als Geschäftsleiter im Sinne des § 2 Absatz 36 des Wertpapierinstitutsgesetzes eines Wertpapierinstituts im Sinne des § 340 Absatz 4a Satz 1 oder als Geschäftsleiter im Sinne des § 1 Absatz 8 Satz 1 und 2 des Zahlungsdiensteaufsichtsgesetzes eines Instituts im Sinne des § 340 Absatz 5 oder als Inhaber eines in der Rechtsform des Einzelkaufmanns betriebenen Finanzdienstleistungsinstituts im Sinne des § 340 Absatz 4 Satz 1 oder Wertpapierinstituts im Sinne des § 340 Absatz 4a Satz 1 oder als Mitglied des Aufsichtsrats eines der vorgenannten Unternehmen

1. bei der Aufstellung oder Feststellung des Jahresabschlusses oder bei der Aufstellung des Zwischenabschlusses gemäß § 340a Abs. 3 einer Vorschrift
   a) des § 243 Abs. 1 oder 2, der §§ 244, 245, 246 Abs. 1 oder 2, dieser in Verbindung mit § 340a Abs. 2 Satz 3, des § 246 Abs. 3 Satz 1, des § 247 Abs. 2 oder 3, der §§ 248, 249 Abs. 1 Satz 1 oder Abs. 2, des § 250 Abs. 1 oder Abs. 2, des § 264 Absatz 1a oder Absatz 2, des § 340b Abs. 4 oder 5 oder des § 340c Abs. 1 über Form oder Inhalt,
   b) des § 253 Abs. 1 Satz 1, 2, 3 oder 4, Abs. 2 Satz 1, auch in Verbindung mit Satz 2, Absatz 3 Satz 1, 2, 3, 4 oder Satz 5, Abs. 4 oder 5, der §§ 254, 256a, 340e Abs. 1 Satz 1 oder 2, Abs. 3 Satz 1, 2, 3 oder 4 Halbsatz 2, Abs. 4 Satz 1 oder 2, des § 340f Abs. 1 Satz 2 oder des § 340g Abs. 2 über die Bewertung,
   c) des § 265 Abs. 2, 3 oder 4, des § 268 Abs. 3 oder 6, der §§ 272, 274 oder des § 277 Abs. 3 Satz 2 über die Gliederung,
   d) des § 284 Absatz 1, 2 Nummer 1, 2 oder Nummer 4, Absatz 3 oder des § 285 Nummer 3, 3a, 7, 9 Buchstabe a oder Buchstabe b, Nummer 10 bis 11b, 13

[1)] § 340n eingef. durch G v. 30.11.1990 (BGBl. I S. 2570); Abs. 1 Nr. 1, 2 geänd. durch G v. 21.12. 1992 (BGBl. I S. 2211); Abs. 1 geänd. durch G v. 22.10.1997 (BGBl. I S. 2567); Abs. 4 angef. mWv 1.1. 2007 durch G v. 10.11.2006 (BGBl. I S. 2553); Abs. 1 Nr. 1 Buchst. a, c geänd., Buchst. b, d neu gef., Nr. 2 Buchst. d geänd. mWv 29.5.2009 durch G v. 25.5.2009 (BGBl. I S. 1102); Abs. 1 Nr. 1 Buchst. a–c, Nr. 2 Buchst. b, f geänd. mWv 23.7.2015 durch G v. 17.7.2015 (BGBl. I S. 1245); Abs. 4 geänd., Abs. 2a eingef., Abs. 5 angef. mWv 17.6.2016 durch G v. 10.5.2016 (BGBl. I S. 1142); Abs. 3 neu gef., Abs. 3a und 3b eingef. mWv 19.4.2017 durch G v. 11.4.2017 (BGBl. I S. 802); Abs. 1 Nr. 5 geänd. mWv 19.8. 2020 durch G v. 12.8.2020 (BGBl. I S. 1874); Abs. 2 neu gef., Abs. 2a Nr. 1 einl. Satzteil und Buchst. a, Nr. 2, Abs. 3 Satz 1 geänd., Abs. 3a Satz 2 angef. mWv 1.7.2021 durch G v. 3.6.2021 (BGBl. I S. 1534); Abs. 1 Satz 1 Nr. 3, 4 neu gef., Sätze 2 und 3 angef. mWv 12.8.2021 durch G v. 7.8.2021 (BGBl. I S. 3311); Abs. 1 Satz 1 einl. Satzteil neu gef. mWv 1.8.2022 durch G v. 5.7.2021 (BGBl. I S. 3338).

[2)] Beachte hierzu Übergangsvorschriften in Art. 75, 80, 84, 86 und 87 EGHGB (Nr. **50a**).

[3)] **Sartorius ErgBd. Nr. 856.**

bis 15a, 16 bis 26, 28 bis 33 oder Nummer 34 über die im Anhang zu machenden Angaben,

2. bei der Aufstellung des Konzernabschlusses oder des Konzernzwischenabschlusses gemäß § 340i Abs. 4 einer Vorschrift
   a) des § 294 Abs. 1 über den Konsolidierungskreis,
   b) des § 297 Absatz 1a, 2 oder Absatz 3 oder des § 340i Abs. 2 Satz 1 in Verbindung mit einer der in Nummer 1 Buchstabe a bezeichneten Vorschriften über Form oder Inhalt,
   c) des § 300 über die Konsolidierungsgrundsätze oder das Vollständigkeitsgebot,
   d) des § 308 Abs. 1 Satz 1 in Verbindung mit den in Nummer 1 Buchstabe b bezeichneten Vorschriften, des § 308 Abs. 2 oder des § 308a über die Bewertung,
   e) des § 311 Abs. 1 Satz 1 in Verbindung mit § 312 über die Behandlung assoziierter Unternehmen oder
   f) des § 308 Abs. 1 Satz 3, des § 313 oder des § 314 über die im Konzernanhang zu machenden Angaben,
3. bei der Aufstellung des Lageberichts oder der Erstellung eines gesonderten nichtfinanziellen Berichts einer Vorschrift des § 289 oder des § 289a, des § 289f, auch in Verbindung mit § 340a Absatz 1b, oder des § 340a Absatz 1a, auch in Verbindung mit § 289b Absatz 2 oder 3 oder mit den §§ 289c, 289d oder § 289e Absatz 2, über den Inhalt des Lageberichts oder des gesonderten nichtfinanziellen Berichts,
4. bei der Aufstellung des Konzernlageberichts oder der Erstellung eines gesonderten nichtfinanziellen Konzernberichts einer Vorschrift des § 315 oder des § 315a, des § 315d, auch in Verbindung mit § 340i Absatz 6, oder des § 340i Absatz 5, auch in Verbindung mit § 315b Absatz 2 oder 3 oder § 315c, über den Inhalt des Konzernlageberichts oder des gesonderten nichtfinanziellen Konzernberichts,
5. bei der Offenlegung, Veröffentlichung oder Vervielfältigung einer Vorschrift des § 328 über Form, Format oder Inhalt oder
6. einer auf Grund des § 330 Abs. 2 in Verbindung mit Abs. 1 Satz 1 erlassenen Rechtsverordnung, soweit sie für einen bestimmten Tatbestand auf diese Bußgeldvorschrift verweist,

zuwiderhandelt. [2] In den Fällen des Satzes 1 Nummer 3 wird eine Zuwiderhandlung gegen eine Vorschrift des § 289f Absatz 2 Nummer 4, auch in Verbindung mit Absatz 3 oder 4 Satz 1, nicht dadurch ausgeschlossen, dass die Festlegungen oder Begründungen nach § 76 Absatz 4 oder § 111 Absatz 5 des Aktiengesetzes[1)], nach § 36 oder § 52 Absatz 2 des Gesetzes betreffend die Gesellschaften mit beschränkter Haftung[2)] oder nach § 9 Absatz 3 oder 4 des Genossenschaftsgesetzes[3)] ganz oder zum Teil unterblieben sind. [3] In den Fällen des Satzes 1 Nummer 4 wird eine Zuwiderhandlung gegen eine Vorschrift des § 315d in Verbindung mit § 289f Absatz 2 Nummer 4 nicht dadurch ausgeschlossen, dass die Festlegungen oder Begründungen nach § 76 Absatz 4 oder § 111 Absatz 5 des Aktiengesetzes ganz oder zum Teil unterblieben sind.

(2) [1] Ordnungswidrig handelt, wer einen Bestätigungsvermerk nach § 322 Absatz 1 erteilt zu dem Abschluss

---

1) Nr. **51**.
2) Nr. **52**.
3) Nr. **53**.

1. eines Instituts, das ein Unternehmen von öffentlichem Interesse nach § 316a Satz 2 Nummer 1 oder 2 ist, oder
2. eines Instituts, das nicht in Nummer 1 genannt ist,

obwohl nach § 319 Absatz 2 oder 3, jeweils auch in Verbindung mit Absatz 5, oder nach § 319b Absatz 1 Satz 1 oder 2, jeweils auch in Verbindung mit Absatz 2, er, nach § 319 Absatz 4 Satz 1 oder 2, jeweils auch in Verbindung mit Absatz 5, oder nach § 319b Absatz 1 Satz 1 oder 2, jeweils auch in Verbindung mit Absatz 2, die Wirtschaftsprüfungsgesellschaft oder die Buchführungsgesellschaft, für die er tätig wird, oder nach § 340k Absatz 2 Satz 1 und 2 oder Absatz 3 Satz 2 erster Halbsatz der Prüfungsverband oder die Prüfungsstelle, für den oder für die er tätig wird, nicht Abschlussprüfer sein darf. [2] Ordnungswidrig handelt auch, wer einen Bestätigungsvermerk nach § 322 Absatz 1 erteilt zu dem Abschluss eines Instituts, das ein Unternehmen von öffentlichem Interesse nach § 316a Satz 2 Nummer 1 oder 2 ist, obwohl

1. er oder die Prüfungsgesellschaft, für die er tätig wird, oder ein Mitglied des Netzwerks, dem er oder die Prüfungsgesellschaft, für die er tätig wird, angehört, einer Vorschrift des Artikels 5 Absatz 4 Unterabsatz 1 Satz 1 oder Absatz 5 Unterabsatz 2 Satz 2 der Verordnung (EU) Nr. 537/2014 zuwiderhandelt oder
2. er oder die Prüfungsgesellschaft, für die er tätig wird, nach Artikel 17 Absatz 3 der Verordnung (EU) Nr. 537/2014 die Abschlussprüfung nicht durchführen darf.

[3] Abschluss im Sinne der Sätze 1 und 2 ist ein Jahresabschluss, ein Einzelabschluss nach § 325 Absatz 2a oder ein Konzernabschluss, der aufgrund gesetzlicher Vorschriften zu prüfen ist. [4] Institut im Sinne der Sätze 1 und 2 ist ein Kreditinstitut im Sinne des § 340 Absatz 1 Satz 1, ein Finanzdienstleistungsinstitut im Sinne des § 340 Absatz 4 Satz 1, ein Wertpapierinstitut im Sinne des § 340 Absatz 4a Satz 1 oder ein Institut im Sinne des § 1 Absatz 3 des Zahlungsdiensteaufsichtsgesetzes.

(2a) Ordnungswidrig handelt, wer

1. als Mitglied eines nach § 324 Absatz 1 Satz 1, auch in Verbindung mit § 340k Absatz 5 Satz 1, eingerichteten Prüfungsausschusses eines Instituts im Sinne des Absatzes 2 Satz 4, das keine Sparkasse ist,
   a) die Unabhängigkeit des Abschlussprüfers oder der Prüfungsgesellschaft nicht nach Maßgabe des Artikels 4 Absatz 3 Unterabsatz 2, des Artikels 5 Absatz 4 Unterabsatz 1 Satz 1 oder des Artikels 6 Absatz 2 der Verordnung (EU) Nr. 537/2014 überwacht,
   b) eine Empfehlung für die Bestellung eines Abschlussprüfers oder einer Prüfungsgesellschaft vorlegt, die den Anforderungen nach Artikel 16 Absatz 2 Unterabsatz 2 oder 3 der Verordnung (EU) Nr. 537/2014 nicht entspricht oder der ein Auswahlverfahren nach Artikel 16 Absatz 3 Unterabsatz 1 der Verordnung (EU) Nr. 537/2014 nicht vorangegangen ist, oder
   c) den Gesellschaftern oder der sonst für die Bestellung des Abschlussprüfers zuständigen Stelle einen Vorschlag für die Bestellung eines Abschlussprüfers oder einer Prüfungsgesellschaft vorlegt, der den Anforderungen nach Artikel 16 Absatz 5 Unterabsatz 1 der Verordnung (EU) Nr. 537/2014 nicht entspricht, oder
2. als Mitglied eines nach § 340k Absatz 5 in Verbindung mit § 324 Absatz 1 Satz 1 eingerichteten Prüfungsausschusses eines Instituts im Sinne des Absatzes 2 Satz 4, das eine Sparkasse ist, die Unabhängigkeit der in § 340k Absatz 3 Satz 2 zweiter Halbsatz genannten Personen nicht nach Maßgabe des Artikels 5 Absatz 4

Unterabsatz 1 Satz 1 der Verordnung (EU) Nr. 537/2014 in Verbindung mit § 340k Absatz 3 Satz 2 oder nach Maßgabe des Artikels 6 Absatz 2 der Verordnung (EU) Nr. 537/2014 überwacht.

(3) [1]Die Ordnungswidrigkeit kann in den Fällen des Absatzes 2 Satz 1 Nummer 1 und Satz 2 sowie des Absatzes 2a mit einer Geldbuße bis zu fünfhunderttausend Euro, in den Fällen der Absätze 1 und 2 Satz 1 Nummer 2 mit einer Geldbuße bis zu fünfzigtausend Euro geahndet werden. [2]Ist das Kreditinstitut kapitalmarktorientiert im Sinne des § 264d, beträgt die Geldbuße in den Fällen des Absatzes 1 höchstens den höheren der folgenden Beträge:

1. zwei Millionen Euro oder
2. das Zweifache des aus der Ordnungswidrigkeit gezogenen wirtschaftlichen Vorteils, wobei der wirtschaftliche Vorteil erzielte Gewinne und vermiedene Verluste umfasst und geschätzt werden kann.

(3a) [1]Wird gegen ein Kreditinstitut, das kapitalmarktorientiert im Sinne des § 264d ist, in den Fällen des Absatzes 1 eine Geldbuße nach § 30 des Gesetzes über Ordnungswidrigkeiten[1)] verhängt, beträgt diese Geldbuße höchstens den höchsten der folgenden Beträge:

1. zehn Millionen Euro,
2. 5 Prozent des jährlichen Gesamtumsatzes, den das Kreditinstitut im der Behördenentscheidung vorausgegangenen Geschäftsjahr erzielt hat oder
3. das Zweifache des aus der Ordnungswidrigkeit gezogenen wirtschaftlichen Vorteils, wobei der wirtschaftliche Vorteil erzielte Gewinne und vermiedene Verluste umfasst und geschätzt werden kann.

[2]In den Fällen des Absatzes 3 Satz 1 in Verbindung mit Absatz 2 Satz 1 Nummer 1 oder Satz 2 ist § 30 Absatz 2 Satz 3 des Gesetzes über Ordnungswidrigkeiten anzuwenden.

(3b) [1]Als Gesamtumsatz ist anstelle des Betrags der Umsatzerlöse der sich aus dem auf das Kreditinstitut anwendbaren nationalen Recht im Einklang mit Artikel 27 Nummer 1, 3, 4, 6 und 7 oder Artikel 28 Buchstabe B Nummer 1, 2, 3, 4 und 7 der Richtlinie 86/635/EWG des Rates vom 8. Dezember 1986 über den Jahresabschluss und den konsolidierten Abschluss von Banken und anderen Finanzinstituten (ABl. L 372 vom 31.12.1986, S. 1; L 316 vom 23.11.1988, S. 51), die zuletzt durch die Richtlinie 2006/46/EG (ABl. L 224 vom 16.8.2006, S. 1) geändert worden ist, ergebende Gesamtbetrag, abzüglich der Umsatzsteuer und sonstiger direkt auf diese Erträge erhobener Steuern, maßgeblich. [2]Handelt es sich bei dem Kreditinstitut um ein Mutterunternehmen oder um ein Tochterunternehmen im Sinne des § 290, ist anstelle des Gesamtumsatzes des Kreditinstituts der jeweilige Gesamtbetrag im Konzernabschluss des Mutterunternehmens maßgeblich, der für den größten Kreis von Unternehmen aufgestellt wird. [3]Wird der Konzernabschluss für den größten Kreis von Unternehmen nicht nach den in Satz 1 genannten Vorschriften aufgestellt, ist der Gesamtumsatz nach Maßgabe der Posten des Konzernabschlusses zu ermitteln, die mit den von Satz 1 erfassten Posten vergleichbar sind. [4]Ist ein Jahres- oder Konzernabschluss für das maßgebliche Geschäftsjahr nicht verfügbar, ist der Jahres- oder Konzernabschluss für das unmittelbar vorausgehende Geschäftsjahr maßgeblich; ist auch dieser nicht verfügbar, kann der Gesamtumsatz geschätzt werden.

[1)] Nr. **94**.

(4) Verwaltungsbehörde im Sinn des § 36 Abs. 1 Nr. 1 des Gesetzes über Ordnungswidrigkeiten ist in den Fällen der Absätze 1 und 2a die Bundesanstalt für Finanzdienstleistungsaufsicht, in den Fällen des Absatzes 2 die Abschlussprüferaufsichtsstelle beim Bundesamt für Wirtschaft und Ausfuhrkontrolle.

(5) Die Bundesanstalt für Finanzdienstleistungsaufsicht übermittelt der Abschlussprüferaufsichtsstelle beim Bundesamt für Wirtschaft und Ausfuhrkontrolle alle Bußgeldentscheidungen nach Absatz 2a.

§ 340o[1) 2)] **Festsetzung von Ordnungsgeld.** [1] Personen, die

1. als Geschäftsleiter im Sinne des § 1 Absatz 2 des Kreditwesengesetzes[3)] eines Kreditinstituts oder Finanzdienstleistungsinstituts im Sinne des § 340 Absatz 4 Satz 1 oder als Geschäftsleiter im Sinne des § 2 Absatz 36 des Wertpapierinstitutsgesetzes eines Wertpapierinstituts im Sinne des § 340 Absatz 4a Satz 1 oder als Geschäftsleiter im Sinne des § 1 Absatz 8 Satz 1 und 2 des Zahlungsdiensteaufsichtsgesetzes eines Instituts im Sinne des § 340 Absatz 5 oder als Inhaber eines in der Rechtsform des Einzelkaufmanns betriebenen Finanzdienstleistungsinstituts im Sinne des § 340 Absatz 4 Satz 1 oder Wertpapierinstituts im Sinne des § 340 Absatz 4a Satz 1 den § 340l Absatz 1 Satz 1 in Verbindung mit § 325 Absatz 1 Satz 2 und Absatz 1a bis 5 über die Pflicht zur Offenlegung des Jahresabschlusses, des Lageberichts, des Konzernabschlusses, des Konzernlageberichts und anderer Unterlagen der Rechnungslegung oder
2. als Geschäftsleiter von Zweigniederlassungen im Sinn des § 53 Abs. 1 des Kreditwesengesetzes § 340l Abs. 1 oder Abs. 2 über die Offenlegung der Rechnungslegungsunterlagen

nicht befolgen, sind hierzu vom Bundesamt für Justiz durch Festsetzung von Ordnungsgeld anzuhalten. [2] Die §§ 335 bis 335b sind entsprechend anzuwenden.

Zweiter Unterabschnitt.[4)] Ergänzende Vorschriften für Versicherungsunternehmen und Pensionsfonds

Erster Titel. Anwendungsbereich

§ 341[5)] **[Anwendungsbereich]** (1) [1] Dieser Unterabschnitt ist, soweit nichts anderes bestimmt ist, auf Unternehmen, die den Betrieb von Versicherungsgeschäften zum Gegenstand haben und nicht Träger der Sozialversicherung sind (Versicherungsunternehmen), anzuwenden. [2] Dies gilt nicht für solche Versicherungsunternehmen, die auf Grund von Gesetz, Tarifvertrag oder Satzung ausschließlich für ihre Mitglieder oder die durch Gesetz oder Satzung begünstigten Personen Leistungen erbringen oder als nicht rechtsfähige Einrichtungen ihre Aufwendungen im Umlageverfahren decken, es sei denn, sie sind Aktiengesell-

---

[1)] § 340o neu gef. mWv 1.1.2007 durch G v. 10.11.2006 (BGBl. I S. 2553); Satz 1 Nr. 1 neu gef. mWv 30.4.2011 durch G v. 1.3.2011 (BGBl. I S. 288); Satz 1 abschl. Satzteil geänd., Satz 2 neu gef. mWv 10.10.2013 durch G v. 4.10.2013 (BGBl. I S. 3746); Satz 1 Nr. 1 geänd. mWv 26.6.2021 durch G v. 12.5.2021 (BGBl. I S. 990); Satz 1 Nr. 1 geänd. mWv 1.8.2022 durch G v. 5.7.2021 (BGBl. I S. 3338).

[2)] Beachte hierzu Übergangsvorschrift in Art. 88 EGHGB (Nr. **50a**).

[3)] **Sartorius ErgBd. Nr. 856.**

[4)] 2. UAbschnitt (§§ 341–341o) eingef. durch G v. 24.6.1994 (BGBl. I S. 1377); Überschrift neu gef. mWv 1.1.2002 durch G v. 26.6.2001 (BGBl. I S. 1310).

[5)] § 341 eingef. durch G v. 24.6.1994 (BGBl. I S. 1377); Abs. 4 angef. mWv 1.1.2002 durch G v. 26.6.2001 (BGBl. I S. 1310); Abs. 4 Satz 2 geänd. mWv 26.7.2002 durch G v. 19.7.2002 (BGBl. I S. 2681); Abs. 2 Satz 2 angef. mWv 14.12.2010 durch G v. 8.12.2010 (BGBl. I S. 1768); Abs. 4 Satz 1 geänd. mWv 1.1.2016 durch G v. 1.4.2015 (BGBl. I S. 434); Abs. 2 Satz 2 neu gef. mWv 23.7.2015 durch G v. 17.7.2015 (BGBl. I S. 1245).

schaften, Versicherungsvereine auf Gegenseitigkeit oder rechtsfähige kommunale Schadenversicherungsunternehmen.

(2) [1] Versicherungsunternehmen im Sinne des Absatzes 1 sind auch Niederlassungen im Geltungsbereich dieses Gesetzes von Versicherungsunternehmen mit Sitz in einem anderen Staat, wenn sie zum Betrieb des Direktversicherungsgeschäfts der Erlaubnis durch die deutsche Versicherungsaufsichtsbehörde bedürfen. [2] Niederlassungen von Versicherungsunternehmen mit Sitz in einem Mitgliedstaat der Europäischen Union oder einem anderen Vertragsstaat des Abkommens über den Europäischen Wirtschaftsraum, die keiner Erlaubnis zum Betrieb des Direktversicherungsgeschäfts durch die deutsche Versicherungsaufsichtsbehörde bedürfen, haben die ergänzenden Vorschriften über den Ansatz und die Bewertung von Vermögensgegenständen und Schulden des Ersten bis Vierten Titels dieses Unterabschnitts und der Versicherungsunternehmens-Rechnungslegungsverordnung in ihrer jeweils geltenden Fassung anzuwenden.

(3) Zusätzliche Anforderungen auf Grund von Vorschriften, die wegen der Rechtsform oder für Niederlassungen bestehen, bleiben unberührt.

(4) [1] Die Vorschriften des Ersten bis Siebenten Titels dieses Unterabschnitts sind mit Ausnahme von Absatz 1 Satz 2 auf Pensionsfonds (§ 236 Absatz 1 des Versicherungsaufsichtsgesetzes) entsprechend anzuwenden. [2] § 341d ist mit der Maßgabe anzuwenden, dass Kapitalanlagen für Rechnung und Risiko von Arbeitnehmern und Arbeitgebern mit dem Zeitwert unter Berücksichtigung des Grundsatzes der Vorsicht zu bewerten sind; §§ 341b, 341c sind insoweit nicht anzuwenden.

Zweiter Titel. Jahresabschluß, Lagebericht

§ 341a[1) 2)] Anzuwendende Vorschriften. (1) [1] Versicherungsunternehmen haben einen Jahresabschluß und einen Lagebericht nach den für große Kapitalgesellschaften geltenden Vorschriften des Ersten Unterabschnitts des Zweiten Abschnitts in den ersten vier Monaten des Geschäftsjahres für das vergangene Geschäftsjahr aufzustellen und dem Abschlußprüfer zur Durchführung der Prüfung vorzulegen; die Frist des § 264 Abs. 1 Satz 3 gilt nicht. [2] Ist das Versicherungsunternehmen eine Kapitalgesellschaft im Sinn des § 325 Abs. 4 Satz 1 und nicht zugleich im Sinn des § 327a, beträgt die Frist nach Satz 1 vier Monate.

(1a) [1] Ein Versicherungsunternehmen hat seinen Lagebericht um eine nichtfinanzielle Erklärung zu erweitern, wenn es in entsprechender Anwendung des § 267 Absatz 3 Satz 1 und Absatz 4 bis 5 als groß gilt und im Jahresdurchschnitt mehr als 500 Arbeitnehmer beschäftigt. [2] Wenn die nichtfinanzielle Erklärung einen besonderen Abschnitt des Lageberichts bildet, darf das Versicherungsunternehmen auf die an anderer Stelle im Lagebericht enthaltenen nichtfinanziellen Angaben verweisen. [3] § 289b Absatz 2 bis 4 und die §§ 289c bis 289e sind entsprechend anzuwenden.

---

1) § 341a eingef. durch G v. 24.6.1994 (BGBl. I S. 1377); Abs. 2 Satz 4 eingef., bish. Satz 4 wird Satz 5 durch G v. 20.4.1998 (BGBl. I S. 707); Abs. 2 Sätze 1 und 2 geänd. mWv 10.12.2004 durch G v. 4.12. 2004 (BGBl. I S. 3166); Abs. 1 Satz 2, Abs. 2 Satz 5 angef., Abs. 5 Satz 2 angef. und geänd. mWv 1.1. 2007 durch G v. 10.11.2006 (BGBl. I S. 2553); Abs. 1 Satz 1, Abs. 2 Sätze 1, 2 und 5 geänd. mWv 29.5. 2009 durch G v. 25.5.2009 (BGBl. I S. 1102); Abs. 2 Satz 2 geänd., Sätze 6 und 7 angef., Abs. 4 geänd. mWv 23.7.2015 durch G v. 17.7.2015 (BGBl. I S. 1245); Abs. 1a und 1b eingef. mWv 19.4.2017 durch G v. 11.4.2017 (BGBl. I S. 802); Abs. 2 Satz 1 geänd., Satz 4 aufgeh., bish. Sätze 5–7 werden Sätze 4–6 mWv 1.7.2021 durch G v. 3.6.2021 (BGBl. I S. 1534).

2) Beachte hierzu Übergangsvorschriften in Art. 75, 80 und 86 EGHGB (Nr. **50a**).

(1b) Ein Versicherungsunternehmen, das nach Absatz 1 in Verbindung mit § 289f Absatz 1 eine Erklärung zur Unternehmensführung zu erstellen hat, hat darin Angaben nach § 289f Absatz 2 Nummer 6 aufzunehmen, wenn es in entsprechender Anwendung des § 267 Absatz 3 Satz 1 und Absatz 4 bis 5 als groß gilt.

(2) [1] § 264 Absatz 3, § 265 Absatz 6, §§ 267, 268 Abs. 4 Satz 1, Abs. 5 Satz 1 und 2, §§ 276, 277 Abs. 1 und 2, § 285 Nr. 8 Buchstabe a und § 288 sind nicht anzuwenden. [2] Anstelle von § 247 Abs. 1, §§ 251, 265 Abs. 7, §§ 266, 268 Absatz 7, §§ 275, 284 Absatz 3, § 285 Nummer 4 und 8 Buchstabe b sowie § 286 Abs. 2 sind die durch Rechtsverordnung erlassenen Formblätter und anderen Vorschriften anzuwenden. [3] § 246 Abs. 2 ist nicht anzuwenden, soweit abweichende Vorschriften bestehen. [4] § 285 Nr. 3a gilt mit der Maßgabe, daß die Angaben für solche finanzielle Verpflichtungen nicht zu machen sind, die im Rahmen des Versicherungsgeschäfts entstehen. [5] § 285 Nummer 31 ist nicht anzuwenden; unter den Posten „außerordentliche Erträge" und „außerordentliche Aufwendungen" sind Erträge und Aufwendungen auszuweisen, die außerhalb der gewöhnlichen Geschäftstätigkeit anfallen. [6] Im Anhang sind diese Posten hinsichtlich ihres Betrags und ihrer Art zu erläutern, soweit die ausgewiesenen Beträge für die Beurteilung der Ertragslage nicht von untergeordneter Bedeutung sind.

(3) Auf Krankenversicherungsunternehmen, die das Krankenversicherungsgeschäft ausschließlich oder überwiegend nach Art der Lebensversicherung betreiben, sind die für die Rechnungslegung der Lebensversicherungsunternehmen geltenden Vorschriften entsprechend anzuwenden.

(4) Auf Versicherungsunternehmen, die nicht Aktiengesellschaften, Kommanditgesellschaften auf Aktien oder kleinere Vereine sind, sind § 152 Abs. 2 und 3 sowie die §§ 170 bis 176 des Aktiengesetzes[1)] entsprechend anzuwenden.

(5) [1] Bei Versicherungsunternehmen, die ausschließlich die Rückversicherung betreiben oder deren Beiträge aus in Rückdeckung übernommenen Versicherungen die übrigen Beiträge übersteigen, verlängert sich die in Absatz 1 Satz 1 erster Halbsatz genannte Frist von vier Monaten auf zehn Monate, sofern das Geschäftsjahr mit dem Kalenderjahr übereinstimmt; die Hauptversammlung oder die Versammlung der obersten Vertretung, die den Jahresabschluß entgegennimmt oder festzustellen hat, muß abweichend von § 175 Abs. 1 Satz 2 des Aktiengesetzes spätestens 14 Monate nach dem Ende des vergangenen Geschäftsjahres stattfinden. [2] Die Frist von vier Monaten nach Absatz 1 Satz 2 verlängert sich in den Fällen des Satzes 1 nicht.

Dritter Titel. Bewertungsvorschriften

§ 341b[2)] [3)] Bewertung von Vermögensgegenständen. (1) [1] Versicherungsunternehmen haben immaterielle Vermögensgegenstände, soweit sie entgeltlich erworben wurden, Grundstücke, grundstücksgleiche Rechte und Bauten einschließlich der Bauten auf fremden Grundstücken, technische Anlagen und Maschinen, andere Anlagen, Betriebs- und Geschäftsausstattung, Anlagen im Bau und Vorräte nach den für das Anlagevermögen geltenden Vorschriften zu bewerten.

[1)] Nr. **51**.

[2)] § 341b eingef. durch G v. 24.6.1994 (BGBl. I S. 1377); Abs. 2 Satz 1 neu gef., Satz 2 aufgeh., bish. Satz 3 wird Satz 2 mWv 4.4.2002 durch G v. 26.3.2002 (BGBl. I S. 1219); Abs. 1 Satz 3 neu gef., Abs. 2 Satz 1 geänd., Satz 2 aufgeh., Abs. 4 angef. mWv 29.5.2009 durch G v. 25.5.2009 (BGBl. I S. 1102); Abs. 2 geänd. mWv 22.7.2013 durch G v. 4.7.2013 (BGBl. I S. 1981); Abs. 1 Satz 3 geänd. mWv 23.7.2015 durch G v. 17.7.2015 (BGBl. I S. 1245).

[3)] Beachte hierzu Übergangsvorschrift in Art. 75 EGHGB (Nr. **50a**).

[2] Satz 1 ist vorbehaltlich Absatz 2 und § 341c auch auf Kapitalanlagen anzuwenden, soweit es sich hierbei um Beteiligungen, Anteile an verbundenen Unternehmen, Ausleihungen an verbundene Unternehmen oder an Unternehmen, mit denen ein Beteiligungsverhältnis besteht, Namensschuldverschreibungen, Hypothekendarlehen und andere Forderungen und Rechte, sonstige Ausleihungen und Depotforderungen aus dem in Rückdeckung übernommenen Versicherungsgeschäft handelt. [3] § 253 Absatz 3 Satz 6 ist nur auf die in Satz 2 bezeichneten Vermögensgegenstände anzuwenden.

(2) Auf Kapitalanlagen, soweit es sich hierbei um Aktien einschließlich der eigenen Anteile, Anteile oder Aktien an Investmentvermögen sowie sonstige festverzinsliche und nicht festverzinsliche Wertpapiere handelt, sind die für das Umlaufvermögen geltenden § 253 Abs. 1 Satz 1, Abs. 4 und 5, § 256 anzuwenden, es sei denn, dass sie dazu bestimmt werden, dauernd dem Geschäftsbetrieb zu dienen; in diesem Fall sind sie nach den für das Anlagevermögen geltenden Vorschriften zu bewerten.

(3) § 256 Satz 2 in Verbindung mit § 240 Abs. 3 über die Bewertung zum Festwert ist auf Grundstücke, Bauten und im Bau befindliche Anlagen nicht anzuwenden.

(4) Verträge, die von Pensionsfonds bei Lebensversicherungsunternehmen zur Deckung von Verpflichtungen gegenüber Versorgungsberechtigten eingegangen werden, sind mit dem Zeitwert unter Berücksichtigung des Grundsatzes der Vorsicht zu bewerten; die Absätze 1 bis 3 sind insoweit nicht anzuwenden.

§ 341c[1)] Namensschuldverschreibungen, Hypothekendarlehen und andere Forderungen. (1) Abweichend von § 253 Abs. 1 Satz 1 dürfen Namensschuldverschreibungen mit ihrem Nennbetrag angesetzt werden.

(2) [1] Ist der Nennbetrag höher als die Anschaffungskosten, so ist der Unterschiedsbetrag in den Rechnungsabgrenzungsposten auf der Passivseite aufzunehmen, planmäßig aufzulösen und in seiner jeweiligen Höhe in der Bilanz oder im Anhang gesondert anzugeben. [2] Ist der Nennbetrag niedriger als die Anschaffungskosten, darf der Unterschiedsbetrag in den Rechnungsabgrenzungsposten auf der Aktivseite aufgenommen werden; er ist planmäßig aufzulösen und in seiner jeweiligen Höhe in der Bilanz oder im Anhang gesondert anzugeben.

(3) Bei Hypothekendarlehen und anderen Forderungen dürfen die Anschaffungskosten zuzüglich oder abzüglich der kumulierten Amortisation einer Differenz zwischen den Anschaffungskosten und dem Rückzahlungsbetrag unter Anwendung der Effektivzinsmethode angesetzt werden.

§ 341d[2)] Anlagestock der fondsgebundenen Lebensversicherung. Kapitalanlagen für Rechnung und Risiko von Inhabern von Lebensversicherungsverträgen, bei denen das Anlagerisiko vom Versicherungsnehmer getragen wird, sind mit dem Zeitwert unter Berücksichtigung des Grundsatzes der Vorsicht zu bewerten; die §§ 341b, 341c sind nicht anzuwenden.

[1)] § 341c eingef. durch G v. 24.6.1994 (BGBl. I S. 1377); Abs. 1 geänd., Abs. 3 angef. mWv 25.11.2010 durch G v. 19.11.2010 (BGBl. I S. 1592).

[2)] § 341d eingef. durch G v. 24.6.1994 (BGBl. I S. 1377); geänd. mWv 1.1.2016 durch G v. 1.4.2015 (BGBl. I S. 434).

Vierter Titel. Versicherungstechnische Rückstellungen

§ 341e[1] Allgemeine Bilanzierungsgrundsätze. (1) [1] Versicherungsunternehmen haben versicherungstechnische Rückstellungen auch insoweit zu bilden, wie dies nach vernünftiger kaufmännischer Beurteilung notwendig ist, um die dauernde Erfüllbarkeit der Verpflichtungen aus den Versicherungsverträgen sicherzustellen. [2] Dabei sind mit Ausnahme der Vorschriften der §§ 74 bis 87 des Versicherungsaufsichtsgesetzes die im Interesse der Versicherten erlassenen aufsichtsrechtlichen Vorschriften über die bei der Berechnung der Rückstellungen zu verwendenden Rechnungsgrundlagen einschließlich des dafür anzusetzenden Rechnungszinsfußes und über die Zuweisung bestimmter Kapitalerträge zu den Rückstellungen zu berücksichtigen. [3] Die Rückstellungen sind nach den Wertverhältnissen am Abschlussstichtag zu bewerten und nicht nach § 253 Abs. 2 abzuzinsen.

(2) Versicherungstechnische Rückstellungen sind außer in den Fällen der §§ 341f bis 341h insbesondere zu bilden

1. für den Teil der Beiträge, der Ertrag für eine bestimmte Zeit nach dem Abschlußstichtag darstellt (Beitragsüberträge);
2. für erfolgsabhängige und erfolgsunabhängige Beitragsrückerstattungen, soweit die ausschließliche Verwendung der Rückstellung zu diesem Zweck durch Gesetz, Satzung, geschäftsplanmäßige Erklärung oder vertragliche Vereinbarung gesichert ist (Rückstellung für Beitragsrückerstattung);
3. für Verluste, mit denen nach dem Abschlußstichtag aus bis zum Ende des Geschäftsjahres geschlossenen Verträgen zu rechnen ist (Rückstellung für drohende Verluste aus dem Versicherungsgeschäft).

(3) Soweit eine Bewertung nach § 252 Abs. 1 Nr. 3 oder § 240 Abs. 4 nicht möglich ist oder der damit verbundene Aufwand unverhältnismäßig wäre, können die Rückstellungen auf Grund von Näherungsverfahren geschätzt werden, wenn anzunehmen ist, daß diese zu annähernd gleichen Ergebnissen wie Einzelberechnungen führen.

§ 341f[2] Deckungsrückstellung. (1) [1] Deckungsrückstellungen sind für die Verpflichtungen aus dem Lebensversicherungs- und dem nach Art der Lebensversicherung betriebenen Versicherungsgeschäft in Höhe ihres versicherungsmathematisch errechneten Wertes einschließlich bereits zugeteilter Überschußanteile mit Ausnahme der verzinslich angesammelten Überschußanteile und nach Abzug des versicherungsmathematisch ermittelten Barwerts der künftigen Beiträge zu bilden (prospektive Methode). [2] Ist eine Ermittlung des Wertes der künftigen Verpflichtungen und der künftigen Beiträge nicht möglich, hat die Berechnung auf Grund der aufgezinsten Einnahmen und Ausgaben der vorangegangenen Geschäftsjahre zu erfolgen (retrospektive Methode).

(2) Bei der Bildung der Deckungsrückstellung sind auch gegenüber den Versicherten eingegangene Zinssatzverpflichtungen zu berücksichtigen, sofern die derzeitigen oder zu erwartenden Erträge der Vermögenswerte des Unternehmens für die Deckung dieser Verpflichtungen nicht ausreichen.

(3) [1] In der Krankenversicherung, die nach Art der Lebensversicherung betrieben wird, ist als Deckungsrückstellung eine Alterungsrückstellung zu bilden;

---

[1] § 341e eingef. durch G v. 24.6.1994 (BGBl. I S. 1377); Abs. 1 Satz 3 angef. mWv 29.5.2009 durch G v. 25.5.2009 (BGBl. I S. 1102); Abs. 1 Satz 2 geänd. mWv 1.1.2016 durch G v. 1.4.2015 (BGBl. I S. 434).

[2] § 341f eingef. durch G v. 24.6.1994 (BGBl. I S. 1377).

d) der §§ 284, 285 Nr. 1, 2 oder Nr. 3, auch in Verbindung mit § 341a Absatz 2 Satz 4, oder des § 285 Nummer 3a, 7, 9 bis 14a, 15a, 16 bis 33 oder Nummer 34 über die im Anhang zu machenden Angaben,

2. bei der Aufstellung des Konzernabschlusses einer Vorschrift

a) des § 294 Abs. 1 über den Konsolidierungskreis,

b) des § 297 Absatz 1a, 2 oder Absatz 3 oder des § 341j Abs. 1 Satz 1 in Verbindung mit einer der in Nummer 1 Buchstabe a bezeichneten Vorschriften über Form oder Inhalt,

c) des § 300 über die Konsolidierungsgrundsätze oder das Vollständigkeitsgebot,

d) des § 308 Abs. 1 Satz 1 in Verbindung mit den in Nummer 1 Buchstabe b bezeichneten Vorschriften, des § 308 Abs. 2 oder des § 308a über die Bewertung,

e) des § 311 Abs. 1 Satz 1 in Verbindung mit § 312 über die Behandlung assoziierter Unternehmen oder

f) des § 308 Abs. 1 Satz 3, des § 313 oder des § 314 in Verbindung mit § 341j Abs. 1 Satz 2 oder 3 über die im Konzernanhang zu machenden Angaben,

3. bei der Aufstellung des Lageberichts oder der Erstellung eines gesonderten nichtfinanziellen Berichts einer Vorschrift des § 289 oder des § 289a, des § 289f, auch in Verbindung mit § 341a Absatz 1b, oder des § 341a Absatz 1a, auch in Verbindung mit § 289b Absatz 2 oder 3 oder mit den §§ 289c, 289d oder § 289e Absatz 2, über den Inhalt des Lageberichts oder des gesonderten nichtfinanziellen Berichts,

4. bei der Aufstellung des Konzernlageberichts oder der Erstellung eines gesonderten nichtfinanziellen Konzernberichts einer Vorschrift des § 315 oder des § 315a, des § 315d, auch in Verbindung mit § 341j Absatz 5, oder des § 341j Absatz 4, auch in Verbindung mit § 315b Absatz 2 oder 3 oder § 315c, über den Inhalt des Konzernlageberichts oder des gesonderten nichtfinanziellen Konzernberichts,

5. bei der Offenlegung, Veröffentlichung oder Vervielfältigung einer Vorschrift des § 328 über Form, Format oder Inhalt oder

6. einer auf Grund des § 330 Abs. 3 und 4 in Verbindung mit Abs. 1 Satz 1 erlassenen Rechtsverordnung, soweit sie für einen bestimmten Tatbestand auf diese Bußgeldvorschrift verweist,

zuwiderhandelt. [2] In den Fällen des Satzes 1 Nummer 3 wird eine Zuwiderhandlung gegen eine Vorschrift des § 289f Absatz 2 Nummer 4, auch in Verbindung mit Absatz 4 Satz 1, nicht dadurch ausgeschlossen, dass die Festlegungen oder Begründungen nach § 76 Absatz 4 des Aktiengesetzes[1], auch in Verbindung mit § 188 Absatz 1 Satz 2 des Versicherungsaufsichtsgesetzes, oder nach § 111 Absatz 5 des Aktiengesetzes, auch in Verbindung mit § 189 Absatz 3 Satz 1 des Versicherungsaufsichtsgesetzes, ganz oder zum Teil unterblieben sind. [3] In den Fällen des Satzes 1 Nummer 4 wird eine Zuwiderhandlung gegen eine Vorschrift des § 315d in Verbindung mit § 289f Absatz 2 Nummer 4 nicht dadurch ausgeschlossen, dass die Festlegungen oder Begründungen nach § 76 Absatz 4 oder § 111 Absatz 5 des Aktiengesetzes ganz oder zum Teil unterblieben sind.

---

[1] Nr. **51**.

Achter Titel.[1] Straf- und Bußgeldvorschriften, Ordnungsgelder

§ 341m[2) 3)] Strafvorschriften. (1) [1]Die Strafvorschriften der §§ 331 bis 333 sind auch auf nicht in der Rechtsform einer Kapitalgesellschaft betriebene Versicherungsunternehmen und Pensionsfonds anzuwenden. [2]§ 331 ist darüber hinaus auch anzuwenden auf die Verletzung von Pflichten durch den Hauptbevollmächtigten (§ 68 Absatz 2 des Versicherungsaufsichtsgesetzes).

(2) Mit Freiheitsstrafe bis zu einem Jahr oder mit Geldstrafe wird bestraft, wer als Mitglied eines nach § 341k Absatz 3 Satz 1 in Verbindung mit § 324 Absatz 1 Satz 1 eingerichteten Prüfungsausschusses eines Versicherungsunternehmens

1. eine in § 341n Absatz 2a bezeichnete Handlung begeht und dafür einen Vermögensvorteil erhält oder sich versprechen lässt oder
2. eine in § 341n Absatz 2a bezeichnete Handlung beharrlich wiederholt.

(3) § 335c Absatz 2 gilt in den Fällen des Absatzes 1 Satz 1 in Verbindung mit § 332 oder § 333 und des Absatzes 2 entsprechend.

§ 341n[4) 5)] Bußgeldvorschriften. (1) [1]Ordnungswidrig handelt, wer als Mitglied des vertretungsberechtigten Organs oder des Aufsichtsrats eines Versicherungsunternehmens oder eines Pensionsfonds oder als Hauptbevollmächtigter (§ 68 Absatz 2 des Versicherungsaufsichtsgesetzes)

1. bei der Aufstellung oder Feststellung des Jahresabschlusses einer Vorschrift
   a) des § 243 Abs. 1 oder 2, der §§ 244, 245, 246 Abs. 1 oder 2, dieser in Verbindung mit § 341a Abs. 2 Satz 3, des § 246 Abs. 3 Satz 1, des § 247 Abs. 3, der §§ 248, 249 Abs. 1 Satz 1 oder Abs. 2, des § 250 Abs. 1 oder Abs. 2, des § 264 Absatz 1a oder Absatz 2, des § 341e Abs. 1 oder 2 oder der §§ 341f, 341g oder 341h über Form oder Inhalt,
   b) des § 253 Abs. 1 Satz 1, 2, 3 oder Satz 4, Abs. 2 Satz 1, auch in Verbindung mit Satz 2, Absatz 3 Satz 1, 2, 3, 4 oder Satz 5, Abs. 4, 5, der §§ 254, 256a, 341b Abs. 1 Satz 1 oder des § 341d über die Bewertung,
   c) des § 265 Abs. 2, 3 oder 4, des § 268 Abs. 3 oder 6, der §§ 272, 274 oder des § 277 Abs. 3 Satz 2 über die Gliederung,

---

[1] 8. Titel Überschrift geänd. mWv 30.4.2011 durch G v. 1.3.2011 (BGBl. I S. 288).

[2] § 341m eingef. durch G v. 24.6.1994 (BGBl. I S. 1377); Satz 1 geänd. mWv 1.1.2002 durch G v. 26.6.2001 (BGBl. I S. 1310); Satz 2 geänd. mWv 1.1.2016 durch G v. 1.4.2015 (BGBl. I S. 434); Abs. 2 und 3 angef. mWv 17.6.2016 durch G v. 10.5.2016 (BGBl. I S. 1142); Abs. 2 einl. Satzteil, Abs. 3 geänd. mWv 1.7.2021 durch G v. 3.6.2021 (BGBl. I S. 1534).

[3] Beachte hierzu Übergangsvorschrift in Art. 86 EGHGB (Nr. **50a**).

[4] § 341n eingef. durch G v. 24.6.1994 (BGBl. I S. 1377); Abs. 1, Abs. 4 Sätze 1 und 2 geänd. mWv 1.1. 2002 durch G v. 26.6.2001 (BGBl. I S. 1310); Abs. 1 Nr. 1 Buchst. d, Abs. 4 Satz 1 geänd., Abs. 2 neu gef. mWv 10.12.2004 durch G v. 4.12.2004 (BGBl. I S. 3166); Abs. 1 Nr. 1 Buchst. d, Abs. 4 Satz 1 geänd. mWv 1.1.2007 durch G v. 10.11.2006 (BGBl. I S. 2553); Abs. 1 Nr. 1 Buchst. a und c geänd., Buchst. b und d neu gef., Nr. 2 Buchst. d sowie Abs. 2 geänd. mWv 29.5.2009 durch G v. 25.5.2009 (BGBl. I S. 1102); Abs. 1 einl. Satzteil geänd. mWv 1.1.2016 durch G v. 1.4.2015 (BGBl. I S. 434); Abs. 1 Nr. 1 Buchst. a–d, Nr. 2 Buchst. b und f geänd. mWv 23.7.2015 durch G v. 17.7.2015 (BGBl. I S. 1245); Abs. 2 geänd., Abs. 2a eingef., Abs. 4 Sätze 1 und 2 geänd., Satz 3 angef., Abs. 5 angef. mWv 17.6.2016 durch G v. 10.5.2016 (BGBl. I S. 1142); Abs. 3 neu gef., Abs. 3a und 3b eingef. mWv 19.4.2017 durch G v. 11.4. 2017 (BGBl. I S. 802); Abs. 2a Nr. 1 geänd., Nr. 2 neu gef., Nr. 3 aufgeh. mWv 22.7.2017 durch G v. 17.7.2017 (BGBl. I S. 2446); Abs. 1 Nr. 5 geänd. mWv 19.8.2020 durch G v. 12.8.2020 (BGBl. I S. 1874); Abs. 1 Nr. 1 Buchst. d geänd., Abs. 2 und 2a neu gef., Abs. 3 Satz 1 geänd., Abs. 3a Satz 2 angef. mWv 1.7.2021 durch G v. 3.6.2021 (BGBl. I S. 1534); Abs. 1 Satz 1 Nr. 3 und 4 neu gef., Sätze 2 und 3 angef. mWv 12.8.2021 durch G v. 7.8.2021 (BGBl. I S. 3311).

[5] Beachte hierzu Übergangsvorschriften in Art. 75, 80, 84, 86 und 87 EGHGB (Nr. **50a**).

(2) In den Fällen des § 321 Abs. 1 Satz 3 hat der Abschlußprüfer die Aufsichtsbehörde unverzüglich zu unterrichten.

(3) [1] Versicherungsunternehmen, die Unternehmen von öffentlichem Interesse nach § 316a Satz 2 Nummer 1 oder 3 sind und keinen Aufsichts- oder Verwaltungsrat haben, der die Voraussetzungen des § 100 Absatz 5 des Aktiengesetzes[1)] erfüllen muss, haben § 324 anzuwenden, auch wenn sie nicht in der Rechtsform einer Kapitalgesellschaft betrieben werden. [2] Dies gilt für landesrechtliche öffentlich-rechtliche Versicherungsunternehmen nur, soweit das Landesrecht nichts anderes vorsieht. [3] § 324 Absatz 3 ist auf Versicherungsunternehmen anzuwenden, auch wenn sie nicht in der Rechtsform einer Kapitalgesellschaft betrieben werden.

Siebenter Titel. Offenlegung

§ 341l[2) 3)] [Offenlegung] (1) [1] Versicherungsunternehmen haben den Jahresabschluß und den Lagebericht sowie den Konzernabschluß und den Konzernlagebericht und die anderen in § 325 bezeichneten Unterlagen, sofern sie zu erstellen sind, in deutscher Sprache nach § 325 Absatz 1 Satz 2 und Absatz 1a bis 5 sowie den §§ 327a und 328 offenzulegen; § 329 Absatz 1, 2 und 4 ist entsprechend anzuwenden. [2] Von einem in § 341a Absatz 5 Satz 1 genannten Versicherungsunternehmen ist Satz 1 mit der Maßgabe anzuwenden, dass die Frist zur Offenlegung 15 Monate beträgt, es sei denn, das Versicherungsunternehmen ist kapitalmarktorientiert im Sinne des § 264d und begibt nicht ausschließlich die von § 327a erfassten Schuldtitel; in diesem Fall beträgt die Frist zur Offenlegung gemäß Satz 1 in Verbindung mit § 325 Absatz 4 Satz 1 vier Monate.

(2) Soweit Absatz 1 Satz 1 auf § 325 Abs. 2a Satz 3 und 5 verweist, gelten die folgenden Maßgaben und ergänzenden Bestimmungen:

1. Die in § 325 Abs. 2a Satz 3 genannten Vorschriften des Ersten Unterabschnitts des Zweiten Abschnitts des Dritten Buchs sind auch auf Versicherungsunternehmen anzuwenden, die nicht in der Rechtsform einer Kapitalgesellschaft betrieben werden.
2. An Stelle des § 285 Nr. 8 Buchstabe b gilt die Vorschrift des § 51 Abs. 5 in Verbindung mit Muster 2 der Versicherungsunternehmens-Rechnungslegungsverordnung vom 8. November 1994 (BGBl. I S. 3378) in der jeweils geltenden Fassung.
3. § 341a Abs. 4 ist anzuwenden, soweit er auf die Bestimmungen der §§ 170, 171 und 175 des Aktiengesetzes[1)] über den Einzelabschluss nach § 325 Abs. 2a dieses Gesetzes verweist.
4. Im Übrigen finden die Bestimmungen des Zweiten bis Vierten Titels dieses Unterabschnitts sowie der Versicherungsunternehmens-Rechnungslegungsverordnung keine Anwendung.

[1)] Nr. **51**.

[2)] § 341l eingef. durch G v. 24.6.1994 (BGBl. I S. 1377); Abs. 4 angef. mWv 10.12.2004 durch G v. 4.12.2004 (BGBl. I S. 3166); Abs. 2 aufgeh., bish. Abs. 3 und 4 werden Abs. 2 und 3 mWv 1.1.2007 durch G v. 10.11.2006 (BGBl. I S. 2553); Abs. 1 Satz 1 und Abs. 3 Nr. 2 geänd. mWv 29.5.2009 durch G v. 25.5.2009 (BGBl. I S. 1102); Abs. 3 Nr. 2 geänd. mWv 23.7.2015 durch G v. 17.7.2015 (BGBl. I S. 1245); Abs. 1 Satz 1 geänd., Satz 2 neu gef., Abs. 2 aufgeh., bish. Abs. 3 wird Abs. 2 mWv 1.8.2022 durch G v. 5.7.2021 (BGBl. I S. 3338).

[3)] Beachte hierzu Übergangsvorschrift in Art. 88 EGHGB (Nr. **50a**).

entstehen. [4] In den Fällen des § 315e Abs. 1 finden abweichend von Satz 1 nur die §§ 290 bis 292, 315e Anwendung; die Sätze 2 und 3 dieses Absatzes und Absatz 2, § 341i Abs. 3 Satz 2 sowie die Bestimmungen der Versicherungsunternehmens-Rechnungslegungsverordnung vom 8. November 1994 (BGBl. I S. 3378) und der Pensionsfonds-Rechnungslegungsverordnung vom 25. Februar 2003 (BGBl. I S. 246) in ihren jeweils geltenden Fassungen sind nicht anzuwenden.

(2) § 304 Abs. 1 braucht nicht angewendet zu werden, wenn die Lieferungen oder Leistungen zu üblichen Marktbedingungen vorgenommen worden sind und Rechtsansprüche der Versicherungsnehmer begründet haben.

(3) Auf Versicherungsunternehmen, die nicht Aktiengesellschaften, Kommanditgesellschaften auf Aktien oder kleinere Vereine sind, ist § 170 Abs. 1 und 3 des Aktiengesetzes[1)] entsprechend anzuwenden.

(4) [1] Ein Versicherungsunternehmen, das ein Mutterunternehmen (§ 290) ist, hat den Konzernlagebericht um eine nichtfinanzielle Konzernerklärung zu erweitern, wenn auf die in den Konzernabschluss einzubeziehenden Unternehmen die folgenden Merkmale zutreffen:

1. sie erfüllen die in § 293 Absatz 1 Satz 1 Nummer 1 oder 2 geregelten Voraussetzungen für eine größenabhängige Befreiung nicht und
2. bei ihnen sind insgesamt im Jahresdurchschnitt mehr als 500 Arbeitnehmer beschäftigt.

[2] § 267 Absatz 4 bis 5, § 298 Absatz 2, § 315b Absatz 2 bis 4 und § 315c sind entsprechend anzuwenden. [3] Wenn die nichtfinanzielle Erklärung einen besonderen Abschnitt des Konzernlageberichts bildet, darf das Versicherungsunternehmen auf die an anderer Stelle im Konzernlagebericht enthaltenen nichtfinanziellen Angaben verweisen.

(5) Ein Versicherungsunternehmen, das nach Absatz 1 in Verbindung mit § 315d eine Konzernerklärung zur Unternehmensführung zu erstellen hat, hat darin Angaben nach § 315d in Verbindung mit § 289f Absatz 2 Nummer 6 aufzunehmen, wenn die in den Konzernabschluss einzubeziehenden Unternehmen die in § 293 Absatz 1 Satz 1 Nummer 1 oder 2 geregelten Voraussetzungen für eine Befreiung nicht erfüllen.

Sechster Titel. Prüfung

§ 341k[2) 3)] [Prüfung] (1) [1] Versicherungsunternehmen haben unabhängig von ihrer Größe ihren Jahresabschluß und Lagebericht sowie ihren Konzernabschluß und Konzernlagebericht nach den Vorschriften des Dritten Unterabschnitts des Zweiten Abschnitts prüfen zu lassen. [2] § 319 Absatz 1 Satz 2 ist nicht anzuwenden. [3] Hat keine Prüfung stattgefunden, so kann der Jahresabschluß nicht festgestellt werden. [4] Die Vorschriften des Dritten Unterabschnitts des Zweiten Abschnitts sind auf Versicherungsunternehmen, die Unternehmen von öffentlichem Interesse nach § 316a Satz 2 Nummer 1 oder 3 sind, nur insoweit anzuwenden, als nicht die Verordnung (EU) Nr. 537/2014 anzuwenden ist.

[1)] Nr. **51**.

[2)] § 341k eingef. durch G v. 24.6.1994 (BGBl. I S. 1377); Abs. 3 geänd. durch G v. 27.4.1998 (BGBl. I S. 786); Abs. 4 angef. mWv 29.5.2009 durch G v. 25.5.2009 (BGBl. I S. 1102); Abs. 1 Satz 2 neu gef., Satz 4 angef., Abs. 4 Satz 1 neu gef. mWv 17.6.2016 durch G v. 10.5.2016 (BGBl. I S. 1142); Abs. 1 Sätze 2 und 4 neu gef., Abs. 2 aufgeh., bish. Abs. 3 wird Abs. 2, bish. Abs. 4 wird Abs. 3 und Satz 1 neu gef., Satz 3 angef. mWv 1.7.2021 durch G v. 3.6.2021 (BGBl. I S. 1534).

[3)] Beachte hierzu Übergangsvorschrift in Art. 86 EGHGB (Nr. **50a**).

(2) [1] Ordnungswidrig handelt, wer einen Bestätigungsvermerk nach § 322 Absatz 1 erteilt zu dem Abschluss

1. eines Versicherungsunternehmens, das ein Unternehmen von öffentlichem Interesse nach § 316a Satz 2 Nummer 1 oder 3 ist, oder
2. eines Versicherungsunternehmens, das nicht in Nummer 1 genannt ist,

obwohl nach § 319 Absatz 2 oder 3, jeweils auch in Verbindung mit Absatz 5, oder nach § 319b Absatz 1 Satz 1 oder 2, jeweils auch in Verbindung mit Absatz 2, er oder nach § 319 Absatz 4 Satz 1 oder 2, jeweils auch in Verbindung mit Absatz 5, oder nach § 319b Absatz 1 Satz 1 oder 2, jeweils auch in Verbindung mit Absatz 2, die Wirtschaftsprüfungsgesellschaft oder die Buchführungsgesellschaft, für die er tätig wird, nicht Abschlussprüfer sein darf. [2] Ordnungswidrig handelt auch, wer einen Bestätigungsvermerk nach § 322 Absatz 1 erteilt zu dem Abschluss eines Versicherungsunternehmens, das ein Unternehmen von öffentlichem Interesse nach § 316a Satz 2 Nummer 1 oder 3 ist, obwohl

1. er oder die Prüfungsgesellschaft, für die er tätig wird, oder ein Mitglied des Netzwerks, dem er oder die Prüfungsgesellschaft, für die er tätig wird, angehört, einer Vorschrift des Artikels 5 Absatz 4 Unterabsatz 1 Satz 1 oder Absatz 5 Unterabsatz 2 Satz 2 der Verordnung (EU) Nr. 537/2014 zuwiderhandelt oder
2. er oder die Prüfungsgesellschaft, für die er tätig wird, nach Artikel 17 Absatz 3 der Verordnung (EU) Nr. 537/2014 die Abschlussprüfung nicht durchführen darf.

[3] Abschluss im Sinne der Sätze 1 und 2 ist ein Jahresabschluss, ein Einzelabschluss nach § 325 Absatz 2a oder ein Konzernabschluss, der aufgrund gesetzlicher Vorschriften zu prüfen ist.

(2a) Ordnungswidrig handelt, wer als Mitglied eines nach § 324 Absatz 1 Satz 1, auch in Verbindung mit § 341k Absatz 3 Satz 1, eingerichteten Prüfungsausschusses eines Versicherungsunternehmens

1. die Unabhängigkeit des Abschlussprüfers oder der Prüfungsgesellschaft nicht nach Maßgabe des Artikels 4 Absatz 3 Unterabsatz 2, des Artikels 5 Absatz 4 Unterabsatz 1 Satz 1 oder des Artikels 6 Absatz 2 der Verordnung (EU) Nr. 537/2014 überwacht,
2. dem Verwaltungs- oder Aufsichtsorgan eine Empfehlung für die Bestellung eines Abschlussprüfers oder einer Prüfungsgesellschaft vorlegt, die den Anforderungen nach Artikel 16 Absatz 2 Unterabsatz 2 oder 3 der Verordnung (EU) Nr. 537/2014 nicht entspricht oder der ein Auswahlverfahren nach Artikel 16 Absatz 3 Unterabsatz 1 der Verordnung (EU) Nr. 537/2014 nicht vorangegangen ist, oder
3. den Gesellschaftern oder der sonst für die Bestellung des Abschlussprüfers zuständigen Stelle einen Vorschlag für die Bestellung eines Abschlussprüfers oder einer Prüfungsgesellschaft vorlegt, der den Anforderungen nach Artikel 16 Absatz 5 Unterabsatz 1 der Verordnung (EU) Nr. 537/2014 nicht entspricht.

(3) [1] Die Ordnungswidrigkeit kann in den Fällen des Absatzes 2 Satz 1 Nummer 1 und Satz 2 sowie des Absatzes 2a mit einer Geldbuße bis zu fünfhunderttausend Euro, in den Fällen der Absätze 1 und 2 Satz 1 Nummer 2 mit einer Geldbuße bis zu fünfzigtausend Euro geahndet werden. [2] Ist das Versicherungsunternehmen kapitalmarktorientiert im Sinne des § 264d, beträgt die Geldbuße in den Fällen des Absatzes 1 höchstens den höheren der folgenden Beträge:

1. zwei Millionen Euro oder

2. das Zweifache des aus der Ordnungswidrigkeit gezogenen wirtschaftlichen Vorteils, wobei der wirtschaftliche Vorteil erzielte Gewinne und vermiedene Verluste umfasst und geschätzt werden kann.

(3a) [1] Wird gegen ein Versicherungsunternehmen, das kapitalmarktorientiert im Sinne des § 264d ist, in den Fällen des Absatzes 1 eine Geldbuße nach § 30 des Gesetzes über Ordnungswidrigkeiten[1)] verhängt, beträgt diese Geldbuße höchstens den höchsten der folgenden Beträge:

1. zehn Millionen Euro,
2. 5 Prozent des jährlichen Gesamtumsatzes, den das Versicherungsunternehmen im der Behördenentscheidung vorausgegangenen Geschäftsjahr erzielt hat oder
3. das Zweifache des aus der Ordnungswidrigkeit gezogenen wirtschaftlichen Vorteils, wobei der wirtschaftliche Vorteil erzielte Gewinne und vermiedene Verluste umfasst und geschätzt werden kann.

[2] In den Fällen des Absatzes 3 Satz 1 in Verbindung mit Absatz 2 Satz 1 Nummer 1 oder Satz 2 ist § 30 Absatz 2 Satz 3 des Gesetzes über Ordnungswidrigkeiten anzuwenden.

(3b) [1] Als Gesamtumsatz ist anstelle des Betrags der Umsatzerlöse der sich aus dem auf das Versicherungsunternehmen anwendbaren nationalen Recht im Einklang mit Artikel 63 der Richtlinie 91/674/EWG des Rates vom 19. Dezember 1991 über den Jahresabschluss und den konsolidierten Abschluss von Versicherungsunternehmen (ABl. L 374 vom 31.12.1991, S. 7), die zuletzt durch die Richtlinie 2006/46/EG (ABl. L 224 vom 16.8.2006, S. 1) geändert worden ist, ergebende Gesamtbetrag, abzüglich der Umsatzsteuer und sonstiger direkt auf diese Erträge erhobener Steuern, maßgeblich. [2] Handelt es sich bei dem Versicherungsunternehmen um ein Mutterunternehmen oder um ein Tochterunternehmen im Sinne des § 290, ist anstelle des Gesamtumsatzes des Versicherungsunternehmens der jeweilige Gesamtbetrag im Konzernabschluss des Mutterunternehmens maßgeblich, der für den größten Kreis von Unternehmen aufgestellt wird. [3] Wird der Konzernabschluss für den größten Kreis von Unternehmen nicht nach der in Satz 1 genannten Vorschrift aufgestellt, ist der Gesamtumsatz nach Maßgabe der Posten des Konzernabschlusses zu ermitteln, die mit den von Satz 1 erfassten Posten vergleichbar sind. [4] Ist ein Jahres- oder Konzernabschluss für das maßgebliche Geschäftsjahr nicht verfügbar, ist der Jahres- oder Konzernabschluss für das unmittelbar vorausgehende Geschäftsjahr maßgeblich; ist auch dieser nicht verfügbar, kann der Gesamtumsatz geschätzt werden.

(4) [1] Verwaltungsbehörde im Sinne des § 36 Abs. 1 Nr. 1 des Gesetzes über Ordnungswidrigkeiten ist in den Fällen der Absätze 1 und 2a die Bundesanstalt für Finanzdienstleistungsaufsicht für die ihrer Aufsicht unterliegenden Versicherungsunternehmen und Pensionsfonds. [2] Unterliegt ein Versicherungsunternehmen und Pensionsfonds der Aufsicht einer Landesbehörde, so ist diese in den Fällen der Absätze 1 und 2a zuständig. [3] In den Fällen des Absatzes 2 ist die Abschlussprüferaufsichtsstelle beim Bundesamt für Wirtschaft und Ausfuhrkontrolle zuständig.

(5) Die nach Absatz 4 Satz 1 oder 2 zuständige Verwaltungsbehörde übermittelt der Abschlussprüferaufsichtsstelle beim Bundesamt für Wirtschaft und Ausfuhrkontrolle alle Bußgeldentscheidungen nach Absatz 2a.

---

1) Nr. **94**.

§ 341o[1] **Festsetzung von Ordnungsgeld.** [1] Personen, die

1. als Mitglieder des vertretungsberechtigten Organs eines Versicherungsunternehmens oder eines Pensionsfonds § 341l in Verbindung mit § 325 über die Pflicht zur Offenlegung des Jahresabschlusses, des Lageberichts, des Konzernabschlusses, des Konzernlageberichts und anderer Unterlagen der Rechnungslegung oder
2. als Hauptbevollmächtigter (§ 68 Absatz 2 des Versicherungsaufsichtsgesetzes) § 341l Abs. 1 über die Offenlegung der Rechnungslegungsunterlagen

nicht befolgen, sind hierzu vom Bundesamt für Justiz durch Festsetzung von Ordnungsgeld anzuhalten. [2] Die §§ 335 bis 335b sind entsprechend anzuwenden.

§ 341p[2] **Anwendung der Straf- und Bußgeld- sowie der Ordnungsgeldvorschriften auf Pensionsfonds.** Die Strafvorschriften des § 341m Absatz 1, die Bußgeldvorschrift des § 341n Absatz 1 und 2 sowie die Ordnungsgeldvorschrift des § 341o gelten auch für Pensionsfonds im Sinn des § 341 Abs. 4 Satz 1.

Dritter Unterabschnitt.[3] [4] Ergänzende Vorschriften für bestimmte Unternehmen des Rohstoffsektors

Erster Titel. Anwendungsbereich; Begriffsbestimmungen

§ 341q[3] **Anwendungsbereich.** [1] Dieser Unterabschnitt gilt für Kapitalgesellschaften mit Sitz im Inland, die in der mineralgewinnenden Industrie tätig sind oder Holzeinschlag in Primärwäldern betreiben, wenn auf sie nach den Vorschriften des Dritten Buchs die für große Kapitalgesellschaften geltenden Vorschriften des Zweiten Abschnitts anzuwenden sind. [2] Satz 1 gilt entsprechend für Personenhandelsgesellschaften im Sinne des § 264a Absatz 1.

§ 341r[5] **Begriffsbestimmungen.** Im Sinne dieses Unterabschnitts sind

1. Tätigkeiten in der mineralgewinnenden Industrie: Tätigkeiten auf dem Gebiet der Exploration, Prospektion, Entdeckung, Weiterentwicklung und Gewinnung von Mineralien, Erdöl-, Erdgasvorkommen oder anderen Stoffen in den Wirtschaftszweigen, die in Anhang I Abschnitt B Abteilung 05 bis 08 der Verordnung (EG) Nr. 1893/2006 des Europäischen Parlaments und des Rates vom 20. Dezember 2006 zur Aufstellung der statistischen Systematik der Wirtschaftszweige NACE Revision 2 und zur Änderung der Verordnung (EWG) Nr. 3037/90 des Rates sowie einiger Verordnungen der EG über bestimmte Bereiche der Statistik (ABl. L 393 vom 30.12.2006, S. 1) aufgeführt sind;
2. Kapitalgesellschaften, die Holzeinschlag in Primärwäldern betreiben: Kapitalgesellschaften, die auf den in Anhang I Abschnitt A Abteilung 02 Gruppe 02.2 der Verordnung (EG) Nr. 1893/2006 aufgeführten Gebieten in natürlich regenerierten Wäldern mit einheimischen Arten, in denen es keine deutlich sichtbaren Anzeichen für menschliche Eingriffe gibt und die ökologischen Prozesse nicht wesentlich gestört sind, tätig sind;

---

[1] § 341o neu gef. mWv 1.1.2007 durch G v. 10.11.2006 (BGBl. I S. 2553); Satz 1 letzter Satzteil geänd., Satz 2 neu gef. mWv 10.10.2013 durch G v. 4.10.2013 (BGBl. I S. 3746); Satz 1 Nr. 2 geänd. mWv 1.1.2016 durch G v. 1.4.2015 (BGBl. I S. 434); Satz 1 Nr. 1 geänd. mWv 23.7.2015 durch G v. 17.7.2015 (BGBl. I S. 1245).

[2] § 341p neu gef. mWv 1.1.2007 durch G v. 10.11.2006 (BGBl. I S. 2553); geänd. mWv 17.6.2016 durch G v. 10.5.2016 (BGBl. I S. 1142).

[3] 3. UAbschnitt (§§ 341q-341y) eingef. mWv 23.7.2015 durch G v. 17.7.2015 (BGBl. I S. 1245).

[4] Beachte hierzu Übergangsvorschrift in Art. 75 EGHGB (Nr. **50a**).

[5] § 341r eingef. mWv 23.7.2015 durch G v. 17.7.2015 (BGBl. I S. 1245); Nr. 3 Buchst. b geänd. mWv 26.11.2015 durch G v. 20.11.2015 (BGBl. I S. 2029).

3. Zahlungen: als Geldleistung oder Sachleistung entrichtete Beträge im Zusammenhang mit Tätigkeiten in der mineralgewinnenden Industrie oder dem Betrieb des Holzeinschlags in Primärwäldern, wenn sie auf einem der nachfolgend bezeichneten Gründe beruhen:
   a) Produktionszahlungsansprüche,
   b) Steuern, die auf die Erträge, die Produktion oder die Gewinne von Kapitalgesellschaften erhoben werden; ausgenommen sind Verbrauchsteuern, Umsatzsteuern, Mehrwertsteuern sowie Lohnsteuern der in Kapitalgesellschaften beschäftigten Arbeitnehmer und vergleichbare Steuern,
   c) Nutzungsentgelte,
   d) Dividenden und andere Gewinnausschüttungen aus Gesellschaftsanteilen,
   e) Unterzeichnungs-, Entdeckungs- und Produktionsboni,
   f) Lizenz-, Miet- und Zugangsgebühren sowie sonstige Gegenleistungen für Lizenzen oder Konzessionen sowie
   g) Zahlungen für die Verbesserung der Infrastruktur;
4. staatliche Stellen: nationale, regionale oder lokale Behörden eines Mitgliedstaats der Europäischen Union, eines anderen Vertragsstaats des Abkommens über den Europäischen Wirtschaftsraum oder eines Drittstaats einschließlich der von einer Behörde kontrollierten Abteilungen oder Agenturen sowie Unternehmen, auf die eine dieser Behörden im Sinne von § 290 beherrschenden Einfluss ausüben kann;
5. Projekte: die Zusammenfassung operativer Tätigkeiten, die die Grundlage für Zahlungsverpflichtungen gegenüber einer staatlichen Stelle bilden und sich richten nach
   a) einem Vertrag, einer Lizenz, einem Mietvertrag, einer Konzession oder einer ähnlichen rechtlichen Vereinbarung oder
   b) einer Gesamtheit von operativ und geografisch verbundenen Verträgen, Lizenzen, Mietverträgen oder Konzessionen oder damit verbundenen Vereinbarungen mit einer staatlichen Stelle, die im Wesentlichen ähnliche Bedingungen vorsehen;
6. Zahlungsberichte: Berichte über Zahlungen von Kapitalgesellschaften an staatliche Stellen im Zusammenhang mit ihrer Tätigkeit in der mineralgewinnenden Industrie oder mit dem Betrieb des Holzeinschlags in Primärwäldern;
7. Konzernzahlungsberichte: Zahlungsberichte von Mutterunternehmen über Zahlungen aller einbezogenen Unternehmen an staatliche Stellen auf konsolidierter Ebene, die in Zusammenhang mit ihrer Tätigkeit in der mineralgewinnenden Industrie oder mit dem Betrieb des Holzeinschlags in Primärwäldern stehen;
8. Berichtszeitraum: das Geschäftsjahr der Kapitalgesellschaft oder des Mutterunternehmens, das den Zahlungsbericht oder Konzernzahlungsbericht zu erstellen hat.

Zweiter Titel. Zahlungsbericht, Konzernzahlungsbericht und Offenlegung

§ 341s[1) 2)] Pflicht zur Erstellung des Zahlungsberichts; Befreiungen.

(1) Kapitalgesellschaften im Sinne des § 341q haben jährlich einen Zahlungsbericht zu erstellen.

(2) [1] Ist die Kapitalgesellschaft in den von ihr oder einem anderen Unternehmen mit Sitz in einem Mitgliedstaat der Europäischen Union oder einem anderen Vertragsstaat des Abkommens über den Europäischen Wirtschaftsraum erstellten Konzernzahlungsbericht einbezogen, braucht sie keinen Zahlungsbericht zu erstellen. [2] In diesem Fall hat die Kapitalgesellschaft im Anhang des Jahresabschlusses anzugeben, bei welchem Unternehmen sie in den Konzernzahlungsbericht einbezogen ist und wo dieser erhältlich ist.

(3) [1] Hat die Kapitalgesellschaft einen Bericht im Einklang mit den Rechtsvorschriften eines Drittstaats, dessen Berichtspflichten die Europäische Kommission im Verfahren nach Artikel 47 der Richtlinie 2013/34/EU als gleichwertig bewertet hat, erstellt und diesen Bericht nach § 341w offengelegt, braucht sie den Zahlungsbericht nicht zu erstellen. [2] Auf die Offenlegung dieses Berichts ist § 325a Absatz 1 Satz 5 entsprechend anzuwenden.

§ 341t[3)] Inhalt des Zahlungsberichts. (1) [1] In dem Zahlungsbericht hat die Kapitalgesellschaft anzugeben, welche Zahlungen sie im Berichtszeitraum an staatliche Stellen im Zusammenhang mit ihrer Geschäftstätigkeit in der mineralgewinnenden Industrie oder mit dem Betrieb des Holzeinschlags in Primärwäldern geleistet hat. [2] Andere Zahlungen dürfen in den Zahlungsbericht nicht einbezogen werden. [3] Hat eine zur Erstellung eines Zahlungsberichts verpflichtete Kapitalgesellschaft in einem Berichtszeitraum an keine staatliche Stelle berichtspflichtige Zahlungen geleistet, hat sie im Zahlungsbericht für den betreffenden Berichtszeitraum nur anzugeben, dass eine Geschäftstätigkeit in der mineralgewinnenden Industrie ausgeübt oder Holzeinschlag in Primärwäldern betrieben wurde, ohne dass Zahlungen geleistet wurden.

(2) Die Kapitalgesellschaft hat nur über staatliche Stellen zu berichten, an die sie Zahlungen unmittelbar erbracht hat; das gilt auch dann, wenn eine staatliche Stelle die Zahlung für mehrere verschiedene staatliche Stellen einzieht.

(3) Ist eine staatliche Stelle stimmberechtigter Gesellschafter oder Aktionär der Kapitalgesellschaft, so müssen gezahlte Dividenden oder Gewinnanteile nur berücksichtigt werden, wenn sie

1. nicht unter denselben Bedingungen wie an andere Gesellschafter oder Aktionäre mit vergleichbaren Anteilen oder Aktien gleicher Gattung gezahlt wurden oder
2. anstelle von Produktionsrechten oder Nutzungsentgelten gezahlt wurden.

(4) [1] Die Kapitalgesellschaft braucht Zahlungen unabhängig davon, ob sie als eine Einmalzahlung oder als eine Reihe verbundener Zahlungen geleistet werden, nicht in dem Zahlungsbericht zu berücksichtigen, wenn sie im Berichtszeitraum 100 000 Euro unterschreiten. [2] Im Falle einer bestehenden Vereinbarung über regelmäßige Zahlungen ist der Gesamtbetrag der verbundenen regelmäßigen Zahlungen oder Raten im Berichtszeitraum zu betrachten. [3] Eine staatliche Stelle, an

---

[1)] § 341s eingef. mWv 23.7.2015 durch G v. 17.7.2015 (BGBl. I S. 1245); Abs. 3 Satz 2 geänd. mWv 1.1.2020 durch G v. 12.12.2019 (BGBl. I S. 2637).

[2)] Beachte hierzu Übergangsvorschrift in Art. 83 Abs. 1 EGHGB (Nr. **50a**).

[3)] 3. UAbschnitt (§§ 341q–341y) eingef. mWv 23.7.2015 durch G v. 17.7.2015 (BGBl. I S. 1245).

die im Berichtszeitraum insgesamt weniger als 100 000 Euro gezahlt worden sind, braucht im Zahlungsbericht nicht berücksichtigt zu werden.

(5) [1] Werden Zahlungen als Sachleistungen getätigt, werden sie ihrem Wert und gegebenenfalls ihrem Umfang nach berücksichtigt. [2] Im Zahlungsbericht ist gegebenenfalls zu erläutern, wie der Wert festgelegt worden ist.

(6) [1] Bei der Angabe von Zahlungen wird auf den Inhalt der betreffenden Zahlung oder Tätigkeit und nicht auf deren Form Bezug genommen. [2] Zahlungen und Tätigkeiten dürfen nicht künstlich mit dem Ziel aufgeteilt oder zusammengefasst werden, die Anwendung dieses Unterabschnitts zu umgehen.

§ 341u[1)] Gliederung des Zahlungsberichts. (1) [1] Der Zahlungsbericht ist nach Staaten zu gliedern. [2] Für jeden Staat hat die Kapitalgesellschaft diejenigen staatlichen Stellen zu bezeichnen, an die sie innerhalb des Berichtszeitraums Zahlungen geleistet hat. [3] Die Bezeichnung der staatlichen Stelle muss eine eindeutige Zuordnung ermöglichen. [4] Dazu genügt es in der Regel, die amtliche Bezeichnung der staatlichen Stelle zu verwenden und zusätzlich anzugeben, an welchem Ort und in welcher Region des Staates die Stelle ansässig ist. [5] Die Kapitalgesellschaft braucht die Zahlungen nicht danach aufzugliedern, auf welche Rohstoffe sie sich beziehen.

(2) Zu jeder staatlichen Stelle hat die Kapitalgesellschaft folgende Angaben zu machen:

1. den Gesamtbetrag aller an diese staatliche Stelle geleisteten Zahlungen und
2. die Gesamtbeträge getrennt nach den in § 341r Nummer 3 Buchstabe a bis g benannten Zahlungsgründen; zur Bezeichnung der Zahlungsgründe genügt die Angabe des nach § 341r Nummer 3 maßgeblichen Buchstabens.

(3) Wenn Zahlungen an eine staatliche Stelle für mehr als ein Projekt geleistet wurden, sind für jedes Projekt ergänzend folgende Angaben zu machen:

1. eine eindeutige Bezeichnung des Projekts,
2. den Gesamtbetrag aller in Bezug auf das Projekt an diese staatliche Stelle geleisteten Zahlungen und
3. die Gesamtbeträge getrennt nach den in § 341r Nummer 3 Buchstabe a bis g benannten Zahlungsgründen, die an diese staatliche Stelle in Bezug auf das Projekt geleistet wurden; zur Bezeichnung der Zahlungsgründe genügt die Angabe des nach § 341r Nummer 3 maßgeblichen Buchstabens.

(4) Angaben nach Absatz 3 sind nicht erforderlich für Zahlungen zur Erfüllung von Verpflichtungen, die der Kapitalgesellschaft ohne Zuordnung zu einem bestimmten Projekt auferlegt werden.

§ 341v[1)] Konzernzahlungsbericht; Befreiung. (1) [1] Kapitalgesellschaften im Sinne des § 341q, die Mutterunternehmen (§ 290) sind, haben jährlich einen Konzernzahlungsbericht zu erstellen. [2] Mutterunternehmen sind auch dann in der mineralgewinnenden Industrie tätig oder betreiben Holzeinschlag in Primärwäldern, wenn diese Voraussetzungen nur auf eines ihrer Tochterunternehmen zutreffen.

(2) Ein Mutterunternehmen ist nicht zur Erstellung eines Konzernzahlungsberichts verpflichtet, wenn es zugleich ein Tochterunternehmen eines anderen Mutterunternehmens mit Sitz in einem Mitgliedstaat der Europäischen Union

[1)] 3. UAbschnitt (§§ 341q–341y) eingef. mWv 23.7.2015 durch G v. 17.7.2015 (BGBl. I S. 1245).

oder in einem anderen Vertragsstaat des Abkommens über den Europäischen Wirtschaftsraum ist.

(3) In den Konzernzahlungsbericht sind das Mutterunternehmen und alle Tochterunternehmen unabhängig von deren Sitz einzubeziehen; die auf den Konzernabschluss angewandten Vorschriften sind entsprechend anzuwenden, soweit in den nachstehenden Absätzen nichts anderes bestimmt ist.

(4) [1] Unternehmen, die nicht in der mineralgewinnenden Industrie tätig sind und keinen Holzeinschlag in Primärwäldern betreiben, sind nicht nach Absatz 3 einzubeziehen. [2] Ein Unternehmen braucht nicht in den Konzernzahlungsbericht einbezogen zu werden, wenn es

1. nach § 296 Absatz 1 Nummer 1 oder 3 nicht in den Konzernabschluss einbezogen wurde,
2. nach § 296 Absatz 1 Nummer 2 nicht in den Konzernabschluss einbezogen wurde und die für die Erstellung des Konzernzahlungsberichts erforderlichen Angaben ebenfalls nur mit unverhältnismäßig hohen Kosten oder ungebührlichen Verzögerungen zu erhalten sind.

(5) [1] Auf den Konzernzahlungsbericht sind die §§ 341s bis 341u entsprechend anzuwenden. [2] Im Konzernzahlungsbericht sind konsolidierte Angaben über alle Zahlungen an staatliche Stellen zu machen, die von den einbezogenen Unternehmen im Zusammenhang mit ihrer Tätigkeit in der mineralgewinnenden Industrie oder mit dem Holzeinschlag in Primärwäldern geleistet worden sind. [3] Das Mutterunternehmen braucht die Zahlungen nicht danach aufzugliedern, auf welche Rohstoffe sie sich beziehen.

§ 341w[1) 2)] Offenlegung. (1) [1] Die Mitglieder des vertretungsberechtigten Organs einer Kapitalgesellschaft im Sinne des § 341q haben für diese den Zahlungsbericht spätestens ein Jahr nach dem Abschlussstichtag in deutscher Sprache der das Unternehmensregister führenden Stelle elektronisch zur Einstellung in das Unternehmensregister zu übermitteln. [2] Im Falle einer Kapitalgesellschaft im Sinne des § 264d beträgt die Frist abweichend von Satz 1 sechs Monate nach dem Abschlussstichtag.

(2) Absatz 1 gilt entsprechend für die Mitglieder des vertretungsberechtigten Organs eines Mutterunternehmens im Sinne des § 341v, das einen Konzernzahlungsbericht zu erstellen hat.

(3) § 325 Absatz 6 sowie § 328 Absatz 1 Satz 1 bis 3, Absatz 1a bis 4 und § 329 Absatz 1, 3 und 4 gelten entsprechend.

Dritter Titel. Bußgeldvorschriften, Ordnungsgelder

§ 341x[3)] Bußgeldvorschriften. (1) Ordnungswidrig handelt, wer als Mitglied des vertretungsberechtigten Organs oder des Aufsichtsrats einer Kapitalgesellschaft

1. bei der Erstellung eines Zahlungsberichts einer Vorschrift des § 341t Absatz 1, 2, 3, 5 oder Absatz 6 oder des § 341u Absatz 1, 2 oder Absatz 3 über den Inhalt oder die Gliederung des Zahlungsberichts zuwiderhandelt oder

---

[1)] § 341w eingef. mWv 23.7.2015 durch G v. 17.7.2015 (BGBl. I S. 1245); Abs. 1 Satz 2 angef. mWv 26.11.2015 durch G v. 20.11.2015 (BGBl. I S. 2029); Abs. 3 geänd. mWv 19.8.2020 durch G v. 12.8.2020 (BGBl. I S. 1874); Abs. 1 Satz 1 neu gef., Satz 2 geänd., Abs. 2 neu gef., Abs. 3 geänd. mWv 1.8.2022 durch G v. 5.7.2021 (BGBl. I S. 3338).

[2)] Beachte hierzu Übergangsvorschrift in Art. 84 und 88 EGHGB (Nr. **50a**).

[3)] 3. UAbschnitt (§§ 341q-341y) eingef. mWv 23.7.2015 durch G v. 17.7.2015 (BGBl. I S. 1245).

2. bei der Erstellung eines Konzernzahlungsberichts einer Vorschrift des § 341v Absatz 4 Satz 1 in Verbindung mit § 341t Absatz 1, 2, 3, 5 oder Absatz 6 oder mit § 341u Absatz 1, 2 oder Absatz 3 über den Inhalt oder die Gliederung des Konzernzahlungsberichts zuwiderhandelt.

(2) Die Ordnungswidrigkeit kann mit einer Geldbuße bis fünfzigtausend Euro geahndet werden.

(3) Verwaltungsbehörde im Sinne des § 36 Absatz 1 Nummer 1 des Gesetzes über Ordnungswidrigkeiten[1] ist in den Fällen des Absatzes 1 das Bundesamt für Justiz.

(4) Die Bestimmungen der Absätze 1 bis 3 gelten auch für die Mitglieder der gesetzlichen Vertretungsorgane von Personenhandelsgesellschaften im Sinne des § 341q Satz 2.

§ 341y[2] Ordnungsgeldvorschriften. (1) [1]Gegen die Mitglieder des vertretungsberechtigten Organs einer Kapitalgesellschaft im Sinne des § 341q oder eines Mutterunternehmens im Sinne des § 341v, die § 341w hinsichtlich der Pflicht zur Offenlegung des Zahlungsberichts oder Konzernzahlungsberichts nicht befolgen, hat das Bundesamt für Justiz in entsprechender Anwendung der §§ 335 bis 335b ein Ordnungsgeldverfahren durchzuführen. [2]Das Verfahren kann auch gegen die Kapitalgesellschaft gerichtet werden.

(2) [1]Das Bundesamt für Justiz kann eine Kapitalgesellschaft zur Erklärung auffordern, ob sie im Sinne des § 341q in der mineralgewinnenden Industrie tätig ist oder Holzeinschlag in Primärwäldern betreibt, und eine angemessene Frist setzen. [2]Die Aufforderung ist zu begründen. [3]Gibt die Kapitalgesellschaft innerhalb der Frist keine Erklärung ab, wird für die Einleitung des Verfahrens nach Absatz 1 vermutet, dass die Gesellschaft in den Anwendungsbereich des § 341q fällt. [4]Die Sätze 1 bis 3 sind entsprechend anzuwenden, wenn das Bundesamt für Justiz Anlass für die Annahme hat, dass eine Kapitalgesellschaft ein Mutterunternehmen im Sinne des § 341v Absatz 1 ist.

(3) Die vorstehenden Absätze gelten entsprechend für Personenhandelsgesellschaften im Sinne des § 341q Satz 2.

Fünfter Abschnitt.[3] Privates Rechnungslegungsgremium; Rechnungslegungsbeirat

§ 342[4][5] Privates Rechnungslegungsgremium. (1) [1]Das Bundesministerium der Justiz und für Verbraucherschutz kann eine privatrechtlich organisierte Einrichtung durch Vertrag anerkennen und ihr folgende Aufgaben übertragen:
1. Entwicklung von Empfehlungen zur Anwendung der Grundsätze über die Konzernrechnungslegung,
2. Beratung des Bundesministeriums der Justiz und für Verbraucherschutz bei Gesetzgebungsvorhaben zu Rechnungslegungsvorschriften,

---

[1] Nr. **94**.

[2] 3. UAbschnitt (§§ 341q-341y) eingef. mWv 23.7.2015 durch G v. 17.7.2015 (BGBl. I S. 1245).

[3] 5. Abschnitt (§§ 342 und 342a) eingef. durch G v. 27.4.1998 (BGBl. I S. 786).

[4] § 342 eingef. durch G v. 27.4.1998 (BGBl. I S. 786); Abs. 1 Satz 1 Nr. 2 und 3 geänd., Nr. 4 angef., Satz 2 geänd. mWv 29.5.2009 durch G v. 25.5.2009 (BGBl. I S. 1102); Abs. 1 Satz 1 einl. Satzteil Nr. 2 und Abs. 2 geänd. mWv 8.9.2015 durch VO v. 31.8.2015 (BGBl. I S. 1474); Abs. 1 Satz 1 Nr. 4 geänd. mWv 19.4.2017 durch G v. 11.4.2017 (BGBl. I S. 802).

[5] Beachte hierzu Übergangsvorschrift in Art. 80 EGHGB (Nr. **50a**).

3. Vertretung der Bundesrepublik Deutschland in internationalen Standardisierungsgremien und
4. Erarbeitung von Interpretationen der internationalen Rechnungslegungsstandards im Sinn des § 315e Absatz 1.

[2] Es darf jedoch nur eine solche Einrichtung anerkannt werden, die aufgrund ihrer Satzung gewährleistet, daß die Empfehlungen und Interpretationen unabhängig und ausschließlich von Rechnungslegern in einem Verfahren entwickelt und beschlossen werden, das die fachlich interessierte Öffentlichkeit einbezieht. [3] Soweit Unternehmen oder Organisationen von Rechnungslegern Mitglied einer solchen Einrichtung sind, dürfen die Mitgliedschaftsrechte nur von Rechnungslegern ausgeübt werden.

(2) Die Beachtung der die Konzernrechnungslegung betreffenden Grundsätze ordnungsmäßiger Buchführung wird vermutet, soweit vom Bundesministerium der Justiz und für Verbraucherschutz bekanntgemachte Empfehlungen einer nach Absatz 1 Satz 1 anerkannten Einrichtung beachtet worden sind.[1)]

§ 342a[2)] Rechnungslegungsbeirat. (1) Beim Bundesministerium der Justiz und für Verbraucherschutz wird vorbehaltlich Absatz 9 ein Rechnungslegungsbeirat mit den Aufgaben nach § 342 Abs. 1 Satz 1 gebildet.

(2) Der Rechnungslegungsbeirat setzt sich zusammen aus

1. einem Vertreter des Bundesministeriums der Justiz und für Verbraucherschutz als Vorsitzendem sowie je einem Vertreter des Bundesministeriums der Finanzen und des Bundesministeriums für Wirtschaft und Energie,
2. vier Vertretern von Unternehmen,
3. vier Vertretern der wirtschaftsprüfenden Berufe,
4. zwei Vertretern der Hochschulen.

(3) [1] Die Mitglieder des Rechnungslegungsbeirats werden durch das Bundesministerium der Justiz und für Verbraucherschutz berufen. [2] Als Mitglieder sollen nur Rechnungsleger berufen werden.

(4) [1] Die Mitglieder des Rechnungslegungsbeirats sind unabhängig und nicht weisungsgebunden. [2] Ihre Tätigkeit im Beirat ist ehrenamtlich.

(5) Das Bundesministerium der Justiz und für Verbraucherschutz kann eine Geschäftsordnung für den Beirat erlassen.

(6) Der Beirat kann für bestimmte Sachgebiete Fachausschüsse und Arbeitskreise einsetzen.

(7) [1] Der Beirat, seine Fachausschüsse und Arbeitskreise sind beschlußfähig, wenn mindestens zwei Drittel der Mitglieder anwesend sind. [2] Bei Abstimmungen entscheidet die Stimmenmehrheit, bei Stimmengleichheit die Stimme des Vorsitzenden.

(8) Für die Empfehlungen des Rechnungslegungsbeirats gilt § 342 Abs. 2 entsprechend.

---

1) Siehe hierzu ua Rechnungslegungs Standard Nr. 21 v. 4.2.2014 (BAnz AT 08.04.2014 B2), zuletzt geänd. durch VwV v. 22.9.2017 (BAnz AT 04.12.2017 B1, 2).

2) § 342a eingef. durch G v. 27.4.1998 (BGBl. I S. 786); Abs. 2 Nr. 1 geänd. mWv 7.11.2001 durch VO v. 29.10.2001 (BGBl. I S. 2785); Abs. 2 Nr. 1 geänd. mWv 28.11.2003 durch VO v. 25.11.2003 (BGBl. I S. 2304); Abs. 2 Nr. 1 geänd. mWv 8.11.2006 durch VO v. 31.10.2006 (BGBl. I S. 2407); Abs. 1 Satz 1, Abs. 2 Nr. 1, Abs. 3 Satz 1, Abs. 5 und 9 geänd. mWv 8.9.2015 durch VO v. 31.8.2015 (BGBl. I S. 1474).

(9) Die Bildung eines Rechnungslegungsbeirats nach Absatz 1 unterbleibt, soweit das Bundesministerium der Justiz und für Verbraucherschutz eine Einrichtung nach § 342 Abs. 1 anerkennt.

Sechster Abschnitt.[1] *(aufgehoben)*

§§ 342b–342e[1] *(aufgehoben)*

Viertes Buch.[2] Handelsgeschäfte

Erster Abschnitt. Allgemeine Vorschriften

§ 343[3] **[Begriff der Handelsgeschäfte]** (1) Handelsgeschäfte sind alle Geschäfte eines Kaufmanns, die zum Betriebe seines Handelsgewerbes gehören.

(2) *(aufgehoben)*

§ 344 [Vermutung für das Handelsgeschäft] (1) Die von einem Kaufmanne vorgenommenen Rechtsgeschäfte gelten im Zweifel als zum Betriebe seines Handelsgewerbes gehörig.

(2) Die von einem Kaufmanne gezeichneten Schuldscheine gelten als im Betriebe seines Handelsgewerbes gezeichnet, sofern nicht aus der Urkunde sich das Gegenteil ergibt.

§ 345 [Einseitige Handelsgeschäfte] Auf ein Rechtsgeschäft, das für einen der beiden Teile ein Handelsgeschäft ist, kommen die Vorschriften über Handelsgeschäfte für beide Teile gleichmäßig zur Anwendung, soweit nicht aus diesen Vorschriften sich ein anderes ergibt.

§ 346 [Handelsbräuche] Unter Kaufleuten ist in Ansehung der Bedeutung und Wirkung von Handlungen und Unterlassungen auf die im Handelsverkehre geltenden Gewohnheiten und Gebräuche Rücksicht zu nehmen.

§ 347 [Sorgfaltspflicht] (1) Wer aus einem Geschäfte, das auf seiner Seite ein Handelsgeschäft ist, einem anderen zur Sorgfalt verpflichtet ist, hat für die Sorgfalt eines ordentlichen Kaufmanns einzustehen.

(2) Unberührt bleiben die Vorschriften des Bürgerlichen Gesetzbuchs[4], nach welchen der Schuldner in bestimmten Fällen nur grobe Fahrlässigkeit zu vertreten oder nur für diejenige Sorgfalt einzustehen hat, welche er in eigenen Angelegenheiten anzuwenden pflegt.

§ 348 [Vertragsstrafe] Eine Vertragsstrafe, die von einem Kaufmann im Betriebe seines Handelsgewerbes versprochen ist, kann nicht auf Grund der Vorschriften des § 343 des Bürgerlichen Gesetzbuchs[4] herabgesetzt werden.

§ 349 [Keine Einrede der Vorausklage] [1] Dem Bürgen steht, wenn die Bürgschaft für ihn ein Handelsgeschäft ist, die Einrede der Vorausklage nicht zu. [2] Das gleiche gilt unter der bezeichneten Voraussetzung für denjenigen, welcher aus einem Kreditauftrag als Bürge haftet.

---

[1] 6. Abschnitt (§§ 342b–342e) aufgeh. mWv 1.1.2022 durch G v. 3.6.2021 (BGBl. I S. 1534).
[2] Bish. 3. Buch wird 4. Buch durch G v. 19.12.1985 (BGBl. I S. 2355).
[3] § 343 Abs. 2 aufgeh. durch G v. 22.6.1998 (BGBl. I S. 1474).
[4] Nr. **20**.

§ 350[1)] **[Formfreiheit]** Auf eine Bürgschaft, ein Schuldversprechen oder ein Schuldanerkenntnis finden, sofern die Bürgschaft auf der Seite des Bürgen, das Versprechen oder das Anerkenntnis auf der Seite des Schuldners ein Handelsgeschäft ist, die Formvorschriften des § 766 Satz 1 und 2, des § 780 und des § 781 Satz 1 und 2 des Bürgerlichen Gesetzbuchs[2)] keine Anwendung.

§ 351[3)] *(aufgehoben)*

§ 352[4)] **[Gesetzlicher Zinssatz]** (1) [1]Die Höhe der gesetzlichen Zinsen, mit Ausnahme der Verzugszinsen, ist bei beiderseitigen Handelsgeschäften fünf vom Hundert für das Jahr. [2]Das gleiche gilt, wenn für eine Schuld aus einem solchen Handelsgeschäfte Zinsen ohne Bestimmung des Zinsfußes versprochen sind.

(2) Ist in diesem Gesetzbuche die Verpflichtung zur Zahlung von Zinsen ohne Bestimmung der Höhe ausgesprochen, so sind darunter Zinsen zu fünf vom Hundert für das Jahr zu verstehen.

§ 353 [Fälligkeitszinsen] [1]Kaufleute untereinander sind berechtigt, für ihre Forderungen aus beiderseitigen Handelsgeschäften vom Tage der Fälligkeit an Zinsen zu fordern. [2]Zinsen von Zinsen können auf Grund dieser Vorschrift nicht gefordert werden.

§ 354 [Provision; Lagergeld; Zinsen] (1) Wer in Ausübung seines Handelsgewerbes einem anderen Geschäfte besorgt oder Dienste leistet, kann dafür auch ohne Verabredung Provision und, wenn es sich um Aufbewahrung handelt, Lagergeld nach den an dem Orte üblichen Sätzen fordern.

(2) Für Darlehen, Vorschüsse, Auslagen und andere Verwendungen kann er vom Tage der Leistung an Zinsen berechnen.

§ 354a[5)] **[Wirksamkeit der Abtretung einer Geldforderung]** (1) [1]Ist die Abtretung einer Geldforderung durch Vereinbarung mit dem Schuldner gemäß § 399 des Bürgerlichen Gesetzbuchs[2)] ausgeschlossen und ist das Rechtsgeschäft, das diese Forderung begründet hat, für beide Teile ein Handelsgeschäft, oder ist der Schuldner eine juristische Person des öffentlichen Rechts oder ein öffentlich-rechtliches Sondervermögen, so ist die Abtretung gleichwohl wirksam. [2]Der Schuldner kann jedoch mit befreiender Wirkung an den bisherigen Gläubiger leisten. [3]Abweichende Vereinbarungen sind unwirksam.

(2) Absatz 1 ist nicht auf eine Forderung aus einem Darlehensvertrag anzuwenden, deren Gläubiger ein Kreditinstitut im Sinne des Kreditwesengesetzes[6)] ist.

(Fortsetzung nächstes Blatt)

---

1) § 350 geänd. mWv 1.8.2001 durch G v. 13.7.2001 (BGBl. I S. 1542).
2) Nr. **20**.
3) § 351 aufgeh. durch G v. 22.6.1998 (BGBl. I S. 1474).
4) § 352 Abs. 1 Satz 1 geänd. mWv 1.5.2000 durch G v. 30.3.2000 (BGBl. I S. 330).
5) § 354a eingef. durch G v. 25.7.1994 (BGBl. I S. 1682); Abs. 2 angef. mWv 19.8.2008 durch G v. 12.8.2008 (BGBl. I S. 1666).
6) **Sartorius ErgBd. Nr. 856.**

Lfd. Nr.	Änderndes Gesetz	Datum	Fundstelle	Betroffen	Hinweis
56.	Art. 5 AbschlussprüferaufsichtsreformG[1]	31.3.2016	BGBl. I S. 518	Art. 25	geänd. mWv 17.6.2016
				40. Abschnitt (Art. 78)	eingef. mWv 17.6.2016
57.	Art. 2 AbschlussprüfungsreformG (AReG)	10.5.2016	BGBl. I S. 1142	Art. 25, 78	geänd. mWv 17.6.2016
				41. Abschnitt (Art. 79)	eingef. mWv 17.6.2016
58.	Art. 57 Zweites G über die weitere Bereinigung von Bundesrecht	8.7.2016	BGBl. I S. 1594	Art. 61	geänd. mWv 15.7.2016
59.	Art. 3, 4 CSR-Richtlinie-UmsetzungsG[2]	11.4.2017	BGBl. I S. 802	Art. 75	geänd. mWv 19.4.2017
				42. Abschnitt (Art. 80)	eingef. mWv 19.4.2017
				42. Abschnitt Überschrift	geänd. mWv 1.1.2019
				Art. 81	eingef. mWv 1.1.2019
60.	Art. 4 G zum Bürokratieabbau und zur Förderung der Transparenz bei Genossenschaften	17.7.2017	BGBl. I S. 2434	43. Abschnitt (Art. 82)	eingef. mWv 22.7.2017
61.	Art. 4 G zur Umsetzung der zweiten AktionärsrechteRL (ARUG II)[3]	12.12. 2019	BGBl. I S. 2637	Art. 73	geänd. mWv 1.1.2020
				44. Abschnitt (Art. 83)	eingef. mWv 1.1.2020
62.	Art. 2 G zur weiteren Umsetzung der TransparenzRL-AnderungsRL im Hinblick auf ein einheitliches elektronisches Format für Jahresfinanzberichte[4]	12.8.2020	BGBl. I S. 1874	Art. 83	geänd. mWv 19.8.2020
				45. Abschnitt (Art. 84)	eingef. mWv 19.8.2020

[1] **Amtl. Anm.:** Dieses Gesetz dient der Umsetzung der Richtlinie 2014/56/EU des Europäischen Parlaments und des Rates vom 16. April 2014 zur Änderung der Richtlinie 2006/43/EG über Abschlussprüfungen von Jahresabschlüssen und konsolidierten Abschlüssen (ABl. L 158 vom 27.5.2014, S. 196) sowie der Ausführung der Verordnung (EU) Nr. 537/2014 des Europäischen Parlaments und des Rates vom 16. April 2014 über spezifische Anforderungen an die Abschlussprüfung bei Unternehmen von öffentlichem Interesse und zur Aufhebung des Beschlusses 2005/909/EG der Kommission (ABl. L 158 vom 27.5.2014, S. 77).

[2] **Amtl. Anm.:** Dieses Gesetz dient der Umsetzung der Richtlinie 2014/95/EU des Europäischen Parlaments und des Rates vom 22. Oktober 2014 zur Änderung der Richtlinie 2013/34/EU im Hinblick auf die Angabe nichtfinanzieller und die Diversität betreffender Informationen durch bestimmte große Unternehmen und Gruppen (ABl. L 330 vom 15.11.2014, S. 1; L 369 vom 24.12.2014, S. 79).

[3] **Amtl. Anm.:** Dieses Gesetz dient der Umsetzung der Richtlinie (EU) 2017/828 des Europäischen Parlaments und des Rates vom 17. Mai 2017 zur Änderung der Richtlinie 2007/36/EG im Hinblick auf die Förderung der langfristigen Mitwirkung der Aktionäre (ABl. L 132 vom 20.5.2017, S. 1)

[4] **Amtl. Anm.:** Dieses Gesetz dient der weiteren Umsetzung der Richtlinie 2013/50/EU des Europäischen Parlaments und des Rates vom 22. Oktober 2013 zur Änderung der Richtlinie 2004/109/EG des Europäischen Parlaments und des Rates zur Harmonisierung der Transparenzanforderungen in Bezug auf Informationen über Emittenten, deren Wertpapiere zum Handel auf einem geregelten Markt zugelassen sind, der Richtlinie 2003/71/EG des Europäischen Parlaments und des Rates betreffend den Prospekt, der beim öffentlichen Angebot von Wertpapieren oder bei deren Zulassung zum Handel zu veröffentlichen ist, sowie der Richtlinie 2007/14/EG der Kommission mit Durchführungsbestimmungen zu bestimmten Vorschriften der Richtlinie 2004/109/EG (ABl. L 294 vom 6.11.2013, S. 13; L 14 vom 18.1.2014, S. 35).

Lfd. Nr.	Änderndes Gesetz	Datum	Fundstelle	Betroffen	Hinweis
63.	Art. 7 Abs. 27 G zur Umsetzung der RL (EU) 2019/2034 über die Beaufsichtigung von Wertpapierinstituten[1]	12.5.2021	BGBl. I S. 990	Art. 67	geänd. mWv 26.6.2021
64.	Art. 11 FondsstandortG[2]	3.6.2021	BGBl. I S. 1498	46. Abschnitt (Art. 85)	eingef. mWv 2.8.2021
65.	Art. 12 Finanzmarktintegritätsstärkungs G	3.6.2021	BGBl. I S. 1534	Art. 25 47. Abschnitt (Art. 86)	geänd. mWv 1.7.2021 eingef. mWv 1.7.2021
66.	Art. 6 G zur Ergänzung und Änd. der Regelungen für die gleichberechtigte Teilhabe von Frauen an Führungspositionen in der Privatwirtschaft und im öffentlichen Dienst	7.8.2021	BGBl. I S. 3311	48. Abschnitt (Art. 87)	eingef. mWv 12.8.2021
67.	Art. 2 G zur Umsetzung der Digitalisierungsrichtlinie (DiRUG)[3]	5.7.2021	BGBl. I S. 3338	49. Abschnitt (Art. 88)	eingef. mWv 1.8.2022
68.	Art. 52 Personengesellschaftsrechtsmodernisierungs G (MoPeG)	10.8.2021	BGBl. I S. 3436	50. Abschnitt (Art. 89)	eingef. mWv 1.1.2024

Vorbemerkung:
Die Änderung durch G v. 10.8.2021 (BGBl. I S. 3436) tritt erst mWv 1.1. 2024 in Kraft und ist im Text noch nicht berücksichtigt.

[1] **Amtl. Anm.:** Dieses Gesetz dient der Umsetzung der Richtlinie (EU) 2019/2034 des Europäischen Parlaments und des Rates vom 27. November 2019 über die Beaufsichtigung von Wertpapierfirmen und zur Änderung der Richtlinien 2002/87/EG, 2009/65/EG, 2011/61/EU, 2013/36/EU, 2014/59/EU und 2014/65/EU (ABl. L 314 vom 5.12.2019, S. 64) sowie der Anpassung der nationalen Gesetze und Verordnungen an die Verordnung (EU) 2019/2033 des Europäischen Parlaments und des Rates vom 27. November 2019 über die Aufsichtsanforderungen an Wertpapierfirmen und zur Änderung der Verordnungen (EU) Nr. 1093/2010, (EU) Nr. 575/2013, (EU) Nr. 600/2014 und (EU) Nr. 806/2014 (ABl. L 314 vom 5.12.2019, S. 1; L 20 vom 24.1.2020, S. 26).

[2] **Amtlicher Hinweis:** Im Internet abrufbar unter https://portal.mvp.bafin.de/MvpPortalWeb/app/login.html

[3] **Amtl. Anm.:** Dieses Gesetz dient der Umsetzung der Richtlinie (EU) 2019/1151 des Europäischen Parlaments und des Rates vom 20. Juni 2019 zur Änderung der Richtlinie (EU) 2017/1132 im Hinblick auf den Einsatz digitaler Werkzeuge und Verfahren im Gesellschaftsrecht (ABl. L 186 vom 11.7.2019, S. 80).

lich 30. Juni 2021 geltenden Fassung sind letztmals anzuwenden auf alle gesetzlich vorgeschriebenen Abschlussprüfungen für das vor dem 1. Januar 2022 beginnende Geschäftsjahr.

(2) Wenn die Voraussetzungen des § 318 Absatz 1a des Handelsgesetzbuchs, auch in Verbindung mit Artikel 79 Absatz 3 dieses Gesetzes, bis zum Ablauf des 30. Juni 2021 vorliegen, kann ein Prüfungsmandat noch für das nach dem 30. Juni 2021 beginnende Geschäftsjahr und das unmittelbar auf dieses folgende Geschäftsjahr verlängert werden.

(3) [1] § 324 Absatz 1 und 3, § 340k Absatz 5 sowie § 341k Absatz 3 des Handelsgesetzbuchs in der ab dem 1. Juli 2021 geltenden Fassung sind erstmals ab dem 1. Januar 2022 anzuwenden. [2] Soweit § 324 Absatz 2 Satz 2 des Handelsgesetzbuchs in der ab dem 1. Juli 2021 geltenden Fassung auf § 100 Absatz 5 des Aktiengesetzes[1)] verweist, ist die hierauf bezogene Übergangsregelung des § 12 Absatz 6 des Einführungsgesetzes zum Aktiengesetz[2)] entsprechend anzuwenden.

(4) [1] Die §§ 333 und 342c des Handelsgesetzbuchs in der bis einschließlich 31. Dezember 2021 geltenden Fassung sind auf die bei der Prüfstelle im Sinne von § 342b Absatz 1 des Handelsgesetzbuchs Beschäftigten weiter anzuwenden. [2] Auf die Finanzierung der Prüfstelle ist § 342d Satz 4 und 5 des Handelsgesetzbuchs in der bis einschließlich 31. Dezember 2021 geltenden Fassung für das Haushaltsjahr 2021 weiter anzuwenden. [3] Die nach § 342b Absatz 1 des Handelsgesetzbuchs in der bis zum 31. Dezember 2021 geltenden Fassung als Prüfstelle anerkannte Einrichtung hat

1. Unterlagen zu nach § 141 Absatz 1 des Wertpapierhandelsgesetzes[3)] fortgeführten Prüfungen spätestens am 31. Dezember 2051 zu vernichten;
2. Unterlagen zu bis zum 31. Dezember 2021 abgeschlossenen Prüfungen spätestens 30 Jahre nach dem jeweiligen Abschluss der Prüfung zu vernichten.

(5) § 264 Absatz 3, §§ 264b, 340a Absatz 2, § 341a Absatz 2 und § 341n Absatz 1 des Handelsgesetzbuchs in der ab dem 1. Juli 2021 geltenden Fassung sind erstmals auf Jahresabschlüsse und Lageberichte für das nach dem 31. Dezember 2020 beginnende Geschäftsjahr anzuwenden.

Achtundvierzigster Abschnitt.[4)] Übergangsvorschrift zum Gesetz zur Ergänzung und Änderung der Regelungen für die gleichberechtigte Teilhabe von Frauen an Führungspositionen in der Privatwirtschaft und im öffentlichen Dienst

Art. 87[4)] [Übergangsvorschrift zum Gesetz zur Ergänzung und Änderung der Regelungen für die gleichberechtigte Teilhabe von Frauen an Führungspositionen in der Privatwirtschaft und im öffentlichen Dienst]

Die §§ 289f, 334 Absatz 1, § 340n Absatz 1 und § 341n Absatz 1 des Handelsgesetzbuchs[5)] in der ab dem 12. August 2021 geltenden Fassung sind erstmals auf Lage- und Konzernlageberichte sowie Erklärungen zur Unternehmensführung nach § 289f Absatz 4 Satz 3 des Handelsgesetzbuchs für das nach dem 31. Dezember 2020 beginnende Geschäftsjahr anzuwenden.

---

1) Nr. **51**.
2) Nr. **51a**.
3) **Habersack, Deutsche Gesetze ErgBd. Nr. 58.**
4) 48. Abschnitt (Art. 87) angef. mWv 12.8.2021 durch G v. 7.8.2021 (BGBl. I S. 3311).
5) Nr. **50**.

Neunundvierzigster Abschnitt.[1] Übergangsvorschrift zum Gesetz zur Umsetzung der Digitalisierungsrichtlinie

Art. 88[1] [Übergangsvorschrift zum Gesetz zur Umsetzung der Digitalisierungsrichtlinie] (1) § 9c Absatz 1 bis 5 des Handelsgesetzbuchs[2] in der ab dem 1. August 2022 geltenden Fassung ist erst ab dem 1. August 2023 anzuwenden.

(2) [1] § 8b Absatz 2 Nummer 4, 9 und 13, Absatz 3 Satz 1, Absatz 4, § 9 Absatz 6 Satz 3 sowie die §§ 264, 325, 325a, 326, 327, 328, 329, 339, 340l, 340o, 341l und 341w des Handelsgesetzbuchs in der ab dem 1. August 2022 geltenden Fassung sind erstmals auf Rechnungslegungsunterlagen sowie Unternehmensberichte für das nach dem 31. Dezember 2021 beginnende Geschäftsjahr anzuwenden. [2] Die in Satz 1 bezeichneten Vorschriften in der bis einschließlich 31. Juli 2022 geltenden Fassung sind letztmals anzuwenden auf Rechnungslegungsunterlagen sowie Unternehmensberichte für das vor dem 1. Januar 2022 beginnende Geschäftsjahr.

---

[1] 49. Abschnitt (Art. 88) angef. mWv 1.8.2022 durch G v. 5.7.2021 (BGBl. I S. 3338).
[2] Nr. **50**.

50b. Gesetz über Partnerschaftsgesellschaften Angehöriger Freier Berufe (Partnerschaftsgesellschaftsgesetz – PartGG)[1)]

Vom 25. Juli 1994
(BGBl. I S. 1744)

FNA 4127-1

Lfd. Nr.	Änderndes Gesetz	Datum	Fundstelle	Betroffen	Hinweis
1.	Art. 11 HandelsrechtsreformG	22.6.1998	BGBl. I S. 1474	§§ 2, 7, 9	geänd. mWv 1.7.1998
2.	Art. 1a G zur Änd. des UmwandlungsG, des PartGG und anderer G	22.7.1998	BGBl. I S. 1878	§§ 1, 8	geänd. mWv 1.8.1998
3.	Art. 2 Zweites G zur Änd. der FGO und anderer G	19.12. 2000	BGBl. I S. 1757	§ 7	geänd. mWv 1.1.2001
4.	Art. 4 Elektronische Register- und JustizkostenG	10.12. 2001	BGBl. I S. 3422	§§ 4, 5, 7, 11	geänd. mWv 15.12.2001
5.	Art. 12 Abs. 12 G über elektronische Handelsregister und Genossenschaftsregister sowie das Unternehmensregister	10.11. 2006	BGBl. I S. 2553	§§ 5, 11	geänd. mWv 1.1.2007
6.	Art. 22 G zur Modernisierung des GmbH-Rechts und zur Bekämpfung von Missbräuchen	23.10. 2008	BGBl. I S. 2026	§ 5	geänd. mWv 1.11.2008
7.	Art. 1 G zur Einführung einer Partnerschaftsgesellschaft mit beschränkter Berufshaftung und zur Änd. des Berufsrechts der Rechtsanwälte, Patentanwälte, Steuerberater und Wirtschaftsprüfer	15.7.2013	BGBl. I S. 2386	§§ 4, 7, 8	geänd. mWv 19.7.2013
8.	Art. 7 Aktienrechtsnovelle 2016	22.12. 2015	BGBl. I S. 2565	§ 4	geänd. mWv 31.12.2015
9.	Art. 33 G zur Neuregelung des Berufsrechts der anwaltlichen und steuerberatenden Berufsausübungsgesellschaften sowie zur Änd. weiterer Vorschriften im Bereich der rechtsberatenden Berufe	7.7.2021	BGBl. I S. 2363	§§ 1, 7	geänd. mWv 1.8.2022
10.	Art. 68 PersonengesellschaftsrechtsmodernisierungsG (MoPeG)	10.8.2021	BGBl. I S. 3436	§§ 1, 2, 4, 5, 6, 7, 8, 9, 10, 11 § 3	geänd. mWv 1.1.2024 aufgeh. mit Ablauf des 31.12. 2023

[1)] Verkündet als Art. 1 G zur Schaffung von Partnerschaftsgesellschaften und zur Änd. anderer G v. 25.7. 1994 (BGBl I S. 1744); Inkrafttreten gem. Art. 9 dieses G am 1.7.1995 mit Ausnahme des § 5 Abs. 2, der bereits am 1.5.1995 in Kraft getreten ist.

Vorbemerkung:
Die Änderungen durch G v. 10.8.2021 (BGBl. I S. 3436) treten erst mWv 1.1.2024 in Kraft und sind im Text noch nicht berücksichtigt.

§ 1[1] Voraussetzungen der Partnerschaft. (1) [1]Die Partnerschaft ist eine Gesellschaft, in der sich Angehörige Freier Berufe zur Ausübung ihrer Berufe zusammenschließen. [2]Sie übt kein Handelsgewerbe aus. [3]Angehörige einer Partnerschaft können nur natürliche Personen sein.

(2) [1]Die Freien Berufe haben im allgemeinen auf der Grundlage besonderer beruflicher Qualifikation oder schöpferischer Begabung die persönliche, eigenverantwortliche und fachlich unabhängige Erbringung von Dienstleistungen höherer Art im Interesse der Auftraggeber und der Allgemeinheit zum Inhalt. [2]Ausübung eines Freien Berufs im Sinne dieses Gesetzes ist die selbständige Berufstätigkeit der Ärzte, Zahnärzte, Tierärzte, Heilpraktiker, Krankengymnasten, Hebammen, Heilmasseure, Diplom-Psychologen, Rechtsanwälte, Patentanwälte, Wirtschaftsprüfer, Steuerberater, beratenden Volks- und Betriebswirte, vereidigten Buchprüfer (vereidigte Buchrevisoren), Steuerbevollmächtigten, Ingenieure, Architekten, Handelschemiker, Lotsen, hauptberuflichen Sachverständigen, Journalisten, Bildberichterstatter, Dolmetscher, Übersetzer und ähnlicher Berufe sowie der Wissenschaftler, Künstler, Schriftsteller, Lehrer und Erzieher.

(3) Die Berufsausübung in der Partnerschaft kann in Vorschriften über einzelne Berufe ausgeschlossen oder von weiteren Voraussetzungen abhängig gemacht werden.

(4) Auf die Partnerschaft finden, soweit in diesem Gesetz nichts anderes bestimmt ist, die Vorschriften des Bürgerlichen Gesetzbuchs[2] über die Gesellschaft Anwendung.

§ 2[3] Name der Partnerschaft. (1) [1]Der Name der Partnerschaft muß den Namen mindestens eines Partners, den Zusatz „und Partner" oder „Partnerschaft" sowie die Berufsbezeichnungen aller in der Partnerschaft vertretenen Berufe enthalten. [2]Die Beifügung von Vornamen ist nicht erforderlich. [3]Die Namen anderer Personen als der Partner dürfen nicht in den Namen der Partnerschaft aufgenommen werden.

(2) § 18 Abs. 2, §§ 21, 22 Abs. 1, §§ 23, 24, 30, 31 Abs. 2, §§ 32 und 37 des Handelsgesetzbuchs[4] sind entsprechend anzuwenden; § 24 Abs. 2 des Handelsgesetzbuchs gilt auch bei Umwandlung einer Gesellschaft bürgerlichen Rechts in eine Partnerschaft.

§ 3 Partnerschaftsvertrag. (1) Der Partnerschaftsvertrag bedarf der Schriftform.

(2) Der Partnerschaftsvertrag muß enthalten

1. den Namen und den Sitz der Partnerschaft;
2. den Namen und den Vornamen sowie den in der Partnerschaft ausgeübten Beruf und den Wohnort jedes Partners;
3. den Gegenstand der Partnerschaft.

---

[1] § 1 Abs. 2 Satz 1 eingef. durch G v. 22.7.1998 (BGBl. I S. 1878); Abs. 2 Satz 2 geänd. mWv 1.8.2022 durch G v. 7.7.2021 (BGBl. I S. 2363).
[2] Nr. **20**.
[3] § 2 Abs. 1 Sätze 2 und 3 angef., Abs. 2 geänd. durch G v. 22.6.1998 (BGBl. I S. 1474).
[4] Nr. **50**.

§ 4[1] Anmeldung der Partnerschaft. (1) [1] Auf die Anmeldung der Partnerschaft in das Partnerschaftsregister sind § 106 Abs. 1 und § 108 Satz 1 des Handelsgesetzbuchs[2] entsprechend anzuwenden. [2] Die Anmeldung hat die in § 3 Abs. 2 vorgeschriebenen Angaben, das Geburtsdatum jedes Partners und die Vertretungsmacht der Partner zu enthalten. [3] Änderungen dieser Angaben sind gleichfalls zur Eintragung in das Partnerschaftsregister anzumelden.

(2) [1] In der Anmeldung ist die Zugehörigkeit jedes Partners zu dem Freien Beruf, den er in der Partnerschaft ausübt, anzugeben. [2] Das Registergericht legt bei der Eintragung die Angaben der Partner zugrunde, es sei denn, ihm ist deren Unrichtigkeit bekannt.

(3) Der Anmeldung einer Partnerschaft mit beschränkter Berufshaftung nach § 8 Absatz 4 muss eine Versicherungsbescheinigung gemäß § 113 Absatz 2 des Gesetzes über den Versicherungsvertrag[3] beigefügt sein.

§ 5[4] Inhalt der Eintragung; anzuwendende Vorschriften. (1) Die Eintragung hat die in § 3 Abs. 2 genannten Angaben, das Geburtsdatum jedes Partners und die Vertretungsmacht der Partner zu enthalten.

(2) Auf das Partnerschaftsregister und die registerrechtliche Behandlung von Zweigniederlassungen sind die §§ 8, 8a, 9, 10 bis 12, 13, 13d, 13h und 14 bis 16 des Handelsgesetzbuchs[2] über das Handelsregister entsprechend anzuwenden; eine Pflicht zur Anmeldung einer inländischen Geschäftsanschrift besteht nicht.

§ 6 Rechtsverhältnis der Partner untereinander. (1) Die Partner erbringen ihre beruflichen Leistungen unter Beachtung des für sie geltenden Berufsrechts.

(2) Einzelne Partner können im Partnerschaftsvertrag nur von der Führung der sonstigen Geschäfte ausgeschlossen werden.

(3) [1] Im übrigen richtet sich das Rechtsverhältnis der Partner untereinander nach dem Partnerschaftsvertrag. [2] Soweit der Partnerschaftsvertrag keine Bestimmungen enthält, sind die §§ 110 bis 116 Abs. 2, §§ 117 bis 119 des Handelsgesetzbuchs[2] entsprechend anzuwenden.

§ 7[5] Wirksamkeit im Verhältnis zu Dritten; rechtliche Selbständigkeit; Vertretung. (1) Die Partnerschaft wird im Verhältnis zu Dritten mit ihrer Eintragung in das Partnerschaftsregister wirksam.

(2) § 124 des Handelsgesetzbuchs[2] ist entsprechend anzuwenden.

(3) Auf die Vertretung der Partnerschaft sind die Vorschriften des § 125 Abs. 1 und 2 sowie der §§ 126 und 127 des Handelsgesetzbuchs entsprechend anzuwenden.

---

[1] § 4 Abs. 1 Satz 2 geänd. mWv 15.12.2001 durch G v. 10.12.2001 (BGBl. I S. 3422); Abs. 3 angef. mWv 19.7.2013 durch G v. 15.7.2013 (BGBl. I S. 2386); Abs. 1 Satz 1 geänd. mWv 31.12.2015 durch G v. 22.12.2015 (BGBl. I S. 2565).

[2] Nr. **50**.

[3] Nr. **62**.

[4] § 5 Abs. 1 geänd. mWv 15.12.2001 durch G v. 10.12.2001 (BGBl. I S. 3422); Abs. 2 geänd. mWv 1.1.2007 durch G v. 10.11.2006 (BGBl. I S. 2553); Abs. 2 geänd. mWv 1.11.2008 durch G v. 23.10.2008 (BGBl. I S. 2026).

[5] § 7 Abs. 4 angef. durch G v. 22.6.1998 (BGBl. I S. 1474), Abs. 4 eingef., bish. Abs. 4 wird Abs. 5 mWv 1.1.2001 durch G v. 19.12.2000 (BGBl. I S. 1757); Abs. 3 geänd. mWv 15.12.2001 durch G v. 10.12.2001 (BGBl. I S. 3422); Abs. 5 neu gef. mWv 19.7.2013 durch G v. 15.7.2013 (BGBl. I S. 2386); Abs. 4 aufgeh., bish. Abs. 5 wird Abs. 4 mWv 1.8.2022 durch G v. 7.7.2021 (BGBl. I S. 2363).

(4) Für die Angabe auf Geschäftsbriefen der Partnerschaft ist § 125a Absatz 1 Satz 1, Absatz 2 des Handelsgesetzbuchs mit der Maßgabe entsprechend anzuwenden, dass bei einer Partnerschaft mit beschränkter Berufshaftung auch der von dieser gewählte Namenszusatz im Sinne des § 8 Absatz 4 Satz 3 anzugeben ist.

§ 8[1)] Haftung für Verbindlichkeiten der Partnerschaft. (1) [1] Für Verbindlichkeiten der Partnerschaft haften den Gläubigern neben dem Vermögen der Partnerschaft die Partner als Gesamtschuldner. [2] Die §§ 129 und 130 des Handelsgesetzbuchs[2)] sind entsprechend anzuwenden.

(2) Waren nur einzelne Partner mit der Bearbeitung eines Auftrags befaßt, so haften nur sie gemäß Absatz 1 für berufliche Fehler neben der Partnerschaft; ausgenommen sind Bearbeitungsbeiträge von untergeordneter Bedeutung.

(3) Durch Gesetz kann für einzelne Berufe eine Beschränkung der Haftung für Ansprüche aus Schäden wegen fehlerhafter Berufsausübung auf einen bestimmten Höchstbetrag zugelassen werden, wenn zugleich eine Pflicht zum Abschluß einer Berufshaftpflichtversicherung der Partner oder der Partnerschaft begründet wird.

(4) [1] Für Verbindlichkeiten der Partnerschaft aus Schäden wegen fehlerhafter Berufsausübung haftet den Gläubigern nur das Gesellschaftsvermögen, wenn die Partnerschaft eine zu diesem Zweck durch Gesetz vorgegebene Berufshaftpflichtversicherung unterhält. [2] Für die Berufshaftpflichtversicherung gelten § 113 Absatz 3 und die §§ 114 bis 124 des Versicherungsvertragsgesetzes[3)] entsprechend. [3] Der Name der Partnerschaft muss den Zusatz „mit beschränkter Berufshaftung“ oder die Abkürzung „mbB“ oder eine andere allgemein verständliche Abkürzung dieser Bezeichnung enthalten; anstelle der Namenszusätze nach § 2 Absatz 1 Satz 1 kann der Name der Partnerschaft mit beschränkter Berufshaftung den Zusatz „Part“ oder „PartG“ enthalten.

§ 9[4)] Ausscheiden eines Partners; Auflösung der Partnerschaft. (1) Auf das Ausscheiden eines Partners und die Auflösung der Partnerschaft sind, soweit im folgenden nichts anderes bestimmt ist, die §§ 131 bis 144 des Handelsgesetzbuchs[2)] entsprechend anzuwenden.

(2) *(aufgehoben)*

(3) Verliert ein Partner eine erforderliche Zulassung zu dem Freien Beruf, den er in der Partnerschaft ausübt, so scheidet er mit deren Verlust aus der Partnerschaft aus.

(4) [1] Die Beteiligung an einer Partnerschaft ist nicht vererblich. [2] Der Partnerschaftsvertrag kann jedoch bestimmen, daß sie an Dritte vererblich ist, die Partner im Sinne des § 1 Abs. 1 und 2 sein können. [3] § 139 des Handelsgesetzbuchs ist nur insoweit anzuwenden, als der Erbe der Beteiligung befugt ist, seinen Austritt aus der Partnerschaft zu erklären.

§ 10 Liquidation der Partnerschaft; Nachhaftung. (1) Für die Liquidation der Partnerschaft sind die Vorschriften über die Liquidation der offenen Handelsgesellschaft entsprechend anwendbar.

[1)] § 8 Abs. 2 neu gef. durch G v. 22.7.1998 (BGBl. I S. 1878); Abs. 4 angef. mWv 19.7.2013 durch G v. 15.7.2013 (BGBl. I S. 2386).

[2)] Nr. **50**.

[3)] Nr. **62**.

[4)] § 9 Abs. 2 aufgeh. durch G v. 22.6.1998 (BGBl. I S. 1474).

(2) Nach der Auflösung der Partnerschaft oder nach dem Ausscheiden des Partners bestimmt sich die Haftung der Partner aus Verbindlichkeiten der Partnerschaft nach den §§ 159, 160 des Handelsgesetzbuchs[1)].

§ 11[2)] Übergangsvorschriften. (1) [1]Den Zusatz „Partnerschaft" oder „und Partner" dürfen nur Partnerschaften nach diesem Gesetz führen. [2]Gesellschaften, die eine solche Bezeichnung bei Inkrafttreten dieses Gesetzes in ihrem Namen führen, ohne Partnerschaft im Sinne dieses Gesetzes zu sein, dürfen diese Bezeichnung noch bis zum Ablauf von zwei Jahren nach Inkrafttreten dieses Gesetzes weiterverwenden. [3]Nach Ablauf dieser Frist dürfen sie eine solche Bezeichnung nur noch weiterführen, wenn sie in ihrem Namen der Bezeichnung „Partnerschaft" oder „und Partner" einen Hinweis auf die andere Rechtsform hinzufügen.

(2) [1]Die Anmeldung und Eintragung einer dem gesetzlichen Regelfall entsprechenden Vertretungsmacht der Partner und der Abwickler muss erst erfolgen, wenn eine vom gesetzlichen Regelfall abweichende Bestimmung des Partnerschaftsvertrages über die Vertretungsmacht angemeldet und eingetragen wird oder wenn erstmals die Abwickler zur Eintragung angemeldet und eingetragen werden. [2]Das Registergericht kann die Eintragung einer dem gesetzlichen Regelfall entsprechenden Vertretungsmacht auch von Amts wegen vornehmen. [3]Die Anmeldung und Eintragung des Geburtsdatums bereits eingetragener Partner muss erst bei einer Anmeldung und Eintragung bezüglich eines der Partner erfolgen.

(3) [1]Die Landesregierungen können durch Rechtsverordnung bestimmen, dass Anmeldungen und alle oder einzelne Dokumente bis zum 31. Dezember 2009 auch in Papierform zum Partnerschaftsregister eingereicht werden können. [2]Soweit eine Rechtsverordnung nach Satz 1 erlassen wird, gelten die Vorschriften über die Anmeldung und die Einreichung von Dokumenten zum Partnerschaftsregister in ihrer bis zum Inkrafttreten des Gesetzes über elektronische Handelsregister und Genossenschaftsregister sowie das Unternehmensregister vom 10. November 2006 (BGBl. I S. 2553) am 1. Januar 2007 geltenden Fassung. [3]Die Landesregierungen können durch Rechtsverordnung die Ermächtigung nach Satz 1 auf die Landesjustizverwaltungen übertragen.

[1)] Nr. **50**.

[2)] § 11 Überschrift neu gef., Abs. 2 angef. mWv 15.12.2001 durch G v. 10.12.2001 (BGBl. I S. 3422); Abs. 3 angef. mWv 1.1.2007 durch G v. 10.11.2006 (BGBl. I S. 2553).

51. Aktiengesetz

Vom 6. September 1965
(BGBl. I S. 1089)

FNA 4121-1

Lfd. Nr.	Änderndes Gesetz	Datum	Fund-stelle	Betroffen	Hinweis
1.-66.	Änderungsgesetze bis einschl. G v. 25.5.2009 (BGBl. I S. 1102) nur noch in den Anmerkungen nachgewiesen				
67.	Art. 1 G zur Umsetzung der AktionärsrechteRL (ARUG)[1]	30.7.2009	BGBl. I S. 2479	§§ 27, 34, 38, 52, 71, 118, 120, 121, 122, 123, 124, 125, 126, 127, 128, 129, 130, 134, 175, 176, 179a, 181, 183, 186, 188, 193, 194, 195, 205, 206, 209, 217, 228, 234, 235, 241, 242, 243, 246, 246a, 249, 256, 267, 272, 293f, 293g, 305, 319, 320, 320b, 327b, 327c, 327d, 399, 405, 407	geänd. mWv 1.9.2009
				§§ 33a, 37a, 124a, 183a	eingef. mWv 1.9.2009
				§§ 135, 184	neu gef. mWv 1.9.2009
				§ 406	aufgeh. mWv 1.9.2009
68.	Art. 1 G zur Angemessenheit der Vorstandsvergütung	31.7.2009	BGBl. I S. 2509	§§ 87, 93, 100, 107, 116, 120, 193, 288	geänd. mWv 5.8.2009
69.	Art. 6 RestrukturierungsG	9.12.2010	BGBl. I S. 1900	§§ 93, 142	geänd. mWv 15.12.2010
70.	Art. 2 Abs. 49 G zur Änd. von Vorschriften über Verkündung und Bekanntmachungen sowie der ZPO, des EGZPO und der AO	22.12.2011	BGBl. I S. 3044	§§ 25, 97, 99, 127a, 161, 260, 305	geänd. mWv 1.4.2012
71.	Art. 3 Kleinstkapitalgesellschaften-Bilanzrechtsänderungs G	20.12.2012	BGBl. I S. 2751	§§ 152, 158, 160	geänd. mWv 28.12.2012
72.	Art. 12 AIFM-Umsetzungsgesetz[2]	4.7.2013	BGBl. I S. 1981	§§ 67, 256, 258	geänd. mWv 22.7.2013

[1] **Amtl. Anm.:** Dieses Gesetz dient der Umsetzung
- der Richtlinie 2006/68/EG des Europäischen Parlaments und des Rates vom 6. September 2006 zur Änderung der Richtlinie 77/91/EWG des Rates in Bezug auf die Gründung von Aktiengesellschaften und die Erhaltung und Änderung ihres Kapitals (ABl. L 264 vom 25.9.2006, S. 32) und
- der Richtlinie 2007/36/EG des Europäischen Parlaments und des Rates vom 11. Juli 2007 über die Ausübung bestimmter Rechte von Aktionären in börsennotierten Gesellschaften (ABl. L 184 vom 14.7.2007, S. 17).

[2] **Amtl. Anm.:** Dieses Gesetz dient der Umsetzung der Richtlinie 2009/65/EG des Europäischen Parlaments und des Rates vom 13. Juli 2009 zur Koordinierung der Rechts- und Verwaltungsvorschriften betreffend bestimmte Organismen für gemeinsame Anlagen in Wertpapieren (OGAW) (ABl. L 302 vom 17.11.2009, S. 1), der Richtlinie 2011/61/EU des Europäischen Parlaments und des Rates vom 8. Juni 2011 über die Verwalter alternativer Investmentfonds und zur Änderung der Richtlinien 2003/41/EG →

Lfd. Nr.	Änderndes Gesetz	Datum	Fundstelle	Betroffen	Hinweis
73.	Art. 26 2. KostenrechtsmodernisierungsG	23.7.2013	BGBl. I S. 2586	§§ 99, 132, 260	geänd. mWv 1.8.2013
74.	Art. 2 Abs. 53 G zur Modernisierung der Finanzaufsicht über Versicherungen	1.4.2015	BGBl. I S. 434	§ 70	geänd. mWv 1.1.2016
75.	Art. 3 G für die gleichberechtigte Teilhabe von Frauen und Männern an Führungspositionen in der Privatwirtschaft und im öffentlichen Dienst	24.4.2015	BGBl. I S. 642	§§ 76, 84, 95, 96, 104, 111, 124, 127, 250	geänd. mWv 1.5.2015
76.	Art. 4 Bilanzrichtlinie-Umsetzungsgesetz	17.7.2015	BGBl. I S. 1245	§§ 58, 152, 160, 209, 240, 256, 261	geänd. mWv 23.7.2015
77.	Art. 198 Zehnte ZuständigkeitsanpassungsVO	31.8.2015	BGBl. I S. 1474	§§ 127a, 128, 161	geänd. mWv 8.9.2015
78.	Art. 7 G zur Umsetzung der TransparenzRL-ÄndRL	20.11. 2015	BGBl. I S. 2029	§ 135	geänd. mWv 26.11.2015
79.	Art. 1 Aktienrechtsnovelle 2016	22.12. 2015	BGBl. I S. 2565	§§ 10, 25, 33a, 67, 90, 95, 121, 122, 123, 124, 127, 130, 131, 139, 140, 142, 175, 192, 194, 195, 201, 221, 246, 256, 261a, 394, 399	geänd. mWv 31.12.2015
				§ 24	aufgeh. mWv 31.12.2015
				§ 58	geänd. mWv 1.1.2017
80.	Art. 5 AbschlussprüfungsreformG	10.5.2016	BGBl. I S. 1142	§§ 100, 107, 124, 256, 405	geänd. mWv 17.6.2016
				§§ 404a, 407a	eingef. mWv 17.6.2016
81.	Art. 8 CSR-Richtlinie-Umsetzungsgesetz[1]	11.4.2017	BGBl. I S. 802	§§ 111, 170, 171, 176, 237, 283	geänd. mWv 19.4.2017
82.	Art. 24 Abs. 16 Zweites FinanzmarktnovellierungsG	23.6.2017	BGBl. I S. 1693	§§ 20, 21, 33a, 135, 160, 161	geänd. mWv 3.1.2018
83.	Art. 9 G zur Umsetzung der Zweiten ZahlungsdiensteRL[2]	17.7.2017	BGBl. I S. 2446	§§ 404a, 405	geänd. mWv 22.7.2017

(Fortsetzung der Anm. von voriger Seite)
und 2009/65/EG und der Verordnungen (EG) Nr. 1060/2009 und (EU) Nr. 1095/2010 (ABl. L 174 vom 1.7.2011, S. 1) sowie der Anpassung an die Verordnung (EU) Nr. 345/2013 des Europäischen Parlaments und des Rates vom 17. April 2013 über Europäische Risikokapitalfonds (ABl. L 115 vom 25.4.2013, S. 1) und die Verordnung (EU) Nr. 346/2013 des Europäischen Parlaments und des Rates vom 17. April 2013 über Europäische Fonds für soziales Unternehmertum (ABl. L 115 vom 25.4.2013, S. 18).

[1] **Amtl. Anm.:** Dieses Gesetz dient der Umsetzung der Richtlinie 2014/95/EU des Europäischen Parlaments und des Rates vom 22. Oktober 2014 zur Änderung der Richtlinie 2013/34/EU im Hinblick auf die Angabe nichtfinanzieller und die Diversität betreffender Informationen durch bestimmte große Unternehmen und Gruppen (ABl. L 330 vom 15.11.2014, S. 1; L 369 vom 24.12.2014, S. 79).

[2] **Amtl. Anm.:** Dieses Gesetz dient der Umsetzung der Richtlinie (EU) 2015/2366 des Europäischen Parlaments und des Rates vom 25. November 2015 über Zahlungsdienste im Binnenmarkt, zur Änderung der Richtlinien 2002/65/EG, 2009/110/EG und 2013/36/EU und der Verordnung (EU) Nr. 1093/2010 sowie zur Aufhebung der Richtlinie 2007/64/EG (ABl. L 337 vom 23.12.2015, S. 35; L 169 vom 28.6.2016, S. 18).

Lfd. Nr.	Änderndes Gesetz	Datum	Fundstelle	Betroffen	Hinweis
84.	Art. 1 G zur Umsetzung der zweiten AktionärsrechteRL (ARUG II)[1]	12.12. 2019	BGBl. I S. 2637	§§ 67, 87, 107, 113, 118, 119, 120, 121, 123, 124, 125, 129, 135, 142, 176, 186, 214, 243, 246a, 256, 261a, 311, 400, 405	geänd. mWv 1.1.2020
				5. Teil Überschrift 1. Abschn.	neu gef. mWv 1.1.2020
				§§ 67a, 67b, 67c, 67d, 67e, 67f, 87a, 111a, 111b, 111c, 120a, 134a, 134b, 134c, 134d, 162	eingef. mWv 1.1.2020
				§ 128	aufgeh. mit Ablauf des 31.12. 2019
85.	Art. 15 Sanierungs- und Insolvenzrechtsfortentwicklungs G[2]	22.12. 2020	BGBl. I S. 3256	§§ 92, 93, 116, 302	geänd. mWv 1.1.2021
86.	Art. 15 Abs. 22 G zur Reform des Vormundschafts- und Betreuungsrechts	4.5.2021	BGBl. I S. 882	§§ 76, 100	geänd. mWv 1.1.2023
87.	Art. 7 Abs. 6 G zur Umsetzung der RL (EU) 2019/2034 über die Beaufsichtigung von Wertpapierinstituten[3]	12.5.2021	BGBl. I S. 990	§§ 70, 71, 71a, 71e, 131, 134a, 256, 258	geänd. mWv 26.6.2021
88.	Art. 15 Finanzmarktintegritätsstärkungs G	3.6.2021	BGBl. I S. 1534	§§ 91, 100, 107, 109, 124, 143, 209, 256, 258, 293d, 404a, 405, 407, 407a	geänd. mWv 1.7.2021
				§ 93	geänd. mWv 1.1.2022
89.	Art. 7 G zur Ergänzung und Änd. der Regelungen für die gleichberechtigte Teilhabe von Frauen an Führungspositionen in der Privatwirtschaft und im öffentlichen Dienst	7.8.2021	BGBl. I S. 3311	§§ 76, 84, 85, 95, 107, 111	geänd. mWv 12.8.2021
				§ 393a	eingef. mWv 12.8.2021

[1] **Amtl. Anm.:** Dieses Gesetz dient der Umsetzung der Richtlinie (EU) 2017/828 des Europäischen Parlaments und des Rates vom 17. Mai 2017 zur Änderung der Richtlinie 2007/36/EG im Hinblick auf die Förderung der langfristigen Mitwirkung der Aktionäre (ABl. L 132 vom 20.5.2017, S. 1).

[2] **Amtl. Anm.:** Dieses Gesetz dient der weiteren Umsetzung der Richtlinie (EU) 2019/1023 des Europäischen Parlaments und des Rates vom 20. Juni 2019 über präventive Restrukturierungsrahmen, über Entschuldung und über Tätigkeitsverbote sowie über Maßnahmen zur Steigerung der Effizienz von Restrukturierungs-, Insolvenz- und Entschuldungsverfahren und zur Änderung der Richtlinie (EU) 2017/1132 (Richtlinie über Restrukturierung und Insolvenz) (ABl. L 172 vom 26.6.2019, S. 18).

[3] **Amtl. Anm.:** Dieses Gesetz dient der Umsetzung der Richtlinie (EU) 2019/2034 des Europäischen Parlaments und des Rates vom 27. November 2019 über die Beaufsichtigung von Wertpapierfirmen und zur Änderung der Richtlinien 2002/87/EG, 2009/65/EG, 2011/61/EU, 2013/36/EU, 2014/59/EU und 2014/65/EU (ABl. L 314 vom 5.12.2019, S. 64) sowie der Anpassung der nationalen Gesetze und Verordnungen an die Verordnung (EU) 2019/2033 des Europäischen Parlaments und des Rates vom 27. November 2019 über die Aufsichtsanforderungen an Wertpapierfirmen und zur Änderung der Verordnungen (EU) Nr. 1093/2010, (EU) Nr. 575/2013, (EU) Nr. 600/2014 und (EU) Nr. 806/2014 (ABl. L 314 vom 5.12.2019, S. 1; L 20 vom 24.1.2020, S. 26).

Lfd. Nr.	Änderndes Gesetz	Datum	Fundstelle	Betroffen	Hinweis
90.	Art. 18 G zur Umsetzung der Digitalisierungsrichtlinie (DiRUG)[1]	5.7.2021	BGBl. I S. 3338	§§ 37, 76, 81, 225, 233, 256, 265, 303, 321	geänd. mWv 1.8.2022
91.	Art. 61 PersonengesellschaftsrechtsmodernisierungsG (MoPeG)	10.8.2021	BGBl. I S. 3436	§§ 67, 289	geänd. mWv 1.1.2024
92.	Art. 2 G zur Einführung virtueller Hauptversammlungen von Aktiengesellschaften und Änderung genossenschafts- sowie insolvenz- und restrukturierungsrechtlicher Vorschriften	20.7.2022	BGBl. I S. 1166	§§ 67f, 71, 111a, 121, 126, 129, 130, 131, 132, 176, 186, 241, 242, 243, 245, 246a, 251	geänd. mWv 27.7.2022
				§§ 118a, 130a	eingef. mWv 27.7.2022

Vorbemerkung:

Die Änderungen durch G v. 4.5.2021 (BGBl. I S. 882) treten erst mWv 1.1. 2023 in Kraft und sind im Text noch nicht berücksichtigt.

Die Änderungen durch G v. 10.8.2021 (BGBl. I S. 3436) treten erst mWv 1.1.2024 in Kraft und sind im Text noch nicht berücksichtigt.

[1] **Amtl. Anm.:** Dieses Gesetz dient der Umsetzung der Richtlinie (EU) 2019/1151 des Europäischen Parlaments und des Rates vom 20. Juni 2019 zur Änderung der Richtlinie (EU) 2017/1132 im Hinblick auf den Einsatz digitaler Werkzeuge und Verfahren im Gesellschaftsrecht (ABl. L 186 vom 11.7.2019, S. 80).

§ 35[1)] Meinungsverschiedenheiten zwischen Gründern und Gründungsprüfern. Vergütung und Auslagen der Gründungsprüfer. (1) Die Gründungsprüfer können von den Gründern alle Aufklärungen und Nachweise verlangen, die für eine sorgfältige Prüfung notwendig sind.

(2) [1] Bei Meinungsverschiedenheiten zwischen den Gründern und den Gründungsprüfern über den Umfang der Aufklärungen und Nachweise, die von den Gründern zu gewähren sind, entscheidet das Gericht. [2] Die Entscheidung ist unanfechtbar. [3] Solange sich die Gründer weigern, der Entscheidung nachzukommen, wird der Prüfungsbericht nicht erstattet.

(3) [1] Die Gründungsprüfer haben Anspruch auf Ersatz angemessener barer Auslagen und auf Vergütung für ihre Tätigkeit. [2] Die Auslagen und die Vergütung setzt das Gericht fest. [3] Gegen die Entscheidung ist die Beschwerde zulässig; die Rechtsbeschwerde ist ausgeschlossen. [4] Aus der rechtskräftigen Entscheidung findet die Zwangsvollstreckung nach der Zivilprozeßordnung[2)] statt.

§ 36[3)] Anmeldung der Gesellschaft. (1) Die Gesellschaft ist bei dem Gericht von allen Gründern und Mitgliedern des Vorstands und des Aufsichtsrats zur Eintragung in das Handelsregister anzumelden.

(2) Die Anmeldung darf erst erfolgen, wenn auf jede Aktie, soweit nicht Sacheinlagen vereinbart sind, der eingeforderte Betrag ordnungsgemäß eingezahlt worden ist (§ 54 Abs. 3) und, soweit er nicht bereits zur Bezahlung der bei der Gründung angefallenen Steuern und Gebühren verwandt wurde, endgültig zur freien Verfügung des Vorstands steht.

§ 36a[4)] Leistung der Einlagen. (1) Bei Bareinlagen muß der eingeforderte Betrag (§ 36 Abs. 2) mindestens ein Viertel des geringsten Ausgabebetrags und bei Ausgabe der Aktien für einen höheren als diesen auch den Mehrbetrag umfassen.

(2) [1] Sacheinlagen sind vollständig zu leisten. [2] Besteht die Sacheinlage in der Verpflichtung, einen Vermögensgegenstand auf die Gesellschaft zu übertragen, so muß diese Leistung innerhalb von fünf Jahren nach der Eintragung der Gesellschaft in das Handelsregister zu bewirken sein. [3] Der Wert muß dem geringsten Ausgabebetrag und bei Ausgabe der Aktien für einen höheren als diesen auch dem Mehrbetrag entsprechen.

§ 37[5)] [6)] Inhalt der Anmeldung. (1) [1] In der Anmeldung ist zu erklären, daß die Voraussetzungen des § 36 Abs. 2 und des § 36a erfüllt sind; dabei sind der Betrag, zu dem die Aktien ausgegeben werden, und der darauf eingezahlte Betrag anzugeben. [2] Es ist nachzuweisen, daß der eingezahlte Betrag endgültig zur freien Ver-

---

[1)] § 35 Abs. 1 eingef., bish. Abs. 1 und 2 werden Abs. 2 und 3 durch G v. 4.7.1980 (BGBl. I S. 836); Abs. 3 Satz 3 neu gef., Satz 4 aufgeh., bish. Satz 5 wird Satz 4 mWv 1.9.2009 durch G v. 17.12.2008 (BGBl. I S. 2586).

[2)] Nr. **100**.

[3)] § 36 Abs. 2 Satz 2 aufgeh. durch G v. 13.12.1978 (BGBl. I S. 1959); Abs. 2 Satz 2 angef. durch G v. 2.8.1994 (BGBl. I S. 1961); Abs. 2 Satz 2 aufgeh. mWv 1.11.2008 durch G v. 23.10.2008 (BGBl. I S. 2026).

[4)] § 36a eingef. durch G v. 13.12.1978 (BGBl. I S. 1959); Abs. 1 und Abs. 2 Satz 3 geänd. durch G v. 25.3.1998 (BGBl. I S. 590).

[5)] § 37 Abs. 2 eingef., bish. Abs. 2–4 werden Abs. 3–5 durch G v. 15.8.1969 (BGBl. I S. 1146); Abs. 1 Satz 1 geänd. durch G v. 13.12.1978 (BGBl. I S. 1959); Abs. 2 eingef., bish. Abs. 2–5 werden Abs. 3–6 durch G v. 4.7.1980 (BGBl. I S. 836); Abs. 2 Satz 1 geänd. durch G v. 12.9.1990 (BGBl. I S. 2002); Abs. 4 Nr. 4 geänd. durch G v. 2.8.1994 (BGBl. I S. 1961); Abs. 1 Satz 3 neu gef. mWv 25.1.2001 durch G v. 18.1.2001 (BGBl. I S. 123); Abs. 4 Nr. 3a eingef., Abs. 5 neu gef., Abs. 6 aufgeh. mWv 1.1.2007 durch G v. 10.11.2006 (BGBl. I S. 2553); Abs. 2 Satz 1 geänd., Satz 2 neu gef., Abs. 3 neu gef., Abs. 4 Nr. 4 →

fügung des Vorstands steht. [3] Ist der Betrag gemäß § 54 Abs. 3 durch Gutschrift auf ein Konto eingezahlt worden, so ist der Nachweis durch eine Bestätigung des kontoführenden Instituts zu führen. [4] Für die Richtigkeit der Bestätigung ist das Institut der Gesellschaft verantwortlich. [5] Sind von dem eingezahlten Betrag Steuern und Gebühren bezahlt worden, so ist dies nach Art und Höhe der Beträge nachzuweisen.

(2) [1] In der Anmeldung haben die Vorstandsmitglieder zu versichern, daß keine Umstände vorliegen, die ihrer Bestellung nach § 76 Absatz 3 Satz 2 Nummer 2 und 3 sowie Satz 3 und 4 entgegenstehen, und daß sie über ihre unbeschränkte Auskunftspflicht gegenüber dem Gericht belehrt worden sind. [2] Die Belehrung nach § 53 Abs. 2 des Bundeszentralregistergesetzes[1)] kann schriftlich vorgenommen werden; sie kann auch durch einen Notar oder einen im Ausland bestellten Notar, durch einen Vertreter eines vergleichbaren rechtsberatenden Berufs oder einen Konsularbeamten erfolgen.

(3) In der Anmeldung sind ferner anzugeben:

1. eine inländische Geschäftsanschrift,
2. Art und Umfang der Vertretungsbefugnis der Vorstandsmitglieder.

(4) Der Anmeldung sind beizufügen

1. die Satzung und die Urkunden, in denen die Satzung festgestellt worden ist und die Aktien von den Gründern übernommen worden sind;
2. im Fall der §§ 26 und 27 die Verträge, die den Festsetzungen zugrunde liegen oder zu ihrer Ausführung geschlossen worden sind, und eine Berechnung des der Gesellschaft zur Last fallenden Gründungsaufwands; in der Berechnung sind die Vergütungen nach Art und Höhe und die Empfänger einzeln anzuführen;
3. die Urkunden über die Bestellung des Vorstands und des Aufsichtsrats;

3a. eine Liste der Mitglieder des Aufsichtsrats, aus welcher Name, Vorname, ausgeübter Beruf und Wohnort der Mitglieder ersichtlich ist;

4. der Gründungsbericht und die Prüfungsberichte der Mitglieder des Vorstands und des Aufsichtsrats sowie der Gründungsprüfer nebst ihren urkundlichen Unterlagen.

(5) Für die Einreichung von Unterlagen nach diesem Gesetz gilt § 12 Abs. 2 des Handelsgesetzbuchs[2)] entsprechend.

§ 37a[3)] Anmeldung bei Sachgründung ohne externe Gründungsprüfung.

(1) [1] Wird nach § 33a von einer externen Gründungsprüfung abgesehen, ist dies in der Anmeldung zu erklären. [2] Der Gegenstand jeder Sacheinlage oder Sachübernahme ist zu beschreiben. [3] Die Anmeldung muss die Erklärung enthalten, dass der Wert der Sacheinlagen oder Sachübernahmen den geringsten Ausgabebetrag der dafür zu gewährenden Aktien oder den Wert der dafür zu gewährenden Leistungen erreicht. [4] Der Wert, die Quelle der Bewertung sowie die angewandte Bewertungsmethode sind anzugeben.

(Fortsetzung der Anm. von voriger Seite)
geänd., Nr. 5 aufgeh. mWv 1.11.2008 durch G v. 23.10.2008 (BGBl. I S. 2026); Abs. 2 Satz 1 geänd. mWv 1.8.2022 durch G v. 5.7.2021 (BGBl. I S. 3338).

[6)] Beachte hierzu Übergangsvorschrift in § 26m EGAktG (Nr. **51a**).

[1)] Nr. **92**.

[2)] Nr. **50**.

[3)] § 37a eingef. mWv 1.9.2009 durch G v. 30.7.2009 (BGBl. I S. 2479).

(4) Intermediär ist eine Person, die Dienstleistungen der Verwahrung oder der Verwaltung von Wertpapieren oder der Führung von Depotkonten für Aktionäre oder andere Personen erbringt, wenn die Dienstleistungen im Zusammenhang mit Aktien von Gesellschaften stehen, die ihren Sitz in einem Mitgliedstaat der Europäischen Union oder in einem anderen Vertragsstaat des Abkommens über den Europäischen Wirtschaftsraum haben.

(5) [1] Intermediär in der Kette ist ein Intermediär, der Aktien der Gesellschaft für einen anderen Intermediär verwahrt. [2] Letztintermediär ist, wer als Intermediär für einen Aktionär Aktien einer Gesellschaft verwahrt.

(6) Unternehmensereignisse sind Ereignisse gemäß Artikel 1 Nummer 3 der Durchführungsverordnung (EU) 2018/1212.

§ 67b[1) 2)] Übermittlung von Informationen durch Intermediäre an die Aktionäre. (1) [1] Der Letztintermediär hat dem Aktionär die nach § 67a Absatz 1 Satz 1 erhaltenen Informationen nach Artikel 2 Absatz 1 und 4, Artikel 9 Absatz 2 Unterabsatz 1 sowie Absatz 3 und 4 Unterabsatz 3 sowie Artikel 10 der Durchführungsverordnung (EU) 2018/1212 zu übermitteln. [2] § 67a Absatz 2 Satz 1 und 4 gilt entsprechend.

(2) Absatz 1 gilt auch für Informationen einer börsennotierten Gesellschaft mit Sitz in einem anderen Mitgliedstaat der Europäischen Union.

§ 67c[1) 2)] Übermittlung von Informationen durch Intermediäre an die Gesellschaft; Nachweis des Anteilsbesitzes. (1) [1] Der Letztintermediär hat die vom Aktionär einer börsennotierten Gesellschaft erhaltenen Informationen über die Ausübung seiner Rechte als Aktionär entweder direkt an die Gesellschaft oder an einen Intermediär in der Kette zu übermitteln. [2] Intermediäre haben die nach Satz 1 erhaltenen Informationen entweder direkt an die Gesellschaft oder an den jeweils nächsten Intermediär weiterzuleiten. [3] Die Sätze 1 und 2 gelten entsprechend für die Weiterleitung von Weisungen des Aktionärs zur Ausübung von Rechten aus Namensaktien börsennotierter Gesellschaften an den im Aktienregister eingetragenen Intermediär.

(2) [1] Der Aktionär kann Anweisungen zur Informationsübermittlung nach Absatz 1 erteilen. [2] § 67a Absatz 2 Satz 1 gilt entsprechend. [3] Format, Inhalt und Frist der Informationsübermittlung nach Absatz 1 richten sich nach den Anforderungen in Artikel 2 Absatz 1 und 3, Artikel 8 und 9 Absatz 4 der Durchführungsverordnung (EU) 2018/1212. [4] Eine rechtzeitige gesammelte Informationsübermittlung und -weiterleitung ist möglich. [5] Die Absätze 1 und 2 gelten auch für Informationen einer börsennotierten Gesellschaft mit Sitz in einem anderen Mitgliedstaat der Europäischen Union.

(3) Der Letztintermediär hat dem Aktionär für die Ausübung seiner Rechte in der Hauptversammlung auf Verlangen über dessen Anteilsbesitz unverzüglich einen Nachweis in Textform gemäß den Anforderungen nach Artikel 5 der Durchführungsverordnung (EU) 2018/1212 auszustellen oder diesen nach Absatz 1 der Gesellschaft zu übermitteln.

§ 67d[1) 2)] Informationsanspruch der Gesellschaft gegenüber Intermediären. (1) [1] Die börsennotierte Gesellschaft kann von einem Intermediär, der Aktien der Gesellschaft verwahrt, Informationen über die Identität der Aktionäre und

---

[1)] §§ 67b–67d eingef. mWv 1.1.2020 durch G v. 12.12.2019 (BGBl. I S. 2637).
[2)] Beachte hierzu Übergangsvorschrift in § 26j EGAktG (Nr. **51a**).

über den nächsten Intermediär verlangen. [2]Format und Inhalt dieses Verlangens richten sich nach der Durchführungsverordnung (EU) 2018/1212.

(2) [1]Informationen über die Identität der Aktionäre sind die Daten nach Artikel 3 Absatz 2 in Verbindung mit Tabelle 2 Buchstabe C der Durchführungsverordnung (EU) 2018/1212. [2]Bei nicht eingetragenen Gesellschaften sind deren Gesellschafter mit den Informationen nach Satz 1 zu nennen. [3]Steht eine Aktie mehreren Berechtigten zu, sind diese mit den Informationen nach Satz 1 zu nennen.

(3) Das Informationsverlangen der Gesellschaft ist von einem Intermediär innerhalb der Frist nach Artikel 9 Absatz 6 Unterabsatz 1, 2 oder 3 Satz 3 und Absatz 7 der Durchführungsverordnung (EU) 2018/1212 an den jeweils nächsten Intermediär weiterzuleiten, bis der Letztintermediär erreicht ist.

(4) [1]Der Letztintermediär hat die Informationen zur Beantwortung des Informationsverlangens der Gesellschaft zu übermitteln. [2]Das gilt nicht, wenn die Gesellschaft die Übermittlung von einem anderen Intermediär in der Kette verlangt; in diesem Fall sind Intermediäre verpflichtet, die Informationen unverzüglich diesem Intermediär oder dem jeweils nächsten Intermediär weiterzuleiten. [3]Der Intermediär, von dem die Gesellschaft die Übermittlung verlangt, ist verpflichtet, der Gesellschaft die erhaltenen Informationen unverzüglich zu übermitteln. [4]Format, Inhalt und Frist der Antwort auf das Informationsverlangen richten sich nach den Artikeln 2, 3, 9 Absatz 6 Unterabsatz 2 und 3 und Absatz 7 der Durchführungsverordnung (EU) 2018/1212.

(5) [1]Die Absätze 1 bis 4 gelten auch für das Informationsverlangen einer börsennotierten Gesellschaft mit Sitz in einem anderen Mitgliedstaat der Europäischen Union. [2]§ 67a Absatz 2 Satz 1 gilt für die Absätze 1 bis 5 Satz 1 entsprechend.

§ 67e[1) 2)] Verarbeitung und Berichtigung personenbezogener Daten der Aktionäre. (1) Gesellschaften und Intermediäre dürfen personenbezogene Daten der Aktionäre für die Zwecke der Identifikation, der Kommunikation mit den Aktionären, den Gesellschaften und den Intermediären, der Ausübung der Rechte der Aktionäre, der Führung des Aktienregisters und für die Zusammenarbeit mit den Aktionären verarbeiten.

(2) [1]Erlangen Gesellschaften oder Intermediäre Kenntnis davon, dass ein Aktionär nicht mehr Aktionär der Gesellschaft ist, dürfen sie dessen personenbezogene Daten vorbehaltlich anderer gesetzlicher Regelungen nur noch für höchstens zwölf Monate speichern. [2]Eine längere Speicherung durch die Gesellschaft ist zudem zulässig, solange dies für Rechtsverfahren erforderlich ist.

(3) Mit der Offenlegung von Informationen über die Identität von Aktionären gegenüber der Gesellschaft oder weiterleitungspflichtigen Intermediären nach § 67d verstoßen Intermediäre nicht gegen vertragliche oder gesetzliche Verbote.

(4) Wer mit unvollständigen oder unrichtigen Informationen als Aktionär identifiziert wurde, kann von der Gesellschaft und von dem Intermediär, der diese Informationen erteilt hat, die unverzügliche Berichtigung verlangen.

---

1) § 67e eingef. mWv 1.1.2020 durch G v. 12.12.2019 (BGBl. I S. 2637).

2) Beachte hierzu Übergangsvorschrift in § 26j EGAktG (Nr. **51a**).

§ 67f[1) 2)] Kosten; Verordnungsermächtigung. (1) [1] Vorbehaltlich der Regelungen in Satz 2 trägt die Gesellschaft die Kosten für die nach den §§ 67a bis 67d, auch in Verbindung mit § 125 Absatz 1, 2 und 5, und nach § 118 Absatz 1 Satz 3 bis 5 sowie Absatz 2 Satz 2 und § 118a Absatz 1 Satz 4 notwendigen Aufwendungen der Intermediäre, soweit diese auf Methoden beruhen, die dem jeweiligen Stand der Technik entsprechen. [2] Die folgenden Kosten sind hiervon ausgenommen:

1. die Kosten für die notwendigen Aufwendungen der Letztintermediäre für die nichtelektronische Übermittlung von Informationen an den Aktionär gemäß § 67b Absatz 1 Satz 1 und
2. bei der Gesellschaft, die Namensaktien ausgegeben hat, die Kosten für die notwendigen Aufwendungen der Intermediäre für die Übermittlung und Weiterleitung von Informationen vom im Aktienregister eingetragenen Intermediär an den Aktionär nach § 125 Absatz 2 und 5 in Verbindung mit den §§ 67a und 67b.

[3] Die Intermediäre legen die Entgelte für die Aufwendungen für jede Dienstleistung, die nach den §§ 67a bis 67e, § 118 Absatz 1 Satz 3 bis 5 sowie Absatz 2 Satz 2, § 118a Absatz 1 Satz 4, § 125 Absatz 1 Satz 1, Absatz 2 und 5 und § 129 Absatz 5 erbracht wird, offen. [4] Die Offenlegung erfolgt getrennt gegenüber der Gesellschaft und denjenigen Aktionären, für die sie die Dienstleistung erbringen. [5] Unterschiede zwischen den Entgelten für die Ausübung von Rechten im Inland und in grenzüberschreitenden Fällen sind nur zulässig, wenn sie gerechtfertigt sind und den Unterschieden bei den tatsächlichen Kosten, die für die Erbringung der Dienstleistungen entstanden sind, entsprechen.

(2) Unbeschadet sonstiger Regelungen nach diesem Gesetz sind für die Pflichten nach den §§ 67a bis 67e, 125 Absatz 1 Satz 1, Absatz 2 und 5 sowie für die Bestätigungen nach § 118 Absatz 1 Satz 3 bis 5 sowie Absatz 2 Satz 2, § 118a Absatz 1 Satz 4 und § 129 Absatz 5 die Anforderungen der Durchführungsverordnung (EU) 2018/1212 zu beachten.

(3) [1] Das Bundesministerium der Justiz und für Verbraucherschutz wird ermächtigt, im Einvernehmen mit dem Bundesministerium für Wirtschaft und Energie und dem Bundesministerium der Finanzen durch Rechtsverordnung die Einzelheiten für den Ersatz von Aufwendungen der Intermediäre durch die Gesellschaft für die folgenden Handlungen zu regeln:

1. die Übermittlung der Angaben gemäß § 67 Absatz 4,
2. die Übermittlung und Weiterleitung von Informationen und Mitteilungen gemäß den §§ 67a bis 67d, 118 Absatz 1 Satz 3 bis 5 sowie Absatz 2 Satz 2, § 118a Absatz 1 Satz 4 und § 129 Absatz 5 und
3. die Vervielfältigung, Übermittlung und Weiterleitung der Mitteilungen gemäß § 125 Absatz 1, 2 und 5 in Verbindung mit den §§ 67a und 67b.

[2] Es können Pauschbeträge festgesetzt werden. [3] Die Rechtsverordnung bedarf nicht der Zustimmung des Bundesrates.

[1)] § 67f eingef. mWv 1.1.2020 durch G v. 12.12.2019 (BGBl. I S. 2637); Abs. 1 Sätze 1 und 3, Abs. 2 und 3 Satz 1 Nr. 2 geänd. mWv 27.7.2022 durch G v. 20.7.2022 (BGBl. I S. 1166).

[2)] Beachte hierzu Übergangsvorschrift in § 26j EGAktG (Nr. **51a**).

§ 68[1] **Übertragung von Namensaktien. Vinkulierung.** (1) [1]Namensaktien können auch durch Indossament übertragen werden. [2]Für die Form des Indossaments, den Rechtsausweis des Inhabers und seine Verpflichtung zur Herausgabe gelten sinngemäß Artikel 12, 13 und 16 des Wechselgesetzes[2].

(2) [1]Die Satzung kann die Übertragung an die Zustimmung der Gesellschaft binden. [2]Die Zustimmung erteilt der Vorstand. [3]Die Satzung kann jedoch bestimmen, daß der Aufsichtsrat oder die Hauptversammlung über die Erteilung der Zustimmung beschließt. [4]Die Satzung kann die Gründe bestimmen, aus denen die Zustimmung verweigert werden darf.

(3) Bei Übertragung durch Indossament ist die Gesellschaft verpflichtet, die Ordnungsmäßigkeit der Reihe der Indossamente, nicht aber die Unterschriften zu prüfen.

(4) Diese Vorschriften gelten sinngemäß für Zwischenscheine.

§ 69 Rechtsgemeinschaft an einer Aktie. (1) Steht eine Aktie mehreren Berechtigten zu, so können sie die Rechte aus der Aktie nur durch einen gemeinschaftlichen Vertreter ausüben.

(2) Für die Leistungen auf die Aktie haften sie als Gesamtschuldner.

(3) [1]Hat die Gesellschaft eine Willenserklärung dem Aktionär gegenüber abzugeben, so genügt, wenn die Berechtigten der Gesellschaft keinen gemeinschaftlichen Vertreter benannt haben, die Abgabe der Erklärung gegenüber einem Berechtigten. [2]Bei mehreren Erben eines Aktionärs gilt dies nur für Willenserklärungen, die nach Ablauf eines Monats seit dem Anfall der Erbschaft abgegeben werden.

§ 70[3] **Berechnung der Aktienbesitzzeit.** [1]Ist die Ausübung von Rechten aus der Aktie davon abhängig, dass der Aktionär während eines bestimmten Zeitraums Inhaber der Aktie gewesen ist, so steht dem Eigentum ein Anspruch auf Übereignung gegen ein Kreditinstitut, ein Finanzdienstleistungsinstitut, ein Wertpapierinstitut oder ein nach § 53 Absatz 1 Satz 1 oder § 53b Absatz 1 Satz 1 oder Absatz 7 des Kreditwesengesetzes tätiges Unternehmen gleich. [2]Die Eigentumszeit eines Rechtsvorgängers wird dem Aktionär zugerechnet, wenn er die Aktie unentgeltlich, von seinem Treuhänder, als Gesamtrechtsnachfolger, bei Auseinandersetzung einer Gemeinschaft oder bei einer Bestandsübertragung nach § 13 des Versicherungsaufsichtsgesetzes oder § 14 des Gesetzes über Bausparkassen erworben hat.

§ 71[4] **Erwerb eigener Aktien.** (1) Die Gesellschaft darf eigene Aktien nur erwerben,

---

[1] § 68 Überschrift und Abs. 1 Satz 1 geänd., Abs. 3 aufgeh., bish. Abs. 4 wird Abs. 3 und neu gef., bish. Abs. 5 wird Abs. 4 mWv 25.1.2001 durch G v. 18.1.2001 (BGBl. I S. 123).

[2] **Habersack, Deutsche Gesetze ErgBd. Nr. 54.**

[3] § 70 Satz 2 geänd. durch G v. 29.3.1983 (BGBl. I S. 377); Satz 2 geänd. mWv 1.1.2016 durch G v. 1.4.2015 (BGBl. I S. 434); Satz 1 neu gef. mWv 26.6.2021 durch G v. 12.5.2021 (BGBl. I S. 990).

[4] § 71 neu gef. durch G v. 13.12.1978 (BGBl. I S. 1959); Abs. 1 Nr. 2, 5, 6 geänd., Nr. 7 angef., Abs. 2 Satz 3 geänd. durch G v. 26.7.1994 (BGBl. I S. 1749); Abs. 1 Nr. 3 neu gef. durch G v. 28.10.1994 (BGBl. I S. 3210); Abs. 1 Nr. 7 geänd. durch G v. 22.10.1997 (BGBl. I S. 2567); Abs. 2 Satz 1 neu gef., Satz 3, Abs. 3 Satz 1 geänd. durch G v. 25.3.1998 (BGBl. I S. 590); Abs. 1 Nr. 6, 7 geänd., Nr. 8 angef., Abs. 2 Sätze 1, 3, Abs. 3 Satz 1 geänd., Abs. 3 Satz 3 angef. durch G v. 27.4.1998 (BGBl. I S. 786); Abs. 3 Satz 3 geänd. mWv 1.5.2002 durch G v. 22.4.2002 (BGBl. I S. 1310); Abs. 2 Satz 2 neu gef. mWv 29.5.2009 durch G v. 25.5.2009 (BGBl. I S. 1102); Abs. 1 Nr. 7, 8 geänd., Abs. 3 Satz 3 aufgeh. mWv 1.9.2009 durch G v. 30.7.2009 (BGBl. I S. 2479); Abs. 1 Nr. 7 geänd. mWv 26.6.2021 durch G v. 12.5.2021 (BGBl. I S. 990); Abs. 1 Nr. 4 geänd. mWv 27.7.2022 durch G v. 20.7.2022 (BGBl. I S. 1166).

1. wenn der Erwerb notwendig ist, um einen schweren, unmittelbar bevorstehenden Schaden von der Gesellschaft abzuwenden,
2. wenn die Aktien Personen, die im Arbeitsverhältnis zu der Gesellschaft oder einem mit ihr verbundenen Unternehmen stehen oder standen, zum Erwerb angeboten werden sollen,
3. wenn der Erwerb geschieht, um Aktionäre nach § 305 Abs. 2, § 320b oder nach § 29 Abs. 1, § 125 Satz 1 in Verbindung mit § 29 Abs. 1, § 207 Abs. 1 Satz 1 des Umwandlungsgesetzes[1] abzufinden,
4. wenn der Erwerb unentgeltlich geschieht oder ein Kreditinstitut oder Wertpapierinstitut mit dem Erwerb eine Einkaufskommission ausführt,
5. durch Gesamtrechtsnachfolge,
6. auf Grund eines Beschlusses der Hauptversammlung zur Einziehung nach den Vorschriften über die Herabsetzung des Grundkapitals,
7. wenn sie ein Kreditinstitut, ein Finanzdienstleistungsinstitut, ein Wertpapierinstitut oder ein Finanzunternehmen ist, aufgrund eines Beschlusses der Hauptversammlung zum Zwecke des Wertpapierhandels. Der Beschluß muß bestimmen, daß der Handelsbestand der zu diesem Zweck zu erwerbenden Aktien fünf vom Hundert des Grundkapitals am Ende jeden Tages nicht übersteigen darf; er muß den niedrigsten und höchsten Gegenwert festlegen. Die Ermächtigung darf höchstens fünf Jahre gelten; oder
8. aufgrund einer höchstens fünf Jahre geltenden Ermächtigung der Hauptversammlung, die den niedrigsten und höchsten Gegenwert sowie den Anteil am Grundkapital, der zehn vom Hundert nicht übersteigen darf, festlegt. Als Zweck ist der Handel in eigenen Aktien ausgeschlossen. § 53a ist auf Erwerb und Veräußerung anzuwenden. Erwerb und Veräußerung über die Börse genügen dem. Eine andere Veräußerung kann die Hauptversammlung beschließen; § 186 Abs. 3, 4 und § 193 Abs. 2 Nr. 4 sind in diesem Fall entsprechend anzuwenden. Die Hauptversammlung kann den Vorstand ermächtigen, die eigenen Aktien ohne weiteren Hauptversammlungsbeschluß einzuziehen.

(2) [1] Auf die zu den Zwecken nach Absatz 1 Nr. 1 bis 3, 7 und 8 erworbenen Aktien dürfen zusammen mit anderen Aktien der Gesellschaft, welche die Gesellschaft bereits erworben hat und noch besitzt, nicht mehr als zehn vom Hundert des Grundkapitals entfallen. [2] Dieser Erwerb ist ferner nur zulässig, wenn die Gesellschaft im Zeitpunkt des Erwerbs eine Rücklage in Höhe der Aufwendungen für den Erwerb bilden könnte, ohne das Grundkapital oder eine nach Gesetz oder Satzung zu bildende Rücklage zu mindern, die nicht zur Zahlung an die Aktionäre verwandt werden darf. [3] In den Fällen des Absatzes 1 Nr. 1, 2, 4, 7 und 8 ist der Erwerb nur zulässig, wenn auf die Aktien der Ausgabebetrag voll geleistet ist.

(3) [1] In den Fällen des Absatzes 1 Nr. 1 und 8 hat der Vorstand die nächste Hauptversammlung über die Gründe und den Zweck des Erwerbs, über die Zahl der erworbenen Aktien und den auf sie entfallenden Betrag des Grundkapitals, über deren Anteil am Grundkapital sowie über den Gegenwert der Aktien zu unterrichten. [2] Im Falle des Absatzes 1 Nr. 2 sind die Aktien innerhalb eines Jahres nach ihrem Erwerb an die Arbeitnehmer auszugeben.

(4) [1] Ein Verstoß gegen die Absätze 1 oder 2 macht den Erwerb eigener Aktien nicht unwirksam. [2] Ein schuldrechtliches Geschäft über den Erwerb eigener Aktien ist jedoch nichtig, soweit der Erwerb gegen die Absätze 1 oder 2 verstößt.

[1] Nr. **52a**.

§ 71a[1)] Umgehungsgeschäfte. (1) [1]Ein Rechtsgeschäft, das die Gewährung eines Vorschusses oder eines Darlehens oder die Leistung einer Sicherheit durch die Gesellschaft an einen anderen zum Zweck des Erwerbs von Aktien dieser Gesellschaft zum Gegenstand hat, ist nichtig. [2]Dies gilt nicht für Rechtsgeschäfte im Rahmen der laufenden Geschäfte von Kreditinstituten, von Finanzdienstleistungsinstituten oder von Wertpapierinstituten sowie für die Gewährung eines Vorschusses oder eines Darlehens oder für die Leistung einer Sicherheit zum Zweck des Erwerbs von Aktien durch Arbeitnehmer der Gesellschaft oder eines mit ihr verbundenen Unternehmens; auch in diesen Fällen ist das Rechtsgeschäft jedoch nichtig, wenn die Gesellschaft im Zeitpunkt des Erwerbs eine Rücklage in Höhe der Aufwendungen für den Erwerb nicht bilden könnte, ohne das Grundkapital oder eine nach Gesetz oder Satzung zu bildende Rücklage zu mindern, die nicht zur Zahlung an die Aktionäre verwandt werden darf. [3]Satz 1 gilt zudem nicht für Rechtsgeschäfte bei Bestehen eines Beherrschungs- oder Gewinnabführungsvertrags (§ 291).

(2) Nichtig ist ferner ein Rechtsgeschäft zwischen der Gesellschaft und einem anderen, nach dem dieser berechtigt oder verpflichtet sein soll, Aktien der Gesellschaft für Rechnung der Gesellschaft oder eines abhängigen oder eines in ihrem Mehrheitsbesitz stehenden Unternehmens zu erwerben, soweit der Erwerb durch die Gesellschaft gegen § 71 Abs. 1 oder 2 verstoßen würde.

§ 71b[2)] Rechte aus eigenen Aktien. Aus eigenen Aktien stehen der Gesellschaft keine Rechte zu.

§ 71c[3)] Veräußerung und Einziehung eigener Aktien. (1) Hat die Gesellschaft eigene Aktien unter Verstoß gegen § 71 Abs. 1 oder 2 erworben, so müssen sie innerhalb eines Jahres nach ihrem Erwerb veräußert werden.

(2) Entfallen auf die Aktien, welche die Gesellschaft nach § 71 Abs. 1 in zulässiger Weise erworben hat und noch besitzt, mehr als zehn vom Hundert des Grundkapitals, so muß der Teil der Aktien, der diesen Satz übersteigt, innerhalb von drei Jahren nach dem Erwerb der Aktien veräußert werden.

(3) Sind eigene Aktien innerhalb der in den Absätzen 1 und 2 vorgesehenen Fristen nicht veräußert worden, so sind sie nach § 237 einzuziehen.

§ 71d[4)] Erwerb eigener Aktien durch Dritte. [1]Ein im eigenen Namen, jedoch für Rechnung der Gesellschaft handelnder Dritter darf Aktien der Gesellschaft nur erwerben oder besitzen, soweit dies der Gesellschaft nach § 71 Abs. 1 Nr. 1 bis 5, 7 und 8 und Abs. 2 gestattet wäre. [2]Gleiches gilt für den Erwerb oder den Besitz von Aktien der Gesellschaft durch ein abhängiges oder ein im Mehrheitsbesitz der Gesellschaft stehendes Unternehmen sowie für den Erwerb oder den Besitz durch einen Dritten, der im eigenen Namen, jedoch für Rechnung

[1)] § 71a eingef. durch G v. 13.12.1978 (BGBl. I S. 1959); Abs. 1 Satz 2 geänd. durch G v. 19.12.1985 (BGBl. I S. 2355); Abs. 1 Satz 2 geänd. durch G v. 22.10.1997 (BGBl. I S. 2567); Abs. 1 Satz 3 angef. mWv 1.11.2008 durch G v. 23.10.2008 (BGBl. I S. 2026); Abs. 1 Satz 2 geänd. mWv 29.5.2009 durch G v. 25.5.2009 (BGBl. I S. 1102); Abs. 1 Satz 2 geänd. mWv 26.6.2021 durch G v. 12.5.2021 (BGBl. I S. 990).

[2)] § 71b eingef. durch G v. 13.12.1978 (BGBl. I S. 1959).

[3)] § 71c eingef. durch G v. 13.12.1978 (BGBl. I S. 1959); Abs. 2 geänd. durch G v. 25.3.1998 (BGBl. I S. 590).

[4)] § 71d eingef. durch G v. 13.12.1978 (BGBl. I S. 1959); Satz 1 geänd. durch G v. 26.7.1994 (BGBl. I S. 1749); Satz 3 geänd. durch G v. 25.3.1998 (BGBl. I S. 590); Satz 1 geänd. durch G v. 27.4.1998 (BGBl. I S. 786).

eines abhängigen oder eines im Mehrheitsbesitz der Gesellschaft stehenden Unternehmens handelt. [3] Bei der Berechnung des Anteils am Grundkapital nach § 71 Abs. 2 Satz 1 und § 71c Abs. 2 gelten diese Aktien als Aktien der Gesellschaft. [4] Im übrigen gelten § 71 Abs. 3 und 4, §§ 71a bis 71c sinngemäß. [5] Der Dritte oder das Unternehmen hat der Gesellschaft auf ihr Verlangen das Eigentum an den Aktien zu verschaffen. [6] Die Gesellschaft hat den Gegenwert der Aktien zu erstatten.

§ 71e[1)] Inpfandnahme eigener Aktien. (1) [1] Dem Erwerb eigener Aktien nach § 71 Abs. 1 und 2, § 71d steht es gleich, wenn eigene Aktien als Pfand genommen werden. [2] Jedoch darf ein Kreditinstitut, ein Finanzdienstleistungsinstitut oder ein Wertpapierinstitut im Rahmen der laufenden Geschäfte eigene Aktien bis zu dem in § 71 Abs. 2 Satz 1 bestimmten Anteil am Grundkapital als Pfand nehmen. [3] § 71a gilt sinngemäß.

(2) [1] Ein Verstoß gegen Absatz 1 macht die Inpfandnahme eigener Aktien unwirksam, wenn auf sie der Ausgabebetrag noch nicht voll geleistet ist. [2] Ein schuldrechtliches Geschäft über die Inpfandnahme eigener Aktien ist nichtig, soweit der Erwerb gegen Absatz 1 verstößt.

§ 72[2)] Kraftloserklärung von Aktien im Aufgebotsverfahren. (1) [1] Ist eine Aktie oder ein Zwischenschein abhanden gekommen oder vernichtet, so kann die Urkunde im Aufgebotsverfahren nach dem Gesetz über das Verfahren in Familiensachen und in den Angelegenheiten der freiwilligen Gerichtsbarkeit[3)] für kraftlos erklärt werden. [2] § 799 Abs. 2 und § 800 des Bürgerlichen Gesetzbuchs[4)] gelten sinngemäß.

(2) Sind Gewinnanteilscheine auf den Inhaber ausgegeben, so erlischt mit der Kraftloserklärung der Aktie oder des Zwischenscheins auch der Anspruch aus den noch nicht fälligen Gewinnanteilscheinen.

(3) Die Kraftloserklärung einer Aktie nach §§ 73 oder 226 steht der Kraftloserklärung der Urkunde nach Absatz 1 nicht entgegen.

§ 73[5)] Kraftloserklärung von Aktien durch die Gesellschaft. (1) [1] Ist der Inhalt von Aktienurkunden durch eine Veränderung der rechtlichen Verhältnisse unrichtig geworden, so kann die Gesellschaft die Aktien, die trotz Aufforderung nicht zur Berichtigung oder zum Umtausch bei ihr eingereicht sind, mit Genehmigung des Gerichts für kraftlos erklären. [2] Beruht die Unrichtigkeit auf einer Änderung des Nennbetrags der Aktien, so können sie nur dann für kraftlos erklärt werden, wenn der Nennbetrag zur Herabsetzung des Grundkapitals herabgesetzt ist. [3] Namensaktien können nicht deshalb für kraftlos erklärt werden, weil die Bezeichnung des Aktionärs unrichtig geworden ist. [4] Gegen die Entscheidung des Gerichts ist die Beschwerde zulässig; eine Anfechtung der Entscheidung, durch die die Genehmigung erteilt wird, ist ausgeschlossen

(2) [1] Die Aufforderung, die Aktien einzureichen, hat die Kraftloserklärung anzudrohen und auf die Genehmigung des Gerichts hinzuweisen. [2] Die Kraftlos-

---

[1)] § 71e eingef. durch G v. 13.12.1978 (BGBl. I S. 1959); Abs. 1 Satz 2 geänd. durch G v. 22.10.1997 (BGBl. I S. 2567); Abs. 1 Satz 2, Abs. 2 Satz 1 geänd. durch G v. 25.3.1998 (BGBl. I S. 590); Abs. 1 Satz 2 geänd. mWv 26.6.2021 durch G v. 12.5.2021 (BGBl. I S. 990).

[2)] § 72 Abs. 1 Satz 1 geänd. mWv 1.9.2009 durch G v. 17.12.2008 (BGBl. I S. 2586).

[3)] Nr. **112**.

[4)] Nr. **20**.

[5)] § 73 Abs. 3 Satz 1 geänd. durch G v. 27.4.1998 (BGBl. I S. 786); Abs. 1 Satz 4 geänd. mWv 1.9.2009 durch G v. 17.12.2008 (BGBl. I S. 2586).

erklärung kann nur erfolgen, wenn die Aufforderung in der in § 64 Abs. 2 für die Nachfrist vorgeschriebenen Weise bekanntgemacht worden ist. [3] Die Kraftloserklärung geschieht durch Bekanntmachung in den Gesellschaftsblättern. [4] In der Bekanntmachung sind die für kraftlos erklärten Aktien so zu bezeichnen, daß sich aus der Bekanntmachung ohne weiteres ergibt, ob eine Aktie für kraftlos erklärt ist.

(3) [1] An Stelle der für kraftlos erklärten Aktien sind, vorbehaltlich einer Satzungsregelung nach § 10 Abs. 5, neue Aktien auszugeben und dem Berechtigten auszuhändigen oder, wenn ein Recht zur Hinterlegung besteht, zu hinterlegen. [2] Die Aushändigung oder Hinterlegung ist dem Gericht anzuzeigen.

(4) Soweit zur Herabsetzung des Grundkapitals Aktien zusammengelegt werden, gilt § 226.

§ 74 Neue Urkunden an Stelle beschädigter oder verunstalteter Aktien oder Zwischenscheine. [1] Ist eine Aktie oder ein Zwischenschein so beschädigt oder verunstaltet, daß die Urkunde zum Umlauf nicht mehr geeignet ist, so kann der Berechtigte, wenn der wesentliche Inhalt und die Unterscheidungsmerkmale der Urkunde noch sicher zu erkennen sind, von der Gesellschaft die Erteilung einer neuen Urkunde gegen Aushändigung der alten verlangen. [2] Die Kosten hat er zu tragen und vorzuschießen.

§ 75 Neue Gewinnanteilscheine. Neue Gewinnanteilscheine dürfen an den Inhaber des Erneuerungsscheins nicht ausgegeben werden, wenn der Besitzer der Aktie oder des Zwischenscheins der Ausgabe widerspricht; sie sind dem Besitzer der Aktie oder des Zwischenscheins auszuhändigen, wenn er die Haupturkunde vorlegt.

Vierter Teil. Verfassung der Aktiengesellschaft

Erster Abschnitt. Vorstand

§ 76[1) 2)] Leitung der Aktiengesellschaft. (1) Der Vorstand hat unter eigener Verantwortung die Gesellschaft zu leiten.

(2) [1] Der Vorstand kann aus einer oder mehreren Personen bestehen. [2] Bei Gesellschaften mit einem Grundkapital von mehr als drei Millionen Euro hat er aus mindestens zwei Personen zu bestehen, es sei denn, die Satzung bestimmt, daß er aus einer Person besteht. [3] Die Vorschriften über die Bestellung eines Arbeitsdirektors bleiben unberührt.[3)]

[1)] § 76 Abs. 3 Sätze 2, 3 angef. durch G v. 4.7.1980 (BGBl. I S. 836); Abs. 3 Satz 2 eingef., bish. Sätze 2, 3 werden Sätze 3, 4 durch G v. 12.9.1990 (BGBl. I S. 2002); Abs. 2 Satz 2 geänd. durch G v. 9.6.1998 (BGBl. I S. 1242); Abs. 3 Sätze 2, 3 neu gef., Satz 4 aufgeh. mWv 1.11.2008 durch G v. 23.10.2008 (BGBl. I S. 2026); Abs. 4 angef. mWv 1.5.2015 durch G v. 24.4.2015 (BGBl. I S. 642); Abs. 3a, Abs. 4 Sätze 2–4 eingef., bish. Sätze 2–4 werden Sätze 5–7 mWv 12.8.2021 durch G v. 7.8.2021 (BGBl. I S. 3311); Abs. 3 Satz 3 eingef., bish. Satz 3 wird Satz 4 mWv 1.8.2022 durch G v. 5.7.2021 (BGBl. I S. 3338).

[2)] Beachte hierzu Übergangsvorschriften in §§ 26l und 26m EGAktG (Nr. **51a**).

[3)] Siehe das

- G über die Mitbestimmung der Arbeitnehmer (MitbestimmungsG – MitbestG) **(Habersack, Deutsche Gesetze ErgBd. Nr. 82a)**
- G über die Mitbestimmung der Arbeitnehmer in den Aufsichtsräten und Vorständen der Unternehmen des Bergbaus und der Eisen und Stahl erzeugenden Industrie (sog. Montan-MitbestimmungsG) **(Habersack, Deutsche Gesetze ErgBd. Nr. 82b)**
- G zur Ergänzung des Gesetzes über die Mitbestimmung der Arbeitnehmer in den Aufsichtsräten und Vorständen der Unternehmen des Bergbaus und der Eisen und Stahl erzeugenden Industrie (sog. Montan-MitbestimmungsergänzungsG) **(Habersack, Deutsche Gesetze ErgBd. Nr. 82c)**

(3) [1]Mitglied des Vorstands kann nur eine natürliche, unbeschränkt geschäftsfähige Person sein. [2]Mitglied des Vorstands kann nicht sein, wer

1. als Betreuter bei der Besorgung seiner Vermögensangelegenheiten ganz oder teilweise einem Einwilligungsvorbehalt (§ 1903 des Bürgerlichen Gesetzbuchs[1)]) unterliegt,
2. aufgrund eines gerichtlichen Urteils oder einer vollziehbaren Entscheidung einer Verwaltungsbehörde einen Beruf, einen Berufszweig, ein Gewerbe oder einen Gewerbezweig nicht ausüben darf, sofern der Unternehmensgegenstand ganz oder teilweise mit dem Gegenstand des Verbots übereinstimmt,
3. wegen einer oder mehrerer vorsätzlich begangener Straftaten
   a) des Unterlassens der Stellung des Antrags auf Eröffnung des Insolvenzverfahrens (Insolvenzverschleppung),
   b) nach den §§ 283 bis 283d des Strafgesetzbuchs[2)] (Insolvenzstraftaten),
   c) der falschen Angaben nach § 399 dieses Gesetzes oder § 82 des Gesetzes betreffend die Gesellschaften mit beschränkter Haftung[3)],
   d) der unrichtigen Darstellung nach § 400 dieses Gesetzes, § 331 des Handelsgesetzbuchs[4)], § 313 des Umwandlungsgesetzes[5)] oder § 17 des Publizitätsgesetzes[6)],
   e) nach den §§ 263 bis 264a oder den §§ 265b bis 266a des Strafgesetzbuchs zu einer Freiheitsstrafe von mindestens einem Jahr

   verurteilt worden ist; dieser Ausschluss gilt für die Dauer von fünf Jahren seit der Rechtskraft des Urteils, wobei die Zeit nicht eingerechnet wird, in welcher der Täter auf behördliche Anordnung in einer Anstalt verwahrt worden ist.

[3]Satz 2 Nummer 2 gilt entsprechend, wenn die Person in einem anderen Mitgliedstaat der Europäischen Union oder einem anderen Vertragsstaat des Abkommens über den Europäischen Wirtschaftsraum einem vergleichbaren Verbot unterliegt. [4]Satz 2 Nr. 3 gilt entsprechend bei einer Verurteilung im Ausland wegen einer Tat, die mit den in Satz 2 Nr. 3 genannten Taten vergleichbar ist.

(3a) [1]Besteht der Vorstand bei börsennotierten Gesellschaften, für die das Mitbestimmungsgesetz[7)], das Gesetz über die Mitbestimmung der Arbeitnehmer in den Aufsichtsräten und Vorständen der Unternehmen des Bergbaus und der Eisen und Stahl erzeugenden Industrie[8)] in der im Bundesgesetzblatt Teil III, Gliederungsnummer 801-2, veröffentlichten bereinigten Fassung – Montan-Mitbestimmungsgesetz – oder das Gesetz zur Ergänzung des Gesetzes über die Mitbestimmung der Arbeitnehmer in den Aufsichtsräten und Vorständen der Unternehmen des Bergbaus und der Eisen und Stahl erzeugenden Industrie[9)] in der im Bundesgesetzblatt Teil III, Gliederungsnummer 801-3, veröffentlichten bereinigten Fassung – Mitbestimmungsergänzungsgesetz – gilt, aus mehr als drei Personen, so muss mindestens eine Frau und mindestens ein Mann Mitglied des Vorstands sein. [2]Eine Bestellung eines Vorstandsmitglieds unter Verstoß gegen dieses Beteiligungsgebot ist nichtig.

---

1) Nr. **20**.
2) Nr. **85**.
3) Nr. **52**.
4) Nr. **50**.
5) Nr. **52a**.
6) Nr. **52b**.
7) **Habersack, Deutsche Gesetze ErgBd. Nr. 82a.**
8) **Habersack, Deutsche Gesetze ErgBd. Nr. 82b.**
9) **Habersack, Deutsche Gesetze ErgBd. Nr. 82c.**

(4) [1]Der Vorstand von Gesellschaften, die börsennotiert sind oder der Mitbestimmung unterliegen, legt für den Frauenanteil in den beiden Führungsebenen unterhalb des Vorstands Zielgrößen fest. [2]Die Zielgrößen müssen den angestrebten Frauenanteil an der jeweiligen Führungsebene beschreiben und bei Angaben in Prozent vollen Personenzahlen entsprechen. [3]Legt der Vorstand für den Frauenanteil auf einer der Führungsebenen die Zielgröße Null fest, so hat er diesen Beschluss klar und verständlich zu begründen. [4]Die Begründung muss ausführlich die Erwägungen darlegen, die der Entscheidung zugrunde liegen. [5]Liegt der Frauenanteil bei Festlegung der Zielgrößen unter 30 Prozent, so dürfen die Zielgrößen den jeweils erreichten Anteil nicht mehr unterschreiten. [6]Gleichzeitig sind Fristen zur Erreichung der Zielgrößen festzulegen. [7]Die Fristen dürfen jeweils nicht länger als fünf Jahre sein.

§ 77 Geschäftsführung. (1) [1]Besteht der Vorstand aus mehreren Personen, so sind sämtliche Vorstandsmitglieder nur gemeinschaftlich zur Geschäftsführung befugt. [2]Die Satzung oder die Geschäftsordnung des Vorstands kann Abweichendes bestimmen; es kann jedoch nicht bestimmt werden, daß ein oder mehrere Vorstandsmitglieder Meinungsverschiedenheiten im Vorstand gegen die Mehrheit seiner Mitglieder entscheiden.

(2) [1]Der Vorstand kann sich eine Geschäftsordnung geben, wenn nicht die Satzung den Erlaß der Geschäftsordnung dem Aufsichtsrat übertragen hat oder der Aufsichtsrat eine Geschäftsordnung für den Vorstand erläßt. [2]Die Satzung kann Einzelfragen der Geschäftsordnung bindend regeln. [3]Beschlüsse des Vorstands über die Geschäftsordnung müssen einstimmig gefaßt werden.

§ 78[1)] Vertretung. (1) [1]Der Vorstand vertritt die Gesellschaft gerichtlich und außergerichtlich. [2]Hat eine Gesellschaft keinen Vorstand (Führungslosigkeit), wird die Gesellschaft für den Fall, dass ihr gegenüber Willenserklärungen abgegeben oder Schriftstücke zugestellt werden, durch den Aufsichtsrat vertreten.

(2) [1]Besteht der Vorstand aus mehreren Personen, so sind, wenn die Satzung nichts anderes bestimmt, sämtliche Vorstandsmitglieder nur gemeinschaftlich zur Vertretung der Gesellschaft befugt. [2]Ist eine Willenserklärung gegenüber der Gesellschaft abzugeben, so genügt die Abgabe gegenüber einem Vorstandsmitglied oder im Fall des Absatzes 1 Satz 2 gegenüber einem Aufsichtsratsmitglied. [3]An die Vertreter der Gesellschaft nach Absatz 1 können unter der im Handelsregister eingetragenen Geschäftsanschrift Willenserklärungen gegenüber der Gesellschaft abgegeben und Schriftstücke für die Gesellschaft zugestellt werden. [4]Unabhängig hiervon können die Abgabe und die Zustellung auch unter der eingetragenen Anschrift der empfangsberechtigten Person nach § 39 Abs. 1 Satz 2 erfolgen.

(3) [1]Die Satzung kann auch bestimmen, daß einzelne Vorstandsmitglieder allein oder in Gemeinschaft mit einem Prokuristen zur Vertretung der Gesellschaft befugt sind. [2]Dasselbe kann der Aufsichtsrat bestimmen, wenn die Satzung ihn hierzu ermächtigt hat. [3]Absatz 2 Satz 2 gilt in diesen Fällen sinngemäß.

(4) [1]Zur Gesamtvertretung befugte Vorstandsmitglieder können einzelne von ihnen zur Vornahme bestimmter Geschäfte oder bestimmter Arten von Geschäften ermächtigen. [2]Dies gilt sinngemäß, wenn ein einzelnes Vorstandsmitglied in Gemeinschaft mit einem Prokuristen zur Vertretung der Gesellschaft befugt ist.

[1)] § 78 Abs. 1 Satz 2 angef., Abs. 2 Satz 2 geänd., Sätze 3 und 4 angef. mWv 1.11.2008 durch G v. 23.10.2008 (BGBl. I S. 2026).

§ 79[1] *(aufgehoben)*

§ 80[2] **Angaben auf Geschäftsbriefen.** (1) [1] Auf allen Geschäftsbriefen gleichviel welcher Form, die an einen bestimmten Empfänger gerichtet werden, müssen die Rechtsform und der Sitz der Gesellschaft, das Registergericht des Sitzes der Gesellschaft und die Nummer, unter der die Gesellschaft in das Handelsregister eingetragen ist, sowie alle Vorstandsmitglieder und der Vorsitzende des Aufsichtsrats mit dem Familiennamen und mindestens einem ausgeschriebenen Vornamen angegeben werden. [2] Der Vorsitzende des Vorstands ist als solcher zu bezeichnen. [3] Werden Angaben über das Kapital der Gesellschaft gemacht, so müssen in jedem Falle das Grundkapital sowie, wenn auf die Aktien der Ausgabebetrag nicht vollständig eingezahlt ist, der Gesamtbetrag der ausstehenden Einlagen angegeben werden.

(2) Der Angaben nach Absatz 1 Satz 1 und 2 bedarf es nicht bei Mitteilungen oder Berichten, die im Rahmen einer bestehenden Geschäftsverbindung ergehen und für die üblicherweise Vordrucke verwendet werden, in denen lediglich die im Einzelfall erforderlichen besonderen Angaben eingefügt zu werden brauchen.

(3) [1] Bestellscheine gelten als Geschäftsbriefe im Sinne des Absatzes 1. [2] Absatz 2 ist auf sie nicht anzuwenden.

(4) [1] Auf allen Geschäftsbriefen und Bestellscheinen, die von einer Zweigniederlassung einer Aktiengesellschaft mit Sitz im Ausland verwendet werden, müssen das Register, bei dem die Zweigniederlassung geführt wird, und die Nummer des Registereintrags angegeben werden; im übrigen gelten die Vorschriften der Absätze 1 bis 3 für die Angaben bezüglich der Haupt- und der Zweigniederlassung, soweit nicht das ausländische Recht Abweichungen nötig macht. [2] Befindet sich die ausländische Gesellschaft in Abwicklung, so sind auch diese Tatsache sowie alle Abwickler anzugeben.

§ 81[3] [4] **Änderung des Vorstands und der Vertretungsbefugnis seiner Mitglieder.** (1) Jede Änderung des Vorstands oder der Vertretungsbefugnis eines Vorstandsmitglieds hat der Vorstand zur Eintragung in das Handelsregister anzumelden.

(2) Der Anmeldung sind die Urkunden über die Änderung in Urschrift oder öffentlich beglaubigter Abschrift beizufügen.

(3) [1] Die neuen Vorstandsmitglieder haben in der Anmeldung zu versichern, daß keine Umstände vorliegen, die ihrer Bestellung nach § 76 Abs. 3 Satz 2 Nr. 2 und 3 sowie Satz 3 und 4 entgegenstehen, und daß sie über ihre unbeschränkte Auskunftspflicht gegenüber dem Gericht belehrt worden sind. [2] § 37 Abs. 2 Satz 2 ist anzuwenden.

---

[1] § 79 aufgeh. mWv 1.11.2008 durch G v. 23.10.2008 (BGBl. I S. 2026).

[2] § 80 neu gef. durch G v. 15.8.1969 (BGBl. I S. 1146); Abs. 4 angef. durch G v. 22.7.1993 (BGBl. I S. 1282); Abs. 1 Satz 3 geänd. durch G v. 25.3.1998 (BGBl. I S. 590); Abs. 1 Satz 1 geänd. mWv 1.1.2007 durch G v. 10.11.2006 (BGBl. I S. 2553); Abs. 4 Satz 1 geänd. mWv 1.11.2008 durch G v. 23.10.2008 (BGBl. I S. 2026).

[3] § 81 Abs. 1 und 2 geänd. durch G v. 15.8.1969 (BGBl. I S. 1146); Abs. 3 eingef., bish. Abs. 3 wird Abs. 4 durch G v. 4.7.1980 (BGBl. I S. 836); Abs. 3 Satz 1 geänd. durch G v. 12.9.1990 (BGBl. I S. 2002); Abs. 2 geänd., Abs. 4 aufgeh. mWv 1.1.2007 durch G v. 10.11.2006 (BGBl. I S. 2553); Abs. 3 Satz 1 geänd. mWv 1.11.2008 durch G v. 23.10.2008 (BGBl. I S. 2026); Abs. 3 Satz 1 geänd. mWv 1.8.2022 durch G v. 5.7.2021 (BGBl. I S. 3338).

[4] Beachte hierzu Übergangsvorschrift in § 26m EGAktG (Nr. **51a**).

§ 82 Beschränkungen der Vertretungs- und Geschäftsführungsbefugnis.

(1) Die Vertretungsbefugnis des Vorstands kann nicht beschränkt werden.

(2) Im Verhältnis der Vorstandsmitglieder zur Gesellschaft sind diese verpflichtet, die Beschränkungen einzuhalten, die im Rahmen der Vorschriften über die Aktiengesellschaft die Satzung, der Aufsichtsrat, die Hauptversammlung und die Geschäftsordnungen des Vorstands und des Aufsichtsrats für die Geschäftsführungsbefugnis getroffen haben.

§ 83 Vorbereitung und Ausführung von Hauptversammlungsbeschlüssen. (1) [1]Der Vorstand ist auf Verlangen der Hauptversammlung verpflichtet, Maßnahmen, die in die Zuständigkeit der Hauptversammlung fallen, vorzubereiten. [2]Das gleiche gilt für die Vorbereitung und den Abschluß von Verträgen, die nur mit Zustimmung der Hauptversammlung wirksam werden. [3]Der Beschluß der Hauptversammlung bedarf der Mehrheiten, die für die Maßnahmen oder für die Zustimmung zu dem Vertrag erforderlich sind.

(2) Der Vorstand ist verpflichtet, die von der Hauptversammlung im Rahmen ihrer Zuständigkeit beschlossenen Maßnahmen auszuführen.

§ 84[1)] Bestellung und Abberufung des Vorstands. (1) [1]Vorstandsmitglieder bestellt der Aufsichtsrat auf höchstens fünf Jahre. [2]Eine wiederholte Bestellung oder Verlängerung der Amtszeit, jeweils für höchstens fünf Jahre, ist zulässig. [3]Sie bedarf eines erneuten Aufsichtsratsbeschlusses, der frühestens ein Jahr vor Ablauf der bisherigen Amtszeit gefaßt werden kann. [4]Nur bei einer Bestellung auf weniger als fünf Jahre kann eine Verlängerung der Amtszeit ohne neuen Aufsichtsratsbeschluß vorgesehen werden, sofern dadurch die gesamte Amtszeit nicht mehr als fünf Jahre beträgt. [5]Dies gilt sinngemäß für den Anstellungsvertrag; er kann jedoch vorsehen, daß er für den Fall einer Verlängerung der Amtszeit bis zu deren Ablauf weitergilt.

(2) Werden mehrere Personen zu Vorstandsmitgliedern bestellt, so kann der Aufsichtsrat ein Mitglied zum Vorsitzenden des Vorstands ernennen.

(3) [1]Ein Mitglied eines Vorstands, der aus mehreren Personen besteht, hat das Recht, den Aufsichtsrat um den Widerruf seiner Bestellung zu ersuchen, wenn es wegen Mutterschutz, Elternzeit, der Pflege eines Familienangehörigen oder Krankheit seinen mit der Bestellung verbundenen Pflichten vorübergehend nicht nachkommen kann. [2]Macht ein Vorstandsmitglied von diesem Recht Gebrauch, muss der Aufsichtsrat die Bestellung dieses Vorstandsmitglieds

1. im Fall des Mutterschutzes widerrufen und dabei die Wiederbestellung nach Ablauf des Zeitraums der in § 3 Absatz 1 und 2 des Mutterschutzgesetzes[2)] genannten Schutzfristen zusichern,
2. in den Fällen der Elternzeit, der Pflege eines Familienangehörigen oder der Krankheit widerrufen und dabei die Wiederbestellung nach einem Zeitraum von bis zu drei Monaten entsprechend dem Verlangen des Vorstandsmitglieds zusichern; der Aufsichtsrat kann von dem Widerruf der Bestellung absehen, wenn ein wichtiger Grund vorliegt.

[1)] § 84 Abs. 4 geänd. durch G v. 4.5.1976 (BGBl. I S. 1153); Abs. 4 geänd. mWv 1.5.2015 durch G v. 24.4.2015 (BGBl. I S. 642); Abs. 3 eingef., bish. Abs. 3 wird Abs. 4, bish. Abs. 4 wird Abs. 5 und geänd. mWv 12.8.2021 durch G v. 7.8.2021 (BGBl. I S. 3311).

[2)] **Habersack, Deutsche Gesetze ErgBd. Nr. 79.**

und Umlaufvermögen der Gesellschaft gemäß § 266 Absatz 2 Buchstabe A und B des Handelsgesetzbuchs[1] nach Maßgabe des zuletzt festgestellten Jahresabschlusses übersteigt, bedarf der vorherigen Zustimmung des Aufsichtsrats oder eines gemäß § 107 Absatz 3 Satz 4 bis 6 bestellten Ausschusses.

(2) Bei der Beschlussfassung des Aufsichtsrats nach Absatz 1 können diejenigen Mitglieder des Aufsichtsrats ihr Stimmrecht nicht ausüben, die an dem Geschäft als nahestehende Personen beteiligt sind oder bei denen die Besorgnis eines Interessenkonfliktes auf Grund ihrer Beziehungen zu der nahestehenden Person besteht.

(3) Ist die Gesellschaft Mutterunternehmen (§ 290 Absatz 1 und 2 des Handelsgesetzbuchs) und nicht gemäß § 290 Absatz 5 oder den §§ 291 bis 293 des Handelsgesetzbuchs von der Konzernrechnungslegungspflicht befreit, so tritt an die Stelle der Summe des Anlage- und Umlaufvermögens der Gesellschaft die Summe aus dem Anlage- und Umlaufvermögen des Konzerns gemäß § 298 Absatz 1 in Verbindung mit § 266 Absatz 2 Buchstabe A und B des Handelsgesetzbuchs nach Maßgabe des zuletzt gebilligten Konzernabschlusses oder in den Fällen des § 315e des Handelsgesetzbuchs die Summe aus den entsprechenden Vermögenswerten des Konzernabschlusses nach den internationalen Rechnungslegungsstandards.

(4) [1] Verweigert der Aufsichtsrat seine Zustimmung, so kann der Vorstand verlangen, dass die Hauptversammlung über die Zustimmung beschließt. [2] Die an dem Geschäft beteiligten nahestehenden Personen dürfen ihr Stimmrecht bei der Beschlussfassung der Hauptversammlung weder für sich noch für einen anderen ausüben.

§ 111c[2] Veröffentlichung von Geschäften mit nahestehenden Personen.

(1) [1] Die börsennotierte Gesellschaft hat Angaben zu solchen Geschäften mit nahestehenden Personen, die gemäß § 111b Absatz 1 der Zustimmung bedürfen, unverzüglich gemäß Absatz 2 zu veröffentlichen. [2] Ist die Zustimmungsbedürftigkeit eines Geschäfts nach § 111b Absatz 1 durch Zusammenrechnung mehrerer Geschäfte ausgelöst worden, so sind auch diese Geschäfte zu veröffentlichen.

(2) [1] Die Veröffentlichung hat in einer Art und Weise zu erfolgen, die der Öffentlichkeit einen leichten Zugang zu den Angaben ermöglicht. [2] Die Veröffentlichung hat entsprechend den Regelungen in § 3a Absatz 1 bis 4 der Wertpapierhandelsanzeigeverordnung vom 13. Dezember 2004 (BGBl. I S. 3376), die zuletzt durch Artikel 1 der Verordnung vom 19. Oktober 2018 (BGBl. I S. 1758) geändert worden ist, zu erfolgen. [3] Die Veröffentlichung muss alle wesentlichen Informationen enthalten, die erforderlich sind, um zu bewerten, ob das Geschäft aus Sicht der Gesellschaft und der Aktionäre, die keine nahestehenden Personen sind, angemessen ist. [4] Dies umfasst mindestens Informationen zur Art des Verhältnisses zu den nahestehenden Personen, die Namen der nahestehenden Personen sowie das Datum und den Wert des Geschäfts. [5] Die Angaben sind zudem auf der Internetseite der Gesellschaft für einen Zeitraum von mindestens fünf Jahren öffentlich zugänglich zu machen.

(3) [1] Handelt es sich bei dem Geschäft mit einer nahestehenden Person um eine Insiderinformation gemäß Artikel 17 der Verordnung (EU) Nr. 596/2014[3] des Europäischen Parlaments und des Rates vom 16. April 2014 über Marktmissbrauch (Marktmissbrauchsverordnung) und zur Aufhebung der Richtlinie 2003/

[1] Nr. **50**.
[2] § 111c eingef. mWv 1.1.2020 durch G v. 12.12.2019 (BGBl. I S. 2637).
[3] **Habersack, Deutsche Gesetze ErgBd. Nr. 60.**

6/EG des Europäischen Parlaments und des Rates und der Richtlinien 2003/124/EG, 2003/125/EG und 2004/72/EG der Kommission (ABl. L 173 vom 12.6.2014, S. 1; L 287 vom 21.10.2016, S. 320; L 348 vom 21.12.2016, S. 83), die zuletzt durch die Verordnung (EU) 2016/1033 (ABl. L 175 vom 30.6.2016, S. 1) geändert worden ist, sind die nach Absatz 2 erforderlichen Angaben in die Mitteilung gemäß Artikel 17 der Verordnung (EU) Nr. 596/2014 aufzunehmen. [2] In diesem Fall entfällt die Verpflichtung nach Absatz 1. [3] Artikel 17 Absatz 4 und 5 der Verordnung (EU) Nr. 596/2014 gilt sinngemäß.

(4) Ist die Gesellschaft Mutterunternehmen im Sinne der internationalen Rechnungslegungsstandards, die durch die Verordnung (EG) Nr. 1126/2008 übernommen wurden, gelten Absatz 1 Satz 1 sowie die Absätze 2 und 3 entsprechend für ein Geschäft eines Tochterunternehmens mit der Gesellschaft nahestehenden Personen, sofern dieses Geschäft, wenn es von der Gesellschaft vorgenommen worden wäre, nach § 111b Absatz 1 und 3 einer Zustimmung bedürfte.

§ 112[1)] Vertretung der Gesellschaft gegenüber Vorstandsmitgliedern.
[1] Vorstandsmitgliedern gegenüber vertritt der Aufsichtsrat die Gesellschaft gerichtlich und außergerichtlich. [2] § 78 Abs. 2 Satz 2 gilt entsprechend.

§ 113[2) 3)] Vergütung der Aufsichtsratsmitglieder. (1) [1] Den Aufsichtsratsmitgliedern kann für ihre Tätigkeit eine Vergütung gewährt werden. [2] Sie kann in der Satzung festgesetzt oder von der Hauptversammlung bewilligt werden. [3] Sie soll in einem angemessenen Verhältnis zu den Aufgaben der Aufsichtsratsmitglieder und zur Lage der Gesellschaft stehen.

(2) [1] Den Mitgliedern des ersten Aufsichtsrats kann nur die Hauptversammlung eine Vergütung für ihre Tätigkeit bewilligen. [2] Der Beschluß kann erst in der Hauptversammlung gefaßt werden, die über die Entlastung der Mitglieder des ersten Aufsichtsrats beschließt.

(3) [1] Bei börsennotierten Gesellschaften ist mindestens alle vier Jahre über die Vergütung der Aufsichtsratsmitglieder Beschluss zu fassen. [2] Ein die Vergütung bestätigender Beschluss ist zulässig; im Übrigen gilt Absatz 1 Satz 2. [3] In dem Beschluss sind die nach § 87a Absatz 1 Satz 2 erforderlichen Angaben sinngemäß und in klarer und verständlicher Form zu machen oder in Bezug zu nehmen. [4] Die Angaben können in der Satzung unterbleiben, wenn die Vergütung in der Satzung festgesetzt wird. [5] Der Beschluss ist wegen eines Verstoßes gegen Satz 3 nicht anfechtbar. [6] § 120a Absatz 2 und 3 ist sinngemäß anzuwenden.

§ 114 Verträge mit Aufsichtsratsmitgliedern. (1) Verpflichtet sich ein Aufsichtsratsmitglied außerhalb seiner Tätigkeit im Aufsichtsrat durch einen Dienstvertrag, durch den ein Arbeitsverhältnis nicht begründet wird, oder durch einen Werkvertrag gegenüber der Gesellschaft zu einer Tätigkeit höherer Art, so hängt die Wirksamkeit des Vertrags von der Zustimmung des Aufsichtsrats ab.

(2) [1] Gewährt die Gesellschaft auf Grund eines solchen Vertrags dem Aufsichtsratsmitglied eine Vergütung, ohne daß der Aufsichtsrat dem Vertrag zugestimmt hat, so hat das Aufsichtsratsmitglied die Vergütung zurückzugewähren, es sei denn, daß der Aufsichtsrat den Vertrag genehmigt. [2] Ein Anspruch des Aufsichtsratsmitglieds gegen die Gesellschaft auf Herausgabe der durch die geleistete Tätigkeit

---

1) § 112 Satz 2 angef. mWv 1.11.2008 durch G v. 23.10.2008 (BGBl. I S. 2026).
2) § 113 Abs. 1 Satz 4 aufgeh., Abs. 3 neu gef. mWv 1.1.2020 durch G v. 12.12.2019 (BGBl. I S. 2637).
3) Beachte hierzu Übergangsvorschrift in § 26j EGAktG (Nr. **51a**).

erlangten Bereicherung bleibt unberührt; der Anspruch kann jedoch nicht gegen den Rückgewähranspruch aufgerechnet werden.

§ 115[1] **Kreditgewährung an Aufsichtsratsmitglieder.** (1) [1]Die Gesellschaft darf ihren Aufsichtsratsmitgliedern Kredit nur mit Einwilligung des Aufsichtsrats gewähren. [2]Eine herrschende Gesellschaft darf Kredite an Aufsichtsratsmitglieder eines abhängigen Unternehmens nur mit Einwilligung ihres Aufsichtsrats, eine abhängige Gesellschaft darf Kredite an Aufsichtsratsmitglieder des herrschenden Unternehmens nur mit Einwilligung des Aufsichtsrats des herrschenden Unternehmens gewähren. [3]Die Einwilligung kann nur für bestimmte Kreditgeschäfte oder Arten von Kreditgeschäften und nicht für länger als drei Monate im voraus erteilt werden. [4]Der Beschluß über die Einwilligung hat die Verzinsung und Rückzahlung des Kredits zu regeln. [5]Betreibt das Aufsichtsratsmitglied ein Handelsgewerbe als Einzelkaufmann, so ist die Einwilligung nicht erforderlich, wenn der Kredit für die Bezahlung von Waren gewährt wird, welche die Gesellschaft seinem Handelsgeschäft liefert.

(2) Absatz 1 gilt auch für Kredite an den Ehegatten, Lebenspartner oder an ein minderjähriges Kind eines Aufsichtsratsmitglieds und für Kredite an einen Dritten, der für Rechnung dieser Personen oder für Rechnung eines Aufsichtsratsmitglieds handelt.

(3) [1]Ist ein Aufsichtsratsmitglied zugleich gesetzlicher Vertreter einer anderen juristischen Person oder Gesellschafter einer Personenhandelsgesellschaft, so darf die Gesellschaft der juristischen Person oder der Personenhandelsgesellschaft Kredit nur mit Einwilligung des Aufsichtsrats gewähren; Absatz 1 Satz 3 und 4 gilt sinngemäß. [2]Dies gilt nicht, wenn die juristische Person oder die Personenhandelsgesellschaft mit der Gesellschaft verbunden ist oder wenn der Kredit für die Bezahlung von Waren gewährt wird, welche die Gesellschaft der juristischen Person oder der Personenhandelsgesellschaft liefert.

(4) Wird entgegen den Absätzen 1 bis 3 Kredit gewährt, so ist der Kredit ohne Rücksicht auf entgegenstehende Vereinbarungen sofort zurückzugewähren, wenn nicht der Aufsichtsrat nachträglich zustimmt.

(5) Ist die Gesellschaft ein Kreditinstitut oder Finanzdienstleistungsinstitut, auf das § 15 des Gesetzes über das Kreditwesen[2] anzuwenden ist, gelten anstelle der Absätze 1 bis 4 die Vorschriften des Gesetzes über das Kreditwesen.

§ 116[3] **Sorgfaltspflicht und Verantwortlichkeit der Aufsichtsratsmitglieder.** [1]Für die Sorgfaltspflicht und Verantwortlichkeit der Aufsichtsratsmitglieder gelten § 93 mit Ausnahme des Absatzes 2 Satz 3 über die Sorgfaltspflicht und Verantwortlichkeit der Vorstandsmitglieder und § 15b der Insolvenzordnung[4] sinngemäß. [2]Die Aufsichtsratsmitglieder sind insbesondere zur Verschwiegenheit über erhaltene vertrauliche Berichte und vertrauliche Beratungen verpflichtet. [3]Sie sind namentlich zum Ersatz verpflichtet, wenn sie eine unangemessene Vergütung festsetzen (§ 87 Absatz 1).

---

[1] § 115 Abs. 5 neu gef. durch G v. 22.10.1997 (BGBl. I S. 2567); Abs. 2 geänd. mWv 1.8.2001 durch G v. 16.2.2001 (BGBl. I S. 266).

[2] **Sartorius ErgBd. Nr. 856.**

[3] § 116 Satz 2 angef. mWv 26.7.2002 durch G v. 19.7.2002 (BGBl. I S. 2681); Satz 3 angef. mWv 5.8.2009 durch G v. 31.7.2009 (BGBl. I S. 2509); Satz 1 neu gef. mWv 1.1.2021 durch G v. 22.12.2020 (BGBl. I S. 3256).

[4] Nr. **110**.

Dritter Abschnitt. Benutzung des Einflusses auf die Gesellschaft

§ 117[1)] Schadenersatzpflicht. (1) [1]Wer vorsätzlich unter Benutzung seines Einflusses auf die Gesellschaft ein Mitglied des Vorstands oder des Aufsichtsrats, einen Prokuristen oder einen Handlungsbevollmächtigten dazu bestimmt, zum Schaden der Gesellschaft oder ihrer Aktionäre zu handeln, ist der Gesellschaft zum Ersatz des ihr daraus entstehenden Schadens verpflichtet. [2]Er ist auch den Aktionären zum Ersatz des ihnen daraus entstehenden Schadens verpflichtet, soweit sie, abgesehen von einem Schaden, der ihnen durch Schädigung der Gesellschaft zugefügt worden ist, geschädigt worden sind.

(2) [1]Neben ihm haften als Gesamtschuldner die Mitglieder des Vorstands und des Aufsichtsrats, wenn sie unter Verletzung ihrer Pflichten gehandelt haben. [2]Ist streitig, ob sie die Sorgfalt eines ordentlichen und gewissenhaften Geschäftsleiters angewandt haben, so trifft sie die Beweislast. [3]Der Gesellschaft und auch den Aktionären gegenüber tritt die Ersatzpflicht der Mitglieder des Vorstands und des Aufsichtsrats nicht ein, wenn die Handlung auf einem gesetzmäßigen Beschluß der Hauptversammlung beruht. [4]Dadurch, daß der Aufsichtsrat die Handlung gebilligt hat, wird die Ersatzpflicht nicht ausgeschlossen.

(3) Neben ihm haftet ferner als Gesamtschuldner, wer durch die schädigende Handlung einen Vorteil erlangt hat, sofern er die Beeinflussung vorsätzlich veranlaßt hat.

(4) Für die Aufhebung der Ersatzpflicht gegenüber der Gesellschaft gilt sinngemäß § 93 Abs. 4 Satz 3 und 4.

(5) [1]Der Ersatzanspruch der Gesellschaft kann auch von den Gläubigern der Gesellschaft geltend gemacht werden, soweit sie von dieser keine Befriedigung erlangen können. [2]Den Gläubigern gegenüber wird die Ersatzpflicht weder durch einen Verzicht oder Vergleich der Gesellschaft noch dadurch aufgehoben, daß die Handlung auf einem Beschluß der Hauptversammlung beruht. [3]Ist über das Vermögen der Gesellschaft das Insolvenzverfahren eröffnet, so übt während dessen Dauer der Insolvenzverwalter oder der Sachwalter das Recht der Gläubiger aus.

(6) Die Ansprüche aus diesen Vorschriften verjähren in fünf Jahren.

(7) Diese Vorschriften gelten nicht, wenn das Mitglied des Vorstands oder des Aufsichtsrats, der Prokurist oder der Handlungsbevollmächtigte durch Ausübung

1. der Leitungsmacht auf Grund eines Beherrschungsvertrags oder
2. der Leitungsmacht einer Hauptgesellschaft (§ 319), in die die Gesellschaft eingegliedert ist,

zu der schädigenden Handlung bestimmt worden ist.

Vierter Abschnitt. Hauptversammlung

Erster Unterabschnitt. Rechte der Hauptversammlung

§ 118[2)] [3)] Allgemeines. (1) [1]Die Aktionäre üben ihre Rechte in den Angelegenheiten der Gesellschaft in der Hauptversammlung aus, soweit das Gesetz nichts anderes bestimmt. [2]Die Satzung kann vorsehen oder den Vorstand dazu ermächti-

---

[1)] § 117 Abs. 5 Satz 3 neu gef. durch G v. 5.10.1994 (BGBl. I S. 2911); Abs. 7 Nr. 1 aufgeh., bish. Nr. 2 und 3 werden Nr. 1 und 2 mWv 1.11.2005 durch G v. 22.9.2005 (BGBl. I S. 2802).

[2)] § 118 Abs. 2 Satz 2 und Abs. 3 angef. mWv 26.7.2002 durch G v. 19.7.2002 (BGBl. I S. 2681); Abs. 1 Satz 2 angef., Abs. 2 eingef., bish. Abs. 2 und 3 werden Abs. 3 und 4 und Abs 4. neu gef. mWv 1.9.2009 durch G v. 30.7.2009 (BGBl. I S. 2479); Abs. 1 Sätze 3–5 und Abs. 2 Satz 2 angef. mWv 1.1.2020 durch G v. 12.12.2019 (BGBl. I S. 2637).

[3)] Beachte hierzu Übergangsvorschrift in § 26j EGAktG (Nr. **51a**).

gen vorzusehen, dass die Aktionäre an der Hauptversammlung auch ohne Anwesenheit an deren Ort und ohne einen Bevollmächtigten teilnehmen und sämtliche oder einzelne ihrer Rechte ganz oder teilweise im Wege elektronischer Kommunikation ausüben können. 3 Bei elektronischer Ausübung des Stimmrechts ist dem Abgebenden der Zugang der elektronisch abgegebenen Stimme nach den Anforderungen gemäß Artikel 7 Absatz 1 und Artikel 9 Absatz 5 Unterabsatz 1 der Durchführungsverordnung (EU) 2018/1212 von der Gesellschaft elektronisch zu bestätigen. 4 Sofern die Bestätigung einem Intermediär erteilt wird, hat dieser die Bestätigung unverzüglich dem Aktionär zu übermitteln. 5 § 67a Absatz 2 Satz 1 und Absatz 3 gilt entsprechend.

(2) 1 Die Satzung kann vorsehen oder den Vorstand dazu ermächtigen vorzusehen, dass Aktionäre ihre Stimmen, auch ohne an der Versammlung teilzunehmen, schriftlich oder im Wege elektronischer Kommunikation abgeben dürfen (Briefwahl). 2 Absatz 1 Satz 3 bis 5 gilt entsprechend.

(3) 1 Die Mitglieder des Vorstands und des Aufsichtsrats sollen an der Hauptversammlung teilnehmen. 2 Die Satzung kann jedoch bestimmte Fälle vorsehen, in denen die Teilnahme von Mitgliedern des Aufsichtsrats im Wege der Bild- und Tonübertragung erfolgen darf.

(4) Die Satzung oder die Geschäftsordnung gemäß § 129 Abs. 1 kann vorsehen oder den Vorstand oder den Versammlungsleiter dazu ermächtigen vorzusehen, die Bild- und Tonübertragung der Versammlung zuzulassen.

§ 118a[1)] Virtuelle Hauptversammlung. (1) 1 Die Satzung kann vorsehen oder den Vorstand dazu ermächtigen, vorzusehen, dass die Versammlung ohne physische Präsenz der Aktionäre oder ihrer Bevollmächtigten am Ort der Hauptversammlung abgehalten wird (virtuelle Hauptversammlung). 2 Wird eine virtuelle Hauptversammlung abgehalten, sind die folgenden Voraussetzungen einzuhalten:

1. die gesamte Versammlung wird mit Bild und Ton übertragen,
2. die Stimmrechtsausübung der Aktionäre ist im Wege elektronischer Kommunikation, namentlich über elektronische Teilnahme oder elektronische Briefwahl, sowie über Vollmachtserteilung möglich,
3. den elektronisch zu der Versammlung zugeschalteten Aktionären wird das Recht eingeräumt, Anträge und Wahlvorschläge im Wege der Videokommunikation in der Versammlung zu stellen,
4. den Aktionären wird ein Auskunftsrecht nach § 131 im Wege elektronischer Kommunikation eingeräumt,
5. den Aktionären wird, sofern der Vorstand von der Möglichkeit des § 131 Absatz 1a Satz 1 Gebrauch macht, der Bericht des Vorstands oder dessen wesentlicher Inhalt bis spätestens sieben Tage vor der Versammlung zugänglich gemacht,
6. den Aktionären wird das Recht eingeräumt, Stellungnahmen nach § 130a Absatz 1 bis 4 im Wege elektronischer Kommunikation einzureichen,
7. den elektronisch zu der Versammlung zugeschalteten Aktionären wird ein Rederecht in der Versammlung im Wege der Videokommunikation nach § 130a Absatz 5 und 6 eingeräumt,
8. den elektronisch zu der Versammlung zugeschalteten Aktionären wird ein Recht zum Widerspruch gegen einen Beschluss der Hauptversammlung im Wege elektronischer Kommunikation eingeräumt.

---

1) § 118a eingef. mWv 27.7.2022 durch G v. 20.7.2022 (BGBl. I S. 1166).

[3] Für die Fristberechnung nach Satz 2 Nummer 5 gilt § 121 Absatz 7; bei börsennotierten Gesellschaften hat das Zugänglichmachen über die Internetseite der Gesellschaft zu erfolgen. [4] § 118 Absatz 1 Satz 3 und 4 sowie § 67a Absatz 2 Satz 1 und Absatz 3 gelten entsprechend.

(2) [1] Die Mitglieder des Vorstands sollen am Ort der Hauptversammlung teilnehmen. [2] Gleiches gilt für die Mitglieder des Aufsichtsrats, sofern deren Teilnahme nicht nach § 118 Absatz 3 Satz 2 im Wege der Bild- und Tonübertragung erfolgen darf. [3] Der Versammlungsleiter und in den Fällen des § 176 Absatz 2 Satz 1 und 2 der Abschlussprüfer haben am Ort der Hauptversammlung teilzunehmen. [4] Ein von der Gesellschaft nach § 134 Absatz 3 Satz 5 benannter Stimmrechtsvertreter kann am Ort der Hauptversammlung teilnehmen.

(3) [1] Eine Bestimmung in der Satzung nach Absatz 1 Satz 1, die die Abhaltung virtueller Hauptversammlungen vorsieht, muss befristet werden. [2] Die Abhaltung virtueller Hauptversammlungen darf in einer solchen Bestimmung für einen Zeitraum von längstens fünf Jahren nach Eintragung der Gesellschaft vorgesehen werden.

(4) [1] Eine Ermächtigung des Vorstands durch die Satzung nach Absatz 1 Satz 1, die Abhaltung virtueller Hauptversammlungen vorzusehen, muss befristet werden. [2] Sie kann für einen Zeitraum von längstens fünf Jahren nach Eintragung der Gesellschaft erteilt werden.

(5) Werden nach Absatz 1 Satz 1 getroffene Bestimmungen oder Ermächtigungen durch Satzungsänderung geschaffen,

1. darf die Bestimmung die Abhaltung virtueller Hauptversammlungen bis zu einem Zeitraum von längstens fünf Jahren nach Eintragung der Satzungsänderung vorsehen und
2. kann die Ermächtigung des Vorstands für einen Zeitraum von längstens fünf Jahren nach Eintragung der Satzungsänderung erteilt werden.

(6) Bestimmt dieses oder ein anderes Gesetz, dass Unterlagen in der Hauptversammlung zugänglich zu machen sind, so sind die Unterlagen den der Hauptversammlung elektronisch zugeschalteten Aktionären während des Zeitraums der Versammlung über die Internetseite der Gesellschaft oder eine über diese zugängliche Internetseite eines Dritten zugänglich zu machen.

§ 119[1)] Rechte der Hauptversammlung. (1) Die Hauptversammlung beschließt in den im Gesetz und in der Satzung ausdrücklich bestimmten Fällen, namentlich über

1. die Bestellung der Mitglieder des Aufsichtsrats, soweit sie nicht in den Aufsichtsrat zu entsenden oder als Aufsichtsratsmitglieder der Arbeitnehmer nach dem Mitbestimmungsgesetz[2)], dem Mitbestimmungsergänzungsgesetz[3)], dem Drittelbeteiligungsgesetz[4)] oder dem Gesetz über die Mitbestimmung der Arbeitnehmer bei einer grenzüberschreitenden Verschmelzung zu wählen sind;
2. die Verwendung des Bilanzgewinns;

[1)] § 119 Abs. 1 Nr. 1 geänd. durch G v. 4.5.1976 (BGBl. I S. 1153); Abs. 1 Nr. 4 geänd. durch G v. 19.12.1985 (BGBl. I S. 2355); Abs. 1 Nr. 1 geänd. mWv 1.7.2004 durch G v. 18.5.2004 (BGBl. I S. 974); Abs. 1 Nr. 1 geänd. mWv 29.12.2006 durch G v. 21.12.2006 (BGBl. I S. 3332); Abs. 1 Nr. 3 eingef., bish. Nr. 3–8 wird Nr. 4–9 mWv 1.1.2020 durch G v. 12.12.2019 (BGBl. I S. 2637).

[2)] **Habersack, Deutsche Gesetze ErgBd. Nr. 82a.**

[3)] **Habersack, Deutsche Gesetze ErgBd. Nr. 82c.**

[4)] **Habersack, Deutsche Gesetze ErgBd. Nr. 82d.**

3. das Vergütungssystem und den Vergütungsbericht für Mitglieder des Vorstands und des Aufsichtsrats der börsennotierten Gesellschaft;
4. die Entlastung der Mitglieder des Vorstands und des Aufsichtsrats;
5. die Bestellung des Abschlußprüfers;
6. Satzungsänderungen;
7. Maßnahmen der Kapitalbeschaffung und der Kapitalherabsetzung;
8. die Bestellung von Prüfern zur Prüfung von Vorgängen bei der Gründung oder der Geschäftsführung;
9. die Auflösung der Gesellschaft.

(2) Über Fragen der Geschäftsführung kann die Hauptversammlung nur entscheiden, wenn der Vorstand es verlangt.

§ 120[1] **Entlastung.** (1) [1]Die Hauptversammlung beschließt alljährlich in den ersten acht Monaten des Geschäftsjahrs über die Entlastung der Mitglieder des Vorstands und über die Entlastung der Mitglieder des Aufsichtsrats. [2]Über die Entlastung eines einzelnen Mitglieds ist gesondert abzustimmen, wenn die Hauptversammlung es beschließt oder eine Minderheit es verlangt, deren Anteile zusammen den zehnten Teil des Grundkapitals oder den anteiligen Betrag von einer Million Euro erreichen.

(2) [1]Durch die Entlastung billigt die Hauptversammlung die Verwaltung der Gesellschaft durch die Mitglieder des Vorstands und des Aufsichtsrats. [2]Die Entlastung enthält keinen Verzicht auf Ersatzansprüche.

(3) Die Verhandlung über die Entlastung soll mit der Verhandlung über die Verwendung des Bilanzgewinns verbunden werden.

§ 120a[2] [3] **Votum zum Vergütungssystem und zum Vergütungsbericht.**

(1) [1]Die Hauptversammlung der börsennotierten Gesellschaft beschließt über die Billigung des vom Aufsichtsrat vorgelegten Vergütungssystems für die Vorstandsmitglieder bei jeder wesentlichen Änderung des Vergütungssystems, mindestens jedoch alle vier Jahre. [2]Der Beschluss begründet weder Rechte noch Pflichten. [3]Er ist nicht nach § 243 anfechtbar. [4]Ein das Vergütungssystem bestätigender Beschluss ist zulässig.

(2) Beschluss und Vergütungssystem sind unverzüglich auf der Internetseite der Gesellschaft zu veröffentlichen und für die Dauer der Gültigkeit des Vergütungssystems, mindestens jedoch für zehn Jahre, kostenfrei öffentlich zugänglich zu halten.

(3) Hat die Hauptversammlung das Vergütungssystem nicht gebilligt, so ist spätestens in der darauf folgenden ordentlichen Hauptversammlung ein überprüftes Vergütungssystem zum Beschluss vorzulegen.

(4) [1]Die Hauptversammlung der börsennotierten Gesellschaft beschließt über die Billigung des nach § 162 erstellten und geprüften Vergütungsberichts für das vorausgegangene Geschäftsjahr. [2]Absatz 1 Satz 2 und 3 ist anzuwenden.

---

[1] § 120 Abs. 1 Satz 2 geänd. durch G v. 25.3.1998 (BGBl. I S. 590); Abs. 1 Satz 2 geänd. durch G v. 9.6.1998 (BGBl. I S. 1242); Abs. 3 Sätze 2 und 3 aufgeh. mWv 1.9.2009 durch G v. 30.7.2009 (BGBl. I S. 2479); Abs. 4 angef. mWv 5.8.2009 durch G v. 31.7.2009 (BGBl. I S. 2509); Überschrift neu gef., Abs. 4 aufgeh. mWv 1.1.2020 durch G v. 12.12.2019 (BGBl. I S. 2637).

[2] § 120a eingef. mWv 1.1.2020 durch G v. 12.12.2019 (BGBl. I S. 2637).

[3] Beachte hierzu Übergangsvorschrift in § 26j EGAktG (Nr. **51a**).

(5) Bei börsennotierten kleinen und mittelgroßen Gesellschaften im Sinne des § 267 Absatz 1 und 2 des Handelsgesetzbuchs[1] bedarf es keiner Beschlussfassung nach Absatz 4, wenn der Vergütungsbericht des letzten Geschäftsjahres als eigener Tagesordnungspunkt in der Hauptversammlung zur Erörterung vorgelegt wird.

Zweiter Unterabschnitt. Einberufung der Hauptversammlung

§ 121[2) 3)] Allgemeines. (1) Die Hauptversammlung ist in den durch Gesetz oder Satzung bestimmten Fällen sowie dann einzuberufen, wenn das Wohl der Gesellschaft es fordert.

(2) [1]Die Hauptversammlung wird durch den Vorstand einberufen, der darüber mit einfacher Mehrheit beschließt. [2]Personen, die in das Handelsregister als Vorstand eingetragen sind, gelten als befugt. [3]Das auf Gesetz oder Satzung beruhende Recht anderer Personen, die Hauptversammlung einzuberufen, bleibt unberührt.

(3) [1]Die Einberufung muss die Firma, den Sitz der Gesellschaft sowie Zeit und Ort der Hauptversammlung enthalten. [2]Zudem ist die Tagesordnung anzugeben. [3]Bei börsennotierten Gesellschaften hat der Vorstand oder, wenn der Aufsichtsrat die Versammlung einberuft, der Aufsichtsrat in der Einberufung ferner anzugeben:

1. die Voraussetzungen für die Teilnahme an der Versammlung und die Ausübung des Stimmrechts sowie gegebenenfalls den Nachweisstichtag nach § 123 Absatz 4 Satz 2 und dessen Bedeutung;
2. das Verfahren für die Stimmabgabe
   a) durch einen Bevollmächtigten unter Hinweis auf die Formulare, die für die Erteilung einer Stimmrechtsvollmacht zu verwenden sind, und auf die Art und Weise, wie der Gesellschaft ein Nachweis über die Bestellung eines Bevollmächtigten elektronisch übermittelt werden kann sowie
   b) durch Briefwahl oder im Wege der elektronischen Kommunikation gemäß § 118 Abs. 1 Satz 2, soweit die Satzung eine entsprechende Form der Stimmrechtsausübung vorsieht;
3. die Rechte der Aktionäre nach § 122 Abs. 2, § 126 Abs. 1, den §§ 127, 131 Abs. 1; die Angaben können sich auf die Fristen für die Ausübung der Rechte beschränken, wenn in der Einberufung im Übrigen auf weitergehende Erläuterungen auf der Internetseite der Gesellschaft hingewiesen wird;
4. die Internetseite der Gesellschaft, über die die Informationen nach § 124a zugänglich sind.

(4) [1]Die Einberufung ist in den Gesellschaftsblättern bekannt zu machen. [2]Sind die Aktionäre der Gesellschaft namentlich bekannt, so kann die Hauptversammlung mit eingeschriebenem Brief einberufen werden, wenn die Satzung nichts anderes bestimmt; der Tag der Absendung gilt als Tag der Bekanntmachung. [3]Die Mitteilung an die im Aktienregister Eingetragenen genügt.

---

[1] Nr. **50**.

[2] § 121 Abs. 4 eingef., bish. Abs. 4 wird Abs. 5, Abs. 6 angef. durch G v. 2.8.1994 (BGBl. I S. 1961); Abs. 4 Satz 1 geänd. mWv 1.8.2001 durch G v. 13.7.2001 (BGBl. I S. 1542); Abs. 5 Satz 2 geänd. mWv 1.7.2002 durch G v. 21.6.2002 (BGBl. I S. 2010); Abs. 5 Satz 2 geänd. mWv 1.11.2007 durch G v. 16.7.2007 (BGBl. I S. 1330); Abs. 3 neu gef., Abs. 4 Satz 1 eingef., bish. Sätze 1 und 2 werden Sätze 2 und 3, Abs. 4a eingef., Abs. 7 angef. mWv 1.9.2009 durch G v. 30.7.2009 (BGBl. I S. 2479); Abs. 3 Satz 3 Nr. 1 und Abs. 4a geänd., Abs. 4 Satz 3 aufgeh. mWv 31.12.2015 durch G v. 22.12.2015 (BGBl. I S. 2565); Abs. 4 Satz 3 angef. mWv 1.1.2020 durch G v. 12.12.2019 (BGBl. I S. 2637); Abs. 4b eingef., Abs. 5 Satz 3 angef. mWv 27.7.2022 durch G v. 20.7.2022 (BGBl. I S. 1166).

[3] Beachte hierzu Übergangsvorschrift in § 26j EGAktG (Nr. **51a**).

(4a) Bei börsennotierten Gesellschaften, die nicht ausschließlich Namensaktien ausgegeben haben oder welche die Einberufung den Aktionären nicht unmittelbar nach Absatz 4 Satz 2 übersenden, ist die Einberufung spätestens zum Zeitpunkt der Bekanntmachung solchen Medien zur Veröffentlichung zuzuleiten, bei denen davon ausgegangen werden kann, dass sie die Information in der gesamten Europäischen Union verbreiten.

(4b) [1] Im Fall der virtuellen Hauptversammlung muss die Einberufung auch angeben, wie sich Aktionäre und ihre Bevollmächtigten elektronisch zur Versammlung zuschalten können. [2] Zusätzlich ist in der Einberufung darauf hinzuweisen, dass eine physische Präsenz der Aktionäre und ihrer Bevollmächtigten am Ort der Hauptversammlung ausgeschlossen ist. [3] Bei börsennotierten Gesellschaften ist im Fall der virtuellen Hauptversammlung abweichend von Absatz 3 Satz 3 Nummer 2 Buchstabe b das Verfahren für die Stimmabgabe im Wege elektronischer Kommunikation anzugeben. [4] Zudem ist bei diesen Gesellschaften zusätzlich auf § 126 Absatz 4 und, falls der Vorstand von der Möglichkeit des § 131 Absatz 1a Satz 1 Gebrauch macht, auf § 131 Absatz 1a bis 1f hinzuweisen sowie darauf, dass der Bericht des Vorstands oder dessen wesentlicher Inhalt nach § 118a Absatz 1 Satz 2 Nummer 5 zugänglich gemacht wird.

(5) [1] Wenn die Satzung nichts anderes bestimmt, soll die Hauptversammlung am Sitz der Gesellschaft stattfinden. [2] Sind die Aktien der Gesellschaft an einer deutschen Börse zum Handel im regulierten Markt zugelassen, so kann, wenn die Satzung nichts anderes bestimmt, die Hauptversammlung auch am Sitz der Börse stattfinden. [3] Im Fall der virtuellen Hauptversammlung finden die Sätze 1 und 2 keine Anwendung.

(6) Sind alle Aktionäre erschienen oder vertreten, kann die Hauptversammlung Beschlüsse ohne Einhaltung der Bestimmungen dieses Unterabschnitts fassen, soweit kein Aktionär der Beschlußfassung widerspricht.

(7) [1] Bei Fristen und Terminen, die von der Versammlung zurückberechnet werden, ist der Tag der Versammlung nicht mitzurechnen. [2] Eine Verlegung von einem Sonntag, einem Sonnabend oder einem Feiertag auf einen zeitlich vorausgehenden oder nachfolgenden Werktag kommt nicht in Betracht. [3] Die §§ 187 bis 193 des Bürgerlichen Gesetzbuchs[1)] sind nicht entsprechend anzuwenden. [4] Bei nichtbörsennotierten Gesellschaften kann die Satzung eine andere Berechnung der Frist bestimmen.

§ 122[2) 3)] Einberufung auf Verlangen einer Minderheit. (1) [1] Die Hauptversammlung ist einzuberufen, wenn Aktionäre, deren Anteile zusammen den zwanzigsten Teil des Grundkapitals erreichen, die Einberufung schriftlich unter Angabe des Zwecks und der Gründe verlangen; das Verlangen ist an den Vorstand zu richten. [2] Die Satzung kann das Recht, die Einberufung der Hauptversammlung zu verlangen, an eine andere Form und an den Besitz eines geringeren Anteils am Grundkapital knüpfen. [3] Die Antragsteller haben nachzuweisen, dass sie seit mindestens 90 Tagen vor dem Tag des Zugangs des Verlangens Inhaber der Aktien sind

[1)] Nr. **20**.

[2)] § 122 Abs. 2 geänd. durch G v. 25.3.1998 (BGBl. I S. 590); Abs. 1 Satz 3 angef. durch G v. 27.4.1998 (BGBl. I S. 786); Abs. 2 geänd. durch G v. 9.6.1998 (BGBl. I S. 1242); Abs. 1 Satz 2 neu gef. mWv 1.8. 2001 durch G v. 13.7.2001 (BGBl. I S. 1542); Abs. 3 Satz 4 geänd. mWv 1.9.2009 durch G v. 17.12.2008 (BGBl. I S. 2586); Abs. 2 Satz 1 geänd., Sätze 2 und 3 angef. mWv 1.9.2009 durch G v. 30.7.2009 (BGBl. I S. 2479); Abs. 1 Satz 3 neu gef., Abs. 1 Satz 4 und Abs. 3 Satz 5 angef. mWv 31.12.2015 durch G v. 22.12.2015 (BGBl. I S. 2565).

[3)] Beachte hierzu Übergangsvorschrift in § 26h Abs. 4 EGAktG (Nr. **51a**).

und dass sie die Aktien bis zur Entscheidung des Vorstands über den Antrag halten. [4] § 121 Absatz 7 ist entsprechend anzuwenden.

(2) [1] In gleicher Weise können Aktionäre, deren Anteile zusammen den zwanzigsten Teil des Grundkapitals oder den anteiligen Betrag von 500 000 Euro erreichen, verlangen, daß Gegenstände auf die Tagesordnung gesetzt und bekanntgemacht werden. [2] Jedem neuen Gegenstand muss eine Begründung oder eine Beschlussvorlage beiliegen. [3] Das Verlangen im Sinne des Satzes 1 muss der Gesellschaft mindestens 24 Tage, bei börsennotierten Gesellschaften mindestens 30 Tage vor der Versammlung zugehen; der Tag des Zugangs ist nicht mitzurechnen.

(3) [1] Wird dem Verlangen nicht entsprochen, so kann das Gericht die Aktionäre, die das Verlangen gestellt haben, ermächtigen, die Hauptversammlung einzuberufen oder den Gegenstand bekanntzumachen. [2] Zugleich kann das Gericht den Vorsitzenden der Versammlung bestimmen. [3] Auf die Ermächtigung muß bei der Einberufung oder Bekanntmachung hingewiesen werden. [4] Gegen die Entscheidung ist die Beschwerde zulässig. [5] Die Antragsteller haben nachzuweisen, dass sie die Aktien bis zur Entscheidung des Gerichts halten.

(4) Die Gesellschaft trägt die Kosten der Hauptversammlung und im Fall des Absatzes 3 auch die Gerichtskosten, wenn das Gericht dem Antrag stattgegeben hat.

§ 123[1)] [2)] Frist, Anmeldung zur Hauptversammlung, Nachweis. (1) [1] Die Hauptversammlung ist mindestens dreißig Tage vor dem Tage der Versammlung einzuberufen. [2] Der Tag der Einberufung ist nicht mitzurechnen.

(2) [1] Die Satzung kann die Teilnahme an der Hauptversammlung oder die Ausübung des Stimmrechts davon abhängig machen, dass die Aktionäre sich vor der Versammlung anmelden. [2] Die Anmeldung muss der Gesellschaft unter der in der Einberufung hierfür mitgeteilten Adresse mindestens sechs Tage vor der Versammlung zugehen. [3] In der Satzung oder in der Einberufung auf Grund einer Ermächtigung durch die Satzung kann eine kürzere, in Tagen zu bemessende Frist vorgesehen werden. [4] Der Tag des Zugangs ist nicht mitzurechnen. [5] Die Mindestfrist des Absatzes 1 verlängert sich um die Tage der Anmeldefrist.

(3) Die Satzung kann bestimmen, wie die Berechtigung zur Teilnahme an der Versammlung oder zur Ausübung des Stimmrechts nachzuweisen ist; Absatz 2 Satz 5 gilt in diesem Fall entsprechend.

(4) [1] Bei Inhaberaktien börsennotierter Gesellschaften reicht ein Nachweis gemäß § 67c Absatz 3 aus. [2] Der Nachweis des Anteilsbesitzes nach § 67c Absatz 3 hat sich bei börsennotierten Gesellschaften auf den Beginn des 21. Tages vor der Versammlung zu beziehen und muss der Gesellschaft unter der in der Einberufung hierfür mitgeteilten Adresse mindestens sechs Tage vor der Versammlung zugehen. [3] In der Satzung oder in der Einberufung auf Grund einer Ermächtigung durch die Satzung kann eine kürzere, in Tagen zu bemessende Frist vorgesehen werden. [4] Der Tag des Zugangs ist nicht mitzurechnen. [5] Im Verhältnis zur Gesellschaft gilt für die Teilnahme an der Versammlung oder für die Ausübung des Stimmrechts als Aktionär nur, wer den Nachweis erbracht hat.

[1)] § 123 neu gef. mWv 1.11.2005 durch G v. 22.9.2005 (BGBl. I S. 2802); Abs. 1 Satz 2 angef., Abs. 2 neu gef., Abs. 4 aufgeh. mWv 1.9.2009 durch G v. 30.7.2009 (BGBl. I S. 2479); Abs. 2 Satz 5 geänd., Abs. 3 neu gef., Abs. 4 und 5 angef. mWv 31.12.2015 durch G v. 22.12.2015 (BGBl. I S. 2565); Abs. 4 Satz 1 neu gef., Satz 2 geänd. mWv 1.1.2020 durch G v. 12.12.2019 (BGBl. I S. 2637).

[2)] Beachte hierzu Übergangsvorschrift in § 26j EGAktG (Nr. **51a**).

(5) Bei Namensaktien börsennotierter Gesellschaften folgt die Berechtigung zur Teilnahme an der Versammlung oder zur Ausübung des Stimmrechts gemäß § 67 Absatz 2 Satz 1 aus der Eintragung im Aktienregister.

§ 124[1)] Bekanntmachung von Ergänzungsverlangen; Vorschläge zur Beschlussfassung. (1) [1] Hat die Minderheit nach § 122 Abs. 2 verlangt, dass Gegenstände auf die Tagesordnung gesetzt werden, so sind diese entweder bereits mit der Einberufung oder andernfalls unverzüglich nach Zugang des Verlangens bekannt zu machen. [2] § 121 Abs. 4 gilt sinngemäß; zudem gilt bei börsennotierten Gesellschaften § 121 Abs. 4a entsprechend. [3] Bekanntmachung und Zuleitung haben dabei in gleicher Weise wie bei der Einberufung zu erfolgen.

(2) [1] Steht die Wahl von Aufsichtsratsmitgliedern auf der Tagesordnung, so ist in der Bekanntmachung anzugeben, nach welchen gesetzlichen Vorschriften sich der Aufsichtsrat zusammensetzt; ist die Hauptversammlung an Wahlvorschläge gebunden, so ist auch dies anzugeben. [2] Die Bekanntmachung muss bei einer Wahl von Aufsichtsratsmitgliedern börsennotierter Gesellschaften, für die das Mitbestimmungsgesetz[2)], das Montan-Mitbestimmungsgesetz[3)] oder das Mitbestimmungsergänzungsgesetz[4)] gilt, ferner enthalten:

1. Angabe, ob der Gesamterfüllung nach § 96 Absatz 2 Satz 3 widersprochen wurde, und
2. Angabe, wie viele der Sitze im Aufsichtsrat mindestens jeweils von Frauen und Männern besetzt sein müssen, um das Mindestanteilsgebot nach § 96 Absatz 2 Satz 1 zu erfüllen.

[3] Soll die Hauptversammlung über eine Satzungsänderung, das Vergütungssystem für die Vorstandsmitglieder, die Vergütung des Aufsichtsrats nach § 113 Absatz 3, den Vergütungsbericht oder über einen Vertrag beschließen, der nur mit Zustimmung der Hauptversammlung wirksam wird, so ist bei einer Satzungsänderung der Wortlaut der Satzungsänderung, bei einem vorbezeichneten Vertrag dessen wesentlicher Inhalt, im Übrigen der vollständige Inhalt der Unterlagen zu den jeweiligen Beschlussgegenständen bekanntzumachen. [4] Satz 3 gilt auch im Fall des § 120a Absatz 5.

(3) [1] Zu jedem Gegenstand der Tagesordnung, über den die Hauptversammlung beschließen soll, haben der Vorstand und der Aufsichtsrat, zur Beschlussfassung nach § 120a Absatz 1 Satz 1 und zur Wahl von Aufsichtsratsmitgliedern und Prüfern nur der Aufsichtsrat, in der Bekanntmachung Vorschläge zur Beschlußfassung zu machen. [2] Bei Gesellschaften, die Unternehmen von öffentlichem Interesse nach § 316a Satz 2 des Handelsgesetzbuchs[5)] sind, ist der Vorschlag des Aufsichtsrats zur Wahl des Abschlussprüfers auf die Empfehlung des Prüfungsaus-

---

[1)] § 124 Abs. 3 Satz 2 geänd., Satz 4 angef. durch G v. 4.5.1976 (BGBl. I S. 1153); Abs. 3 Satz 3 geänd. durch G v. 27.4.1998 (BGBl. I S. 786); Abs. 3 Satz 2 eingef., bish. Sätze 2–4 werden Sätze 3–5, neuer Satz 3 geänd. mWv 29.5.2009 durch G v. 25.5.2009 (BGBl. I S. 1102); Überschrift und Abs. 1 neu gef., Abs. 3 Satz 1 geänd. mWv 1.9.2009 durch G v. 30.7.2009 (BGBl. I S. 2479); Abs. 2 Satz 2 eingef., bish. Satz 2 wird Satz 3 mWv 1.5.2015 durch G v. 24.4.2015 (BGBl. I S. 642); Abs. 2 Satz 1 geänd. mWv 31.12.2015 durch G v. 22.12.2015 (BGBl. I S. 2565); Abs. 3 Satz 2 geänd. mWv 17.6.2016 durch G v. 10.5.2016 (BGBl. I S. 1142); Abs. 2 Satz 3 neu gef., Satz 4 angef., Abs. 3 Satz 1 geänd. mWv 1.1.2020 durch G v. 12.12.2019 (BGBl. I S. 2637); Abs. 3 Satz 2 geänd. mWv 1.7.2021 durch G v. 3.6.2021 (BGBl. I S. 1534).

[2)] **Habersack, Deutsche Gesetze ErgBd. Nr. 82a.**

[3)] **Habersack, Deutsche Gesetze ErgBd. Nr. 82b.**

[4)] **Habersack, Deutsche Gesetze ErgBd. Nr. 82c.**

[5)] Nr. **50**.

schusses zu stützen. [3] Satz 1 findet keine Anwendung, wenn die Hauptversammlung bei der Wahl von Aufsichtsratsmitgliedern nach § 6 des Montan-Mitbestimmungsgesetzes an Wahlvorschläge gebunden ist, oder wenn der Gegenstand der Beschlußfassung auf Verlangen einer Minderheit auf die Tagesordnung gesetzt worden ist. [4] Der Vorschlag zur Wahl von Aufsichtsratsmitgliedern oder Prüfern hat deren Namen, ausgeübten Beruf und Wohnort anzugeben. [5] Hat der Aufsichtsrat auch aus Aufsichtsratsmitgliedern der Arbeitnehmer zu bestehen, so bedürfen Beschlüsse des Aufsichtsrats über Vorschläge zur Wahl von Aufsichtsratsmitgliedern nur der Mehrheit der Stimmen der Aufsichtsratsmitglieder der Aktionäre; § 8 des Montan-Mitbestimmungsgesetzes bleibt unberührt.

(4) [1] Über Gegenstände der Tagesordnung, die nicht ordnungsgemäß bekanntgemacht sind, dürfen keine Beschlüsse gefaßt werden. [2] Zur Beschlußfassung über den in der Versammlung gestellten Antrag auf Einberufung einer Hauptversammlung, zu Anträgen, die zu Gegenständen der Tagesordnung gestellt werden, und zu Verhandlungen ohne Beschlußfassung bedarf es keiner Bekanntmachung.

§ 124a[1) 2)] Veröffentlichungen auf der Internetseite der Gesellschaft.

[1] Bei börsennotierten Gesellschaften müssen alsbald nach der Einberufung der Hauptversammlung über die Internetseite der Gesellschaft zugänglich sein:

1. der Inhalt der Einberufung;
2. eine Erläuterung, wenn zu einem Gegenstand der Tagesordnung kein Beschluss gefasst werden soll;
3. die der Versammlung zugänglich zu machenden Unterlagen;
4. die Gesamtzahl der Aktien und der Stimmrechte im Zeitpunkt der Einberufung, einschließlich getrennter Angaben zur Gesamtzahl für jede Aktiengattung;
5. gegebenenfalls die Formulare, die bei Stimmabgabe durch Vertretung oder bei Stimmabgabe mittels Briefwahl zu verwenden sind, sofern diese Formulare den Aktionären nicht direkt übermittelt werden.

[2] Ein nach Einberufung der Versammlung bei der Gesellschaft eingegangenes Verlangen von Aktionären im Sinne von § 122 Abs. 2 ist unverzüglich nach seinem Eingang bei der Gesellschaft in gleicher Weise zugänglich zu machen.

§ 125[3) 2)] Mitteilungen für die Aktionäre und an Aufsichtsratsmitglieder.

(1) [1] Der Vorstand einer Gesellschaft, die nicht ausschließlich Namensaktien ausgegeben hat, hat die Einberufung der Hauptversammlung mindestens 21 Tage vor derselben wie folgt mitzuteilen:

1. den Intermediären, die Aktien der Gesellschaft verwahren,
2. den Aktionären und Intermediären, die die Mitteilung verlangt haben, und
3. den Vereinigungen von Aktionären, die die Mitteilung verlangt haben oder die in der letzten Hauptversammlung Stimmrechte ausgeübt haben.

[2] Der Tag der Mitteilung ist nicht mitzurechnen. [3] Ist die Tagesordnung nach § 122 Abs. 2 zu ändern, so ist bei börsennotierten Gesellschaften die geänderte Tagesordnung mitzuteilen. [4] In der Mitteilung ist auf die Möglichkeiten der Ausübung

---

1) § 124a eingef. mWv 1.9.2009 durch G v. 30.7.2009 (BGBl. I S. 2479).

2) Beachte hierzu Übergangsvorschrift in § 26j EGAktG (Nr. **51a**).

3) § 125 Abs. 5 angef. durch G v. 22.10.1997 (BGBl. I S. 2567); Abs. 1 Sätze 2 und 3 angef. durch G v. 27.4.1998 (BGBl. I S. 786); Abs. 1 Sätze 2 und 3 eingef., bish. Sätze 2 und 3 werden Sätze 4 und 5 mWv 1.9.2009 durch G v. 30.7.2009 (BGBl. I S. 2479); Abs. 1 Satz 1, Abs. 2 und 5 neu gef. mWv 1.1.2020 durch G v. 12.12.2019 (BGBl. I S. 2637).

des Stimmrechts durch einen Bevollmächtigten, auch durch eine Vereinigung von Aktionären, hinzuweisen. [5] Bei börsennotierten Gesellschaften sind einem Vorschlag zur Wahl von Aufsichtsratsmitgliedern Angaben zu deren Mitgliedschaft in anderen gesetzlich zu bildenden Aufsichtsräten beizufügen; Angaben zu ihrer Mitgliedschaft in vergleichbaren in- und ausländischen Kontrollgremien von Wirtschaftsunternehmen sollen beigefügt werden.

(2) Die gleiche Mitteilung hat der Vorstand einer Gesellschaft, die Namensaktien ausgegeben hat, den zu Beginn des 21. Tages vor der Hauptversammlung im Aktienregister Eingetragenen zu machen sowie den Aktionären und Intermediären, die die Mitteilung verlangt haben, und den Vereinigungen von Aktionären, die die Mitteilung verlangt oder die in der letzten Hauptversammlung Stimmrechte ausgeübt haben.

(3) Jedes Aufsichtsratsmitglied kann verlangen, daß ihm der Vorstand die gleichen Mitteilungen übersendet.

(4) Jedem Aufsichtsratmitglied und jedem Aktionär sind auf Verlangen die in der Hauptversammlung gefassten Beschlüsse mitzuteilen.

(5) [1] Für Inhalt und Format eines Mindestgehaltes an Informationen in den Mitteilungen gemäß Absatz 1 Satz 1 und Absatz 2 gelten die Anforderungen der Durchführungsverordnung (EU) 2018/1212. [2] § 67a Absatz 2 Satz 1 gilt für die Absätze 1 und 2 entsprechend. [3] Bei börsennotierten Gesellschaften sind die Intermediäre, die Aktien der Gesellschaft verwahren, entsprechend den §§ 67a und 67b zur Weiterleitung und Übermittlung der Informationen nach den Absätzen 1 und 2 verpflichtet, es sei denn, dem Intermediär ist bekannt, dass der Aktionär sie von anderer Seite erhält. [4] Das Gleiche gilt für nichtbörsennotierte Gesellschaften mit der Maßgabe, dass die Bestimmungen der Durchführungsverordnung (EU) 2018/1212 nicht anzuwenden sind.

§ 126[1)] Anträge von Aktionären. (1) [1] Anträge von Aktionären einschließlich des Namens des Aktionärs, der Begründung und einer etwaigen Stellungnahme der Verwaltung sind den in § 125 Abs. 1 bis 3 genannten Berechtigten unter den dortigen Voraussetzungen zugänglich zu machen, wenn der Aktionär mindestens 14 Tage vor der Versammlung der Gesellschaft einen Gegenantrag gegen einen Vorschlag von Vorstand und Aufsichtsrat zu einem bestimmten Punkt der Tagesordnung mit Begründung an die in der Einberufung hierfür mitgeteilte Adresse übersandt hat. [2] Der Tag des Zugangs ist nicht mitzurechnen. [3] Bei börsennotierten Gesellschaften hat das Zugänglichmachen über die Internetseite der Gesellschaft zu erfolgen. [4] § 125 Abs. 3 gilt entsprechend.

(2) [1] Ein Gegenantrag und dessen Begründung brauchen nicht zugänglich gemacht zu werden,

1. soweit sich der Vorstand durch das Zugänglichmachen strafbar machen würde,
2. wenn der Gegenantrag zu einem gesetz- oder satzungswidrigen Beschluß der Hauptversammlung führen würde,
3. wenn die Begründung in wesentlichen Punkten offensichtlich falsche oder irreführende Angaben oder wenn sie Beleidigungen enthält,

---

[1)] § 126 Abs. 1 neu gef., Abs. 2 Sätze 1 und 2 geänd. mWv 1.1.2003 durch G v. 19.7.2002 (BGBl. I S. 2681); Abs. 1 Satz 1 geänd., Sätze 2 und 3 eingef., bish. Satz 2 wird Satz 4 mWv 1.9.2009 durch G v. 30.7.2009 (BGBl. I S. 2479); Abs. 4 angef. mWv 27.7.2022 durch G v. 20.7.2022 (BGBl. I S. 1166).

4. wenn ein auf denselben Sachverhalt gestützter Gegenantrag des Aktionärs bereits zu einer Hauptversammlung der Gesellschaft nach § 125 zugänglich gemacht worden ist,
5. wenn derselbe Gegenantrag des Aktionärs mit wesentlich gleicher Begründung in den letzten fünf Jahren bereits zu mindestens zwei Hauptversammlungen der Gesellschaft nach § 125 zugänglich gemacht worden ist und in der Hauptversammlung weniger als der zwanzigste Teil des vertretenen Grundkapitals für ihn gestimmt hat,
6. wenn der Aktionär zu erkennen gibt, daß er an der Hauptversammlung nicht teilnehmen und sich nicht vertreten lassen wird, oder
7. wenn der Aktionär in den letzten zwei Jahren in zwei Hauptversammlungen einen von ihm mitgeteilten Gegenantrag nicht gestellt hat oder nicht hat stellen lassen.

[2] Die Begründung braucht nicht zugänglich gemacht zu werden, wenn sie insgesamt mehr als 5000 Zeichen beträgt.

(3) Stellen mehrere Aktionäre zu demselben Gegenstand der Beschlußfassung Gegenanträge, so kann der Vorstand die Gegenanträge und ihre Begründungen zusammenfassen.

(4) [1] Im Fall der virtuellen Hauptversammlung gelten Anträge, die nach den Absätzen 1 bis 3 zugänglich zu machen sind, als im Zeitpunkt der Zugänglichmachung gestellt. [2] Die Gesellschaft hat zu ermöglichen, dass das Stimmrecht zu diesen Anträgen ausgeübt werden kann, sobald die Aktionäre die gesetzlichen oder satzungsmäßigen Voraussetzungen für die Ausübung des Stimmrechts nachweisen können. [3] Sofern der Aktionär, der den Antrag gestellt hat, nicht ordnungsgemäß legitimiert und, sofern eine Anmeldung erforderlich ist, nicht ordnungsgemäß zur Hauptversammlung angemeldet ist, muss der Antrag in der Versammlung nicht behandelt werden.

§ 127[1)] Wahlvorschläge von Aktionären. [1] Für den Vorschlag eines Aktionärs zur Wahl von Aufsichtsratsmitgliedern oder von Abschlußprüfern gilt § 126 sinngemäß. [2] Der Wahlvorschlag braucht nicht begründet zu werden. [3] Der Vorstand braucht den Wahlvorschlag auch dann nicht zugänglich zu machen, wenn der Vorschlag nicht die Angaben nach § 124 Absatz 3 Satz 4 und § 125 Abs. 1 Satz 5 enthält. [4] Der Vorstand hat den Vorschlag eines Aktionärs zur Wahl von Aufsichtsratsmitgliedern börsennotierter Gesellschaften, für die das Mitbestimmungsgesetz[2)], das Montan-Mitbestimmungsgesetz[3)] oder das Mitbestimmungsergänzungsgesetz[4)] gilt, mit folgenden Inhalten zu versehen:

1. Hinweis auf die Anforderungen des § 96 Absatz 2,
2. Angabe, ob der Gesamterfüllung nach § 96 Absatz 2 Satz 3 widersprochen wurde und
3. Angabe, wie viele der Sitze im Aufsichtsrat mindestens jeweils von Frauen und Männern besetzt sein müssen, um das Mindestanteilsgebot nach § 96 Absatz 2 Satz 1 zu erfüllen.

[1)] § 127 Satz 3 geänd. durch G v. 27.4.1998 (BGBl. I S. 786); Satz 3 geänd. mWv 1.1.2003 durch G v. 19.7.2002 (BGBl. I S. 2681); Satz 3 geänd. mWv 1.9.2009 durch G v. 30.7.2009 (BGBl. I S. 2479); Satz 4 angef. mWv 1.5.2015 durch G v. 24.4.2015 (BGBl. I S. 642); Satz 3 geänd. mWv 31.12.2015 durch G v. 22.12.2015 (BGBl. I S. 2565).

[2)] **Habersack, Deutsche Gesetze ErgBd. Nr. 82a.**

[3)] **Habersack, Deutsche Gesetze ErgBd. Nr. 82b.**

[4)] **Habersack, Deutsche Gesetze ErgBd. Nr. 82c.**

§ 127a[1] Aktionärsforum. (1) Aktionäre oder Aktionärsvereinigungen können im Aktionärsforum des Bundesanzeigers andere Aktionäre auffordern, gemeinsam oder in Vertretung einen Antrag oder ein Verlangen nach diesem Gesetz zu stellen oder in einer Hauptversammlung das Stimmrecht auszuüben.

(2) Die Aufforderung hat folgende Angaben zu enthalten:
1. den Namen und eine Anschrift des Aktionärs oder der Aktionärsvereinigung,
2. die Firma der Gesellschaft,
3. den Antrag, das Verlangen oder einen Vorschlag für die Ausübung des Stimmrechts zu einem Tagesordnungspunkt,
4. den Tag der betroffenen Hauptversammlung.

(3) Die Aufforderung kann auf eine Begründung auf der Internetseite des Auffordernden und dessen elektronische Adresse hinweisen.

(4) Die Gesellschaft kann im Bundesanzeiger auf eine Stellungnahme zu der Aufforderung auf ihrer Internetseite hinweisen.

(5) Das Bundesministerium der Justiz und für Verbraucherschutz wird ermächtigt, durch Rechtsverordnung[2] die äußere Gestaltung des Aktionärsforums und weitere Einzelheiten insbesondere zu der Aufforderung, dem Hinweis, den Entgelten, zu Löschungsfristen, Löschungsanspruch, zu Missbrauchsfällen und zur Einsichtnahme zu regeln.

§ 128[3] [4] *(aufgehoben)*

Dritter Unterabschnitt. Verhandlungsniederschrift. Auskunftsrecht

§ 129[5] [4] Geschäftsordnung; Verzeichnis der Teilnehmer; Nachweis der Stimmzählung. (1) [1]Die Hauptversammlung kann sich mit einer Mehrheit, die mindestens drei Viertel des bei der Beschlußfassung vertretenen Grundkapitals umfaßt, eine Geschäftsordnung mit Regeln für die Vorbereitung und Durchführung der Hauptversammlung geben. [2]In der Hauptversammlung ist ein Verzeichnis der erschienenen oder vertretenen Aktionäre und der Vertreter von Aktionären mit Angabe ihres Namens und Wohnorts sowie bei Nennbetragsaktien des Betrags, bei Stückaktien der Zahl der von jedem vertretenen Aktien unter Angabe ihrer Gattung aufzustellen. [3]Im Fall der virtuellen Hauptversammlung sind die elektronisch zu der Versammlung zugeschalteten oder vertretenen Aktionäre und die elektronisch zu der Versammlung zugeschalteten Vertreter von Aktionären in das Verzeichnis nach Satz 2 aufzunehmen.

(2) [1]Sind einem Intermediär oder einer in § 135 Abs. 8 bezeichneten Person Vollmachten zur Ausübung des Stimmrechts erteilt worden und übt der Bevollmächtigte das Stimmrecht im Namen dessen, den es angeht, aus, so sind bei

---

[1] § 127a eingef. mWv 1.11.2005 durch G v. 22.9.2005 (BGBl. I S. 2802); Abs. 1 und 4 geänd. mWv 1.4.2012 durch G v. 22.12.2011 (BGBl. I S. 3044); Abs. 5 geänd. mWv 8.9.2015 durch VO v. 31.8.2015 (BGBl. I S. 1474).

[2] Siehe die VO über das Aktionärsforum nach § 127a des Aktiengesetzes (Aktionärsforumsverordnung – AktFoV) v. 22.11.2005 (BGBl. I S. 3193), zuletzt geänd. durch G v. 12.12.2019 (BGBl. I S. 2637).

[3] § 128 aufgeh. mWv 1.1.2020 durch G v. 12.12.2019 (BGBl. I S. 2637).

[4] Beachte hierzu Übergangsvorschrift in § 26j EGAktG (Nr. **51a**).

[5] § 129 Abs. 5 angef. durch G v. 22.10.1997 (BGBl. I S. 2567); Abs. 1 Satz 1 eingef. durch G v. 27.4. 1998 (BGBl. I S. 786); Abs. 1 Satz 2, Abs. 2 Satz 1, Abs. 3 Sätze 1 und 2 geänd., Abs. 4 neu gef. mWv 25.1.2001 durch G v. 18.1.2001 (BGBl. I S. 123); Abs. 2 Satz 1 geänd. mWv 1.9.2009 durch G v. 30.7. 2009 (BGBl. I S. 2479); Überschrift neu gef., Abs. 2 Satz 1 geänd., Abs. 5 neu gef. mWv 1.1.2020 durch G v. 12.12.2019 (BGBl. I S. 2637); Abs. 1 Satz 3 angef., Abs. 4 Satz 1 geänd. mWv 27.7.2022 durch G v. 20.7.2022 (BGBl. I S. 1166).

Nennbetragsaktien der Betrag, bei Stückaktien die Zahl und die Gattung der Aktien, für die ihm Vollmachten erteilt worden sind, zur Aufnahme in das Verzeichnis gesondert anzugeben. [2]Die Namen der Aktionäre, welche Vollmachten erteilt haben, brauchen nicht angegeben zu werden.

(3) [1]Wer von einem Aktionär ermächtigt ist, im eigenen Namen das Stimmrecht für Aktien auszuüben, die ihm nicht gehören, hat bei Nennbetragsaktien den Betrag, bei Stückaktien die Zahl und die Gattung dieser Aktien zur Aufnahme in das Verzeichnis gesondert anzugeben. [2]Dies gilt auch für Namensaktien, als deren Aktionär der Ermächtigte im Aktienregister eingetragen ist.

(4) [1]Das Verzeichnis ist vor der ersten Abstimmung allen Teilnehmern, im Fall der virtuellen Hauptversammlung allen elektronisch zu der Versammlung zugeschalteten Aktionären und Vertretern von Aktionären zugänglich zu machen. [2]Jedem Aktionär ist auf Verlangen bis zu zwei Jahren nach der Hauptversammlung Einsicht in das Teilnehmerverzeichnis zu gewähren.

(5) [1]Der Abstimmende kann von der Gesellschaft innerhalb eines Monats nach dem Tag der Hauptversammlung eine Bestätigung darüber verlangen, ob und wie seine Stimme gezählt wurde. [2]Die Gesellschaft hat die Bestätigung gemäß den Anforderungen in Artikel 7 Absatz 2 und Artikel 9 Absatz 5 Unterabsatz 2 der Durchführungsverordnung (EU) 2018/1212 zu erteilen. [3]Sofern die Bestätigung einem Intermediär erteilt wird, hat dieser die Bestätigung unverzüglich dem Aktionär zu übermitteln. [4]§ 67a Absatz 2 Satz 1 und Absatz 3 gilt entsprechend.

§ 130[1)] Niederschrift. (1) [1]Jeder Beschluß der Hauptversammlung ist durch eine über die Verhandlung notariell aufgenommene Niederschrift zu beurkunden. [2]Gleiches gilt für jedes Verlangen einer Minderheit nach § 120 Abs. 1 Satz 2, § 137. [3]Bei nichtbörsennotierten Gesellschaften reicht eine vom Vorsitzenden des Aufsichtsrats zu unterzeichnende Niederschrift aus, soweit keine Beschlüsse gefaßt werden, für die das Gesetz eine Dreiviertel- oder größere Mehrheit bestimmt.

(1a) Der Notar hat seine Wahrnehmungen über den Gang der Hauptversammlung unter Anwesenheit am Ort der Hauptversammlung zu machen.

(2) [1]In der Niederschrift sind der Ort und der Tag der Verhandlung, der Name des Notars sowie die Art und das Ergebnis der Abstimmung und die Feststellung des Vorsitzenden über die Beschlußfassung anzugeben. [2]Bei börsennotierten Gesellschaften umfasst die Feststellung über die Beschlussfassung für jeden Beschluss auch

1. die Zahl der Aktien, für die gültige Stimmen abgegeben wurden,
2. den Anteil des durch die gültigen Stimmen vertretenen Grundkapitals am eingetragenen Grundkapital,
3. die Zahl der für einen Beschluss abgegebenen Stimmen, Gegenstimmen und gegebenenfalls die Zahl der Enthaltungen.

[3]Abweichend von Satz 2 kann der Versammlungsleiter die Feststellung über die Beschlussfassung für jeden Beschluss darauf beschränken, dass die erforderliche

[1)] § 130 Abs. 1 Satz 1, Abs. 2, Abs. 4 Satz 1 geänd. durch G v. 28.8.1969 (BGBl. I S. 1513); Abs. 1 Satz 3 angef., Abs. 5 geänd. durch G v. 2.8.1994 (BGBl. I S. 1961); Abs. 1 Satz 3 geänd. durch G v. 27.4.1998 (BGBl. I S. 786); Abs. 3 neu gef. mWv 25.1.2001 durch G v. 18.1.2001 (BGBl. I S. 123); Abs. 1 Satz 2 geänd. mWv 1.11.2005 durch G v. 22.9.2005 (BGBl. I S. 2802); Abs. 2 Sätze 2, 3 und Abs. 6 angef. mWv 1.9.2009 durch G v. 30.7.2009 (BGBl. I S. 2479); Abs. 2 Satz 2 Nr. 2 geänd. mWv 31.12.2015 durch G v. 22.12.2015 (BGBl. I S. 2565); Abs. 1a eingef. mWv 27.7.2022 durch G v. 20.7.2022 (BGBl. I S. 1166).

Mehrheit erreicht wurde, falls kein Aktionär eine umfassende Feststellung gemäß Satz 2 verlangt.

(3) Die Belege über die Einberufung der Versammlung sind der Niederschrift als Anlage beizufügen, wenn sie nicht unter Angabe ihres Inhalts in der Niederschrift aufgeführt sind.

(4) [1] Die Niederschrift ist von dem Notar zu unterschreiben. [2] Die Zuziehung von Zeugen ist nicht nötig.

(5) Unverzüglich nach der Versammlung hat der Vorstand eine öffentlich beglaubigte, im Falle des Absatzes 1 Satz 3 eine vom Vorsitzenden des Aufsichtsrats unterzeichnete Abschrift der Niederschrift und ihrer Anlagen zum Handelsregister einzureichen.

(6) Börsennotierte Gesellschaften müssen innerhalb von sieben Tagen nach der Versammlung die festgestellten Abstimmungsergebnisse einschließlich der Angaben nach Absatz 2 Satz 2 auf ihrer Internetseite veröffentlichen.

§ 130a[1)] Stellungnahme- und Rederecht bei virtuellen Hauptversammlungen. (1) [1] Im Fall der virtuellen Hauptversammlung haben die Aktionäre das Recht, vor der Versammlung Stellungnahmen zu den Gegenständen der Tagesordnung im Wege elektronischer Kommunikation unter Verwendung der in der Einberufung hierfür mitgeteilten Adresse einzureichen. [2] Das Recht kann auf ordnungsgemäß zu der Versammlung angemeldete Aktionäre beschränkt werden. [3] Der Umfang der Stellungnahmen kann in der Einberufung angemessen beschränkt werden.

(2) Stellungnahmen sind bis spätestens fünf Tage vor der Versammlung einzureichen.

(3) [1] Die eingereichten Stellungnahmen sind allen Aktionären bis spätestens vier Tage vor der Versammlung zugänglich zu machen. [2] Das Zugänglichmachen kann auf ordnungsgemäß zu der Versammlung angemeldete Aktionäre beschränkt werden. [3] Bei börsennotierten Gesellschaften hat das Zugänglichmachen über die Internetseite der Gesellschaft zu erfolgen; im Fall des Satzes 2 kann das Zugänglichmachen auch über die Internetseite eines Dritten erfolgen. [4] § 126 Absatz 2 Satz 1 Nummer 1, 3 und 6 gilt entsprechend.

(4) Für die Berechnung der in den Absätzen 2 und 3 Satz 1 genannten Fristen gilt § 121 Absatz 7.

(5) [1] Den elektronisch zu der Versammlung zugeschalteten Aktionären ist in der Versammlung ein Rederecht im Wege der Videokommunikation zu gewähren. [2] Für die Redebeiträge ist die von der Gesellschaft angebotene Form der Videokommunikation zu verwenden. [3] Anträge und Wahlvorschläge nach § 118a Absatz 1 Satz 2 Nummer 3, das Auskunftsverlangen nach § 131 Absatz 1, Nachfragen nach § 131 Absatz 1d sowie weitere Fragen nach § 131 Absatz 1e dürfen Bestandteil des Redebeitrags sein. [4] § 131 Absatz 2 Satz 2 gilt entsprechend.

(6) Die Gesellschaft kann sich in der Einberufung vorbehalten, die Funktionsfähigkeit der Videokommunikation zwischen Aktionär und Gesellschaft in der Versammlung und vor dem Redebeitrag zu überprüfen und diesen zurückzuweisen, sofern die Funktionsfähigkeit nicht sichergestellt ist.

[1)] § 130a eingef. mWv 27.7.2022 durch G v. 20.7.2022 (BGBl. I S. 1166).

§ 131[1)] Auskunftsrecht des Aktionärs. (1) [1]Jedem Aktionär ist auf Verlangen in der Hauptversammlung vom Vorstand Auskunft über Angelegenheiten der Gesellschaft zu geben, soweit sie zur sachgemäßen Beurteilung des Gegenstands der Tagesordnung erforderlich ist. [2]Die Auskunftspflicht erstreckt sich auch auf die rechtlichen und geschäftlichen Beziehungen der Gesellschaft zu einem verbundenen Unternehmen. [3]Macht eine Gesellschaft von den Erleichterungen nach § 266 Absatz 1 Satz 3, § 276 oder § 288 des Handelsgesetzbuchs[2)] Gebrauch, so kann jeder Aktionär verlangen, dass ihm in der Hauptversammlung über den Jahresabschluss der Jahresabschluss in der Form vorgelegt wird, die er ohne diese Erleichterungen hätte. [4]Die Auskunftspflicht des Vorstands eines Mutterunternehmens (§ 290 Abs. 1, 2 des Handelsgesetzbuchs) in der Hauptversammlung, der der Konzernabschluss und der Konzernlagebericht vorgelegt werden, erstreckt sich auch auf die Lage des Konzerns und der in den Konzernabschluss einbezogenen Unternehmen.

(1a) [1]Im Fall der virtuellen Hauptversammlung ist Absatz 1 Satz 1 mit der Maßgabe anzuwenden, dass der Vorstand vorgeben kann, dass Fragen der Aktionäre bis spätestens drei Tage vor der Versammlung im Wege der elektronischen Kommunikation einzureichen sind. [2]Für die Berechnung der Frist gilt § 121 Absatz 7. [3]Nicht fristgerecht eingereichte Fragen müssen nicht berücksichtigt werden.

(1b) [1]Der Umfang der Einreichung von Fragen kann in der Einberufung angemessen beschränkt werden. [2]Das Recht zur Einreichung von Fragen kann auf ordnungsgemäß zu der Versammlung angemeldete Aktionäre beschränkt werden.

(1c) [1]Die Gesellschaft hat ordnungsgemäß eingereichte Fragen vor der Versammlung allen Aktionären zugänglich zu machen und bis spätestens einen Tag vor der Versammlung zu beantworten; für die Berechnung der Frist gilt § 121 Absatz 7. [2]Bei börsennotierten Gesellschaften haben das Zugänglichmachen der Fragen und deren Beantwortung über die Internetseite der Gesellschaft zu erfolgen. [3]§ 126 Absatz 2 Satz 1 Nummer 1, 3 und 6 gilt für das Zugänglichmachen der Fragen entsprechend. [4]Sind die Antworten einen Tag vor Beginn und in der Versammlung durchgängig zugänglich, darf der Vorstand in der Versammlung die Auskunft zu diesen Fragen verweigern.

(1d) [1]Jedem elektronisch zu der Versammlung zugeschalteten Aktionär ist in der Versammlung im Wege der elektronischen Kommunikation ein Nachfragerecht zu allen vor und in der Versammlung gegebenen Antworten des Vorstands einzuräumen. [2]Absatz 2 Satz 2 gilt auch für das Nachfragerecht.

(1e) [1]Zudem ist jedem elektronisch zu der Versammlung zugeschalteten Aktionär in der Versammlung im Wege der elektronischen Kommunikation das Recht einzuräumen, Fragen zu Sachverhalten zu stellen, die sich erst nach Ablauf der Frist nach Absatz 1a Satz 1 ergeben haben. [2]Absatz 2 Satz 2 gilt auch für dieses Fragerecht.

[1)] § 131 Abs. 1 Satz 3 angef., Abs. 3 Satz 1 Nr. 4 neu gef. durch G v. 19.12.1985 (BGBl. I S. 2355); Abs. 3 Satz 1 Nr. 6, Abs. 4 Satz 3 angef. durch G v. 30.11.1990 (BGBl. I S. 2570); Abs. 3 Satz 1 Nr. 6 geänd. durch G v. 22.10.1997 (BGBl. I S. 2567); Abs. 1 Satz 4 angef. mWv 26.7.2002 durch G v. 19.7. 2002 (BGBl. I S. 2681); Abs. 2 Satz 2 angef., Abs. 3 Satz 1 Nr. 6 geänd., Nr. 7 angef. mWv 1.11.2005 durch G v. 22.9.2005 (BGBl. I S. 2802); Abs. 1 Satz 3 neu gef. mWv 31.12.2015 durch G v. 22.12.2015 (BGBl. I S. 2565); Abs. 3 Satz 1 Nr. 6 geänd. mWv 26.6.2021 durch G v. 12.5.2021 (BGBl. I S. 990); Abs. 1a–1f eingef., Abs. 4 Satz 2 eingef., bish. Sätze 2 und 3 werden Sätze 3 und 4, neuer Satz 4 geänd., Abs. 5 Satz 2 angef. mWv 27.7.2022 durch G v. 20.7.2022 (BGBl. I S. 1166).

[2)] Nr. **50**.

(1f) Der Versammlungsleiter kann festlegen, dass das Auskunftsrecht nach Absatz 1, das Nachfragerecht nach Absatz 1d und das Fragerecht nach Absatz 1e in der Hauptversammlung ausschließlich im Wege der Videokommunikation ausgeübt werden dürfen.

(2) [1] Die Auskunft hat den Grundsätzen einer gewissenhaften und getreuen Rechenschaft zu entsprechen. [2] Die Satzung oder die Geschäftsordnung gemäß § 129 kann den Versammlungsleiter ermächtigen, das Frage- und Rederecht des Aktionärs zeitlich angemessen zu beschränken, und Näheres dazu bestimmen.

(3) [1] Der Vorstand darf die Auskunft verweigern,

1. soweit die Erteilung der Auskunft nach vernünftiger kaufmännischer Beurteilung geeignet ist, der Gesellschaft oder einem verbundenen Unternehmen einen nicht unerheblichen Nachteil zuzufügen;
2. soweit sie sich auf steuerliche Wertansätze oder die Höhe einzelner Steuern bezieht;
3. über den Unterschied zwischen dem Wert, mit dem Gegenstände in der Jahresbilanz angesetzt worden sind, und einem höheren Wert dieser Gegenstände, es sei denn, daß die Hauptversammlung den Jahresabschluß feststellt;
4. über die Bilanzierungs- und Bewertungsmethoden, soweit die Angabe dieser Methoden im Anhang ausreicht, um ein den tatsächlichen Verhältnissen entsprechendes Bild der Vermögens-, Finanz- und Ertragslage der Gesellschaft im Sinne des § 264 Abs. 2 des Handelsgesetzbuchs zu vermitteln; dies gilt nicht, wenn die Hauptversammlung den Jahresabschluß feststellt;
5. soweit sich der Vorstand durch die Erteilung der Auskunft strafbar machen würde;
6. soweit bei einem Kreditinstitut, einem Finanzdienstleistungsinstitut oder einem Wertpapierinstitut Angaben über angewandte Bilanzierungs- und Bewertungsmethoden sowie vorgenommene Verrechnungen im Jahresabschluß, Lagebericht, Konzernabschluß oder Konzernlagebericht nicht gemacht zu werden brauchen;
7. soweit die Auskunft auf der Internetseite der Gesellschaft über mindestens sieben Tage vor Beginn und in der Hauptversammlung durchgängig zugänglich ist.

[2] Aus anderen Gründen darf die Auskunft nicht verweigert werden.

(4) [1] Ist einem Aktionär wegen seiner Eigenschaft als Aktionär eine Auskunft außerhalb der Hauptversammlung gegeben worden, so ist sie jedem anderen Aktionär auf dessen Verlangen in der Hauptversammlung zu geben, auch wenn sie zur sachgemäßen Beurteilung des Gegenstands der Tagesordnung nicht erforderlich ist. [2] Im Fall der virtuellen Hauptversammlung ist zu gewährleisten, dass jeder elektronisch zu der Versammlung zugeschaltete Aktionär sein Verlangen nach Satz 1 im Wege der elektronischen Kommunikation übermitteln kann. [3] Der Vorstand darf die Auskunft nicht nach Absatz 3 Satz 1 Nr. 1 bis 4 verweigern. [4] Die Sätze 1 bis 3 gelten nicht, wenn ein Tochterunternehmen (§ 290 Abs. 1, 2 des Handelsgesetzbuchs), ein Gemeinschaftsunternehmen (§ 310 Abs. 1 des Handelsgesetzbuchs) oder ein assoziiertes Unternehmen (§ 311 Abs. 1 des Handelsgesetzbuchs) die Auskunft einem Mutterunternehmen (§ 290 Abs. 1, 2 des Handelsgesetzbuchs) zum Zwecke der Einbeziehung der Gesellschaft in den Konzernabschluß des Mutterunternehmens erteilt und die Auskunft für diesen Zweck benötigt wird.

(5) [1] Wird einem Aktionär eine Auskunft verweigert, so kann er verlangen, daß seine Frage und der Grund, aus dem die Auskunft verweigert worden ist, in die Niederschrift über die Verhandlung aufgenommen werden. [2] Im Fall der virtuellen Hauptversammlung ist zu gewährleisten, dass jeder elektronisch zu der Versammlung zugeschaltete Aktionär sein Verlangen nach Satz 1 im Wege der elektronischen Kommunikation übermitteln kann.

§ 132[1)] Gerichtliche Entscheidung über das Auskunftsrecht. (1) Ob der Vorstand die Auskunft zu geben hat, entscheidet auf Antrag ausschließlich das Landgericht, in dessen Bezirk die Gesellschaft ihren Sitz hat.

(2) [1] Antragsberechtigt ist jeder Aktionär, dem die verlangte Auskunft nicht gegeben worden ist, und, wenn über den Gegenstand der Tagesordnung, auf den sich die Auskunft bezog, Beschluß gefaßt worden ist, jeder in der Hauptversammlung erschienene Aktionär, der in der Hauptversammlung Widerspruch zur Niederschrift erklärt hat. [2] Im Fall der virtuellen Hauptversammlung sind folgende elektronisch zugeschaltete Aktionäre antragsberechtigt:

1. jeder Aktionär, dem die verlangte Auskunft nicht gegeben worden ist,
2. jeder Aktionär, der Widerspruch im Wege elektronischer Kommunikation erklärt hat, wenn über den Gegenstand der Tagesordnung, auf den sich die Auskunft bezog, Beschluss gefasst worden ist.

[3] Der Antrag ist binnen zwei Wochen nach der Hauptversammlung zu stellen, in der die Auskunft abgelehnt worden ist.

(3) [1] § 99 Abs. 1, 3 Satz 1, 2 und 4 bis 6 sowie Abs. 5 Satz 1 und 3 gilt entsprechend. [2] Die Beschwerde findet nur statt, wenn das Landgericht sie in der Entscheidung für zulässig erklärt. [3] § 70 Abs. 2 des Gesetzes über das Verfahren in Familiensachen und in den Angelegenheiten der freiwilligen Gerichtsbarkeit[2)] ist entsprechend anzuwenden.

(4) [1] Wird dem Antrag stattgegeben, so ist die Auskunft auch außerhalb der Hauptversammlung zu geben. [2] Aus der Entscheidung findet die Zwangsvollstreckung nach den Vorschriften der Zivilprozeßordnung[3)] statt.

(5) Das mit dem Verfahren befaßte Gericht bestimmt nach billigem Ermessen, welchem Beteiligten die Kosten des Verfahrens aufzuerlegen sind.

Vierter Unterabschnitt. Stimmrecht

§ 133 Grundsatz der einfachen Stimmenmehrheit. (1) Die Beschlüsse der Hauptversammlung bedürfen der Mehrheit der abgegebenen Stimmen (einfache Stimmenmehrheit), soweit nicht Gesetz oder Satzung eine größere Mehrheit oder weitere Erfordernisse bestimmen.

(2) Für Wahlen kann die Satzung andere Bestimmungen treffen.

[1)] § 132 Abs. 1 Sätze 2–4 aufgeh., Abs. 3 neu gef., Abs. 5 Sätze 3 und 4 geänd. mWv 1.9.2009 durch G v. 17.12.2008 (BGBl. I S. 2586); Abs. 5 Sätze 1–6 aufgeh. mWv 1.8.2013 durch G v. 23.7.2013 (BGBl. I S. 2586); Abs. 2 Satz 2 eingef., bish. Satz 2 wird Satz 3 mWv 27.7.2022 durch G v. 20.7.2022 (BGBl. I S. 1166).

[2)] Nr. **112**.

[3)] Nr. **100**.

eines Mutterunternehmens (§ 290 Abs. 1, 2 des Handelsgesetzbuchs[1)]) den Konzernabschluss nicht gebilligt, so entscheidet die Hauptversammlung über die Billigung.

(2) [1] Auf den Jahresabschluß sind bei der Feststellung die für seine Aufstellung geltenden Vorschriften anzuwenden. [2] Die Hauptversammlung darf bei der Feststellung des Jahresabschlusses nur die Beträge in Gewinnrücklagen einstellen, die nach Gesetz oder Satzung einzustellen sind.

(3) [1] Ändert die Hauptversammlung einen von einem Abschlußprüfer auf Grund gesetzlicher Verpflichtung geprüften Jahresabschluß, so werden vor der erneuten Prüfung nach § 316 Abs. 3 des Handelsgesetzbuchs von der Hauptversammlung gefaßte Beschlüsse über die Feststellung des Jahresabschlusses und die Gewinnverwendung erst wirksam, wenn auf Grund der erneuten Prüfung ein hinsichtlich der Änderungen uneingeschränkter Bestätigungsvermerk erteilt worden ist. [2] Sie werden nichtig, wenn nicht binnen zwei Wochen seit der Beschlußfassung ein hinsichtlich der Änderungen uneingeschränkter Bestätigungsvermerk erteilt wird.

Zweiter Unterabschnitt. Gewinnverwendung

§ 174[2)] [Beschluss über Gewinnverwendung] (1) [1] Die Hauptversammlung beschließt über die Verwendung des Bilanzgewinns. [2] Sie ist hierbei an den festgestellten Jahresabschluß gebunden.

(2) In dem Beschluß ist die Verwendung des Bilanzgewinns im einzelnen darzulegen, namentlich sind anzugeben

1. der Bilanzgewinn;
2. der an die Aktionäre auszuschüttende Betrag oder Sachwert;
3. die in Gewinnrücklagen einzustellenden Beträge;
4. ein Gewinnvortrag;
5. der zusätzliche Aufwand auf Grund des Beschlusses.

(3) Der Beschluß führt nicht zu einer Änderung des festgestellten Jahresabschlusses.

Dritter Unterabschnitt. Ordentliche Hauptversammlung

§ 175[3)] Einberufung. (1) [1] Unverzüglich nach Eingang des Berichts des Aufsichtsrats hat der Vorstand die Hauptversammlung zur Entgegennahme des festgestellten Jahresabschlusses und des Lageberichts, eines vom Aufsichtsrat gebilligten Einzelabschlusses nach § 325 Abs. 2a des Handelsgesetzbuchs[1)] sowie zur Beschlußfassung über die Verwendung eines Bilanzgewinns, bei einem Mutterunternehmen (§ 290 Abs. 1, 2 des Handelsgesetzbuchs) auch zur Entgegennahme des vom Aufsichtsrat gebilligten Konzernabschlusses und des Konzernlageberichts, einzuberufen. [2] Die Hauptversammlung hat in den ersten acht Monaten des Geschäftsjahrs stattzufinden.

[1)] Nr. **50**.

[2)] § 174 Abs. 2 Nr. 3 geänd. durch G v. 19.12.1985 (BGBl. I S. 2355); Abs. 2 Nr. 2 geänd. mWv 26.7.2002 durch G v. 19.7.2002 (BGBl. I S. 2681).

[3)] § 175 Abs. 1 Satz 1 geänd. durch G v. 19.12.1985 (BGBl. I S. 2355); Abs. 1 Satz 1 geänd., Abs. 2 Satz 3 und Abs. 4 Satz 2 angef., Abs. 3 Satz 1 neu gef. mWv 26.7.2002 durch G v. 19.7.2002 (BGBl. I S. 2681); Abs. 1 Satz 1 geänd. mWv 10.12.2004 durch G v. 4.12.2004 (BGBl. I S. 3166); Abs. 2 Satz 4 angef. mWv 1.1.2007 durch G v. 10.11.2006 (BGBl. I S. 2553); Abs. 3 Satz 1 geänd. mWv 1.9.2009 durch G v. 30.7.2009 (BGBl. I S. 2479); Abs. 2 Satz 1 neu gef. mWv 31.12.2015 durch G v. 22.12.2015 (BGBl. I S. 2565).

(2) [1] Der Jahresabschluss, ein vom Aufsichtsrat gebilligter Einzelabschluss nach § 325 Absatz 2a des Handelsgesetzbuchs, der Lagebericht, der Bericht des Aufsichtsrats und der Vorschlag des Vorstands für die Verwendung des Bilanzgewinns sind von der Einberufung an in dem Geschäftsraum der Gesellschaft zur Einsicht durch die Aktionäre auszulegen. [2] Auf Verlangen ist jedem Aktionär unverzüglich eine Abschrift der Vorlagen zu erteilen. [3] Bei einem Mutterunternehmen (§ 290 Abs. 1, 2 des Handelsgesetzbuchs) gelten die Sätze 1 und 2 auch für den Konzernabschluss, den Konzernlagebericht und den Bericht des Aufsichtsrats hierüber. [4] Die Verpflichtungen nach den Sätzen 1 bis 3 entfallen, wenn die dort bezeichneten Dokumente für denselben Zeitraum über die Internetseite der Gesellschaft zugänglich sind.

(3) [1] Hat die Hauptversammlung den Jahresabschluss festzustellen oder hat sie über die Billigung des Konzernabschlusses zu entscheiden, so gelten für die Einberufung der Hauptversammlung zur Feststellung des Jahresabschlusses oder zur Billigung des Konzernabschlusses und für das Zugänglichmachen der Vorlagen und die Erteilung von Abschriften die Absätze 1 und 2 sinngemäß. [2] Die Verhandlungen über die Feststellung des Jahresabschlusses und über die Verwendung des Bilanzgewinns sollen verbunden werden.

(4) [1] Mit der Einberufung der Hauptversammlung zur Entgegennahme des festgestellten Jahresabschlusses oder, wenn die Hauptversammlung den Jahresabschluß festzustellen hat, der Hauptversammlung zur Feststellung des Jahresabschlusses sind Vorstand und Aufsichtsrat an die in dem Bericht des Aufsichtsrats enthaltenen Erklärungen über den Jahresabschluß (§§ 172, 173 Abs. 1) gebunden. [2] Bei einem Mutterunternehmen (§ 290 Abs. 1, 2 des Handelsgesetzbuchs) gilt Satz 1 für die Erklärung des Aufsichtsrats über die Billigung des Konzernabschlusses entsprechend.

§ 176[1) 2)] **Vorlagen. Anwesenheit des Abschlußprüfers.** (1) [1] Der Vorstand hat der Hauptversammlung die in § 175 Abs. 2 genannten Vorlagen sowie bei börsennotierten Gesellschaften einen erläuternden Bericht zu den Angaben nach den §§ 289a und 315a des Handelsgesetzbuchs[3)] zugänglich zu machen. [2] Zu Beginn der Verhandlung soll der Vorstand seine Vorlagen, der Vorsitzende des Aufsichtsrats den Bericht des Aufsichtsrats erläutern. [3] Der Vorstand soll dabei auch zu einem Jahresfehlbetrag oder einem Verlust Stellung nehmen, der das Jahresergebnis wesentlich beeinträchtigt hat. [4] Satz 3 ist auf Kreditinstitute oder Wertpapierinstitute nicht anzuwenden.

(2) [1] Ist der Jahresabschluß von einem Abschlußprüfer zu prüfen, so hat der Abschlußprüfer an den Verhandlungen über die Feststellung des Jahresabschlusses teilzunehmen. [2] Satz 1 gilt entsprechend für die Verhandlungen über die Billigung eines Konzernabschlusses. [3] Der Abschlußprüfer ist nicht verpflichtet, einem Aktionär Auskunft zu erteilen.

[1)] § 176 Überschrift geänd., Abs. 1 Satz 3 und Abs. 2 neu gef. durch G v. 19.12.1985 (BGBl. I S. 2355); Abs. 1 Satz 4 angef. durch G v. 30.11.1990 (BGBl. I S. 2570); Abs. 2 Satz 2 eingef., bish. Satz 2 wird Satz 3 mWv 10.12.2004 durch G v. 4.12.2004 (BGBl. I S. 3166); Abs. 1 Satz 1 neu gef. mWv 1.9.2009 durch G v. 30.7.2009 (BGBl. I S. 2479); Abs. 1 Satz 1 geänd. mWv 19.4.2017 durch G v. 11.4.2017 (BGBl. I S. 802); Abs. 1 Satz 1 geänd. mWv 1.1.2020 durch G v. 12.12.2019 (BGBl. I S. 2637); Abs. 1 Satz 4 geänd. mWv 27.7.2022 durch G v. 20.7.2022 (BGBl. I S. 1166).

[2)] Beachte hierzu Übergangsregelung in § 26i EGAktG (Nr. **51a**).

[3)] Nr. **50**.

Vierter Abschnitt. Bekanntmachung des Jahresabschlusses

§§ 177, 178[1] *(aufgehoben)*

Sechster Teil. Satzungsänderung. Maßnahmen der Kapitalbeschaffung und Kapitalherabsetzung

Erster Abschnitt. Satzungsänderung

§ 179 Beschluß der Hauptversammlung. (1) [1] Jede Satzungsänderung bedarf eines Beschlusses der Hauptversammlung. [2] Die Befugnis zu Änderungen, die nur die Fassung betreffen, kann die Hauptversammlung dem Aufsichtsrat übertragen.

(2) [1] Der Beschluß der Hauptversammlung bedarf einer Mehrheit, die mindestens drei Viertel des bei der Beschlußfassung vertretenen Grundkapitals umfaßt. [2] Die Satzung kann eine andere Kapitalmehrheit, für eine Änderung des Gegenstands des Unternehmens jedoch nur eine größere Kapitalmehrheit bestimmen. [3] Sie kann weitere Erfordernisse aufstellen.

(3) [1] Soll das bisherige Verhältnis mehrerer Gattungen von Aktien zum Nachteil einer Gattung geändert werden, so bedarf der Beschluß der Hauptversammlung zu seiner Wirksamkeit der Zustimmung der benachteiligten Aktionäre. [2] Über die Zustimmung haben die benachteiligten Aktionäre einen Sonderbeschluß zu fassen. [3] Für diesen gilt Absatz 2.

§ 179a[2] **Verpflichtung zur Übertragung des ganzen Gesellschaftsvermögens.** (1) [1] Ein Vertrag, durch den sich eine Aktiengesellschaft zur Übertragung des ganzen Gesellschaftsvermögens verpflichtet, ohne daß die Übertragung unter die Vorschriften des Umwandlungsgesetzes[3] fällt, bedarf auch dann eines Beschlusses der Hauptversammlung nach § 179, wenn damit nicht eine Änderung des Unternehmensgegenstandes verbunden ist. [2] Die Satzung kann nur eine größere Kapitalmehrheit bestimmen.

(2) [1] Der Vertrag ist von der Einberufung der Hauptversammlung an, die über die Zustimmung beschließen soll, in dem Geschäftsraum der Gesellschaft zur Einsicht der Aktionäre auszulegen. [2] Auf Verlangen ist jedem Aktionär unverzüglich eine Abschrift zu erteilen. [3] Die Verpflichtungen nach den Sätzen 1 und 2 entfallen, wenn der Vertrag für denselben Zeitraum über die Internetseite der Gesellschaft zugänglich ist. [4] In der Hauptversammlung ist der Vertrag zugänglich zu machen. [5] Der Vorstand hat ihn zu Beginn der Verhandlung zu erläutern. [6] Der Niederschrift ist er als Anlage beizufügen.

(3) Wird aus Anlaß der Übertragung des Gesellschaftsvermögens die Gesellschaft aufgelöst, so ist der Anmeldung der Auflösung der Vertrag in Ausfertigung oder öffentlich beglaubigter Abschrift beizufügen.

§ 180 Zustimmung der betroffenen Aktionäre. (1) Ein Beschluß, der Aktionären Nebenverpflichtungen auferlegt, bedarf zu seiner Wirksamkeit der Zustimmung aller betroffenen Aktionäre.

(2) Gleiches gilt für einen Beschluß, durch den die Übertragung von Namensaktien oder Zwischenscheinen an die Zustimmung der Gesellschaft gebunden wird.

---

[1] §§ 177 und 178 aufgeh. durch G v. 19.12.1985 (BGBl. I S. 2355).

[2] § 179a eingef. durch G v. 28.10.1994 (BGBl. I S. 3210); Abs. 2 Satz 3 eingef., bish. Sätze 3–5 werden Sätze 4–6 und neuer Satz 4 geänd. mWv 1.9.2009 durch G v. 30.7.2009 (BGBl. I S. 2479).

[3] Nr. **52a**.

§ 181[1] **Eintragung der Satzungsänderung.** (1) [1]Der Vorstand hat die Satzungsänderung zur Eintragung in das Handelsregister anzumelden. [2]Der Anmeldung ist der vollständige Wortlaut der Satzung beizufügen; er muß mit der Bescheinigung eines Notars versehen sein, daß die geänderten Bestimmungen der Satzung mit dem Beschluß über die Satzungsänderung und die unveränderten Bestimmungen mit dem zuletzt zum Handelsregister eingereichten vollständigen Wortlaut der Satzung übereinstimmen.

(2) Soweit nicht die Änderung Angaben nach § 39 betrifft, genügt bei der Eintragung die Bezugnahme auf die beim Gericht eingereichten Urkunden.

(3) Die Änderung wird erst wirksam, wenn sie in das Handelsregister des Sitzes der Gesellschaft eingetragen worden ist.

Zweiter Abschnitt. Maßnahmen der Kapitalbeschaffung

Erster Unterabschnitt. Kapitalerhöhung gegen Einlagen

§ 182[2] **Voraussetzungen.** (1) [1]Eine Erhöhung des Grundkapitals gegen Einlagen kann nur mit einer Mehrheit beschlossen werden, die mindestens drei Viertel des bei der Beschlußfassung vertretenen Grundkapitals umfaßt. [2]Die Satzung kann eine andere Kapitalmehrheit, für die Ausgabe von Vorzugsaktien ohne Stimmrecht jedoch nur eine größere Kapitalmehrheit bestimmen. [3]Sie kann weitere Erfordernisse aufstellen. [4]Die Kapitalerhöhung kann nur durch Ausgabe neuer Aktien ausgeführt werden. [5]Bei Gesellschaften mit Stückaktien muß sich die Zahl der Aktien in demselben Verhältnis wie das Grundkapital erhöhen.

(2) [1]Sind mehrere Gattungen von stimmberechtigten Aktien vorhanden, so bedarf der Beschluß der Hauptversammlung zu seiner Wirksamkeit der Zustimmung der Aktionäre jeder Gattung. [2]Über die Zustimmung haben die Aktionäre jeder Gattung einen Sonderbeschluß zu fassen. [3]Für diesen gilt Absatz 1.

(3) Sollen die neuen Aktien für einen höheren Betrag als den geringsten Ausgabebetrag ausgegeben werden, so ist der Mindestbetrag, unter dem sie nicht ausgegeben werden sollen, im Beschluß über die Erhöhung des Grundkapitals festzusetzen.

(4) [1]Das Grundkapital soll nicht erhöht werden, solange ausstehende Einlagen auf das bisherige Grundkapital noch erlangt werden können. [2]Für Versicherungsgesellschaften kann die Satzung etwas anderes bestimmen. [3]Stehen Einlagen in verhältnismäßig unerheblichem Umfang aus, so hindert dies die Erhöhung des Grundkapitals nicht.

§ 183[3] **Kapitalerhöhung mit Sacheinlagen; Rückzahlung von Einlagen.** (1) [1]Wird eine Sacheinlage (§ 27 Abs. 1 und 2) gemacht, so müssen ihr Gegenstand, die Person, von der die Gesellschaft den Gegenstand erwirbt, und der Nennbetrag, bei Stückaktien die Zahl der bei der Sacheinlage zu gewährenden Aktien im Beschluß über die Erhöhung des Grundkapitals festgesetzt werden. [2]Der Beschluß darf nur gefaßt werden, wenn die Einbringung von Sacheinlagen

---

[1] § 181 Abs. 1 Satz 2 eingef., bish. Satz 2 wird Satz 3 durch G v. 15.8.1969 (BGBl. I S. 1146); Abs. 2 Satz 2 aufgeh. mWv 1.11.2008 durch G v. 23.10.2008 (BGBl. I S. 2026); Abs. 1 Satz 3 aufgeh. mWv 1.9. 2009 durch G v. 30.7.2009 (BGBl. I S. 2479).

[2] § 182 Abs. 2 Satz 1 geänd. durch G v. 2.8.1994 (BGBl. I S. 1961); Abs. 1 Satz 5 angef., Abs. 3 geänd. durch G v. 25.3.1998 (BGBl. I S. 590).

[3] § 183 Abs. 1 Satz 1 geänd., Abs. 3 angef. durch G v. 13.12.1978 (BGBl. I S. 1959); Abs. 1 Satz 1 geänd. durch G v. 25.3.1998 (BGBl. I S. 590); Überschrift und Abs. 1 Satz 2 geänd., Abs. 2 und Abs. 3 Satz 2 neu gef., Abs. 3 Satz 3 aufgeh. mWv 1.9.2009 durch G v. 30.7.2009 (BGBl. I S. 2479).

und die Festsetzungen nach Satz 1 ausdrücklich und ordnungsgemäß bekanntgemacht worden sind.

(2) § 27 Abs. 3 und 4 gilt entsprechend.

(3) [1] Bei der Kapitalerhöhung mit Sacheinlagen hat eine Prüfung durch einen oder mehrere Prüfer stattzufinden. [2] § 33 Abs. 3 bis 5, die §§ 34, 35 gelten sinngemäß.

§ 183a[1)] Kapitalerhöhung mit Sacheinlagen ohne Prüfung. (1) [1] Von einer Prüfung der Sacheinlage (§ 183 Abs. 3) kann unter den Voraussetzungen des § 33a abgesehen werden. [2] Wird hiervon Gebrauch gemacht, so gelten die folgenden Absätze.

(2) [1] Der Vorstand hat das Datum des Beschlusses über die Kapitalerhöhung sowie die Angaben nach § 37a Abs. 1 und 2 in den Gesellschaftsblättern bekannt zu machen. [2] Die Durchführung der Erhöhung des Grundkapitals darf nicht in das Handelsregister eingetragen werden vor Ablauf von vier Wochen seit der Bekanntmachung.

(3) [1] Liegen die Voraussetzungen des § 33a Abs. 2 vor, hat das Amtsgericht auf Antrag von Aktionären, die am Tag der Beschlussfassung über die Kapitalerhöhung gemeinsam fünf vom Hundert des Grundkapitals hielten und am Tag der Antragstellung noch halten, einen oder mehrere Prüfer zu bestellen. [2] Der Antrag kann bis zum Tag der Eintragung der Durchführung der Erhöhung des Grundkapitals (§ 189) gestellt werden. [3] Das Gericht hat vor der Entscheidung über den Antrag den Vorstand zu hören. [4] Gegen die Entscheidung ist die Beschwerde gegeben.

(4) Für das weitere Verfahren gelten § 33 Abs. 4 und 5, die §§ 34, 35 entsprechend.

§ 184[2)] Anmeldung des Beschlusses. (1) [1] Der Vorstand und der Vorsitzende des Aufsichtsrats haben den Beschluss über die Erhöhung des Grundkapitals zur Eintragung in das Handelsregister anzumelden. [2] In der Anmeldung ist anzugeben, welche Einlagen auf das bisherige Grundkapital noch nicht geleistet sind und warum sie nicht erlangt werden können. [3] Soll von einer Prüfung der Sacheinlage abgesehen werden und ist das Datum des Beschlusses der Kapitalerhöhung vorab bekannt gemacht worden (§ 183a Abs. 2), müssen die Anmeldenden in der Anmeldung nur noch versichern, dass ihnen seit der Bekanntmachung keine Umstände im Sinne von § 37a Abs. 2 bekannt geworden sind.

(2) Der Anmeldung sind der Bericht über die Prüfung von Sacheinlagen (§ 183 Abs. 3) oder die in § 37a Abs. 3 bezeichneten Anlagen beizufügen.

(3) [1] Das Gericht kann die Eintragung ablehnen, wenn der Wert der Sacheinlage nicht unwesentlich hinter dem geringsten Ausgabebetrag der dafür zu gewährenden Aktien zurückbleibt. [2] Wird von einer Prüfung der Sacheinlage nach § 183a Abs. 1 abgesehen, gilt § 38 Abs. 3 entsprechend.

§ 185[3)] Zeichnung der neuen Aktien. (1) [1] Die Zeichnung der neuen Aktien geschieht durch schriftliche Erklärung (Zeichnungsschein), aus der die Beteiligung nach der Zahl und bei Nennbetragsaktien dem Nennbetrag und, wenn mehrere Gattungen ausgegeben werden, der Gattung der Aktien hervorgehen muß. [2] Der Zeichnungsschein soll doppelt ausgestellt werden. [3] Er hat zu enthalten

---

1) § 183a eingef. mWv 1.9.2009 durch G v. 30.7.2009 (BGBl. I S. 2479).
2) § 184 neu gef. mWv 1.9.2009 durch G v. 30.7.2009 (BGBl. I S. 2479).
3) § 185 Abs. 1 Satz 1 und Satz 3 Nr. 3 geänd. durch G v. 25.3.1998 (BGBl. I S. 590).

1. den Tag, an dem die Erhöhung des Grundkapitals beschlossen worden ist;
2. den Ausgabebetrag der Aktien, den Betrag der festgesetzten Einzahlungen sowie den Umfang von Nebenverpflichtungen;
3. die bei einer Kapitalerhöhung mit Sacheinlagen vorgesehenen Festsetzungen und, wenn mehrere Gattungen ausgegeben werden, den auf jede Aktiengattung entfallenden Betrag des Grundkapitals;
4. den Zeitpunkt, an dem die Zeichnung unverbindlich wird, wenn nicht bis dahin die Durchführung der Erhöhung des Grundkapitals eingetragen ist.

(2) Zeichnungsscheine, die diese Angaben nicht vollständig oder die außer dem Vorbehalt in Absatz 1 Nr. 4 Beschränkungen der Verpflichtung des Zeichners enthalten, sind nichtig.

(3) Ist die Durchführung der Erhöhung des Grundkapitals eingetragen, so kann sich der Zeichner auf die Nichtigkeit oder Unverbindlichkeit des Zeichnungsscheins nicht berufen, wenn er auf Grund des Zeichnungsscheins als Aktionär Rechte ausgeübt oder Verpflichtungen erfüllt hat.

(4) Jede nicht im Zeichnungsschein enthaltene Beschränkung ist der Gesellschaft gegenüber unwirksam.

§ 186[1) 2)] Bezugsrecht. (1) [1]Jedem Aktionär muß auf sein Verlangen ein seinem Anteil an dem bisherigen Grundkapital entsprechender Teil der neuen Aktien zugeteilt werden. [2]Für die Ausübung des Bezugsrechts ist eine Frist von mindestens zwei Wochen zu bestimmen.

(2) [1]Der Vorstand hat den Ausgabebetrag oder die Grundlagen für seine Festlegung und zugleich eine Bezugsfrist gemäß Absatz 1 in den Gesellschaftsblättern bekannt zu machen und gemäß § 67a zu übermitteln. [2]Sind nur die Grundlagen der Festlegung angegeben, so hat er spätestens drei Tage vor Ablauf der Bezugsfrist den Ausgabebetrag in den Gesellschaftsblättern und über ein elektronisches Informationsmedium bekannt zu machen.

(3) [1]Das Bezugsrecht kann ganz oder zum Teil nur im Beschluß über die Erhöhung des Grundkapitals ausgeschlossen werden. [2]In diesem Fall bedarf der Beschluß neben den in Gesetz oder Satzung für die Kapitalerhöhung aufgestellten Erfordernissen einer Mehrheit, die mindestens drei Viertel des bei der Beschlußfassung vertretenen Grundkapitals umfaßt. [3]Die Satzung kann eine größere Kapitalmehrheit und weitere Erfordernisse bestimmen. [4]Ein Ausschluß des Bezugsrechts ist insbesondere dann zulässig, wenn die Kapitalerhöhung gegen Bareinlagen zehn vom Hundert des Grundkapitals nicht übersteigt und der Ausgabebetrag den Börsenpreis nicht wesentlich unterschreitet.

(4) [1]Ein Beschluß, durch den das Bezugsrecht ganz oder zum Teil ausgeschlossen wird, darf nur gefaßt werden, wenn die Ausschließung ausdrücklich und ordnungsgemäß bekanntgemacht worden ist. [2]Der Vorstand hat der Hauptversammlung einen schriftlichen Bericht über den Grund für den teilweisen oder vollständigen Ausschluß des Bezugsrechts zugänglich zu machen; in dem Bericht ist der vorgeschlagene Ausgabebetrag zu begründen.

[1)] § 186 Abs. 1 Satz 2 neu gef., Abs. 4 Satz 2 angef. durch G v. 13.12.1978 (BGBl. I S. 1959); Abs. 3 Satz 4 angef. durch G v. 2.8.1994 (BGBl. I S. 1961); Abs. 5 Sätze 1 und 2 geänd. durch G v. 22.10.1997 (BGBl. I S. 2567); Abs. 2 neu gef., Abs. 5 Satz 2 geänd. mWv 26.7.2002 durch G v. 19.7.2002 (BGBl. I S. 2681); Abs. 4 Sätze 1 und 2 geänd. mWv 1.9.2009 durch G v. 30.7.2009 (BGBl. I S. 2479); Abs. 2 Satz 1 geänd. mWv 1.1.2020 durch G v. 12.12.2019 (BGBl. I S. 2637); Abs. 5 Sätze 1 und 2 geänd. mWv 27.7.2022 durch G v. 20.7.2022 (BGBl. I S. 1166).

[2)] Beachte hierzu Übergangsvorschrift in § 26j EGAktG (Nr. **51a**).

(5) [1] Als Ausschluß des Bezugsrechts ist es nicht anzusehen, wenn nach dem Beschluß die neuen Aktien von einem Kreditinstitut, einem Wertpapierinstitut oder einem nach § 53 Abs. 1 Satz 1 oder § 53b Abs. 1 Satz 1 oder Abs. 7 des Gesetzes über das Kreditwesen[1)] tätigen Unternehmen mit der Verpflichtung übernommen werden sollen, sie den Aktionären zum Bezug anzubieten. [2] Der Vorstand hat dieses Bezugsangebot mit den Angaben gemäß Absatz 2 Satz 1 und einen endgültigen Ausgabebetrag gemäß Absatz 2 Satz 2 bekannt zu machen; gleiches gilt, wenn die neuen Aktien von einem anderen als einem Kreditinstitut, Wertpapierinstitut oder Unternehmen im Sinne des Satzes 1 mit der Verpflichtung übernommen werden sollen, sie den Aktionären zum Bezug anzubieten.

§ 187 Zusicherung von Rechten auf den Bezug neuer Aktien. (1) Rechte auf den Bezug neuer Aktien können nur unter Vorbehalt des Bezugsrechts der Aktionäre zugesichert werden.

(2) Zusicherungen vor dem Beschluß über die Erhöhung des Grundkapitals sind der Gesellschaft gegenüber unwirksam.

§ 188[2)] Anmeldung und Eintragung der Durchführung. (1) Der Vorstand und der Vorsitzende des Aufsichtsrats haben die Durchführung der Erhöhung des Grundkapitals zur Eintragung in das Handelsregister anzumelden.

(2) [1] Für die Anmeldung gelten sinngemäß § 36 Abs. 2, § 36a und § 37 Abs. 1. [2] Durch Gutschrift auf ein Konto des Vorstands kann die Einzahlung nicht geleistet werden.

(3) Der Anmeldung sind beizufügen

1. die Zweitschriften der Zeichnungsscheine und ein vom Vorstand unterschriebenes Verzeichnis der Zeichner, das die auf jeden entfallenden Aktien und die auf sie geleisteten Einzahlungen angibt;
2. bei einer Kapitalerhöhung mit Sacheinlagen die Verträge, die den Festsetzungen nach § 183 zugrunde liegen oder zu ihrer Ausführung geschlossen worden sind;
3. eine Berechnung der Kosten, die für die Gesellschaft durch die Ausgabe der neuen Aktien entstehen werden.

(4) Anmeldung und Eintragung der Durchführung der Erhöhung des Grundkapitals können mit Anmeldung und Eintragung des Beschlusses über die Erhöhung verbunden werden.

§ 189 Wirksamwerden der Kapitalerhöhung. Mit der Eintragung der Durchführung der Erhöhung des Grundkapitals ist das Grundkapital erhöht.

§ 190[3)] *(aufgehoben)*

§ 191 Verbotene Ausgabe von Aktien und Zwischenscheinen. [1] Vor der Eintragung der Durchführung der Erhöhung des Grundkapitals können die neuen Anteilsrechte nicht übertragen, neue Aktien und Zwischenscheine nicht ausgegeben werden. [2] Die vorher ausgegebenen neuen Aktien und Zwischenscheine sind

---

1) **Sartorius ErgBd. Nr. 856.**

2) § 188 Abs. 2 Satz 1 geänd., Abs. 4 aufgeh., bish. Abs. 5 und 6 werden Abs. 4 und 5 durch G v. 13.12. 1978 (BGBl. I S. 1959); Abs. 3 Nr. 2 geänd. durch G v. 2.8.1994 (BGBl. I S. 1961); Abs. 3 einl. Satzteil geänd., Abs. 5 aufgeh. mWv 1.1.2007 durch G v. 10.11.2006 (BGBl. I S. 2553); Abs. 3 Nr. 3 geänd., Nr. 4 aufgeh. mWv 1.9.2009 durch G v. 30.7.2009 (BGBl. I S. 2479).

3) § 190 aufgeh. mWv 1.1.2007 durch G v. 10.11.2006 (BGBl. I S. 2553).

nichtig. [3]Für den Schaden aus der Ausgabe sind die Ausgeber den Inhabern als Gesamtschuldner verantwortlich.

Zweiter Unterabschnitt. Bedingte Kapitalerhöhung

§ 192[1)] Voraussetzungen. (1) Die Hauptversammlung kann eine Erhöhung des Grundkapitals beschließen, die nur so weit durchgeführt werden soll, wie von einem Umtausch- oder Bezugsrecht Gebrauch gemacht wird, das die Gesellschaft hat oder auf die neuen Aktien (Bezugsaktien) einräumt (bedingte Kapitalerhöhung).

(2) Die bedingte Kapitalerhöhung soll nur zu folgenden Zwecken beschlossen werden:

1. zur Gewährung von Umtausch- oder Bezugsrechten auf Grund von Wandelschuldverschreibungen;
2. zur Vorbereitung des Zusammenschlusses mehrerer Unternehmen;
3. zur Gewährung von Bezugsrechten an Arbeitnehmer und Mitglieder der Geschäftsführung der Gesellschaft oder eines verbundenen Unternehmens im Wege des Zustimmungs- oder Ermächtigungsbeschlusses.

(3) [1]Der Nennbetrag des bedingten Kapitals darf die Hälfte und der Nennbetrag des nach Absatz 2 Nr. 3 beschlossenen Kapitals den zehnten Teil des Grundkapitals, das zur Zeit der Beschlußfassung über die bedingte Kapitalerhöhung vorhanden ist, nicht übersteigen. [2]§ 182 Abs. 1 Satz 5 gilt sinngemäß. [3]Satz 1 gilt nicht für eine bedingte Kapitalerhöhung nach Absatz 2 Nummer 1, die nur zu dem Zweck beschlossen wird, der Gesellschaft einen Umtausch zu ermöglichen, zu dem sie für den Fall ihrer drohenden Zahlungsunfähigkeit oder zum Zweck der Abwendung einer Überschuldung berechtigt ist. [4]Ist die Gesellschaft ein Institut im Sinne des § 1 Absatz 1b des Kreditwesengesetzes[2)], gilt Satz 1 ferner nicht für eine bedingte Kapitalerhöhung nach Absatz 2 Nummer 1, die zu dem Zweck beschlossen wird, der Gesellschaft einen Umtausch zur Erfüllung bankaufsichtsrechtlicher oder zum Zweck der Restrukturierung oder Abwicklung erlassener Anforderungen zu ermöglichen. [5]Eine Anrechnung von bedingtem Kapital, auf das Satz 3 oder Satz 4 Anwendung findet, auf sonstiges bedingtes Kapital erfolgt nicht.

(4) Ein Beschluß der Hauptversammlung, der dem Beschluß über die bedingte Kapitalerhöhung entgegensteht, ist nichtig.

(5) Die folgenden Vorschriften über das Bezugsrecht gelten sinngemäß für das Umtauschrecht.

§ 193[3)] Erfordernisse des Beschlusses. (1) [1]Der Beschluß über die bedingte Kapitalerhöhung bedarf einer Mehrheit, die mindestens drei Viertel des bei der Beschlußfassung vertretenen Grundkapitals umfaßt. [2]Die Satzung kann eine größere Kapitalmehrheit und weitere Erfordernisse bestimmen. [3]§ 182 Abs. 2 und § 187 Abs. 2 gelten.

(2) Im Beschluß müssen auch festgestellt werden

1. der Zweck der bedingten Kapitalerhöhung;

[1)] § 192 Abs. 3 Satz 2 angef. durch G v. 25.3.1998 (BGBl. I S. 590); Abs. 2 Nr. 3 neu gef., Abs. 3 geänd. durch G v. 27.4.1998 (BGBl. I S. 786); Abs. 1 und Abs. 2 Nr. 1 geänd., Abs. 3 Sätze 3–5 angef. mWv 31.12.2015 durch G v. 22.12.2015 (BGBl. I S. 2565).

[2)] **Sartorius ErgBd. Nr. 856.**

[3)] § 193 Abs. 2 Nr. 4 angef. durch G v. 27.4.1998 (BGBl. I S. 786); Abs. 2 Nr. 3 neu gef. mWv 1.9. 2009 durch G v. 30.7.2009 (BGBl. I S. 2479); Abs. 2 Nr. 4 geänd. mWv 5.8.2009 durch G v. 31.7.2009 (BGBl. I S. 2509).

2. der Kreis der Bezugsberechtigten;
3. der Ausgabebetrag oder die Grundlagen, nach denen dieser Betrag errechnet wird; bei einer bedingten Kapitalerhöhung für die Zwecke des § 192 Abs. 2 Nr. 1 genügt es, wenn in dem Beschluss oder in dem damit verbundenen Beschluss nach § 221 der Mindestausgabebetrag oder die Grundlagen für die Festlegung des Ausgabebetrags oder des Mindestausgabebetrags bestimmt werden; sowie
4. bei Beschlüssen nach § 192 Abs. 2 Nr. 3 auch die Aufteilung der Bezugsrechte auf Mitglieder der Geschäftsführungen und Arbeitnehmer, Erfolgsziele, Erwerbs- und Ausübungszeiträume und Wartezeit für die erstmalige Ausübung (mindestens vier Jahre).

§ 194[1)] Bedingte Kapitalerhöhung mit Sacheinlagen; Rückzahlung von Einlagen. (1) [1] Wird eine Sacheinlage gemacht, so müssen ihr Gegenstand, die Person, von der die Gesellschaft den Gegenstand erwirbt, und der Nennbetrag, bei Stückaktien die Zahl der bei der Sacheinlage zu gewährenden Aktien im Beschluß über die bedingte Kapitalerhöhung festgesetzt werden. [2] Als Sacheinlage gilt nicht der Umtausch von Schuldverschreibungen gegen Bezugsaktien. [3] Der Beschluß darf nur gefaßt werden, wenn die Einbringung von Sacheinlagen ausdrücklich und ordnungsgemäß bekanntgemacht worden ist.

(2) § 27 Abs. 3 und 4 gilt entsprechend; an die Stelle des Zeitpunkts der Anmeldung nach § 27 Abs. 3 Satz 3 und der Eintragung nach § 27 Abs. 3 Satz 4 tritt jeweils der Zeitpunkt der Ausgabe der Bezugsaktien.

(3) Die Absätze 1 und 2 gelten nicht für die Einlage von Geldforderungen, die Arbeitnehmern der Gesellschaft aus einer ihnen von der Gesellschaft eingeräumten Gewinnbeteiligung zustehen.

(4) [1] Bei der Kapitalerhöhung mit Sacheinlagen hat eine Prüfung durch einen oder mehrere Prüfer stattzufinden. [2] § 33 Abs. 3 bis 5, die §§ 34, 35 gelten sinngemäß.

(5) § 183a gilt entsprechend.

§ 195[2)] Anmeldung des Beschlusses. (1) [1] Der Vorstand und der Vorsitzende des Aufsichtsrats haben den Beschluß über die bedingte Kapitalerhöhung zur Eintragung in das Handelsregister anzumelden. [2] § 184 Abs. 1 Satz 3 gilt entsprechend.

(2) Der Anmeldung sind beizufügen

1. bei einer bedingten Kapitalerhöhung mit Sacheinlagen die Verträge, die den Festsetzungen nach § 194 zugrunde liegen oder zu ihrer Ausführung geschlossen worden sind, und der Bericht über die Prüfung von Sacheinlagen (§ 194 Abs. 4) oder die in § 37a Abs. 3 bezeichneten Anlagen;

[1)] § 194 Abs. 4 angef. durch G v. 13.12.1978 (BGBl. I S. 1959); Abs. 1 Satz 1, Abs. 2 Satz 3 geänd. durch G v. 25.3.1998 (BGBl. I S. 590); Überschrift und Abs. 1 Satz 3 geänd., Abs. 2 und Abs. 4 Satz 2 neu gef., Abs. 4 Satz 3 aufgeh., Abs. 5 angef. mWv 1.9.2009 durch G v. 30.7.2009 (BGBl. I S. 2479); Abs. 1 Satz 2 neu gef. mWv 31.12.2015 durch G v. 22.12.2015 (BGBl. I S. 2565).

[2)] § 195 Abs. 2 Nr. 1 neu gef., Abs. 3 aufgeh., bish. Abs. 4 wird Abs. 3 durch G v. 13.12.1978 (BGBl. I S. 1959); Abs. 2 einl. Satzteil geänd., Abs. 3 aufgeh. mWv 1.1.2007 durch G v. 10.11.2006 (BGBl. I S. 2553); Abs. 1 Satz 2 angef., Abs. 2 Nr. 1 und 2 geänd., Nr. 3 aufgeh., Abs. 3 angef. mWv 1.9.2009 durch G v. 30.7.2009 (BGBl. I S. 2479); Abs. 1 Satz 2 geänd. mWv 31.12.2015 durch G v. 22.12.2015 (BGBl. I S. 2565).

2. eine Berechnung der Kosten, die für die Gesellschaft durch die Ausgabe der Bezugsaktien entstehen werden.

(3) [1] Das Gericht kann die Eintragung ablehnen, wenn der Wert der Sacheinlage nicht unwesentlich hinter dem geringsten Ausgabebetrag der dafür zu gewährenden Aktien zurückbleibt. [2] Wird von einer Prüfung der Sacheinlage nach § 183a Abs. 1 abgesehen, gilt § 38 Abs. 3 entsprechend.

§ 196[1)] *(aufgehoben)*

§ 197 Verbotene Aktienausgabe. [1] Vor der Eintragung des Beschlusses über die bedingte Kapitalerhöhung können die Bezugsaktien nicht ausgegeben werden. [2] Ein Anspruch des Bezugsberechtigten entsteht vor diesem Zeitpunkt nicht. [3] Die vorher ausgegebenen Bezugsaktien sind nichtig. [4] Für den Schaden aus der Ausgabe sind die Ausgeber den Inhabern als Gesamtschuldner verantwortlich.

§ 198[2)] **Bezugserklärung.** (1) [1] Das Bezugsrecht wird durch schriftliche Erklärung ausgeübt. [2] Die Erklärung (Bezugserklärung) soll doppelt ausgestellt werden. [3] Sie hat die Beteiligung nach der Zahl und bei Nennbetragsaktien dem Nennbetrag und, wenn mehrere Gattungen ausgegeben werden, der Gattung der Aktien, die Feststellungen nach § 193 Abs. 2, die nach § 194 bei der Einbringung von Sacheinlagen vorgesehenen Festsetzungen sowie den Tag anzugeben, an dem der Beschluß über die bedingte Kapitalerhöhung gefaßt worden ist.

(2) [1] Die Bezugserklärung hat die gleiche Wirkung wie eine Zeichnungserklärung. [2] Bezugserklärungen, deren Inhalt nicht dem Absatz 1 entspricht oder die Beschränkungen der Verpflichtung des Erklärenden enthalten, sind nichtig.

(3) Werden Bezugsaktien ungeachtet der Nichtigkeit einer Bezugserklärung ausgegeben, so kann sich der Erklärende auf die Nichtigkeit nicht berufen, wenn er auf Grund der Bezugserklärung als Aktionär Rechte ausgeübt oder Verpflichtungen erfüllt hat.

(4) Jede nicht in der Bezugserklärung enthaltene Beschränkung ist der Gesellschaft gegenüber unwirksam.

§ 199[3)] **Ausgabe der Bezugsaktien.** (1) Der Vorstand darf die Bezugsaktien nur in Erfüllung des im Beschluß über die bedingte Kapitalerhöhung festgesetzten Zwecks und nicht vor der vollen Leistung des Gegenwerts ausgeben, der sich aus dem Beschluß ergibt.

(2) [1] Der Vorstand darf Bezugsaktien gegen Wandelschuldverschreibungen nur ausgeben, wenn der Unterschied zwischen dem Ausgabebetrag der zum Umtausch eingereichten Schuldverschreibungen und dem höheren geringsten Ausgabebetrag der für sie zu gewährenden Bezugsaktien aus einer anderen Gewinnrücklage, soweit sie zu diesem Zweck verwandt werden kann, oder durch Zuzahlung des Umtauschberechtigten gedeckt ist. [2] Dies gilt nicht, wenn der Gesamtbetrag, zu dem die Schuldverschreibungen ausgegeben sind, den geringsten Ausgabebetrag der Bezugsaktien insgesamt erreicht oder übersteigt.

§ 200 Wirksamwerden der bedingten Kapitalerhöhung. Mit der Ausgabe der Bezugsaktien ist das Grundkapital erhöht.

---

1) § 196 aufgeh. mWv 1.1.2007 durch G v. 10.11.2006 (BGBl. I S. 2553).

2) § 198 Abs. 1 Satz 3 geänd. durch G v. 25.3.1998 (BGBl. I S. 590).

3) § 199 Abs. 2 Satz 1 geänd. durch G v. 19.12.1985 (BGBl. I S. 2355); Abs. 2 Sätze 1 und 2 geänd. durch G v. 25.3.1998 (BGBl. I S. 590).

§ 201[1] **Anmeldung der Ausgabe von Bezugsaktien.** (1) Der Vorstand meldet ausgegebene Bezugsaktien zur Eintragung in das Handelsregister mindestens einmal jährlich bis spätestens zum Ende des auf den Ablauf des Geschäftsjahrs folgenden Kalendermonats an.

(2) [1]Der Anmeldung sind die Zweitschriften der Bezugserklärungen und ein vom Vorstand unterschriebenes Verzeichnis der Personen, die das Bezugsrecht ausgeübt haben, beizufügen. [2]Das Verzeichnis hat die auf jeden Aktionär entfallenden Aktien und die auf sie gemachten Einlagen anzugeben.

(3) In der Anmeldung hat der Vorstand zu erklären, daß die Bezugsaktien nur in Erfüllung des im Beschluß über die bedingte Kapitalerhöhung festgesetzten Zwecks und nicht vor der vollen Leistung des Gegenwerts ausgegeben worden sind, der sich aus dem Beschluß ergibt.

Dritter Unterabschnitt. Genehmigtes Kapital

§ 202[2] **Voraussetzungen.** (1) Die Satzung kann den Vorstand für höchstens fünf Jahre nach Eintragung der Gesellschaft ermächtigen, das Grundkapital bis zu einem bestimmten Nennbetrag (genehmigtes Kapital) durch Ausgabe neuer Aktien gegen Einlagen zu erhöhen.

(2) [1]Die Ermächtigung kann auch durch Satzungsänderung für höchstens fünf Jahre nach Eintragung der Satzungsänderung erteilt werden. [2]Der Beschluß der Hauptversammlung bedarf einer Mehrheit, die mindestens drei Viertel des bei der Beschlußfassung vertretenen Grundkapitals umfaßt. [3]Die Satzung kann eine größere Kapitalmehrheit und weitere Erfordernisse bestimmen. [4]§ 182 Abs. 2 gilt.

(3) [1]Der Nennbetrag des genehmigten Kapitals darf die Hälfte des Grundkapitals, das zur Zeit der Ermächtigung vorhanden ist, nicht übersteigen. [2]Die neuen Aktien sollen nur mit Zustimmung des Aufsichtsrats ausgegeben werden. [3]§ 182 Abs. 1 Satz 5 gilt sinngemäß.

(4) Die Satzung kann auch vorsehen, daß die neuen Aktien an Arbeitnehmer der Gesellschaft ausgegeben werden.

§ 203 Ausgabe der neuen Aktien. (1) [1]Für die Ausgabe der neuen Aktien gelten sinngemäß, soweit sich aus den folgenden Vorschriften nichts anderes ergibt, §§ 185 bis 191 über die Kapitalerhöhung gegen Einlagen. [2]An die Stelle des Beschlusses über die Erhöhung des Grundkapitals tritt die Ermächtigung der Satzung zur Ausgabe neuer Aktien.

(2) [1]Die Ermächtigung kann vorsehen, daß der Vorstand über den Ausschluß des Bezugsrechts entscheidet. [2]Wird eine Ermächtigung, die dies vorsieht, durch Satzungsänderung erteilt, so gilt § 186 Abs. 4 sinngemäß.

(3) [1]Die neuen Aktien sollen nicht ausgegeben werden, solange ausstehende Einlagen auf das bisherige Grundkapital noch erlangt werden können. [2]Für Versicherungsgesellschaften kann die Satzung etwas anderes bestimmen. [3]Stehen Einlagen in verhältnismäßig unerheblichem Umfang aus, so hindert dies die Ausgabe der neuen Aktien nicht. [4]In der ersten Anmeldung der Durchführung der Erhöhung des Grundkapitals ist anzugeben, welche Einlagen auf das bisherige Grundkapital noch nicht geleistet sind und warum sie nicht erlangt werden können.

---

[1] § 201 Abs. 2 Satz 1 geänd., Abs. 4 aufgeh. mWv 1.1.2007 durch G v. 10.11.2006 (BGBl. I S. 2553); Abs. 1 neu gef. mWv 31.12.2015 durch G v. 22.12.2015 (BGBl. I S. 2565).

[2] § 202 Abs. 3 Satz 3 angef. durch G v. 25.3.1998 (BGBl. I S. 590).

(4) Absatz 3 Satz 1 und 4 gilt nicht, wenn die Aktien an Arbeitnehmer der Gesellschaft ausgegeben werden.

§ 204[1)] Bedingungen der Aktienausgabe. (1) [1] Über den Inhalt der Aktienrechte und die Bedingungen der Aktienausgabe entscheidet der Vorstand, soweit die Ermächtigung keine Bestimmungen enthält. [2] Die Entscheidung des Vorstands bedarf der Zustimmung des Aufsichtsrats; gleiches gilt für die Entscheidung des Vorstands nach § 203 Abs. 2 über den Ausschluß des Bezugsrechts.

(2) Sind Vorzugsaktien ohne Stimmrecht vorhanden, so können Vorzugsaktien, die bei der Verteilung des Gewinns oder des Gesellschaftsvermögens ihnen vorgehen oder gleichstehen, nur ausgegeben werden, wenn die Ermächtigung es vorsieht.

(3) [1] Weist ein Jahresabschluß, der mit einem uneingeschränkten Bestätigungsvermerk versehen ist, einen Jahresüberschuß aus, so können Aktien an Arbeitnehmer der Gesellschaft auch in der Weise ausgegeben werden, daß die auf sie zu leistende Einlage aus dem Teil des Jahresüberschusses gedeckt wird, den nach § 58 Abs. 2 Vorstand und Aufsichtsrat in andere Gewinnrücklagen einstellen könnten. [2] Für die Ausgabe der neuen Aktien gelten die Vorschriften über eine Kapitalerhöhung gegen Bareinlagen, ausgenommen § 188 Abs. 2. [3] Der Anmeldung der Durchführung der Erhöhung des Grundkapitals ist außerdem der festgestellte Jahresabschluß mit Bestätigungsvermerk beizufügen. [4] Die Anmeldenden haben ferner die Erklärung nach § 210 Abs. 1 Satz 2 abzugeben.

§ 205[2)] Ausgabe gegen Sacheinlagen; Rückzahlung von Einlagen.

(1) Gegen Sacheinlagen dürfen Aktien nur ausgegeben werden, wenn die Ermächtigung es vorsieht.

(2) [1] Der Gegenstand der Sacheinlage, die Person, von der die Gesellschaft den Gegenstand erwirbt, und der Nennbetrag, bei Stückaktien die Zahl der bei der Sacheinlage zu gewährenden Aktien sind, wenn sie nicht in der Ermächtigung festgesetzt sind, vom Vorstand festzusetzen und in den Zeichnungsschein aufzunehmen. [2] Der Vorstand soll die Entscheidung nur mit Zustimmung des Aufsichtsrats treffen.

(3) § 27 Abs. 3 und 4 gilt entsprechend.

(4) Die Absätze 2 und 3 gelten nicht für die Einlage von Geldforderungen, die Arbeitnehmern der Gesellschaft aus einer ihnen von der Gesellschaft eingeräumten Gewinnbeteiligung zustehen.

(5) [1] Bei Ausgabe der Aktien gegen Sacheinlagen hat eine Prüfung durch einen oder mehrere Prüfer stattzufinden; § 33 Abs. 3 bis 5, die §§ 34, 35 gelten sinngemäß. [2] § 183a ist entsprechend anzuwenden. [3] Anstelle des Datums des Beschlusses über die Kapitalerhöhung hat der Vorstand seine Entscheidung über die Ausgabe neuer Aktien gegen Sacheinlagen sowie die Angaben nach § 37a Abs. 1 und 2 in den Gesellschaftsblättern bekannt zu machen.

(6) Soweit eine Prüfung der Sacheinlage nicht stattfindet, gilt für die Anmeldung der Durchführung der Kapitalerhöhung zur Eintragung in das Handelsregister (§ 203 Abs. 1 Satz 1, § 188) auch § 184 Abs. 1 Satz 3 und Abs. 2 entsprechend.

---

1) § 204 Abs. 3 Satz 1 geänd. durch G v. 19.12.1985 (BGBl. I S. 2355).

2) § 205 Abs. 3 eingef., bish. Abs. 3 und 4 werden Abs. 4 und 5 durch G v. 13.12.1978 (BGBl. I S. 1959); Abs. 2 Satz 1 geänd. durch G v. 25.3.1998 (BGBl. I S. 590); Überschrift geänd., Abs. 3 neu gef., Abs. 4 aufgeh., bish. Abs. 5 wird Abs. 4, Abs. 5–7 angef. mWv 1.9.2009 durch G v. 30.7.2009 (BGBl. I S. 2479).

(7) [1] Das Gericht kann die Eintragung ablehnen, wenn der Wert der Sacheinlage nicht unwesentlich hinter dem geringsten Ausgabebetrag der dafür zu gewährenden Aktien zurückbleibt. [2] Wird von einer Prüfung der Sacheinlage nach § 183a Abs. 1 abgesehen, gilt § 38 Abs. 3 entsprechend.

§ 206[1)] Verträge über Sacheinlagen vor Eintragung der Gesellschaft. [1] Sind vor Eintragung der Gesellschaft Verträge geschlossen worden, nach denen auf das genehmigte Kapital eine Sacheinlage zu leisten ist, so muß die Satzung die Festsetzungen enthalten, die für eine Ausgabe gegen Sacheinlagen vorgeschrieben sind. [2] Dabei gelten sinngemäß § 27 Abs. 3 und 5, die §§ 32 bis 35, 37 Abs. 4 Nr. 2, 4 und 5, die §§ 37a, 38 Abs. 2 und 3 sowie § 49 über die Gründung der Gesellschaft. [3] An die Stelle der Gründer tritt der Vorstand und an die Stelle der Anmeldung und Eintragung der Gesellschaft die Anmeldung und Eintragung der Durchführung der Erhöhung des Grundkapitals.

Vierter Unterabschnitt. Kapitalerhöhung aus Gesellschaftsmitteln

§ 207[2)] Voraussetzungen. (1) Die Hauptversammlung kann eine Erhöhung des Grundkapitals durch Umwandlung der Kapitalrücklage und von Gewinnrücklagen in Grundkapital beschließen.

(2) [1] Für den Beschluß und für die Anmeldung des Beschlusses gelten § 182 Abs. 1, § 184 Abs. 1 sinngemäß. [2] Gesellschaften mit Stückaktien können ihr Grundkapital auch ohne Ausgabe neuer Aktien erhöhen; der Beschluß über die Kapitalerhöhung muß die Art der Erhöhung angeben.

(3) Dem Beschluß ist eine Bilanz zugrunde zu legen.

§ 208[3)] Umwandlungsfähigkeit von Kapital- und Gewinnrücklagen.

(1) [1] Die Kapitalrücklage und die Gewinnrücklagen, die in Grundkapital umgewandelt werden sollen, müssen in der letzten Jahresbilanz und, wenn dem Beschluß eine andere Bilanz zugrunde gelegt wird, auch in dieser Bilanz unter „Kapitalrücklage" oder „Gewinnrücklagen" oder im letzten Beschluß über die Verwendung des Jahresüberschusses oder des Bilanzgewinns als Zuführung zu diesen Rücklagen ausgewiesen sein. [2] Vorbehaltlich des Absatzes 2 können andere Gewinnrücklagen und deren Zuführungen in voller Höhe, die Kapitalrücklage und die gesetzliche Rücklage sowie deren Zuführungen nur, soweit sie zusammen den zehnten oder den in der Satzung bestimmten höheren Teil des bisherigen Grundkapitals übersteigen, in Grundkapital umgewandelt werden.

(2) [1] Die Kapitalrücklage und die Gewinnrücklagen sowie deren Zuführungen können nicht umgewandelt werden, soweit in der zugrunde gelegten Bilanz ein Verlust einschließlich eines Verlustvortrags ausgewiesen ist. [2] Gewinnrücklagen und deren Zuführungen, die für einen bestimmten Zweck bestimmt sind, dürfen nur umgewandelt werden, soweit dies mit ihrer Zweckbestimmung vereinbar ist.

§ 209[4) 5)] Zugrunde gelegte Bilanz. (1) Dem Beschluß kann die letzte Jahresbilanz zugrunde gelegt werden, wenn die Jahresbilanz geprüft und die festgestellte

---

[1)] § 206 Satz 2 neu gef. mWv 1.9.2009 durch G v. 30.7.2009 (BGBl. I S. 2479).

[2)] § 207 Abs. 1 geänd. durch G v. 19.12.1985 (BGBl. I S. 2355); Abs. 2 Satz 1 geänd., Satz 2 angef. durch G v. 25.3.1998 (BGBl. I S. 590); Abs. 3 aufgeh., bish. Abs. 4 wird Abs. 3 mWv 26.7.2002 durch G v. 19.7.2002 (BGBl. I S. 2681).

[3)] § 208 neu gef. durch G v. 19.12.1985 (BGBl. I S. 2355).

[4)] § 209 Abs. 1, Abs. 2 Satz 1 und Abs. 3 Satz 1 geänd., Abs. 4 Satz 1 neu gef., Abs. 4 Satz 2 geänd. durch G v. 19.12.1985 (BGBl. I S. 2355); Abs. 4 Satz 2 geänd. durch G v. 27.4.1998 (BGBl. I S. 786); →

Jahresbilanz mit dem uneingeschränkten Bestätigungsvermerk des Abschlußprüfers versehen ist und wenn ihr Stichtag höchstens acht Monate vor der Anmeldung des Beschlusses zur Eintragung in das Handelsregister liegt.

(2) [1] Wird dem Beschluß nicht die letzte Jahresbilanz zugrunde gelegt, so muß die Bilanz §§ 150, 152 dieses Gesetzes, §§ 242 bis 256a, 264 bis 274a des Handelsgesetzbuchs[1)] entsprechen. [2] Der Stichtag der Bilanz darf höchstens acht Monate vor der Anmeldung des Beschlusses zur Eintragung in das Handelsregister liegen.

(3) [1] Die Bilanz muß durch einen Abschlußprüfer darauf geprüft werden, ob sie §§ 150, 152 dieses Gesetzes, §§ 242 bis 256a, 264 bis 274a des Handelsgesetzbuchs entspricht. [2] Sie muß mit einem uneingeschränkten Bestätigungsvermerk versehen sein.

(4) [1] Wenn die Hauptversammlung keinen anderen Prüfer wählt, gilt der Prüfer als gewählt, der für die Prüfung des letzten Jahresabschlusses von der Hauptversammlung gewählt oder vom Gericht bestellt worden ist. [2] Soweit sich aus der Besonderheit des Prüfungsauftrags nichts anderes ergibt, sind auf die Prüfung § 318 Abs. 1 Satz 3 und 4, § 319 Abs. 1 bis 4, § 319b Abs. 1, § 320 Abs. 1, 2, §§ 321, 322 Abs. 7 und § 323 des Handelsgesetzbuchs sowie bei einer Gesellschaft, die Unternehmen von öffentlichem Interesse nach § 316a Satz 2 des Handelsgesetzbuchs ist, auch Artikel 5 Absatz 1 der Verordnung (EU) Nr. 537/2014 entsprechend anzuwenden.

(5) Soweit sich aus der Besonderheit des Prüfungsauftrags nichts anderes ergibt, ist auf die Prüfung der Bilanz von Versicherungsgesellschaften § 341k des Handelsgesetzbuchs anzuwenden.

(6) Im Fall der Absätze 2 bis 5 gilt für das Zugänglichmachen der Bilanz und für die Erteilung von Abschriften § 175 Abs. 2 sinngemäß.

§ 210[2)] Anmeldung und Eintragung des Beschlusses. (1) [1] Der Anmeldung des Beschlusses zur Eintragung in das Handelsregister ist die der Kapitalerhöhung zugrunde gelegte Bilanz mit Bestätigungsvermerk, im Fall des § 209 Abs. 2 bis 6 außerdem die letzte Jahresbilanz, sofern sie noch nicht nach § 325 Abs. 1 des Handelsgesetzbuchs[1)] eingereicht ist, beizufügen. [2] Die Anmeldenden haben dem Gericht gegenüber zu erklären, daß nach ihrer Kenntnis seit dem Stichtag der zugrunde gelegten Bilanz bis zum Tag der Anmeldung keine Vermögensminderung eingetreten ist, die der Kapitalerhöhung entgegenstünde, wenn sie am Tag der Anmeldung beschlossen worden wäre.

(2) Das Gericht darf den Beschluß nur eintragen, wenn die der Kapitalerhöhung zugrunde gelegte Bilanz auf einen höchstens acht Monate vor der Anmeldung liegenden Stichtag aufgestellt und eine Erklärung nach Absatz 1 Satz 2 abgegeben worden ist.

(3) Das Gericht braucht nicht zu prüfen, ob die Bilanzen den gesetzlichen Vorschriften entsprechen.

(Fortsetzung der Anm. von voriger Seite)
Abs. 4 Satz 2 geänd. mWv 10.12.2004 durch G v. 4.12.2004 (BGBl. I S. 3166); Abs. 2 Satz 1, Abs. 3 Satz 1 und Abs. 4 Satz 2 geänd. mWv 29.5.2009 durch G v. 25.5.2009 (BGBl. I S. 1102); Abs. 6 geänd. mWv 1.9.2009 durch G v. 30.7.2009 (BGBl. I S. 2479); Abs. 2 Satz 1 und Abs. 3 Satz 1 geänd. mWv 23.7.2015 durch G v. 17.7.2015 (BGBl. I S. 1245); Abs. 4 Satz 2 geänd., Abs. 5 neu gef. mWv 1.7.2021 durch G v. 3.6.2021 (BGBl. I S. 1534).

[5)] Beachte hierzu Übergangsvorschrift in § 26k EGAktG (Nr. **51a**).

[1)] Nr. **50**.

[2)] § 210 Abs. 1 Satz 1 geänd., Abs. 5 aufgeh. mWv 1.1.2007 durch G v. 10.11.2006 (BGBl. I S. 2553).

(4) Bei der Eintragung des Beschlusses ist anzugeben, daß es sich um eine Kapitalerhöhung aus Gesellschaftsmitteln handelt.

§ 211[1)] Wirksamwerden der Kapitalerhöhung. (1) Mit der Eintragung des Beschlusses über die Erhöhung des Grundkapitals ist das Grundkapital erhöht.

(2) *(aufgehoben)*

§ 212[2)] Aus der Kapitalerhöhung Berechtigte. [1] Neue Aktien stehen den Aktionären im Verhältnis ihrer Anteile am bisherigen Grundkapital zu. [2] Ein entgegenstehender Beschluß der Hauptversammlung ist nichtig.

§ 213 Teilrechte. (1) Führt die Kapitalerhöhung dazu, daß auf einen Anteil am bisherigen Grundkapital nur ein Teil einer neuen Aktie entfällt, so ist dieses Teilrecht selbständig veräußerlich und vererblich.

(2) Die Rechte aus einer neuen Aktie einschließlich des Anspruchs auf Ausstellung einer Aktienurkunde können nur ausgeübt werden, wenn Teilrechte, die zusammen eine volle Aktie ergeben, in einer Hand vereinigt sind oder wenn sich mehrere Berechtigte, deren Teilrechte zusammen eine volle Aktie ergeben, zur Ausübung der Rechte zusammenschließen.

§ 214[3) 4)] Aufforderung an die Aktionäre. (1) [1] Nach der Eintragung des Beschlusses über die Erhöhung des Grundkapitals durch Ausgabe neuer Aktien hat der Vorstand unverzüglich die Aktionäre aufzufordern, die neuen Aktien abzuholen. [2] Die Aufforderung ist in den Gesellschaftsblättern bekanntzumachen und gemäß § 67a zu übermitteln. [3] In der Bekanntmachung ist anzugeben,

1. um welchen Betrag das Grundkapital erhöht worden ist,
2. in welchem Verhältnis auf die alten Aktien neue Aktien entfallen.

[4] In der Bekanntmachung ist ferner darauf hinzuweisen, daß die Gesellschaft berechtigt ist, Aktien, die nicht innerhalb eines Jahres seit der Bekanntmachung der Aufforderung abgeholt werden, nach dreimaliger Androhung für Rechnung der Beteiligten zu verkaufen.

(2) [1] Nach Ablauf eines Jahres seit der Bekanntmachung der Aufforderung hat die Gesellschaft den Verkauf der nicht abgeholten Aktien anzudrohen. [2] Die Androhung ist dreimal in Abständen von mindestens einem Monat in den Gesellschaftsblättern bekanntzumachen. [3] Die letzte Bekanntmachung muß vor dem Ablauf von achtzehn Monaten seit der Bekanntmachung der Aufforderung ergehen.

(3) [1] Nach Ablauf eines Jahres seit der letzten Bekanntmachung der Androhung hat die Gesellschaft die nicht abgeholten Aktien für Rechnung der Beteiligten zum Börsenpreis und beim Fehlen eines Börsenpreises durch öffentliche Versteigerung zu verkaufen. [2] § 226 Abs. 3 Satz 2 bis 6 gilt sinngemäß.

(4) [1] Die Absätze 1 bis 3 gelten sinngemäß für Gesellschaften, die keine Aktienurkunden ausgegeben haben. [2] Die Gesellschaften haben die Aktionäre aufzufordern, sich die neuen Aktien zuteilen zu lassen.

[1)] § 211 Abs. 2 aufgeh. durch G v. 28.10.1994 (BGBl. I S. 3210).

[2)] § 212 Satz 1 geänd. durch G v. 25.3.1998 (BGBl. I S. 590).

[3)] § 214 Abs. 1 Satz 1 geänd. durch G v. 25.3.1998 (BGBl. I S. 590); Abs. 3 Satz 1 geänd. mWv 1.7.2002 durch G v. 21.6.2002 (BGBl. I S. 2010); Abs. 1 Satz 2 geänd. mWv 1.1.2020 durch G v. 12.12.2019 (BGBl. I S. 2637).

[4)] Beachte hierzu Übergangsvorschrift in § 26j EGAktG (Nr. **51a**).

§ 215[1] **Eigene Aktien. Teileingezahlte Aktien.** (1) Eigene Aktien nehmen an der Erhöhung des Grundkapitals teil.

(2) [1] Teileingezahlte Aktien nehmen entsprechend ihrem Anteil am Grundkapital an der Erhöhung des Grundkapitals teil. [2] Bei ihnen kann die Kapitalerhöhung nicht durch Ausgabe neuer Aktien ausgeführt werden, bei Nennbetragsaktien wird deren Nennbetrag erhöht. [3] Sind neben teileingezahlten Aktien volleingezahlte Aktien vorhanden, so kann bei volleingezahlten Nennbetragsaktien die Kapitalerhöhung durch Erhöhung des Nennbetrags der Aktien und durch Ausgabe neuer Aktien ausgeführt werden; der Beschluß über die Erhöhung des Grundkapitals muß die Art der Erhöhung angeben. [4] Soweit die Kapitalerhöhung durch Erhöhung des Nennbetrags der Aktien ausgeführt wird, ist sie so zu bemessen, daß durch sie auf keine Aktie Beträge entfallen, die durch eine Erhöhung des Nennbetrags der Aktien nicht gedeckt werden können.

§ 216[2] **Wahrung der Rechte der Aktionäre und Dritter.** (1) Das Verhältnis der mit den Aktien verbundenen Rechte zueinander wird durch die Kapitalerhöhung nicht berührt.

(2) [1] Soweit sich einzelne Rechte teileingezahlter Aktien, insbesondere die Beteiligung am Gewinn oder das Stimmrecht, nach der auf die Aktie geleisteten Einlage bestimmen, stehen diese Rechte den Aktionären bis zur Leistung der noch ausstehenden Einlagen nur nach der Höhe der geleisteten Einlage, erhöht um den auf den Nennbetrag des Grundkapitals berechneten Hundertsatz der Erhöhung des Grundkapitals zu. [2] Werden weitere Einzahlungen geleistet, so erweitern sich diese Rechte entsprechend. [3] Im Fall des § 271 Abs. 3 gelten die Erhöhungsbeträge als voll eingezahlt.

(3) [1] Der wirtschaftliche Inhalt vertraglicher Beziehungen der Gesellschaft zu Dritten, die von der Gewinnausschüttung der Gesellschaft, dem Nennbetrag oder Wert ihrer Aktien oder ihres Grundkapitals oder sonst von den bisherigen Kapital- oder Gewinnverhältnissen abhängen, wird durch die Kapitalerhöhung nicht berührt. [2] Gleiches gilt für Nebenverpflichtungen der Aktionäre.

§ 217[3] **Beginn der Gewinnbeteiligung.** (1) Neue Aktien nehmen, wenn nichts anderes bestimmt ist, am Gewinn des ganzen Geschäftsjahrs teil, in dem die Erhöhung des Grundkapitals beschlossen worden ist.

(2) [1] Im Beschluß über die Erhöhung des Grundkapitals kann bestimmt werden, daß die neuen Aktien bereits am Gewinn des letzten vor der Beschlußfassung über die Kapitalerhöhung abgelaufenen Geschäftsjahrs teilnehmen. [2] In diesem Fall ist die Erhöhung des Grundkapitals zu beschließen, bevor über die Verwendung des Bilanzgewinns des letzten vor der Beschlußfassung abgelaufenen Geschäftsjahrs Beschluß gefaßt ist. [3] Der Beschluß über die Verwendung des Bilanzgewinns des letzten vor der Beschlußfassung über die Kapitalerhöhung abgelaufenen Geschäftsjahrs wird erst wirksam, wenn das Grundkapital erhöht ist. [4] Der Beschluß über die Erhöhung des Grundkapitals und der Beschluß über die Verwendung des Bilanzgewinns des letzten vor der Beschlußfassung über die Kapitalerhöhung abgelaufenen Geschäftsjahrs sind nichtig, wenn der Beschluß über die Kapitalerhöhung nicht binnen drei Monaten nach der Beschlußfassung in das Handelsregister einge-

---

[1] § 215 Abs. 2 Sätze 1 und 3 geänd., Satz 2 neu gef. durch G v. 25.3.1998 (BGBl. I S. 590).

[2] § 216 Abs. 1 Satz 2 aufgeh. mWv 1.11.2008 durch G v. 23.10.2008 (BGBl. I S. 2026).

[3] § 217 Abs. 1 geänd. durch G v. 25.3.1998 (BGBl. I S. 590); Abs. 2 Satz 5 geänd. mWv 1.9.2009 durch G v. 30.7.2009 (BGBl. I S. 2479).

tragen worden ist. [5]Der Lauf der Frist ist gehemmt, solange eine Anfechtungs- oder Nichtigkeitsklage rechtshängig ist.

§ 218[1)] Bedingtes Kapital. [1]Bedingtes Kapital erhöht sich im gleichen Verhältnis wie das Grundkapital. [2]Ist das bedingte Kapital zur Gewährung von Umtauschrechten an Gläubiger von Wandelschuldverschreibungen beschlossen worden, so ist zur Deckung des Unterschieds zwischen dem Ausgabebetrag der Schuldverschreibungen und dem höheren geringsten Ausgabebetrag der für sie zu gewährenden Bezugsaktien insgesamt eine Sonderrücklage zu bilden, soweit nicht Zuzahlungen der Umtauschberechtigten vereinbart sind.

§ 219 Verbotene Ausgabe von Aktien und Zwischenscheinen. Vor der Eintragung des Beschlusses über die Erhöhung des Grundkapitals in das Handelsregister dürfen neue Aktien und Zwischenscheine nicht ausgegeben werden.

§ 220[2)] Wertansätze. [1]Als Anschaffungskosten der vor der Erhöhung des Grundkapitals erworbenen Aktien und der auf sie entfallenen neuen Aktien gelten die Beträge, die sich für die einzelnen Aktien ergeben, wenn die Anschaffungskosten der vor der Erhöhung des Grundkapitals erworbenen Aktien auf diese und auf die auf sie entfallenen neuen Aktien nach dem Verhältnis der Anteile am Grundkapital verteilt werden. [2]Der Zuwachs an Aktien ist nicht als Zugang auszuweisen.

Fünfter Unterabschnitt. Wandelschuldverschreibungen. Gewinnschuldverschreibungen

§ 221[3)] [Wandel-, Gewinnschuldverschreibungen] (1) [1]Schuldverschreibungen, bei denen den Gläubigern oder der Gesellschaft ein Umtausch- oder Bezugsrecht auf Aktien eingeräumt wird (Wandelschuldverschreibungen), und Schuldverschreibungen, bei denen die Rechte der Gläubiger mit Gewinnanteilen von Aktionären in Verbindung gebracht werden (Gewinnschuldverschreibungen), dürfen nur auf Grund eines Beschlusses der Hauptversammlung ausgegeben werden. [2]Der Beschluß bedarf einer Mehrheit, die mindestens drei Viertel des bei der Beschlußfassung vertretenen Grundkapitals umfaßt. [3]Die Satzung kann eine andere Kapitalmehrheit und weitere Erfordernisse bestimmen. [4]§ 182 Abs. 2 gilt.

(2) [1]Eine Ermächtigung des Vorstandes zur Ausgabe von Wandelschuldverschreibungen kann höchstens für fünf Jahre erteilt werden. [2]Der Vorstand und der Vorsitzende des Aufsichtsrats haben den Beschluß über die Ausgabe der Wandelschuldverschreibungen sowie eine Erklärung über deren Ausgabe beim Handelsregister zu hinterlegen. [3]Ein Hinweis auf den Beschluß und die Erklärung ist in den Gesellschaftsblättern bekanntzumachen.

(3) Absatz 1 gilt sinngemäß für die Gewährung von Genußrechten.

(4) [1]Auf Wandelschuldverschreibungen, Gewinnschuldverschreibungen und Genußrechte haben die Aktionäre ein Bezugsrecht. [2]Die §§ 186 und 193 Abs. 2 Nr. 4 gelten sinngemäß.

[1)] § 218 Satz 2 geänd. durch G v. 25.3.1998 (BGBl. I S. 590).
[2)] § 220 Satz 1 geänd. durch G v. 25.3.1998 (BGBl. I S. 590).
[3)] § 221 Abs. 2 eingef., bish. Abs. 2 und 3 werden Abs. 3 und 4 durch G v. 13.12.1978 (BGBl. I S. 1959); Abs. 4 Satz 2 neu gef. mWv 1.11.2005 durch G v. 22.9.2005 (BGBl. I S. 2802); Abs. 1 Satz 1 geänd. mWv 31.12.2015 durch G v. 22.12.2015 (BGBl. I S. 2565).

Dritter Abschnitt. Maßnahmen der Kapitalherabsetzung

Erster Unterabschnitt. Ordentliche Kapitalherabsetzung

§ 222[1)] Voraussetzungen. (1) [1]Eine Herabsetzung des Grundkapitals kann nur mit einer Mehrheit beschlossen werden, die mindestens drei Viertel des bei der Beschlußfassung vertretenen Grundkapitals umfaßt. [2]Die Satzung kann eine größere Kapitalmehrheit und weitere Erfordernisse bestimmen.

(2) [1]Sind mehrere Gattungen von stimmberechtigten Aktien vorhanden, so bedarf der Beschluß der Hauptversammlung zu seiner Wirksamkeit der Zustimmung der Aktionäre jeder Gattung. [2]Über die Zustimmung haben die Aktionäre jeder Gattung einen Sonderbeschluß zu fassen. [3]Für diesen gilt Absatz 1.

(3) In dem Beschluß ist festzusetzen, zu welchem Zweck die Herabsetzung stattfindet, namentlich ob Teile des Grundkapitals zurückgezahlt werden sollen.

(4) [1]Die Herabsetzung des Grundkapitals erfordert bei Gesellschaften mit Nennbetragsaktien die Herabsetzung des Nennbetrags der Aktien. [2]Soweit der auf die einzelne Aktie entfallende anteilige Betrag des herabgesetzten Grundkapitals den Mindestbetrag nach § 8 Abs. 2 Satz 1 oder Abs. 3 Satz 3 unterschreiten würde, erfolgt die Herabsetzung durch Zusammenlegung der Aktien. [3]Der Beschluß muß die Art der Herabsetzung angeben.

§ 223 Anmeldung des Beschlusses. Der Vorstand und der Vorsitzende des Aufsichtsrats haben den Beschluß über die Herabsetzung des Grundkapitals zur Eintragung in das Handelsregister anzumelden.

§ 224 Wirksamwerden der Kapitalherabsetzung. Mit der Eintragung des Beschlusses über die Herabsetzung des Grundkapitals ist das Grundkapital herabgesetzt.

§ 225[2)] Gläubigerschutz. (1) [1]Den Gläubigern, deren Forderungen begründet worden sind, bevor die Eintragung des Beschlusses bekanntgemacht worden ist, ist, wenn sie sich binnen sechs Monaten nach der Bekanntmachung zu diesem Zweck melden, Sicherheit zu leisten, soweit sie nicht Befriedigung verlangen können. [2]Die Gläubiger sind in einer Bekanntmachung zu der Eintragung auf dieses Recht hinzuweisen. [3]Das Recht, Sicherheitsleistung zu verlangen, steht Gläubigern nicht zu, die im Fall des Insolvenzverfahrens ein Recht auf vorzugsweise Befriedigung aus einer Deckungsmasse haben, die nach gesetzlicher Vorschrift zu ihrem Schutz errichtet und staatlich überwacht ist.

(2) [1]Zahlungen an die Aktionäre dürfen auf Grund der Herabsetzung des Grundkapitals erst geleistet werden, nachdem seit der Bekanntmachung der Eintragung sechs Monate verstrichen sind und nachdem den Gläubigern, die sich rechtzeitig gemeldet haben, Befriedigung oder Sicherheit gewährt worden ist. [2]Auch eine Befreiung der Aktionäre von der Verpflichtung zur Leistung von Einlagen wird nicht vor dem bezeichneten Zeitpunkt und nicht vor Befriedigung oder Sicherstellung der Gläubiger wirksam, die sich rechtzeitig gemeldet haben.

(3) Das Recht der Gläubiger, Sicherheitsleistung zu verlangen, ist unabhängig davon, ob Zahlungen an die Aktionäre auf Grund der Herabsetzung des Grundkapitals geleistet werden.

---

1) § 222 Abs. 2 Satz 1 geänd. durch G v. 2.8.1994 (BGBl. I S. 1961); Abs. 4 neu gef. durch G v. 25.3. 1998 (BGBl. I S. 590).

2) § 225 Abs. 1 Satz 3 geänd. durch G v. 5.10.1994 (BGBl. I S. 2911); Abs. 1 Satz 2 neu gef. mWv 1.8. 2022 durch G v. 5.7.2021 (BGBl. I S. 3338).

§ 226 Kraftloserklärung von Aktien[1]. (1) [1]Sollen zur Durchführung der Herabsetzung des Grundkapitals Aktien durch Umtausch, Abstempelung oder durch ein ähnliches Verfahren zusammengelegt werden, so kann die Gesellschaft die Aktien für kraftlos erklären, die trotz Aufforderung nicht bei ihr eingereicht worden sind. [2]Gleiches gilt für eingereichte Aktien, welche die zum Ersatz durch neue Aktien nötige Zahl nicht erreichen und der Gesellschaft nicht zur Verwertung für Rechnung der Beteiligten zur Verfügung gestellt sind.

(2) [1]Die Aufforderung, die Aktien einzureichen, hat die Kraftloserklärung anzudrohen. [2]Die Kraftloserklärung kann nur erfolgen, wenn die Aufforderung in der in § 64 Abs. 2 für die Nachfrist vorgeschriebenen Weise bekanntgemacht worden ist. [3]Die Kraftloserklärung geschieht durch Bekanntmachung in den Gesellschaftsblättern. [4]In der Bekanntmachung sind die für kraftlos erklärten Aktien so zu bezeichnen, daß sich aus der Bekanntmachung ohne weiteres ergibt, ob eine Aktie für kraftlos erklärt ist.

(3) [1]Die neuen Aktien, die an Stelle der für kraftlos erklärten Aktien auszugeben sind, hat die Gesellschaft unverzüglich für Rechnung der Beteiligten zum Börsenpreis und beim Fehlen eines Börsenpreises durch öffentliche Versteigerung zu verkaufen. [2]Ist von der Versteigerung am Sitz der Gesellschaft kein angemessener Erfolg zu erwarten, so sind die Aktien an einem geeigneten Ort zu verkaufen. [3]Zeit, Ort und Gegenstand der Versteigerung sind öffentlich bekanntzumachen. [4]Die Beteiligten sind besonders zu benachrichtigen; die Benachrichtigung kann unterbleiben, wenn sie untunlich ist. [5]Bekanntmachung und Benachrichtigung müssen mindestens zwei Wochen vor der Versteigerung ergehen. [6]Der Erlös ist den Beteiligten auszuzahlen oder, wenn ein Recht zur Hinterlegung besteht, zu hinterlegen.

§ 227 Anmeldung der Durchführung. (1) Der Vorstand hat die Durchführung der Herabsetzung des Grundkapitals zur Eintragung in das Handelsregister anzumelden.

(2) Anmeldung und Eintragung der Durchführung der Herabsetzung des Grundkapitals können mit Anmeldung und Eintragung des Beschlusses über die Herabsetzung verbunden werden.

§ 228[2] Herabsetzung unter den Mindestnennbetrag. (1) Das Grundkapital kann unter den in § 7 bestimmten Mindestnennbetrag herabgesetzt werden, wenn dieser durch eine Kapitalerhöhung wieder erreicht wird, die zugleich mit der Kapitalherabsetzung beschlossen ist und bei der Sacheinlagen nicht festgesetzt sind.

(2) [1]Die Beschlüsse sind nichtig, wenn sie und die Durchführung der Erhöhung nicht binnen sechs Monaten nach der Beschlußfassung in das Handelsregister eingetragen worden sind. [2]Der Lauf der Frist ist gehemmt, solange eine Anfechtungs- oder Nichtigkeitsklage rechtshängig ist. [3]Die Beschlüsse und die Durchführung der Erhöhung des Grundkapitals sollen nur zusammen in das Handelsregister eingetragen werden.

Zweiter Unterabschnitt. Vereinfachte Kapitalherabsetzung

§ 229[3] Voraussetzungen. (1) [1]Eine Herabsetzung des Grundkapitals, die dazu dienen soll, Wertminderungen auszugleichen, sonstige Verluste zu decken oder

[1] § 226 Abs. 3 Satz 1 geänd. mWv 1.7.2002 durch G v. 21.6.2002 (BGBl. I S. 2010).
[2] § 228 Abs. 2 Satz 2 geänd. mWv 1.9.2009 durch G v. 30.7.2009 (BGBl. I S. 2479).
[3] § 229 Abs. 1 Satz 1 geänd. und Abs. 2 Satz 1 neu gef. durch G v. 19.12.1985 (BGBl. I S. 2355).

Beträge in die Kapitalrücklage einzustellen, kann in vereinfachter Form vorgenommen werden. [2] Im Beschluß ist festzusetzen, daß die Herabsetzung zu diesen Zwecken stattfindet.

(2) [1] Die vereinfachte Kapitalherabsetzung ist nur zulässig, nachdem der Teil der gesetzlichen Rücklage und der Kapitalrücklage, um den diese zusammen über zehn vom Hundert des nach der Herabsetzung verbleibenden Grundkapitals hinausgehen, sowie die Gewinnrücklagen vorweg aufgelöst sind. [2] Sie ist nicht zulässig, solange ein Gewinnvortrag vorhanden ist.

(3) § 222 Abs. 1, 2 und 4, §§ 223, 224, 226 bis 228 über die ordentliche Kapitalherabsetzung gelten sinngemäß.

§ 230[1)] Verbot von Zahlungen an die Aktionäre. [1] Die Beträge, die aus der Auflösung der Kapital- oder Gewinnrücklagen und aus der Kapitalherabsetzung gewonnen werden, dürfen nicht zu Zahlungen an die Aktionäre und nicht dazu verwandt werden, die Aktionäre von der Verpflichtung zur Leistung von Einlagen zu befreien. [2] Sie dürfen nur verwandt werden, um Wertminderungen auszugleichen, sonstige Verluste zu decken und Beträge in die Kapitalrücklage oder in die gesetzliche Rücklage einzustellen. [3] Auch eine Verwendung zu einem dieser Zwecke ist nur zulässig, soweit sie im Beschluß als Zweck der Herabsetzung angegeben ist.

§ 231[2)] Beschränkte Einstellung in die Kapitalrücklage und in die gesetzliche Rücklage. [1] Die Einstellung der Beträge, die aus der Auflösung von anderen Gewinnrücklagen gewonnen werden, in die gesetzliche Rücklage und der Beträge, die aus der Kapitalherabsetzung gewonnen werden, in die Kapitalrücklage ist nur zulässig, soweit die Kapitalrücklage und die gesetzliche Rücklage zusammen zehn vom Hundert des Grundkapitals nicht übersteigen. [2] Als Grundkapital gilt dabei der Nennbetrag, der sich durch die Herabsetzung ergibt, mindestens aber der in § 7 bestimmte Mindestnennbetrag. [3] Bei der Bemessung der zulässigen Höhe bleiben Beträge, die in der Zeit nach der Beschlußfassung über die Kapitalherabsetzung in die Kapitalrücklage einzustellen sind, auch dann außer Betracht, wenn ihre Zahlung auf einem Beschluß beruht, der zugleich mit dem Beschluß über die Kapitalherabsetzung gefaßt wird.

§ 232[3)] Einstellung von Beträgen in die Kapitalrücklage bei zu hoch angenommenen Verlusten. Ergibt sich bei Aufstellung der Jahresbilanz für das Geschäftsjahr, in dem der Beschluß über die Kapitalherabsetzung gefaßt wurde, oder für eines der beiden folgenden Geschäftsjahre, daß Wertminderungen und sonstige Verluste in der bei der Beschlußfassung angenommenen Höhe tatsächlich nicht eingetreten oder ausgeglichen waren, so ist der Unterschiedsbetrag in die Kapitalrücklage einzustellen.

§ 233[4) 5)] Gewinnausschüttung. Gläubigerschutz. (1) [1] Gewinn darf nicht ausgeschüttet werden, bevor die gesetzliche Rücklage und die Kapitalrücklage

---

[1)] § 230 Sätze 1 und 2 geänd. durch G v. 19.12.1985 (BGBl. I S. 2355).

[2)] § 231 neu gef. durch G v. 19.12.1985 (BGBl. I S. 2355).

[3)] § 232 Überschrift und Wortlaut geänd. durch G v. 19.12.1985 (BGBl. I S. 2355).

[4)] § 233 Abs. 1 Satz 1 neu gef., Abs. 2 Satz 4 und Abs. 3 geänd. durch G v. 19.12.1985 (BGBl. I S. 2355); Abs. 2 Satz 3 geänd. durch G v. 5.10.1994 (BGBl. I S. 2911); Abs. 2 Satz 4 geänd. mWv 1.1.2007 durch G v. 10.11.2006 (BGBl. I S. 2553); Abs. 2 Satz 2 geänd., Satz 4 neu gef. mWv 1.8.2022 durch G v. 5.7.2021 (BGBl. I S. 3338).

[5)] Beachte hierzu Übergangsvorschrift in § 26m EGAktG (Nr. **51a**).

zusammen zehn vom Hundert des Grundkapitals erreicht haben. [2]Als Grundkapital gilt dabei der Nennbetrag, der sich durch die Herabsetzung ergibt, mindestens aber der in § 7 bestimmte Mindestnennbetrag.

(2) [1]Die Zahlung eines Gewinnanteils von mehr als vier vom Hundert ist erst für ein Geschäftsjahr zulässig, das später als zwei Jahre nach der Beschlußfassung über die Kapitalherabsetzung beginnt. [2]Dies gilt nicht, wenn die Gläubiger, deren Forderungen vor der Bekanntmachung der Eintragung des Beschlusses begründet worden waren, befriedigt oder sichergestellt sind, soweit sie sich binnen sechs Monaten, nachdem der der Gewinnverteilung zugrundeliegende Jahresabschluss in das Unternehmensregister eingestellt worden ist, zu diesem Zweck gemeldet haben. [3]Einer Sicherstellung der Gläubiger bedarf es nicht, die im Fall des Insolvenzverfahrens ein Recht auf vorzugsweise Befriedigung aus einer Deckungsmasse haben, die nach gesetzlicher Vorschrift zu ihrem Schutz errichtet und staatlich überwacht ist. [4]Die Gläubiger sind auf die Befriedigung und Sicherstellung durch eine gesonderte Erklärung hinzuweisen, die der das Unternehmensregister führenden Stelle gemeinsam mit dem Jahresabschluss elektronisch zur Einstellung in das Unternehmensregister zu übermitteln ist.

(3) Die Beträge, die aus der Auflösung von Kapital- und Gewinnrücklagen und aus der Kapitalherabsetzung gewonnen sind, dürfen auch nach diesen Vorschriften nicht als Gewinn ausgeschüttet werden.

§ 234[1)] Rückwirkung der Kapitalherabsetzung. (1) Im Jahresabschluß für das letzte vor der Beschlußfassung über die Kapitalherabsetzung abgelaufene Geschäftsjahr können das gezeichnete Kapital sowie die Kapital- und Gewinnrücklagen in der Höhe ausgewiesen werden, in der sie nach der Kapitalherabsetzung bestehen sollen.

(2) [1]In diesem Fall beschließt die Hauptversammlung über die Feststellung des Jahresabschlusses. [2]Der Beschluß soll zugleich mit dem Beschluß über die Kapitalherabsetzung gefaßt werden.

(3) [1]Die Beschlüsse sind nichtig, wenn der Beschluß über die Kapitalherabsetzung nicht binnen drei Monaten nach der Beschlußfassung in das Handelsregister eingetragen worden ist. [2]Der Lauf der Frist ist gehemmt, solange eine Anfechtungs- oder Nichtigkeitsklage rechtshängig ist.

§ 235[2)] Rückwirkung einer gleichzeitigen Kapitalerhöhung. (1) [1]Wird im Fall des § 234 zugleich mit der Kapitalherabsetzung eine Erhöhung des Grundkapitals beschlossen, so kann auch die Kapitalerhöhung in dem Jahresabschluß als vollzogen berücksichtigt werden. [2]Die Beschlußfassung ist nur zulässig, wenn die neuen Aktien gezeichnet, keine Sacheinlagen festgesetzt sind und wenn auf jede Aktie die Einzahlung geleistet ist, die nach § 188 Abs. 2 zur Zeit der Anmeldung der Durchführung der Kapitalerhöhung bewirkt sein muß. [3]Die Zeichnung und die Einzahlung sind dem Notar nachzuweisen, der den Beschluß über die Erhöhung des Grundkapitals beurkundet.

(2) [1]Sämtliche Beschlüsse sind nichtig, wenn die Beschlüsse über die Kapitalherabsetzung und die Kapitalerhöhung und die Durchführung der Erhöhung nicht binnen drei Monaten nach der Beschlußfassung in das Handelsregister eingetragen

---

[1)] § 234 Abs. 1 neu gef. durch G v. 19.12.1985 (BGBl. I S. 2355); Abs. 3 Satz 2 geänd. mWv 1.9.2009 durch G v. 30.7.2009 (BGBl. I S. 2479).

[2)] § 235 Abs. 1 Satz 3 geänd. durch G v. 28.8.1969 (BGBl. I S. 1513); Abs. 2 Satz 2 geänd. mWv 1.9.2009 durch G v. 30.7.2009 (BGBl. I S. 2479).

worden sind. [2]Der Lauf der Frist ist gehemmt, solange eine Anfechtungs- oder Nichtigkeitsklage rechtshängig ist. [3]Die Beschlüsse und die Durchführung der Erhöhung des Grundkapitals sollen nur zusammen in das Handelsregister eingetragen werden.

§ 236[1] **Offenlegung.** Die Offenlegung des Jahresabschlusses nach § 325 des Handelsgesetzbuchs[2] darf im Fall des § 234 erst nach Eintragung des Beschlusses über die Kapitalherabsetzung, im Fall des § 235 erst ergehen, nachdem die Beschlüsse über die Kapitalherabsetzung und Kapitalerhöhung und die Durchführung der Kapitalerhöhung eingetragen worden sind.

Dritter Unterabschnitt.[3] **Kapitalherabsetzung durch Einziehung von Aktien. Ausnahme für Stückaktien**

§ 237[4] [5] **Voraussetzungen.** (1) [1]Aktien können zwangsweise oder nach Erwerb durch die Gesellschaft eingezogen werden. [2]Eine Zwangseinziehung ist nur zulässig, wenn sie in der ursprünglichen Satzung oder durch eine Satzungsänderung vor Übernahme oder Zeichnung der Aktien angeordnet oder gestattet war.

(2) [1]Bei der Einziehung sind die Vorschriften über die ordentliche Kapitalherabsetzung zu befolgen. [2]In der Satzung oder in dem Beschluß der Hauptversammlung sind die Voraussetzungen für eine Zwangseinziehung und die Einzelheiten ihrer Durchführung festzulegen. [3]Für die Zahlung des Entgelts, das Aktionären bei einer Zwangseinziehung oder bei einem Erwerb von Aktien zum Zwecke der Einziehung gewährt wird, und für die Befreiung dieser Aktionäre von der Verpflichtung zur Leistung von Einlagen gilt § 225 Abs. 2 sinngemäß.

(3) Die Vorschriften über die ordentliche Kapitalherabsetzung brauchen nicht befolgt zu werden, wenn Aktien, auf die der Ausgabebetrag voll geleistet ist,

1. der Gesellschaft unentgeltlich zur Verfügung gestellt oder
2. zu Lasten des Bilanzgewinns oder einer frei verfügbaren Rücklage, soweit sie zu diesem Zweck verwandt werden können, eingezogen werden oder
3. Stückaktien sind und der Beschluss der Hauptversammlung bestimmt, dass sich durch die Einziehung der Anteil der übrigen Aktien am Grundkapital gemäß § 8 Abs. 3 erhöht; wird der Vorstand zur Einziehung ermächtigt, so kann er auch zur Anpassung der Angabe der Zahl in der Satzung ermächtigt werden.

(4) [1]Auch in den Fällen des Absatzes 3 kann die Kapitalherabsetzung durch Einziehung nur von der Hauptversammlung beschlossen werden. [2]Für den Beschluß genügt die einfache Stimmenmehrheit. [3]Die Satzung kann eine größere Mehrheit und weitere Erfordernisse bestimmen. [4]Im Beschluß ist der Zweck der Kapitalherabsetzung festzusetzen. [5]Der Vorstand und der Vorsitzende des Aufsichtsrats haben den Beschluß zur Eintragung in das Handelsregister anzumelden.

---

[1] § 236 Überschrift und Wortlaut geänd. durch G v. 19.12.1985 (BGBl. I S. 2355).

[2] Nr. **50**.

[3] 3. UAbschnitt Überschrift neu gef. mWv 26.7.2002 durch G v. 19.7.2002 (BGBl. I S. 2681).

[4] § 237 Abs. 2 Satz 2 eingef., bish. Satz 2 wird Satz 3 durch G v. 13.12.1978 (BGBl. I S. 1959); Abs. 3 Nr. 2 und Abs. 5 geänd. durch G v. 19.12.1985 (BGBl. I S. 2355); Abs. 3 und 5 geänd. durch Art. 1 G v. 25.3.1998 (BGBl. I S. 590); Abs. 3 Nr. 2 geänd., Nr. 3 angef. mWv 26.7.2002 durch G v. 19.7.2002 (BGBl. I S. 2681); Abs. 5 geänd. mWv 1.11.2005 durch G v. 22.9.2005 (BGBl. I S. 2802); Abs. 3 Nr. 2 geänd. mWv 19.4.2017 durch G v. 11.4.2017 (BGBl. I S. 802).

[5] Beachte hierzu Übergangsregelung in § 26i EGAktG (Nr. **51a**).

(5) In den Fällen des Absatzes 3 Nr. 1 und 2 ist in die Kapitalrücklage ein Betrag einzustellen, der dem auf die eingezogenen Aktien entfallenden Betrag des Grundkapitals gleichkommt.

(6) [1] Soweit es sich um eine durch die Satzung angeordnete Zwangseinziehung handelt, bedarf es eines Beschlusses der Hauptversammlung nicht. [2] In diesem Fall tritt für die Anwendung der Vorschriften über die ordentliche Kapitalherabsetzung an die Stelle des Hauptversammlungsbeschlusses die Entscheidung des Vorstands über die Einziehung.

§ 238[1)] Wirksamwerden der Kapitalherabsetzung. [1] Mit der Eintragung des Beschlusses oder, wenn die Einziehung nachfolgt, mit der Einziehung ist das Grundkapital um den auf die eingezogenen Aktien entfallenden Betrag herabgesetzt. [2] Handelt es sich um eine durch die Satzung angeordnete Zwangseinziehung, so ist, wenn die Hauptversammlung nicht über die Kapitalherabsetzung beschließt, das Grundkapital mit der Zwangseinziehung herabgesetzt. [3] Zur Einziehung bedarf es einer Handlung der Gesellschaft, die auf Vernichtung der Rechte aus bestimmten Aktien gerichtet ist.

§ 239 Anmeldung der Durchführung. (1) [1] Der Vorstand hat die Durchführung der Herabsetzung des Grundkapitals zur Eintragung in das Handelsregister anzumelden. [2] Dies gilt auch dann, wenn es sich um eine durch die Satzung angeordnete Zwangseinziehung handelt.

(2) Anmeldung und Eintragung der Durchführung der Herabsetzung können mit Anmeldung und Eintragung des Beschlusses über die Herabsetzung verbunden werden.

Vierter Unterabschnitt. Ausweis der Kapitalherabsetzung

§ 240[2)] [Gesonderte Ausweisung] [1] Der aus der Kapitalherabsetzung gewonnene Betrag ist in der Gewinn- und Verlustrechnung als „Ertrag aus der Kapitalherabsetzung" gesondert, und zwar hinter dem Posten „Entnahmen aus Gewinnrücklagen", auszuweisen. [2] Eine Einstellung in die Kapitalrücklage nach § 229 Abs. 1 und § 232 ist als „Einstellung in die Kapitalrücklage nach den Vorschriften über die vereinfachte Kapitalherabsetzung" gesondert auszuweisen. [3] Im Anhang ist zu erläutern, ob und in welcher Höhe die aus der Kapitalherabsetzung und aus der Auflösung von Gewinnrücklagen gewonnenen Beträge

1. zum Ausgleich von Wertminderungen,
2. zur Deckung von sonstigen Verlusten oder
3. zur Einstellung in die Kapitalrücklage

verwandt werden. [4] Ist die Gesellschaft eine kleine Kapitalgesellschaft (§ 267 Absatz 1 des Handelsgesetzbuchs[3)]), braucht sie Satz 3 nicht anzuwenden.

[1)] § 238 Satz 1 geänd. durch G v. 25.3.1998 (BGBl. I S. 590).

[2)] § 240 geänd. durch G v. 19.12.1985 (BGBl. I S. 2355); Satz 4 angef. mWv 23.7.2015 durch G v. 17.7.2015 (BGBl. I S. 1245).

[3)] Nr. **50**.

Siebenter Teil. Nichtigkeit von Hauptversammlungsbeschlüssen und des festgestellten Jahresabschlusses. Sonderprüfung wegen unzulässiger Unterbewertung

Erster Abschnitt. Nichtigkeit von Hauptversammlungsbeschlüssen

Erster Unterabschnitt. Allgemeines

§ 241[1)] [2)] Nichtigkeitsgründe. Ein Beschluß der Hauptversammlung ist außer in den Fällen des § 192 Abs. 4, §§ 212, 217 Abs. 2, § 228 Abs. 2, § 234 Abs. 3 und § 235 Abs. 2 nur dann nichtig, wenn er

1. in einer Hauptversammlung gefaßt worden ist, die unter Verstoß gegen § 121 Abs. 2 und 3 Satz 1 oder Abs. 4 und 4b Satz 1 einberufen war,
2. nicht nach § 130 Absatz 1 bis 2 Satz 1 und Absatz 4 beurkundet ist,
3. mit dem Wesen der Aktiengesellschaft nicht zu vereinbaren ist oder durch seinen Inhalt Vorschriften verletzt, die ausschließlich oder überwiegend zum Schutze der Gläubiger der Gesellschaft oder sonst im öffentlichen Interesse gegeben sind,
4. durch seinen Inhalt gegen die guten Sitten verstößt,
5. auf Anfechtungsklage durch Urteil rechtskräftig für nichtig erklärt worden ist,
6. nach § 398 des Gesetzes über das Verfahren in Familiensachen und in den Angelegenheiten der freiwilligen Gerichtsbarkeit[3)] auf Grund rechtskräftiger Entscheidung als nichtig gelöscht worden ist.

§ 242[4)] [2)] Heilung der Nichtigkeit. (1) Die Nichtigkeit eines Hauptversammlungsbeschlusses, der entgegen § § 130 Absatz 1 bis 2 Satz 1 und Absatz 4 nicht oder nicht gehörig beurkundet worden ist, kann nicht mehr geltend gemacht werden, wenn der Beschluß in das Handelsregister eingetragen worden ist.

(2) [1] Ist ein Hauptversammlungsbeschluß nach § 241 Nr. 1, 3 oder 4 nichtig, so kann die Nichtigkeit nicht mehr geltend gemacht werden, wenn der Beschluß in das Handelsregister eingetragen worden ist und seitdem drei Jahre verstrichen sind. [2] Ist bei Ablauf der Frist eine Klage auf Feststellung der Nichtigkeit des Hauptversammlungsbeschlusses rechtshängig, so verlängert sich die Frist, bis über die Klage rechtskräftig entschieden ist oder sie sich auf andere Weise endgültig erledigt hat. [3] Eine Löschung des Beschlusses von Amts wegen nach § 398 des Gesetzes über das Verfahren in Familiensachen und in den Angelegenheiten der freiwilligen Gerichtsbarkeit[3)] wird durch den Zeitablauf nicht ausgeschlossen. [4] Ist ein Hauptversammlungsbeschluß wegen Verstoßes gegen § 121 Abs. 4 Satz 2 nach § 241 Nr. 1 nichtig, so kann die Nichtigkeit auch dann nicht mehr geltend gemacht werden, wenn der nicht geladene Aktionär den Beschluß genehmigt. [5] Ist ein Hauptversammlungsbeschluss nach § 241 Nr. 5 oder § 249 nichtig, so kann das Urteil nach § 248 Abs. 1 Satz 3 nicht mehr eingetragen werden, wenn gemäß § 246a Abs. 1 rechtskräftig festgestellt wurde, dass Mängel des Hauptversamm-

---

1) § 241 Nr. 6 geänd. durch G v. 19.12.1985 (BGBl. I S. 2355); Nr. 1 neu gef. durch G v. 2.8.1994 (BGBl. I S. 1961); Nr. 6 geänd. mWv 1.9.2009 durch G v. 17.12.2008 (BGBl. I S. 2586); Nr. 1 und 2 geänd. mWv 1.9.2009 durch G v. 30.7.2009 (BGBl. I S. 2479); Nr. 1 und 2 geänd. mWv 27.7.2022 durch G v. 20.7.2022 (BGBl. I S. 1166).

2) Beachte hierzu Übergangsvorschrift in § 26n EGAktG (Nr. **51a**).

3) Nr. **112**.

4) § 242 Abs. 2 Satz 3 geänd. durch G v. 19.12.1985 (BGBl. I S. 2355); Abs. 2 Satz 4 angef. durch G v. 2.8.1994 (BGBl. I S. 1961); Abs. 2 Satz 5 angef. mWv 1.11.2005 durch G v. 22.9.2005 (BGBl. I S. 2802); Abs. 2 Sätze 3 und 5 geänd. mWv 1.9.2009 durch G v. 17.12.2008 (BGBl. I S. 2586); Abs. 1 und Abs. 2 Satz 4 geänd. mWv 1.9.2009 durch G v. 30.7.2009 (BGBl. I S. 2479); Abs. 1 geänd. mWv 27.7.2022 durch G v. 20.7.2022 (BGBl. I S. 1166).

lungsbeschlusses die Wirkung der Eintragung unberührt lassen; § 398 des Gesetzes über das Verfahren in Familiensachen und in den Angelegenheiten der freiwilligen Gerichtsbarkeit findet keine Anwendung.

(3) Absatz 2 gilt entsprechend, wenn in den Fällen des § 217 Abs. 2, § 228 Abs. 2, § 234 Abs. 3 und § 235 Abs. 2 die erforderlichen Eintragungen nicht fristgemäß vorgenommen worden sind.

§ 243[1) 2)] Anfechtungsgründe. (1) Ein Beschluß der Hauptversammlung kann wegen Verletzung des Gesetzes oder der Satzung durch Klage angefochten werden.

(2) [1] Die Anfechtung kann auch darauf gestützt werden, daß ein Aktionär mit der Ausübung des Stimmrechts für sich oder einen Dritten Sondervorteile zum Schaden der Gesellschaft oder der anderen Aktionäre zu erlangen suchte und der Beschluß geeignet ist, diesem Zweck zu dienen. [2] Dies gilt nicht, wenn der Beschluß den anderen Aktionären einen angemessenen Ausgleich für ihren Schaden gewährt.

(3) [1] Die Anfechtung kann nicht gestützt werden

1. auf die durch eine technische Störung verursachte Verletzung von Rechten, die nach § 118 Absatz 1 Satz 2 und Absatz 2 Satz 1 sowie § 134 Absatz 3 auf elektronischem Wege wahrgenommen worden sind,
2. auf die durch eine technische Störung verursachte Verletzung von Rechten, die nach § 118a Absatz 1 Satz 2 Nummer 2, 3, 4 in Verbindung mit § 131, nach § 118a Absatz 1 Satz 2 Nummer 6 in Verbindung mit § 130a Absatz 1 bis 4, nach § 118a Absatz 1 Satz 2 Nummer 7 in Verbindung mit § 130a Absatz 5 und 6 sowie nach § 118a Absatz 1 Satz 2 Nummer 8 auf elektronischem Wege wahrgenommen worden sind,
3. auf die durch eine technische Störung verursachte Verletzung von § 118a Absatz 1 Satz 2 Nummer 1 und 5 sowie Absatz 6,
4. auf eine Verletzung der §§ 67a, 67b, 118 Absatz 1 Satz 3 bis 5 und Absatz 2 Satz 2, von § 118a Absatz 1 Satz 4, § 121 Absatz 4a oder des § 124a,
5. auf Gründe, die ein Verfahren nach § 318 Absatz 3 des Handelsgesetzbuchs[3)] rechtfertigen.

[2] Eine Anfechtung kann auf die durch eine technische Störung verursachte Verletzung von Rechten aus Satz 1 Nummer 1 und 2 sowie Vorschriften aus Satz 1 Nummer 3 nur gestützt werden, wenn der Gesellschaft grobe Fahrlässigkeit oder Vorsatz vorzuwerfen ist; in der Satzung kann ein strengerer Verschuldensmaßstab bestimmt werden.

(4) [1] Wegen unrichtiger, unvollständiger oder verweigerter Erteilung von Informationen kann nur angefochten werden, wenn ein objektiv urteilender Aktionär die Erteilung der Information als wesentliche Voraussetzung für die sachgerechte Wahrnehmung seiner Teilnahme- und Mitgliedschaftsrechte angesehen hätte. [2] Auf unrichtige, unvollständige oder unzureichende Informationen in der Hauptversammlung über die Ermittlung, Höhe oder Angemessenheit von Ausgleich, Abfindung, Zuzahlung oder über sonstige Kompensationen kann eine Anfech-

[1)] § 243 Abs. 4 neu gef. mWv 1.11.2005 durch G v. 22.9.2005 (BGBl. I S. 2802); Abs. 3 neu gef. mWv 27.7.2022 durch G v. 20.7.2022 (BGBl. I S. 1166).

[2)] Beachte hierzu Übergangsvorschriften in §§ 26j und 26n EGAktG (Nr. **51a**).

[3)] Nr. **50**.

tungsklage nicht gestützt werden, wenn das Gesetz für Bewertungsrügen ein Spruchverfahren vorsieht.

§ 244 Bestätigung anfechtbarer Hauptversammlungsbeschlüsse. [1] Die Anfechtung kann nicht mehr geltend gemacht werden, wenn die Hauptversammlung den anfechtbaren Beschluß durch einen neuen Beschluß bestätigt hat und dieser Beschluß innerhalb der Anfechtungsfrist nicht angefochten oder die Anfechtung rechtskräftig zurückgewiesen worden ist. [2] Hat der Kläger ein rechtliches Interesse, daß der anfechtbare Beschluß für die Zeit bis zum Bestätigungsbeschluß für nichtig erklärt wird, so kann er die Anfechtung weiterhin mit dem Ziel geltend machen, den anfechtbaren Beschluß für diese Zeit für nichtig zu erklären.

§ 245[1)] Anfechtungsbefugnis. [1] Zur Anfechtung ist befugt

1. jeder in der Hauptversammlung erschienene Aktionär, wenn er die Aktien schon vor der Bekanntmachung der Tagesordnung erworben hatte und gegen den Beschluß Widerspruch zur Niederschrift erklärt hat;
2. jeder in der Hauptversammlung nicht erschienene Aktionär, wenn er zu der Hauptversammlung zu Unrecht nicht zugelassen worden ist oder die Versammlung nicht ordnungsgemäß einberufen oder der Gegenstand der Beschlußfassung nicht ordnungsgemäß bekanntgemacht worden ist;
3. im Fall des § 243 Abs. 2 jeder Aktionär, wenn er die Aktien schon vor der Bekanntmachung der Tagesordnung erworben hatte;
4. der Vorstand;
5. jedes Mitglied des Vorstands und des Aufsichtsrats, wenn durch die Ausführung des Beschlusses Mitglieder des Vorstands oder des Aufsichtsrats eine strafbare Handlung oder eine Ordnungswidrigkeit begehen oder wenn sie ersatzpflichtig werden würden.

[2] Im Fall der virtuellen Hauptversammlung gelten alle zu der Versammlung elektronisch zugeschalteten Aktionäre als erschienen im Sinne des Satzes 1 Nummer 1.

§ 246[2)] Anfechtungsklage. (1) Die Klage muß innerhalb eines Monats nach der Beschlußfassung erhoben werden.

(2) [1] Die Klage ist gegen die Gesellschaft zu richten. [2] Die Gesellschaft wird durch Vorstand und Aufsichtsrat vertreten. [3] Klagt der Vorstand oder ein Vorstandsmitglied, wird die Gesellschaft durch den Aufsichtsrat, klagt ein Aufsichtsratsmitglied, wird sie durch den Vorstand vertreten.

(3) [1] Zuständig für die Klage ist ausschließlich das Landgericht, in dessen Bezirk die Gesellschaft ihren Sitz hat. [2] Ist bei dem Landgericht eine Kammer für Handelssachen gebildet, so entscheidet diese an Stelle der Zivilkammer. [3] § 148 Abs. 2 Satz 3 und 4 gilt entsprechend. [4] Die mündliche Verhandlung findet nicht vor Ablauf der Monatsfrist des Absatzes 1 statt. [5] Die Gesellschaft kann unmittelbar nach Ablauf der Monatsfrist des Absatzes 1 eine eingereichte Klage bereits vor Zustellung einsehen und sich von der Geschäftsstelle Auszüge und Abschriften

---

1) § 245 Nr. 1 und 3 geänd. mWv 1.11.2005 durch G v. 22.9.2005 (BGBl. I S. 2802); Satz 2 angef. mWv 27.7.2022 durch G v. 20.7.2022 (BGBl. I S. 1166).

2) § 246 Abs. 3 Satz 2 eingef. mWv 1.11.2005, Satz 3 eingef., bish. Sätze 2 und 3 werden Sätze 4 und 5 mWv 28.9.2005, Abs. 4 Satz 2 angef. mWv 1.11.2005 durch G v. 22.9.2005 (BGBl. I S. 2802); Abs. 3 Satz 3 geänd. mWv 1.9.2009 durch G v. 17.12.2008 (BGBl. I S. 2586); Abs. 3 Satz 5 eingef., bish. Satz 5 wird Satz 6 mWv 1.9.2009 durch G v. 30.7.2009 (BGBl. I S. 2479); Abs. 4 Satz 1 geänd. mWv 31.12. 2015 durch G v. 22.12.2015 (BGBl. I S. 2565).

erteilen lassen. [6] Mehrere Anfechtungsprozesse sind zur gleichzeitigen Verhandlung und Entscheidung zu verbinden.

(4) [1] Der Vorstand hat die Erhebung der Klage unverzüglich in den Gesellschaftsblättern bekanntzumachen. [2] Ein Aktionär kann sich als Nebenintervenient nur innerhalb eines Monats nach der Bekanntmachung an der Klage beteiligen.

§ 246a[1) 2)] **Freigabeverfahren.** (1) [1] Wird gegen einen Hauptversammlungsbeschluss zur Änderung der Satzung nach § 118a Absatz 1 Satz 1, über eine Maßnahme der Kapitalbeschaffung, der Kapitalherabsetzung (§§ 182 bis 240) oder einen Unternehmensvertrag (§§ 291 bis 307) Klage erhoben, so kann das Gericht auf Antrag der Gesellschaft durch Beschluss feststellen, dass die Erhebung der Klage der Eintragung nicht entgegensteht und Mängel des Hauptversammlungsbeschlusses die Wirkung der Eintragung unberührt lassen. [2] Auf das Verfahren sind § 247, die §§ 82, 83 Abs. 1 und § 84 der Zivilprozessordnung[3)] sowie die im ersten Rechtszug für das Verfahren vor den Landgerichten geltenden Vorschriften der Zivilprozessordnung entsprechend anzuwenden, soweit nichts Abweichendes bestimmt ist. [3] Über den Antrag entscheidet ein Senat des Oberlandesgerichts, in dessen Bezirk die Gesellschaft ihren Sitz hat.

(2) Ein Beschluss nach Absatz 1 ergeht, wenn

1. die Klage unzulässig oder offensichtlich unbegründet ist,
2. der Kläger nicht binnen einer Woche nach Zustellung des Antrags durch Urkunden oder durch einen Nachweis nach § 67c Absatz 3 belegt hat, dass er seit Bekanntmachung der Einberufung einen anteiligen Betrag von mindestens 1 000 Euro hält oder
3. das alsbaldige Wirksamwerden des Hauptversammlungsbeschlusses vorrangig erscheint, weil die vom Antragsteller dargelegten wesentlichen Nachteile für die Gesellschaft und ihre Aktionäre nach freier Überzeugung des Gerichts die Nachteile für den Antragsgegner überwiegen, es sei denn, es liegt eine besondere Schwere des Rechtsverstoßes vor.

(3) [1] Eine Übertragung auf den Einzelrichter ist ausgeschlossen; einer Güteverhandlung bedarf es nicht. [2] In dringenden Fällen kann auf eine mündliche Verhandlung verzichtet werden. [3] Die vorgebrachten Tatsachen, auf Grund deren der Beschluss ergehen kann, sind glaubhaft zu machen. [4] Der Beschluss ist unanfechtbar. [5] Er ist für das Registergericht bindend; die Feststellung der Bestandskraft der Eintragung wirkt für und gegen jedermann. [6] Der Beschluss soll spätestens drei Monate nach Antragstellung ergehen; Verzögerungen der Entscheidung sind durch unanfechtbaren Beschluss zu begründen.

(4) [1] Erweist sich die Klage als begründet, so ist die Gesellschaft, die den Beschluss erwirkt hat, verpflichtet, dem Antragsgegner den Schaden zu ersetzen, der ihm aus einer auf dem Beschluss beruhenden Eintragung des Hauptversammlungsbeschlusses entstanden ist. [2] Nach der Eintragung lassen Mängel des Beschlus-

---

[1)] § 246a eingef. mWv 1.11.2005 durch G v. 22.9.2005 (BGBl. I S. 2802); Abs. 3 Satz 4 eingef., bish. Sätze 4 und 5 werden Sätze 5 und 6 mWv 25.4.2007 durch G v. 19.4.2007 (BGBl. I S. 542); Abs. 1 Satz 1 geänd., Sätze 2 und 3 angef., Abs. 2 neu gef., Abs. 3 Satz 1 eingef., bish. Sätze 1 und 2 werden Sätze 2 und 3, bish. Satz 3 wird Satz 4 und neu gef., bish. Satz 4 aufgeh., Satz 5 geänd. mWv 1.9.2009 durch G v. 30.7.2009 (BGBl. I S. 2479); Abs. 2 Nr. 2 geänd. mWv 1.1.2020 durch G v. 12.12.2019 (BGBl. I S. 2637); Abs. 1 Satz 1 geänd. mWv 27.7.2022 durch G v. 20.7.2022 (BGBl. I S. 1166).

[2)] Beachte hierzu Übergangsvorschrift in § 26j EGAktG (Nr. **51a**).

[3)] Nr. **100**.

ses seine Durchführung unberührt; die Beseitigung dieser Wirkung der Eintragung kann auch nicht als Schadensersatz verlangt werden.

§ 247[1)] **Streitwert.** (1) [1]Den Streitwert bestimmt das Prozeßgericht unter Berücksichtigung aller Umstände des einzelnen Falles, insbesondere der Bedeutung der Sache für die Parteien, nach billigem Ermessen. [2]Er darf jedoch ein Zehntel des Grundkapitals oder, wenn dieses Zehntel mehr als 500 000 Euro beträgt, 500 000 Euro nur insoweit übersteigen, als die Bedeutung der Sache für den Kläger höher zu bewerten ist.

(2) [1]Macht eine Partei glaubhaft, daß die Belastung mit den Prozeßkosten nach dem gemäß Absatz 1 bestimmten Streitwert ihre wirtschaftliche Lage erheblich gefährden würde, so kann das Prozeßgericht auf ihren Antrag anordnen, daß ihre Verpflichtung zur Zahlung von Gerichtskosten sich nach einem ihrer Wirtschaftslage angepaßten Teil des Streitwerts bemißt. [2]Die Anordnung hat zur Folge, daß die begünstigte Partei die Gebühren ihres Rechtsanwalts ebenfalls nur nach diesem Teil des Streitwerts zu entrichten hat. [3]Soweit ihr Kosten des Rechtsstreits auferlegt werden oder soweit sie diese übernimmt, hat sie die von dem Gegner entrichteten Gerichtsgebühren und die Gebühren seines Rechtsanwalts nur nach dem Teil des Streitwerts zu erstatten. [4]Soweit die außergerichtlichen Kosten dem Gegner auferlegt oder von ihm übernommen werden, kann der Rechtsanwalt der begünstigten Partei seine Gebühren von dem Gegner nach dem für diesen geltenden Streitwert beitreiben.

(3) [1]Der Antrag nach Absatz 2 kann vor der Geschäftsstelle des Prozeßgerichts zur Niederschrift erklärt werden. [2]Er ist vor der Verhandlung zur Hauptsache anzubringen. [3]Später ist er nur zulässig, wenn der angenommene oder festgesetzte Streitwert durch das Prozeßgericht heraufgesetzt wird. [4]Vor der Entscheidung über den Antrag ist der Gegner zu hören.

§ 248[2)] **Urteilswirkung.** (1) [1]Soweit der Beschluß durch rechtskräftiges Urteil für nichtig erklärt ist, wirkt das Urteil für und gegen alle Aktionäre sowie die Mitglieder des Vorstands und des Aufsichtsrats, auch wenn sie nicht Partei sind. [2]Der Vorstand hat das Urteil unverzüglich zum Handelsregister einzureichen. [3]War der Beschluß in das Handelsregister eingetragen, so ist auch das Urteil einzutragen. [4]Die Eintragung des Urteils ist in gleicher Weise wie die des Beschlusses bekanntzumachen.

(2) Hatte der Beschluß eine Satzungsänderung zum Inhalt, so ist mit dem Urteil der vollständige Wortlaut der Satzung, wie er sich unter Berücksichtigung des Urteils und aller bisherigen Satzungsänderungen ergibt, mit der Bescheinigung eines Notars über diese Tatsache zum Handelsregister einzureichen.

§ 248a[3)] **Bekanntmachungen zur Anfechtungsklage.** [1]Wird der Anfechtungsprozess beendet, hat die börsennotierte Gesellschaft die Verfahrensbeendigung unverzüglich in den Gesellschaftsblättern bekannt zu machen. [2]§ 149 Abs. 2 und 3 ist entsprechend anzuwenden.

---

1) § 247 Abs. 1 Satz 2 geänd. mWv 1.1.2002 durch G v. 27.4.2001 (BGBl. I S. 751).
2) § 248 Abs. 2 angef. durch G v. 15.8.1969 (BGBl. I S. 1146).
3) § 248a eingef. mWv 1.11.2005 durch G v. 22.9.2005 (BGBl. I S. 2802).

bezeichneten Organisationen und Vertretungen der Arbeitnehmer, auch wenn sie nicht Partei sind.

(2) [1] Wird die Wahl eines Aufsichtsratsmitglieds durch die Hauptversammlung durch rechtskräftiges Urteil für nichtig erklärt, so wirkt das Urteil für und gegen alle Aktionäre sowie die Mitglieder des Vorstands und Aufsichtsrats, auch wenn sie nicht Partei sind. [2] Im Fall des § 251 Abs. 2 Satz 2 wirkt das Urteil auch für und gegen die nach dieser Vorschrift anfechtungsberechtigten Betriebsräte, Gewerkschaften und Spitzenorganisationen, auch wenn sie nicht Partei sind.

§ 253 Nichtigkeit des Beschlusses über die Verwendung des Bilanzgewinns. (1) [1] Der Beschluß über die Verwendung des Bilanzgewinns ist außer in den Fällen des § 173 Abs. 3, des § 217 Abs. 2 und des § 241 nur dann nichtig, wenn die Feststellung des Jahresabschlusses, auf dem er beruht, nichtig ist. [2] Die Nichtigkeit des Beschlusses aus diesem Grunde kann nicht mehr geltend gemacht werden, wenn die Nichtigkeit der Feststellung des Jahresabschlusses nicht mehr geltend gemacht werden kann.

(2) Für die Klage auf Feststellung der Nichtigkeit gegen die Gesellschaft gilt § 249.

§ 254[1)] Anfechtung des Beschlusses über die Verwendung des Bilanzgewinns. (1) Der Beschluß über die Verwendung des Bilanzgewinns kann außer nach § 243 auch angefochten werden, wenn die Hauptversammlung aus dem Bilanzgewinn Beträge in Gewinnrücklagen einstellt oder als Gewinn vorträgt, die nicht nach Gesetz oder Satzung von der Verteilung unter die Aktionäre ausgeschlossen sind, obwohl die Einstellung oder der Gewinnvortrag bei vernünftiger kaufmännischer Beurteilung nicht notwendig ist, um die Lebens- und Widerstandsfähigkeit der Gesellschaft für einen hinsichtlich der wirtschaftlichen und finanziellen Notwendigkeiten übersehbaren Zeitraum zu sichern und dadurch unter die Aktionäre kein Gewinn in Höhe von mindestens vier vom Hundert des Grundkapitals abzüglich von noch nicht eingeforderten Einlagen verteilt werden kann.

(2) [1] Für die Anfechtung gelten die §§ 244 bis 246, 247 bis 248a. [2] Die Anfechtungsfrist beginnt auch dann mit der Beschlußfassung, wenn der Jahresabschluß nach § 316 Abs. 3 des Handelsgesetzbuchs[2)] erneut zu prüfen ist. [3] Zu einer Anfechtung nach Absatz 1 sind Aktionäre nur befugt, wenn ihre Anteile zusammen den zwanzigsten Teil des Grundkapitals oder den anteiligen Betrag von 500 000 Euro erreichen.

§ 255[3)] Anfechtung der Kapitalerhöhung gegen Einlagen. (1) Der Beschluß über eine Kapitalerhöhung gegen Einlagen kann nach § 243 angefochten werden.

(2) [1] Die Anfechtung kann, wenn das Bezugsrecht der Aktionäre ganz oder zum Teil ausgeschlossen worden ist, auch darauf gestützt werden, daß der sich aus dem Erhöhungsbeschluß ergebende Ausgabebetrag oder der Mindestbetrag, unter dem die neuen Aktien nicht ausgegeben werden sollen, unangemessen niedrig ist.

[1)] § 254 Abs. 1 und Abs. 2 Sätze 2 und 3 geänd. durch G v. 19.12.1985 (BGBl. I S. 2355); Abs. 2 Satz 3 geänd. durch G v. 25.3.1998 (BGBl. I S. 590); Abs. 2 Satz 3 geänd. durch G v. 9.6.1998 (BGBl. I S. 1242); Abs. 2 Satz 1 neu gef. mWv 1.11.2005 durch G v. 22.9.2005 (BGBl. I S. 2802).

[2)] Nr. **50**.

[3)] § 255 Abs. 3 neu gef. mWv 1.11.2005 durch G v. 22.9.2005 (BGBl. I S. 2802).

[2] Dies gilt nicht, wenn die neuen Aktien von einem Dritten mit der Verpflichtung übernommen werden sollen, sie den Aktionären zum Bezug anzubieten.

(3) Für die Anfechtung gelten die §§ 244 bis 248a.

Zweiter Abschnitt. Nichtigkeit des festgestellten Jahresabschlusses

§ 256[1) 2)] Nichtigkeit. (1) Ein festgestellter Jahresabschluß ist außer in den Fällen des § 173 Abs. 3, § 234 Abs. 3 und § 235 Abs. 2 nichtig, wenn

1. er durch seinen Inhalt Vorschriften verletzt, die ausschließlich oder überwiegend zum Schutze der Gläubiger der Gesellschaft gegeben sind,
2. er im Falle einer gesetzlichen Prüfungspflicht nicht nach § 316 Abs. 1 und 3 des Handelsgesetzbuchs[3)] geprüft worden ist,
3. er im Falle einer gesetzlichen Prüfungspflicht von Personen geprüft worden ist, die nach § 319 Absatz 1 des Handelsgesetzbuchs oder nach Artikel 25 des Einführungsgesetzes zum Handelsgesetzbuch[4)] nicht Abschlussprüfer sind oder aus anderen Gründen als den folgenden nicht zum Abschlussprüfer bestellt sind:
   a) Verstoß gegen § 319 Absatz 2, 3 oder 4 des Handelsgesetzbuchs,
   b) Verstoß gegen § 319b Absatz 1 des Handelsgesetzbuchs,
   c) Verstoß gegen die Verordnung (EU) Nr. 537/2014 des Europäischen Parlaments und des Rates vom 16. April 2014 über spezifische Anforderungen an die Abschlussprüfung bei Unternehmen von öffentlichem Interesse und zur Aufhebung des Beschlusses 2005/909/EG der Kommission (ABl. L 158 vom 27.5.2014, S. 77, L 170 vom 11.6.2014, S. 66),
4. bei seiner Feststellung die Bestimmungen des Gesetzes oder der Satzung über die Einstellung von Beträgen in Kapital- oder Gewinnrücklagen oder über die Entnahme von Beträgen aus Kapital- oder Gewinnrücklagen verletzt worden sind.

(2) Ein von Vorstand und Aufsichtsrat festgestellter Jahresabschluß ist außer nach Absatz 1 nur nichtig, wenn der Vorstand oder der Aufsichtsrat bei seiner Feststellung nicht ordnungsgemäß mitgewirkt hat.

(3) Ein von der Hauptversammlung festgestellter Jahresabschluß ist außer nach Absatz 1 nur nichtig, wenn die Feststellung

1. in einer Hauptversammlung beschlossen worden ist, die unter Verstoß gegen § 121 Abs. 2 und 3 Satz 1 oder Abs. 4 einberufen war,

---

1) § 256 Abs. 1 Nr. 2–4 neu gef., Abs. 4 Satz 1 geänd., Satz 2 aufgeh., Abs. 5 Sätze 2 und 3 sowie Abs. 6 Satz 1 geänd. durch G v. 19.12.1985 (BGBl. I S. 2355); Abs. 1 Nr. 1 geänd. durch G v. 30.11.1990 (BGBl. I S. 2570); Abs. 3 Nr. 1 neu gef. durch G v. 2.8.1994 (BGBl. I S. 1961); Abs. 5 Satz 4 neu gef. durch G v. 22.10.1997 (BGBl. I S. 2567); Abs. 7 Satz 2 angef. mWv 21.12.2004 durch G v. 15.12.2004 (BGBl. I S. 3408); Abs. 6 Satz 1 geänd. mWv 1.1.2007 durch G v. 10.11.2006 (BGBl. I S. 2553); Abs. 7 Satz 2 geänd. mWv 1.11.2007 durch G v. 16.7.2007 (BGBl. I S. 1330); Abs. 5 Sätze 2–4 geänd. mWv 29.5.2009 durch G v. 25.5.2009 (BGBl. I S. 1102); Abs. 3 Nr. 1 und 2 geänd. mWv 1.9.2009 durch G v. 30.7.2009 (BGBl. I S. 2479); Abs. 5 Satz 4 geänd. mWv 22.7.2013 durch G v. 4.7.2013 (BGBl. I S. 1981); Abs. 5 Sätze 2 und 3 geänd. mWv 23.7.2015 durch G v. 17.7.2015 (BGBl. I S. 1245); Abs. 7 Satz 2 geänd. mWv 31.12.2015 durch G v. 22.12.2015 (BGBl. I S. 2565); Abs. 1 Nr. 3 neu gef. mWv 17.6.2016 durch G v. 10.5.2016 (BGBl. I S. 1142); Abs. 7 Satz 2 geänd. mWv 1.1.2020 durch G v. 12.12.2019 (BGBl. I S. 2637); Abs. 5 Satz 4 geänd. mWv 26.6.2021 durch G v. 12.5.2021 (BGBl. I S. 990); Abs. 1 Nr. 3 Buchst. b aufgeh., bish. Buchst. c und d werden Buchst. b und c mWv 1.7.2021 durch G v. 3.6.2021 (BGBl. I S. 1534); Abs. 6 Satz 1 geänd. mWv 1.8.2022 durch G v. 5.7.2021 (BGBl. I S. 3338).

2) Beachte hierzu Übergangsvorschriften in §§ 26k und 26m EGAktG (Nr. **51a**).

3) Nr. **50**.

4) Nr. **50a**.

2. nicht nach § 130 Abs. 1 und 2 Satz 1 und Abs. 4 beurkundet ist,
3. auf Anfechtungsklage durch Urteil rechtskräftig für nichtig erklärt worden ist.

(4) Wegen Verstoßes gegen die Vorschriften über die Gliederung des Jahresabschlusses sowie wegen der Nichtbeachtung von Formblättern, nach denen der Jahresabschluß zu gliedern ist, ist der Jahresabschluß nur nichtig, wenn seine Klarheit und Übersichtlichkeit dadurch wesentlich beeinträchtigt sind.

(5) [1] Wegen Verstoßes gegen die Bewertungsvorschriften ist der Jahresabschluß nur nichtig, wenn
1. Posten überbewertet oder
2. Posten unterbewertet sind und dadurch die Vermögens- und Ertragslage der Gesellschaft vorsätzlich unrichtig wiedergegeben oder verschleiert wird.

[2] Überbewertet sind Aktivposten, wenn sie mit einem höheren Wert, Passivposten, wenn sie mit einem niedrigeren Betrag angesetzt sind, als nach §§ 253 bis 256a des Handelsgesetzbuchs zulässig ist. [3] Unterbewertet sind Aktivposten, wenn sie mit einem niedrigeren Wert, Passivposten, wenn sie mit einem höheren Betrag angesetzt sind, als nach §§ 253 bis 256a des Handelsgesetzbuchs zulässig ist. [4] Bei Kreditinstituten, Finanzdienstleistungsinstituten oder bei Wertpapierinstituten sowie bei Kapitalverwaltungsgesellschaften im Sinn des § 17 des Kapitalanlagegesetzbuchs liegt ein Verstoß gegen die Bewertungsvorschriften nicht vor, soweit die Abweichung nach den für sie geltenden Vorschriften, insbesondere den §§ 340e bis 340g des Handelsgesetzbuchs, zulässig ist; dies gilt entsprechend für Versicherungsunternehmen nach Maßgabe der für sie geltenden Vorschriften, insbesondere der §§ 341b bis 341h des Handelsgesetzbuchs.

(6) [1] Die Nichtigkeit nach Absatz 1 Nr. 1, 3 und 4, Absatz 2, Absatz 3 Nr. 1 und 2, Absatz 4 und 5 kann nicht mehr geltend gemacht werden, wenn seit der Einstellung des Jahresabschlusses in das Unternehmensregister in den Fällen des Absatzes 1 Nr. 3 und 4, des Absatzes 2 und des Absatzes 3 Nr. 1 und 2 sechs Monate, in den anderen Fällen drei Jahre verstrichen sind. [2] Ist bei Ablauf der Frist eine Klage auf Feststellung der Nichtigkeit des Jahresabschlusses rechtshängig, so verlängert sich die Frist, bis über die Klage rechtskräftig entschieden ist oder sie sich auf andere Weise endgültig erledigt hat.

(7) [1] Für die Klage auf Feststellung der Nichtigkeit gegen die Gesellschaft gilt § 249 sinngemäß. [2] Ist für die Gesellschaft als Emittentin von zugelassenen Wertpapieren im Sinne des § 2 Absatz 1 des Wertpapierhandelsgesetzes[1)] mit Ausnahme von Anteilen und Aktien an offenen Investmentvermögen im Sinne des § 1 Absatz 4 des Kapitalanlagegesetzbuchs die Bundesrepublik Deutschland der Herkunftsstaat (§ 2 Absatz 13 des Wertpapierhandelsgesetzes), so hat das Gericht der Bundesanstalt für Finanzdienstleistungsaufsicht den Eingang einer Klage auf Feststellung der Nichtigkeit sowie jede rechtskräftige Entscheidung über diese Klage mitzuteilen.

§ 257[2)] Anfechtung der Feststellung des Jahresabschlusses durch die Hauptversammlung. (1) [1] Die Feststellung des Jahresabschlusses durch die Hauptversammlung kann nach § 243 angefochten werden. [2] Die Anfechtung kann jedoch nicht darauf gestützt werden, daß der Inhalt des Jahresabschlusses gegen Gesetz oder Satzung verstößt.

[1)] **Habersack, Deutsche Gesetze ErgBd. Nr. 58.**

[2)] § 257 Abs. 2 Satz 2 geänd. durch G v. 19.12.1985 (BGBl. I S. 2355); Abs. 2 Satz 1 neu gef. mWv 1.11.2005 durch G v. 22.9.2005 (BGBl. I S. 2802).

(2) [1] Für die Anfechtung gelten die §§ 244 bis 246, 247 bis 248a. [2] Die Anfechtungsfrist beginnt auch dann mit der Beschlußfassung, wenn der Jahresabschluß nach § 316 Abs. 3 des Handelsgesetzbuchs[1)] erneut zu prüfen ist.

Dritter Abschnitt. Sonderprüfung wegen unzulässiger Unterbewertung

§ 258[2) 3)] Bestellung der Sonderprüfer. (1) [1] Besteht Anlaß für die Annahme, daß

1. in einem festgestellten Jahresabschluß bestimmte Posten nicht unwesentlich unterbewertet sind (§ 256 Abs. 5 Satz 3) oder
2. der Anhang die vorgeschriebenen Angaben nicht oder nicht vollständig enthält und der Vorstand in der Hauptversammlung die fehlenden Angaben, obwohl nach ihnen gefragt worden ist, nicht gemacht hat und die Aufnahme der Frage in die Niederschrift verlangt worden ist,

so hat das Gericht auf Antrag Sonderprüfer zu bestellen. [2] Die Sonderprüfer haben die bemängelten Posten darauf zu prüfen, ob sie nicht unwesentlich unterbewertet sind. [3] Sie haben den Anhang darauf zu prüfen, ob die vorgeschriebenen Angaben nicht oder nicht vollständig gemacht worden sind und der Vorstand in der Hauptversammlung die fehlenden Angaben, obwohl nach ihnen gefragt worden ist, nicht gemacht hat und die Aufnahme der Frage in die Niederschrift verlangt worden ist.

(1a) Bei Kreditinstituten, Finanzdienstleistungsinstituten oder bei Wertpapierinstituten sowie bei Kapitalverwaltungsgesellschaften im Sinn des § 17 des Kapitalanlagegesetzbuchs kann ein Sonderprüfer nach Absatz 1 nicht bestellt werden, soweit die Unterbewertung oder die fehlenden Angaben im Anhang auf der Anwendung des § 340f des Handelsgesetzbuchs[1)] beruhen.

(2) [1] Der Antrag muß innerhalb eines Monats nach der Hauptversammlung über den Jahresabschluß gestellt werden. [2] Dies gilt auch, wenn der Jahresabschluß nach § 316 Abs. 3 des Handelsgesetzbuchs erneut zu prüfen ist. [3] Er kann nur von Aktionären gestellt werden, deren Anteile zusammen den Schwellenwert des § 142 Abs. 2 erreichen. [4] Die Antragsteller haben die Aktien bis zur Entscheidung über den Antrag zu hinterlegen oder eine Versicherung des depotführenden Instituts vorzulegen, dass die Aktien so lange nicht veräußert werden, und glaubhaft zu machen, daß sie seit mindestens drei Monaten vor dem Tage der Hauptversammlung Inhaber der Aktien sind. [5] Zur Glaubhaftmachung genügt eine eidesstattliche Versicherung vor einem Notar.

(3) [1] Vor der Bestellung hat das Gericht den Vorstand, den Aufsichtsrat und den Abschlußprüfer zu hören. [2] Gegen die Entscheidung ist die Beschwerde zulässig. [3] Über den Antrag gemäß Absatz 1 entscheidet das Landgericht, in dessen Bezirk die Gesellschaft ihren Sitz hat.

[1)] Nr. **50**.

[2)] § 258 Abs. 1 Satz 1 Nr. 2 und Satz 3, Abs. 2 Satz 2, Abs. 3 Satz 1, Abs. 4 Satz 3, Abs. 5 geänd. durch G v. 19.12.1985 (BGBl. I S. 2355); Abs. 2 Satz 5 geänd. durch G v. 28.8.1969 (BGBl. I S. 1513); Abs. 1a eingef. durch G v. 30.11.1990 (BGBl. I S. 2570); Abs. 1a geänd. durch G v. 22.10.1997 (BGBl. I S. 2567); Abs. 2 Satz 3 neu gef., Satz 4 geänd. mWv 1.11.2005 durch G v. 22.9.2005 (BGBl. I S. 2802); Abs. 3 Satz 2 geänd., Satz 3 angef. mWv 1.9.2009 durch G v. 17.12.2008 (BGBl. I S. 2586); Abs. 1a geänd. mWv 29.5.2009 durch G v. 25.5.2009 (BGBl. I S. 1102); Abs. 1a geänd. mWv 22.7.2013 durch G v. 4.7.2013 (BGBl. I S. 1981); Abs. 1a geänd. mWv 26.6.2021 durch G v. 12.5.2021 (BGBl. I S. 990); Abs. 4 Satz 2 neu gef. mWv 1.7.2021 durch G v. 3.6.2021 (BGBl. I S. 1534).

[3)] Beachte hierzu Übergangsvorschrift in § 26k EGAktG (Nr. **51a**).

(4) [1] Sonderprüfer nach Absatz 1 können nur Wirtschaftsprüfer und Wirtschaftsprüfungsgesellschaften sein. [2] Für die Auswahl gelten § 319 Absatz 2 bis 4 und § 319b Absatz 1 des Handelsgesetzbuchs und bei Gesellschaften, die Unternehmen von öffentlichem Interesse nach § 316a Satz 2 des Handelsgesetzbuchs sind, auch Artikel 5 Absatz 1 der Verordnung (EU) Nr. 537/2014 sinngemäß. [3] Der Abschlußprüfer der Gesellschaft und Personen, die in den letzten drei Jahren vor der Bestellung Abschlußprüfer der Gesellschaft waren, können nicht Sonderprüfer nach Absatz 1 sein.

(5) [1] § 142 Abs. 6 über den Ersatz angemessener barer Auslagen und die Vergütung gerichtlich bestellter Sonderprüfer, § 145 Abs. 1 bis 3 über die Rechte der Sonderprüfer, § 146 über die Kosten der Sonderprüfung und § 323 des Handelsgesetzbuchs über die Verantwortlichkeit des Abschlußprüfers gelten sinngemäß. [2] Die Sonderprüfer nach Absatz 1 haben die Rechte nach § 145 Abs. 2 auch gegenüber dem Abschlußprüfer der Gesellschaft.

§ 259[1)] Prüfungsbericht. Abschließende Feststellungen. (1) [1] Die Sonderprüfer haben über das Ergebnis der Prüfung schriftlich zu berichten. [2] Stellen die Sonderprüfer bei Wahrnehmung ihrer Aufgaben fest, daß Posten überbewertet sind (§ 256 Abs. 5 Satz 2), oder daß gegen die Vorschriften über die Gliederung des Jahresabschlusses verstoßen ist oder Formblätter nicht beachtet sind, so haben sie auch darüber zu berichten. [3] Für den Bericht gilt § 145 Abs. 4 bis 6 sinngemäß.

(2) [1] Sind nach dem Ergebnis der Prüfung die bemängelten Posten nicht unwesentlich unterbewertet (§ 256 Abs. 5 Satz 3), so haben die Sonderprüfer am Schluß ihres Berichts in einer abschließenden Feststellung zu erklären,

1. zu welchem Wert die einzelnen Aktivposten mindestens und mit welchem Betrag die einzelnen Passivposten höchstens anzusetzen waren;
2. um welchen Betrag der Jahresüberschuß sich beim Ansatz dieser Werte oder Beträge erhöht oder der Jahresfehlbetrag sich ermäßigt hätte.

[2] Die Sonderprüfer haben ihrer Beurteilung die Verhältnisse am Stichtag des Jahresabschlusses zugrunde zu legen. [3] Sie haben für den Ansatz der Werte und Beträge nach Nummer 1 diejenige Bewertungs- und Abschreibungsmethode zugrunde zu legen, nach der die Gesellschaft die zu bewertenden Gegenstände oder vergleichbare Gegenstände zuletzt in zulässiger Weise bewertet hat.

(3) Sind nach dem Ergebnis der Prüfung die bemängelten Posten nicht oder nur unwesentlich unterbewertet (§ 256 Abs. 5 Satz 3), so haben die Sonderprüfer am Schluß ihres Berichts in einer abschließenden Feststellung zu erklären, daß nach ihrer pflichtmäßigen Prüfung und Beurteilung die bemängelten Posten nicht unzulässig unterbewertet sind.

(4) [1] Hat nach dem Ergebnis der Prüfung der Anhang die vorgeschriebenen Angaben nicht oder nicht vollständig enthalten und der Vorstand in der Hauptversammlung die fehlenden Angaben, obwohl nach ihnen gefragt worden ist, nicht gemacht und ist die Aufnahme der Frage in die Niederschrift verlangt worden, so haben die Sonderprüfer am Schluß ihres Berichts in einer abschließenden Feststellung die fehlenden Angaben zu machen. [2] Ist die Angabe von Abweichungen von Bewertungs- oder Abschreibungsmethoden unterlassen worden, so ist in der abschließenden Feststellung auch der Betrag anzugeben, um den der Jahresüberschuß oder Jahresfehlbetrag ohne die Abweichung, deren Angabe unterlassen

---

[1)] § 259 Abs. 1 Satz 2 und Abs. 4 geänd., Abs. 2 Satz 1 Nr. 2 neu gef. durch G v. 19.12.1985 (BGBl. I S. 2355); Abs. 1 Satz 3 geänd. mWv 1.11.2005 durch G v. 22.9.2005 (BGBl. I S. 2802).

wurde, höher oder niedriger gewesen wäre. [3] Sind nach dem Ergebnis der Prüfung keine Angaben nach Satz 1 unterlassen worden, so haben die Sonderprüfer in einer abschließenden Feststellung zu erklären, daß nach ihrer pflichtmäßigen Prüfung und Beurteilung im Anhang keine der vorgeschriebenen Angaben unterlassen worden ist.

(5) Der Vorstand hat die abschließenden Feststellungen der Sonderprüfer nach den Absätzen 2 bis 4 unverzüglich in den Gesellschaftsblättern bekanntzumachen.

§ 260[1)] Gerichtliche Entscheidung über die abschließenden Feststellungen der Sonderprüfer. (1) [1] Gegen abschließende Feststellungen der Sonderprüfer nach § 259 Abs. 2 und 3 können die Gesellschaft oder Aktionäre, deren Anteile zusammen den zwanzigsten Teil des Grundkapitals oder den anteiligen Betrag von 500 000 Euro erreichen, innerhalb eines Monats nach der Veröffentlichung im Bundesanzeiger den Antrag auf Entscheidung durch das nach § 132 Abs. 1 zuständige Gericht stellen. [2] § 258 Abs. 2 Satz 4 und 5 gilt sinngemäß. [3] Der Antrag muß auf Feststellung des Betrags gerichtet sein, mit dem die im Antrag zu bezeichnenden Aktivposten mindestens oder die im Antrag zu bezeichnenden Passivposten höchstens anzusetzen waren. [4] Der Antrag der Gesellschaft kann auch auf Feststellung gerichtet sein, daß der Jahresabschluß die in der abschließenden Feststellung der Sonderprüfer festgestellten Unterbewertungen nicht enthielt.

(2) [1] Über den Antrag entscheidet das Gericht unter Würdigung aller Umstände nach freier Überzeugung. [2] § 259 Abs. 2 Satz 2 und 3 ist anzuwenden. [3] Soweit die volle Aufklärung aller maßgebenden Umstände mit erheblichen Schwierigkeiten verbunden ist, hat das Gericht die anzusetzenden Werte oder Beträge zu schätzen.

(3) [1] § 99 Abs. 1, Abs. 2 Satz 1, Abs. 3 und 5 gilt sinngemäß. [2] Das Gericht hat seine Entscheidung der Gesellschaft und, wenn Aktionäre den Antrag nach Absatz 1 gestellt haben, auch diesen zuzustellen. [3] Es hat sie ferner ohne Gründe in den Gesellschaftsblättern bekanntzumachen. [4] Die Beschwerde steht der Gesellschaft und Aktionären zu, deren Anteile zusammen den zwanzigsten Teil des Grundkapitals oder den anteiligen Betrag von 500 000 Euro erreichen. [5] § 258 Abs. 2 Satz 4 und 5 gilt sinngemäß. [6] Die Beschwerdefrist beginnt mit der Bekanntmachung der Entscheidung im Bundesanzeiger, jedoch für die Gesellschaft und, wenn Aktionäre den Antrag nach Absatz 1 gestellt haben, auch für diese nicht vor der Zustellung der Entscheidung.

(4) [1] Die Kosten sind, wenn dem Antrag stattgegeben wird, der Gesellschaft, sonst dem Antragsteller aufzuerlegen. [2] § 247 gilt sinngemäß.

§ 261[2)] Entscheidung über den Ertrag auf Grund höherer Bewertung.

(1) [1] Haben die Sonderprüfer in ihrer abschließenden Feststellung erklärt, daß Posten unterbewertet sind, und ist gegen diese Feststellung nicht innerhalb der in § 260 Abs. 1 bestimmten Frist der Antrag auf gerichtliche Entscheidung gestellt worden, so sind die Posten in dem ersten Jahresabschluß, der nach Ablauf dieser Frist aufgestellt wird, mit den von den Sonderprüfern festgestellten Werten oder

---

[1)] § 260 Abs. 1 Satz 1 und Abs. 3 Satz 4 geänd. durch G v. 25.3.1998 (BGBl. I S. 590); Abs. 1 Satz 1 und Abs. 3 Satz 4 geänd. durch G v. 9.6.1998 (BGBl. I S. 1242); Abs. 1 Satz 1, Abs. 3 Satz 6 geänd. mWv 1.7. 2004 durch G v. 18.5.2004 (BGBl. I S. 974); Abs. 1 Satz 1, Abs. 3 Satz 6 geänd. mWv 1.4.2012 durch G v. 22.12.2011 (BGBl. I S. 3044); Abs. 4 Sätze 1–5 aufgeh., bish. Sätze 6 und 7 werden Sätze 1 und 2 mWv 1.8.2013 durch G v. 23.7.2013 (BGBl. I S. 2586).

[2)] § 261 Abs. 1 Sätze 2–4 und 6 sowie Abs. 3 Satz 2 geänd. durch G v. 19.12.1985 (BGBl. I S. 2355); Abs. 1 Satz 2 und Abs. 3 Satz 1 geänd. mWv 29.5.2009 durch G v. 25.5.2009 (BGBl. I S. 1102); Abs. 1 Satz 2 geänd., Satz 7 angef. mWv 23.7.2015 durch G v. 17.7.2015 (BGBl. I S. 1245).

Beträgen anzusetzen. [2]Dies gilt nicht, soweit auf Grund veränderter Verhältnisse, namentlich bei Gegenständen, die der Abnutzung unterliegen, auf Grund der Abnutzung, nach §§ 253 bis 256a des Handelsgesetzbuchs oder nach den Grundsätzen ordnungsmäßiger Buchführung für Aktivposten ein niedrigerer Wert oder für Passivposten ein höherer Betrag anzusetzen ist. [3]In diesem Fall sind im Anhang die Gründe anzugeben und in einer Sonderrechnung die Entwicklung des von den Sonderprüfern festgestellten Wertes oder Betrags auf den nach Satz 2 angesetzten Wert oder Betrag darzustellen. [4]Sind die Gegenstände nicht mehr vorhanden, so ist darüber und über die Verwendung des Ertrags aus dem Abgang der Gegenstände im Anhang zu berichten. [5]Bei den einzelnen Posten der Jahresbilanz sind die Unterschiedsbeträge zu vermerken, um die auf Grund von Satz 1 und 2 Aktivposten zu einem höheren Wert oder Passivposten mit einem niedrigeren Betrag angesetzt worden sind. [6]Die Summe der Unterschiedsbeträge ist auf der Passivseite der Bilanz und in der Gewinn- und Verlustrechnung als „Ertrag auf Grund höherer Bewertung gemäß dem Ergebnis der Sonderprüfung" gesondert auszuweisen. [7]Ist die Gesellschaft eine kleine Kapitalgesellschaft (§ 267 Absatz 1 des Handelsgesetzbuchs[1)]), hat sie die Sätze 3 und 4 nur anzuwenden, wenn die Voraussetzungen des § 264 Absatz 2 Satz 2 des Handelsgesetzbuchs unter Berücksichtigung der nach diesem Abschnitt durchgeführten Sonderprüfung vorliegen.

(2) [1]Hat das gemäß § 260 angerufene Gericht festgestellt, daß Posten unterbewertet sind, so gilt für den Ansatz der Posten in dem ersten Jahresabschluß, der nach Rechtskraft der gerichtlichen Entscheidung aufgestellt wird, Absatz 1 sinngemäß. [2]Die Summe der Unterschiedsbeträge ist als „Ertrag auf Grund höherer Bewertung gemäß gerichtlicher Entscheidung" gesondert auszuweisen.

(3) [1]Der Ertrag aus höherer Bewertung nach Absätzen 1 und 2 rechnet für die Anwendung des § 58 nicht zum Jahresüberschuß. [2]Über die Verwendung des Ertrags abzüglich der auf ihn zu entrichtenden Steuern entscheidet die Hauptversammlung, soweit nicht in dem Jahresabschluß ein Bilanzverlust ausgewiesen wird, der nicht durch Kapital- oder Gewinnrücklagen gedeckt ist.

§ 261a[2)] Mitteilungen an die Bundesanstalt für Finanzdienstleistungsaufsicht. Das Gericht hat der Bundesanstalt für Finanzdienstleistungsaufsicht den Eingang eines Antrags auf Bestellung eines Sonderprüfers, jede rechtskräftige Entscheidung über die Bestellung von Sonderprüfern, den Prüfungsbericht sowie eine rechtskräftige gerichtliche Entscheidung über abschließende Feststellungen der Sonderprüfer nach § 260 mitzuteilen, wenn für die Gesellschaft als Emittentin von zugelassenen Wertpapieren im Sinne des § 2 Absatz 1 des Wertpapierhandelsgesetzes[3)] mit Ausnahme von Anteilen und Aktien an offenen Investmentvermögen im Sinne des § 1 Absatz 4 des Kapitalanlagegesetzbuchs die Bundesrepublik Deutschland der Herkunftsstaat (§ 2 Absatz 13 des Wertpapierhandelsgesetzes) ist.

[1)] Nr. **50**.

[2)] § 261a eingef. mWv 21.12.2004 durch G v. 15.12.2004 (BGBl. I S. 3408); geänd. mWv 1.11.2007 durch G v. 16.7.2007 (BGBl. I S. 1330); geänd. mWv 31.12.2015 durch G v. 22.12.2015 (BGBl. I S. 2565); geänd. mWv 1.1.2020 durch G v. 12.12.2019 (BGBl. I S. 2637).

[3)] **Habersack, Deutsche Gesetze ErgBd. Nr. 58.**

Achter Teil. Auflösung und Nichtigerklärung der Gesellschaft

Erster Abschnitt. Auflösung

Erster Unterabschnitt. Auflösungsgründe und Anmeldung

§ 262[1] Auflösungsgründe. (1) Die Aktiengesellschaft wird aufgelöst

1. durch Ablauf der in der Satzung bestimmten Zeit;
2. durch Beschluß der Hauptversammlung; dieser bedarf einer Mehrheit, die mindestens drei Viertel des bei der Beschlußfassung vertretenen Grundkapitals umfaßt; die Satzung kann eine größere Kapitalmehrheit und weitere Erfordernisse bestimmen;
3. durch die Eröffnung des Insolvenzverfahrens über das Vermögen der Gesellschaft;
4. mit der Rechtskraft des Beschlusses, durch den die Eröffnung des Insolvenzverfahrens mangels Masse abgelehnt wird;
5. mit der Rechtskraft einer Verfügung des Registergerichts, durch welche nach § 399 des Gesetzes über das Verfahren in Familiensachen und in den Angelegenheiten der freiwilligen Gerichtsbarkeit[2] ein Mangel der Satzung festgestellt worden ist;
6. durch Löschung der Gesellschaft wegen Vermögenslosigkeit nach § 394 des Gesetzes über das Verfahren in Familiensachen und in den Angelegenheiten der freiwilligen Gerichtsbarkeit.

(2) Dieser Abschnitt gilt auch, wenn die Aktiengesellschaft aus anderen Gründen aufgelöst wird.

§ 263[3] Anmeldung und Eintragung der Auflösung. [1]Der Vorstand hat die Auflösung der Gesellschaft zur Eintragung in das Handelsregister anzumelden. [2]Dies gilt nicht in den Fällen der Eröffnung und der Ablehnung der Eröffnung des Insolvenzverfahrens (§ 262 Abs. 1 Nr. 3 und 4) sowie im Falle der gerichtlichen Feststellung eines Mangels der Satzung (§ 262 Abs. 1 Nr. 5). [3]In diesen Fällen hat das Gericht die Auflösung und ihren Grund von Amts wegen einzutragen. [4]Im Falle der Löschung der Gesellschaft (§ 262 Abs. 1 Nr. 6) entfällt die Eintragung der Auflösung.

Zweiter Unterabschnitt. Abwicklung

§ 264[4] Notwendigkeit der Abwicklung. (1) Nach der Auflösung der Gesellschaft findet die Abwicklung statt, wenn nicht über das Vermögen der Gesellschaft das Insolvenzverfahren eröffnet worden ist.

(2) [1]Ist die Gesellschaft durch Löschung wegen Vermögenslosigkeit aufgelöst, so findet eine Abwicklung nur statt, wenn sich nach der Löschung herausstellt, daß Vermögen vorhanden ist, das der Verteilung unterliegt. [2]Die Abwickler sind auf Antrag eines Beteiligten durch das Gericht zu ernennen.

---

[1] § 262 Abs. 1 Nr. 5 eingef. durch G v. 15.8.1969 (BGBl. I S. 1146); Abs. 1 Nr. 3 geänd., Nr. 4 und 5 geänd., Nr. 6 eingef. durch G v. 5.10.1994 (BGBl. I S. 2911); Abs. 1 Nr. 5 und 6 geänd. mWv 1.9.2009 durch G v. 17.12.2008 (BGBl. I S. 2586).

[2] Nr. **112**.

[3] § 263 Satz 2 neu gef. durch G v. 15.8.1969 (BGBl. I S. 1146); Satz 2 geänd., Satz 4 eingef. durch G v. 5.10.1994 (BGBl. I S. 2911).

[4] § 264 Abs. 1 geänd., Abs. 2 eingef., bish. Abs. 2 wird Abs. 3 durch G v. 5.10.1994 (BGBl. I S. 2911).

(3) Soweit sich aus diesem Unterabschnitt oder aus dem Zweck der Abwicklung nichts anderes ergibt, sind auf die Gesellschaft bis zum Schluß der Abwicklung die Vorschriften weiterhin anzuwenden, die für nicht aufgelöste Gesellschaften gelten.

§ 265[1) 2)] **Abwickler.** (1) Die Abwicklung besorgen die Vorstandsmitglieder als Abwickler.

(2) [1] Die Satzung oder ein Beschluß der Hauptversammlung kann andere Personen als Abwickler bestellen. [2] Für die Auswahl der Abwickler gilt § 76 Abs. 3 Satz 2 bis 4 sinngemäß. [3] Auch eine juristische Person kann Abwickler sein.

(3) [1] Auf Antrag des Aufsichtsrats oder einer Minderheit von Aktionären, deren Anteile zusammen den zwanzigsten Teil des Grundkapitals oder den anteiligen Betrag von 500 000 Euro erreichen, hat das Gericht bei Vorliegen eines wichtigen Grundes die Abwickler zu bestellen und abzuberufen. [2] Die Aktionäre haben glaubhaft zu machen, daß sie seit mindestens drei Monaten Inhaber der Aktien sind. [3] Zur Glaubhaftmachung genügt eine eidesstattliche Versicherung vor einem Gericht oder Notar. [4] Gegen die Entscheidung ist die Beschwerde zulässig.

(4) [1] Die gerichtlich bestellten Abwickler haben Anspruch auf Ersatz angemessener barer Auslagen und auf Vergütung für ihre Tätigkeit. [2] Einigen sich der gerichtlich bestellte Abwickler und die Gesellschaft nicht, so setzt das Gericht die Auslagen und die Vergütung fest. [3] Gegen die Entscheidung ist die Beschwerde zulässig; die Rechtsbeschwerde ist ausgeschlossen. [4] Aus der rechtskräftigen Entscheidung findet die Zwangsvollstreckung nach der Zivilprozeßordnung[3)] statt.

(Fortsetzung nächstes Blatt)

[1)] § 265 Abs. 6 Satz 1 geänd. und Satz 2 aufgeh. durch G v. 4.5.1976 (BGBl. I S. 1153); Abs. 2 Satz 2 eingef., bish. Satz 2 wird Satz 3 durch G v. 4.7.1980 (BGBl. I S. 836); Abs. 2 Satz 2 geänd. durch G v. 12.9.1990 (BGBl. I S. 2002); Abs. 3 Satz 1 geänd. durch G v. 25.3.1998 (BGBl. I S. 590); Abs. 3 Satz 1 geänd. durch G v. 9.6.1998 (BGBl. I S. 1242); Abs. 2 Satz 2 geänd. mWv 1.11.2008 durch G v. 23.10. 2008 (BGBl. I S. 2026); Abs. 3 Satz 4 geänd., Abs. 4 Satz 3 neu gef., Satz 4 aufgeh., bish. Satz 5 wird Satz 4 mWv 1.9.2009 durch G v. 17.12.2008 (BGBl. I S. 2586); Abs. 2 Satz 2 geänd. mWv 1.8.2022 durch G v. 5.7.2021 (BGBl. I S. 3338).

[2)] Beachte hierzu Übergangsvorschrift in § 26m EGAktG (Nr. **51a**).

[3)] Nr. **100**.

§ 297 Kündigung. (1) [1] Ein Unternehmensvertrag kann aus wichtigem Grunde ohne Einhaltung einer Kündigungsfrist gekündigt werden. [2] Ein wichtiger Grund liegt namentlich vor, wenn der andere Vertragsteil voraussichtlich nicht in der Lage sein wird, seine auf Grund des Vertrags bestehenden Verpflichtungen zu erfüllen.

(2) [1] Der Vorstand der Gesellschaft kann einen Vertrag, der zur Leistung eines Ausgleichs an die außenstehenden Aktionäre der Gesellschaft oder zum Erwerb ihrer Aktien verpflichtet, ohne wichtigen Grund nur kündigen, wenn die außenstehenden Aktionäre durch Sonderbeschluß zustimmen. [2] Für den Sonderbeschluß gilt § 293 Abs. 1 Satz 2 und 3, § 295 Abs. 2 Satz 3 sinngemäß.

(3) Die Kündigung bedarf der schriftlichen Form.

§ 298 Anmeldung und Eintragung. Der Vorstand der Gesellschaft hat die Beendigung eines Unternehmensvertrags, den Grund und den Zeitpunkt der Beendigung unverzüglich zur Eintragung in das Handelsregister anzumelden.

§ 299 Ausschluß von Weisungen. Auf Grund eines Unternehmensvertrags kann der Gesellschaft nicht die Weisung erteilt werden, den Vertrag zu ändern, aufrechtzuerhalten oder zu beendigen.

Dritter Abschnitt. Sicherung der Gesellschaft und der Gläubiger

§ 300[1] Gesetzliche Rücklage. In die gesetzliche Rücklage sind an Stelle des in § 150 Abs. 2 bestimmten Betrags einzustellen,

1. wenn ein Gewinnabführungsvertrag besteht, aus dem ohne die Gewinnabführung entstehenden, um einen Verlustvortrag aus dem Vorjahr geminderten Jahresüberschuß der Betrag, der erforderlich ist, um die gesetzliche Rücklage unter Hinzurechnung einer Kapitalrücklage innerhalb der ersten fünf Geschäftsjahre, die während des Bestehens des Vertrags oder nach Durchführung einer Kapitalerhöhung beginnen, gleichmäßig auf den zehnten oder den in der Satzung bestimmten höheren Teil des Grundkapitals aufzufüllen, mindestens aber der in Nummer 2 bestimmte Betrag;
2. wenn ein Teilgewinnabführungsvertrag besteht, der Betrag, der nach § 150 Abs. 2 aus dem ohne die Gewinnabführung entstehenden, um einen Verlustvortrag aus dem Vorjahr geminderten Jahresüberschuß in die gesetzliche Rücklage einzustellen wäre;
3. wenn ein Beherrschungsvertrag besteht, ohne daß die Gesellschaft auch zur Abführung ihres ganzen Gewinns verpflichtet ist, der zur Auffüllung der gesetzlichen Rücklage nach Nummer 1 erforderliche Betrag, mindestens aber der in § 150 Abs. 2 oder, wenn die Gesellschaft verpflichtet ist, ihren Gewinn zum Teil abzuführen, der in Nummer 2 bestimmte Betrag.

§ 301[2] Höchstbetrag der Gewinnabführung. [1] Eine Gesellschaft kann, gleichgültig welche Vereinbarungen über die Berechnung des abzuführenden Gewinns getroffen worden sind, als ihren Gewinn höchstens den ohne die Gewinnabführung entstehenden Jahresüberschuss, vermindert um einen Verlustvortrag aus dem Vorjahr, um den Betrag, der nach § 300 in die gesetzlichen Rücklagen einzustellen ist, und den nach § 268 Abs. 8 des Handelsgesetzbuchs[3]

---

[1] § 300 geänd. durch G v. 19.12.1985 (BGBl. I S. 2355).

[2] § 301 Satz 2 geänd. durch G v. 19.12.1985 (BGBl. I S. 2355); Satz 1 neu gef. mWv 29.5.2009 durch G v. 25.5.2009 (BGBl. I S. 1102).

[3] Nr. **50**.

ausschüttungsgesperrten Betrag, abführen. [2] Sind während der Dauer des Vertrags Beträge in andere Gewinnrücklagen eingestellt worden, so können diese Beträge den anderen Gewinnrücklagen entnommen und als Gewinn abgeführt werden.

§ 302[1)] **Verlustübernahme.** (1) Besteht ein Beherrschungs- oder ein Gewinnabführungsvertrag, so hat der andere Vertragsteil jeden während der Vertragsdauer sonst entstehenden Jahresfehlbetrag auszugleichen, soweit dieser nicht dadurch ausgeglichen wird, daß den anderen Gewinnrücklagen Beträge entnommen werden, die während der Vertragsdauer in sie eingestellt worden sind.

(2) Hat eine abhängige Gesellschaft den Betrieb ihres Unternehmens dem herrschenden Unternehmen verpachtet oder sonst überlassen, so hat das herrschende Unternehmen jeden während der Vertragsdauer sonst entstehenden Jahresfehlbetrag auszugleichen, soweit die vereinbarte Gegenleistung das angemessene Entgelt nicht erreicht.

(3) [1] Die Gesellschaft kann auf den Anspruch auf Ausgleich erst drei Jahre nach dem Tage, an dem die Eintragung der Beendigung des Vertrags in das Handelsregister nach § 10 des Handelsgesetzbuchs[2)] bekannt gemacht worden ist, verzichten oder sich über ihn vergleichen. [2] Dies gilt nicht, wenn der Ausgleichspflichtige zahlungsunfähig ist und sich zur Abwendung des Insolvenzverfahrens mit seinen Gläubigern vergleicht oder wenn die Ersatzpflicht in einem Insolvenzplan oder Restrukturierungsplan geregelt wird. [3] Der Verzicht oder Vergleich wird nur wirksam, wenn die außenstehenden Aktionäre durch Sonderbeschluß zustimmen und nicht eine Minderheit, deren Anteile zusammen den zehnten Teil des bei der Beschlußfassung vertretenen Grundkapitals erreichen, zur Niederschrift Widerspruch erhebt.

(4) Die Ansprüche aus diesen Vorschriften verjähren in zehn Jahren seit dem Tag, an dem die Eintragung der Beendigung des Vertrags in das Handelsregister nach § 10 des Handelsgesetzbuchs bekannt gemacht worden ist.

§ 303[3)] **Gläubigerschutz.** (1) [1] Endet ein Beherrschungs- oder ein Gewinnabführungsvertrag, so hat der andere Vertragsteil den Gläubigern der Gesellschaft, deren Forderungen begründet worden sind, bevor die Eintragung der Beendigung des Vertrags in das Handelsregister nach § 10 des Handelsgesetzbuchs[2)] bekannt gemacht worden ist, Sicherheit zu leisten, wenn sie sich binnen sechs Monaten nach der Bekanntmachung der Eintragung zu diesem Zweck bei ihm melden. [2] Die Gläubiger sind in einer Bekanntmachung zu der Eintragung auf dieses Recht hinzuweisen.

(2) Das Recht, Sicherheitsleistung zu verlangen, steht Gläubigern nicht zu, die im Fall des Insolvenzverfahrens ein Recht auf vorzugsweise Befriedigung aus einer Deckungsmasse haben, die nach gesetzlicher Vorschrift zu ihrem Schutz errichtet und staatlich überwacht ist.

[1)] § 302 Abs. 1 geänd. durch G v. 19.12.1985 (BGBl. I S. 2355); Abs. 3 Satz 2 neu gef. durch G v. 5.10. 1994 (BGBl. I S. 2911); Abs. 4 angef. mWv 15.12.2004 durch G v. 9.12.2004 (BGBl. I S. 3214); Abs. 3 Satz 1, Abs. 4 geänd. mWv 1.1.2007 durch G v. 10.11.2006 (BGBl. I S. 2553); Abs. 3 Satz 2 geänd. mWv 1.1.2021 durch G v. 22.12.2020 (BGBl. I S. 3256).

[2)] Nr. **50**.

[3)] § 303 Abs. 2 geänd. durch G v. 5.10.1994 (BGBl. I S. 2911); Abs. 1 Satz 1 geänd. mWv 1.1.2007 durch G v. 10.11.2006 (BGBl. I S. 2553); Abs. 1 Satz 2 neu gef. mWv 1.8.2022 durch G v. 5.7.2021 (BGBl. I S. 3338).

(3) [1] Statt Sicherheit zu leisten, kann der andere Vertragsteil sich für die Forderung verbürgen. [2] § 349 des Handelsgesetzbuchs über den Ausschluß der Einrede der Vorausklage ist nicht anzuwenden.

Vierter Abschnitt. Sicherung der außenstehenden Aktionäre bei Beherrschungs- und Gewinnabführungsverträgen

§ 304[1)] Angemessener Ausgleich. (1) [1] Ein Gewinnabführungsvertrag muß einen angemessenen Ausgleich für die außenstehenden Aktionäre durch eine auf die Anteile am Grundkapital bezogene wiederkehrende Geldleistung (Ausgleichszahlung) vorsehen. [2] Ein Beherrschungsvertrag muß, wenn die Gesellschaft nicht auch zur Abführung ihres ganzen Gewinns verpflichtet ist, den außenstehenden Aktionären als angemessenen Ausgleich einen bestimmten jährlichen Gewinnanteil nach der für die Ausgleichszahlung bestimmten Höhe garantieren. [3] Von der Bestimmung eines angemessenen Ausgleichs kann nur abgesehen werden, wenn die Gesellschaft im Zeitpunkt der Beschlußfassung ihrer Hauptversammlung über den Vertrag keinen außenstehenden Aktionär hat.

(2) [1] Als Ausgleichszahlung ist mindestens die jährliche Zahlung des Betrags zuzusichern, der nach der bisherigen Ertragslage der Gesellschaft und ihren künftigen Ertragsaussichten unter Berücksichtigung angemessener Abschreibungen und Wertberichtigungen, jedoch ohne Bildung anderer Gewinnrücklagen, voraussichtlich als durchschnittlicher Gewinnanteil auf die einzelne Aktie verteilt werden könnte. [2] Ist der andere Vertragsteil eine Aktiengesellschaft oder Kommanditgesellschaft auf Aktien, so kann als Ausgleichszahlung auch die Zahlung des Betrags zugesichert werden, der unter Herstellung eines angemessenen Umrechnungsverhältnisses auf Aktien der anderen Gesellschaft jeweils als Gewinnanteil entfällt. [3] Die Angemessenheit der Umrechnung bestimmt sich nach dem Verhältnis, in dem bei einer Verschmelzung auf eine Aktie der Gesellschaft Aktien der anderen Gesellschaft zu gewähren wären.

(3) [1] Ein Vertrag, der entgegen Absatz 1 überhaupt keinen Ausgleich vorsieht, ist nichtig. [2] Die Anfechtung des Beschlusses, durch den die Hauptversammlung der Gesellschaft dem Vertrag oder einer unter § 295 Abs. 2 fallenden Änderung des Vertrags zugestimmt hat, kann nicht auf § 243 Abs. 2 oder darauf gestützt werden, daß der im Vertrag bestimmte Ausgleich nicht angemessen ist. [3] Ist der im Vertrag bestimmte Ausgleich nicht angemessen, so hat das in § 2 des Spruchverfahrensgesetzes[2)] bestimmte Gericht auf Antrag den vertraglich geschuldeten Ausgleich zu bestimmen, wobei es, wenn der Vertrag einen nach Absatz 2 Satz 2 berechneten Ausgleich vorsieht, den Ausgleich nach dieser Vorschrift zu bestimmen hat.

(4) Bestimmt das Gericht den Ausgleich, so kann der andere Vertragsteil den Vertrag binnen zwei Monaten nach Rechtskraft der Entscheidung ohne Einhaltung einer Kündigungsfrist kündigen.

§ 305[3)] Abfindung. (1) Außer der Verpflichtung zum Ausgleich nach § 304 muß ein Beherrschungs- oder ein Gewinnabführungsvertrag die Verpflichtung des

---

[1)] § 304 Abs. 2 Satz 1 geänd. durch G v. 19.12.1985 (BGBl. I S. 2355); Abs. 1 Satz 1, Abs. 2 Sätze 2 und 3 geänd. durch G v. 25.3.1998 (BGBl. I S. 590); Abs. 3 Satz 3 geänd., Abs. 4 aufgeh., Abs. 5 wird Abs. 4 mWv 1.9.2003 durch G v. 12.6.2003 (BGBl. I S. 838).

[2)] **Habersack, Deutsche Gesetze ErgBd. Nr. 51b.**

[3)] § 305 Abs. 3 Satz 2 geänd., Satz 3 angef. durch G v. 28.10.1994 (BGBl. I S. 3210); Abs. 3. Satz 3 geänd. mWv 12.4.2002 durch VO v. 5.4.2002 (BGBl. I S. 1250); Abs. 4 Satz 3, Abs. 5 Sätze 2 und 4 geänd. mWv 1.9.2003 durch G v. 12.6.2003 (BGBl. I S. 838); Abs. 4 Satz 3 geänd. mWv 1.7.2004 durch G v. 18.5.2004 (BGBl. I S. 974); Abs. 2 Nr. 1 und 2 geänd. mWv 28.9.2005 durch G v. 22.9.2005 (BGBl. I →

anderen Vertragsteils enthalten, auf Verlangen eines außenstehenden Aktionärs dessen Aktien gegen eine im Vertrag bestimmte angemessene Abfindung zu erwerben.

(2) Als Abfindung muß der Vertrag,

1. wenn der andere Vertragsteil eine nicht abhängige und nicht in Mehrheitsbesitz stehende Aktiengesellschaft oder Kommanditgesellschaft auf Aktien mit Sitz in einem Mitgliedstaat der Europäischen Union oder in einem anderen Vertragsstaat des Abkommens über den Europäischen Wirtschaftsraum ist, die Gewährung eigener Aktien dieser Gesellschaft,
2. wenn der andere Vertragsteil eine abhängige oder in Mehrheitsbesitz stehende Aktiengesellschaft oder Kommanditgesellschaft auf Aktien und das herrschende Unternehmen eine Aktiengesellschaft oder Kommanditgesellschaft auf Aktien mit Sitz in einem Mitgliedstaat der Europäischen Union oder in einem anderen Vertragsstaat des Abkommens über den Europäischen Wirtschaftsraum ist, entweder die Gewährung von Aktien der herrschenden oder mit Mehrheit beteiligten Gesellschaft oder eine Barabfindung,
3. in allen anderen Fällen eine Barabfindung

vorsehen.

(3) [1] Werden als Abfindung Aktien einer anderen Gesellschaft gewährt, so ist die Abfindung als angemessen anzusehen, wenn die Aktien in dem Verhältnis gewährt werden, in dem bei einer Verschmelzung auf eine Aktie der Gesellschaft Aktien der anderen Gesellschaft zu gewähren wären, wobei Spitzenbeträge durch bare Zuzahlungen ausgeglichen werden können. [2] Die angemessene Barabfindung muß die Verhältnisse der Gesellschaft im Zeitpunkt der Beschlußfassung ihrer Hauptversammlung über den Vertrag berücksichtigen. [3] Sie ist nach Ablauf des Tages, an dem der Beherrschungs- oder Gewinnabführungsvertrag wirksam geworden ist, mit jährlich 5 Prozentpunkten über dem jeweiligen Basiszinssatz nach § 247 des Bürgerlichen Gesetzbuchs[1)] zu verzinsen; die Geltendmachung eines weiteren Schadens ist nicht ausgeschlossen.

(4) [1] Die Verpflichtung zum Erwerb der Aktien kann befristet werden. [2] Die Frist endet frühestens zwei Monate nach dem Tage, an dem die Eintragung des Bestehens des Vertrags im Handelsregister nach § 10 des Handelsgesetzbuchs[2)] bekannt gemacht worden ist. [3] Ist ein Antrag auf Bestimmung des Ausgleichs oder der Abfindung durch das in § 2 des Spruchverfahrensgesetzes[3)] bestimmte Gericht gestellt worden, so endet die Frist frühestens zwei Monate nach dem Tage, an dem die Entscheidung über den zuletzt beschiedenen Antrag im Bundesanzeiger bekanntgemacht worden ist.

(5) [1] Die Anfechtung des Beschlusses, durch den die Hauptversammlung der Gesellschaft dem Vertrag oder einer unter § 295 Abs. 2 fallenden Änderung des Vertrags zugestimmt hat, kann nicht darauf gestützt werden, daß der Vertrag keine angemessene Abfindung vorsieht. [2] Sieht der Vertrag überhaupt keine oder eine den Absätzen 1 bis 3 nicht entsprechende Abfindung vor, so hat das in § 2 des

(Fortsetzung der Anm. von voriger Seite)
S. 2802); Abs. 4 Satz 2 geänd. mWv 1.1.2007 durch G v. 10.11.2006 (BGBl. I S. 2553); Abs. 3 Satz 3 geänd. mWv 1.9.2009 durch G v. 30.7.2009 (BGBl. I S. 2479); Abs. 4 Satz 3 geänd. mWv 1.4.2012 durch G v. 22.12.2011 (BGBl. I S. 3044).

[1)] Nr. **20**.

[2)] Nr. **50**.

[3)] **Habersack, Deutsche Gesetze ErgBd. Nr. 51b.**

Spruchverfahrensgesetzes bestimmte Gericht auf Antrag die vertraglich zu gewährende Abfindung zu bestimmen. [3]Dabei hat es in den Fällen des Absatzes 2 Nr. 2, wenn der Vertrag die Gewährung von Aktien der herrschenden oder mit Mehrheit beteiligten Gesellschaft vorsieht, das Verhältnis, in dem diese Aktien zu gewähren sind, wenn der Vertrag nicht die Gewährung von Aktien der herrschenden oder mit Mehrheit beteiligten Gesellschaft vorsieht, die angemessene Barabfindung zu bestimmen. [4]§ 304 Abs. 4 gilt sinngemäß.

§ 306[1)] *(aufgehoben)*

§ 307 Vertragsbeendigung zur Sicherung außenstehender Aktionäre. Hat die Gesellschaft im Zeitpunkt der Beschlußfassung ihrer Hauptversammlung über einen Beherrschungs- oder Gewinnabführungsvertrag keinen außenstehenden Aktionär, so endet der Vertrag spätestens zum Ende des Geschäftsjahrs, in dem ein außenstehender Aktionär beteiligt ist.

Zweiter Teil. Leitungsmacht und Verantwortlichkeit bei Abhängigkeit von Unternehmen

Erster Abschnitt. Leitungsmacht und Verantwortlichkeit bei Bestehen eines Beherrschungsvertrags

§ 308 Leitungsmacht. (1) [1]Besteht ein Beherrschungsvertrag, so ist das herrschende Unternehmen berechtigt, dem Vorstand der Gesellschaft hinsichtlich der Leitung der Gesellschaft Weisungen zu erteilen. [2]Bestimmt der Vertrag nichts anderes, so können auch Weisungen erteilt werden, die für die Gesellschaft nachteilig sind, wenn sie den Belangen des herrschenden Unternehmens oder der mit ihm und der Gesellschaft konzernverbundenen Unternehmen dienen.

(2) [1]Der Vorstand ist verpflichtet, die Weisungen des herrschenden Unternehmens zu befolgen. [2]Er ist nicht berechtigt, die Befolgung einer Weisung zu verweigern, weil sie nach seiner Ansicht nicht den Belangen des herrschenden Unternehmens oder der mit ihm und der Gesellschaft konzernverbundenen Unternehmen dient, es sei denn, daß sie offensichtlich nicht diesen Belangen dient.

(3) [1]Wird der Vorstand angewiesen, ein Geschäft vorzunehmen, das nur mit Zustimmung des Aufsichtsrats der Gesellschaft vorgenommen werden darf, und wird diese Zustimmung nicht innerhalb einer angemessenen Frist erteilt, so hat der Vorstand dies dem herrschenden Unternehmen mitzuteilen. [2]Wiederholt das herrschende Unternehmen nach dieser Mitteilung die Weisung, so ist die Zustimmung des Aufsichtsrats nicht mehr erforderlich; die Weisung darf, wenn das herrschende Unternehmen einen Aufsichtsrat hat, nur mit dessen Zustimmung wiederholt werden.

§ 309[2)] **Verantwortlichkeit der gesetzlichen Vertreter des herrschenden Unternehmens.** (1) Besteht ein Beherrschungsvertrag, so haben die gesetzlichen Vertreter (beim Einzelkaufmann der Inhaber) des herrschenden Unternehmens gegenüber der Gesellschaft bei der Erteilung von Weisungen an diese die Sorgfalt eines ordentlichen und gewissenhaften Geschäftsleiters anzuwenden.

(2) [1]Verletzen sie ihre Pflichten, so sind sie der Gesellschaft zum Ersatz des daraus entstehenden Schadens als Gesamtschuldner verpflichtet. [2]Ist streitig, ob sie

---

[1)] § 306 aufgeh. mWv 1.9.2003 durch G v. 12.6.2003 (BGBl. I S. 838).
[2)] § 309 Abs. 3 Satz 2, Abs. 4 Satz 5 neu gef. durch G v. 5.10.1994 (BGBl. I S. 2911).

die Sorgfalt eines ordentlichen und gewissenhaften Geschäftsleiters angewandt haben, so trifft sie die Beweislast.

(3) [1]Die Gesellschaft kann erst drei Jahre nach der Entstehung des Anspruchs und nur dann auf Ersatzansprüche verzichten oder sich über sie vergleichen, wenn die außenstehenden Aktionäre durch Sonderbeschluß zustimmen und nicht eine Minderheit, deren Anteile zusammen den zehnten Teil des bei der Beschlußfassung vertretenen Grundkapitals erreichen, zur Niederschrift Widerspruch erhebt. [2]Die zeitliche Beschränkung gilt nicht, wenn der Ersatzpflichtige zahlungsunfähig ist und sich zur Abwendung des Insolvenzverfahrens mit seinen Gläubigern vergleicht oder wenn die Ersatzpflicht in einem Insolvenzplan geregelt wird.

(4) [1]Der Ersatzanspruch der Gesellschaft kann auch von jedem Aktionär geltend gemacht werden. [2]Der Aktionär kann jedoch nur Leistung an die Gesellschaft fordern. [3]Der Ersatzanspruch kann ferner von den Gläubigern der Gesellschaft geltend gemacht werden, soweit sie von dieser keine Befriedigung erlangen können. [4]Den Gläubigern gegenüber wird die Ersatzpflicht durch einen Verzicht oder Vergleich der Gesellschaft nicht ausgeschlossen. [5]Ist über das Vermögen der Gesellschaft das Insolvenzverfahren eröffnet, so übt während dessen Dauer der Insolvenzverwalter oder der Sachwalter das Recht der Aktionäre und Gläubiger, den Ersatzanspruch der Gesellschaft geltend zu machen, aus.

(5) Die Ansprüche aus diesen Vorschriften verjähren in fünf Jahren.

§ 310 Verantwortlichkeit der Verwaltungsmitglieder der Gesellschaft.

(1) [1]Die Mitglieder des Vorstands und des Aufsichtsrats der Gesellschaft haften neben dem Ersatzpflichtigen nach § 309 als Gesamtschuldner, wenn sie unter Verletzung ihrer Pflichten gehandelt haben. [2]Ist streitig, ob sie die Sorgfalt eines ordentlichen und gewissenhaften Geschäftsleiters angewandt haben, so trifft sie die Beweislast.

(2) Dadurch, daß der Aufsichtsrat die Handlung gebilligt hat, wird die Ersatzpflicht nicht ausgeschlossen.

(3) Eine Ersatzpflicht der Verwaltungsmitglieder der Gesellschaft besteht nicht, wenn die schädigende Handlung auf einer Weisung beruht, die nach § 308 Abs. 2 zu befolgen war.

(4) § 309 Abs. 3 bis 5 ist anzuwenden.

Zweiter Abschnitt. Verantwortlichkeit bei Fehlen eines Beherrschungsvertrags

§ 311[1)] Schranken des Einflusses. (1) Besteht kein Beherrschungsvertrag, so darf ein herrschendes Unternehmen seinen Einfluß nicht dazu benutzen, eine abhängige Aktiengesellschaft oder Kommanditgesellschaft auf Aktien zu veranlassen, ein für sie nachteiliges Rechtsgeschäft vorzunehmen oder Maßnahmen zu ihrem Nachteil zu treffen oder zu unterlassen, es sei denn, daß die Nachteile ausgeglichen werden.

(2) [1]Ist der Ausgleich nicht während des Geschäftsjahrs tatsächlich erfolgt, so muß spätestens am Ende des Geschäftsjahrs, in dem der abhängigen Gesellschaft der Nachteil zugefügt worden ist, bestimmt werden, wann und durch welche Vorteile der Nachteil ausgeglichen werden soll. [2]Auf die zum Ausgleich bestimmten Vorteile ist der abhängigen Gesellschaft ein Rechtsanspruch zu gewähren.

(3) Die §§ 111a bis 111c bleiben unberührt.

[1)] § 311 Abs. 3 angef. mWv 1.1.2020 durch G v. 12.12.2019 (BGBl. I S. 2637).

§ 312[1] Bericht des Vorstands über Beziehungen zu verbundenen Unternehmen. (1) [1]Besteht kein Beherrschungsvertrag, so hat der Vorstand einer abhängigen Gesellschaft in den ersten drei Monaten des Geschäftsjahrs einen Bericht über die Beziehungen der Gesellschaft zu verbundenen Unternehmen aufzustellen. [2]In dem Bericht sind alle Rechtsgeschäfte, welche die Gesellschaft im vergangenen Geschäftsjahr mit dem herrschenden Unternehmen oder einem mit ihm verbundenen Unternehmen oder auf Veranlassung oder im Interesse dieser Unternehmen vorgenommen hat, und alle anderen Maßnahmen, die sie auf Veranlassung oder im Interesse dieser Unternehmen im vergangenen Geschäftsjahr getroffen oder unterlassen hat, aufzuführen. [3]Bei den Rechtsgeschäften sind Leistung und Gegenleistung, bei den Maßnahmen die Gründe der Maßnahme und deren Vorteile und Nachteile für die Gesellschaft anzugeben. [4]Bei einem Ausgleich von Nachteilen ist im einzelnen anzugeben, wie der Ausgleich während des Geschäftsjahrs tatsächlich erfolgt ist, oder auf welche Vorteile der Gesellschaft ein Rechtsanspruch gewährt worden ist.

(2) Der Bericht hat den Grundsätzen einer gewissenhaften und getreuen Rechenschaft zu entsprechen.

(3) [1]Am Schluß des Berichts hat der Vorstand zu erklären, ob die Gesellschaft nach den Umständen, die ihm in dem Zeitpunkt bekannt waren, in dem das Rechtsgeschäft vorgenommen oder die Maßnahme getroffen oder unterlassen wurde, bei jedem Rechtsgeschäft eine angemessene Gegenleistung erhielt und dadurch, daß die Maßnahme getroffen oder unterlassen wurde, nicht benachteiligt wurde. [2]Wurde die Gesellschaft benachteiligt, so hat er außerdem zu erklären, ob die Nachteile ausgeglichen worden sind. [3]Die Erklärung ist auch in den Lagebericht aufzunehmen.

§ 313[2] Prüfung durch den Abschlußprüfer. (1) [1]Ist der Jahresabschluß durch einen Abschlußprüfer zu prüfen, so ist gleichzeitig mit dem Jahresabschluß und dem Lagebericht auch der Bericht über die Beziehungen zu verbundenen Unternehmen dem Abschlußprüfer vorzulegen. [2]Er hat zu prüfen, ob

1. die tatsächlichen Angaben des Berichts richtig sind,
2. bei den im Bericht aufgeführten Rechtsgeschäften nach den Umständen, die im Zeitpunkt ihrer Vornahme bekannt waren, die Leistung der Gesellschaft nicht unangemessen hoch war; soweit sie dies war, ob die Nachteile ausgeglichen worden sind,
3. bei den im Bericht aufgeführten Maßnahmen keine Umstände für eine wesentlich andere Beurteilung als die durch den Vorstand sprechen.

[3]§ 320 Abs. 1 Satz 2 und Abs. 2 Satz 1 und 2 des Handelsgesetzbuchs[3] gilt sinngemäß. [4]Die Rechte nach dieser Vorschrift hat der Abschlußprüfer auch gegenüber einem Konzernunternehmen sowie gegenüber einem abhängigen oder herrschenden Unternehmen.

(2) [1]Der Abschlußprüfer hat über das Ergebnis der Prüfung schriftlich zu berichten. [2]Stellt er bei der Prüfung des Jahresabschlusses, des Lageberichts und des Berichts über die Beziehungen zu verbundenen Unternehmen fest, daß dieser Bericht unvollständig ist, so hat er auch hierüber zu berichten. [3]Der Abschluss-

---

[1] § 312 Abs. 3 Satz 3 geänd. durch G v. 19.12.1985 (BGBl. I S. 2355).

[2] § 313 Überschrift, Abs. 1 Satz 2, Abs. 3 Sätze 1 und 4, Abs. 4 Satz 1 und Abs. 5 Satz 1 geänd., Abs. 1 Sätze 1 und 3 sowie Abs. 2 neu gef., Abs. 1 Satz 4 angef. durch G v. 19.12.1985 (BGBl. I S. 2355); Abs. 2 Satz 3 neu gef. mWv 9.3.2000 durch G v. 24.2.2000 (BGBl. I S. 154).

[3] Nr. **50**.

prüfer hat seinen Bericht zu unterzeichnen und dem Aufsichtsrat vorzulegen; dem Vorstand ist vor der Zuleitung Gelegenheit zur Stellungnahme zu geben.

(3) [1] Sind nach dem abschließenden Ergebnis der Prüfung keine Einwendungen zu erheben, so hat der Abschlußprüfer dies durch folgenden Vermerk zum Bericht über die Beziehungen zu verbundenen Unternehmen zu bestätigen:

Nach meiner/unserer pflichtmäßigen Prüfung und Beurteilung bestätige ich/bestätigen wir, daß

1. die tatsächlichen Angaben des Berichts richtig sind,
2. bei den im Bericht aufgeführten Rechtsgeschäften die Leistung der Gesellschaft nicht unangemessen hoch war oder Nachteile ausgeglichen worden sind,
3. bei den im Bericht aufgeführten Maßnahmen keine Umstände für eine wesentlich andere Beurteilung als die durch den Vorstand sprechen.

[2] Führt der Bericht kein Rechtsgeschäft auf, so ist Nummer 2, führt er keine Maßnahme auf, so ist Nummer 3 des Vermerks fortzulassen. [3] Hat der Abschlußprüfer bei keinem im Bericht aufgeführten Rechtsgeschäft festgestellt, daß die Leistung der Gesellschaft unangemessen hoch war, so ist Nummer 2 des Vermerks auf diese Bestätigung zu beschränken.

(4) [1] Sind Einwendungen zu erheben oder hat der Abschlußprüfer festgestellt, daß der Bericht über die Beziehungen zu verbundenen Unternehmen unvollständig ist, so hat er die Bestätigung einzuschränken oder zu versagen. [2] Hat der Vorstand selbst erklärt, daß die Gesellschaft durch bestimmte Rechtsgeschäfte oder Maßnahmen benachteiligt worden ist, ohne daß die Nachteile ausgeglichen worden sind, so ist dies in dem Vermerk anzugeben und der Vermerk auf die übrigen Rechtsgeschäfte oder Maßnahmen zu beschränken.

(5) [1] Der Abschlußprüfer hat den Bestätigungsvermerk mit Angabe von Ort und Tag zu unterzeichnen. [2] Der Bestätigungsvermerk ist auch in den Prüfungsbericht aufzunehmen.

§ 314[1)] Prüfung durch den Aufsichtsrat. (1) [1] Der Vorstand hat den Bericht über die Beziehungen zu verbundenen Unternehmen unverzüglich nach dessen Aufstellung dem Aufsichtsrat vorzulegen. [2] Dieser Bericht und, wenn der Jahresabschluss durch einen Abschlussprüfer zu prüfen ist, der Prüfungsbericht des Abschlussprüfers sind auch jedem Aufsichtsratsmitglied oder, wenn der Aufsichtsrat dies beschlossen hat, den Mitgliedern eines Ausschusses zu übermitteln.

(2) [1] Der Aufsichtsrat hat den Bericht über die Beziehungen zu verbundenen Unternehmen zu prüfen und in seinem Bericht an die Hauptversammlung (§ 171 Abs. 2) über das Ergebnis der Prüfung zu berichten. [2] Ist der Jahresabschluß durch einen Abschlußprüfer zu prüfen, so hat der Aufsichtsrat in diesem Bericht ferner zu dem Ergebnis der Prüfung des Berichts über die Beziehungen zu verbundenen Unternehmen durch den Abschlußprüfer Stellung zu nehmen. [3] Ein von dem Abschlußprüfer erteilter Bestätigungsvermerk ist in den Bericht aufzunehmen, eine Versagung des Bestätigungsvermerks ausdrücklich mitzuteilen.

(3) Am Schluß des Berichts hat der Aufsichtsrat zu erklären, ob nach dem abschließenden Ergebnis seiner Prüfung Einwendungen gegen die Erklärung des Vorstands am Schluß des Berichts über die Beziehungen zu verbundenen Unternehmen zu erheben sind.

[1)] § 314 Abs. 1 Satz 1, Abs. 2 Satz 3 geänd., Abs. 2 Satz 2 und Abs. 4 neu gef. durch G v. 19.12.1985 (BGBl. I S. 2355); Abs. 1 und 4 neu gef. mWv 9.3.2000 durch G v. 24.2.2000 (BGBl. I S. 154); Abs. 1 Satz 2 geänd. mWv 26.7.2002 durch G v. 19.7.2002 (BGBl. I S. 2681).

(4) Ist der Jahresabschluss durch einen Abschlussprüfer zu prüfen, so hat dieser an den Verhandlungen des Aufsichtsrats oder eines Ausschusses über den Bericht über die Beziehungen zu verbundenen Unternehmen teilzunehmen und über die wesentlichen Ergebnisse seiner Prüfung zu berichten.

§ 315[1)] Sonderprüfung. [1] Auf Antrag eines Aktionärs hat das Gericht Sonderprüfer zur Prüfung der geschäftlichen Beziehungen der Gesellschaft zu dem herrschenden Unternehmen oder einem mit ihm verbundenen Unternehmen zu bestellen, wenn

1. der Abschlußprüfer den Bestätigungsvermerk zum Bericht über die Beziehungen zu verbundenen Unternehmen eingeschränkt oder versagt hat,
2. der Aufsichtsrat erklärt hat, daß Einwendungen gegen die Erklärung des Vorstands am Schluß des Berichts über die Beziehungen zu verbundenen Unternehmen zu erheben sind,
3. der Vorstand selbst erklärt hat, daß die Gesellschaft durch bestimmte Rechtsgeschäfte oder Maßnahmen benachteiligt worden ist, ohne daß die Nachteile ausgeglichen worden sind.

[2] Liegen sonstige Tatsachen vor, die den Verdacht einer pflichtwidrigen Nachteilszufügung rechtfertigen, kann der Antrag auch von Aktionären gestellt werden, deren Anteile zusammen den Schwellenwert des § 142 Abs. 2 erreichen, wenn sie glaubhaft machen, dass sie seit mindestens drei Monaten vor dem Tage der Antragstellung Inhaber der Aktien sind. [3] Über den Antrag entscheidet das Landgericht, in dessen Bezirk die Gesellschaft ihren Sitz hat. [4] § 142 Abs. 8 gilt entsprechend. [5] Gegen die Entscheidung ist die Beschwerde zulässig. [6] Hat die Hauptversammlung zur Prüfung derselben Vorgänge Sonderprüfer bestellt, so kann jeder Aktionär den Antrag nach § 142 Abs. 4 stellen.

§ 316 Kein Bericht über Beziehungen zu verbundenen Unternehmen bei Gewinnabführungsvertrag. §§ 312 bis 315 gelten nicht, wenn zwischen der abhängigen Gesellschaft und dem herrschenden Unternehmen ein Gewinnabführungsvertrag besteht.

§ 317 Verantwortlichkeit des herrschenden Unternehmens und seiner gesetzlichen Vertreter. (1) [1] Veranlaßt ein herrschendes Unternehmen eine abhängige Gesellschaft, mit der kein Beherrschungsvertrag besteht, ein für sie nachteiliges Rechtsgeschäft vorzunehmen oder zu ihrem Nachteil eine Maßnahme zu treffen oder zu unterlassen, ohne daß es den Nachteil bis zum Ende des Geschäftsjahrs tatsächlich ausgleicht oder der abhängigen Gesellschaft einen Rechtsanspruch auf einen zum Ausgleich bestimmten Vorteil gewährt, so ist es der Gesellschaft zum Ersatz des ihr daraus entstehenden Schadens verpflichtet. [2] Es ist auch den Aktionären zum Ersatz des ihnen daraus entstehenden Schadens verpflichtet, soweit sie, abgesehen von einem Schaden, der ihnen durch Schädigung der Gesellschaft zugefügt worden ist, geschädigt worden sind.

(2) Die Ersatzpflicht tritt nicht ein, wenn auch ein ordentlicher und gewissenhafter Geschäftsleiter einer unabhängigen Gesellschaft das Rechtsgeschäft vorgenommen oder die Maßnahme getroffen oder unterlassen hätte.

[1)] § 315 Satz 1 Nr. 1 geänd. durch G v. 19.12.1985 (BGBl. I S. 2355); Satz 2 eingef. durch G v. 27.4. 1998 (BGBl. I S. 786); Satz 2 geänd. durch G v. 9.6.1998 (BGBl. I S. 1242); Satz 2 neu gef., Sätze 3 und 4 eingef. mWv 1.11.2005, Satz 5 eingef., bish. Sätze 3 und 4 werden Sätze 6 und 7 mWv 28.9.2005 durch G v. 22.9.2005 (BGBl. I S. 2802); Satz 4 aufgeh., bish. Sätze 5–7 werden Sätze 4–6 und neue Sätze 4 und 5 geänd. mWv 1.9.2009 durch G v. 17.12.2008 (BGBl. I S. 2586).

(3) Neben dem herrschenden Unternehmen haften als Gesamtschuldner die gesetzlichen Vertreter des Unternehmens, die die Gesellschaft zu dem Rechtsgeschäft oder der Maßnahme veranlaßt haben.

(4) § 309 Abs. 3 bis 5 gilt sinngemäß.

§ 318 Verantwortlichkeit der Verwaltungsmitglieder der Gesellschaft.

(1) [1]Die Mitglieder des Vorstands der Gesellschaft haften neben den nach § 317 Ersatzpflichtigen als Gesamtschuldner, wenn sie es unter Verletzung ihrer Pflichten unterlassen haben, das nachteilige Rechtsgeschäft oder die nachteilige Maßnahme in dem Bericht über die Beziehungen der Gesellschaft zu verbundenen Unternehmen aufzuführen oder anzugeben, daß die Gesellschaft durch das Rechtsgeschäft oder die Maßnahme benachteiligt wurde und der Nachteil nicht ausgeglichen worden war. [2]Ist streitig, ob sie die Sorgfalt eines ordentlichen und gewissenhaften Geschäftsleiters angewandt haben, so trifft sie die Beweislast.

(2) Die Mitglieder des Aufsichtsrats der Gesellschaft haften neben den nach § 317 Ersatzpflichtigen als Gesamtschuldner, wenn sie hinsichtlich des nachteiligen Rechtsgeschäfts oder der nachteiligen Maßnahme ihre Pflicht, den Bericht über die Beziehungen zu verbundenen Unternehmen zu prüfen und über das Ergebnis der Prüfung an die Hauptversammlung zu berichten (§ 314), verletzt haben; Absatz 1 Satz 2 gilt sinngemäß.

(3) Der Gesellschaft und auch den Aktionären gegenüber tritt die Ersatzpflicht nicht ein, wenn die Handlung auf einem gesetzmäßigen Beschluß der Hauptversammlung beruht.

(4) § 309 Abs. 3 bis 5 gilt sinngemäß.

Dritter Teil. Eingegliederte Gesellschaften

§ 319[1)] Eingliederung. (1) [1]Die Hauptversammlung einer Aktiengesellschaft kann die Eingliederung der Gesellschaft in eine andere Aktiengesellschaft mit Sitz im Inland (Hauptgesellschaft) beschließen, wenn sich alle Aktien der Gesellschaft in der Hand der zukünftigen Hauptgesellschaft befinden. [2]Auf den Beschluß sind die Bestimmungen des Gesetzes und der Satzung über Satzungsänderungen nicht anzuwenden.

(2) [1]Der Beschluß über die Eingliederung wird nur wirksam, wenn die Hauptversammlung der zukünftigen Hauptgesellschaft zustimmt. [2]Der Beschluß über die Zustimmung bedarf einer Mehrheit, die mindestens drei Viertel des bei der Beschlußfassung vertretenen Grundkapitals umfaßt. [3]Die Satzung kann eine größere Kapitalmehrheit und weitere Erfordernisse bestimmen. [4]Absatz 1 Satz 2 ist anzuwenden.

(3) [1]Von der Einberufung der Hauptversammlung der zukünftigen Hauptgesellschaft an, die über die Zustimmung zur Eingliederung beschließen soll, sind in dem Geschäftsraum dieser Gesellschaft zur Einsicht der Aktionäre auszulegen

1. der Entwurf des Eingliederungsbeschlusses;

---

1) § 319 Abs. 2 Satz 5 aufgeh., Abs. 3 neu gef., Abs. 4–6 eingef., bish. Abs. 4 wird Abs. 7 durch G v. 28.10.1994 (BGBl. I S. 3210); Abs. 6 Satz 4 eingef., bish. Sätze 4 und 5 werden Sätze 5 und 6, Satz 7 eingef., bish. Satz 6 wird Satz 8 mWv 25.4.2007 durch G v. 19.4.2007 (BGBl. I S. 542); Abs. 3 Satz 3 eingef., bish. Sätze 3 und 4 werden Sätze 4 und 5 und neuer Satz 4 geänd., Abs. 6 Satz 1 geänd., Satz 2 neu gef., Satz 3 eingef., bish. Sätze 3–7 werden Sätze 4–8 und neuer Satz 6 geänd., neue Sätze 7 und 8 neu gef., Satz 9 eingef., bish. Satz 8 wird Satz 10 , Satz 11 angef. mWv 1.9.2009 durch G v. 30.7.2009 (BGBl. I S. 2479).

2. die Jahresabschlüsse und die Lageberichte der beteiligten Gesellschaften für die letzten drei Geschäftsjahre;
3. ein ausführlicher schriftlicher Bericht des Vorstands der zukünftigen Hauptgesellschaft, in dem die Eingliederung rechtlich und wirtschaftlich erläutert und begründet wird (Eingliederungsbericht).

[2] Auf Verlangen ist jedem Aktionär der zukünftigen Hauptgesellschaft unverzüglich und kostenlos eine Abschrift der in Satz 1 bezeichneten Unterlagen zu erteilen. [3] Die Verpflichtungen nach den Sätzen 1 und 2 entfallen, wenn die in Satz 1 bezeichneten Unterlagen für denselben Zeitraum über die Internetseite der zukünftigen Hauptgesellschaft zugänglich sind. [4] In der Hauptversammlung sind diese Unterlagen zugänglich zu machen. [5] Jedem Aktionär ist in der Hauptversammlung auf Verlangen Auskunft auch über alle im Zusammenhang mit der Eingliederung wesentlichen Angelegenheiten der einzugliedernden Gesellschaft zu geben.

(4) [1] Der Vorstand der einzugliedernden Gesellschaft hat die Eingliederung und die Firma der Hauptgesellschaft zur Eintragung in das Handelsregister anzumelden. [2] Der Anmeldung sind die Niederschriften der Hauptversammlungsbeschlüsse und ihre Anlagen in Ausfertigung oder öffentlich beglaubigter Abschrift beizufügen.

(5) [1] Bei der Anmeldung nach Absatz 4 hat der Vorstand zu erklären, daß eine Klage gegen die Wirksamkeit eines Hauptversammlungsbeschlusses nicht oder nicht fristgemäß erhoben oder eine solche Klage rechtskräftig abgewiesen oder zurückgenommen worden ist; hierüber hat der Vorstand dem Registergericht auch nach der Anmeldung Mitteilung zu machen. [2] Liegt die Erklärung nicht vor, so darf die Eingliederung nicht eingetragen werden, es sei denn, daß die klageberechtigten Aktionäre durch notariell beurkundete Verzichtserklärung auf die Klage gegen die Wirksamkeit des Hauptversammlungsbeschlusses verzichten.

(6) [1] Der Erklärung nach Absatz 5 Satz 1 steht es gleich, wenn nach Erhebung einer Klage gegen die Wirksamkeit eines Hauptversammlungsbeschlusses das Gericht auf Antrag der Gesellschaft, gegen deren Hauptversammlungsbeschluß sich die Klage richtet, durch Beschluß festgestellt hat, daß die Erhebung der Klage der Eintragung nicht entgegensteht. [2] Auf das Verfahren sind § 247, die §§ 82, 83 Abs. 1 und § 84 der Zivilprozessordnung[1)] sowie die im ersten Rechtszug für das Verfahren vor den Landgerichten geltenden Vorschriften der Zivilprozessordnung entsprechend anzuwenden, soweit nichts Abweichendes bestimmt ist. [3] Ein Beschluss nach Satz 1 ergeht, wenn

1. die Klage unzulässig oder offensichtlich unbegründet ist,
2. der Kläger nicht binnen einer Woche nach Zustellung des Antrags durch Urkunden nachgewiesen hat, dass er seit Bekanntmachung der Einberufung einen anteiligen Betrag von mindestens 1 000 Euro hält oder
3. das alsbaldige Wirksamwerden des Hauptversammlungsbeschlusses vorrangig erscheint, weil die vom Antragsteller dargelegten wesentlichen Nachteile für die Gesellschaft und ihre Aktionäre nach freier Überzeugung des Gerichts die Nachteile für den Antragsgegner überwiegen, es sei denn, es liegt eine besondere Schwere des Rechtsverstoßes vor.

[4] Der Beschluß kann in dringenden Fällen ohne mündliche Verhandlung ergehen. [5] Der Beschluss soll spätestens drei Monate nach Antragstellung ergehen; Verzögerungen der Entscheidung sind durch unanfechtbaren Beschluss zu begründen.

[1)] Nr. **100**.

[6] Die vorgebrachten Tatsachen, aufgrund derer der Beschluß nach Satz 3 ergehen kann, sind glaubhaft zu machen. [7] Über den Antrag entscheidet ein Senat des Oberlandesgerichts, in dessen Bezirk die Gesellschaft ihren Sitz hat. [8] Eine Übertragung auf den Einzelrichter ist ausgeschlossen; einer Güteverhandlung bedarf es nicht. [9] Der Beschluss ist unanfechtbar. [10] Erweist sich die Klage als begründet, so ist die Gesellschaft, die den Beschluß erwirkt hat, verpflichtet, dem Antragsgegner den Schaden zu ersetzen, der ihm aus einer auf dem Beschluß beruhenden Eintragung der Eingliederung entstanden ist. [11] Nach der Eintragung lassen Mängel des Beschlusses seine Durchführung unberührt; die Beseitigung dieser Wirkung der Eintragung kann auch nicht als Schadenersatz verlangt werden.

(7) Mit der Eintragung der Eingliederung in das Handelsregister des Sitzes der Gesellschaft wird die Gesellschaft in die Hauptgesellschaft eingegliedert.

§ 320[1)] Eingliederung durch Mehrheitsbeschluß. (1) [1] Die Hauptversammlung einer Aktiengesellschaft kann die Eingliederung der Gesellschaft in eine andere Aktiengesellschaft mit Sitz im Inland auch dann beschließen, wenn sich Aktien der Gesellschaft, auf die zusammen fünfundneunzig vom Hundert des Grundkapitals entfallen, in der Hand der zukünftigen Hauptgesellschaft befinden. [2] Eigene Aktien und Aktien, die einem anderen für Rechnung der Gesellschaft gehören, sind vom Grundkapital abzusetzen. [3] Für die Eingliederung gelten außer § 319 Abs. 1 Satz 2, Abs. 2 bis 7 die Absätze 2 bis 4.

(2) [1] Die Bekanntmachung der Eingliederung als Gegenstand der Tagesordnung ist nur ordnungsgemäß, wenn

1. sie die Firma und den Sitz der zukünftigen Hauptgesellschaft enthält,
2. ihr eine Erklärung der zukünftigen Hauptgesellschaft beigefügt ist, in der diese den ausscheidenden Aktionären als Abfindung für ihre Aktien eigene Aktien, im Falle des § 320b Abs. 1 Satz 3 außerdem eine Barabfindung anbietet.

[2] Satz 1 Nr. 2 gilt auch für die Bekanntmachung der zukünftigen Hauptgesellschaft.

(3) [1] Die Eingliederung ist durch einen oder mehrere sachverständige Prüfer (Eingliederungsprüfer) zu prüfen. [2] Diese werden auf Antrag des Vorstands der zukünftigen Hauptgesellschaft vom Gericht ausgewählt und bestellt. [3] § 293a Abs. 3, §§ 293c bis 293e sind sinngemäß anzuwenden.

(4) [1] Die in § 319 Abs. 3 Satz 1 bezeichneten Unterlagen sowie der Prüfungsbericht nach Absatz 3 sind jeweils von der Einberufung der Hauptversammlung an, die über die Zustimmung zur Eingliederung beschließen soll, in dem Geschäftsraum der einzugliedernden Gesellschaft und der Hauptgesellschaft zur Einsicht der Aktionäre auszulegen. [2] In dem Eingliederungsbericht sind auch Art und Höhe der Abfindung nach § 320b rechtlich und wirtschaftlich zu erläutern und zu begründen; auf besondere Schwierigkeiten bei der Bewertung der beteiligten Gesellschaften sowie auf die Folgen für die Beteiligungen der Aktionäre ist hinzuweisen. [3] § 319 Abs. 3 Satz 2 bis 5 gilt sinngemäß für die Aktionäre beider Gesellschaften.

[1)] § 320 Abs. 1 Satz 3, Abs. 2 Nr. 2 geänd., Abs. 3 und 4 neu gef., Abs. 5–7 aufgeh. durch G v. 28.10.1994 (BGBl. I S. 3210); Abs. 1 Satz 1 geänd. durch G v. 25.3.1998 (BGBl. I S. 590); Abs. 3 Satz 1 geänd. durch G v. 27.4.1998 (BGBl. I S. 786); Abs. 3 Satz 2 neu gef. mWv 1.9.2003 durch G v. 12.6.2003 (BGBl. I S. 838); Abs. 4 Satz 3 geänd. mWv 1.9.2009 durch G v. 30.7.2009 (BGBl. I S. 2479).

§ 320a[1] **Wirkungen der Eingliederung.** [1]Mit der Eintragung der Eingliederung in das Handelsregister gehen alle Aktien, die sich nicht in der Hand der Hauptgesellschaft befinden, auf diese über. [2]Sind über diese Aktien Aktienurkunden ausgegeben, so verbriefen sie bis zu ihrer Aushändigung an die Hauptgesellschaft nur den Anspruch auf Abfindung.

§ 320b[2] **Abfindung der ausgeschiedenen Aktionäre.** (1) [1]Die ausgeschiedenen Aktionäre der eingegliederten Gesellschaft haben Anspruch auf angemessene Abfindung. [2]Als Abfindung sind ihnen eigene Aktien der Hauptgesellschaft zu gewähren. [3]Ist die Hauptgesellschaft eine abhängige Gesellschaft, so sind den ausgeschiedenen Aktionären nach deren Wahl eigene Aktien der Hauptgesellschaft oder eine angemessene Barabfindung zu gewähren. [4]Werden als Abfindung Aktien der Hauptgesellschaft gewährt, so ist die Abfindung als angemessen anzusehen, wenn die Aktien in dem Verhältnis gewährt werden, in dem bei einer Verschmelzung auf eine Aktie der Gesellschaft Aktien der Hauptgesellschaft zu gewähren wären, wobei Spitzenbeträge durch bare Zuzahlungen ausgeglichen werden können. [5]Die Barabfindung muß die Verhältnisse der Gesellschaft im Zeitpunkt der Beschlußfassung ihrer Hauptversammlung über die Eingliederung berücksichtigen. [6]Die Barabfindung sowie bare Zuzahlungen sind von der Bekanntmachung der Eintragung der Eingliederung an mit jährlich 5 Prozentpunkten über dem jeweiligen Basiszinssatz nach § 247 des Bürgerlichen Gesetzbuchs[3] zu verzinsen; die Geltendmachung eines weiteren Schadens ist nicht ausgeschlossen.

(2) [1]Die Anfechtung des Beschlusses, durch den die Hauptversammlung der eingegliederten Gesellschaft die Eingliederung der Gesellschaft beschlossen hat, kann nicht auf § 243 Abs. 2 oder darauf gestützt werden, daß die von der Hauptgesellschaft nach § 320 Abs. 2 Nr. 2 angebotene Abfindung nicht angemessen ist. [2]Ist die angebotene Abfindung nicht angemessen, so hat das in § 2 des Spruchverfahrensgesetzes[4] bestimmte Gericht auf Antrag die angemessene Abfindung zu bestimmen. [3]Das gleiche gilt, wenn die Hauptgesellschaft eine Abfindung nicht oder nicht ordnungsgemäß angeboten hat und eine hierauf gestützte Anfechtungsklage innerhalb der Anfechtungsfrist nicht erhoben oder zurückgenommen oder rechtskräftig abgewiesen worden ist.

§ 321[5] **Gläubigerschutz.** (1) [1]Den Gläubigern der eingegliederten Gesellschaft, deren Forderungen begründet worden sind, bevor die Eintragung der Eingliederung in das Handelsregister bekanntgemacht worden ist, ist, wenn sie sich binnen sechs Monaten nach der Bekanntmachung zu diesem Zweck melden, Sicherheit zu leisten, soweit sie nicht Befriedigung verlangen können. [2]Die Gläubiger sind in einer Bekanntmachung zu der Eintragung auf dieses Recht hinzuweisen.

(2) Das Recht, Sicherheitsleistung zu verlangen, steht Gläubigern nicht zu, die im Falle des Insolvenzverfahrens ein Recht auf vorzugsweise Befriedigung aus einer Deckungsmasse haben, die nach gesetzlicher Vorschrift zu ihrem Schutz errichtet und staatlich überwacht ist.

---

[1] § 320a eingef. durch G v. 28.10.1994 (BGBl. I S. 3210).

[2] § 320b eingef. durch G v. 28.10.1994 (BGBl. I S. 3210); Abs. 1 Satz 6 geänd. mWv 12.4.2002 durch VO v. 5.4.2002 (BGBl. I S. 1250); Abs. 2 Satz 2 geänd., Abs. 3 aufgeh. mWv 1.9.2003 durch G v. 12.6.2003 (BGBl. I S. 838); Abs. 1 Satz 6 geänd. mWv 1.9.2009 durch G v. 30.7.2009 (BGBl. I S. 2479).

[3] Nr. **20**.

[4] **Habersack, Deutsche Gesetze ErgBd. Nr. 51b.**

[5] § 321 Abs. 2 geänd. durch G v. 5.10.1994 (BGBl. I S. 2911); Abs. 1 Satz 2 neu gef. mWv 1.8.2022 durch G v. 5.7.2021 (BGBl. I S. 3338).

§ 322 Haftung der Hauptgesellschaft. (1) [1]Von der Eingliederung an haftet die Hauptgesellschaft für die vor diesem Zeitpunkt begründeten Ver-

(Fortsetzung nächstes Blatt)

51a. Einführungsgesetz zum Aktiengesetz

Vom 6. September 1965

(BGBl. I S. 1185)

FNA 4121-2

Lfd. Nr.	Änderndes Gesetz	Datum	Fundstelle	Betroffen	Hinweis
1.-19.	Änderungsgesetze bis einschl. G v. 25.5.2009 (BGBl. I S. 1102) nur noch in den Anmerkungen nachgewiesen				
20.	Art. 2 G zur Umsetzung der AktionärsrechteRL (ARUG)[1]	30.7.2009	BGBl. I S. 2479	§ 20	neu gef. mWv 1.9.2009
21.	Art. 2 G zur Angemessenheit der Vorstandsvergütung (VorstAG)	31.7.2009	BGBl. I S. 2509	§ 23	neu gef. mWv 5.8.2009
22.	Art. 42 Bundesrecht-BereinigungsG	8.12.2010	BGBl. I S. 1864	§§ 25, 29	aufgeh. mWv 15.12.2010
23.	Art. 7 RestrukturierungsG	9.12.2010	BGBl. I S. 1900	§ 24	neu gef. mWv 15.12.2010
25.	Art. 4 Kleinstkapitalgesellschaften-BilanzrechtsänderungsG	20.12.2012	BGBl. I S. 2751	§ 26f	eingef. mWv 28.12.2012
26.	Art. 4 G für die gleichberechtigte Teilhabe von Frauen und Männern an Führungspositionen in der Privatwirtschaft und im öffentlichen Dienst	24.4.2015	BGBl. I S. 642	§ 27 § 25	geänd. mWv 1.5.2015 neu gef. mWv 1.5.2015
27.	Art. 5 Bilanzrichtlinie-UmsetzungsG	17.7.2015	BGBl. I S. 1245	§ 26g	eingef. mWv 23.7.2015
28.	Art. 2 Aktienrechtsnovelle 2016	22.12.2015	BGBl. I S. 2565	§ 26h	eingef. mWv 31.12.2015
29.	Art. 6 AbschlussprüfungsreformG (AReG)	10.5.2016	BGBl. I S. 1142	§ 12	geänd. mWv 17.6.2016
30.	Art. 9 CSR-Richtlinie-UmsetzungsG[2]	11.4.2017	BGBl. I S. 802	§ 26i	eingef. mWv 19.4.2017

[1] **Amtl. Anm.:** Dieses Gesetz dient der Umsetzung
- der Richtlinie 2006/68/EG des Europäischen Parlaments und des Rates vom 6. September 2006 zur Änderung der Richtlinie 77/91/EWG des Rates in Bezug auf die Gründung von Aktiengesellschaften und die Erhaltung und Änderung ihres Kapitals (ABl. L 264 vom 25.9.2006, S. 32) und
- der Richtlinie 2007/36/EG des Europäischen Parlaments und des Rates vom 11. Juli 2007 über die Ausübung bestimmter Rechte von Aktionären in börsennotierten Gesellschaften (ABl. L 184 vom 14.7. 2007, S. 17).

[2] **Amtl. Anm.:** Dieses Gesetz dient der Umsetzung der Richtlinie 2014/95/EU des Europäischen Parlaments und des Rates vom 22. Oktober 2014 zur Änderung der Richtlinie 2013/34/EU im Hinblick auf die Angabe nichtfinanzieller und die Diversität betreffender Informationen durch bestimmte große Unternehmen und Gruppen (ABl. L 330 vom 15.11.2014, S. 1; L 369 vom 24.12.2014, S. 79).

Lfd. Nr.	Änderndes Gesetz	Datum	Fundstelle	Betroffen	Hinweis
31.	Art. 2 G zur Umsetzung der zweiten AktionärsrechteRL (ARUG II)[1]	12.12. 2019	BGBl. I S. 2637	§ 26j	eingef. mWv 1.1.2020
32.	Art. 16 FinanzmarktintegritätsstärkungsG	3.6.2021	BGBl. I S. 1534	§ 12	geänd. mWv 1.7.2021
				§ 26k	eingef. mWv 1.7.2021
33.	Art. 8 G zur Ergänzung und Änd. der Regelungen für die gleichberechtigte Teilhabe von Frauen an Führungspositionen in der Privatwirtschaft und im öffentlichen Dienst	7.8.2021	BGBl. I S. 3311	§ 25	geänd. mWv 12.8.2021
				§ 26l	eingef. mWv 12.8.2021
34.	Art. 19 G zur Umsetzung der Digitalisierungsrichtlinie (DiRUG)[2]	5.7.2021	BGBl. I S. 3338	§ 26m	eingef. mWv 1.8.2022
35.	Art. 3 G zur Einführung virtueller Hauptversammlungen von Aktiengesellschaften und Änderung genossenschafts- sowie insolvenz- und restrukturierungsrechtlicher Vorschriften	20.7.2022	BGBl. I S. 1166	§ 26n	eingef. mWv 27.7.2022

[1] **Amtl. Anm.:** Dieses Gesetz dient der Umsetzung der Richtlinie (EU) 2017/828 des Europäischen Parlaments und des Rates vom 17. Mai 2017 zur Änderung der Richtlinie 2007/36/EG im Hinblick auf die Förderung der langfristigen Mitwirkung der Aktionäre (ABl. L 132 vom 20.5.2017, S. 1).

[2] **Amtl. Anm.:** Dieses Gesetz dient der Umsetzung der Richtlinie (EU) 2019/1151 des Europäischen Parlaments und des Rates vom 20. Juni 2019 zur Änderung der Richtlinie (EU) 2017/1132 im Hinblick auf den Einsatz digitaler Werkzeuge und Verfahren im Gesellschaftsrecht (ABl. L 186 vom 11.7.2019, S. 80).

ordentlichen Hauptversammlung, gerechnet ab Beginn des zweiten Geschäftsjahres, das auf den 31. Dezember 2020 folgt, zu erfolgen.

(3) § 124 des Aktiengesetzes in der ab dem 1. Januar 2020 geltenden Fassung ist erst ab dem 1. März 2020 und erstmals auf Hauptversammlungen anzuwenden, die nach dem 1. März 2020 einberufen werden.

(4) Die §§ 67, 67a bis 67f, 118, 121, 123, 125, 128, 129, 186 Absatz 2 Satz 1, § 214 Absatz 1 Satz 2, § 243 Absatz 3, § 246a Absatz 2 Nummer 2 und § 405 Absatz 2a Nummer 1 bis 5 und 7 des Aktiengesetzes in der ab dem 1. Januar 2020 geltenden Fassung sind erst ab dem 3. September 2020 anzuwenden und sind erstmals auf Hauptversammlungen anzuwenden, die nach dem 3. September 2020 einberufen werden.

(5) [1]Die Verordnung über den Ersatz von Aufwendungen der Kreditinstitute vom 17. Juni 2003 (BGBl. I S. 885), die durch Artikel 15 des Gesetzes vom 30. Juli 2009 (BGBl. I S. 2479) geändert worden ist, ist in der bis einschließlich 2. September 2020 geltenden Fassung bis zum Inkrafttreten einer Verordnung auf Grundlage der Ermächtigung in § 67f Absatz 3 des Aktiengesetzes, jedoch längstens bis einschließlich 3. September 2025 weiterhin sinngemäß anzuwenden. [2]Die Verordnung über den Ersatz von Aufwendungen der Kreditinstitute ist wie folgt sinngemäß anzuwenden:

1. auf Mitteilungen nach § 67 Absatz 4 Satz 1 bis 5 des Aktiengesetzes und bei börsennotierten Gesellschaften nach § 67d des Aktiengesetzes ist § 3 der Verordnung über den Ersatz von Aufwendungen der Kreditinstitute sinngemäß anzuwenden, und
2. auf Mitteilungen nach den §§ 67a bis 67c, auch in Verbindung mit § 125 Absatz 1, 2 und 5 des Aktiengesetzes ist § 1 der Verordnung über den Ersatz von Aufwendungen der Kreditinstitute sinngemäß anzuwenden.

§ 26k[1)] Übergangsvorschrift zum Finanzmarktintegritätsstärkungsgesetz. (1) [1]Die §§ 404a, 405 und 407a des Aktiengesetzes[2)] in der ab dem 1. Juli 2021 geltenden Fassung sind erstmals auf alle gesetzlich vorgeschriebenen Abschlussprüfungen für das nach dem 31. Dezember 2021 beginnende Geschäftsjahr anzuwenden. [2]Die in Satz 1 bezeichneten Vorschriften in der bis einschließlich 30. Juni 2021 geltenden Fassung sind letztmals anzuwenden auf alle gesetzlich vorgeschriebenen Abschlussprüfungen für das vor dem 1. Januar 2022 beginnende Geschäftsjahr.

(2) § 107 Absatz 4 Satz 1, 2, 4 bis 6, § 209 Absatz 5 und § 407 Absatz 1 des Aktiengesetzes in der ab dem 1. Juli 2021 geltenden Fassung sind erstmals ab dem 1. Januar 2022 anzuwenden.

(3) § 256 des Aktiengesetzes in der ab dem 1. Juli 2021 geltenden Fassung ist erstmals auf Jahresabschlüsse für das nach dem 31. Dezember 2021 beginnende Geschäftsjahr anzuwenden.

(4) § 143 Absatz 2, § 209 Absatz 4 und § 258 Absatz 4 des Aktiengesetzes in der ab dem 1. Juli 2021 geltenden Fassung sind erstmals auf Sonderprüfer, die für das nach dem 31. Dezember 2021 beginnende Geschäftsjahr bestellt, oder Prüfer, die für das nach dem 31. Dezember 2021 beginnende Geschäftsjahr gewählt werden, anzuwenden.

---

1) § 26k eingef. mWv 1.7.2021 durch G v. 3.6.2021 (BGBl. I S. 1534).
2) Nr. **51**.

(5) [1] § 293d in der ab dem 1. Juli 2021 geltenden Fassung ist erstmals auf die Prüfung von Unternehmensverträgen anzuwenden, die nach dem 31. Dezember 2021 geschlossen wurden. [2] § 293d in der bis einschließlich 30. Juni 2021 geltenden Fassung ist letztmals auf die Prüfung von Unternehmensverträgen anzuwenden, die vor dem 1. Januar 2022 geschlossen wurden.

§ 26l[1)] Übergangsvorschrift zum Gesetz zur Ergänzung und Änderung der Regelungen für die gleichberechtigte Teilhabe von Frauen an Führungspositionen in der Privatwirtschaft und im öffentlichen Dienst.

(1) [1] Das Beteiligungsgebot für den Vorstand nach § 76 Absatz 3a Satz 1 des Aktiengesetzes[2)] in der vom 12. August 2021 an geltenden Fassung ist ab dem 1. August 2022 bei der Bestellung einzelner oder mehrerer Vorstandsmitglieder einzuhalten. [2] Bestehende Mandate können bis zu ihrem vorgesehenen Ende wahrgenommen werden. [3] Gleiches gilt im Fall des § 393a Absatz 2 Nummer 1 des Aktiengesetzes.

(2) § 76 Absatz 4 und § 111 Absatz 5 des Aktiengesetzes in der vom 12. August 2021 an geltenden Fassung finden erstmals auf die Festlegung von Zielgrößen ab dem 12. August 2021 Anwendung.

(3) [1] Der jeweilige Mindestanteil von Frauen und Männern im Aufsichtsrat nach § 393a Absatz 2 Nummer 2 des Aktiengesetzes ist bei erforderlich werdenden Besetzungen einzelner oder mehrerer Sitze ab dem 1. April 2022 zu beachten. [2] Reicht die Anzahl der zu besetzenden Sitze nicht aus, um den Mindestanteil zu erreichen, sind diese Sitze mit Personen des unterrepräsentierten Geschlechts zu besetzen, um dessen Anteil sukzessive zu steigern. [3] Bestehende Mandate können bis zu ihrem vorgesehenen Ende wahrgenommen werden.

§ 26m[3)] Übergangsvorschrift zum Gesetz zur Umsetzung der Digitalisierungsrichtlinie. (1) § 37 Absatz 2 Satz 1, § 76 Absatz 3 Satz 3, § 81 Absatz 3 Satz 1 und § 265 Absatz 2 Satz 2 des Aktiengesetzes[2)] in der ab dem 1. August 2022 geltenden Fassung sind erstmals ab dem 1. August 2023 anzuwenden.

(2) [1] § 233 Absatz 2 Satz 2 und 4 und § 256 Absatz 6 Satz 1 des Aktiengesetzes in der ab dem 1. August 2022 geltenden Fassung sind erstmals auf Jahresabschlüsse für das nach dem 31. Dezember 2021 beginnende Geschäftsjahr anzuwenden. [2] Die in Satz 1 bezeichneten Vorschriften in der bis einschließlich 31. Juli 2022 geltenden Fassung sind letztmals anzuwenden auf Jahresabschlüsse für das vor dem 1. Januar 2022 beginnende Geschäftsjahr.

§ 26n[4)] Übergangsvorschrift zum Gesetz zur Einführung virtueller Hauptversammlungen von Aktiengesellschaften und Änderung genossenschafts- sowie insolvenz- und restrukturierungsrechtlicher Vorschriften.

(1) Für Hauptversammlungen, die bis einschließlich 31. August 2023 einberufen werden, kann der Vorstand mit Zustimmung des Aufsichtsrats entscheiden, dass die Versammlung als virtuelle Hauptversammlung nach § 118a des Aktiengesetzes[2)] abgehalten wird.

---

1) § 26l eingef. mWv 12.8.2021 durch G v. 7.8.2021 (BGBl. I S. 3311).
2) Nr. **51**.
3) § 26m eingef. mWv 1.8.2022 durch G v. 5.7.2021 (BGBl. I S. 3338).
4) § 26n eingef. mWv 27.7.2022 durch G v. 20.7.2022 (BGBl. I S. 1166).

Lfd. Nr.	Änderndes Gesetz	Datum	Fundstelle	Betroffen	Hinweis
28.	Art. 10 G zur Kontrolle und Transparenz im Unternehmensbereich	27.4.1998	BGBl. I S. 786	§ 32a	geänd. mWv 1.5.1998
29.	Art. 3 § 3 Euro-EinführungsG	9.6.1998	BGBl. I S. 1242	§§ 5, 7, 47, 57h, 58a	geänd. mWv 1.1.1999
				§ 86	eingef. mWv 1.1.1999
30.	Art. 9 HandelsrechtsreformG	22.6.1998	BGBl. I S. 1474	§§ 4, 9c, 57a	geänd. mWv 1.7.1998
				§§ 8, 40	geänd. mWv 1.1.1999
				§ 4a	eingef. mWv 1.1.1999
31.	Art. 3 NamensaktienG	18.1.2001	BGBl. I S. 123	§ 79	geänd. mWv 25.1.2001
32.	Art. 28 G zur Anpassung der Formvorschriften des Privatrechts und anderer Vorschriften an den modernen Rechtsgeschäftsverkehr	13.7.2001	BGBl. I S. 1542	§§ 47, 48	geänd. mWv 1.8.2001
33.	Art. 3 Abs. 3 Transparenz- und PublizitätsG	19.7.2002	BGBl. I S. 2681	§ 42a	geänd. mWv 26.7.2002
				§ 87	eingef. mWv 26.7.2002
34.	Art. 6 BilanzrechtsreformG	4.12.2004	BGBl. I S. 3166	§§ 42a, 46, 52, 57f, 82	geänd. mWv 10.12.2004
35.	Art. 13 G zur Anpassung von Verjährungsvorschriften an das G zur Modernisierung des Schuldrechts	9.12.2004	BGBl. I S. 3214	§§ 9, 19, 31, 55	geänd. mWv 15.12.2004
36.	Art. 12 JustizkommunikationsG	22.3.2005	BGBl. I S. 837	§§ 30, 52, 58, 65, 75	geänd. mWv 1.4.2005
				§ 12	eingef. mWv 1.4.2005
37.	Art. 10 G über elektron. Handelsregister u. Genossenschaftsregister sowie das Unternehmensregister[1)]	10.11. 2006	BGBl. I S. 2553	§§ 8, 10, 12, 35a, 39, 52, 54, 57i, 58d, 67, 73, 86	geänd. mWv 1.1.2007
				§ 59	aufgeh. mWv 1.1.2007
38.	Art. 4 Zweites G zur Änderung des UmwandlungsG	19.4.2007	BGBl. I S. 542	§ 33	geänd. mWv 25.4.2007
39.	Art. 1 G zur Modernisierung des GmbH-Rechts und zur Bekämpfung von Missbräuchen	23.10. 2008	BGBl. I S. 2026	Überschrift, §§ 2, 3, 4a, 5, 6, 7, 8, 9, 9a, 9c, 10, 14, 16, 19, 22, 26, 30, 35, 35a, 39, 40, 41, 46, 47, 55, 56, 56a, 57, 57h, 57l, 58, 58a, 58f, 60, 64, 65, 66, 71, 82, 84	geänd. mWv 1.11.2008
				Gliederungs-, Paragraphenüberschriften	neu gef. mWv 1.11.2008
				Inhaltsübersicht, §§ 5a, 55a, Anl.	eingef. mWv 1.11.2008
				§§ 17, 32a, 32b, 36, 57b, 86, 87	aufgeh. mWv 1.11.2008

1) **Amtl. Anm.:** *(abgedruckt in Änderungstabelle Nr.* **50***)*

52. Gesetz betreffend die Gesellschaften mit beschränkter Haftung (GmbHG)[1)]

in der Fassung der Bekanntmachung vom 20. Mai 1898[2)]
(RGBl. S. 846)[3)]

BGBl. III/FNA 4123-1

Lfd. Nr.	Änderndes Gesetz	Datum	Fundstelle	Betroffen	Hinweis
1.–18.	Änderungsgesetze bis einschließlich G v. 25.10.1982 nur noch in den Anmerkungen nachgewiesen				
19.	Art. 3 Bilanzrichtlinien-G	19.12.1985	BGBl. I S. 2355	§§ 29, 33, 40–42a, 46, 52, 71, 79, 82	geänd. mWv 1.1.1986
20.	Art. 8 Nr. 4 Zweites G zur Bekämpfung der Wirtschaftskriminalität	15.5.1986	BGBl. I S. 721	§ 64	geänd. mWv 1.8.1996
21.	Art. 7 § 33 BetreuungsG	12.9.1990	BGBl. I S. 2002	§§ 6, 8, 39, 66	geänd. mWv 1.1.1992
22.	Art. 1 G zur Durchführung der Zwölften RL des Rates der Europäischen Gemeinschaften auf dem Gebiet des GesellschaftsR betreffend GmbH mit einem einzigen Gesellschafter	18.12.1991	BGBl. I S. 2206	§§ 19, 35, 40, 60, 65	geänd. mWv 1.1.1992
23.	Art. 2 G zur Durchführung der Elften gesellschaftsrechtl. RL des Rates der Europäischen Gemeinschaften und über Gebäudeversicherungsverhältnisse	22.7.1993	BGBl. I S. 1282	§§ 35a, 54, 74 § 12	geänd. mWv 1.11.1993 aufgeh. mWv 1.11.1993
24.	Art. 3 G zur Änd. des D-MarkbilanzG und and. handelsrechtl. Bestimmungen	25.7.1994	BGBl. I S. 1682	§ 84	geänd. mWv 30.7.1994
25.	Art. 48 EinführungsG zur Insolvenzordnung	5.10.1994	BGBl. I S. 2911, geänd. 1998, S. 3836	§§ 9b, 32a, 32b, 60, 64, 65, 66, 84 §§ 58a–58f § 63	geänd. mWv 1.1.1999 eingef. mWv 19.10.1994 aufgeh. mWv 1.1.1999
26.	Art. 4 G zur Bereinigung des Umwandlungsrechts	28.10.1994	BGBl. I S. 3210, ber. 1995 I S. 428	§§ 33, 78, 82 §§ 57c–57o	geänd. mWv 1.1.1995 eingef. mWv 1.1.1995
27.	Art. 2 Kapitalaufnahmeerleichterungs G	20.4.1998	BGBl. I S. 707	§§ 32a, 57f	geänd. mWv 24.4.1998

[1)] Überschrift geänd., Gliederungs- und Paragraphenüberschriften neu gef. mWv 1.11.2008 G v. 23.10.2008 (BGBl. I S. 2026); die Neufassung aller Gliederungs- und Paragraphenüberschriften ist nicht einzeln in Fußnoten nachgewiesen.

[2)] Neubekanntmachung des GmbHG v. 20.4.1892 (RGBl. S. 477) in der ab 1.1.1900 geltenden Fassung.

[3)] Maßgebliche amtliche Quelle ist das BGBl. III.

Lfd. Nr.	Änderndes Gesetz	Datum	Fundstelle	Betroffen	Hinweis
40.	Art. 76 FGG-ReformG	17.12. 2008	BGBl. I S. 2586	§§ 60, 66, 71, 74	geänd. mWv 1.9.2009
41.	Art. 8 BilanzrechtsmodernisierungsG[1]	25.5.2009	BGBl. I S. 1102	§§ 33, 52, 57f	geänd. mWv 29.5.2009
42.	Art. 14b G zur Umsetzung der Aktionärsrechterichtlinie (ARUG)[2]	30.7.2009	BGBl. I S. 2479	§§ 10, 57n, 58, 58a, 58e, 58f, 65, 67, 73	geänd. mWv 1.9.2009
43.	Art. 5 G zur Angemessenheit der Vorstandsvergütung (VorstAG)	31.7.2009	BGBl. I S. 2509	§ 52	geänd. mWv 5.8.2009
44.	Art. 2 Abs. 51 G zur Änd. von Vorschriften über Verkündung und Bekanntmachungen sowie der ZPO, des EGZPO und der AO	22.12. 2011	BGBl. I S. 3044	§ 12	geänd. mWv 1.4.2012
45.	Art. 7 EhrenamtsstärkungsG	21.3.2013	BGBl. I S. 556	§ 4	geänd. mWv 29.3.2013
46.	Art. 27 2. KostenrechtsmodernisierungsG	23.7.2013	BGBl. I S. 2586	§ 51b	geänd. mWv 1.8.2013
47.	Art. 15 G für die gleichber. Teilhabe von Frauen und Männern an Führungspositionen in der Privatwirtschaft u. im öffentl. Dienst	24.4.2015	BGBl. I S. 642	Inhaltsübersicht, § 52 § 36	geänd. mWv 1.5.2015 neu gef. mWv 1.5.2015
48.	Art. 6 Bilanzrichtlinie-UmsetzungsG	17.7.2015	BGBl. I S. 1245	§ 29	geänd. mWv 23.7.2015
49.	Art. 5 Aktienrechtsnovelle 2016	22.12. 2015	BGBl. I S. 2565	§ 52	geänd. mWv 31.12.2015
50.	Art. 8 AbschlussprüfungsreformG	10.5.2016	BGBl. I S. 1142	Inhaltsübersicht, § 52 §§ 86, 87, 88	geänd. mWv 17.6.2016 eingef. mWv 17.6.2016
51.	Art. 14 G zur Umsetzung der Vierten EU-GeldwäscheRL, zur Ausf. der EU-GeldtransferVO u. zur Neuorganisation der Zentralstelle für Finanztransaktionsuntersuchungen[3]	23.6.2017	BGBl. I S. 1822	Inhaltsübersicht, §§ 8, 40	geänd. mWv 26.6.2017
52.	Art. 10 G zur Umsetzung der Zweiten ZahlungsdiensteRL[4]	17.7.2017	BGBl. I S. 2446	§§ 86, 87	geänd. mWv 22.7.2017

[1] **Amtl. Anm.:** *(abgedruckt in Änderungstabelle Nr.* ***50****)*

[2] **Amtl. Anm.:** *(abgedruckt in Änderungstabelle Nr.* ***51****)*

[3] **Amtl. Anm.:** Dieses Gesetz dient der Umsetzung der Richtlinie (EU) 2015/849 des Europäischen Parlaments und des Rates vom 20. Mai 2015 zur Verhinderung der Nutzung des Finanzsystems zum Zwecke der Geldwäsche und der Terrorismusfinanzierung, zur Änderung der Verordnung (EU) Nr. 648/2012 des Europäischen Parlaments und des Rates und zur Aufhebung der Richtlinie 2005/60/EG des Europäischen Parlaments und des Rates und der Richtlinie 2006/70/EG der Kommission (ABl. L 141 vom 5.6.2015, S. 73).

[4] **Amtl. Anm.:** Dieses Gesetz dient der Umsetzung der Richtlinie (EU) 2015/2366 des Europäischen Parlaments und des Rates vom 25. November 2015 über Zahlungsdienste im Binnenmarkt, zur Änderung der Richtlinien 2002/65/EG, 2009/110/EG und 2013/36/EU und der Verordnung (EU) Nr. 1093/2010 sowie zur Aufhebung der Richtlinie 2007/64/EG (ABl. L 337 vom 23.12.2015, S. 35; L 169 vom 28.6.2016, S. 18).

Lfd. Nr.	Änderndes Gesetz	Datum	Fundstelle	Betroffen	Hinweis
53.	Art. 16 Sanierungs- und Insolvenzrechtsfortentwicklungs G[1]	22.12. 2020	BGBl. I S. 3256	Inhaltsübersicht, § 71	geänd. mWv 1.1.2021
				§ 64	aufgeh. mit Ablauf des 31.12. 2020
54.	Art. 15 Abs. 23 G zur Reform des Vormundschafts- und Betreuungsrechts	4.5.2021	BGBl. I S. 882	§ 6	geänd. mWv 1.1.2023
55.	Art. 18 Finanzmarktintegritätsstärkungs G	3.6.2021	BGBl. I S. 1534	§§ 57f, 87	geänd. mWv 1.7.2021
				§ 86	neu gef. mWv 1.7.2021
56.	Art. 10 G zur Ergänzung und Änd. der Regelungen für die gleichberechtigte Teilhabe von Frauen an Führungspositionen in der Privatwirtschaft und im öffentlichen Dienst	7.8.2021	BGBl. I S. 3311	Inhaltsübersicht, §§ 36, 38, 52, Abschnitt 7	geänd. mWv 12.8.2021
				Abschnitt 6 (§ 77a)	eingef. mWv 12.8.2021
57.	Art. 20 G zur Umsetzung der Digitalisierungsrichtlinie (DiRUG)[2]	5.7.2021	BGBl. I S. 3338	Inhaltsübersicht, §§ 2, 6, 8, 39, 40, 58d, 66, 67, Anl. 1	geänd. mWv 1.8.2022
				Anl. 2	eingef. mWv 1.8.2022
58.	Art. 64 Personengesellschaftsrechtsmodernisierungs G (MoPeG)	10.8.2021	BGBl. I S. 3436	§ 40	geänd. mWv 1.1.2024
59.	Art. 5, 6 G zur Ergänzung der Regelungen zur Umsetzung der DigitalisierungsRL und zur Änd. weiterer Vorschriften[3]	15.7.2022	BGBl. I S. 1146	§§ 2, 48	geänd. mWv 1.8.2022
				§§ 2, 53, 55, 57	geänd. mWv 1.8.2023

Vorbemerkung:
Die Änderung durch G v. 4.5.2021 (BGBl. I S. 882) tritt erst mWv 1.1.2023 in Kraft und ist im Text noch nicht berücksichtigt.
Die Änderung durch G v. 10.8.2021 (BGBl. I S. 3436) tritt erst mWv 1.1.2024 in Kraft und ist im Text noch nicht berücksichtigt.
Die Änderungen durch G v. 15.7.2022 (BGBl. I S. 1146) treten teilweise erst mWv 1.8.2023 in Kraft und sind insoweit im Text noch nicht berücksichtigt.

[1] **Amtl. Anm.:** Dieses Gesetz dient der weiteren Umsetzung der Richtlinie (EU) 2019/1023 des Europäischen Parlaments und des Rates vom 20. Juni 2019 über präventive Restrukturierungsrahmen, über Entschuldung und über Tätigkeitsverbote sowie über Maßnahmen zur Steigerung der Effizienz von Restrukturierungs-, Insolvenz- und Entschuldungsverfahren und zur Änderung der Richtlinie (EU) 2017/1132 (Richtlinie über Restrukturierung und Insolvenz) (ABl. L 172 vom 26.6.2019, S. 18).

[2] **Amtl. Anm.:** Dieses Gesetz dient der Umsetzung der Richtlinie (EU) 2019/1151 des Europäischen Parlaments und des Rates vom 20. Juni 2019 zur Änderung der Richtlinie (EU) 2017/1132 im Hinblick auf den Einsatz digitaler Werkzeuge und Verfahren im Gesellschaftsrecht (ABl. L 186 vom 11.7.2019, S. 80).

[3] **Amtl. Anm.:** Notifiziert gemäß der Richtlinie (EU) 2015/1535 des Europäischen Parlaments und des Rates vom 9. September 2015 über ein Informationsverfahren auf dem Gebiet der technischen Vorschriften und der Vorschriften für die Dienste der Informationsgesellschaft (ABl. L 241 vom 17.9.2015, S. 1).

Inhaltsübersicht[1)]

[1)] Inhaltsübersicht eingef. mWv 1.11.2008 durch G v. 23.10.2008 (BGBl. I S. 2026); geänd. mWv 1.5.2015 durch G v. 24.4.2015 (BGBl. I S. 642); mWv 17.6.2016 durch G v. 10.5.2016 (BGBl. I S. 1142); mWv 26.6. 2017 durch G v. 23.6.2017 (BGBl. I S. 1822); mWv 1.1.2021 durch G v. 22.12.2020 (BGBl. I S. 3256); mWv 12.8.2021 durch G v. 7.8.2021 (BGBl. I S. 3311); mWv 1.8.2022 durch G v. 5.7.2021 (BGBl. I S. 3338).

Abschnitt 4. Abänderungen des Gesellschaftsvertrags

Abschnitt 5. Auflösung und Nichtigkeit der Gesellschaft

Abschnitt 1.[1] Errichtung der Gesellschaft

§ 1[2] Zweck; Gründerzahl. Gesellschaften mit beschränkter Haftung können nach Maßgabe der Bestimmungen dieses Gesetzes zu jedem gesetzlich zulässigen Zweck durch eine oder mehrere Personen errichtet werden.

§ 2[3] Form des Gesellschaftsvertrags. (1) [1] Der Gesellschaftsvertrag bedarf notarieller Form. [2] Er ist von sämtlichen Gesellschaftern zu unterzeichnen.

(1a) [1] Die Gesellschaft kann in einem vereinfachten Verfahren gegründet werden, wenn sie höchstens drei Gesellschafter und einen Geschäftsführer hat. [2] Für die Gründung im vereinfachten Verfahren ist das in Anlage 1 bestimmte Musterprotokoll zu verwenden. [3] Darüber hinaus dürfen keine vom Gesetz abweichenden Bestimmungen getroffen werden. [4] Das Musterprotokoll gilt zugleich als Gesellschafterliste. [5] Im Übrigen finden auf das Musterprotokoll die Vorschriften dieses Gesetzes über den Gesellschaftsvertrag entsprechende Anwendung.

(2) [1] Die Unterzeichnung durch Bevollmächtigte ist nur auf Grund einer notariell errichteten oder beglaubigten Vollmacht zulässig. [2] Die notarielle Errichtung der Vollmacht kann auch mittels Videokommunikation gemäß den §§ 16a bis 16e des Beurkundungsgesetzes[4] erfolgen.

(3) [1] Die notarielle Beurkundung des Gesellschaftsvertrags kann im Fall einer Gründung ohne Sacheinlagen auch mittels Videokommunikation gemäß den §§ 16a bis 16e des Beurkundungsgesetzes erfolgen. [2] In diesem Fall genügen abweichend von Absatz 1 Satz 2 für die Unterzeichnung die qualifizierten elektronischen Signaturen der mittels Videokommunikation an der Beurkundung teilnehmenden Gesellschaf-

---

[1] Siehe hierzu auch das MitbestimmungsG **(Habersack, Deutsche Gesetze ErgBd. Nr. 82a)**, das Montan-MitbestimmungsG **(Habersack, Deutsche Gesetze ErgBd. Nr. 82b)** und das MitbestimmungsergänzungsG **(Habersack, Deutsche Gesetze ErgBd. Nr. 82c)**.

[2] § 1 neu gef. durch G v. 4.7.1980 (BGBl. I S. 836).

[3] § 2 Abs. 1 Satz 1 neu gef. durch G v. 4.7.1980 (BGBl. I S. 836); Abs. 2 geänd. durch G v. 28.8.1969 (BGBl. I S. 1513); Abs. 1a eingef. mWv 1.11.2008 durch G v. 23.10.2008 (BGBl. I S. 2026); Abs. 1a Satz 2 geänd., Abs. 3 angef. mWv 1.8.2022 durch G v. 5.7.2021 (BGBl. I S. 3338); Abs. 2 Satz 2 angef., Abs. 3 Satz 1 geänd., Sätze 3 und 4 eingef., bish. Sätze 3 und 4 werden Sätze 5 und 6 mWv 1.8.2022 durch G v. 15.7.2022 (BGBl. I S. 1146).

[4] Nr. **23**.

ter. [3]Sonstige Willenserklärungen, welche nicht der notariellen Form bedürfen, können mittels Videokommunikation gemäß den §§ 16a bis 16e des Beurkundungsgesetzes beurkundet werden; sie müssen in die nach Satz 1 errichtete elektronische Niederschrift aufgenommen werden. [4]Satz 3 ist auf einstimmig gefasste Beschlüsse entsprechend anzuwenden. [5]Die Gründung mittels Videokommunikation kann auch im Wege des vereinfachten Verfahrens nach Absatz 1a oder unter Verwendung der in Anlage 2 bestimmten Musterprotokolle erfolgen. [6]Bei Verwendung der in Anlage 2 bestimmten Musterprotokolle gilt Absatz 1a Satz 3 bis 5 entsprechend.

§ 3[1)] Inhalt des Gesellschaftsvertrags. (1) Der Gesellschaftsvertrag muß enthalten:

1. die Firma und den Sitz der Gesellschaft,
2. den Gegenstand des Unternehmens,
3. den Betrag des Stammkapitals,
4. die Zahl und die Nennbeträge der Geschäftsanteile, die jeder Gesellschafter gegen Einlage auf das Stammkapital (Stammeinlage) übernimmt.

(2) Soll das Unternehmen auf eine gewisse Zeit beschränkt sein oder sollen den Gesellschaftern außer der Leistung von Kapitaleinlagen noch andere Verpflichtungen gegenüber der Gesellschaft auferlegt werden, so bedürfen auch diese Bestimmungen der Aufnahme in den Gesellschaftsvertrag.

§ 4[2)] Firma. [1]Die Firma der Gesellschaft muß, auch wenn sie nach § 22 des Handelsgesetzbuchs[3)] oder nach anderen gesetzlichen Vorschriften fortgeführt wird, die Bezeichnung „Gesellschaft mit beschränkter Haftung" oder eine allgemein verständliche Abkürzung dieser Bezeichnung enthalten. [2]Verfolgt die Gesellschaft ausschließlich und unmittelbar steuerbegünstigte Zwecke nach den §§ 51 bis 68 der Abgabenordnung kann die Abkürzung „gGmbH" lauten.

§ 4a[4)] Sitz der Gesellschaft. Sitz der Gesellschaft ist der Ort im Inland, den der Gesellschaftsvertrag bestimmt.

§ 5[5)] Stammkapital; Geschäftsanteil. (1) Das Stammkapital der Gesellschaft muß mindestens fünfundzwanzigtausend Euro betragen.

(2) [1]Der Nennbetrag jedes Geschäftsanteils muss auf volle Euro lauten. [2]Ein Gesellschafter kann bei Errichtung der Gesellschaft mehrere Geschäftsanteile übernehmen.

(3) [1]Die Höhe der Nennbeträge der einzelnen Geschäftsanteile kann verschieden bestimmt werden. [2]Die Summe der Nennbeträge aller Geschäftsanteile muss mit dem Stammkapital übereinstimmen.

(4) [1]Sollen Sacheinlagen geleistet werden, so müssen der Gegenstand der Sacheinlage und der Nennbetrag des Geschäftsanteils, auf den sich die Sacheinlage bezieht, im Gesellschaftsvertrag festgesetzt werden. [2]Die Gesellschafter haben in einem Sach-

---

[1)] § 3 Abs. 1 Nr. 4 neu gef. mWv 1.11.2008 durch G v. 23.10.2008 (BGBl. I S. 2026).

[2)] § 4 neu gef. durch G v. 22.6.1998 (BGBl. I S. 1474); Satz 2 angef. mWv 29.3.2013 durch G v. 21.3.2013 (BGBl. I S. 556).

[3)] Nr. **50**.

[4)] § 4a eingef. durch G v. 22.6.1998 (BGBl. I S. 1474); bish. Abs. 1 geänd., Abs. 2 aufgeh. mWv 1.11.2008 durch G v. 23.10.2008 (BGBl. I S. 2026).

[5)] § 5 Abs. 1, 3 neu gef. durch G v. 28.6.1926 (RGBl. I S. 315); Abs. 1 geänd., Abs. 4 neu gef. durch G v. 4.7.1980 (BGBl. I S. 836); Abs. 1 geänd. durch G v. 9.6.1998 (BGBl. I S. 1242); Abs. 1 und Abs. 4 Satz 1 geänd., Abs. 2, 3 neu gef. mWv 1.11.2008 durch G v. 23.10.2008 (BGBl. I S. 2026).

gründungsbericht die für die Angemessenheit der Leistungen für Sacheinlagen wesentlichen Umstände darzulegen und beim Übergang eines Unternehmens auf die Gesellschaft die Jahresergebnisse der beiden letzten Geschäftsjahre anzugeben.

§ 5a[1] Unternehmergesellschaft. (1) Eine Gesellschaft, die mit einem Stammkapital gegründet wird, das den Betrag des Mindeststammkapitals nach § 5 Abs. 1 unterschreitet, muss in der Firma abweichend von § 4 die Bezeichnung „Unternehmergesellschaft (haftungsbeschränkt)" oder „UG (haftungsbeschränkt)" führen.

(2) [1] Abweichend von § 7 Abs. 2 darf die Anmeldung erst erfolgen, wenn das Stammkapital in voller Höhe eingezahlt ist. [2] Sacheinlagen sind ausgeschlossen.

(3) [1] In der Bilanz des nach den §§ 242, 264 des Handelsgesetzbuchs[2] aufzustellenden Jahresabschlusses ist eine gesetzliche Rücklage zu bilden, in die ein Viertel des um einen Verlustvortrag aus dem Vorjahr geminderten Jahresüberschusses einzustellen ist. [2] Die Rücklage darf nur verwandt werden

1. für Zwecke des § 57c;
2. zum Ausgleich eines Jahresfehlbetrags, soweit er nicht durch einen Gewinnvortrag aus dem Vorjahr gedeckt ist;
3. zum Ausgleich eines Verlustvortrags aus dem Vorjahr, soweit er nicht durch einen Jahresüberschuss gedeckt ist.

(4) Abweichend von § 49 Abs. 3 muss die Versammlung der Gesellschafter bei drohender Zahlungsunfähigkeit unverzüglich einberufen werden.

(5) Erhöht die Gesellschaft ihr Stammkapital so, dass es den Betrag des Mindeststammkapitals nach § 5 Abs. 1 erreicht oder übersteigt, finden die Absätze 1 bis 4 keine Anwendung mehr; die Firma nach Absatz 1 darf beibehalten werden.

§ 6[3] [4] Geschäftsführer. (1) Die Gesellschaft muß einen oder mehrere Geschäftsführer haben.

(2) [1] Geschäftsführer kann nur eine natürliche, unbeschränkt geschäftsfähige Person sein. [2] Geschäftsführer kann nicht sein, wer

1. als Betreuter bei der Besorgung seiner Vermögensangelegenheiten ganz oder teilweise einem Einwilligungsvorbehalt (§ 1903 des Bürgerlichen Gesetzbuchs[5]) unterliegt,
2. aufgrund eines gerichtlichen Urteils oder einer vollziehbaren Entscheidung einer Verwaltungsbehörde einen Beruf, einen Berufszweig, ein Gewerbe oder einen Gewerbezweig nicht ausüben darf, sofern der Unternehmensgegenstand ganz oder teilweise mit dem Gegenstand des Verbots übereinstimmt,
3. wegen einer oder mehrerer vorsätzlich begangener Straftaten
   a) des Unterlassens der Stellung des Antrags auf Eröffnung des Insolvenzverfahrens (Insolvenzverschleppung),
   b) nach den §§ 283 bis 283d des Strafgesetzbuchs[6] (Insolvenzstraftaten),

---

[1] § 5a eingef. mWv 1.11.2008 durch G v. 23.10.2008 (BGBl. I S. 2026).

[2] Nr. **50**.

[3] § 6 Abs. 2 eingef., bish. Abs. 2, 3 werden Abs. 3, 4 durch G v. 4.7.1980 (BGBl. I S. 836); Abs. 2 Satz 2 eingef., bish. Sätze 2, 3 werden Sätze 3, 4 durch G v. 12.9.1990 (BGBl. I S. 2002); Abs. 2 Sätze 2, 3 neu gef., Satz 4 aufgeh., Abs. 5 angef. mWv 1.11.2008 durch G v. 23.10.2008 (BGBl. I S. 2026); Abs. 2 Satz 3 eingef., bish. Satz 3 wird Satz 4 mWv 1.8.2022 durch G v. 5.7.2021 (BGBl. I S. 3338).

[4] Beachte hierzu Übergangsvorschrift in § 11 EGGmbHG (Nr. **52/1**).

[5] Nr. **20**.

[6] Nr. **85**.

c) der falschen Angaben nach § 82 dieses Gesetzes oder § 399 des Aktiengesetzes[1)],
d) der unrichtigen Darstellung nach § 400 des Aktiengesetzes, § 331 des Handelsgesetzbuchs[2)], § 313 des Umwandlungsgesetzes[3)] oder § 17 des Publizitätsgesetzes[4)] oder
e) nach den §§ 263 bis 264a oder den §§ 265b bis 266a des Strafgesetzbuchs zu einer Freiheitsstrafe von mindestens einem Jahr

verurteilt worden ist; dieser Ausschluss gilt für die Dauer von fünf Jahren seit der Rechtskraft des Urteils, wobei die Zeit nicht eingerechnet wird, in welcher der Täter auf behördliche Anordnung in einer Anstalt verwahrt worden ist.

[3] Satz 2 Nummer 2 gilt entsprechend, wenn die Person in einem anderen Mitgliedstaat der Europäischen Union oder einem anderen Vertragsstaat des Abkommens über den Europäischen Wirtschaftsraum einem vergleichbaren Verbot unterliegt. [4] Satz 2 Nr. 3 gilt entsprechend bei einer Verurteilung im Ausland wegen einer Tat, die mit den in Satz 2 Nr. 3 genannten Taten vergleichbar ist.

(3) [1] Zu Geschäftsführern können Gesellschafter oder andere Personen bestellt werden. [2] Die Bestellung erfolgt entweder im Gesellschaftsvertrag oder nach Maßgabe der Bestimmungen des dritten Abschnitts.

(4) Ist im Gesellschaftsvertrag bestimmt, daß sämtliche Gesellschafter zur Geschäftsführung berechtigt sein sollen, so gelten nur die der Gesellschaft bei Festsetzung dieser Bestimmung angehörenden Personen als die bestellten Geschäftsführer.

(5) Gesellschafter, die vorsätzlich oder grob fahrlässig einer Person, die nicht Geschäftsführer sein kann, die Führung der Geschäfte überlassen, haften der Gesellschaft solidarisch für den Schaden, der dadurch entsteht, dass diese Person die ihr gegenüber der Gesellschaft bestehenden Obliegenheiten verletzt.

§ 7[5)] Anmeldung der Gesellschaft. (1) Die Gesellschaft ist bei dem Gericht, in dessen Bezirk sie ihren Sitz hat, zur Eintragung in das Handelsregister anzumelden.

(2) [1] Die Anmeldung darf erst erfolgen, wenn auf jeden Geschäftsanteil, soweit nicht Sacheinlagen vereinbart sind, ein Viertel des Nennbetrags eingezahlt ist. [2] Insgesamt muß auf das Stammkapital mindestens soviel eingezahlt sein, daß der Gesamtbetrag der eingezahlten Geldeinlagen zuzüglich des Gesamtnennbetrags der Geschäftsanteile, für die Sacheinlagen zu leisten sind, die Hälfte des Mindeststammkapitals gemäß § 5 Abs. 1 erreicht.

(3) Die Sacheinlagen sind vor der Anmeldung der Gesellschaft zur Eintragung in das Handelsregister so an die Gesellschaft zu bewirken, daß sie endgültig zur freien Verfügung der Geschäftsführer stehen.

§ 8[6) 7)] Inhalt der Anmeldung. (1) Der Anmeldung müssen beigefügt sein:

---

1) Nr. **51**.
2) Nr. **50**.
3) Nr. **52a**.
4) Nr. **52b**.
5) § 7 Abs. 2 neu gef., Abs. 3 angef. durch G v. 4.7.1980 (BGBl. I S. 836); Abs. 2 Satz 2 geänd. durch G v. 9.6.1998 (BGBl. I S. 1242); Abs. 2 Sätze 1 und 2 geänd., Satz 3 aufgeh. mWv 1.11.2008 durch G v. 23.10.2008 (BGBl. I S. 2026).
6) § 8 Abs. 1 Nr. 4, 5 eingef., bish. Nr. 4 wird Nr. 6, Abs. 2 neu gef. durch G v. 4.7.1980 (BGBl. I S. 836); Abs. 3 eingef., bish. Abs. 3 wird Abs. 4 durch G v. 15.8.1969 (BGBl. I S. 1146); Abs. 3 eingef., bish. Abs. 3 und 4 werden Abs. 4 und 5 durch G v. 4.7.1980 (BGBl. I S. 836); Abs. 3 Satz 1 geänd. durch G v. 12.9.1990 (BGBl. I S. 2002); Abs. 5 neu gef. mWv 1.1.2007 durch G v. 10.11.2006 (BGBl. I S. 2553); Abs. 1 Nr. 5 geänd., Nr. 6 aufgeh., Abs. 2 Satz 1, Abs. 3 Satz 1 geänd., Satz 2 neu gef., Abs. 4 neu gef. mWv 1.11.2008 durch G v. 23.10.2008 (BGBl. I S. 2026); Abs. 1 Nr. 3 neu gef. mWv 26.6.2017 durch G v. 23.6.2017 (BGBl. I →

1. der Gesellschaftsvertrag und im Fall des § 2 Abs. 2 die Vollmachten der Vertreter, welche den Gesellschaftsvertrag unterzeichnet haben, oder eine beglaubigte Abschrift dieser Urkunden,
2. die Legitimation der Geschäftsführer, sofern dieselben nicht im Gesellschaftsvertrag bestellt sind,
3. eine von den Anmeldenden unterschriebene oder mit den qualifizierten elektronischen Signaturen der Anmeldenden versehene Liste der Gesellschafter nach den Vorgaben des § 40,
4. im Fall des § 5 Abs. 4 die Verträge, die den Festsetzungen zugrunde liegen oder zu ihrer Ausführung geschlossen worden sind, und der Sachgründungsbericht,
5. wenn Sacheinlagen vereinbart sind, Unterlagen darüber, daß der Wert der Sacheinlagen den Nennbetrag der dafür übernommenen Geschäftsanteile erreicht.

(2) [1] In der Anmeldung ist die Versicherung abzugeben, daß die in § 7 Abs. 2 und 3 bezeichneten Leistungen auf die Geschäftsanteile bewirkt sind und daß der Gegenstand der Leistungen sich endgültig in der freien Verfügung der Geschäftsführer befindet. [2] Das Gericht kann bei erheblichen Zweifeln an der Richtigkeit der Versicherung Nachweise wie insbesondere die Vorlage von Einzahlungsbelegen eines in der Europäischen Union niedergelassenen Finanzinstituts oder Zahlungsdienstleisters verlangen.

(3) [1] In der Anmeldung haben die Geschäftsführer zu versichern, daß keine Umstände vorliegen, die ihrer Bestellung nach § 6 Abs. 2 Satz 2 Nr. 2 und 3 sowie Satz 3 und 4 entgegenstehen, und daß sie über ihre unbeschränkte Auskunftspflicht gegenüber dem Gericht belehrt worden sind. [2] Die Belehrung nach § 53 Abs. 2 des Bundeszentralregistergesetzes[1)] kann schriftlich vorgenommen werden; sie kann auch durch einen Notar oder einen im Ausland bestellten Notar, durch einen Vertreter eines vergleichbaren rechtsberatenden Berufs oder einen Konsularbeamten erfolgen.

(4) In der Anmeldung sind ferner anzugeben:
1. eine inländische Geschäftsanschrift,
2. Art und Umfang der Vertretungsbefugnis der Geschäftsführer.

(5) Für die Einreichung von Unterlagen nach diesem Gesetz gilt § 12 Abs. 2 des Handelsgesetzbuchs[2)] entsprechend.

§ 9[3)] Überbewertung der Sacheinlagen. (1) [1] Erreicht der Wert einer Sacheinlage im Zeitpunkt der Anmeldung der Gesellschaft zur Eintragung in das Handelsregister nicht den Nennbetrag des dafür übernommenen Geschäftsanteils, hat der Gesellschafter in Höhe des Fehlbetrags eine Einlage in Geld zu leisten. [2] Sonstige Ansprüche bleiben unberührt.

(2) Der Anspruch der Gesellschaft nach Absatz 1 Satz 1 verjährt in zehn Jahren seit der Eintragung der Gesellschaft in das Handelsregister.

(Fortsetzung der Anm. von voriger Seite)
S. 1822); Abs. 1 Nr. 3 geänd., Abs. 2 Satz 2 neu gef., Abs. 3 Satz 1 geänd. mWv 1.8.2022 durch G v. 5.7.2021 (BGBl. I S. 3338).

[7)] Beachte hierzu Übergangsvorschriften in §§ 8 und 11 EGGmbHG (Nr. **52/1**).

[1)] Nr. **92**.

[2)] Nr. **50**.

[3)] § 9 neu gef. durch G v. 4.7.1980 (BGBl. I S. 836); Abs. 2 geänd. mWv 15.12.2004 durch G v. 9.12.2004 (BGBl. I S. 3214); Abs. 1 Satz 2 angef., Satz 1, Abs. 2 geänd. mWv 1.11.2008 durch G v. 23.10.2008 (BGBl. I S. 2026).

§ 9a[1] Ersatzansprüche der Gesellschaft. (1) Werden zum Zweck der Errichtung der Gesellschaft falsche Angaben gemacht, so haben die Gesellschafter und Geschäftsführer der Gesellschaft als Gesamtschuldner fehlende Einzahlungen zu leisten, eine Vergütung, die nicht unter den Gründungsaufwand aufgenommen ist, zu ersetzen und für den sonst entstehenden Schaden Ersatz zu leisten.

(2) Wird die Gesellschaft von Gesellschaftern durch Einlagen oder Gründungsaufwand vorsätzlich oder aus grober Fahrlässigkeit geschädigt, so sind ihr alle Gesellschafter als Gesamtschuldner zum Ersatz verpflichtet.

(3) Von diesen Verpflichtungen ist ein Gesellschafter oder ein Geschäftsführer befreit, wenn er die die Ersatzpflicht begründenden Tatsachen weder kannte noch bei Anwendung der Sorgfalt eines ordentlichen Geschäftsmannes kennen mußte.

(4) [1] Neben den Gesellschaftern sind in gleicher Weise Personen verantwortlich, für deren Rechnung die Gesellschafter Geschäftsanteile übernommen haben. [2] Sie können sich auf ihre eigene Unkenntnis nicht wegen solcher Umstände berufen, die ein für ihre Rechnung handelnder Gesellschafter kannte oder bei Anwendung der Sorgfalt eines ordentlichen Geschäftsmannes kennen mußte.

§ 9b[2] Verzicht auf Ersatzansprüche. (1) [1] Ein Verzicht der Gesellschaft auf Ersatzansprüche nach § 9a oder ein Vergleich der Gesellschaft über diese Ansprüche ist unwirksam, soweit der Ersatz zur Befriedigung der Gläubiger der Gesellschaft erforderlich ist. [2] Dies gilt nicht, wenn der Ersatzpflichtige zahlungsunfähig ist und sich zur Abwendung des Insolvenzverfahrens mit seinen Gläubigern vergleicht oder wenn die Ersatzpflicht in einem Insolvenzplan geregelt wird.

(2) [1] Ersatzansprüche der Gesellschaft nach § 9a verjähren in fünf Jahren. [2] Die Verjährung beginnt mit der Eintragung der Gesellschaft in das Handelsregister oder, wenn die zum Ersatz verpflichtende Handlung später begangen worden ist, mit der Vornahme der Handlung.

§ 9c[3] Ablehnung der Eintragung. (1) [1] Ist die Gesellschaft nicht ordnungsgemäß errichtet und angemeldet, so hat das Gericht die Eintragung abzulehnen. [2] Dies gilt auch, wenn Sacheinlagen nicht unwesentlich überbewertet worden sind.

(2) Wegen einer mangelhaften, fehlenden oder nichtigen Bestimmung des Gesellschaftsvertrages darf das Gericht die Eintragung nach Absatz 1 nur ablehnen, soweit diese Bestimmung, ihr Fehlen oder ihre Nichtigkeit

1. Tatsachen oder Rechtsverhältnisse betrifft, die nach § 3 Abs. 1 oder auf Grund anderer zwingender gesetzlicher Vorschriften in dem Gesellschaftsvertrag bestimmt sein müssen oder die in das Handelsregister einzutragen oder von dem Gericht bekanntzumachen sind,
2. Vorschriften verletzt, die ausschließlich oder überwiegend zum Schutze der Gläubiger der Gesellschaft oder sonst im öffentlichen Interesse gegeben sind, oder
3. die Nichtigkeit des Gesellschaftsvertrages zur Folge hat.

---

[1] § 9a eingef. durch G v. 4.7.1980 (BGBl. I S. 836); Abs. 4 Satz 1 geänd. mWv 1.11.2008 durch G v. 23.10.2008 (BGBl. I S. 2026).

[2] § 9b eingef. durch G v. 4.7.1980 (BGBl. I S. 836); Abs. 1 Satz 2 neu gef. durch G v. 5.10.1994 (BGBl. I S. 2911).

[3] § 9c eingef. durch G v. 4.7.1980 (BGBl. I S. 836); Abs. 2 angef. durch G v. 22.6.1998 (BGBl. I S. 1474); Abs. 1 Satz 2 geänd. mWv 1.11.2008 durch G v. 23.10.2008 (BGBl. I S. 2026).

§ 38[1)] **Widerruf der Bestellung.** (1) Die Bestellung der Geschäftsführer ist zu jeder Zeit widerruflich, unbeschadet der Entschädigungsansprüche aus bestehenden Verträgen.

(2) [1] Im Gesellschaftsvertrag kann die Zulässigkeit des Widerrufs auf den Fall beschränkt werden, daß wichtige Gründe denselben notwendig machen. [2] Als solche Gründe sind insbesondere grobe Pflichtverletzung oder Unfähigkeit zur ordnungsmäßigen Geschäftsführung anzusehen.

(3) [1] Der Geschäftsführer hat das Recht, um den Widerruf seiner Bestellung zu ersuchen, wenn er wegen Mutterschutz, Elternzeit, der Pflege eines Familienangehörigen oder Krankheit seinen mit der Bestellung verbundenen Pflichten vorübergehend nicht nachkommen kann und mindestens ein weiterer Geschäftsführer bestellt ist. [2] Macht ein Geschäftsführer von diesem Recht Gebrauch, muss die Bestellung dieses Geschäftsführers

1. widerrufen und dabei die Wiederbestellung nach Ablauf des Zeitraums der in § 3 Absatz 1 und 2 des Mutterschutzgesetzes[2)] genannten Schutzfristen zugesichert werden,
2. in den Fällen der Elternzeit, der Pflege eines Familienangehörigen oder der Krankheit widerrufen und dabei die Wiederbestellung nach einem Zeitraum von bis zu drei Monaten entsprechend dem Verlangen des Geschäftsführers zugesichert werden; von dem Widerruf der Bestellung kann abgesehen werden, wenn ein wichtiger Grund vorliegt.

[3] In den in Satz 2 Nummer 2 genannten Fällen kann die Bestellung des Geschäftsführers auf dessen Verlangen für einen Zeitraum von bis zu zwölf Monaten widerrufen werden. [4] § 77a Absatz 2 findet auf Bestellungen während des Zeitraums nach den Sätzen 2 oder 3 keine Anwendung, wenn das Beteiligungsgebot ohne den Widerruf eingehalten wäre.

§ 39[3)] [4)] **Anmeldung der Geschäftsführer.** (1) Jede Änderung in den Personen der Geschäftsführer sowie die Beendigung der Vertretungsbefugnis eines Geschäftsführers ist zur Eintragung in das Handelsregister anzumelden.

(2) Der Anmeldung sind die Urkunden über die Bestellung der Geschäftsführer oder über die Beendigung der Vertretungsbefugnis in Urschrift oder öffentlich beglaubigter Abschrift beizufügen.

(3) [1] Die neuen Geschäftsführer haben in der Anmeldung zu versichern, daß keine Umstände vorliegen, die ihrer Bestellung nach § 6 Abs. 2 Satz 2 Nr. 2 und 3 sowie Satz 3 und 4 entgegenstehen und daß sie über ihre unbeschränkte Auskunftspflicht gegenüber dem Gericht belehrt worden sind. [2] § 8 Abs. 3 Satz 2 ist anzuwenden.

§ 40[5)] [6)] **Liste der Gesellschafter, Verordnungsermächtigung.** (1) [1] Die Geschäftsführer haben unverzüglich nach Wirksamwerden jeder Veränderung in den

---

[1)] § 38 Abs. 3 angef. mWv 12.8.2021 durch G v. 7.8.2021 (BGBl. I S. 3311).

[2)] **Habersack, Deutsche Gesetze ErgBd. Nr. 79.**

[3)] § 39 neu gef. durch G v. 10.8.1937 (RGBl. I S. 897); Abs. 3 eingef., bish. Abs. 3 wird Abs. 4 durch G v. 4.7.1980 (BGBl. I S. 836); Abs. 3 Satz 1 geänd. durch G v. 12.9.1990 (BGBl. I S. 2002); Abs. 2 geänd., Abs. 4 aufgeh. mWv 1.1.2007 durch G v. 10.11.2006 (BGBl. I S. 2553); Abs. 3 Satz 1 geänd. mWv 1.11.2008 durch G v. 23.10.2008 (BGBl. I S. 2026); Abs. 3 Satz 1 geänd. mWv 1.8.2022 durch G v. 5.7.2021 (BGBl. I S. 3338).

[4)] Beachte hierzu Übergangsvorschrift in § 11 EGGmbHG (Nr. **52/1**).

[5)] § 40 neu gef. durch G v. 22.6.1998 (BGBl. I S. 1474); Abs. 1 neu gef., Abs. 2 eingef., bish. Abs. 2 wird Abs. 3 und geänd. mWv 1.11.2008 durch G v. 23.10.2008 (BGBl. I S. 2026); Überschrift, Abs. 1 →

Personen der Gesellschafter oder des Umfangs ihrer Beteiligung eine von ihnen unterschriebene oder mit ihrer qualifizierten elektronischen Signatur versehene Liste der Gesellschafter zum Handelsregister einzureichen, aus welcher Name, Vorname, Geburtsdatum und Wohnort derselben sowie die Nennbeträge und die laufenden Nummern der von einem jeden derselben übernommenen Geschäftsanteile sowie die durch den jeweiligen Nennbetrag eines Geschäftsanteils vermittelte jeweilige prozentuale Beteiligung am Stammkapital zu entnehmen sind. [2] Ist ein Gesellschafter selbst eine Gesellschaft, so sind bei eingetragenen Gesellschaften in die Liste deren Firma, Satzungssitz, zuständiges Register und Registernummer aufzunehmen, bei nicht eingetragenen Gesellschaften deren jeweilige Gesellschafter unter einer zusammenfassenden Bezeichnung mit Name, Vorname, Geburtsdatum und Wohnort. [3] Hält ein Gesellschafter mehr als einen Geschäftsanteil, ist in der Liste der Gesellschafter zudem der Gesamtumfang der Beteiligung am Stammkapital als Prozentsatz gesondert anzugeben. [4] Die Änderung der Liste durch die Geschäftsführer erfolgt auf Mitteilung und Nachweis.

(2) [1] Hat ein Notar an Veränderungen nach Absatz 1 Satz 1 mitgewirkt, hat er unverzüglich nach deren Wirksamwerden ohne Rücksicht auf etwaige später eintretende Unwirksamkeitsgründe die Liste anstelle der Geschäftsführer zu unterschreiben oder mit seiner qualifizierten elektronischen Signatur zu versehen, zum Handelsregister einzureichen und eine Abschrift der geänderten Liste an die Gesellschaft zu übermitteln. [2] Die Liste muss mit der Bescheinigung des Notars versehen sein, dass die geänderten Eintragungen den Veränderungen entsprechen, an denen er mitgewirkt hat, und die übrigen Eintragungen mit dem Inhalt der zuletzt im Handelsregister aufgenommenen Liste übereinstimmen.

(3) Geschäftsführer, welche die ihnen nach Absatz 1 obliegende Pflicht verletzen, haften denjenigen, deren Beteiligung sich geändert hat, und den Gläubigern der Gesellschaft für den daraus entstandenen Schaden als Gesamtschuldner.

(4) Das Bundesministerium der Justiz und für Verbraucherschutz wird ermächtigt, durch Rechtsverordnung mit Zustimmung des Bundesrates nähere Bestimmungen über die Ausgestaltung der Gesellschafterliste zu treffen.

(5) [1] Die Landesregierungen werden ermächtigt, durch Rechtsverordnung zu bestimmen, dass bestimmte in der Liste der Gesellschafter enthaltene Angaben in strukturierter maschinenlesbarer Form an das Handelsregister zu übermitteln sind, soweit nicht durch das Bundesministerium der Justiz und für Verbraucherschutz nach § 387 Absatz 2 des Gesetzes über das Verfahren in Familiensachen und in den Angelegenheiten der freiwilligen Gerichtsbarkeit[1)] entsprechende Vorschriften erlassen werden. [2] Die Landesregierungen können die Ermächtigung durch Rechtsverordnung auf die Landesjustizverwaltungen übertragen.

§ 41[2)] Buchführung. Die Geschäftsführer sind verpflichtet, für die ordnungsmäßige Buchführung der Gesellschaft zu sorgen.

(Fortsetzung der Anm. von voriger Seite)
Satz 1 neu gef., Sätze 2, 3 eingef., bish. Satz 2 wird Satz 4, Abs. 4, 5 angef. mWv 26.6.2017 durch G v. 23.6.2017 (BGBl. I S. 1822); Abs. 1 Satz 1, Abs. 2 Satz 1 geänd. mWv 1.8.2022 durch G v. 5.7.2021 (BGBl. I S. 3338).

[6)] Beachte hierzu Übergangsvorschrift in § 8 EGGmbHG (Nr. **52/1**).

[1)] Nr. **112**.

[2)] § 41 Abs. 4 aufgeh. durch G v. 24.3.1976 (BGBl. I S. 725); Abs. 2 und 3 aufgeh. durch G v. 19.12. 1985 (BGBl. I S. 2355); Absatzbez. gestr. mWv 1.11.2008 durch G v. 23.10.2008 (BGBl. I S. 2026).

§ 42[1] **Bilanz.** (1) In der Bilanz des nach den §§ 242, 264 des Handelsgesetzbuchs[2] aufzustellenden Jahresabschlusses ist das Stammkapital als gezeichnetes Kapital auszuweisen.

(2) [1] Das Recht der Gesellschaft zur Einziehung von Nachschüssen der Gesellschafter ist in der Bilanz insoweit zu aktivieren, als die Einziehung bereits beschlossen ist und den Gesellschaftern ein Recht, durch Verweisung auf den Geschäftsanteil sich von der Zahlung der Nachschüsse zu befreien, nicht zusteht. [2] Der nachzuschießende Betrag ist auf der Aktivseite unter den Forderungen gesondert unter der Bezeichnung „Eingeforderte Nachschüsse" auszuweisen, soweit mit der Zahlung gerechnet werden kann. [3] Ein dem Aktivposten entsprechender Betrag ist auf der Passivseite in dem Posten „Kapitalrücklage" gesondert auszuweisen.

(3) Ausleihungen, Forderungen und Verbindlichkeiten gegenüber Gesellschaftern sind in der Regel als solche jeweils gesondert auszuweisen oder im Anhang anzugeben; werden sie unter anderen Posten ausgewiesen, so muß diese Eigenschaft vermerkt werden.

§ 42a[3] **Vorlage des Jahresabschlusses und des Lageberichts.** (1) [1] Die Geschäftsführer haben den Jahresabschluß und den Lagebericht unverzüglich nach der Aufstellung den Gesellschaftern zum Zwecke der Feststellung des Jahresabschlusses vorzulegen. [2] Ist der Jahresabschluß durch einen Abschlußprüfer zu prüfen, so haben die Geschäftsführer ihn zusammen mit dem Lagebericht und dem Prüfungsbericht des Abschlußprüfers unverzüglich nach Eingang des Prüfungsberichts vorzulegen. [3] Hat die Gesellschaft einen Aufsichtsrat, so ist dessen Bericht über das Ergebnis seiner Prüfung ebenfalls unverzüglich vorzulegen.

(2) [1] Die Gesellschafter haben spätestens bis zum Ablauf der ersten acht Monate oder, wenn es sich um eine kleine Gesellschaft handelt (§ 267 Abs. 1 des Handelsgesetzbuchs[2]), bis zum Ablauf der ersten elf Monate des Geschäftsjahrs über die Feststellung des Jahresabschlusses und über die Ergebnisverwendung zu beschließen. [2] Der Gesellschaftsvertrag kann die Frist nicht verlängern. [3] Auf den Jahresabschluß sind bei der Feststellung die für seine Aufstellung geltenden Vorschriften anzuwenden.

(3) Hat ein Abschlußprüfer den Jahresabschluß geprüft, so hat er auf Verlangen eines Gesellschafters an den Verhandlungen über die Feststellung des Jahresabschlusses teilzunehmen.

(4) [1] Ist die Gesellschaft zur Aufstellung eines Konzernabschlusses und eines Konzernlageberichts verpflichtet, so sind die Absätze 1 bis 3 entsprechend anzuwenden. [2] Das Gleiche gilt hinsichtlich eines Einzelabschlusses nach § 325 Abs. 2a des Handelsgesetzbuchs, wenn die Gesellschafter die Offenlegung eines solchen beschlossen haben.

§ 43[4] **Haftung der Geschäftsführer.** (1) Die Geschäftsführer haben in den Angelegenheiten der Gesellschaft die Sorgfalt eines ordentlichen Geschäftsmannes anzuwenden.

(2) Geschäftsführer, welche ihre Obliegenheiten verletzen, haften der Gesellschaft solidarisch für den entstandenen Schaden.

---

[1] § 42 neu gef. durch G v. 19.12.1985 (BGBl. I S. 2355).

[2] Nr. **50**.

[3] § 42a eingef. durch G v. 3.6.1937 (RGBl. I S. 607); neu gef. durch G v. 19.12.1985 (BGBl. I S. 2355); Abs. 4 neu gef. mWv 26.7.2002 durch G v. 19.7.2002 (BGBl. I S. 2681); Abs. 4 Satz 2 angef. mWv 10.12.2004 durch G v. 4.12.2004 (BGBl. I S. 3166).

[4] § 43 Abs. 3 Satz 2 geänd. durch G v. 4.7.1980 (BGBl. I S. 836).

(3) [1]Insbesondere sind sie zum Ersatze verpflichtet, wenn den Bestimmungen des § 30 zuwider Zahlungen aus dem zur Erhaltung des Stammkapitals erforderlichen Vermögen der Gesellschaft gemacht oder den Bestimmungen des § 33 zuwider eigene Geschäftsanteile der Gesellschaft erworben worden sind. [2]Auf den Ersatzanspruch finden die Bestimmungen in § 9b Abs. 1 entsprechende Anwendung. [3]Soweit der Ersatz zur Befriedigung der Gläubiger der Gesellschaft erforderlich ist, wird die Verpflichtung der Geschäftsführer dadurch nicht aufgehoben, daß dieselben in Befolgung eines Beschlusses der Gesellschafter gehandelt haben.

(4) Die Ansprüche auf Grund der vorstehenden Bestimmungen verjähren in fünf Jahren.

§ 43a[1)] Kreditgewährung aus Gesellschaftsvermögen. [1]Den Geschäftsführern, anderen gesetzlichen Vertretern, Prokuristen oder zum gesamten Geschäftsbetrieb ermächtigten Handlungsbevollmächtigten darf Kredit nicht aus dem zur Erhaltung des Stammkapitals erforderlichen Vermögen der Gesellschaft gewährt werden. [2]Ein entgegen Satz 1 gewährter Kredit ist ohne Rücksicht auf entgegenstehende Vereinbarungen sofort zurückzugewähren.

§ 44 Stellvertreter von Geschäftsführern. Die für die Geschäftsführer gegebenen Vorschriften gelten auch für Stellvertreter von Geschäftsführern.

§ 45 Rechte der Gesellschafter. (1) Die Rechte, welche den Gesellschaftern in den Angelegenheiten der Gesellschaft, insbesondere in bezug auf die Führung der Geschäfte zustehen, sowie die Ausübung derselben bestimmen sich, soweit nicht gesetzliche Vorschriften entgegenstehen, nach dem Gesellschaftsvertrag.

(2) In Ermangelung besonderer Bestimmungen des Gesellschaftsvertrages finden die Vorschriften der §§ 46 bis 51 Anwendung.

§ 46[2)] Aufgabenkreis der Gesellschafter. Der Bestimmung der Gesellschafter unterliegen:

1. die Feststellung des Jahresabschlusses und die Verwendung des Ergebnisses;
1a. die Entscheidung über die Offenlegung eines Einzelabschlusses nach internationalen Rechnungslegungsstandards (§ 325 Abs. 2a des Handelsgesetzbuchs[3)]) und über die Billigung des von den Geschäftsführern aufgestellten Abschlusses;
1b. die Billigung eines von den Geschäftsführern aufgestellten Konzernabschlusses;
2. die Einforderung der Einlagen;
3. die Rückzahlung von Nachschüssen;
4. die Teilung, die Zusammenlegung sowie die Einziehung von Geschäftsanteilen;
5. die Bestellung und die Abberufung von Geschäftsführern sowie die Entlastung derselben;
6. die Maßregeln zur Prüfung und Überwachung der Geschäftsführung;
7. die Bestellung von Prokuristen und von Handlungsbevollmächtigten zum gesamten Geschäftsbetrieb;

[1)] § 43a eingef. durch G v. 4.7.1980 (BGBl. I S. 836).

[2)] § 46 Nr. 1 geänd. durch G v. 19.12.1985 (BGBl. I S. 2355); Nr. 1a und 1b eingef. mWv 10.12.2004 durch G v. 4.12.2004 (BGBl. I S. 3166); Nr. 2 neu gef. und Nr. 4 geänd. mWv 1.11.2008 durch G v. 23.10.2008 (BGBl. I S. 2026).

[3)] Nr. **50**.

8. die Geltendmachung von Ersatzansprüchen, welche der Gesellschaft aus der Gründung oder Geschäftsführung gegen Geschäftsführer oder Gesellschafter zustehen, sowie die Vertretung der Gesellschaft in Prozessen, welche sie gegen die Geschäftsführer zu führen hat.

§ 47[1)] Abstimmung. (1) Die von den Gesellschaftern in den Angelegenheiten der Gesellschaft zu treffenden Bestimmungen erfolgen durch Beschlußfassung nach der Mehrheit der abgegebenen Stimmen.

(2) Jeder Euro eines Geschäftsanteils gewährt eine Stimme.

(3) Vollmachten bedürfen zu ihrer Gültigkeit der Textform.

(4) [1] Ein Gesellschafter, welcher durch die Beschlußfassung entlastet oder von einer Verbindlichkeit befreit werden soll, hat hierbei kein Stimmrecht und darf ein solches auch nicht für andere ausüben. [2] Dasselbe gilt von einer Beschlußfassung, welche die Vornahme eines Rechtsgeschäfts oder die Einleitung oder Erledigung eines Rechtsstreites gegenüber einem Gesellschafter betrifft.

§ 48[2)] Gesellschafterversammlung. (1) [1] Die Beschlüsse der Gesellschafter werden in Versammlungen gefaßt. [2] Versammlungen können auch fernmündlich oder mittels Videokommunikation abgehalten werden, wenn sämtliche Gesellschafter sich damit in Textform einverstanden erklären.

(2) Der Abhaltung einer Versammlung bedarf es nicht, wenn sämtliche Gesellschafter in Textform mit der zu treffenden Bestimmung oder mit der schriftlichen Abgabe der Stimmen sich einverstanden erklären.

(3) Befinden sich alle Geschäftsanteile der Gesellschaft in der Hand eines Gesellschafters oder daneben in der Hand der Gesellschaft, so hat er unverzüglich nach der Beschlußfassung eine Niederschrift aufzunehmen und zu unterschreiben.

§ 49 Einberufung der Versammlung. (1) Die Versammlung der Gesellschafter wird durch die Geschäftsführer berufen.

(2) Sie ist außer den ausdrücklich bestimmten Fällen zu berufen, wenn es im Interesse der Gesellschaft erforderlich erscheint.

(3) Insbesondere muß die Versammlung unverzüglich berufen werden, wenn aus der Jahresbilanz oder aus einer im Laufe des Geschäftsjahres aufgestellten Bilanz sich ergibt, daß die Hälfte des Stammkapitals verloren ist.

§ 50 Minderheitsrechte. (1) Gesellschafter, deren Geschäftsanteile zusammen mindestens dem zehnten Teil des Stammkapitals entsprechen, sind berechtigt, unter Angabe des Zwecks und der Gründe die Berufung der Versammlung zu verlangen.

(2) In gleicher Weise haben die Gesellschafter das Recht zu verlangen, daß Gegenstande zur Beschlußfassung der Versammlung angekündigt werden.

(3) [1] Wird dem Verlangen nicht entsprochen oder sind Personen, an welche dasselbe zu richten wäre, nicht vorhanden, so können die in Absatz 1 bezeichneten Gesellschafter unter Mitteilung des Sachverhältnisses die Berufung oder Ankündigung selbst bewirken. [2] Die Versammlung beschließt, ob die entstandenen Kosten von der Gesellschaft zu tragen sind.

[1)] § 47 Abs. 3 geänd. mWv 1.8.2001 durch G v. 13.7.2001 (BGBl. I S. 1542); Abs. 2 neu gef. mWv 1.11.2008 durch G v. 23.10.2008 (BGBl. I S. 2026).

[2)] § 48 Abs. 3 angef. durch G v. 4.7.1980 (BGBl. I S. 836); Abs. 2 geänd. mWv 1.8.2001 durch G v. 13.7.2001 (BGBl. I S. 1542); Abs. 1 Satz 2 angef. mWv 1.8.2022 durch G v. 15.7.2022 (BGBl. I S. 1146).

§ 51 Form der Einberufung. (1) [1]Die Berufung der Versammlung erfolgt durch Einladung der Gesellschafter mittels eingeschriebener Briefe. [2]Sie ist mit einer Frist von mindestens einer Woche zu bewirken.

(2) Der Zweck der Versammlung soll jederzeit bei der Berufung angekündigt werden.

(3) Ist die Versammlung nicht ordnungsmäßig berufen, so können Beschlüsse nur gefaßt werden, wenn sämtliche Gesellschafter anwesend sind.

(4) Das gleiche gilt in bezug auf Beschlüsse über Gegenstände, welche nicht wenigstens drei Tage vor der Versammlung in der für die Berufung vorgeschriebenen Weise angekündigt worden sind.

§ 51a[1)] Auskunfts- und Einsichtsrecht. (1) Die Geschäftsführer haben jedem Gesellschafter auf Verlangen unverzüglich Auskunft über die Angelegenheiten der Gesellschaft zu geben und die Einsicht der Bücher und Schriften zu gestatten.

(2) [1]Die Geschäftsführer dürfen die Auskunft und die Einsicht verweigern, wenn zu besorgen ist, daß der Gesellschafter sie zu gesellschaftsfremden Zwecken verwenden und dadurch der Gesellschaft oder einem verbundenen Unternehmen einen nicht unerheblichen Nachteil zufügen wird. [2]Die Verweigerung bedarf eines Beschlusses der Gesellschafter.

(3) Von diesen Vorschriften kann im Gesellschaftsvertrag nicht abgewichen werden.

§ 51b[2)] Gerichtliche Entscheidung über das Auskunfts- und Einsichtsrecht. [1]Für die gerichtliche Entscheidung über das Auskunfts- und Einsichtsrecht findet § 132 Abs. 1, 3 und 4 des Aktiengesetzes[3)] entsprechende Anwendung. [2]Antragsberechtigt ist jeder Gesellschafter, dem die verlangte Auskunft nicht gegeben oder die verlangte Einsicht nicht gestattet worden ist.

§ 52[4) 5)] Aufsichtsrat. (1) Ist nach dem Gesellschaftsvertrag ein Aufsichtsrat zu bestellen, so sind § 90 Abs. 3, 4, 5 Satz 1 und 2, § 95 Satz 1, § 100 Abs. 1 und 2 Nr. 2 und Abs. 5, § 101 Abs. 1 Satz 1, § 103 Abs. 1 Satz 1 und 2, §§ 105, 107 Absatz 3 Satz 2 und 3 und Absatz 4, §§ 110 bis 114, 116 des Aktiengesetzes[3)] in Verbindung mit § 93 Abs. 1 und 2 Satz 1 und 2 des Aktiengesetzes, § 124 Abs. 3 Satz 2, §§ 170, 171, 394 und 395 des Aktiengesetzes entsprechend anzuwenden, soweit nicht im Gesellschaftsvertrag ein anderes bestimmt ist.

(2) [1]Ist nach dem Drittelbeteiligungsgesetz ein Aufsichtsrat zu bestellen, so legt die Gesellschafterversammlung für den Frauenanteil im Aufsichtsrat und unter den

---

[1)] § 51a eingef. durch G v. 4.7.1980 (BGBl. I S. 836).

[2)] § 51b eingef. durch G v. 4.7.1980 (BGBl. I S. 836); Satz 1 geänd. mWv 1.8.2013 durch G v. 23.7. 2013 (BGBl. I S. 2586).

[3)] Nr. **51**.

[4)] § 52 Abs. 1 neu gef. durch G v. 6.9.1965 (BGBl. I S. 1185); Abs. 1 geänd., Abs. 2 eingef., bish. Abs. 2 wird Abs. 3 durch G v. 15.8.1969 (BGBl. I S. 1146); Abs. 2 Satz 1 geänd. durch G v. 25.10.1982 (BGBl. I S. 1425); Abs. 1 geänd. durch G v. 19.12.1985 (BGBl. I S. 2355); Abs. 1 geänd. mWv 10.12.2004 durch G v. 4.12.2004 (BGBl. I S. 3166); Abs. 2 Satz 1 geänd., Satz 2 neu gef. mWv 1.1.2007 durch G v. 10.11. 2006 (BGBl. I S. 2553); Abs. 1 geänd. mWv 29.5.2009 durch G v. 25.5.2009 (BGBl. I S. 1102); Abs. 1 geänd. mWv 5.8.2009 durch G v. 31.7.2009 (BGBl. I S. 2509); Abs. 2 eingef., bish. Abs. 2 und 3 werden Abs. 3 und 4 mWv 1.5.2015 durch G v. 24.4.2015 (BGBl. I S. 642); Abs. 1 geänd. mWv 31.12.2015 durch G v. 22.12.2015 (BGBl. I S. 2565); Abs. 1 geänd. mWv 17.6.2016 durch G v. 10.5.2016 (BGBl. I S. 1142); Abs. 2 Sätze 3–5 eingef., bish. Sätze 3–5 werden Sätze 6–8 mWv 12.8.2021 durch G v. 7.8.2021 (BGBl. I S. 3311).

[5)] Beachte hierzu Übergangsvorschriften in §§ 7 und 10 EGGmbHG (Nr. **52/1**).

Geschäftsführern Zielgrößen fest, es sei denn, sie hat dem Aufsichtsrat diese Aufgabe übertragen. [2]Ist nach dem Mitbestimmungsgesetz[1)], dem Montan-Mitbestimmungsgesetz[2)] oder dem Mitbestimmungsergänzungsgesetz[3)] ein Aufsichtsrat zu bestellen, so legt der Aufsichtsrat für den Frauenanteil im Aufsichtsrat und unter den Geschäftsführern Zielgrößen fest. [3]Die Zielgrößen müssen den angestrebten Frauenanteil am jeweiligen Gesamtgremium beschreiben und bei Angaben in Prozent vollen Personenzahlen entsprechen. [4]Wird für den Aufsichtsrat oder unter den Geschäftsführern die Zielgröße Null festgelegt, so ist dieser Beschluss klar und verständlich zu begründen. [5]Die Begründung muss ausführlich die Erwägungen darlegen, die der Entscheidung zugrunde liegen. [6]Liegt der Frauenanteil bei Festlegung der Zielgrößen unter 30 Prozent, so dürfen die Zielgrößen den jeweils erreichten Anteil nicht mehr unterschreiten. [7]Gleichzeitig sind Fristen zur Erreichung der Zielgrößen festzulegen. [8]Die Fristen dürfen jeweils nicht länger als fünf Jahre sein.

(3) [1]Werden die Mitglieder des Aufsichtsrats vor der Eintragung der Gesellschaft in das Handelsregister bestellt, gilt § 37 Abs. 4 Nr. 3 und 3a des Aktiengesetzes entsprechend. [2]Die Geschäftsführer haben bei jeder Änderung in den Personen der Aufsichtsratsmitglieder unverzüglich eine Liste der Mitglieder des Aufsichtsrats, aus welcher Name, Vorname, ausgeübter Beruf und Wohnort der Mitglieder ersichtlich ist, zum Handelsregister einzureichen; das Gericht hat nach § 10 des Handelsgesetzbuchs[4)] einen Hinweis darauf bekannt zu machen, dass die Liste zum Handelsregister eingereicht worden ist.

(4) Schadensersatzansprüche gegen die Mitglieder des Aufsichtsrats wegen Verletzung ihrer Obliegenheiten verjähren in fünf Jahren.

Abschnitt 4. Abänderungen des Gesellschaftsvertrags

§ 53[5)] Form der Satzungsänderung. (1) Eine Abänderung des Gesellschaftsvertrages kann nur durch Beschluß der Gesellschafter erfolgen.

(2) [1]Der Beschluß muß notariell beurkundet werden, derselbe bedarf einer Mehrheit von drei Vierteilen der abgegebenen Stimmen. [2]Der Gesellschaftsvertrag kann noch andere Erfordernisse aufstellen.

(3) Eine Vermehrung der den Gesellschaftern nach dem Gesellschaftsvertrag obliegenden Leistungen kann nur mit Zustimmung sämtlicher beteiligter Gesellschafter beschlossen werden.

§ 54[6)] Anmeldung und Eintragung der Satzungsänderung. (1) [1]Die Abänderung des Gesellschaftsvertrages ist zur Eintragung in das Handelsregister anzumelden. [2]Der Anmeldung ist der vollständige Wortlaut des Gesellschaftsvertrags beizufügen; er muß mit der Bescheinigung eines Notars versehen sein, daß die geänderten Bestimmungen des Gesellschaftsvertrags mit dem Beschluß über die Änderung des Gesellschaftsvertrags und die unveränderten Bestimmungen mit dem zuletzt zum Handelsregister eingereichten vollständigen Wortlaut des Gesellschaftsvertrags übereinstimmen.

---

1) **Habersack, Deutsche Gesetze ErgBd. Nr. 82a.**
2) **Habersack, Deutsche Gesetze ErgBd. Nr. 82b.**
3) **Habersack, Deutsche Gesetze ErgBd. Nr. 82c.**
4) Nr. **50**.
5) § 53 Abs. 2 Satz 1 geänd. durch G v. 28.8.1969 (BGBl. I S. 1513).
6) § 54 Abs. 1 Satz 2 angef. durch G v. 15.8.1969 (BGBl. I S. 1146); Abs. 2 bish. Satz 1 geänd., Satz 2 aufgeh. mWv 1.1.2007 durch G v. 10.11.2006 (BGBl. I S. 2553).

(2) Bei der Eintragung genügt, sofern nicht die Abänderung die in § 10 bezeichneten Angaben betrifft, die Bezugnahme auf die bei dem Gericht eingereichten Dokumente über die Abänderung.

(3) Die Abänderung hat keine rechtliche Wirkung, bevor sie in das Handelsregister des Sitzes der Gesellschaft eingetragen ist.

§ 55[1] Erhöhung des Stammkapitals. (1) Wird eine Erhöhung des Stammkapitals beschlossen, so bedarf es zur Übernahme jedes Geschäftsanteils an dem erhöhten Kapital einer notariell aufgenommenen oder beglaubigten Erklärung des Übernehmers.

(2) [1]Zur Übernahme eines Geschäftsanteils können von der Gesellschaft die bisherigen Gesellschafter oder andere Personen, welche durch die Übernahme ihren Beitritt zu der Gesellschaft erklären, zugelassen werden. [2]Im letzteren Falle sind außer dem Nennbetrag des Geschäftsanteils auch sonstige Leistungen, zu welchen der Beitretende nach dem Gesellschaftsvertrage verpflichtet sein soll, in der in Absatz 1 bezeichneten Urkunde ersichtlich zu machen.

(3) Wird von einem der Gesellschaft bereits angehörenden Gesellschafter ein Geschäftsanteil an dem erhöhten Kapital übernommen, so erwirbt derselbe einen weiteren Geschäftsanteil.

(4) Die Bestimmungen in § 5 Abs. 2 und 3 über die Nennbeträge der Geschäftsanteile sowie die Bestimmungen in § 19 Abs. 6 über die Verjährung des Anspruchs der Gesellschaft auf Leistung der Einlagen sind auch hinsichtlich der an dem erhöhten Kapital übernommenen Geschäftsanteile anzuwenden.

§ 55a[2] Genehmigtes Kapital. (1) [1]Der Gesellschaftsvertrag kann die Geschäftsführer für höchstens fünf Jahre nach Eintragung der Gesellschaft ermächtigen, das Stammkapital bis zu einem bestimmten Nennbetrag (genehmigtes Kapital) durch Ausgabe neuer Geschäftsanteile gegen Einlagen zu erhöhen. [2]Der Nennbetrag des genehmigten Kapitals darf die Hälfte des Stammkapitals, das zur Zeit der Ermächtigung vorhanden ist, nicht übersteigen.

(2) Die Ermächtigung kann auch durch Abänderung des Gesellschaftsvertrags für höchstens fünf Jahre nach deren Eintragung erteilt werden.

(3) Gegen Sacheinlagen (§ 56) dürfen Geschäftsanteile nur ausgegeben werden, wenn die Ermächtigung es vorsieht.

§ 56[3] Kapitalerhöhung mit Sacheinlagen. (1) [1]Sollen Sacheinlagen geleistet werden, so müssen ihr Gegenstand und der Nennbetrag des Geschäftsanteils, auf den sich die Sacheinlage bezieht, im Beschluß über die Erhöhung des Stammkapitals festgesetzt werden. [2]Die Festsetzung ist in die in § 55 Abs. 1 bezeichnete Erklärung des Übernehmers aufzunehmen.

(2) Die §§ 9 und 19 Abs. 2 Satz 2 und Abs. 4 finden entsprechende Anwendung.

---

[1] § 55 Abs. 1 geänd. durch G v. 28.8.1969 (BGBl. I S. 1513); Abs. 1, Abs. 2 Sätze 1 und 2, Abs. 3 geänd., Abs. 4 neu gef. mWv 1.11.2008 durch G v. 23.10.2008 (BGBl. I S. 2026).

[2] § 55a eingef. mWv 1.11.2008 durch G v. 23.10.2008 (BGBl. I S. 2026).

[3] § 56 neu gef. durch G v. 4.7.1980 (BGBl. I S. 836); Abs. 1 Satz 1 und Abs. 2 geänd. mWv 1.11.2008 durch G v. 23.10.2008 (BGBl. I S. 2026).

§ 56a[1] **Leistungen auf das neue Stammkapital.** Für die Leistungen der Einlagen auf das neue Stammkapital finden § 7 Abs. 2 Satz 1 und Abs. 3 sowie § 19 Abs. 5 entsprechende Anwendung.

§ 57[2] **Anmeldung der Erhöhung.** (1) Die beschlossene Erhöhung des Stammkapitals ist zur Eintragung in das Handelsregister anzumelden, nachdem das erhöhte Kapital durch Übernahme von Geschäftsanteilen gedeckt ist.

(2) [1] In der Anmeldung ist die Versicherung abzugeben, daß die Einlagen auf das neue Stammkapital nach § 7 Abs. 2 Satz 1 und Abs. 3 bewirkt sind und daß der Gegenstand der Leistungen sich endgültig in der freien Verfügung der Geschäftsführer befindet. [2] § 8 Abs. 2 Satz 2 gilt entsprechend.

(3) Der Anmeldung sind beizufügen:

1. die in § 55 Abs. 1 bezeichneten Erklärungen oder eine beglaubigte Abschrift derselben;
2. eine von den Anmeldenden unterschriebene Liste der Personen, welche die neuen Geschäftsanteile übernommen haben; aus der Liste müssen die Nennbeträge der von jedem übernommenen Geschäftsanteile ersichtlich sein;
3. bei einer Kapitalerhöhung mit Sacheinlagen die Verträge, die den Festsetzungen nach § 56 zugrunde liegen oder zu ihrer Ausführung geschlossen worden sind.

(4) Für die Verantwortlichkeit der Geschäftsführer, welche die Kapitalerhöhung zur Eintragung in das Handelsregister angemeldet haben, finden § 9a Abs. 1 und 3, § 9b entsprechende Anwendung.

§ 57a[3] **Ablehnung der Eintragung.** Für die Ablehnung der Eintragung durch das Gericht findet § 9c Abs. 1 entsprechende Anwendung.

§ 57b[4] (weggefallen)

§ 57c[5] **Kapitalerhöhung aus Gesellschaftsmitteln.** (1) Das Stammkapital kann durch Umwandlung von Rücklagen in Stammkapital erhöht werden (Kapitalerhöhung aus Gesellschaftsmitteln).

(2) Die Erhöhung des Stammkapitals kann erst beschlossen werden, nachdem der Jahresabschluß für das letzte vor der Beschlußfassung über die Kapitalerhöhung abgelaufene Geschäftsjahr (letzter Jahresabschluß) festgestellt und über die Ergebnisverwendung Beschluß gefaßt worden ist.

(3) Dem Beschluß über die Erhöhung des Stammkapitals ist eine Bilanz zugrunde zu legen.

(4) Neben den §§ 53 und 54 über die Abänderung des Gesellschaftsvertrags gelten die §§ 57d bis 57o.

§ 57d[5] **Ausweisung von Kapital- und Gewinnrücklagen.** (1) Die Kapital- und Gewinnrücklagen, die in Stammkapital umgewandelt werden sollen, müssen in der letzten Jahresbilanz und, wenn dem Beschluß eine andere Bilanz zugrunde

---

[1] § 56a eingef. durch G v. 4.7.1980 (BGBl. I S. 836); geänd. mWv 1.11.2008 durch G v. 23.10.2008 (BGBl. I S. 2026).

[2] § 57 Abs. 2 und 4 neu gef., Abs. 3 Nr. 3 angef. durch G v. 4.7.1980 (BGBl. I S. 836); Abs. 1, Abs. 2 Satz 1, Abs. 3 Nr. 2 geänd., Abs. 2 Satz 2 neu gef. mWv 1.11.2008 durch G v. 23.10.2008 (BGBl. I S. 2026).

[3] § 57a eingef. durch G v. 4.7.1980 (BGBl. I S. 836); geänd. durch G v. 22.6.1998 (BGBl. I S. 1474).

[4] § 57b aufgeh. mWv 1.11.2008 durch G v. 23.10.2008 (BGBl. I S. 2026).

[5] §§ 57c, 57d eingef. durch G v. 28.10.1994 (BGBl. I S. 3210).

gelegt wird, auch in dieser Bilanz unter „Kapitalrücklage" oder „Gewinnrücklagen" oder im letzten Beschluß über die Verwendung des Jahresergebnisses als Zuführung zu diesen Rücklagen ausgewiesen sein.

(2) Die Rücklagen können nicht umgewandelt werden, soweit in der zugrunde gelegten Bilanz ein Verlust, einschließlich eines Verlustvortrags, ausgewiesen ist.

(3) Andere Gewinnrücklagen, die einem bestimmten Zweck zu dienen bestimmt sind, dürfen nur umgewandelt werden, soweit dies mit ihrer Zweckbestimmung vereinbar ist.

§ 57e[1] Zugrundelegung der letzten Jahresbilanz; Prüfung. (1) Dem Beschluß kann die letzte Jahresbilanz zugrunde gelegt werden, wenn die Jahresbilanz geprüft und die festgestellte Jahresbilanz mit dem uneingeschränkten Bestätigungsvermerk der Abschlußprüfer versehen ist und wenn ihr Stichtag höchstens acht Monate vor der Anmeldung des Beschlusses zur Eintragung in das Handelsregister liegt.

(2) Bei Gesellschaften, die nicht große im Sinne des § 267 Abs. 3 des Handelsgesetzbuchs[2] sind, kann die Prüfung auch durch vereidigte Buchprüfer erfolgen; die Abschlußprüfer müssen von der Versammlung der Gesellschafter gewählt sein.

§ 57f[3] [4] Anforderungen an die Bilanz. (1) [1] Wird dem Beschluß nicht die letzte Jahresbilanz zugrunde gelegt, so muß die Bilanz den Vorschriften über die Gliederung der Jahresbilanz und über die Wertansätze in der Jahresbilanz entsprechen. [2] Der Stichtag der Bilanz darf höchstens acht Monate vor der Anmeldung des Beschlusses zur Eintragung in das Handelsregister liegen.

(2) [1] Die Bilanz ist, bevor über die Erhöhung des Stammkapitals Beschluß gefaßt wird, durch einen oder mehrere Prüfer darauf zu prüfen, ob sie dem Absatz 1 entspricht. [2] Sind nach dem abschließenden Ergebnis der Prüfung keine Einwendungen zu erheben, so haben die Prüfer dies durch einen Vermerk zu bestätigen. [3] Die Erhöhung des Stammkapitals kann nicht ohne diese Bestätigung der Prüfer beschlossen werden.

(3) [1] Die Prüfer werden von den Gesellschaftern gewählt; falls nicht andere Prüfer gewählt werden, gelten die Prüfer als gewählt, die für die Prüfung des letzten Jahresabschlusses von den Gesellschaftern gewählt oder vom Gericht bestellt worden sind. [2] Im Übrigen sind, soweit sich aus der Besonderheit des Prüfungsauftrags nichts anderes ergibt, § 318 Absatz 1 Satz 2, § 319 Absatz 1 bis 4, § 319b Absatz 1, § 320 Absatz 1 Satz 2 und Absatz 2, die §§ 321 und 323 des Handelsgesetzbuchs[2] sowie bei Gesellschaften, die Unternehmen von öffentlichem Interesse nach § 316a Satz 2 des Handelsgesetzbuchs sind, auch Artikel 5 der Verordnung (EU) Nr. 537/2014 des Europäischen Parlaments und des Rates vom 16. April 2014 über spezifische Anforderungen an die Abschlussprüfung bei Unternehmen von öffentlichem Interesse und zur Aufhebung des Beschlusses 2005/909/EG der Kommission (ABl. L 158 vom 27.5.2014, S. 77; L 170 vom 11.6.2014, S. 66) anzuwenden. [3] Bei Gesellschaften, die nicht große im Sinne des § 267 Abs. 3 des Handelsgesetzbuchs sind, können auch vereidigte Buchprüfer zu Prüfern bestellt werden.

---

[1] § 57e eingef. durch G v. 28.10.1994 (BGBl. I S. 3210).

[2] Nr. **50**.

[3] § 57f eingef. durch G v. 28.10.1994 (BGBl. I S. 3210); Abs. 3 Satz 2 neu gef. mWv 1.7.2021 durch G v. 3.6.2021 (BGBl. I S. 1534).

[4] Beachte hierzu Übergangsvorschrift in § 9 EGGmbHG (Nr. **52/1**).

§ 57g[1] Vorherige Bekanntgabe des Jahresabschlusses. Die Bestimmungen des Gesellschaftsvertrags über die vorherige Bekanntgabe des Jahresabschlusses an die Gesellschafter sind in den Fällen des § 57f entsprechend anzuwenden.

§ 57h[2] Arten der Kapitalerhöhung. (1) [1]Die Kapitalerhöhung kann vorbehaltlich des § 57l Abs. 2 durch Bildung neuer Geschäftsanteile oder durch Erhöhung des Nennbetrags der Geschäftsanteile ausgeführt werden. [2]Die neuen Geschäftsanteile und die Geschäftsanteile, deren Nennbetrag erhöht wird, müssen auf einen Betrag gestellt werden, der auf volle Euro lautet.

(2) [1]Der Beschluß über die Erhöhung des Stammkapitals muß die Art der Erhöhung angeben. [2]Soweit die Kapitalerhöhung durch Erhöhung des Nennbetrags der Geschäftsanteile ausgeführt werden soll, ist sie so zu bemessen, daß durch sie auf keinen Geschäftsanteil, dessen Nennbetrag erhöht wird, Beträge entfallen, die durch die Erhöhung des Nennbetrags des Geschäftsanteils nicht gedeckt werden können.

§ 57i[3] Anmeldung und Eintragung des Erhöhungsbeschlusses. (1) [1]Der Anmeldung des Beschlusses über die Erhöhung des Stammkapitals zur Eintragung in das Handelsregister ist die der Kapitalerhöhung zugrunde gelegte, mit dem Bestätigungsvermerk der Prüfer versehene Bilanz, in den Fällen des § 57f außerdem die letzte Jahresbilanz, sofern sie noch nicht nach § 325 Abs. 1 des Handelsgesetzbuchs[4] eingereicht ist, beizufügen. [2]Die Anmeldenden haben dem Registergericht gegenüber zu erklären, daß nach ihrer Kenntnis seit dem Stichtag der zugrunde gelegten Bilanz bis zum Tag der Anmeldung keine Vermögensminderung eingetreten ist, die der Kapitalerhöhung entgegenstünde, wenn sie am Tag der Anmeldung beschlossen worden wäre.

(2) Das Registergericht darf den Beschluß nur eintragen, wenn die der Kapitalerhöhung zugrunde gelegte Bilanz für einen höchstens acht Monate vor der Anmeldung liegenden Zeitpunkt aufgestellt und eine Erklärung nach Absatz 1 Satz 2 abgegeben worden ist.

(3) Zu der Prüfung, ob die Bilanzen den gesetzlichen Vorschriften entsprechen, ist das Gericht nicht verpflichtet.

(4) Bei der Eintragung des Beschlusses ist anzugeben, daß es sich um eine Kapitalerhöhung aus Gesellschaftsmitteln handelt.

§ 57j[5] Verteilung der Geschäftsanteile. [1]Die neuen Geschäftsanteile stehen den Gesellschaftern im Verhältnis ihrer bisherigen Geschäftsanteile zu. [2]Ein entgegenstehender Beschluß der Gesellschafter ist nichtig.

§ 57k[6] Teilrechte; Ausübung der Rechte. (1) Führt die Kapitalerhöhung dazu, daß auf einen Geschäftsanteil nur ein Teil eines neuen Geschäftsanteils entfällt, so ist dieses Teilrecht selbständig veräußerlich und vererblich.

---

[1] § 57g eingef. durch G v. 28.10.1994 (BGBl. I S. 3210).

[2] § 57h eingef. durch G v. 28.10.1994 (BGBl. I S. 3210); Abs. 1 Satz 2 geänd. durch G v. 9.6.1998 (BGBl. I S. 1242); Abs. 1 Satz 2 geänd. mWv 1.11.2008 durch G v. 23.10.2008 (BGBl. I S. 2026).

[3] § 57i eingef. durch G v. 28.10.1994 (BGBl. I S. 3210); Abs. 1 Satz 1 geänd. mWv 1.1.2007 durch G v. 10.11.2006 (BGBl. I S. 2553).

[4] Nr. **50**.

[5] § 57j eingef. durch G v. 28.10.1994 (BGBl. I S. 3210).

[6] § 57k eingef. durch G v. 28.10.1994 (BGBl. I S. 3210).

(2) Die Rechte aus einem neuen Geschäftsanteil, einschließlich des Anspruchs auf Ausstellung einer Urkunde über den neuen Geschäftsanteil, können nur ausgeübt werden, wenn Teilrechte, die zusammen einen vollen Geschäftsanteil ergeben, in einer Hand vereinigt sind oder wenn sich mehrere Berechtigte, deren Teilrechte zusammen einen vollen Geschäftsanteil ergeben, zur Ausübung der Rechte (§ 18) zusammenschließen.

§ 57l[1)] Teilnahme an der Erhöhung des Stammkapitals. (1) Eigene Geschäftsanteile nehmen an der Erhöhung des Stammkapitals teil.

(2) [1] Teileingezahlte Geschäftsanteile nehmen entsprechend ihrem Nennbetrag an der Erhöhung des Stammkapitals teil. [2] Bei ihnen kann die Kapitalerhöhung nur durch Erhöhung des Nennbetrags der Geschäftsanteile ausgeführt werden. [3] Sind neben teileingezahlten Geschäftsanteilen vollständig eingezahlte Geschäftsanteile vorhanden, so kann bei diesen die Kapitalerhöhung durch Erhöhung des Nennbetrags der Geschäftsanteile und durch Bildung neuer Geschäftsanteile ausgeführt werden. [4] Die Geschäftsanteile, deren Nennbetrag erhöht wird, können auf jeden Betrag gestellt werden, der auf volle Euro lautet.

§ 57m[2)] Verhältnis der Rechte; Beziehungen zu Dritten. (1) Das Verhältnis der mit den Geschäftsanteilen verbundenen Rechte zueinander wird durch die Kapitalerhöhung nicht berührt.

(2) [1] Soweit sich einzelne Rechte teileingezahlter Geschäftsanteile, insbesondere die Beteiligung am Gewinn oder das Stimmrecht, nach der je Geschäftsanteil geleisteten Einlage bestimmen, stehen diese Rechte den Gesellschaftern bis zur Leistung der noch ausstehenden Einlagen nur nach der Höhe der geleisteten Einlage, erhöht um den auf den Nennbetrag des Stammkapitals berechneten Hundertsatz der Erhöhung des Stammkapitals, zu. [2] Werden weitere Einzahlungen geleistet, so erweitern sich diese Rechte entsprechend.

(3) Der wirtschaftliche Inhalt vertraglicher Beziehungen der Gesellschaft zu Dritten, die von der Gewinnausschüttung der Gesellschaft, dem Nennbetrag oder Wert ihrer Geschäftsanteile oder ihres Stammkapitals oder in sonstiger Weise von den bisherigen Kapital- oder Gewinnverhältnissen abhängen, wird durch die Kapitalerhöhung nicht berührt.

§ 57n[3)] Gewinnbeteiligung der neuen Geschäftsanteile. (1) Die neuen Geschäftsanteile nehmen, wenn nichts anderes bestimmt ist, am Gewinn des ganzen Geschäftsjahres teil, in dem die Erhöhung des Stammkapitals beschlossen worden ist.

(2) [1] Im Beschluß über die Erhöhung des Stammkapitals kann bestimmt werden, daß die neuen Geschäftsanteile bereits am Gewinn des letzten vor der Beschlußfassung über die Kapitalerhöhung abgelaufenen Geschäftsjahrs teilnehmen. [2] In diesem Fall ist die Erhöhung des Stammkapitals abweichend von § 57c Abs. 2 zu beschließen, bevor über die Ergebnisverwendung für das letzte vor der Beschlußfassung abgelaufene Geschäftsjahr Beschluß gefaßt worden ist. [3] Der Beschluß über die Ergebnisverwendung für das letzte vor der Beschlußfassung über die Kapitalerhöhung abgelaufene Geschäftsjahr wird erst wirksam, wenn das Stammkapital

---

[1)] § 57l eingef. durch G v. 28.10.1994 (BGBl. I S. 3210); Abs. 2 Satz 4 neu gef. mWv 1.11.2008 durch G v. 23.10.2008 (BGBl. I S. 2026).

[2)] § 57m eingef. durch G v. 28.10.1994 (BGBl. I S. 3210).

[3)] § 57n eingef. durch G v. 28.10.1994 (BGBl. I S. 3210); Abs. 2 Satz 4 geänd. mWv 1.9.2009 durch G v. 30.7.2009 (BGBl. I S. 2479).

erhöht worden ist. [4] Der Beschluß über die Erhöhung des Stammkapitals und der Beschluß über die Ergebnisverwendung für das letzte vor der Beschlußfassung über die Kapitalerhöhung abgelaufene Geschäftsjahr sind nichtig, wenn der Beschluß über die Kapitalerhöhung nicht binnen drei Monaten nach der Beschlußfassung in das Handelsregister eingetragen worden ist; der Lauf der Frist ist gehemmt, solange eine Anfechtungs- oder Nichtigkeitsklage rechtshängig ist.

§ 57o[1)] Anschaffungskosten. [1] Als Anschaffungskosten der vor der Erhöhung des Stammkapitals erworbenen Geschäftsanteile und der auf sie entfallenden neuen Geschäftsanteile gelten die Beträge, die sich für die einzelnen Geschäftsanteile ergeben, wenn die Anschaffungskosten der vor der Erhöhung des Stammkapitals erworbenen Geschäftsanteile auf diese und auf die auf sie entfallenden neuen Geschäftsanteile nach dem Verhältnis der Nennbeträge verteilt werden. [2] Der Zuwachs an Geschäftsanteilen ist nicht als Zugang auszuweisen.

§ 58[2)] Herabsetzung des Stammkapitals. (1) Eine Herabsetzung des Stammkapitals kann nur unter Beobachtung der nachstehenden Bestimmungen erfolgen:

1. der Beschluß auf Herabsetzung des Stammkapitals muß von den Geschäftsführern in den Gesellschaftsblättern bekanntgemacht werden; in dieser Bekanntmachung sind zugleich die Gläubiger der Gesellschaft aufzufordern, sich bei derselben zu melden; die aus den Handelsbüchern der Gesellschaft ersichtlichen oder in anderer Weise bekannten Gläubiger sind durch besondere Mitteilung zur Anmeldung aufzufordern;
2. die Gläubiger, welche sich bei der Gesellschaft melden und der Herabsetzung nicht zustimmen, sind wegen der erhobenen Ansprüche zu befriedigen oder sicherzustellen;
3. die Anmeldung des Herabsetzungsbeschlusses zur Eintragung in das Handelsregister erfolgt nicht vor Ablauf eines Jahres seit dem Tage, an welchem die Aufforderung der Gläubiger in den Gesellschaftsblättern stattgefunden hat;
4. mit der Anmeldung ist die Bekanntmachung des Beschlusses einzureichen; zugleich haben die Geschäftsführer die Versicherung abzugeben, daß die Gläubiger, welche sich bei der Gesellschaft gemeldet und der Herabsetzung nicht zugestimmt haben, befriedigt oder sichergestellt sind.

(2) [1] Die Bestimmung in § 5 Abs. 1 über den Mindestbetrag des Stammkapitals bleibt unberührt. [2] Erfolgt die Herabsetzung zum Zweck der Zurückzahlung von Einlagen oder zum Zweck des Erlasses zu leistender Einlagen, dürfen die verbleibenden Nennbeträge der Geschäftsanteile nicht unter den in § 5 Abs. 2 und 3 bezeichneten Betrag herabgehen.

§ 58a[3)] Vereinfachte Kapitalherabsetzung. (1) Eine Herabsetzung des Stammkapitals, die dazu dienen soll, Wertminderungen auszugleichen oder sonstige Verluste zu decken, kann als vereinfachte Kapitalherabsetzung vorgenommen werden.

[1)] § 57o eingef. durch G v. 28.10.1994 (BGBl. I S. 3210).

[2)] § 58 Abs. 1 Nr. 1 und 3 geänd. mWv 1.4.2005 durch G v. 22.3.2005 (BGBl. I S. 837); Abs. 2 Satz 2 neu gef. mWv 1.11.2008 durch G v. 23.10.2008 (BGBl. I S. 2026); Abs. 1 Nr. 1, 3 und 4 geänd. mWv 1.9.2009 durch G v. 30.7.2009 (BGBl. I S. 2479).

[3)] § 58a eingef. durch G v. 5.10.1994 (BGBl. I S. 2911); Abs. 3 Sätze 2 und 3 geänd. durch G v. 9.6.1998 (BGBl. I S. 1242); Abs. 3 Satz 2 neu gef., Sätze 3–5 aufgeh. mWv 1.11.2008 durch G v. 23.10.2008 (BGBl. I S. 2026); Abs. 4 Satz 3 geänd. mWv 1.9.2009 durch G v. 30.7.2009 (BGBl. I S. 2479).

(2) [1]Die vereinfachte Kapitalherabsetzung ist nur zulässig, nachdem der Teil der Kapital- und Gewinnrücklagen, der zusammen über zehn vom Hundert des nach der Herabsetzung verbleibenden Stammkapitals hinausgeht, vorweg aufgelöst ist. [2]Sie ist nicht zulässig, solange ein Gewinnvortrag vorhanden ist.

(3) [1]Im Beschluß über die vereinfachte Kapitalherabsetzung sind die Nennbeträge der Geschäftsanteile dem herabgesetzten Stammkapital anzupassen. [2]Die Geschäftsanteile müssen auf einen Betrag gestellt werden, der auf volle Euro lautet.

(4) [1]Das Stammkapital kann unter den in § 5 Abs. 1 bestimmten Mindestnennbetrag herabgesetzt werden, wenn dieser durch eine Kapitalerhöhung wieder erreicht wird, die zugleich mit der Kapitalherabsetzung beschlossen ist und bei der Sacheinlagen nicht festgesetzt sind. [2]Die Beschlüsse sind nichtig, wenn sie nicht binnen drei Monaten nach der Beschlußfassung in das Handelsregister eingetragen worden sind. [3]Der Lauf der Frist ist gehemmt, solange eine Anfechtungs- oder Nichtigkeitsklage rechtshängig ist. [4]Die Beschlüsse sollen nur zusammen in das Handelsregister eingetragen werden.

(5) Neben den §§ 53 und 54 über die Abänderung des Gesellschaftsvertrags gelten die §§ 58b bis 58f.

§ 58b[1)] Beträge aus Rücklagenauflösung und Kapitalherabsetzung.

(1) Die Beträge, die aus der Auflösung der Kapital- oder Gewinnrücklagen und aus der Kapitalherabsetzung gewonnen werden, dürfen nur verwandt werden, um Wertminderungen auszugleichen und sonstige Verluste zu decken.

(2) [1]Daneben dürfen die gewonnenen Beträge in die Kapitalrücklage eingestellt werden, soweit diese zehn vom Hundert des Stammkapitals nicht übersteigt. [2]Als Stammkapital gilt dabei der Nennbetrag, der sich durch die Herabsetzung ergibt, mindestens aber der nach § 5 Abs. 1 zulässige Mindestnennbetrag.

(3) Ein Betrag, der auf Grund des Absatzes 2 in die Kapitalrücklage eingestellt worden ist, darf vor Ablauf des fünften nach der Beschlußfassung über die Kapitalherabsetzung beginnenden Geschäftsjahrs nur verwandt werden

1. zum Ausgleich eines Jahresfehlbetrags, soweit er nicht durch einen Gewinnvortrag aus dem Vorjahr gedeckt ist und nicht durch Auflösung von Gewinnrücklagen ausgeglichen werden kann;
2. zum Ausgleich eines Verlustvortrags aus dem Vorjahr, soweit er nicht durch einen Jahresüberschuß gedeckt ist und nicht durch Auflösung von Gewinnrücklagen ausgeglichen werden kann;
3. zur Kapitalerhöhung aus Gesellschaftsmitteln.

§ 58c[1)] Nichteintritt angenommener Verluste. [1]Ergibt sich bei Aufstellung der Jahresbilanz für das Geschäftsjahr, in dem der Beschluß über die Kapitalherabsetzung gefaßt wurde, oder für eines der beiden folgenden Geschäftsjahre, daß Wertminderungen und sonstige Verluste in der bei der Beschlußfassung angenommenen Höhe tatsächlich nicht eingetreten oder ausgeglichen waren, so ist der Unterschiedsbetrag in die Kapitalrücklage einzustellen. [2]Für einen nach Satz 1 in die Kapitalrücklage eingestellten Betrag gilt § 58b Abs. 3 sinngemäß.

[1)] §§ 58b, 58c eingef. durch G v. 5.10.1994 (BGBl. I S. 2911).

§ 58d[1) 2)] Gewinnausschüttung. (1) [1]Gewinn darf vor Ablauf des fünften nach der Beschlußfassung über die Kapitalherabsetzung beginnenden Geschäftsjahrs nur ausgeschüttet werden, wenn die Kapital- und Gewinnrücklagen zusammen zehn vom Hundert des Stammkapitals erreichen. [2]Als Stammkapital gilt dabei der Nennbetrag, der sich durch die Herabsetzung ergibt, mindestens aber der nach § 5 Abs. 1 zulässige Mindestnennbetrag.

(2) [1]Die Zahlung eines Gewinnanteils von mehr als vier vom Hundert ist erst für ein Geschäftsjahr zulässig, das später als zwei Jahre nach der Beschlußfassung über die Kapitalherabsetzung beginnt. [2]Dies gilt nicht, wenn die Gläubiger, deren Forderungen vor der Bekanntmachung der Eintragung des Beschlusses begründet worden waren, befriedigt oder sichergestellt sind, soweit sie sich binnen sechs Monaten nach der Bekanntmachung des Jahresabschlusses, auf Grund dessen die Gewinnverteilung beschlossen ist, zu diesem Zweck gemeldet haben. [3]Einer Sicherstellung der Gläubiger bedarf es nicht, die im Fall des Insolvenzverfahrens ein Recht auf vorzugsweise Befriedigung aus einer Deckungsmasse haben, die nach gesetzlicher Vorschrift zu ihrem Schutz errichtet und staatlich überwacht ist. [4]Die Gläubiger sind auf die Befriedigung oder Sicherstellung durch eine gesonderte Erklärung hinzuweisen, die der das Unternehmensregister führenden Stelle gemeinsam mit dem Jahresabschluss elektronisch zur Einstellung in das Unternehmensregister zu übermitteln ist.

§ 58e[3)] Beschluss über die Kapitalherabsetzung. (1) [1]Im Jahresabschluß für das letzte vor der Beschlußfassung über die Kapitalherabsetzung abgelaufene Geschäftsjahr können das Stammkapital sowie die Kapital- und Gewinnrücklagen in der Höhe ausgewiesen werden, in der sie nach der Kapitalherabsetzung bestehen sollen. [2]Dies gilt nicht, wenn der Jahresabschluß anders als durch Beschluß der Gesellschafter festgestellt wird.

(2) Der Beschluß über die Feststellung des Jahresabschlusses soll zugleich mit dem Beschluß über die Kapitalherabsetzung gefaßt werden.

(3) [1]Die Beschlüsse sind nichtig, wenn der Beschluß über die Kapitalherabsetzung nicht binnen drei Monaten nach der Beschlußfassung in das Handelsregister eingetragen worden ist. [2]Der Lauf der Frist ist gehemmt, solange eine Anfechtungs- oder Nichtigkeitsklage rechtshängig ist.

(4) Der Jahresabschluß darf nach § 325 des Handelsgesetzbuchs[4)] erst nach Eintragung des Beschlusses über die Kapitalherabsetzung offengelegt werden.

§ 58f[5)] Kapitalherabsetzung bei gleichzeitiger Erhöhung des Stammkapitals. (1) [1]Wird im Fall des § 58e zugleich mit der Kapitalherabsetzung eine Erhöhung des Stammkapitals beschlossen, so kann auch die Kapitalerhöhung in dem Jahresabschluß als vollzogen berücksichtigt werden. [2]Die Beschlussfassung ist nur zulässig, wenn die neuen Geschäftsanteile übernommen, keine Sacheinlagen festgesetzt sind und wenn auf jeden neuen Geschäftsanteil die Einzahlung geleistet

[1)] § 58d eingef. durch G v. 5.10.1994 (BGBl. I S. 2911; Abs. 2 Satz 4 neu gef. mWv 1.8.2022 durch G v. 5.7.2021 (BGBl. I S. 3338).

[2)] Beachte hierzu Übergangsvorschrift in § 11 EGGmbHG (Nr. **52/1**).

[3)] § 58e eingef. durch G v. 5.10.1994 (BGBl. I S. 2911); Abs. 3 Satz 2 geänd. mWv 1.9.2009 durch G v. 30.7.2009 (BGBl. I S. 2479).

[4)] Nr. **50**.

[5)] § 58f eingef. durch G v. 5.10.1994 (BGBl. I S. 2911); Abs. 1 Satz 2 neu gef. mWv 1.11.2008 durch G v. 23.10.2008 (BGBl. I S. 2026); Abs. 2 Satz 2 geänd. mWv 1.9.2009 durch G v. 30.7.2009 (BGBl. I S. 2479).

ist, die nach § 56a zur Zeit der Anmeldung der Kapitalerhöhung bewirkt sein muss. [3]Die Übernahme und die Einzahlung sind dem Notar nachzuweisen, der den Beschluß über die Erhöhung des Stammkapitals beurkundet.

(2) [1]Sämtliche Beschlüsse sind nichtig, wenn die Beschlüsse über die Kapitalherabsetzung und die Kapitalerhöhung nicht binnen drei Monaten nach der Beschlußfassung in das Handelsregister eingetragen worden sind. [2]Der Lauf der Frist ist gehemmt, solange eine Anfechtungs- oder Nichtigkeitsklage rechtshängig ist. [3]Die Beschlüsse sollen nur zusammen in das Handelsregister eingetragen werden.

(3) Der Jahresabschluß darf nach § 325 des Handelsgesetzbuchs[1)] erst offengelegt werden, nachdem die Beschlüsse über die Kapitalherabsetzung und Kapitalerhöhung eingetragen worden sind.

§ 59[2)] (weggefallen)

Abschnitt 5. Auflösung und Nichtigkeit der Gesellschaft

§ 60[3)] **Auflösungsgründe.** (1) Die Gesellschaft mit beschränkter Haftung wird aufgelöst:

1. durch Ablauf der im Gesellschaftsvertrag bestimmten Zeit;
2. durch Beschluß der Gesellschafter; derselbe bedarf, sofern im Gesellschaftsvertrag nicht ein anderes bestimmt ist, einer Mehrheit von drei Vierteilen der abgegebenen Stimmen;
3. durch gerichtliches Urteil oder durch Entscheidung des Verwaltungsgerichts oder der Verwaltungsbehörde in den Fällen der §§ 61 und 62;
4. durch die Eröffnung des Insolvenzverfahrens; wird das Verfahren auf Antrag des Schuldners eingestellt oder nach der Bestätigung eines Insolvenzplans, der den Fortbestand der Gesellschaft vorsieht, aufgehoben, so können die Gesellschafter die Fortsetzung der Gesellschaft beschließen;
5. mit der Rechtskraft des Beschlusses, durch den die Eröffnung des Insolvenzverfahrens mangels Masse abgelehnt worden ist;
6. mit der Rechtskraft einer Verfügung des Registergerichts, durch welche nach § 399 des Gesetzes über das Verfahren in Familiensachen und in den Angelegenheiten der freiwilligen Gerichtsbarkeit[4)] ein Mangel des Gesellschaftsvertrags festgestellt worden ist;
7. durch die Löschung der Gesellschaft wegen Vermögenslosigkeit nach § 394 des Gesetzes über das Verfahren in Familiensachen und in den Angelegenheiten der freiwilligen Gerichtsbarkeit.

(2) Im Gesellschaftsvertrag können weitere Auflösungsgründe festgesetzt werden.

§ 61 Auflösung durch Urteil. (1) Die Gesellschaft kann durch gerichtliches Urteil aufgelöst werden, wenn die Erreichung des Gesellschaftszweckes unmöglich

---

[1)] Nr. **50**.
[2)] § 59 aufgeh. mWv 1.1.2007 durch G v. 10.11.2006 (BGBl. I S. 2553).
[3)] § 60 neu gef. durch G v. 4.7.1980 (BGBl. I S. 836); Abs. 1 Nr. 4 neu gef., Nr. 5 eingef., bish. Nr. 5 wird Nr. 6, Nr. 7 angef. durch G v. 5.10.1994 (BGBl. I S. 2911); Abs. 1 Nr. 6 neu gef. mWv 1.11.2008 durch G v. 23.10.2008 (BGBl. I S. 2026); Abs. 1 Nr. 6 und 7 geänd. mWv 1.9.2009 durch G v. 17.12. 2008 (BGBl. I S. 2586).
[4)] Nr. **112**.

wird, oder wenn andere, in den Verhältnissen der Gesellschaft liegende, wichtige Gründe für die Auflösung vorhanden sind.

(2) [1]Die Auflösungsklage ist gegen die Gesellschaft zu richten. [2]Sie kann nur von Gesellschaftern erhoben werden, deren Geschäftsanteile zusammen mindestens dem zehnten Teil des Stammkapitals entsprechen.

(3) Für die Klage ist das Landgericht ausschließlich zuständig, in dessen Bezirk die Gesellschaft ihren Sitz hat.

§ 62[1)] **Auflösung durch eine Verwaltungsbehörde.** (1) Wenn eine Gesellschaft das Gemeinwohl dadurch gefährdet, daß die Gesellschafter gesetzwidrige Beschlüsse fassen oder gesetzwidrige Handlungen der Geschäftsführer wissentlich geschehen lassen, so kann sie aufgelöst werden, ohne daß deshalb ein Anspruch auf Entschädigung stattfindet.

(2) Das Verfahren und die Zuständigkeit der Behörden richtet sich nach den für streitige Verwaltungssachen *landesgesetzlich* geltenden Vorschriften.

§ 63[2)] (weggefallen)

§ 64[3) 4)] *(aufgehoben)*

§ 65[5)] **Anmeldung und Eintragung der Auflösung.** (1) [1]Die Auflösung der Gesellschaft ist zur Eintragung in das Handelsregister anzumelden. [2]Dies gilt nicht in den Fällen der Eröffnung oder der Ablehnung der Eröffnung des Insolvenzverfahrens und der gerichtlichen Feststellung eines Mangels des Gesellschaftsvertrags. [3]In diesen Fällen hat das Gericht die Auflösung und ihren Grund von Amts wegen einzutragen. [4]Im Falle der Löschung der Gesellschaft (§ 60 Abs. 1 Nr. 7) entfällt die Eintragung der Auflösung.

(2) [1]Die Auflösung ist von den Liquidatoren in den Gesellschaftsblättern bekanntzumachen. [2]Durch die Bekanntmachung sind zugleich die Gläubiger der Gesellschaft aufzufordern, sich bei derselben zu melden.

§ 66[6) 7)] **Liquidatoren.** (1) In den Fällen der Auflösung außer dem Fall des Insolvenzverfahrens erfolgt die Liquidation durch die Geschäftsführer, wenn nicht dieselbe durch den Gesellschaftsvertrag oder durch Beschluß der Gesellschafter anderen Personen übertragen wird.

(2) Auf Antrag von Gesellschaftern, deren Geschäftsanteile zusammen mindestens dem zehnten Teil des Stammkapitals entsprechen, kann aus wichtigen Gründen die Bestellung von Liquidatoren durch das Gericht erfolgen.

(3) [1]Die Abberufung von Liquidatoren kann durch das Gericht unter derselben Voraussetzung wie die Bestellung stattfinden. [2]Liquidatoren, welche nicht vom

---

1) § 62 Abs. 2 Sätze 2 und 3 gegenstandslos durch VwGO v. 21.1.1960 (BGBl. I S. 17).

2) § 63 aufgeh. durch G v. 5.10.1994 (BGBl. I S. 2911).

3) § 64 aufgeh. mWv 1.1.2021 durch G v. 22.12.2020 (BGBl. I S. 3256).

4) Siehe nunmehr §§ 15a und 15b InsO (Nr. **110**).

5) § 65 Abs. 1 neu gef. durch G v. 15.8.1969 (BGBl. I S. 1146); Abs. 1 Satz 2 neu gef., Satz 4 angef. durch G v. 5.10.1994 (BGBl. I S. 2911); Abs. 2 Satz 1 geänd. mWv 1.4.2005 durch G v. 22.3.2005 (BGBl. I S. 837); Abs. 1 Satz 2 geänd. mWv 1.11.2008 durch G v. 23.10.2008 (BGBl. I S. 2026); Abs. 2 Satz 1 geänd. mWv 1.9.2009 durch G v. 30.7.2009 (BGBl. I S. 2479).

6) § 66 Abs. 4 angef. durch G v. 4.7.1980 (BGBl. I S. 836) und geänd. durch G v. 12.9.1990 (BGBl. I S. 2002); Abs. 1 geänd. und Abs. 5 angef. durch G v. 5.10.1994 (BGBl. I S. 2911); Abs. 4 geänd. mWv 1.11.2008 durch G v. 23.10.2008 (BGBl. I S. 2026); Abs. 2 geänd. mWv 1.9.2009 durch G v. 17.12.2008 (BGBl. I S. 2586); Abs. 4 geänd. mWv 1.8.2022 durch G v. 5.7.2021 (BGBl. I S. 3338).

7) Beachte hierzu Übergangsvorschrift in § 11 EGGmbHG (Nr. **52/1**).

Gericht ernannt sind, können auch durch Beschluß der Gesellschafter vor Ablauf des Zeitraums, für welchen sie bestellt sind, abberufen werden.

(4) Für die Auswahl der Liquidatoren findet § 6 Abs. 2 Satz 2 bis 4 entsprechende Anwendung.

(5) [1] Ist die Gesellschaft durch Löschung wegen Vermögenslosigkeit aufgelöst, so findet eine Liquidation nur statt, wenn sich nach der Löschung herausstellt, daß Vermögen vorhanden ist, das der Verteilung unterliegt. [2] Die Liquidatoren sind auf Antrag eines Beteiligten durch das Gericht zu ernennen.

§ 67[1) 2)] **Anmeldung der Liquidatoren.** (1) Die ersten Liquidatoren sowie ihre Vertretungsbefugnis sind durch die Geschäftsführer, jeder Wechsel der Liquidatoren und jede Änderung ihrer Vertretungsbefugnis sind durch die Liquidatoren zur Eintragung in das Handelsregister anzumelden.

(2) Der Anmeldung sind die Urkunden über die Bestellung der Liquidatoren oder über die Änderung in den Personen derselben in Urschrift oder öffentlich beglaubigter Abschrift beizufügen.

(3) [1] In der Anmeldung haben die Liquidatoren zu versichern, daß keine Umstände vorliegen, die ihrer Bestellung nach § 66 Abs. 4 in Verbindung mit § 6 Abs. 2 Satz 2 Nr. 2 und 3 sowie Satz 3 und 4 entgegenstehen, und daß sie über ihre unbeschränkte Auskunftspflicht gegenüber dem Gericht belehrt worden sind. [2] § 8 Abs. 3 Satz 2 ist anzuwenden.

(4) Die Eintragung der gerichtlichen Ernennung oder Abberufung der Liquidatoren geschieht von Amts wegen.

§ 68[3)] **Zeichnung der Liquidatoren.** (1) [1] Die Liquidatoren haben in der bei ihrer Bestellung bestimmten Form ihre Willenserklärungen kundzugeben und für die Gesellschaft zu zeichnen. [2] Ist nichts darüber bestimmt, so muß die Erklärung und Zeichnung durch sämtliche Liquidatoren erfolgen.

(2) Die Zeichnungen geschehen in der Weise, daß die Liquidatoren der bisherigen, nunmehr als Liquidationsfirma zu bezeichnenden Firma ihre Namensunterschrift beifügen.

§ 69 Rechtsverhältnisse von Gesellschaft und Gesellschaftern. (1) Bis zur Beendigung der Liquidation kommen ungeachtet der Auflösung der Gesellschaft in bezug auf die Rechtsverhältnisse derselben und der Gesellschafter die Vorschriften des zweiten und dritten Abschnitts zur Anwendung, soweit sich aus den Bestimmungen des gegenwärtigen Abschnitts und aus dem Wesen der Liquidation nicht ein anderes ergibt.

(2) Der Gerichtsstand, welchen die Gesellschaft zur Zeit ihrer Auflösung hatte, bleibt bis zur vollzogenen Verteilung des Vermögens bestehen.

§ 70 Aufgaben der Liquidatoren. [1] Die Liquidatoren haben die laufenden Geschäfte zu beendigen, die Verpflichtungen der aufgelösten Gesellschaft zu erfüllen, die Forderungen derselben einzuziehen und das Vermögen der Gesellschaft in

[1)] § 67 neu gef. durch G v. 10.8.1937 (RGBl. I S. 897); Abs. 1 neu gef. durch G v. 15.8.1969 (BGBl. I S. 1146); Abs. 3 eingef., bish. Abs. 3 und 4 werden Abs. 4 und 5 durch G v. 4.7.1980 (BGBl. I S. 836); Abs. 2 geänd., Abs. 5 aufgeh. mWv 1.1.2007 durch G v. 10.11.2006 (BGBl. I S. 2553); Abs. 3 Satz 1 geänd. mWv 1.9.2009 durch G v. 30.7.2009 (BGBl. I S. 2479); Abs. 3 Satz 1 geänd. mWv 1.8.2022 durch G v. 5.7.2021 (BGBl. I S. 3338).

[2)] Beachte hierzu Übergangsvorschrift in § 11 EGGmbHG (Nr. **52/1**).

[3)] § 68 Abs. 2 aufgeh., bish. Abs. 3 wird Abs. 2 durch G v. 15.8.1969 (BGBl. I S. 1146).

2. die große Kapitalgesellschaften (§ 267 Absatz 3 des Handelsgesetzbuchs) sind und deren Anteile zur Mehrheit von Gesellschaften gehalten werden, deren Anteile ihrerseits zur Mehrheit vom Bund gehalten werden, oder
3. die in der Regel mehr als 500 Arbeitnehmerinnen und Arbeitnehmer haben und deren Anteile zur Mehrheit von Gesellschaften gehalten werden, deren Anteile ihrerseits zur Mehrheit
   a) vom Bund gehalten werden oder
   b) von Gesellschaften gehalten werden, bei denen sich die Inhaberschaften an den Anteilen in dieser Weise bis zu Gesellschaften fortsetzen, deren Anteile zur Mehrheit vom Bund gehalten werden.

[2] Anteile, die über ein Sondervermögen des Bundes gehalten werden, bleiben außer Betracht. [3] Dem Bund stehen öffentlich-rechtliche Anstalten des Bundes, die unternehmerisch tätig sind, gleich.

(2) [1] Hat eine Gesellschaft mit beschränkter Haftung mit Mehrheitsbeteiligung des Bundes mehr als zwei Geschäftsführer, muss mindestens ein Geschäftsführer eine Frau und mindestens ein Geschäftsführer ein Mann sein. [2] Eine Bestellung eines Geschäftsführers unter Verstoß gegen das Beteiligungsgebot ist nichtig. [3] Gilt das Beteiligungsgebot nach Satz 1, entfällt eine Pflicht zur Zielgrößensetzung für die Geschäftsführung.

(3) [1] Für die Zusammensetzung des Aufsichtsrats einer Gesellschaft mit beschränkter Haftung mit Mehrheitsbeteiligung des Bundes gilt unabhängig von einer Geltung des Mitbestimmungsgesetzes[1)], des Montan-Mitbestimmungsgesetzes[2)] oder des Mitbestimmungsergänzungsgesetzes[3)] § 96 Absatz 2 des Aktiengesetzes[4)] entsprechend. [2] Eine Pflicht zur Zielgrößensetzung besteht insoweit nicht.

(4) [1] Die Länder können die Vorgaben der Absätze 2 und 3 durch Landesgesetz auf Gesellschaften mit beschränkter Haftung erstrecken, an denen eine Mehrheitsbeteiligung eines Landes entsprechend Absatz 1 besteht. [2] In diesem Fall gelten für Gesellschaften mit Mehrheitsbeteiligung eines Landes, die der Mitbestimmung unterliegen, die gesetzlichen Regelungen und Wahlordnungen zur Mitbestimmung in Unternehmen mit Mehrheitsbeteiligung des Bundes entsprechend.

Abschnitt 7.[5)] Ordnungs-, Straf- und Bußgeldvorschriften

§ 78[6)] Anmeldepflichtige. Die in diesem Gesetz vorgesehenen Anmeldungen zum Handelsregister sind durch die Geschäftsführer oder die Liquidatoren, die in § 7 Abs. 1, § 57 Abs. 1, § 57i Abs. 1, § 58 Abs. 1 Nr. 3 vorgesehenen Anmeldungen sind durch sämtliche Geschäftsführer zu bewirken.

§ 79[7)] Zwangsgelder. (1) [1] Geschäftsführer oder Liquidatoren, die §§ 35a, 71 Abs. 5 nicht befolgen, sind hierzu vom Registergericht durch Festsetzung von

---

[1)] **Habersack, Deutsche Gesetze ErgBd. Nr. 82a.**
[2)] **Habersack, Deutsche Gesetze ErgBd. Nr. 82b.**
[3)] **Habersack, Deutsche Gesetze ErgBd. Nr. 82c.**
[4)] Nr. **51.**
[5)] Bish. Abschnitt 6 wird Abschnitt 7 mWv 12.8.2021 durch G v. 7.8.2021 (BGBl. I S. 3311).
[6)] § 78 neu gef. durch G v. 4.7.1980 (BGBl. I S. 836); geänd. durch G v. 28.10.1994 (BGBl. I S. 3210).
[7)] § 79 Abs. 1 eingef., bish. Wortlaut wird Abs. 2 durch G v. 15.8.1969 (BGBl. I S. 1146); Abs. 1 und 2 geänd. durch G v. 2.3.1974 (BGBl. I S. 469); Abs. 1 Satz 1 geänd. durch G v. 19.12.1985 (BGBl. I S. 2355); Abs. 1 Satz 2 geänd. mWv 25.1.2001 durch G v. 18.1.2001 (BGBl. I S. 123).

Zwangsgeld anzuhalten; § 14 des Handelsgesetzbuchs bleibt unberührt. [2]Das einzelne Zwangsgeld darf den Betrag von fünftausend Euro nicht übersteigen.

(2) In Ansehung der in §§ 7, 54, 57 Abs. 1, § 58 Abs. 1 Nr. 3 bezeichneten Anmeldungen zum Handelsregister findet, soweit es sich um die Anmeldung zum Handelsregister des Sitzes der Gesellschaft handelt, eine Festsetzung von Zwangsgeld nach § 14 des Handelsgesetzbuchs nicht statt.

§§ 80, 81[1)] (weggefallen)

§ 82[2)] Falsche Angaben. (1) Mit Freiheitsstrafe bis zu drei Jahren oder mit Geldstrafe wird bestraft, wer

1. als Gesellschafter oder als Geschäftsführer zum Zweck der Eintragung der Gesellschaft über die Übernahme der Geschäftsanteile, die Leistung der Einlagen, die Verwendung eingezahlter Beträge, über Sondervorteile, Gründungsaufwand und Sacheinlagen,
2. als Gesellschafter im Sachgründungsbericht,
3. als Geschäftsführer zum Zweck der Eintragung einer Erhöhung des Stammkapitals über die Zeichnung oder Einbringung des neuen Kapitals oder über Sacheinlagen,
4. als Geschäftsführer in der in § 57i Abs. 1 Satz 2 vorgeschriebenen Erklärung oder
5. als Geschäftsführer einer Gesellschaft mit beschränkter Haftung oder als Geschäftsleiter einer ausländischen juristischen Person in der nach § 8 Abs. 3 Satz 1 oder § 39 Abs. 3 Satz 1 abzugebenden Versicherung oder als Liquidator in der nach § 67 Abs. 3 Satz 1 abzugebenden Versicherung

falsche Angaben macht.

(2) Ebenso wird bestraft, wer

1. als Geschäftsführer zum Zweck der Herabsetzung des Stammkapitals über die Befriedigung oder Sicherstellung der Gläubiger eine unwahre Versicherung abgibt oder
2. als Geschäftsführer, Liquidator, Mitglied eines Aufsichtsrats oder ähnlichen Organs in einer öffentlichen Mitteilung die Vermögenslage der Gesellschaft unwahr darstellt oder verschleiert, wenn die Tat nicht in § 331 Nr. 1 oder Nr. 1a des Handelsgesetzbuchs mit Strafe bedroht ist.

§ 83[3)] (weggefallen)

§ 84[4)] Verletzung der Verlustanzeigepflicht. (1) Mit Freiheitsstrafe bis zu drei Jahren oder mit Geldstrafe wird bestraft, wer es als Geschäftsführer unterläßt, den Gesellschaftern einen Verlust in Höhe der Hälfte des Stammkapitals anzuzeigen.

(2) Handelt der Täter fahrlässig, so ist die Strafe Freiheitsstrafe bis zu einem Jahr oder Geldstrafe.

[1)] §§ 80 und 81 aufgeh. durch G v. 30.1.1937 (RGBl. I S. 166).

[2)] § 82 neu gef. durch G v. 4.7.1980 (BGBl. I S. 836); Abs. 1 Nr. 4 eingef., bish. Nr. 4 wird Nr. 5 durch G v. 28.10.1994 (BGBl. I S. 3210); Abs. 2 Nr. 2 neu gef. durch G v. 19.12.1985 (BGBl. I S. 2355); Abs. 2 Nr. 2 geänd. mWv 10.12.2004 durch G v. 4.12.2004 (BGBl. I S. 3166); Abs. 1 Nr. 1 und 5 geänd. mWv 1.11.2008 durch G v. 23.10.2008 (BGBl. I S. 2026).

[3)] § 83 aufgeh. durch G v. 24.5.1968 (BGBl. I S. 503).

[4)] § 84 neu gef. durch G v. 4.7.1980 (BGBl. I S. 836); Abs. 1 Nr. 2 neu gef. durch G v. 5.10.1994 (BGBl. I S. 2911); Abs. 1 geänd. mWv 1.11.2008 durch G v. 23.10.2008 (BGBl. I S. 2026).

§ 85[1)] Verletzung der Geheimhaltungspflicht. (1) Mit Freiheitsstrafe bis zu einem Jahr oder mit Geldstrafe wird bestraft, wer ein Geheimnis der Gesellschaft, namentlich ein Betriebs- oder Geschäftsgeheimnis, das ihm in seiner Eigenschaft als Geschäftsführer, Mitglied des Aufsichtsrats oder Liquidator bekanntgeworden ist, unbefugt offenbart.

(2) [1] Handelt der Täter gegen Entgelt oder in der Absicht, sich oder einen anderen zu bereichern oder einen anderen zu schädigen, so ist die Strafe Freiheitsstrafe bis zu zwei Jahren oder Geldstrafe. [2] Ebenso wird bestraft, wer ein Geheimnis der in Absatz 1 bezeichneten Art, namentlich ein Betriebs- oder Geschäftsgeheimnis, das ihm unter den Voraussetzungen des Absatzes 1 bekanntgeworden ist, unbefugt verwertet.

(3) [1] Die Tat wird nur auf Antrag der Gesellschaft verfolgt. [2] Hat ein Geschäftsführer oder ein Liquidator die Tat begangen, so sind der Aufsichtsrat und, wenn kein Aufsichtsrat vorhanden ist, von den Gesellschaftern bestellte besondere Vertreter antragsberechtigt. [3] Hat ein Mitglied des Aufsichtsrats die Tat begangen, so sind die Geschäftsführer oder die Liquidatoren antragsberechtigt.

§ 86[2) 3)] Verletzung der Pflichten bei Abschlussprüfungen. Mit Freiheitsstrafe bis zu einem Jahr oder mit Geldstrafe wird bestraft, wer als Mitglied eines Aufsichtsrats oder als Mitglied eines Prüfungsausschusses einer Gesellschaft, die ein Unternehmen von öffentlichem Interesse nach § 316a Satz 2 Nummer 1 oder 2 des Handelsgesetzbuchs[4)] ist,

1. eine in § 87 Absatz 1, 2 oder 3 bezeichnete Handlung begeht und dafür einen Vermögensvorteil erhält oder sich versprechen lässt oder
2. eine in § 87 Absatz 1, 2 oder 3 bezeichnete Handlung beharrlich wiederholt.

§ 87[5) 3)] Bußgeldvorschriften. (1) Ordnungswidrig handelt, wer als Mitglied eines Aufsichtsrats oder als Mitglied eines Prüfungsausschusses einer Gesellschaft, die ein Unternehmen von öffentlichem Interesse nach § 316a Satz 2 Nummer 1 oder 2 des Handelsgesetzbuchs[4)] ist,

1. die Unabhängigkeit des Abschlussprüfers oder der Prüfungsgesellschaft nicht nach Maßgabe des Artikels 4 Absatz 3 Unterabsatz 2, des Artikels 5 Absatz 4 Unterabsatz 1 Satz 1 oder des Artikels 6 Absatz 2 der Verordnung (EU) Nr. 537/2014 des Europäischen Parlaments und des Rates vom 16. April 2014 über spezifische Anforderungen an die Abschlussprüfung bei Unternehmen von öffentlichem Interesse und zur Aufhebung des Beschlusses 2005/909/EG der Kommission (ABl. L 158 vom 27.5.2014, S. 77, L 170 vom 11.6.2014, S. 66) überwacht oder
2. eine Empfehlung für die Bestellung eines Abschlussprüfers oder einer Prüfungsgesellschaft vorlegt, die den Anforderungen nach Artikel 16 Absatz 2 Unterabsatz 2 oder 3 der Verordnung (EU) Nr. 537/2014 nicht entspricht oder der ein Auswahlverfahren nach Artikel 16 Absatz 3 Unterabsatz 1 der Verordnung (EU) Nr. 537/2014 nicht vorangegangen ist.

[1)] § 85 angef. durch G v. 4.7.1980 (BGBl. I S. 836).
[2)] § 86 neu gef. mWv 1.7.2021 durch G v. 3.6.2021 (BGBl. I S. 1534).
[3)] Beachte hierzu Übergangsvorschrift in § 9 EGGmbHG (Nr. **52/1**).
[4)] Nr. **50**.
[5)] § 87 neu eingef. mWv 17.6.2016 durch G v. 10.5.2016 (BGBl. I S. 1142); Abs. 1 Nr. 2 neu gef., Abs. 2 und 3 geänd. mWv 22.7.2017 durch G v. 17.7.2017 (BGBl. I S. 2446); Abs. 1 einl. Satzteil geänd., Nr. 2 neu gef., Abs. 2, 4 und 5 geänd. mWv 1.7.2021 durch G v. 3.6.2021 (BGBl. I S. 1534).

(2) Ordnungswidrig handelt, wer als Mitglied eines Aufsichtsrats, der einen Prüfungsausschuss nicht bestellt hat, einer Gesellschaft, die ein Unternehmen von öffentlichem Interesse nach § 316a Satz 2 Nummer 1 oder 2 des Handelsgesetzbuchs ist, den Gesellschaftern einen Vorschlag für die Bestellung eines Abschlussprüfers oder einer Prüfungsgesellschaft vorlegt, der den Anforderungen nach Artikel 16 Absatz 5 Unterabsatz 1 der Verordnung (EU) Nr. 537/2014 nicht entspricht.

(3) Ordnungswidrig handelt, wer als Mitglied eines Aufsichtsrats, der einen Prüfungsausschuss bestellt hat, einer in Absatz 2 genannten Gesellschaft den Gesellschaftern einen Vorschlag für die Bestellung eines Abschlussprüfers oder einer Prüfungsgesellschaft vorlegt, der den Anforderungen nach Artikel 16 Absatz 5 Unterabsatz 1 oder Unterabsatz 2 Satz 1 oder Satz 2 der Verordnung (EU) Nr. 537/2014 nicht entspricht.

(4) Die Ordnungswidrigkeit kann mit einer Geldbuße bis zu fünfhunderttausend Euro geahndet werden.

(5) Verwaltungsbehörde im Sinne des § 36 Absatz 1 Nummer 1 des Gesetzes über Ordnungswidrigkeiten ist bei einer Gesellschaft, die ein Unternehmen von öffentlichem Interesse nach § 316a Satz 2 Nummer 2 des Handelsgesetzbuchs ist, die Bundesanstalt für Finanzdienstleistungsaufsicht, im Übrigen das Bundesamt für Justiz.

§ 88[1)] Mitteilungen an die Abschlussprüferaufsichtsstelle. (1) Die nach § 87 Absatz 5 zuständige Verwaltungsbehörde übermittelt der Abschlussprüferaufsichtsstelle beim Bundesamt für Wirtschaft und Ausfuhrkontrolle alle Bußgeldentscheidungen nach § 87 Absatz 1 bis 3.

(2) [1] In Strafverfahren, die eine Straftat nach § 86 zum Gegenstand haben, übermittelt die Staatsanwaltschaft im Falle der Erhebung der öffentlichen Klage der Abschlussprüferaufsichtsstelle die das Verfahren abschließende Entscheidung. [2] Ist gegen die Entscheidung ein Rechtsmittel eingelegt worden, ist die Entscheidung unter Hinweis auf das eingelegte Rechtsmittel zu übermitteln.

1) § 88 eingef. mWv 17.6.2016 durch G v. 10.5.2016 (BGBl. I S. 1142).

Anlage 1[1)]
(zu § 2 Abs. 1a)

a) Musterprotokoll für die Gründung einer Einpersonengesellschaft

UR. Nr. ....

Heute, den ....,

erschien [mittels Videokommunikation][5)] vor mir, ...,
Notar/in mit dem Amtssitz in

....,

Herr/Frau[1)]

....
....
....[2)].

1. Der Erschienene errichtet hiermit nach § 2 Abs. 1a GmbHG eine Gesellschaft mit beschränkter Haftung [mittels Videokommunikation][5)] unter der Firma ...... mit dem Sitz in ....
2. Gegenstand des Unternehmens ist ....
3. Das Stammkapital der Gesellschaft beträgt .... € (i.W. .... Euro) und wird vollständig von Herrn/Frau[1)] .... (Geschäftsanteil Nr. 1) übernommen. Die Einlage ist in Geld zu erbringen, und zwar sofort in voller Höhe/zu 50 Prozent sofort, im Übrigen sobald die Gesellschafterversammlung ihre Einforderung beschließt[3)].
4. Zum Geschäftsführer der Gesellschaft wird Herr/Frau[4)] ...., geboren am ...., wohnhaft in ...., bestellt. Der Geschäftsführer ist von den Beschränkungen des § 181 des Bürgerlichen Gesetzbuchs befreit.
5. Die Gesellschaft trägt die mit der Gründung verbundenen Kosten bis zu einem Gesamtbetrag von 300 €, höchstens jedoch bis zum Betrag ihres Stammkapitals. Darüber hinausgehende Kosten trägt der Gesellschafter.
6. Von dieser Urkunde erhält eine Ausfertigung der Gesellschafter, beglaubigte Ablichtungen die Gesellschaft und das Registergericht (in elektronischer Form) sowie eine einfache Abschrift das Finanzamt – Körperschaftsteuerstelle –.
7. Der Erschienene wurde vom Notar/von der Notarin insbesondere auf Folgendes hingewiesen: ....

Hinweise:

1) Nicht Zutreffendes streichen. Bei juristischen Personen ist die Anrede Herr/Frau wegzulassen.

2) Hier sind neben der Bezeichnung des Gesellschafters und den Angaben zur notariellen Identitätsfeststellung ggf. der Güterstand und die Zustimmung des Ehegatten sowie die Angaben zu einer etwaigen Vertretung zu vermerken.

[1)] Frühere Anl. angef. mWv 1.11.2008 durch G v. 23.10.2008 (BGBl. I S. 2026); bish. Anl. wird Anl. 1 und geänd. mWv 1.8.2022 durch G v. 5.7.2021 (BGBl. I S. 3338).

3) Nicht Zutreffendes streichen. Bei der Unternehmergesellschaft muss die zweite Alternative gestrichen werden.

4) Nicht Zutreffendes streichen.

5) Hinweis auf die Videokommunikation im Falle einer Präsenzbeurkundung zu streichen.

b) Musterprotokoll für die Gründung einer Mehrpersonengesellschaft mit bis zu drei Gesellschaftern

UR. Nr. ....

Heute, den ....,

erschienen [mittels Videokommunikation][5] vor mir, ...,
Notar/in mit dem Amtssitz in
....,

Herr/Frau[1]
....
....[2],

Herr/Frau[1]
....
....[2],

Herr/Frau[1]
....
....[2].

1. Die Erschienenen errichten hiermit nach § 2 Abs. 1a GmbHG eine Gesellschaft mit beschränkter Haftung [mittels Videokommunikation][5] unter der Firma ...... mit dem Sitz in ....
2. Gegenstand des Unternehmens ist ....
3. Das Stammkapital der Gesellschaft beträgt .... € (i.W. .... Euro) und wird wie folgt übernommen:
   Herr/Frau[1] .... übernimmt einen Geschäftsanteil mit einem Nennbetrag in Höhe von .... € (i.W. .... Euro) (Geschäftsanteil Nr. 1),
   Herr/Frau[1] .... übernimmt einen Geschäftsanteil mit einem Nennbetrag in Höhe von .... € (i.W. .... Euro) (Geschäftsanteil Nr. 2),
   Herr/Frau[1] .... übernimmt einen Geschäftsanteil mit einem Nennbetrag in Höhe von .... € (i.W. .... Euro) (Geschäftsanteil Nr. 3).
   Die Einlagen sind in Geld zu erbringen, und zwar sofort in voller Höhe/zu 50 Prozent sofort, im Übrigen sobald die Gesellschafterversammlung ihre Einforderung beschließt[3].
4. Zum Geschäftsführer der Gesellschaft wird Herr/Frau[4] ...., geboren am ...., wohnhaft in ...., bestellt. Der Geschäftsführer ist von den Beschränkungen des § 181 des Bürgerlichen Gesetzbuchs befreit.

5. Die Gesellschaft trägt die mit der Gründung verbundenen Kosten bis zu einem Gesamtbetrag von 300 €, höchstens jedoch bis zum Betrag ihres Stammkapitals. Darüber hinausgehende Kosten tragen die Gesellschafter im Verhältnis der Nennbeträge ihrer Geschäftsanteile.
6. Von dieser Urkunde erhält eine Ausfertigung jeder Gesellschafter, beglaubigte Ablichtungen die Gesellschaft und das Registergericht (in elektronischer Form) sowie eine einfache Abschrift das Finanzamt – Körperschaftsteuerstelle –.
7. Die Erschienenen wurden vom Notar/von der Notarin insbesondere auf Folgendes hingewiesen: ....

Hinweise:

1) Nicht Zutreffendes streichen. Bei juristischen Personen ist die Anrede Herr/Frau wegzulassen.

2) Hier sind neben der Bezeichnung des Gesellschafters und den Angaben zur notariellen Identitätsfeststellung ggf. der Güterstand und die Zustimmung des Ehegatten sowie die Angaben zu einer etwaigen Vertretung zu vermerken.

3) Nicht Zutreffendes streichen. Bei der Unternehmergesellschaft muss die zweite Alternative gestrichen werden.

4) Nicht Zutreffendes streichen.

5) Hinweis auf die Videokommunikation im Falle einer Präsenzbeurkundung zu streichen.

Anlage 2[1)]
(zu § 2 Absatz 3)

a) Musterprotokoll für die Gründung einer Einpersonengesellschaft mittels Videokommunikation

UR. Nr. ....

Heute, den ....,

erschien mittels Videokommunikation vor mir, ...,
Notar/in mit dem Amtssitz in

....,

Herr/Frau[1)]

....

.... [2)].

1. Der/Die[1)] Erschienene errichtet hiermit nach § 2 Absatz 3 GmbHG mittels einer Beurkundung im Wege der Videokommunikation nach den §§ 16a ff. BeurkG eine Gesellschaft mit beschränkter Haftung unter der Firma .... mit dem Sitz in ....
2. Gegenstand des Unternehmens ist ....
3. Das Stammkapital der Gesellschaft beträgt .... € (i.W. .... Euro) und wird vollständig von:

[1)] Anl. 2 angef. mWv 1.8.2022 durch G v. 5.7.2021 (BGBl. I S. 3338).

Herrn/Frau[1] .... (Geschäftsanteil Nr. 1) übernommen.
Die Einlage ist in Geld zu erbringen, und zwar sofort in voller Höhe/zu 50 Prozent sofort, im Übrigen sobald die Gesellschafterversammlung ihre Einforderung beschließt[3].

4. Zum Geschäftsführer der Gesellschaft wird/Zu den Geschäftsführern der Gesellschaft werden[4]
Herr/Frau[4] ....
....,
geboren am ...., wohnhaft in ....
....,
Herr/Frau[4] ....
....,
geboren am ...., wohnhaft in ....
....,
.... bestellt.[5]
Der Geschäftsführer ist/Die Geschäftsführer sind[4] von den Beschränkungen des § 181 des Bürgerlichen Gesetzbuchs befreit. Ist nur ein Geschäftsführer bestellt, so vertritt dieser die Gesellschaft allein. Sind mehrere Geschäftsführer bestellt, so wird die Gesellschaft durch zwei Geschäftsführer gemeinsam oder durch einen Geschäftsführer gemeinschaftlich mit einem Prokuristen vertreten.
5. Die Gesellschaft trägt die mit der Gründung verbundenen Kosten bis zu einem Gesamtbetrag von 600 €, höchstens jedoch bis zum Betrag ihres Stammkapitals. Darüberhinausgehende Kosten trägt der Gesellschafter.
6. Von dieser Urkunde erhält eine Ausfertigung jeder Gesellschafter, beglaubigte Ablichtungen die Gesellschaft und das Registergericht (in elektronischer Form) sowie eine einfache Abschrift das Finanzamt – Körperschaftsteuerstelle –.
7. Der/Die Erschienene[4] wurden vom Notar/von der Notarin[4] insbesondere auf Folgendes hingewiesen:
....

1) Nicht Zutreffendes streichen. Bei juristischen Personen ist die Anrede Herr/Frau wegzulassen.

2) Hier sind neben der Bezeichnung des Gesellschafters und den Angaben zur notariellen Identitätsfeststellung ggf. der Güterstand und die Zustimmung des Ehegatten sowie die Angaben zu einer etwaigen Vertretung zu vermerken.

3) Nicht Zutreffendes streichen. Bei der Unternehmergesellschaft muss die zweite Alternative gestrichen werden.

4) Nicht Zutreffendes streichen.

5) Weitere Geschäftsführer können ergänzt werden.

b) Musterprotokoll für die Gründung einer Mehrpersonengesellschaft mittels Videokommunikation

UR. Nr. ....

Heute, den ....,

erschien mittels Videokommunikation vor mir, ...,
Notar/in mit dem Amtssitz in
....,

Herr/Frau[1)]
....
....[2)],

Herr/Frau[1)]
....
....[2)],

Herr/Frau[1)]
....
....[2)].

1. Die Erschienenen errichten hiermit nach § 2 Absatz 3 GmbHG durch Beurkundung des Gesellschaftsvertrages mittels Videokommunikation nach den §§ 16a ff. BeurkG eine Gesellschaft mit beschränkter Haftung unter der Firma ..
   ....
   mit dem Sitz in ....
2. Gegenstand des Unternehmens ist ....
3. Das Stammkapital der Gesellschaft beträgt .... € (i.W. .... Euro) und wird wie folgt übernommen:
   Herr/Frau[3)] .... übernimmt einen Geschäftsanteil mit einem Nennbetrag in Höhe von .... € (i.W. .... Euro) (Geschäftsanteil Nr. 1),
   Herr/Frau[3)] .... übernimmt einen Geschäftsanteil mit einem Nennbetrag in Höhe von .... € (i.W. .... Euro) (Geschäftsanteil Nr. 2),
   Herr/Frau[3)] .... übernimmt einen Geschäftsanteil mit einem Nennbetrag in Höhe von .... € (i.W. .... Euro) (Geschäftsanteil Nr. 3).
   Die Einlagen sind in Geld zu erbringen, und zwar sofort in voller Höhe/zu 50 Prozent sofort, im Übrigen sobald die Gesellschafterversammlung ihre Einforderung beschließt.[4)]
4. Zum Geschäftsführer der Gesellschaft wird/Zu den Geschäftsführern der Gesellschaft werden[3)]
   Herr/Frau[3)] ....
   ....,
   geboren am ...., wohnhaft in ....
   ....,
   Herr/Frau[3)] ....
   ....,
   geboren am ...., wohnhaft in ....
   ....,
   .... bestellt.[5)]
   Der Geschäftsführer ist/Die Geschäftsführer sind[3)] von den Beschrankungen des § 181 des Bürgerlichen Gesetzbuchs befreit. Ist nur ein Geschäftsführer bestellt, so vertritt dieser die Gesellschaft allein. Sind mehrere Geschäftsführer bestellt, so wird die Gesellschaft durch zwei Geschäftsführer gemeinsam oder durch einen Geschäftsführer gemeinschaftlich mit einem Prokuristen vertreten.
5. Die Gesellschaft trägt die mit der Gründung verbundenen Kosten bis zu einem Gesamtbetrag von 600 €, höchstens jedoch bis zum Betrag ihres Stammkapitals.

Darüberhinausgehende Kosten tragen die Gesellschafter im Verhältnis der Nennbeträge ihrer Geschäftsanteile.

6. Von dieser Urkunde erhält eine Ausfertigung jeder Gesellschafter, beglaubigte Ablichtungen die Gesellschaft und das Registergericht (in elektronischer Form) sowie eine einfache Abschrift das Finanzamt – Körperschaftsteuerstelle –.

7. Die Erschienenen wurden vom Notar/von der Notarin[3)] insbesondere auf Folgendes hingewiesen:
....

1) Nicht Zutreffendes streichen. Bei juristischen Personen ist die Anrede Herr/Frau wegzulassen.

2) Hier sind jeweils neben der Bezeichnung des Gesellschafters und den Angaben zur notariellen Identitätsfeststellung ggf. der Güterstand und die Zustimmung des Ehegatten sowie die Angaben zu einer etwaigen Vertretung zu vermerken.

3) Nicht Zutreffendes streichen.

4) Nicht Zutreffendes streichen. Bei der Unternehmergesellschaft muss die zweite Alternative gestrichen werden.

5) Weitere Geschäftsführer können ergänzt werden.

52/1. Einführungsgesetz zum Gesetz betreffend die Gesellschaften mit beschränkter Haftung (GmbHG-Einführungsgesetz – EGGmbHG)[1)]

Vom 23. Oktober 2008
(BGBl. I S. 2026)

FNA 4123-3

Lfd. Nr.	Änderndes Gesetz	Datum	Fundstelle	Betroffen	Hinweis
1.	Art. 9 BilanzrechtsmodernisierungsG	25.5.2009	BGBl. I S. 1102	§ 4	eingef. mWv 29.5.2009
2.	Art. 16 G für die gleichberecht. Teilhabe von Frauen u. Männern an Führungspositionen in der Privatwirtsch. u. im öffentl. Dienst	24.4.2015	BGBl. I S. 642	§ 5	eingef. mWv 1.5.2015
3.	Art. 7 Bilanzrichtlinie-UmsetzungsG	17.7.2015	BGBl. I S. 1245	§ 6	eingef. mWv 23.7.2015
4.	Art. 6 Aktienrechtsnovelle 2016	22.12. 2015	BGBl. I S. 2565	§ 5	geänd. mWv 31.12.2015
5.	Art. 9 AbschlussprüfungsreformG	10.5.2016	BGBl. I S. 1142	§ 7	eingef. mWv 17.6.2016
6.	Art. 15 G zur Umsetzung der Vierten EU-GeldwäscheRL, zur Ausführ. der EU-GeldtransferVO u. zur Neuorganisation der Zentralstelle für Finanztransaktionsuntersuchungen[2)]	23.6.2017	BGBl. I S. 1822	§ 8	eingef. mWv 26.6.2017
7.	Art. 19 FinanzmarktintegritätsstärkungsG	3.6.2021	BGBl. I S. 1534	§ 9	eingef. mWv 1.7.2021
8.	Art. 11 G zur Ergänzung und Änd. der Regelungen für die gleichberechtigte Teilhabe von Frauen an Führungspositionen in der Privatwirtschaft und im öffentlichen Dienst	7.8.2021	BGBl. I S. 3311	§ 5 § 10	geänd. mWv 12.8.2021 eingef. mWv 12.8.2021
9.	Art. 21 G zur Umsetzung der Digitalisierungsrichtlinie (DiRUG)[3)]	5.7.2021	BGBl. I S. 3338	§ 11	eingef. mWv 1.8.2022

[1)] Verkündet als Art. 2 G zur Modernisierung des GmbH-Rechts und zur Bekämpfung von Missbräuchen (MoMiG) v. 23.10.2008 (BGBl. I S. 2026); Inkrafttreten gem. Art. 23 dieses G am 1.11.2008.

[2)] **Amtl. Anm.:** Dieses Gesetz dient der Umsetzung der Richtlinie (EU) 2015/849 des Europäischen Parlaments und des Rates vom 20. Mai 2015 zur Verhinderung der Nutzung des Finanzsystems zum Zwecke der Geldwäsche und der Terrorismusfinanzierung, zur Änderung der Verordnung (EU) Nr. 648/2012 des Europäischen Parlaments und des Rates und zur Aufhebung der Richtlinie 2005/60/EG des Europäischen Parlaments und des Rates und der Richtlinie 2006/70/EG der Kommission (ABl. L 141 vom 5.6.2015, S. 73).

[3)] **Amtl. Anm.:** Dieses Gesetz dient der Umsetzung der Richtlinie (EU) 2019/1151 des Europäischen Parlaments und des Rates vom 20. Juni 2019 zur Änderung der Richtlinie (EU) 2017/1132 im Hinblick auf den Einsatz digitaler Werkzeuge und Verfahren im Gesellschaftsrecht (ABl. L 186 vom 11.7.2019, S. 80).

Lfd. Nr.	Änderndes Gesetz	Datum	Fund-stelle	Betroffen	Hinweis
10.	Art. 66 Personengesellschaftsrechtsmodernisierungs G (MoPeG)	10.8.2021	BGBl. I S. 3436	§ 12	eingef. mWv 1.1.2024

Vorbemerkung:
Die Änderung durch G v. 10.8.2021 (BGBl. I S. 3436) tritt erst mWv 1.1. 2024 in Kraft und ist im Text noch nicht berücksichtigt.

(4) [1] § 19 Abs. 4 und 5 des Gesetzes betreffend die Gesellschaften mit beschränkter Haftung in der ab dem 1. November 2008 geltenden Fassung gilt auch für Einlagenleistungen, die vor diesem Zeitpunkt bewirkt worden sind, soweit sie nach der vor dem 1. November 2008 geltenden Rechtslage wegen der Vereinbarung einer Einlagenrückgewähr oder wegen einer verdeckten Sacheinlage keine Erfüllung der Einlagenverpflichtung bewirkt haben. [2] Dies gilt nicht, soweit über die aus der Unwirksamkeit folgenden Ansprüche zwischen der Gesellschaft und dem Gesellschafter bereits vor dem 1. November 2008 ein rechtskräftiges Urteil ergangen oder eine wirksame Vereinbarung zwischen der Gesellschaft und dem Gesellschafter getroffen worden ist; in diesem Fall beurteilt sich die Rechtslage nach den bis zum 1. November 2008 geltenden Vorschriften.

§ 4[1)] Übergangsvorschrift zum Bilanzrechtsmodernisierungsgesetz.

§ 52 Abs. 1 Satz 1 des Gesetzes betreffend die Gesellschaften mit beschränkter Haftung[2)] in Verbindung mit § 100 Abs. 5 und § 107 Abs. 4 des Aktiengesetzes[3)] in der Fassung des Bilanzrechtsmodernisierungsgesetzes vom 25. Mai 2009 (BGBl. I S. 1102) findet keine Anwendung, solange alle Mitglieder des Aufsichtsrats und des Prüfungsausschusses vor dem 29. Mai 2009 bestellt worden sind.

§ 5[4)] Übergangsvorschrift zu dem Gesetz für die gleichberechtigte Teilhabe von Frauen und Männern an Führungspositionen in der Privatwirtschaft und im öffentlichen Dienst. [1] Die Festlegungen nach § 36 Satz 1 und 3 sowie § 52 Absatz 2 Satz 1, 2 und 4 des Gesetzes betreffend die Gesellschaften mit beschränkter Haftung[2)] in der am 1. Mai 2015 geltenden Fassung haben erstmals bis spätestens 30. September 2015 zu erfolgen. [2] Die nach § 36 Satz 3 und § 52 Absatz 2 Satz 4 des Gesetzes betreffend die Gesellschaften mit beschränkter Haftung in der am 1. Mai 2015 geltenden Fassung erstmals festzulegende Frist darf nicht länger als bis zum 30. Juni 2017 dauern.

§ 6[5)] Übergangsvorschriften zum Bilanzrichtlinie-Umsetzungsgesetz.

[1] § 29 des Gesetzes betreffend die Gesellschaften mit beschränkter Haftung[2)] in der Fassung des Bilanzrichtlinie-Umsetzungsgesetzes vom 17. Juli 2015 (BGBl. I S. 1245) ist erstmals auf Jahres- und Konzernabschlüsse für ein nach dem 31. Dezember 2015 beginnendes Geschäftsjahr anzuwenden. [2] Auf Jahres- und Konzernabschlüsse für ein vor dem 1. Januar 2016 beginnendes Geschäftsjahr bleibt § 29 des Gesetzes betreffend die Gesellschaften mit beschränkter Haftung in der bis zum 22. Juli 2015 geltenden Fassung anwendbar.

§ 7[6)] Übergangsvorschrift zum Abschlussprüfungsreformgesetz. § 52 Absatz 1 des Gesetzes betreffend die Gesellschaften mit beschränkter Haftung[2)] in Verbindung mit § 100 Absatz 5 und § 107 Absatz 4 des Aktiengesetzes[3)], jeweils in der Fassung des Abschlussprüfungsreformgesetzes vom 10. Mai 2016 (BGBl. I S. 1142) müssen so lange nicht angewandt werden, wie alle Mitglieder des Aufsichtsrats und des Prüfungsausschusses vor dem 17. Juni 2016 bestellt worden sind.

[1)] § 4 angef. mWv 29.5.2009 durch G v. 25.5.2009 (BGBl. I S. 1102).

[2)] Nr. **52**.

[3)] Nr. **51**.

[4)] § 5 angef. mWv 1.5.2015 durch G v. 24.4.2015 (BGBl. I S. 642); Sätze 1 und 2 geänd. mWv 31.12.2015 durch G v. 22.12.2015 (BGBl. I S. 2565); Sätze 1 und 2 geänd. mWv 12.8.2021 durch G v. 7.8.2021 (BGBl. I S. 3311).

[5)] § 6 angef. mWv 23.7.2015 durch G v. 17.7.2015 (BGBl. I S. 1245).

[6)] § 7 angef. mWv 17.6.2016 durch G v. 10.5.2016 (BGBl. I S. 1142).

§ 8[1] Übergangsvorschrift zum Gesetz zur Umsetzung der Vierten EU-Geldwäscherichtlinie, zur Ausführung der EU-Geldtransferverordnung und zur Neuorganisation der Zentralstelle für Finanztransaktionsuntersuchungen. § 8 Absatz 1 Nummer 3 und § 40 Absatz 1 Satz 1 bis 3 des Gesetzes betreffend die Gesellschaften mit beschränkter Haftung[2] in der Fassung des Gesetzes zur Umsetzung der Vierten EU-Geldwäscherichtlinie, zur Ausführung der EU-Geldtransferverordnung und zur Neuorganisation der Zentralstelle für Finanztransaktionsuntersuchungen vom 23. Juni 2017 (BGBl. I S. 1822) finden auf Gesellschaften mit beschränkter Haftung, die am 26. Juni 2017 in das Handelsregister eingetragen sind, mit der Maßgabe Anwendung, dass die geänderten Anforderungen an den Inhalt der Liste der Gesellschafter erst dann zu beachten sind, wenn aufgrund einer Veränderung nach § 40 Absatz 1 Satz 1 des Gesetzes betreffend die Gesellschaften mit beschränkter Haftung in der vor dem 26. Juni 2017 geltenden Fassung eine Liste einzureichen ist.

§ 9[3] Übergangsvorschrift zum Finanzmarktintegritätsstärkungsgesetz.

(1) [1]Die §§ 86 und 87 des Gesetzes betreffend die Gesellschaften mit beschränkter Haftung[2] in der ab dem 1. Juli 2021 geltenden Fassung sind erstmals auf alle gesetzlich vorgeschriebenen Abschlussprüfungen für das nach dem 31. Dezember 2021 beginnende Geschäftsjahr anzuwenden. [2]Die in Satz 1 genannten Vorschriften in der bis einschließlich 30. Juni 2021 geltenden Fassung sind letztmals anzuwenden auf alle gesetzlich vorgeschriebenen Abschlussprüfungen für das vor dem 1. Januar 2022 beginnende Geschäftsjahr.

(2) § 57f Absatz 3 des Gesetzes betreffend die Gesellschaften mit beschränkter Haftung in der ab dem 1. Juli 2021 geltenden Fassung ist erstmals auf Prüfer, die für das nach dem 31. Dezember 2021 beginnende Geschäftsjahr gewählt werden, anzuwenden.

§ 10[4] Übergangsvorschrift zum Gesetz zur Ergänzung und Änderung der Regelungen für die gleichberechtigte Teilhabe von Frauen an Führungspositionen in der Privatwirtschaft und im öffentlichen Dienst.

(1) Die §§ 36 und 52 Absatz 2 des Gesetzes betreffend die Gesellschaften mit beschränkter Haftung[2] in der vom 12. August 2021 an geltenden Fassung finden erstmals auf die Festlegung von Zielgrößen ab dem 12. August 2021 Anwendung.

(2) [1]Das Beteiligungsgebot nach § 77a Absatz 2 des Gesetzes betreffend die Gesellschaften mit beschränkter Haftung in der vom 12. August 2021 an geltenden Fassung ist ab dem 1. August 2022 bei der Bestellung einzelner oder mehrerer Geschäftsführer anzuwenden. [2]Bestehende Mandate können bis zu ihrem vorgesehenen Ende wahrgenommen werden.

(3) [1]Der jeweilige Mindestanteil von Frauen und Männern im Aufsichtsrat nach § 77a Absatz 3 des Gesetzes betreffend die Gesellschaften mit beschränkter Haftung in der vom 12. August 2021 an geltenden Fassung ist bei erforderlich werdenden Besetzungen einzelner oder mehrerer Sitze ab dem 1. April 2022 zu beachten. [2]Reicht die Anzahl der zu besetzenden Sitze nicht aus, um den Mindestanteil zu erreichen, sind diese Sitze mit Personen des unterrepräsentierten Geschlechts zu

---

[1] § 8 angef. mWv 26.6.2017 durch G v. 23.6.2017 (BGBl. I S. 1822).
[2] Nr. **52**.
[3] § 9 angef. mWv 1.7.2021 durch G v. 3.6.2021 (BGBl. I S. 1534).
[4] § 10 angef. mWv 12.8.2021 durch G v. 7.8.2021 (BGBl. I S. 3311).

besetzen, um dessen Anteil sukzessive zu steigern. [3]Bestehende Mandate können bis zu ihrem vorgesehenen Ende wahrgenommen werden.

§ 11[1] Übergangsvorschriften zum Gesetz zur Umsetzung der Digitalisierungsrichtlinie. (1) § 6 Absatz 2 Satz 3, § 8 Absatz 3 Satz 1, § 39 Absatz 3 Satz 1, § 66 Absatz 4 und § 67 Absatz 3 Satz 1 des Gesetzes betreffend die Gesellschaften mit beschränkter Haftung[2] in der ab dem 1. August 2022 geltenden Fassung sind erstmals ab dem 1. August 2023 anzuwenden.

(2) [1]§ 58d Absatz 2 Satz 4 des Gesetzes betreffend die Gesellschaften mit beschränkter Haftung in der ab dem 1. August 2022 geltenden Fassung ist erstmals auf Jahresabschlüsse für das nach dem 31. Dezember 2021 beginnende Geschäftsjahr anzuwenden. [2]§ 58d Absatz 2 Satz 4 des Gesetzes betreffend die Gesellschaften mit beschränkter Haftung in der bis einschließlich 31. Juli 2022 geltenden Fassung ist letztmals anzuwenden auf Jahresabschlüsse für das vor dem 1. Januar 2022 beginnende Geschäftsjahr.

[1] § 11 angef. mWv 1.8.2022 durch G v. 5.7.2021 (BGBl. I S. 3338).
[2] Nr. **52**.

52a. Umwandlungsgesetz (UmwG)[1]

Vom 28. Oktober 1994

(BGBl. I S. 3210, ber. 1995 I S. 428)

FNA 4120-9-2

Lfd. Nr.	Änderndes Gesetz	Datum	Fundstelle	Betroffen	Hinweis
1.	Art. 2 StückaktienG	25.3.1998	BGBl. I S. 590	§§ 15, 46, 51, 67, 68, 69, 241, 242, 243, 258, 263, 267, 269, 273, 276, 291, 294	geänd. mWv 1.4.1998
2.	Art. 3 § 4 Euro-EinführungsG	9.6.1998	BGBl. I S. 1242	§§ 46, 54, 55, 243, 258, 263, 273, 318	geänd. mWv 1.1.1999
3.	Art. 7 HandelsrechtsreformG	22.6.1998	BGBl. I S. 1474	§§ 18, 122, 200, 228	geänd. mWv 1.7.1998
4.	Art. 1 ÄndG	22.7.1998	BGBl. I S. 1878	Inhaltsübersicht, §§ 2, 3, 5, 16, 18, 26, 29, 33, 2. Buch 2. Teil 1. Abschnitt Überschrift, §§ 37, 39, 43, 46, 51, 52, 57, 69, 74, 80, 99, 104, 126, 130, 131, 137, 191, 200, 211, 5. Buch 2. Teil 1. Abschnitt Überschrift, §§ 214, 217, 226, 228, 233, 234, 270, 282, 290, 300, 307, 313, 315, 316	geänd. mWv 1.8.1998
				2. Buch 2. Teil 1. Abschnitt 1. UAbschnitt Überschrift, 2. UAbschnitt (§§ 45a, 45b, 45c, 45d, 45e), §§ 200, 5. Buch 2. Teil 1. Abschnitt 1. UAbschnitt Überschrift, 2. UAbschnitt (§§ 225a, 225b, 225c)	eingef. mWv 1.8.1998
5.	Art. 5 NamensaktienG	18.1.2001	BGBl. I S. 123	§ 316	geänd. mWv 25.1.2001
6.	Art. 26 G RechtsgeschäftsmodernisierungsG	13.7.2001	BGBl. I S. 1542	§§ 89, 182, 216, 230, 256, 260, 267	geänd. mWv 1.8.2001
7.	Art. 3 BetrVerf-ReformG	23.7.2001	BGBl. I S. 1852	§ 322	geänd. mWv 28.7.2001
				§ 321	aufgeh. mWv 28.7.2001
8.	Art. 5 Abs. 17 SchuldrechtsmodernisierungsG[2]	26.11. 2001	BGBl. I S. 3138	§§ 45, 133, 157, 224	geänd. mWv 1.1.2002
9.	Art. 5 G zur Änd. des SeemannsG u. anderer G[3]	23.3.2002	BGBl. I S. 1163	§ 324	geänd. mWv 1.4.2002

[1] Verkündet als Art. 1 UmwandlungsrechtsbereinigungsG v. 28.10.1994 (BGBl. I S. 3210); Inkrafttreten gem. Art. 20 dieses G am 1.1.1995.

[2] **Amtl. Anm.:** *(abgedruckt in Änderungstabelle Nr.* **50***)*

[3] **Amtl. Anm.:** […] Artikel 4 und 5 des Gesetzes dienen der Umsetzung der Richtlinie 2001/23/EG des Rates vom 12. März 2001 zur Angleichung der Rechtsvorschriften der Mitgliedstaaten über die Wahrung von Ansprüchen der Arbeitnehmer beim Übergang von Unternehmen, Betrieben oder Unternehmens- oder Betriebsteilen (ABl. EG Nr. L 82 S. 16) betreffend Artikel 7 Abs. 6.

Lfd. Nr.	Änderndes Gesetz	Datum	Fundstelle	Betroffen	Hinweis
10.	Art. 4 Spruchverfahrensneuordnungs G	12.6.2003	BGBl. I S. 838	Inhaltsübersicht, §§ 10, 15, 34, 60, 196, 212, 7. und 8. Buch	geänd. mWv 1.9.2003
				6. Buch (§§ 305–312)	aufgeh. mWv 1.9.2003
11.	Art. 8 Abs. 10 BilanzrechtsreformG	4.12.2004	BGBl. I S. 3166	§§ 11, 313	geänd. mWv 10.12.2004
12.	Art. 10 G zur Anpassung von Verjährungsvorschriften an das SchuldrechtsmodernisierungsG	9.12.2004	BGBl. I S. 3214	§ 93	geänd. mWv 15.12.2004
13.	Art. 14 SCE-EinführungsG	14.8.2006	BGBl. I S. 1911	§§ 1, 2, 26, 37, 57, 74, 79, 80, 81, 82, 84, 85, 87, 88, 89, 90, 92, 93, 95, 97, 98, 107, 130, 137, 147, 148, 200, 218, 222, 252, 253, 254, 255, 256, 258, 259, 260, 262, 263, 264, 270, 271, 284, 288, 289, 315	geänd. mWv 18.8.2006
14.	Art. 8 G über elektronische Handelsregister und Genossenschaftsregister sowie das Unternehmensregister	10.11. 2006	BGBl. I S. 2553	§§ 15, 19, 22, 25, 26, 27, , 31, 45, 61, 87, 88, 91, 94, 95, 104, 111, 117, 118, 119, 130, 133, 137, 157, 186, 187, 188, 201, 205, 209, 224, 231, 256, 271, 287, 319	geänd. mWv 1.1.2007
				§§ 77, 279, 297	aufgeh. mWv 1.1.2007
15.	Art. 1 Zweites ÄndG[1]	19.4.2007	BGBl. I S. 542	Inhaltsübersicht, §§ 4, 16, 17, 19, 29, 35, 44, 48, 51, 52, 54, 59, 67, 68, 105, 125, 130, 131, 133, 134, 141, 151, 192, 197, 198, 213, 228, 234, 238, 245, 247, 251, 260, 274, 283, 316	geänd. mWv 25.4.2007
				2. Buch 2. Teil 10. Abschnitt (§§ 122a–122l), § 314a	eingef. mWv 25.4.2007
				§ 132	aufgeh. mWv 25.4.2007
16.	Art. 17 G zur Modernisierung des GmbH-Rechts und zur Bekämpfung von Missbräuchen	23.10. 2008	BGBl. I S. 2026	§§ 46, 51, 54, 55, 241, 242, 243, 258, 273	geänd. mWv 1.11.2008
17.	Art. 73 FGG-ReformG	17.12. 2008	BGBl. I S. 2586	§§ 10, 26	geänd. mWv 1.9.2009
18.	Art. 13 Abs. 4 BilanzrechtsmodernisierungsG	25.5.2009	BGBl. I S. 1102	§ 11	geänd. mWv 29.5.2009

[1] **Amtl. Anm.:** Artikel 1 dieses Gesetzes dient, soweit er Regelungen über die grenzüberschreitende Verschmelzung von Kapitalgesellschaften enthält, der Umsetzung der Richtlinie 2005/56/EG des Europäischen Parlaments und des Rates vom 26. Oktober 2005 über die Verschmelzung von Kapitalgesellschaften aus verschiedenen Mitgliedstaaten (ABl. EU Nr. L 310 S. 1).

Lfd. Nr.	Änderndes Gesetz	Datum	Fundstelle	Betroffen	Hinweis
19.	Art. 4 G zur Umsetzung der AktionärsrechteRL (ARUG)[1]	30.7.2009	BGBl. I S. 2479	§§ 15, 16, 17, 62, 63, 64, 69, 87, 199, 230, 232, 251, 256, 260, 274, 283, 292	geänd. mWv 1.9.2009
				§ 321	eingef. mWv 1.9.2009
20.	Art. 5 G zur Erleichterung elektronischer Anmeldungen zum Vereinsregister und anderer vereinsrechtl. Änd.	24.9.2009	BGBl. I S. 3145	§§ 103, 275	geänd. mWv 30.9.2009
21.	Art. 1 Drittes G zur Änd. des UmwandlungsG[2]	11.7.2011	BGBl. I S. 1338	§§ 52, 56, 62, 63, 64, 69, 75, 82, 101, 112, 125, 230, 313, 321	geänd. mWv 15.7.2011
				§ 143	neu gef. mWv 15.7.2011
22.	Art. 2 Abs. 48 G zur Änd. von Vorschriften über Verkündung und Bekanntmachungen sowie der ZPO, des EGZPO und der AO	22.12. 2011	BGBl. I S. 3044	§§ 26, 31, 104, 118, 119, 186, 187, 188, 209, 231	geänd. mWv 1.4.2012
23.	Art. 2 Abs. 32 G zur Modernisierung der Finanzaufsicht über Versicherungen	1.4.2015	BGBl. I S. 434	§§ 118, 291, 315	geänd. mWv 1.1.2016
24.	Art. 22 G für die gleichberecht. Teilhabe von Frauen u. Männern an Führungspositionen in der Privatwirtschaft u. im öffentl. Dienst	24.4.2015	BGBl. I S. 642	§ 76	geänd. mWv 1.5.2015
25.	Art. 24 Abs. 15 Zweites FinanzmarktnovellierungsG	23.6.2017	BGBl. I S. 1693	§ 63	geänd. mWv 3.1.2018
26.	Art. 5 G zum Bürokratieabbau und zur Förderung der Transparenz bei Genossenschaften	17.7.2017	BGBl. I S. 2434	§§ 82, 105, 260	geänd. mWv 22.7.2017
27.	Art. 1 Viertes ÄndG	19.12. 2018	BGBl. I S. 2694	Inhaltsübersicht, Überschrift 2. Buch 2. Teil 10. Abschnitt, §§ 122a, 122b, 122c, 122e, 122f	geänd. mWv 1.1.2019
				§ 122m	eingef. mWv 1.1.2019
28.	Art. 14 FinanzmarktintegritätsstärkungsG	3.6.2021	BGBl. I S. 1534	§§ 11, 321	geänd. mWv 1.7.2021
29.	Art. 17 G zur Umsetzung der Digitalisierungsrichtlinie (DiRUG)[3]	5.7.2021	BGBl. I S. 3338	§§ 19, 22, 137, 201	geänd. mWv 1.8.2022

[1] **Amtl. Anm.:** *(abgedruckt in Änderungstabelle Nr.* **51***)*

[2] **Amtl. Anm.:** Artikel 1 und 2 dieses Gesetzes dienen der Umsetzung der Richtlinie 2009/109/EG des Europäischen Parlaments und des Rates vom 16. September 2009 zur Änderung der Richtlinien 77/91/EWG, 78/855/EWG und 82/891/EWG des Rates sowie der Richtlinie 2005/56/EG hinsichtlich der Berichts- und Dokumentationspflicht bei Verschmelzungen und Spaltungen (ABl. L 259 vom 2.10.2009, S. 14).

[3] **Amtl. Anm.:** Dieses Gesetz dient der Umsetzung der Richtlinie (EU) 2019/1151 des Europäischen Parlaments und des Rates vom 20. Juni 2019 zur Änderung der Richtlinie (EU) 2017/1132 im Hinblick auf den Einsatz digitaler Werkzeuge und Verfahren im Gesellschaftsrecht (ABl. L 186 vom 11.7.2019, S. 80).

Lfd. Nr.	Änderndes Gesetz	Datum	Fundstelle	Betroffen	Hinweis
30.	Art. 60 PersonengesellschaftsrechtsmodernisierungsG (MoPeG)	10.8.2021	BGBl. I S. 3436	Inhaltsübersicht, §§ 3, 16, 2. Buch 2. Teil 1. Abschnitt 2. und 3. UAbschnitt Überschrift, §§ 45c, 45e, 51, 52, 69, 122f, 157, 191, 224, 228, 234	geänd. mWv 1.1.2024
				§§ 41, 42, 5. Buch 2. Teil 1. Abschnitt 1. UAbschnitt Überschrift, §§ 214, 235	neu gef. mWv 1.1.2024
				2. Buch 2. Teil 1. Abschnitt 1. UAbschnitt (§§ 39, 39a, 39b, 39c, 39d, 39e, 39f)	eingef. mWv 1.1.2024
				Bish. § 39, §§ 43, 44, 45	aufgeh. mit Ablauf des 31.12. 2023

Vorbemerkung:
Die Änderungen durch G v. 10.8.2021 (BGBl. I S. 3436) treten erst mWv 1.1.2024 in Kraft und sind im Text noch nicht berücksichtigt.

urkunden sind, in Urschrift oder Abschrift der Verschmelzungsvertrag, die Niederschriften der Verschmelzungsbeschlüsse, die nach diesem Gesetz erforderlichen Zustimmungserklärungen einzelner Anteilsinhaber einschließlich der Zustimmungserklärungen nicht erschienener Anteilsinhaber, der Verschmelzungsbericht, der Prüfungsbericht oder die Verzichtserklärungen nach § 8 Abs. 3, § 9 Abs. 3, § 12 Abs. 3, § 54 Abs. 1 Satz 3 oder § 68 Abs. 1 Satz 3, ein Nachweis über die rechtzeitige Zuleitung des Verschmelzungsvertrages oder seines Entwurfs an den zuständigen Betriebsrat beizufügen.

(2) [1] Der Anmeldung zum Register des Sitzes jedes der übertragenden Rechtsträger ist ferner eine Bilanz dieses Rechtsträgers beizufügen (Schlußbilanz). [2] Für diese Bilanz gelten die Vorschriften über die Jahresbilanz und deren Prüfung entsprechend. [3] Sie braucht nicht bekanntgemacht zu werden. [4] Das Registergericht darf die Verschmelzung nur eintragen, wenn die Bilanz auf einen höchstens acht Monate vor der Anmeldung liegenden Stichtag aufgestellt worden ist.

§ 18[1)] Firma oder Name des übernehmenden Rechtsträgers. (1) Der übernehmende Rechtsträger darf die Firma eines der übertragenden Rechtsträger, dessen Handelsgeschäft er durch die Verschmelzung erwirbt, mit oder ohne Beifügung eines das Nachfolgeverhältnis andeutenden Zusatzes fortführen.

(2) Ist an einem der übertragenden Rechtsträger eine natürliche Person beteiligt, die an dem übernehmenden Rechtsträger nicht beteiligt wird, so darf der übernehmende Rechtsträger den Namen dieses Anteilsinhabers nur dann in der nach Absatz 1 fortgeführten oder in der neu gebildeten Firma verwenden, wenn der betroffene Anteilsinhaber oder dessen Erben ausdrücklich in die Verwendung einwilligen.

(3) [1] Ist eine Partnerschaftsgesellschaft an der Verschmelzung beteiligt, gelten für die Fortführung der Firma oder des Namens die Absätze 1 und 2 entsprechend. [2] Eine Firma darf als Name einer Partnerschaftsgesellschaft nur unter den Voraussetzungen des § 2 Abs. 1 des Partnerschaftsgesellschaftsgesetzes[2)] fortgeführt werden. [3] § 1 Abs. 3 und § 11 des Partnerschaftsgesellschaftsgesetzes sind entsprechend anzuwenden.

§ 19[3)] Eintragung und Bekanntmachung der Verschmelzung. (1) [1] Die Verschmelzung darf in das Register des Sitzes des übernehmenden Rechtsträgers erst eingetragen werden, nachdem sie im Register des Sitzes jedes der übertragenden Rechtsträger eingetragen worden ist. [2] Die Eintragung im Register des Sitzes jedes der übertragenden Rechtsträger ist mit dem Vermerk zu versehen, daß die Verschmelzung erst mit der Eintragung im Register des Sitzes des übernehmenden Rechtsträgers wirksam wird, sofern die Eintragungen in den Registern aller beteiligten Rechtsträger nicht am selben Tag erfolgen.

(2) [1] Das Gericht des Sitzes des übernehmenden Rechtsträgers hat von Amts wegen dem Gericht des Sitzes jedes der übertragenden Rechtsträger den Tag der Eintragung der Verschmelzung mitzuteilen. [2] Nach Eingang der Mitteilung hat das Gericht des Sitzes jedes der übertragenden Rechtsträger von Amts wegen den Tag der Eintragung der Verschmelzung im Register des Sitzes des übernehmenden

[1)] § 18 Abs. 1 Sätze 2 und 3 sowie Abs. 2 aufgeh., bish. Abs. 3 wird Abs. 2 und geänd. durch G v. 22.6. 1998 (BGBl. I S. 1474); Überschrift geänd., Abs. 3 angef. durch G v. 22.7.1998 (BGBl. I S. 1878).

[2)] Nr. **50b**.

[3)] § 19 Abs. 2 Satz 2 geänd., Abs. 3 Satz 2 aufgeh., bish. Satz 1 geänd. mWv 1.1.2007 durch G v. 10.11. 2006 (BGBl. I S. 2553); Abs. 1 Satz 2 geänd. mWv 25.4.2007 durch G v. 19.4.2007 (BGBl. I S. 542); Abs. 3 geänd. mWv 1.8.2022 durch G v. 5.7.2021 (BGBl. I S. 3338).

Rechtsträgers im Register des Sitzes des übertragenden Rechtsträgers zu vermerken und die bei ihm aufbewahrten Dokumente dem Gericht des Sitzes des übernehmenden Rechtsträgers zur Aufbewahrung zu übermitteln.

(3) Das Gericht des Sitzes jedes der an der Verschmelzung beteiligten Rechtsträger hat jeweils die von ihm vorgenommene Eintragung der Verschmelzung von Amts wegen nach § 10 des Handelsgesetzbuchs[1] bekanntzumachen.

§ 20 Wirkungen der Eintragung. (1) Die Eintragung der Verschmelzung in das Register des Sitzes des übernehmenden Rechtsträgers hat folgende Wirkungen:

1. Das Vermögen der übertragenden Rechtsträger geht einschließlich der Verbindlichkeiten auf den übernehmenden Rechtsträger über.
2. [1] Die übertragenden Rechtsträger erlöschen. [2] Einer besonderen Löschung bedarf es nicht.
3. [1] Die Anteilsinhaber der übertragenden Rechtsträger werden Anteilsinhaber des übernehmenden Rechtsträgers; dies gilt nicht, soweit der übernehmende Rechtsträger oder ein Dritter, der im eigenen Namen, jedoch für Rechnung dieses Rechtsträgers handelt, Anteilsinhaber des übertragenden Rechtsträgers ist oder der übertragende Rechtsträger eigene Anteile innehat oder ein Dritter, der im eigenen Namen, jedoch für Rechnung dieses Rechtsträgers handelt, dessen Anteilsinhaber ist. [2] Rechte Dritter an den Anteilen oder Mitgliedschaften der übertragenden Rechtsträger bestehen an den an ihre Stelle tretenden Anteilen oder Mitgliedschaften des übernehmenden Rechtsträgers weiter.
4. Der Mangel der notariellen Beurkundung des Verschmelzungsvertrags und gegebenenfalls erforderlicher Zustimmungs- oder Verzichtserklärungen einzelner Anteilsinhaber wird geheilt.

(2) Mängel der Verschmelzung lassen die Wirkungen der Eintragung nach Absatz 1 unberührt.

§ 21 Wirkung auf gegenseitige Verträge. Treffen bei einer Verschmelzung aus gegenseitigen Verträgen, die zur Zeit der Verschmelzung von keiner Seite vollständig erfüllt sind, Abnahme-, Lieferungs- oder ähnliche Verpflichtungen zusammen, die miteinander unvereinbar sind oder die beide zu erfüllen eine schwere Unbilligkeit für den übernehmenden Rechtsträger bedeuten würde, so bestimmt sich der Umfang der Verpflichtungen nach Billigkeit unter Würdigung der vertraglichen Rechte aller Beteiligten.

§ 22[2] Gläubigerschutz. (1) [1] Den Gläubigern der an der Verschmelzung beteiligten Rechtsträger ist, wenn sie binnen sechs Monaten nach dem Tag, an dem die Eintragung der Verschmelzung in das Register des Sitzes desjenigen Rechtsträgers, dessen Gläubiger sie sind, nach § 19 Abs. 3 bekannt gemacht worden ist, ihren Anspruch nach Grund und Höhe schriftlich anmelden, Sicherheit zu leisten, soweit sie nicht Befriedigung verlangen können. [2] Dieses Recht steht den Gläubigern jedoch nur zu, wenn sie glaubhaft machen, daß durch die Verschmelzung die Erfüllung ihrer Forderung gefährdet wird. [3] Die Gläubiger sind in einer Bekanntmachung zu der jeweiligen Eintragung auf dieses Recht hinzuweisen.

---

[1] Nr. **50**.

[2] § 22 Abs. 1 Satz 1 geänd. mWv 1.1.2007 durch G v. 10.11.2006 (BGBl. I S. 2553); Abs. 1 Satz 3 neu gef. mWv 1.8.2022 durch G v. 5.7.2021 (BGBl. I S. 3338).

(2) Das Recht, Sicherheitsleistung zu verlangen, steht Gläubigern nicht zu, die im Falle der Insolvenz ein Recht auf vorzugsweise Befriedigung aus einer Deckungsmasse haben, die nach gesetzlicher Vorschrift zu ihrem Schutz errichtet und staatlich überwacht ist.

§ 23 Schutz der Inhaber von Sonderrechten. Den Inhabern von Rechten in einem übertragenden Rechtsträger, die kein Stimmrecht gewähren, insbesondere den Inhabern von Anteilen ohne Stimmrecht, von Wandelschuldverschreibungen, von Gewinnschuldverschreibungen und von Genußrechten, sind gleichwertige Rechte in dem übernehmenden Rechtsträger zu gewähren.

§ 24 Wertansätze des übernehmenden Rechtsträgers. In den Jahresbilanzen des übernehmenden Rechtsträgers können als Anschaffungskosten im Sinne des § 253 Abs. 1 des Handelsgesetzbuchs[1] auch die in der Schlußbilanz eines übertragenden Rechtsträgers angesetzten Werte angesetzt werden.

§ 25[2] Schadenersatzpflicht der Verwaltungsträger der übertragenden Rechtsträger. (1) [1] Die Mitglieder des Vertretungsorgans und, wenn ein Aufsichtsorgan vorhanden ist, des Aufsichtsorgans eines übertragenden Rechtsträgers sind als Gesamtschuldner zum Ersatz des Schadens verpflichtet, den dieser Rechtsträger, seine Anteilsinhaber oder seine Gläubiger durch die Verschmelzung erleiden. [2] Mitglieder der Organe, die bei der Prüfung der Vermögenslage der Rechtsträger und beim Abschluß des Verschmelzungsvertrags ihre Sorgfaltspflicht beobachtet haben, sind von der Ersatzpflicht befreit.

(2) [1] Für diese Ansprüche sowie weitere Ansprüche, die sich für und gegen den übertragenden Rechtsträger nach den allgemeinen Vorschriften auf Grund der Verschmelzung ergeben, gilt dieser Rechtsträger als fortbestehend. [2] Forderungen und Verbindlichkeiten vereinigen sich insoweit durch die Verschmelzung nicht.

(3) Die Ansprüche aus Absatz 1 verjähren in fünf Jahren seit dem Tage, an dem die Eintragung der Verschmelzung in das Register des Sitzes des übernehmenden Rechtsträgers nach § 19 Abs. 3 bekannt gemacht worden ist.

§ 26[3] Geltendmachung des Schadenersatzanspruchs. (1) [1] Die Ansprüche nach § 25 Abs. 1 und 2 können nur durch einen besonderen Vertreter geltend gemacht werden. [2] Das Gericht des Sitzes eines übertragenden Rechtsträgers hat einen solchen Vertreter auf Antrag eines Anteilsinhabers oder eines Gläubigers dieses Rechtsträgers zu bestellen. [3] Gläubiger sind nur antragsberechtigt, wenn sie von dem übernehmenden Rechtsträger keine Befriedigung erlangen können. [4] Gegen die Entscheidung findet die Beschwerde statt.

(2) [1] Der Vertreter hat unter Hinweis auf den Zweck seiner Bestellung die Anteilsinhaber und Gläubiger des betroffenen übertragenden Rechtsträgers aufzufordern, die Ansprüche nach § 25 Abs. 1 und 2 binnen einer angemessenen Frist, die mindestens einen Monat betragen soll, anzumelden. [2] Die Aufforderung ist im Bundesanzeiger und, wenn der Gesellschaftsvertrag, der Partnerschaftsvertrag oder die Satzung andere Blätter für die öffentlichen Bekanntmachungen des

---

[1] Nr. **50**.

[2] § 25 Abs. 3 geänd. mWv 1.1.2007 durch G v. 10.11.2006 (BGBl. I S. 2553).

[3] § 26 Abs. 2 Satz 2 geänd. durch G v. 22.7.1998 (BGBl. I S. 1878); Abs. 2 Satz 2 geänd. mWv 18.8. 2006 durch G v. 14.8.2006 (BGBl. I S. 1911); Abs. 2 Satz 2 geänd. mWv 1.1.2007 durch G v. 10.11.2006 (BGBl. I S. 2553); Abs. 1 Satz 4 geänd., Abs 4 Satz 4 neu gef. mWv 1.9.2009 durch G v. 17.12.2008 (BGBl. I S. 2586); Abs. 2 Satz 2 geänd. mWv 1.4.2012 durch G v. 22.12.2011 (BGBl. I S. 3044).

übertragenden Rechtsträgers bestimmt hatte, auch in diesen Blättern bekanntzumachen.

(3) [1]Der Vertreter hat den Betrag, der aus der Geltendmachung der Ansprüche eines übertragenden Rechtsträgers erzielt wird, zur Befriedigung der Gläubiger dieses Rechtsträgers zu verwenden, soweit die Gläubiger nicht durch den übernehmenden Rechtsträger befriedigt oder sichergestellt sind. [2]Für die Verteilung gelten die Vorschriften über die Verteilung, die im Falle der Abwicklung eines Rechtsträgers in der Rechtsform des übertragenden Rechtsträgers anzuwenden sind, entsprechend. [3]Gläubiger und Anteilsinhaber, die sich nicht fristgemäß gemeldet haben, werden bei der Verteilung nicht berücksichtigt.

(4) [1]Der Vertreter hat Anspruch auf Ersatz angemessener barer Auslagen und auf Vergütung für seine Tätigkeit. [2]Die Auslagen und die Vergütung setzt das Gericht fest. [3]Es bestimmt nach den gesamten Verhältnissen des einzelnen Falles nach freiem Ermessen, in welchem Umfange die Auslagen und die Vergütung von beteiligten Anteilsinhabern und Gläubigern zu tragen sind. [4]Gegen die Entscheidung findet die Beschwerde statt; die Rechtsbeschwerde ist ausgeschlossen. [5]Aus der rechtskräftigen Entscheidung findet die Zwangsvollstreckung nach der Zivilprozeßordnung[1)] statt.

§ 27[2)] Schadenersatzpflicht der Verwaltungsträger des übernehmenden Rechtsträgers. Ansprüche auf Schadenersatz, die sich auf Grund der Verschmelzung gegen ein Mitglied des Vertretungsorgans oder, wenn ein Aufsichtsorgan vorhanden ist, des Aufsichtsorgans des übernehmenden Rechtsträgers ergeben, verjähren in fünf Jahren seit dem Tage, an dem die Eintragung der Verschmelzung in das Register des Sitzes des übernehmenden Rechtsträgers nach § 19 Abs. 3 bekannt gemacht worden ist.

§ 28 Unwirksamkeit des Verschmelzungsbeschlusses eines übertragenden Rechtsträgers. Nach Eintragung der Verschmelzung in das Register des Sitzes des übernehmenden Rechtsträgers ist eine Klage gegen die Wirksamkeit des Verschmelzungsbeschlusses eines übertragenden Rechtsträgers gegen den übernehmenden Rechtsträger zu richten.

§ 29[3)] Abfindungsangebot im Verschmelzungsvertrag. (1) [1]Bei der Verschmelzung eines Rechtsträgers im Wege der Aufnahme durch einen Rechts-

(Fortsetzung nächstes Blatt)

[1)] Nr. **100**.
[2)] § 27 geänd. mWv 1.1.2007 durch G v. 10.11.2006 (BGBl. I S. 2553).
[3)] § 29 Abs. 1 Satz 2 neu gef. durch G v. 22.7.1998 (BGBl. I S. 1878); Abs. 1 Satz 1 geänd. mWv 25.4. 2007 durch G v. 19.4.2007 (BGBl. I S. 542).

§ 133[1] Schutz der Gläubiger und der Inhaber von Sonderrechten.

(1) [1] Für die Verbindlichkeiten des übertragenden Rechtsträgers, die vor dem Wirksamwerden der Spaltung begründet worden sind, haften die an der Spaltung beteiligten Rechtsträger als Gesamtschuldner. [2] Die §§ 25, 26 und 28 des Handelsgesetzbuchs[2] sowie § 125 in Verbindung mit § 22 bleiben unberührt; zur Sicherheitsleistung ist nur der an der Spaltung beteiligte Rechtsträger verpflichtet, gegen den sich der Anspruch richtet.

(2) [1] Für die Erfüllung der Verpflichtung nach § 125 in Verbindung mit § 23 haften die an der Spaltung beteiligten Rechtsträger als Gesamtschuldner. [2] Bei Abspaltung und Ausgliederung können die gleichwertigen Rechte im Sinne des § 125 in Verbindung mit § 23 auch in dem übertragenden Rechtsträger gewährt werden.

(3) [1] Diejenigen Rechtsträger, denen die Verbindlichkeiten nach Absatz 1 Satz 1 im Spaltungs- und Übernahmevertrag nicht zugewiesen worden sind, haften für diese Verbindlichkeiten, wenn sie vor Ablauf von fünf Jahren nach der Spaltung fällig und daraus Ansprüche gegen sie in einer in § 197 Abs. 1 Nr. 3 bis 5 des Bürgerlichen Gesetzbuchs[3] bezeichneten Art festgestellt sind oder eine gerichtliche oder behördliche Vollstreckungshandlung vorgenommen oder beantragt wird; bei öffentlich-rechtlichen Verbindlichkeiten genügt der Erlass eines Verwaltungsakts. [2] Für vor dem Wirksamwerden der Spaltung begründete Versorgungsverpflichtungen auf Grund des Betriebsrentengesetzes[4] beträgt die in Satz 1 genannte Frist zehn Jahre.

(4) [1] Die Frist beginnt mit dem Tage, an dem die Eintragung der Spaltung in das Register des Sitzes des übertragenden Rechtsträgers nach § 125 in Verbindung mit § 19 Abs. 3 bekannt gemacht worden ist. [2] Die für die Verjährung geltenden §§ 204, 206, 210, 211 und 212 Abs. 2 und 3 des Bürgerlichen Gesetzbuchs sind entsprechend anzuwenden.

(5) Einer Feststellung in einer in § 197 Abs. 1 Nr. 3 bis 5 des Bürgerlichen Gesetzbuchs bezeichneten Art bedarf es nicht, soweit die in Absatz 3 bezeichneten Rechtsträger den Anspruch schriftlich anerkannt haben.

(6) [1] Die Ansprüche nach Absatz 2 verjähren in fünf Jahren. [2] Für den Beginn der Verjährung gilt Absatz 4 Satz 1 entsprechend.

§ 134[5] Schutz der Gläubiger in besonderen Fällen. (1) [1] Spaltet ein Rechtsträger sein Vermögen in der Weise, daß die zur Führung eines Betriebes notwendigen Vermögensteile im wesentlichen auf einen übernehmenden oder mehrere übernehmende oder auf einen neuen oder mehrere neue Rechtsträger übertragen werden und die Tätigkeit dieses Rechtsträgers oder dieser Rechtsträger sich im wesentlichen auf die Verwaltung dieser Vermögensteile beschränkt (Anlagegesellschaft), während dem übertragenden Rechtsträger diese Vermögensteile bei der Führung seines Betriebes zur Nutzung überlassen werden (Betriebsgesellschaft), und sind an den an der Spaltung beteiligten Rechtsträgern im wesentlichen dieselben Personen beteiligt, so haftet die Anlagegesellschaft auch für die Forde-

---

[1] § 133 Abs. 3 Satz 1, Abs. 4 Satz 2 und Abs. 5 geänd. mWv 1.1.2002 durch G v. 26.11.2001 (BGBl. I S. 3138); Abs. 4 Satz 1 geänd. mWv 1.1.2007 durch G v. 10.11.2006 (BGBl. I S. 2553); Abs. 3 Satz 2 angef. mWv 25.4.2007 durch G v. 19.4.2007 (BGBl. I S. 542).

[2] Nr. **50**.

[3] Nr. **20**.

[4] **Loseblatt-Textsammlung Arbeitsrecht Nr. 180.**

[5] § 134 Abs. 2 und 3 geänd. mWv 25.4.2007 durch G v. 19.4.2007 (BGBl. I S. 542).

rungen der Arbeitnehmer der Betriebsgesellschaft als Gesamtschuldner, die binnen fünf Jahren nach dem Wirksamwerden der Spaltung auf Grund der §§ 111 bis 113 des Betriebsverfassungsgesetzes[1)] begründet werden. [2]Dies gilt auch dann, wenn die Vermögensteile bei dem übertragenden Rechtsträger verbleiben und dem übernehmenden oder neuen Rechtsträger oder den übernehmenden oder neuen Rechtsträgern zur Nutzung überlassen werden.

(2) Die gesamtschuldnerische Haftung nach Absatz 1 gilt auch für vor dem Wirksamwerden der Spaltung begründete Versorgungsverpflichtungen auf Grund des Betriebsrentengesetzes[2)].

(3) Für die Ansprüche gegen die Anlagegesellschaft nach den Absätzen 1 und 2 gilt § 133 Abs. 3 Satz 1, Abs. 4 und 5 entsprechend mit der Maßgabe, daß die Frist fünf Jahre nach dem in § 133 Abs. 4 Satz 1 bezeichneten Tage beginnt.

Dritter Abschnitt. Spaltung zur Neugründung

§ 135 Anzuwendende Vorschriften. (1) [1]Auf die Spaltung eines Rechtsträgers zur Neugründung sind die Vorschriften des Zweiten Abschnitts entsprechend anzuwenden, jedoch mit Ausnahme der §§ 129 und 130 Abs. 2 sowie der nach § 125 entsprechend anzuwendenden §§ 4, 7 und 16 Abs. 1 und des § 27. [2]An die Stelle der übernehmenden Rechtsträger treten die neuen Rechtsträger, an die Stelle der Eintragung der Spaltung im Register des Sitzes jeder der übernehmenden Rechtsträger tritt die Eintragung jedes der neuen Rechtsträger in das Register.

(2) [1]Auf die Gründung der neuen Rechtsträger sind die für die jeweilige Rechtsform des neuen Rechtsträgers geltenden Gründungsvorschriften anzuwenden, soweit sich aus diesem Buch nichts anderes ergibt. [2]Den Gründern steht der übertragende Rechtsträger gleich. [3]Vorschriften, die für die Gründung eine Mindestzahl der Gründer *vorschreibt*[3)], sind nicht anzuwenden.

§ 136 Spaltungsplan. [1]Das Vertretungsorgan des übertragenden Rechtsträgers hat einen Spaltungsplan aufzustellen. [2]Der Spaltungsplan tritt an die Stelle des Spaltungs- und Übernahmevertrags.

§ 137[4)] Anmeldung und Eintragung der neuen Rechtsträger und der Spaltung. (1) Das Vertretungsorgan des übertragenden Rechtsträgers hat jeden der neuen Rechtsträger bei dem Gericht, in dessen Bezirk er seinen Sitz haben soll, zur Eintragung in das Register anzumelden.

(2) Das Vertretungsorgan des übertragenden Rechtsträgers hat die Spaltung zur Eintragung in das Register des Sitzes des übertragenden Rechtsträgers anzumelden.

(3) [1]Das Gericht des Sitzes jedes der neuen Rechtsträger hat von Amts wegen dem Gericht des Sitzes des übertragenden Rechtsträgers den Tag der Eintragung des neuen Rechtsträgers mitzuteilen. [2]Nach Eingang der Mitteilungen für alle neuen Rechtsträger hat das Gericht des Sitzes des übertragenden Rechtsträgers die Spaltung einzutragen sowie von Amts wegen den Zeitpunkt der Eintragung den

---

1) **Habersack, Deutsche Gesetze ErgBd. Nr. 82.**

2) **Loseblatt-Textsammlung Arbeitsrecht Nr. 180.**

3) Richtig wohl: „vorschreiben".

4) § 137 Abs. 3 Satz 2 geänd. durch G v. 22.7.1998 (BGBl. I S. 1878); Abs. 3 Satz 2 geänd. mWv 18.8. 2006 durch G v. 14.8.2006 (BGBl. I S. 1911); Abs. 3 Satz 2 geänd. mWv 1.1.2007 durch G v. 10.11.2006 (BGBl. I S. 2553); Abs. 3 Satz 3 geänd. mWv 1.8.2022 durch G v. 5.7.2021 (BGBl. I S. 3338).

§ 197[1)] Anzuwendende Gründungsvorschriften. [1]Auf den Formwechsel sind die für die neue Rechtsform geltenden Gründungsvorschriften anzuwenden, soweit sich aus diesem Buch nichts anderes ergibt. [2]Vorschriften, die für die Gründung eine Mindestzahl der Gründer vorschreiben, sowie die Vorschriften über die Bildung und Zusammensetzung des ersten Aufsichtsrats sind nicht anzuwenden. [3]Beim Formwechsel eines Rechtsträgers in eine Aktiengesellschaft ist § 31 des Aktiengesetzes[2)] anwendbar.

§ 198[3)] Anmeldung des Formwechsels. (1) Die neue Rechtsform des Rechtsträgers ist zur Eintragung in das Register, in dem der formwechselnde Rechtsträger eingetragen ist, anzumelden.

(2) [1]Ist der formwechselnde Rechtsträger nicht in einem Register eingetragen, so ist der Rechtsträger neuer Rechtsform bei dem zuständigen Gericht zur Eintragung in das für die neue Rechtsform maßgebende Register anzumelden. [2]Das gleiche gilt, wenn sich durch den Formwechsel die Art des für den Rechtsträger maßgebenden Registers ändert oder durch eine mit dem Formwechsel verbundene Sitzverlegung die Zuständigkeit eines anderen Registergerichts begründet wird. [3]Im Falle des Satzes 2 ist die Umwandlung auch zur Eintragung in das Register anzumelden, in dem der formwechselnde Rechtsträger eingetragen ist. [4]Diese Eintragung ist mit dem Vermerk zu versehen, daß die Umwandlung erst mit der Eintragung des Rechtsträgers neuer Rechtsform in das für diese maßgebende Register wirksam wird, sofern die Eintragungen in den Registern aller beteiligten Rechtsträger nicht am selben Tag erfolgen. [5]Der Rechtsträger neuer Rechtsform darf erst eingetragen werden, nachdem die Umwandlung nach den Sätzen 3 und 4 eingetragen worden ist.

(3) § 16 Abs. 2 und 3 ist entsprechend anzuwenden.

§ 199[4)] Anlagen der Anmeldung. Der Anmeldung der neuen Rechtsform oder des Rechtsträgers neuer Rechtsform sind in Ausfertigung oder öffentlich beglaubigter Abschrift oder, soweit sie nicht notariell zu beurkunden sind, in Urschrift oder Abschrift außer den sonst erforderlichen Unterlagen auch die Niederschrift des Umwandlungsbeschlusses, die nach diesem Gesetz erforderlichen Zustimmungserklärungen einzelner Anteilsinhaber einschließlich der Zustimmungserklärungen nicht erschienener Anteilsinhaber, der Umwandlungsbericht oder die Erklärungen über den Verzicht auf seine Erstellung, ein Nachweis über die Zuleitung nach § 194 Abs. 2 beizufügen.

§ 200[5)] Firma oder Name des Rechtsträgers. (1) [1]Der Rechtsträger neuer Rechtsform darf seine bisher geführte Firma beibehalten, soweit sich aus diesem Buch nichts anderes ergibt. [2]Zusätzliche Bezeichnungen, die auf die Rechtsform der formwechselnden Gesellschaft hinweisen, dürfen auch dann nicht verwendet werden, wenn der Rechtsträger die bisher geführte Firma beibehält.

[1)] § 197 Satz 3 angef. mWv 25.4.2007 durch G v. 19.4.2007 (BGBl. I S. 542).

[2)] Nr. **51**.

[3)] § 198 Abs. 2 Satz 4 geänd. mWv 25.4.2007 durch G v. 19.4.2007 (BGBl. I S. 542).

[4)] § 199 geänd. mWv 1.9.2009 durch G v. 30.7.2009 (BGBl. I S. 2479).

[5)] § 200 Abs 1 Satz 2 aufgeh., bish. Satz 3 wird Satz 2, Abs. 2 neu gef., Abs. 3 aufgeh., bish. Abs. 4 und 5 werden Abs. 3 und 4 durch G v. 22.6.1998 (BGBl. I S. 1474); Überschrift geänd., Abs. 4 eingef., bish. Abs. 4 wird Abs. 5 durch G v. 22.7.1998 (BGBl. I S. 1878); Abs. 2 geänd. mWv 18.8.2006 durch G v. 14.8.2006 (BGBl. I S. 1911).

(2) Auf eine nach dem Formwechsel beibehaltene Firma ist § 19 des Handelsgesetzbuchs[1)], § 4 des Gesetzes betreffend die Gesellschaften mit beschränkter Haftung[2)], §§ 4, 279 des Aktiengesetzes[3)] oder § 3 des Genossenschaftsgesetzes[4)] entsprechend anzuwenden.

(3) War an dem formwechselnden Rechtsträger eine natürliche Person beteiligt, deren Beteiligung an dem Rechtsträger neuer Rechtsform entfällt, so darf der Name dieses Anteilsinhabers nur dann in der beibehaltenen bisherigen oder in der neu gebildeten Firma verwendet werden, wenn der betroffene Anteilsinhaber oder dessen Erben ausdrücklich in die Verwendung des Namens einwilligen.

(4) [1] Ist formwechselnder Rechtsträger oder Rechtsträger neuer Rechtsform eine Partnerschaftsgesellschaft, gelten für die Beibehaltung oder Bildung der Firma oder des Namens die Absätze 1 und 3 entsprechend. [2] Eine Firma darf als Name einer Partnerschaftsgesellschaft nur unter den Voraussetzungen des § 2 Abs. 1 des Partnerschaftsgesellschaftsgesetzes[5)] beibehalten werden. [3] § 1 Abs. 3 und § 11 des Partnerschaftsgesellschaftsgesetzes sind entsprechend anzuwenden.

(5) Durch den Formwechsel in eine Gesellschaft des bürgerlichen Rechts erlischt die Firma der formwechselnden Gesellschaft.

§ 201[6)] Bekanntmachung des Formwechsels. Das für die Anmeldung der neuen Rechtsform oder des Rechtsträgers neuer Rechtsform zuständige Gericht hat die Eintragung der neuen Rechtsform oder des Rechtsträgers neuer Rechtsform nach § 10 des Handelsgesetzbuchs[1)] bekanntzumachen.

§ 202 Wirkungen der Eintragung. (1) Die Eintragung der neuen Rechtsform in das Register hat folgende Wirkungen:

1. Der formwechselnde Rechtsträger besteht in der in dem Umwandlungsbeschluß bestimmten Rechtsform weiter.
2. Die Anteilsinhaber des formwechselnden Rechtsträgers sind an dem Rechtsträger nach den für die neue Rechtsform geltenden Vorschriften beteiligt, soweit ihre Beteiligung nicht nach diesem Buch entfällt. Rechte Dritter an den Anteilen oder Mitgliedschaften des formwechselnden Rechtsträgers bestehen an den an ihre Stelle tretenden Anteilen oder Mitgliedschaften des Rechtsträgers neuer Rechtsform weiter.
3. Der Mangel der notariellen Beurkundung des Umwandlungsbeschlusses und gegebenenfalls erforderlicher Zustimmungs- oder Verzichtserklärungen einzelner Anteilsinhaber wird geheilt.

(2) Die in Absatz 1 bestimmten Wirkungen treten in den Fällen des § 198 Abs. 2 mit der Eintragung des Rechtsträgers neuer Rechtsform in das Register ein.

(Fortsetzung nächstes Blatt)

[1)] Nr. **50**.
[2)] Nr. **52**.
[3)] Nr. **51**.
[4)] Nr. **53**.
[5)] Nr. **50b**.
[6)] § 201 Satz 2 aufgeh., bish. Satz 1 geänd. mWv 1.1.2007 durch G v. 10.11.2006 (BGBl. I S. 2553); geänd. mWv 1.8.2022 durch G v. 5.7.2021 (BGBl. I S. 3338).

52b. Gesetz über die Rechnungslegung von bestimmten Unternehmen und Konzernen (Publizitätsgesetz – PublG)[1) 2)]

Vom 15. August 1969
(BGBl. I S. 1189, ber. 1970 I S. 1113)

FNA 4120-7

Lfd. Nr.	Änderndes Gesetz	Datum	Fundstelle	Betroffen	Hinweis
1.	Art. 128 EinführungsG zum StGB	2.3.1974	BGBl. I S. 469	§§ 17, 18, 19, 21	geänd. mWv 1.1.1975
2.	Art. 2 Abs. 12 Vierzehntes G zur Änd. des VAG	29.3.1983	BGBl. I S. 377	§§ 5, 6	geänd. mWv 1.4.1983
3.	Art. 5 BilanzrichtlinienG	19.12. 1985	BGBl. I S. 2355	§§ 1, 2, 3, 5–15, 17, 20, 21	geänd. mWv 1.1.1986
				§ 16	aufgeh. mWv 1.1.1986
4.	Art. 21 § 5 Abs. 4 SteuerreformG 1990	25.7.1988	BGBl. I S. 1093	§§ 6, 14	geänd. mWv 1.1.1990
5.	Art. 4 Bankbilanzrichtlinie-G	30.11. 1990	BGBl. I S. 2570	§§ 1, 2, 3, 11, 14	geänd. mWv 1.1.1991
6.	Art. 3 Versicherungsbilanzrichtlinie-G	24.6.1994	BGBl. I S. 1377	§§ 1, 3, 11, 12	geänd. mWv 1.7.1994
7.	Art. 9 G zur Bereinigung des Umwandlungsrechts	28.10. 1994	BGBl. I S. 3210	§ 2	geänd. mWv 1.1.1995
8.	Art. 3 G zur Kontrolle und Transparenz im Unternehmensbereich	27.4.1998	BGBl. I S. 786	§ 6	geänd. mWv 1.5.1998
9.	Art. 2 Kapitalgesellschaften- u. Co-Richtlinie-G[3)]	24.2.2000	BGBl. I S. 154	Titel, §§ 3, 5, 6, 8, 11, 13, 21, 23	geänd. mWv 9.3.2000
10.	Art. 3 Euro-BilanzG	10.12. 2001	BGBl. I S. 3414	§§ 1, 11, 20, 23	geänd. mWv 1.1.2002
11.	Art. 3 BilanzrechtsreformG	4.12.2004	BGBl. I S. 3166	§§ 5, 6, 7, 9, 11, 13, 17, 21, 22, 25	geänd. mWv 10.12.2004
				§§ 23, 24	aufgeh. mWv 10.12.2004
12.	Art. 7 G über elektronische Handelsregister und Genossenschaftsregister sowie das Unternehmensregister	10.11. 2006	BGBl. I S. 2553	§§ 2, 9, 12, 15, 20, 21, 22	geänd. mWv 1.1.2007
13.	Art. 72 FGG-ReformG	17.12. 2008	BGBl. I S. 2586	§ 2	geänd. mWv 1.9.2009
14.	Art. 4 BilanzrechtsmodernisierungsG[4)]	25.5.2009	BGBl. I S. 1102	§§ 5, 6, 7, 11, 13, 20, 22	geänd. mWv 29.5.2009

[1)] Titel geänd. mWv 9.3.2000 durch G v. 24.2.2000 (BGBl. I S. 154).
[2)] Änderungen vor dem 28.10.1994 sind nicht in Fußnoten nachgewiesen.
[3)] **Amtl. Anm.:** Dieses Gesetz dient der Umsetzung der Richtlinie 90/605/EWG des Rates vom 8. November 1990 zur Änderung der Richtlinien 78/660/EWG und 84/349/EWG über den Jahresabschluss bzw. den konsolidierten Abschluss hinsichtlich ihres Anwendungsbereichs (ABl. EG Nr. L 317 S. 60) sowie der Richtlinie 1999/60/EG des Rates vom 17. Juni 1999 zur Änderung hinsichtlich der in Ecu ausgedrückten Beträge der Richtlinie 78/660/EWG (ABl. EG Nr. L 162 S. 65)
[4)] **Amtl. Anm.:** *(abgedruckt in Änderungstabelle Nr.* **50***)*

Lfd. Nr.	Änderndes Gesetz	Datum	Fundstelle	Betroffen	Hinweis
15.	Art. 2 Abs. 47 G zur Änd. von Vorschriften über Verkündung und Bekanntmachungen sowie der ZPO, des EGZPO und der AO	22.12. 2011	BGBl. I S. 3044	§§ 2, 9, 12, 15, 20, 21	geänd. mWv 1.4.2012
16.	Art. 3 Abs. 3 G zur Änd. des HGB	4.10.2013	BGBl. I S. 3746	§§ 21, 22	geänd. mWv 10.10.2013
17.	Art. 3 Bilanzrichtlinie-UmsetzungsG	17.7.2015	BGBl. I S. 1245	§§ 5, 9, 11, 13, 14, 17, 20, 22	geänd. mWv 23.7.2015
18.	Art. 4 AbschlussprüfungsreformG (AReG)	10.5.2016	BGBl. I S. 1142	§§ 6, 7, 20, 22	geänd. mWv 17.6.2016
				§§ 19a, 21a	eingef. mWv 17.6.2016
19.	Art. 4 VG-Richtlinie-UmsetzungsG	24.5.2016	BGBl. I S. 1190	§ 3	geänd. mWv 1.6.2016
20.	Art. 7 CSR-Richtlinie-UmsetzungsG[1]	11.4.2017	BGBl. I S. 802	§§ 11, 13, 17, 20, 22	geänd. mWv 19.4.2017
21.	Art. 15 G zur Umsetzung der zweiten AktionärsrechteRL (ARUG II)[2]	12.12. 2019	BGBl. I S. 2637	§ 22	geänd. mWv 1.1.2020
22.	Art. 13 FinanzmarktintegritätsstärkungsG	3.6.2021	BGBl. I S. 1534	§§ 1, 2, 5, 6, 7, 17, 18, 20, 21a, 22	geänd. mWv 1.7.2021
23.	Art. 16 G zur Umsetzung der Digitalisierungsrichtlinie (DiRUG)[3]	5.7.2021	BGBl. I S. 3338	§§ 2, 9, 10, 12, 15, 20, 21, 22	geänd. mWv 1.8.2022
24.	Art. 59 PersonengesellschaftsrechtsmodernisierungsG (MoPeG)	10.8.2021	BGBl. I S. 3436	§ 22	geänd. mWv 1.1.2024

Vorbemerkung:
Die Änderung durch G v. 10.8.2021 (BGBl. I S. 3436) tritt erst mWv 1.1. 2024 in Kraft und ist im Text noch nicht berücksichtigt.

[1] **Amtl. Anm.:** Dieses Gesetz dient der Umsetzung der Richtlinie 2014/95/EU des Europäischen Parlaments und des Rates vom 22. Oktober 2014 zur Änderung der Richtlinie 2013/34/EU im Hinblick auf die Angabe nichtfinanzieller und die Diversität betreffender Informationen durch bestimmte große Unternehmen und Gruppen (ABl. L 330 vom 15.11.2014, S. 1; L 369 vom 24.12.2014, S. 79).

[2] **Amtl. Anm.:** Dieses Gesetz dient der Umsetzung der Richtlinie (EU) 2017/828 des Europäischen Parlaments und des Rates vom 17. Mai 2017 zur Änderung der Richtlinie 2007/36/EG im Hinblick auf die Förderung der langfristigen Mitwirkung der Aktionäre (ABl. L 132 vom 20.5.2017, S. 1).

[3] **Amtl. Anm.:** Dieses Gesetz dient der Umsetzung der Richtlinie (EU) 2019/1151 des Europäischen Parlaments und des Rates vom 20. Juni 2019 zur Änderung der Richtlinie (EU) 2017/1132 im Hinblick auf den Einsatz digitaler Werkzeuge und Verfahren im Gesellschaftsrecht (ABl. L 186 vom 11.7.2019, S. 80).

Nichtamtliche Inhaltsübersicht

Der Bundestag hat das folgende Gesetz beschlossen:

Erster Abschnitt. Rechnungslegung von Unternehmen

§ 1[1)] Zur Rechnungslegung verpflichtete Unternehmen (1) Ein Unternehmen hat nach diesem Abschnitt Rechnung zu legen, wenn für den Tag des Ablaufs eines Geschäftsjahrs (Abschlußstichtag) und für die zwei darauf folgenden Abschlußstichtage jeweils mindestens zwei der drei nachstehenden Merkmale zutreffen:

1. Die Bilanzsumme einer auf den Abschlußstichtag aufgestellten Jahresbilanz übersteigt 65 Millionen Euro.
2. Die Umsatzerlöse des Unternehmens in den zwölf Monaten vor dem Abschlußstichtag übersteigen 130 Millionen Euro.
3. Das Unternehmen hat in den zwölf Monaten vor dem Abschlußstichtag durchschnittlich mehr als fünftausend Arbeitnehmer beschäftigt.

(2) [1] Bilanzsumme nach Absatz 1 Nr. 1 ist die Bilanzsumme einer gemäß § 5 Abs. 2 aufgestellten Jahresbilanz; bei Unternehmen, die in ihrer Jahresbilanz Beträge für von ihnen geschuldete Verbrauchsteuern oder Monopolabgaben unter Rückstellungen oder Verbindlichkeiten angesetzt haben, ist die Bilanzsumme um diese Beträge zu kürzen. [2] Trifft für den Abschlußstichtag das Merkmal nach Absatz 1 Nr. 2 oder das Merkmal nach Absatz 1 Nr. 3 zu, hat das Unternehmen

---

[1)] § 1 Abs. 1 Nr. 1 und 2, Abs. 2 Satz 4 geänd. mWv 1.1.2002 durch G v. 10.12.2001 (BGBl. I S. 3414); Abs. 3 neu gef. mWv 1.7.2021 durch G v. 3.6.2021 (BGBl. I S. 1534).

zur Feststellung, ob auch das Merkmal nach Absatz 1 Nr. 1 zutrifft, eine Jahresbilanz nach § 5 Abs. 2 aufzustellen. [3] Für die Ermittlung der Umsatzerlöse nach Absatz 1 Nr. 2 gilt § 277 Abs. 1 des Handelsgesetzbuchs[1)] mit der Maßgabe, daß auch die in den Umsatzerlösen enthaltenen Verbrauchsteuern oder Monopolabgaben abzusetzen sind. [4] Umsatzerlöse in fremder Währung sind nach dem amtlichen Kurs in Euro umzurechnen. [5] Durchschnittliche Zahl der Arbeitnehmer nach Absatz 1 Nr. 3 ist der zwölfte Teil der Summe aus den Zahlen der am Ende eines jeden Monats beschäftigten Arbeitnehmer einschließlich der zu ihrer Berufsausbildung Beschäftigten sowie der im Ausland beschäftigten Arbeitnehmer.

(3) Ein Unternehmen hat nach diesem Abschnitt Rechnung zu legen, wenn es am Abschlussstichtag in sinngemäßer Anwendung des § 264d des Handelsgesetzbuchs kapitalmarktorientiert ist.

(4) *(aufgehoben)*

(5) Mehrere Handelsgeschäfte eines Einzelkaufmanns sind, auch wenn sie nicht unter der gleichen Firma betrieben werden, nur ein Unternehmen im Sinne dieses Gesetzes.

§ 2[2)] Beginn und Dauer der Pflicht zur Rechnungslegung. (1) [1] Das Unternehmen hat erstmals für den dritten der aufeinander folgenden Abschlußstichtage, für die mindestens zwei der drei Merkmale des § 1 Abs. 1 zutreffen, Rechnung zu legen. [2] Es hat jedoch bereits für den ersten Abschlußstichtag Rechnung zu legen, für den mindestens zwei der drei Merkmale des § 1 Abs. 1 zutreffen, wenn auf das Unternehmen während des Geschäftsjahrs das Vermögen eines anderen Unternehmens durch Umwandlung oder in anderer Weise als Ganzes übergegangen ist und auf das andere Unternehmen an den beiden letzten Abschlußstichtagen mindestens zwei der drei Merkmale des § 1 Abs. 1 zutrafen; dies gilt auch, wenn das andere Unternehmen nicht nach diesem Abschnitt Rechnung zu legen brauchte. [3] Ein Unternehmen braucht nicht mehr nach diesem Abschnitt Rechnung zu legen, wenn für drei aufeinander folgende Abschlußstichtage mindestens zwei der drei Merkmale des § 1 Abs. 1 nicht mehr zutreffen.

(2) [1] Die gesetzlichen Vertreter eines Unternehmens, auf das erstmals für einen Abschlussstichtag mindestens zwei der drei Merkmale des § 1 Abs. 1 zutreffen, haben unverzüglich der das Unternehmensregister führenden Stelle elektronisch (§ 12 Abs. 2 des Handelsgesetzbuchs[1)]) die Erklärung zur Einstellung in das Unternehmensregister zu übermitteln, dass für diesen Abschlussstichtag zwei der drei Merkmale des § 1 Abs. 1 zutreffen. [2] Eine entsprechende Erklärung haben die gesetzlichen Vertreter auch für jeden der beiden folgenden Abschlussstichtage unverzüglich der das Unternehmensregister führenden Stelle elektronisch zur Einstellung in das Unternehmensregister zu übermitteln, wenn die Merkmale auch für diesen Abschlussstichtag zutreffen.

(3) [1] Das Gericht hat zur Prüfung der Frage, ob ein Unternehmen nach diesem Abschnitt Rechnung zu legen hat, Prüfer zu bestellen, wenn Anlaß für die Annahme besteht, daß das Unternehmen zur Rechnungslegung nach diesem Abschnitt verpflichtet ist. [2] Hat das Unternehmen einen Aufsichtsrat, ist vor der

---

[1)] Nr. **50**.

[2)] § 2 Abs. 2 und Abs. 3 Satz 6 neu gef. mWv 1.1.2007 durch G v. 10.11.2006 (BGBl. I S. 2553); Abs. 3 Satz 3 geänd. mWv 1.9.2009 durch G v. 17.12.2008 (BGBl. I S. 2586); Abs. 2 Sätze 1–3, Abs. 3 Satz 6 geänd. mWv 1.4.2012 durch G v. 22.12.2011 (BGBl. I S. 3044); Abs. 2 Satz 1 geänd., Abs. 4 angef. mWv 1.7.2021 durch G v. 3.6.2021 (BGBl. I S. 1534); Abs. 2 Sätze 1 und 2 geänd., Satz 3 aufgeh., Abs. 3 Satz 6 geänd. mWv 1.8.2022 durch G v. 5.7.2021 (BGBl. I S. 3338).

Bestellung außer den gesetzlichen Vertretern auch dieser zu hören. [3] Gegen die Entscheidung ist die Beschwerde zulässig. [4] Für die Auswahl der Prüfer, den Ersatz angemessener barer Auslagen und die Vergütung der Prüfer, die Verantwortlichkeit und die Rechte der Prüfer und die Kosten gelten § 142 Abs. 6, §§ 143, 145 Abs. 1 bis 3, § 146 des Aktiengesetzes[1)] und § 323 des Handelsgesetzbuchs sinngemäß; die Kosten trägt jedoch die Staatskasse, wenn eine Verpflichtung zur Rechnungslegung nach diesem Abschnitt nicht besteht. [5] Die Prüfer haben über das Ergebnis der Prüfung schriftlich zu berichten und den Bericht zu unterzeichnen. [6] Sie haben ihn unverzüglich dem Gericht und den gesetzlichen Vertretern einzureichen; kommt der Bericht zu dem Ergebnis, dass das Unternehmen zur Rechnungslegung nach diesem Abschnitt verpflichtet ist, ist der Bericht auch der das Unternehmensregister führenden Stelle elektronisch zur Einstellung in das Unternehmensregister zu übermitteln. [7] Auf Verlangen haben die gesetzlichen Vertreter jedem Gesellschafter eine Abschrift des Berichts zu erteilen.

(4) Die Absätze 1 bis 3 finden im Fall des § 1 Absatz 3 keine Anwendung.

§ 3[2)] Geltungsbereich. (1) Dieser Abschnitt ist nur anzuwenden auf Unternehmen in der Rechtsform

1. einer Personenhandelsgesellschaft, für die kein Abschluss nach § 264a oder § 264b des Handelsgesetzbuchs[3)] aufgestellt wird, oder des Einzelkaufmanns,
2. *(aufgehoben)*
3. des Vereins, dessen Zweck auf einen wirtschaftlichen Geschäftsbetrieb gerichtet ist,
4. der rechtsfähigen Stiftung des bürgerlichen Rechts, wenn sie ein Gewerbe betreibt,
5. einer Körperschaft, Stiftung oder Anstalt des öffentlichen Rechts, die Kaufmann nach § 1 des Handelsgesetzbuchs sind oder als Kaufmann im Handelsregister eingetragen sind.

(2) [1] Dieser Abschnitt gilt nicht für

1. Unternehmen in der Rechtsform der Genossenschaft,

1a. Unternehmen ohne eigene Rechtspersönlichkeit einer Gemeinde, eines Gemeindeverbandes oder eines Zweckverbandes,

2. Verwertungsgesellschaften nach dem Verwertungsgesellschaftengesetz[4)].

[2] Dieser Abschnitt ist ferner auf Kreditinstitute im Sinne des § 340 des Handelsgesetzbuchs und auf die in § 2 Abs. 1 Nr. 1, 2 und 4 des Gesetzes über das Kreditwesen[5)] genannten Personen sowie auf Versicherungsunternehmen im Sinne des § 341 des Handelsgesetzbuchs nicht anzuwenden.

(3) Dieser Abschnitt gilt nicht für Unternehmen in Abwicklung.

§ 4 Gesetzliche Vertreter, Aufsichtsrat, Feststellung, Gericht. (1) [1] Im Sinne dieses Gesetzes sind gesetzliche Vertreter eines Unternehmens

1. bei einer juristischen Person die Mitglieder des vertretungsberechtigten Organs,

---

1) Nr. **51**.

2) § 3 Abs. 1 Satz 1 Nr. 1 geänd., Nr. 2 aufgeh. mWv 9.3.2000 durch G v. 24.2.2000 (BGBl. I S. 154); Abs. 2 Satz 1 Nr. 2 geänd. mWv 1.6.2016 durch G v. 24.5.2016 (BGBl. I S. 1190).

3) Nr. **50**.

4) **Habersack, Deutsche Gesetze ErgBd. Nr. 65a.**

5) **Sartorius ErgBd. Nr. 856.**

2. bei einer Personenhandelsgesellschaft der oder die vertretungsberechtigten Gesellschafter.

[2] Die Vorschriften für die gesetzlichen Vertreter des Unternehmens gelten, wenn es sich um das Unternehmen eines Einzelkaufmanns handelt, sinngemäß für den Einzelkaufmann oder seinen gesetzlichen Vertreter.

(2) Die Vorschriften dieses Gesetzes für den Aufsichtsrat gelten sinngemäß für ein entsprechendes Überwachungsorgan.

(3) Als Feststellung des Jahresabschlusses ist die Billigung des Jahresabschlusses durch die zuständige Stelle, und wenn es sich um das Unternehmen eines Einzelkaufmanns handelt, die Billigung des Jahresabschlusses durch den Inhaber anzusehen.

(4) Gericht im Sinne dieses Gesetzes ist das Gericht des Sitzes (der Hauptniederlassung) des Unternehmens.

§ 5[1)] Aufstellung von Jahresabschluß und Lagebericht. (1) [1] Die gesetzlichen Vertreter des Unternehmens haben den Jahresabschluß (§ 242 des Handelsgesetzbuchs[2)]) in den ersten drei Monaten des Geschäftsjahrs für das vergangene Geschäftsjahr aufzustellen. [2] Für den Inhalt des Jahresabschlusses, seine Gliederung und für die einzelnen Posten des Jahresabschlusses gelten § 264 Absatz 1a sowie die §§ 265, 266, 268 bis 275 und 277 des Handelsgesetzbuchs sinngemäß. [3] Sonstige Vorschriften, die durch die Rechtsform oder den Geschäftszweig bedingt sind, bleiben unberührt.

(2) [1] Die gesetzlichen Vertreter eines Unternehmens, das nicht in der Rechtsform einer Personenhandelsgesellschaft oder des Einzelkaufmanns geführt wird, haben den Jahresabschluß um einen Anhang zu erweitern, der mit der Bilanz und der Gewinn- und Verlustrechnung eine Einheit bildet, sowie einen Lagebericht aufzustellen. [2] Für den Anhang gelten die §§ 284, 285 Nummer 1 bis 4, 7 bis 13, 15a, 17 bis 34, § 286 des Handelsgesetzbuchs und für den Lagebericht § 289 des Handelsgesetzbuchs sinngemäß.

(2a) [1] Unternehmen, die in sinngemäßer Anwendung des § 264d des Handelsgesetzbuchs kapitalmarktorientiert sind, haben den Jahresabschluss um einen Anhang nach Absatz 2 zu ergänzen und einen Lagebericht nach Absatz 2 Satz 2 aufzustellen. [2] § 264 Abs. 1 Satz 2 des Handelsgesetzbuchs ist sinngemäß anzuwenden.

(3) § 330 des Handelsgesetzbuchs über den Erlaß von Rechtsverordnungen gilt auch für Unternehmen, auf die dieser Abschnitt nach § 3 Abs. 1 anzuwenden ist.

(4) Handelt es sich um das Unternehmen einer Personenhandelsgesellschaft oder eines Einzelkaufmanns, so dürfen das sonstige Vermögen des Einzelkaufmanns oder der Gesellschafter (Privatvermögen) nicht in die Bilanz und die auf das Privatvermögen entfallenden Aufwendungen und Erträge nicht in die Gewinn- und Verlustrechnung aufgenommen werden.

(5) [1] Personenhandelsgesellschaften und Einzelkaufleute können die Gewinn- und Verlustrechnung nach den für ihr Unternehmen geltenden Bestimmungen

---

[1)] § 5 Abs. 6 angef. mWv 9.3.2000 durch G v. 24.2.2000 (BGBl. I S. 154); Abs. 2 Satz 2 geänd. mWv 10.12.2004 durch G v. 4.12.2004 (BGBl. I S. 3166); Abs. 1 Satz 2 neu gef., Abs. 2 Satz 2 geänd., Abs. 2a eingef. mWv 29.5.2009 durch G v. 25.5.2009 (BGBl. I S. 1102); Abs. 1 Satz 2, Abs. 2 Satz 2, Abs. 2a Satz 1 geänd., Abs. 5 Satz 3 Nr. 5 neu gef. mWv 23.7.2015 durch G v. 17.7.2015 (BGBl. I S. 1245); Abs. 2a Satz 1 geänd. mWv 1.7.2021 durch G v. 3.6.2021 (BGBl. I S. 1534).

[2)] Nr. **50**.

aufstellen. [2] Bei Anwendung einer Gliederung nach § 275 des Handelsgesetzbuchs dürfen die Steuern, die Personenhandelsgesellschaften und Einzelkaufleute als Steuerschuldner zu entrichten haben, unter den sonstigen Aufwendungen ausgewiesen werden. [3] Soll die Gewinn- und Verlustrechnung nicht nach § 9 offengelegt werden, sind außerdem in einer Anlage zur Bilanz folgende Angaben zu machen:

1. Die Umsatzerlöse im Sinne des § 277 Abs. 1 des Handelsgesetzbuchs,
2. die Erträge aus Beteiligungen,
3. die Löhne, Gehälter, sozialen Abgaben sowie Aufwendungen für Altersversorgung und Unterstützung,
4. die Bewertungs- und Abschreibungsmethoden einschließlich wesentlicher Änderungen,
5. die durchschnittliche Zahl der in den letzten zwölf Monaten vor dem Abschlussstichtag beschäftigten Arbeitnehmer.

(6) Unternehmen im Sinne des § 3 Abs. 1 sind von den Anforderungen dieses Gesetzes befreit, wenn sie in den Konzernabschluss eines Mutterunternehmens im Sinne des § 11 dieses Gesetzes oder des § 290 des Handelsgesetzbuchs einbezogen sind und sie im Übrigen die entsprechend geltenden Voraussetzungen des § 264 Abs. 3 des Handelsgesetzbuchs erfüllen.

§ 6[1)] Prüfung durch die Abschlußprüfer. (1) [1] Der Jahresabschluß und der Lagebericht sind durch einen Abschlußprüfer zu prüfen. [2] Soweit in den Absätzen 2 und 3 nichts anderes bestimmt ist, gelten § 316 Absatz 3, § 317 Absatz 1, 2 Satz 1 bis 3, Absatz 3a, 4a bis 6, § 318 Absatz 1, 1a, 3 bis 8, § 319 Absatz 1 bis 4, § 319b Absatz 1, § 320 Absatz 1, 2 und 4 sowie die §§ 321 bis 324 des Handelsgesetzbuchs[2)] über die Prüfung des Jahresabschlusses sinngemäß, bei einem Unternehmen, das ein Unternehmen von öffentlichem Interesse nach § 316a Satz 2 Nummer 1 des Handelsgesetzbuchs ist, jedoch nur insoweit, als nicht die Verordnung (EU) Nr. 537/2014 des Europäischen Parlaments und des Rates vom 16. April 2014 über spezifische Anforderungen an die Abschlussprüfung bei Unternehmen von öffentlichem Interesse und zur Aufhebung des Beschlusses 2005/909/EG der Kommission (ABl. L 158 vom 27.5.2014, S. 77; L 170 vom 11.6.2014, S. 66) anzuwenden ist. [3] Die Sätze 1 und 2 gelten auch für einen Einzelabschluss nach § 9 Absatz 1 Satz 1 in Verbindung mit § 325 Absatz 2a des Handelsgesetzbuchs.

(2) Handelt es sich um das Unternehmen einer Personenhandelsgesellschaft oder eines Einzelkaufmanns, so hat sich die Prüfung auch darauf zu erstrecken, ob § 5 Abs. 4 beachtet worden ist.

(3) [1] Der Abschlußprüfer wird bei Personenhandelsgesellschaften, soweit nicht das Gesetz, die Satzung oder der Gesellschaftsvertrag etwas anderes vorsehen, von den Gesellschaftern gewählt. [2] Handelt es sich um das Unternehmen eines Einzelkaufmanns, so bestellt dieser den Abschlußprüfer. [3] Bei anderen Unternehmen wird der Abschlußprüfer, sofern über seine Bestellung nichts anderes bestimmt ist, vom Aufsichtsrat gewählt; hat das Unternehmen keinen Aufsichtsrat, so bestellen die gesetzlichen Vertreter den Abschlußprüfer. [4] Bei einem Unternehmen, das ein Unternehmen von öffentlichem Interesse nach § 316a Satz 2 Nummer 1 des

---

[1)] § 6 Abs. 1 geänd. durch G v. 27.4.1998 (BGBl. I S. 786); Abs. 3 Satz 1 geänd., Satz 4 aufgeh. mWv 9.3.2000 durch G v. 24.2.2000 (BGBl. I S. 154); Abs. 3 Satz 4 angef. mWv 17.6.2016 durch G v. 10.5. 2016 (BGBl. I S. 1142); Abs. 1 Satz 2 neu gef. Satz 3 angef., Abs. 3 Satz 4 geänd. mWv 1.7.2021 durch G v. 3.6.2021 (BGBl. I S. 1534).

[2)] Nr. **50**.

Handelsgesetzbuchs ist, ist der Vorschlag zur Wahl des Abschlussprüfers auf die Empfehlung des Prüfungsausschusses zu stützen.

§ 7[1] Prüfung durch den Aufsichtsrat. [1]Hat das Unternehmen einen Aufsichtsrat, so haben die gesetzlichen Vertreter unverzüglich nach Eingang des Prüfungsberichts der Abschlußprüfer den Jahresabschluß, den Lagebericht und den Prüfungsbericht der Abschlußprüfer dem Aufsichtsrat vorzulegen. [2]Der Aufsichtsrat hat den Jahresabschluß und den Lagebericht zu prüfen; er hat über das Ergebnis seiner Prüfung schriftlich zu berichten. [3]§ 170 Abs. 3, § 171 Abs. 1 Satz 2 und 3, Abs. 2 Satz 2 bis 5, Abs. 3 des Aktiengesetzes[2] gelten sinngemäß. [4]Die Sätze 1 bis 3 gelten auch für einen Einzelabschluss nach § 9 Abs. 1 Satz 1 dieses Gesetzes in Verbindung mit § 325 Abs. 2a des Handelsgesetzbuchs[3]; für einen solchen Abschluss gilt ferner § 171 Abs. 4 Satz 1 des Aktiengesetzes sinngemäß. [5]Ist das Unternehmen ein Unternehmen von öffentlichem Interesse nach § 316a Satz 2 Nummer 1 des Handelsgesetzbuchs und hat es einen Aufsichtsrat, gelten auch § 100 Absatz 5 und § 107 Absatz 4 des Aktiengesetzes entsprechend.[4] [6]Der Prüfungsausschuss hat sich mit den in § 107 Absatz 3 Satz 2 und 3 des Aktiengesetzes beschriebenen Aufgaben zu befassen.

§ 8[5] Feststellung des Jahresabschlusses. (1) [1]Bedarf es zur Feststellung des Jahresabschlusses der Entscheidung oder Mitwirkung einer anderen Stelle als der gesetzlichen Vertreter und des Aufsichtsrats, so haben die gesetzlichen Vertreter den Jahresabschluß, wenn das Unternehmen einen Aufsichtsrat hat, unverzüglich nach Eingang seines Prüfungsberichts (§ 7), wenn das Unternehmen keinen Aufsichtsrat hat, unverzüglich nach Eingang des Prüfungsberichts der Abschlußprüfer der zuständigen Stelle vorzulegen. [2]Bedarf es zur Feststellung des Jahresabschlusses einer Versammlung der Gesellschafter, so ist die Versammlung unverzüglich nach dem Eingang des Prüfungsberichts des Aufsichtsrats oder der Abschlußprüfer einzuberufen; berufen die für die Einberufung zuständigen Stellen die Versammlung nicht unverzüglich ein, so haben die gesetzlichen Vertreter sie einzuberufen.

(2) Auf den Jahresabschluß sind bei der Feststellung die für seine Aufstellung geltenden Vorschriften anzuwenden.

(3) [1]Wird der Jahresabschluss nach Vorlage des Prüfungsberichts geändert, so hat der Abschlussprüfer diese Unterlagen erneut zu prüfen, soweit es die Änderung erfordert. [2]Über das Ergebnis der Prüfung ist zu berichten; der Bestätigungsvermerk ist entsprechend zu ergänzen. [3]Eine vor der erneuten Prüfung getroffene Entscheidung über die Feststellung des Jahresabschlusses wird erst wirksam, wenn auf Grund der erneuten Prüfung ein hinsichtlich der Änderung uneingeschränkter Bestätigungsvermerk erteilt worden ist. [4]Sie wird nichtig, wenn nicht binnen zwei Wochen seit der Entscheidung ein hinsichtlich der Änderung uneingeschränkter Bestätigungsvermerk erteilt wird.

(4) Der festgestellte Jahresabschluß ist der Jahresabschluß im Sinne der für die Rechtsform des Unternehmens geltenden Vorschriften.

---

[1] § 7 Satz 4 angef. mWv 10.12.2004 durch G v. 4.12.2004 (BGBl. I S. 3166); Satz 3 geänd. mWv 29.5.2009 durch G v. 25.5.2009 (BGBl. I S. 1102); Satz 3 geänd., Sätze 5, 6 angef. mWv 17.6.2016 durch G v. 10.5.2016 (BGBl. I S. 1142); Sätze 5, 6 neu gef. mWv 1.7.2021 durch G v. 3.6.2021 (BGBl. I S. 1534).

[2] Nr. **51**.

[3] Nr. **50**.

[4] Siehe hierzu Übergangsvorschrift in § 22 Abs. 6.

[5] § 8 Abs. 3 Sätze 1 und 2 neu gef. mWv 9.3.2000 durch G v. 24.2.2000 (BGBl. I S. 154).

§ 9[1] Offenlegung des Jahresabschlusses und des Lageberichts, Prüfung durch die das Unternehmensregister führende Stelle. (1) [1]Die gesetzlichen Vertreter des Unternehmens haben für dieses den Jahresabschluß und die sonst in § 325 Abs. 1 des Handelsgesetzbuchs[2] bezeichneten Unterlagen, sofern sie aufzustellen sind, in sinngemäßer Anwendung des § 325 Absatz 1 bis 2b, 4 bis 6 sowie der §§ 327a und 328 des Handelsgesetzbuchs offenzulegen. [2]§ 329 Absatz 1, 2 und 4 des Handelsgesetzbuchs gilt sinngemäß.

(2) Personenhandelsgesellschaften und Einzelkaufleute brauchen die Gewinn- und Verlustrechnung und den Beschluß über die Verwendung des Ergebnisses nicht offenzulegen, wenn sie in einer Anlage zur Bilanz die nach § 5 Abs. 5 Satz 3 erforderlichen Angaben aufnehmen.

(3) In der Bilanz von Personenhandelsgesellschaften dürfen bei der Offenlegung die Kapitalanteile der Gesellschafter, die Rücklagen, ein Gewinnvortrag und ein Gewinn unter Abzug der nicht durch Vermögenseinlagen gedeckten Verlustanteile von Gesellschaftern, eines Verlustvortrags und eines Verlustes in einem Posten „Eigenkapital" ausgewiesen werden.

§ 10[3] Nichtigkeit des Jahresabschlusses. [1]Der Jahresabschluß ist nichtig, wenn er

1. nicht nach § 6 Abs. 1 Satz 1 und 2 dieses Gesetzes in Verbindung mit § 316 Abs. 3 des Handelsgesetzbuchs[2] geprüft worden ist oder
2. von Personen geprüft worden ist, die nicht zum Abschlußprüfer bestellt sind oder nach § 6 Abs. 1 Satz 2 dieses Gesetzes in Verbindung mit § 319 Abs. 1 des Handelsgesetzbuchs nicht Abschlußprüfer sind.

[2]Die Nichtigkeit nach Nummer 2 kann nicht mehr geltend gemacht werden, wenn seit der Einstellung des Jahresabschlusses im Unternehmensregister sechs Monate verstrichen sind. [3]§ 256 Abs. 6 Satz 2 des Aktiengesetzes[4] gilt sinngemäß.

Zweiter Abschnitt. Rechnungslegung von Konzernen

§ 11[5] Zur Rechnungslegung verpflichtete Mutterunternehmen.

(1) Kann ein Unternehmen mit Sitz (Hauptniederlassung) im Inland unmittelbar oder mittelbar einen beherrschenden Einfluss auf ein anderes Unternehmen ausüben, so hat dieses Unternehmen (Mutterunternehmen) nach den folgenden Vorschriften Rechnung zu legen, wenn für drei aufeinanderfolgende Konzernabschlußstichtage jeweils mindestens zwei der drei folgenden Merkmale zutreffen:

---

[1] § 9 Abs. 1 Satz 1 geänd. mWv 10.12.2004 durch G v. 4.12.2004 (BGBl. I S. 3166); Überschrift, Abs. 1 Sätze 1 und 2 geänd., Sätze 3 und 4 aufgeh. mWv 1.1.2007 durch G v. 10.11.2006 (BGBl. I S. 2553); Überschrift geänd. mWv 1.4.2012 durch G v. 22.12.2011 (BGBl. I S. 3044); Abs. 1 Satz 1 geänd. mWv 23.7.2015 durch G v. 17.7.2015 (BGBl. I S. 1245); Überschrift und Abs. 1 Sätze 1 und 2 geänd. mWv 1.8.2022 durch G v. 5.7.2021 (BGBl. I S. 3338).

[2] Nr. **50**.

[3] § 10 Satz 2 geänd. mWv 1.8.2022 durch G v. 5.7.2021 (BGBl. I S. 3338).

[4] Nr. **51**.

[5] § 11 Abs. 5 Satz 1 geänd., Abs. 6 neu gef. mWv 9.3.2000 durch G v. 24.2.2000 (BGBl. I S. 154); Abs. 1 Nr. 1 und 2 geänd. mWv 1.1.2002 durch G v. 10.12.2001 (BGBl. I S. 3414); Abs. 6 Satz 1 Nr. 2 neu gef., Satz 2 angef. mWv 10.12.2004 durch G v. 4.12.2004 (BGBl. I S. 3166); Abs. 1 einl. Satzteil und Abs. 3 Satz 1 geänd., Abs. 6 Satz 1 Nr. 1 neu gef. mWv 29.5.2009 durch G v. 25.5.2009 (BGBl. I S. 1102); Abs. 6 Satz 1 Nr. 1 geänd. mWv 23.7.2015 durch G v. 17.7.2015 (BGBl. I S. 1245); Abs. 6 Satz 1 Nr. 2, Satz 2 geänd. mWv 19.4.2017 durch G v. 11.4.2017 (BGBl. I S. 802).

1. Die Bilanzsumme einer auf den Konzernabschlußstichtag aufgestellten Konzernbilanz übersteigt 65 Millionen Euro.
2. Die Umsatzerlöse einer auf den Konzernabschlußstichtag aufgestellten Konzern-Gewinn- und Verlustrechnung in den zwölf Monaten vor dem Abschlußstichtag übersteigen 130 Millionen Euro.
3. Die Konzernunternehmen mit Sitz im Inland haben in den zwölf Monaten vor dem Konzernabschlußstichtag insgesamt durchschnittlich mehr als fünftausend Arbeitnehmer beschäftigt.

(2) [1] Bilanzsumme nach Absatz 1 Nr. 1 ist die Bilanzsumme einer nach § 13 Abs. 2 aufgestellten Konzernbilanz; § 1 Abs. 2 Satz 2 bis 5 gilt sinngemäß. [2] Braucht das Mutterunternehmen einen Jahresabschluß nicht aufzustellen, so ist der Abschlußstichtag des größten Unternehmens mit Sitz im Inland maßgebend.

(3) [1] Kann ein Unternehmen mit Sitz (Hauptniederlassung) im Ausland unmittelbar oder mittelbar einen beherrschenden Einfluss auf ein anderes Unternehmen ausüben und beherrscht dieses Unternehmen über ein oder mehrere zum Konzern gehörende Unternehmen mit Sitz (Hauptniederlassung) im Inland andere Unternehmen, so haben die Unternehmen mit Sitz im Inland, die der Konzernleitung am nächsten stehen (Mutterunternehmen), für ihren Konzernbereich (Teilkonzern) nach diesem Abschnitt Rechnung zu legen, wenn für drei aufeinanderfolgende Abschlußstichtage des Mutterunternehmens mindestens zwei der drei Merkmale des Absatzes 1 für den Teilkonzern zutreffen. [2] Absatz 2 gilt sinngemäß.

(4) *(aufgehoben)*

(5) [1] Dieser Abschnitt ist nicht anzuwenden, wenn das Mutterunternehmen eine Aktiengesellschaft, eine Kommanditgesellschaft auf Aktien, eine Gesellschaft mit beschränkter Haftung, ein Kreditinstitut im Sinne des § 340 des Handelsgesetzbuchs[1)] oder eine in § 2 Abs. 1 Nr. 1, 2 und 4 des Gesetzes über das Kreditwesen[2)] genannte Person oder ein Versicherungsunternehmen im Sinne des § 341 des Handelsgesetzbuchs ist oder als Personenhandelsgesellschaft nach § 3 Abs. 1 Satz 1 Nr. 1 den ersten Abschnitt nicht anzuwenden hat. [2] Weiterhin sind Personenhandelsgesellschaften und Einzelkaufleute zur Aufstellung eines Konzernabschlusses nach diesem Abschnitt nicht verpflichtet, wenn sich ihr Gewerbebetrieb auf die Vermögensverwaltung beschränkt und sie nicht die Aufgaben der Konzernleitung wahrnehmen.

(6) [1] Folgende Bestimmungen des Handelsgesetzbuchs gelten sinngemäß:
1. § 290 Abs. 2 bis 5 über die Pflicht zur Aufstellung sowie die §§ 291 und 292 über befreiende Konzernabschlüsse und Konzernlageberichte;
2. § 315e über den Konzernabschluss nach internationalen Rechnungslegungsstandards, Absatz 2 der Vorschrift jedoch nur, wenn das Mutterunternehmen seiner Rechtsform nach in den Anwendungsbereich der Verordnung (EG) Nr. 1606/2002 des Europäischen Parlaments und des Rates vom 19. Juli 2002 betreffend die Anwendung internationaler Rechnungslegungsstandards (ABl. EG Nr. L 243 S. 1) in ihrer jeweils geltenden Fassung fällt.

[2] Sind die Voraussetzungen des § 315e des Handelsgesetzbuchs erfüllt, so gilt § 13 Abs. 2 Satz 1 und 2, Abs. 3 Satz 1 und 2 in Verbindung mit § 5 Abs. 5 dieses Gesetzes nicht.

---

1) Nr. **50**.
2) **Sartorius ErgBd. Nr. 856.**

§ 12[1] Beginn und Dauer der Pflicht zur Konzernrechnungslegung.

(1) Für den Beginn und die Dauer der Pflicht, nach diesem Abschnitt Rechnung zu legen, gilt § 2 Abs. 1 Satz 1 und 3 sinngemäß.

(2) [1] Die gesetzlichen Vertreter eines Mutterunternehmens, für dessen Abschlussstichtag mindestens zwei der drei Merkmale des § 11 Abs. 1 zutreffen, haben unverzüglich der das Unternehmensregister führenden Stelle elektronisch (§ 12 Abs. 2 des Handelsgesetzbuchs[2]) die Erklärung zur Einstellung in das Unternehmensregister zu übermitteln, dass für diesen Abschlussstichtag zwei der drei Merkmale des § 11 Abs. 1 zutreffen; § 11 Abs. 2 Satz 2 gilt entsprechend. [2] Eine entsprechende Erklärung haben die gesetzlichen Vertreter des Mutterunternehmens auch für jeden der beiden folgenden Abschlussstichtage unverzüglich der das Unternehmensregister führenden Stelle elektronisch zur Einstellung in das Unternehmensregister zu übermitteln, wenn die Merkmale auch für diesen Abschlussstichtag zutreffen.

(3) [1] Das Gericht hat zur Prüfung der Frage, ob ein Mutterunternehmen nach diesem Abschnitt Rechnung zu legen hat, Prüfer zu bestellen, wenn Anlaß für die Annahme besteht, daß das Mutterunternehmen zur Rechnungslegung nach diesem Abschnitt verpflichtet ist. [2] Hat das Mutterunternehmen einen Aufsichtsrat, so ist vor der Bestellung außer den gesetzlichen Vertretern des Mutterunternehmens auch dieser zu hören. [3] § 2 Absatz 3 Satz 3 bis 7 gilt sinngemäß.

§ 13[3] Aufstellung von Konzernabschluß und Konzernlagebericht.

(1) [1] Die gesetzlichen Vertreter des Mutterunternehmens haben in den ersten fünf Monaten des Konzerngeschäftsjahrs für das vergangene Konzerngeschäftsjahr einen Konzernabschluss sowie einen Konzernlagebericht oder einen Teilkonzernabschluss oder einen Teilkonzernlagebericht aufzustellen. [2] Ist das Mutterunternehmen kapitalmarktorientiert im Sinn des § 264d des Handelsgesetzbuchs[2], sind der Konzernabschluss sowie der Konzernlagebericht in den ersten vier Monaten des Konzerngeschäftsjahres für das vergangene Konzerngeschäftsjahr aufzustellen; dies gilt nicht, wenn es ausschließlich zum Handel an einem organisierten Markt zugelassene Schuldtitel im Sinn des § 2 Absatz 1 Nummer 3 des Wertpapierhandelsgesetzes[4] mit einer Mindeststückelung von 100 000 Euro oder dem am Ausgabetag entsprechenden Gegenwert einer anderen Währung begibt.

(2) [1] Für den Konzernabschluß oder Teilkonzernabschluß gelten die §§ 294 bis 314 des Handelsgesetzbuchs sinngemäß; soweit eine abweichende Gliederung zulässig ist, kann diese auch für den Konzernabschluß oder den Teilkonzernabschluß verwendet werden. [2] Sonstige Vorschriften, die durch die Rechtsform oder den Geschäftszweig bedingt sind, bleiben unberührt. [3] Für den Konzernlagebericht oder den Teilkonzernlagebericht gilt § 315 des Handelsgesetzbuchs sinngemäß.

(3) [1] Auf den Konzernabschluss oder den Teilkonzernabschluss braucht § 314 Abs. 1 Nr. 6 des Handelsgesetzbuchs nicht angewendet zu werden. [2] Ist das

---

[1] § 12 Abs. 2 neu gef. mWv 1.1.2007 durch G v. 10.11.2006 (BGBl. I S. 2553); Abs. 2 Sätze 1 und 2 geänd. mWv 1.4.2012 durch G v. 22.12.2011 (BGBl. I S. 3044); Abs. 2 Sätze 1 und 2 geänd., Satz 3 aufgeh., Abs. 3 Satz 3 geänd. mWv 1.8.2022 durch G v. 5.7.2021 (BGBl. I S. 3338).

[2] Nr. **50**.

[3] § 13 Abs. 3 Satz 2 geänd. mWv 10.12.2004 durch G v. 4.12.2004 (BGBl. I S. 3166); Abs. 1, Abs. 3 Satz 1 neu gef., Abs. 3 Satz 2 geänd. mWv 29.5.2009 durch G v. 25.5.2009 (BGBl. I S. 1102); Abs. 1 Satz 2, Abs. 3 Satz 3 geänd., Abs. 4 neu gef. mWv 23.7.2015 durch G v. 17.7.2015 (BGBl. I S. 1245); Abs. 1 Satz 2 geänd. mWv 19.4.2017 durch G v. 11.4.2017 (BGBl. I S. 802).

[4] **Habersack, Deutsche Gesetze ErgBd. Nr. 58.**

Mutterunternehmen eine Personenhandelsgesellschaft oder ein Einzelkaufmann, so gilt § 5 Abs. 4, 5 für den Konzernabschluß sinngemäß; dieser braucht Kapitalflussrechnung und Eigenkapitalspiegel nicht zu umfassen, soweit das Mutterunternehmen nicht kapitalmarktorientiert im Sinn des § 264d des Handelsgesetzbuchs ist. [3] Bei Anwendung des Satzes 1 oder des § 5 Abs. 5 haben der Konzernabschluß oder der Teilkonzernabschluß befreiende Wirkung nach den §§ 291 und 292 des Handelsgesetzbuchs nur, wenn das befreite Tochterunternehmen, das gleichzeitig Mutterunternehmen ist, diese Erleichterungen für seinen Konzernabschluß oder Teilkonzernabschluß hätte in Anspruch nehmen können.

(4) § 330 des Handelsgesetzbuchs über den Erlass von Rechtsverordnungen gilt auch für Konzernabschlüsse, Teilkonzernabschlüsse, Konzernlageberichte und Teilkonzernlageberichte nach diesem Abschnitt.

§ 14[1)] Prüfung des Konzernabschlusses. (1) [1] Der Konzernabschluß oder Teilkonzernabschluß ist unter Einbeziehung des Konzernlageberichts oder des Teilkonzernlageberichts durch einen Abschlußprüfer zu prüfen. [2] § 316 Abs. 3, §§ 317 bis 324 des Handelsgesetzbuchs[2)] über die Prüfung sowie § 6 Abs. 2, 3 dieses Gesetzes gelten sinngemäß.

(2) [1] Ist das Mutterunternehmen eine Genossenschaft, so ist der Prüfungsverband, dem die Genossenschaft angehört, auch Abschlußprüfer des Konzernabschlusses. [2] Der von einem Prüfungsverband geprüfte Konzernabschluß oder Teilkonzernabschluß hat befreiende Wirkung nach *nach*[3)] den §§ 291 und 292 des Handelsgesetzbuchs nur, wenn das befreite Tochterunternehmen, das gleichzeitig Mutterunternehmen ist, seinen Konzernabschluß oder Teilkonzernabschluß von dieser Person hätte prüfen lassen können.

(3) [1] Hat das Mutterunternehmen einen Aufsichtsrat, so haben die gesetzlichen Vertreter den Konzernabschluß oder den Teilkonzernabschluß, den Konzernlagebericht oder den Teilkonzernlagebericht und den Prüfungsbericht des Abschlußprüfers des Konzernabschlusses unverzüglich nach Eingang des Prüfungsberichts dem Aufsichtsrat zur Kenntnisnahme vorzulegen. [2] Jedes Aufsichtsratsmitglied hat das Recht, von den Vorlagen Kenntnis zu nehmen. [3] Die Vorlagen sind auch jedem Aufsichtsratsmitglied auf Verlangen auszuhändigen, soweit der Aufsichtsrat nichts anderes beschlossen hat.

§ 15[4)] Offenlegung des Konzernabschlusses. (1) Die gesetzlichen Vertreter des Mutterunternehmens haben für dieses den Konzernabschluß oder Teilkonzernabschluß mit dem Bestätigungsvermerk oder dem Vermerk über dessen Versagung und den Konzernlagebericht oder Teilkonzernlagebericht in sinngemäßer Anwendung des § 325 Absatz 3 bis 6 sowie des § 327a des Handelsgesetzbuchs[2)] offenzulegen.

(2) Für die Offenlegung, Veröffentlichung und Vervielfältigung des Konzernabschlusses, Teilkonzernabschlusses, Konzernlageberichts und des Teilkonzernlageberichts gilt § 328, für die Prüfungspflicht der das Unternehmensregister führenden Stelle § 329 Absatz 1, 2 und 4 des Handelsgesetzbuchs sinngemäß.

[1)] § 14 Abs. 2 Satz 2 geänd. mWv 23.7.2015 durch G v. 17.7.2015 (BGBl. I S. 1245).

[2)] Nr. **50**.

[3)] Wortlaut amtlich.

[4)] § 15 Abs. 1 Satz 1 und Abs. 2 geänd., Abs. 1 Sätze 2 und 3 aufgeh. mWv 1.1.2007 durch G v. 10.11. 2006 (BGBl. I S. 2553); Abs. 2 geänd. mWv 1.4.2012 durch G v. 22.12.2011 (BGBl. I S. 3044); Abs. 1 und Abs. 2 geänd. mWv 1.8.2022 durch G v. 5.7.2021 (BGBl. I S. 3338).

§ 16 *(aufgehoben)*

Dritter Abschnitt. Straf-, Bußgeld- und Schlußvorschriften

§ 17[1] Unrichtige Darstellung. (1) Mit Freiheitsstrafe bis zu drei Jahren oder mit Geldstrafe wird bestraft, wer als gesetzlicher Vertreter (§ 4 Abs. 1 Satz 1) eines Unternehmens oder eines Mutterunternehmens, beim Einzelkaufmann als Inhaber oder dessen gesetzlicher Vertreter,

1. die Verhältnisse des Unternehmens im Jahresabschluß oder Lagebericht unrichtig wiedergibt oder verschleiert,

1a. zum Zwecke der Befreiung nach § 9 Abs. 1 Satz 1 in Verbindung mit § 325 Abs. 2a Satz 1, Abs. 2b des Handelsgesetzbuchs[2] einen Einzelabschluss nach den in § 315e Abs. 1 des Handelsgesetzbuchs genannten internationalen Rechnungslegungsstandards, in dem die Verhältnisse des Unternehmens unrichtig wiedergegeben oder verschleiert worden sind, offen legt,

2. die Verhältnisse des Konzerns oder Teilkonzerns im Konzernabschluß, Konzernlagebericht, Teilkonzernabschluß oder Teilkonzernlagebericht unrichtig wiedergibt oder verschleiert,

3. zum Zwecke der Befreiung nach § 11 Abs. 6 Satz 1 Nr. 1 in Verbindung mit den §§ 291 und 292 des Handelsgesetzbuchs einen Konzernabschluß, Konzernlagebericht, Teilkonzernabschluß oder Teilkonzernlagebericht, in dem die Verhältnisse des Konzerns oder Teilkonzerns unrichtig wiedergegeben oder verschleiert worden sind, offenlegt oder

4. in Aufklärungen oder Nachweisen, die nach § 2 Abs. 3 Satz 4 in Verbindung mit § 145 Abs. 2 und 3 des Aktiengesetzes[3], § 6 Abs. 1 Satz 2 in Verbindung mit § 320 Abs. 1, 2 des Handelsgesetzbuchs, § 12 Abs. 3 Satz 3 in Verbindung mit § 2 Abs. 3 Satz 4 und § 145 Abs. 2 und 3 des Aktiengesetzes oder § 14 Abs. 1 Satz 2 in Verbindung mit § 320 Abs. 3 des Handelsgesetzbuchs einem Abschlußprüfer des Unternehmens, eines verbundenen Unternehmens, des Konzerns oder des Teilkonzerns zu geben sind, unrichtige Angaben macht oder die Verhältnisse des Unternehmens, eines Tochterunternehmens, des Konzerns oder des Teilkonzerns unrichtig wiedergibt oder verschleiert.

(2) Handelt der Täter in den Fällen des Absatzes 1 Nummer 1a oder 3 leichtfertig, so ist die Strafe Freiheitsstrafe bis zu einem Jahr oder Geldstrafe.

§ 18[4] Verletzung der Berichtspflicht. (1) Mit Freiheitsstrafe bis zu drei Jahren oder mit Geldstrafe wird bestraft, wer als Prüfer nach diesem Gesetz oder als Gehilfe eines solchen Prüfers über das Ergebnis der Prüfung falsch berichtet, erhebliche Umstände im Bericht verschweigt oder einen inhaltlich unrichtigen Bestätigungsvermerk zu einem Jahresabschluss, zu einem Einzelabschluss nach § 325 Absatz 2a des Handelsgesetzbuchs[2], zu einem Konzernabschluss oder zu einem Teilkonzernabschluss erteilt.

---

[1] § 17 Nr. 1a eingef., Nr. 3 geänd. mWv 10.12.2004 durch G v. 4.12.2004 (BGBl. I S. 3166); Nr. 3 geänd. mWv 23.7.2015 durch G v. 17.7.2015 (BGBl. I S. 1245); Nr. 1a geänd. mWv 19.4.2017 durch G v. 11.4.2017 (BGBl. I S. 802); Abs. 1 Nr. 1a und 3 geänd., Abs. 2 angef. mWv 1.7.2021 durch G v. 3.6. 2021 (BGBl. I S. 1534).

[2] Nr. **50**.

[3] Nr. **51**.

[4] § 18 Abs. 1 geänd., Abs. 2 Satz 2 und Abs. 3 angef. mWv 1.7.2021 durch G v. 3.6.2021 (BGBl. I S. 1534).

(2) [1]Handelt der Täter gegen Entgelt oder in der Absicht, sich oder einen anderen zu bereichern oder einen anderen zu schädigen, so ist die Strafe Freiheitsstrafe bis zu fünf Jahren oder Geldstrafe. [2]Ebenso wird bestraft, wer einen inhaltlich unrichtigen Bestätigungsvermerk zu einem in Absatz 1 genannten Abschluss eines Unternehmens erteilt, das ein Unternehmen von öffentlichem Interesse nach § 316a Satz 2 Nummer 1 des Handelsgesetzbuchs ist.

(3) Handelt der Täter in den Fällen des Absatzes 2 Satz 2 leichtfertig, so ist die Strafe Freiheitsstrafe bis zu zwei Jahren oder Geldstrafe.

§ 19 Verletzung der Geheimhaltungspflicht. (1) Mit Freiheitsstrafe bis zu einem Jahr oder mit Geldstrafe wird bestraft, wer ein Geheimnis des Unternehmens (Konzernleitung, Teilkonzernleitung), namentlich ein Betriebs- oder Geschäftsgeheimnis, das ihm in seiner Eigenschaft als Prüfer nach diesem Gesetz oder als Gehilfe eines solchen Prüfers bekanntgeworden ist, unbefugt offenbart.

(2) [1]Handelt der Täter gegen Entgelt oder in der Absicht, sich oder einen anderen zu bereichern oder einen anderen zu schädigen, so ist die Strafe Freiheitsstrafe bis zu zwei Jahren oder Geldstrafe. [2]Ebenso wird bestraft, wer ein Geheimnis der in Absatz 1 bezeichneten Art, namentlich ein Betriebs- oder Geschäftsgeheimnis, das ihm unter den Voraussetzungen des Absatzes 1 bekanntgeworden ist, unbefugt verwertet.

(3) Die Tat wird nur auf Antrag des Unternehmens (Konzernleitung, Teilkonzernleitung) verfolgt.

§ 19a[1] Verletzung der Pflichten bei Abschlussprüfungen. Mit Freiheitsstrafe bis zu einem Jahr oder mit Geldstrafe wird bestraft, wer als Mitglied eines Aufsichtsrats nach § 7 Satz 5 oder als Mitglied eines nach § 6 Absatz 1 Satz 2 in Verbindung mit § 324 Absatz 1 Satz 1 des Handelsgesetzbuchs[2] oder nach § 7 Satz 6 eingerichteten Prüfungsausschusses eines Unternehmens, das kapitalmarktorientiert im Sinne des § 264d des Handelsgesetzbuchs ist,

1. eine in § 20 Absatz 2a, 2b oder Absatz 2c bezeichnete Handlung begeht und dafür einen Vermögensvorteil erhält oder sich versprechen lässt oder
2. eine in § 20 Absatz 2a, 2b oder Absatz 2c bezeichnete Handlung beharrlich wiederholt.

§ 20[3] Bußgeldvorschriften. (1) Ordnungswidrig handelt, wer als gesetzlicher Vertreter (§ 4 Abs. 1 Satz 1) eines Unternehmens oder eines Mutterunternehmens, beim Einzelkaufmann als Inhaber oder dessen gesetzlicher Vertreter,

1. bei der Aufstellung oder Feststellung des Jahresabschlusses einer Vorschrift

---

[1] § 19a eingef. mWv 17.6.2016 durch G v. 10.5.2016 (BGBl. I S. 1142).

[2] Nr. **50**.

[3] § 20 Abs. 2 geänd., Abs. 4 angef. mWv 1.1.2007 durch G v. 10.11.2006 (BGBl. I S. 2553); Abs. 1 Nr. 1 Buchst. a, d geänd., Buchst. b, e neu gef., Buchst. c aufgeh., Nr. 2 Buchst. b, d geänd. mWv 29.5. 2009 durch G v. 25.5.2009 (BGBl. I S. 1102); Abs. 2 geänd. mWv 1.4.2012 durch G v. 22.12.2011 (BGBl. I S. 3044); Abs. 1 Nr. 1 Buchst. b, d und e, Nr. 2 Buchst. b, f geänd. mWv 23.7.2015 durch G v. 17.7.2015 (BGBl. I S. 1245); Abs. 2a–2c eingef. mWv 17.6.2016 durch G v. 10.5.2016 (BGBl. I S. 1142); Abs. 1 Nr. 4 geänd. mWv 19.4.2017 durch G v. 11.4.2017 (BGBl. I S. 802); Abs. 2 eingef., bish. Abs. 2 wird Abs. 1a und geänd., Abs. 2a einl. Satzteil und Nr. 1 geänd., Abs. 2b, 2c geänd., Abs. 3, 4 neu gef., Abs. 3a eingef. mWv 1.7.2021 durch G v. 3.6.2021 (BGBl. I S. 1534); Abs. 1a geänd. mWv 1.8.2022 durch G v. 5.7.2021 (BGBl. I S. 3338).

a) des § 243 Abs. 1 oder 2, der §§ 244, 245, 246, 247, 248, 249 Abs. 1 Satz 1 oder Abs. 2, des § 250 Abs. 1 oder Abs. 2 oder des § 251 des Handelsgesetzbuchs[1] über Form oder Inhalt,

b) des § 253 Abs. 1 Satz 1, 2, 3 oder Satz 4, Abs. 2 Satz 1, auch in Verbindung mit Satz 2, Absatz 3 Satz 1, 2, 3, 4 oder Satz 5, Abs. 4 oder Abs. 5 des Handelsgesetzbuchs über die Bewertung,;[2]

c) *(aufgehoben)*

d) des § 5 Abs. 1 Satz 2 in Verbindung mit einer Vorschrift des § 264 Absatz 1a, des § 265 Abs. 2, 3, 4 oder 6, der §§ 266, 268 Absatz 3, 4, 5, 6 oder Absatz 7, der §§ 272, 274 oder des § 275 oder des § 277 des Handelsgesetzbuchs über die Gliederung oder

e) des § 5 Abs. 2 Satz 2 in Verbindung mit § 284 oder des § 285 Nummer 1 bis 4, 7 bis 13, 15a, 17 bis 33 oder Nummer 34 des Handelsgesetzbuchs über die im Anhang zu machenden Angaben,

2. bei der Aufstellung des Konzernabschlusses oder Teilkonzernabschlusses einer Vorschrift des § 13 Abs. 2 Satz 1 in Verbindung mit einer Vorschrift

a) des § 294 Abs. 1 des Handelsgesetzbuchs über den Konsolidierungskreis,

b) des § 297 Absatz 1a, 2 oder 3 oder des § 298 Abs. 1 in Verbindung mit den §§ 244, 245, 246, 247, 248, 249 Abs. 1 Satz 1 oder Abs. 2, des § 250 Abs. 1 oder Abs. 2 oder dem § 251 des Handelsgesetzbuchs über Inhalt oder Form des Konzernabschlusses,

c) des § 300 des Handelsgesetzbuchs über die Konsolidierungsgrundsätze oder das Vollständigkeitsgebot,

d) des § 308 Abs. 1 Satz 1 in Verbindung mit den in Nummer 1 Buchstabe b bezeichneten Vorschriften des Handelsgesetzbuchs, des § 308 Abs. 2 oder des § 308a des Handelsgesetzbuchs über die Bewertung,

e) des § 311 Abs. 1 Satz 1 in Verbindung mit § 312 des Handelsgesetzbuchs über die Behandlung assoziierter Unternehmen oder

f) des § 308 Abs. 1 Satz 3, des § 313 oder des § 314 des Handelsgesetzbuchs über die im Konzernanhang zu machenden Angaben,

3. bei der Aufstellung des Lageberichts der Vorschrift des § 5 Abs. 2 Satz 2 in Verbindung mit § 289 Abs. 1 des Handelsgesetzbuchs über den Inhalt des Lageberichts,

4. bei der Aufstellung des Konzernlageberichts oder des Teilkonzernlageberichts der Vorschrift des § 13 Abs. 2 Satz 3 in Verbindung mit § 315 Absatz 1, auch in Verbindung mit Absatz 3, des Handelsgesetzbuchs über den Inhalt des Konzernlageberichts,

5. bei der Offenlegung, Veröffentlichung oder Vervielfältigung einer Vorschrift des § 9 Abs. 1 oder des § 15 Abs. 2, jeweils in Verbindung mit § 328 des Handelsgesetzbuchs über Form oder Inhalt, oder

6. einer auf Grund des § 5 Abs. 3 oder des § 13 Abs. 4, jeweils in Verbindung mit § 330 Satz 1 des Handelsgesetzbuchs, erlassenen Rechtsverordnung, soweit sie für einen bestimmten Tatbestand auf diese Bußgeldvorschrift verweist,

zuwiderhandelt.

---

[1] Nr. **50**.
[2] Zeichensetzung amtlich.

(1a) Ordnungswidrig handelt auch, wer entgegen § 2 Abs. 2 oder § 12 Abs. 2 die dort vorgeschriebene Erklärung an die das Unternehmensregister führende Stelle nicht oder nicht rechtzeitig übermittelt.

(2) [1] Ordnungswidrig handelt, wer einen Bestätigungsvermerk nach § 322 Absatz 1 des Handelsgesetzbuchs erteilt zu einem nach § 6 Absatz 1 Satz 1, auch in Verbindung mit Satz 3, zu prüfenden Abschluss

1. eines Unternehmens, das ein Unternehmen von öffentlichem Interesse nach § 316a Satz 2 Nummer 1 des Handelsgesetzbuchs ist, oder
2. eines Unternehmens, das nicht in Nummer 1 genannt ist,

obwohl nach § 6 Absatz 1 Satz 2 in Verbindung mit § 319 Absatz 2 oder 3 oder mit § 319b Absatz 1 Satz 1 oder 2 des Handelsgesetzbuchs er oder nach § 6 Absatz 1 Satz 2 in Verbindung mit § 319 Absatz 4 oder mit § 319b Absatz 1 Satz 1 oder 2 des Handelsgesetzbuchs die Wirtschaftsprüfungsgesellschaft oder die Buchführungsgesellschaft, für die er tätig wird, nicht Abschlussprüfer sein darf. [2] Ordnungswidrig handelt auch, wer einen Bestätigungsvermerk nach § 322 Absatz 1 des Handelsgesetzbuchs erteilt zu einem nach § 14 Absatz 1 Satz 1 zu prüfenden Abschluss

1. eines Mutterunternehmens, das ein Unternehmen von öffentlichem Interesse nach § 316a Satz 2 Nummer 1 des Handelsgesetzbuchs ist, oder
2. eines Mutterunternehmens, das nicht in Nummer 1 genannt ist,

obwohl nach § 14 Absatz 1 Satz 2 in Verbindung mit § 319 Absatz 2 oder 3 und Absatz 5 oder mit § 319b Absatz 1 Satz 1 oder 2 und Absatz 2 des Handelsgesetzbuchs er oder nach § 14 Absatz 1 Satz 2 in Verbindung mit § 319 Absatz 4 und 5 oder mit § 319b Absatz 1 Satz 1 oder 2 und Absatz 2 des Handelsgesetzbuchs die Wirtschaftsprüfungsgesellschaft oder die Buchführungsgesellschaft, für die er tätig wird, nicht Abschlussprüfer sein darf. [3] Ordnungswidrig handelt ferner, wer einen Bestätigungsvermerk nach § 322 Absatz 1 des Handelsgesetzbuchs erteilt zu einem nach § 6 Absatz 1 Satz 1, auch in Verbindung mit Satz 3, oder nach § 14 Absatz 1 Satz 1 zu prüfenden Abschluss eines Unternehmens oder Mutterunternehmens, das ein Unternehmen von öffentlichem Interesse nach § 316a Satz 2 Nummer 1 des Handelsgesetzbuchs ist, obwohl

1. er oder die Prüfungsgesellschaft, für die er tätig wird, oder ein Mitglied des Netzwerks, dem er oder die Prüfungsgesellschaft, für die er tätig wird, angehört, einer Vorschrift des Artikels 5 Absatz 4 Unterabsatz 1 Satz 1 oder Absatz 5 Unterabsatz 2 Satz 2 der Verordnung (EU) Nr. 537/2014 des Europäischen Parlaments und des Rates vom 16. April 2014 über spezifische Anforderungen an die Abschlussprüfung bei Unternehmen von öffentlichem Interesse und zur Aufhebung des Beschlusses 2005/909/EG der Kommission (ABl. L 158 vom 27.5.2014, S. 77; L 170 vom 11.6.2014, S. 66) zuwiderhandelt oder
2. er oder die Prüfungsgesellschaft, für die er tätig wird, nach Artikel 17 Absatz 3 der Verordnung (EU) Nr. 537/2014 die Abschlussprüfung nicht durchführen darf.

(2a) Ordnungswidrig handelt, wer als Mitglied eines nach § 6 Absatz 1 Satz 2 in Verbindung mit § 324 Absatz 1 Satz 1 des Handelsgesetzbuchs oder nach § 7 Satz 5 in Verbindung mit § 107 Absatz 4 Satz 1 des Aktiengesetzes[1)] eingerichteten Prüfungsausschusses eines Unternehmens, das ein Unternehmen von öffentlichem Interesse nach § 316a Satz 2 Nummer 1 des Handelsgesetzbuchs ist,

---

[1)] Nr. **51**.

1. die Unabhängigkeit des Abschlussprüfers oder der Prüfungsgesellschaft nicht nach Maßgabe des Artikels 4 Absatz 3 Unterabsatz 2, des Artikels 5 Absatz 4 Unterabsatz 1 Satz 1 oder des Artikels 6 Absatz 2 der Verordnung (EU) Nr. 537/2014 überwacht oder
2. eine Empfehlung für die Bestellung eines Abschlussprüfers oder einer Prüfungsgesellschaft vorlegt, die den Anforderungen nach Artikel 16 Absatz 2 Unterabsatz 2 oder 3 der Verordnung (EU) Nr. 537/2014 nicht entspricht oder der ein Auswahlverfahren nach Artikel 16 Absatz 3 Unterabsatz 1 der Verordnung (EU) Nr. 537/2014 nicht vorangegangen ist.

(2b) Ordnungswidrig handelt, wer als Mitglied eines nach § 6 Absatz 1 Satz 2 in Verbindung mit § 324 Absatz 1 Satz 1 des Handelsgesetzbuchs eingerichteten Prüfungsausschusses eines in Absatz 2a genannten Unternehmens den Gesellschaftern oder der sonst für die Bestellung des Abschlussprüfers zuständigen Stelle einen Vorschlag für die Bestellung eines Abschlussprüfers oder einer Prüfungsgesellschaft vorlegt, der den Anforderungen nach Artikel 16 Absatz 5 Unterabsatz 1 der Verordnung (EU) Nr. 537/2014 nicht entspricht.

(2c) Ordnungswidrig handelt, wer als Mitglied eines Aufsichtsrats nach § 7 Satz 5, eines in Absatz 2a genannten Unternehmens den Gesellschaftern oder der sonst für die Bestellung des Abschlussprüfers zuständigen Stelle einen Vorschlag für die Bestellung eines Abschlussprüfers oder einer Prüfungsgesellschaft vorlegt, der den Anforderungen nach Artikel 16 Absatz 5 Unterabsatz 1 oder Unterabsatz 2 Satz 1 oder Satz 2 der Verordnung (EU) Nr. 537/2014 nicht entspricht.

(3) [1] Die Ordnungswidrigkeit kann in den Fällen des Absatzes 2 Satz 1 Nummer 1, Satz 2 Nummer 1 und Satz 3 sowie der Absätze 2a bis 2c mit einer Geldbuße bis zu fünfhunderttausend Euro, in den Fällen der Absätze 1, 1a und 2 Satz 1 Nummer 2 und Satz 2 Nummer 2 mit einer Geldbuße bis zu fünfzigtausend Euro geahndet werden. [2] Ist das Unternehmen kapitalmarktorientiert im Sinne des § 264d des Handelsgesetzbuchs, beträgt die Geldbuße in den Fällen des Absatzes 1 höchstens den höheren der folgenden Beträge:

1. zwei Millionen Euro,
2. das Zweifache des aus der Ordnungswidrigkeit gezogenen wirtschaftlichen Vorteils, wobei der wirtschaftliche Vorteil erzielte Gewinne und vermiedene Verluste umfasst und geschätzt werden kann.

(3a) [1] Wird gegen ein kapitalmarktorientiertes Unternehmen im Sinne des § 264d des Handelsgesetzbuchs in den Fällen des Absatzes 1 eine Geldbuße nach § 30 des Gesetzes über Ordnungswidrigkeiten[1)] verhängt, beträgt diese Geldbuße höchstens den höheren der folgenden Beträge:

1. zehn Millionen Euro,
2. 5 Prozent des jährlichen Gesamtumsatzes, den das Unternehmen in dem der Behördenentscheidung vorausgegangenen Geschäftsjahr erzielt hat, oder
3. das Zweifache des aus der Ordnungswidrigkeit gezogenen wirtschaftlichen Vorteils, wobei der wirtschaftliche Vorteil erzielte Gewinne und vermiedene Verluste umfasst und geschätzt werden kann.

[2] § 334 Absatz 3b des Handelsgesetzbuchs ist entsprechend anzuwenden. [3] In den Fällen des Absatzes 3 Satz 1 in Verbindung mit Absatz 2 Satz 1 Nummer 1, Satz 2 Nummer 1 oder Satz 3 ist § 30 Absatz 2 Satz 3 des Gesetzes über Ordnungswidrigkeiten anzuwenden.

[1)] Nr. **94**.

(4) Verwaltungsbehörde im Sinne des § 36 Absatz 1 Nummer 1 des Gesetzes über Ordnungswidrigkeiten ist

1. die Bundesanstalt für Finanzdienstleistungsaufsicht in den Fällen des Absatzes 1 bei Unternehmen, die kapitalmarktorientiert im Sinne des § 264d des Handelsgesetzbuchs sind,
2. das Bundesamt für Justiz
   a) in den Fällen des Absatzes 1, in denen nicht die Bundesanstalt für Finanzdienstleistungsaufsicht nach Nummer 1 Verwaltungsbehörde ist,
   b) in den Fällen des Absatzes 1a und
   c) in den Fällen der Absätze 2a bis 2c,
3. die Abschlussprüferaufsichtsstelle beim Bundesamt für Wirtschaft und Ausfuhrkontrolle in den Fällen des Absatzes 2.

§ 21[1)] Festsetzung von Ordnungsgeld. [1] Gegen die gesetzlichen Vertreter (§ 4 Abs. 1 Satz 1) eines Unternehmens oder eines Mutterunternehmens, beim Einzelkaufmann gegen die Inhaber oder deren gesetzliche Vertreter, die § 9 Abs. 1, § 15 Abs. 1 hinsichtlich der Pflicht zur Offenlegung des Jahresabschlusses, des Lageberichts, des Konzernabschlusses, des Konzernlageberichts, des Teilkonzernabschlusses oder des Teilkonzernlageberichts im Unternehmensregister nicht befolgen, ist wegen des pflichtwidrigen Unterlassens der Offenlegung vom Bundesamt für Justiz ein Ordnungsgeld festzusetzen. [2] Die §§ 335 bis 335b des Handelsgesetzbuchs[2)] sind entsprechend anzuwenden.

§ 21a[3)] Mitteilungen an die Abschlussprüferaufsichtsstelle. (1) Das Bundesamt für Justiz übermittelt der Abschlussprüferaufsichtsstelle beim Bundesamt für Wirtschaft und Ausfuhrkontrolle alle Bußgeldentscheidungen nach § 20 Absatz 2a bis 2c.

(2) [1] In Strafverfahren, die eine Straftat nach den §§ 18, 19 oder § 19a zum Gegenstand haben, übermittelt die Staatsanwaltschaft im Falle der Erhebung der öffentlichen Klage der Abschlussprüferaufsichtsstelle die das Verfahren abschließende Entscheidung. [2] Ist gegen die Entscheidung ein Rechtsmittel eingelegt worden, ist die Entscheidung unter Hinweis auf das eingelegte Rechtsmittel zu übermitteln.

§ 22[4)] Erstmalige Anwendung geänderter Vorschriften. (1) [1] Die §§ 7, 9, 11, 13 Abs. 3 Satz 2 und § 21 in der Fassung des Bilanzrechtsreformgesetzes vom 4. Dezember 2004 (BGBl. I S. 3166) finden erstmals auf das nach dem 31. Dezember 2004 beginnende Geschäftsjahr Anwendung. [2] § 315a Abs. 2 des Handels-

---

[1)] § 21 neu gef. mWv 1.1.2007 durch G v. 10.11.2006 (BGBl. I S. 2553); Satz 1 geänd. mWv 1.4.2012 durch G v. 22.12.2011 (BGBl. I S. 3044); Satz 1 geänd., Satz 2 neu gef. mWv 10.10.2013 durch G v. 4.10.2013 (BGBl. I S. 3746); Satz 1 geänd. mWv 1.8.2022 durch G v. 5.7.2021 (BGBl. I S. 3338).

[2)] Nr. **50**.

[3)] § 21a eingef. mWv 17.6.2016 durch G v. 10.5.2016 (BGBl. I S. 1142); Abs. 2 Satz 1 geänd. mWv 1.7.2021 durch G v. 3.6.2021 (BGBl. I S. 1534).

[4)] Bish. § 22 aufgeh., neuer § 22 eingef. mWv 10.12.2004 durch G v. 4.12.2004 (BGBl. I S. 3166); Abs. 2 angef. mWv 1.1.2007 durch G v. 10.11.2006 (BGBl. I S. 2553); Abs. 3 angef. mWv 29.5.2009 durch G v. 25.5.2009 (BGBl. I S. 1102); Abs. 4 angef. mWv 10.10.2013 durch G v. 4.10.2013 (BGBl. I S. 3746); Abs. 5 angef. mWv 23.7.2015 durch G v. 17.7.2015 (BGBl. I S. 1245); Abs. 6 angef. mWv 17.6.2016 durch G v. 10.5.2016 (BGBl. I S. 1142); Abs. 7 angef. mWv 19.4.2017 durch G v. 11.4.2017 (BGBl. I S. 802); Abs. 1 Satz 2 geänd. mWv 1.1.2020 durch G v. 12.12.2019 (BGBl. I S. 2637); Abs. 8 angef. mWv 1.7.2021 durch G v. 3.6.2021 (BGBl. I S. 1534); Abs. 9 angef. mWv 1.8.2022 durch G v. 5.7.2021 (BGBl. I S. 3338).

gesetzbuchs[1] in der Fassung des Bilanzrechtsreformgesetzes vom 4. Dezember 2004 (BGBl. I S. 3166) in Verbindung mit § 11 Abs. 6 Satz 1 Nr. 2 dieses Gesetzes in der Fassung des Bilanzrechtsreformgesetzes vom 4. Dezember 2004 (BGBl. I S. 3166) ist erstmals auf das nach dem 31. Dezember 2006 beginnende Geschäftsjahr anzuwenden. [3]Die bis zum 9. Dezember 2004 geltenden Fassungen des § 11 Abs. 6 Nr. 2 dieses Gesetzes und des § 292a des Handelsgesetzbuchs sind letztmals auf das vor dem 1. Januar 2005 beginnende Geschäftsjahr anzuwenden; Artikel 58 Abs. 5 Satz 2 des Einführungsgesetzes zum Handelsgesetzbuch[2] gilt entsprechend. [4]Soweit § 5 Abs. 1 Satz 2, Abs. 2, § 6 Abs. 1, § 9 Abs. 1 Satz 1, § 10 Satz 1 Nr. 2, § 13 Abs. 2, § 14 Abs. 1 und § 15 dieses Gesetzes auf Bestimmungen des Handelsgesetzbuchs verweisen, die in Artikel 58 Abs. 2 bis 4 des Einführungsgesetzes zum Handelsgesetzbuch aufgeführt sind, gelten die in der letztgenannten Vorschrift getroffenen Übergangsregelungen entsprechend. [5]Soweit § 13 Abs. 2 Satz 1 dieses Gesetzes auf § 297 Abs. 1 des Handelsgesetzbuchs verweist, ist Artikel 58 Abs. 5 Satz 1 des Einführungsgesetzes zum Handelsgesetzbuch entsprechend anzuwenden; dies gilt nicht, wenn das Mutterunternehmen eine Personengesellschaft oder ein Einzelkaufmann ist.

(2) [1]Die §§ 2, 9, 12, 15, 20 und 21 in der Fassung des Gesetzes über elektronische Handelsregister und Genossenschaftsregister sowie das Unternehmensregister vom 10. November 2006 (BGBl. I S. 2553) in der vom 1. Januar 2007 an geltenden Fassung finden erstmals auf das nach dem 31. Dezember 2005 beginnende Geschäftsjahr Anwendung. [2]Die §§ 2, 9, 12, 15, 20 und 21 in der bis zum Inkrafttreten des Gesetzes über elektronische Handelsregister und Genossenschaftsregister sowie das Unternehmensregister am 1. Januar 2007 geltenden Fassung sind letztmals auf das vor dem 1. Januar 2006 beginnende Geschäftsjahr anzuwenden. [3]Soweit die §§ 2, 9, 15, 20 und 21 auf Bestimmungen des Handelsgesetzbuchs verweisen, die in Artikel 61 des Einführungsgesetzes zum Handelsgesetzbuch genannt sind, gelten die in der letztgenannten Vorschrift getroffenen Übergangsregelungen im Übrigen entsprechend.

(3) [1]Soweit die §§ 5, 6, 13 und 20 in der Fassung des Bilanzrechtsmodernisierungsgesetzes vom 25. Mai 2009 (BGBl. I S. 1102) sowie in der zuvor geltenden Fassung, und soweit durch das Bilanzrechtsmodernisierungsgesetz nicht geänderte Bestimmungen dieses Gesetzes auf Bestimmungen des Handelsgesetzbuchs verweisen, sind die hierauf bezogenen Übergangsregelungen der Artikel 66 und 67 des Einführungsgesetzes zum Handelsgesetzbuch entsprechend anzuwenden. [2]In Bezug auf § 11 dieses Gesetzes sind die auf § 290 des Handelsgesetzbuchs bezogenen Übergangsregelungen des Artikels 66 Abs. 3 und 5 des Einführungsgesetzes zum Handelsgesetzbuch entsprechend anzuwenden. [3]Das Gleiche gilt für Artikel 66 Abs. 3 Satz 6 des Einführungsgesetzes zum Handelsgesetzbuch.

(4) Für § 21 in der durch das Gesetz zur Änderung des Handelsgesetzbuchs vom 4. Oktober 2013 (BGBl. I S. 3746) geänderten Fassung gilt Artikel 70 Absatz 3 des Einführungsgesetzes zum Handelsgesetzbuch entsprechend.

(5) [1]Die §§ 5, 9, 11, 13 Absatz 3 und 4 sowie die §§ 14, 17 und 20 in der Fassung des Bilanzrichtlinie-Umsetzungsgesetzes vom 17. Juli 2015 (BGBl. I S. 1245) sind erstmals auf Jahres- und Konzernabschlüsse für Geschäftsjahre anzuwenden, die nach dem 31. Dezember 2015 beginnen. [2]Auf vor dem 1. Januar 2016 beginnende Geschäftsjahre bleiben die §§ 5, 9, 11, 13, 14, 17 und 20 in der bis zum 22. Juli 2015 geltenden Fassung anwendbar.

---

[1] Nr. **50**.
[2] Nr. **50a**.

(6) § 7 Satz 5 und 6 muss so lange nicht angewandt werden, wie alle Mitglieder des Aufsichtsrats und des Prüfungsausschusses vor dem 17. Juni 2016 bestellt worden sind.

(7) [1] Die §§ 11, 13, 17 und 20 in der Fassung des CSR-Richtlinie-Umsetzungsgesetzes vom 11. April 2017 (BGBl. I S. 802) sind erstmals auf Jahres- und Konzernabschlüsse, Lage- und Konzernlageberichte für das nach dem 31. Dezember 2016 beginnende Geschäftsjahr anzuwenden. [2] Die in Satz 1 bezeichneten Vorschriften in der bis zum 18. April 2017 geltenden Fassung sind letztmals anzuwenden auf Lage- und Konzernlageberichte für das vor dem 1. Januar 2017 beginnende Geschäftsjahr.

(8) [1] Die §§ 1, 2 und 5 in der ab dem 1. Juli 2021 geltenden Fassung sind erstmals auf Jahresabschlüsse und Lageberichte für das nach dem 31. Dezember 2021 beginnende Geschäftsjahr anzuwenden. [2] Soweit § 6 in der ab dem 1. Juli 2021 geltenden Fassung und soweit der durch das Finanzmarktintegritätsstärkungsgesetz nicht geänderte § 14 auf Bestimmungen des Handelsgesetzbuchs verweisen, sind die hierauf bezogenen Übergangsregelungen des Artikels 86 Absatz 1 bis 3 des Einführungsgesetzes zum Handelsgesetzbuch entsprechend anzuwenden. [3] Soweit § 7 Satz 5 in der ab dem 1. Juli 2021 geltenden Fassung auf § 100 Absatz 5 und § 107 Absatz 4 des Aktiengesetzes[1] verweist, sind die hierauf bezogenen Übergangsregelungen des § 12 Absatz 6 und des § 26k Absatz 2 des Einführungsgesetzes zum Aktiengesetz[2] entsprechend anzuwenden. [4] § 20 in der ab dem 1. Juli 2021 geltenden Fassung ist erstmals auf Ordnungswidrigkeiten in Bezug auf Rechnungslegungsunterlagen und gesetzlich vorgeschriebene Abschlussprüfungen für das nach dem 31. Dezember 2021 beginnende Geschäftsjahr anzuwenden.

(9) [1] Die §§ 2, 9, 10, 12, 15, 20 und 21 in der ab dem 1. August 2022 geltenden Fassung sind erstmals auf Rechnungslegungsunterlagen für das nach dem 31. Dezember 2021 beginnende Geschäftsjahr anzuwenden. [2] Die in Satz 1 bezeichneten Vorschriften in der bis einschließlich 31. Juli 2022 geltenden Fassung sind letztmals anzuwenden auf Rechnungslegungsunterlagen für das vor dem 1. Januar 2022 beginnende Geschäftsjahr.

§ 23[3] Inkrafttreten. Dieses Gesetz tritt am Tage nach seiner Verkündung[4] in Kraft.

---

[1] Nr. **51**.
[2] Nr. **51a**.
[3] §§ 23 und 24 aufgeh., bish. § 25 wird § 23 mWv 10.12.2004 durch G v. 4.12.2004 (BGBl. I S. 3166).
[4] Verkündet am 20.8.1969.

Lfd. Nr.	Änderndes Gesetz	Datum	Fundstelle	Betroffen	Hinweis
15.	Art. 3 G zur weiteren Umsetzung der TransparenzRL-ÄnderungsRL im Hinblick auf ein einheitliches elektronisches Format für Jahresfinanzberichte[1]	12.8.2020	BGBl. I S. 1874	§ 53	geänd. mWv 19.8.2020
				§ 172	eingef. mWv 19.8.2020
16.	Art. 17 Sanierungs- und Insolvenzrechtsfortentwicklungs G[2]	22.12. 2020	BGBl. I S. 3256	Inhaltsübersicht	geänd. mWv 1.1.2021
				§ 99	aufgeh. mit Ablauf des 31.12. 2020
17.	Art. 20 Finanzmarktintegritätsstärkungs G	3.6.2021	BGBl. I S. 1534	Inhaltsübersicht, §§ 36, 38, 53, 55, 57, 58, 63e, 150, 151a, 152	geänd. mWv 1.7.2021
				§ 173	eingef. mWv 1.7.2021
18.	Art. 12 G zur Ergänzung und Änd. der Regelungen für die gleichberechtigte Teilhabe von Frauen an Führungspositionen in der Privatwirtschaft und im öffentlichen Dienst	7.8.2021	BGBl. I S. 3311	Inhaltsübersicht, §§ 9, 168	geänd. mWv 12.8.2021
				§ 174	eingef. mWv 12.8.2021
19.	Art. 22 G zur Umsetzung der Digitalisierungsrichtlinie (DiRUG)[3]	5.7.2021	BGBl. I S. 3338	Inhaltsübersicht, §§ 12, 16, 22, 28, 29, 42, 51, 53a, 89, 102	geänd. mWv 1.8.2022
				§ 156	neu gef. mWv 1.8.2022
				§ 175	eingef. mWv 1.8.2022
20.	Art. 67 Personengesellschaftsrechtsmodernisierungs G (MoPeG)	10.8.2021	BGBl. I S. 3436	§ 43	geänd. mWv 1.1.2024

[1] **Amtl. Anm.:** Dieses Gesetz dient der weiteren Umsetzung der Richtlinie 2013/50/EU des Europäischen Parlaments und des Rates vom 22. Oktober 2013 zur Änderung der Richtlinie 2004/109/EG des Europäischen Parlaments und des Rates zur Harmonisierung der Transparenzanforderungen in Bezug auf Informationen über Emittenten, deren Wertpapiere zum Handel auf einem geregelten Markt zugelassen sind, der Richtlinie 2003/71/EG des Europäischen Parlaments und des Rates betreffend den Prospekt, der beim öffentlichen Angebot von Wertpapieren oder bei deren Zulassung zum Handel zu veröffentlichen ist, sowie der Richtlinie 2007/14/EG der Kommission mit Durchführungsbestimmungen zu bestimmten Vorschriften der Richtlinie 2004/109/EG (ABl. L 294 vom 6.11.2013, S. 13; L 14 vom 18.1.2014, S. 35).

[2] **Amtl. Anm.:** Dieses Gesetz dient der weiteren Umsetzung der Richtlinie (EU) 2019/1023 des Europäischen Parlaments und des Rates vom 20. Juni 2019 über präventive Restrukturierungsrahmen, über Entschuldung und über Tätigkeitsverbote sowie über Maßnahmen zur Steigerung der Effizienz von Restrukturierungs-, Insolvenz- und Entschuldungsverfahren und zur Änderung der Richtlinie (EU) 2017/1132 (Richtlinie über Restrukturierung und Insolvenz) (ABl. L 172 vom 26.6.2019, S. 18).

[3] **Amtl. Anm.:** Dieses Gesetz dient der Umsetzung der Richtlinie (EU) 2019/1151 des Europäischen Parlaments und des Rates vom 20. Juni 2019 zur Änderung der Richtlinie (EU) 2017/1132 im Hinblick auf den Einsatz digitaler Werkzeuge und Verfahren im Gesellschaftsrecht (ABl. L 186 vom 11.7.2019, S. 80).

Lfd. Nr.	Änderndes Gesetz	Datum	Fundstelle	Betroffen	Hinweis
21.	Art. 7 G zur Ergänzung der Regelungen zur Umsetzung der DigitalisierungsRL und zur Änd. weiterer Vorschriften[1)]	15.7.2022	BGBl. I S. 1146	§ 157	geänd. mWv 1.8.2022
22.	Art. 6 G zur Einführung virtueller Hauptversammlungen von Aktiengesellschaften und Änderung genossenschafts- sowie insolvenz- und restrukturierungsrechtlicher Vorschriften	20.7.2022	BGBl. I S. 1166	Inhaltsübersicht, §§ 43, 46, 47, 51 § 43b	geänd. mWv 27.7.2022 eingef. mWv 27.7.2022

Vorbemerkung:
Die Änderung durch G v. 10.8.2021 (BGBl. I S. 3436) tritt erst mWv 1.1. 2024 in Kraft und ist im Text noch nicht berücksichtigt.

[1)] **Amtl. Anm.:** Notifiziert gemäß der Richtlinie (EU) 2015/1535 des Europäischen Parlaments und des Rates vom 9. September 2015 über ein Informationsverfahren auf dem Gebiet der technischen Vorschriften und der Vorschriften für die Dienste der Informationsgesellschaft (ABl. L 241 vom 17.9.2015, S. 1).

Inhaltsübersicht[1)]

[1)] Inhaltsübersicht geänd. mWv 1.1.2007 durch G v. 10.11.2006 (BGBl. I S. 2553); mWv 6.9.2007 durch G v. 3.9.2007 (BGBl. I S. 2178); mWv 1.11.2008 durch G v. 23.10.2008 (BGBl. I S. 2026); mWv 29.5.2009 durch G v. 25.5.2009 (BGBl. I S. 1102); mWv 19.7.2013 durch G v. 15.7.2013 (BGBl. I S. 2379); mWv 1.5.2015 durch G v. 24.4.2015 (BGBl. I S. 642); mWv 17.6.2016 durch G v. 31.3.2016 (BGBl. I S. 518); mWv 17.6.2016 durch G v. 10.5.2016 (BGBl. I S. 1142); mWv 19.4.2017 durch G v. 11.4.2017 (BGBl. I S. 802); mWv 22.7.2017 durch G v. 17.7.2017 (BGBl. I S. 2434); mWv 25.5.2018 durch G v. 17.7.2017 (BGBl. I S. 2541); mWv 1.1.2021 durch G v. 22.12.2020 (BGBl. I S. 3256); mWv 1.7.2021 durch G v. 3.6.2021 (BGBl. I S. 1534); mWv 12.8.2021 durch G v. 7.8.2021 (BGBl. I S. 3311); mWv 1.8.2022 durch G v. 5.7.2021 (BGBl. I S. 3338); mWv 27.7.2022 durch G v. 20.7.2022 (BGBl. I S. 1166); sie wurde nichtamtlich an die Änderungen mWv 19.8.2020 durch G v. 12.8.2020 (BGBl. I S. 1874) angepasst.

Abschnitt 1. Errichtung der Genossenschaft

§ 1 Wesen der Genossenschaft. (1) Gesellschaften von nicht geschlossener Mitgliederzahl, deren Zweck darauf gerichtet ist, den Erwerb oder die Wirtschaft ihrer Mitglieder oder deren soziale oder kulturelle Belange durch gemeinschaftlichen Geschäftsbetrieb zu fördern (Genossenschaften), erwerben die Rechte einer „eingetragenen Genossenschaft" nach Maßgabe dieses Gesetzes.

(2) Eine Beteiligung an Gesellschaften und sonstigen Personenvereinigungen einschließlich der Körperschaften des öffentlichen Rechts ist zulässig, wenn sie

1. der Förderung des Erwerbes oder der Wirtschaft der Mitglieder der Genossenschaft oder deren sozialer oder kultureller Belange oder,

2. ohne den alleinigen oder überwiegenden Zweck der Genossenschaft zu bilden, gemeinnützigen Bestrebungen der Genossenschaft

zu dienen bestimmt ist.

§ 2 Haftung für Verbindlichkeiten. Für die Verbindlichkeiten der Genossenschaft haftet den Gläubigern nur das Vermögen der Genossenschaft.

§ 3 Firma der Genossenschaft. [1] Die Firma der Genossenschaft muss, auch wenn sie nach § 22 des Handelsgesetzbuchs[1)] oder nach anderen gesetzlichen Vorschriften fortgeführt wird, die Bezeichnung „eingetragene Genossenschaft" oder die Abkürzung „eG" enthalten. [2] § 30 des Handelsgesetzbuchs gilt entsprechend.

§ 4 Mindestzahl der Mitglieder. Die Zahl der Mitglieder muss mindestens drei betragen.

§ 5 Form der Satzung. Die Satzung der Genossenschaft bedarf der schriftlichen Form.

§ 6[2)] Mindestinhalt der Satzung. Die Satzung muss enthalten:

1. die Firma und den Sitz der Genossenschaft;
2. den Gegenstand des Unternehmens;
3. Bestimmungen darüber, ob die Mitglieder für den Fall, dass die Gläubiger im Insolvenzverfahren über das Vermögen der Genossenschaft nicht befriedigt werden, Nachschüsse zur Insolvenzmasse unbeschränkt, beschränkt auf eine bestimmte Summe (Haftsumme) oder überhaupt nicht zu leisten haben;
4. Bestimmungen über die Form für die Einberufung der Generalversammlung der Mitglieder sowie für die Beurkundung ihrer Beschlüsse und über den Vorsitz in der Versammlung; die Einberufung der Generalversammlung muss durch unmittelbare Benachrichtigung sämtlicher Mitglieder in Textform oder durch Bekanntmachung in einem öffentlichen Blatt erfolgen; das Gericht kann hiervon Ausnahmen zulassen; die Bekanntmachung im Bundesanzeiger oder in einem anderen öffentlich zugänglichen elektronischen Informationsmedium genügt nicht;
5. Bestimmungen über die Form der Bekanntmachungen der Genossenschaft sowie Bestimmung der öffentlichen Blätter für Bekanntmachungen, deren Veröffentlichung in öffentlichen Blättern durch Gesetz oder Satzung vorgeschrieben ist; als öffentliches Blatt kann die Satzung öffentlich zugängliche elektronische Informationsmedien bezeichnen.

§ 7 Weiterer zwingender Satzungsinhalt. Die Satzung muss ferner bestimmen:

1. den Betrag, bis zu welchem sich die einzelnen Mitglieder mit Einlagen beteiligen können (Geschäftsanteil), sowie die Einzahlungen auf den Geschäftsanteil, zu welchen jedes Mitglied verpflichtet ist; diese müssen bis zu einem Gesamtbetrage von mindestens einem Zehntel des Geschäftsanteils nach Betrag und Zeit bestimmt sein;

---

1) Nr. **50**.

2) § 6 Nr. 4 und 5 geänd. mWv 22.7.2017 durch G v. 17.7.2017 (BGBl. I S. 2434).

2. die Bildung einer gesetzlichen Rücklage, welche zur Deckung eines aus der Bilanz sich ergebenden Verlustes zu dienen hat, sowie die Art dieser Bildung, insbesondere den Teil des Jahresüberschusses, welcher in diese Rücklage einzustellen ist, und den Mindestbetrag der letzteren, bis zu dessen Erreichung die Einstellung zu erfolgen hat.

§ 7a Mehrere Geschäftsanteile; Sacheinlagen. (1) [1]Die Satzung kann bestimmen, dass sich ein Mitglied mit mehr als einem Geschäftsanteil beteiligen darf. [2]Die Satzung kann eine Höchstzahl festsetzen und weitere Voraussetzungen aufstellen.

(2) [1]Die Satzung kann auch bestimmen, dass die Mitglieder sich mit mehreren Geschäftsanteilen zu beteiligen haben (Pflichtbeteiligung). [2]Die Pflichtbeteiligung muss für alle Mitglieder gleich sein oder sich nach dem Umfang der Inanspruchnahme von Einrichtungen oder anderen Leistungen der Genossenschaft durch die Mitglieder oder nach bestimmten wirtschaftlichen Merkmalen der Betriebe der Mitglieder richten.

(3) Die Satzung kann Sacheinlagen als Einzahlungen auf den Geschäftsanteil zulassen.

§ 8[1)] Satzungsvorbehalt für einzelne Bestimmungen. (1) Der Aufnahme in die Satzung bedürfen Bestimmungen, nach welchen:

1. die Genossenschaft auf eine bestimmte Zeit beschränkt wird;
2. Erwerb und Fortdauer der Mitgliedschaft an den Wohnsitz innerhalb eines bestimmten Bezirks geknüpft wird;
3. das Geschäftsjahr, insbesondere das erste, auf ein mit dem Kalenderjahr nicht zusammenfallendes Jahr oder auf eine kürzere Dauer als auf ein Jahr bemessen wird;
4. die Generalversammlung über bestimmte Gegenstände nicht mit einfacher, sondern mit einer größeren Mehrheit oder nach weiteren Erfordernissen beschließen kann;
5. die Ausdehnung des Geschäftsbetriebes auf Personen, welche nicht Mitglieder der Genossenschaft sind, zugelassen wird.

(2) [1]Die Satzung kann bestimmen, dass Personen, die für die Nutzung oder Produktion der Güter und die Nutzung oder Erbringung der Dienste der Genossenschaft nicht in Frage kommen, als investierende Mitglieder zugelassen werden können. [2]Sie muss durch geeignete Regelungen sicherstellen, dass investierende Mitglieder die anderen Mitglieder in keinem Fall überstimmen können und dass Beschlüsse der Generalversammlung, für die nach Gesetz oder Satzung eine Mehrheit von mindestens drei Vierteln der abgegebenen Stimmen vorgeschrieben ist, durch investierende Mitglieder nicht verhindert werden können; zu diesem Zweck kann die Satzung das Stimmrecht investierender Mitglieder auch ganz ausschließen. [3]Die Zulassung eines investierenden Mitglieds bedarf der Zustimmung der Generalversammlung; abweichend hiervon kann die Satzung die Zustimmung des Aufsichtsrats vorschreiben. [4]Die Zahl der investierenden Mitglieder im Aufsichtsrat darf ein Viertel der Aufsichtsratsmitglieder nicht überschreiten.

§ 8a Mindestkapital. (1) In der Satzung kann ein Mindestkapital der Genossenschaft bestimmt werden, das durch die Auszahlung des Auseinandersetzungsgutha-

[1)] § 8 Abs. 2 Satz 2 geänd. mWv 22.7.2017 durch G v. 17.7.2017 (BGBl. I S. 2434).

bens von Mitgliedern, die ausgeschieden sind oder einzelne Geschäftsanteile gekündigt haben, nicht unterschritten werden darf.

(2) [1] Bestimmt die Satzung ein Mindestkapital, ist die Auszahlung des Auseinandersetzungsguthabens ausgesetzt, solange durch die Auszahlung das Mindestkapital unterschritten würde. [2] Das Nähere regelt die Satzung.

§ 9[1) 2)] **Vorstand; Aufsichtsrat.** (1) [1] Die Genossenschaft muss einen Vorstand und einen Aufsichtsrat haben. [2] Bei Genossenschaften mit nicht mehr als 20 Mitgliedern kann durch Bestimmung in der Satzung auf einen Aufsichtsrat verzichtet werden. [3] In diesem Fall nimmt die Generalversammlung die Rechte und Pflichten des Aufsichtsrats wahr, soweit in diesem Gesetz nichts anderes bestimmt ist.

(2) [1] Die Mitglieder des Vorstands und des Aufsichtsrats müssen Mitglieder der Genossenschaft und natürliche Personen sein. [2] Gehören der Genossenschaft eingetragene Genossenschaften als Mitglieder an, können deren Mitglieder, sofern sie natürliche Personen sind, in den Vorstand oder Aufsichtsrat der Genossenschaft berufen werden; gehören der Genossenschaft andere juristische Personen oder Personengesellschaften an, gilt dies für deren zur Vertretung befugte Personen.

(3) [1] Der Vorstand einer Genossenschaft, die der Mitbestimmung unterliegt, legt für den Frauenanteil in den beiden Führungsebenen unterhalb des Vorstands Zielgrößen fest. [2] Die Zielgrößen müssen den angestrebten Frauenanteil an der jeweiligen Führungsebene beschreiben und bei Angaben in Prozent vollen Personenzahlen entsprechen. [3] Legt der Vorstand für eine der Führungsebenen die Zielgröße Null fest, so hat er dies klar und verständlich zu begründen. [4] Die Begründung muss ausführlich die Erwägungen darlegen, die der Entscheidung zugrunde liegen. [5] Liegt der Frauenanteil bei Festlegung der Zielgrößen unter 30 Prozent, so dürfen die Zielgrößen den jeweils erreichten Anteil nicht mehr unterschreiten. [6] Gleichzeitig sind Fristen zur Erreichung der Zielgrößen festzulegen. [7] Die Fristen dürfen jeweils nicht länger als fünf Jahre sein.

(4) [1] Ist bei einer Genossenschaft, die der Mitbestimmung unterliegt, ein Aufsichtsrat bestellt, legt dieser für den Frauenanteil im Aufsichtsrat und im Vorstand Zielgrößen fest. [2] Die Zielgrößen müssen den angestrebten Frauenanteil am jeweiligen Gesamtgremium beschreiben und bei Angaben in Prozent vollen Personenzahlen entsprechen. [3] Legt der Aufsichtsrat für den Aufsichtsrat oder den Vorstand die Zielgröße Null fest, so hat er dies klar und verständlich zu begründen. [4] Die Begründung muss ausführlich die Erwägungen darlegen, die der Entscheidung zugrunde liegen. [5] Liegt der Frauenanteil bei Festlegung der Zielgrößen unter 30 Prozent, so dürfen die Zielgrößen den jeweils erreichten Anteil nicht mehr unterschreiten. [6] Gleichzeitig sind Fristen zur Erreichung der Zielgrößen festzulegen. [7] Die Fristen dürfen jeweils nicht länger als fünf Jahre sein.

§ 10[3)] **Genossenschaftsregister.** (1) Die Satzung sowie die Mitglieder des Vorstands sind in das Genossenschaftsregister bei dem Gericht einzutragen, in dessen Bezirk die Genossenschaft ihren Sitz hat.

(2) Andere Datensammlungen dürfen nicht unter Verwendung oder Beifügung der Bezeichnung „Genossenschaftsregister" in den Verkehr gebracht werden.

[1)] § 9 Abs. 3 und 4 angef. mWv 1.5.2015 durch G v. 24.4.2015 (BGBl. I S. 642); Abs. 3 Sätze 2–4 eingef., bish. Sätze 2–4 werden Sätze 5–7, Abs. 4 Sätze 2–4 eingef., bish. Sätze 2–4 werden Sätze 5–7 mWv 12.8.2021 durch G v. 7.8.2021 (BGBl. I S. 3311).

[2)] Beachte hierzu Übergangsvorschrift in § 174.

[3)] § 10 Abs. 3 angef. mWv 1.1.2007 durch G v. 10.11.2006 (BGBl. I S. 2553); Abs. 2 aufgeh., bish. Abs. 3 wird Abs. 2 mWv 1.9.2009 durch G v. 17.12.2008 (BGBl. I S. 2586).

§ 11[1)] Anmeldung der Genossenschaft. (1) Der Vorstand hat die Genossenschaft bei dem Gericht zur Eintragung in das Genossenschaftsregister anzumelden.

(2) Der Anmeldung sind beizufügen:

1. die Satzung, die von mindestens drei Mitgliedern unterzeichnet sein muss;
2. eine Abschrift der Urkunden über die Bestellung des Vorstands und des Aufsichtsrats;
3. die Bescheinigung eines Prüfungsverbandes, dass die Genossenschaft zum Beitritt zugelassen ist, sowie eine gutachtliche Äußerung des Prüfungsverbandes, ob nach den persönlichen oder wirtschaftlichen Verhältnissen, insbesondere der Vermögenslage der Genossenschaft, eine Gefährdung der Belange der Mitglieder oder der Gläubiger der Genossenschaft zu besorgen ist.

(3) In der Anmeldung ist ferner anzugeben, welche Vertretungsbefugnis die Vorstandsmitglieder haben.

(4) Für die Einreichung von Unterlagen nach diesem Gesetz gilt § 12 Abs. 2 des Handelsgesetzbuchs[2)] entsprechend.

§ 11a Prüfung durch das Gericht. (1) [1] Das Gericht hat zu prüfen, ob die Genossenschaft ordnungsmäßig errichtet und angemeldet ist. [2] Ist dies nicht der Fall, so hat es die Eintragung abzulehnen.

(2) [1] Das Gericht hat die Eintragung auch abzulehnen, wenn offenkundig oder auf Grund der gutachtlichen Äußerung des Prüfungsverbandes eine Gefährdung der Belange der Mitglieder oder der Gläubiger der Genossenschaft zu besorgen ist. [2] Gleiches gilt, wenn der Prüfungsverband erklärt, dass Sacheinlagen überbewertet worden sind.

(3) Wegen einer mangelhaften, fehlenden oder nichtigen Bestimmung der Satzung darf das Gericht die Eintragung nach Absatz 1 nur ablehnen, soweit diese Bestimmung, ihr Fehlen oder ihre Nichtigkeit

1. Tatsachen oder Rechtsverhältnisse betrifft, die nach den §§ 6 und 7 oder auf Grund anderer zwingender gesetzlicher Vorschriften in der Satzung bestimmt sein müssen oder die in das Genossenschaftsregister einzutragen oder von dem Gericht bekannt zu machen sind,
2. Vorschriften verletzt, die ausschließlich oder überwiegend zum Schutze der Gläubiger der Genossenschaft oder sonst im öffentlichen Interesse gegeben sind, oder
3. die Nichtigkeit der Satzung zur Folge hat.

§ 12[3)] Veröffentlichung der Satzung. Die eingetragene Satzung ist von dem Gericht zu veröffentlichen.

§ 13 Rechtszustand vor der Eintragung. Vor der Eintragung in das Genossenschaftsregister ihres Sitzes hat die Genossenschaft die Rechte einer eingetragenen Genossenschaft nicht.

[1)] § 11 Abs. 2 Nr. 1 geänd., Abs. 4 neu gef., Abs. 5 aufgeh. mWv 1.1.2007 durch G v. 10.11.2006 (BGBl. I S. 2553); Abs. 2 Nr. 1 geänd. mWv 22.7.2017 durch G v. 17.7.2017 (BGBl. I S. 2434).

[2)] Nr. **50**.

[3)] § 12 bish. Abs. 1 geänd., Abs. 2 aufgeh. mWv 1.8.2022 durch G v. 5.7.2021 (BGBl. I S. 3338).

§ 14[1] Errichtung einer Zweigniederlassung. (1) [1]Die Errichtung einer Zweigniederlassung ist vom Vorstand beim Gericht des Sitzes der Genossenschaft unter Angabe des Ortes der Zweigniederlassung und eines Zusatzes, falls der Firma der Zweigniederlassung ein solcher beigefügt wird, zur Eintragung in das Genossenschaftsregister anzumelden. [2]In gleicher Weise sind spätere Änderungen der die Zweigniederlassung betreffenden einzutragenden Tatsachen anzumelden.

(2) Das zuständige Gericht trägt die Zweigniederlassung auf dem Registerblatt des Sitzes unter Angabe des Ortes der Zweigniederlassung und des Zusatzes, falls der Firma der Zweigniederlassung ein solcher beigefügt ist, ein, es sei denn, die Zweigniederlassung ist offensichtlich nicht errichtet worden.

(3) Die vorstehenden Vorschriften gelten sinngemäß für die Aufhebung einer Zweigniederlassung.

§ 14a[2] *(aufgehoben)*

§ 15[3] Beitrittserklärung. (1) [1]Die Mitgliedschaft wird durch eine schriftliche, unbedingte Beitrittserklärung und die Zulassung des Beitritts durch die Genossenschaft erworben. [2]Dem Antragsteller ist vor Abgabe seiner Beitrittserklärung eine Abschrift der Satzung in der jeweils geltenden Fassung zur Verfügung zu stellen; es reicht aus, wenn die Satzung im Internet unter der Adresse der Genossenschaft abrufbar ist und dem Antragsteller ein Ausdruck der Satzung angeboten wird. [3]Eine Vollmacht zur Abgabe der Beitrittserklärung bedarf der Schriftform. [4]Bei Gründungsmitgliedern kann die Mitgliedschaft statt durch Beitrittserklärung durch Unterzeichnung der Satzung erworben werden.

(2) [1]Das Mitglied ist unverzüglich in die Mitgliederliste einzutragen und hiervon unverzüglich zu benachrichtigen. [2]Lehnt die Genossenschaft die Zulassung ab, hat sie dies dem Antragsteller unverzüglich unter Rückgabe seiner Beitrittserklärung mitzuteilen.

§ 15a[4] Inhalt der Beitrittserklärung. [1]Die Beitrittserklärung muss die ausdrückliche Verpflichtung des Mitglieds enthalten, die nach Gesetz und Satzung geschuldeten Einzahlungen auf den Geschäftsanteil zu leisten. [2]Bestimmt die Satzung, dass die Mitglieder unbeschränkt oder beschränkt auf eine Haftsumme Nachschüsse zu leisten haben, so muss die Beitrittserklärung ferner die ausdrückliche Verpflichtung enthalten, die zur Befriedigung der Gläubiger erforderlichen Nachschüsse unbeschränkt oder bis zu der in der Satzung bestimmten Haftsumme zu zahlen. [3]Bestimmt die Satzung weitere Zahlungspflichten oder eine Kündigungsfrist von mehr als einem Jahr, so muss dies in der Beitrittserklärung ausdrücklich zur Kenntnis genommen werden.

§ 15b Beteiligung mit weiteren Geschäftsanteilen. (1) [1]Zur Beteiligung mit weiteren Geschäftsanteilen bedarf es einer schriftlichen und unbedingten Beitrittserklärung. [2]Für deren Inhalt gilt § 15a entsprechend.

(2) Die Beteiligung mit weiteren Geschäftsanteilen darf, außer bei einer Pflichtbeteiligung, nicht zugelassen werden, bevor alle Geschäftsanteile des Mitglieds, bis auf den zuletzt neu übernommenen, voll eingezahlt sind.

---

[1] § 14 neu gef. mWv 1.1.2007 durch G v. 10.11.2006 (BGBl. I S. 2553).

[2] § 14a aufgeh. mWv 1.1.2007 durch G v. 10.11.2006 (BGBl. I S. 2553).

[3] § 15 Abs. 1 Sätze 1 und 2 geänd., Sätze 3 und 4 angef. mWv 22.7.2017 durch G v. 17.7.2017 (BGBl. I S. 2434).

[4] § 15a Satz 3 angef. mWv 22.7.2017 durch G v. 17.7.2017 (BGBl. I S. 2434).

(3) [1] Die Beteiligung mit weiteren Geschäftsanteilen wird mit der Beitrittserklärung nach Absatz 1 und der Zulassung durch die Genossenschaft wirksam. [2] § 15 Abs. 2 gilt entsprechend.

§ 16[1)] Änderung der Satzung. (1) Eine Änderung der Satzung oder die Fortsetzung einer auf bestimmte Zeit beschränkten Genossenschaft kann nur durch die Generalversammlung beschlossen werden.

(2) [1] Für folgende Änderungen der Satzung bedarf es einer Mehrheit, die mindestens drei Viertel der abgegebenen Stimmen umfasst:
1. Änderung des Gegenstandes des Unternehmens,
2. Erhöhung des Geschäftsanteils,
3. Einführung oder Erweiterung einer Pflichtbeteiligung mit mehreren Geschäftsanteilen,
4. Einführung oder Erweiterung der Verpflichtung der Mitglieder zur Leistung von Nachschüssen,
5. Verlängerung der Kündigungsfrist auf eine längere Frist als zwei Jahre,
6. Einführung oder Erweiterung der Beteiligung ausscheidender Mitglieder an der Ergebnisrücklage nach § 73 Abs. 3,
7. Einführung oder Erweiterung von Mehrstimmrechten,
8. Zerlegung von Geschäftsanteilen,
9. Einführung oder Erhöhung eines Mindestkapitals,
10. Einschränkung des Anspruchs des Mitglieds nach § 73 Abs. 2 Satz 2 und Abs. 4 auf Auszahlung des Auseinandersetzungsguthabens,
11. Einführung der Möglichkeit nach § 8 Abs. 2 Satz 1 und 2, investierende Mitglieder zuzulassen.

[2] Die Satzung kann eine größere Mehrheit und weitere Erfordernisse bestimmen.

(3) [1] Zu einer Änderung der Satzung, durch die eine Verpflichtung der Mitglieder zur Inanspruchnahme von Einrichtungen oder anderen Leistungen der Genossenschaft oder zur Leistung von Sachen oder Diensten eingeführt oder erweitert wird, bedarf es einer Mehrheit, die mindestens neun Zehntel der abgegebenen Stimmen umfasst. [2] Zu einer Änderung der Satzung, durch die eine Verpflichtung der Mitglieder zur Zahlung laufender Beiträge für Leistungen, welche die Genossenschaft den Mitgliedern erbringt oder zur Verfügung stellt, eingeführt oder erweitert wird, bedarf es einer Mehrheit von mindestens drei Vierteln der abgegebenen Stimmen. [3] Die Satzung kann eine größere Mehrheit und weitere Erfordernisse bestimmen.

(4) Zu sonstigen Änderungen der Satzung bedarf es einer Mehrheit, die mindestens drei Viertel der abgegebenen Stimmen umfasst, sofern nicht die Satzung andere Erfordernisse aufstellt.

(5) [1] Auf die Anmeldung und Eintragung des Beschlusses finden die Vorschriften des § 11 mit der Maßgabe entsprechende Anwendung, dass der Anmeldung der Beschluss nur in Abschrift beizufügen ist. [2] Der Anmeldung ist der vollständige Wortlaut der Satzung beizufügen; er muss mit der Erklärung des Vorstands versehen sein, dass die geänderten Bestimmungen der Satzung mit dem Beschluss über die Satzungsänderung und die unveränderten Bestimmungen mit dem zuletzt

[1)] § 16 Abs. 5 Satz 1 geänd. mWv 1.1.2007 durch G v. 10.11.2006 (BGBl. I S. 2553); Abs. 5 Sätze 2 und 3 eingef., bish. Satz 2 wird Satz 4 mWv 29.5.2009 durch G v. 25.5.2009 (BGBl. I S. 1102); Abs. 5 Satz 4 aufgeh. mWv 1.8.2022 durch G v. 5.7.2021 (BGBl. I S. 3338).

zum Register eingereichten vollständigen Wortlaut der Satzung übereinstimmen. [3]Ist bei Satzungsänderungen der vollständige Wortlaut der Satzung bisher nicht eingereicht worden, so hat der Vorstand zu erklären, dass der eingereichte Wortlaut der Satzung mit dem zuletzt zum Register eingereichten vollständigen Wortlaut der Satzung und allen seither beschlossenen Änderungen übereinstimmt.

(6) Der Beschluss hat keine rechtliche Wirkung, bevor er in das Genossenschaftsregister des Sitzes der Genossenschaft eingetragen ist.

Abschnitt 2. Rechtsverhältnisse der Genossenschaft und ihrer Mitglieder

§ 17 Juristische Person; Formkaufmann. (1) Die eingetragene Genossenschaft als solche hat selbständig ihre Rechte und Pflichten; sie kann Eigentum und andere dingliche Rechte an Grundstücken erwerben, vor Gericht klagen und verklagt werden.

(2) Genossenschaften gelten als Kaufleute im Sinne des Handelsgesetzbuchs[1)].

§ 18 Rechtsverhältnis zwischen Genossenschaft und Mitgliedern. [1]Das Rechtsverhältnis der Genossenschaft und ihrer Mitglieder richtet sich zunächst nach der Satzung. [2]Diese darf von den Bestimmungen dieses Gesetzes nur insoweit abweichen, als dies ausdrücklich für zulässig erklärt ist.

§ 19 Gewinn- und Verlustverteilung. (1) [1]Der bei Feststellung des Jahresabschlusses für die Mitglieder sich ergebende Gewinn oder Verlust des Geschäftsjahres ist auf diese zu verteilen. [2]Die Verteilung geschieht für das erste Geschäftsjahr nach dem Verhältnis ihrer auf den Geschäftsanteil geleisteten Einzahlungen, für jedes folgende nach dem Verhältnis ihrer durch die Zuschreibung von Gewinn oder die Abschreibung von Verlust zum Schluss des vorhergegangenen Geschäftsjahres ermittelten Geschäftsguthaben. [3]Die Zuschreibung des Gewinns erfolgt so lange, als nicht der Geschäftsanteil erreicht ist.

(2) [1]Die Satzung kann einen anderen Maßstab für die Verteilung von Gewinn und Verlust aufstellen und bestimmen, inwieweit der Gewinn vor Erreichung des Geschäftsanteils an die Mitglieder auszuzahlen ist. [2]Bis zur Wiederergänzung eines durch Verlust verminderten Guthabens findet eine Auszahlung des Gewinns nicht statt.

§ 20[2)] Ausschluss der Gewinnverteilung. [1]Die Satzung kann bestimmen, dass der Gewinn nicht verteilt, sondern der gesetzlichen Rücklage und anderen Ergebnisrücklagen zugeschrieben wird. [2]Die Satzung kann ferner bestimmen, dass der Vorstand einen Teil des Jahresüberschusses, höchstens jedoch die Hälfte, in die Ergebnisrücklagen einstellen kann.

§ 21 Verbot der Verzinsung der Geschäftsguthaben. (1) Für das Geschäftsguthaben werden vorbehaltlich des § 21a Zinsen von bestimmter Höhe nicht vergütet, auch wenn das Mitglied Einzahlungen in höheren als den geschuldeten Beträgen geleistet hat.

(2) Auch können Mitglieder, welche mehr als die geschuldeten Einzahlungen geleistet haben, im Falle eines Verlustes andere Mitglieder nicht aus dem Grunde in Anspruch nehmen, dass von letzteren nur diese Einzahlungen geleistet sind.

[1)] Nr. **50**.
[2)] § 20 Satz 2 angef. mWv 29.5.2009 durch G v. 25.5.2009 (BGBl. I S. 1102).

§ 21a Ausnahmen vom Verbot der Verzinsung. (1) [1]Die Satzung kann bestimmen, dass die Geschäftsguthaben verzinst werden. [2]Bestimmt die Satzung keinen festen Zinssatz, muss sie einen Mindestzinssatz festsetzen. [3]Die Zinsen berechnen sich nach dem Stand der Geschäftsguthaben am Schluss des vorhergegangenen Geschäftsjahres. [4]Sie sind spätestens sechs Monate nach Schluss des Geschäftsjahres auszuzahlen, für das sie gewährt werden.

(2) Ist in der Bilanz der Genossenschaft für ein Geschäftsjahr ein Jahresfehlbetrag oder ein Verlustvortrag ausgewiesen, der ganz oder teilweise durch die Ergebnisrücklagen, einen Jahresüberschuss und einen Gewinnvortrag nicht gedeckt ist, so dürfen in Höhe des nicht gedeckten Betrags Zinsen für dieses Geschäftsjahr nicht gezahlt werden.

§ 21b[1)] Mitgliederdarlehen. (1) Zum Zweck der Finanzierung oder Modernisierung von zu ihrem Anlagevermögen gehörenden Gegenständen kann eine Genossenschaft, auch wenn sie über keine Erlaubnis zum Betreiben des Einlagengeschäfts nach dem Kreditwesengesetz[2)] verfügt, Darlehen ihrer Mitglieder entgegennehmen, wenn

1. im Darlehensvertrag vereinbart ist, dass das Darlehen zweckgebunden nur zugunsten eines konkreten Investitionsvorhabens der Genossenschaft in ihr Anlagevermögen verwendet werden darf,
2. die Darlehenssumme beim jeweiligen Mitglied, sofern es kein Unternehmer ist, 25 000 Euro nicht übersteigt,
3. der Gesamtbetrag sämtlicher von Genossenschaftsmitgliedern zu dem in Nummer 1 genannten Zweck gewährten Darlehen 2,5 Millionen Euro nicht übersteigt und
4. der vereinbarte jährliche Sollzinssatz den höheren der folgenden beiden Werte nicht übersteigt:
   a) 1,5 Prozent,
   b) die marktübliche Emissionsrendite für Anlagen am Kapitalmarkt in Hypothekenpfandbriefen mit gleicher Laufzeit.

(2) Der Vorstand der Genossenschaft hat dafür zu sorgen, dass den Mitgliedern der Genossenschaft vor Vertragsschluss die wesentlichen Informationen über das Investitionsvorhaben sowie mögliche Risiken aus der Darlehensgewährung zur Verfügung gestellt werden.

(3) [1]Der Vorstand hat während der gesamten Laufzeit des Darlehens die Einhaltung der Zweckbindung sicherzustellen. [2]Eine Änderung der Zweckbindung zugunsten eines anderen zulässigen Investitionsvorhabens der Genossenschaft ist nur gestattet, wenn das jeweilige Mitglied der Änderung schriftlich zustimmt, nachdem es die wesentlichen Informationen über das andere Investitionsvorhaben erhalten hat.

(4) [1]Das Mitglied ist an seine Willenserklärung, die auf den Abschluss des Darlehensvertrags gerichtet ist, nicht mehr gebunden, wenn es sie fristgerecht in Textform gegenüber der Genossenschaft widerrufen hat. [2]Der Widerruf muss keine Begründung enthalten. [3]Die Widerrufsfrist beträgt 14 Tage. [4]Sie beginnt mit Vertragsschluss, wenn der Vertrag einen deutlichen Hinweis auf das Widerrufsrecht enthält, sonst zu dem Zeitpunkt, zu dem das Mitglied einen solchen Hinweis in Textform erhält. [5]Ist der Beginn der Widerrufsfrist streitig, so trifft die Beweis-

[1)] § 21b eingef. mWv 22.7.2017 durch G v. 17.7.2017 (BGBl. I S. 2434).
[2)] **Sartorius ErgBd. Nr. 856.**

last die Genossenschaft. [6]Das Widerrufsrecht erlischt spätestens zwölf Monate nach dem Vertragsschluss. [7]Zur Fristwahrung genügt die rechtzeitige Absendung des Widerrufs. [8]Im Fall des Widerrufs ist der empfangene Darlehensbetrag unverzüglich zurückzugewähren. [9]Für den Zeitraum zwischen der Auszahlung des Darlehensbetrages des Mitglieds an die Genossenschaft und der Rückzahlung an das Mitglied hat die Genossenschaft den vereinbarten Sollzinssatz zu zahlen.

§ 22[1)] Herabsetzung des Geschäftsanteils; Verbot der Auszahlung des Geschäftsguthabens. (1) Werden der Geschäftsanteil oder die auf ihn zu leistenden Einzahlungen herabgesetzt oder die für die Einzahlungen festgesetzten Fristen verlängert, so ist der wesentliche Inhalt des Beschlusses der Generalversammlung durch das Gericht in einer Bekanntmachung zu der Eintragung in das Genossenschaftsregister anzugeben.

(2) [1]Den Gläubigern der Genossenschaft ist, wenn sie sich binnen sechs Monaten nach der Bekanntmachung bei der Genossenschaft zu diesem Zweck melden, Sicherheit zu leisten, soweit sie nicht Befriedigung verlangen können. [2]In der Bekanntmachung ist darauf hinzuweisen. [3]Das Recht, Sicherheitsleistung zu verlangen, steht Gläubigern nicht zu, die im Fall der Insolvenz ein Recht auf vorzugsweise Befriedigung aus einer Deckungsmasse haben, die nach gesetzlicher Vorschrift zu ihrem Schutz errichtet und staatlich überwacht ist.

(3) Mitglieder, die zur Zeit der Eintragung des Beschlusses der Genossenschaft angehörten, können sich auf die Änderung erst berufen, wenn die Bekanntmachung erfolgt ist und die Gläubiger, die sich rechtzeitig gemeldet haben, wegen der erhobenen Ansprüche befriedigt oder sichergestellt sind.

(4) [1]Das Geschäftsguthaben eines Mitglieds darf, solange es nicht ausgeschieden ist, von der Genossenschaft nicht ausgezahlt oder im geschäftlichen Betrieb zum Pfand genommen, eine geschuldete Einzahlung darf nicht erlassen werden. [2]Die Genossenschaft darf den Mitgliedern keinen Kredit zum Zweck der Leistung von Einzahlungen auf den Geschäftsanteil gewähren.

(5) Gegen eine geschuldete Einzahlung kann das Mitglied nicht aufrechnen.

(6) [1]Der Anspruch der Genossenschaft auf Leistung von Einzahlungen auf den Geschäftsanteil verjährt in zehn Jahren von seiner Entstehung an. [2]Wird das Insolvenzverfahren über das Vermögen der Genossenschaft eröffnet, so tritt die Verjährung nicht vor Ablauf von sechs Monaten ab dem Zeitpunkt der Eröffnung ein.

§ 22a Nachschusspflicht. (1) Wird die Verpflichtung der Mitglieder, Nachschüsse zur Insolvenzmasse zu leisten, auf eine Haftsumme beschränkt oder aufgehoben, so gilt § 22 Abs. 1 bis 3 sinngemäß.

(2) Die Einführung oder Erweiterung der Verpflichtung zur Leistung von Nachschüssen wirkt nicht gegenüber Mitgliedern, die bei Wirksamwerden der Änderung der Satzung bereits aus der Genossenschaft ausgeschieden waren.

§ 22b Zerlegung des Geschäftsanteils. (1) [1]Der Geschäftsanteil kann in mehrere Geschäftsanteile zerlegt werden. [2]Die Zerlegung und eine ihr entsprechende Herabsetzung der Einzahlungen gelten nicht als Herabsetzung des Geschäftsanteils oder der Einzahlungen.

---

1) § 22 Abs. 2 Satz 3 angef. mWv 19.12.2014 durch G v. 10.12.2014 (BGBl. I S. 2085); Abs. 1 geänd. mWv 1.8.2022 durch G v. 5.7.2021 (BGBl. I S. 3338).

(2) [1] Mit der Eintragung des Beschlusses über die Zerlegung des Geschäftsanteils sind die Mitglieder mit der Zahl von Geschäftsanteilen beteiligt, die sich aus der Zerlegung ergibt. [2] § 15b Abs. 3 ist nicht anzuwenden. [3] Die Mitgliederliste ist unverzüglich zu berichtigen.

§ 23 Haftung der Mitglieder. (1) Für die Verbindlichkeiten der Genossenschaft haften die Mitglieder nach Maßgabe dieses Gesetzes.

(2) Wer in die Genossenschaft eintritt, haftet auch für die vor seinem Eintritt eingegangenen Verbindlichkeiten.

(3) Vereinbarungen, die gegen die vorstehenden Absätze verstoßen, sind unwirksam.

Abschnitt 3. Verfassung der Genossenschaft

§ 24[1)] Vorstand. (1) [1] Die Genossenschaft wird durch den Vorstand gerichtlich und außergerichtlich vertreten. [2] Hat eine Genossenschaft keinen Vorstand (Führungslosigkeit), wird die Genossenschaft für den Fall, dass ihr gegenüber Willenserklärungen abgegeben oder Schriftstücke zugestellt werden, durch den Aufsichtsrat vertreten.

(2) [1] Der Vorstand besteht aus zwei Personen und wird von der Generalversammlung gewählt und abberufen. [2] Die Satzung kann eine höhere Personenzahl sowie eine andere Art der Bestellung und Abberufung bestimmen. [3] Bei Genossenschaften mit nicht mehr als 20 Mitgliedern kann die Satzung bestimmen, dass der Vorstand aus einer Person besteht.

(3) [1] Die Mitglieder des Vorstandes können besoldet oder unbesoldet sein. [2] Ihre Bestellung ist zu jeder Zeit widerruflich, unbeschadet der Entschädigungsansprüche aus bestehenden Verträgen.

§ 25[2)] Vertretung, Zeichnung durch Vorstandsmitglieder. (1) [1] Die Mitglieder des Vorstands sind nur gemeinschaftlich zur Vertretung der Genossenschaft befugt. [2] Die Satzung kann Abweichendes bestimmen. [3] Ist eine Willenserklärung gegenüber der Genossenschaft abzugeben, so genügt die Abgabe gegenüber einem Vorstandsmitglied oder im Fall des § 24 Abs. 1 Satz 2 gegenüber einem Aufsichtsratsmitglied.

(2) [1] Die Satzung kann auch bestimmen, dass einzelne Vorstandsmitglieder allein oder in Gemeinschaft mit einem Prokuristen zur Vertretung der Genossenschaft befugt sind. [2] Absatz 1 Satz 3 gilt in diesen Fällen sinngemäß.

(3) [1] Zur Gesamtvertretung befugte Vorstandsmitglieder können einzelne von ihnen zur Vornahme bestimmter Geschäfte oder bestimmter Arten von Geschäften ermächtigen. [2] Dies gilt sinngemäß, falls ein einzelnes Vorstandsmitglied in Gemeinschaft mit einem Prokuristen zur Vertretung der Genossenschaft befugt ist.

§ 25a[3)] Angaben auf Geschäftsbriefen. (1) Auf allen Geschäftsbriefen gleichviel welcher Form, die an einen bestimmten Empfänger gerichtet werden, müssen die Rechtsform und der Sitz der Genossenschaft, das Registergericht des Sitzes der Genossenschaft und die Nummer, unter der die Genossenschaft in das Genossenschaftsregister eingetragen ist, sowie alle Vorstandsmitglieder und, sofern der Auf-

[1)] § 24 Abs. 1 Satz 2 angef. mWv 1.11.2008 durch G v. 23.10.2008 (BGBl. I S. 2026).
[2)] § 25 Abs. 1 Satz 3 geänd., Abs. 4 aufgeh. mWv 1.11.2008 durch G v. 23.10.2008 (BGBl. I S. 2026).
[3)] § 25a Abs. 1 geänd. mWv 1.1.2007 durch G v. 10.11.2006 (BGBl. I S. 2553).

sichtsrat einen Vorsitzenden hat, dieser mit dem Familiennamen und mindestens einem ausgeschriebenen Vornamen angegeben werden.

(2) Der Angaben nach Absatz 1 bedarf es nicht bei Mitteilungen oder Berichten, die im Rahmen einer bestehenden Geschäftsverbindung ergehen und für die üblicherweise Vordrucke verwendet werden, in denen lediglich die im Einzelfall erforderlichen besonderen Angaben eingefügt zu werden brauchen.

(3) [1] Bestellscheine gelten als Geschäftsbriefe im Sinne des Absatzes 1. [2] Absatz 2 ist auf sie nicht anzuwenden.

§ 26[1)] **Vertretungsbefugnis des Vorstands.** (1) Die Genossenschaft wird durch die von dem Vorstand in ihrem Namen geschlossenen Rechtsgeschäfte berechtigt und verpflichtet; es ist gleichgültig, ob das Geschäft ausdrücklich im Namen der Genossenschaft geschlossen worden ist, oder ob die Umstände ergeben, dass es nach dem Willen der Vertragschließenden für die Genossenschaft geschlossen werden sollte.

(2) Zur Legitimation des Vorstands Behörden gegenüber genügt eine Bescheinigung des Registergerichts, dass die darin zu bezeichnenden Personen als Mitglieder des Vorstands in das Genossenschaftsregister eingetragen sind.

§ 27[2)] **Beschränkung der Vertretungsbefugnis.** (1) [1] Der Vorstand hat die Genossenschaft unter eigener Verantwortung zu leiten. [2] Er hat dabei die Beschränkungen zu beachten, die durch die Satzung festgesetzt worden sind. [3] Bei Genossenschaften mit nicht mehr als 20 Mitgliedern kann die Satzung vorsehen, dass der Vorstand an Weisungen der Generalversammlung gebunden ist.

(2) [1] Gegen dritte Personen hat eine Beschränkung der Befugnis des Vorstands, die Genossenschaft zu vertreten, keine rechtliche Wirkung. [2] Dies gilt insbesondere für den Fall, dass die Vertretung sich nur auf bestimmte Geschäfte oder Arten von Geschäften erstrecken oder nur unter bestimmten Umständen oder für eine bestimmte Zeit oder an einzelnen Orten stattfinden soll oder dass die Zustimmung der Generalversammlung, des Aufsichtsrats oder eines anderen Organs der Genossenschaft für einzelne Geschäfte erforderlich ist.

§ 28[3)] **Änderung des Vorstands und der Vertretungsbefugnis.** [1] Jede Änderung des Vorstands oder der Vertretungsbefugnis eines Vorstandsmitglieds hat der Vorstand zur Eintragung in das Genossenschaftsregister anzumelden. [2] Der Anmeldung sind die Urkunden über die Änderung in Urschrift oder Abschrift beizufügen.

§ 29[4)] **Publizität des Genossenschaftsregisters.** (1) Solange eine Änderung des Vorstands oder der Vertretungsbefugnis eines Vorstandsmitglieds nicht in das Genossenschaftsregister eingetragen und bekannt gemacht ist, kann sie von der Genossenschaft einem Dritten nicht entgegengesetzt werden, es sei denn, dass sie diesem bekannt war.

(2) [1] Ist die Änderung eingetragen und bekannt gemacht worden, so muss ein Dritter sie gegen sich gelten lassen. [2] Dies gilt nicht bei Rechtshandlungen, die

1) § 26 Abs. 2 geänd. mWv 1.9.2009 durch G v. 17.12.2008 (BGBl. I S. 2586).

2) § 27 Abs. 1 Satz 3 angef. mWv 22.7.2017 durch G v. 17.7.2017 (BGBl. I S. 2434).

3) § 28 Abs. 2 aufgeh. mWv 1.1.2007 durch G v. 10.11.2006 (BGBl. I S. 2553); Satz 3 aufgeh. mWv 1.8.2022 durch G v. 5.7.2021 (BGBl. I S. 3338).

4) § 29 Abs. 4 aufgeh. mWv 1.1.2007 durch G v. 10.11.2006 (BGBl. I S. 2553); Abs. 3 geänd. mWv 1.8.2022 durch G v. 5.7.2021 (BGBl. I S. 3338).

innerhalb von fünfzehn Tagen nach der Bekanntmachung vorgenommen werden, sofern der Dritte beweist, dass er die Änderung weder kannte noch kennen musste.

(3) Ist die Änderung unrichtig eingetragen, so kann sich ein Dritter auf die Eintragung der Änderung berufen, es sei denn, dass er die Unrichtigkeit kannte.

§ 30[1)] **Mitgliederliste.** (1) Der Vorstand ist verpflichtet, die Mitgliederliste zu führen.

(2) [1] In die Mitgliederliste ist jedes Mitglied der Genossenschaft mit folgenden Angaben einzutragen:

1. Familienname, Vornamen und Anschrift, bei juristischen Personen und Personenhandelsgesellschaften Firma und Anschrift, bei anderen Personenvereinigungen Bezeichnung und Anschrift der Vereinigung oder Familiennamen, Vornamen und Anschriften ihrer Mitglieder,
2. Zahl der von ihm übernommenen weiteren Geschäftsanteile,
3. Ausscheiden aus der Genossenschaft.

[2] Die Satzung kann regeln, mit welchen weiteren erforderlichen Angaben jedes Mitglied eingetragen wird. [3] Der Zeitpunkt, zu dem der Beitritt, eine Veränderung der Zahl weiterer Geschäftsanteile oder das Ausscheiden wirksam wird oder geworden ist, ist anzugeben.

(3) [1] Die Unterlagen, aufgrund deren die Eintragung des Beitritts, der Veränderung der Zahl weiterer Geschäftsanteile oder des Ausscheidens in die Mitgliederliste erfolgt, sind drei Jahre aufzubewahren. [2] Die Frist beginnt mit dem Schluss des Kalenderjahres, in dem das Mitglied aus der Genossenschaft ausgeschieden ist. [3] Im Übrigen gelten für die Aufbewahrung der Unterlagen die Regelungen für Handelsbriefe in § 257 des Handelsgesetzbuchs[2)].

§ 31[3)] **Einsicht in die Mitgliederliste.** (1) [1] Die Mitgliederliste kann von jedem Mitglied sowie von einem Dritten, der ein berechtigtes Interesse darlegt, bei der Genossenschaft eingesehen werden. [2] Abschriften aus der Mitgliederliste sind dem Mitglied hinsichtlich der ihn betreffenden Eintragungen auf Verlangen zu erteilen.

(2) [1] Der Dritte darf die übermittelten Daten nur für den Zweck speichern und nutzen, zu dessen Erfüllung sie ihm übermittelt werden; eine Speicherung und Nutzung für andere Zwecke ist nur zulässig, soweit die Daten auch dafür hätten übermittelt werden dürfen. [2] Ist der Empfänger eine nicht öffentliche Stelle, hat die Genossenschaft ihn darauf hinzuweisen; eine Speicherung und Nutzung für andere Zwecke bedarf in diesem Fall der Zustimmung der Genossenschaft.

§ 32[4)] **Vorlage der Mitgliederliste beim Gericht.** Der Vorstand hat dem Registergericht auf dessen Verlangen eine Abschrift der Mitgliederliste unverzüglich einzureichen.

§ 33 Buchführung; Jahresabschluss und Lagebericht. (1) [1] Der Vorstand hat dafür zu sorgen, dass die erforderlichen Bücher der Genossenschaft ordnungsgemäß geführt werden. [2] Der Jahresabschluss und der Lagebericht sind unverzüg-

---

[1)] § 30 Abs. 2 Satz 2 eingef., bish. Satz 2 wird Satz 3 und neu gef., Abs. 3 Satz 1 geänd., Satz 3 angef. mWv 22.7.2017 durch G v. 17.7.2017 (BGBl. I S. 2434).

[2)] Nr. **50**.

[3)] § 31 Abs. 2 Sätze 1 und 2 geänd. mWv 25.5.2018 durch G v. 17.7.2017 (BGBl. I S. 2541).

[4)] § 32 geänd. mWv 1.9.2009 durch G v. 17.12.2008 (BGBl. I S. 2586).

lich nach ihrer Aufstellung dem Aufsichtsrat und mit dessen Bemerkungen der Generalversammlung vorzulegen.

(2) Mit einer Verletzung der Vorschriften über die Gliederung der Bilanz und der Gewinn- und Verlustrechnung sowie mit einer Nichtbeachtung von Formblättern kann, wenn hierdurch die Klarheit des Jahresabschlusses nur unwesentlich beeinträchtigt wird, eine Anfechtung nicht begründet werden.

(3) Ergibt sich bei Aufstellung der Jahresbilanz oder einer Zwischenbilanz oder ist bei pflichtgemäßem Ermessen anzunehmen, dass ein Verlust besteht, der durch die Hälfte des Gesamtbetrages der Geschäftsguthaben und die Rücklagen nicht gedeckt ist, so hat der Vorstand unverzüglich die Generalversammlung einzuberufen und ihr dies anzuzeigen.

§§ 33a–33i (weggefallen)

§ 34[1)] Sorgfaltspflicht und Verantwortlichkeit der Vorstandsmitglieder.

(1) [1] Die Vorstandsmitglieder haben bei ihrer Geschäftsführung die Sorgfalt eines ordentlichen und gewissenhaften Geschäftsleiters einer Genossenschaft anzuwenden. [2] Eine Pflichtverletzung liegt nicht vor, wenn das Vorstandsmitglied bei einer unternehmerischen Entscheidung vernünftigerweise annehmen durfte, auf Grundlage angemessener Informationen zum Wohle der Genossenschaft zu handeln. [3] Über vertrauliche Angaben und Geheimnisse der Genossenschaft, namentlich Betriebs- oder Geschäftsgeheimnisse, die ihnen durch die Tätigkeit im Vorstand bekannt geworden sind, haben sie Stillschweigen zu bewahren.

(2) [1] Vorstandsmitglieder, die ihre Pflichten verletzen, sind der Genossenschaft zum Ersatz des daraus entstehenden Schadens als Gesamtschuldner verpflichtet. [2] Ist streitig, ob sie die Sorgfalt eines ordentlichen und gewissenhaften Geschäftsleiters einer Genossenschaft angewandt haben, tragen sie die Beweislast. [3] Wenn ein Vorstandsmitglied im Wesentlichen unentgeltlich tätig ist, muss dies bei der Beurteilung seiner Sorgfalt zu seinen Gunsten berücksichtigt werden.

(3) Die Mitglieder des Vorstands sind namentlich zum Ersatz verpflichtet, wenn entgegen diesem Gesetz oder der Satzung

1. Geschäftsguthaben ausgezahlt werden,
2. den Mitgliedern Zinsen oder Gewinnanteile gewährt werden,
3. Genossenschaftsvermögen verteilt wird,
4. Zahlungen geleistet werden, nachdem die Zahlungsunfähigkeit der Genossenschaft eingetreten ist oder sich eine Überschuldung ergeben hat, die für die Genossenschaft nach § 98 Grund für die Eröffnung des Insolvenzverfahrens ist,
5. Kredit gewährt wird.

(4) [1] Der Genossenschaft gegenüber tritt die Ersatzpflicht nicht ein, wenn die Handlung auf einem gesetzmäßigen Beschluss der Generalversammlung beruht. [2] Dadurch, dass der Aufsichtsrat die Handlung gebilligt hat, wird die Ersatzpflicht nicht ausgeschlossen.

(5) [1] In den Fällen des Absatzes 3 kann der Ersatzanspruch auch von den Gläubigern der Genossenschaft geltend gemacht werden, soweit sie von dieser keine Befriedigung erlangen können. [2] Den Gläubigern gegenüber wird die Ersatzpflicht weder durch einen Verzicht oder Vergleich der Genossenschaft noch dadurch aufgehoben, dass die Handlung auf einem Beschluss der Generalversamm-

---

[1)] § 34 Abs. 1 Satz 2 eingef., bish. Satz 2 wird Satz 3, Abs. 2 Satz 3 angef. mWv 22.7.2017 durch G v. 17.7.2017 (BGBl. I S. 2434).

lung beruht. [3]Ist über das Vermögen der Genossenschaft das Insolvenzverfahren eröffnet, so übt während dessen Dauer der Insolvenzverwalter oder Sachverwalter das Recht der Gläubiger gegen die Vorstandsmitglieder aus.

(6) Die Ansprüche aus diesen Vorschriften verjähren in fünf Jahren.

§ 35 Stellvertreter von Vorstandsmitgliedern. Die für Mitglieder des Vorstands gegebenen Vorschriften gelten auch für Stellvertreter von Mitgliedern.

§ 36[1)] Aufsichtsrat. (1) [1]Der Aufsichtsrat besteht, sofern nicht die Satzung eine höhere Zahl festsetzt, aus drei von der Generalversammlung zu wählenden Personen. [2]Die zu einer Beschlussfassung erforderliche Zahl ist durch die Satzung zu bestimmen.

(2) Die Mitglieder des Aufsichtsrats dürfen keine nach dem Geschäftsergebnis bemessene Vergütung beziehen.

(3) [1]Die Bestellung zum Mitglied des Aufsichtsrats kann auch vor Ablauf des Zeitraums, für welchen es gewählt ist, durch die Generalversammlung widerrufen werden. [2]Der Beschluss bedarf einer Mehrheit, die mindestens drei Viertel der abgegebenen Stimmen umfasst.

(4) Bei einer Genossenschaft, die Unternehmen von öffentlichem Interesse nach § 316a Satz 2 Nummer 1 oder 2 des Handelsgesetzbuchs[2)] ist, müssen die Mitglieder des Aufsichtsrats in ihrer Gesamtheit mit dem Sektor, in dem die Genossenschaft tätig ist, vertraut sein; mindestens ein Mitglied muss über Sachverstand auf den Gebieten Rechnungslegung oder Abschlussprüfung verfügen.

(5) [1]Abweichend von Absatz 1 Satz 1 kann die Satzung vorsehen, dass für bestimmte Mitglieder das Recht besteht, Mitglieder in den Aufsichtsrat zu entsenden. [2]Die Zahl der nach Satz 1 in den Aufsichtsrat entsandten Personen darf zusammen mit der Zahl der investierenden Mitglieder im Aufsichtsrat ein Drittel der Aufsichtsratsmitglieder nicht überschreiten.

§ 37 Unvereinbarkeit von Ämtern. (1) [1]Die Mitglieder des Aufsichtsrats dürfen nicht zugleich Vorstandsmitglieder, dauernde Stellvertreter der Vorstandsmitglieder, Prokuristen oder zum Betrieb des gesamten Geschäfts ermächtigte Handlungsbevollmächtigte der Genossenschaft sein. [2]Der Aufsichtsrat kann einzelne seiner Mitglieder für einen im Voraus begrenzten Zeitraum zu Stellvertretern verhinderter Vorstandsmitglieder bestellen; während dieses Zeitraums und bis zur Erteilung der Entlastung als stellvertretendes Vorstandsmitglied darf dieses Mitglied seine Tätigkeit als Aufsichtsratsmitglied nicht ausüben.

(2) Scheiden aus dem Vorstand Mitglieder aus, so dürfen dieselben nicht vor erteilter Entlastung in den Aufsichtsrat gewählt werden.

§ 38[3)] Aufgaben des Aufsichtsrats. (1) [1]Der Aufsichtsrat hat den Vorstand bei dessen Geschäftsführung zu überwachen. [2]Er kann zu diesem Zweck von dem Vorstand jederzeit Auskünfte über alle Angelegenheiten der Genossenschaft ver-

[1)] § 36 Abs. 4 angef. mWv 29.5.2009 durch G v. 25.5.2009 (BGBl. I S. 1102); Abs. 4 neu gef. mWv 17.6.2016 durch G v. 10.5.2016 (BGBl. I S. 1142); Abs. 5 angef. mWv 22.7.2017 durch G v. 17.7.2017 (BGBl. I S. 2434); Abs. 4 geänd. mWv 1.7.2021 durch G v. 3.6.2021 (BGBl. I S. 1534).

[2)] Nr. **50**.

[3)] § 38 Abs. 1a eingef. mWv 29.5.2009 durch G v. 25.5.2009 (BGBl. I S. 1102); Abs. 1a Satz 1 geänd., Satz 2 neu gef., Sätze 3 und 4 angef. mWv 17.6.2016 durch G v. 10.5.2016 (BGBl. I S. 1142); Abs. 1b eingef. mWv 19.4.2017 durch G v. 11.4.2017 (BGBl. I S. 802); Abs. 1a Satz 3 geänd. mWv 1.7.2021 durch G v. 3.6.2021 (BGBl. I S. 1534).

langen und die Bücher und Schriften der Genossenschaft sowie den Bestand der Genossenschaftskasse und die Bestände an Wertpapieren und Waren einsehen und prüfen. [3]Er kann einzelne seiner Mitglieder beauftragen, die Einsichtnahme und Prüfung durchzuführen. [4]Auch ein einzelnes Mitglied des Aufsichtsrats kann Auskünfte, jedoch nur an den Aufsichtsrat, verlangen. [5]Der Aufsichtsrat hat den Jahresabschluss, den Lagebericht und den Vorschlag für die Verwendung des Jahresüberschusses oder die Deckung des Jahresfehlbetrags zu prüfen; über das Ergebnis der Prüfung hat er der Generalversammlung vor der Feststellung des Jahresabschlusses zu berichten.

(1a) [1]Der Aufsichtsrat kann einen Prüfungsausschuss bestellen, der sich mit der Überwachung des Rechnungslegungsprozesses sowie der Wirksamkeit des internen Kontrollsystems, des Risikomanagementsystems und des internen Revisionssystems sowie der Abschlussprüfung befasst. [2]Der Prüfungsausschuss kann Empfehlungen oder Vorschläge zur Gewährleistung der Integrität des Rechnungslegungsprozesses unterbreiten. [3]Richtet der Aufsichtsrat einer Genossenschaft, die ein Unternehmen von öffentlichem Interesse nach § 316a Satz 2 Nummer 1 oder 2 des Handelsgesetzbuchs[1)] ist, einen Prüfungsausschuss ein, so muss dieser die Voraussetzungen des § 36 Absatz 4 erfüllen. [4]Artikel 6 Absatz 2 Buchstabe a der Verordnung (EU) Nr. 537/2014 des Europäischen Parlaments und des Rates vom 16. April 2014 über spezifische Anforderungen an die Abschlussprüfung bei Unternehmen von öffentlichem Interesse und zur Aufhebung des Beschlusses 2005/909/EG der Kommission (ABl. L 158 vom 27.5.2014, S. 77, L 170 vom 11.6.2014, S. 66) findet mit der Maßgabe Anwendung, dass die Erklärung bezogen auf die gesetzlichen Vertreter des Verbandes und die vom Verband beschäftigten Personen, die das Ergebnis der Prüfung beeinflussen können, abzugeben ist.

(1b) Der Aufsichtsrat hat auch den gesonderten nichtfinanziellen Bericht (§ 289b des Handelsgesetzbuchs) zu prüfen, sofern er erstellt wurde.

(2) [1]Der Aufsichtsrat hat eine Generalversammlung einzuberufen, wenn dies im Interesse der Genossenschaft erforderlich ist. [2]Ist nach der Satzung kein Aufsichtsrat zu bilden, gilt § 44.

(3) Weitere Aufgaben des Aufsichtsrats werden durch die Satzung bestimmt.

(4) Die Mitglieder des Aufsichtsrats können ihre Aufgaben nicht durch andere Personen wahrnehmen lassen.

§ 39 Vertretungsbefugnis des Aufsichtsrats. (1) [1]Der Aufsichtsrat vertritt die Genossenschaft gegenüber den Vorstandsmitgliedern gerichtlich und außergerichtlich. [2]Ist nach der Satzung kein Aufsichtsrat zu bilden, wird die Genossenschaft durch einen von der Generalversammlung gewählten Bevollmächtigten vertreten. [3]Die Satzung kann bestimmen, dass über die Führung von Prozessen gegen Vorstandsmitglieder die Generalversammlung entscheidet.

(2) [1]Der Genehmigung des Aufsichtsrats bedarf jede Gewährung von Kredit an ein Mitglied des Vorstands, soweit die Gewährung des Kredits nicht durch die Satzung an noch andere Erfordernisse geknüpft oder ausgeschlossen ist. [2]Das gleiche gilt von der Annahme eines Vorstandsmitglieds als Bürgen für eine Kreditgewährung.

(3) In Prozessen gegen die Mitglieder des Aufsichtsrats wird die Genossenschaft durch Bevollmächtigte vertreten, welche von der Generalversammlung gewählt werden.

[1)] Nr. **50**.

§ 40 Vorläufige Amtsenthebung von Vorstandsmitgliedern. Der Aufsichtsrat ist befugt, nach seinem Ermessen von der Generalversammlung abzuberufende Mitglieder des Vorstands vorläufig, bis zur Entscheidung der unverzüglich einzuberufenden Generalversammlung, von ihren Geschäften zu entheben und wegen einstweiliger Fortführung derselben das Erforderliche zu veranlassen.

§ 41 Sorgfaltspflicht und Verantwortlichkeit der Aufsichtsratsmitglieder.

Für die Sorgfaltspflicht und Verantwortlichkeit der Aufsichtsratsmitglieder gilt § 34 über die Verantwortlichkeit der Vorstandsmitglieder sinngemäß.

§ 42[1)] Prokura; Handlungsvollmacht. (1) [1] Die Genossenschaft kann Prokura nach Maßgabe der §§ 48 bis 53 des Handelsgesetzbuchs[2)] erteilen. [2] An die Stelle der Eintragung in das Handelsregister tritt die Eintragung in das Genossenschaftsregister. [3] § 29 gilt entsprechend.

(2) [1] Die Genossenschaft kann auch Handlungsvollmacht erteilen. [2] § 54 des Handelsgesetzbuchs ist anzuwenden.

§ 43[3)] Generalversammlung; Stimmrecht der Mitglieder. (1) Die Mitglieder üben ihre Rechte in den Angelegenheiten der Genossenschaft in der Generalversammlung aus, soweit das Gesetz nichts anderes bestimmt.

(2) [1] Die Generalversammlung beschließt mit der Mehrheit der abgegebenen Stimmen (einfache Stimmenmehrheit), soweit nicht Gesetz oder Satzung eine größere Mehrheit oder weitere Erfordernisse bestimmen. [2] Für Wahlen kann die Satzung eine abweichende Regelung treffen.

(3) [1] Jedes Mitglied hat eine Stimme. [2] Die Satzung kann die Gewährung von Mehrstimmrechten vorsehen. [3] Die Voraussetzungen für die Gewährung von Mehrstimmrechten müssen in der Satzung mit folgender Maßgabe bestimmt werden:

1. [1] Mehrstimmrechte sollen nur Mitgliedern gewährt werden, die den Geschäftsbetrieb besonders fördern. [2] Keinem Mitglied können mehr als drei Stimmen gewährt werden. [3] Bei Beschlüssen, die nach dem Gesetz zwingend einer Mehrheit von drei Vierteln der abgegebenen Stimmen oder einer größeren Mehrheit bedürfen, sowie bei Beschlüssen über die Aufhebung oder Einschränkung der Bestimmungen der Satzung über Mehrstimmrechte hat ein Mitglied, auch wenn ihm ein Mehrstimmrecht gewährt ist, nur eine Stimme.
2. [1] Auf Genossenschaften, bei denen mehr als drei Viertel der Mitglieder als Unternehmer im Sinne des § 14 des Bürgerlichen Gesetzbuchs[4)] Mitglied sind, ist Nummer 1 nicht anzuwenden. [2] Bei diesen Genossenschaften können Mehrstimmrechte vom einzelnen Mitglied höchstens bis zu einem Zehntel der in der Generalversammlung anwesenden Stimmen ausgeübt werden; das Nähere hat die Satzung zu regeln.
3. [1] Auf Genossenschaften, deren Mitglieder ausschließlich oder überwiegend eingetragene Genossenschaften sind, sind die Nummern 1 und 2 nicht anzuwenden. [2] Die Satzung dieser Genossenschaften kann das Stimmrecht der Mitglieder nach der Höhe ihrer Geschäftsguthaben oder einem anderen Maßstab abstufen.

[1)] § 42 Abs. 1 Satz 3 neu gef. mWv 1.1.2007 durch G v. 10.11.2006 (BGBl. I S. 2553); Abs. 1 Satz 3 neu gef. mWv 1.8.2022 durch G v. 5.7.2021 (BGBl. I S. 3338).

[2)] Nr. **50**.

[3)] § 43 Abs. 7 aufgeh. mWv 27.7.2022 durch G v. 20.7.2022 (BGBl. I S. 1166).

[4)] Nr. **20**.

[4]Zur Aufhebung oder Änderung der Bestimmungen der Satzung über Mehrstimmrechte bedarf es nicht der Zustimmung der betroffenen Mitglieder.

(4) [1]Das Mitglied soll sein Stimmrecht persönlich ausüben. [2]Das Stimmrecht geschäftsunfähiger oder in der Geschäftsfähigkeit beschränkter natürlicher Personen sowie das Stimmrecht von juristischen Personen wird durch ihre gesetzlichen Vertreter, das Stimmrecht von Personenhandelsgesellschaften durch zur Vertretung ermächtigte Gesellschafter ausgeübt.

(5) [1]Das Mitglied oder sein gesetzlicher Vertreter können Stimmvollmacht erteilen. [2]Für die Vollmacht ist die schriftliche Form erforderlich. [3]Ein Bevollmächtigter kann nicht mehr als zwei Mitglieder vertreten. [4]Die Satzung kann persönliche Voraussetzungen für Bevollmächtigte aufstellen, insbesondere die Bevollmächtigung von Personen ausschließen, die sich geschäftsmäßig zur Ausübung des Stimmrechts erbieten.

(6) Niemand kann für sich oder für einen anderen das Stimmrecht ausüben, wenn darüber Beschluss gefasst wird, ob er oder das vertretene Mitglied zu entlasten oder von einer Verbindlichkeit zu befreien ist oder ob die Genossenschaft gegen ihn oder das vertretene Mitglied einen Anspruch geltend machen soll.

§ 43a[1)] Vertreterversammlung. (1) [1]Bei Genossenschaften mit mehr als 1 500 Mitgliedern kann die Satzung bestimmen, dass die Generalversammlung aus Vertretern der Mitglieder (Vertreterversammlung) besteht. [2]Die Satzung kann auch bestimmen, dass bestimmte Beschlüsse der Generalversammlung vorbehalten bleiben. [3]Der für die Feststellung der Mitgliederzahl maßgebliche Zeitpunkt ist für jedes Geschäftsjahr jeweils das Ende des vorausgegangenen Geschäftsjahres.

(2) [1]Als Vertreter kann jede natürliche, unbeschränkt geschäftsfähige Person, die Mitglied der Genossenschaft ist und nicht dem Vorstand oder Aufsichtsrat angehört, gewählt werden. [2]Ist ein Mitglied der Genossenschaft eine juristische Person oder eine Personengesellschaft, kann jeweils eine natürliche Person, die zu deren Vertretung befugt ist, als Vertreter gewählt werden.

(3) [1]Die Vertreterversammlung besteht aus mindestens fünfzig Vertretern, die von den Mitgliedern der Genossenschaft gewählt werden. [2]Die Vertreter können nicht durch Bevollmächtigte vertreten werden. [3]Mehrstimmrechte können ihnen nicht eingeräumt werden.

(4) [1]Die Vertreter werden in allgemeiner, unmittelbarer, gleicher und geheimer Wahl gewählt; Mehrstimmrechte bleiben unberührt. [2]Für die Vertretung von Mitgliedern bei der Wahl gilt § 43 Abs. 4 und 5 entsprechend. [3]Kein Vertreter kann für längere Zeit als bis zur Beendigung der Vertreterversammlung gewählt werden, die über die Entlastung der Mitglieder des Vorstands und des Aufsichtsrats für das vierte Geschäftsjahr nach dem Beginn der Amtszeit beschließt. [4]Das Geschäftsjahr, in dem die Amtszeit beginnt, wird nicht mitgerechnet. [5]Die Satzung muss bestimmen,

1. auf wie viele Mitglieder ein Vertreter entfällt;
2. die Amtszeit der Vertreter.

[6]Eine Zahl von 150 Mitgliedern ist in jedem Fall ausreichend, um einen Wahlvorschlag einreichen zu können. [7]Nähere Bestimmungen über das Wahlverfahren einschließlich der Feststellung des Wahlergebnisses können in einer Wahlordnung getroffen werden, die vom Vorstand und Aufsichtsrat auf Grund übereinstimmen-

---

1) § 43a Abs. 2 Satz 2, Abs. 6 Satz 1 neu gef., Sätze 2 und 3 geänd. mWv 22.7.2017 durch G v. 17.7. 2017 (BGBl. I S. 2434).

der Beschlüsse erlassen wird. [8] Sie bedarf der Zustimmung der Generalversammlung.

(5) [1] Fällt ein Vertreter vor Ablauf der Amtszeit weg, muss ein Ersatzvertreter an seine Stelle treten. [2] Seine Amtszeit erlischt spätestens mit Ablauf der Amtszeit des weggefallenen Vertreters. [3] Auf die Wahl des Ersatzvertreters sind die für den Vertreter geltenden Vorschriften anzuwenden.

(6) [1] Eine Liste mit den Namen sowie den Anschriften, Telefonnummern oder E-Mail-Adressen der gewählten Vertreter und Ersatzvertreter ist zur Einsichtnahme für die Mitglieder mindestens zwei Wochen lang in den Geschäftsräumen der Genossenschaft und ihren Niederlassungen auszulegen oder bis zum Ende der Amtszeit der Vertreter auf der Internetseite der Genossenschaft zugänglich zu machen. [2] Die Auslegung oder die Zugänglichkeit im Internet ist in einem öffentlichen Blatt bekannt zu machen. [3] Die Frist für die Auslegung oder Zugänglichmachung beginnt mit der Bekanntmachung. [4] Jedes Mitglied kann jederzeit eine Abschrift der Liste der Vertreter und Ersatzvertreter verlangen; hierauf ist in der Bekanntmachung nach Satz 2 hinzuweisen.

(7) [1] Die Generalversammlung ist zur Beschlussfassung über die Abschaffung der Vertreterversammlung unverzüglich einzuberufen, wenn dies von mindestens einem Zehntel der Mitglieder oder dem in der Satzung hierfür bestimmten geringeren Teil in Textform beantragt wird. [2] § 45 Abs. 3 gilt entsprechend.

§ 43b[1)] Formen der Generalversammlung. (1) Die Generalversammlung muss in einer der folgenden Formen abgehalten werden:

1. als Präsenzversammlung an einem Ort, an dem die Mitglieder gemeinsam physisch anwesend sind,
2. als virtuelle Versammlung ohne gemeinsame physische Anwesenheit der Mitglieder an einem Ort,
3. als hybride Versammlung, an der die Mitglieder wahlweise am Ort der Versammlung physisch anwesend oder ohne physische Anwesenheit an diesem Ort teilnehmen können,
4. als Versammlung im gestreckten Verfahren, aufgespalten in
   a) eine Erörterungsphase, die abgehalten wird
      aa) als virtuelle Versammlung oder
      bb) als hybride Versammlung und
   b) eine zeitlich nachgelagerte Abstimmungsphase.

(2) [1] Bei einer Präsenzversammlung können Beschlüsse der Mitglieder auch schriftlich oder im Wege der elektronischen Kommunikation gefasst werden; das Nähere hat die Satzung zu regeln. [2] Ferner kann die Satzung vorsehen, dass

1. in bestimmten Fällen Mitglieder des Aufsichtsrats im Wege der Bild- und Tonübertragung an der Generalversammlung teilnehmen können und
2. die Generalversammlung in Bild und Ton übertragen werden darf.

(3) [1] Bei einer virtuellen Versammlung muss sichergestellt sein, dass

1. der gesamte Versammlungsverlauf allen teilnehmenden Mitgliedern schriftlich oder im Wege der elektronischen Kommunikation mitgeteilt wird und

---

[1)] § 43b eingef. mWv 27.7.2022 durch G v. 20.7.2022 (BGBl. I S. 1166).

2. alle teilnehmenden Mitglieder ihre Rede-, Antrags-, Auskunfts- und Stimmrechte schriftlich oder im Wege der elektronischen Kommunikation ausüben können.

[2] Die Satzung kann die Einzelheiten dazu regeln, wie die Rede-, Antrags-, Auskunfts- und Stimmrechte schriftlich oder im Wege der elektronischen Kommunikation ausgeübt werden können.

(4) [1] Bei einer hybriden Versammlung muss sichergestellt sein, dass

1. der gesamte Versammlungsverlauf allen teilnehmenden Mitgliedern im Wege der elektronischen Kommunikation mitgeteilt wird,
2. die Mitglieder, die ohne physische Anwesenheit am Ort der Versammlung teilnehmen, ihre Rede-, Antrags-, Auskunfts- und Stimmrechte im Wege der elektronischen Kommunikation ausüben können und
3. der Vorstand und der Aufsichtsrat durch physisch am Ort der Versammlung anwesende Mitglieder vertreten sind.

[2] Die Satzung kann die Einzelheiten dazu regeln, wie die Rede-, Antrags-, Auskunfts- und Stimmrechte im Wege der elektronischen Kommunikation ausgeübt werden können.

(5) [1] Bei einer Versammlung im gestreckten Verfahren muss sichergestellt sein, dass

1. während einer als virtuelle Versammlung stattfindenden Erörterungsphase Absatz 3 mit Ausnahme der Anforderungen an die Ausübung von Stimmrechten erfüllt ist,
2. während einer als hybride Versammlung stattfindenden Erörterungsphase Absatz 4 mit Ausnahme der Anforderungen an die Ausübung von Stimmrechten erfüllt ist und
3. während der Abstimmungsphase alle Mitglieder ihre Stimmrechte schriftlich oder im Wege der elektronischen Kommunikation ausüben können.

[2] Die Satzung kann die Einzelheiten dazu regeln, wie die Stimmrechte nach Satz 1 Nummer 3 ausgeübt werden können.

(6) [1] Vorbehaltlich einer Satzungsbestimmung nach Satz 3 entscheiden Vorstand und Aufsichtsrat gemeinsam nach pflichtgemäßem Ermessen unter Berücksichtigung der Interessen der Mitglieder über die Form

1. der Versammlung nach Absatz 1 und
2. der Erörterungsphase nach Absatz 1 Nummer 4 Buchstabe a und b, falls eine Entscheidung für eine Versammlung im gestreckten Verfahren getroffen wurde.

[2] Hat die Genossenschaft keinen Aufsichtsrat, entscheidet der Vorstand gemeinsam mit einem von der Generalversammlung aus ihrer Mitte gewählten Bevollmächtigten. [3] Können sich Vorstand und Aufsichtsrat oder Vorstand und der Bevollmächtigte nach Satz 2 nicht nach Satz 1 auf eine Form einigen oder kommt eine Entscheidung aus sonstigen Gründen nicht zustande, ist eine Präsenzversammlung abzuhalten. [4] Die Satzung kann eine in Absatz 1 bestimmte Form der Versammlung festlegen oder das Auswahlermessen nach Satz 1 beschränken. [5] Die Abhaltung einer Präsenzversammlung kann nach Satz 4 nicht ausgeschlossen werden.

(7) Mitglieder, die an einer Versammlung nach Absatz 1 Nummer 2 bis 4 schriftlich oder im Wege der elektronischen Kommunikation teilgenommen haben, gelten als erschienen.

§ 44 Einberufung der Generalversammlung. (1) Die Generalversammlung wird durch den Vorstand einberufen, soweit nicht nach der Satzung oder diesem Gesetz auch andere Personen dazu befugt sind.

(2) Eine Generalversammlung ist außer in den in der Satzung oder diesem Gesetz ausdrücklich bestimmten Fällen einzuberufen, wenn dies im Interesse der Genossenschaft erforderlich erscheint.

§ 45[1)] Einberufung auf Verlangen einer Minderheit. (1) [1] Die Generalversammlung muss unverzüglich einberufen werden, wenn mindestens ein Zehntel der Mitglieder oder der in der Satzung hierfür bezeichnete geringere Teil in Textform unter Anführung des Zwecks und der Gründe die Einberufung verlangt. [2] Mitglieder, auf deren Verlangen eine Vertreterversammlung einberufen wird, können an dieser Versammlung mit Rede- und Antragsrecht teilnehmen. [3] Die Satzung kann Bestimmungen darüber treffen, dass das Rede- und Antragsrecht in der Vertreterversammlung nur von einem oder mehreren von den teilnehmenden Mitgliedern aus ihrem Kreis gewählten Bevollmächtigten ausgeübt werden kann.

(2) [1] In gleicher Weise sind die Mitglieder berechtigt zu verlangen, dass Gegenstände zur Beschlussfassung einer Generalversammlung angekündigt werden. [2] Mitglieder, auf deren Verlangen Gegenstände zur Beschlussfassung einer Vertreterversammlung angekündigt werden, können an dieser Versammlung mit Rede- und Antragsrecht hinsichtlich dieser Gegenstände teilnehmen. [3] Absatz 1 Satz 3 ist anzuwenden.

(3) [1] Wird dem Verlangen nicht entsprochen, kann das Gericht die Mitglieder, welche das Verlangen gestellt haben, zur Einberufung der Generalversammlung oder zur Ankündigung des Gegenstandes ermächtigen. [2] Mit der Einberufung oder Ankündigung ist die gerichtliche Ermächtigung bekannt zu machen.

§ 46[2)] Form und Frist der Einberufung. (1) [1] Die Generalversammlung muss in der durch die Satzung bestimmten Weise mit einer Frist von mindestens zwei Wochen einberufen werden. [2] Bei der Einberufung ist Folgendes bekannt zu machen:

1. die Tagesordnung,
2. die Form der Versammlung nach § 43b Absatz 1,
3. im Fall von § 43b Absatz 1 Nummer 4 zusätzlich die Form der Erörterungsphase und
4. im Fall von § 43b Absatz 1 Nummer 2 bis 4 die erforderlichen Angaben zur Nutzung der schriftlichen oder elektronischen Kommunikation.

[3] Die Tagesordnung einer Vertreterversammlung ist allen Mitgliedern durch Veröffentlichung in den Genossenschaftsblättern oder im Internet unter der Adresse der Genossenschaft oder durch unmittelbare Benachrichtigung in Textform bekannt zu machen.

(2) [1] Über Gegenstände, deren Verhandlung nicht in der durch die Satzung oder nach § 45 Abs. 3 vorgesehenen Weise mindestens eine Woche vor der Generalversammlung angekündigt ist, können Beschlüsse nicht gefasst werden. [2] Dies gilt nicht, wenn sämtliche Mitglieder erschienen sind oder es sich um Beschlüsse über

---

1) § 45 Abs. 3 Satz 1 geänd. mWv 1.9.2009 durch G v. 17.12.2008 (BGBl. I S. 2586).

2) § 46 Abs. 1 Satz 3 geänd. mWv 22.7.2017 durch G v. 17.7.2017 (BGBl. I S. 2434); Abs. 1 Satz 2 neu gef. mWv 27.7.2022 durch G v. 20.7.2022 (BGBl. I S. 1166).

die Leitung der Versammlung oder um Anträge auf Einberufung einer außerordentlichen Generalversammlung handelt.

(3) Zur Stellung von Anträgen und zu Verhandlungen ohne Beschlussfassung bedarf es der Ankündigung nicht.

§ 47[1)] Niederschrift. (1) [1] Über die Beschlüsse der Generalversammlung ist eine Niederschrift anzufertigen. [2] Sie soll den Ort und den Tag der Versammlung, die Form der Versammlung nach § 43b Absatz 1 und im Fall von § 43b Absatz 1 Nummer 4 zusätzlich die Form der Erörterungsphase, den Namen des Vorsitzenden sowie Art und Ergebnis der Abstimmung und die Feststellung des Vorsitzenden über die Beschlussfassung enthalten. [3] Bei Versammlungen nach § 43b Absatz 1 Nummer 2 oder Nummer 4 Buchstabe a ist als Ort der Versammlung der Sitz der Genossenschaft anzugeben. [4] Im Fall von Versammlungen nach § 43b Absatz 1 Nummer 2 bis 4 ist der Niederschrift ein Verzeichnis der Mitglieder beizufügen, die an der Beschlussfassung mitgewirkt haben. [5] In diesem Verzeichnis ist zu jedem Mitglied die Art der Stimmabgabe anzugeben.

(2) [1] Die Niederschrift ist vom Vorsitzenden und mindestens einem anwesenden Mitglied des Vorstands zu unterschreiben. [2] Ihr sind die Belege über die Einberufung als Anlagen beizufügen.

(3) [1] Sieht die Satzung die Zulassung investierender Mitglieder oder die Gewährung von Mehrstimmrechten vor oder wird eine Änderung der Satzung beschlossen, die einen der in § 16 Abs. 2 Satz 1 Nr. 2 bis 5, 9 bis 11 oder Abs. 3 aufgeführten Gegenstände oder eine wesentliche Änderung des Gegenstandes des Unternehmens betrifft, oder wird die Fortsetzung der Genossenschaft nach § 117 beschlossen, ist der Niederschrift außerdem ein Verzeichnis der erschienenen oder vertretenen Mitglieder und der vertretenden Personen beizufügen. [2] Bei jedem erschienenen oder vertretenen Mitglied ist dessen Stimmenzahl zu vermerken.

(4) [1] Jedes Mitglied kann jederzeit Einsicht in die Niederschrift nehmen. [2] Ferner ist jedem Mitglied auf Verlangen eine Abschrift der Niederschrift einer Vertreterversammlung unverzüglich zur Verfügung zu stellen. [3] Die Niederschrift ist von der Genossenschaft aufzubewahren.

§ 48[2)] Zuständigkeit der Generalversammlung. (1) [1] Die Generalversammlung stellt den Jahresabschluss fest. [2] Sie beschließt über die Verwendung des Jahresüberschusses oder die Deckung eines Jahresfehlbetrags sowie über die Entlastung des Vorstands und des Aufsichtsrats. [3] Die Generalversammlung hat in den ersten sechs Monaten des Geschäftsjahrs stattzufinden.

(2) [1] Auf den Jahresabschluss sind bei der Feststellung die für seine Aufstellung geltenden Vorschriften anzuwenden. [2] Wird der Jahresabschluss bei der Feststellung geändert und ist die Prüfung nach § 53 bereits abgeschlossen, so werden vor der erneuten Prüfung gefasste Beschlüsse über die Feststellung des Jahresabschlusses und über die Ergebnisverwendung erst wirksam, wenn auf Grund einer erneuten Prüfung ein hinsichtlich der Änderung uneingeschränkter Bestätigungsvermerk erteilt worden ist.

(3) [1] Der Jahresabschluss, der Lagebericht sowie der Bericht des Aufsichtsrats sollen mindestens eine Woche vor der Versammlung in dem Geschäftsraum der

---

[1)] § 47 Abs. 2 Satz 1 geänd. mWv 22.7.2017 durch G v. 17.7.2017 (BGBl. I S. 2434); Abs. 1 Satz 2 geänd., Sätze 3–5 angef. mWv 27.7.2022 durch G v. 20.7.2022 (BGBl. I S. 1166).

[2)] § 48 Abs. 4 Satz 1 geänd. mWv 1.1.2007 durch G v. 10.11.2006 (BGBl. I S. 2553); Abs. 3 Satz 1 geänd. mWv 22.7.2017 durch G v. 17.7.2017 (BGBl. I S. 2434).

Genossenschaft oder an einer anderen durch den Vorstand bekannt zu machenden geeigneten Stelle zur Einsichtnahme der Mitglieder ausgelegt, auf der Internetseite der Genossenschaft zugänglich gemacht oder ihnen sonst zur Kenntnis gebracht werden. [2]Jedes Mitglied ist berechtigt, auf seine Kosten eine Abschrift des Jahresabschlusses, des Lageberichts und des Berichts des Aufsichtsrats zu verlangen.

(4) [1]Die Generalversammlung beschließt über die Offenlegung eines Einzelabschlusses nach § 339 Abs. 2 in Verbindung mit § 325 Abs. 2a des Handelsgesetzbuchs[1)]. [2]Der Beschluss kann für das nächstfolgende Geschäftsjahr im Voraus gefasst werden. [3]Die Satzung kann die in den Sätzen 1 und 2 genannten Entscheidungen dem Aufsichtsrat übertragen. [4]Ein vom Vorstand auf Grund eines Beschlusses nach den Sätzen 1 bis 3 aufgestellter Abschluss darf erst nach seiner Billigung durch den Aufsichtsrat offen gelegt werden.

§ 49 Beschränkungen für Kredite. Die Generalversammlung hat die Beschränkungen festzusetzen, die bei Gewährung von Kredit an denselben Schuldner eingehalten werden sollen.

§ 50 Bestimmung der Einzahlungen auf den Geschäftsanteil. Soweit die Satzung die Mitglieder zu Einzahlungen auf den Geschäftsanteil verpflichtet, ohne dieselben nach Betrag und Zeit festzusetzen, unterliegt ihre Festsetzung der Beschlussfassung durch die Generalversammlung.

§ 51[2)] Anfechtung von Beschlüssen der Generalversammlung. (1) [1]Ein Beschluss der Generalversammlung kann wegen Verletzung des Gesetzes oder der Satzung im Wege der Klage angefochten werden. [2]Die Klage muss binnen einem Monat erhoben werden.

(2) [1]Zur Anfechtung befugt ist jedes in der Generalversammlung erschienene Mitglied, sofern es gegen den Beschluss Widerspruch zum Protokoll erklärt hat, und jedes nicht erschienene Mitglied, sofern es zu der Generalversammlung unberechtigterweise nicht zugelassen worden ist oder sofern es die Anfechtung darauf gründet, dass die Einberufung der Versammlung oder die Ankündigung des Gegenstandes der Beschlussfassung nicht ordnungsgemäß erfolgt sei. [2]Ferner sind der Vorstand und der Aufsichtsrat zur Anfechtung befugt, ebenso jedes Mitglied des Vorstands und des Aufsichtsrats, wenn es durch die Ausführung des Beschlusses eine strafbare Handlung oder eine Ordnungswidrigkeit begehen oder wenn es ersatzpflichtig werden würde.

(2a) [1]Die Anfechtung eines Beschlusses der Generalversammlung nach § 43b Absatz 1 Nummer 2 bis 4 kann nicht auf Verletzungen des Gesetzes oder der Mitgliederrechte gestützt werden, die auf technische Störungen der elektronischen Kommunikation zurückzuführen sind, es sei denn, der Genossenschaft ist Vorsatz oder grobe Fahrlässigkeit vorzuwerfen. [2]Die Absätze 1 und 2 bleiben unberührt.

(3) [1]Die Klage ist gegen die Genossenschaft zu richten. [2]Die Genossenschaft wird durch den Vorstand, sofern dieser nicht selbst klagt, und durch den Aufsichtsrat, sofern dieser nicht selbst klagt, vertreten; § 39 Abs. 1 Satz 2 ist entsprechend anzuwenden. [3]Zuständig für die Klage ist ausschließlich das Landgericht, in dessen Bezirke die Genossenschaft ihren Sitz hat. [4]Die mündliche Verhandlung erfolgt

[1)] Nr. **50**.

[2)] § 51 Abs. 5 Satz 2 geänd. mWv 1.9.2009 durch G v. 17.12.2008 (BGBl. I S. 2586); Abs. 5 Satz 3 aufgeh. mWv 1.8.2022 durch G v. 5.7.2021 (BGBl. I S. 3338); Abs. 2a eingef. mWv 27.7.2022 durch G v. 20.7.2022 (BGBl. I S. 1166).

nicht vor Ablauf der im ersten Absatz bezeichneten Frist. 5 Mehrere Anfechtungsprozesse sind zur gleichzeitigen Verhandlung und Entscheidung zu verbinden.

(4) Die Erhebung der Klage sowie der Termin zur mündlichen Verhandlung sind unverzüglich vom Vorstand in den für die Bekanntmachung der Genossenschaft bestimmten Blättern zu veröffentlichen.

(5) 1 Soweit der Beschluss durch Urteil rechtskräftig für nichtig erklärt ist, wirkt dieses Urteil auch gegenüber den Mitgliedern der Genossenschaft, die nicht Partei des Rechtsstreits waren. 2 Ist der Beschluss in das Genossenschaftsregister eingetragen, hat der Vorstand dem Registergericht das Urteil einzureichen und dessen Eintragung zu beantragen.

§ 52 (weggefallen)

Abschnitt 4.[1)] Prüfung und Prüfungsverbände

§ 53[2)] [3)] Pflichtprüfung. (1) 1 Zwecks Feststellung der wirtschaftlichen Verhältnisse und der Ordnungsmäßigkeit der Geschäftsführung sind die Einrichtungen, die Vermögenslage sowie die Geschäftsführung der Genossenschaft mindestens in jedem zweiten Geschäftsjahr zu prüfen. 2 Bei Genossenschaften, deren Bilanzsumme 2 Millionen Euro übersteigt, muss die Prüfung in jedem Geschäftsjahr stattfinden.

(2) 1 Im Rahmen der Prüfung nach Absatz 1 ist bei Genossenschaften, deren Bilanzsumme 1,5 Millionen Euro und deren Umsatzerlöse 3 Millionen Euro übersteigen, der Jahresabschluss unter Einbeziehung der Buchführung und des Lageberichts zu prüfen. 2 § 316 Absatz 3 Satz 1 und 2, § 317 Abs. 1 Satz 2 und 3, Abs. 2 des Handelsgesetzbuchs[4)] sind entsprechend anzuwenden; Artikel 17 der Verordnung (EU) Nr. 537/2014 findet keine Anwendung. 3 Bei der Prüfung großer Genossenschaften im Sinn des § 58 Abs. 2 ist § 317 Abs. 5 und 6 des Handelsgesetzbuchs entsprechend anzuwenden.

(3) Für Genossenschaften, die Unternehmen von öffentlichem Interesse nach § 316a Satz 2 Nummer 1 oder 2 des Handelsgesetzbuchs sind und keinen Aufsichtsrat haben, gilt § 324 Absatz 1 und 2 des Handelsgesetzbuchs entsprechend mit der Maßgabe, dass mindestens ein Mitglied über Sachverstand auf den Gebieten Rechnungslegung oder Abschlussprüfung verfügen muss.

(4) Bei der Prüfung einer Genossenschaft, die als Inlandsemittent (§ 2 Absatz 14 des Wertpapierhandelsgesetzes[5)]) Wertpapiere (§ 2 Absatz 1 des Wertpapierhandelsgesetzes), aber nicht ausschließlich die von § 327a erfassten Schuldtitel, begibt, sind § 316 Absatz 3 Satz 3, § 317 Absatz 3a Satz 1, § 320 Absatz 1 Satz 3 und § 322 Absatz 1 Satz 4 des Handelsgesetzbuchs entsprechend anzuwenden.

[1)] Siehe hierzu auch §§ 25 und 26 WirtschaftsprüferO idF der Bek. v. 5.11.1975 (BGBl. I S. 2803), zuletzt geänd. durch G v. 10.8.2021 (BGBl. I S. 3436).

[2)] § 53 Abs. 2 Satz 2 geänd., Satz 3 und Abs. 3 angef. mWv 29.5.2009 durch G v. 25.5.2009 (BGBl. I S. 1102); Abs. 2 Satz 2 und Abs. 3 geänd. mWv 17.6.2016 durch G v. 10.5.2016 (BGBl. I S. 1142); Abs. 1 Satz 1, Abs. 2 Satz 1 geänd. mWv 22.7.2017 durch G v. 17.7.2017 (BGBl. I S. 2434); Abs. 2 Satz 2 geänd., Abs. 4 angef. mWv 19.8.2020 durch G v. 12.8.2020 (BGBl. I S. 1874); Abs. 3 neu gef., Abs. 4 geänd. mWv 1.7.2021 durch G v. 3.6.2021 (BGBl. I S. 1534).

[3)] Beachte hierzu Übergangsvorschriften in §§ 164, 172 und 173 Abs. 2.

[4)] Nr. **50**.

[5)] **Habersack, Deutsche Gesetze ErgBd. Nr. 58.**

§ 53a[1) 2)] **Vereinfachte Prüfung; Verordnungsermächtigung.** (1) [1]Bei Kleinstgenossenschaften (§ 336 Absatz 2 Satz 3 des Handelsgesetzbuchs[3)]), deren Satzung keine Nachschusspflicht der Mitglieder vorsieht und die im maßgeblichen Prüfungszeitraum von ihren Mitgliedern keine Darlehen nach § 21b Absatz 1 entgegengenommen haben, beschränkt sich jede zweite Prüfung nach § 53 Absatz 1 Satz 1 auf eine vereinfachte Prüfung. [2]Eine vereinfachte Prüfung umfasst die Durchsicht der in Absatz 2 Satz 1 genannten Unterlagen und die Feststellung, ob es Anhaltspunkte dafür gibt, an einer geordneten Vermögenslage oder der Ordnungsmäßigkeit der Geschäftsführung zu zweifeln. [3]§ 57 Absatz 2 und 4 findet keine Anwendung.

(2) [1]Bei der vereinfachten Prüfung sind folgende Unterlagen einzureichen:

1. eine Abschrift der Satzung in der geltenden Fassung oder eine Erklärung des Vorstands, dass gegenüber der zuletzt eingereichten Fassung keine Änderung erfolgt ist;
2. die im Prüfungszeitraum festgestellten Jahresabschlüsse;
3. ein Nachweis über die im Prüfungszeitraum erfolgte Einstellung des Jahresabschlusses im Unternehmensregister oder darüber, dass der Jahresabschluss zur Einstellung an die das Unternehmensregister führende Stelle übermittelt wurde;
4. eine Abschrift der Mitgliederliste;
5. eine Abschrift der im Prüfungszeitraum erstellten Niederschriften der Beschlüsse der Generalversammlung, des Vorstands und des Aufsichtsrats, wenn es einen solchen gibt;
6. sofern die Genossenschaft im Prüfungszeitraum ihren Mitgliedern Vermögensanlagen nach § 2 Absatz 1 Nummer 1a des Vermögensanlagengesetzes vom 6. Dezember 2011 (BGBl. I S. 2481), das zuletzt durch Artikel 4 Absatz 54 des Gesetzes vom 18. Juli 2016 (BGBl. I S. 1666) geändert worden ist, in der jeweils geltenden Fassung angeboten hat, eine Erklärung des Vorstands, dass und auf welche Weise den Mitgliedern die nach § 2 Absatz 2 Satz 2 des Vermögensanlagengesetzes erforderlichen Informationen zur Verfügung gestellt wurden.

(Fortsetzung nächstes Blatt)

---

1) § 53a eingef. mWv 22.7.2017 durch G v. 17.7.2017 (BGBl. I S. 2434); Abs. 2 Satz 1 Nr. 3 neu gef. mWv 1.8.2022 durch G v. 5.7.2021 (BGBl. I S. 3338).

2) Beachte hierzu Übergangsvorschriften in §§ 171 und 175.

3) Nr. **50**.

(2) Die Bestimmung ist mit der Bestellung der Liquidatoren zur Eintragung in das Genossenschaftsregister anzumelden.

(3) Die Liquidatoren zeichnen für die Genossenschaft, indem sie der Firma einen die Liquidation andeutenden Zusatz und ihre Namensunterschrift hinzufügen.

§ 86 Publizität des Genossenschaftsregisters. Die Vorschriften in § 29 über das Verhältnis zu dritten Personen finden bezüglich der Liquidatoren Anwendung.

§ 87 Rechtsverhältnisse im Liquidationsstadium. (1) Bis zur Beendigung der Liquidation sind ungeachtet der Auflösung der Genossenschaft in Bezug auf die Rechtsverhältnisse der Genossenschaft und ihrer Mitglieder die §§ 17 bis 51 weiter anzuwenden, soweit sich aus den Vorschriften dieses Abschnitts und aus dem Wesen der Liquidation nichts anderes ergibt.

(2) Der Gerichtsstand, welchen die Genossenschaft zur Zeit ihrer Auflösung hatte, bleibt bis zur vollzogenen Verteilung des Vermögens bestehen.

§ 87a Zahlungspflichten bei Überschuldung. (1) [1]Ergibt sich bei Aufstellung der Liquidationseröffnungsbilanz, einer späteren Jahresbilanz oder einer Zwischenbilanz oder ist bei pflichtmäßigem Ermessen anzunehmen, dass das Vermögen auch unter Berücksichtigung fälliger, rückständiger Einzahlungen die Schulden nicht mehr deckt, so kann die Generalversammlung beschließen, dass die Mitglieder, die ihren Geschäftsanteil noch nicht voll eingezahlt haben, zu weiteren Einzahlungen auf den Geschäftsanteil verpflichtet sind, soweit dies zur Deckung des Fehlbetrags erforderlich ist. [2]Der Beschlussfassung der Generalversammlung stehen abweichende Bestimmungen der Satzung nicht entgegen.

(2) [1]Reichen die weiteren Einzahlungen auf den Geschäftsanteil zur Deckung des Fehlbetrags nicht aus, kann die Generalversammlung beschließen, dass die Mitglieder nach dem Verhältnis ihrer Geschäftsanteile bis zur Deckung des Fehlbetrags weitere Zahlungen zu leisten haben. [2]Für Genossenschaften, bei denen die Mitglieder keine Nachschüsse zur Insolvenzmasse zu leisten haben, gilt dies nur, wenn die Satzung dies bestimmt. [3]Ein Mitglied kann zu weiteren Zahlungen höchstens bis zu dem Betrag in Anspruch genommen werden, der dem Gesamtbetrag seiner Geschäftsanteile entspricht. [4]Absatz 1 Satz 2 gilt entsprechend. [5]Bei der Feststellung des Verhältnisses der Geschäftsanteile und des Gesamtbetrags der Geschäftsanteile gelten als Geschäftsanteile eines Mitglieds auch die Geschäftsanteile, die es entgegen den Bestimmungen der Satzung über eine Pflichtbeteiligung noch nicht übernommen hat.

(3) [1]Die Beschlüsse bedürfen einer Mehrheit, die mindestens drei Viertel der abgegebenen Stimmen umfasst. [2]Die Satzung kann eine größere Mehrheit und weitere Erfordernisse bestimmen.

(4) Die Beschlüsse dürfen nicht gefasst werden, wenn das Vermögen auch unter Berücksichtigung der weiteren Zahlungspflichten die Schulden nicht mehr deckt.

§ 87b Verbot der Erhöhung von Geschäftsanteil oder Haftsumme.

Nach Auflösung der Genossenschaft können weder der Geschäftsanteil noch die Haftsumme erhöht werden.

§ 88 Aufgaben der Liquidatoren. [1]Die Liquidatoren haben die laufenden Geschäfte zu beendigen, die Verpflichtungen der aufgelösten Genossenschaft zu erfüllen, die Forderungen derselben einzuziehen und das Vermögen der Genossenschaft in Geld umzusetzen; sie haben die Genossenschaft gerichtlich und außergerichtlich zu vertreten. [2] Zur Beendigung schwebender Geschäfte können die Liquidatoren auch neue Geschäfte eingehen.

§ 88a Abtretbarkeit der Ansprüche auf rückständige Einzahlungen und anteilige Fehlbeträge. (1) Die Liquidatoren können den Anspruch der Genossenschaft auf rückständige Einzahlungen auf den Geschäftsanteil und den Anspruch auf anteilige Fehlbeträge nach § 73 Abs. 2 Satz 4 mit Zustimmung des Prüfungsverbandes abtreten.

(2) Der Prüfungsverband soll nur zustimmen, wenn der Anspruch an eine genossenschaftliche Zentralbank oder an eine der Prüfung durch einen Prüfungsverband unterstehende Stelle abgetreten wird und schutzwürdige Belange der Mitglieder nicht entgegenstehen.

§ 89[1) 2)] Rechte und Pflichten der Liquidatoren. [1] Die Liquidatoren haben die aus den §§ 26, 27, 33 Abs. 1 Satz 1, §§ 34, 44 bis 47, 48 Abs. 3, §§ 51, 57 bis 59 sich ergebenden Rechte und Pflichten des Vorstands und unterliegen gleich diesem der Überwachung des Aufsichtsrats. [2] Sie haben für den Beginn der Liquidation eine Bilanz (Eröffnungsbilanz) sowie für den Schluss eines jeden Jahres einen Jahresabschluss und erforderlichenfalls einen Lagebericht aufzustellen. [3] Die Eröffnungsbilanz ist nach § 339 des Handelsgesetzbuchs[3)] offenzulegen.

§ 90 Voraussetzung für Vermögensverteilung. (1) Eine Verteilung des Vermögens unter die Mitglieder darf nicht vor Tilgung oder Deckung der Schulden und nicht vor Ablauf eines Jahres seit dem Tage vollzogen werden, an welchem die Aufforderung der Gläubiger in den hierzu bestimmten Blättern erfolgt ist.

(2) [1] Meldet sich ein bekannter Gläubiger nicht, so ist der geschuldete Betrag, wenn die Berechtigung zur Hinterlegung vorhanden ist, für den Gläubiger zu hinterlegen. [2] Ist die Berichtigung einer Verbindlichkeit zur Zeit nicht ausführbar oder ist eine Verbindlichkeit streitig, so darf die Verteilung des Vermögens nur erfolgen, wenn dem Gläubiger Sicherheit geleistet ist.

§ 91 Verteilung des Vermögens. (1) [1] Die Verteilung des Vermögens unter die einzelnen Mitglieder erfolgt bis zum Gesamtbetrag ihrer auf Grund der Eröffnungsbilanz ermittelten Geschäftsguthaben nach dem Verhältnis der letzteren. [2] Waren die Mitglieder nach § 87a Abs. 2 zu Zahlungen herangezogen worden, so sind zunächst diese Zahlungen nach dem Verhältnis der geleisteten Beträge zu erstatten. [3] Bei Ermittlung der einzelnen Geschäftsguthaben bleiben für die Verteilung des Gewinns oder Verlustes, welcher sich für den Zeitraum zwischen dem letzten Jahresabschluss und der Eröffnungsbilanz ergeben hat, die seit dem letzten Jahresabschluss geleisteten Einzahlungen außer Betracht. [4] Der Gewinn aus diesem Zeitraum ist dem Guthaben auch insoweit zuzuschreiben, als dadurch der Geschäftsanteil überschritten wird.

(2) Überschüsse, welche sich über den Gesamtbetrag dieser Guthaben hinaus ergeben, sind nach Köpfen zu verteilen.

(3) Durch die Satzung kann die Verteilung des Vermögens ausgeschlossen oder ein anderes Verhältnis für die Verteilung bestimmt werden.

---

1) § 89 Satz 3 neu gef. mWv 1.8.2022 durch G v. 5.7.2021 (BGBl. I S. 3338).
2) Beachte hierzu Übergangsvorschrift in § 175.
3) Nr. **50**.

§ 92 Unverteilbares Reinvermögen. [1]Ein bei der Auflösung der Genossenschaft verbleibendes unverteilbares Reinvermögen fällt, sofern dasselbe nicht durch die Satzung einer natürlichen oder juristischen Person zu einem bestimmten Verwendungszweck überwiesen ist, an diejenige Gemeinde, in der die Genossenschaft ihren Sitz hatte. [2]Die Zinsen dieses Fonds sind zu gemeinnützigen Zwecken zu verwenden.

§ 93[1)] Aufbewahrung von Unterlagen. [1]Nach Beendigung der Liquidation sind die Bücher und Schriften der aufgelösten Genossenschaft für zehn Jahre einem ihrer ehemaligen Mitglieder oder einem Dritten in Verwahrung zu geben. [2]Ist die Person weder durch Satzung noch durch einen Beschluss der Generalversammlung benannt, wird sie durch das Gericht bestimmt. [3]Das Gericht kann die ehemaligen Mitglieder und deren Rechtsnachfolger sowie die Gläubiger der Genossenschaft ermächtigen, die Bücher und Schriften einzusehen.

§§ 93a–93s (weggefallen)

§ 94 Klage auf Nichtigerklärung. Enthält die Satzung nicht die für sie wesentlichen Bestimmungen oder ist eine dieser Bestimmungen nichtig, so kann jedes Mitglied der Genossenschaft und jedes Vorstands- oder Aufsichtsratsmitglied im Wege der Klage beantragen, dass die Genossenschaft für nichtig erklärt werde.

§ 95[2)] Nichtigkeitsgründe; Heilung von Mängeln. (1) Als wesentlich im Sinne des § 94 gelten die in den §§ 6, 7 und 119 bezeichneten Bestimmungen der Satzung mit Ausnahme derjenigen über die Beurkundung der Beschlüsse der Generalversammlung und den Vorsitz in dieser.

(2) Ein Mangel, der eine hiernach wesentliche Bestimmung der Satzung betrifft, kann durch einen den Vorschriften dieses Gesetzes über Änderungen der Satzung entsprechenden Beschluss der Generalversammlung geheilt werden.

(3) Die Einberufung der Generalversammlung erfolgt, wenn sich der Mangel auf die Bestimmungen über die Form der Einberufung bezieht, durch Bekanntmachung im Bundesanzeiger.

(4) Betrifft bei einer Genossenschaft, bei der die Mitglieder beschränkt auf eine Haftsumme Nachschüsse zur Insolvenzmasse zu leisten haben, der Mangel die Bestimmungen über die Haftsumme, so darf durch die zur Heilung des Mangels beschlossenen Bestimmungen der Gesamtbetrag der von den einzelnen Mitgliedern übernommenen Haftung nicht vermindert werden.

§ 96 Verfahren bei Nichtigkeitsklage. Das Verfahren über die Klage auf Nichtigkeitserklärung und die Wirkungen des Urteils bestimmen sich nach den Vorschriften des § 51 Abs. 3 bis 5.

§ 97 Wirkung der Eintragung der Nichtigkeit. (1) Ist die Nichtigkeit einer Genossenschaft in das Genossenschaftsregister eingetragen, so finden zum Zweck der Abwicklung ihrer Verhältnisse die für den Fall der Auflösung geltenden Vorschriften entsprechende Anwendung.

(2) Die Wirksamkeit der im Namen der Genossenschaft mit Dritten vorgenommenen Rechtsgeschäfte wird durch die Nichtigkeit nicht berührt.

[1)] § 93 Satz 2 geänd. mWv 1.9.2009 durch G v. 17.12.2008 (BGBl. I S. 2586).
[2)] § 95 Abs. 3 geänd. mWv 22.7.2017 durch G v. 17.7.2017 (BGBl. I S. 2434).

(3) Soweit die Mitglieder eine Haftung für die Verbindlichkeiten der Genossenschaft übernommen haben, sind sie verpflichtet, die zur Befriedigung der Gläubiger erforderlichen Beträge nach Maßgabe der Vorschriften des Abschnitts 7 zu leisten.

Abschnitt 7. Insolvenzverfahren; Nachschusspflicht der Mitglieder

§ 98 Eröffnung des Insolvenzverfahrens. Abweichend von § 19 Abs. 1 der Insolvenzordnung[1)] ist bei einer Genossenschaft die Überschuldung nur dann Grund für die Eröffnung des Insolvenzverfahrens, wenn

1. die Mitglieder Nachschüsse bis zu einer Haftsumme zu leisten haben und die Überschuldung ein Viertel des Gesamtbetrags der Haftsummen aller Mitglieder übersteigt;
2. die Mitglieder keine Nachschüsse zu leisten haben oder
3. die Genossenschaft aufgelöst ist.

§ 99[2)] *(aufgehoben)*

§ 100 (weggefallen)

§ 101 Wirkung der Eröffnung des Insolvenzverfahrens. Durch die Eröffnung des Insolvenzverfahrens wird die Genossenschaft aufgelöst.

§ 102[3)] **Eintragung der Eröffnung des Insolvenzverfahrens.** [1]Die Eröffnung des Insolvenzverfahrens ist von Amts wegen in das Genossenschaftsregister einzutragen. [2]Das Gleiche gilt für

1. die Aufhebung des Eröffnungsbeschlusses,
2. die Bestellung eines vorläufigen Insolvenzverwalters, wenn zusätzlich dem Schuldner ein allgemeines Verfügungsverbot auferlegt oder angeordnet wird, dass Verfügungen des Schuldners nur mit Zustimmung des vorläufigen Insolvenzverwalters wirksam sind, und die Aufhebung einer derartigen Sicherungsmaßnahme,
3. die Anordnung der Eigenverwaltung durch den Schuldner und deren Aufhebung sowie die Anordnung der Zustimmungsbedürftigkeit bestimmter Rechtsgeschäfte des Schuldners,
4. die Einstellung und die Aufhebung des Verfahrens und
5. die Überwachung der Erfüllung eines Insolvenzplans und die Aufhebung der Überwachung.

§§ 103, 104 (weggefallen)

§ 105 Nachschusspflicht der Mitglieder. (1) [1]Soweit die Ansprüche der Massegläubiger oder die bei der Schlussverteilung nach § 196 der Insolvenzordnung[1)] berücksichtigten Forderungen der Insolvenzgläubiger aus dem vorhandenen Vermögen der Genossenschaft nicht berichtigt werden, sind die Mitglieder verpflichtet, Nachschüsse zur Insolvenzmasse zu leisten, es sei denn, dass die Nachschusspflicht durch die Satzung ausgeschlossen ist. [2]Im Falle eines rechtskräftig bestätig-

[1)] Nr. **110**.
[2)] § 99 aufgeh. mWv 1.1.2021 durch G v. 22.12.2020 (BGBl. I S. 3256).
[3)] § 102 Abs. 2 aufgeh. mWv 1.8.2022 durch G v. 5.7.2021 (BGBl. I S. 3338).

ten Insolvenzplans besteht die Nachschusspflicht insoweit, als sie im gestaltenden Teil des Plans vorgesehen ist.

(2) Die Nachschüsse sind von den Mitgliedern nach Köpfen zu leisten, es sei denn, dass die Satzung ein anderes Beitragsverhältnis bestimmt.

(3) Beiträge, zu deren Leistung einzelne Mitglieder nicht in der Lage sind, werden auf die übrigen Mitglieder verteilt.

(4) [1] Zahlungen, die Mitglieder über die von ihnen nach den vorstehenden Vorschriften geschuldeten Beiträge hinaus leisten, sind ihnen nach der Befriedigung der Gläubiger aus den Nachschüssen zu erstatten. [2] Das Gleiche gilt für Zahlungen der Mitglieder auf Grund des § 87a Abs. 2 nach Erstattung der in Satz 1 bezeichneten Zahlungen.

(5) Gegen die Nachschüsse kann das Mitglied eine Forderung an die Genossenschaft aufrechnen, sofern die Voraussetzungen vorliegen, unter denen es als Insolvenzgläubiger Befriedigung wegen der Forderung aus den Nachschüssen zu beanspruchen hat.

§ 106 Vorschussberechnung. (1) [1] Der Insolvenzverwalter hat unverzüglich, nachdem die Vermögensübersicht nach § 153 der Insolvenzordnung[1)] auf der Geschäftsstelle niedergelegt ist, zu berechnen, wie viel die Mitglieder zur Deckung des aus der Vermögensübersicht ersichtlichen Fehlbetrags vorzuschießen haben. [2] Sind in der Vermögensübersicht Fortführungs- und Stilllegungswerte nebeneinander angegeben, ist der Fehlbetrag maßgeblich, der sich auf der Grundlage der Stilllegungswerte ergibt.

(2) [1] In der Vorschussberechnung sind alle Mitglieder namentlich zu bezeichnen und die Beiträge auf sie zu verteilen. [2] Die Höhe der Beiträge ist so zu bemessen, dass durch ein vorauszusehendes Unvermögen einzelner Mitglieder zur Leistung von Beiträgen kein Ausfall an dem zu deckenden Gesamtbetrag entsteht.

(3) [1] Die Berechnung ist dem Insolvenzgericht mit dem Antrag einzureichen, dieselbe für vollstreckbar zu erklären. [2] Dem Antrag ist eine beglaubigte Abschrift der Mitgliederliste und, sofern das Genossenschaftsregister nicht bei dem Insolvenzgericht geführt wird, eine beglaubigte Abschrift der Satzung beizufügen.

§ 107 Gerichtliche Erklärung über die Vorschussberechnung. (1) [1] Zur Erklärung über die Berechnung bestimmt das Gericht einen Termin, welcher nicht über zwei Wochen hinaus anberaumt werden darf. [2] Der Termin ist öffentlich bekannt zu machen; die in der Berechnung aufgeführten Mitglieder sind besonders zu laden.

(2) [1] Die Berechnung ist spätestens drei Tage vor dem Termin auf der Geschäftsstelle zur Einsicht der Beteiligten niederzulegen. [2] Hierauf ist in der Bekanntmachung und den Ladungen hinzuweisen.

§ 108 Erklärungstermin. (1) In dem Termin sind Vorstand und Aufsichtsrat der Genossenschaft sowie der Insolvenzverwalter und der Gläubigerausschuss und, soweit Einwendungen erhoben werden, die sonst Beteiligten zu hören.

(2) [1] Das Gericht entscheidet über die erhobenen Einwendungen, berichtigt, soweit erforderlich, die Berechnung oder ordnet die Berichtigung an und erklärt die Berechnung für vollstreckbar. [2] Die Entscheidung ist in dem Termin oder in einem sofort anzuberaumenden Termin, welcher nicht über eine Woche hinaus angesetzt werden soll, zu verkünden. [3] Die Berechnung mit der sie für vollstreckbar

---

1) Nr. **110**.

erklärenden Entscheidung ist zur Einsicht der Beteiligten auf der Geschäftsstelle niederzulegen.

(3) Gegen die Entscheidung findet ein Rechtsmittel nicht statt.

§ 108a Abtretbarkeit von Ansprüchen der Genossenschaft. (1) Der Insolvenzverwalter kann die Ansprüche der Genossenschaft auf rückständige Einzahlungen auf den Geschäftsanteil, auf anteilige Fehlbeträge nach § 73 Abs. 2 Satz 4 und auf Nachschüsse mit Genehmigung des Insolvenzgerichts abtreten.

(2) Die Genehmigung soll nur nach Anhörung des Prüfungsverbandes und nur dann erteilt werden, wenn der Anspruch an eine genossenschaftliche Zentralbank oder an eine der Prüfung durch einen Prüfungsverband unterstehende Stelle abgetreten wird.

§ 109 Einziehung der Vorschüsse. (1) Nachdem die Berechnung für vollstreckbar erklärt ist, hat der Insolvenzverwalter unverzüglich die Beiträge von den Mitgliedern einzuziehen.

(2) Die Zwangsvollstreckung gegen ein Mitglied findet nach Maßgabe der Zivilprozessordnung[1)] auf Grund einer vollstreckbaren Ausfertigung der Entscheidung und eines Auszuges aus der Berechnung statt.

(3) Für die in den Fällen der §§ 731, 767, 768 der Zivilprozessordnung zu erhebenden Klagen ist das Amtsgericht, bei welchem das Insolvenzverfahren anhängig ist und, wenn der Streitgegenstand zur Zuständigkeit der Amtsgerichte nicht gehört, das Landgericht ausschließlich zuständig, zu dessen Bezirk das Insolvenzgericht gehört.

§ 110 Hinterlegung oder Anlage der Vorschüsse. Die eingezogenen Beträge sind nach Maßgabe des § 149 der Insolvenzordnung[2)] zu hinterlegen oder anzulegen.

§ 111 Anfechtungsklage. (1) [1]Jedes Mitglied ist befugt, die für vollstreckbar erklärte Berechnung im Wege der Klage anzufechten. [2]Die Klage ist gegen den Insolvenzverwalter zu richten. [3]Sie findet nur binnen der Notfrist eines Monats seit Verkündung der Entscheidung und nur insoweit statt, als der Kläger den Anfechtungsgrund in dem nach § 107 Abs. 1 anberaumten Termin geltend gemacht hat oder ohne sein Verschulden geltend zu machen außerstande war.

(2) Das rechtskräftige Urteil wirkt für und gegen alle beitragspflichtigen Mitglieder.

§ 112 Verfahren bei Anfechtungsklage. (1) [1]Die Klage ist ausschließlich bei dem Amtsgericht zu erheben, welches die Berechnung für vollstreckbar erklärt hat. [2]Die mündliche Verhandlung erfolgt nicht vor Ablauf der bezeichneten Notfrist. [3]Mehrere Anfechtungsprozesse sind zur gleichzeitigen Verhandlung und Entscheidung zu verbinden.

(2) [1]Übersteigt der Streitgegenstand eines Prozesses die sonst für die sachliche Zuständigkeit der Amtsgerichte geltende Summe, so hat das Gericht, sofern eine Partei in einem solchen Prozess vor der Verhandlung zur Hauptsache dies beantragt, durch Beschluss die sämtlichen Streitsachen an das Landgericht, in dessen Bezirk es seinen Sitz hat, zu verweisen. [2]Gegen diesen Beschluss findet die

[1)] Nr. **100**.
[2)] Nr. **110**.

sofortige Beschwerde statt. [3]Die Notfrist beginnt mit der Verkündung des Beschlusses.

(3) [1]Ist der Beschluss rechtskräftig, so gelten die Streitsachen als bei dem Landgericht anhängig. [2]Die im Verfahren vor dem Amtsgericht erwachsenen Kosten werden als Teil der bei dem Landgericht erwachsenen Kosten behandelt und gelten als Kosten einer Instanz.

(4) Die §§ 769 und 770 der Zivilprozessordnung[1)] über die Einstellung der Zwangsvollstreckung und die Aufhebung der Vollstreckungsmaßregeln finden entsprechende Anwendung.

§ 112a Vergleich über Nachschüsse. (1) [1]Der Insolvenzverwalter kann über den von dem Mitglied zu leistenden Nachschuss einen Vergleich abschließen. [2]Der Vergleich bedarf zu seiner Wirksamkeit der Zustimmung des Gläubigerausschusses, wenn ein solcher bestellt ist, und der Bestätigung durch das Insolvenzgericht.

(2) Der Vergleich wird hinfällig, wenn das Mitglied mit seiner Erfüllung in Verzug gerät.

§ 113 Zusatzberechnung. (1) [1]Soweit infolge des Unvermögens einzelner Mitglieder zur Leistung von Beiträgen der zu deckende Gesamtbetrag nicht erreicht wird oder auf Grund des auf eine Anfechtungsklage ergehenden Urteils oder aus anderen Gründen die Berechnung abzuändern ist, hat der Insolvenzverwalter eine Zusatzberechnung aufzustellen. [2]Die Vorschriften der §§ 106 bis 112a gelten auch für die Zusatzberechnung.

(2) Die Aufstellung einer Zusatzberechnung ist erforderlichenfalls zu wiederholen.

§ 114 Nachschussberechnung. (1) [1]Sobald mit dem Vollzug der Schlussverteilung nach § 196 der Insolvenzordnung[2)] begonnen wird oder sobald nach einer Anzeige der Masseunzulänglichkeit nach § 208 der Insolvenzordnung die Insolvenzmasse verwertet ist, hat der Insolvenzverwalter schriftlich festzustellen, ob und in welcher Höhe nach der Verteilung des Erlöses ein Fehlbetrag verbleibt und inwieweit er durch die bereits geleisteten Nachschüsse gedeckt ist. [2]Die Feststellung ist auf der Geschäftsstelle des Gerichts niederzulegen.

(2) Verbleibt ein ungedeckter Fehlbetrag und können die Mitglieder zu weiteren Nachschüssen herangezogen werden, so hat der Insolvenzverwalter in Ergänzung oder Berichtigung der Vorschussberechnung und der zu ihr etwa ergangenen Zusätze zu berechnen, wieviel die Mitglieder nach § 105 an Nachschüssen zu leisten haben (Nachschussberechnung).

(3) Die Nachschussberechnung unterliegt den Vorschriften der §§ 106 bis 109, 111 bis 113, der Vorschrift des § 106 Abs. 2 mit der Maßgabe, dass auf Mitglieder, deren Unvermögen zur Leistung von Beiträgen sich herausgestellt hat, Beiträge nicht verteilt werden.

§ 115 Nachtragsverteilung. (1) [1]Der Insolvenzverwalter hat, nachdem die Nachschussberechnung für vollstreckbar erklärt ist, unverzüglich den gemäß § 110 vorhanden Bestand und, so oft von den noch einzuziehenden Beiträgen hinreichender Bestand eingegangen ist, diesen im Wege der Nachtragsverteilung nach

---

[1)] Nr. **100**.
[2)] Nr. **110**.

§ 203 der Insolvenzordnung[1)] unter die Gläubiger zu verteilen. [2]Soweit es keiner Nachschussberechnung bedarf, hat der Insolvenzverwalter die Verteilung unverzüglich vorzunehmen, nachdem die Feststellung nach § 114 Abs. 1 auf der Geschäftsstelle des Gerichts niedergelegt ist.

(2) [1]Außer den Anteilen auf die in §§ 189 bis 191 der Insolvenzordnung bezeichneten Forderungen sind zurückzubehalten die Anteile auf Forderungen, welche im Prüfungstermin von dem Vorstand ausdrücklich bestritten worden sind. [2]Dem Gläubiger bleibt überlassen, den Widerspruch des Vorstands durch Klage zu beseitigen. [3]Soweit der Widerspruch rechtskräftig für begründet erklärt wird, werden die Anteile zur Verteilung unter die übrigen Gläubiger frei.

(3) Die zur Befriedigung der Gläubiger nicht erforderlichen Überschüsse hat der Insolvenzverwalter an die Mitglieder zurückzuzahlen.

§ 115a Abschlagsverteilung der Nachschüsse. (1) [1]Nimmt die Abwicklung des Insolvenzverfahrens voraussichtlich längere Zeit in Anspruch, so kann der Insolvenzverwalter mit Zustimmung des Gläubigerausschusses, wenn ein solcher bestellt ist, und des Insolvenzgerichts die nach § 110 eingezogenen Beträge schon vor dem in § 115 Abs. 1 bezeichneten Zeitpunkt im Wege der Abschlagsverteilung nach den §§ 187 bis 195 der Insolvenzordnung[1)] an die Gläubiger verteilen. [2]Eine Abschlagsverteilung soll unterbleiben, soweit nach dem Verhältnis der Schulden zu dem Vermögen mit einer Erstattung eingezogener Beträge an Mitglieder nach § 105 Abs. 4 oder § 115 Abs. 3 zu rechnen ist.

(2) Sollte sich dennoch nach Befriedigung der Gläubiger ein Überschuss aus der Insolvenzsmasse ergeben, so sind die zuviel gezahlten Beträge den Mitgliedern aus dem Überschuss zu erstatten.

§ 115b Nachschusspflicht ausgeschiedener Mitglieder. Sobald mit Sicherheit anzunehmen ist, dass die in § 105 Abs. 1 bezeichneten Insolvenzgläubiger auch nicht durch Einziehung der Nachschüsse von den Mitgliedern Befriedigung oder Sicherstellung erlangen, sind die hierzu erforderlichen Beiträge von den innerhalb der letzten achtzehn Monate vor dem Antrag auf Eröffnung des Insolvenzverfahrens oder nach diesem Antrag ausgeschiedenen Mitgliedern, welche nicht schon nach § 75 oder § 76 Abs. 4 der Nachschusspflicht unterliegen, nach Maßgabe des § 105 zur Insolvenzmasse zu leisten.

§ 115c Beitragspflicht ausgeschiedener Mitglieder. (1) Der Insolvenzverwalter hat unverzüglich eine Berechnung über die Beitragspflicht der ausgeschiedenen Mitglieder aufzustellen.

(2) In der Berechnung sind die ausgeschiedenen Mitglieder namentlich zu bezeichnen und auf sie die Beiträge zu verteilen, soweit nicht das Unvermögen einzelner zur Leistung von Beiträgen vorauszusehen ist.

(3) Im Übrigen finden die Vorschriften in § 106 Abs. 3, §§ 107 bis 109, 111 bis 113 und 115 entsprechende Anwendung.

§ 115d Einziehung und Erstattung von Nachschüssen. (1) Durch die Vorschriften der §§ 115b, 115c wird die Einziehung der Nachschüsse von den in der Genossenschaft verbliebenen Mitgliedern nicht berührt.

(2) Aus den Nachschüssen der verbliebenen Mitglieder sind den ausgeschiedenen Mitgliedern die von diesen geleisteten Beiträge zu erstatten, sobald die in

---

1) Nr. **110**.

§ 105 Abs. 1 bezeichneten Insolvenzgläubiger vollständig befriedigt oder sichergestellt sind.

§ 115e Eigenverwaltung. Ist gemäß § 270 oder § 271 der Insolvenzordnung[1] die Eigenverwaltung unter Aufsicht eines Sachwalters angeordnet, so gelten die §§ 105 bis 115d mit der Maßgabe, dass an die Stelle des Insolvenzverwalters der Sachwalter tritt.

§ 116 Insolvenzplan. Die Vorschriften der Insolvenzordnung[1] über den Insolvenzplan sind mit folgenden Abweichungen anzuwenden:

1. Ein Plan wird berücksichtigt, wenn er vor der Beendigung des Nachschussverfahrens beim Insolvenzgericht eingeht;
2. im darstellenden Teil des Plans ist anzugeben, in welcher Höhe die Mitglieder bereits Nachschüsse geleistet haben und zu welchen weiteren Nachschüssen sie nach der Satzung herangezogen werden könnten;
3. bei der Bildung der Gruppen für die Festlegung der Rechte der Gläubiger im Plan kann zwischen den Gläubigern, die zugleich Mitglieder der Genossenschaft sind, und den übrigen Gläubigern unterschieden werden;
4. vor dem Erörterungstermin hat das Insolvenzgericht den Prüfungsverband, dem die Genossenschaft angehört, darüber zu hören, ob der Plan mit den Interessen der Mitglieder vereinbar ist.

§ 117 Fortsetzung der Genossenschaft. (1) [1] Ist das Insolvenzverfahren auf Antrag des Schuldners eingestellt oder nach der Bestätigung eines Insolvenzplans, der den Fortbestand der Genossenschaft vorsieht, aufgehoben worden, so kann die Generalversammlung die Fortsetzung der Genossenschaft beschließen. [2] Zugleich mit dem Beschluss über die Fortsetzung der Genossenschaft ist die nach § 6 Nr. 3 notwendige Bestimmung in der Satzung zu beschließen, ob die Mitglieder für den Fall, dass die Gläubiger im Insolvenzverfahren über das Vermögen der Genossenschaft nicht befriedigt werden, Nachschüsse zur Insolvenzmasse unbeschränkt, beschränkt auf eine Haftsumme oder überhaupt nicht zu leisten haben.

(2) [1] Die Beschlüsse nach Absatz 1 bedürfen einer Mehrheit, die mindestens drei Viertel der abgegebenen Stimmen umfasst. [2] Die Satzung kann eine größere Mehrheit und weitere Erfordernisse bestimmen. [3] Die Vorschriften des § 79a Abs. 2 bis 4 sind anzuwenden.

(3) Die Fortsetzung der Genossenschaft ist zusammen mit dem Beschluss über die Nachschusspflicht der Mitglieder durch den Vorstand unverzüglich zur Eintragung in das Genossenschaftsregister anzumelden.

§ 118 Kündigung bei Fortsetzung der Genossenschaft. (1) [1] Wird die Fortsetzung der Genossenschaft nach § 117 beschlossen, kann kündigen

1. jedes in der Generalversammlung erschienene Mitglied, wenn es gegen den Beschluss Widerspruch zur Niederschrift erklärt hat oder wenn die Aufnahme seines Widerspruchs in die Niederschrift verweigert worden ist;
2. jedes in der Generalversammlung nicht erschienene Mitglied, wenn es zu der Generalversammlung zu Unrecht nicht zugelassen worden ist oder die Versammlung nicht ordnungsgemäß einberufen oder der Gegenstand der Beschlussfassung nicht ordnungsgemäß angekündigt worden ist.

---

[1] Nr. **110**.

[2] Hat eine Vertreterversammlung die Fortsetzung der Genossenschaft beschlossen, kann jedes Mitglied kündigen; für die Vertreter gilt Satz 1.

(2) [1] Die Kündigung bedarf der Schriftform. [2] Sie kann nur innerhalb eines Monats zum Schluss des Geschäftsjahres erklärt werden. [3] Die Frist beginnt in den Fällen des Absatzes 1 Satz 1 Nr. 1 mit der Beschlussfassung, in den Fällen des Absatzes 1 Satz 1 Nr. 2 mit der Erlangung der Kenntnis von der Beschlussfassung. [4] Ist der Zeitpunkt der Kenntniserlangung streitig, trägt die Genossenschaft die Beweislast. [5] Im Fall der Kündigung wirkt der Beschluss über die Fortsetzung der Genossenschaft weder für noch gegen das Mitglied.

(3) Der Zeitpunkt der Beendigung der Mitgliedschaft ist unverzüglich in die Mitgliederliste einzutragen; das Mitglied ist hiervon unverzüglich zu benachrichtigen.

(4) [1] Für die Auseinandersetzung des ehemaligen Mitglieds mit der Genossenschaft ist die für die Fortsetzung der Genossenschaft aufgestellte Eröffnungsbilanz maßgeblich. [2] Das Geschäftsguthaben des Mitglieds ist vorbehaltlich des § 8a Abs. 2 und des § 73 Abs. 4 binnen sechs Monaten nach Beendigung der Mitgliedschaft auszuzahlen; auf die Rücklagen und das sonstige Vermögen der Genossenschaft hat es vorbehaltlich des § 73 Abs. 3 keinen Anspruch.

Abschnitt 8. Haftsumme

§ 119 Bestimmung der Haftsumme. Bestimmt die Satzung, dass die Mitglieder beschränkt auf eine Haftsumme Nachschüsse zur Insolvenzmasse zu leisten haben, so darf die Haftsumme in der Satzung nicht niedriger als der Geschäftsanteil festgesetzt werden.

§ 120[1)] Herabsetzung der Haftsumme. (1) [1] Für die Herabsetzung der Haftsumme gilt § 22 Abs. 1 bis 3 sinngemäß. [2] Das Recht nach § 22 Absatz 2 Satz 1 steht den Gläubigern jedoch nur zu, wenn sie glaubhaft machen, dass durch die Herabsetzung der Haftsumme die Erfüllung ihrer Forderung gefährdet wird.

(2) [1] Wird über das Vermögen der Genossenschaft mit herabgesetzter Haftsumme binnen zwei Jahren nach dem Tag, an dem die Eintragung der Haftsummenherabsetzung in das Genossenschaftsregister bekannt gemacht worden ist, das Insolvenzverfahren eröffnet, so ist jedes Mitglied, dessen Nachschusspflicht durch die Herabsetzung der Haftsumme reduziert wurde, in der Höhe zu Nachschüssen verpflichtet, wie es vor Herabsetzung der Haftsumme zu leisten verpflichtet war. [2] Die §§ 105 bis 115b sind mit der Maßgabe entsprechend anzuwenden, dass nur solche Verbindlichkeiten zu berücksichtigen sind, die bereits im Zeitpunkt der Herabsetzung der Haftsumme begründet waren.

§ 121 Haftsumme bei mehreren Geschäftsanteilen. [1] Ist ein Mitglied mit mehr als einem Geschäftsanteil beteiligt, so erhöht sich die Haftsumme, wenn sie niedriger als der Gesamtbetrag der Geschäftsanteile ist, auf den Gesamtbetrag. [2] Die Satzung kann einen noch höheren Betrag festsetzen. [3] Sie kann auch bestimmen, dass durch die Beteiligung mit weiteren Geschäftsanteilen eine Erhöhung der Haftsumme nicht eintritt.

§§ 122–145 (weggefallen)

---

1) § 120 Abs. 1 Satz 2 und Abs. 2 angef. mWv 19.12.2014 durch G v. 10.12.2014 (BGBl. I S. 2085).

Abschnitt 9. Straf- und Bußgeldvorschriften

§ 146 (weggefallen)

§ 147 Falsche Angaben oder unrichtige Darstellung. (1) Mit Freiheitsstrafe bis zu drei Jahren oder mit Geldstrafe wird bestraft, wer als Mitglied des Vorstands oder als Liquidator in einer schriftlichen Versicherung nach § 79a Abs. 5 Satz 2 über den Beschluss zur Fortsetzung der Genossenschaft falsche Angaben macht oder erhebliche Umstände verschweigt.

(2) Ebenso wird bestraft, wer als Mitglied des Vorstands oder des Aufsichtsrats oder als Liquidator

1. die Verhältnisse der Genossenschaft in Darstellungen oder Übersichten über den Vermögensstand, die Mitglieder oder die Haftsummen, in Vorträgen oder Auskünften in der Generalversammlung unrichtig wiedergibt oder verschleiert, wenn die Tat nicht in § 340m in Verbindung mit § 331 Nr. 1 oder Nr. 1a des Handelsgesetzbuchs[1] mit Strafe bedroht ist,
2. in Aufklärungen oder Nachweisen, die nach den Vorschriften dieses Gesetzes einem Prüfer der Genossenschaft zu geben sind, falsche Angaben macht oder die Verhältnisse der Genossenschaft unrichtig wiedergibt oder verschleiert, wenn die Tat nicht in § 340m in Verbindung mit § 331 Nr. 4 des Handelsgesetzbuchs mit Strafe bedroht ist.

§ 148[2] Pflichtverletzung bei Verlust. (1) Mit Freiheitsstrafe bis zu drei Jahren oder mit Geldstrafe wird bestraft, wer entgegen § 33 Abs. 3 die Generalversammlung nicht oder nicht rechtzeitig einberuft oder eine Anzeige nicht, nicht richtig, nicht vollständig oder nicht rechtzeitig erstattet.

(2) Handelt der Täter fahrlässig, ist die Strafe Freiheitsstrafe bis zu einem Jahr oder Geldstrafe.

§ 149 (weggefallen)

§ 150[3] Verletzung der Berichtspflicht. (1) Mit Freiheitsstrafe bis zu drei Jahren oder mit Geldstrafe wird bestraft, wer als Prüfer oder als Gehilfe eines Prüfers über das Ergebnis der Prüfung falsch berichtet, erhebliche Umstände im Bericht verschweigt oder einen inhaltlich unrichtigen Bestätigungsvermerk zu dem Jahresabschluss oder zu dem Einzelabschluss nach § 325 Absatz 2a des Handelsgesetzbuchs[1] einer Genossenschaft erteilt.

(2) [1]Handelt der Täter gegen Entgelt oder in der Absicht, sich oder einen anderen zu bereichern oder einen anderen zu schädigen, so ist die Strafe Freiheitsstrafe bis zu fünf Jahren oder Geldstrafe. [2]Ebenso wird bestraft, wer einen inhaltlich unrichtigen Bestätigungsvermerk zu einem in Absatz 1 genannten Abschluss einer Genossenschaft erteilt, die ein Unternehmen von öffentlichem Interesse nach § 316a Satz 2 Nummer 1 des Handelsgesetzbuchs ist.

(3) Handelt der Täter in den Fällen des Absatzes 2 Satz 2 leichtfertig, so ist die Strafe Freiheitsstrafe bis zu zwei Jahren oder Geldstrafe.

---

[1] Nr. **50**.

[2] § 148 Überschrift geänd., Abs. 1 Nr. 2 aufgeh., Wortlaut der bish. Nr. 1 geänd. mWv 1.11.2008 durch G v. 23.10.2008 (BGBl. I S. 2026).

[3] § 150 Abs. 1 geänd., Abs. 2 Satz 2, Abs. 3 angef. mWv 1.7.2021 durch G v. 3.6.2021 (BGBl. I S. 1534).

§ 151 Verletzung der Geheimhaltungspflicht. (1) Mit Freiheitsstrafe bis zu einem Jahr oder mit Geldstrafe wird bestraft, wer ein Geheimnis der Genossenschaft, namentlich ein Betriebs- oder Geschäftsgeheimnis, das ihm in seiner Eigenschaft als

1. Mitglied des Vorstands oder des Aufsichtsrats oder Liquidator oder
2. Prüfer oder Gehilfe eines Prüfers

bekannt geworden ist, unbefugt offenbart, im Falle der Nummer 2 jedoch nur, wenn die Tat nicht in § 340m in Verbindung mit § 333 des Handelsgesetzbuchs[1] mit Strafe bedroht ist.

(2) [1] Handelt der Täter gegen Entgelt oder in der Absicht, sich oder einen anderen zu bereichern oder einen anderen zu schädigen, so ist die Strafe Freiheitsstrafe bis zu zwei Jahren oder Geldstrafe. [2] Ebenso wird bestraft, wer ein Geheimnis der in Absatz 1 bezeichneten Art, namentlich ein Betriebs- oder Geschäftsgeheimnis, das ihm unter den Voraussetzungen des Absatzes 1 bekannt geworden ist, unbefugt verwertet.

(3) [1] Die Tat wird nur auf Antrag der Genossenschaft verfolgt. [2] Hat ein Mitglied des Vorstands oder ein Liquidator die Tat begangen, so ist der Aufsichtsrat, hat ein Mitglied des Aufsichtsrats die Tat begangen, so sind der Vorstand oder die Liquidatoren antragsberechtigt.

§ 151a[2) 3)] Verletzung der Pflichten bei Abschlussprüfungen. Mit Freiheitsstrafe bis zu einem Jahr oder mit Geldstrafe wird bestraft, wer als Mitglied des Aufsichtsrats oder als Mitglied eines Prüfungsausschusses einer Genossenschaft, die ein Unternehmen von öffentlichem Interesse nach § 316a Satz 2 Nummer 1 oder 2 des Handelsgesetzbuchs[1] ist,

1. eine in § 152 Absatz 1a bezeichnete Handlung begeht und dafür einen Vermögensvorteil erhält oder sich versprechen lässt oder
2. eine in § 152 Absatz 1a bezeichnete Handlung beharrlich wiederholt.

§ 152[4) 3)] Bußgeldvorschriften. (1) Ordnungswidrig handelt, wer

1. besondere Vorteile als Gegenleistung dafür fordert, sich versprechen lässt oder annimmt, dass er bei einer Abstimmung in der Generalversammlung oder der Vertreterversammlung oder bei der Wahl der Vertreter nicht oder in einem bestimmten Sinne stimme oder
2. besondere Vorteile als Gegenleistung dafür anbietet, verspricht oder gewährt, dass jemand bei einer Abstimmung in der Generalversammlung oder der Vertreterversammlung oder bei der Wahl der Vertreter nicht oder in einem bestimmten Sinne stimme.

(1a) Ordnungswidrig handelt, wer als Mitglied des Aufsichtsrats oder als Mitglied eines Prüfungsausschusses einer Genossenschaft, die ein Unternehmen von öffentlichem Interesse nach § 316a Satz 2 Nummer 1 oder 2 des Handelsgesetzbuchs[1] ist, die Unabhängigkeit der in § 55 Absatz 2 Satz 1 genannten Vertreter und Personen nicht nach Maßgabe des Artikels 5 Absatz 4 Unterabsatz 1 Satz 1 der

---

[1] Nr. **50**.

[2] § 151a eingef. mWv 17.6.2016 durch G v. 10.5.2016 (BGBl. I S. 1142); einl. Satzteil geänd. mWv 1.7.2021 durch G v. 3.6.2021 (BGBl. I S. 1534).

[3] Beachte hierzu Übergangsvorschrift in § 173 Abs. 1.

[4] § 152 Abs. 1a eingef., Abs. 2 geänd., Abs. 3 angef. mWv 17.6.2016 durch G v. 10.5.2016 (BGBl. I S. 1142); Abs. 1a, Abs. 2 geänd., Abs. 3 neu gef. mWv 1.7.2021 durch G v. 3.6.2021 (BGBl. I S. 1534).

Verordnung (EU) Nr. 537/2014 des Europäischen Parlaments und des Rates vom 16. April 2014 über spezifische Anforderungen an die Abschlussprüfung bei Unternehmen von öffentlichem Interesse und zur Aufhebung des Beschlusses 2005/909/EG der Kommission (ABl. L 158 vom 27.5.2014, S. 77, L 170 vom 11.6.2014, S. 66) in Verbindung mit § 55 Absatz 2 Satz 5 oder nach Maßgabe des Artikels 6 Absatz 2 der Verordnung (EU) Nr. 537/2014 in Verbindung mit § 38 Absatz 1a Satz 4 überwacht.

(2) Die Ordnungswidrigkeit kann in den Fällen des Absatzes 1a mit einer Geldbuße bis zu fünfhunderttausend Euro, in den übrigen Fällen mit einer Geldbuße bis zu zehntausend Euro geahndet werden.

(3) Verwaltungsbehörde im Sinne des § 36 Absatz 1 Nummer 1 des Gesetzes über Ordnungswidrigkeiten[1] ist in den Fällen des Absatzes 1a bei einer Genossenschaft, die ein Unternehmen von öffentlichem Interesse nach § 316a Satz 2 Nummer 2 des Handelsgesetzbuchs ist, die Bundesanstalt für Finanzdienstleistungsaufsicht, in den übrigen Fällen des Absatzes 1a das Bundesamt für Justiz.

§ 153[2] Mitteilungen an die Abschlussprüferaufsichtsstelle. (1) Die nach § 152 Absatz 3 zuständige Verwaltungsbehörde übermittelt der Abschlussprüferaufsichtsstelle beim Bundesamt für Wirtschaft und Ausfuhrkontrolle alle Bußgeldentscheidungen nach § 152 Absatz 1a.

(2) [1] In Strafverfahren, die eine Straftat nach § 151a zum Gegenstand haben, übermittelt die Staatsanwaltschaft im Falle der Erhebung der öffentlichen Klage der Abschlussprüferaufsichtsstelle die das Verfahren abschließende Entscheidung. [2] Ist gegen die Entscheidung ein Rechtsmittel eingelegt worden, ist die Entscheidung unter Hinweis auf das eingelegte Rechtsmittel zu übermitteln.

§ 154 (weggefallen)

Abschnitt 10. Schlussvorschriften

§ 155[3] Altregister im Beitrittsgebiet. [1] Register, in die landwirtschaftliche Produktionsgenossenschaften, Produktionsgenossenschaften des Handwerks oder andere Genossenschaften oder kooperative Einrichtungen mit Sitz in dem in Artikel 3 des Einigungsvertrages[4] genannten Gebiet am 3. Oktober 1990 eingetragen waren, gelten als Genossenschaftsregister im Sinne dieses Gesetzes und des Gesetzes über das Verfahren in Familiensachen und in den Angelegenheiten der freiwilligen Gerichtsbarkeit[5]. [2] Die Wirksamkeit von Eintragungen in diese Register wird nicht dadurch berührt, dass diese Eintragungen vor dem Inkrafttreten des Registerverfahrenbeschleunigungsgesetzes vom 20. Dezember 1993 (BGBl. I S. 2182) am 25. Dezember 1993 von der Verwaltungsbehörde vorgenommen worden sind.

§ 156[6] Anwendbarkeit von Vorschriften über das Handelsregister; Bekanntmachung von Eintragungen, Registerbekanntmachungen. § 8 Ab-

[1] Nr. **94**.
[2] § 153 neu gef. mWv 17.6.2016 durch G v. 10.5.2016 (BGBl. I S. 1142).
[3] § 155 Satz 1 geänd. mWv 1.9.2009 durch G v. 17.12.2008 (BGBl. I S. 2586).
[4] **Habersack II Nr. 2.**
[5] Nr. **112**.
[6] § 156 neu gef. mWv 1.8.2022 durch G v. 5.7.2021 (BGBl. I S. 3338).

satz 1 sowie die §§ 8a, 9, 10, 10a und 11 des Handelsgesetzbuchs[1] finden auf das Genossenschaftsregister Anwendung.

§ 157[2] Anmeldungen zum Genossenschaftsregister. [1]Die in § 11 Abs. 1 geregelte Anmeldung zum Genossenschaftsregister ist von sämtlichen Mitgliedern des Vorstands, die anderen nach diesem Gesetz vorzunehmenden Anmeldungen sind vom Vorstand oder den Liquidatoren elektronisch in öffentlich beglaubigter Form einzureichen. [2]Die öffentliche Beglaubigung mittels Videokommunikation gemäß § 40a des Beurkundungsgesetzes[3] ist zulässig.

§ 158[4] Ersatzweise Bekanntmachung. Bestimmt die Satzung einer Genossenschaft für deren Bekanntmachungen ein öffentliches Blatt, das nicht mehr zur Verfügung steht, müssen bis zu einer anderweitigen Regelung in der Satzung die Bekanntmachungen im Bundesanzeiger erfolgen.

§ 159 (weggefallen)

§ 160[5] Zwangsgeldverfahren. (1) [1]Die Mitglieder des Vorstands sind von dem Registergericht zur Befolgung der in den §§ 14, 25a, 28, 30, 32, 54 Satz 2, § 57 Absatz 1, § 59 Abs. 1, § 78 Abs. 2, § 79 Abs. 2 enthaltenen Vorschriften durch Festsetzung von Zwangsgeld anzuhalten. [2]In gleicher Weise sind die Mitglieder des Vorstands und die Liquidatoren zur Befolgung der in § 33 Abs. 1 Satz 2, § 42 Abs. 1 in Verbindung mit § 53 des Handelsgesetzbuchs[1], §§ 47, 48 Abs. 3 und 4 Satz 4, § 51 Abs. 4 und 5, § 56 Abs. 2, §§ 84, 85 Abs. 2, § 89 dieses Gesetzes enthaltenen Vorschriften sowie die Mitglieder des Vorstands und des Aufsichtsrats und die Liquidatoren dazu anzuhalten, dafür zu sorgen, dass die Genossenschaft vorbehaltlich des § 9 Abs. 1 Satz 2 nicht länger als drei Monate ohne oder ohne beschlussfähigen Aufsichtsrat ist. [3]Das einzelne Zwangsgeld darf den Betrag von fünftausend Euro nicht übersteigen.

(2) Für das Verfahren sind die Vorschriften maßgebend, welche zur Erzwingung der im Handelsgesetzbuch angeordneten Anmeldungen zum Handelsregister gelten.

§ 161[6] *(aufgehoben)*

§ 162 Übergangsvorschrift für Wohnungsunternehmen. Am 31. Dezember 1989 als gemeinnützige Wohnungsunternehmen oder als Organe der staatlichen Wohnungspolitik anerkannte Unternehmen, die nicht eingetragene Genossenschaften sind, bleiben Mitglieder des Prüfungsverbandes, dem sie zu diesem Zeitpunkt angehören.

§ 163 (weggefallen)

---

[1] Nr. **50**.

[2] § 157 geänd. mWv 1.1.2007 durch G v. 10.11.2006 (BGBl. I S. 2553); Satz 2 angef. mWv 1.8.2022 durch G v. 15.7.2022 (BGBl. I S. 1146).

[3] Nr. **23**.

[4] § 158 neu gef. mWv 22.7.2017 durch G v. 17.7.2017 (BGBl. I S. 2434).

[5] § 160 Abs. 1 Satz 2 geänd., Abs. 2 Satz 2 aufgeh. mWv 1.1.2007 durch G v. 10.11.2006 (BGBl. I S. 2553); Abs. 1 Satz 1 geänd. mWv 1.9.2009 durch G v. 17.12.2008 (BGBl. I S. 2586); Abs. 1 Satz 1 geänd. mWv 22.7.2017 durch G v. 17.7.2017 (BGBl. I S. 2434).

[6] § 161 aufgeh. mWv 22.7.2017 durch G v. 17.7.2017 (BGBl. I S. 2434).

§ 164[1] Übergangsregelung zur Beschränkung der Jahresabschlussprüfung. § 53 Abs. 2 Satz 1 in der vom 22. Juli 2017 an geltenden Fassung ist erstmals auf die Prüfung des Jahresabschlusses für ein frühestens am 31. Dezember 2017 endendes Geschäftsjahr anzuwenden.

§ 165[2] *(aufgehoben)*

§ 166[3] Übergangsregelung zum Berufsaufsichtsreformgesetz. (1) Ein Prüfungsverband, dem vor dem 6. September 2007 eine Bescheinigung über die Teilnahme an der Qualitätskontrolle erteilt wurde, kann eine Verlängerung der Befristung der Teilnahmebescheinigung auf insgesamt sechs Jahre beantragen, soweit er nicht unter § 63e Abs. 1 Satz 2 fällt.

(2) Ist die Teilnahmebescheinigung auf sechs Jahre befristet worden, hat ein Prüfungsverband, der bei einer Genossenschaft, einer in Artikel 25 Abs. 1 Satz 1 Nr. 1 des Einführungsgesetzes zum Handelsgesetzbuch[4] genannten Gesellschaft oder einem in Artikel 25 Abs. 1 Satz 1 Nr. 2 des Einführungsgesetzes zum Handelsgesetzbuch genannten Unternehmen, die einen organisierten Markt im Sinne des § 2 Absatz 11 des Wertpapierhandelsgesetzes[5] in Anspruch nehmen, mehr als drei Jahre nach Ausstellen der Teilnahmebescheinigung eine der Qualitätskontrolle unterfallende Prüfung durchführt, innerhalb von sechs Monaten nach Annahme des Prüfungsauftrages eine Qualitätskontrolle durchführen zu lassen.

§ 167[6] Übergangsvorschrift zum Bilanzrechtsmodernisierungsgesetz.

(1) § 36 Abs. 4 und § 38 Abs. 1a Satz 2 in der Fassung des Bilanzrechtsmodernisierungsgesetzes vom 25. Mai 2009 (BGBl. I S. 1102) finden keine Anwendung, solange alle Mitglieder des Aufsichtsrats und des Prüfungsausschusses vor dem 29. Mai 2009 bestellt worden sind.

(2) § 53 Abs. 3 in der Fassung des Bilanzrechtsmodernisierungsgesetzes vom 25. Mai 2009 (BGBl. I S. 1102) ist erstmals ab dem 1. Januar 2010 anzuwenden.

§ 168[7] Übergangsvorschrift zu dem Gesetz für die gleichberechtigte Teilhabe von Frauen und Männern an Führungspositionen in der Privatwirtschaft und im öffentlichen Dienst. [1]Die Festlegungen nach § 9 Absatz 3 Satz 1 und 3 sowie Absatz 4 Satz 1 und 3 in der am 1. Mai 2015 geltenden Fassung haben erstmals bis spätestens 30. September 2015 zu erfolgen. [2]Die nach § 9 Absatz 3 Satz 3 und Absatz 4 Satz 3 in der am 1. Mai 2015 geltenden Fassung erstmals festzulegende Frist darf nicht länger als bis zum 30. Juni 2017 dauern.

§ 169[8] Übergangsvorschrift zum Abschlussprüfungsreformgesetz.

§ 36 Absatz 4 und § 38 Absatz 1a Satz 3 jeweils in der Fassung des Abschlussprüfungsreformgesetzes vom 10. Mai 2016 (BGBl. I S. 1142) müssen so lange

---

[1] § 164 geänd. mWv 22.7.2017 durch G v. 17.7.2017 (BGBl. I S. 2434).
[2] § 165 aufgeh. mWv 22.7.2017 durch G v. 17.7.2017 (BGBl. I S. 2434).
[3] § 166 angef. mWv 6.9.2007 durch G v. 3.9.2007 (BGBl. I S. 2178); Abs. 2 geänd. mWv 3.1.2018 durch G v. 23.6.2017 (BGBl. I S. 1693).
[4] Nr. **50a**.
[5] **Habersack, Deutsche Gesetze ErgBd. Nr. 58.**
[6] § 167 angef. mWv 29.5.2009 durch G v. 25.5.2009 (BGBl. I S. 1102).
[7] § 168 angef. mWv 1.5.2015 durch G v. 24.4.2015 (BGBl. I S. 642); Sätze 1 und 2 geänd. mWv 12.8.2021 durch G v. 7.8.2021 (BGBl. I S. 3311).
[8] § 169 angef. mWv 17.6.2016 durch G v. 10.5.2016 (BGBl. I S. 1142).

nicht angewandt werden, wie alle Mitglieder des Aufsichtsrats und des Prüfungsausschusses vor dem 17. Juni 2016 bestellt worden sind.

§ 170[1] Übergangsregelung zum CSR-Richtlinie-Umsetzungsgesetz.

[1] § 38 in der Fassung des CSR-Richtlinie-Umsetzungsgesetzes vom 11. April 2017 (BGBl. I S. 802) ist erstmals auf Lageberichte und Konzernlageberichte anzuwenden, die sich auf ein nach dem 31. Dezember 2016 beginnendes Geschäftsjahr beziehen. [2] Auf Lage- und Konzernlageberichte, die sich auf vor dem 1. Januar 2017 beginnende Geschäftsjahre beziehen, bleibt § 38 in der bis zum 18. April 2017 geltenden Fassung anwendbar.

§ 171[2] Übergangsvorschrift zur Einführung der vereinfachten Prüfung.

§ 53a ist erstmals auf die Prüfung für ein frühestens am 31. Dezember 2017 endendes Geschäftsjahr anzuwenden.

§ 172[3] Übergangsvorschrift zum Gesetz zur weiteren Umsetzung der Transparenzrichtlinie-Änderungsrichtlinie im Hinblick auf ein einheitliches elektronisches Format für Jahresfinanzberichte. § 53 in der ab dem 19. August 2020 geltenden Fassung ist erstmals auf Jahresabschlüsse und Lageberichte für das nach dem 31. Dezember 2019 beginnende Geschäftsjahr anzuwenden.

§ 173[4] Übergangsvorschrift zum Finanzmarktintegritätsstärkungsgesetz. (1) [1] Die §§ 55, 151a und 152 in der ab dem 1. Juli 2021 geltenden Fassung sind erstmals auf alle gesetzlich vorgeschriebenen Prüfungen für das nach dem 31. Dezember 2021 beginnende Geschäftsjahr anzuwenden. [2] Die in Satz 1 genannten Vorschriften in der bis einschließlich 30. Juni 2021 geltenden Fassung sind letztmals anzuwenden auf alle gesetzlich vorgeschriebenen Prüfungen für das vor dem 1. Januar 2022 beginnende Geschäftsjahr.

(2) § 53 Absatz 3 in der ab dem 1. Juli 2021 geltenden Fassung ist erstmals ab dem 1. Januar 2022 anzuwenden.

§ 174[5] Übergangsvorschrift zum Gesetz zur Ergänzung und Änderung der Regelungen für die gleichberechtigte Teilhabe von Frauen an Führungspositionen in der Privatwirtschaft und im öffentlichen Dienst.

§ 9 Absatz 3 und 4 in der vom 12. August 2021 an geltenden Fassung findet erstmals auf die Festlegung von Zielgrößen ab dem 12. August 2021 Anwendung.

§ 175[6] Übergangsvorschrift zum Gesetz zur Umsetzung der Digitalisierungsrichtlinie. [1] § 53a Absatz 2 Satz 1 Nummer 3 und § 89 Satz 3 in der ab dem 1. August 2022 geltenden Fassung sind erstmals auf Rechnungslegungsunterlagen für das nach dem 31. Dezember 2021 beginnende Geschäftsjahr anzuwenden. [2] Die in Satz 1 bezeichneten Vorschriften in der bis einschließlich 31. Juli 2022 geltenden Fassung sind letztmals anzuwenden auf Rechnungslegungsunterlagen für das vor dem 1. Januar 2022 beginnende Geschäftsjahr.

---

[1] § 170 angef. mWv 19.4.2017 durch G v. 11.4.2017 (BGBl. I S. 802).
[2] § 171 angef. mWv 22.7.2017 durch G v. 17.7.2017 (BGBl. I S. 2434).
[3] § 172 angef. mWv 19.8.2020 durch G v. 12.8.2020 (BGBl. I S. 1874).
[4] § 173 angef. mWv 1.7.2021 durch G v. 3.6.2021 (BGBl. I S. 1534).
[5] § 174 angef. mWv 12.8.2021 durch G v. 7.8.2021 (BGBl. I S. 3311).
[6] § 175 angef. mWv 1.8.2022 durch G v. 5.7.2021 (BGBl. I S. 3338).

73. Gesetz gegen den unlauteren Wettbewerb (UWG)[1]

in der Fassung der Bekanntmachung vom 3. März 2010[2]
(BGBl. I S. 254)

FNA 43-7

Lfd. Nr.	Änderndes Gesetz	Datum	Fundstelle	Betroffen	Hinweis
1.	Art. 8 Abs. 6 G zur Ums. der VerbraucherkreditRL, des zivilrechtl. Teils der ZahlungsdiensteRL sowie zur Neuordnung der Vorschr. über das Widerrufs- und Rückgaberecht[3]	29.7.2009	BGBl. I S. 2355	§ 8	geänd. mWv 31.10.2009
2.	Art. 5 G zur Ums. der VerbraucherrechteRL u. zur Änd. des G zur Regelung der Wohnungsvermittlung[4]	20.9.2013	BGBl. I S. 3642	§ 5a, Anh.	geänd. mWv 13.6.2014
3.	Art. 6 G gegen unseriöse Geschäftspraktiken[4]	1.10.2013	BGBl. I S. 3714	§§ 7, 8, 12, 20	geänd. mWv 9.10.2013
4.	Art. 1 Zweites ÄndG	2.12.2015	BGBl. I S. 2158	§§ 2, 5, 5a, Anhang	geänd. mWv 10.12.2015
				§§ 3a, 4a	eingef. mWv 10.12.2015
				§§ 3, 4	neu gef. mWv 10.12.2015
5.	Art. 4 G zur Verbesserung der zivilrechtl. Durchsetz. von verbraucherschütz. Vorschr. d. DatenschutzR	17.2.2016	BGBl. I S. 233	§ 8	geänd. mWv 24.2.2016
6.	Art. 5 G zur Ums. der RL (EU) 2016/943 zum Schutz von Geschäftsgeheimnissen vor rechtswidrigem Erwerb	18.4.2019	BGBl. I S. 466	§§ 17, 18, 19	aufgeh. mit Ablauf des 25.4. 2019

[1] **Amtl. Anm.:** Dieses Gesetz dient der Umsetzung der Richtlinie 2005/29/EG des Europäischen Parlaments und des Rates vom 11. Mai 2005 über unlautere Geschäftspraktiken von Unternehmen gegenüber Verbrauchern im Binnenmarkt und zur Änderung der Richtlinie 84/450/EWG des Rates, der Richtlinien 97/7/EG, 98/27/EG und 2002/65/EG des Europäischen Parlaments und des Rates sowie der Verordnung (EG) Nr. 2006/2004 des Europäischen Parlaments und des Rates (ABl. L 149 vom 11.6.2005, S. 22; berichtigt im ABl. L 253 vom 25.9.2009, S. 18) sowie der Richtlinie 2006/114/EG des Europäischen Parlaments und des Rates vom 12. Dezember 2006 über irreführende und vergleichende Werbung (kodifizierte Fassung) (ABl. L 376 vom 27.12.2006, S. 21). Es dient ferner der Umsetzung von Artikel 13 der Richtlinie 2002/58/EG des Europäischen Parlaments und des Rates vom 12. Juli 2002 über die Verarbeitung personenbezogener Daten und den Schutz der Privatsphäre in der elektronischen Kommunikation (ABl. L 201 vom 31.7.2002, S. 37), der zuletzt durch Artikel 2 Nummer 7 der Richtlinie 2009/136/EG (ABl. L 337 vom 18.12.2009, S. 11) geändert worden ist.

Die Verpflichtungen aus der Richtlinie 98/34/EG des Europäischen Parlaments und des Rates vom 22. Juni 1998 über ein Informationsverfahren auf dem Gebiet der Normen und technischen Vorschriften und der Vorschriften für die Dienste der Informationsgesellschaft (ABl. L 204 vom 21.7.1998, S. 37), die zuletzt durch die Richtlinie 2006/96/EG (ABl. L 363 vom 20.12.2006, S. 81) geändert worden ist, sind beachtet worden.

[2] Neubekanntmachung des UWG v. 3.7.2004 (BGBl. I S. 1414) in der ab 4.8.2009 geltenden Fassung.

[3] **Amtl. Anm.:** *(vom Abdruck wurde abgesehen)*

[4] **Amtl. Anm.:** *(abgedruckt in Änderungstabelle Nr.* **20***)*

Lfd. Nr.	Änderndes Gesetz	Datum	Fundstelle	Betroffen	Hinweis
	sowie rechtswidriger Nutzung u. Offenlegung				
7.	Art. 2 G zur Änd. des TelemedienG und weiterer Gesetze[1]	19.11. 2020	BGBl. I S. 2456	§ 8a	eingef. mWv 27.11.2020
8.	Art. 1 Gesetz zur Stärkung des fairen Wettbewerbs	26.11. 2020	BGBl. I S. 2568	§§ 8, 11, 12, 15	geänd. mWv 2.12.2020
				§§ 13, 14, 20	neu gef. mWv 2.12.2020
				§§ 8b, 8c, 13a, 15a	eingef. mWv 2.12.2020
				§ 8	geänd. mWv 1.12.2021
9.	Art. 3 G für faire Verbraucherverträge[2]	10.8.2021	BGBl. I S. 3433	§ 20	neu gef. mWv 1.10.2021
				§ 7a	eingef. mWv 1.10.2021
10.	Art. 1 G zur Stärkung des Verbraucherschutzes im Wettbewerbs- und Gewerberecht[3) 2)]	10.8.2021	BGBl. I S. 3504	§§ 5, 7, 11, 14, 20	geänd. mWv 28.5.2022
				§§ 1, 2, 5a, 9, 19, Anh.	neu gef. mWv 28.5.2022
				§§ 5b, 5c	eingef. mWv 28.5.2022
11.	Art. 20 G zur Durchführung der EU-Verordnungen über grenzüberschreitende Zustellungen und grenzüberschreitende Beweisaufnahmen in Zivil- oder Handelssachen sowie zur Änd. sonstiger Vorschriften	24.6.2022	BGBl. I S. 959	§ 19	geänd. mWv 1.8.2022

[1] **Amtl. Anm.:** Dieses Gesetz dient der Umsetzung der Richtlinie (EU) 2018/1808 des Europäischen Parlaments und des Rates vom 14. November 2018 zur Änderung der Richtlinie 2010/13/EU zur Koordinierung bestimmter Rechts- und Verwaltungsvorschriften der Mitgliedstaaten über die Bereitstellung audiovisueller Mediendienste (Richtlinie über audiovisuelle Mediendienste) im Hinblick auf sich verändernde Marktgegebenheiten (ABl. L 303 vom 28.11.2018, S. 69).

[2] **Amtl. Anm.:** Notifiziert gemäß der Richtlinie (EU) 2015/1535 des Europäischen Parlaments und des Rates vom 9. September 2015 über ein Informationsverfahren auf dem Gebiet der technischen Vorschriften und der Vorschriften für die Dienste der Informationsgesellschaft (ABl. L 241 vom 17.9.2015, S. 1).

[3] **Amtl. Anm.:** Dieses Gesetz dient der Umsetzung der Richtlinie (EU) 2019/2161 des Europäischen Parlaments und des Rates vom 27. November 2019 zur Änderung der Richtlinie 93/13/EWG des Rates und der Richtlinien 98/6/EG, 2005/29/EG und 2011/83/EU des Europäischen Parlaments und des Rates zur besseren Durchsetzung und Modernisierung der Verbraucherschutzvorschriften der Union (ABl. L 328 vom 18.12.2019, S. 7).

Kapitel 1. Allgemeine Bestimmungen

§ 1[1)] Zweck des Gesetzes; Anwendungsbereich. (1) [1]Dieses Gesetz dient dem Schutz der Mitbewerber, der Verbraucher sowie der sonstigen Marktteilnehmer vor unlauteren geschäftlichen Handlungen. [2]Es schützt zugleich das Interesse der Allgemeinheit an einem unverfälschten Wettbewerb.

(2) Vorschriften zur Regelung besonderer Aspekte unlauterer geschäftlicher Handlungen gehen bei der Beurteilung, ob eine unlautere geschäftliche Handlung vorliegt, den Regelungen dieses Gesetzes vor.

§ 2[1)] Begriffsbestimmungen. (1) Im Sinne dieses Gesetzes ist

1. „geschäftliche Entscheidung" jede Entscheidung eines Verbrauchers oder sonstigen Marktteilnehmers darüber, ob, wie und unter welchen Bedingungen er ein Geschäft abschließen, eine Zahlung leisten, eine Ware oder Dienstleistung behalten oder abgeben oder ein vertragliches Recht im Zusammenhang mit einer Ware oder Dienstleistung ausüben will, unabhängig davon, ob der Verbraucher oder sonstige Marktteilnehmer sich entschließt, tätig zu werden;
2. „geschäftliche Handlung" jedes Verhalten einer Person zugunsten des eigenen oder eines fremden Unternehmens vor, bei oder nach einem Geschäftsabschluss, das mit der Förderung des Absatzes oder des Bezugs von Waren oder Dienstleistungen oder mit dem Abschluss oder der Durchführung eines Vertrags über Waren oder Dienstleistungen unmittelbar und objektiv zusammenhängt; als Waren gelten auch Grundstücke und digitale Inhalte, Dienstleistungen sind auch digitale Dienstleistungen, als Dienstleistungen gelten auch Rechte und Verpflichtungen;
3. „Marktteilnehmer" neben Mitbewerber und Verbraucher auch jede weitere Person, die als Anbieter oder Nachfrager von Waren oder Dienstleistungen tätig ist;
4. „Mitbewerber" jeder Unternehmer, der mit einem oder mehreren Unternehmern als Anbieter oder Nachfrager von Waren oder Dienstleistungen in einem konkreten Wettbewerbsverhältnis steht;
5. „Nachricht" jede Information, die zwischen einer endlichen Zahl von Beteiligten über einen öffentlich zugänglichen elektronischen Kommunikationsdienst ausgetauscht oder weitergeleitet wird; nicht umfasst sind Informationen, die als Teil eines Rundfunkdienstes über ein elektronisches Kommunikationsnetz an die Öffentlichkeit weitergeleitet werden, soweit diese Informationen nicht mit dem identifizierbaren Teilnehmer oder Nutzer, der sie erhält, in Verbindung gebracht werden können;
6. „Online-Marktplatz" ein Dienst, der es Verbrauchern ermöglicht, durch die Verwendung von Software, die von einem Unternehmer oder in dessen Namen betrieben wird, einschließlich einer Website, eines Teils einer Website oder einer Anwendung, Fernabsatzverträge (§ 312c des Bürgerlichen Gesetzbuchs[2)]) mit anderen Unternehmern oder Verbrauchern abzuschließen;
7. „Ranking" die von einem Unternehmer veranlasste relative Hervorhebung von Waren oder Dienstleistungen, unabhängig von den hierfür verwendeten technischen Mitteln;

[1)] §§ 1 und 2 neu gef. mWv 28.5.2022 durch G v. 10.8.2021 (BGBl. I S. 3504).
[2)] Nr. **20**.

8. „Unternehmer" jede natürliche oder juristische Person, die geschäftliche Handlungen im Rahmen ihrer gewerblichen, handwerklichen oder beruflichen Tätigkeit vornimmt, und jede Person, die im Namen oder Auftrag einer solchen Person handelt;
9. „unternehmerische Sorgfalt" der Standard an Fachkenntnissen und Sorgfalt, von dem billigerweise angenommen werden kann, dass ein Unternehmer ihn in seinem Tätigkeitsbereich gegenüber Verbrauchern nach Treu und Glauben unter Berücksichtigung der anständigen Marktgepflogenheiten einhält;
10. „Verhaltenskodex" jede Vereinbarung oder Vorschrift über das Verhalten von Unternehmern, zu welchem diese sich in Bezug auf Wirtschaftszweige oder einzelne geschäftliche Handlungen verpflichtet haben, ohne dass sich solche Verpflichtungen aus Gesetzes- oder Verwaltungsvorschriften ergeben;
11. „wesentliche Beeinflussung des wirtschaftlichen Verhaltens des Verbrauchers" die Vornahme einer geschäftlichen Handlung, um die Fähigkeit des Verbrauchers, eine informierte Entscheidung zu treffen, spürbar zu beeinträchtigen und damit den Verbraucher zu einer geschäftlichen Entscheidung zu veranlassen, die er andernfalls nicht getroffen hätte.

(2) Für den Verbraucherbegriff ist § 13 des Bürgerlichen Gesetzbuchs entsprechend anwendbar.

§ 3[1)] Verbot unlauterer geschäftlicher Handlungen. (1) Unlautere geschäftliche Handlungen sind unzulässig.

(2) Geschäftliche Handlungen, die sich an Verbraucher richten oder diese erreichen, sind unlauter, wenn sie nicht der unternehmerischen Sorgfalt entsprechen und dazu geeignet sind, das wirtschaftliche Verhalten des Verbrauchers wesentlich zu beeinflussen.

(3) Die im Anhang dieses Gesetzes aufgeführten geschäftlichen Handlungen gegenüber Verbrauchern sind stets unzulässig.

(4) [1] Bei der Beurteilung von geschäftlichen Handlungen gegenüber Verbrauchern ist auf den durchschnittlichen Verbraucher oder, wenn sich die geschäftliche Handlung an eine bestimmte Gruppe von Verbrauchern wendet, auf ein durchschnittliches Mitglied dieser Gruppe abzustellen. [2] Geschäftliche Handlungen, die für den Unternehmer vorhersehbar das wirtschaftliche Verhalten nur einer eindeutig identifizierbaren Gruppe von Verbrauchern wesentlich beeinflussen, die auf Grund von geistigen oder körperlichen Beeinträchtigungen, Alter oder Leichtgläubigkeit im Hinblick auf diese geschäftlichen Handlungen oder die diesen zugrunde liegenden Waren oder Dienstleistungen besonders schutzbedürftig sind, sind aus der Sicht eines durchschnittlichen Mitglieds dieser Gruppe zu beurteilen.

§ 3a[1)] Rechtsbruch. Unlauter handelt, wer einer gesetzlichen Vorschrift zuwiderhandelt, die auch dazu bestimmt ist, im Interesse der Marktteilnehmer das Marktverhalten zu regeln, und der Verstoß geeignet ist, die Interessen von Verbrauchern, sonstigen Marktteilnehmern oder Mitbewerbern spürbar zu beeinträchtigen.

§ 4[1)] Mitbewerberschutz. Unlauter handelt, wer
1. die Kennzeichen, Waren, Dienstleistungen, Tätigkeiten oder persönlichen oder geschäftlichen Verhältnisse eines Mitbewerbers herabsetzt oder verunglimpft;

[1)] §§ 3 und 4 neu gef., § 3a eingef. mWv 10.12.2015 durch G v. 2.12.2015 (BGBl. I S. 2158).

2. über die Waren, Dienstleistungen oder das Unternehmen eines Mitbewerbers oder über den Unternehmer oder ein Mitglied der Unternehmensleitung Tatsachen behauptet oder verbreitet, die geeignet sind, den Betrieb des Unternehmens oder den Kredit des Unternehmers zu schädigen, sofern die Tatsachen nicht erweislich wahr sind; handelt es sich um vertrauliche Mitteilungen und hat der Mitteilende oder der Empfänger der Mitteilung an ihr ein berechtigtes Interesse, so ist die Handlung nur dann unlauter, wenn die Tatsachen der Wahrheit zuwider behauptet oder verbreitet wurden;
3. Waren oder Dienstleistungen anbietet, die eine Nachahmung der Waren oder Dienstleistungen eines Mitbewerbers sind, wenn er
   a) eine vermeidbare Täuschung der Abnehmer über die betriebliche Herkunft herbeiführt,
   b) die Wertschätzung der nachgeahmten Ware oder Dienstleistung unangemessen ausnutzt oder beeinträchtigt oder
   c) die für die Nachahmung erforderlichen Kenntnisse oder Unterlagen unredlich erlangt hat;
4. Mitbewerber gezielt behindert.

§ 4a[1] Aggressive geschäftliche Handlungen. (1) [1] Unlauter handelt, wer eine aggressive geschäftliche Handlung vornimmt, die geeignet ist, den Verbraucher oder sonstigen Marktteilnehmer zu einer geschäftlichen Entscheidung zu veranlassen, die dieser andernfalls nicht getroffen hätte. [2] Eine geschäftliche Handlung ist aggressiv, wenn sie im konkreten Fall unter Berücksichtigung aller Umstände geeignet ist, die Entscheidungsfreiheit des Verbrauchers oder sonstigen Marktteilnehmers erheblich zu beeinträchtigen durch

1. Belästigung,
2. Nötigung einschließlich der Anwendung körperlicher Gewalt oder
3. unzulässige Beeinflussung.

[3] Eine unzulässige Beeinflussung liegt vor, wenn der Unternehmer eine Machtposition gegenüber dem Verbraucher oder sonstigen Marktteilnehmer zur Ausübung von Druck, auch ohne Anwendung oder Androhung von körperlicher Gewalt, in einer Weise ausnutzt, die die Fähigkeit des Verbrauchers oder sonstigen Marktteilnehmers zu einer informierten Entscheidung wesentlich einschränkt.

(2) [1] Bei der Feststellung, ob eine geschäftliche Handlung aggressiv im Sinne des Absatzes 1 Satz 2 ist, ist abzustellen auf

1. Zeitpunkt, Ort, Art oder Dauer der Handlung;
2. die Verwendung drohender oder beleidigender Formulierungen oder Verhaltensweisen;
3. die bewusste Ausnutzung von konkreten Unglückssituationen oder Umständen von solcher Schwere, dass sie das Urteilsvermögen des Verbrauchers oder sonstigen Marktteilnehmers beeinträchtigen, um dessen Entscheidung zu beeinflussen;
4. belastende oder unverhältnismäßige Hindernisse nichtvertraglicher Art, mit denen der Unternehmer den Verbraucher oder sonstigen Marktteilnehmer an der Ausübung seiner vertraglichen Rechte zu hindern versucht, wozu auch das Recht gehört, den Vertrag zu kündigen oder zu einer anderen Ware oder Dienstleistung oder einem anderen Unternehmer zu wechseln;

---

[1] § 4a eingef. mWv 10.12.2015 durch G v. 2.12.2015 (BGBl. I S. 2158).

5. Drohungen mit rechtlich unzulässigen Handlungen.

[2] Zu den Umständen, die nach Nummer 3 zu berücksichtigen sind, zählen insbesondere geistige und körperliche Beeinträchtigungen, das Alter, die geschäftliche Unerfahrenheit, die Leichtgläubigkeit, die Angst und die Zwangslage von Verbrauchern.

§ 5[1] Irreführende geschäftliche Handlungen. (1) Unlauter handelt, wer eine irreführende geschäftliche Handlung vornimmt, die geeignet ist, den Verbraucher oder sonstigen Marktteilnehmer zu einer geschäftlichen Entscheidung zu veranlassen, die er andernfalls nicht getroffen hätte.

(2) Eine geschäftliche Handlung ist irreführend, wenn sie unwahre Angaben enthält oder sonstige zur Täuschung geeignete Angaben über folgende Umstände enthält:

1. die wesentlichen Merkmale der Ware oder Dienstleistung wie Verfügbarkeit, Art, Ausführung, Vorteile, Risiken, Zusammensetzung, Zubehör, Verfahren oder Zeitpunkt der Herstellung, Lieferung oder Erbringung, Zwecktauglichkeit, Verwendungsmöglichkeit, Menge, Beschaffenheit, Kundendienst und Beschwerdeverfahren, geographische oder betriebliche Herkunft, von der Verwendung zu erwartende Ergebnisse oder die Ergebnisse oder wesentlichen Bestandteile von Tests der Waren oder Dienstleistungen;
2. den Anlass des Verkaufs wie das Vorhandensein eines besonderen Preisvorteils, den Preis oder die Art und Weise, in der er berechnet wird, oder die Bedingungen, unter denen die Ware geliefert oder die Dienstleistung erbracht wird;
3. die Person, Eigenschaften oder Rechte des Unternehmers wie Identität, Vermögen einschließlich der Rechte des geistigen Eigentums, den Umfang von Verpflichtungen, Befähigung, Status, Zulassung, Mitgliedschaften oder Beziehungen, Auszeichnungen oder Ehrungen, Beweggründe für die geschäftliche Handlung oder die Art des Vertriebs;
4. Aussagen oder Symbole, die im Zusammenhang mit direktem oder indirektem Sponsoring stehen oder sich auf eine Zulassung des Unternehmers oder der Waren oder Dienstleistungen beziehen;
5. die Notwendigkeit einer Leistung, eines Ersatzteils, eines Austauschs oder einer Reparatur;
6. die Einhaltung eines Verhaltenskodexes, auf den sich der Unternehmer verbindlich verpflichtet hat, wenn er auf diese Bindung hinweist, oder
7. Rechte des Verbrauchers, insbesondere solche auf Grund von Garantieversprechen oder Gewährleistungsrechte bei Leistungsstörungen.

(3) Eine geschäftliche Handlung ist auch irreführend, wenn

1. sie im Zusammenhang mit der Vermarktung von Waren oder Dienstleistungen einschließlich vergleichender Werbung eine Verwechslungsgefahr mit einer anderen Ware oder Dienstleistung oder mit der Marke oder einem anderen Kennzeichen eines Mitbewerbers hervorruft oder
2. mit ihr eine Ware in einem Mitgliedstaat der Europäischen Union als identisch mit einer in anderen Mitgliedstaaten der Europäischen Union auf dem Markt bereitgestellten Ware vermarktet wird, obwohl sich diese Waren in ihrer Zu-

[1] § 5 Abs. 1 Satz 1 geänd. mWv 10.12.2015 durch G v. 2.12.2015 (BGBl. I S. 2158); bish. Abs. 1 Satz 2 wird Abs. 2, bish. Abs. 2 wird Abs. 3 und neu gef., bish. Abs. 3 und 4 werden Abs. 4 und 5 mWv 28.5. 2022 durch G v. 10.8.2021 (BGBl. I S. 3504).

sammensetzung oder in ihren Merkmalen wesentlich voneinander unterscheiden, sofern dies nicht durch legitime und objektive Faktoren gerechtfertigt ist.

(4) Angaben im Sinne von Absatz 1 Satz 2 sind auch Angaben im Rahmen vergleichender Werbung sowie bildliche Darstellungen und sonstige Veranstaltungen, die darauf zielen und geeignet sind, solche Angaben zu ersetzen.

(5) [1] Es wird vermutet, dass es irreführend ist, mit der Herabsetzung eines Preises zu werben, sofern der Preis nur für eine unangemessen kurze Zeit gefordert worden ist. [2] Ist streitig, ob und in welchem Zeitraum der Preis gefordert worden ist, so trifft die Beweislast denjenigen, der mit der Preisherabsetzung geworben hat.

§ 5a[1)] Irreführung durch Unterlassen. (1) Unlauter handelt auch, wer einen Verbraucher oder sonstigen Marktteilnehmer irreführt, indem er ihm eine wesentliche Information vorenthält,

1. die der Verbraucher oder der sonstige Marktteilnehmer nach den jeweiligen Umständen benötigt, um eine informierte geschäftliche Entscheidung zu treffen, und
2. deren Vorenthalten dazu geeignet ist, den Verbraucher oder den sonstigen Marktteilnehmer zu einer geschäftlichen Entscheidung zu veranlassen, die er andernfalls nicht getroffen hätte.

(2) Als Vorenthalten gilt auch

1. das Verheimlichen wesentlicher Informationen,
2. die Bereitstellung wesentlicher Informationen in unklarer, unverständlicher oder zweideutiger Weise sowie
3. die nicht rechtzeitige Bereitstellung wesentlicher Informationen.

(3) Bei der Beurteilung, ob wesentliche Informationen vorenthalten wurden, sind zu berücksichtigen:

1. räumliche oder zeitliche Beschränkungen durch das für die geschäftliche Handlung gewählte Kommunikationsmittel sowie
2. alle Maßnahmen des Unternehmers, um dem Verbraucher oder sonstigen Marktteilnehmer die Informationen auf andere Weise als durch das für die geschäftliche Handlung gewählte Kommunikationsmittel zur Verfügung zu stellen.

(4) [1] Unlauter handelt auch, wer den kommerziellen Zweck einer geschäftlichen Handlung nicht kenntlich macht, sofern sich dieser nicht unmittelbar aus den Umständen ergibt, und das Nichtkenntlichmachen geeignet ist, den Verbraucher oder sonstigen Marktteilnehmer zu einer geschäftlichen Entscheidung zu veranlassen, die er andernfalls nicht getroffen hätte. [2] Ein kommerzieller Zweck liegt bei einer Handlung zugunsten eines fremden Unternehmens nicht vor, wenn der Handelnde kein Entgelt oder keine ähnliche Gegenleistung für die Handlung von dem fremden Unternehmen erhält oder sich versprechen lässt. [3] Der Erhalt oder das Versprechen einer Gegenleistung wird vermutet, es sei denn der Handelnde macht glaubhaft, dass er eine solche nicht erhalten hat.

§ 5b[1)] Wesentliche Informationen. (1) Werden Waren oder Dienstleistungen unter Hinweis auf deren Merkmale und Preis in einer dem verwendeten Kommunikationsmittel angemessenen Weise so angeboten, dass ein durchschnittlicher

---

1) § 5a neu gef., § 5b eingef. mWv 28.5.2022 durch G v. 10.8.2021 (BGBl. I S. 3504).

Verbraucher das Geschäft abschließen kann, so gelten die folgenden Informationen als wesentlich im Sinne des § 5a Absatz 1, sofern sie sich nicht unmittelbar aus den Umständen ergeben:

1. alle wesentlichen Merkmale der Ware oder Dienstleistung in dem der Ware oder Dienstleistung und dem verwendeten Kommunikationsmittel angemessenen Umfang,
2. die Identität und Anschrift des Unternehmers, gegebenenfalls die Identität und Anschrift desjenigen Unternehmers, für den er handelt,
3. der Gesamtpreis oder in Fällen, in denen ein solcher Preis auf Grund der Beschaffenheit der Ware oder Dienstleistung nicht im Voraus berechnet werden kann, die Art der Preisberechnung sowie gegebenenfalls alle zusätzlichen Fracht-, Liefer- und Zustellkosten oder in Fällen, in denen diese Kosten nicht im Voraus berechnet werden können, die Tatsache, dass solche zusätzlichen Kosten anfallen können,
4. Zahlungs-, Liefer- und Leistungsbedingungen, soweit diese von den Erfordernissen unternehmerischer Sorgfalt abweichen,
5. das Bestehen des Rechts auf Rücktritt oder Widerruf und
6. bei Waren oder Dienstleistungen, die über einen Online-Marktplatz angeboten werden, die Information, ob es sich bei dem Anbieter der Waren oder Dienstleistungen nach dessen eigener Erklärung gegenüber dem Betreiber des Online-Marktplatzes um einen Unternehmer handelt.

(2) [1]Bietet ein Unternehmer Verbrauchern die Möglichkeit, nach Waren oder Dienstleistungen zu suchen, die von verschiedenen Unternehmern oder von Verbrauchern angeboten werden, so gelten unabhängig davon, wo das Rechtsgeschäft abgeschlossen werden kann, folgende allgemeine Informationen als wesentlich:

1. die Hauptparameter zur Festlegung des Rankings der dem Verbraucher als Ergebnis seiner Suchanfrage präsentierten Waren oder Dienstleistungen sowie
2. die relative Gewichtung der Hauptparameter zur Festlegung des Rankings im Vergleich zu anderen Parametern.

[2]Die Informationen nach Satz 1 müssen von der Anzeige der Suchergebnisse aus unmittelbar und leicht zugänglich sein. [3]Die Sätze 1 und 2 gelten nicht für Betreiber von Online-Suchmaschinen im Sinne des Artikels 2 Nummer 6 der Verordnung (EU) 2019/1150 des Europäischen Parlaments und des Rates vom 20. Juni 2019 zur Förderung von Fairness und Transparenz für gewerbliche Nutzer von Online-Vermittlungsdiensten (ABl. L 186 vom 11.7.2019, S. 57).

(3) Macht ein Unternehmer Bewertungen zugänglich, die Verbraucher im Hinblick auf Waren oder Dienstleistungen vorgenommen haben, so gelten als wesentlich Informationen darüber, ob und wie der Unternehmer sicherstellt, dass die veröffentlichten Bewertungen von solchen Verbrauchern stammen, die die Waren oder Dienstleistungen tatsächlich genutzt oder erworben haben.

(4) Als wesentlich im Sinne des § 5a Absatz 1 gelten auch solche Informationen, die dem Verbraucher auf Grund unionsrechtlicher Verordnungen oder nach Rechtsvorschriften zur Umsetzung unionsrechtlicher Richtlinien für kommerzielle Kommunikation einschließlich Werbung und Marketing nicht vorenthalten werden dürfen.

§ 5c[1)] Verbotene Verletzung von Verbraucherinteressen durch unlautere geschäftliche Handlungen. (1) Die Verletzung von Verbraucherinteressen durch unlautere geschäftliche Handlungen ist verboten, wenn es sich um einen weitverbreiteten Verstoß gemäß Artikel 3 Nummer 3 der Verordnung (EU) 2017/2394 des Europäischen Parlaments und des Rates vom 12. Dezember 2017 über die Zusammenarbeit zwischen den für die Durchsetzung der Verbraucherschutzgesetze zuständigen nationalen Behörden und zur Aufhebung der Verordnung (EG) Nr. 2006/2004 (ABl. L 345 vom 27.12.2017, S. 1), die zuletzt durch die Richtlinie (EU) 2019/771 (ABl. L 136 vom 22.5.2019, S. 28; L 305 vom 26.11.2019, S. 66) geändert worden ist, oder einen weitverbreiteten Verstoß mit Unions-Dimension gemäß Artikel 3 Nummer 4 der Verordnung (EU) 2017/2394 handelt.

(2) Eine Verletzung von Verbraucherinteressen durch unlautere geschäftliche Handlungen im Sinne des Absatzes 1 liegt vor, wenn

1. eine unlautere geschäftliche Handlung nach § 3 Absatz 3 in Verbindung mit den Nummern 1 bis 31 des Anhangs vorgenommen wird,
2. eine aggressive geschäftliche Handlung nach § 4a Absatz 1 Satz 1 vorgenommen wird,
3. eine irreführende geschäftliche Handlung nach § 5 Absatz 1 oder § 5a Absatz 1 vorgenommen wird oder
4. eine unlautere geschäftliche Handlung nach § 3 Absatz 1 fortgesetzt vorgenommen wird, die durch eine vollziehbare Anordnung der zuständigen Behörde im Sinne des Artikels 3 Nummer 6 der Verordnung (EU) 2017/2394 oder durch eine vollstreckbare Entscheidung eines Gerichts untersagt worden ist, sofern die Handlung nicht bereits von den Nummern 1 bis 3 erfasst ist.

(3) Eine Verletzung von Verbraucherinteressen durch unlautere geschäftliche Handlungen im Sinne des Absatzes 1 liegt auch vor, wenn

1. eine geschäftliche Handlung die tatsächlichen Voraussetzungen eines der in Absatz 2 geregelten Fälle erfüllt und
2. auf die geschäftliche Handlung das nationale Recht eines anderen Mitgliedstaates der Europäischen Union anwendbar ist, welches eine Vorschrift enthält, die der jeweiligen in Absatz 2 genannten Vorschrift entspricht.

§ 6 Vergleichende Werbung. (1) Vergleichende Werbung ist jede Werbung, die unmittelbar oder mittelbar einen Mitbewerber oder die von einem Mitbewerber angebotenen Waren oder Dienstleistungen erkennbar macht.

(2) Unlauter handelt, wer vergleichend wirbt, wenn der Vergleich

1. sich nicht auf Waren oder Dienstleistungen für den gleichen Bedarf oder dieselbe Zweckbestimmung bezieht,
2. nicht objektiv auf eine oder mehrere wesentliche, relevante, nachprüfbare und typische Eigenschaften oder den Preis dieser Waren oder Dienstleistungen bezogen ist,
3. im geschäftlichen Verkehr zu einer Gefahr von Verwechslungen zwischen dem Werbenden und einem Mitbewerber oder zwischen den von diesen angebotenen Waren oder Dienstleistungen oder den von ihnen verwendeten Kennzeichen führt,
4. den Ruf des von einem Mitbewerber verwendeten Kennzeichens in unlauterer Weise ausnutzt oder beeinträchtigt,

---

[1)] § 5c eingef. mWv 28.5.2022 durch G v. 10.8.2021 (BGBl. I S. 3504).

5. die Waren, Dienstleistungen, Tätigkeiten oder persönlichen oder geschäftlichen Verhältnisse eines Mitbewerbers herabsetzt oder verunglimpft oder
6. eine Ware oder Dienstleistung als Imitation oder Nachahmung einer unter einem geschützten Kennzeichen vertriebenen Ware oder Dienstleistung darstellt.

§ 7[1)] Unzumutbare Belästigungen. (1) [1] Eine geschäftliche Handlung, durch die ein Marktteilnehmer in unzumutbarer Weise belästigt wird, ist unzulässig. [2] Dies gilt insbesondere für Werbung, obwohl erkennbar ist, dass der angesprochene Marktteilnehmer diese Werbung nicht wünscht.

(2) Eine unzumutbare Belästigung ist stets anzunehmen

1. bei Werbung mit einem Telefonanruf gegenüber einem Verbraucher ohne dessen vorherige ausdrückliche Einwilligung oder gegenüber einem sonstigen Marktteilnehmer ohne dessen zumindest mutmaßliche Einwilligung,
2. bei Werbung unter Verwendung einer automatischen Anrufmaschine, eines Faxgerätes oder elektronischer Post, ohne dass eine vorherige ausdrückliche Einwilligung des Adressaten vorliegt, oder
3. bei Werbung mit einer Nachricht,
   a) bei der die Identität des Absenders, in dessen Auftrag die Nachricht übermittelt wird, verschleiert oder verheimlicht wird oder
   b) bei der gegen § 6 Absatz 1 des Telemediengesetzes[2)] verstoßen wird oder in der der Empfänger aufgefordert wird, eine Website aufzurufen, die gegen diese Vorschrift verstößt, oder
   c) bei der keine gültige Adresse vorhanden ist, an die der Empfänger eine Aufforderung zur Einstellung solcher Nachrichten richten kann, ohne dass hierfür andere als die Übermittlungskosten nach den Basistarifen entstehen.

(3) Abweichend von Absatz 2 Nummer 2 ist eine unzumutbare Belästigung bei einer Werbung unter Verwendung elektronischer Post nicht anzunehmen, wenn

1. ein Unternehmer im Zusammenhang mit dem Verkauf einer Ware oder Dienstleistung von dem Kunden dessen elektronische Postadresse erhalten hat,
2. der Unternehmer die Adresse zur Direktwerbung für eigene ähnliche Waren oder Dienstleistungen verwendet,
3. der Kunde der Verwendung nicht widersprochen hat und
4. der Kunde bei Erhebung der Adresse und bei jeder Verwendung klar und deutlich darauf hingewiesen wird, dass er der Verwendung jederzeit widersprechen kann, ohne dass hierfür andere als die Übermittlungskosten nach den Basistarifen entstehen.

§ 7a[3)] Einwilligung in Telefonwerbung. (1) Wer mit einem Telefonanruf gegenüber einem Verbraucher wirbt, hat dessen vorherige ausdrückliche Einwilligung in die Telefonwerbung zum Zeitpunkt der Erteilung in angemessener Form zu dokumentieren und gemäß Absatz 2 Satz 1 aufzubewahren.

[1)] § 7 Abs. 2 Nr. 4 neu gef. mWv 9.10.2013 durch G v. 1.10.2013 (BGBl. I S. 3714); Abs. 2 Nr. 1 aufgeh., bish. Nr. 2–4 werden Nr. 1–3, Abs. 3 einl. Satzteil geänd. mWv 28.5.2022 durch G v. 10.8.2021 (BGBl. I S. 3504).

[2)] **Sartorius ErgBd. Nr. 922.**

[3)] § 7a eingef. mWv 1.10.2021 durch G v. 10.8.2021 (BGBl. I S. 3433).

(2) [1] Die werbenden Unternehmen müssen den Nachweis nach Absatz 1 ab Erteilung der Einwilligung sowie nach jeder Verwendung der Einwilligung fünf Jahre aufbewahren. [2] Die werbenden Unternehmen haben der nach § 20 Absatz 3 zuständigen Verwaltungsbehörde den Nachweis nach Absatz 1 auf Verlangen unverzüglich vorzulegen.

Kapitel 2. Rechtsfolgen

§ 8[1)] Beseitigung und Unterlassung. (1) [1] Wer eine nach § 3 oder § 7 unzulässige geschäftliche Handlung vornimmt, kann auf Beseitigung und bei Wiederholungsgefahr auf Unterlassung in Anspruch genommen werden. [2] Der Anspruch auf Unterlassung besteht bereits dann, wenn eine derartige Zuwiderhandlung gegen § 3 oder § 7 droht.

(2) Werden die Zuwiderhandlungen in einem Unternehmen von einem Mitarbeiter oder Beauftragten begangen, so sind der Unterlassungsanspruch und der Beseitigungsanspruch auch gegen den Inhaber des Unternehmens begründet.

(3) Die Ansprüche aus Absatz 1 stehen zu:

1. jedem Mitbewerber, der Waren oder Dienstleistungen in nicht unerheblichem Maße und nicht nur gelegentlich vertreibt oder nachfragt,
2. denjenigen rechtsfähigen Verbänden zur Förderung gewerblicher oder selbstständiger beruflicher Interessen, die in der Liste der qualifizierten Wirtschaftsverbände nach § 8b eingetragen sind, soweit ihnen eine erhebliche Zahl von Unternehmern angehört, die Waren oder Dienstleistungen gleicher oder verwandter Art auf demselben Markt vertreiben, und die Zuwiderhandlung die Interessen ihrer Mitglieder berührt,
3. den qualifizierten Einrichtungen, die in der Liste der qualifizierten Einrichtungen nach § 4 des Unterlassungsklagengesetzes[2)] eingetragen sind, oder den qualifizierten Einrichtungen aus anderen Mitgliedstaaten der Europäischen Union, die in dem Verzeichnis der Europäischen Kommission nach Artikel 4 Absatz 3 der Richtlinie 2009/22/EG des Europäischen Parlaments und des Rates vom 23. April 2009 über Unterlassungsklagen zum Schutz der Verbraucherinteressen (ABl. L 110 vom 1.5.2009, S. 30), die zuletzt durch die Verordnung (EU) 2018/302 (ABl. L 60I vom 2.3.2018, S. 1) geändert worden ist, eingetragen sind,
4. den Industrie- und Handelskammern, den nach der Handwerksordnung[3)] errichteten Organisationen und anderen berufsständischen Körperschaften des öffentlichen Rechts im Rahmen der Erfüllung ihrer Aufgaben sowie den Gewerkschaften im Rahmen der Erfüllung ihrer Aufgaben bei der Vertretung selbstständiger beruflicher Interessen.

(4) Stellen nach Absatz 3 Nummer 2 und 3 können die Ansprüche nicht geltend machen, solange ihre Eintragung ruht.

(5) [1] § 13 des Unterlassungsklagengesetzes ist entsprechend anzuwenden; in § 13 Absatz 1 und 3 Satz 2 des Unterlassungsklagengesetzes treten an die Stelle der dort aufgeführten Ansprüche nach dem Unterlassungsklagengesetz die Ansprüche nach

---

[1)] § 8 Abs. 5 Satz 1 neu gef. mWv 31.10.2009 durch G v. 29.7.2009 (BGBl. I S. 2355); Abs. 5 Satz 1 geänd. mWv 24.2.2016 durch G v. 17.2.2016 (BGBl. I S. 233); Abs. 4 neu gef., Abs. 5 Satz 2 geänd. mWv 2.12.2020, Abs. 3 neu gef. mWv 1.12.2021 durch G v. 26.11.2020 (BGBl. I S. 2568).

[2)] Nr. **105**.

[3)] **Sartorius Nr. 815**.

dieser Vorschrift. [2] Im Übrigen findet das Unterlassungsklagengesetz keine Anwendung, es sei denn, es liegt ein Fall des § 4e des Unterlassungsklagengesetzes vor.

§ 8a[1)] Anspruchsberechtigte bei einem Verstoß gegen die Verordnung (EU) 2019/1150. Anspruchsberechtigt nach § 8 Absatz 1 sind bei einem Verstoß gegen die Verordnung (EU) 2019/1150 des Europäischen Parlaments und des Rates vom 20. Juni 2019 zur Förderung von Fairness und Transparenz für gewerbliche Nutzer von Online-Vermittlungsdiensten (ABl. L 186 vom 11.7.2019, S. 57) abweichend von § 8 Absatz 3 die Verbände, Organisationen und öffentlichen Stellen, die die Voraussetzungen des Artikels 14 Absatz 3 und 4 der Verordnung (EU) 2019/1150 erfüllen.

§ 8b[2)] Liste der qualifizierten Wirtschaftsverbände. (1) Das Bundesamt für Justiz führt eine Liste der qualifizierten Wirtschaftsverbände und veröffentlicht sie in der jeweils aktuellen Fassung auf seiner Internetseite.

(2) Ein rechtsfähiger Verband, zu dessen satzungsmäßigen Aufgaben es gehört, gewerbliche oder selbstständige berufliche Interessen zu verfolgen und zu fördern sowie zu Fragen des lauteren Wettbewerbs zu beraten und zu informieren, wird auf seinen Antrag in die Liste eingetragen, wenn

1. er mindestens 75 Unternehmer als Mitglieder hat,
2. er zum Zeitpunkt der Antragstellung seit mindestens einem Jahr seine satzungsmäßigen Aufgaben wahrgenommen hat,
3. auf Grund seiner bisherigen Tätigkeit sowie seiner personellen, sachlichen und finanziellen Ausstattung gesichert erscheint, dass er
   a) seine satzungsmäßigen Aufgaben auch künftig dauerhaft wirksam und sachgerecht erfüllen wird und
   b) seine Ansprüche nicht vorwiegend geltend machen wird, um für sich Einnahmen aus Abmahnungen oder Vertragsstrafen zu erzielen,
4. seinen Mitgliedern keine Zuwendungen aus dem Verbandsvermögen gewährt werden und Personen, die für den Verband tätig sind, nicht durch unangemessen hohe Vergütungen oder andere Zuwendungen begünstigt werden.

(3) § 4 Absatz 3 und 4 sowie die §§ 4a bis 4d des Unterlassungsklagengesetzes[3)] sind entsprechend anzuwenden.

§ 8c[2)] Verbot der missbräuchlichen Geltendmachung von Ansprüchen; Haftung. (1) Die Geltendmachung der Ansprüche aus § 8 Absatz 1 ist unzulässig, wenn sie unter Berücksichtigung der gesamten Umstände missbräuchlich ist.

(2) Eine missbräuchliche Geltendmachung ist im Zweifel anzunehmen, wenn

1. die Geltendmachung der Ansprüche vorwiegend dazu dient, gegen den Zuwiderhandelnden einen Anspruch auf Ersatz von Aufwendungen oder von Kosten der Rechtsverfolgung oder die Zahlung einer Vertragsstrafe entstehen zu lassen,
2. ein Mitbewerber eine erhebliche Anzahl von Verstößen gegen die gleiche Rechtsvorschrift durch Abmahnungen geltend macht, wenn die Anzahl der geltend gemachten Verstöße außer Verhältnis zum Umfang der eigenen Geschäftstätigkeit steht oder wenn anzunehmen ist, dass der Mitbewerber das wirt-

[1)] § 8a eingef. mWv 27.11.2020 durch G v. 19.11.2020 (BGBl. I S. 2456).
[2)] §§ 8b und 8c eingef. mWv 2.12.2020 durch G v. 26.11.2020 (BGBl. I S. 2568).
[3)] Nr. **105**.

schaftliche Risiko seines außergerichtlichen oder gerichtlichen Vorgehens nicht selbst trägt,
3. ein Mitbewerber den Gegenstandswert für eine Abmahnung unangemessen hoch ansetzt,
4. offensichtlich überhöhte Vertragsstrafen vereinbart oder gefordert werden,
5. eine vorgeschlagene Unterlassungsverpflichtung offensichtlich über die abgemahnte Rechtsverletzung hinausgeht,
6. mehrere Zuwiderhandlungen, die zusammen hätten abgemahnt werden können, einzeln abgemahnt werden oder
7. wegen einer Zuwiderhandlung, für die mehrere Zuwiderhandelnde verantwortlich sind, die Ansprüche gegen die Zuwiderhandelnden ohne sachlichen Grund nicht zusammen geltend gemacht werden.

(3) [1] Im Fall der missbräuchlichen Geltendmachung von Ansprüchen kann der Anspruchsgegner vom Anspruchsteller Ersatz der für seine Rechtsverteidigung erforderlichen Aufwendungen fordern. [2] Weitergehende Ersatzansprüche bleiben unberührt.

§ 9[1)] Schadensersatz. (1) Wer vorsätzlich oder fahrlässig eine nach § 3 oder § 7 unzulässige geschäftliche Handlung vornimmt, ist den Mitbewerbern zum Ersatz des daraus entstehenden Schadens verpflichtet.

(2) [1] Wer vorsätzlich oder fahrlässig eine nach § 3 unzulässige geschäftliche Handlung vornimmt und hierdurch Verbraucher zu einer geschäftlichen Entscheidung veranlasst, die sie andernfalls nicht getroffen hätten, ist ihnen zum Ersatz des daraus entstehenden Schadens verpflichtet. [2] Dies gilt nicht für unlautere geschäftliche Handlungen nach den §§ 3a, 4 und 6 sowie nach Nummer 32 des Anhangs.

(3) Gegen verantwortliche Personen von periodischen Druckschriften kann der Anspruch auf Schadensersatz nach den Absätzen 1 und 2 nur bei einer vorsätzlichen Zuwiderhandlung geltend gemacht werden.

§ 10 Gewinnabschöpfung. (1) Wer vorsätzlich eine nach § 3 oder § 7 unzulässige geschäftliche Handlung vornimmt und hierdurch zu Lasten einer Vielzahl von Abnehmern einen Gewinn erzielt, kann von den gemäß § 8 Absatz 3 Nummer 2 bis 4 zur Geltendmachung eines Unterlassungsanspruchs Berechtigten auf Herausgabe dieses Gewinns an den Bundeshaushalt in Anspruch genommen werden.

(2) [1] Auf den Gewinn sind die Leistungen anzurechnen, die der Schuldner auf Grund der Zuwiderhandlung an Dritte oder an den Staat erbracht hat. [2] Soweit der Schuldner solche Leistungen erst nach Erfüllung des Anspruchs nach Absatz 1 erbracht hat, erstattet die zuständige Stelle des Bundes dem Schuldner den abgeführten Gewinn in Höhe der nachgewiesenen Zahlungen zurück.

(3) Beanspruchen mehrere Gläubiger den Gewinn, so gelten die §§ 428 bis 430 des Bürgerlichen Gesetzbuchs entsprechend.

(4) [1] Die Gläubiger haben der zuständigen Stelle des Bundes über die Geltendmachung von Ansprüchen nach Absatz 1 Auskunft zu erteilen. [2] Sie können von der zuständigen Stelle des Bundes Erstattung der für die Geltendmachung des Anspruchs erforderlichen Aufwendungen verlangen, soweit sie vom Schuldner keinen Ausgleich erlangen können. [3] Der Erstattungsanspruch ist auf die Höhe des an den Bundeshaushalt abgeführten Gewinns beschränkt.

(5) Zuständige Stelle im Sinn der Absätze 2 und 4 ist das Bundesamt für Justiz.

---

1) § 9 neu gef. mWv 28.5.2022 durch G v. 10.8.2021 (BGBl. I S. 3504).

§ 11[1] Verjährung. (1) Die Ansprüche aus den §§ 8, 9 Absatz 1 und § 13 Absatz 3 verjähren in sechs Monaten und der Anspruch aus § 9 Absatz 2 Satz 1 verjährt in einem Jahr.

(2) Die Verjährungsfrist beginnt, wenn

1. der Anspruch entstanden ist und
2. der Gläubiger von den den Anspruch begründenden Umständen und der Person des Schuldners Kenntnis erlangt oder ohne grobe Fahrlässigkeit erlangen müsste.

(3) Schadensersatzansprüche verjähren ohne Rücksicht auf die Kenntnis oder grob fahrlässige Unkenntnis in zehn Jahren von ihrer Entstehung, spätestens in 30 Jahren von der den Schaden auslösenden Handlung an.

(4) Andere Ansprüche verjähren ohne Rücksicht auf die Kenntnis oder grob fahrlässige Unkenntnis in drei Jahren von der Entstehung an.

Kapitel 3. Verfahrensvorschriften

§ 12[2] Einstweiliger Rechtsschutz; Veröffentlichungsbefugnis; Streitwertminderung. (1) Zur Sicherung der in diesem Gesetz bezeichneten Ansprüche auf Unterlassung können einstweilige Verfügungen auch ohne die Darlegung und Glaubhaftmachung der in den §§ 935 und 940 der Zivilprozessordnung[3] bezeichneten Voraussetzungen erlassen werden.

(2) [1] Ist auf Grund dieses Gesetzes Klage auf Unterlassung erhoben worden, so kann das Gericht der obsiegenden Partei die Befugnis zusprechen, das Urteil auf Kosten der unterliegenden Partei öffentlich bekannt zu machen, wenn sie ein berechtigtes Interesse dartut. [2] Art und Umfang der Bekanntmachung werden im Urteil bestimmt. [3] Die Befugnis erlischt, wenn von ihr nicht innerhalb von drei Monaten nach Eintritt der Rechtskraft Gebrauch gemacht worden ist. [4] Der Ausspruch nach Satz 1 ist nicht vorläufig vollstreckbar.

(3) [1] Macht eine Partei in Rechtsstreitigkeiten, in denen durch Klage ein Anspruch aus einem der in diesem Gesetz geregelten Rechtsverhältnisse geltend gemacht wird, glaubhaft, dass die Belastung mit den Prozesskosten nach dem vollen Streitwert ihre wirtschaftliche Lage erheblich gefährden würde, so kann das Gericht auf ihren Antrag anordnen, dass die Verpflichtung dieser Partei zur Zahlung von Gerichtskosten sich nach einem ihrer Wirtschaftslage angepassten Teil des Streitwerts bemisst. [2] Die Anordnung hat zur Folge, dass

1. die begünstigte Partei die Gebühren ihres Rechtsanwalts ebenfalls nur nach diesem Teil des Streitwerts zu entrichten hat,
2. die begünstigte Partei, soweit ihr Kosten des Rechtsstreits auferlegt werden oder soweit sie diese übernimmt, die von dem Gegner entrichteten Gerichtsgebühren und die Gebühren seines Rechtsanwalts nur nach dem Teil des Streitwerts zu erstatten hat und
3. der Rechtsanwalt der begünstigten Partei, soweit die außergerichtlichen Kosten dem Gegner auferlegt oder von ihm übernommen werden, seine Gebühren von dem Gegner nach dem für diesen geltenden Streitwert beitreiben kann.

---

[1] § 11 Abs. 1 neu gef. mWv 28.5.2022 durch G v. 10.8.2021 (BGBl. I S. 3504).

[2] § 12 Abs. 4 neu gef. und Abs. 5 angef. mWv 9.10.2013 durch G v. 1.10.2013 (BGBl. I S. 3714); Überschrift neu gef., Abs. 1 aufgeh., bish. Abs. 2–4 werden Abs. 1–3, bish. Abs. 5 wird Abs. 4 und Satz 1 geänd. mWv 2.12.2020 durch G v. 26.11.2020 (BGBl. I S. 2568).

[3] Nr. **100**.

(4) [1]Der Antrag nach Absatz 3 kann vor der Geschäftsstelle des Gerichts zur Niederschrift erklärt werden. [2]Er ist vor der Verhandlung zur Hauptsache anzubringen. [3]Danach ist er nur zulässig, wenn der angenommene oder festgesetzte Streitwert später durch das Gericht heraufgesetzt wird. [4]Vor der Entscheidung über den Antrag ist der Gegner zu hören.

§ 13[1)] Abmahnung; Unterlassungsverpflichtung; Haftung. (1) Die zur Geltendmachung eines Unterlassungsanspruchs Berechtigten sollen den Schuldner vor der Einleitung eines gerichtlichen Verfahrens abmahnen und ihm Gelegenheit geben, den Streit durch Abgabe einer mit einer angemessenen Vertragsstrafe bewehrten Unterlassungsverpflichtung beizulegen.

(2) In der Abmahnung muss klar und verständlich angegeben werden:

1. Name oder Firma des Abmahnenden sowie im Fall einer Vertretung zusätzlich Name oder Firma des Vertreters,
2. die Voraussetzungen der Anspruchsberechtigung nach § 8 Absatz 3,
3. ob und in welcher Höhe ein Aufwendungsersatzanspruch geltend gemacht wird und wie sich dieser berechnet,
4. die Rechtsverletzung unter Angabe der tatsächlichen Umstände,
5. in den Fällen des Absatzes 4, dass der Anspruch auf Aufwendungsersatz ausgeschlossen ist.

(3) Soweit die Abmahnung berechtigt ist und den Anforderungen des Absatzes 2 entspricht, kann der Abmahnende vom Abgemahnten Ersatz der erforderlichen Aufwendungen verlangen.

(4) Der Anspruch auf Ersatz der erforderlichen Aufwendungen nach Absatz 3 ist für Anspruchsberechtigte nach § 8 Absatz 3 Nummer 1 ausgeschlossen bei

1. im elektronischen Geschäftsverkehr oder in Telemedien begangenen Verstößen gegen gesetzliche Informations- und Kennzeichnungspflichten oder
2. sonstigen Verstößen gegen die Verordnung (EU) 2016/679[2)] des Europäischen Parlaments und des Rates vom 27. April 2016 zum Schutz natürlicher Personen bei der Verarbeitung personenbezogener Daten, zum freien Datenverkehr und zur Aufhebung der Richtlinie 95/46/EG (Datenschutz-Grundverordnung) (ABl. L 119 vom 4.5.2016, S. 1; L 314 vom 22.11.2016, S. 72; L 127 vom 23.5. 2018, S. 2) und das Bundesdatenschutzgesetz[3)] durch Unternehmen sowie gewerblich tätige Vereine, sofern sie in der Regel weniger als 250 Mitarbeiter beschäftigen.

(5) [1]Soweit die Abmahnung unberechtigt ist oder nicht den Anforderungen des Absatzes 2 entspricht oder soweit entgegen Absatz 4 ein Anspruch auf Aufwendungsersatz geltend gemacht wird, hat der Abgemahnte gegen den Abmahnenden einen Anspruch auf Ersatz der für seine Rechtsverteidigung erforderlichen Aufwendungen. [2]Der Anspruch nach Satz 1 ist beschränkt auf die Höhe des Aufwendungsersatzanspruchs, die der Abmahnende geltend macht. [3]Bei einer unberechtigten Abmahnung ist der Anspruch nach Satz 1 ausgeschlossen, wenn die fehlende Berechtigung der Abmahnung für den Abmahnenden zum Zeitpunkt der Abmahnung nicht erkennbar war. [4]Weitergehende Ersatzansprüche bleiben unberührt.

[1)] § 13 neu gef. mWv 2.12.2020 durch G v. 26.11.2020 (BGBl. I S. 2568).
[2)] **Sartorius Nr. 246.**
[3)] **Sartorius Nr. 245.**

§ 13a[1] Vertragsstrafe. (1) Bei der Festlegung einer angemessenen Vertragsstrafe nach § 13 Absatz 1 sind folgende Umstände zu berücksichtigen:

1. Art, Ausmaß und Folgen der Zuwiderhandlung,
2. Schuldhaftigkeit der Zuwiderhandlung und bei schuldhafter Zuwiderhandlung die Schwere des Verschuldens,
3. Größe, Marktstärke und Wettbewerbsfähigkeit des Abgemahnten sowie
4. wirtschaftliches Interesse des Abgemahnten an erfolgten und zukünftigen Verstößen.

(2) Die Vereinbarung einer Vertragsstrafe nach Absatz 1 ist für Anspruchsberechtigte nach § 8 Absatz 3 Nummer 1 bei einer erstmaligen Abmahnung bei Verstößen nach § 13 Absatz 4 ausgeschlossen, wenn der Abgemahnte in der Regel weniger als 100 Mitarbeiter beschäftigt.

(3) Vertragsstrafen dürfen eine Höhe von 1 000 Euro nicht überschreiten, wenn die Zuwiderhandlung angesichts ihrer Art, ihres Ausmaßes und ihrer Folgen die Interessen von Verbrauchern, Mitbewerbern und sonstigen Marktteilnehmern in nur unerheblichem Maße beeinträchtigt und wenn der Abgemahnte in der Regel weniger als 100 Mitarbeiter beschäftigt.

(4) Verspricht der Abgemahnte auf Verlangen des Abmahnenden eine unangemessen hohe Vertragsstrafe, schuldet er lediglich eine Vertragsstrafe in angemessener Höhe.

(5) [1] Ist lediglich eine Vertragsstrafe vereinbart, deren Höhe noch nicht beziffert wurde, kann der Abgemahnte bei Uneinigkeit über die Höhe auch ohne Zustimmung des Abmahnenden eine Einigungsstelle nach § 15 anrufen. [2] Das Gleiche gilt, wenn der Abgemahnte nach Absatz 4 nur eine Vertragsstrafe in angemessener Höhe schuldet. [3] Ist ein Verfahren vor der Einigungsstelle anhängig, so ist eine erst nach Anrufung der Einigungsstelle erhobene Klage nicht zulässig.

§ 14[2] Sachliche und örtliche Zuständigkeit; Verordnungsermächtigung.

(1) Für alle bürgerlichen Rechtsstreitigkeiten, mit denen ein Anspruch auf Grund dieses Gesetzes geltend gemacht wird, sind die Landgerichte ausschließlich zuständig.

(2) [1] Für alle bürgerlichen Rechtsstreitigkeiten, mit denen ein Anspruch auf Grund dieses Gesetzes geltend gemacht wird, ist das Gericht zuständig, in dessen Bezirk der Beklagte seinen allgemeinen Gerichtsstand hat. [2] Für alle bürgerlichen Rechtsstreitigkeiten, mit denen ein Anspruch auf Grund dieses Gesetzes geltend gemacht wird, ist außerdem das Gericht zuständig, in dessen Bezirk die Zuwiderhandlung begangen wurde. [3] Satz 2 gilt nicht für

1. Rechtsstreitigkeiten wegen Zuwiderhandlungen im elektronischen Geschäftsverkehr oder in Telemedien oder
2. Rechtsstreitigkeiten, die von den nach § 8 Absatz 3 Nummer 2 bis 4 zur Geltendmachung eines Unterlassungsanspruchs Berechtigten geltend gemacht werden,

es sei denn, der Beklagte hat im Inland keinen allgemeinen Gerichtsstand.

(3) [1] Die Landesregierungen werden ermächtigt, durch Rechtsverordnung für die Bezirke mehrerer Landgerichte eines von ihnen als Gericht für Wettbewerbs-

[1] § 13a eingef. mWv 2.12.2020 durch G v. 26.11.2020 (BGBl. I S. 2568).

[2] § 14 neu gef. mWv 2.12.2020 durch G v. 26.11.2020 (BGBl. I S. 2568); Abs. 4 angef. mWv 28.5.2022 durch G v. 10.8.2021 (BGBl. I S. 3504).

streitsachen zu bestimmen, wenn dies der Rechtspflege in Wettbewerbsstreitsachen dienlich ist. 2 Die Landesregierungen können die Ermächtigung durch Rechtsverordnung auf die Landesjustizverwaltungen übertragen. 3 Die Länder können außerdem durch Vereinbarung die den Gerichten eines Landes obliegenden Klagen nach Absatz 1 insgesamt oder teilweise dem zuständigen Gericht eines anderen Landes übertragen.

(4) Abweichend von den Absätzen 1 bis 3 richtet sich die Zuständigkeit für bürgerliche Rechtsstreitigkeiten, mit denen ein Anspruch nach § 9 Absatz 2 Satz 1 geltend gemacht wird, nach den allgemeinen Vorschriften.

§ 15[1)] Einigungsstellen. (1) Die Landesregierungen errichten bei Industrie- und Handelskammern Einigungsstellen zur Beilegung von bürgerlichen Rechtsstreitigkeiten, in denen ein Anspruch auf Grund dieses Gesetzes geltend gemacht wird (Einigungsstellen).

(2) 1 Die Einigungsstellen sind mit einer vorsitzenden Person, die die Befähigung zum Richteramt nach dem Deutschen Richtergesetz[2)] hat, und beisitzenden Personen zu besetzen. 2 Als beisitzende Personen werden im Falle einer Anrufung durch eine nach § 8 Absatz 3 Nummer 3 zur Geltendmachung eines Unterlassungsanspruchs berechtigte qualifizierte Einrichtung Unternehmer und Verbraucher in gleicher Anzahl tätig, sonst mindestens zwei sachverständige Unternehmer. 3 Die vorsitzende Person soll auf dem Gebiet des Wettbewerbsrechts erfahren sein. 4 Die beisitzenden Personen werden von der vorsitzenden Person für den jeweiligen Streitfall aus einer alljährlich für das Kalenderjahr aufzustellenden Liste berufen. 5 Die Berufung soll im Einvernehmen mit den Parteien erfolgen. 6 Für die Ausschließung und Ablehnung von Mitgliedern der Einigungsstelle sind die § 41 bis 43 und § 44 Absatz 2 bis 4 der Zivilprozessordnung[3)] entsprechend anzuwenden. 7 Über das Ablehnungsgesuch entscheidet das für den Sitz der Einigungsstelle zuständige Landgericht (Kammer für Handelssachen oder, falls es an einer solchen fehlt, Zivilkammer).

(3) 1 Die Einigungsstellen können bei bürgerlichen Rechtsstreitigkeiten, in denen ein Anspruch auf Grund dieses Gesetzes geltend gemacht wird, angerufen werden, wenn der Gegner zustimmt. 2 Soweit die geschäftlichen Handlungen Verbraucher betreffen, können die Einigungsstellen von jeder Partei zu einer Aussprache mit dem Gegner über den Streitfall angerufen werden; einer Zustimmung des Gegners bedarf es nicht.

(4) Für die Zuständigkeit der Einigungsstellen ist § 14 entsprechend anzuwenden.

(5) 1 Die der Einigungsstelle vorsitzende Person kann das persönliche Erscheinen der Parteien anordnen. 2 Gegen eine unentschuldigt ausbleibende Partei kann die Einigungsstelle ein Ordnungsgeld festsetzen. 3 Gegen die Anordnung des persönlichen Erscheinens und gegen die Festsetzung des Ordnungsgeldes findet die sofortige Beschwerde nach den Vorschriften der Zivilprozessordnung an das für den Sitz der Einigungsstelle zuständige Landgericht (Kammer für Handelssachen oder, falls es an einer solchen fehlt, Zivilkammer) statt.

(6) 1 Die Einigungsstelle hat einen gütlichen Ausgleich anzustreben. 2 Sie kann den Parteien einen schriftlichen, mit Gründen versehenen Einigungsvorschlag

---

1) § 15 Abs. 3 Satz 2 geänd. mWv 2.12.2020 durch G v. 26.11.2020 (BGBl. I S. 2568).
2) **Habersack, Deutsche Gesetze ErgBd. Nr. 97.**
3) Nr. **100**.

machen. [3]Der Einigungsvorschlag und seine Begründung dürfen nur mit Zustimmung der Parteien veröffentlicht werden.

(7) [1]Kommt ein Vergleich zustande, so muss er in einem besonderen Schriftstück niedergelegt und unter Angabe des Tages seines Zustandekommens von den Mitgliedern der Einigungsstelle, welche in der Verhandlung mitgewirkt haben, sowie von den Parteien unterschrieben werden. [2]Aus einem vor der Einigungsstelle geschlossenen Vergleich findet die Zwangsvollstreckung statt; § 797a der Zivilprozessordnung ist entsprechend anzuwenden.

(8) Die Einigungsstelle kann, wenn sie den geltend gemachten Anspruch von vornherein für unbegründet oder sich selbst für unzuständig erachtet, die Einleitung von Einigungsverhandlungen ablehnen.

(9) [1]Durch die Anrufung der Einigungsstelle wird die Verjährung in gleicher Weise wie durch Klageerhebung gehemmt. [2]Kommt ein Vergleich nicht zustande, so ist der Zeitpunkt, zu dem das Verfahren beendet ist, von der Einigungsstelle festzustellen. [3]Die vorsitzende Person hat dies den Parteien mitzuteilen.

(10) [1]Ist ein Rechtsstreit der in Absatz 3 Satz 2 bezeichneten Art ohne vorherige Anrufung der Einigungsstelle anhängig gemacht worden, so kann das Gericht auf Antrag den Parteien unter Anberaumung eines neuen Termins aufgeben, vor diesem Termin die Einigungsstelle zur Herbeiführung eines gütlichen Ausgleichs anzurufen. [2]In dem Verfahren über den Antrag auf Erlass einer einstweiligen Verfügung ist diese Anordnung nur zulässig, wenn der Gegner zustimmt. [3]Absatz 8 ist nicht anzuwenden. [4]Ist ein Verfahren vor der Einigungsstelle anhängig, so ist eine erst nach Anrufung der Einigungsstelle erhobene Klage des Antragsgegners auf Feststellung, dass der geltend gemachte Anspruch nicht bestehe, nicht zulässig.

(11) [1]Die Landesregierungen werden ermächtigt, durch Rechtsverordnung die zur Durchführung der vorstehenden Bestimmungen und zur Regelung des Verfahrens vor den Einigungsstellen erforderlichen Vorschriften zu erlassen, insbesondere über die Aufsicht über die Einigungsstellen, über ihre Besetzung unter angemessener Beteiligung der nicht den Industrie- und Handelskammern angehörenden *Unternehmern*[1)] (§ 2 Abs. 2 bis 6 des Gesetzes zur vorläufigen Regelung des Rechts der Industrie- und Handelskammern[2)] in der im Bundesgesetzblatt Teil III, Gliederungsnummer 701-1, veröffentlichten bereinigten Fassung), und über die Vollstreckung von Ordnungsgeldern, sowie Bestimmungen über die Erhebung von Auslagen durch die Einigungsstelle zu treffen. [2]Bei der Besetzung der Einigungsstellen sind die Vorschläge der für ein Bundesland errichteten, mit öffentlichen Mitteln geförderten Verbraucherzentralen zur Bestimmung der in Absatz 2 Satz 2 genannten Verbraucher zu berücksichtigen.

(12) Abweichend von Absatz 2 Satz 1 kann in den Ländern Brandenburg, Mecklenburg-Vorpommern, Sachsen, Sachsen-Anhalt und Thüringen die Einigungsstelle auch mit einem Rechtskundigen als Vorsitzendem besetzt werden, der die Befähigung zum Berufsrichter nach dem Recht der Deutschen Demokratischen Republik erworben hat.

§ 15a[3)] Überleitungsvorschrift zum Gesetz zur Stärkung des fairen Wettbewerbs. (1) § 8 Absatz 3 Nummer 2 ist nicht anzuwenden auf Verfahren, die am 1. September 2021 bereits rechtshängig sind.

[1)] Richtig wohl: „Unternehmer".
[2)] **Sartorius Nr. 818.**
[3)] § 15a eingef. mWv 2.12.2020 durch G v. 26.11.2020 (BGBl. I S. 2568).

(2) Die §§ 13 und 13a Absatz 2 und 3 sind nicht anzuwenden auf Abmahnungen, die vor dem 2. Dezember 2020 bereits zugegangen sind.

Kapitel 4. Straf- und Bußgeldvorschriften

§ 16 Strafbare Werbung. (1) Wer in der Absicht, den Anschein eines besonders günstigen Angebots hervorzurufen, in öffentlichen Bekanntmachungen oder in Mitteilungen, die für einen größeren Kreis von Personen bestimmt sind, durch unwahre Angaben irreführend wirbt, wird mit Freiheitsstrafe bis zu zwei Jahren oder mit Geldstrafe bestraft.

(2) Wer es im geschäftlichen Verkehr unternimmt, Verbraucher zur Abnahme von Waren, Dienstleistungen oder Rechten durch das Versprechen zu veranlassen, sie würden entweder vom Veranstalter selbst oder von einem Dritten besondere Vorteile erlangen, wenn sie andere zum Abschluss gleichartiger Geschäfte veranlassen, die ihrerseits nach der Art dieser Werbung derartige Vorteile für eine entsprechende Werbung weiterer Abnehmer erlangen sollen, wird mit Freiheitsstrafe bis zu zwei Jahren oder mit Geldstrafe bestraft.

§§ 17, 18[1] *(aufgehoben)*

§ 19[2] **Bußgeldvorschriften bei einem weitverbreiteten Verstoß und einem weitverbreiteten Verstoß mit Unions-Dimension.** (1) Ordnungswidrig handelt, wer vorsätzlich oder fahrlässig entgegen § 5c Absatz 1 Verbraucherinteressen verletzt.

(2) [1] Die Ordnungswidrigkeit kann mit einer Geldbuße bis zu fünfzigtausend Euro geahndet werden. [2] Gegenüber einem Unternehmer, der in den von dem Verstoß betroffenen Mitgliedstaaten der Europäischen Union in dem der Behördenentscheidung vorausgegangenen Geschäftsjahr mehr als eine Million zweihundertfünfzigtausend Euro Jahresumsatz erzielt hat, kann eine höhere Geldbuße verhängt werden; diese darf 4 Prozent des Jahresumsatzes nicht übersteigen. [3] Die Höhe des Jahresumsatzes kann geschätzt werden. [4] Liegen keine Anhaltspunkte für eine Schätzung des Jahresumsatzes vor, so beträgt das Höchstmaß der Geldbuße zwei Millionen Euro. [5] Abweichend von den Sätzen 2 bis 4 gilt gegenüber einem Täter oder einem Beteiligten, der im Sinne des § 9 des Gesetzes über Ordnungswidrigkeiten[3] für einen Unternehmer handelt, und gegenüber einem Beteiligten im Sinne des § 14 Absatz 1 Satz 2 des Gesetzes über Ordnungswidrigkeiten, der kein Unternehmer ist, der Bußgeldrahmen des Satzes 1. [6] Das für die Ordnungswidrigkeit angedrohte Höchstmaß der Geldbuße im Sinne des § 30 Absatz 2 Satz 2 des Gesetzes über Ordnungswidrigkeiten ist das nach den Sätzen 1 bis 4 anwendbare Höchstmaß.

(3) Die Ordnungswidrigkeit kann nur im Rahmen einer koordinierten Durchsetzungsmaßnahme nach Artikel 21 der Verordnung (EU) 2017/2394 geahndet werden.

(4) Verwaltungsbehörden im Sinne des § 36 Absatz 1 Nummer 1 des Gesetzes über Ordnungswidrigkeiten sind

1. das Umweltbundesamt,

---

[1] §§ 17 und 18 aufgeh. mWv 26.4.2019 durch G v. 18.4.2019 (BGBl. I S. 466).

[2] § 19 neu gef. mWv 28.5.2022 durch G v. 10.8.2021 (BGBl. I S. 3504); Abs. 4 Nr. 1 geänd. mWv 1.8.2022 durch G v. 24.6.2022 (BGBl. I S. 959).

[3] Nr. **94**.

2. die Bundesanstalt für Finanzdienstleistungsaufsicht bei einer Zuwiderhandlung, die sich auf die Tätigkeit eines Unternehmens im Sinne des § 2 Nummer 2 des EU-Verbraucherschutzdurchführungsgesetzes bezieht, und
3. die nach Landesrecht zuständige Behörde bei einer Zuwiderhandlung, die sich auf die Tätigkeit eines Unternehmens im Sinne des § 2 Nummer 4 des EU-Verbraucherschutzdurchführungsgesetzes bezieht.

§ 20[1] Bußgeldvorschriften. (1) Ordnungswidrig handelt, wer vorsätzlich oder fahrlässig

1. entgegen § 7 Absatz 1 Satz 1 in Verbindung mit Absatz 2 Nummer 1 oder 2 mit einem Telefonanruf oder unter Verwendung einer automatischen Anrufmaschine gegenüber einem Verbraucher ohne dessen vorherige ausdrückliche Einwilligung wirbt,
2. entgegen § 7a Absatz 1 eine dort genannte Einwilligung nicht, nicht richtig, nicht vollständig oder nicht rechtzeitig dokumentiert oder nicht oder nicht mindestens fünf Jahre aufbewahrt,
3. entgegen § 8b Absatz 3 in Verbindung mit § 4b Absatz 1 des Unterlassungsklagengesetzes[2], auch in Verbindung mit einer Rechtsverordnung nach § 4d Nummer 2 des Unterlassungsklagengesetzes, einen dort genannten Bericht nicht, nicht richtig, nicht vollständig oder nicht rechtzeitig erstattet oder
4. einer Rechtsverordnung nach § 8b Absatz 3 in Verbindung mit § 4d Nummer 1 des Unterlassungsklagengesetzes oder einer vollziehbaren Anordnung auf Grund einer solchen Rechtsverordnung zuwiderhandelt, soweit die Rechtsverordnung für einen bestimmten Tatbestand auf diese Bußgeldvorschrift verweist.

(2) Die Ordnungswidrigkeit kann in den Fällen des Absatzes 1 Nummer 1 mit einer Geldbuße bis zu dreihunderttausend Euro, in den Fällen des Absatzes 1 Nummer 2 mit einer Geldbuße bis zu fünfzigtausend Euro und in den übrigen Fällen mit einer Geldbuße bis zu hunderttausend Euro geahndet werden.

(3) Verwaltungsbehörde im Sinne des § 36 Absatz 1 Nummer 1 des Gesetzes über Ordnungswidrigkeiten[3] ist in den Fällen des Absatzes 1 Nummer 1 und 2 die Bundesnetzagentur für Elektrizität, Gas, Telekommunikation, Post und Eisenbahnen, in den übrigen Fällen das Bundesamt für Justiz.

---

[1] § 20 neu gef. mWv 1.10.2021 durch G v. 10.8.2021 (BGBl. I S. 3433); Abs. 1 Nr. 1 geänd. mWv 28.5.2022 durch G v. 10.8.2021 (BGBl. I S. 3504).
[2] Nr. **105**.
[3] Nr. **94**.

Anhang[1)]
(zu § 3 Absatz 3)

Folgende geschäftliche Handlungen sind gegenüber Verbrauchern stets unzulässig:

Irreführende geschäftliche Handlungen

1. unwahre Angabe über die Unterzeichnung eines Verhaltenskodexes
die unwahre Angabe eines Unternehmers, zu den Unterzeichnern eines Verhaltenskodexes zu gehören;
2. unerlaubte Verwendung von Gütezeichen und Ähnlichem
die Verwendung von Gütezeichen, Qualitätskennzeichen oder Ähnlichem ohne die erforderliche Genehmigung;
3. unwahre Angabe über die Billigung eines Verhaltenskodexes
die unwahre Angabe, ein Verhaltenskodex sei von einer öffentlichen oder anderen Stelle gebilligt;
4. unwahre Angabe über Anerkennungen durch Dritte
die unwahre Angabe,
a) ein Unternehmer, eine von ihm vorgenommene geschäftliche Handlung oder eine Ware oder Dienstleistung sei von einer öffentlichen oder privaten Stelle bestätigt, gebilligt oder genehmigt worden, oder
b) den Bedingungen für die Bestätigung, Billigung oder Genehmigung werde entsprochen;
5. Lockangebote ohne Hinweis auf Unangemessenheit der Bevorratungsmenge
Waren- oder Dienstleistungsangebote im Sinne des § 5b Absatz 1 zu einem bestimmten Preis, wenn der Unternehmer nicht darüber aufklärt, dass er hinreichende Gründe für die Annahme hat, er werde nicht in der Lage sein, diese oder gleichartige Waren oder Dienstleistungen für einen angemessenen Zeitraum in angemessener Menge zum genannten Preis bereitzustellen oder bereitstellen zu lassen; ist die Bevorratung kürzer als zwei Tage, obliegt es dem Unternehmer, die Angemessenheit nachzuweisen;
6. Lockangebote zum Absatz anderer Waren oder Dienstleistungen
Waren- oder Dienstleistungsangebote im Sinne des § 5b Absatz 1 zu einem bestimmten Preis, wenn der Unternehmer sodann in der Absicht, stattdessen eine andere Ware oder Dienstleistung abzusetzen,
a) eine fehlerhafte Ausführung der Ware oder Dienstleistung vorführt,
b) sich weigert zu zeigen, was er beworben hat, oder
c) sich weigert, Bestellungen dafür anzunehmen oder die beworbene Leistung innerhalb einer vertretbaren Zeit zu erbringen;
7. unwahre Angabe über zeitliche Begrenzung des Angebots
die unwahre Angabe, bestimmte Waren oder Dienstleistungen seien allgemein oder zu bestimmten Bedingungen nur für einen sehr begrenzten Zeitraum verfügbar, um den Verbraucher zu einer sofortigen geschäftlichen Entscheidung zu veranlassen, ohne dass dieser Zeit und Gelegenheit hat, sich auf Grund von Informationen zu entscheiden;
8. Sprachenwechsel für Kundendienstleistungen bei einer in einer Fremdsprache geführten Vertragsverhandlung
Kundendienstleistungen in einer anderen Sprache als derjenigen, in der die Verhandlungen vor dem Abschluss des Geschäfts geführt worden sind, wenn

[1)] Anh. neu gef. mWv 28.5.2022 durch G v. 10.8.2021 (BGBl. I S. 3504).

die ursprünglich verwendete Sprache nicht Amtssprache desjenigen Mitgliedstaats der Europäischen Union ist, in dem der Unternehmer niedergelassen ist; dies gilt nicht, soweit Verbraucher vor dem Abschluss des Geschäfts darüber aufgeklärt werden, dass diese Leistungen in einer anderen als der ursprünglich verwendeten Sprache erbracht werden;

9. unwahre Angabe über die Verkehrsfähigkeit
die unwahre Angabe oder das Erwecken des unzutreffenden Eindrucks, eine Ware oder Dienstleistung sei verkehrsfähig;

10. Darstellung gesetzlicher Verpflichtungen als Besonderheit eines Angebots
die unwahre Angabe oder das Erwecken des unzutreffenden Eindrucks, gesetzlich bestehende Rechte stellten eine Besonderheit des Angebots dar;

11. als Information getarnte Werbung
der vom Unternehmer finanzierte Einsatz redaktioneller Inhalte zu Zwecken der Verkaufsförderung, ohne dass sich dieser Zusammenhang aus dem Inhalt oder aus der Art der optischen oder akustischen Darstellung eindeutig ergibt;

11a. verdeckte Werbung in Suchergebnissen
die Anzeige von Suchergebnissen aufgrund der Online-Suchanfrage eines Verbrauchers, ohne dass etwaige bezahlte Werbung oder spezielle Zahlungen, die dazu dienen, ein höheres Ranking der jeweiligen Waren oder Dienstleistungen im Rahmen der Suchergebnisse zu erreichen, eindeutig offengelegt werden;

12. unwahre Angabe über Gefahren für die persönliche Sicherheit
unwahre Angaben über Art und Ausmaß einer Gefahr für die persönliche Sicherheit des Verbrauchers oder seiner Familie für den Fall, dass er die angebotene Ware nicht erwirbt oder die angebotene Dienstleistung nicht in Anspruch nimmt;

13. Täuschung über betriebliche Herkunft
Werbung für eine Ware oder Dienstleistung, die der Ware oder Dienstleistung eines bestimmten Herstellers ähnlich ist, wenn in der Absicht geworben wird, über die betriebliche Herkunft der beworbenen Ware oder Dienstleistung zu täuschen;

14. Schneeball- oder Pyramidensystem
die Einführung, der Betrieb oder die Förderung eines Systems zur Verkaufsförderung, bei dem vom Verbraucher ein finanzieller Beitrag für die Möglichkeit verlangt wird, eine Vergütung allein oder zumindest hauptsächlich durch die Einführung weiterer Teilnehmer in das System zu erlangen;

15. unwahre Angabe über Geschäftsaufgabe
die unwahre Angabe, der Unternehmer werde demnächst sein Geschäft aufgeben oder seine Geschäftsräume verlegen;

16. Angaben über die Erhöhung der Gewinnchancen bei Glücksspielen
die Angabe, durch eine bestimmte Ware oder Dienstleistung ließen sich die Gewinnchancen bei einem Glücksspiel erhöhen;

17. unwahre Angaben über die Heilung von Krankheiten
die unwahre Angabe, eine Ware oder Dienstleistung könne Krankheiten, Funktionsstörungen oder Missbildungen heilen;

18. unwahre Angabe über Marktbedingungen oder Bezugsquellen
eine unwahre Angabe über die Marktbedingungen oder Bezugsquellen, um den Verbraucher dazu zu bewegen, eine Ware oder Dienstleistung zu weniger günstigen Bedingungen als den allgemeinen Marktbedingungen abzunehmen oder in Anspruch zu nehmen;

19. Nichtgewährung ausgelobter Preise
das Angebot eines Wettbewerbs oder Preisausschreibens, wenn weder die in Aussicht gestellten Preise noch ein angemessenes Äquivalent vergeben werden;
20. unwahre Bewerbung als kostenlos
das Angebot einer Ware oder Dienstleistung als „gratis", „umsonst", „kostenfrei" oder dergleichen, wenn für die Ware oder Dienstleistung gleichwohl Kosten zu tragen sind; dies gilt nicht für Kosten, die im Zusammenhang mit dem Eingehen auf das Waren- oder Dienstleistungsangebot oder für die Abholung oder Lieferung der Ware oder die Inanspruchnahme der Dienstleistung unvermeidbar sind;
21. Irreführung über das Vorliegen einer Bestellung
die Übermittlung von Werbematerial unter Beifügung einer Zahlungsaufforderung, wenn damit der unzutreffende Eindruck vermittelt wird, die beworbene Ware oder Dienstleistung sei bereits bestellt;
22. Irreführung über Unternehmereigenschaft
die unwahre Angabe oder das Erwecken des unzutreffenden Eindrucks, der Unternehmer sei Verbraucher oder nicht für Zwecke seines Geschäfts, Handels, Gewerbes oder Berufs tätig;
23. Irreführung über Kundendienst in anderen Mitgliedstaaten der Europäischen Union
die unwahre Angabe oder das Erwecken des unzutreffenden Eindrucks, es sei im Zusammenhang mit Waren oder Dienstleistungen in einem anderen Mitgliedstaat der Europäischen Union als dem des Warenverkaufs oder der Dienstleistung ein Kundendienst verfügbar;
23a. Wiederverkauf von Eintrittskarten für Veranstaltungen
der Wiederverkauf von Eintrittskarten für Veranstaltungen an Verbraucher, wenn der Unternehmer diese Eintrittskarten unter Verwendung solcher automatisierter Verfahren erworben hat, die dazu dienen, Beschränkungen zu umgehen in Bezug auf die Zahl der von einer Person zu erwerbenden Eintrittskarten oder in Bezug auf andere für den Verkauf der Eintrittskarten geltende Regeln;
23b. Irreführung über die Echtheit von Verbraucherbewertungen
die Behauptung, dass Bewertungen einer Ware oder Dienstleistung von solchen Verbrauchern stammen, die diese Ware oder Dienstleistung tatsächlich erworben oder genutzt haben, ohne dass angemessene und verhältnismäßige Maßnahmen zur Überprüfung ergriffen wurden, ob die Bewertungen tatsächlich von solchen Verbrauchern stammen;
23c. gefälschte Verbraucherbewertungen
die Übermittlung oder Beauftragung gefälschter Bewertungen oder Empfehlungen von Verbrauchern sowie die falsche Darstellung von Bewertungen oder Empfehlungen von Verbrauchern in sozialen Medien zu Zwecken der Verkaufsförderung;

Aggressive geschäftliche Handlungen

24. räumliches Festhalten des Verbrauchers
das Erwecken des Eindrucks, der Verbraucher könne bestimmte Räumlichkeiten nicht ohne vorherigen Vertragsabschluss verlassen;
25. Nichtverlassen der Wohnung des Verbrauchers trotz Aufforderung

bei persönlichem Aufsuchen des Verbrauchers in dessen Wohnung die Nichtbeachtung seiner Aufforderung, die Wohnung zu verlassen oder nicht zu ihr zurückzukehren, es sei denn, das Aufsuchen ist zur rechtmäßigen Durchsetzung einer vertraglichen Verpflichtung gerechtfertigt;

26. unzulässiges hartnäckiges Ansprechen über Fernabsatzmittel
hartnäckiges und unerwünschtes Ansprechen des Verbrauchers mittels Telefonanrufen, unter Verwendung eines Faxgerätes, elektronischer Post oder sonstiger für den Fernabsatz geeigneter Mittel der kommerziellen Kommunikation, es sei denn, dieses Verhalten ist zur rechtmäßigen Durchsetzung einer vertraglichen Verpflichtung gerechtfertigt;

27. Verhinderung der Durchsetzung vertraglicher Rechte im Versicherungsverhältnis
Maßnahmen, durch die der Verbraucher von der Durchsetzung seiner vertraglichen Rechte aus einem Versicherungsverhältnis dadurch abgehalten werden soll, dass
   a) von ihm bei der Geltendmachung eines Anspruchs die Vorlage von Unterlagen verlangt wird, die zum Nachweis dieses Anspruchs nicht erforderlich sind, oder
   b) Schreiben zur Geltendmachung eines Anspruchs systematisch nicht beantwortet werden;

28. Kaufaufforderung an Kinder
die in eine Werbung einbezogene unmittelbare Aufforderung an Kinder, selbst die beworbene Ware zu erwerben oder die beworbene Dienstleistung in Anspruch zu nehmen oder ihre Eltern oder andere Erwachsene dazu zu veranlassen;

29. Aufforderung zur Bezahlung nicht bestellter Waren oder Dienstleistungen
die Aufforderung zur Bezahlung nicht bestellter, aber gelieferter Waren oder erbrachter Dienstleistungen oder eine Aufforderung zur Rücksendung oder Aufbewahrung nicht bestellter Waren;

30. Angaben über die Gefährdung des Arbeitsplatzes oder des Lebensunterhalts
die ausdrückliche Angabe, dass der Arbeitsplatz oder der Lebensunterhalt des Unternehmers gefährdet sei, wenn der Verbraucher die Ware oder Dienstleistung nicht abnehme;

31. Irreführung über Preis oder Gewinn
die unwahre Angabe oder das Erwecken des unzutreffenden Eindrucks, der Verbraucher habe bereits einen Preis gewonnen oder werde ihn gewinnen oder werde durch eine bestimmte Handlung einen Preis gewinnen oder einen sonstigen Vorteil erlangen, wenn
   a) es einen solchen Preis oder Vorteil tatsächlich nicht gibt oder
   b) die Möglichkeit, einen solchen Preis oder Vorteil zu erlangen, von der Zahlung eines Geldbetrags oder der Übernahme von Kosten abhängig gemacht wird.

32. Aufforderung zur Zahlung bei unerbetenen Besuchen in der Wohnung eines Verbrauchers am Tag des Vertragsschlusses
bei einem im Rahmen eines unerbetenen Besuchs in der Wohnung eines Verbrauchers geschlossenen Vertrag die an den Verbraucher gerichtete Aufforderung zur Bezahlung der Ware oder Dienstleistung vor Ablauf des Tages des Vertragsschlusses; dies gilt nicht, wenn der Verbraucher einen Betrag unter 50 Euro schuldet.

Lfd. Nr.	Änderndes Gesetz	Datum	Fundstelle	Betroffen	Hinweis
16.	Art. 2 Abs. 2 G zur Einführung eines Wettbewerbsregisters und zur Änd. des G gegen Wettbewerbsbeschränkungen	18.7.2017	BGBl. I S. 2739, geänd. 2021, S. 2, iVm BAnz AT 29.10. 2021 B3 und BGBl. 2022 I S. 306	§§ 39, 123, 124 § 125	geänd. mWv 29.7.2017 neu gef. mWv 1.12.2021
17.	Art. 6 Zweites G zur Stärkung der Verfahrensrechte von Beschuldigten im Strafverfahren und zur Änd. des Schöffenrechts[1)]	27.8.2017	BGBl. I S. 3295	§ 81b	geänd. mWv 5.9.2017
18.	Art. 10 Abs. 9 G z. Neureg. d. Schutzes v. Geheimnissen bei der Mitwirkung Dritter an d. Berufsausübung schweigepfl. Personen	30.10. 2017	BGBl. I S. 3618	§ 47	geänd. mWv 9.11.2017
19.	Art. 10 G zur Einführung einer zivilprozessualen Musterfeststellungsklage	12.7.2018	BGBl. I S. 1151	§ 33h	geänd. mWv 1.11.2018
20.	Art. 1 G zur beschleunigten Beschaffung im Bereich der Verteidigung und Sicherheit und zur Optimierung der Vergabestatistik[2)]	25.3.2020	BGBl. I S. 674	Inhaltsübersicht, §§ 107, 114, 150, 169, 170, 173, 176	geänd. mWv 2.4.2020
21.	Art. 1 G zur Abmilderung der Folgen der COVID-19-Pandemie im Wettbewerbsrecht und für den Bereich der Selbstverwaltungsorganisationen der gewerbl. Wirtschaft	25.5.2020	BGBl. I S. 1067	§ 186	geänd. mWv 29.5.2020
22.	Art. 220 Elfte ZuständigkeitsanpassungsVO	19.6.2020	BGBl. I S. 1328	§ 46	geänd. mWv 27.6.2020
23.	Art. 2 Abs. 8 G zur Änd. des EG-VerbraucherschutzdurchsetzungsG sowie des G über die Errichtung des Bundesamts für Justiz	25.6.2020	BGBl. I S. 1474	§ 50c	geänd. mWv 30.6.2020
24.	Art. 3 G zur Änd. des G zur Regelung von Ingenieur- und Architektenleistungen und anderer Gesetze	12.11. 2020	BGBl. I S. 2392	§ 114	geänd. mWv 19.11.2020

[1)] **Amtl. Anm.:** Die Artikel 1 bis 6 dieses Gesetzes dienen der Umsetzung der Richtlinie 2013/48/EU des Europäischen Parlaments und des Rates vom 22. Oktober 2013 über das Recht auf Zugang zu einem Rechtsbeistand in Strafverfahren und in Verfahren zur Vollstreckung des Europäischen Haftbefehls sowie über das Recht auf Benachrichtigung eines Dritten bei Freiheitsentzug und das Recht auf Kommunikation mit Dritten und mit Konsulärbehörden während des Freiheitsentzugs (ABl. L 294 vom 6.11.2013, S. 1).

[2)] **Amtl. Anm.:** *(vom Abdruck wurde abgesehen)*

Lfd. Nr.	Änderndes Gesetz	Datum	Fundstelle	Betroffen	Hinweis
25.	Art. 7 G zur Stärkung des fairen Wettbewerbs	26.11. 2020	BGBl. I S. 2568	§§ 32e, 34a	geänd. mWv 2.12.2020
26.	Art. 1 GWB-DigitalisierungsG[1]	18.1.2021	BGBl. I S. 2	Inhaltsübersicht, §§ 18, 19, 20, 32a, 32c, 32e, 33a, 33c, 34a, 35, 36, 38, 39, 40, 44, 46, 47d, 47k, Teil 2 Kap. 3 Überschr., §§ 53, 83, 86a, 88, 89b, 90a–94, 140, 163, 168, 175, 186	geänd. mWv 19.1.2021
				Teil 2 Kapitel 1 und 2 (§§ 48–50f), Teil 3 Kapitel 1 (§§ 54–80), Teil 3 Kapitel 2 Abschnitte 1 und 2 (§§ 81–81n), §§ 82, 82a	neu gef. mWv 19.1.2021
				§§ 19a, 39a, Teil 3 Kapitel 2 Abschn. 3 Überschr., § 82b	eingef. mWv 19.1.2021
27.	Art. 8 G zur Umsetzung der VO des Europäischen Parlaments und des Rates über europäische Unternehmensstatistiken zur Aufh. von zehn Rechtsakten im Bereich Unternehmensstatistiken und zur Änd. anderer Statistikgesetze	22.2.2021	BGBl. I S. 266	§ 47c	geänd. mWv 1.4.2021
28.	Art. 5 Abs. 3 G zur Verbesserung der strafrechtl. Bekämpfung d. Geldwäsche	9.3.2021	BGBl. I S. 327	§ 123	geänd. mWv 18.3.2021
29.	Art. 30 TelekommunikationsmodernisierungsG[2]	23.6.2021	BGBl. I S. 1858	§ 46	geänd. mWv 1.12.2021
30.	Art. 4 G zur Errichtung u. Führung eines Registers über Unternehmensbasisdaten u. zur Einf. einer bundeseinheitl. Wirtschaftsnummer für Unternehmen u. zur Änd. weiterer G	9.7.2021	BGBl. I S. 2506, ber. S. 4455	§§ 20, 31b, 33c, 39, 50b, 50f, 73, 74, 75, 80, 81	geänd. mWv 15.7.2021
31.	Art. 2 G über die unternehmerischen Sorgfaltspflichten in Lieferketten	16.7.2021	BGBl. I S. 2959	§ 124	geänd. mWv 1.1.2023
32.	Art. 10 Abs. 2 Viertes G zur Änd. des Lebensmittel- und Futtermittelgesetzbuches sowie anderer Vorschriften	27.7.2021	BGBl. I S. 3274	§ 20	geänd. mWv 10.8.2021

[1] **Amtl. Anm.:** Artikel 1 dieses Gesetzes dient der Umsetzung der Richtlinie (EU) 2019/1 des Europäischen Parlaments und des Rates vom 11. Dezember 2018 zur Stärkung der Wettbewerbsbehörden der Mitgliedstaaten im Hinblick auf eine wirksamere Durchsetzung der Wettbewerbsvorschriften und zur Gewährleistung des reibungslosen Funktionierens des Binnenmarkts (ABl. L 11 vom 14.1.2019, S. 3) und der Richtlinie 2014/104/EU des Europäischen Parlaments und des Rates vom 26. November 2014 über bestimmte Vorschriften für Schadensersatzklagen nach nationalem Recht wegen Zuwiderhandlungen gegen wettbewerbsrechtliche Bestimmungen der Mitgliedstaaten und der Europäischen Union (ABl. L 349 vom 5.12.2014, S. 1).

[2] **Amtl. Anm.:** Dieses Gesetz dient der Umsetzung der Richtlinie (EU) 2018/1972 des Europäischen Parlaments und des Rates vom 11. Dezember 2018 über den europäischen Kodex für die elektronische Kommunikation (Neufassung) (ABl. L 321 vom 17.12.2018, S. 36).

Lfd. Nr.	Änderndes Gesetz	Datum	Fund-stelle	Betroffen	Hinweis
33.	Art. 4 G zur Änd. des EnergiesicherungsG 1975 und anderer energiewirtschaftlicher Vorschriften	20.5.2022	BGBl. I S. 730	§ 185	geänd. mWv 22.5.2022
34.	Art. 2 G zur Änd. des Energiewirtschaftsrechts im Zusammenhang mit dem Klimaschutz-Sofortprogramm und zu Anpassungen im Recht der Endkundenbelieferung	19.7.2022	BGBl. I S. 1214	Inhaltsübersicht, §§ 29, 47k, 81, 187 § 186	geänd. mWv 29.7.2022 eingef. mWv 29.7.2022

Vorbemerkung:
Die Änderung durch G v. 16.7.2021 (BGBl. I S. 2959) tritt erst mWv 1.1. 2023 in Kraft und ist im Text noch nicht berücksichtigt.

Inhaltsübersicht[1)]

Teil 1. Wettbewerbsbeschränkungen

[1)] Inhaltsübersicht geänd. mWv 18.4.2016 durch G v. 17.2.2016 (BGBl. I S. 203); mWv 30.7.2016 durch G v. 26.7.2016 (BGBl. I S. 1786); mWv 9.6.2017 durch G v. 1.6.2017 (BGBl. I S. 1416); mWv 2.4.2020 durch G v. 25.3.2020 (BGBl. I S. 674); mWv 19.1.2021 durch G v. 18.1.2021 (BGBl. I S. 2); mWv 29.7.2022 durch G v. 19.7.2022 (BGBl. I S. 1214).

Teil 1.[1)] Wettbewerbsbeschränkungen

Kapitel 1.[1)] Wettbewerbsbeschränkende Vereinbarungen, Beschlüsse und abgestimmte Verhaltensweisen

§ 1 Verbot wettbewerbsbeschränkender Vereinbarungen. Vereinbarungen zwischen Unternehmen, Beschlüsse von Unternehmensvereinigungen und aufeinander abgestimmte Verhaltensweisen, die eine Verhinderung, Einschränkung oder Verfälschung des Wettbewerbs bezwecken oder bewirken, sind verboten.

§ 2 Freigestellte Vereinbarungen. (1) Vom Verbot des § 1 freigestellt sind Vereinbarungen zwischen Unternehmen, Beschlüsse von Unternehmensvereinigungen oder aufeinander abgestimmte Verhaltensweisen, die unter angemessener Beteiligung der Verbraucher an dem entstehenden Gewinn zur Verbesserung der Warenerzeugung oder -verteilung oder zur Förderung des technischen oder wirtschaftlichen Fortschritts beitragen, ohne dass den beteiligten Unternehmen

1. Beschränkungen auferlegt werden, die für die Verwirklichung dieser Ziele nicht unerlässlich sind, oder
2. Möglichkeiten eröffnet werden, für einen wesentlichen Teil der betreffenden Waren den Wettbewerb auszuschalten.

(2) [1] Bei der Anwendung von Absatz 1 gelten die Verordnungen des Rates oder der Europäischen Kommission über die Anwendung von Artikel 101 Absatz 3 des Vertrages über die Arbeitsweise der Europäischen Union[2)] auf bestimmte Gruppen von Vereinbarungen, Beschlüsse von Unternehmensvereinigungen und aufeinander abgestimmte Verhaltensweisen (Gruppenfreistellungsverordnungen) entsprechend. [2] Dies gilt auch, soweit die dort genannten Vereinbarungen, Beschlüsse und Verhaltensweisen nicht geeignet sind, den Handel zwischen den Mitgliedstaaten der Europäischen Union zu beeinträchtigen.

§ 3 Mittelstandskartelle. Vereinbarungen zwischen miteinander im Wettbewerb stehenden Unternehmen und Beschlüsse von Unternehmensvereinigungen, die die Rationalisierung wirtschaftlicher Vorgänge durch zwischenbetriebliche Zusammenarbeit zum Gegenstand haben, erfüllen die Voraussetzungen des § 2 Absatz 1, wenn

1. dadurch der Wettbewerb auf dem Markt nicht wesentlich beeinträchtigt wird und
2. die Vereinbarung oder der Beschluss dazu dient, die Wettbewerbsfähigkeit kleiner oder mittlerer Unternehmen zu verbessern.

§§ 4 bis 17 (weggefallen)

---

1) Teil 1 und Kapitel 1 Überschriften neu gef. mWv 9.6.2017 durch G v. 1.6.2017 (BGBl. I S. 1416).
2) **Sartorius Nr. 1001.**

4. den Wortlaut der Wettbewerbsregeln.

[2] Dem Antrag sind beizufügen:

1. die Satzung der Wirtschafts- oder Berufsvereinigung;
2. der Nachweis, dass die Wettbewerbsregeln satzungsmäßig aufgestellt sind;
3. eine Aufstellung von außenstehenden Wirtschafts- oder Berufsvereinigungen und Unternehmen der gleichen Wirtschaftsstufe sowie der Lieferanten- und Abnehmervereinigungen und der Bundesorganisationen der beteiligten Wirtschaftsstufen des betreffenden Wirtschaftszweiges.

[3] In dem Antrag dürfen keine unrichtigen oder unvollständigen Angaben gemacht oder benutzt werden, um für den Antragsteller oder einen anderen die Anerkennung einer Wettbewerbsregel zu erschleichen.

(5) Änderungen und Ergänzungen anerkannter Wettbewerbsregeln sind der Kartellbehörde mitzuteilen.

§ 25 Stellungnahme Dritter. [1] Die Kartellbehörde hat nichtbeteiligten Unternehmen der gleichen Wirtschaftsstufe, Wirtschafts- und Berufsvereinigungen der durch die Wettbewerbsregeln betroffenen Lieferanten und Abnehmer sowie den Bundesorganisationen der beteiligten Wirtschaftsstufen Gelegenheit zur Stellungnahme zu geben. [2] Gleiches gilt für Verbraucherzentralen und andere Verbraucherverbände, die mit öffentlichen Mitteln gefördert werden, wenn die Interessen der Verbraucher erheblich berührt sind. [3] Die Kartellbehörde kann eine öffentliche mündliche Verhandlung über den Antrag auf Anerkennung durchführen, in der es jedermann freisteht, Einwendungen gegen die Anerkennung zu erheben.

§ 26[1)] Anerkennung. (1) [1] Die Anerkennung erfolgt durch Verfügung der Kartellbehörde. [2] Sie hat zum Inhalt, dass die Kartellbehörde von den ihr nach Kapitel 6 zustehenden Befugnissen keinen Gebrauch machen wird.

(2) Soweit eine Wettbewerbsregel gegen das Verbot des § 1 verstößt und nicht nach den §§ 2 und 3 freigestellt ist oder andere Bestimmungen dieses Gesetzes, des Gesetzes gegen den unlauteren Wettbewerb[2)] oder eine andere Rechtsvorschrift verletzt, hat die Kartellbehörde den Antrag auf Anerkennung abzulehnen.

(3) Wirtschafts- und Berufsvereinigungen haben die Außerkraftsetzung von ihnen aufgestellter, anerkannter Wettbewerbsregeln der Kartellbehörde mitzuteilen.

(4) Die Kartellbehörde hat die Anerkennung zurückzunehmen oder zu widerrufen, wenn sie nachträglich feststellt, dass die Voraussetzungen für die Ablehnung der Anerkennung nach Absatz 2 vorliegen.

§ 27 Veröffentlichung von Wettbewerbsregeln, Bekanntmachungen.

(1) Anerkannte Wettbewerbsregeln sind im Bundesanzeiger zu veröffentlichen.

(2) Im Bundesanzeiger sind bekannt zu machen

1. die Anträge nach § 24 Absatz 3;
2. die Anberaumung von Terminen zur mündlichen Verhandlung nach § 25 Satz 3;
3. die Anerkennung von Wettbewerbsregeln, ihrer Änderungen und Ergänzungen;

---

1) § 26 Abs. 1 Satz 2 geänd. mWv 9.6.2017 durch G v. 1.6.2017 (BGBl. I S. 1416).

2) Nr. **73**.

4. die Ablehnung der Anerkennung nach § 26 Absatz 2, die Rücknahme oder der Widerruf der Anerkennung von Wettbewerbsregeln nach § 26 Absatz 4.

(3) Mit der Bekanntmachung der Anträge nach Absatz 2 Nummer 1 ist darauf hinzuweisen, dass die Wettbewerbsregeln, deren Anerkennung beantragt ist, bei der Kartellbehörde zur öffentlichen Einsichtnahme ausgelegt sind.

(4) Soweit die Anträge nach Absatz 2 Nummer 1 zur Anerkennung führen, genügt für die Bekanntmachung der Anerkennung eine Bezugnahme auf die Bekanntmachung der Anträge.

(5) Die Kartellbehörde erteilt zu anerkannten Wettbewerbsregeln, die nicht nach Absatz 1 veröffentlicht worden sind, auf Anfrage Auskunft über die Angaben nach § 24 Absatz 4 Satz 1.

Kapitel 5.[1)] Sonderregeln für bestimmte Wirtschaftsbereiche

§ 28 Landwirtschaft. (1) [1] § 1 gilt nicht für Vereinbarungen von landwirtschaftlichen Erzeugerbetrieben sowie für Vereinbarungen und Beschlüsse von Vereinigungen von landwirtschaftlichen Erzeugerbetrieben und Vereinigungen von solchen Erzeugervereinigungen über

1. die Erzeugung oder den Absatz landwirtschaftlicher Erzeugnisse oder
2. die Benutzung gemeinschaftlicher Einrichtungen für die Lagerung, Be- oder Verarbeitung landwirtschaftlicher Erzeugnisse,

sofern sie keine Preisbindung enthalten und den Wettbewerb nicht ausschließen. [2] Als landwirtschaftliche Erzeugerbetriebe gelten auch Pflanzen- und Tierzuchtbetriebe und die auf der Stufe dieser Betriebe tätigen Unternehmen.

(2) Für vertikale Preisbindungen, die die Sortierung, Kennzeichnung oder Verpackung von landwirtschaftlichen Erzeugnissen betreffen, gilt § 1 nicht.

(3) Landwirtschaftliche Erzeugnisse sind die in Anhang I des Vertrages über die Arbeitsweise der Europäischen Union[2)] aufgeführten Erzeugnisse sowie die durch Be- oder Verarbeitung dieser Erzeugnisse gewonnenen Waren, deren Be- oder Verarbeitung durch landwirtschaftliche Erzeugerbetriebe oder ihre Vereinigungen durchgeführt zu werden pflegt.

§ 29[3)] Energiewirtschaft. [1] Einem Unternehmen ist es verboten, als Anbieter von Elektrizität, Fernwärme oder leitungsgebundenem Gas (Versorgungsunternehmen) auf einem Markt, auf dem es allein oder zusammen mit anderen Versorgungsunternehmen eine marktbeherrschende Stellung hat, diese Stellung missbräuchlich auszunutzen, indem es

1. Entgelte oder sonstige Geschäftsbedingungen fordert, die ungünstiger sind als diejenigen anderer Versorgungsunternehmen oder von Unternehmen auf vergleichbaren Märkten, es sei denn, das Versorgungsunternehmen weist nach, dass die Abweichung sachlich gerechtfertigt ist, wobei die Umkehr der Darlegungs- und Beweislast nur in Verfahren vor den Kartellbehörden gilt, oder
2. Entgelte fordert, die die Kosten in unangemessener Weise überschreiten.

[2] Kosten, die sich ihrem Umfang nach im Wettbewerb nicht einstellen würden, dürfen bei der Feststellung eines Missbrauchs im Sinne des Satzes 1 nicht berücksichtigt werden. [3] Die §§ 19 und 20 bleiben unberührt.

[1)] Kapitel 5 Überschrift neu gef. mWv 9.6.2017 durch G v. 1.6.2017 (BGBl. I S. 1416).
[2)] **Sartorius Nr. 1001.**
[3)] § 29 Satz 1 einl. Satzteil geänd. mWv 29.7.2022 durch G v. 19.7.2022 (BGBl. I S. 1214).

in Verbindung mit der Rechtsverordnung nach § 47k Absatz 8 und soll insbesondere auf die Preisentwicklung und die Situation der mittelständischen Mineralölwirtschaft eingehen.

Teil 2.[1)] Kartellbehörden

Kapitel 1.[2)] Allgemeine Vorschriften

§ 48[2)] Zuständigkeit. (1) Kartellbehörden sind das Bundeskartellamt, das Bundesministerium für Wirtschaft und Energie und die nach Landesrecht zuständigen obersten Landesbehörden.

(2) [1] Weist eine Vorschrift dieses Gesetzes eine Zuständigkeit nicht einer bestimmten Kartellbehörde zu, so nimmt das Bundeskartellamt die in diesem Gesetz der Kartellbehörde übertragenen Aufgaben und Befugnisse wahr, wenn die Wirkung des wettbewerbsbeschränkenden oder diskriminierenden Verhaltens oder einer Wettbewerbsregel über das Gebiet eines Landes hinausreicht. [2] In allen übrigen Fällen nimmt diese Aufgaben und Befugnisse die nach Landesrecht zuständige oberste Landesbehörde wahr.

(3) [1] Das Bundeskartellamt führt ein Monitoring durch über den Grad der Transparenz, auch der Großhandelspreise, sowie den Grad und die Wirksamkeit der Marktöffnung und den Umfang des Wettbewerbs auf Großhandels- und Endkundenebene auf den Strom- und Gasmärkten sowie an Elektrizitäts- und Gasbörsen. [2] Das Bundeskartellamt wird die beim Monitoring gewonnenen Daten der Bundesnetzagentur unverzüglich zur Verfügung stellen.

§ 49[2)] Bundeskartellamt und oberste Landesbehörde. (1) [1] Leitet das Bundeskartellamt ein Verfahren ein oder führt es Ermittlungen durch, so benachrichtigt es gleichzeitig die oberste Landesbehörde, in deren Gebiet die betroffenen Unternehmen ihren Sitz haben. [2] Leitet eine oberste Landesbehörde ein Verfahren ein oder führt sie Ermittlungen durch, so benachrichtigt sie gleichzeitig das Bundeskartellamt.

(2) [1] Die oberste Landesbehörde hat eine Sache an das Bundeskartellamt abzugeben, wenn nach § 48 Absatz 2 Satz 1 oder nach § 50 Absatz 1 die Zuständigkeit des Bundeskartellamts begründet ist. [2] Das Bundeskartellamt hat eine Sache an die oberste Landesbehörde abzugeben, wenn nach § 48 Absatz 2 Satz 2 die Zuständigkeit der obersten Landesbehörde begründet ist.

(3) [1] Auf Antrag des Bundeskartellamts kann die oberste Landesbehörde eine Sache, für die nach § 48 Absatz 2 Satz 2 ihre Zuständigkeit begründet ist, an das Bundeskartellamt abgeben, wenn dies aufgrund der Umstände der Sache angezeigt ist. [2] Mit der Abgabe wird das Bundeskartellamt zuständige Kartellbehörde.

(4) [1] Auf Antrag der obersten Landesbehörde kann das Bundeskartellamt eine Sache, für die nach § 48 Absatz 2 Satz 1 seine Zuständigkeit begründet ist, an die oberste Landesbehörde abgeben, wenn dies aufgrund der Umstände der Sache angezeigt ist. [2] Mit der Abgabe wird die oberste Landesbehörde zuständige Kartellbehörde. [3] Vor der Abgabe benachrichtigt das Bundeskartellamt die übrigen betroffenen obersten Landesbehörden. [4] Die Abgabe erfolgt nicht, sofern ihr eine betroffene oberste Landesbehörde innerhalb einer vom Bundeskartellamt zu setzenden Frist widerspricht.

[1)] Teil 2 Überschrift neu gef. mWv 9.6.2017 durch G v. 1.6.2017 (BGBl. I S. 1416).

[2)] Teil 2 Kapitel 1 und 2 (§§ 48–50f) neu gef. mWv 19.1.2021 durch G v. 18.1.2021 (BGBl. I S. 2).

§ 50[1] Vollzug des europäischen Rechts. (1) Abweichend von § 48 Absatz 2 ist das Bundeskartellamt für die Anwendung der Artikel 101 und 102 des Vertrages über die Arbeitsweise der Europäischen Union[2] zuständige Wettbewerbsbehörde im Sinne des Artikels 35 Absatz 1 der Verordnung (EG) Nr. 1/2003.

(2) [1] Zuständige Wettbewerbsbehörde für die Mitwirkung an Verfahren der Europäischen Kommission oder der Wettbewerbsbehörden der anderen Mitgliedstaaten der Europäischen Union zur Anwendung der Artikel 101 und 102 des Vertrages über die Arbeitsweise der Europäischen Union[3] ist das Bundeskartellamt. [2] Es gelten die bei der Anwendung dieses Gesetzes maßgeblichen Verfahrensvorschriften.

(3) Die Bediensteten der Wettbewerbsbehörde eines Mitgliedstaates der Europäischen Union und andere von dieser Wettbewerbsbehörde ermächtigte oder benannte Begleitpersonen sind befugt, an Durchsuchungen und Vernehmungen mitzuwirken, die das Bundeskartellamt im Namen und für Rechnung dieser Wettbewerbsbehörde nach Artikel 22 Absatz 1 der Verordnung (EG) Nr. 1/2003 durchführt.

(4) [1] In anderen als in den Absätzen 1 bis 3 bezeichneten Fällen nimmt das Bundeskartellamt die Aufgaben wahr, die den Behörden der Mitgliedstaaten der Europäischen Union in den Artikeln 104 und 105 des Vertrages über die Arbeitsweise der Europäischen Union sowie in Verordnungen nach Artikel 103 des Vertrages über die Arbeitsweise der Europäischen Union, auch in Verbindung mit Artikel 43 Absatz 2, Artikel 100 Absatz 2, Artikel 105 Absatz 3 und Artikel 352 Absatz 1 des Vertrages über die Arbeitsweise der Europäischen Union, übertragen sind. [2] Im Beratenden Ausschuss für die Kontrolle von Unternehmenszusammenschlüssen nach Artikel 19 der Verordnung (EG) Nr. 139/2004 wird die Bundesrepublik Deutschland durch das Bundesministerium für Wirtschaft und Energie oder das Bundeskartellamt vertreten. [3] Absatz 2 Satz 2 gilt entsprechend.

Kapitel 2.[1] Behördenzusammenarbeit

§ 50a[1] Ermittlungen im Netzwerk der europäischen Wettbewerbsbehörden. (1) [1] Das Bundeskartellamt darf im Namen und für Rechnung der Wettbewerbsbehörde eines anderen Mitgliedstaates der Europäischen Union und nach Maßgabe des innerstaatlichen Rechts Durchsuchungen und sonstige Maßnahmen zur Sachverhaltsaufklärung durchführen, um festzustellen, ob Unternehmen oder Unternehmensvereinigungen im Rahmen von Verfahren zur Durchsetzung von Artikel 101 oder 102 des Vertrages über die Arbeitsweise der Europäischen Union[2] die ihnen bei Ermittlungsmaßnahmen obliegenden Pflichten verletzt oder Entscheidungen der ersuchenden Behörde nicht befolgt haben. [2] Das Bundeskartellamt kann von der ersuchenden Behörde die Erstattung aller im Zusammenhang mit diesen Ermittlungsmaßnahmen entstandenen vertretbaren Kosten, einschließlich Übersetzungs-, Personal- und Verwaltungskosten, verlangen, sofern nicht im Rahmen der Gegenseitigkeit auf eine Erstattung verzichtet wurde.

(2) [1] Das Bundeskartellamt kann die Wettbewerbsbehörde eines anderen Mitgliedstaates der Europäischen Union ersuchen, Ermittlungsmaßnahmen nach Absatz 1 durchzuführen. [2] Alle im Zusammenhang mit diesen Ermittlungsmaßnahmen entstandenen vertretbaren zusätzlichen Kosten, einschließlich Übersetzungs-, Personal- und Verwaltungskosten, werden auf Antrag der ersuchten Behörde vom

---

[1] Teil 2 Kapitel 1 und 2 (§§ 48–50f) neu gef. mWv 19.1.2021 durch G v. 18.1.2021 (BGBl. I S. 2).
[2] Abgedruckt in Anm. zu § 22.
[3] **Sartorius Nr. 1001.**

beschwerde. [4]Mit der Zustellung der Entscheidung beginnt die Frist für die Begründung der Rechtsbeschwerde.

§ 79[1)] Rechtsbeschwerdeberechtigte, Form und Frist. (1) Die Rechtsbeschwerde steht den am Beschwerdeverfahren Beteiligten zu.

(2) [1]Die Rechtsbeschwerde kann nur darauf gestützt werden, dass die Entscheidung auf einer Verletzung des Rechts beruht; die §§ 546 und 547 der Zivilprozessordnung[2)] gelten entsprechend. [2]Die Rechtsbeschwerde kann nicht darauf gestützt werden, dass die Kartellbehörde unter Verletzung des § 48 oder des § 50 Absatz 1 ihre Zuständigkeit zu Unrecht angenommen hat.

(3) [1]Die Rechtsbeschwerde ist binnen einer Frist von einem Monat schriftlich bei dem Oberlandesgericht einzulegen. [2]Die Frist beginnt mit der Zustellung der angefochtenen Entscheidung.

(4) [1]Die Rechtsbeschwerde ist innerhalb von zwei Monaten nach Zustellung der Entscheidung des Beschwerdegerichts zu begründen. [2]Die Frist kann auf Antrag von dem oder der Vorsitzenden verlängert werden. [3]Die Begründung muss die Erklärung enthalten, inwieweit die Entscheidung des Beschwerdegerichts angefochten und ihre Abänderung oder Aufhebung beantragt wird. [4]Ist die Rechtsbeschwerde aufgrund einer Nichtzulassungsbeschwerde zugelassen worden, kann zur Begründung der Rechtsbeschwerde auf die Begründung der Nichtzulassungsbeschwerde Bezug genommen werden.

(5) Die Rechtsbeschwerdeschrift und -begründung müssen durch einen Rechtsanwalt unterzeichnet sein; dies gilt nicht für Rechtsbeschwerden der Kartellbehörden.

(6) Der Bundesgerichtshof ist an die in der angefochtenen Entscheidung getroffenen tatsächlichen Feststellungen gebunden, außer, wenn in Bezug auf diese Feststellungen zulässige und begründete Rechtsbeschwerdegründe vorgebracht sind.

§ 80[3)] Rechtsbeschwerdeentscheidung. (1) Der Bundesgerichtshof entscheidet durch Beschluss.

(2) Ist die Rechtsbeschwerde unzulässig, so verwirft sie der Bundesgerichtshof.

(3) Ist die Rechtsbeschwerde unbegründet, so weist der Bundesgerichtshof die Rechtsbeschwerde zurück.

(4) [1]Ist die Rechtsbeschwerde begründet, so kann der Bundesgerichtshof

1. in der Sache entsprechend § 76 Absatz 2 bis 5 selbst entscheiden,
2. den angefochtenen Beschluss aufheben und die Sache zur anderweitigen Verhandlung und Entscheidung zurückverweisen.

[2]Der Bundesgerichtshof verweist den Rechtsstreit zurück, wenn der im Rechtsbeschwerdeverfahren entsprechend § 142 Absatz 1 Satz 2 in Verbindung mit § 65 Absatz 2 der Verwaltungsgerichtsordnung[4)] Beigeladene ein berechtigtes Interesse daran hat.

---

1) § 79 neu gef. mWv 19.1.2021 durch G v. 18.1.2021 (BGBl. I S. 2).

2) Nr. **100**.

3) § 80 neu gef. mWv 19.1.2021 durch G v. 18.1.2021 (BGBl. I S. 2); Abs. 1 neu gef. mWv 15.7.2021 durch G v. 9.7.2021 (BGBl. I S. 2506).

4) **Sartorius Nr. 600.**

(5) Ergibt die Begründung der Beschwerdeentscheidung zwar eine Rechtsverletzung, stellt sich die Beschwerdeentscheidung selbst aber aus anderen Gründen als richtig dar, so ist die Rechtsbeschwerde zurückzuweisen.

(6) Das Beschwerdegericht hat seiner Entscheidung nach einer Zurückverweisung die rechtliche Beurteilung des Bundesgerichtshofs zugrunde zu legen.

(7) Der Beschluss ist zu begründen und den Beteiligten zuzustellen.

Kapitel 2. Bußgeldsachen

Abschnitt 1.[1] Bußgeldvorschriften

§ 81[2] Bußgeldtatbestände. (1) Ordnungswidrig handelt, wer gegen den Vertrag über die Arbeitsweise der Europäischen Union[3] in der Fassung der Bekanntmachung vom 9. Mai 2008 (ABl. C 115 vom 9.5.2008, S. 47) verstößt, indem er vorsätzlich oder fahrlässig

1. entgegen Artikel 101 Absatz 1[4] eine Vereinbarung trifft, einen Beschluss fasst oder Verhaltensweisen aufeinander abstimmt oder
2. entgegen Artikel 102 Satz 1[4] eine beherrschende Stellung missbräuchlich ausnutzt.

(2) Ordnungswidrig handelt, wer vorsätzlich oder fahrlässig

1. einer Vorschrift der §§ 1, 19, 20 Absatz 1 bis 3 Satz 1, Absatz 3a oder Absatz 5, des § 21 Absatz 3 oder 4, des § 29 Satz 1 oder des § 41 Absatz 1 Satz 1 über das Verbot einer dort genannten Vereinbarung, eines dort genannten Beschlusses, einer aufeinander abgestimmten Verhaltensweise, des Missbrauchs einer marktbeherrschenden Stellung, des Missbrauchs einer Marktstellung oder einer überlegenen Marktmacht, einer unbilligen Behinderung oder unterschiedlichen Behandlung, der Ablehnung der Aufnahme eines Unternehmens, der Ausübung eines Zwangs, der Zufügung eines wirtschaftlichen Nachteils oder des Vollzugs eines Zusammenschlusses zuwiderhandelt,
2. einer vollziehbaren Anordnung nach
   a) § 19a Absatz 2, § 30 Absatz 3, § 31b Absatz 3 Nummer 1 und 3, § 32 Absatz 1, § 32a Absatz 1, § 32b Absatz 1 Satz 1 oder § 41 Absatz 4 Nummer 2, auch in Verbindung mit § 40 Absatz 3a Satz 2, auch in Verbindung mit § 41 Absatz 2 Satz 3 oder § 42 Absatz 2 Satz 2, oder § 60 oder
   b) § 39 Absatz 5 oder
   c) § 47d Absatz 1 Satz 2 in Verbindung mit einer Rechtsverordnung nach § 47f Nummer 1 oder
   d) § 47d Absatz 1 Satz 5 erster Halbsatz in Verbindung mit einer Rechtsverordnung nach § 47f Nummer 2 zuwiderhandelt,
3. entgegen § 39 Absatz 1 einen Zusammenschluss nicht richtig oder nicht vollständig anmeldet,
4. entgegen § 39 Absatz 6 eine Anzeige nicht, nicht richtig, nicht vollständig oder nicht rechtzeitig erstattet,

---

[1] Teil 3 Kapitel 2 Abschnitte 1 und 2 (§§ 81–81n) neu gef. mWv 19.1.2021 durch G v. 18.1.2021 (BGBl. I S. 2).

[2] § 81 neu gef. mWv 19.1.2021 durch G v. 18.1.2021 (BGBl. I S. 2); Abs. 2 Nr. 5b geänd. mWv 15.7. 2021 durch G v. 9.7.2021 (BGBl. I S. 2506); Abs. 2 Nr. 5b geänd. mWv 29.7.2022 durch G v. 19.7.2022 (BGBl. I S. 1214).

[3] **Sartorius Nr. 1001.**

[4] Abgedruckt in Anm. zu § 22.

5. einer vollziehbaren Auflage nach § 40 Absatz 3 Satz 1 oder § 42 Absatz 2 Satz 1 zuwiderhandelt,

5a. einer Rechtsverordnung nach § 47f Nummer 3 Buchstabe a, b oder c oder einer vollziehbaren Anordnung aufgrund einer solchen Rechtsverordnung zuwiderhandelt, soweit die Rechtsverordnung für einen bestimmten Tatbestand auf diese Bußgeldvorschrift verweist,

5b. entgegen § 47k Absatz 2 Satz 1, auch in Verbindung mit Satz 2, jeweils in Verbindung mit einer Rechtsverordnung nach § 47k Absatz 8 Satz 1 Nummer 1 oder Nummer 2, eine dort genannte Änderung oder Mengenangabe nicht, nicht richtig, nicht vollständig oder nicht rechtzeitig übermittelt,

6. entgegen § 59 Absatz 2 oder Absatz 4, auch in Verbindung mit § 47d Absatz 1 Satz 1, § 47k Absatz 7 oder § 82b Absatz 1, ein Auskunftsverlangen nicht, nicht richtig, nicht vollständig oder nicht rechtzeitig beantwortet oder Unterlagen nicht, nicht vollständig oder nicht rechtzeitig herausgibt,

7. entgegen § 59 Absatz 1 Satz 6, auch in Verbindung mit § 82b Absatz 1, nicht zu einer Befragung erscheint,

8. entgegen § 59a Absatz 2, auch in Verbindung mit § 47d Absatz 1 Satz 1 und § 47k Absatz 7, geschäftliche Unterlagen nicht, nicht vollständig oder nicht rechtzeitig zur Einsichtnahme und Prüfung vorlegt oder die Prüfung von geschäftlichen Unterlagen sowie das Betreten von Geschäftsräumen und -grundstücken nicht duldet,

(Fortsetzung nächstes Blatt)

1. die Aussetzung oder die weitere Aussetzung des Vergabeverfahrens durch vorsätzlich oder grob fahrlässig vorgetragene falsche Angaben zu erwirken;
2. die Überprüfung mit dem Ziel zu beantragen, das Vergabeverfahren zu behindern oder Konkurrenten zu schädigen;
3. einen Antrag in der Absicht zu stellen, ihn später gegen Geld oder andere Vorteile zurückzunehmen.

(3) Erweisen sich die von der Vergabekammer entsprechend einem besonderen Antrag nach § 169 Absatz 3 getroffenen vorläufigen Maßnahmen als von Anfang an ungerechtfertigt, hat der Antragsteller dem Auftraggeber den aus der Vollziehung der angeordneten Maßnahme entstandenen Schaden zu ersetzen.

§ 181[1)] Anspruch auf Ersatz des Vertrauensschadens. [1] Hat der Auftraggeber gegen eine den Schutz von Unternehmen bezweckende Vorschrift verstoßen und hätte das Unternehmen ohne diesen Verstoß bei der Wertung der Angebote eine echte Chance gehabt, den Zuschlag zu erhalten, die aber durch den Rechtsverstoß beeinträchtigt wurde, so kann das Unternehmen Schadensersatz für die Kosten der Vorbereitung des Angebots oder der Teilnahme an einem Vergabeverfahren verlangen. [2] Weiterreichende Ansprüche auf Schadensersatz bleiben unberührt.

§ 182[1)] Kosten des Verfahrens vor der Vergabekammer. (1) [1] Für Amtshandlungen der Vergabekammern werden Kosten (Gebühren und Auslagen) zur Deckung des Verwaltungsaufwandes erhoben. [2] Das Verwaltungskostengesetz vom 23. Juni 1970 (BGBl. I S. 821) in der am 14. August 2013 geltenden Fassung ist anzuwenden.

(2) [1] Die Gebühr beträgt mindestens 2 500 Euro; dieser Betrag kann aus Gründen der Billigkeit bis auf ein Zehntel ermäßigt werden. [2] Die Gebühr soll den Betrag von 50 000 Euro nicht überschreiten; sie kann im Einzelfall, wenn der Aufwand oder die wirtschaftliche Bedeutung außergewöhnlich hoch ist, bis zu einem Betrag von 100 000 Euro erhöht werden.

(3) [1] Soweit ein Beteiligter im Verfahren unterliegt, hat er die Kosten zu tragen. [2] Mehrere Kostenschuldner haften als Gesamtschuldner. [3] Kosten, die durch Verschulden eines Beteiligten entstanden sind, können diesem auferlegt werden. [4] Hat sich der Antrag vor Entscheidung der Vergabekammer durch Rücknahme oder anderweitig erledigt, ist die Hälfte der Gebühr zu entrichten. [5] Die Entscheidung, wer die Kosten zu tragen hat, erfolgt nach billigem Ermessen. [6] Aus Gründen der Billigkeit kann von der Erhebung von Gebühren ganz oder teilweise abgesehen werden.

(4) [1] Soweit ein Beteiligter im Nachprüfungsverfahren unterliegt, hat er die zur zweckentsprechenden Rechtsverfolgung oder Rechtsverteidigung notwendigen Aufwendungen des Antragsgegners zu tragen. [2] Die Aufwendungen der Beigeladenen sind nur erstattungsfähig, soweit sie die Vergabekammer aus Billigkeit der unterlegenen Partei auferlegt. [3] Hat sich der Antrag durch Rücknahme oder anderweitig erledigt, erfolgt die Entscheidung, wer die zur zweckentsprechenden Rechtsverfolgung oder Rechtsverteidigung notwendigen Aufwendungen anderer Beteiligter zu tragen hat, nach billigem Ermessen; in Bezug auf die Erstattung der Aufwendungen der Beigeladenen gilt im Übrigen Satz 2 entsprechend. [4] § 80 Absatz 1, 2 und 3 Satz 2 des Verwaltungsverfahrensgesetzes[2)] und die entsprechen-

---

[1)] Teil 4 (§§ 97–184) neu gef. mWv 18.4.2016 durch G v. 17.2.2016 (BGBl. I S. 203).
[2)] **Sartorius Nr. 100.**

den Vorschriften der Verwaltungsverfahrensgesetze der Länder gelten entsprechend. [5] Ein gesondertes Kostenfestsetzungsverfahren findet nicht statt.

§ 183[1)] Korrekturmechanismus der Kommission. (1) Erhält die Bundesregierung im Laufe eines Vergabeverfahrens vor Abschluss des Vertrags eine Mitteilung der Europäischen Kommission, dass diese der Auffassung ist, es liege ein schwerer Verstoß gegen das Recht der Europäischen Union zur Vergabe öffentlicher Aufträge oder zur Vergabe von Konzessionen vor, der zu beseitigen sei, teilt das Bundesministerium für Wirtschaft und Energie dies dem Auftraggeber mit.

(2) Der Auftraggeber ist verpflichtet, innerhalb von 14 Kalendertagen nach Eingang dieser Mitteilung dem Bundesministerium für Wirtschaft und Energie eine umfassende Darstellung des Sachverhalts zu geben und darzulegen, ob der behauptete Verstoß beseitigt wurde, oder zu begründen, warum er nicht beseitigt wurde, ob das Vergabeverfahren Gegenstand eines Nachprüfungsverfahrens ist oder aus sonstigen Gründen ausgesetzt wurde.

(3) Ist das Vergabeverfahren Gegenstand eines Nachprüfungsverfahrens oder wurde es ausgesetzt, so ist der Auftraggeber verpflichtet, das Bundesministerium für Wirtschaft und Energie unverzüglich über den Ausgang des Verfahrens zu informieren.

§ 184[1)] Unterrichtungspflichten der Nachprüfungsinstanzen. Die Vergabekammern und die Oberlandesgerichte unterrichten das Bundesministerium für Wirtschaft und Energie bis zum 31. Januar eines jeden Jahres über die Anzahl der Nachprüfungsverfahren des Vorjahres und deren Ergebnisse.

Teil 5.[2)] Anwendungsbereich der Teile 1 bis 3

§ 185[3)] Unternehmen der öffentlichen Hand, Geltungsbereich. (1) [1] Die Vorschriften des Ersten bis Dritten Teils dieses Gesetzes sind auch auf Unternehmen anzuwenden, die ganz oder teilweise im Eigentum der öffentlichen Hand stehen oder die von ihr verwaltet oder betrieben werden. [2] Die §§ 19, 20 und 31b Absatz 5 sind nicht anzuwenden auf öffentlich-rechtliche Gebühren oder Beiträge. [3] Die Vorschriften des Ersten bis Dritten Teils dieses Gesetzes sind nicht auf die Deutsche Bundesbank und die Kreditanstalt für Wiederaufbau anzuwenden.

(2) Die Vorschriften des Ersten bis Dritten Teils dieses Gesetzes sind auf alle Wettbewerbsbeschränkungen anzuwenden, die sich im Geltungsbereich dieses Gesetzes auswirken, auch wenn sie außerhalb des Geltungsbereichs dieses Gesetzes veranlasst werden.

(3) Die Vorschriften des Energiewirtschaftsgesetzes[4)] stehen der Anwendung der §§ 19, 20 und 29 nicht entgegen, soweit in § 111 des Energiewirtschaftsgesetzes keine andere Regelung getroffen ist.

(4) [1] Die Vorschriften des Ersten bis Dritten Teils dieses Gesetzes sind nicht auf Treuhandverwaltungen oder Enteignungen nach dem ersten Abschnitt des zweiten

---

[1)] Teil 4 (§§ 97–184) neu gef. mWv 18.4.2016 durch G v. 17.2.2016 (BGBl. I S. 203).

[2)] Teil 5 (§ 185) neu gef. mWv 18.4.2016 durch G v. 17.2.2016 (BGBl. I S. 203); Überschrift neu gef. mWv 9.6.2017 durch G v. 1.6.2017 (BGBl. I S. 1416).

[3)] § 185 neu gef. mWv 18.4.2016 durch G v. 17.2.2016 (BGBl. I S. 203); Abs. 4 angef. mWv 22.5.2022 durch G v. 20.5.2022 (BGBl. I S. 730).

[4)] **Sartorius Nr. 830.**

Kapitels des Energiesicherungsgesetzes anzuwenden. [2] Satz 1 gilt nicht für Privatisierungen nach § 20 Absatz 3 des Energiesicherungsgesetzes.

Teil 6.[1)] Übergangs- und Schlussbestimmungen

§ 186[2)] Anwendungsbestimmung zu § 47k. (1) Das Bundesministerium für Wirtschaft und Klimaschutz hat

1. das Vorliegen der erforderlichen technischen Voraussetzungen für eine Übermittlung der abgegebenen Mengen nach § 47k Absatz 2 Satz 1 Nummer 2 in Verbindung mit der Rechtsverordnung nach § 47k Absatz 8 festzustellen und
2. die Feststellung nach Nummer 1 im Bundesanzeiger bekannt zu machen.

(2) § 47k Absatz 2 Satz 1 Nummer 2 ist nach Ablauf des Monats, der auf den Monat folgt, in dem die Bekanntmachung nach Absatz 1 Nummer 2 erfolgt, anzuwenden; dieser Tag ist vom Bundesministerium für Wirtschaft und Klimaschutz unverzüglich im Bundesanzeiger bekannt zu machen.

§ 187[3)] Übergangs- und Schlussbestimmungen. (1) § 29 ist nach dem 31. Dezember 2027 nicht mehr anzuwenden.

(2) Vergabeverfahren, die vor dem 18. April 2016 begonnen haben, einschließlich der sich an diese anschließenden Nachprüfungsverfahren sowie am 18. April 2016 anhängige Nachprüfungsverfahren werden nach dem Recht zu Ende geführt, das zum Zeitpunkt der Einleitung des Verfahrens galt.

(3) [1] Mit Ausnahme von § 33c Absatz 5 sind die §§ 33a bis 33f nur auf Schadensersatzansprüche anwendbar, die nach dem 26. Dezember 2016 entstanden sind. [2] § 33h ist auf nach dem 26. Dezember 2016 entstandene Ansprüche nach § 33 Absatz 1 oder § 33a Absatz 1 sowie auf vor dem 27. Dezember 2016 entstandene Unterlassungs-, Beseitigungs- und Schadensersatzansprüche wegen eines Verstoßes gegen eine Vorschrift im Sinne des § 33 Absatz 1 oder gegen eine Verfügung der Kartellbehörde anzuwenden, die am 9. Juni 2017 noch nicht verjährt waren. [3] Der Beginn, die Hemmung, die Ablaufhemmung und der Neubeginn der Verjährung der Ansprüche, die vor dem 27. Dezember 2016 entstanden sind, bestimmen sich jedoch für die Zeit bis zum 8. Juni 2017 nach den bisher für diese Ansprüche jeweils geltenden Verjährungsvorschriften.

(4) § 33c Absatz 5 und die §§ 33g sowie 89b bis 89e sind unabhängig vom Zeitpunkt der Entstehung der Schadensersatzansprüche nur in Rechtsstreiten anzuwenden, in denen nach dem 26. Dezember 2016 Klage erhoben worden ist.

(5) [1] § 81a findet Anwendung, wenn das Erlöschen der nach § 30 des Gesetzes über Ordnungswidrigkeiten[4)] verantwortlichen juristischen Person oder Personenvereinigung oder die Verschiebung von Vermögen nach dem 9. Juni 2017 erfolgt. [2] War die Tat zu diesem Zeitpunkt noch nicht beendet, gehen die Regelungen des § 81 Absatz 3a bis 3e vor.

[1)] Teil 6 (früherer § 186) neu gef. mWv 18.4.2016 durch G v. 17.2.2016 (BGBl. I S. 203).

[2)] § 186 eingef. mWv 29.7.2022 durch G v. 19.7.2022 (BGBl. I S. 1214).

[3)] Früherer § 186 neu gef. mWv 18.4.2016 durch G v. 17.2.2016 (BGBl. I S. 203); Abs. 1 geänd., Abs. 3–6 angef. mWv 9.6.2017 durch G v. 1.6.2017 (BGBl. I S. 1416); Abs. 7 und 8 angef. mWv 29.5.2020 durch G v. 25.5.2020 (BGBl. I S. 1067); Abs. 4 und 8 geänd., Abs. 9 angef. mWv 19.1.2021 durch G v. 18.1.2021 (BGBl. I S. 2); bish. § 186 wird § 187, Überschrift neu gef., Abs. 1 geänd., Abs. 10 angef. mWv 29.7.2022 durch G v. 19.7.2022 (BGBl. I S. 1214).

[4)] Nr. **94**.

(6) § 30 Absatz 2b findet nur Anwendung auf Vereinbarungen, die nach dem 9. Juni 2017 und vor dem 31. Dezember 2027 wirksam geworden sind.

(7) [1] Für einen Zusammenschluss, für den die Anmeldung nach § 39 zwischen dem 1. März 2020 und dem Ablauf des 31. Mai 2020 beim Bundeskartellamt eingegangen ist, beträgt die Frist nach § 40 Absatz 1 Satz 1 zwei Monate und die Frist nach § 40 Absatz 2 Satz 2 sechs Monate. [2] Satz 1 gilt auch im Fall des § 40 Absatz 5. [3] Die Sätze 1 und 2 gelten nicht, wenn am 29. Mai 2020

1. die Frist nach § 40 Absatz 1 Satz 1 abgelaufen war, ohne dass das Bundeskartellamt den anmeldenden Unternehmen mitgeteilt hat, dass es in die Prüfung des Zusammenschlusses (Hauptprüfverfahren) eingetreten ist,
2. die Frist nach § 40 Absatz 2 Satz 2 abgelaufen war oder
3. der Zusammenschluss vom Bundeskartellamt freigegeben worden war.

(8) § 81f Satz 1 ist in der Zeit bis zum Ablauf des 30. Juni 2021 nicht anzuwenden, soweit für die Zahlung einer Geldbuße Zahlungserleichterungen nach § 18 oder § 93 des Gesetzes über Ordnungswidrigkeiten gewährt sind.

(9) [1] Die §§ 35 bis 41 sind nicht anzuwenden auf einen Zusammenschluss im Krankenhausbereich, soweit

1. der Zusammenschluss eine standortübergreifende Konzentration von mehreren Krankenhäusern oder einzelnen Fachrichtungen mehrerer Krankenhäuser zum Gegenstand hat,
2. dem Zusammenschluss keine anderen wettbewerbsrechtlichen Vorschriften entgegenstehen und dies das Land bei Antragstellung nach § 14 Absatz 2 Nummer 3 Buchstabe a der Krankenhausstrukturfonds-Verordnung bestätigt hat,
3. das Vorliegen der weiteren Voraussetzungen für eine Förderung nach § 12a Absatz 1 Satz 4 des Krankenhausfinanzierungsgesetzes[1)] in Verbindung mit § 11 Absatz 1 Nummer 2 der Krankenhausstrukturfonds-Verordnung in einem Auszahlungsbescheid nach § 15 der Krankenhausstrukturfonds-Verordnung festgestellt wurde und
4. der Zusammenschluss bis zum 31. Dezember 2027 vollzogen wird.

[2] Ein Zusammenschluss im Sinne des Satzes 1 ist dem Bundeskartellamt nach Vollzug anzuzeigen. [3] Für die Evaluierung dieser Regelung sind die §§ 32e und 21 Absatz 3 Satz 8 des Krankenhausentgeltgesetzes[2)] entsprechend anzuwenden. [4] Für die Zwecke der Evaluierung und zur Untersuchung der Auswirkungen dieser Regelung auf die Wettbewerbsverhältnisse und die Versorgungsqualität können Daten aus der amtlichen Krankenhausstatistik zusammengeführt werden.

(10) [1] Das Bundesministerium für Wirtschaft und Klimaschutz wird ermächtigt, durch Rechtsverordnung ohne Zustimmung des Bundesrates im Hinblick auf das Abkommen zwischen dem Bundesministerium für Wirtschaft und Klimaschutz der Bundesrepublik Deutschland und dem Eidgenössischen Departement für Wirtschaft, Bildung und Forschung der Schweizerischen Eidgenossenschaft über Zusammenarbeit und Koordinierung der Wettbewerbsbehörden, zu bestimmen, dass

1. Informationen ausschließlich in kartellbehördlichen Verfahren und sich daran anschließenden Rechtsbehelfsverfahren sowie nur für die Zwecke, für die sie

---

1) **Aichberger, SGB Nr. 5/20.**
2) **Aichberger, SGB Nr. 5/40.**

von der schweizerischen Wettbewerbsbehörde übermittelt wurden, verwendet werden dürfen und

2. eine Pflicht zur Wahrung der Vertraulichkeit sowie ein Ausschluss der Offenlegung gegenüber anderen staatlichen Stellen sowie Dritten zu beachten ist,

soweit sich die in dem Abkommen von der Bundesrepublik Deutschland übernommenen Verpflichtungen und gewährten Rechte im Rahmen der nach den §§ 50a bis 50f zulässigen zwischenbehördlichen Zusammenarbeit halten. [2] Bestimmungen einer Rechtsverordnung nach Satz 1 sind erst ab dem Tag anzuwenden, ab dem das in Satz 1 bezeichnete Abkommen wirksam geworden ist. [3] Das Bundesministerium für Wirtschaft und Klimaschutz gibt den Tag unter Angabe der Bezeichnung des Abkommens zwischen dem Bundesministerium für Wirtschaft und Klimaschutz der Bundesrepublik Deutschland und dem Eidgenössischen Departement für Wirtschaft, Bildung und Forschung der Schweizerischen Eidgenossenschaft über Zusammenarbeit und Koordinierung der Wettbewerbsbehörden und dessen Fundstelle im Bundesgesetzblatt bekannt.

Anlage.[1] *(aufgehoben)*

[1] Anl. aufgeh. mWv 18.4.2016 durch G v. 17.2.2016 (BGBl. I S. 203).

83. Arbeitsgerichtsgesetz

In der Fassung der Bekanntmachung vom 2. Juli 1979[1)]
(BGBl. I S. 853, ber. S. 1036)

FNA 320-1

Lfd. Nr.	Änderndes Gesetz	Datum	Fund-stelle	Betroffen	Hinweis
1.–55.	Änderungsgesetze bis einschl. G v. 12.12.2007 (BGBl. I S. 2840) nur noch in den Anmerkungen nachgewiesen				
56.	Art. 2 G zur Änd. des SozialgerichtsG und des ArbeitsgerichtsG	26.3.2008	BGBl. I S. 444	§§ 21, 46a, 46c, 46d, 48, 55, 62, 64, 66, 85, 89	geänd. mWv 1.4.2008
57.	Art. 2 Abs. 2 Jugenfreiwilligendienst-FörderG	16.5.2008	BGBl. I S. 842	§ 2	geänd. mWv 1.6.2008
58.	Art. 4 G zur Verbesserung der grenzüberschreitenden Forderungsdurchsetzung und Zustellung	30.10. 2008	BGBl. I S. 2122	§§ 13a, 46c, 46d, 46e	geänd. mWv 12.12.2008
				§ 46b	eingef. mWv 12.12.2008
59.	Art. 4f G zur Verbesserung der Rahmenbedingungen für die Absicherung flexibler Arbeitszeitregelungen und zur Änd. anderer Gesetze	21.12. 2008	BGBl. I S. 2940	§ 48	geänd. mWv 1.1.2009
60.	Art. 9 Abs. 5 G zur Modernisierung von Verfahren im anwaltlichen und notariellen Berufsrecht, zur Errichtung einer Schlichtungsstelle der Rechtsanwaltschaft sowie zur Änd. sonstiger Vorschriften[2)]	30.7.2009	BGBl. I S. 2449	§ 44	geänd. mWv 5.8.2009
61.	Art. 6 G zur Einführung eines Bundesfreiwilligendienstes	28.4.2011	BGBl. I S. 687	§§ 2, 2a	geänd. mWv 3.5.2011
62.	Art. 2 Zweites EBRG-ÄndG[3)]	14.6.2011	BGBl. I S. 1050	§ 82	geänd. mWv 18.6.2011
63.	Art. 6 G über den Rechtsschutz bei überlangen Gerichtsverfahren und strafrechtlichen Ermittlungsverfahren	24.11. 2011	BGBl. I S. 2302	§ 9	geänd. mWv 3.12.2011

[1)] Neubekanntmachung des ArbGG v. 3.9.1953 (BGBl. I S. 1267) in der ab 1.7.1979 geltenden Fassung.

[2)] **Amtl. Anm.:** Dieses Gesetz dient der Umsetzung der Richtlinie 2006/123/EG des Europäischen Parlaments und des Rates vom 12. Dezember 2006 über Dienstleistungen im Binnenmarkt (ABl. L 376 vom 27.12.2006, S. 36).

[3)] **Amtl. Anm.:** Dieses Gesetz dient der Umsetzung der Richtlinie 2009/38/EG des Europäischen Parlaments und des Rates vom 6. Mai 2009 über die Einsetzung eines Europäischen Betriebsrats oder die Schaffung eines Verfahrens zur Unterrichtung und Anhörung der Arbeitnehmer in gemeinschaftsweit operierenden Unternehmen und Unternehmensgruppen (ABl. L 122 vom 16.5.2009, S. 28).

Lfd. Nr.	Änderndes Gesetz	Datum	Fund-stelle	Betroffen	Hinweis
64.	Art. 4 G zur Förderung der Mediation und anderer Verfahren der außergerichtlichen Konfliktbeilegung[1]	21.7.2012	BGBl. I S. 1577	§§ 54, 55, 64, 80, 83a, 87	geänd. mWv 26.7.2012
				§ 54a	eingef. mWv 26.7.2012
65.	Art. 3 Abs. 1 G zur Umsetzung des Seearbeitsübereinkommens 2006 der Internationalen Arbeitsorganisation[2]	20.4.2013	BGBl. I S. 868	§ 101	geänd. mWv 1.8.2013
66.	Art. 18 2. KostenrechtsmodernisierungsG	23.7.2013	BGBl. I S. 2586	§§ 12, 12a	geänd. mWv 1.8.2013
67.	Art. 7 G zur Änd. des Prozesskostenhilfe- und Beratungshilferechts	31.8.2013	BGBl. I S. 3533	§ 11a	geänd. mWv 1.1.2014
68.	Art. 3 G zur Förderung des elektronischen Rechtsverkehrs mit den Gerichten	10.10. 2013	BGBl. I S. 3786	§ 46a	geänd. mWv 1.7.2014
				§§ 62, 85	geänd. mWv 1.1.2016
				§ 46e	geänd. mWv 1.1.2018
				§ 46c	neu gef. mWv 1.1.2018
				§ 46f	eingef. mWv 1.7.2014
				§ 46g	eingef. mWv 1.1.2022
69.	Art. 2 TarifautonomiestärkungsG	11.8.2014	BGBl. I S. 1348	§§ 2a, 8, 10, 97	geänd. mWv 16.8.2014
				§§ 98, 99, 112	eingef. mWv 16.8.2014
70.	Art. 2 TarifeinheitsG	3.7.2015	BGBl. I S. 1130	§§ 2a, 58	geänd. mWv 10.7.2015
				§ 100	neu gef. mWv 10.7.2015
				§ 99	eingef. mWv 10.7.2015
71.	Art. 170 Zehnte ZuständigkeitsanpassungsVO	31.8.2015	BGBl. I S. 1474	§§ 5, 7, 40, 41, 42	geänd. mWv 8.9.2015
72.	Art. 12 6. SGB IV-ÄndG	11.11. 2016	BGBl. I S. 2500	§ 77	neu gef. mWv 17.11.2016
73.	Art. 15 Abs. 5 EU-KontopfändungsVO-DurchführungsG	21.11. 2016	BGBl. I S. 2591	§ 12	geänd. mWv 1.7.2017
74.	Art. 19 Abs. 6 BundesteilhabeG	23.12. 2016	BGBl. I S. 3234	§§ 2, 2a, 10, 83	geänd. mWv 1.1.2018

[1] **Amtl. Anm.:** Dieses Gesetz dient der Umsetzung der Richtlinie 2008/52/EG des Europäischen Parlaments und des Rates vom 21. Mai 2008 über bestimmte Aspekte der Mediation in Zivil- und Handelssachen (ABl. L 136 vom 24.5.2008, S. 3).

[2] **Amtl. Anm.:** Dieses Gesetz dient der Umsetzung der Richtlinie 2009/13/EG des Rates vom 16. Februar 2009 zur Durchführung der Vereinbarung zwischen dem Verband der Reeder in der Europäischen Gemeinschaft (ECSA) und der Europäischen Transportarbeiter-Föderation (ETF) über das Seearbeitsübereinkommen 2006 und zur Änderung der Richtlinie 1999/63/EG (ABl. L 124 vom 20.5. 2009, S. 30).

Lfd. Nr.	Änderndes Gesetz	Datum	Fundstelle	Betroffen	Hinweis
75.	Art. 16, 17 G zur Einführung der elektronischen Akte in der Justiz und zur weiteren Förderung des elektronischen Rechtsverkehrs	5.7.2017	BGBl. I S. 2208	§ 46e	geänd. mWv 13.7.2017
				§§ 46a, 46d, 46e, 54, 55, 59, 81, 83a, 90, 95	geänd. mWv 1.1.2018
				§ 46e	geänd. mWv 1.1.2026
76.	Art. 11 Abs. 22 eIDAS-DurchführungsG[1) 2)]	18.7.2017	BGBl. I S. 2745	§ 46c	geänd. mWv 29.7.2017
77.	Art. 2 G zur Sicherung der tarifvertragl. Sozialkassenverfahren und zur Änd. des ArbeitsgerichtsG	1.9.2017	BGBl. I S. 3356	§ 98	geänd. mWv 8.9.2017
				§ 113	eingef. mWv 8.9.2017
78.	Art. 3, 5 Abs. 4 G über die Erweiterung der Medienöffentlichkeit in Gerichtsverfahren	8.10.2017	BGBl. I S. 3546	§ 112	geänd. mWv 19.10.2017
				§§ 52, 72	geänd. mWv 18.4.2018
79.	Art. 3 G zur Einführung einer zivilprozessualen Musterfeststellungsklage	12.7.2018	BGBl. I S. 1151	§ 46	geänd. mWv 1.11.2018
80.	Art. 5 Abs. 1 G zur Einführung einer Karte für Unionsbürger und Angehörige des Europäischen Wirtschaftsraums mit Funktion zum elektronischen Identitätsnachweis sowie zur Änd. des PersonalausweisG und weiterer Vorschriften[2) 3)]	21.6.2019	BGBl. I S. 846	§ 46f	geänd. mWv 1.11.2019
81.	Art. 4 G zur Änd. des Neunten und des Zwölften Buches Sozialgesetzbuch und anderer Rechtsvorschriften	30.11. 2019	BGBl. I S. 1948	§ 17	geänd. mWv 6.12.2019
82.	Art. 8 G zur Regelung der Wertgrenze für die Nichtzulassungsbeschwerde in Zivilsachen, zum Ausbau der Spezialisierung bei den Gerichten sowie zur Änd. weiterer prozessrechtl. Vorschr.	12.12. 2019	BGBl. I S. 2633	§ 46c	geänd. mWv 1.1.2020
83.	Art. 2 und 3 Sozialschutz-Paket II	20.5.2020	BGBl. I S. 1055	§ 114	eingef. mWv 29.5.2020
				§ 114	aufgeh. mit Ablauf des 31.12. 2020

[1)] **Amtl. Anm.:** Dieses Gesetz dient der Durchführung der Verordnung (EU) Nr. 910/2014 des Europäischen Parlaments und des Rates vom 23. Juli 2014 über elektronische Identifizierung und Vertrauensdienste für elektronische Transaktionen im Binnenmarkt und zur Aufhebung der Richtlinie 1999/93/EG.

[2)] **Amtl. Anm.:** Notifiziert gemäß der Richtlinie (EU) 2015/1535 des Europäischen Parlaments und des Rates vom 9. September 2015 über ein Informationsverfahren auf dem Gebiet der technischen Vorschriften und der Vorschriften für die Dienste der Informationsgesellschaft (ABl. L 241 vom 17.9.2015, S. 1).

[3)] Die Änd. des Inkrafttretens dieses G durch Art. 154a G v. 20.11.2019 (BGBl. I S. 1626) ist unbeachtlich, da das G bei Erlass des ÄndG bereits in Kraft getreten war.

Lfd. Nr.	Änderndes Gesetz	Datum	Fundstelle	Betroffen	Hinweis
84.	Art. 12 Siebtes G zur Änd. des Vierten Buches SGB und anderer G	12.6.2020	BGBl. I S. 1248	§ 2	geänd. mWv 24.6.2020
85.	Art. 18 G zur Neuregelung des Berufsrechts der anwaltlichen und steuerberatenden Berufsausübungsgesellschaften sowie zur Änd. weiterer Vorschriften im Bereich der rechtsberatenden Berufe	7.7.2021	BGBl. I S. 2363	§ 46c	geänd. mWv 1.8.2022
86.	Art. 7, 8, 9, 10 G zum Ausbau des elektronischen Rechtsverkehrs mit den Gerichten und zur Änd. weiterer Vorschriften[1]	5.10.2021	BGBl. I S. 4607	§§ 64, 72, 80, 87, 90, 92, 97, 98	geänd. mWv 12.10.2021
				§§ 46c, 46g, 50, 64, 72	geänd. mWv 1.1.2022
				§ 46g	geänd. mWv 1.1.2026

[1] **Amtl. Anm.:** Notifiziert gemäß der Richtlinie (EU) 2015/1535 des Europäischen Parlaments und des Rates vom 9. September 2015 über ein Informationsverfahren auf dem Gebiet der technischen Vorschriften und der Vorschriften für die Dienste der Informationsgesellschaft (ABl. L 241 vom 17.9.2015, S. 1).

613 der Zivilprozessordnung), über die Entscheidung ohne mündliche Verhandlung (§ 128 Abs. 2 der Zivilprozeßordnung) und über die Verlegung von Terminen in der Zeit vom 1. Juli bis 31. August (§ 227 Abs. 3 Satz 1 der Zivilprozeßordnung) finden keine Anwendung. [3] § 127 Abs. 2 der Zivilprozessordnung findet mit der Maßgabe Anwendung, dass die sofortige Beschwerde bei Bestandsschutzstreitigkeiten unabhängig von dem Streitwert zulässig ist.

§ 46a[1)] Mahnverfahren. (1) [1] Für das Mahnverfahren vor den Gerichten für Arbeitssachen gelten die Vorschriften der Zivilprozeßordnung über das Mahnverfahren einschließlich der maschinellen Bearbeitung entsprechend, soweit dieses Gesetz nichts anderes bestimmt. [2] § 702 Absatz 2 Satz 2 der Zivilprozessordnung[2)] ist nicht anzuwenden.

(2) [1] Zuständig für die Durchführung des Mahnverfahrens ist das Arbeitsgericht, das für die im Urteilsverfahren erhobene Klage zuständig sein würde. [2] Die Landesregierungen werden ermächtigt, einem Arbeitsgericht durch Rechtsverordnung Mahnverfahren für die Bezirke mehrerer Arbeitsgerichte zuzuweisen. [3] Die Zuweisung kann auf Mahnverfahren beschränkt werden, die maschinell bearbeitet werden. [4] Die Landesregierungen können die Ermächtigung durch Rechtsverordnung auf die jeweils zuständige oberste Landesbehörde übertragen. [5] Mehrere Länder können die Zuständigkeit eines Arbeitsgerichts über die Landesgrenzen hinaus vereinbaren.

(3) Die in den Mahnbescheid nach § 692 Abs. 1 Nr. 3 der Zivilprozeßordnung aufzunehmende Frist beträgt eine Woche.

(4) [1] Wird rechtzeitig Widerspruch erhoben und beantragt eine Partei die Durchführung der mündlichen Verhandlung, so gibt das Gericht, das den Mahnbescheid erlassen hat, den Rechtsstreit von Amts wegen an das Gericht ab, das in dem Mahnbescheid gemäß § 692 Absatz 1 Nummer 1 der Zivilprozessordnung bezeichnet worden ist. [2] Verlangen die Parteien übereinstimmend die Abgabe an ein anderes als das im Mahnbescheid bezeichnete Gericht, erfolgt die Abgabe dorthin. [3] Die Geschäftsstelle hat dem Antragsteller unverzüglich aufzugeben, seinen Anspruch binnen zwei Wochen schriftlich zu begründen. [4] Bei Eingang der Anspruchsbegründung bestimmt der Vorsitzende den Termin zur mündlichen Verhandlung. [5] Geht die Anspruchsbegründung nicht rechtzeitig ein, so wird bis zu ihrem Eingang der Termin nur auf Antrag des Antragsgegners bestimmt.

(5) Die Streitsache gilt als mit Zustellung des Mahnbescheids rechtshängig geworden, wenn alsbald nach Erhebung des Widerspruchs Termin zur mündlichen Verhandlung bestimmt wird.

(6) [1] Im Fall des Einspruchs hat das Gericht von Amts wegen zu prüfen, ob der Einspruch an sich statthaft und ob er in der gesetzlichen Form und Frist eingelegt ist. [2] Fehlt es an einem dieser Erfordernisse, so ist der Einspruch als unzulässig zu verwerfen. [3] Ist der Einspruch zulässig, hat die Geschäftsstelle dem Antragsteller

---

[1)] § 46a Abs. 4 neu gef., Abs. 6 und 7 geänd. durch G v. 17.12.1990 (BGBl. I S. 2847); Abs. 1 geänd., Abs. 7 eingef., bish. Abs. 7 wird Abs. 8 und neu gef. durch G v. 29.6.1998 (BGBl. I S. 1694); Abs. 7 und Abs. 8 Satz 1 geänd. mWv 28.11.2003 durch VO v. 25.11.2003 (BGBl. I S. 2304); Abs. 8 Sätze 1 und 2 geänd. mWv 1.4.2005 durch G v. 22.3.2005 (BGBl. I S. 837); Abs 7 und 8 Satz 1 geänd. mWv 8.11.2006 durch VO v. 31.10.2006 (BGBl. I S. 2407); Abs. 1 Satz 2 angef. mWv 31.12.2006 durch G v. 22.12.2006 (BGBl. I S. 3416); Abs. 6 neu gef. mWv 1.4.2008 durch G v. 26.3.2008 (BGBl. I S. 444); Abs. 2 Sätze 2–5 angef., Abs. 4 Satz 1 neu gef., Sätze 2 und 3 eingef., bish. Sätze 2 und 3 werden Sätze 4 und 5, Abs. 8 Satz 3 angef. mWv 1.7.2014 durch G v. 10.10.2013 (BGBl. I S. 3786); Abs. 1 Satz 2 geänd. mWv 1.1.2018 durch G v. 5.7.2017 (BGBl. I S. 2208).

[2)] Nr. **100**.

unverzüglich aufzugeben, seinen Anspruch binnen zwei Wochen schriftlich zu begründen. [4]Nach Ablauf der Begründungsfrist bestimmt der Vorsitzende unverzüglich Termin zur mündlichen Verhandlung.

(7) Das Bundesministerium für Arbeit und Soziales wird ermächtigt, durch Rechtsverordnung mit Zustimmung des Bundesrates den Verfahrensablauf zu regeln, soweit dies für eine einheitliche maschinelle Bearbeitung der Mahnverfahren erforderlich ist (Verfahrensablaufplan).

(8) [1]Das Bundesministerium für Arbeit und Soziales wird ermächtigt, durch Rechtsverordnung mit Zustimmung des Bundesrates zur Vereinfachung des Mahnverfahrens und zum Schutze der in Anspruch genommenen Partei Formulare einzuführen[1)]. [2]Dabei können für Mahnverfahren bei Gerichten, die die Verfahren maschinell bearbeiten, und für Mahnverfahren bei Gerichten, die die Verfahren nicht maschinell bearbeiten, unterschiedliche Formulare eingeführt werden. [3]Die Rechtsverordnung kann ein elektronisches Formular vorsehen; § 130c Satz 2 bis 4 der Zivilprozessordnung gilt entsprechend.

§ 46b[2)] Europäisches Mahnverfahren nach der Verordnung (EG) Nr. 1896/2006[3)]. (1) Für das Europäische Mahnverfahren nach der Verordnung (EG) Nr. 1896/2006 des Europäischen Parlaments und des Rates vom 12. Dezember 2006 zur Einführung eines Europäischen Mahnverfahrens (ABl. EU Nr. L 399 S. 1) gelten die Vorschriften des Abschnitts 5 des Buchs 11 der Zivilprozessordnung[4)] entsprechend, soweit dieses Gesetz nichts anderes bestimmt.

(2) Für die Bearbeitung von Anträgen auf Erlass und Überprüfung sowie die Vollstreckbarerklärung eines Europäischen Zahlungsbefehls nach der Verordnung (EG) Nr. 1896/2006 ist das Arbeitsgericht zuständig, das für die im Urteilsverfahren erhobene Klage zuständig sein würde.

(3) [1]Im Fall des Artikels 17 Abs. 1 der Verordnung (EG) Nr. 1896/2006 ist § 46a Abs. 4 und 5 entsprechend anzuwenden. [2]Der Antrag auf Durchführung der mündlichen Verhandlung gilt als vom Antragsteller gestellt.

§ 46c[5)] Elektronisches Dokument; Verordnungsermächtigung.

(1) Vorbereitende Schriftsätze und deren Anlagen, schriftlich einzureichende Anträge und Erklärungen der Parteien sowie schriftlich einzureichende Auskünfte, Aussagen, Gutachten, Übersetzungen und Erklärungen Dritter können nach Maßgabe der folgenden Absätze als elektronische Dokumente bei Gericht eingereicht werden.

(2) [1]Das elektronische Dokument muss für die Bearbeitung durch das Gericht geeignet sein. [2]Die Bundesregierung bestimmt durch Rechtsverordnung mit Zustimmung des Bundesrates technische Rahmenbedingungen für die Übermittlung und die Eignung zur Bearbeitung durch das Gericht.

[1)] VO zur Einführung von Vordrucken für das arbeitsgerichtliche Mahnverfahren v. 15.12.1977 (BGBl. I S. 2625), zuletzt geänd. durch VO v. 25.5.2022 (BGBl. I S. 823).

[2)] § 46b eingef. mWv 12.12.2008 durch G v. 30.10.2008 (BGBl. I S. 2122).

[3)] **Habersack, Deutsche Gesetze ErgBd. Nr. 103g.**

[4)] Nr. **100.**

[5)] § 46c neu gef. mWv 1.1.2018 durch G v. 10.10.2013 (BGBl. I S. 3786); Abs. 1 geänd., Abs. 3 Satz 2 angef. mWv 1.1.2020 durch G v. 12.12.2019 (BGBl. I S. 2633); Abs. 4 Nr. 2 neu gef. mWv 1.8.2022 durch G v. 7.7.2021 (BGBl. I S. 2363); Überschrift geänd., Abs. 2 Satz 2 neu gef., Abs. 4 Nr. 3 geänd., Nrn. 4 und 5 eingef., bish. Nr. 4 wird Nr. 6, Satz 2 angef., Abs. 6 Satz 1 geänd. mWv 1.1.2022 durch G v. 5.10.2021 (BGBl. I S. 4607).

(3) [1] Das elektronische Dokument muss mit einer qualifizierten elektronischen Signatur der verantwortenden Person versehen sein oder von der verantwortenden Person signiert und auf einem sicheren Übermittlungsweg eingereicht werden. [2] Satz 1 gilt nicht für Anlagen, die vorbereitenden Schriftsätzen beigefügt sind.

(4) [1] Sichere Übermittlungswege sind

1. der Postfach- und Versanddienst eines De-Mail-Kontos, wenn der Absender bei Versand der Nachricht sicher im Sinne des § 4 Absatz 1 Satz 2 des De-Mail-Gesetzes angemeldet ist und er sich die sichere Anmeldung gemäß § 5 Absatz 5 des De-Mail-Gesetzes bestätigen lässt,
2. der Übermittlungsweg zwischen den besonderen elektronischen Anwaltspostfächern nach den §§ 31a und 31b der Bundesrechtsanwaltsordnung[1)] oder einem entsprechenden, auf gesetzlicher Grundlage errichteten elektronischen Postfach und der elektronischen Poststelle des Gerichts,
3. der Übermittlungsweg zwischen einem nach Durchführung eines Identifizierungsverfahrens eingerichteten Postfach einer Behörde oder einer juristischen Person des öffentlichen Rechts und der elektronischen Poststelle des Gerichts,
4. der Übermittlungsweg zwischen einem nach Durchführung eines Identifizierungsverfahrens eingerichteten elektronischen Postfach einer natürlichen oder juristischen Person oder einer sonstigen Vereinigung und der elektronischen Poststelle des Gerichts,
5. der Übermittlungsweg zwischen einem nach Durchführung eines Identifizierungsverfahrens genutzten Postfach- und Versanddienst eines Nutzerkontos im Sinne des § 2 Absatz 5 des Onlinezugangsgesetzes und der elektronischen Poststelle des Gerichts,
6. sonstige bundeseinheitliche Übermittlungswege, die durch Rechtsverordnung der Bundesregierung mit Zustimmung des Bundesrates festgelegt werden, bei denen die Authentizität und Integrität der Daten sowie die Barrierefreiheit gewährleistet sind.

[2] Das Nähere zu den Übermittlungswegen gemäß Satz 1 Nummer 3 bis 5 regelt die Rechtsverordnung nach Absatz 2 Satz 2.

(5) [1] Ein elektronisches Dokument ist eingegangen, sobald es auf der für den Empfang bestimmten Einrichtung des Gerichts gespeichert ist. [2] Dem Absender ist eine automatisierte Bestätigung über den Zeitpunkt des Eingangs zu erteilen.

(6) [1] Ist ein elektronisches Dokument für das Gericht zur Bearbeitung nicht geeignet, ist dies dem Absender unter Hinweis auf die Unwirksamkeit des Eingangs unverzüglich mitzuteilen. [2] Das Dokument gilt als zum Zeitpunkt der früheren Einreichung eingegangen, sofern der Absender es unverzüglich in einer für das Gericht zur Bearbeitung geeigneten Form nachreicht und glaubhaft macht, dass es mit dem zuerst eingereichten Dokument inhaltlich übereinstimmt.

§ 46d[2)] Gerichtliches elektronisches Dokument. [1] Soweit dieses Gesetz dem Richter, dem Rechtspfleger, dem Urkundsbeamten der Geschäftsstelle oder dem Gerichtsvollzieher die handschriftliche Unterzeichnung vorschreibt, genügt dieser Form die Aufzeichnung als elektronisches Dokument, wenn die verantwortenden Personen am Ende des Dokuments ihren Namen hinzufügen und das Dokument

---

[1)] **Habersack, Deutsche Gesetze ErgBd. Nr. 98.**

[2)] Früherer § 46c neu gef. mWv 1.4.2008 durch G v. 26.3.2008 (BGBl. I S. 444); bish. § 46c wird § 46d mWv 12.12.2008 durch G v. 30.10.2008 (BGBl. I S. 2122); Satz 2 angef. mWv 1.1.2018 durch G v. 5.7.2017 (BGBl. I S. 2208).

mit einer qualifizierten elektronischen Signatur versehen. [2]Der in Satz 1 genannten Form genügt auch ein elektronisches Dokument, in welches das handschriftlich unterzeichnete Schriftstück gemäß § 46e Absatz 2 übertragen worden ist.

§ 46e[1)] Elektronische Akte; Verordnungsermächtigung.

[Abs. 1 bis 31.12.2025:]

(1) [1]Die Prozessakten können elektronisch geführt werden. [2]Die Bundesregierung und die Landesregierungen bestimmen für ihren Bereich durch Rechtsverordnung den Zeitpunkt, von dem an elektronische Akten geführt werden sowie die hierfür geltenden organisatorisch-technischen Rahmenbedingungen für die Bildung, Führung und Aufbewahrung der elektronischen Akten. [3]Die Landesregierungen können die Ermächtigung durch Rechtsverordnung auf die jeweils zuständige oberste Landesbehörde übertragen. [4]Die Zulassung der elektronischen Akte kann auf einzelne Gerichte oder Verfahren beschränkt werden; wird von dieser Möglichkeit Gebrauch gemacht, kann in der Rechtsverordnung bestimmt werden, dass durch Verwaltungsvorschrift, die öffentlich bekanntzumachen ist, geregelt wird, in welchen Verfahren die Akten elektronisch zu führen sind.

(1a) ***[ab 1.1.2026:** (1)]* [1]Die Prozessakten werden ***[bis 31.12.2025:** ab dem 1. Januar 2026]* elektronisch geführt. [2]Die Bundesregierung und die Landesregierungen bestimmen jeweils für ihren Bereich durch Rechtsverordnung die organisatorischen und dem Stand der Technik entsprechenden technischen Rahmenbedingungen für die Bildung, Führung und Aufbewahrung der elektronischen Akten einschließlich der einzuhaltenden Anforderungen der Barrierefreiheit. [3]Die Bundesregierung und die Landesregierungen können jeweils für ihren Bereich durch Rechtsverordnung bestimmen, dass Akten, die in Papierform angelegt wurden, in Papierform weitergeführt werden. [4]Die Landesregierungen können die Ermächtigungen nach den Sätzen 2 und 3 durch Rechtsverordnung auf die für die Arbeitsgerichtsbarkeit zuständigen obersten Landesbehörden übertragen. [5]Die Rechtsverordnungen der Bundesregierung bedürfen nicht der Zustimmung des Bundesrates.

(2) [1]Werden die Prozessakten elektronisch geführt, sind in Papierform vorliegende Schriftstücke und sonstige Unterlagen nach dem Stand der Technik zur Ersetzung der Urschrift in ein elektronisches Dokument zu übertragen. [2]Es ist sicherzustellen, dass das elektronische Dokument mit den vorliegenden Schriftstücken und sonstigen Unterlagen bildlich und inhaltlich übereinstimmt. [3]Das elektronische Dokument ist mit einem Übertragungsnachweis zu versehen, der das bei der Übertragung angewandte Verfahren und die bildliche und inhaltliche Übereinstimmung dokumentiert. [4]Wird ein von den verantwortenden Personen handschriftlich unterzeichnetes gerichtliches Schriftstück übertragen, ist der Übertragungsnachweis mit einer qualifizierten elektronischen Signatur des Urkundsbeamten der Geschäftsstelle zu versehen. [5]Die in Papierform vorliegenden Schriftstücke und sonstigen Unterlagen können sechs Monate nach der Übertragung vernichtet werden, sofern sie nicht rückgabepflichtig sind.

[1)] Früherer § 46d eingef. mWv 1.4.2005 durch G v. 22.3.2005 (BGBl. I S. 837); Abs. 1 Satz 2, Abs. 2 Satz 2 geänd. mWv 1.4.2008 durch G v. 26.3.2008 (BGBl. I S. 444); bish. § 46d wird § 46e mWv 12.12.2008 durch G v. 30.10.2008 (BGBl. I S. 2122); Abs. 2 neu gef., Abs. 3 aufgeh. mWv 1.1.2018 durch G v. 10.10.2013 (BGBl. I S. 3786); Überschrift neu gef., Abs. 1 Satz 4 geänd. mWv 13.7.2017, Abs. 1a eingef, Abs. 2 neu gef. mWv 1.1.2018; Abs. 1 aufgeh., bish. Abs. 1a wird Abs. 1 und Satz 1 geänd. **mWv 1.1.2026** durch G v. 5.7.2017 (BGBl. I S. 2208).

Lfd. Nr.	Änderndes Gesetz	Datum	Fundstelle	Betroffen	Hinweis
133.	Art. 1 G zur Änd. des StGB – Strafbarkeit des Betreibens krimineller Handelsplattformen im Internet[1]	12.8.2021	BGBl. I S. 3544	Inhaltsübersicht, §§ 5, 128, 129 § 127	geänd. mWv 1.10.2021 eingef. mWv 1.10.2021
134.	Art. 1 G zur Änd. des StGB – Verbesserung des strafrechtlichen Schutzes gegen sogenannte Feindeslisten, Strafbarkeit der Verbreitung und des Besitzes von Anleitungen zu sexuellem Missbrauch von Kindern und Verbesserung der Bekämpfung verhetzender Inhalte sowie Bekämpfung von Propagandamitteln und Kennzeichen verfassungswidriger und terroristischer Organisationen	14.9.2021	BGBl. I S. 4250	Inhaltsübersicht, §§ 5, 86, 86a, 89, 130, 130a, 193, 194, 201a §§ 126a, 176e, 192a	geänd. mWv 22.9.2021 eingef. mWv 22.9.2021
135.	Art. 3 G zur Verbesserung der Transparenzregeln für die Mitglieder des Deutschen Bundestages und zur Anhebung des Strafrahmens des § 108e des StGB	8.10.2021	BGBl. I S. 4650	§ 108e	geänd. mWv 19.10.2021
136.	Art. 2 G zur Änd. des InfektionsschutzG und weiterer Gesetze anlässlich der Aufhebung der Feststellung der epidemischen Lage von nationaler Tragweite	22.11. 2021	BGBl. I S. 4906	Inhaltsübersicht, §§ 275, 281 §§ 277, 278, 279	geänd. mWv 24.11.2021 neu gef. mWv 24.11.2021
137.	Art. 1 G zur Änd. des StGB – Aufhebung des Verbots der Werbung für den Schwangerschaftsabbruch (§ 219a StGB), zur Änd. des HeilmittelwerbeG, zur Änd. des SchwangerschaftskonfliktG, zur Änd. des EinführungsG zum StGB und zur Änd. des G zur strafrechtlichen Rehabilitierung der nach dem 8. Mai 1945 wegen einvernehmlicher homosexueller Handlungen verurteilten Personen	11.7.2022	BGBl. I S. 1082	Inhaltsübersicht, § 218b § 219a	geänd. mWv 19.7.2022 aufgeh. mit Ablauf des 18.7. 2022

[1] **Amtl. Anm.:** Notifiziert gemäß der Richtlinie (EU) 2015/1535 des Europäischen Parlaments und des Rates vom 9. September 2015 über ein Informationsverfahren auf dem Gebiet der technischen Vorschriften und der Vorschriften für die Dienste der Informationsgesellschaft (ABl. L 241 vom 17.9.2015, S. 1).

Inhaltsübersicht[1)]

Allgemeiner Teil

Erster Abschnitt. Das Strafgesetz

Erster Titel. Geltungsbereich

Zweiter Titel. Sprachgebrauch

Zweiter Abschnitt. Die Tat

Erster Titel. Grundlagen der Strafbarkeit

Zweiter Titel. Versuch

[1)] Inhaltsübersicht geänd. mWv 21.4.2001 durch G v. 12.4.2001 (BGBl. I S. 530); mWv 1.1.2002 durch G v. 20.12.2001 (BGBl. I S. 3983); mWv 30.6.2002 durch G v. 26.6.2002 (BGBl. I S. 2254); mWv 28.8. 2002 durch G v. 21.8.2002 (BGBl. I S. 3344); mWv 30.8.2002 durch G v. 22.8.2002 (BGBl. I S. 3390); mWv 28.12.2003 durch G v. 22.12.2003 (BGBl. I S. 2838); mWv 1.4.2004 durch G v. 27.12.2003 (BGBl. I S. 3007); mWv 29.7.2004 durch G v. 23.7.2004 (BGBl. I S. 1838); mWv 6.8.2004 durch G v. 30.7.2004 (BGBl. I S. 2012); mWv 19.2.2005 durch G v. 11.2.2005 (BGBl. I S. 239); mWv 25.4.2006 durch G v. 19.4.2006 (BGBl. I S. 866); mWv 31.3.2007 durch G v. 22.3.2007 (BGBl. I S. 354); mWv 18.4.2007 durch G v. 13.4.2007 (BGBl. I S. 513); mWv 11.8.2007 durch G v. 7.8.2007 (BGBl. I S. 1786); mWv 5.11.2008 durch G v. 31.10.2008 (BGBl. I S. 2149); mWv 1.9.2009 durch G v. 29.7.2009 (BGBl. I S. 2288); mWv 4.8.2009 durch G v. 30.7.2009 (BGBl. I S. 2437); mWv 1.1.2011 durch G v. 22.12.2010 (BGBl. I S. 2300); mWv 1.7.2011 durch G v. 23.6.2011 (BGBl. I S. 1266); mWv 14.12.2011 durch G v. 6.12.2011 (BGBl. I S. 2557); mWv 1.6.2013 durch G v. 5.12.2012 (BGBl. I S. 2425); mWv 28.9.2013 durch G v. 24.9.2013 (BGBl. I S. 3671); mWv 1.9.2014 durch G v. 23.4.2014 (BGBl. I S. 410); mWv 27.1.2015 durch G v. 21.1.2015 (BGBl. I S. 10); mWv 20.6.2015 durch G v. 12.6.2015 (BGBl. I S. 926); mWv 26.11.2015 durch G v. 20.11.2015 (BGBl. I S. 2010); mWv 26.11.2015 durch G v. 20.11.2015 (BGBl. I S. 2025); mWv 10.12.2015 durch G v. 3.12.2015 (BGBl. I S. 2177); mWv 18.12.2015 durch G v. 10.12.2015 (BGBl. I S. 2218); mWv 4.6.2016 durch G v. 30.5.2016 (BGBl. I S. 1254); mWv 15.10. 2016 durch G v. 11.10.2016 (BGBl. I S. 2226); mWv 10.11.2016 durch G v. 4.11.2016 (BGBl. I S. 2460); mWv 1.1.2017 durch G v. 22.12.2016 (BGBl. I S. 3150); mWv 19.4.2017 durch G v. 11.4.2017 (BGBl. I S. 815); mWv 1.7.2017 durch G v. 13.4.2017 (BGBl. I S. 872); mWv 30.5.2017 durch G v. 23.5.2017 (BGBl. I S. 1226); mWv 1.1.2018 durch G v. 17.7.2017 (BGBl. I S. 2439); mWv 13.10.2017 durch G v. 30.9.2017 (BGBl. I S. 3532); mWv 24.6.2020 durch G v. 12.6.2020 (BGBl. I S. 1247); mWv 1.1.2021 durch G v. 9.10.2020 (BGBl. I S. 2075); mWv 1.1.2021 durch G v. 30.11.2020 (BGBl. I S. 2600); mWv 18.3.2021 durch G v. 9.3.2021 (BGBl. I S. 327); mWv 18.3.2021 durch G v. 10.3.2021 (BGBl. I S. 333); mWv 3.4.2021 durch G v. 30.3.2021 (BGBl. I S. 441, geänd. durch G v. 30.3.2021, BGBl. I S. 448); mWv 1.7.2021 durch G v. 16.6.2021 (BGBl. I S. 1810); mWv 1.10.2021 durch G v. 12.8.2021 (BGBl. I S. 3544); mWv 22.9.2021 durch G v. 14.9.2021 (BGBl. I S. 4250); mWv 24.11.2021 durch G v. 22.11. 2021 (BGBl. I S. 4906); mWv 19.7.2022 durch G v. 11.7.2022 (BGBl. I S. 1082).

5. eine befugt hergestellte Bildaufnahme der in den Nummern 1 bis 3 bezeichneten Art wissentlich unbefugt einer dritten Person zugänglich macht und in den Fällen der Nummern 1 und 2 dadurch den höchstpersönlichen Lebensbereich der abgebildeten Person verletzt.

(2) [1] Ebenso wird bestraft, wer unbefugt von einer anderen Person eine Bildaufnahme, die geeignet ist, dem Ansehen der abgebildeten Person erheblich zu schaden, einer dritten Person zugänglich macht. [2] Dies gilt unter den gleichen Voraussetzungen auch für eine Bildaufnahme von einer verstorbenen Person.

(3) Mit Freiheitsstrafe bis zu zwei Jahren oder mit Geldstrafe wird bestraft, wer eine Bildaufnahme, die die Nacktheit einer anderen Person unter achtzehn Jahren zum Gegenstand hat,

1. herstellt oder anbietet, um sie einer dritten Person gegen Entgelt zu verschaffen, oder
2. sich oder einer dritten Person gegen Entgelt verschafft.

(4) Absatz 1 Nummer 2 und 3, auch in Verbindung mit Absatz 1 Nummer 4 oder 5, Absatz 2 und 3 gelten nicht für Handlungen, die in Wahrnehmung überwiegender berechtigter Interessen erfolgen, namentlich der Kunst oder der Wissenschaft, der Forschung oder der Lehre, der Berichterstattung über Vorgänge des Zeitgeschehens oder der Geschichte oder ähnlichen Zwecken dienen.

(5) [1] Die Bildträger sowie Bildaufnahmegeräte oder andere technische Mittel, die der Täter oder Teilnehmer verwendet hat, können eingezogen werden. [2] § 74a ist anzuwenden.

§ 202 Verletzung des Briefgeheimnisses. (1) Wer unbefugt

1. einen verschlossenen Brief oder ein anderes verschlossenes Schriftstück, die nicht zu seiner Kenntnis bestimmt sind, öffnet oder
2. sich vom Inhalt eines solchen Schriftstücks ohne Öffnung des Verschlusses unter Anwendung technischer Mittel Kenntnis verschafft,

wird mit Freiheitsstrafe bis zu einem Jahr oder mit Geldstrafe bestraft, wenn die Tat nicht in § 206 mit Strafe bedroht ist.

(2) Ebenso wird bestraft, wer sich unbefugt vom Inhalt eines Schriftstücks, das nicht zu seiner Kenntnis bestimmt und durch ein verschlossenes Behältnis gegen Kenntnisnahme besonders gesichert ist, Kenntnis verschafft, nachdem er dazu das Behältnis geöffnet hat.

(3) Einem Schriftstück im Sinne der Absätze 1 und 2 steht eine Abbildung gleich.

§ 202a[1] Ausspähen von Daten. (1) Wer unbefugt sich oder einem anderen Zugang zu Daten, die nicht für ihn bestimmt und die gegen unberechtigten Zugang besonders gesichert sind, unter Überwindung der Zugangssicherung verschafft, wird mit Freiheitsstrafe bis zu drei Jahren oder mit Geldstrafe bestraft.

(2) Daten im Sinne des Absatzes 1 sind nur solche, die elektronisch, magnetisch oder sonst nicht unmittelbar wahrnehmbar gespeichert sind oder übermittelt werden.

---

[1] § 202a Abs. 1 neu gef. mWv 11.8.2007 durch G v. 7.8.2007 (BGBl. I S. 1786).

§ 202b[1] **Abfangen von Daten.** Wer unbefugt sich oder einem anderen unter Anwendung von technischen Mitteln nicht für ihn bestimmte Daten (§ 202a Abs. 2) aus einer nichtöffentlichen Datenübermittlung oder aus der elektromagnetischen Abstrahlung einer Datenverarbeitungsanlage verschafft, wird mit Freiheitsstrafe bis zu zwei Jahren oder mit Geldstrafe bestraft, wenn die Tat nicht in anderen Vorschriften mit schwererer Strafe bedroht ist.

§ 202c[2] **Vorbereiten des Ausspähens und Abfangens von Daten.**

(1) Wer eine Straftat nach § 202a oder § 202b vorbereitet, indem er

1. Passwörter oder sonstige Sicherungscodes, die den Zugang zu Daten (§ 202a Abs. 2) ermöglichen, oder
2. Computerprogramme, deren Zweck die Begehung einer solchen Tat ist,

herstellt, sich oder einem anderen verschafft, verkauft, einem anderen überlässt, verbreitet oder sonst zugänglich macht, wird mit Freiheitsstrafe bis zu zwei Jahren oder mit Geldstrafe bestraft.

(2) § 149 Abs. 2 und 3 gilt entsprechend.

§ 202d[3] **Datenhehlerei.** (1) Wer Daten (§ 202a Absatz 2), die nicht allgemein zugänglich sind und die ein anderer durch eine rechtswidrige Tat erlangt hat, sich oder einem anderen verschafft, einem anderen überlässt, verbreitet oder sonst zugänglich macht, um sich oder einen Dritten zu bereichern oder einen anderen zu schädigen, wird mit Freiheitsstrafe bis zu drei Jahren oder mit Geldstrafe bestraft.

(2) Die Strafe darf nicht schwerer sein als die für die Vortat angedrohte Strafe.

(3) [1] Absatz 1 gilt nicht für Handlungen, die ausschließlich der Erfüllung rechtmäßiger dienstlicher oder beruflicher Pflichten dienen. [2] Dazu gehören insbesondere

1. solche Handlungen von Amtsträgern oder deren Beauftragten, mit denen Daten ausschließlich der Verwertung in einem Besteuerungsverfahren, einem Strafverfahren oder einem Ordnungswidrigkeitenverfahren zugeführt werden sollen, sowie
2. solche beruflichen Handlungen der in § 53 Absatz 1 Satz 1 Nummer 5 der Strafprozessordnung[4] genannten Personen, mit denen Daten entgegengenommen, ausgewertet oder veröffentlicht werden.

§ 203[5] **Verletzung von Privatgeheimnissen.** (1) Wer unbefugt ein fremdes Geheimnis, namentlich ein zum persönlichen Lebensbereich gehörendes Geheimnis oder ein Betriebs- oder Geschäftsgeheimnis, offenbart, das ihm als

---

[1] § 202b eingef. mWv 11.8.2007 durch G v. 7.8.2007 (BGBl. I S. 1786).

[2] § 202c eingef. mWv 11.8.2007 durch G v. 7.8.2007 (BGBl. I S. 1786); Abs. 1 abschl. Satzteil geänd. mWv 26.11.2015 durch G v. 20.11.2015 (BGBl. I S. 2025).

[3] § 202d eingef. mWv 18.12.2015 durch G v. 10.12.2015 (BGBl. I S. 2218).

[4] Nr. **90**.

[5] § 203 Abs. 2 Satz 1 Nr. 4 und 5 geänd., Nr. 6 angef. mWv 1.11.2000 durch G v. 2.8.2000 (BGBl. I S. 1253); Abs. 2a eingef. mWv 26.8.2006 durch G v. 22.8.2006 (BGBl. I S. 1970); Abs. 1 Nr. 6 geänd. mWv 1.7.2008 durch G v. 12.12.2007 (BGBl. I S. 2840); Abs. 1 Nr. 6 geänd. mWv 12.4.2008 durch G v. 8.4.2008 (BGBl. I S. 666); Abs. 1 bish. Nr. 4a–6 werden Nr. 5–7, Abs. 2a aufgeh., Abs. 3 neu gef., Abs. 4 eingef., bish. Abs. 4 wird Abs. 5 und geänd., bish. Abs. 5 wird Abs. 6 mWv 9.11.2017 durch G v. 30.10. 2017 (BGBl. I S. 3618); Abs. 4 Satz 1 geänd. mWv 26.11.2019 durch G v. 20.11.2019 (BGBl. I S. 1626); Abs. 2 Satz 1 Nr. 1 geänd. mWv 17.7.2020 durch G v. 10.7.2020 (BGBl. I S. 1648); Abs. 1 Nr. 3 neu gef., Nr. 3a eingef. mWv 1.8.2022 durch G v. 7.7.2021 (BGBl. I S. 2363).

1. Arzt, Zahnarzt, Tierarzt, Apotheker oder Angehörigen eines anderen Heilberufs, der für die Berufsausübung oder die Führung der Berufsbezeichnung eine staatlich geregelte Ausbildung erfordert,
2. Berufspsychologen mit staatlich anerkannter wissenschaftlicher Abschlußprüfung,
3. Rechtsanwalt, Kammerrechtsbeistand, Patentanwalt, Notar, Verteidiger in einem gesetzlich geordneten Verfahren, Wirtschaftsprüfer, vereidigtem Buchprüfer, Steuerberater, Steuerbevollmächtigten,

3a. Organ oder Mitglied eines Organs einer Wirtschaftsprüfungs-, Buchprüfungs- oder einer Berufsausübungsgesellschaft von Steuerberatern und Steuerbevollmächtigten, einer Berufsausübungsgesellschaft von Rechtsanwälten oder europäischen niedergelassenen Rechtsanwälten oder einer Berufsausübungsgesellschaft von Patentanwälten oder niedergelassenen europäischen Patentanwälten im Zusammenhang mit der Beratung und Vertretung der Wirtschaftsprüfungs-, Buchprüfungs- oder Berufsausübungsgesellschaft im Bereich der Wirtschaftsprüfung, Buchprüfung oder Hilfeleistung in Steuersachen oder ihrer rechtsanwaltlichen oder patentanwaltlichen Tätigkeit,

4. Ehe-, Familien-, Erziehungs- oder Jugendberater sowie Berater für Suchtfragen in einer Beratungsstelle, die von einer Behörde oder Körperschaft, Anstalt oder Stiftung des öffentlichen Rechts anerkannt ist,
5. Mitglied oder Beauftragten einer anerkannten Beratungsstelle nach den §§ 3 und 8 des Schwangerschaftskonfliktgesetzes[1],
6. staatlich anerkanntem Sozialarbeiter oder staatlich anerkanntem Sozialpädagogen oder
7. Angehörigen eines Unternehmens der privaten Kranken-, Unfall- oder Lebensversicherung oder einer privatärztlichen, steuerberaterlichen oder anwaltlichen Verrechnungsstelle

anvertraut worden oder sonst bekanntgeworden ist, wird mit Freiheitsstrafe bis zu einem Jahr oder mit Geldstrafe bestraft.

(2) [1] Ebenso wird bestraft, wer unbefugt ein fremdes Geheimnis, namentlich ein zum persönlichen Lebensbereich gehörendes Geheimnis oder ein Betriebs- oder Geschäftsgeheimnis, offenbart, das ihm als

1. Amtsträger oder Europäischer Amtsträger,
2. für den öffentlichen Dienst besonders Verpflichteten,
3. Person, die Aufgaben oder Befugnisse nach dem Personalvertretungsrecht wahrnimmt,
4. Mitglied eines für ein Gesetzgebungsorgan des Bundes oder eines Landes tätigen Untersuchungsausschusses, sonstigen Ausschusses oder Rates, das nicht selbst Mitglied des Gesetzgebungsorgans ist, oder als Hilfskraft eines solchen Ausschusses oder Rates,
5. öffentlich bestelltem Sachverständigen, der auf die gewissenhafte Erfüllung seiner Obliegenheiten auf Grund eines Gesetzes förmlich verpflichtet worden ist, oder
6. Person, die auf die gewissenhafte Erfüllung ihrer Geheimhaltungspflicht bei der Durchführung wissenschaftlicher Forschungsvorhaben auf Grund eines Gesetzes förmlich verpflichtet worden ist,

---

[1] **Habersack, Deutsche Gesetze ErgBd. Nr. 85e.**

anvertraut worden oder sonst bekanntgeworden ist. [2] Einem Geheimnis im Sinne des Satzes 1 stehen Einzelangaben über persönliche oder sachliche Verhältnisse eines anderen gleich, die für Aufgaben der öffentlichen Verwaltung erfaßt worden sind; Satz 1 ist jedoch nicht anzuwenden, soweit solche Einzelangaben anderen Behörden oder sonstigen Stellen für Aufgaben der öffentlichen Verwaltung bekanntgegeben werden und das Gesetz dies nicht untersagt.

(3) [1] Kein Offenbaren im Sinne dieser Vorschrift liegt vor, wenn die in den Absätzen 1 und 2 genannten Personen Geheimnisse den bei ihnen berufsmäßig tätigen Gehilfen oder den bei ihnen zur Vorbereitung auf den Beruf tätigen Personen zugänglich machen. [2] Die in den Absätzen 1 und 2 Genannten dürfen fremde Geheimnisse gegenüber sonstigen Personen offenbaren, die an ihrer beruflichen oder dienstlichen Tätigkeit mitwirken, soweit dies für die Inanspruchnahme der Tätigkeit der sonstigen mitwirkenden Personen erforderlich ist; das Gleiche gilt für sonstige mitwirkende Personen, wenn diese sich weiterer Personen bedienen, die an der beruflichen oder dienstlichen Tätigkeit der in den Absätzen 1 und 2 Genannten mitwirken.

(4) [1] Mit Freiheitsstrafe bis zu einem Jahr oder mit Geldstrafe wird bestraft, wer unbefugt ein fremdes Geheimnis offenbart, das ihm bei der Ausübung oder bei Gelegenheit seiner Tätigkeit als mitwirkende Person oder als bei den in den Absätzen 1 und 2 genannten Personen tätiger Datenschutzbeauftragter bekannt geworden ist. [2] Ebenso wird bestraft, wer

1. als in den Absätzen 1 und 2 genannte Person nicht dafür Sorge getragen hat, dass eine sonstige mitwirkende Person, die unbefugt ein fremdes, ihr bei der Ausübung oder bei Gelegenheit ihrer Tätigkeit bekannt gewordenes Geheimnis offenbart, zur Geheimhaltung verpflichtet wurde; dies gilt nicht für sonstige mitwirkende Personen, die selbst eine in den Absätzen 1 oder 2 genannte Person sind,
2. als im Absatz 3 genannte mitwirkende Person sich einer weiteren mitwirkenden Person, die unbefugt ein fremdes, ihr bei der Ausübung oder bei Gelegenheit ihrer Tätigkeit bekannt gewordenes Geheimnis offenbart, bedient und nicht dafür Sorge getragen hat, dass diese zur Geheimhaltung verpflichtet wurde; dies gilt nicht für sonstige mitwirkende Personen, die selbst eine in den Absätzen 1 oder 2 genannte Person sind, oder
3. nach dem Tod der nach Satz 1 oder nach den Absätzen 1 oder 2 verpflichteten Person ein fremdes Geheimnis unbefugt offenbart, das er von dem Verstorbenen erfahren oder aus dessen Nachlass erlangt hat.

(5) Die Absätze 1 bis 4 sind auch anzuwenden, wenn der Täter das fremde Geheimnis nach dem Tod des Betroffenen unbefugt offenbart.

(6) Handelt der Täter gegen Entgelt oder in der Absicht, sich oder einen anderen zu bereichern oder einen anderen zu schädigen, so ist die Strafe Freiheitsstrafe bis zu zwei Jahren oder Geldstrafe.

§ 204[1)] Verwertung fremder Geheimnisse. (1) Wer unbefugt ein fremdes Geheimnis, namentlich ein Betriebs- oder Geschäftsgeheimnis, zu dessen Geheimhaltung er nach § 203 verpflichtet ist, verwertet, wird mit Freiheitsstrafe bis zu zwei Jahren oder mit Geldstrafe bestraft.

(2) § 203 Absatz 5 gilt entsprechend.

[1)] § 204 Abs. 2 geänd. mWv 9.11.2017 durch G v. 30.10.2017 (BGBl. I S. 3618).

§ 205[1] **Strafantrag.** (1) [1] In den Fällen des § 201 Abs. 1 und 2 und der §§ 202, 203 und 204 wird die Tat nur auf Antrag verfolgt. [2] Dies gilt auch in den Fällen der §§ 201a, 202a, 202b und 202d, es sei denn, dass die Strafverfolgungsbehörde wegen des besonderen öffentlichen Interesses an der Strafverfolgung ein Einschreiten von Amts wegen für geboten hält.

(2) [1] Stirbt der Verletzte, so geht das Antragsrecht nach § 77 Abs. 2 auf die Angehörigen über; dies gilt nicht in den Fällen der §§ 202a, 202b und 202d. [2] Gehört das Geheimnis nicht zum persönlichen Lebensbereich des Verletzten, so geht das Antragsrecht bei Straftaten nach den §§ 203 und 204 auf die Erben über. [3] Offenbart oder verwertet der Täter in den Fällen der §§ 203 und 204 das Geheimnis nach dem Tod des Betroffenen, so gelten die Sätze 1 und 2 sinngemäß. [4] In den Fällen des § 201a Absatz 1 Nummer 3 und Absatz 2 Satz 2 steht das Antragsrecht den in § 77 Absatz 2 bezeichneten Angehörigen zu.

§ 206 Verletzung des Post- oder Fernmeldegeheimnisses. (1) Wer unbefugt einer anderen Person eine Mitteilung über Tatsachen macht, die dem Post- oder Fernmeldegeheimnis unterliegen und die ihm als Inhaber oder Beschäftigtem eines Unternehmens bekanntgeworden sind, das geschäftsmäßig Post- oder Telekommunikationsdienste erbringt, wird mit Freiheitsstrafe bis zu fünf Jahren oder mit Geldstrafe bestraft.

(2) Ebenso wird bestraft, wer als Inhaber oder Beschäftigter eines in Absatz 1 bezeichneten Unternehmens unbefugt

1. eine Sendung, die einem solchen Unternehmen zur Übermittlung anvertraut worden und verschlossen ist, öffnet oder sich von ihrem Inhalt ohne Öffnung des Verschlusses unter Anwendung technischer Mittel Kenntnis verschafft,
2. eine einem solchen Unternehmen zur Übermittlung anvertraute Sendung unterdrückt oder
3. eine der in Absatz 1 oder in Nummer 1 oder 2 bezeichneten Handlungen gestattet oder fördert.

(3) Die Absätze 1 und 2 gelten auch für Personen, die

1. Aufgaben der Aufsicht über ein in Absatz 1 bezeichnetes Unternehmen wahrnehmen,
2. von einem solchen Unternehmen oder mit dessen Ermächtigung mit dem Erbringen von Post- oder Telekommunikationsdiensten betraut sind oder
3. mit der Herstellung einer dem Betrieb eines solchen Unternehmens dienenden Anlage oder mit Arbeiten daran betraut sind.

(4) Wer unbefugt einer anderen Person eine Mitteilung über Tatsachen macht, die ihm als außerhalb des Post- oder Telekommunikationsbereichs tätigem Amtsträger auf Grund eines befugten oder unbefugten Eingriffs in das Post- oder Fernmeldegeheimnis bekanntgeworden sind, wird mit Freiheitsstrafe bis zu zwei Jahren oder mit Geldstrafe bestraft.

(5) [1] Dem Postgeheimnis unterliegen die näheren Umstände des Postverkehrs bestimmter Personen sowie der Inhalt von Postsendungen. [2] Dem Fernmeldegeheimnis unterliegen der Inhalt der Telekommunikation und ihre näheren Um-

---

[1] § 205 Abs. 1 geänd. mWv 6.8.2004 durch G v. 30.7.2004 (BGBl. I S. 2012); Abs. 1 Satz 1 geänd., Satz 2 angef., Abs. 2 Satz 1 geänd. mWv 11.8.2007 durch G v. 7.8.2007 (BGBl. I S. 1786); Abs. 1 Sätze 1 und 2 geänd. mWv 27.1.2015 durch G v. 21.1.2015 (BGBl. I S. 10); Abs. 1 Satz 2, Abs. 2 Satz 1 geänd. mWv 18.12.2015 durch G v. 10.12.2015 (BGBl. I S. 2218); Abs. 2 Satz 4 angef. mWv 1.1.2021 durch G v. 9.10.2020 (BGBl. I S. 2075).

stände, insbesondere die Tatsache, ob jemand an einem Telekommunikationsvorgang beteiligt ist oder war. [3]Das Fernmeldegeheimnis erstreckt sich auch auf die näheren Umstände erfolgloser Verbindungsversuche.

§§ 207 bis 210 (weggefallen)

Sechzehnter Abschnitt. Straftaten gegen das Leben

§ 211 Mord. (1) Der Mörder wird mit lebenslanger Freiheitsstrafe bestraft.

(2) Mörder ist, wer

aus Mordlust, zur Befriedigung des Geschlechtstriebs, aus Habgier oder sonst aus niedrigen Beweggründen,
heimtückisch oder grausam oder mit gemeingefährlichen Mitteln oder
um eine andere Straftat zu ermöglichen oder zu verdecken,
einen Menschen tötet.

§ 212 Totschlag. (1) Wer einen Menschen tötet, ohne Mörder zu sein, wird als Totschläger mit Freiheitsstrafe nicht unter fünf Jahren bestraft.

(2) In besonders schweren Fällen ist auf lebenslange Freiheitsstrafe zu erkennen.

§ 213 Minder schwerer Fall des Totschlags. War der Totschläger ohne eigene Schuld durch eine ihm oder einem Angehörigen zugefügte Mißhandlung oder schwere Beleidigung von dem getöteten Menschen zum Zorn gereizt und hierdurch auf der Stelle zur Tat hingerissen worden oder liegt sonst ein minder schwerer Fall vor, so ist die Strafe Freiheitsstrafe von einem Jahr bis zu zehn Jahren.

§§ 214 und 215 (weggefallen)

§ 216 Tötung auf Verlangen. (1) Ist jemand durch das ausdrückliche und ernstliche Verlangen des Getöteten zur Tötung bestimmt worden, so ist auf Freiheitsstrafe von sechs Monaten bis zu fünf Jahren zu erkennen.

(2) Der Versuch ist strafbar.

§ 217[1)] [2)] ***Geschäftsmäßige Förderung der Selbsttötung.*** *(1) Wer in der Absicht, die Selbsttötung eines anderen zu fördern, diesem hierzu geschäftsmäßig die Gelegenheit gewährt, verschafft oder vermittelt, wird mit Freiheitsstrafe bis zu drei Jahren oder mit Geldstrafe bestraft.*

(2) Als Teilnehmer bleibt straffrei, wer selbst nicht geschäftsmäßig handelt und entweder Angehöriger des in Absatz 1 genannten anderen ist oder diesem nahesteht.

§ 218 Schwangerschaftsabbruch. (1) [1]Wer eine Schwangerschaft abbricht, wird mit Freiheitsstrafe bis zu drei Jahren oder mit Geldstrafe bestraft. [2]Handlungen, deren Wirkung vor Abschluß der Einnistung des befruchteten Eies in der Gebärmutter eintritt, gelten nicht als Schwangerschaftsabbruch im Sinne dieses Gesetzes.

(2) [1]In besonders schweren Fällen ist die Strafe Freiheitsstrafe von sechs Monaten bis zu fünf Jahren. [2]Ein besonders schwerer Fall liegt in der Regel vor, wenn der Täter

---

1) § 217 neu gef. mWv 10.12.2015 durch G v. 3.12.2015 (BGBl. I S. 2177).

2) § 217 ist gem. Urt. des BVerfG v. 26.2.2020 (BGBl. I S. 525) mit Art. 2 Abs. 1 iVm Art. 1 Abs. 1, Art. 2 Abs. 2 Satz 2 iVm Art. 104 Abs. 1 und Art. 12 Abs. 1 GG unvereinbar und nichtig.

1. gegen den Willen der Schwangeren handelt oder
2. leichtfertig die Gefahr des Todes oder einer schweren Gesundheitsschädigung der Schwangeren verursacht.

(3) Begeht die Schwangere die Tat, so ist die Strafe Freiheitsstrafe bis zu einem Jahr oder Geldstrafe.

(4) [1]Der Versuch ist strafbar. [2]Die Schwangere wird nicht wegen Versuchs bestraft.

§ 218a[1)] Straflosigkeit des Schwangerschaftsabbruchs. (1) Der Tatbestand des § 218 ist nicht verwirklicht, wenn

1. die Schwangere den Schwangerschaftsabbruch verlangt und dem Arzt durch eine Bescheinigung nach § 219 Abs. 2 Satz 2 nachgewiesen hat, daß sie sich mindestens drei Tage vor dem Eingriff hat beraten lassen,
2. der Schwangerschaftsabbruch von einem Arzt vorgenommen wird und
3. seit der Empfängnis nicht mehr als zwölf Wochen vergangen sind.

(2) Der mit Einwilligung der Schwangeren von einem Arzt vorgenommene Schwangerschaftsabbruch ist nicht rechtswidrig, wenn der Abbruch der Schwangerschaft unter Berücksichtigung der gegenwärtigen und zukünftigen Lebensverhältnisse der Schwangeren nach ärztlicher Erkenntnis angezeigt ist, um eine Gefahr für das Leben oder die Gefahr einer schwerwiegenden Beeinträchtigung des körperlichen oder seelischen Gesundheitszustandes der Schwangeren abzuwenden, und die Gefahr nicht auf eine andere für sie zumutbare Weise abgewendet werden kann.

(3) Die Voraussetzungen des Absatzes 2 gelten bei einem Schwangerschaftsabbruch, der mit Einwilligung der Schwangeren von einem Arzt vorgenommen wird, auch als erfüllt, wenn nach ärztlicher Erkenntnis an der Schwangeren eine rechtswidrige Tat nach den §§ 176 bis 178 des Strafgesetzbuches begangen worden ist, dringende Gründe für die Annahme sprechen, daß die Schwangerschaft auf der Tat beruht, und seit der Empfängnis nicht mehr als zwölf Wochen vergangen sind.

(4) [1]Die Schwangere ist nicht nach § 218 strafbar, wenn der Schwangerschaftsabbruch nach Beratung (§ 219) von einem Arzt vorgenommen worden ist und seit der Empfängnis nicht mehr als zweiundzwanzig Wochen verstrichen sind. [2]Das Gericht kann von Strafe nach § 218 absehen, wenn die Schwangere sich zur Zeit des Eingriffs in besonderer Bedrängnis befunden hat.

§ 218b[2)] Schwangerschaftsabbruch ohne ärztliche Feststellung; unrichtige ärztliche Feststellung. (1) [1]Wer in den Fällen des § 218a Abs. 2 oder 3 eine Schwangerschaft abbricht, ohne daß ihm die schriftliche Feststellung eines Arztes, der nicht selbst den Schwangerschaftsabbruch vornimmt, darüber vorgelegen hat, ob die Voraussetzungen des § 218a Abs. 2 oder 3 gegeben sind, wird mit Freiheitsstrafe bis zu einem Jahr oder mit Geldstrafe bestraft, wenn die Tat nicht in § 218 mit Strafe bedroht ist. [2]Wer als Arzt wider besseres Wissen eine unrichtige Feststellung über die Voraussetzungen des § 218a Abs. 2 oder 3 zur Vorlage nach Satz 1 trifft, wird mit Freiheitsstrafe bis zu zwei Jahren oder mit Geldstrafe bestraft, wenn die Tat nicht in § 218 mit Strafe bedroht ist. [3]Die Schwangere ist nicht nach Satz 1 oder 2 strafbar.

[1)] § 218a Abs. 3 geänd. mWv 10.11.2016 durch G v. 4.11.2016 (BGBl. I S. 2460).
[2)] § 218b Abs. 2 Satz 1 geänd. mWv 19.7.2022 durch G v. 11.7.2022 (BGBl. I S. 1082).

(2) [1] Ein Arzt darf Feststellungen nach § 218a Abs. 2 oder 3 nicht treffen, wenn ihm die zuständige Stelle dies untersagt hat, weil er wegen einer rechtswidrigen Tat nach Absatz 1, den §§ 218 oder 219b oder wegen einer anderen rechtswidrigen Tat, die er im Zusammenhang mit einem Schwangerschaftsabbruch begangen hat, rechtskräftig verurteilt worden ist. [2] Die zuständige Stelle kann einem Arzt vorläufig untersagen, Feststellungen nach § 218a Abs. 2 und 3 zu treffen, wenn gegen ihn wegen des Verdachts einer der in Satz 1 bezeichneten rechtswidrigen Taten das Hauptverfahren eröffnet worden ist.

§ 218c Ärztliche Pflichtverletzung bei einem Schwangerschaftsabbruch.

(1) Wer eine Schwangerschaft abbricht,

1. ohne der Frau Gelegenheit gegeben zu haben, ihm die Gründe für ihr Verlangen nach Abbruch der Schwangerschaft darzulegen,
2. ohne die Schwangere über die Bedeutung des Eingriffs, insbesondere über Ablauf, Folgen, Risiken, mögliche physische und psychische Auswirkungen ärztlich beraten zu haben,
3. ohne sich zuvor in den Fällen des § 218a Abs. 1 und 3 auf Grund ärztlicher Untersuchung von der Dauer der Schwangerschaft überzeugt zu haben oder
4. obwohl er die Frau in einem Fall des § 218a Abs. 1 nach § 219 beraten hat,

wird mit Freiheitsstrafe bis zu einem Jahr oder mit Geldstrafe bestraft, wenn die Tat nicht in § 218 mit Strafe bedroht ist.

(2) Die Schwangere ist nicht nach Absatz 1 strafbar.

§ 219 Beratung der Schwangeren in einer Not- und Konfliktlage.

(1) [1] Die Beratung dient dem Schutz des ungeborenen Lebens. [2] Sie hat sich von dem Bemühen leiten zu lassen, die Frau zur Fortsetzung der Schwangerschaft zu ermutigen und ihr Perspektiven für ein Leben mit dem Kind zu eröffnen; sie soll ihr helfen, eine verantwortliche und gewissenhafte Entscheidung zu treffen. [3] Dabei muß der Frau bewußt sein, daß das Ungeborene in jedem Stadium der Schwangerschaft auch ihr gegenüber ein eigenes Recht auf Leben hat und daß deshalb nach der Rechtsordnung ein Schwangerschaftsabbruch nur in Ausnahmesituationen in Betracht kommen kann, wenn der Frau durch das Austragen des Kindes eine Belastung erwächst, die so schwer und außergewöhnlich ist, daß sie die zumutbare Opfergrenze übersteigt. [4] Die Beratung soll durch Rat und Hilfe dazu beitragen, die in Zusammenhang mit der Schwangerschaft bestehende Konfliktlage zu bewältigen und einer Notlage abzuhelfen. [5] Das Nähere regelt das Schwangerschaftskonfliktgesetz[1)].

(2) [1] Die Beratung hat nach dem Schwangerschaftskonfliktgesetz durch eine anerkannte Schwangerschaftskonfliktberatungsstelle zu erfolgen. [2] Die Beratungsstelle hat der Schwangeren nach Abschluß der Beratung hierüber eine mit dem Datum des letzten Beratungsgesprächs und dem Namen der Schwangeren versehene Bescheinigung nach Maßgabe des Schwangerschaftskonfliktgesetzes auszustellen. [3] Der Arzt, der den Abbruch der Schwangerschaft vornimmt, ist als Berater ausgeschlossen.

§ 219a[2)] *(aufgehoben)*

[1)] **Habersack, Deutsche Gesetze ErgBd. Nr. 85e.**

[2)] § 219a aufgeh. mWv 19.7.2022 durch G v. 11.7.2022 (BGBl. I S. 1082).

§ 219b Inverkehrbringen von Mitteln zum Abbruch der Schwangerschaft. (1) Wer in der Absicht, rechtswidrige Taten nach § 218 zu fördern, Mittel oder Gegenstände, die zum Schwangerschaftsabbruch geeignet sind, in den Verkehr bringt, wird mit Freiheitsstrafe bis zu zwei Jahren oder mit Geldstrafe bestraft.

(2) Die Teilnahme der Frau, die den Abbruch ihrer Schwangerschaft vorbereitet, ist nicht nach Absatz 1 strafbar.

(3) Mittel oder Gegenstände, auf die sich die Tat bezieht, können eingezogen werden.

§ 220 (weggefallen)

§ 220a[1] *(aufgehoben)*

§ 221 Aussetzung. (1) Wer einen Menschen

1. in eine hilflose Lage versetzt oder
2. in einer hilflosen Lage im Stich läßt, obwohl er ihn in seiner Obhut hat oder ihm sonst beizustehen verpflichtet ist,

und ihn dadurch der Gefahr des Todes oder einer schweren Gesundheitsschädigung aussetzt, wird mit Freiheitsstrafe von drei Monaten bis zu fünf Jahren bestraft.

(2) Auf Freiheitsstrafe von einem Jahr bis zu zehn Jahren ist zu erkennen, wenn der Täter

1. die Tat gegen sein Kind oder eine Person begeht, die ihm zur Erziehung oder zur Betreuung in der Lebensführung anvertraut ist, oder
2. durch die Tat eine schwere Gesundheitsschädigung des Opfers verursacht.

(3) Verursacht der Täter durch die Tat den Tod des Opfers, so ist die Strafe Freiheitsstrafe nicht unter drei Jahren.

(4) In minder schweren Fällen des Absatzes 2 ist auf Freiheitsstrafe von sechs Monaten bis zu fünf Jahren, in minder schweren Fällen des Absatzes 3 auf Freiheitsstrafe von einem Jahr bis zu zehn Jahren zu erkennen.

§ 222 Fahrlässige Tötung. Wer durch Fahrlässigkeit den Tod eines Menschen verursacht, wird mit Freiheitsstrafe bis zu fünf Jahren oder mit Geldstrafe bestraft.

Siebzehnter Abschnitt. Straftaten gegen die körperliche Unversehrtheit

§ 223 Körperverletzung. (1) Wer eine andere Person körperlich mißhandelt oder an der Gesundheit schädigt, wird mit Freiheitsstrafe bis zu fünf Jahren oder mit Geldstrafe bestraft.

(2) Der Versuch ist strafbar.

§ 224 Gefährliche Körperverletzung. (1) Wer die Körperverletzung

1. durch Beibringung von Gift oder anderen gesundheitsschädlichen Stoffen,
2. mittels einer Waffe oder eines anderen gefährlichen Werkzeugs,
3. mittels eines hinterlistigen Überfalls,
4. mit einem anderen Beteiligten gemeinschaftlich oder

---

[1] § 220a aufgeh. mWv 30.6.2002 durch G v. 26.6.2002 (BGBl. I S. 2254).

5. mittels einer das Leben gefährdenden Behandlung

begeht, wird mit Freiheitsstrafe von sechs Monaten bis zu zehn Jahren, in minder schweren Fällen mit Freiheitsstrafe von drei Monaten bis zu fünf Jahren bestraft.

(2) Der Versuch ist strafbar.

§ 225 Mißhandlung von Schutzbefohlenen. (1) Wer eine Person unter achtzehn Jahren oder eine wegen Gebrechlichkeit oder Krankheit wehrlose Person, die

1. seiner Fürsorge oder Obhut untersteht,
2. seinem Hausstand angehört,
3. von dem Fürsorgepflichtigen seiner Gewalt überlassen worden oder
4. ihm im Rahmen eines Dienst- oder Arbeitsverhältnisses untergeordnet ist,

quält oder roh mißhandelt, oder wer durch böswillige Vernachlässigung seiner Pflicht, für sie zu sorgen, sie an der Gesundheit schädigt, wird mit Freiheitsstrafe von sechs Monaten bis zu zehn Jahren bestraft.

(2) Der Versuch ist strafbar.

(3) Auf Freiheitsstrafe nicht unter einem Jahr ist zu erkennen, wenn der Täter die schutzbefohlene Person durch die Tat in die Gefahr

1. des Todes oder einer schweren Gesundheitsschädigung oder
2. einer erheblichen Schädigung der körperlichen oder seelischen Entwicklung

bringt.

(4) In minder schweren Fällen des Absatzes 1 ist auf Freiheitsstrafe von drei Monaten bis zu fünf Jahren, in minder schweren Fällen des Absatzes 3 auf Freiheitsstrafe von sechs Monaten bis zu fünf Jahren zu erkennen.

§ 226 Schwere Körperverletzung. (1) Hat die Körperverletzung zur Folge, daß die verletzte Person

1. das Sehvermögen auf einem Auge oder beiden Augen, das Gehör, das Sprechvermögen oder die Fortpflanzungsfähigkeit verliert,
2. ein wichtiges Glied des Körpers verliert oder dauernd nicht mehr gebrauchen kann oder
3. in erheblicher Weise dauernd entstellt wird oder in Siechtum, Lähmung oder geistige Krankheit oder Behinderung verfällt,

so ist die Strafe Freiheitsstrafe von einem Jahr bis zu zehn Jahren.

(Fortsetzung nächstes Blatt)

85a. Einführungsgesetz zum Strafgesetzbuch (EGStGB)

Vom 2. März 1974

(BGBl. I S. 469, ber. 1975 I S. 1916 und 1976 I S. 507)

FNA 450-16

Lfd. Nr.	Änderndes Gesetz	Datum	Fundstelle	Betroffen	Hinweis
1.–29.	Änderungsgesetze bis einschl. G v. 29.7.2009 (BGBl. I S. 2288) nur noch in den Anmerkungen nachgewiesen				
30.	Art. 51 Bundesrecht-BereinigungsG	8.12.2010	BGBl. I S. 1864	Art. 321	aufgeh. mWv 15.12.2010
31.	Art. 4 G zur Neuordnung des Rechts der Sicherungsverwahrung und zu begleitenden Regelungen	22.12. 2010	BGBl. I S. 2300	Art. 316e	eingef. mWv 1.1.2011
				Art. 1a	aufgeh. mWv 1.1.2011
32.	Art. 7 G zur bundesrechtlichen Umsetzung des Abstandsgebotes im Recht der Sicherungsverwahrung	5.12.2012	BGBl. I S. 2425	Art. 316e	geänd. mWv 1.6.2013
				Art. 316f	eingef. mWv 1.6.2013
33.	Art. 1 Zweites ÄndG	20.12. 2012	BGBl. I S. 2756	Art. 316e	geänd. mWv 28.12.2012
34.	Art. 2 Abs. 7 50. G zur Änd. des StGB – Verbesserung des Schutzes der sexuellen Selbstbestimmung	4.11.2016	BGBl. I S. 2460	Art. 316g	eingef. mWv 10.11.2016
35.	Art. 2 G zur Reform der strafrechtlichen Vermögensabschöpfung	13.4.2017	BGBl. I S. 872	Art. 3	geänd. mWv 1.7.2017
				Art. 316h	eingef. mWv 1.7.2017
36.	Art. 2 53. G zur Änd. des StGB – Ausweitung des Maßregelrechts bei extremistischen Straftätern	11.6.2017	BGBl. I S. 1612	Art. 316i	eingef. mWv 1.7.2017
37.	Art. 48 JahressteuerG 2020	21.12. 2020	BGBl. I S. 3096	Art. 316j	eingef. mWv 29.12.2020
38.	Art. 2 G zur Verbesserung der strafrechtlichen Bekämpfung der Geldwäsche	9.3.2021	BGBl. I S. 327	Art. 316k	eingef. mWv 18.3.2021
39.	Art. 7 G zur Bekämpfung sexualisierter Gewalt gegen Kinder	16.6.2021	BGBl. I S. 1810	Art. 316l	eingef. mWv 1.7.2021
40.	Art. 9 Transparenzregister- und FinanzinformationsG[1]	25.6.2021	BGBl. I S. 2083	Art. 316k	geänd. mWv 1.7.2021

[1] **Amtl. Anm.:** Dieses Gesetz dient der Umsetzung der Richtlinie (EU) 2019/1153 des Europäischen Parlaments und des Rates vom 20. Juni 2019 zur Festlegung von Vorschriften zur Erleichterung der Nutzung von Finanz- und sonstigen Informationen für die Verhütung, Aufdeckung, Untersuchung oder Verfolgung bestimmter Straftaten und zur Aufhebung des Beschlusses 2000/642/JI des Rates (ABl. L 186 vom 11.7.2019, S. 122), der Umsetzung der Richtlinie (EU) 2018/843 des Europäischen Parlaments und des Rates vom 30. Mai 2018 zur Änderung der Richtlinie (EU) 2015/849 zur Verhinderung der Nutzung →

Lfd. Nr.	Änderndes Gesetz	Datum	Fundstelle	Betroffen	Hinweis
41.	Art. 3 G zur Änd. des Anti-Doping-G	12.8.2021	BGBl. I S. 3542	Art. 316m	eingef. mWv 1.10.2021
42.	Art. 3 Abs. 2 G zur Änd. des StGB – Verbesserung des strafrechtlichen Schutzes gegen sogenannte Feindeslisten, Strafbarkeit der Verbreitung und des Besitzes von Anleitungen zu sexuellem Missbrauch von Kindern und Verbesserung der Bekämpfung verhetzender Inhalte sowie Bekämpfung von Propagandamitteln und Kennzeichen verfassungswidriger und terroristischer Organisationen	14.9.2021	BGBl. I S. 4250	Art. 296	aufgeh. mit Ablauf des 21.9. 2021
43.	Art. 4 G zur Änd. des StGB – Aufhebung des Verbots der Werbung für den Schwangerschaftsabbruch (§ 219a StGB), zur Änd. des HeilmittelwerbeG, zur Änd. des SchwangerschaftskonfliktG, zur Änd. des EinführungsG zum StGB und zur Änd. des G zur strafrechtlichen Rehabilitierung der nach dem 8. Mai 1945 wegen einvernehmlicher homosexueller Handlungen verurteilten Personen	11.7.2022	BGBl. I S. 1082	Art. 316n	eingef. mWv 19.7.2022

(Fortsetzung der Anm. von voriger Seite)
des Finanzsystems zum Zwecke der Geldwäsche und der Terrorismusfinanzierung und zur Änderung der Richtlinien 2009/138/EG und 2013/36/EU (ABl. L 156 vom 19.6.2018, S. 43) sowie der Umsetzung der Richtlinie (EU) 2019/2177 des Europäischen Parlaments und des Rates vom 18. Dezember 2019 zur Änderung der Richtlinie 2009/138/EG betreffend die Aufnahme und Ausübung der Versicherungs- und der Rückversicherungstätigkeit (Solvabilität II), der Richtlinie 2014/65/EU über Märkte für Finanzinstrumente, und der Richtlinie (EU) 2015/849 zur Verhinderung der Nutzung des Finanzsystems zum Zwecke der Geldwäsche und der Terrorismusfinanzierung (ABl. L 334 vom 27.12.2019, S. 155).

§ 66 Absatz 3 Satz 1 des Strafgesetzbuches verwiesen wird, sind die Vorschriften in der am 1. Juli 2021 geltenden Fassung anwendbar. [3]Die Artikel 316g und 316i bleiben unberührt.

Art. 316m[1)] Übergangsvorschrift zum Gesetz zur Änderung des Anti-Doping-Gesetzes. § 4a des Anti-Doping-Gesetzes in der Fassung des Artikels 1 des Gesetzes zur Änderung des Anti-Doping-Gesetzes vom 12. August 2021 (BGBl. I S. 3542) ist nicht auf Verfahren anzuwenden, in denen vor dem 1. Oktober 2021 die Eröffnung des Hauptverfahrens beschlossen worden ist.

Art. 316n[2)] Übergangsvorschrift zum Gesetz zur Änderung des Strafgesetzbuches – Aufhebung des Verbots der Werbung für den Schwangerschaftsabbruch (§ 219a StGB), zur Änderung des Heilmittelwerbegesetzes, zur Änderung des Schwangerschaftskonfliktgesetzes, zur Änderung des Einführungsgesetzes zum Strafgesetzbuch und zur Änderung des Gesetzes zur strafrechtlichen Rehabilitierung der nach dem 8. Mai 1945 wegen einvernehmlicher homosexueller Handlungen verurteilten Personen. (1) Strafgerichtliche Urteile, die aufgrund der folgenden Vorschriften nach dem 3. Oktober 1990 ergangen sind, werden aufgehoben:

1. aufgrund des § 219a des Strafgesetzbuches[3)]
   a) in der vom 16. Juni 1993 bis einschließlich 31. Dezember 1998 geltenden Fassung,
   b) in der vom 1. Januar 1999 bis einschließlich 28. März 2019 geltenden Fassung,
   c) in der vom 29. März 2019 bis einschließlich 31. Dezember 2020 geltenden Fassung oder
   d) in der seit dem 1. Januar 2021 geltenden Fassung sowie
2. aufgrund des § 219b des Strafgesetzbuches in der vom 1. Oktober 1987 bis einschließlich 15. Juni 1993 geltenden Fassung.

(2) Die Verfahren, die den in Absatz 1 genannten Urteilen zugrunde liegen, werden eingestellt.

Art. 317[4)] Überleitung des Verfahrens wegen Ordnungswidrigkeiten nach neuem Recht. (1) [1]Die bei Inkrafttreten des neuen Rechts schwebenden Verfahren wegen einer Zuwiderhandlung, die nach neuem Recht nur noch mit Geldbuße bedroht ist, werden in der Lage, in der sie sich befinden, nach den Vorschriften des Gesetzes über Ordnungswidrigkeiten[5)] fortgesetzt, soweit nichts anderes bestimmt ist. [2]Hat das Gericht wegen einer solchen Zuwiderhandlung bereits das Hauptverfahren eröffnet oder einen Strafbefehl oder eine Strafverfügung erlassen, so bleibt die Staatsanwaltschaft für die Verfolgung auch im Bußgeldverfahren zuständig. [3]§ 72 des Gesetzes über Ordnungswidrigkeiten ist in diesem Falle nicht anzuwenden.

(2) [1]Die §§ 79, 80 des Gesetzes über Ordnungswidrigkeiten gelten nicht, wenn das Urteil vor Inkrafttreten des neuen Rechts wegen einer Zuwiderhandlung

---

[1)] Art. 316m eingef. mWv 1.10.2021 durch G v. 12.8.2021 (BGBl. I S. 3542).
[2)] Art. 316n eingef. mWv 19.7.2022 durch G v. 11.7.2022 (BGBl. I S. 1082).
[3)] Nr. **85**.
[4)] Für das Gebiet der ehem. DDR findet Art. 317 aufgrund des EVertr. v. 31.8.1990 (BGBl. II S. 889, 957) keine Anwendung.
[5)] Nr. **94**.

ergangen ist, die nach neuem Recht nur noch mit Geldbuße bedroht ist; in diesen Fällen gelten die §§ 313 und 334 der Strafprozeßordnung[1] in der bisherigen Fassung fort. [2] Ist das Revisionsgericht der Auffassung, daß ein solches Urteil allein wegen des neuen Rechts dem Gesetz nicht entspricht, so berichtigt es den Schuldspruch und wandelt eine Verurteilung zu einer Geldstrafe in eine solche zu einer entsprechenden Geldbuße um. [3] Das Revisionsgericht kann auch in einem Beschluß nach § 349 Abs. 2 der Strafprozeßordnung so verfahren, wenn es die Revision im übrigen einstimmig für offensichtlich unbegründet erachtet. [4] Hebt das Revisionsgericht das angefochtene Urteil auf, so kann es abweichend von § 354 Abs. 2 der Strafprozeßordnung die Sache an das Gericht, dessen Urteil aufgehoben wird, zurückverweisen.

Art. 318[2] Zuwiderhandlungen nach den Gesetzen auf dem Gebiet der Sozialversicherung. (1) Auf die vor dem 1. Januar 1975 begangenen Zuwiderhandlungen nach den Gesetzen auf dem Gebiet der Sozialversicherung, die nach bisherigem Recht mit Ordnungsstrafe bedroht waren und nach neuem Recht Ordnungswidrigkeiten sind, ist das neue Recht mit der Beschränkung anzuwenden, daß sich das Höchstmaß der Geldbuße nach dem Höchstmaß der bisherigen Ordnungsstrafe bestimmt.

(2) Ist jedoch vor dem 1. Januar 1975 wegen einer der in Absatz 1 bezeichneten Zuwiderhandlungen ein Ordnungsstrafbescheid erlassen worden, so ist in dem weiteren Verfahren das bisherige Recht anzuwenden.

Art. 319[2] Anwendung des bisherigen Kostenrechts. In Straf- und Bußgeldsachen werden Gebühren nach dem bisherigen Recht erhoben, wenn die über die Kosten ergangene Entscheidung vor dem 1. Januar 1975 rechtskräftig geworden ist.

Art. 320[3] *(aufgehoben)*

Art. 321[4] *(aufgehoben)*

Art. 322[2] Verweisungen. Soweit in anderen Vorschriften auf Vorschriften verwiesen wird, die durch dieses Gesetz geändert werden, treten an deren Stelle die geänderten Vorschriften.

Art. 323 Ermächtigung zur Neubekanntmachung. *(hier nicht wiedergegeben)*

Art. 324[2] Sonderregelung für Berlin. (1) [1] Artikel 18 II Nr. 3, soweit diese Nummer sich auf § 5 Nr. 5 bezieht, 19 Nr. 5 Buchstabe b, Nr. 6 bis 9, 12, 34 bis 41, 207, soweit diese Nummer sich auf die §§ 84 bis 87, 89 und 109 bis 109k bezieht, Artikel 21 Nr. 24 Buchstabe b, Artikel 26 Nr. 52 und 53, Artikel 27, 28, 31, 34, 35, 70, 147, 152 bis 159, 181, 287 Nr. 44, 52, 56, 77 und 81 und Artikel 326 Abs. 5 Nr. 7 bis 9 sind im Land Berlin nicht anzuwenden. [2] Artikel 230 ist in Berlin erst anzuwenden, wenn das durch ihn geänderte Gesetz vom Land Berlin übernommen ist.

---

[1] Nr. **90**.

[2] Für das Gebiet der ehem. DDR finden die Art. 318, 319, 322 und 324 aufgrund des EVertr. v. 31.8. 1990 (BGBl. II S. 889, 957) keine Anwendung.

[3] Art. 320 aufgeh. mWv 1.1.2002 durch G v. 13.12.2001 (BGBl. I S. 3574).

[4] Art. 321 aufgeh. mWv 15.12.2010 durch G v. 8.12.2010 (BGBl. I S. 1864).

(2) Die §§ 113 und 114 des Strafgesetzbuches[1] in der Fassung des Artikels 19 Nr. 43 und 44 sind auch im Land Berlin anzuwenden.

(3) Für folgende Vorschriften des Strafgesetzbuches gelten im Land Berlin die nachstehend bezeichneten Besonderheiten:
1.–6. *(hier nicht wiedergegeben)*

(4) Die zugunsten des Bundes und der Länder, ihrer verfassungsmäßigen Ordnung, ihrer Staatsorgane und deren Mitglieder geltenden Strafvorschriften sind auch hinsichtlich des Landes Berlin anzuwenden.

(5) Für § 74a Abs. 1 des Gerichtsverfassungsgesetzes[2] gelten im Land Berlin die nachstehend bezeichneten Besonderheiten:
1., 2. *(hier nicht wiedergegeben)*

Art. 325[3] *(aufgehoben)*

Art. 326[4] [5] **Inkrafttreten; Übergangsfassungen.** (1) Dieses Gesetz tritt am 1. Januar 1975 in Kraft, soweit nichts anderes bestimmt ist.

(2) § 78a Abs. 2, 3 des Gerichtsverfassungsgesetzes[2] in der Fassung des Artikels 22 Nr. 6 sowie Artikel 29 Nr. 26 Buchstabe a, Artikel 61 Nr. 1, Artikel 161 Nr. 2 Buchstabe d, Nr. 9 Buchstabe a, Artikel 171 Nr. 2, Artikel 249 Nr. 5 bis 7, Artikel 250 Nr. 3, 4 Buchstabe a, Artikel 287 Nr. 24, 25, Artikel 294 Satz 2, Artikel 302, 315 Abs. 1, auch soweit diese Vorschrift nach Artikel 315 Abs. 3 entsprechend gilt, Artikel 323, 324 Abs. 4 und Artikel 325 Satz 2 treten am Tage nach der Verkündung[6] in Kraft.

(3) Artikel 19 Nr. 148, 159, 194 und 206, soweit in dieser Nummer § 361 Nr. 3 bis 5, 7 und 8 des Strafgesetzbuches[1] aufgehoben wird, sowie Artikel 313 treten einen Monat nach der Verkündung[6] in Kraft.

(4), (5) *(aufgehoben)*

(6) *(hier nicht wiedergegeben)*

---

[1] Nr. **85**.
[2] Nr. **95**.
[3] Art. 325 aufgeh. mWv 1.6.2004 durch G v. 12.3.2004 (BGBl. I S. 390).
[4] Für das Gebiet der ehem. DDR findet Art. 326 aufgrund des EVertr. v. 31.8.1990 (BGBl. II S. 889, 957) keine Anwendung.
[5] Art. 326 Abs. 2 geänd. durch G v. 15.8.1974 (BGBl. I S. 1942); Abs. 4 und 5 aufgeh. durch G v. 20.12.1984 (BGBl. I S. 1654).
[6] Verkündet am 9.3.1974.

Lfd. Nr.	Änderndes Gesetz	Datum	Fundstelle	Betroffen	Hinweis
				Buch 2. Abschnitt, § 385, 5. Buch 3. und 4. Abschnitt, §§ 403, 404, 405, 5. Buch 5. Abschnitt, §§ 406e, 413, 421, 430, 435, 459g–459m, 462, 472a, 479, 492	
				5. Buch 4. Abschnitt Überschrift	neu gef. mWv 1.7.2021
				§§ 95a, 163g, 5. Buch 1. Abschnitt (§ 373b), § 463e	eingef. mWv 1.7.2021
186.	Art. 15 G zur Neuregelung des Berufsrechts der anwaltlichen und steuerberatenden Berufsausübungsgesellschaften sowie zur Änd. weiterer Vorschriften im Bereich der rechtsberatenden Berufe	7.7.2021	BGBl. I S. 2363	§§ 32a, 53a	gänd. mWv 1.8.2022
187.	Art. 1 G zur Durchf. der VO (EU) 2019/816 sowie zur Änd. weiterer Vorschr.	10.8.2021	BGBl. I S. 3420	§ 81b	gänd. mWv 1.10.2022
188.	Art. 2 G zur Änd. des StGB – Strafbarkeit des Betreibens krimineller Handelsplattformen im Internet[1]	12.8.2021	BGBl. I S. 3544	§§ 100a, 100b, 100g, 100j	gänd. mWv 1.10.2021
189.	Art. 2 G zur Änd. des StGB – Verbesserung des strafrechtlichen Schutzes gegen sogenannte Feindeslisten, Strafbarkeit der Verbreitung und des Besitzes von Anleitungen zu sexuellem Missbrauch von Kindern und Verbesserung der Bekämpfung verhetzender Inhalte sowie Bekämpfung von Propagandamitteln und Kennzeichen verfassungswidriger und terroristischer Organisationen	14.9.2021	BGBl. I S. 4250	Inhaltsübersicht, §§ 110d, 112a	gänd. mWv 22.9.2021
190.	Art. 4 G zum Ausbau des elektron. Rechtsverkehrs mit den Gerichten und zur Änd. weiterer Vorschr.[1]	5.10.2021	BGBl. I S. 4607	§§ 32a, 111k	gänd. mWv 1.1.2022
191.	Art. 1 G zur Herstellung materieller Gerechtigkeit	21.12. 2021	BGBl. I S. 5252	§ 362	gänd. mWv 30.12.2021
192.	Art. 2 G über die Feststellung des Wirtschaftsplans des ERP-Sondervermögens für das Jahr 2022, zur elektronischen Erhebung der Bankenabgabe und zur Änd. der StPO	25.3.2022	BGBl. I S. 571	§ 110d	gänd. mWv 2.4.2022

[1] **Amtl. Anm.:** Notifiziert gemäß der Richtlinie (EU) 2015/1535 des Europäischen Parlaments und des Rates vom 9. September 2015 über ein Informationsverfahren auf dem Gebiet der technischen Vorschriften und der Vorschriften für die Dienste der Informationsgesellschaft (ABl. L 241 vom 17.9.2015, S. 1).

Vorbemerkung:
Die Änderung durch G v. 4.5.2021 (BGBl. I S. 882) tritt erst mWv 1.1.2023 in Kraft und ist im Text noch nicht berücksichtigt.

(2) [1] Die Bundesregierung und die Landesregierungen bestimmen jeweils für ihren Bereich durch Rechtsverordnung die für die elektronische Aktenführung geltenden organisatorischen und dem Stand der Technik entsprechenden technischen Rahmenbedingungen einschließlich der einzuhaltenden Anforderungen des Datenschutzes, der Datensicherheit und der Barrierefreiheit. [2] Sie können die Ermächtigung durch Rechtsverordnung auf die zuständigen Bundes- oder Landesministerien übertragen.

(3) [1] Die Bundesregierung bestimmt durch Rechtsverordnung mit Zustimmung des Bundesrates die für die Übermittlung elektronischer Akten zwischen Strafverfolgungsbehörden und Gerichten geltenden Standards. [2] Sie kann die Ermächtigung durch Rechtsverordnung ohne Zustimmung des Bundesrates auf die zuständigen Bundesministerien übertragen.

§ 32a[1)] Elektronischer Rechtsverkehr mit Strafverfolgungsbehörden und Gerichten; Verordnungsermächtigungen. (1) Elektronische Dokumente können bei Strafverfolgungsbehörden und Gerichten nach Maßgabe der folgenden Absätze eingereicht werden.

(2) [1] Das elektronische Dokument muss für die Bearbeitung durch die Strafverfolgungsbehörde oder das Gericht geeignet sein. [2] Die Bundesregierung bestimmt durch Rechtsverordnung mit Zustimmung des Bundesrates technische Rahmenbedingungen für die Übermittlung und die Eignung zur Bearbeitung durch die Strafverfolgungsbehörde oder das Gericht.

(3) Ein Dokument, das schriftlich abzufassen, zu unterschreiben oder zu unterzeichnen ist, muss als elektronisches Dokument mit einer qualifizierten elektronischen Signatur der verantwortenden Person versehen sein oder von der verantwortenden Person signiert und auf einem sicheren Übermittlungsweg eingereicht werden.

(4) [1] Sichere Übermittlungswege sind

1. der Postfach- und Versanddienst eines De-Mail-Kontos, wenn der Absender bei Versand der Nachricht sicher im Sinne des § 4 Absatz 1 Satz 2 des De-Mail-Gesetzes angemeldet ist und er sich die sichere Anmeldung gemäß § 5 Absatz 5 des De-Mail-Gesetzes bestätigen lässt,
2. der Übermittlungsweg zwischen den besonderen elektronischen Anwaltspostfächern nach den §§ 31a und 31b der Bundesrechtsanwaltsordnung[2)] oder einem entsprechenden, auf gesetzlicher Grundlage errichteten elektronischen Postfach und der elektronischen Poststelle der Behörde oder des Gerichts,
3. der Übermittlungsweg zwischen einem nach Durchführung eines Identifizierungsverfahrens eingerichteten Postfach einer Behörde oder einer juristischen Person des öffentlichen Rechts und der elektronischen Poststelle der Behörde oder des Gerichts,
4. der Übermittlungsweg zwischen einem nach Durchführung eines Identifizierungsverfahrens eingerichteten elektronischen Postfach einer natürlichen oder juristischen Person oder einer sonstigen Vereinigung und der elektronischen Poststelle der Behörde oder des Gerichts,

---

[1)] § 32a eingef. mWv 1.1.2018 durch G v. 5.7.2017 (BGBl. I S. 2208); Abs. 4 Nr. 3 geänd. mWv 21.12. 2018 durch G v. 17.12.2018 (BGBl. I S. 2571); Abs. 4 Nr. 2 neu gef. mWv 1.8.2022 durch G v. 7.7.2021 (BGBl. I S. 2363); Abs. 2 Satz 2 neu gef., Abs. 4 Satz 1 Nr. 3 geänd., Nr. 4 und 5 eingef., bish. Nr. 4 wird Nr. 6, Satz 2 angef., Abs. 6 Satz 1 geänd. mWv 1.1.2022 durch G v. 5.10.2021 (BGBl. I S. 4607).

[2)] **Habersack, Deutsche Gesetze ErgBd. Nr. 98.**

5. der Übermittlungsweg zwischen einem nach Durchführung eines Identifizierungsverfahrens genutzten Postfach- und Versanddienst eines Nutzerkontos im Sinne des § 2 Absatz 5 des Onlinezugangsgesetzes und der elektronischen Poststelle der Behörde oder des Gerichts,
6. sonstige bundeseinheitliche Übermittlungswege, die durch Rechtsverordnung der Bundesregierung mit Zustimmung des Bundesrates festgelegt werden, bei denen die Authentizität und Integrität der Daten sowie die Barrierefreiheit gewährleistet sind.

[2] Das Nähere zu den Übermittlungswegen gemäß Satz 1 Nummer 3 bis 5 regelt die Rechtsverordnung nach Absatz 2 Satz 2.

(5) [1] Ein elektronisches Dokument ist eingegangen, sobald es auf der für den Empfang bestimmten Einrichtung der Behörde oder des Gerichts gespeichert ist. [2] Dem Absender ist eine automatisierte Bestätigung über den Zeitpunkt des Eingangs zu erteilen.

(6) [1] Ist ein elektronisches Dokument für die Bearbeitung durch die Behörde oder das Gericht nicht geeignet, ist dies dem Absender unter Hinweis auf die Unwirksamkeit des Eingangs unverzüglich mitzuteilen. [2] Das elektronische Dokument gilt als zum Zeitpunkt seiner früheren Einreichung eingegangen, sofern der Absender es unverzüglich in einer für die Behörde oder für das Gericht zur Bearbeitung geeigneten Form nachreicht und glaubhaft macht, dass es mit dem zuerst eingereichten Dokument inhaltlich übereinstimmt.

§ 32b[1)] Erstellung und Übermittlung strafverfolgungsbehördlicher und gerichtlicher elektronischer Dokumente; Verordnungsermächtigung.

(1) [1] Wird ein strafverfolgungsbehördliches oder gerichtliches Dokument als elektronisches Dokument erstellt, müssen ihm alle verantwortenden Personen ihre Namen hinzufügen. [2] Ein Dokument, das zu unterschreiben oder zu unterzeichnen ist, muss darüber hinaus mit einer qualifizierten elektronischen Signatur aller verantwortenden Personen versehen sein.

(2) Ein elektronisches Dokument ist zu den Akten gebracht, sobald es von einer verantwortenden Person oder auf deren Veranlassung in der elektronischen Akte gespeichert ist.

(3) ***[Satz 1 bis 31.12.2025:]*** [1] Werden die Akten elektronisch geführt, sollen Strafverfolgungsbehörden und Gerichte einander Dokumente als elektronisches Dokument übermitteln. ***[Satz 1 ab 1.1.2026:]*** *[1] Strafverfolgungsbehörden und Gerichte sollen einander Dokumente als elektronisches Dokument übermitteln.* [2] Die Anklageschrift, der Antrag auf Erlass eines Strafbefehls außerhalb einer Hauptverhandlung, die Berufung und ihre Begründung, die Revision, ihre Begründung und die Gegenerklärung sowie als elektronisches Dokument erstellte gerichtliche Entscheidungen sind als elektronisches Dokument zu übermitteln. [3] Ist dies aus technischen Gründen vorübergehend nicht möglich, ist die Übermittlung in Papierform zulässig; auf Anforderung ist ein elektronisches Dokument nachzureichen.

(4) [1] Abschriften und beglaubigte Abschriften können in Papierform oder als elektronisches Dokument erteilt werden. [2] Elektronische beglaubigte Abschriften müssen mit einer qualifizierten elektronischen Signatur der beglaubigenden Person versehen sein. [3] Wird eine beglaubigte Abschrift in Papierform durch Übertragung eines elektronischen Dokuments erstellt, das mit einer qualifizierten elektronischen

---

[1)] § 32b eingef. mWv 1.1.2018, Abs. 3 Satz 1 geänd. **mWv 1.1.2026** durch G v. 5.7.2017 (BGBl. I S. 2208); Abs. 1 Satz 2 geänd. mWv 1.7.2021 durch G v. 25.6.2021 (BGBl. I S. 2099).

anwaltsordnung) gilt dies vorbehaltlich des § 53a nicht hinsichtlich dessen, was ihnen in dieser Eigenschaft anvertraut worden oder bekanntgeworden ist;

3a. Mitglieder oder Beauftragte einer anerkannten Beratungsstelle nach den §§ 3 und 8 des Schwangerschaftskonfliktgesetzes[1] über das, was ihnen in dieser Eigenschaft anvertraut worden oder bekanntgeworden ist;

3b. Berater für Fragen der Betäubungsmittelabhängigkeit in einer Beratungsstelle, die eine Behörde oder eine Körperschaft, Anstalt oder Stiftung des öffentlichen Rechts anerkannt oder bei sich eingerichtet hat, über das, was ihnen in dieser Eigenschaft anvertraut worden oder bekanntgeworden ist;

4. Mitglieder des Deutschen Bundestages, der Bundesversammlung, des Europäischen Parlaments aus der Bundesrepublik Deutschland oder eines Landtages über Personen, die ihnen in ihrer Eigenschaft als Mitglieder dieser Organe oder denen sie in dieser Eigenschaft Tatsachen anvertraut haben, sowie über diese Tatsachen selbst;

5. Personen, die bei der Vorbereitung, Herstellung oder Verbreitung von Druckwerken, Rundfunksendungen, Filmberichten oder der Unterrichtung oder Meinungsbildung dienenden Informations- und Kommunikationsdiensten berufsmäßig mitwirken oder mitgewirkt haben.

[2]Die in Satz 1 Nr. 5 genannten Personen dürfen das Zeugnis verweigern über die Person des Verfassers oder Einsenders von Beiträgen und Unterlagen oder des sonstigen Informanten sowie über die ihnen im Hinblick auf ihre Tätigkeit gemachten Mitteilungen, über deren Inhalt sowie über den Inhalt selbst erarbeiteter Materialien und den Gegenstand berufsbezogener Wahrnehmungen. [3]Dies gilt nur, soweit es sich um Beiträge, Unterlagen, Mitteilungen und Materialien für den redaktionellen Teil oder redaktionell aufbereitete Informations- und Kommunikationsdienste handelt.

(2) [1]Die in Absatz 1 Satz 1 Nr. 2 bis 3b Genannten dürfen das Zeugnis nicht verweigern, wenn sie von der Verpflichtung zur Verschwiegenheit entbunden sind. [2]Die Berechtigung zur Zeugnisverweigerung der in Absatz 1 Satz 1 Nr. 5 Genannten über den Inhalt selbst erarbeiteter Materialien und den Gegenstand entsprechender Wahrnehmungen entfällt, wenn die Aussage zur Aufklärung eines Verbrechens beitragen soll oder wenn Gegenstand der Untersuchung

1. eine Straftat des Friedensverrats und der Gefährdung des demokratischen Rechtsstaats oder des Landesverrats und der Gefährdung der äußeren Sicherheit (§§ 80a, 85, 87, 88, 95, auch in Verbindung mit § 97b, §§ 97a, 98 bis 100a des Strafgesetzbuches[2]),
2. eine Straftat gegen die sexuelle Selbstbestimmung nach den §§ 174 bis 174c, 176a, 176b, 177 Absatz 2 Nummer 1 des Strafgesetzbuches oder
3. eine Geldwäsche nach § 261 des Strafgesetzbuches, deren Vortat mit einer im Mindestmaß erhöhten Freiheitsstrafe bedroht ist,

ist und die Erforschung des Sachverhalts oder die Ermittlung des Aufenthaltsortes des Beschuldigten auf andere Weise aussichtslos oder wesentlich erschwert wäre. [3]Der Zeuge kann jedoch auch in diesen Fällen die Aussage verweigern, soweit sie zur Offenbarung der Person des Verfassers oder Einsenders von Beiträgen und Unterlagen oder des sonstigen Informanten oder der ihm im Hinblick auf seine

---

[1] **Habersack, Deutsche Gesetze ErgBd. Nr. 85e.**
[2] Nr. **85**.

Tätigkeit nach Absatz 1 Satz 1 Nr. 5 gemachten Mitteilungen oder deren Inhalts führen würde.

§ 53a[1)] Zeugnisverweigerungsrecht der mitwirkenden Personen.

(1) [1] Den Berufsgeheimnisträgern nach § 53 Absatz 1 Satz 1 Nummer 1 bis 4 stehen die Personen gleich, die im Rahmen

1. eines Vertragsverhältnisses einschließlich der gemeinschaftlichen Berufsausübung,
2. einer berufsvorbereitenden Tätigkeit oder
3. einer sonstigen Hilfstätigkeit

an deren beruflicher Tätigkeit mitwirken. [2] Über die Ausübung des Rechts dieser Personen, das Zeugnis zu verweigern, entscheiden die Berufsgeheimnisträger, es sei denn, dass diese Entscheidung in absehbarer Zeit nicht herbeigeführt werden kann.

(2) Die Entbindung von der Verpflichtung zur Verschwiegenheit (§ 53 Absatz 2 Satz 1) gilt auch für die nach Absatz 1 mitwirkenden Personen.

§ 54[2)] Aussagegenehmigung für Angehörige des öffentlichen Dienstes.

(1) Für die Vernehmung von Richtern, Beamten und anderen Personen des öffentlichen Dienstes als Zeugen über Umstände, auf die sich ihre Pflicht zur Amtsverschwiegenheit bezieht, und für die Genehmigung zur Aussage gelten die besonderen beamtenrechtlichen Vorschriften.[3)]

(2) Für die Mitglieder des Bundestages, eines Landtages, der Bundes- oder einer Landesregierung sowie für die Angestellten einer Fraktion des Bundestages und eines Landtages gelten die für sie maßgebenden besonderen Vorschriften.[4)]

(3) Der Bundespräsident kann das Zeugnis verweigern, wenn die Ablegung des Zeugnisses dem Wohl des Bundes oder eines deutschen Landes Nachteile bereiten würde.

(4) Diese Vorschriften gelten auch, wenn die vorgenannten Personen nicht mehr im öffentlichen Dienst oder Angestellte einer Fraktion sind oder ihre Mandate beendet sind, soweit es sich um Tatsachen handelt, die sich während ihrer Dienst-, Beschäftigungs- oder Mandatszeit ereignet haben oder ihnen während ihrer Dienst-, Beschäftigungs- oder Mandatszeit zur Kenntnis gelangt sind.

§ 55 Auskunftsverweigerungsrecht. (1) Jeder Zeuge kann die Auskunft auf solche Fragen verweigern, deren Beantwortung ihm selbst oder einem der in § 52 Abs. 1 bezeichneten Angehörigen die Gefahr zuziehen würde, wegen einer Straftat oder einer Ordnungswidrigkeit verfolgt zu werden.

(2) Der Zeuge ist über sein Recht zur Verweigerung der Auskunft zu belehren.

§ 56 Glaubhaftmachung des Verweigerungsgrundes. [1] Die Tatsache, auf die der Zeuge die Verweigerung des Zeugnisses in den Fällen der §§ 52, 53 und 55

[1)] § 53a neu gef. mWv 9.11.2017 durch G v. 30.10.2017 (BGBl. I S. 3618); Abs. 1 Satz 1 Nr. 1 geänd. mWv 1.8.2022 durch G v. 7.7.2021 (BGBl. I S. 2363).

[2)] § 54 Abs. 2 und 4 neu gef. durch G v. 4.11.1994 (BGBl. I S. 3346).

[3)] Vgl. § 67 BundesbeamtenG **(Sartorius Nr. 160)**, die entsprechenden Vorschriften der Beamtengesetze der Länder und § 37 BeamtenstatusG **(Sartorius Nr. 150)**.

[4)] Vgl. §§ 6 und 7 BundesministerG **(Sartorius Nr. 45)** sowie § 7 G über die Rechtsverhältnisse der Parlamentarischen Staatssekretäre v. 24.7.1974 (BGBl. I S. 1538), zuletzt geänd. durch G v. 17.7.2015 (BGBl. I S. 1322).

stützt, ist auf Verlangen glaubhaft zu machen. [2] Es genügt die eidliche Versicherung des Zeugen.

§ 57[1)] Belehrung. [1] Vor der Vernehmung werden die Zeugen zur Wahrheit ermahnt und über die strafrechtlichen Folgen einer unrichtigen oder unvollständigen Aussage belehrt. [2] Auf die Möglichkeit der Vereidigung werden sie hingewiesen. [3] Im Fall der Vereidigung sind sie über die Bedeutung des Eides und darüber zu belehren, dass der Eid mit oder ohne religiöse Beteuerung geleistet werden kann.

§ 58[2)] Vernehmung; Gegenüberstellung. (1) Die Zeugen sind einzeln und in Abwesenheit der später zu hörenden Zeugen zu vernehmen.

(2) [1] Eine Gegenüberstellung mit anderen Zeugen oder mit dem Beschuldigten im Vorverfahren ist zulässig, wenn es für das weitere Verfahren geboten erscheint. [2] Bei einer Gegenüberstellung mit dem Beschuldigten ist dem Verteidiger die Anwesenheit gestattet. [3] Von dem Termin ist der Verteidiger vorher zu benachrichtigen. [4] Auf die Verlegung eines Termins wegen Verhinderung hat er keinen Anspruch. [5] Hat der Beschuldigte keinen Verteidiger, so ist er darauf hinzuweisen, dass er in den Fällen des § 140 die Bestellung eines Pflichtverteidigers nach Maßgabe des § 141 Absatz 1 und des § 142 Absatz 1 beantragen kann.

§ 58a[3)] Aufzeichnung der Vernehmung in Bild und Ton. (1) [1] Die Vernehmung eines Zeugen kann in Bild und Ton aufgezeichnet werden. [2] Sie soll nach Würdigung der dafür jeweils maßgeblichen Umstände aufgezeichnet werden und als richterliche Vernehmung erfolgen, wenn

1. damit die schutzwürdigen Interessen von Personen unter 18 Jahren sowie von Personen, die als Kinder oder Jugendliche durch eine der in § 255a Absatz 2 genannten Straftaten verletzt worden sind, besser gewahrt werden können oder
2. zu besorgen ist, dass der Zeuge in der Hauptverhandlung nicht vernommen werden kann und die Aufzeichnung zur Erforschung der Wahrheit erforderlich ist.

[3] Die Vernehmung muss nach Würdigung der dafür jeweils maßgeblichen Umstände aufgezeichnet werden und als richterliche Vernehmung erfolgen, wenn damit die schutzwürdigen Interessen von Personen, die durch Straftaten gegen die sexuelle Selbstbestimmung (§§ 174 bis 184j des Strafgesetzbuches[4)]) verletzt worden sind, besser gewahrt werden können und der Zeuge der Bild-Ton-Aufzeichnung vor der Vernehmung zugestimmt hat.

(2) [1] Die Verwendung der Bild-Ton-Aufzeichnung ist nur für Zwecke der Strafverfolgung und nur insoweit zulässig, als dies zur Erforschung der Wahrheit erforderlich ist. [2] § 101 Abs. 8 gilt entsprechend. [3] Die §§ 147, 406e sind ent-

---

[1)] § 57 neu gef. mWv 1.10.2009 durch G v. 29.7.2009 (BGBl. I S. 2280).

[2)] § 58 Abs. 1 Satz 2 angef. mWv 1.9.2004 durch G v. 24.6.2004 (BGBl. I S. 1354); Abs. 1 Satz 2 aufgeh. mWv 1.10.2009 durch G v. 29.7.2009 (BGBl. I S. 2280); Abs. 2 Sätze 2–4 angef. mWv 5.9.2017 durch G v. 27.8.2017 (BGBl. I S. 3295); Abs. 2 Satz 5 angef. mWv 13.12.2019 durch G v. 10.12.2019 (BGBl. I S. 2128).

[3)] § 58a eingef. durch G v. 30.4.1998 (BGBl. I S. 820); Abs. 2 Satz 2 neu gef., Sätze 3–6 angef., Abs. 3 angef. mWv 1.9.2004 durch G v. 24.6.2004 (BGBl. I S. 1354); Abs. 2 Satz 2 geänd. mWv 1.1.2008 durch G v. 21.12.2007 (BGBl. I S. 3198); Abs. 1 Satz 2 neu gef. mWv 1.9.2013 durch G v. 26.6.2013 (BGBl. I S. 1805); Abs. 1 Satz 1 geänd. mWv 1.1.2018 durch G v. 5.7.2017 (BGBl. I S. 2208); Abs. 1 Satz 3 angef. mWv 13.12.2019 durch G v. 10.12.2019 (BGBl. I S. 2121); Abs. 3 Satz 1 geänd., Satz 2 aufgeh., bish. Sätze 3 und 4 werden Sätze 2 und 3 mWv 1.7.2021 durch G v. 25.6.2021 (BGBl. I S. 2099).

[4)] Nr. **85**.

sprechend anzuwenden, mit der Maßgabe, dass den zur Akteneinsicht Berechtigten Kopien der Aufzeichnung überlassen werden können. [4]Die Kopien dürfen weder vervielfältigt noch weitergegeben werden. [5]Sie sind an die Staatsanwaltschaft herauszugeben, sobald kein berechtigtes Interesse an der weiteren Verwendung besteht. [6]Die Überlassung der Aufzeichnung oder die Herausgabe von Kopien an andere als die vorbezeichneten Stellen bedarf der Einwilligung des Zeugen.

(3) [1]Widerspricht der Zeuge der Überlassung einer Kopie der Aufzeichnung seiner Vernehmung nach Absatz 2 Satz 3, so tritt an deren Stelle die Überlassung des Protokolls an die zur Akteneinsicht Berechtigten nach Maßgabe der §§ 147, 406e. [2]Das Recht zur Besichtigung der Aufzeichnung nach Maßgabe der §§ 147, 406e bleibt unberührt. [3]Der Zeuge ist auf sein Widerspruchsrecht nach Satz 1 hinzuweisen.

§ 58b[1)] Vernehmung im Wege der Bild- und Tonübertragung. Die Vernehmung eines Zeugen außerhalb der Hauptverhandlung kann in der Weise erfolgen, dass dieser sich an einem anderen Ort als die vernehmende Person aufhält und die Vernehmung zeitgleich in Bild und Ton an den Ort, an dem sich der Zeuge aufhält, und in das Vernehmungszimmer übertragen wird.

§ 59[2)] Vereidigung. (1) [1]Zeugen werden nur vereidigt, wenn es das Gericht wegen der ausschlaggebenden Bedeutung der Aussage oder zur Herbeiführung einer wahren Aussage nach seinem Ermessen für notwendig hält. [2]Der Grund dafür, dass der Zeuge vereidigt wird, braucht im Protokoll nicht angegeben zu werden, es sei denn, der Zeuge wird außerhalb der Hauptverhandlung vernommen.

(2) [1]Die Vereidigung der Zeugen erfolgt einzeln und nach ihrer Vernehmung. [2]Soweit nichts anderes bestimmt ist, findet sie in der Hauptverhandlung statt.

§ 60[3)] Vereidigungsverbote. Von der Vereidigung ist abzusehen

1. bei Personen, die zur Zeit der Vernehmung das 18. Lebensjahr noch nicht vollendet haben oder die wegen mangelnder Verstandesreife oder wegen einer psychischen Krankheit oder einer geistigen oder seelischen Behinderung vom Wesen und der Bedeutung des Eides keine genügende Vorstellung haben;
2. bei Personen, die der Tat, welche den Gegenstand der Untersuchung bildet, oder der Beteiligung an ihr oder der Datenhehlerei, Begünstigung, Strafvereitelung oder Hehlerei verdächtig oder deswegen bereits verurteilt sind.

§ 61[4)] Recht zur Eidesverweigerung. Die in § 52 Abs. 1 bezeichneten Angehörigen des Beschuldigten haben das Recht, die Beeidigung des Zeugnisses zu verweigern; darüber sind sie zu belehren.

§ 62[5)] Vereidigung im vorbereitenden Verfahren. Im vorbereitenden Verfahren ist die Vereidigung zulässig, wenn

1. Gefahr im Verzug ist oder

[1)] § 58b eingef. mWv 1.11.2013 durch G v. 25.4.2013 (BGBl. I S. 935).

[2)] § 59 neu gef. mWv 1.9.2004 durch G v. 24.8.2004 (BGBl. I S. 2198).

[3)] § 60 Nr. 1 geänd. durch G v. 12.9.1990 (BGBl. I S. 2002); Nr. 1 geänd. mWv 1.10.2009 durch G v. 29.7.2009 (BGBl. I S. 2280); Nr. 2 geänd. mWv 18.12.2015 durch G v. 10.12.2015 (BGBl. I S. 2218).

[4)] § 61 neu gef. mWv 1.9.2004 durch G v. 24.8.2004 (BGBl. I S. 2198).

[5)] § 62 neu gef. mWv 1.9.2004 durch G v. 24.8.2004 (BGBl. I S. 2198).

2. der Zeuge voraussichtlich am Erscheinen in der Hauptverhandlung verhindert sein wird

und die Voraussetzungen des § 59 Abs. 1 vorliegen.

§ 63[1] **Vereidigung bei Vernehmung durch den beauftragten oder ersuchten Richter.** Wird ein Zeuge durch einen beauftragten oder ersuchten Richter vernommen, muss die Vereidigung, soweit sie zulässig ist, erfolgen, wenn es in dem Auftrag oder in dem Ersuchen des Gerichts verlangt wird.

§ 64[1] **Eidesformel.** (1) Der Eid mit religiöser Beteuerung wird in der Weise geleistet, dass der Richter an den Zeugen die Worte richtet:

„Sie schwören bei Gott dem Allmächtigen und Allwissenden, dass Sie nach bestem Wissen die reine Wahrheit gesagt und nichts verschwiegen haben"

und der Zeuge hierauf die Worte spricht:

„Ich schwöre es, so wahr mir Gott helfe".

(2) Der Eid ohne religiöse Beteuerung wird in der Weise geleistet, dass der Richter an den Zeugen die Worte richtet:

„Sie schwören, dass Sie nach bestem Wissen die reine Wahrheit gesagt und nichts verschwiegen haben"

und der Zeuge hierauf die Worte spricht:

„Ich schwöre es".

(3) Gibt ein Zeuge an, dass er als Mitglied einer Religions- oder Bekenntnisgemeinschaft eine Beteuerungsformel dieser Gemeinschaft verwenden wolle, so kann er diese dem Eid anfügen.

(4) Der Schwörende soll bei der Eidesleistung die rechte Hand erheben.

§ 65[1] **Eidesgleiche Bekräftigung der Wahrheit von Aussagen.** (1) [1] Gibt ein Zeuge an, dass er aus Glaubens- oder Gewissensgründen keinen Eid leisten wolle, so hat er die Wahrheit der Aussage zu bekräftigen. [2] Die Bekräftigung steht dem Eid gleich; hierauf ist der Zeuge hinzuweisen.

(2) Die Wahrheit der Aussage wird in der Weise bekräftigt, dass der Richter an den Zeugen die Worte richtet:

„Sie bekräftigen im Bewusstsein Ihrer Verantwortung vor Gericht, dass Sie nach bestem Wissen die reine Wahrheit gesagt und nichts verschwiegen haben"

und der Zeuge hierauf spricht:

„Ja".

(3) § 64 Abs. 3 gilt entsprechend.

§ 66[1] **Eidesleistung bei Hör- oder Sprachbehinderung.** (1) [1] Eine hör- oder sprachbehinderte Person leistet den Eid nach ihrer Wahl mittels Nachsprechens der Eidesformel, mittels Abschreibens und Unterschreibens der Eidesformel oder mit Hilfe einer die Verständigung ermöglichenden Person, die vom Gericht hinzuzuziehen ist. [2] Das Gericht hat die geeigneten technischen Hilfsmittel bereitzustellen. [3] Die hör- oder sprachbehinderte Person ist auf ihr Wahlrecht hinzuweisen.

(2) Das Gericht kann eine schriftliche Eidesleistung verlangen oder die Hinzuziehung einer die Verständigung ermöglichenden Person anordnen, wenn die

---

[1] §§ 63–66 neu gef. mWv 1.9.2004 durch G v. 24.8.2004 (BGBl. I S. 2198).

hör- oder sprachbehinderte Person von ihrem Wahlrecht nach Absatz 1 keinen Gebrauch gemacht hat oder eine Eidesleistung in der nach Absatz 1 gewählten Form nicht oder nur mit unverhältnismäßigem Aufwand möglich ist.

(3) Die §§ 64 und 65 gelten entsprechend.

§§ 66a–66e[1] *(aufgehoben)*

§ 67 Berufung auf einen früheren Eid. Wird der Zeuge, nachdem er eidlich vernommen worden ist, in demselben Vorverfahren oder in demselben Hauptverfahren nochmals vernommen, so kann der Richter statt der nochmaligen Vereidigung den Zeugen die Richtigkeit seiner Aussage unter Berufung auf den früher geleisteten Eid versichern lassen.

§ 68[2] **Vernehmung zur Person; Beschränkung von Angaben, Zeugenschutz.** (1) [1]Die Vernehmung beginnt damit, dass der Zeuge über Vornamen, Nachnamen, Geburtsnamen, Alter, Beruf und vollständige Anschrift befragt wird. [2]In richterlichen Vernehmungen in Anwesenheit des Beschuldigten und in der Hauptverhandlung wird außer bei Zweifeln über die Identität des Zeugen nicht die vollständige Anschrift, sondern nur dessen Wohn- oder Aufenthaltsort abgefragt. [3]Ein Zeuge, der Wahrnehmungen in amtlicher Eigenschaft gemacht hat, kann statt der vollständigen Anschrift den Dienstort angeben.

(2) [1]Einem Zeugen soll zudem gestattet werden, statt der vollständigen Anschrift seinen Geschäfts- oder Dienstort oder eine andere ladungsfähige Anschrift anzugeben, wenn ein begründeter Anlass zu der Besorgnis besteht, dass durch die Angabe der vollständigen Anschrift Rechtsgüter des Zeugen oder einer anderen Person gefährdet werden oder dass auf Zeugen oder eine andere Person in unlauterer Weise eingewirkt werden wird. [2]In richterlichen Vernehmungen in Anwesenheit des Beschuldigten und in der Hauptverhandlung soll dem Zeugen gestattet werden, seinen Wohn- oder Aufenthaltsort nicht anzugeben, wenn die Voraussetzungen des Satzes 1 bei dessen Angabe vorliegen.

(3) [1]Besteht ein begründeter Anlass zu der Besorgnis, dass durch die Offenbarung der Identität oder des Wohn- oder Aufenthaltsortes des Zeugen Leben, Leib oder Freiheit des Zeugen oder einer anderen Person gefährdet wird, so kann ihm gestattet werden, Angaben zur Person nicht oder nur über eine frühere Identität zu machen. [2]Er hat jedoch in der Hauptverhandlung auf Befragen anzugeben, in welcher Eigenschaft ihm die Tatsachen, die er bekundet, bekannt geworden sind. [3]Ist dem Zeugen unter den Voraussetzungen des Satzes 1 gestattet worden, Angaben zur Person nicht oder nur über eine frühere Identität zu machen, darf er sein Gesicht entgegen § 176 Absatz 2 Satz 1 des Gerichtsverfassungsgesetzes[3] ganz oder teilweise verhüllen.

(4) [1]Liegen Anhaltspunkte dafür vor, dass die Voraussetzungen der Absätze 2 oder 3 vorliegen, ist der Zeuge auf die dort vorgesehenen Befugnisse hinzuweisen. [2]Im Fall des Absatzes 2 soll der Zeuge bei der Benennung einer ladungsfähigen Anschrift unterstützt werden. [3]Die Unterlagen, die die Feststellung des Wohn- oder Aufenthaltsortes, der vollständigen Anschrift oder der Identität des Zeugen

[1] §§ 66a–66e aufgeh. mWv 1.9.2004 durch G v. 24.8.2004 (BGBl. I S. 2198).

[2] § 68 neu gef. mWv 1.10.2009 durch G v. 29.7.2009 (BGBl. I S. 2280); Abs. 3 Satz 3 angef. mWv 13.12.2019 durch G v. 10.12.2019 (BGBl. I S. 2121); Abs. 1 Satz 1 geänd., Satz 2 eingef., bish. Satz 2 wird Satz 3 und geänd., Abs. 2 Satz 1 geänd., Satz 2 neu gef., Abs. 4 Satz 3 geänd., Satz 5 angef. mWv 1.7.2021 durch G v. 25.6.2021 (BGBl. I S. 2099).

[3] Nr. **95**.

gewährleisten, werden bei der Staatsanwaltschaft verwahrt. [4] Zu den Akten sind sie erst zu nehmen, wenn die Besorgnis der Gefährdung entfällt. [5] Wurde dem Zeugen eine Beschränkung seiner Angaben nach Absatz 2 Satz 1 gestattet, veranlasst die Staatsanwaltschaft von Amts wegen bei der Meldebehörde eine Auskunftssperre nach § 51 Absatz 1 des Bundesmeldegesetzes[1)], wenn der Zeuge zustimmt.

(5) [1] Die Absätze 2 bis 4 gelten auch nach Abschluss der Zeugenvernehmung. [2] Soweit dem Zeugen gestattet wurde, Daten nicht anzugeben, ist bei Auskünften aus und Einsichtnahmen in Akten sicherzustellen, dass diese Daten anderen Personen nicht bekannt werden, es sei denn, dass eine Gefährdung im Sinne der Absätze 2 und 3 ausgeschlossen erscheint.

§ 68a[2)] Beschränkung des Fragerechts aus Gründen des Persönlichkeitsschutzes. (1) Fragen nach Tatsachen, die dem Zeugen oder einer Person, die im Sinne des § 52 Abs. 1 sein Angehöriger ist, zur Unehre gereichen können oder deren persönlichen Lebensbereich betreffen, sollen nur gestellt werden, wenn es unerläßlich ist.

(2) [1] Fragen nach Umständen, die die Glaubwürdigkeit des Zeugen in der vorliegenden Sache betreffen, insbesondere nach seinen Beziehungen zu dem Beschuldigten oder der verletzten Person, sind zu stellen, soweit dies erforderlich ist. [2] Der Zeuge soll nach Vorstrafen nur gefragt werden, wenn ihre Feststellung notwendig ist, um über das Vorliegen der Voraussetzungen des § 60 Nr. 2 zu entscheiden oder um seine Glaubwürdigkeit zu beurteilen.

§ 68b[3)] Zeugenbeistand. (1) [1] Zeugen können sich eines anwaltlichen Beistands bedienen. [2] Einem zur Vernehmung des Zeugen erschienenen anwaltlichen Beistand ist die Anwesenheit gestattet. [3] Er kann von der Vernehmung ausgeschlossen werden, wenn bestimmte Tatsachen die Annahme rechtfertigen, dass seine Anwesenheit die geordnete Beweiserhebung nicht nur unwesentlich beeinträchtigen würde. [4] Dies wird in der Regel der Fall sein, wenn aufgrund bestimmter Tatsachen anzunehmen ist, dass

1. der Beistand an der zu untersuchenden Tat oder an einer mit ihr im Zusammenhang stehenden Datenhehlerei, Begünstigung, Strafvereitelung oder Hehlerei beteiligt ist,
2. das Aussageverhalten des Zeugen dadurch beeinflusst wird, dass der Beistand nicht nur den Interessen des Zeugen verpflichtet erscheint, oder
3. der Beistand die bei der Vernehmung erlangten Erkenntnisse für Verdunkelungshandlungen im Sinne des § 112 Absatz 2 Nummer 3 nutzt oder in einer den Untersuchungszweck gefährdenden Weise weitergibt.

(2) [1] Einem Zeugen, der bei seiner Vernehmung keinen anwaltlichen Beistand hat und dessen schutzwürdigen Interessen nicht auf andere Weise Rechnung getragen werden kann, ist für deren Dauer ein solcher beizuordnen, wenn besondere Umstände vorliegen, aus denen sich ergibt, dass der Zeuge seine Befugnisse bei seiner Vernehmung nicht selbst wahrnehmen kann. [2] § 142 Absatz 5 Satz 1 und 3 gilt entsprechend.

[1)] **Sartorius Nr. 256.**

[2)] § 68a Abs. 2 geänd. mWv 1.9.2004 durch G v. 24.8.2004 (BGBl. I S. 2198); Abs. 2 Satz 1 eingef., bish. Wortlaut wird Satz 2 mWv 1.10.2009 durch G v. 29.7.2009 (BGBl. I S. 2280).

[3)] § 68b neu gef. mWv 1.10.2009 durch G v. 29.7.2009 (BGBl. I S. 2280); Abs. 1 Satz 4 Nr. 1 geänd. mWv 18.12.2015 durch G v. 10.12.2015 (BGBl. I S. 2218); Abs. 2 Satz 2 geänd. mWv 13.12.2019 durch G v. 10.12.2019 (BGBl. I S. 2128).

(3) [1]Entscheidungen nach Absatz 1 Satz 3 und Absatz 2 Satz 1 sind unanfechtbar. [2]Ihre Gründe sind aktenkundig zu machen, soweit dies den Untersuchungszweck nicht gefährdet.

§ 69[1)] Vernehmung zur Sache. (1) [1]Der Zeuge ist zu veranlassen, das, was ihm von dem Gegenstand seiner Vernehmung bekannt ist, im Zusammenhang anzugeben. [2]Vor seiner Vernehmung ist dem Zeugen der Gegenstand der Untersuchung und die Person des Beschuldigten, sofern ein solcher vorhanden ist, zu bezeichnen.

(2) [1]Zur Aufklärung und zur Vervollständigung der Aussage sowie zur Erforschung des Grundes, auf dem das Wissen des Zeugen beruht, sind nötigenfalls weitere Fragen zu stellen. [2]Zeugen, die durch die Straftat verletzt sind, ist insbesondere Gelegenheit zu geben, sich zu den Auswirkungen, die die Tat auf sie hatte, zu äußern.

(3) Die Vorschrift des § 136a gilt für die Vernehmung des Zeugen entsprechend.

§ 70 Folgen unberechtigter Zeugnis- oder Eidesverweigerung. (1) [1]Wird das Zeugnis oder die Eidesleistung ohne gesetzlichen Grund verweigert, so werden dem Zeugen die durch die Weigerung verursachten Kosten auferlegt. [2]Zugleich wird gegen ihn ein Ordnungsgeld und für den Fall, daß dieses nicht beigetrieben werden kann, Ordnungshaft festgesetzt.

(2) Auch kann zur Erzwingung des Zeugnisses die Haft angeordnet werden, jedoch nicht über die Zeit der Beendigung des Verfahrens in dem Rechtszug, auch nicht über die Zeit von sechs Monaten hinaus.

(3) Die Befugnis zu diesen Maßregeln steht auch dem Richter im Vorverfahren sowie dem beauftragten und ersuchten Richter zu.

(4) Sind die Maßregeln erschöpft, so können sie in demselben oder in einem anderen Verfahren, das dieselbe Tat zum Gegenstand hat, nicht wiederholt werden.

§ 71[2)] Zeugenentschädigung. Der Zeuge wird nach dem Justizvergütungs- und -entschädigungsgesetz[3)] entschädigt.

Siebter Abschnitt. Sachverständige und Augenschein

§ 72 Anwendung der Vorschriften über Zeugen auf Sachverständige. Auf Sachverständige ist der sechste Abschnitt über Zeugen entsprechend anzuwenden, soweit nicht in den nachfolgenden Paragraphen abweichende Vorschriften getroffen sind.

§ 73 Auswahl des Sachverständigen. (1) [1]Die Auswahl der zuzuziehenden Sachverständigen und die Bestimmung ihrer Anzahl erfolgt durch den Richter. [2]Er soll mit diesen eine Absprache treffen, innerhalb welcher Frist die Gutachten erstattet werden können.

(2) Sind für gewisse Arten von Gutachten Sachverständige öffentlich bestellt, so sollen andere Personen nur dann gewählt werden, wenn besondere Umstände es erfordern.

[1)] § 69 Abs. 2 Satz 2 angef. mWv 1.9.2013 durch G v. 26.6.2013 (BGBl. I S. 1805).
[2)] § 71 geänd. mWv 1.7.2004 durch G v. 5.5.2004 (BGBl. I S. 718).
[3)] Nr. **116**.

§ 74 Ablehnung des Sachverständigen. (1) [1]Ein Sachverständiger kann aus denselben Gründen, die zur Ablehnung eines Richters berechtigen, abgelehnt werden. [2]Ein Ablehnungsgrund kann jedoch nicht daraus entnommen werden, daß der Sachverständige als Zeuge vernommen worden ist.

(2) [1]Das Ablehnungsrecht steht der Staatsanwaltschaft, dem Privatkläger und dem Beschuldigten zu. [2]Die ernannten Sachverständigen sind den zur Ablehnung Berechtigten namhaft zu machen, wenn nicht besondere Umstände entgegenstehen.

(3) Der Ablehnungsgrund ist glaubhaft zu machen; der Eid ist als Mittel der Glaubhaftmachung ausgeschlossen.

§ 75 Pflicht des Sachverständigen zur Erstattung des Gutachtens.

(1) Der zum Sachverständigen Ernannte hat der Ernennung Folge zu leisten, wenn er zur Erstattung von Gutachten der erforderten Art öffentlich bestellt ist oder wenn er die Wissenschaft, die Kunst oder das Gewerbe, deren Kenntnis Voraussetzung der Begutachtung ist, öffentlich zum Erwerb ausübt oder wenn er zu ihrer Ausübung öffentlich bestellt oder ermächtigt ist.

(2) Zur Erstattung des Gutachtens ist auch der verpflichtet, welcher sich hierzu vor Gericht bereiterklärt hat.

§ 76 Gutachtenverweigerungsrecht des Sachverständigen. (1) [1]Dieselben Gründe, die einen Zeugen berechtigen, das Zeugnis zu verweigern, berechtigen einen Sachverständigen zur Verweigerung des Gutachtens. [2]Auch aus anderen Gründen kann ein Sachverständiger von der Verpflichtung zur Erstattung des Gutachtens entbunden werden.

(2) [1]Für die Vernehmung von Richtern, Beamten und anderen Personen des öffentlichen Dienstes als Sachverständige gelten die besonderen beamtenrechtlichen Vorschriften. [2]Für die Mitglieder der Bundes- oder einer Landesregierung gelten die für sie maßgebenden besonderen Vorschriften.

§ 77 Ausbleiben oder unberechtigte Gutachtenverweigerung des Sachverständigen. (1) [1]Im Falle des Nichterscheinens oder der Weigerung eines zur Erstattung des Gutachtens verpflichteten Sachverständigen wird diesem auferlegt, die dadurch verursachten Kosten zu ersetzen. [2]Zugleich wird gegen ihn ein Ordnungsgeld festgesetzt. [3]Im Falle wiederholten Ungehorsams kann neben der Auferlegung der Kosten das Ordnungsgeld noch einmal festgesetzt werden.

(2) [1]Weigert sich ein zur Erstattung des Gutachtens verpflichteter Sachverständiger, nach § 73 Abs. 1 Satz 2 eine angemessene Frist abzusprechen, oder versäumt er die abgesprochene Frist, so kann gegen ihn ein Ordnungsgeld festgesetzt werden. [2]Der Festsetzung des Ordnungsgeldes muß eine Androhung unter Setzung einer Nachfrist vorausgehen. [3]Im Falle wiederholter Fristversäumnis kann das Ordnungsgeld noch einmal festgesetzt werden.

§ 78 Richterliche Leitung der Tätigkeit des Sachverständigen. Der Richter hat, soweit ihm dies erforderlich erscheint, die Tätigkeit der Sachverständigen zu leiten.

§ 79[1)] Vereidigung des Sachverständigen. (1) Der Sachverständige kann nach dem Ermessen des Gerichts vereidigt werden.

[1)] § 79 Abs. 1 Satz 2 aufgeh. mWv 1.9.2004 durch G v. 24.8.2004 (BGBl. I S. 2198).

(2) Der Eid ist nach Erstattung des Gutachtens zu leisten; er geht dahin, daß der Sachverständige das Gutachten unparteiisch und nach bestem Wissen und Gewissen erstattet habe.

(3) Ist der Sachverständige für die Erstattung von Gutachten der betreffenden Art im allgemeinen vereidigt, so genügt die Berufung auf den geleisteten Eid.

§ 80 Vorbereitung des Gutachtens durch weitere Aufklärung. (1) Dem Sachverständigen kann auf sein Verlangen zur Vorbereitung des Gutachtens durch Vernehmung von Zeugen oder des Beschuldigten weitere Aufklärung verschafft werden.

(2) Zu demselben Zweck kann ihm gestattet werden, die Akten einzusehen, der Vernehmung von Zeugen oder des Beschuldigten beizuwohnen und an sie unmittelbar Fragen zu stellen.

§ 80a Vorbereitung des Gutachtens im Vorverfahren. Ist damit zu rechnen, daß die Unterbringung des Beschuldigten in einem psychiatrischen Krankenhaus, einer Entziehungsanstalt oder in der Sicherungsverwahrung angeordnet werden wird, so soll schon im Vorverfahren einem Sachverständigen Gelegenheit zur Vorbereitung des in der Hauptverhandlung zu erstattenden Gutachtens gegeben werden.

§ 81 Unterbringung des Beschuldigten zur Vorbereitung eines Gutachtens. (1) Zur Vorbereitung eines Gutachtens über den psychischen Zustand des Beschuldigten kann das Gericht nach Anhörung eines Sachverständigen und des Verteidigers anordnen, daß der Beschuldigte in ein öffentliches psychiatrisches Krankenhaus gebracht und dort beobachtet wird.

(2) [1] Das Gericht trifft die Anordnung nach Absatz 1 nur, wenn der Beschuldigte der Tat dringend verdächtig ist. [2] Das Gericht darf diese Anordnung nicht treffen, wenn sie zu der Bedeutung der Sache und der zu erwartenden Strafe oder Maßregel der Besserung und Sicherung außer Verhältnis steht.

(3) Im vorbereitenden Verfahren entscheidet das Gericht, das für die Eröffnung des Hauptverfahrens zuständig wäre.

(4) [1] Gegen den Beschluß ist sofortige Beschwerde zulässig. [2] Sie hat aufschiebende Wirkung.

(5) Die Unterbringung in einem psychiatrischen Krankenhaus nach Absatz 1 darf die Dauer von insgesamt sechs Wochen nicht überschreiten.

§ 81a[1)] Körperliche Untersuchung des Beschuldigten; Zulässigkeit körperlicher Eingriffe. (1) [1] Eine körperliche Untersuchung des Beschuldigten darf zur Feststellung von Tatsachen angeordnet werden, die für das Verfahren von Bedeutung sind. [2] Zu diesem Zweck sind Entnahmen von Blutproben und andere körperliche Eingriffe, die von einem Arzt nach den Regeln der ärztlichen Kunst zu Untersuchungszwecken vorgenommen werden, ohne Einwilligung des Beschuldigten zulässig, wenn kein Nachteil für seine Gesundheit zu befürchten ist.

(2) [1] Die Anordnung steht dem Richter, bei Gefährdung des Untersuchungserfolges durch Verzögerung auch der Staatsanwaltschaft und ihren Ermittlungs-

---

[1)] § 81a Abs. 3 angef. durch G v. 17.3.1997 (BGBl. I S. 534); Abs. 2 geänd. mWv 1.9.2004 durch G v. 24.8.2004 (BGBl. I S. 2198); Abs. 2 Satz 2 angef. mWv 24.8.2017 durch G v. 17.8.2017 (BGBl. I S. 3202).

personen (§ 152 des Gerichtsverfassungsgesetzes[1]) zu. [2]Die Entnahme einer Blutprobe bedarf abweichend von Satz 1 keiner richterlichen Anordnung, wenn bestimmte Tatsachen den Verdacht begründen, dass eine Straftat nach § 315a Absatz 1 Nummer 1, Absatz 2 und 3, § 315c Absatz 1 Nummer 1 Buchstabe a, Absatz 2 und 3 oder § 316 des Strafgesetzbuchs[2] begangen worden ist.

(3) Dem Beschuldigten entnommene Blutproben oder sonstige Körperzellen dürfen nur für Zwecke des der Entnahme zugrundeliegenden oder eines anderen anhängigen Strafverfahrens verwendet werden; sie sind unverzüglich zu vernichten, sobald sie hierfür nicht mehr erforderlich sind.

§ 81b[3] Erkennungsdienstliche Maßnahmen bei dem Beschuldigten.

(1) Soweit es für die Zwecke der Durchführung des Strafverfahrens oder für die Zwecke des Erkennungsdienstes notwendig ist, dürfen Lichtbilder und Fingerabdrücke des Beschuldigten auch gegen seinen Willen aufgenommen und Messungen und ähnliche Maßnahmen an ihm vorgenommen werden.

(2) [1]Über die Fälle des Absatzes 1 hinaus sind die Fingerabdrücke des Beschuldigten für die Erstellung eines Datensatzes gemäß Artikel 5 Absatz 1 Buchstabe b der Verordnung (EU) 2019/816 des Europäischen Parlaments und des Rates vom 17. April 2019 zur Einrichtung eines zentralisierten Systems für die Ermittlung der Mitgliedstaaten, in denen Informationen zu Verurteilungen von Drittstaatsangehörigen und Staatenlosen (ECRIS-TCN) vorliegen, zur Ergänzung des Europäischen Strafregisterinformationssystems und zur Änderung der Verordnung (EU) 2018/1726 (ABl. L 135 vom 22.5.2019, S. 1), die durch die Verordnung (EU) 2019/818 (ABl. L 135 vom 22.5.2019, S. 85) geändert worden ist, auch gegen dessen Willen aufzunehmen, sofern

1. es sich bei dem Beschuldigten um einen Drittstaatsangehörigen im Sinne des Artikels 3 Nummer 7 der Verordnung (EU) 2019/816 handelt,
2. der Beschuldigte rechtskräftig zu einer Freiheitsstrafe oder Jugendstrafe verurteilt oder gegen ihn rechtskräftig allein eine freiheitsentziehende Maßregel der Besserung und Sicherung angeordnet worden ist,
3. keine Fingerabdrücke des Beschuldigten vorhanden sind, die im Rahmen eines Strafverfahrens aufgenommen worden sind, und
4. die entsprechende Eintragung im Bundeszentralregister noch nicht getilgt ist.

[2]Wenn auf Grund bestimmter Tatsachen und bei Würdigung der Umstände des Einzelfalles die Gefahr besteht, dass der Beschuldigte sich dieser Maßnahme entziehen werde, dann dürfen die Fingerabdrücke abweichend von Satz 1 Nummer 2 bereits vor der Rechtskraft der Entscheidung aufgenommen werden.

(3) Für die Erstellung eines Datensatzes gemäß Artikel 5 Absatz 1 Buchstabe b der Verordnung (EU) 2019/816 sind die nach Absatz 1 für die Zwecke der Durchführung des Strafverfahrens, die nach Absatz 2 oder die nach § 163b Absatz 1 Satz 3 aufgenommenen Fingerabdrücke an das Bundeskriminalamt zu übermitteln.

(4) [1]Für die Erstellung eines Datensatzes gemäß Artikel 5 Absatz 1 Buchstabe b der Verordnung (EU) 2019/816 darf das Bundeskriminalamt die nach den Absätzen 1 und 2 sowie die nach § 163b Absatz 1 Satz 3 aufgenommenen und ihm übermittelten Fingerabdrücke verarbeiten. [2]Bei den nach Absatz 1 für die Zwecke der Durchführung des Strafverfahrens, den nach Absatz 2 Satz 2 und den nach

[1] Nr. **95**.
[2] Nr. **85**.
[3] § 81b Abs. 2–5 angef. mWv 1.10.2022 durch G v. 10.8.2021 (BGBl. I S. 3420).

§ 163b Absatz 1 Satz 3 aufgenommenen Fingerabdrücken ist eine über die Speicherung hinausgehende Verarbeitung nach Satz 1 unzulässig, solange die Entscheidung noch nicht rechtskräftig ist. [3]Die Verarbeitung nach Satz 1 ist ferner unzulässig, wenn

1. der Beschuldigte rechtskräftig freigesprochen wurde,
2. das Verfahren nicht nur vorläufig eingestellt wurde oder
3. die alleinige Anordnung einer freiheitsentziehenden Maßregel der Besserung und Sicherung gegen den Beschuldigten rechtskräftig unterbleibt.

[4]Satz 3 gilt entsprechend in den Fällen des Absatzes 2 Satz 2, wenn der Beschuldigte rechtskräftig zu einer anderen Strafe als Freiheitsstrafe oder Jugendstrafe verurteilt wurde. [5]Ist die Verarbeitung der Fingerabdrücke nach Satz 3 oder 4 unzulässig, so sind die Fingerabdrücke zu löschen.

(5) [1]Für die Verarbeitung für andere Zwecke als die Erstellung eines Datensatzes gemäß Artikel 5 Absatz 1 Buchstabe b der Verordnung (EU) 2019/816 gelten die §§ 481 bis 485. [2]Die Verarbeitung der nach Absatz 2 Satz 2 aufgenommenen Fingerabdrücke ist jedoch erst zulässig, wenn die Entscheidung rechtskräftig und die Verarbeitung für die Erstellung eines Datensatzes nicht nach Absatz 4 Satz 3 oder 4 unzulässig ist. [3]Die übrigen Bestimmungen über die Verarbeitung der nach Absatz 1 oder 2 oder nach § 163b aufgenommenen Fingerabdrücke bleiben unberührt.

§ 81c[1)] Untersuchung anderer Personen. (1) Andere Personen als Beschuldigte dürfen, wenn sie als Zeugen in Betracht kommen, ohne ihre Einwilligung nur untersucht werden, soweit zur Erforschung der Wahrheit festgestellt werden muß, ob sich an ihrem Körper eine bestimmte Spur oder Folge einer Straftat befindet.

(2) [1]Bei anderen Personen als Beschuldigten sind Untersuchungen zur Feststellung der Abstammung und die Entnahme von Blutproben ohne Einwilligung des zu Untersuchenden zulässig, wenn kein Nachteil für seine Gesundheit zu befürchten und die Maßnahme zur Erforschung der Wahrheit unerläßlich ist. [2]Die Untersuchungen und die Entnahme von Blutproben dürfen stets nur von einem Arzt vorgenommen werden.

(3) [1]Untersuchungen oder Entnahmen von Blutproben können aus den gleichen Gründen wie das Zeugnis verweigert werden. [2]Haben Minderjährige wegen mangelnder Verstandesreife oder haben Minderjährige oder Betreute wegen einer psychischen Krankheit oder einer geistigen oder seelischen Behinderung von der Bedeutung ihres Weigerungsrechts keine genügende Vorstellung, so entscheidet der gesetzliche Vertreter; § 52 Abs. 2 Satz 2 und Abs. 3 gilt entsprechend. [3]Ist der gesetzliche Vertreter von der Entscheidung ausgeschlossen (§ 52 Abs. 2 Satz 2) oder aus sonstigen Gründen an einer rechtzeitigen Entscheidung gehindert und erscheint die sofortige Untersuchung oder Entnahme von Blutproben zur Beweissicherung erforderlich, so sind diese Maßnahmen nur auf besondere Anordnung des Gerichts und, wenn dieses nicht rechtzeitig erreichbar ist, der Staatsanwaltschaft zulässig. [4]Der die Maßnahmen anordnende Beschluß ist unanfechtbar. [5]Die nach Satz 3 erhobenen Beweise dürfen im weiteren Verfahren nur mit Einwilligung des hierzu befugten gesetzlichen Vertreters verwertet werden.

[1)] § 81c Abs. 3 Satz 2 neu gef. durch G v. 12.9.1990 (BGBl. I S. 2002); Abs. 5 Satz 2 angef. durch G v. 17.3.1997 (BGBl. I S. 534); Abs. 5 Satz 1 geänd. mWv 1.9.2004 durch G v. 24.8.2004 (BGBl. I S. 2198); Abs. 3 Satz 3, Abs. 5 Satz 1 geänd. mWv 1.10.2009 durch G v. 29.7.2009 (BGBl. I S. 2280).

(4) Maßnahmen nach den Absätzen 1 und 2 sind unzulässig, wenn sie dem Betroffenen bei Würdigung aller Umstände nicht zugemutet werden können.

(5) [1] Die Anordnung steht dem Gericht, bei Gefährdung des Untersuchungserfolges durch Verzögerung auch der Staatsanwaltschaft und ihren Ermittlungspersonen (§ 152 des Gerichtsverfassungsgesetzes[1)]) zu; Absatz 3 Satz 3 bleibt unberührt. [2] § 81a Abs. 3 gilt entsprechend.

(6) [1] Bei Weigerung des Betroffenen gilt die Vorschrift des § 70 entsprechend. [2] Unmittelbarer Zwang darf nur auf besondere Anordnung des Richters angewandt werden. [3] Die Anordnung setzt voraus, daß der Betroffene trotz Festsetzung eines Ordnungsgeldes bei der Weigerung beharrt oder daß Gefahr im Verzuge ist.

§ 81d[2)] Durchführung körperlicher Untersuchungen durch Personen gleichen Geschlechts. (1) [1] Kann die körperliche Untersuchung das Schamgefühl verletzen, so wird sie von einer Person gleichen Geschlechts oder von einer Ärztin oder einem Arzt vorgenommen. [2] Bei berechtigtem Interesse soll dem Wunsch, die Untersuchung einer Person oder einem Arzt bestimmten Geschlechts zu übertragen, entsprochen werden. [3] Auf Verlangen der betroffenen Person soll eine Person des Vertrauens zugelassen werden. [4] Die betroffene Person ist auf die Regelungen der Sätze 2 und 3 hinzuweisen.

(2) Diese Vorschrift gilt auch dann, wenn die betroffene Person in die Untersuchung einwilligt.

§ 81e[3)] Molekulargenetische Untersuchung. (1) [1] An dem durch Maßnahmen nach § 81a Absatz 1 oder § 81c erlangten Material dürfen mittels molekulargenetischer Untersuchung das DNA-Identifizierungsmuster, die Abstammung und das Geschlecht der Person festgestellt und diese Feststellungen mit Vergleichsmaterial abgeglichen werden, soweit dies zur Erforschung des Sachverhalts erforderlich ist. [2] Andere Feststellungen dürfen nicht erfolgen; hierauf gerichtete Untersuchungen sind unzulässig.

(2) [1] Nach Absatz 1 zulässige Untersuchungen dürfen auch an aufgefundenem, sichergestelltem oder beschlagnahmtem Material durchgeführt werden. [2] Ist unbekannt, von welcher Person das Spurenmaterial stammt, dürfen zusätzlich Feststellungen über die Augen-, Haar- und Hautfarbe sowie das Alter der Person getroffen werden. [3] Absatz 1 Satz 2 und § 81a Abs. 3 erster Halbsatz gelten entsprechend. [4] Ist bekannt, von welcher Person das Material stammt, gilt § 81f Absatz 1 entsprechend.

§ 81f[4)] Verfahren bei der molekulargenetischen Untersuchung.

(1) [1] Untersuchungen nach § 81e Abs. 1 dürfen ohne schriftliche Einwilligung der betroffenen Person nur durch das Gericht, bei Gefahr im Verzug auch durch die Staatsanwaltschaft und ihre Ermittlungspersonen (§ 152 des Gerichtsverfassungsgesetzes[1)]) angeordnet werden. [2] Die einwilligende Person ist darüber zu belehren, für welchen Zweck die zu erhebenden Daten verwendet werden.

[1)] Nr. **95**.

[2)] § 81d neu gef. mWv 1.9.2004 durch G v. 24.6.2004 (BGBl. I S. 1354).

[3)] § 81e eingef. durch G v. 17.3.1997 (BGBl. I S. 534); Abs. 1 neu gef., Abs. 2 Sätze 1 und 2 geänd., Satz 3 angef. mWv 24.8.2017 durch G v. 17.8.2017 (BGBl. I S. 3202); Abs. 2 Satz 2 eingef., bish. Sätze 2 und 3 werden Sätze 3 und 4 mWv 13.12.2019 durch G v. 10.12.2019 (BGBl. I S. 2121).

[4)] § 81f eingef. durch G v. 17.3.1997 (BGBl. I S. 534); Abs. 1 neu gef., Abs. 2 Sätze 1 und 4 geänd. mWv 1.11.2005 durch G v. 12.8.2005 (BGBl. I S. 2360); Abs. 2 Satz 3 geänd., Satz 4 neu gef. mWv 26.11.2019 durch G v. 20.11.2019 (BGBl. I S. 1724).

(2) [1]Mit der Untersuchung nach § 81e sind in der schriftlichen Anordnung Sachverständige zu beauftragen, die öffentlich bestellt oder nach dem Verpflichtungsgesetz verpflichtet oder Amtsträger sind, die der ermittlungsführenden Behörde nicht angehören oder einer Organisationseinheit dieser Behörde angehören, die von der ermittlungsführenden Dienststelle organisatorisch und sachlich getrennt ist. [2]Diese haben durch technische und organisatorische Maßnahmen zu gewährleisten, daß unzulässige molekulargenetische Untersuchungen und unbefugte Kenntnisnahme Dritter ausgeschlossen sind. [3]Dem Sachverständigen ist das Untersuchungsmaterial ohne Mitteilung des Namens, der Anschrift und des Geburtstages und -monats der betroffenen Person zu übergeben. [4]Ist der Sachverständige eine nichtöffentliche Stelle, finden die Vorschriften der Verordnung (EU) 2016/679[1)] des Europäischen Parlaments und des Rates vom 27. April 2016 zum Schutz natürlicher Personen bei der Verarbeitung personenbezogener Daten, zum freien Datenverkehr und zur Aufhebung der Richtlinie 95/46/EG (Datenschutz-Grundverordnung) (ABl. L 119 vom 4.5.2016, S. 1; L 314 vom 22.11.2016, S. 72; L 127 vom 23.5.2018, S. 2) und des Bundesdatenschutzgesetzes[2)] auch dann

(Fortsetzung nächstes Blatt)

[1)] **Sartorius Nr. 246.**
[2)] **Sartorius Nr. 245.**

Lfd. Nr.	Änderndes Gesetz	Datum	Fundstelle	Betroffen	Hinweis
63.	Art. 15 Abs. 7 G zur Reform des Vormundschafts- und Betreuungsrechts	4.5.2021	BGBl. I S. 882	§ 60	geänd. mWv 1.1.2023
64.	Art. 4 G zur Bekämpfung sexualisierter Gewalt gegen Kinder	16.6.2021	BGBl. I S. 1810	§§ 32, 33, 34, 41, 45, 46, 69	geänd. mWv 1.7.2022
65.	Art. 2 G zur Durchführung der VO (EU) 2019/816 sowie zur Änd. weiterer Vorschriften	10.8.2021	BGBl. I S. 3420	§§ 5, 21, 41	geänd. mWv 18.8.2021
				§ 20b	eingef. mWv 18.8.2021
				§§ 5, 21a, 32, 41, 57, 57a	geänd. mWv 1.10.2022
				2. Teil 8. Abschnitt (§§ 58a, 58b, 58c)	eingef. mWv 1.10.2022

Vorbemerkung:
Die Änderung durch G v. 4.5.2021 (BGBl. I S. 882) tritt erst mWv 1.1.2023 in Kraft und ist im Text noch nicht berücksichtigt.

Nichtamtliche Inhaltsübersicht

Erster Teil. Registerbehörde

§ 1[1)] **Bundeszentralregister.** (1) Für den Geltungsbereich dieses Gesetzes führt das Bundesamt für Justiz ein Zentralregister und ein Erziehungsregister (Bundeszentralregister).

(2) [1] Die näheren Bestimmungen trifft das Bundesministerium der Justiz und für Verbraucherschutz. [2] Soweit die Bestimmungen die Erfassung und Aufbereitung der Daten sowie die Auskunftserteilung betreffen, werden sie von der Bundesregierung mit Zustimmung des Bundesrates erlassen.

§ 2[2)] *(aufgehoben)*

Zweiter Teil. Das Zentralregister

Erster Abschnitt. Inhalt und Führung des Registers

§ 3[3)] **Inhalt des Registers.** In das Register werden eingetragen

1. strafgerichtliche Verurteilungen (§§ 4 bis 7),
2. *(aufgehoben)*
3. Entscheidungen von Verwaltungsbehörden und Gerichten (§ 10),
4. gerichtliche Entscheidungen und Verfügungen von Strafverfolgungsbehörden wegen Schuldunfähigkeit (§ 11),
5. gerichtliche Feststellungen nach § 17 Abs. 2, § 18,
6. nachträgliche Entscheidungen und Tatsachen, die sich auf eine der in den Nummern 1 bis 4 genannten Eintragungen beziehen (§§ 12 bis 16, § 17 Abs. 1).

---

1) § 1 neu gef. mWv 1.1.2007 durch G v. 17.12.2006 (BGBl. I S. 3171); Abs. 1 geänd. mWv 27.4.2012 durch G v. 15.12.2011 (BGBl. I S. 2714); Abs. 1 und 2 Satz 1 geänd. mWv 29.7.2017 durch G v. 18.7. 2017 (BGBl. I S. 2732).

2) § 2 aufgeh. mWv 1.1.2007 durch G v. 17.12.2006 (BGBl. I S. 3171).

3) § 3 Nr. 2 aufgeh., Nr. 6 geänd. durch G v. 12.9.1990 (BGBl. I S. 2002); Nr. 4 neu gef. mWv 29.7. 2017, Nr. 1 geänd. mWv 31.8.2020 durch G v. 18.7.2017 (BGBl. I S. 2732).

§ 4 Verurteilungen. In das Register sind die rechtskräftigen Entscheidungen einzutragen, durch die ein deutsches Gericht im Geltungsbereich dieses Gesetzes wegen einer rechtswidrigen Tat

1. auf Strafe erkannt,
2. eine Maßregel der Besserung und Sicherung angeordnet,
3. jemanden nach § 59 des Strafgesetzbuchs[1)] mit Strafvorbehalt verwarnt oder
4. nach § 27 des Jugendgerichtsgesetzes[2)] die Schuld eines Jugendlichen oder Heranwachsenden festgestellt

hat.

§ 5[3)] Inhalt der Eintragung. (1) Einzutragen sind

1. die Personendaten der betroffenen Person; dazu gehören der Geburtsname, ein hiervon abweichender Familienname, die Vornamen, das Geschlecht, das Geburtsdatum, der Geburtsort, die Staatsangehörigkeit und die Anschrift sowie abweichende Personendaten,
2. die entscheidende Stelle samt Geschäftsnummer,
3. der Tag der (letzten) Tat,
4. der Tag des ersten Urteils; bei Strafbefehlen gilt als Tag des ersten Urteils der Tag der Unterzeichnung durch den Richter; ist gegen den Strafbefehl Einspruch eingelegt worden, so ist der Tag der auf den Einspruch ergehenden Entscheidung Tag des ersten Urteils, außer wenn der Einspruch verworfen wurde,
5. der Tag der Rechtskraft,
6. die rechtliche Bezeichnung der Tat, deren die verurteilte Person schuldig gesprochen worden ist, unter Angabe der angewendeten Strafvorschriften,
7. die verhängten Strafen, die nach § 59 des Strafgesetzbuchs[1)] vorbehaltene Strafe sowie alle kraft Gesetzes eintretenden oder in der Entscheidung neben einer Strafe oder neben Freisprechung oder selbständig angeordneten oder vorbehaltenen Maßnahmen (§ 11 Abs. 1 Nr. 8 des Strafgesetzbuchs) und Nebenfolgen,
8. bei Drittstaatsangehörigen im Sinne des Artikels 3 Nummer 7 der Verordnung (EU) 2019/816 des Europäischen Parlaments und des Rates vom 17. April 2019 zur Einrichtung eines zentralisierten Systems für die Ermittlung der Mitgliedstaaten, in denen Informationen zu Verurteilungen von Drittstaatsangehörigen und Staatenlosen (ECRIS-TCN) vorliegen, zur Ergänzung des Europäischen Strafregisterinformationssystems und zur Änderung der Verordnung (EU) 2018/1726 (ABl. L 135 vom 22.5.2019, S. 1), die durch die Verordnung (EU) 2019/818 (ABl. L 135 vom 22.5.2019, S. 85) geändert worden ist, oder Personen, die neben einer Unionsstaatsangehörigkeit auch die Staatsangehörigkeit eines Drittstaats besitzen, die daktyloskopische Nummer, wenn sie für die Erstellung eines Datensatzes gemäß Artikel 5 Absatz 1 Buchstabe b der Verordnung (EU) 2019/816 erforderlich ist.

(2) Die Anordnung von Erziehungsmaßregeln und Zuchtmitteln sowie von Nebenstrafen und Nebenfolgen, auf die bei Anwendung von Jugendstrafrecht

---

[1)] Nr. **85**.
[2)] Nr. **89**.
[3)] § 5 Abs. 1 Nr. 7 geänd., Abs. 3 Satz 2 angef. durch G v. 15.7.1992 (BGBl. I S. 1302); Abs. 1 Nr. 1 neu gef. mWv 30.4.2002 durch G v. 23.4.2002 (BGBl. I S. 1406); Abs. 1 Nr. 7 geänd. mWv 28.8.2002 durch G v. 21.8.2002 (BGBl. I S. 3344); Abs. 1 Nr. 1 geänd. mWv 26.11.2019 durch G v. 20.11.2019 (BGBl. I S. 1626); Abs. 1 Nr. 6 geänd. mWv 18.8.2021, Nr. 7 geänd., Nr. 8 angef. mWv 1.10.2022 durch G v. 10.8.2021 (BGBl. I S. 3420).

erkannt worden ist, wird in das Register eingetragen, wenn sie mit einem Schuldspruch nach § 27 des Jugendgerichtsgesetzes[1], einer Verurteilung zu Jugendstrafe oder der Anordnung einer Maßregel der Besserung und Sicherung verbunden ist.

(3) [1] Ist auf Geldstrafe erkannt, so sind die Zahl der Tagessätze und die Höhe eines Tagessatzes einzutragen. [2] Ist auf Vermögensstrafe erkannt, so sind deren Höhe und die Dauer der Ersatzfreiheitsstrafe einzutragen.

§ 6 Gesamtstrafe und Einheitsstrafe. Wird aus mehreren Einzelstrafen nachträglich eine Gesamtstrafe gebildet oder eine einheitliche Jugendstrafe festgesetzt, so ist auch diese in das Register einzutragen.

§ 7[2] Aussetzung zur Bewährung; Vorbehalt der Entscheidung über die Aussetzung. (1) [1] Wird die Vollstreckung einer Strafe oder eine Maßregel der Besserung und Sicherung zur Bewährung ausgesetzt oder wird die Entscheidung über die Aussetzung einer Jugendstrafe zur Bewährung im Urteil einem nachträglichen Beschluss vorbehalten, so ist dies in das Register einzutragen. [2] Dabei ist das Ende der Bewährungszeit, der Führungsaufsicht oder einer vom Gericht für die Entscheidung über die Aussetzung einer Jugendstrafe zur Bewährung gesetzten Frist zu vermerken.

(2) Hat das Gericht den Verurteilten nach § 56d des Strafgesetzbuchs[3] oder nach § 61b Absatz 1 Satz 2 des Jugendgerichtsgesetzes[1] der Aufsicht und Leitung eines Bewährungshelfers unterstellt, so ist auch diese Entscheidung einzutragen.

(3) Wird jemand mit Strafvorbehalt verwarnt (§ 59 des Strafgesetzbuchs) oder wird die Entscheidung über die Verhängung einer Jugendstrafe zur Bewährung ausgesetzt (§ 27 des Jugendgerichtsgesetzes), so ist das Ende der Bewährungszeit einzutragen.

§§ 8, 9[4] *(aufgehoben)*

§ 10[5] Entscheidungen von Verwaltungsbehörden und Gerichten.

(1) [1] In das Register sind die vollziehbaren und die nicht mehr anfechtbaren Entscheidungen einer Verwaltungsbehörde einzutragen, durch die

1. von einer deutschen Behörde die Entfernung eines Mitgliedes einer Truppe oder eines zivilen Gefolges der Stationierungsstreitkräfte nach Artikel III Abs. 5 des NATO-Truppenstatuts verlangt wird,
2. ein Paß versagt, entzogen oder in seinem Geltungsbereich beschränkt oder angeordnet wird, daß ein Personalausweis nicht zum Verlassen des Gebiets des Geltungsbereichs des Grundgesetzes[6] über eine Auslandsgrenze berechtigt,
3. a) nach dem Waffengesetz[7] der Besitz und Erwerb von Waffen und Munition untersagt wird,

---

[1] Nr. **89**.

[2] § 7 Überschrift und Abs. 1 neu gef., Abs. 2 geänd. durch G v. 18.7.2017 (BGBl. I S. 2732).

[3] Nr. **85**.

[4] § 8 aufgeh. mWv 31.8.2020 durch G v. 18.7.2017 (BGBl. I S. 2732); § 9 aufgeh. durch G v. 12.9. 1990 (BGBl. I S. 2002).

[5] § 10 Abs. 1 Nr. 1 und 2 aufgeh., bish. Nr. 3–5 werden Nr. 1–3 mWv 1.10.2002 durch G v. 23.4.2002 (BGBl. I S. 1406); Abs. 1 Nr. 3 Buchst. b geänd. mWv 1.9.2005 durch G v. 15.6.2005 (BGBl. I S. 1626); Abs. 1 Nr. 3 Buchst. a neu gef., Buchst. b geänd. mWv 27.4.2012 durch G v. 15.12.2011 (BGBl. I S. 2714); Abs. 1 Satz 2 angef., Abs. 2 Satz 1 Nr. 1 und 2, abschl. Satzteil geänd., Satz 2 angef. mWv 29.7. 2017 durch G v. 18.7.2017 (BGBl. I S. 2732).

[6] **Habersack, Deutsche Gesetze ErgBd. Nr. 1.**

[7] **Sartorius Nr. 820.**

b) die Erteilung einer Waffenbesitzkarte, eines Munitionserwerbscheins, eines Waffenscheins, eines Jagdscheins oder einer Erlaubnis nach § 27 des Sprengstoffgesetzes wegen Unzuverlässigkeit oder fehlender persönlicher Eignung abgelehnt oder nach § 34 des Sprengstoffgesetzes[1)] zurückgenommen oder widerrufen wird.

[2] Einzutragen sind auch der Verzicht auf die Erlaubnis zum Erwerb und Besitz von Waffen (§ 10 Absatz 1 des Waffengesetzes) oder Munition (§ 10 Absatz 3 des Waffengesetzes), zum Führen einer Waffe (§ 10 Absatz 4 des Waffengesetzes), zur Ausübung der Jagd (§ 15 des Bundesjagdgesetzes[2)]) sowie der Verzicht auf die Erlaubnis nach § 27 des Sprengstoffgesetzes, wenn der jeweilige Verzicht während eines Rücknahme- oder Widerrufsverfahrens wegen Unzuverlässigkeit oder fehlender persönlicher Eignung oder nach § 34 des Sprengstoffgesetzes erfolgt.

(2) [1] In das Register sind auch die vollziehbaren und die nicht mehr anfechtbaren Entscheidungen einer Verwaltungsbehörde sowie rechtskräftige gerichtliche Entscheidungen einzutragen, durch die wegen Unzuverlässigkeit, Ungeeignetheit oder Unwürdigkeit

1. ein Antrag auf Zulassung zu einem Beruf abgelehnt oder eine erteilte Erlaubnis zurückgenommen oder widerrufen,
2. die Ausübung eines Berufes untersagt,
3. die Befugnis zur Einstellung oder Ausbildung von Auszubildenden entzogen oder
4. die Beschäftigung, Beaufsichtigung, Anweisung oder Ausbildung von Kindern und Jugendlichen verboten

wird; richtet sich die Entscheidung nicht gegen eine natürliche Person, so ist die Eintragung bei der vertretungsberechtigten natürlichen Person vorzunehmen, die unzuverlässig, ungeeignet oder unwürdig ist. [2] Einzutragen sind auch Verzichte auf eine Zulassung zu einem Beruf während eines Rücknahme- oder Widerrufsverfahrens wegen Unzuverlässigkeit, Ungeeignetheit oder Unwürdigkeit.

(3) Wird eine nach Absatz 1 oder 2 eingetragene vollziehbare Entscheidung unanfechtbar, so ist dies in das Register einzutragen.

§ 11[3) 4)] Schuldunfähigkeit. (1) [1] In das Register sind einzutragen

1. gerichtliche Entscheidungen und Verfügungen einer Strafverfolgungsbehörde, durch die ein Strafverfahren wegen erwiesener oder nicht auszuschließender Schuldunfähigkeit oder auf psychischer Krankheit beruhender Verhandlungsunfähigkeit ohne Verurteilung abgeschlossen wird,
2. gerichtliche Entscheidungen, durch die der Antrag der Staatsanwaltschaft, eine Maßregel der Besserung und Sicherung selbständig anzuordnen (§ 413 der Strafprozessordnung[5)]), mit der Begründung abgelehnt wird, dass von dem Beschuldigten erhebliche rechtswidrige Taten nicht zu erwarten seien oder dass er für die Allgemeinheit trotzdem nicht gefährlich sei,

---

[1)] **Sartorius ErgBd. Nr. 822.**

[2)] **Sartorius Nr. 890.**

[3)] § 11 Abs. 1 neu gef., Abs. 2 eingef., bish. Abs. 2 wird Abs. 3 mWv 1.10.2002 durch G v. 23.4.2002 (BGBl. I S. 1406); Abs. 1 Satz 1 abschl. Satzteil geänd. mWv 31.8.2020 durch G v. 18.7.2017 (BGBl. I S. 2732); Abs. 2 geänd. mWv 26.11.2019 durch G v. 20.11.2019 (BGBl. I S. 1626).

[4)] Beachte hierzu Übergangsvorschrift in § 69 Abs. 3.

[5)] Nr. **90**.

sofern die Entscheidung oder Verfügung auf Grund eines medizinischen Sachverständigengutachtens in einem Strafverfahren ergangen ist und das Gutachten bei der Entscheidung nicht älter als fünf Jahre ist. [2]Das Datum des Gutachtens ist einzutragen. [3]Verfügungen der Staatsanwaltschaft werden eingetragen, wenn auf Grund bestimmter Tatsachen davon auszugehen ist, dass weitere Ermittlungen zur Erhebung der öffentlichen Klage führen würden. [4]§ 5 findet entsprechende Anwendung. [6]Ferner ist einzutragen, ob es sich bei der Tat um ein Vergehen oder ein Verbrechen handelt.

(2) Die Registerbehörde unterrichtet die betroffene Person von der Eintragung.

(3) Absatz 1 gilt nicht, wenn lediglich die fehlende Verantwortlichkeit eines Jugendlichen (§ 3 des Jugendgerichtsgesetzes[1)]) festgestellt wird oder nicht ausgeschlossen werden kann.

§ 12[2)] Nachträgliche Entscheidungen nach allgemeinem Strafrecht.

(1) In das Register sind einzutragen

1. die nachträgliche Aussetzung der Strafe, eines Strafrestes oder einer Maßregel der Besserung und Sicherung; dabei ist das Ende der Bewährungszeit oder der Führungsaufsicht zu vermerken,
2. die nachträgliche Unterstellung des Verurteilten unter die Aufsicht und Leitung eines Bewährungshelfers sowie die Abkürzung oder Verlängerung der Bewährungszeit oder der Führungsaufsicht,
3. der Erlaß oder Teilerlaß der Strafe,
4. die Überweisung des Täters in den Vollzug einer anderen Maßregel der Besserung und Sicherung,
5. der Widerruf der Aussetzung einer Strafe, eines Strafrestes oder einer Maßregel der Besserung und Sicherung zur Bewährung und der Widerruf des Straferlasses,
6. die Aufhebung der Unterstellung unter die Aufsicht und Leitung eines Bewährungshelfers,
7. der Tag des Ablaufs des Verlustes der Amtsfähigkeit, der Wählbarkeit und des Wahl- und Stimmrechts,
8. die vorzeitige Aufhebung der Sperre für die Erteilung der Fahrerlaubnis,
9. Entscheidungen über eine vorbehaltene Sicherungsverwahrung,
10. die nachträgliche Anordnung der Unterbringung in der Sicherungsverwahrung.

(2) [1]Wird nach einer Verwarnung mit Strafvorbehalt auf die vorbehaltene Strafe erkannt, so ist diese Entscheidung in das Register einzutragen. [2]Stellt das Gericht nach Ablauf der Bewährungszeit fest, daß es bei der Verwarnung sein Bewenden hat (§ 59b Abs. 2 des Strafgesetzbuchs[3)]), so wird die Eintragung über die Verwarnung mit Strafvorbehalt aus dem Register entfernt.

[1)] Nr. **89**.

[2)] § 12 Abs. 1 Nr. 8 geänd., Nr. 9 angef. mWv 28.8.2002 durch G v. 21.8.2002 (BGBl. I S. 3344); Abs. 1 Nr. 9 geänd., Nr. 10 angef. mWv 29.7.2004 durch G v. 23.7.2004 (BGBl. I S. 1838).

[3)] Nr. **85**.

§ 13[1] Nachträgliche Entscheidungen nach Jugendstrafrecht. (1) In das Register sind einzutragen

1. die Aussetzung der Jugendstrafe zur Bewährung durch Beschluß; dabei ist das Ende der Bewährungszeit zu vermerken,
2. die Aussetzung des Strafrestes; dabei ist das Ende der Bewährungszeit zu vermerken,
3. die Abkürzung oder Verlängerung der Bewährungszeit,
4. der Erlaß oder Teilerlaß der Jugendstrafe,
5. die Beseitigung des Strafmakels,
6. der Widerruf der Aussetzung einer Jugendstrafe oder eines Strafrestes und der Beseitigung des Strafmakels,
7. Entscheidungen über eine vorbehaltene Sicherungsverwahrung,
8. die nachträgliche Anordnung der Unterbringung in der Sicherungsverwahrung.

(2) [1]Wird nach § 30 Abs. 1 des Jugendgerichtsgesetzes[2] auf Jugendstrafe erkannt, so ist auch diese in das Register einzutragen; § 7 Abs. 1 gilt entsprechend. [2]Die Eintragung über einen Schuldspruch wird aus dem Register entfernt, wenn der Schuldspruch

1. nach § 30 Abs. 2 des Jugendgerichtsgesetzes getilgt wird oder
2. nach § 31 Abs. 2, § 66 des Jugendgerichtsgesetzes in eine Entscheidung einbezogen wird, die in das Erziehungsregister einzutragen ist.

(3) Die Eintragung über eine Verurteilung wird aus dem Register entfernt, wenn diese in eine Entscheidung einbezogen wird, die in das Erziehungsregister einzutragen ist.

§ 14 Gnadenerweise und Amnestien. In das Register sind einzutragen

1. die Aussetzung einer im Register eingetragenen Strafe oder einer Maßregel der Besserung und Sicherung sowie deren Widerruf; wird eine Bewährungszeit festgesetzt, so ist auch deren Ende zu vermerken,
2. die Unterstellung des Verurteilten unter die Aufsicht und Leitung eines Bewährungshelfers sowie die Abkürzung oder Verlängerung der Bewährungszeit,
3. der Erlaß, der Teilerlaß, die Ermäßigung oder die Umwandlung einer im Register eingetragenen Strafe oder einer Maßregel der Besserung und Sicherung sowie die Wiederverleihung von Fähigkeiten und Rechten, die der Verurteilte nach dem Strafgesetz infolge der Verurteilung verloren hatte,
4. die Aufhebung der Unterstellung unter die Aufsicht und Leitung eines Bewährungshelfers.

§ 15[3] Eintragung der Vollstreckung und des Freiheitsentzugs. Ist eine Freiheitsstrafe, ein Strafarrest, eine Jugendstrafe oder eine Maßregel der Besserung und Sicherung zu vollstrecken, sind in das Register das Datum einzutragen,

---

[1] § 13 Abs. 2 Satz 1 geänd. durch G v. 30.8.1990 (BGBl. I S. 1853); Abs. 1 Nr. 2 neu gef. mWv 30.4.2002 durch G v. 23.4.2002 (BGBl. I S. 1406); Abs. 3 angef. mWv 27.4.2012 durch G v. 15.12.2011 (BGBl. I S. 2714); Abs. 1 Nr. 6 geänd., Nr. 7 und 8 angef. mWv 29.7.2017 durch G v. 18.7.2017 (BGBl. I S. 2732).

[2] Nr. **89**.

[3] 15 neu gef. mWv 27.4.2012 durch G v. 15.12.2011 (BGBl. I S. 2714); einl. Satzteil, Nr. 2 und 3 geänd., Nr. 4 angef. mWv 31.8.2020 durch G v. 18.7.2017 (BGBl. I S. 2732).

1. an dem die Vollstreckung der Freiheitsstrafe, des Strafarrests, der Jugendstrafe oder der Maßregel der Besserung und Sicherung endet oder in sonstiger Weise erledigt ist,
2. an dem nach einer Aussetzung zur Bewährung der Freiheitsentzug tatsächlich endet,
3. an dem eine Freiheitsstrafe und eine freiheitsentziehende Maßregel der Besserung und Sicherung, die auf Grund einer Entscheidung zu vollstrecken sind, jeweils beginnt oder endet und
4. an dem bei Anordnung einer Sperre für die Erteilung einer Fahrerlaubnis (§ 69a des Strafgesetzbuchs[1)]) deren Ablauf der Sperre eintritt.

§ 16 Wiederaufnahme des Verfahrens. (1) In das Register ist der rechtskräftige Beschluß einzutragen, durch den das Gericht wegen einer registerpflichtigen Verurteilung die Wiederaufnahme des Verfahrens anordnet (§ 370 Abs. 2 der Strafprozeßordnung[2)]).

(2) [1] Ist die endgültige Entscheidung in dem Wiederaufnahmeverfahren (§§ 371, 373 der Strafprozeßordnung) rechtskräftig geworden, so wird die Eintragung nach Absatz 1 aus dem Register entfernt. [2] Wird durch die Entscheidung das frühere Urteil aufrechterhalten, so wird dies im Register vermerkt. [3] Andernfalls wird die auf die erneute Hauptverhandlung ergangene Entscheidung in das Register eingetragen, wenn sie eine registerpflichtige Verurteilung enthält, die frühere Eintragung wird aus dem Register entfernt.

§ 17 Sonstige Entscheidungen und gerichtliche Feststellungen. (1) [1] Wird die Vollstreckung einer Strafe, eines Strafrestes oder der Unterbringung in einer Entziehungsanstalt nach § 35 – auch in Verbindung mit § 38 – des Betäubungsmittelgesetzes[3)] zurückgestellt, so ist dies in das Register einzutragen. [2] Dabei ist zu vermerken, bis zu welchem Tage die Vollstreckung zurückgestellt worden ist. [3] Wird nachträglich ein anderer Tag festgesetzt oder die Zurückstellung der Vollstreckung widerrufen, so ist auch dies mitzuteilen.

(2) Wird auf Freiheitsstrafe von nicht mehr als zwei Jahren erkannt und hat das Gericht festgestellt, daß der Verurteilte die Tat auf Grund einer Betäubungsmittelabhängigkeit begangen hat, so ist diese Feststellung in das Register einzutragen; dies gilt auch bei einer Gesamtstrafe von nicht mehr als zwei Jahren, wenn der Verurteilte alle oder den ihrer Bedeutung nach überwiegenden Teil der abgeurteilten Straftaten auf Grund einer Betäubungsmittelabhängigkeit begangen hat.

§ 18 Straftaten im Zusammenhang mit der Ausübung eines Gewerbes. Ist eine Verurteilung im Falle des § 32 Abs. 4 in ein Führungszeugnis aufzunehmen, so ist dies in das Register einzutragen.

§ 19[4)] Aufhebung von Entscheidungen. (1) Wird eine nach § 10 eingetragene Entscheidung aufgehoben oder durch eine neue Entscheidung gegenstandslos, so wird die Eintragung aus dem Register entfernt.

[1)] Nr. **85**.
[2)] Nr. **90**.
[3)] **Habersack, Deutsche Gesetze ErgBd. Nr. 86.**
[4)] § 19 neu gef. durch G v. 12.9.1990 (BGBl. I S. 2002); Abs. 2 Nr. 2 geänd., Nr. 3 angef. mWv 29.7.2017 durch G v. 18.7.2017 (BGBl. I S. 2732).

(2) Entsprechend wird verfahren, wenn

1. die Vollziehbarkeit einer nach § 10 eingetragenen Entscheidung aufgrund behördlicher oder gerichtlicher Entscheidung entfällt,
2. die Verwaltungsbehörde eine befristete Entscheidung erlassen oder in der Mitteilung an das Register bestimmt hat, daß die Entscheidung nur für eine bestimmte Frist eingetragen werden soll, und diese Frist abgelaufen ist,
3. ein nach § 10 Absatz 1 Satz 1 Nummer 3 Buchstabe b oder Absatz 2 Satz 2 eingetragener Verzicht durch eine spätere Entscheidung gegenstandslos wird.

§ 20[1] Mitteilungen, Berichtigungen, Sperrvermerke. (1) [1]Gerichte und Behörden teilen der Registerbehörde die in den §§ 4 bis 19 bezeichneten Entscheidungen, Feststellungen und Tatsachen mit. [2]Stellen sie fest, dass die mitgeteilten Daten unrichtig sind, haben sie der Registerbehörde dies und, soweit und sobald sie bekannt sind, die richtigen Daten unverzüglich anzugeben. [3]Stellt die Registerbehörde eine Unrichtigkeit fest, hat sie die mitteilende Stelle zu ersuchen, die richtigen Daten mitzuteilen. [4]In beiden Fällen hat die Registerbehörde die unrichtige Eintragung zu berichtigen. [5]Die mitteilende Stelle sowie Stellen, denen nachweisbar eine unrichtige Auskunft erteilt worden ist, sind hiervon zu unterrichten, sofern es sich nicht um eine offenbare Unrichtigkeit handelt. [6]Die Unterrichtung der mitteilenden Stelle unterbleibt, wenn seit Eingang der Mitteilung nach Satz 1 mehr als zehn Jahre verstrichen sind. [7]Dies gilt nicht bei Verurteilung zu lebenslanger Freiheitsstrafe sowie bei Anordnung der Unterbringung in der Sicherungsverwahrung oder in einem psychiatrischen Krankenhaus. [8]Die Frist verlängert sich bei Verurteilung zu Freiheitsstrafe, Strafarrest oder Jugendstrafe um deren Dauer.

(2) [1]Legt die betroffene Person schlüssig dar, dass eine Eintragung unrichtig ist, so hat die Registerbehörde die Eintragung mit einem Sperrvermerk zu versehen, solange sich weder die Richtigkeit noch die Unrichtigkeit der Eintragung feststellen lässt. [2]Die betroffene Person kann nur in diesem Fall abweichend von Artikel 18 Absatz 1 Buchstabe a der Verordnung (EU) 2016/679[2] des Europäischen Parlaments und des Rates vom 27. April 2016 zum Schutz natürlicher Personen bei der Verarbeitung personenbezogener Daten, zum freien Datenverkehr und zur Aufhebung der Richtlinie 95/46/EG (Datenschutz-Grundverordnung) (ABl. L 119 vom 4.5.2016, S. 1; L 314 vom 22.11.2016, S. 72; L 127 vom 23.5.2018, S. 2) in der jeweils geltenden Fassung die Einschränkung der Verarbeitung der gespeicherten Daten von der Registerbehörde verlangen. [3]Die Daten dürfen außer zur Prüfung der Richtigkeit und außer in den Fällen des Absatzes 3 Satz 1 ohne Einwilligung der betroffenen Person nicht verarbeitet werden. [4]Absatz 1 Satz 5 bis 8 gilt entsprechend.

(3) [1]Sind Eintragungen mit einem Sperrvermerk versehen, wird eine Auskunft über sie nur den in § 41 Abs. 1 Nr. 1, 3 bis 5 genannten Stellen erteilt. [2]In der Auskunft ist auf den Sperrvermerk hinzuweisen. [3]Im Übrigen wird nur auf den Sperrvermerk hingewiesen.

---

[1] § 20 neu gef. mWv 1.10.2002 durch G v. 23.4.2002 (BGBl. I S. 1406); Abs. 1 Sätze 6–8 angef. mWv 1.9.2014 durch G v. 6.9.2013 (BGBl. I S. 3556); Abs. 2 neu gef. mWv 26.11.2019 durch G v. 20.11.2019 (BGBl. I S. 1626).

[2] **Sartorius Nr. 246.**

§ 20a[1)] Änderung von Personendaten. (1) [1]Die Meldebehörden haben der Registerbehörde bei Änderung des Geburtsnamens, Familiennamens, Vornamens oder Geburtsdatums einer Person für die in den Absätzen 2 und 3 genannten Zwecke neben dem bisherigen Namen oder Geburtsdatum folgende weitere Daten zu übermitteln:

1. Geburtsname,
2. Familienname,
3. Vorname,
4. Geburtsdatum,
5. Geburtsort,
6. Anschrift,
7. Bezeichnung der Behörde, die die Änderung im Melderegister veranlaßt hat, sowie
8. Datum und Aktenzeichen des zugrundeliegenden Rechtsaktes.

[2]Die Mitteilung ist ungeachtet des Offenbarungsverbots nach § 5 Abs. 1 des Transsexuellengesetzes und des Adoptionsgeheimnisses nach § 1758 Abs. 1 des Bürgerlichen Gesetzbuchs[2)] zulässig.

(2) Enthält das Register eine Eintragung oder einen Suchvermerk über diejenige Person, deren Geburtsname, Familienname, Vorname oder Geburtsdatum sich geändert hat, ist der geänderte Name oder das geänderte Geburtsdatum in den Eintrag oder den Suchvermerk aufzunehmen.

(3) [1]Eine Mitteilung nach Absatz 1 darf nur für die in Absatz 2, § 494 Absatz 1 der Strafprozeßordnung[3)] oder in § 153a Abs. 2 der Gewerbeordnung[4)] genannten Zwecke verwendet werden. [2]Liegen diese Voraussetzungen nicht vor, so ist die Mitteilung von der Registerbehörde unverzüglich zu vernichten.

§ 20b[5)] Identifizierungsverfahren. [1]Soweit dies zur Durchführung der Aufgaben der Registerbehörde, insbesondere nach diesem Gesetz erforderlich ist, darf die Registerbehörde bei Zweifeln an der Identität einer Person, für die eine Eintragung im Bundeszentralregister gespeichert ist, ausschließlich zur Feststellung der Identität dieser Person, allein oder nebeneinander, insbesondere Auskünfte von den folgenden öffentlichen Stellen einholen:

1. aus dem Melderegister,
2. aus dem Ausländerzentralregister sowie
3. von Ausländerbehörden und Standesämtern.

[2]Im Rahmen eines solchen Auskunftsersuchens darf die Registerbehörde den ersuchten öffentlichen Stellen die hierzu erforderlichen personenbezogenen Daten übermitteln. [3]Die ersuchten öffentlichen Stellen haben die von der Registerbehörde übermittelten personenbezogenen Daten spätestens nach Erteilung der Auskunft unverzüglich zu löschen.

[1)] § 20a eingef. mWv 1.6.1998 durch G v. 18.6.1997 (BGBl. I S. 1430); Abs. 1 Satz 2 angef. mWv 30.4.2002 durch G v. 23.4.2002 (BGBl. I S. 1406); Abs. 1 Satz 1 geänd. mWv 1.9.2014 durch G v. 6.9.2013 (BGBl. I S. 3556); Überschrift neu gef., Abs. 1 Satz 1 einl. Satzteil und Nr. 7 geänd., Abs. 2 neu gef., Abs. 3 Satz 1 geänd. mWv 29.7.2017 durch G v. 18.7.2017 (BGBl. I S. 2732); Abs. 3 Satz 1 geänd. mWv 26.11.2019 durch G v. 20.11.2019 (BGBl. I S. 1724).

[2)] Nr. **20**.

[3)] Nr. **90**.

[4)] **Sartorius Nr. 800.**

[5)] § 20b eingef. mWv 18.8.2021 durch G v. 10.8.2021 (BGBl. I S. 3420).

§ 21[1) 2)] **Automatisiertes Auskunftsverfahren.** [1]Die Einrichtung eines automatisierten Anfrage- und Auskunftsverfahrens für die Übermittlung personenbezogener Daten ist zulässig, soweit diese Form der Datenübermittlung unter Berücksichtigung der schutzwürdigen Interessen der betroffenen Personen wegen der Vielzahl der Übermittlungen oder wegen ihrer besonderen Eilbedürftigkeit angemessen ist und wenn gewährleistet ist, dass die Daten gegen den unbefugten Zugriff Dritter bei der Übermittlung wirksam geschützt werden. [2]§ 493 Absatz 2 und 3 Satz 1 und 2 der Strafprozessordnung[3)] gilt entsprechend; für Auskunftsersuchen der Verfassungsschutzbehörden des Bundes und der Länder, des Bundesnachrichtendienstes und des Militärischen Abschirmdienstes gelten darüber hinaus § 492 Absatz 4a der Strafprozessordnung und § 8 der Verordnung über den Betrieb des Zentralen Staatsanwaltschaftlichen Verfahrensregisters entsprechend.

§ 21a[4)] **Protokollierungen.** (1) Die Registerbehörde fertigt zu den von ihr erteilten Auskünften, Mitteilungen und Hinweisen Protokolle, die folgende Daten enthalten:

1. die Vorschrift, auf der die Auskunft oder der Hinweis beruht,
2. den Zweck der Auskunft,
3. die in der Anfrage und der Auskunft verarbeiteten Personendaten,
4. die Person oder Stelle, die um Erteilung der Auskunft ersucht hat, den Empfänger eines Hinweises sowie die Behörde in den Fällen des § 30 Absatz 5 oder deren Kennung,
5. den Zeitpunkt der Übermittlung,
6. die Namen der Bediensteten, die die Mitteilung gemacht haben, oder eine Kennung, außer bei Abrufen im automatisierten Verfahren,
7. das Aktenzeichen, außer bei Führungszeugnissen nach § 30 Absatz 1, den §§ 30a und 30b.

(2) [1]Die Protokolldaten nach Absatz 1 dürfen nur für Mitteilungen über Berichtigungen nach § 20, zu internen Prüfzwecken, zur Datenschutzkontrolle und zur Auskunft aus Protokolldaten entsprechend Absatz 3 verarbeitet werden. [2]Sie sind durch geeignete Vorkehrungen gegen Missbrauch zu schützen. [3]Protokolldaten, soweit sie sich nicht auf Datenverarbeitungsvorgänge nach Artikel 31 der Verordnung (EU) 2019/816 beziehen, sowie Nachweise nach § 30c Absatz 3 sind nach einem Jahr zu löschen, es sei denn, sie werden für Zwecke nach Satz 1 benötigt. [4]Danach sind sie unverzüglich zu löschen.

(3) [1]Soweit sich das Auskunftsrecht der betroffenen Person nach Artikel 15 der Verordnung (EU) 2016/679[5)] auf Auskünfte bezieht, die einer Stelle nach den §§ 31 und 41 erteilt wurden, entscheidet die Registerbehörde über die Beschränkung des Auskunftsrechts nach Maßgabe des Bundesdatenschutzgesetzes[6)] im Einvernehmen mit dieser Stelle. [2]Für die Antragsberechtigung und das Verfahren gilt

---

[1)] Früherer § 21a eingef. mWv 30.4.2002 durch G v. 23.4.2002 (BGBl. I S. 1406); Satz 2 neu gef. mWv 26.11.2015 durch G v. 20.11.2015 (BGBl. I S. 2017); bish. § 21a wird § 21 mWv 29.7.2017 durch G v. 18.7.2017 (BGBl. I S. 2732); Satz 1 geänd. mWv 26.11.2019 durch G v. 20.11.2019 (BGBl. I S. 1626); Satz 1 geänd. mWv 18.8.2021 durch G v. 10.8.2021 (BGBl. I S. 3420).

[2)] Beachte hierzu Übergangsvorschrift in § 69 Abs. 5.

[3)] Nr. **90**.

[4)] § 21a eingef. mWv 29.7.2017 durch G v. 18.7.2017 (BGBl. I S. 2732); Abs. 1 Nr. 3 und Abs. 2 Satz 1 geänd., Abs. 3 angef. mWv 26.11.2019 durch G v. 20.11.2019 (BGBl. I S. 1626); Abs. 2 Satz 3 geänd. mWv 1.10.2022 durch G v. 10.8.2021 (BGBl. I S. 3420).

[5)] **Sartorius Nr. 246.**

[6)] **Sartorius Nr. 245.**

§ 30 entsprechend. [3] Wird mit der Protokolldatenauskunft eine Selbstauskunft nach § 42 beantragt, gilt § 42 Satz 2 bis 5 entsprechend.

§ 22[1)] Hinweispflicht der Registerbehörde. (1) [1] Erhält das Register eine Mitteilung über

1. eine Verwarnung mit Strafvorbehalt,
2. die Aussetzung der Verhängung einer Jugendstrafe,
3. die Zurückstellung der Vollstreckung oder die Aussetzung einer Strafe, eines Strafrestes oder einer Maßregel der Besserung und Sicherung zur Bewährung,
4. den Erlaß oder Teilerlaß der Strafe,

so wird die Behörde, welche die Mitteilung gemacht hat, von der Registerbehörde unterrichtet, wenn eine Mitteilung über eine weitere Verurteilung eingeht, bevor sich aus dem Register ergibt, daß die Entscheidung nicht mehr widerrufen werden kann. [2] Ist eine Maßregel der Besserung und Sicherung ausgesetzt, so stehen in den Fällen der Nummer 3 Mitteilungen nach § 11 einer Mitteilung über eine Verurteilung gleich.

(2) Das Gleiche gilt, wenn eine Mitteilung über die Bewilligung einer weiteren in Absatz 1 bezeichneten Anordnung oder ein Suchvermerk eingeht.

(3) Wird eine in Absatz 1 bezeichnete Entscheidung widerrufen und ist im Register eine weitere Entscheidung nach Absatz 1 eingetragen, so hat die Registerbehörde die Behörde, welche die weitere Entscheidung mitgeteilt hat, von dem Widerruf zu benachrichtigen.

(4) Ist im Register eine Führungsaufsicht, aber noch nicht deren Beendigung eingetragen, unterrichtet die Registerbehörde, sobald sie eine Mitteilung über die Anordnung oder den Eintritt einer neuen Führungsaufsicht erhält, die Behörde, welche die bereits eingetragene Führungsaufsicht mitgeteilt hat, über die neue Eintragung.

§ 23 Hinweis auf Gesamtstrafenbildung. Ist bei Eintragung einer Verurteilung in das Register ersichtlich, daß im Register eine weitere Verurteilung eingetragen ist, bei der die Bildung einer Gesamtstrafe mit der neu einzutragenden Verurteilung in Betracht kommt, so weist die Registerbehörde die Behörde, welche die letzte Mitteilung gemacht hat, auf die Möglichkeit einer Gesamtstrafenbildung hin.

§ 24[2)] Entfernung von Eintragungen. (1) [1] Eintragungen über Personen, deren Tod der Registerbehörde amtlich mitgeteilt worden ist, werden drei Jahre nach dem Eingang der Mitteilung aus dem Register entfernt. [2] Während dieser Zeit darf nur den Gerichten und Staatsanwaltschaften Auskunft erteilt werden.

(2) Eintragungen, die eine über 90 Jahre alte Person betreffen, werden ebenfalls aus dem Register entfernt.

(3) [1] Eintragungen nach § 11 werden bei Verfahren wegen eines Vergehens nach zehn Jahren, bei Verfahren wegen eines Verbrechens nach 20 Jahren aus dem Register entfernt. [2] Bei Straftaten nach den §§ 174 bis 180 oder § 182 des

---

[1)] § 22 Abs. 2 neu gef. mWv 30.4.2002 durch G v. 23.4.2002 (BGBl. I S. 1406); Abs. 4 angef. mWv 27.4.2012 durch G v. 15.12.2011 (BGBl. I S. 2714).

[2)] § 24 Abs. 1 neu gef., Abs. 3 und 4 angef. mWv 30.4.2002 durch G v. 23.4.2002 (BGBl. I S. 1406); Abs. 5 angef. mWv 31.8.2020 durch G v. 18.7.2017 (BGBl. I S. 2732).

Strafgesetzbuches[1)] beträgt die Frist 20 Jahre. [3]Die Frist beginnt mit dem Tag der Entscheidung oder Verfügung.

(4) Sind im Register mehrere Eintragungen nach § 11 vorhanden, so ist die Entfernung einer Eintragung erst zulässig, wenn für alle Eintragungen die Voraussetzungen der Entfernung vorliegen.

(5) [1]Eine zu entfernende Eintragung nach § 11 wird ein Jahr nach Eintritt der Entfernungsreife aus dem Register gelöscht. [2]Während dieser Frist darf über die Eintragung nur der betroffenen Person Auskunft erteilt werden.

§ 25[2)] Anordnung der Entfernung. (1) [1]Die Registerbehörde kann auf Antrag oder von Amts wegen im Benehmen mit der Stelle, welche die Entscheidung getroffen hat, insbesondere im Interesse der Rehabilitierung der betroffenen Person anordnen, daß Eintragungen nach den §§ 10 und 11 vorzeitig aus dem Register entfernt werden, soweit nicht das öffentliche Interesse einer solchen Anordnung entgegensteht. [2]Vor ihrer Entscheidung soll sie in den Fällen des § 11 die Anhörung einer oder eines in der Psychiatrie erfahrenen medizinischen Sachverständigen durchführen.

(2) [1]Gegen die Ablehnung eines Antrags auf Entfernung einer Eintragung steht der antragstellenden Person innerhalb zwei Wochen nach der Bekanntgabe der Entscheidung die Beschwerde zu. [2]Hilft die Registerbehörde der Beschwerde nicht ab, so entscheidet das Bundesministerium der Justiz und für Verbraucherschutz.

§ 26[3)] Zu Unrecht entfernte Eintragungen. Die Registerbehörde hat vor ihrer Entscheidung darüber, ob eine zu Unrecht aus dem Register entfernte Eintragung wieder in das Register aufgenommen wird, der betroffenen Person Gelegenheit zur Stellungnahme zu geben.

Zweiter Abschnitt.[4)] Suchvermerke

§ 27[5)] Speicherung. Auf Grund einer Ausschreibung zur Festnahme oder zur Feststellung des Aufenthalts einer Person wird auf Ersuchen einer Behörde ein Suchvermerk im Register gespeichert, wenn der Suchvermerk der Erfüllung hoheitlicher Aufgaben oder der Durchführung von Maßnahmen der Zentralen Behörde nach § 7 des Internationalen Familienrechtsverfahrensgesetzes[6)] vom 26. Januar 2005 (BGBl. I S. 162), § 4 Abs. 3 des Erwachsenenschutzübereinkommens-Ausführungsgesetzes vom 17. März 2007 (BGBl. I S. 314) oder nach den §§ 16 und 17 des Auslandsunterhaltsgesetzes vom 23. Mai 2011 (BGBl. I S. 898) dient und der Aufenthaltsort der betroffenen Person zum Zeitpunkt des Ersuchens unbekannt ist.

[1)] Nr. **85**.

[2)] § 25 Abs. 1 Sätze 1 und 2 geänd. durch G v. 12.9.1990 (BGBl. I S. 2002); Abs. 1 Satz 1, Abs. 2 Satz 2 geänd. mWv 30.4.2002 durch G v. 23.4.2002 (BGBl. I S. 1406); Abs. 1 Sätze 1 und 2, Abs. 2 Satz 2 geänd. mWv 1.1.2007 durch G v. 17.12.2006 (BGBl. I S. 3171); Abs. 1 Sätze 1 und 2, Abs. 2 Sätze 1 und 2 geänd. mWv 29.7.2017 durch G v. 18.7.2017 (BGBl. I S. 2732).

[3)] § 26 neu gef. mWv 1.1.2007 durch G v. 17.12.2006 (BGBl. I S. 3171); geänd. mWv 29.7.2017 durch G v. 18.7.2017 (BGBl. I S. 2732).

[4)] 2. Abschnitt Überschrift neu gef. mWv 30.4.2002 durch G v. 23.4.2002 (BGBl. I S. 1406).

[5)] § 27 neu gef. mWv 30.4.2002 durch G v. 23.4.2002 (BGBl. I S. 1406); geänd. mWv 1.3.2005 durch G v. 26.1.2005 (BGBl. I S. 162); mWv 1.1.2009 durch G v. 17.3.2007 (BGBl. I S. 314); mWv 18.6.2011 durch G v. 23.5.2011 (BGBl. I S. 898); mWv 29.7.2017 durch G v. 18.7.2017 (BGBl. I S. 2732).

[6)] **Habersack, Deutsche Gesetze ErgBd. Nr. 103n.**

§ 28[1)] **Behandlung.** (1) [1]Enthält das Register eine Eintragung oder erhält es eine Mitteilung über die gesuchte Person, gibt die Registerbehörde der suchenden Behörde bekannt

1. das Datum und die Geschäftsnummer der Entscheidung,
2. die Behörde, die mitgeteilt hat, sowie
3. die letzte mitgeteilte Anschrift der gesuchten Person.

[2]Entsprechend ist zu verfahren, wenn ein Antrag auf Erteilung eines Führungszeugnisses oder auf Auskunft aus dem Register eingeht.

(2) [1]Liegen von verschiedenen Behörden Anfragen vor, welche dieselbe Person betreffen, so ist jeder Behörde von der Anfrage der anderen Behörde Mitteilung zu machen. [2]Entsprechendes gilt, wenn Anfragen von derselben Behörde unter verschiedenen Geschäftsnummern vorliegen.

§ 29[2)] **Erledigung.** (1) Erledigt sich ein Suchvermerk vor Ablauf von drei Jahren seit der Speicherung, so ist dies der Registerbehörde mitzuteilen.

(2) Der Suchvermerk wird entfernt, wenn seine Erledigung mitgeteilt wird, spätestens jedoch nach Ablauf von drei Jahren seit der Speicherung.

Dritter Abschnitt.[3)] Auskunft aus dem Register

1. Führungszeugnis

§ 30[4)] **Antrag.** (1) [1]Jeder Person, die das 14. Lebensjahr vollendet hat, wird auf Antrag ein Zeugnis über den sie betreffenden Inhalt des Registers erteilt (Führungszeugnis). [2]Hat sie eine gesetzliche Vertretung, ist auch diese antragsberechtigt. [3]Ist die Person geschäftsunfähig, ist nur ihre gesetzliche Vertretung antragsberechtigt.

(2) [1]Wohnt die antragstellende Person innerhalb des Geltungsbereichs dieses Gesetzes, ist der Antrag persönlich oder mit amtlich oder öffentlich beglaubigter Unterschrift schriftlich bei der Meldebehörde zu stellen. [2]Bei der Antragstellung sind die Identität und im Fall der gesetzlichen Vertretung die Vertretungsmacht nachzuweisen. [3]Die antragstellende Person und ihre gesetzliche Vertretung können sich bei der Antragstellung nicht durch Bevollmächtigte vertreten lassen. [4]Die Meldebehörde nimmt die Gebühr für das Führungszeugnis entgegen, behält davon zwei Fünftel ein und führt den Restbetrag an die Bundeskasse ab.

(3) [1]Wohnt die antragstellende Person außerhalb des Geltungsbereichs dieses Gesetzes, so kann sie den Antrag unmittelbar bei der Registerbehörde stellen. [2]Absatz 2 Satz 2 und 3 gilt entsprechend.

(4) Die Übersendung des Führungszeugnisses ist nur an die antragstellende Person zulässig.

(5) [1]Wird das Führungszeugnis zur Vorlage bei einer Behörde beantragt, so ist es der Behörde unmittelbar zu übersenden. [2]Die Behörde hat der antragstellenden Person auf Verlangen Einsicht in das Führungszeugnis zu gewähren. [3]Die antragstellende Person kann verlangen, daß das Führungszeugnis, wenn es Eintragungen

---

[1)] § 28 Abs. 1 Satz 1 neu gef. mWv 29.7.2017 durch G v. 18.7.2017 (BGBl. I S. 2732).

[2)] § 29 Abs. 1 geänd., Abs. 2 neu gef. mWv 29.7.2017 durch G v. 18.7.2017 (BGBl. I S. 2732).

[3)] 3. Abschnitt Überschrift geänd. mWv 27.4.2012 durch G v. 15.12.2011 (BGBl. I S. 2714).

[4)] § 30 Abs. 1 Satz 1 geänd. mWv 27.4.2012 durch G v. 15.12.2011 (BGBl. I S. 2714); Abs. 1 Sätze 2, 3 und Abs. 2 neu gef., Abs. 3 Satz 1 geänd., Abs. 4 neu gef., Abs. 5 Sätze 2–6 geänd., Abs. 6 Satz 1 neu gef. mWv 29.7.2017 durch G v. 18.7.2017 (BGBl. I S. 2732).

enthält, zunächst an ein von ihr benanntes Amtsgericht zur Einsichtnahme durch sie übersandt wird. [4]Die Meldebehörde hat die antragstellende Person in den Fällen, in denen der Antrag bei ihr gestellt wird, auf diese Möglichkeit hinzuweisen. [5]Das Amtsgericht darf die Einsicht nur der antragstellenden Person persönlich gewähren. [6]Nach Einsichtnahme ist das Führungszeugnis an die Behörde weiterzuleiten oder, falls die antragstellende Person dem widerspricht, vom Amtsgericht zu vernichten.

(6) [1]Wohnt die antragstellende Person außerhalb des Geltungsbereichs dieses Gesetzes, so kann sie verlangen, dass das Führungszeugnis, wenn es Eintragungen enthält, zunächst an eine von ihr benannte amtliche Vertretung der Bundesrepublik Deutschland zur Einsichtnahme durch sie übersandt wird. [2]Absatz 5 Satz 5 und 6 gilt für die amtliche Vertretung der Bundesrepublik Deutschland entsprechend.

§ 30a[1)] Antrag auf ein erweitertes Führungszeugnis. (1) Einer Person wird auf Antrag ein erweitertes Führungszeugnis erteilt,

1. wenn die Erteilung in gesetzlichen Bestimmungen unter Bezugnahme auf diese Vorschrift vorgesehen ist oder
2. wenn dieses Führungszeugnis benötigt wird für
   a) eine berufliche oder ehrenamtliche Beaufsichtigung, Betreuung, Erziehung oder Ausbildung Minderjähriger oder
   b) eine Tätigkeit, die in einer Buchstabe a vergleichbaren Weise geeignet ist, Kontakt zu Minderjährigen aufzunehmen.

(2) [1]Wer einen Antrag auf Erteilung eines erweiterten Führungszeugnisses stellt, hat eine schriftliche Aufforderung vorzulegen, in der die Person, die das erweiterte Führungszeugnis von der antragstellenden Person verlangt, bestätigt, dass die Voraussetzungen nach Absatz 1 vorliegen. [2]Im Übrigen gilt § 30 entsprechend.

§ 30b[2)] Europäisches Führungszeugnis. (1) [1]Sofern der Mitgliedstaat eine Übermittlung nach seinem Recht vorsieht, wird in das Führungszeugnis nach § 30 oder § 30a Absatz 1 die Mitteilung über Eintragungen in den Strafregistern anderer Mitgliedstaaten der Europäischen Union vollständig und in der übermittelten Sprache (Europäisches Führungszeugnis) für die folgenden Personen aufgenommen:

1. für Personen, die die Staatsangehörigkeit eines anderen Mitgliedstaates der Europäischen Union besitzen, sowie
2. für Drittstaatsangehörige.

[2]Nicht aufgenommen werden Entscheidungen deutscher Gerichte. [3]§ 30 gilt entsprechend.

(2) Ersuchen der Registerbehörde um Übermittlung der nach Absatz 1 in das Führungszeugnis zusätzlich aufzunehmenden Eintragungen für ein Europäisches Führungszeugnis von Personen, die die Staatsangehörigkeit eines anderen Mitgliedstaates der Europäischen Union besitzen, sind an den Herkunftsmitgliedstaat zu richten.

[1)] § 30a eingef. mWv 1.5.2010 durch G v. 16.7.2009 (BGBl. I S. 1952); Abs. 1 Nr. 2 Buchst. a aufgeh., bish. Buchst. b und c werden Buchst. a und b und geänd., Abs. 2 Satz 1 geänd. mWv 29.7.2017 durch G v. 18.7.2017 (BGBl. I S. 2732).

[2)] § 30b neu gef. mWv 17.7.2020 durch G v. 10.7.2020 (BGBl. I S. 1648).

(3) Ersuchen der Registerbehörde um Übermittlung der nach Absatz 1 in das Führungszeugnis zusätzlich aufzunehmenden Eintragungen für ein Führungszeugnis von Drittstaatsangehörigen sind unter Nutzung des zentralisierten Systems für die Ermittlung der Mitgliedstaaten, die über Informationen zu Verurteilungen von Drittstaatsangehörigen verfügen, an die an diesem System teilnehmenden Mitgliedstaaten der Europäischen Union zu richten.

(4) [1] Das Führungszeugnis soll spätestens 20 Werktage nach der Übermittlung der Ersuchen der Registerbehörde erteilt werden. [2] Haben die Mitgliedstaaten keine Auskunft aus ihrem Strafregister erteilt, ist hierauf im Führungszeugnis hinzuweisen.

§ 30c[1)] Elektronische Antragstellung. (1) [1] Erfolgt die Antragstellung abweichend von § 30 Absatz 2 oder Absatz 3 elektronisch, ist der Antrag unter Nutzung des im Internet angebotenen Zugangs unmittelbar bei der Registerbehörde zu stellen. [2] Die antragstellende Person kann sich nicht durch Bevollmächtigte vertreten lassen. [3] Handelt sie in gesetzlicher Vertretung, hat sie ihre Vertretungsmacht nachzuweisen.

(2) [1] Der elektronische Identitätsnachweis nach § 18 des Personalausweisgesetzes[2)], nach § 12 des eID-Karte-Gesetzes oder nach § 78 Absatz 5 des Aufenthaltsgesetzes[3)] ist zu führen. [2] Dabei müssen aus dem elektronischen Speicher- und Verarbeitungsmedium des Personalausweises, der eID-Karte oder des elektronischen Aufenthaltstitels an die Registerbehörde übermittelt werden:

1. die Daten nach § 18 Absatz 3 Satz 1 des Personalausweisgesetzes, nach § 12 Absatz 3 Satz 2 des eID-Karte-Gesetzes in Verbindung mit § 18 Absatz 3 Satz 1 des Personalausweisgesetzes oder nach § 78 Absatz 5 Satz 2 des Aufenthaltsgesetzes in Verbindung mit § 18 Absatz 3 Satz 1 des Personalausweisgesetzes und
2. Familienname, Geburtsname, Vornamen, Geburtsort sowie Geburtsdatum, Staatsangehörigkeit und Anschrift.

[3] Lässt das elektronische Speicher- und Verarbeitungsmedium die Übermittlung des Geburtsnamens nicht zu, ist der Geburtsname im Antrag anzugeben und nachzuweisen. [4] Bei der Datenübermittlung ist ein dem jeweiligen Stand der Technik entsprechendes sicheres Verfahren zu verwenden, das die Vertraulichkeit und Integrität des elektronisch übermittelten Datensatzes gewährleistet.

(3) [1] Vorzulegende Nachweise sind gleichzeitig mit dem Antrag elektronisch einzureichen und ihre Echtheit sowie inhaltliche Richtigkeit sind an Eides statt zu versichern. [2] Bei vorzulegenden Schriftstücken kann die Registerbehörde im Einzelfall die Vorlage des Originals verlangen.

(4) [1] Die näheren Einzelheiten des elektronischen Verfahrens regelt die Registerbehörde. [2] Im Übrigen gilt § 30 entsprechend.

§ 31[4)] Erteilung des Führungszeugnisses und des erweiterten Führungszeugnisses an Behörden. (1) [1] Behörden erhalten über eine bestimmte Person ein Führungszeugnis, soweit sie es zur Erledigung ihrer hoheitlichen Aufgaben

---

1) § 30c eingef. mWv 1.9.2014 durch G v. 6.9.2013 (BGBl. I S. 3556); Abs. 1 Sätze 2 und 3 neu gef. mWv 29.7.2017 durch G v. 18.7.2017 (BGBl. I S. 2732); Abs. 2 Sätze 1, 2 einl. Satzteil und Nr. 1 geänd. mWv 1.11.2019 durch G v. 21.6.2019 (BGBl. I S. 846).

2) **Sartorius Nr. 255.**

3) **Sartorius Nr. 565.**

4) § 31 Überschrift neu gef., Abs. 2 angef. mWv 1.5.2010 durch G v. 16.7.2009 (BGBl. I S. 1952); Abs. 1 Sätze 1 und 2 geänd. mWv 29.7.2017 durch G v. 18.7.2017 (BGBl. I S. 2732).

benötigen und eine Aufforderung an die betroffene Person, ein Führungszeugnis vorzulegen, nicht sachgemäß ist oder erfolglos bleibt. [2]Die Behörde hat der betroffenen Person auf Verlangen Einsicht in das Führungszeugnis zu gewähren.

(2) [1]Behörden erhalten zum Zweck des Schutzes Minderjähriger ein erweitertes Führungszeugnis unter den Voraussetzungen des Absatzes 1. [2]Absatz 1 Satz 2 gilt entsprechend.

§ 32[1)] Inhalt des Führungszeugnisses. (1) [1]In das Führungszeugnis werden die in den §§ 4 bis 16 bezeichneten Eintragungen aufgenommen. [2]Soweit in Absatz 2 Nr. 3 bis 9 hiervon Ausnahmen zugelassen werden, gelten diese nicht bei Verurteilungen wegen einer Straftat nach den §§ 174 bis 180 oder 182 des Strafgesetzbuches[2)].

(2) Nicht aufgenommen werden

1. die Verwarnung mit Strafvorbehalt nach § 59 des Strafgesetzbuchs,
2. der Schuldspruch nach § 27 des Jugendgerichtsgesetzes[3)],
3. Verurteilungen, durch die auf Jugendstrafe von nicht mehr als zwei Jahren erkannt worden ist, wenn die Vollstreckung der Strafe oder eines Strafrestes gerichtlich oder im Gnadenwege zur Bewährung ausgesetzt oder nach § 35 des Betäubungsmittelgesetzes[4)] zurückgestellt und diese Entscheidung nicht widerrufen worden ist,
4. Verurteilungen, durch die auf Jugendstrafe erkannt worden ist, wenn der Strafmakel gerichtlich oder im Gnadenwege als beseitigt erklärt und die Beseitigung nicht widerrufen worden ist,
5. Verurteilungen, durch die auf
   a) Geldstrafe von nicht mehr als neunzig Tagessätzen,
   b) Freiheitsstrafe oder Strafarrest von nicht mehr als drei Monaten

   erkannt worden ist, wenn im Register keine weitere Strafe eingetragen ist,
6. Verurteilungen, durch die auf Freiheitsstrafe von nicht mehr als zwei Jahren erkannt worden ist, wenn die Vollstreckung der Strafe oder eines Strafrestes
   a) nach § 35 oder § 36 des Betäubungsmittelgesetzes zurückgestellt oder zur Bewährung ausgesetzt oder
   b) nach § 56 oder § 57 des Strafgesetzbuchs zur Bewährung ausgesetzt worden ist und sich aus dem Register ergibt, daß der Verurteilte die Tat oder bei Gesamtstrafen alle oder den ihrer Bedeutung nach überwiegenden Teil der Taten auf Grund einer Betäubungsmittelabhängigkeit begangen hat,

   diese Entscheidungen nicht widerrufen worden sind und im Register keine weitere Strafe eingetragen ist,

---

[1)] § 32 Abs. 2 Nr. 10 aufgeh. durch G v. 12.9.1990 (BGBl. I S. 2002); Abs. 1 Satz 2 angef. durch G v. 26.1.1998 (BGBl. I S. 160); Abs. 2 Nr. 10 eingef., Abs. 3 Nr. 3 neu gef., Nr. 4 angef. mWv 1.10.2002 durch G v. 23.4.2002 (BGBl. I S. 1406); Abs. 2 Nr. 11 geänd., Nr. 12 angef. mWv 28.8.2002 durch G v. 21.8.2002 (BGBl. I S. 3344); Abs. 5 angef. mWv 1.5.2010 durch G v. 16.7.2009 (BGBl. I S. 1952); Abs. 5 geänd. mWv 27.1.2015 durch G v. 21.1.2015 (BGBl. I S. 10); Abs. 5 geänd. mWv 15.10.2016 durch G v. 11.10.2016 (BGBl. I S. 2226); Abs. 5 geänd. mWv 10.11.2016 durch G v. 4.11.2016 (BGBl. I S. 2460); Abs. 3 Nr. 2, Abs. 4 Nr. 2 Buchst. b und abschl. Satzteil geänd. mWv 29.7.2017 durch G v. 18.7.2017 (BGBl. I S. 2732); Abs. 5 geänd. mWv 1.1.2021 durch G v. 9.10.2020 (BGBl. I S. 2075); Abs. 5 geänd. mWv 1.7.2022 durch G v. 16.6.2021 (BGBl. I S. 1810); Abs. 2 Nr. 10 geänd. mWv 1.10.2022 durch G v. 10.8.2021 (BGBl. I S. 3420).

[2)] Nr. **85**.

[3)] Nr. **89**.

[4)] **Habersack, Deutsche Gesetze ErgBd. Nr. 86.**

3. fünf Jahre in den übrigen Fällen.

(2) Die Frist, nach deren Ablauf eine Verurteilung wegen einer Straftat nach den §§ 171, 174 bis 180a, 181a, 182 bis 184g, 184i bis 184l, 201a Absatz 3, den §§ 225, 232 bis 233a, 234, 235 oder § 236 des Strafgesetzbuches nicht mehr in ein erweitertes Führungszeugnis aufgenommen wird, beträgt

1. zehn Jahre
   a) bei Verurteilungen zu Geldstrafe oder Freiheitsstrafe oder Strafarrest oder Jugendstrafe,
   b) bei einer Verurteilung, durch die eine freiheitsentziehende Maßregel der Besserung und Sicherung allein angeordnet worden ist,
2. zwanzig Jahre bei einer Verurteilung wegen einer Straftat nach den §§ 176 bis 176d des Strafgesetzbuches zu Freiheitsstrafe oder Jugendstrafe von mehr als einem Jahr.

(3) [1] In den Fällen des Absatzes 1 Nummer 1 Buchstabe d, Nummer 2 und 3 verlängert sich die Frist um die Dauer der Freiheitsstrafe, des Strafarrests oder der Jugendstrafe. [2] In den Fällen des Absatzes 2 verlängert sich die Frist bei einer Verurteilung zu einer Freiheitsstrafe oder Jugendstrafe von mehr als einem Jahr um die Dauer der Freiheitsstrafe oder der Jugendstrafe. [3] Bei Erlaß des Restes einer lebenslangen Freiheitsstrafe verlängert sich die Frist um den zwischen dem Tag des ersten Urteils und dem Ende der Bewährungszeit liegenden Zeitraum, mindestens jedoch um zwanzig Jahre.

§ 35[1)] Gesamtstrafe, Einheitsstrafe und Nebenentscheidungen. (1) Ist eine Gesamtstrafe oder eine einheitliche Jugendstrafe gebildet oder ist nach § 30 Abs. 1 des Jugendgerichtsgesetzes[2)] auf Jugendstrafe erkannt worden, so ist allein die neue Entscheidung für § 32 Abs. 2 und § 34 maßgebend.

(2) Bei der Feststellung der Frist nach § 34 bleiben Nebenstrafen, Nebenfolgen und neben Freiheitsstrafe oder Strafarrest ausgesprochene Geldstrafen sowie Maßregeln der Besserung und Sicherung unberücksichtigt.

§ 36 Beginn der Frist. [1] Die Frist beginnt mit dem Tag des ersten Urteils (§ 5 Abs. 1 Nr. 4). [2] Dieser Tag bleibt auch maßgebend, wenn

1. eine Gesamtstrafe oder eine einheitliche Jugendstrafe gebildet,
2. nach § 30 Abs. 1 des Jugendgerichtsgesetzes[2)] auf Jugendstrafe erkannt wird oder
3. eine Entscheidung im Wiederaufnahmeverfahren ergeht, die eine registerpflichtige Verurteilung enthält.

§ 37[3)] Ablaufhemmung. (1) Haben Verurteilte infolge der Verurteilung die Fähigkeit, öffentliche Ämter zu bekleiden und Rechte aus öffentlichen Wahlen zu erlangen, oder das Recht, in öffentlichen Angelegenheiten zu wählen oder zu stimmen, verloren, so läuft die Frist nicht ab, solange sie diese Fähigkeit oder dieses Recht nicht wiedererlangt haben.

(2) Die Frist läuft ferner nicht ab, solange sich aus dem Register ergibt, daß die Vollstreckung einer Strafe oder eine der in § 61 des Strafgesetzbuchs[4)] aufgeführten

---

[1)] § 35 Abs. 2 neu gef. mWv 29.7.2017 durch G v. 18.7.2017 (BGBl. I S. 2732).

[2)] Nr. **89**.

[3)] § 37 Abs. 2 geänd. mWv 1.10.2002 durch G v. 23.4.2002 (BGBl. I S. 1406); Abs. 1 geänd. mWv 29.7.2017 durch G v. 18.7.2017 (BGBl. I S. 2732).

[4)] Nr. **85**.

Maßregeln der Besserung und Sicherung mit Ausnahme der Sperre für die Erteilung einer Fahrerlaubnis noch nicht erledigt oder die Strafe noch nicht erlassen ist.

§ 38 Mehrere Verurteilungen. (1) Sind im Register mehrere Verurteilungen eingetragen, so sind sie alle in das Führungszeugnis aufzunehmen, solange eine von ihnen in das Zeugnis aufzunehmen ist.

(2) Außer Betracht bleiben

1. Verurteilungen, die nur in ein Führungszeugnis für Behörden aufzunehmen sind (§ 32 Abs. 3, 4, § 33 Abs. 2 Nr. 3),
2. Verurteilungen in den Fällen des § 32 Abs. 2 Nr. 1 bis 4,
3. Verurteilungen, durch die auf Geldstrafe von nicht mehr als neunzig Tagessätzen oder auf Freiheitsstrafe oder Strafarrest von nicht mehr als drei Monaten erkannt worden ist.

§ 39[1] Anordnung der Nichtaufnahme. (1) [1] Die Registerbehörde kann auf Antrag oder von Amts wegen anordnen, daß Verurteilungen und Eintragungen nach § 11 entgegen diesem Gesetz nicht in das Führungszeugnis aufgenommen werden. [2] Dies gilt nicht, soweit das öffentliche Interesse der Anordnung entgegensteht. [3] Die Anordnung kann auf Führungszeugnisse ohne Einbeziehung der Führungszeugnisse für Behörden, auf Führungszeugnisse ohne Einbeziehung der erweiterten Führungszeugnisse, auf Führungszeugnisse ohne Einbeziehung der erweiterten Führungszeugnisse für Behörden oder auf die einmalige Erteilung eines Führungszeugnisses beschränkt werden. [4] Die Registerbehörde soll das erkennende Gericht und die sonst zuständige Behörde hören. [5] Betrifft die Eintragung eine solche der in § 11 bezeichneten Art oder eine Verurteilung, durch die eine freiheitsentziehende Maßregel der Besserung und Sicherung angeordnet worden ist, soll sie auch die Stellungnahme eines oder einer in der Psychiatrie erfahrenen medizinischen Sachverständigen einholen.

(2) Haben Verurteilte infolge der Verurteilung durch ein Gericht im Geltungsbereich dieses Gesetzes die Fähigkeit, öffentliche Ämter zu bekleiden und Rechte aus öffentlichen Wahlen zu erlangen, oder das Recht, in öffentlichen Angelegenheiten zu wählen oder zu stimmen, verloren, so darf eine Anordnung nach Absatz 1 nicht ergehen, solange sie diese Fähigkeit oder dieses Recht nicht wiedererlangt haben.

(3) [1] Gegen die Ablehnung einer Anordnung nach Absatz 1 steht der antragstellenden Person innerhalb zwei Wochen nach der Bekanntgabe der Entscheidung die Beschwerde zu. [2] Hilft die Registerbehörde der Beschwerde nicht ab, so entscheidet das Bundesministerium der Justiz und für Verbraucherschutz.

§ 40[2] Nachträgliche Eintragung. [1] Wird eine weitere Verurteilung im Register eingetragen oder erfolgt eine weitere Eintragung nach § 11, so kommt der betroffenen Person eine Anordnung nach § 39 nicht zugute, solange die spätere Eintragung in das Führungszeugnis aufzunehmen ist. [2] § 38 Abs. 2 gilt entsprechend.

---

[1] § 39 Überschrift, Abs. 1 Satz 1, Abs. 3 Satz 2 geänd., Abs. 1 Satz 4 neu gef. mWv 30.4.2002 durch G v. 23.4.2002 (BGBl. I S. 1406); Abs. 1 Sätze 1 und 4, Abs. 3 Satz 2 geänd. mWv 1.1.2007 durch G v. 17.12.2006 (BGBl. I S. 3171); Abs. 1 Satz 3 eingef., bish. Sätze 3 und 4 werden Sätze 4 und 5 mWv 1.5. 2010 durch G v. 16.7.2009 (BGBl. I S. 1952); Abs. 1 Satz 4 neu gef., Satz 5, Abs. 2, Abs. 3 Sätze 1 und 2 geänd. mWv 29.7.2017 durch G v. 18.7.2017 (BGBl. I S. 2732).

[2] § 40 neu gef. mWv 30.4.2002 durch G v. 23.4.2002 (BGBl. I S. 1406); Satz 1 geänd. mWv 29.7.2017 durch G v. 18.7.2017 (BGBl. I S. 2732).

2.[1] Unbeschränkte Auskunft aus dem Register

§ 41[2] Umfang der Auskunft. (1) Eintragungen, die in ein Führungszeugnis nicht aufgenommen werden, sowie Suchvermerke dürfen, unbeschadet der §§ 42 und 57, nur zur Kenntnis gegeben werden

1. den Gerichten, Gerichtsvorständen, Staatsanwaltschaften, dem nationalen Mitglied nach Maßgabe des § 5 Absatz 1 Nummer 2 des Eurojust-Gesetzes, den Aufsichtsstellen nach § 68a des Strafgesetzbuchs[3] sowie der Bewährungshilfe für Zwecke der Rechtspflege sowie den Justizvollzugsbehörden für Zwecke des Strafvollzugs einschließlich der Überprüfung aller im Strafvollzug tätigen Personen,
2. den obersten Bundes- und Landesbehörden,
3. den Verfassungsschutzbehörden des Bundes und der Länder, dem Bundesnachrichtendienst und dem Militärischen Abschirmdienst für die diesen Behörden übertragenen Sicherheitsaufgaben,
4. den Finanzbehörden für die Verfolgung von Straftaten, die zu ihrer Zuständigkeit gehören,
5. den Kriminaldienst verrichtenden Dienststellen der Polizei für Zwecke der Verhütung und Verfolgung von Straftaten,
6. den Einbürgerungsbehörden für Einbürgerungsverfahren,
7. den Ausländerbehörden, den mit der polizeilichen Kontrolle des grenzüberschreitenden Verkehrs beauftragten Behörden und dem Bundesamt für Migration und Flüchtlinge, wenn sich die Auskunft auf einen Ausländer bezieht,
8. den Gnadenbehörden für Gnadensachen,
9. den für waffenrechtliche oder sprengstoffrechtliche Erlaubnisse, für die Erteilung von Jagdscheinen, für Erlaubnisse zum Halten eines gefährlichen Hundes oder für Erlaubnisse für das Bewachungsgewerbe und die Überprüfung des Bewachungspersonals zuständigen Behörden,
10. dem Bundesinstitut für Arzneimittel und Medizinprodukte im Rahmen des Erlaubnisverfahrens nach dem Betäubungsmittelgesetz[4],

---

[1] 2. UAbschnitt Überschrift geänd. mWv 27.4.2012 durch G v. 15.12.2011 (BGBl. I S. 2714).

[2] § 41 Abs. 2 aufgeh. durch G v. 12.9.1990 (BGBl. I S. 2002); Abs. 1 Nr. 10 geänd. durch G v. 24.6. 1994 (BGBl. I S. 1416); Abs. 1 Nr. 9 neu gef. durch G v. 23.11.1994 (BGBl. I S. 3475); Abs. 3 Satz 2 angef. durch G v. 26.1.1998 (BGBl. I S. 160); Abs. 1 Nr. 10 geänd., Nr. 11 eingef. durch G v. 31.8.1998 (BGBl. I S. 2600); Abs. 1 Nr. 13 angef. mWv 1.1.2002 durch G v. 9.1.2002 (BGBl. I S. 361); Abs. 1 einl. Satzteil, Nr. 1, 3, 7 und 9 geänd., Nr. 12 eingef. mWv 30.4.2002 durch G v. 23.4.2002 (BGBl. I S. 1406); Abs. 1 Nr. 13 geänd. mWv 15.1.2005 durch G v. 11.1.2005 (BGBl. I S. 78); Abs. 1 Nr. 7 geänd. mWv 28.8.2007 durch G v. 19.8.2007 (BGBl. I S. 1970); Abs. 3 Satz 2 neu gef., Abs. 5 geänd. mWv 1.5.2010 durch G v. 16.7.2009 (BGBl. I S. 1952); Abs. 5 aufgeh. mWv 27.4.2012 durch G v. 15.12.2011 (BGBl. I S. 2714); Abs. 1 Nr. 4 und Abs. 4 Satz 1 geänd. mWv 14.9.2013 durch G v. 6.9.2013 (BGBl. I S. 3556); Abs. 3 Satz 2 geänd. mWv 27.1.2015 durch G v. 21.1.2015 (BGBl. I S. 10); Abs. 3 Satz 2 geänd. mWv 15.10.2016 durch G v. 11.10.2016 (BGBl. I S. 2226); Abs. 3 Satz 2 geänd. mWv 10.11.2016 durch G v. 4.11.2016 (BGBl. I S. 2460); Abs. 1 Satz 1 Nr. 13 geänd., Nr. 14 angef. mWv 26.6.2017 durch G v. 23.6. 2017 (BGBl. I S. 1822); Abs. 1 einl. Satzteil und Nr. 11 neu gef., Nr. 1 geänd., bish. Abs. 3 wird Abs. 2 und Satz 1 geänd., bish. Abs. 4 wird Abs. 3 und Satz 1 geänd. mWv 29.7.2017 durch G v. 18.7.2017 (BGBl. I S. 2732); Abs. 1 Nr. 1 geänd. mWv 12.12.2019 durch G v. 9.12.2019 (BGBl. I S. 2010); Abs. 2 Satz 2 geänd. mWv 1.1.2021 durch G v. 9.10.2020 (BGBl. I S. 2075); Abs. 1 Nr. 12 neu gef. mWv 1.1. 2021 durch G v. 7.12.2020 (BGBl. I S. 2760); Abs. 2 Satz 2 geänd. mWv 1.7.2022 durch G v. 16.6.2021 (BGBl. I S. 1810); Abs. 1 Nr. 1 geänd. mWv 18.8.2021, Abs. 1 Nr. 7 geänd., Abs. 2 Satz 3 angef. mWv 1.10.2022 durch G v. 10.8.2021 (BGBl. I S. 3420).

[3] Nr. **85**.

[4] **Habersack, Deutsche Gesetze ErgBd. Nr. 86.**

11. den Rechtsanwaltskammern oder der Patentanwaltskammer für Entscheidungen in Zulassungs-, Aufnahme- und Aufsichtsverfahren nach der Bundesrechtsanwaltsordnung[1], der Patentanwaltsordnung, dem Gesetz über die Tätigkeit europäischer Rechtsanwälte in Deutschland[2] oder dem Gesetz über die Tätigkeit europäischer Patentanwälte in Deutschland[3],
12. dem Bundesamt für die Sicherheit der nuklearen Entsorgung, dem Eisenbahn-Bundesamt und den zuständigen Landesbehörden im Rahmen der atom- und strahlenschutzrechtlichen Zuverlässigkeitsüberprüfung nach dem Atomgesetz[4] und dem Strahlenschutzgesetz,
13. den Luftsicherheitsbehörden für Zwecke der Zuverlässigkeitsüberprüfung nach § 7 des Luftsicherheitsgesetzes[5],
14. der Zentralstelle für Finanztransaktionsuntersuchungen zur Erfüllung ihrer Aufgaben nach dem Geldwäschegesetz[6].

(2) [1] Eintragungen nach § 17 und Verurteilungen zu Jugendstrafe, bei denen der Strafmakel als beseitigt erklärt ist, dürfen nicht nach Absatz 1 mitgeteilt werden; über sie wird nur noch den Strafgerichten und Staatsanwaltschaften für ein Strafverfahren gegen die betroffene Person Auskunft erteilt. [2] Dies gilt nicht für Verurteilungen wegen einer Straftat nach den §§ 171, 174 bis 180a, 181a, 182 bis 184g, 184i bis 184l, 201a Absatz 3, den §§ 225, 232 bis 233a, 234, 235 oder § 236 des Strafgesetzbuchs. [3] Die Angabe nach § 5 Absatz 1 Nummer 8 darf nicht nach Absatz 1 mitgeteilt werden.

(3) [1] Die Auskunft nach den Absätzen 1 und 2 wird nur auf ausdrückliches Ersuchen erteilt. [2] Die in Absatz 1 genannten Stellen haben den Zweck anzugeben, für den die Auskunft benötigt wird; sie darf nur für diesen Zweck verwertet werden.

§ 42[7] Auskunft an die betroffene Person. [1] Das Auskunftsrecht nach Artikel 15 Absatz 1 der Verordnung (EU) 2016/679[8] wird dadurch gewährleistet, dass der betroffenen Person mitgeteilt wird, welche Eintragungen über sie im Register enthalten sind. [2] Für die Antragsberechtigung und das Verfahren gilt § 30 Absatz 1, für den Umfang der Auskunft gilt § 30b Absatz 1 Satz 1 und Absatz 2 bis 4 entsprechend. [3] Erfolgt die Mitteilung nicht durch Einsichtnahme bei der Registerbehörde, so ist sie, wenn die antragstellende Person im Geltungsbereich dieses Gesetzes wohnt, an ein von ihr benanntes Amtsgericht zu senden, bei dem sie die Mitteilung persönlich einsehen kann. [4] Befindet sich die betroffene Person in amtlichem Gewahrsam einer Justizbehörde, so tritt die Anstaltsleitung an die Stelle des Amtsgerichts. [5] Wohnt die antragstellende Person außerhalb des Geltungsbereichs dieses Gesetzes, so ist die Mitteilung an eine von ihr benannte amtliche Vertretung der Bundesrepublik Deutschland zu senden, bei der sie die Mitteilung

---

[1] **Habersack, Deutsche Gesetze ErgBd. Nr. 98.**
[2] **Habersack, Deutsche Gesetze ErgBd. Nr. 98/4.**
[3] **Habersack, Deutsche Gesetze ErgBd. Nr. 98/5.**
[4] **Sartorius Nr. 835.**
[5] **Sartorius ErgBd. Nr. 976.**
[6] **Habersack, Deutsche Gesetze ErgBd. Nr. 88a.**
[7] § 42 Überschrift neu gef., Abs. 2 aufgeh., bish. Abs. 1 Satz 3 neu gef. und Satz 5 geänd. mWv 30.4. 2002 durch G v. 23.4.2002 (BGBl. I S. 1406); Satz 5 geänd. mWv 14.9.2013 durch G v. 6.9.2013 (BGBl. I S. 3556); Überschrift, Sätze 3–5 geänd., Satz 7 angef. mWv 29.7.2017 durch G v. 18.7.2017 (BGBl. I S. 2732); Überschrift geänd., Sätze 1 und 2 neu gef., Satz 7 geänd. mWv 26.11.2019 durch G v. 20.11. 2019 (BGBl. I S. 1626); Satz 2 geänd. mWv 17.7.2020 durch G v. 10.7.2020 (BGBl. I S. 1648).
[8] **Sartorius Nr. 246.**

persönlich einsehen kann. [6]Nach Einsichtnahme ist die Mitteilung vom Amtsgericht, der Anstaltsleitung oder der amtlichen Vertretung der Bundesrepublik Deutschland zu vernichten. [7]Zum Schutz der betroffenen Personen ist die Aushändigung der Mitteilung oder einer Kopie unzulässig.

§ 42a[1)] Auskunft für wissenschaftliche Zwecke. (1) [1]Die Übermittlung personenbezogener Daten aus dem Register an Hochschulen, andere Einrichtungen, die wissenschaftliche Forschung betreiben, und öffentliche Stellen ist zulässig, soweit

1. dies für die Durchführung bestimmter wissenschaftlicher Forschungsarbeiten erforderlich ist,
2. eine Nutzung anonymisierter Daten zu diesem Zweck nicht möglich oder die Anonymisierung mit einem unverhältnismäßigen Aufwand verbunden ist und
3. das öffentliche Interesse an der Forschungsarbeit das schutzwürdige Interesse der betroffenen Person an dem Ausschluss der Übermittlung erheblich überwiegt.

[2]Bei der Abwägung nach Satz 1 Nr. 3 ist im Rahmen des öffentlichen Interesses das wissenschaftliche Interesse an dem Forschungsvorhaben besonders zu berücksichtigen.

(1a) [1]Die mehrfache Übermittlung von personenbezogenen Daten für eine wissenschaftliche Forschungsarbeit kann für einen angemessenen Zeitraum nach Anhörung des Bundesbeauftragten für den Datenschutz und die Informationsfreiheit mit Zustimmung des Bundesministeriums der Justiz und für Verbraucherschutz zugelassen werden, wenn

1. die Voraussetzungen von Absatz 1 Nummer 1 und 2 vorliegen,
2. ein bedeutendes öffentliches Interesse an der Forschungsarbeit besteht und
3. das bedeutende öffentliche Interesse an der Forschungsarbeit das schutzwürdige Interesse der betroffenen Personen an dem Ausschluss der Übermittlung erheblich überwiegt.

[2]Die übermittelten Daten sollen pseudonymisiert werden; ein Verzicht auf eine Pseudonymisierung ist nur zulässig, wenn dies zur Erreichung des Forschungszweckes unerlässlich ist. [3]Absatz 1 Satz 2 gilt entsprechend. [4]Der Zeitraum ist insbesondere unter Berücksichtigung des Forschungszweckes, einer beabsichtigten Pseudonymisierung der Daten, der Schwere der untersuchten Straftaten und der Länge der gesetzlichen Tilgungsfristen festzusetzen; ein Übermittlungszeitraum, der im Ergebnis die Tilgungsfristen mehr als verdoppelt, ist in der Regel nicht mehr angemessen. [5]Die Sätze 1 bis 4 gelten entsprechend, wenn bei einmaliger Übermittlung personenbezogene Daten mit früher übermittelten, noch nicht anonymisierten Daten eines anderen Forschungsvorhabens zusammengeführt werden sollen.

(2) [1]Personenbezogene Daten werden nur an solche Personen übermittelt, die Amtsträger oder für den öffentlichen Dienst besonders Verpflichtete sind oder die zur Geheimhaltung verpflichtet worden sind. [2]§ 1 Abs. 2, 3 und Abs. 4 Nr. 2 des Verpflichtungsgesetzes findet auf die Verpflichtung zur Geheimhaltung entsprechende Anwendung.

[1)] § 42a eingef. mWv 1.10.2002 durch G v. 23.4.2002 (BGBl. I S. 1406); Abs. 6 Satz 2 geänd. mWv 1.1.2007 durch G v. 17.12.2006 (BGBl. I S. 3171); Abs. 1a eingef., Abs. 3 Satz 2 neu gef. mWv 22.12. 2011 durch G v. 15.12.2011 (BGBl. I S. 2714); Abs. 1 Satz 1 Nr. 3, Abs. 1a Satz 1 einl. Satzteil geänd. mWv 29.7.2017 durch G v. 18.7.2017 (BGBl. I S. 2732); Abs. 3 Sätze 1 und 2, Abs. 4 Satz 2 geänd., Abs. 7 neu gef. mWv 26.11.2019 durch G v. 20.11.2019 (BGBl. I S. 1626).

(3) [1]Die personenbezogenen Daten dürfen nur für den Zweck verarbeitet werden, für den sie übermittelt worden sind. [2]Die Verarbeitung für andere Forschungsvorhaben oder die Weitergabe richtet sich nach den Absätzen 1 und 2 und bedarf der Zustimmung der Registerbehörde; Absatz 1a gilt entsprechend, wenn mehrfach von der Registerbehörde übermittelte personenbezogene Daten verknüpft werden sollen.

(4) [1]Die Daten sind gegen unbefugte Kenntnisnahme durch Dritte zu schützen. [2]Die wissenschaftliche Forschung betreibende Stelle hat dafür zu sorgen, dass die Verarbeitung der personenbezogenen Daten räumlich und organisatorisch getrennt von der Erfüllung solcher Verwaltungsaufgaben oder Geschäftszwecke erfolgt, für die diese Daten gleichfalls von Bedeutung sein können.

(5) [1]Sobald der Forschungszweck es erlaubt, sind die personenbezogenen Daten zu anonymisieren. [2]Solange dies noch nicht möglich ist, sind die Merkmale gesondert aufzubewahren, mit denen Einzelangaben über persönliche oder sachliche Verhältnisse einer bestimmten oder bestimmbaren Person zugeordnet werden können. [3]Sie dürfen mit den Einzelangaben nur zusammengeführt werden, soweit der Forschungszweck dies erfordert.

(6) [1]Wer nach den Absätzen 1 und 2 personenbezogene Daten erhalten hat, darf diese nur veröffentlichen, wenn dies für die Darstellung von Forschungsergebnissen über Ereignisse der Zeitgeschichte unerlässlich ist. [2]Die Veröffentlichung bedarf der Zustimmung der Registerbehörde.

(7) Ist der Empfänger eine nichtöffentliche Stelle, finden die Vorschriften der Verordnung (EU) 2016/679[1)] auch Anwendung für die nichtautomatisierte Verarbeitung personenbezogener Daten, die nicht in einem Dateisystem gespeichert sind oder gespeichert werden sollen.

(8) Ist es der Registerbehörde mit vertretbarem Aufwand möglich, kann sie mit den Registerdaten vorbereitende Analysen durchführen.

§ 42b[2)] Auskünfte zur Vorbereitung von Rechtsvorschriften und allgemeinen Verwaltungsvorschriften. [1]Die Registerbehörde kann öffentlichen Stellen zur Vorbereitung und Überprüfung von Rechtsvorschriften und allgemeinen Verwaltungsvorschriften Auskünfte in anonymisierter Form erteilen. [2]§ 42a Abs. 8 gilt entsprechend.

§ 42c[3)] *(aufgehoben)*

§ 43 Weiterleitung von Auskünften. Oberste Bundes- oder Landesbehörden dürfen Eintragungen, die in ein Führungszeugnis nicht aufgenommen werden, einer nachgeordneten oder ihrer Aufsicht unterstehenden Behörde nur mitteilen, wenn dies zur Vermeidung von Nachteilen für den Bund oder ein Land unerläßlich ist oder wenn andernfalls die Erfüllung öffentlicher Aufgaben erheblich gefährdet oder erschwert würde.

[1)] **Sartorius Nr. 246.**
[2)] § 42b eingef. mWv 1.10.2002 durch G v. 23.4.2002 (BGBl. I S. 1406).
[3)] § 42c aufgeh. mWv 29.7.2017 durch G v. 18.7.2017 (BGBl. I S. 2732).

3. Auskünfte an Behörden

§ 43a[1)] Verfahrensübergreifende Mitteilungen von Amts wegen. (1) In Verfahren nach den §§ 25, 39, 49, 55 Absatz 2 und § 63 Absatz 3 ist die Übermittlung personenbezogener Daten zulässig, wenn die Kenntnis der Daten aus der Sicht der übermittelnden Stelle

1. zur Verfolgung einer Straftat,
2. zur Abwehr eines erheblichen Nachteils für das Gemeinwohl oder einer Gefahr für die öffentliche Sicherheit,
3. zur Abwehr einer schwerwiegenden Beeinträchtigung der Rechte einer anderen Person,
4. zur Abwehr einer erheblichen Gefährdung des Wohls einer minderjährigen Person oder
5. zur Erledigung eines Suchvermerks

erforderlich ist.

(2) Die §§ 18 bis 22 des Einführungsgesetzes zum Gerichtsverfassungsgesetz[2)] gelten entsprechend.

§ 44[3)] Vertrauliche Behandlung der Auskünfte. Auskünfte aus dem Register an Behörden (§ 30 Abs. 5, §§ 31, 41, 43) dürfen nur den mit der Entgegennahme oder Bearbeitung betrauten Bediensteten zur Kenntnis gebracht werden.

4.[4)] Versagung der Auskunft zu Zwecken des Zeugenschutzes

§ 44a[5)] Versagung der Auskunft. (1) Die Registerbehörde sperrt den Datensatz einer im Register eingetragenen Person für die Auskunftserteilung, wenn eine Zeugenschutzstelle mitteilt, dass dies zum Schutz der Person als Zeuge oder Zeugin erforderlich ist.

(2) [1]Die Registerbehörde soll die Erteilung einer Auskunft aus dem Register über die gesperrten Personendaten versagen, soweit entgegenstehende öffentliche Interessen oder schutzwürdige Interessen Dritter nicht überwiegen. [2]Sie gibt der Zeugenschutzstelle zuvor Gelegenheit zur Stellungnahme; die Beurteilung der Zeugenschutzstelle, dass die Versagung der Auskunft für Zwecke des Zeugenschutzes erforderlich ist, ist für die Registerbehörde bindend. [3]Die Versagung der Auskunft bedarf keiner Begründung.

(3) [1]Die Registerbehörde legt über eine Person, über die keine Eintragung vorhanden ist, einen besonders gekennzeichneten Personendatensatz an, wenn die Zeugenschutzstelle darlegt, dass dies zum Schutze dieser Person als Zeuge oder Zeugin vor Ausforschung durch missbräuchliche Auskunftsersuchen erforderlich ist. [2]Über diesen Datensatz werden Auskünfte nicht erteilt. [3]Die Registerbehörde unterrichtet die Zeugenschutzstelle über jeden Antrag auf Erteilung einer Auskunft, der zu dieser Person oder zu sonst von der Zeugenschutzstelle bestimmten Daten eingeht.

(4) Die §§ 161, 161a der Strafprozessordnung bleiben unberührt.

[1)] § 43a eingef. mWv 22.12.2011 durch G v. 15.12.2011 (BGBl. I S. 2714).
[2)] Nr. **95a**.
[3)] § 44 geänd. mWv 27.4.2012 durch G v. 15.12.2011 (BGBl. I S. 2714).
[4)] 4. UAbschnitt (§ 44a) eingef. mWv 30.4.2002 durch G v. 23.4.2002 (BGBl. I S. 1406).
[5)] § 44a eingef. mWv 30.4.2002 durch G v. 23.4.2002 (BGBl. I S. 1406); Abs. 2 Satz 1 geänd. mWv 27.4.2012 durch G v. 15.12.2011 (BGBl. I S. 2714); Abs. 1 und 3 Satz 1 geänd. mWv 29.7.2017 durch G v. 18.7.2017 (BGBl. I S. 2732).

Vierter Abschnitt. Tilgung

§ 45[1)] Tilgung nach Fristablauf. (1) Eintragungen über Verurteilungen (§ 4) werden nach Ablauf einer bestimmten Frist getilgt.

(2) [1] Eine zu tilgende Eintragung wird ein Jahr nach Eintritt der Tilgungsreife aus dem Register entfernt. [2] Während dieser Zeit darf über die Eintragung nur der betroffenen Person Auskunft erteilt werden.

(3) Absatz 1 gilt nicht

1. bei Verurteilungen zu lebenslanger Freiheitsstrafe,
2. bei Anordnung der Unterbringung in der Sicherungsverwahrung oder in einem psychiatrischen Krankenhaus oder
3. bei Verurteilungen wegen einer Straftat nach den §§ 176c oder 176d des Strafgesetzbuches[2)], durch die erkannt worden ist
   a) auf Freiheitsstrafe von mindestens fünf Jahren oder
   b) auf Freiheitsstrafe von mindestens drei Jahren bei zwei oder mehr im Register eingetragenen Verurteilungen nach den §§ 176c oder 176d des Strafgesetzbuches.

§ 46[3)] Länge der Tilgungsfrist. (1) Die Tilgungsfrist beträgt

1. fünf Jahre
   bei Verurteilungen
   a) zu Geldstrafe von nicht mehr als neunzig Tagessätzen, wenn keine Freiheitsstrafe, kein Strafarrest und keine Jugendstrafe im Register eingetragen ist,
   b) zu Freiheitsstrafe oder Strafarrest von nicht mehr als drei Monaten, wenn im Register keine weitere Strafe eingetragen ist,
   c) zu Jugendstrafe von nicht mehr als einem Jahr,
   d) zu Jugendstrafe von nicht mehr als zwei Jahren, wenn die Vollstreckung der Strafe oder eines Strafrestes gerichtlich oder im Gnadenwege zur Bewährung ausgesetzt worden ist,
   e) zu Jugendstrafe von mehr als zwei Jahren, wenn ein Strafrest nach Ablauf der Bewährungszeit gerichtlich oder im Gnadenwege erlassen worden ist,
   f) zu Jugendstrafe, wenn der Strafmakel gerichtlich oder im Gnadenwege als beseitigt erklärt worden ist,
   g) durch welche eine Maßnahme (§ 11 Abs. 1 Nr. 8 des Strafgesetzbuchs[2)]) mit Ausnahme der Sperre für die Erteilung einer Fahrerlaubnis für immer und des Berufsverbots für immer, eine Nebenstrafe oder eine Nebenfolge allein oder in Verbindung miteinander oder in Verbindung mit Erziehungsmaßregeln oder Zuchtmitteln angeordnet worden ist,

---

[1)] § 45 Abs. 3 Nr. 2 ber. durch BGBl. 1985 I S. 195; Abs. 2 Satz 2 geänd. mWv 29.7.2017 durch G v. 18.7.2017 (BGBl. I S. 2732); Abs. 3 Nr. 2 geänd., Nr. 3 angef. mWv 1.7.2022 durch G v. 16.6.2021 (BGBl. I S. 1810).

[2)] Nr. **85**.

[3)] § 46 Abs. 3 geänd. durch G v. 15.7.1992 (BGBl. I S. 1302); Abs. 1 Nr. 3 eingef., bish. Nr. 3 wird Nr. 4, Abs. 3 geänd. durch G v. 26.1.1998 (BGBl. I S. 160); Abs. 1 Nr. 2 Buchst. d angef., Abs. 3 geänd. mWv 1.5.2010 durch G v. 16.7.2009 (BGBl. I S. 1952); Abs. 3 geänd. mWv 27.4.2012 durch G v. 15.12. 2011 (BGBl. I S. 2714); Abs. 1 Nr. 2 Buchst. a und c und Abs. 3 geänd. mWv 14.9.2013 durch G v. 6.9. 2013 (BGBl. I S. 3556); Abs. 1 Nr. 1a eingef., Nr. 2 Buchst. d aufgeh., Abs. 3 Satz 1 geänd., Satz 2 angef. mWv 1.7.2022 durch G v. 16.6.2021 (BGBl. I S. 1810).

1a. zehn Jahre
bei Verurteilungen wegen einer Straftat nach den §§ 171, 174 bis 180a, 181a, 182 bis 184g, 184i bis 184l, 201a Absatz 3, den §§ 225, 232 bis 233a, 234, 235 oder § 236 des Strafgesetzbuches, wenn
 a) es sich um Fälle der Nummer 1 Buchstabe a bis f handelt,
 b) durch sie allein die Unterbringung in einer Entziehungsanstalt angeordnet worden ist,
2. zehn Jahre
bei Verurteilungen zu
 a) Geldstrafe und Freiheitsstrafe oder Strafarrest von nicht mehr als drei Monaten, wenn die Voraussetzungen der Nummer 1 Buchstabe a und b nicht vorliegen,
 b) Freiheitsstrafe oder Strafarrest von mehr als drei Monaten, aber nicht mehr als einem Jahr, wenn die Vollstreckung der Strafe oder eines Strafrestes gerichtlich oder im Gnadenwege zur Bewährung ausgesetzt worden und im Register nicht außerdem Freiheitsstrafe, Strafarrest oder Jugendstrafe eingetragen ist,
 c) Jugendstrafe von mehr als einem Jahr, außer in den Fällen der Nummer 1 Buchstabe d bis f,
3. zwanzig Jahre bei Verurteilungen wegen einer Straftat nach den §§ 174 bis 180 oder 182 des Strafgesetzbuches zu einer Freiheitsstrafe oder Jugendstrafe von mehr als einem Jahr,
4. fünfzehn Jahre
in allen übrigen Fällen.

(2) Die Aussetzung der Strafe oder eines Strafrestes zur Bewährung oder die Beseitigung des Strafmakels bleiben bei der Berechnung der Frist unberücksichtigt, wenn diese Entscheidungen widerrufen worden sind.

(3) [1] In den Fällen des Absatzes 1 Nr. 1 Buchstabe e, Nr. 2 Buchstabe c sowie Nummer 3 und 4 verlängert sich die Frist um die Dauer der Freiheitsstrafe, des Strafarrestes oder der Jugendstrafe. [2] In den Fällen des Absatzes 1 Nummer 1a verlängert sich die Frist bei einer Verurteilung zu einer Jugendstrafe von mehr als einem Jahr um die Dauer der Jugendstrafe.

§ 47[1)] Feststellung der Frist und Ablaufhemmung. (1) Für die Feststellung und Berechnung der Frist gelten die §§ 35, 36 entsprechend.

(2) [1] Die Tilgungsfrist lauft nicht ab, solange sich aus dem Register ergibt, daß die Vollstreckung einer Strafe oder eine der in § 61 des Strafgesetzbuchs[2)] aufgeführten Maßregeln der Besserung und Sicherung noch nicht erledigt oder die Strafe noch nicht erlassen ist. [2] § 37 Abs. 1 gilt entsprechend.

(3) [1] Sind im Register mehrere Verurteilungen eingetragen, so ist die Tilgung einer Eintragung erst zulässig, wenn für alle Verurteilungen die Voraussetzungen der Tilgung vorliegen. [2] Die Eintragung einer Verurteilung, durch die eine Sperre für die Erteilung der Fahrerlaubnis für immer angeordnet worden ist, hindert die Tilgung anderer Verurteilungen nur, wenn zugleich auf eine Strafe erkannt worden ist, für die allein die Tilgungsfrist nach § 46 noch nicht abgelaufen wäre.

[1)] § 47 Abs. 2 Satz 1 geänd. mWv 30.4.2002 durch G v. 23.4.2002 (BGBl. I S. 1406).
[2)] Nr. **85**.

§ 48[1)] **Anordnung der Tilgung wegen Gesetzesänderung.** Ist die Verurteilung ausschließlich wegen einer Handlung eingetragen, für die das nach der Verurteilung geltende Gesetz keine Strafe mehr vorsieht, oder droht das neue Gesetz für die Handlung nur noch Geldbuße allein oder Geldbuße in Verbindung mit einer Nebenfolge an, wird die Eintragung auf Antrag der betroffenen Person getilgt.

§ 49[2)] **Anordnung der Tilgung in besonderen Fällen.** (1) [1]Die Registerbehörde kann auf Antrag oder von Amts wegen anordnen, daß Eintragungen entgegen den §§ 45, 46 zu tilgen sind, falls die Vollstreckung erledigt ist und das öffentliche Interesse der Anordnung nicht entgegensteht. [2]Die Registerbehörde soll das erkennende Gericht und die sonst zuständige Behörde hören. [3]Betrifft die Eintragung eine Verurteilung, durch welche eine freiheitsentziehende Maßregel der Besserung und Sicherung angeordnet worden ist, so soll sie auch die Stellungnahme eines oder einer in der Psychiatrie erfahrenen medizinischen Sachverständigen einholen.

(2) Hat der Verurteilte infolge der Verurteilung durch ein Gericht im Geltungsbereich dieses Gesetzes die Fähigkeit, öffentliche Ämter zu bekleiden und Rechte aus öffentlichen Wahlen zu erlangen, oder das Recht, in öffentlichen Angelegenheiten zu wählen oder zu stimmen, verloren, so darf eine Anordnung nach Absatz 1 nicht ergehen, solange er diese Fähigkeit oder dieses Recht nicht wiedererlangt hat.

(3) [1]Gegen die Ablehnung einer Anordnung nach Absatz 1 steht dem Antragsteller innerhalb zwei Wochen nach der Bekanntgabe der Entscheidung die Beschwerde zu. [2]Hilft die Registerbehörde der Beschwerde nicht ab, so entscheidet das Bundesministerium der Justiz und für Verbraucherschutz.

§ 50[3)] **Zu Unrecht getilgte Eintragungen.** Die Registerbehörde hat vor ihrer Entscheidung darüber, ob eine zu Unrecht im Register getilgte Eintragung wieder in das Register aufgenommen wird, der betroffenen Person Gelegenheit zur Stellungnahme zu geben.

Fünfter Abschnitt. Rechtswirkungen der Tilgung

§ 51[4)] **Verwertungsverbot.** (1) Ist die Eintragung über eine Verurteilung im Register getilgt worden oder ist sie zu tilgen, so dürfen die Tat und die Verurteilung der betroffenen Person im Rechtsverkehr nicht mehr vorgehalten und nicht zu ihrem Nachteil verwertet werden.

(2) Aus der Tat oder der Verurteilung entstandene Rechte Dritter, gesetzliche Rechtsfolgen der Tat oder der Verurteilung und Entscheidungen von Gerichten oder Verwaltungsbehörden, die im Zusammenhang mit der Tat oder der Verurteilung ergangen sind, bleiben unberührt.

[1)] § 48 neu gef. mWv 29.7.2017 durch G v. 18.7.2017 (BGBl. I S. 2732).

[2)] § 49 Abs. 3 Satz 2 geänd. mWv 30.4.2002 durch G v. 23.4.2002 (BGBl. I S. 1406); Abs. 1 Sätze 1 und 3, Abs. 3 Satz 2 geänd. mWv 1.1.2007 durch G v. 17.12.2006 (BGBl. I S. 3171); Abs. 1 Satz 2 neu gef., Satz 3 und Abs. 3 Satz 2 geänd. mWv 29.7.2017 durch G v. 18.7.2017 (BGBl. I S. 2732).

[3)] § 50 neu gef. mWv 1.1.2007 durch G v. 17.12.2006 (BGBl. I S. 3171); geänd. mWv 29.7.2017 durch G v. 18.7.2017 (BGBl. I S. 2732).

[4)] § 51 Abs. 1 geänd. mWv 29.7.2017 durch G v. 18.7.2017 (BGBl. I S. 2732).

§ 52[1] Ausnahmen. (1) Die frühere Tat darf abweichend von § 51 Abs. 1 nur berücksichtigt werden, wenn

1. die Sicherheit der Bundesrepublik Deutschland oder eines ihrer Länder eine Ausnahme zwingend gebietet,
2. in einem erneuten Strafverfahren ein Gutachten über die Voraussetzungen der §§ 20, 21, 63, 64, 66, 66a oder 66b des Strafgesetzbuchs[2] zu erstatten ist, falls die Umstände der früheren Tat für die Beurteilung der Schuldfähigkeit oder Gefährlichkeit der betroffenen Person von Bedeutung sind,
3. die Wiederaufnahme des früheren Verfahrens beantragt wird,
4. die betroffene Person die Zulassung zu einem Beruf oder einem Gewerbe, die Einstellung in den öffentlichen Dienst oder die Erteilung einer Waffenbesitzkarte, eines Munitionserwerbscheins, Waffenscheins, Jagdscheins oder einer Erlaubnis nach § 27 des Sprengstoffgesetzes[3] beantragt, falls die Zulassung, Einstellung oder Erteilung der Erlaubnis sonst zu einer erheblichen Gefährdung der Allgemeinheit führen würde; das gleiche gilt, wenn die betroffene Person die Aufhebung einer die Ausübung eines Berufes oder Gewerbes untersagenden Entscheidung beantragt oder
5. dies in gesetzlichen Bestimmungen unter Bezugnahme auf diese Vorschrift vorgesehen ist.

(2) [1] Abweichend von § 51 Absatz 1 darf eine frühere Tat ferner

1. in einem Verfahren, das die Erteilung oder Entziehung einer Fahrerlaubnis zum Gegenstand hat,
2. zur Ergreifung von Maßnahmen nach dem Fahreignungs-Bewertungssystem nach § 4 Absatz 5 des Straßenverkehrsgesetzes[4]

berücksichtigt werden, solange die Verurteilung nach den Vorschriften der §§ 28 bis 30b des Straßenverkehrsgesetzes verwertet werden darf. [2] Außerdem dürfen für die Prüfung der Berechtigung zum Führen von Kraftfahrzeugen Entscheidungen der Gerichte nach den §§ 69 bis 69b des Strafgesetzbuches verwertet werden.

Sechster Abschnitt. Begrenzung von Offenbarungspflichten des Verurteilten

§ 53[5] Offenbarungspflicht bei Verurteilungen. (1) Verurteilte dürfen sich als unbestraft bezeichnen und brauchen den der Verurteilung zugrunde liegenden Sachverhalt nicht zu offenbaren, wenn die Verurteilung

1. nicht in das Führungszeugnis oder nur in ein Führungszeugnis nach § 32 Abs. 3, 4 aufzunehmen oder
2. zu tilgen ist.

(2) Soweit Gerichte oder Behörden ein Recht auf unbeschränkte Auskunft haben, können Verurteilte ihnen gegenüber keine Rechte aus Absatz 1 Nr. 1 herleiten, falls sie hierüber belehrt werden.

---

[1] § 52 Abs. 2 neu gef. durch G v. 24.4.1998 (BGBl. I S. 747); Abs. 2 Satz 2 geänd. mWv 30.4.2002 durch G v. 23.4.2002 (BGBl. I S. 1406); Abs. 2 Satz 1 neu gef. mWv 5.12.2014 durch G v. 28.11.2014 (BGBl. I S. 1802); Abs. 1 Nr. 2–4 geänd., Nr. 5 angef. mWv 29.7.2017 durch G v. 18.7.2017 (BGBl. I S. 2732).

[2] Nr. **85**.

[3] **Sartorius ErgBd. Nr. 822.**

[4] Nr. **35**.

[5] § 53 Abs. 1 einl. Satzteil und Abs. 2 geänd. mWv 29.7.2017 durch G v. 18.7.2017 (BGBl. I S. 2732).

Siebter Abschnitt.[1] Internationaler Austausch von Registerinformationen

§ 53a[2] Grenzen der internationalen Zusammenarbeit. [1] Die Eintragung einer Verurteilung, die nicht durch ein deutsches Gericht im Geltungsbereich dieses Gesetzes ergangen ist, in das Register oder die Erteilung einer Auskunft aus dem Register an eine Stelle eines anderen Staates oder an eine über- und zwischenstaatliche Stelle ist unzulässig, wenn die Verurteilung oder die Erteilung der Auskunft wesentlichen Grundsätzen der deutschen Rechtsordnung widerspricht. [2] Liegt eine Verurteilung oder ein Ersuchen eines Mitgliedstaates der Europäischen Union vor, ist die Eintragung der Verurteilung oder die Erledigung des Ersuchens unzulässig, wenn die Verurteilung oder die Erledigung des Ersuchens im Widerspruch zur Charta der Grundrechte der Europäischen Union[3] steht.

§ 54[4] Eintragungen in das Register. (1) Strafrechtliche Verurteilungen, die nicht durch deutsche Gerichte im Geltungsbereich dieses Gesetzes ergangen sind, werden in das Register eingetragen, wenn

1. die verurteilte Person die deutsche Staatsangehörigkeit besitzt oder im Geltungsbereich dieses Gesetzes geboren oder wohnhaft ist,
2. wegen des der Verurteilung zugrunde liegenden oder sinngemäß umgestellten Sachverhalts auch nach dem im Geltungsbereich dieses Gesetzes geltenden Recht, ungeachtet etwaiger Verfahrenshindernisse, eine Strafe oder eine Maßregel der Besserung und Sicherung hätte verhängt werden können,
3. die Entscheidung rechtskräftig ist.

(2) Erfüllt eine Verurteilung die Voraussetzungen des Absatzes 1 Nr. 2 nur hinsichtlich eines Teils der abgeurteilten Tat oder Taten, so wird die ganze Verurteilung eingetragen.

(3) [1] Ist eine Verurteilung einzutragen oder ist sie bereits eingetragen, wird auch Folgendes eingetragen:

1. als Folgemaßnahmen spätere Entscheidungen oder sonstige Tatsachen, die sich auf die Verurteilung beziehen,
2. bei der Übermittlung einer Strafnachricht mitgeteilte Bedingungen, die die Verwendung des Mitgeteilten beschränken,
3. soweit es sich um eine Verurteilung aus einem Mitgliedstaat der Europäischen Union handelt, Mitteilungen zu
   a) der Tilgung,
   b) dem Ort der Tatbegehung und
   c) den Rechtsverlusten, die sich aus der Verurteilung ergeben,
4. eine deutsche Entscheidung, durch die die ausländische Freiheitsstrafe oder Maßregel der Besserung und Sicherung für vollstreckbar erklärt wurde.

[2] Wird eine eingetragene Verurteilung durch die Eintragung einer Folgemaßnahme ergänzt, ist § 55 Absatz 2 nicht anzuwenden.

---

[1] 7. Abschnitt Überschrift neu gef. mWv 27.4.2012 durch G v. 15.12.2011 (BGBl. I S. 2714).

[2] § 53a eingef. mWv 27.4.2012 durch G v. 15.12.2011 (BGBl. I S. 2714).

[3] **Sartorius Nr. 1002.**

[4] § 54 Abs. 3 angef. mWv 27.4.2012 durch G v. 15.12.2011 (BGBl. I S. 2714); Abs. 1 Nr. 1 geänd. mWv 29.7.2017 durch G v. 18.7.2017 (BGBl. I S. 2732).

§ 55[1] Verfahren bei der Eintragung. (1) Die Registerbehörde trägt eine Verurteilung, die nicht durch ein deutsches Gericht im Geltungsbereich dieses Gesetzes ergangen ist, ein, wenn ihr die Verurteilung von einer Behörde des Staates, der sie ausgesprochen hat, mitgeteilt worden ist und sich aus der Mitteilung nicht ergibt, daß die Voraussetzungen des § 54 nicht vorliegen.

(2) [1] Die betroffene Person soll unverzüglich zu der Eintragung gehört werden, wenn ihr Aufenthalt feststellbar ist. [2] Ergibt sich, daß bei einer Verurteilung oder einem abtrennbaren Teil einer Verurteilung die Voraussetzungen des § 54 Abs. 1 nicht vorliegen, so ist die Eintragung insoweit zu entfernen. [3] Lehnt die Registerbehörde einen Antrag der betroffenen Person auf Entfernung der Eintragung ab, so steht der betroffenen Person innerhalb von zwei Wochen nach der Bekanntgabe der Entscheidung die Beschwerde zu. [4] Hilft die Registerbehörde der Beschwerde nicht ab, so entscheidet das Bundesministerium der Justiz und für Verbraucherschutz.

§ 56[2] Behandlung von Eintragungen. (1) [1] Eintragungen nach § 54 werden bei der Anwendung dieses Gesetzes wie Eintragungen von Verurteilungen durch deutsche Gerichte im Geltungsbereich dieses Gesetzes behandelt. [2] Hierbei steht eine Rechtsfolge der im Geltungsbereich dieses Gesetzes geltenden Rechtsfolge gleich, der sie am meisten entspricht; Nebenstrafen und Nebenfolgen haben für die Anwendung dieses Gesetzes keine Rechtswirkung.

(2) Für die Nichtaufnahme einer nach § 54 eingetragenen Verurteilung in das Führungszeugnis und für die Tilgung der Eintragung bedarf es nicht der Erledigung der Vollstreckung.

(3) Die §§ 39 und 49 gelten entsprechend.

§ 56a[3] *(aufgehoben)*

§ 56b[4] Speicherung zum Zweck der Auskunftserteilung an Mitgliedstaaten der Europäischen Union. (1) [1] Übermittelt eine Zentralbehörde eines anderen Mitgliedstaates eine strafrechtliche Verurteilung über eine Person, die die deutsche Staatsangehörigkeit besitzt, und ist die Eintragung der Verurteilung nicht zulässig, weil die Voraussetzungen des § 54 Absatz 1 Nummer 2 nicht vorliegen, werden die Verurteilung sowie eintragungsfähige Folgemaßnahmen im Register gesondert gespeichert. [2] Speicherungen nach dieser Vorschrift dürfen an einen anderen Mitgliedstaat nur zur Unterstützung eines strafrechtlichen Verfahrens in diesem Staat auf Grund eines Ersuchens übermittelt werden.

(2) Die §§ 42 und 55 Absatz 2 gelten entsprechend.

(3) Die Speicherung wird im Register gelöscht, wenn

1. mitgeteilt wird, dass eine Tilgung durch den Urteilsmitgliedstaat erfolgt ist, oder
2. fünf Jahre abgelaufen sind; § 47 Absatz 1 gilt bei der Fristberechnung entsprechend.

---

[1] § 55 Abs. 2 Satz 4 geänd. mWv 30.4.2002 durch G v. 23.4.2002 (BGBl. I S. 1406); Abs. 2 Sätze 3 und 4 geänd. mWv 1.1.2007 durch G v. 17.12.2006 (BGBl. I S. 3171); Abs. 2 Sätze 1, 3 und 4 geänd. mWv 29.7.2017 durch G v. 18.7.2017 (BGBl. I S. 2732).

[2] § 56 Abs. 3 angef. mWv 27.4.2012 durch G v. 15.12.2011 (BGBl. I S. 2714).

[3] § 56a aufgeh. mWv 29.7.2017 durch G v. 18.7.2017 (BGBl. I S. 2732).

[4] § 56b eingef. mWv 27.4.2012 durch G v. 15.12.2011 (BGBl. I S. 2714).

§ 57[1)] Auskunft an ausländische sowie über- und zwischenstaatliche Stellen. (1) Ersuchen von Stellen eines anderen Staates sowie von über- und zwischenstaatlichen Stellen um Erteilung einer unbeschränkten Auskunft aus dem Register oder um Erteilung eines Führungszeugnisses an Behörden werden nach den hierfür geltenden völkerrechtlichen Verträgen, soweit an ihnen nach Artikel 59 Absatz 2 Satz 1 des Grundgesetzes[2)] die gesetzgebenden Körperschaften mitgewirkt haben, von der Registerbehörde ausgeführt.

(2) [1] Soweit kein völkerrechtlicher Vertrag im Sinne des Absatzes 1 vorliegt, kann die Registerbehörde als ausführende Behörde den in Absatz 1 genannten Stellen für die gleichen Zwecke und in gleichem Umfang eine unbeschränkte Auskunft aus dem Register oder ein Führungszeugnis an Behörden erteilen wie vergleichbaren deutschen Stellen. [2] Die empfangende Stelle ist darauf hinzuweisen, dass sie die Auskunft nur zu dem Zweck verwenden darf, für den sie erteilt worden ist. [3] Die Übermittlung personenbezogener Daten muss im Einklang mit Kapitel V der Verordnung (EU) 2016/679[3)] und den sonstigen allgemeinen datenschutzrechtlichen Vorschriften stehen.

(3) [1] Regelmäßige Benachrichtigungen über strafrechtliche Verurteilungen und nachfolgende Maßnahmen, die im Register eingetragen werden (Strafnachrichten), werden nach den hierfür geltenden völkerrechtlichen Verträgen, die der Mitwirkung der gesetzgebenden Körperschaften nach Artikel 59 Abs. 2 des Grundgesetzes bedurften, erstellt und übermittelt. [2] Absatz 2 Satz 2 gilt entsprechend. [3] Ist eine Strafnachricht übermittelt worden, wird der empfangenden Stelle auch die Entfernung der Eintragung aus dem Register mitgeteilt.

(4) Die Verantwortung für die Zulässigkeit der Übermittlung trägt die übermittelnde Stelle.

(5) [1] Eine nach § 54 Absatz 3 Satz 1 Nummer 2 eingetragene Bedingung ist bei der Ausführung von Ersuchen nach den Absätzen 1 und 2 zu beachten. [2] Ist im Register zu einer nach § 54 eingetragenen Verurteilung eines anderen Mitgliedstaates die Tilgung der Verurteilung im Urteilsmitgliedstaat eingetragen, unterbleibt eine Auskunft aus dem Register über diese Verurteilung.

(6) Die Registerbehörde erteilt Eurojust die Zustimmung gemäß Artikel 17 Absatz 3 der Verordnung (EU) 2019/816, wenn ein Ersuchen des anfragenden Drittstaates oder einer internationalen Organisation nach den Absätzen 1 bis 5 voraussichtlich beantwortet werden würde.

§ 57a[4)] Austausch von Registerinformationen mit Mitgliedstaaten der Europäischen Union. (1) [1] Strafnachrichten über Personen, die die Staatsangehörigkeit eines anderen Mitgliedstaates der Europäischen Union besitzen, werden erstellt und der Registerbehörde des Mitgliedstaates übermittelt, dessen Staatsangehörigkeit die verurteilte Person besitzt. [2] Besitzt die Person die Staatsangehörigkeit mehrerer Mitgliedstaaten, ist jedem betroffenen Mitgliedstaat eine Straf-

---

[1)] § 57 neu gef. mWv 30.4.2002 durch G v. 23.4.2002 (BGBl. I S. 1406); Abs. 1 und 2 Satz 1 neu gef., Abs. 3 Satz 1 geänd., Satz 3 und Abs. 5 angef. mWv 27.4.2012 durch G v. 15.12.2011 (BGBl. I S. 2714); Abs. 2 Satz 2, Abs. 3 Satz 3 geänd. mWv 29.7.2017 durch G v. 18.7.2017 (BGBl. I S. 2732); Abs. 2 Satz 3 neu gef. mWv 26.11.2019 durch G v. 20.11.2019 (BGBl. I S. 1626); Abs. 6 angef. mWv 1.10.2022 durch G v. 10.8.2021 (BGBl. I S. 3420).

[2)] **Habersack, Deutsche Gesetze ErgBd. Nr. 1.**

[3)] **Sartorius Nr. 246.**

[4)] § 57a eingef. mWv 27.4.2012 durch G v. 15.12.2011 (BGBl. I S. 2714); Abs. 5 Satz 2 eingef., bish. Sätze 2 und 3 werden Sätze 3 und 4 mWv 17.7.2020 durch G v. 10.7.2020 (BGBl. I S. 1648); Abs. 5 Satz 1 geänd. mWv 1.10.2022 durch G v. 10.8.2021 (BGBl. I S. 3420).

nachricht zu übermitteln. [3]Die Sätze 1 und 2 sind auch anzuwenden, wenn die verurteilte Person zugleich die deutsche Staatsangehörigkeit besitzt. [4]§ 57 Absatz 3 Satz 3 gilt entsprechend.

(2) [1]Ersuchen eines anderen Mitgliedstaates um Erteilung einer unbeschränkten Auskunft aus dem Register zur Unterstützung eines strafrechtlichen Verfahrens werden von der Registerbehörde erledigt; in die Auskunft sind auch die Eintragungen nach § 56b aufzunehmen. [2]§ 57 Absatz 5 gilt entsprechend.

(3) [1]Für Ersuchen eines anderen Mitgliedstaates um Erteilung einer unbeschränkten Auskunft aus dem Register oder um Erteilung eines Führungszeugnisses an Behörden zur Unterstützung eines nichtstrafrechtlichen Verfahrens oder eines Verfahrens wegen einer Ordnungswidrigkeit gilt § 57 Absatz 1, 2 und 5 entsprechend. [2]Enthält die im Register eingetragene Verurteilung eines anderen Mitgliedstaates eine nach § 54 Absatz 3 Satz 1 Nummer 2 eingetragene Bedingung, die die Verwendung der Mitteilung der Verurteilung auf strafrechtliche Verfahren beschränkt, wird dem ersuchenden Mitgliedstaat, falls dem Ersuchen stattgegeben wird, nur mitgeteilt,

1. dass eine strafrechtliche Verurteilung eines anderen Mitgliedstaates vorhanden ist, deren Verwendung auf strafrechtliche Verfahren beschränkt ist, und
2. in welchem Mitgliedstaat die Verurteilung ergangen ist.

(4) [1]Ersuchen eines Mitgliedstaates der Europäischen Union um Erteilung einer Auskunft aus dem Register für nichtstrafrechtliche Zwecke, deren Art oder Umfang in diesem Gesetz nicht vorgesehen ist, erledigt die Registerbehörde, soweit die Erteilung nach Maßgabe von Rechtsakten der Europäischen Union geboten ist, es sei denn, dass eine besondere fachliche Bewertung zur Beschränkung der Auskunft erforderlich ist. [2]Ist eine solche Bewertung erforderlich, erhält die für die internationale Amtshilfe zuständige Behörde eine Auskunft aus dem Register. [3]§ 57 Absatz 1, 2 und 4 sowie § 8e des Verwaltungsverfahrensgesetzes[1)] gelten entsprechend.

(5) [1]Zur Aufnahme von deutschen Registerinformationen in das Führungszeugnis eines anderen Mitgliedstaates ist diesem auf sein Ersuchen ein Führungszeugnis für Private oder zur Vorlage bei einer Behörde nach § 30 über eine Person zu erteilen. [2]Betrifft das Ersuchen eine Auskunft über die sie betreffenden Eintragungen in das Strafregister einer Person, so erteilt die Registerbehörde eine unbeschränkte Auskunft. [3]Aus dem Ersuchen muss hervorgehen, dass ein entsprechender Antrag der Person im ersuchenden Mitgliedstaat vorliegt. [4]Ein Führungszeugnis nach § 30a wird zu dem in Satz 1 genannten Zweck erteilt, wenn die Voraussetzungen nach § 30a vorliegen.

(6) Die Verantwortung für die Zulässigkeit der Übermittlung trägt die übermittelnde Stelle.

(7) Ersuchen, die ausschließlich die Erteilung einer Auskunft aus dem Strafregister eines anderen Mitgliedstaates der Europäischen Union zum Inhalt haben und ihrem Umfang nach einer unbeschränkten Auskunft nach § 41 oder einem Behördenführungszeugnis nach § 31 vergleichbar sind, werden über die Registerbehörde an die Zentralbehörde des ersuchten Mitgliedstaates gerichtet.

§ 58[2)] Berücksichtigung von Verurteilungen. [1]Eine strafrechtliche Verurteilung gilt, auch wenn sie nicht nach § 54 in das Register eingetragen ist, als

---

[1)] **Sartorius Nr. 100.**
[2)] § 58 Satz 2 geänd. mWv 29.7.2017 durch G v. 18.7.2017 (BGBl. I S. 2732).

tilgungsreif, sobald eine ihr vergleichbare Verurteilung im Geltungsbereich dieses Gesetzes tilgungsreif wäre. ² § 53 gilt auch zugunsten der außerhalb des Geltungsbereichs dieses Gesetzes Verurteilten.

Achter Abschnitt.[1)] Verarbeitung personenbezogener Daten zu den Zwecken der Verordnung (EU) 2019/816 und der Verordnung (EU) 2019/818

§ 58a[1)] Ersuchen um Übermittlung personenbezogener Daten von ECRIS-TCN. Die Registerbehörde darf das zentralisierte System zur Ermittlung der Mitgliedstaaten, in denen Informationen zu Verurteilungen von Drittstaatsangehörigen und Staatenlosen vorliegen (ECRIS-TCN), um Übermittlung der erforderlichen personenbezogenen Daten ersuchen und die empfangenen personenbezogenen Daten verarbeiten, soweit dies neben den Zwecken der Verordnung (EU) 2019/816 erforderlich ist

1. für die Erteilung einer Auskunft aus dem Register für nichtstrafrechtliche Zwecke oder
2. für die Erteilung eines Führungszeugnisses.

§ 58b[1)] Austausch von personenbezogenen Daten zwischen der Registerbehörde und dem Bundeskriminalamt. (1) Die Registerbehörde darf das Bundeskriminalamt zu Zwecken der Verordnung (EU) 2019/816 um Übermittlung der nach § 81b oder § 163b Absatz 1 Satz 3 der Strafprozessordnung[2)] aufgenommenen Fingerabdrücke ersuchen.

(2) ¹ Die Registerbehörde darf die auf Ersuchen nach Absatz 1 übermittelten Fingerabdrücke erheben, speichern und verwenden, soweit dies zu Zwecken der Verordnung (EU) 2019/816 erforderlich ist. ² Ist eine Verwendung zu diesen Zwecken nicht mehr erforderlich, so sind die Fingerabdrücke unverzüglich zu löschen.

(3) ¹ Werden der Registerbehörde bei Ersuchen nach § 57a Absatz 2 bis 4 infolge eines Treffers in ECRIS-TCN Fingerabdrücke der betroffenen Person übermittelt, darf die Registerbehörde dem Bundeskriminalamt die erforderlichen personenbezogenen Daten einschließlich der Fingerabdrücke übermitteln und um einen Abgleich der Identität ersuchen. ² Dies gilt auch zur Prüfung von Mehrfachidentitäten nach Artikel 29 der Verordnung (EU) 2019/818 des Europäischen Parlaments und des Rates vom 20. Mai 2019 zur Errichtung eines Rahmens für die Interoperabilität zwischen EU-Informationssystemen (polizeiliche und justizielle Zusammenarbeit, Asyl und Migration) und zur Änderung der Verordnungen (EU) 2018/1726, (EU) 2018/1862 und (EU) 2019/816 (ABl. L 135 vom 22.5. 2019, S. 85; L 10 vom 15.1.2020, S. 5).

(4) Das Bundeskriminalamt darf

1. auf Ersuchen nach Absatz 1 zu Zwecken der Verordnung (EU) 2019/816 die nach § 81b oder § 163b Absatz 1 Satz 3 der Strafprozessordnung aufgenommenen Fingerabdrücke an die Registerbehörde übermitteln,
2. auf Ersuchen nach Absatz 3 Amtshilfe bei der Auswertung der in Absatz 3 genannten Daten zur Identitätsfeststellung leisten und das Ergebnis der Auswertung der Registerbehörde übermitteln.

[1)] 8. Abschnitt (§§ 58a–58c) eingef. mWv 1.10.2022 durch G v. 10.8.2021 (BGBl. I S. 3420).
[2)] Nr. **90**.

§ 58c[1)] Ablauf der Speicherfrist in ECRIS-TCN. Die Speicherfrist nach Artikel 8 der Verordnung (EU) 2019/816 endet mit dem Eintritt der Tilgungsreife.

Dritter Teil. Das Erziehungsregister

§ 59[2)] Führung des Erziehungsregisters. Für das Erziehungsregister gelten die Vorschriften des Zweiten Teils, soweit die §§ 60 bis 64 nicht etwas anderes bestimmen.

§ 60[3)] Eintragungen in das Erziehungsregister. (1) In das Erziehungsregister werden die folgenden Entscheidungen und Anordnungen eingetragen, soweit sie nicht nach § 5 Abs. 2 in das Zentralregister einzutragen sind:

1. die Anordnung von Maßnahmen nach § 3 Satz 2 des Jugendgerichtsgesetzes[4)],
2. die Anordnung von Erziehungsmaßregeln oder Zuchtmitteln sowie eines diesbezüglich verhängten Ungehorsamsarrestes (§§ 9 bis 16 des Jugendgerichtsgesetzes), Nebenstrafen oder Nebenfolgen (§ 8 Abs. 3, § 76 des Jugendgerichtsgesetzes) allein oder in Verbindung miteinander,
3. der Schuldspruch, der nach § 13 Absatz 2 Satz 2 aus dem Zentralregister entfernt worden ist, sowie die Entscheidung, die nach § 13 Absatz 3 aus dem Zentralregister entfernt worden ist,
4. Entscheidungen, in denen das Gericht die Auswahl und Anordnung von Erziehungsmaßregeln dem Familiengericht überläßt (§§ 53, 104 Abs. 4 des Jugendgerichtsgesetzes),
5. Anordnungen des Familiengerichts, die auf Grund einer Entscheidung nach Nummer 4 ergehen,
6. der Freispruch wegen mangelnder Reife und die Einstellung des Verfahrens aus diesem Grunde (§ 3 Satz 1 des Jugendgerichtsgesetzes),
7. das Absehen von der Verfolgung nach § 45 des Jugendgerichtsgesetzes und die Einstellung des Verfahrens nach § 47 des Jugendgerichtsgesetzes,
8. *(aufgehoben)*
9. vorläufige und endgültige Entscheidungen des Familiengerichts nach § 1666 Abs. 1 und § 1666a des Bürgerlichen Gesetzbuchs[5)] sowie Entscheidungen des Familiengerichts nach § 1837 Abs. 4 in Verbindung mit § 1666 Abs. 1 und § 1666a des Bürgerlichen Gesetzbuchs, welche die Sorge für die Person des Minderjährigen betreffen; ferner die Entscheidungen, durch welche die vorgenannten Entscheidungen aufgehoben oder geändert werden.

(2) In den Fällen des Absatzes 1 Nr. 7 ist zugleich die vom Gericht nach § 45 Abs. 3 oder § 47 Abs. 1 Satz 1 Nr. 3 des Jugendgerichtsgesetzes getroffene Maßnahme einzutragen.

[1)] 8. Abschnitt (§§ 58a–58c) eingef. mWv 1.10.2022 durch G v. 10.8.2021 (BGBl. I S. 3420).

[2)] § 59 Satz 1 aufgeh. mWv 27.4.2012 durch G v. 15.12.2011 (BGBl. I S. 2714).

[3)] § 60 Abs. 1 Nr. 8 sowie Abs. 3 und 4 aufgeh. durch G v. 26.6.1990 (BGBl. I S. 1163); Abs. 2 geänd. durch G v. 30.8.1990 (BGBl. I S. 1853); Abs. 1 Nr. 4 und 5 geänd., Nr. 9 neu gef. durch G v. 16.12.1997 (BGBl. I S. 2942); Abs. 1 Nr. 4, 5 und 9 geänd. mWv 1.9.2009 durch G v. 17.12.2008 (BGBl. I S. 2586); Abs. 1 Nr. 2 geänd. mWv 15.12.2010 durch G v. 8.12.2010 (BGBl. I S. 1864); Abs. 1 Nr. 3 neu gef., Abs. 3 angef. mWv 27.4.2012 durch G v. 15.12.2011 (BGBl. I S. 2714); Abs. 1 Nr. 2 und 4, Abs. 2 geänd. mWv 29.7.2017, Abs. 1 Nr. 3 geänd. mWv 31.8.2020 durch G v. 18.7.2017 (BGBl. I S. 2732).

[4)] Nr. **89**.

[5)] Nr. **20**.

(3) Ist ein Jugendarrest angeordnet worden, wird auch seine vollständige Nichtvollstreckung eingetragen.

§ 61[1] **Auskunft aus dem Erziehungsregister.** (1) Eintragungen im Erziehungsregister dürfen – unbeschadet der §§ 21a, 42a – nur mitgeteilt werden

1. den Strafgerichten und Staatsanwaltschaften für Zwecke der Rechtspflege sowie den Justizvollzugsbehörden für Zwecke des Strafvollzugs einschließlich der Überprüfung aller im Strafvollzug tätigen Personen,
2. den Familiengerichten für Verfahren, welche die Sorge für die Person des im Register Geführten betreffen,
3. den Jugendämtern und den Landesjugendämtern für die Wahrnehmung von Erziehungsaufgaben der Jugendhilfe,
4. den Gnadenbehörden für Gnadensachen,
5. den für waffen- und sprengstoffrechtliche Erlaubnisse sowie den für luftsicherheitsrechtliche Zuverlässigkeitsüberprüfungen zuständigen Behörden mit der Maßgabe, dass nur Entscheidungen und Anordnungen nach § 60 Abs. 1 Nr. 1 bis 7 mitgeteilt werden dürfen,
6. den Verfassungsschutzbehörden des Bundes und der Länder, dem Bundesnachrichtendienst und dem Militärischen Abschirmdienst für die diesen Behörden übertragenen Sicherheitsaufgaben, wenn eine Auskunft nach § 41 Absatz 1 Nummer 3 im Einzelfall nicht ausreicht, und mit der Maßgabe, dass nur Entscheidungen und Anordnungen nach § 60 Absatz 1 Nummer 1 bis 7 mitgeteilt werden dürfen.

(2) Soweit Behörden sowohl aus dem Zentralregister als auch aus dem Erziehungsregister Auskunft zu erteilen ist, werden auf ein Ersuchen um Auskunft aus dem Zentralregister (§ 41 Absatz 3) auch die in das Erziehungsregister aufgenommenen Eintragungen mitgeteilt.

(3) Auskünfte aus dem Erziehungsregister dürfen nicht an andere als die in Absatz 1 genannten Behörden weitergeleitet werden.

§ 62[2] **Suchvermerke.** Im Erziehungsregister können Suchvermerke unter den Voraussetzungen des § 27 nur von den Behörden gespeichert werden, denen Auskunft aus dem Erziehungsregister erteilt wird.

§ 63[3] **Entfernung von Eintragungen.** (1) Eintragungen im Erziehungsregister werden entfernt, sobald die betroffene Person das 24. Lebensjahr vollendet hat.

(2) Die Entfernung unterbleibt, solange im Zentralregister eine Verurteilung zu Freiheitsstrafe, Strafarrest oder Jugendstrafe oder eine freiheitsentziehende Maßregel der Besserung und Sicherung eingetragen ist.

(3) [1] Die Registerbehörde kann auf Antrag oder von Amts wegen anordnen, daß Eintragungen vorzeitig entfernt werden, wenn die Vollstreckung erledigt ist

---

[1] § 61 Abs. 1 einl. Satzteil und Nr. 1 geänd. mWv 30.4.2002 durch G v. 23.4.2002 (BGBl. I S. 1406); Abs. 1 Nr. 4 geänd., Nr. 5 angef. mWv 1.4.2003 durch G v. 11.10.2002 (BGBl. I S. 3970); Abs. 1 Nr. 5 geänd. mWv 1.9.2005 durch G v. 15.6.2005 (BGBl. I S. 1626); Abs. 1 Nr. 2 geänd. mWv 1.9.2009 durch G v. 17.12.2008 (BGBl. I S. 2586); Abs. 1 Nr. 5 geänd., Nr. 6 angef. mWv 21.11.2015 durch G v. 17.11. 2015 (BGBl. I S. 1938); Abs. 1 einl. Satzteil und Abs. 2 geänd. mWv 29.7.2017 durch G v. 18.7.2017 (BGBl. I S. 2732); Abs. 1 Nr. 5 geänd. mWv 1.5.2020 durch G v. 22.4.2020 (BGBl. I S. 840).

[2] § 62 neu gef. mWv 30.4.2002 durch G v. 23.4.2002 (BGBl. I S. 1406); geänd. mWv 29.7.2017 durch G v. 18.7.2017 (BGBl. I S. 2732).

[3] § 63 Abs. 1 ber. durch BGBl. 1985 I S. 195; Abs. 3 Satz 1 geänd. mWv 1.1.2007 durch G v. 17.12. 2006 (BGBl. I S. 3171); Abs. 1 geänd. mWv 29.7.2017 durch G v. 18.7.2017 (BGBl. I S. 2732).

und das öffentliche Interesse einer solchen Anordnung nicht entgegensteht. [2] § 49 Abs. 3 ist anzuwenden.

(4) Die §§ 51, 52 gelten entsprechend.

§ 64[1)] Begrenzung von Offenbarungspflichten der betroffenen Person.

(1) Eintragungen in das Erziehungsregister und die ihnen zugrunde liegenden Sachverhalte braucht die betroffene Person nicht zu offenbaren.

(2) Soweit Gerichte oder Behörden ein Recht auf Auskunft aus dem Erziehungsregister haben, kann die betroffene Person ihnen gegenüber keine Rechte aus Absatz 1 herleiten, falls sie hierüber belehrt wird.

Vierter Teil.[2)] Übernahme des Strafregisters beim Generalstaatsanwalt der Deutschen Demokratischen Republik

§ 64a[3)] Strafregister der Deutschen Demokratischen Republik. (1) Die Registerbehörde ist für das Speichern, Verändern, Übermitteln, Sperren und Löschen der Eintragungen und der zugrunde liegenden Unterlagen des bisher beim Generalstaatsanwalt der Deutschen Demokratischen Republik geführten Strafregisters zuständig; sie trägt als speichernde Stelle insoweit die datenschutzrechtliche Verantwortung.

(2) [1] Eintragungen des bisher beim Generalstaatsanwalt der Deutschen Demokratischen Republik geführten Strafregisters werden in das Zentralregister oder das Erziehungsregister übernommen. [2] Die Übernahme der Eintragungen in das Zentralregister oder das Erziehungsregister erfolgt spätestens anlässlich der Bearbeitung einer Auskunft aus dem Zentralregister oder dem Erziehungsregister nach Prüfung durch die Registerbehörde unter Beachtung von Absatz 3. [3] Die Entscheidung über die Übernahme aller Eintragungen hat innerhalb von drei Jahren zu erfolgen.

(3) [1] Nicht übernommen werden Eintragungen

1. über Verurteilungen oder Erkenntnisse, bei denen der zugrunde liegende Sachverhalt im Zeitpunkt der Übernahme dieses Gesetzes nicht mehr mit Strafe bedroht oder mit Ordnungsmitteln belegt ist,
2. über Verurteilungen oder Erkenntnisse, bei denen sich ergibt, daß diese mit rechtsstaatlichen Maßstäben nicht vereinbar sind,
3. von Untersuchungsorganen und von Staatsanwaltschaften im Sinne des Strafregistergesetzes der Deutschen Demokratischen Republik.

[2] Für Verurteilungen, die nicht übernommen wurden, gelten die §§ 51 bis 53.

(4) [1] Bis zur Entscheidung über die Übernahme sind die Eintragungen nach Absatz 1 außerhalb des Zentralregisters oder des Erziehungsregisters zu speichern und für Auskünfte nach diesem Gesetz zu sperren. [2] Dies gilt auch für Eintragungen, deren Übernahme abgelehnt worden ist. [3] Die in das Zentralregister oder das Erziehungsregister zu übernehmenden Eintragungen werden vom Zeitpunkt der Übernahmeentscheidung an nach den Vorschriften dieses Gesetzes behandelt.

[1)] § 64 Abs. 1 und 2 geänd. mWv 29.7.2017 durch G v. 18.7.2017 (BGBl. I S. 2732); Überschrift geänd. mWv 26.11.2019 durch G v. 20.11.2019 (BGBl. I S. 1626).

[2)] 4. Teil (§§ 64a und 64b) eingef. aufgrund EVertr. v. 31.8.1990 (BGBl. II S. 889, 956)

[3)] § 64a eingef. aufgrund EVertr. v. 31.8.1990 (BGBl. II S. 889, 956); Abs. 3 Satz 2 angef. durch G v. 16.6.1995 (BGBl. I S. 818); Abs. 1 geänd. mWv 1.1.2007 durch G v. 17.12.2006 (BGBl. I S. 3171); Abs. 1, 2 Satz 1, Abs. 4 Sätze 1 und 3 geänd., Abs. 2 Satz 2 neu gef. mWv 27.4.2012 durch G v. 15.12.2011 (BGBl. I S. 2714).

(5) [1]Die Tilgungsfrist berechnet sich weiterhin nach den bisherigen Bestimmungen (§§ 26 bis 34 des Strafregistergesetzes der Deutschen Demokratischen Republik). [2]Erfolgt eine Neueintragung nach Übernahme des Bundeszentralregistergesetzes, gelten für die Feststellung und Berechnung der Tilgungsfrist die Vorschriften dieses Gesetzes.

§ 64b[1)] Eintragungen und Eintragungsunterlagen. (1) [1]Die nach § 64a Absatz 1 gespeicherten Eintragungen und Eintragungsunterlagen aus dem ehemaligen Strafregister der Deutschen Demokratischen Republik dürfen den für die Rehabilitierung zuständigen Stellen für Zwecke der Rehabilitierung übermittelt werden. [2]Eine Verarbeitung für andere Zwecke ist nur mit Einwilligung der betroffenen Person zulässig.

(2) [1]Auf Anforderung darf den zuständigen Stellen mitgeteilt werden, welche Eintragungen gemäß § 64a Abs. 3 nicht in das Zentralregister oder das Erziehungsregister übernommen worden sind, soweit dies bei Richtern und Staatsanwälten wegen ihrer dienstlichen Tätigkeit in der Deutschen Demokratischen Republik für dienstrechtliche Maßnahmen oder zur Rehabilitierung betroffener Personen erforderlich ist. [2]Die Mitteilung kann alle Eintragungen, die die anfordernde Stelle für ihre Entscheidung nach Satz 1 benötigt, oder nur solche Eintragungen umfassen, die bestimmte, von der anfordernden Stelle vorgegebene Eintragungsmerkmale erfüllen.

Fünfter Teil.[2)] Übergangs- und Schlußvorschriften

§ 65[3)] Übernahme von Eintragungen in das Zentralregister. (1) Eintragungen, die vor dem Inkrafttreten dieses Gesetzes in das Strafregister aufgenommen worden sind, werden in das Zentralregister übernommen.

(2) Nicht übernommen werden Eintragungen über Verurteilungen zu

1. Geldstrafe, die mehr als zwei Jahre vor dem Inkrafttreten dieses Gesetzes ausgesprochen worden ist, wenn die Ersatzfreiheitsstrafe nicht mehr als drei Monate beträgt und keine weitere Eintragung im Register enthalten ist,
2. Geldstrafe, bei der die Voraussetzungen der Nummer 1 nicht vorliegen, Freiheitsstrafe und Jugendstrafe von nicht mehr als neun Monaten sowie Strafarrest, wenn die Strafe mehr als fünf Jahre vor dem Inkrafttreten dieses Gesetzes ausgesprochen worden ist,
3. Freiheitsstrafe und Jugendstrafe von mehr als neun Monaten, aber nicht mehr als drei Jahren, die mehr als zehn Jahre vor dem Inkrafttreten dieses Gesetzes ausgesprochen worden ist,
4. Freiheitsstrafe und Jugendstrafe von mehr als drei, aber nicht mehr als fünf Jahren, die mehr als fünfzehn Jahre vor dem Inkrafttreten dieses Gesetzes ausgesprochen worden ist.

[1)] § 64b eingef. aufgrund EVertr. v. 31.8.1990 (BGBl. II S. 889, 956); neu gef. durch G v. 29.10.1992 (BGBl. I S. 1814); Abs. 1 neu gef. mWv 1.1.2000 durch G v. 17.12.1999 (BGBl. I S. 2662); Abs. 2 Satz 1 geänd. mWv 27.4.2012 durch G v. 15.12.2011 (BGBl. I S. 2714); Abs. 1 Satz 3 geänd. mWv 29.7.2017 durch G v. 18.7.2017 (BGBl. I S. 2732); Abs. 1 Satz 3 und Abs. 2 Satz 1 geänd. mWv 26.11.2019 durch G v. 20.11.2019 (BGBl. I S. 1626); Abs. 1 Satz 1 neu gef., Satz 2 aufgeh., bish. Satz 3 wird Satz 2 mWv 29.11.2019 durch G v. 22.11.2019 (BGBl. I S. 1752).

[2)] Bish. 4. Teil wird 5. Teil aufgrund EVertr. v. 31.8.1990 (BGBl. II S. 889, 956).

[3)] § 65 Abs. 3 Nr. 1 und 2 geänd. mWv 29.7.2017 durch G v. 18.7.2017 (BGBl. I S. 2732).

(3) Absatz 2 gilt nicht, wenn

1. die betroffene Person als gefährlicher Gewohnheitsverbrecher oder innerhalb der letzten zehn Jahre vor dem Inkrafttreten dieses Gesetzes zu Freiheitsstrafe oder Jugendstrafe von mehr als neun Monaten verurteilt worden ist,
2. gegen die betroffene Person auf Unterbringung in einer Heil- oder Pflegeanstalt oder auf Untersagung der Erteilung der Fahrerlaubnis für immer erkannt worden ist.

(4) Nicht übernommen werden ferner Eintragungen über Entscheidungen von Verwaltungsbehörden aus der Zeit bis zum 23. Mai 1945.

(5) Die in das Zentralregister zu übernehmenden Eintragungen werden nach den Vorschriften dieses Gesetzes behandelt.

§ 66 Bei Inkrafttreten dieses Gesetzes getilgte oder tilgungsreife Eintragungen. Für die Verurteilungen, die bei dem Inkrafttreten dieses Gesetzes im Strafregister getilgt oder tilgungsreif sind oder die nach § 65 Abs. 2 nicht in das Zentralregister übernommen werden, gelten die §§ 51 bis 53.

§ 67 Eintragungen in der Erziehungskartei. Die bei dem Inkrafttreten dieses Gesetzes vorhandenen Eintragungen in der gerichtlichen Erziehungskartei sind in das Erziehungsregister zu übernehmen.

§ 68 Bestimmungen und Bezeichnungen in anderen Vorschriften. Soweit in anderen Vorschriften auf das Gesetz über beschränkte Auskunft aus dem Strafregister und die Tilgung von Strafvermerken oder auf Bestimmungen des Jugendgerichtsgesetzes[1)], welche die Behandlung von Verurteilungen nach Jugendstrafrecht im Strafregister betreffen, verwiesen wird oder Bezeichnungen verwendet werden, die durch dieses Gesetz aufgehoben oder geändert werden, treten an ihre Stelle die entsprechenden Bestimmungen und Bezeichnungen dieses Gesetzes.

§ 69[2)] Übergangsvorschriften. (1) Sind strafrechtliche Verurteilungen, die nicht durch deutsche Gerichte im Geltungsbereich dieses Gesetzes ergangen sind, vor dem 1. August 1984 in das Zentralregister oder das Erziehungsregister eingetragen worden, so ist die Eintragung nach den bis zum Inkrafttreten des Zweiten Gesetzes zur Änderung des Bundeszentralregistergesetzes vom 17. Juli 1984 (BGBl. I S. 990) geltenden Vorschriften zu behandeln.

(2) [1] Verurteilungen wegen einer Straftat nach den §§ 174 bis 180 oder § 182 des Strafgesetzbuches[3)] zu einer Freiheitsstrafe oder Jugendstrafe, die vor dem 1. Juli 1998 in das Zentralregister eingetragen wurden, werden nach den Vorschriften dieses Gesetzes in der ab dem 1. Juli 1998 gültigen Fassung behandelt. [2] In ein Führungszeugnis oder eine unbeschränkte Auskunft werden vor dem 30. Januar 1998 erfolgte Verurteilungen nur aufgenommen, soweit sie zu diesem Zeitpunkt in ein Führungszeugnis oder eine unbeschränkte Auskunft aufzunehmen waren.

[1)] Nr. **89**.

[2)] § 69 neu gef. mWv 1.10.2002 durch G v. 23.4.2002 (BGBl. I S. 1406); Abs. 1 eingef., bish. Abs. 1 und 2 werden Abs. 2 und 3 mWv 25.4.2006 durch G v. 19.4.2006 (BGBl. I S. 866); Abs. 4 angef. mWv 1.5.2010 durch G v. 16.7.2009 (BGBl. I S. 1952); Abs. 1 und Abs. 3 Satz 1 geänd. mWv 27.4.2012 durch G v. 15.12.2011 (BGBl. I S. 2714); Abs. 5 angef. mWv 26.11.2015 durch G v. 20.11.2015 (BGBl. I S. 2017); Abs. 5 neu gef. mWv 26.11.2019 durch G v. 20.11.2019 (BGBl. I S. 1626); Abs. 4 neu gef. mWv 1.7.2022 durch G v. 16.6.2021 (BGBl. I S. 1810).

[3)] Nr. **85**.

(3) [1]Eintragungen nach § 11, die vor dem 1. Oktober 2002 erfolgt sind, werden nach 20 Jahren aus dem Zentralregister entfernt. [2]Die Frist beginnt mit dem Tag der Entscheidung oder Verfügung. [3]§ 24 Abs. 4 gilt entsprechend.

(4) Verurteilungen wegen einer Straftat nach den §§ 171, 174 bis 180a, 181a, 182 bis 184g, 184i bis 184k, 201a Absatz 3, den §§ 225, 232 bis 233a, 234, 235 oder § 236 des Strafgesetzbuches, die vor dem 1. Juli 2022 in das Zentralregister eingetragen wurden, werden nach den Vorschriften dieses Gesetzes in der ab 1. Juli 2022 geltenden Fassung behandelt.

(5) [1]§ 21 Satz 2 in der ab dem 29. Juli 2017 geltenden Fassung ist erst ab dem 1. Mai 2018 anzuwenden. [2]Bis zum 30. April 2018 ist § 21a Satz 2 in der am 20. November 2015 geltenden Fassung weiter anzuwenden.

§§ 70, 71[1)] *(aufgehoben)*

[1)] §§ 70 und 71 aufgeh. mWv 30.4.2002 durch G v. 23.4.2002 (BGBl. I S. 1406).

Lfd. Nr.	Änderndes Gesetz	Datum	Fundstelle	Betroffen	Hinweis
154.	Art. 8 G zur Neuregelung des Berufsrechts der anwaltlichen und steuerberatenden Berufsausübungsgesellschaften sowie zur Änd. weiterer Vorschriften im Bereich der rechtsberatenden Berufe	7.7.2021	BGBl. I S. 2363	§ 172	geänd. mWv 1.8.2022

ßen Ablaufs des Verfahrens können die Aufnahmen oder deren Übertragung teilweise untersagt oder von der Einhaltung von Auflagen abhängig gemacht werden.

(4) Die Beschlüsse des Gerichts nach den Absätzen 1 bis 3 sind unanfechtbar.

§ 170[1)] [Nicht öffentliche Verhandlung in Familiensachen sowie in Angelegenheiten der freiwilligen Gerichtsbarkeit] (1) [1]Verhandlungen, Erörterungen und Anhörungen in Familiensachen sowie in Angelegenheiten der freiwilligen Gerichtsbarkeit sind nicht öffentlich. [2]Das Gericht kann die Öffentlichkeit zulassen, jedoch nicht gegen den Willen eines Beteiligten. [3]In Betreuungs- und Unterbringungssachen ist auf Verlangen des Betroffenen einer Person seines Vertrauens die Anwesenheit zu gestatten.

(2) Das Rechtsbeschwerdegericht kann die Öffentlichkeit zulassen, soweit nicht das Interesse eines Beteiligten an der nicht öffentlichen Erörterung überwiegt.

§ 171[2)] *(aufgehoben)*

§ 171a[3)] [Ausschluss der Öffentlichkeit in Unterbringungssachen] Die Öffentlichkeit kann für die Hauptverhandlung oder für einen Teil davon ausgeschlossen werden, wenn das Verfahren die Unterbringung des Beschuldigten in einem psychiatrischen Krankenhaus oder einer Entziehungsanstalt, allein oder neben einer Strafe, zum Gegenstand hat.

§ 171b[4)] [Ausschluss der Öffentlichkeit zum Schutz der Privatsphäre]

(1) [1]Die Öffentlichkeit kann ausgeschlossen werden, soweit Umstände aus dem persönlichen Lebensbereich eines Prozessbeteiligten, eines Zeugen oder eines durch eine rechtswidrige Tat (§ 11 Absatz 1 Nummer 5 des Strafgesetzbuchs[5)]) Verletzten zur Sprache kommen, deren öffentliche Erörterung schutzwürdige Interessen verletzen würde. [2]Das gilt nicht, soweit das Interesse an der öffentlichen Erörterung dieser Umstände überwiegt. [3]Die besonderen Belastungen, die für Kinder und Jugendliche mit einer öffentlichen Hauptverhandlung verbunden sein können, sind dabei zu berücksichtigen. [4]Entsprechendes gilt bei volljährigen Personen, die als Kinder oder Jugendliche durch die Straftat verletzt worden sind.

(2) [1]Die Öffentlichkeit soll ausgeschlossen werden, soweit in Verfahren wegen Straftaten gegen die sexuelle Selbstbestimmung (§§ 174 bis 184k des Strafgesetzbuchs) oder gegen das Leben (§§ 211 bis 222 des Strafgesetzbuchs), wegen Misshandlung von Schutzbefohlenen (§ 225 des Strafgesetzbuchs) oder wegen Straftaten gegen die persönliche Freiheit nach den §§ 232 bis 233a des Strafgesetzbuchs ein Zeuge unter 18 Jahren vernommen wird. [2]Absatz 1 Satz 1 gilt entsprechend.

(3) [1]Die Öffentlichkeit ist auszuschließen, wenn die Voraussetzungen der Absätze 1 oder 2 vorliegen und der Ausschluss von der Person, deren Lebensbereich betroffen ist, beantragt wird. [2]Für die Schlussanträge in Verfahren wegen der in Absatz 2 genannten Straftaten ist die Öffentlichkeit auszuschließen, ohne dass es eines hierauf gerichteten Antrags bedarf, wenn die Verhandlung unter den Voraus-

---

[1)] § 170 neu gef. mWv 1.9.2009 durch G v. 17.12.2008 (BGBl. I S. 2586).

[2)] § 171 aufgeh. durch G v. 12.9.1990 (BGBl. I S. 2002).

[3)] § 171a geänd. durch G v. 20.12.1984 (BGBl. I S. 1654).

[4)] § 171b neu gef. mWv 1.9.2013 durch G v. 26.6.2013 (BGBl. I S. 1805); Abs. 2 Satz 1 geänd. mWv 27.1.2015 durch G v. 21.1.2015 (BGBl. I S. 10); Abs. 2 Satz 2 geänd. mWv 31.12.2015 durch G v. 21.12.2015 (BGBl. I S. 2525); Abs. 2 Satz 1 geänd. mWv 10.11.2016 durch G v. 4.11.2016 (BGBl. I S. 2460); Abs. 2 Satz 1 geänd. mWv 1.1.2021 durch G v. 9.10.2020 (BGBl. I S. 2075).

[5)] Nr. **85**.

setzungen der Absätze 1 oder 2 oder des § 172 Nummer 4 ganz oder zum Teil unter Ausschluss der Öffentlichkeit stattgefunden hat.

(4) Abweichend von den Absätzen 1 und 2 darf die Öffentlichkeit nicht ausgeschlossen werden, soweit die Personen, deren Lebensbereiche betroffen sind, dem Ausschluss der Öffentlichkeit widersprechen.

(5) Die Entscheidungen nach den Absätzen 1 bis 4 sind unanfechtbar.

§ 172[1)] **[Gründe für Ausschluss der Öffentlichkeit]** Das Gericht kann für die Verhandlung oder für einen Teil davon die Öffentlichkeit ausschließen, wenn

1. eine Gefährdung der Staatssicherheit, der öffentlichen Ordnung oder der Sittlichkeit zu besorgen ist,

1a. eine Gefährdung des Lebens, des Leibes oder der Freiheit eines Zeugen oder einer anderen Person zu besorgen ist,

2. ein wichtiges Geschäfts-, Betriebs-, Erfindungs- oder Steuergeheimnis zur Sprache kommt, durch dessen öffentliche Erörterung überwiegende schutzwürdige Interessen verletzt würden,

3. ein privates Geheimnis erörtert wird, dessen unbefugte Offenbarung mit Strafe bedroht ist,

4. eine Person unter 18 Jahren vernommen wird.

§ 173[2)] **[Öffentliche Urteilsverkündung]** (1) Die Verkündung des Urteils sowie der Endentscheidung in Ehesachen und Familienstreitsachen erfolgt in jedem Falle öffentlich.

(2) Durch einen besonderen Beschluß des Gerichts kann unter den Voraussetzungen der §§ 171b und 172 auch für die Verkündung der Entscheidungsgründe oder eines Teiles davon die Öffentlichkeit ausgeschlossen werden.

(Fortsetzung nächstes Blatt)

---

1) § 172 Nr. 1a eingef. durch G v. 15.7.1992 (BGBl. I S. 1302); Nr. 2 neu gef. durch G v. 18.12.1986 (BGBl. I S. 2496); Nr. 4 geänd. mWv 1.10.2009 durch G v. 29.7.2009 (BGBl. I S. 2280); Nr. 3 geänd. mWv 1.8.2022 durch G v. 7.7.2021 (BGBl. I S. 2363).

2) § 173 Abs. 2 geänd. durch G v. 18.12.1986 (BGBl. I S. 2496); Abs. 1 und 2 geänd. mWv 1.1.2013 durch G v. 5.12.2012 (BGBl. I S. 2418).

Lfd. Nr.	Änderndes Gesetz	Datum	Fundstelle	Betroffen	Hinweis
23.	Art. 3 G zur Neuordnung der Aufbewahrung von Notariatsunterlagen und zur Einrichtung des Elektron. Urkundenarchivs bei der Bundesnotarkammer sowie zur Änd. weiterer Gesetze	1.6.2017	BGBl. I S. 1396	§ 33	geänd. mWv 1.1.2018
24.	Art. 1 G zur Durchführung der VO (EU) 2015/848 über Insolvenzverfahren[1)]	5.6.2017	BGBl. I S. 1476	§§ 3, 19a	geänd. mWv 26.6.2017
25.	Art. 6 Abs. 1 G zur Änd. von Vorschriften im Bereich des Internationalen Privat- und Zivilverfahrensrechts	11.6.2017	BGBl. I S. 1607	§§ 20, 36b	geänd. mWv 17.6.2017
26.	Art. 6 G zur Bekämpfung von Kinderehen	17.7.2017	BGBl. I S. 2429	§ 14	geänd. mWv 22.7.2017
27.	Art. 4 G zum Internationalen Güterrecht und zur Änd. von Vorschriften des Internationalen Privatrechts	17.12. 2018	BGBl. I S. 2573	§ 20	geänd. mWv 29.1.2019
28.	Art. 3 G zur Umsetzung der Entscheidung des Bundesverfassungsgerichts vom 26. März 2019 zum Ausschluss der Stiefkindadoption in nichtehel. Familien	19.3.2020	BGBl. I S. 541	§ 14	geänd. mWv 31.3.2020
29.	Art. 4 G zur Reform des Vormundschafts- und Betreuungsrechts	4.5.2021	BGBl. I S. 882	§§ 14, 15, 19, 33	geänd. mWv 1.1.2023
30.	Art. 4 G zum Schutz von Kindern mit Varianten der Geschlechtsentwicklung	12.5.2021	BGBl. I S. 1082	§ 14	geänd. mWv 22.5.2021
31.	Art. 6 G zur Fortentwicklung der StrafprozessO und zur Änd. weiterer Vorschr.	25.6.2021	BGBl. I S. 2099	§ 31	geänd. mWv 1.7.2021
32.	Art. 24 Abs. 4 G zur Modernisierung des notariellen Berufsrechts und zur Änd. weiterer Vorschriften	25.6.2021	BGBl. I S. 2154	§§ 20, 23, 36b	geänd. mWv 1.8.2021
33.	Art. 9 G zur Neuregelung des Berufsrechts der anwaltlichen und steuerberatenden Berufsausübungsgesellschaften sowie zur Änd. weiterer Vorschriften im Bereich der rechtsberatenden Berufe	7.7.2021	BGBl. I S. 2363	§§ 3, 20, 23, 25a, 26, 31, 36b § 39	geänd. mWv 1.8.2022 aufgeh. mit Ablauf des 31.7. 2022
34.	Art. 2 G zur Durchführung der VO (EU) 2019/1111 sowie zur Änd. sonstiger Vorschriften	10.8.2021	BGBl. I S. 3424	§ 14	geänd. mWv 1.8.2022

[1)] **Amtl. Anm.:** Dieses Gesetz dient der Durchführung der Verordnung (EU) 2015/848 des Europäischen Parlaments und des Rates vom 20. Mai 2015 über Insolvenzverfahren (ABl. L 141 vom 5.6.2015, S. 19; L 349 vom 21.12.2016, S. 6), die zuletzt durch die Verordnung (EU) 2017/353 (ABl. L 57 vom 3.3. 2017, S. 19) geändert worden ist.

Lfd. Nr.	Änderndes Gesetz	Datum	Fund- stelle	Betroffen	Hinweis
35.	Art. 30 PersonengesellschaftsrechtsmodernisierungsG (MoPeG)	10.8.2021	BGBl. I S. 3436	§§ 3, 17	geänd. mWv 1.1.2024
36.	Art. 11 Abs. 1 Zweites G zur Vereinfachung und Modernisierung des Patentrechts	10.8.2021	BGBl. I S. 3490	§ 23	geänd. mWv 1.5.2022

Vorbemerkung:

Die Änderungen durch G v. 4.5.2021 (BGBl. I S. 882) treten erst mWv 1.1. 2023 in Kraft und sind im Text noch nicht berücksichtigt.

Die Änderungen durch G v. 10.8.2021 (BGBl. I S. 3436) treten erst mWv 1.1.2024 in Kraft und sind im Text noch nicht berücksichtigt.

Erster Abschnitt. Aufgaben und Stellung des Rechtspflegers

§ 1 Allgemeine Stellung des Rechtspflegers. Der Rechtspfleger nimmt die ihm durch dieses Gesetz übertragenen Aufgaben der Rechtspflege wahr.

§ 2 Voraussetzungen für die Tätigkeit als Rechtspfleger. (1) [1] Mit den Aufgaben eines Rechtspflegers kann ein Beamter des Justizdienstes betraut werden, der einen Vorbereitungsdienst von drei Jahren abgeleistet und die Rechtspflegerprüfung bestanden hat. [2] Der Vorbereitungsdienst vermittelt in einem Studiengang einer Fachhochschule oder in einem gleichstehenden Studiengang dem Beamten die wissenschaftlichen Erkenntnisse und Methoden sowie die berufspraktischen Fähigkeiten und Kenntnisse, die zur Erfüllung der Aufgaben eines Rechtspflegers erforderlich sind. [3] Der Vorbereitungsdienst besteht aus Fachstudien von mindestens achtzehnmonatiger Dauer und berufspraktischen Studienzeiten. [4] Die berufspraktischen Studienzeiten umfassen die Ausbildung in den Schwerpunktbereichen der Aufgaben eines Rechtspflegers; die praktische Ausbildung darf die Dauer von einem Jahr nicht unterschreiten.

(2) [1] Zum Vorbereitungsdienst kann zugelassen werden, wer eine zu einem Hochschulstudium berechtigende Schulbildung besitzt oder einen als gleichwertig anerkannten Bildungsstand nachweist. [2] Beamte des mittleren Justizdienstes können zur Rechtspflegerausbildung zugelassen werden, wenn sie nach der Laufbahnprüfung mindestens drei Jahre im mittleren Justizdienst tätig waren und nach ihrer Persönlichkeit sowie ihren bisherigen Leistungen für den Dienst als Rechtspfleger geeignet erscheinen. [3] Die Länder können bestimmen, dass die Zeit der Tätigkeit im mittleren Justizdienst bis zu einer Dauer von sechs Monaten auf die berufspraktischen Studienzeiten angerechnet werden kann.

(3) Mit den Aufgaben eines Rechtspflegers kann auf seinen Antrag auch betraut werden, wer die Befähigung zum Richteramt besitzt.

(4) [1] Auf den Vorbereitungsdienst können ein erfolgreich abgeschlossenes Studium der Rechtswissenschaften bis zur Dauer von zwölf Monaten und ein Vorbereitungsdienst nach § 5b des Deutschen Richtergesetzes bis zur Dauer von sechs Monaten angerechnet werden. [2] Auf Teilnehmer einer Ausbildung nach § 5b des Deutschen Richtergesetzes in der Fassung des Gesetzes vom 10. September 1971 (BGBl. I S. 1557) ist Satz 1 entsprechend anzuwenden.

(5) Referendare können mit der zeitweiligen Wahrnehmung der Geschäfte eines Rechtspflegers beauftragt werden.

(6) Die Länder erlassen die näheren Vorschriften.[1)]

(7) Das Berufsqualifikationsfeststellungsgesetz ist nicht anzuwenden.

[1)] Siehe ua die folgenden landesrechtlichen Bestimmungen:
- **Baden-Württemberg:** VO des JuM über die Ausbildung und Prüfung der Rechtspflegerinnen und Rechtspfleger v. 27.7.2011 (GBl. S. 429), zuletzt geänd. durch VO v. 22.12.2021 (GBl. 2022 S. 25)
- **Bayern:** AusbildungsO Justiz v. 16.6.2016 (GVBl. S. 123), zuletzt geänd. durch V v. 8.3.2021 (GVBl. S. 137)
- **Berlin:** Ausbildungs- und PrüfungsO für Rechtspflegerinnen und Rechtspfleger v. 11.2.2020 (GVBl. S. 39)
- **Brandenburg:** RechtspflegerausbildungsVO v. 8.12.2020 (GVBl. II Nr. 118)
- **Bremen:** Bremische VO über die Ausbildung und Prüfung für die Laufbahngruppe 2, erstes Einstiegsamt in der Fachrichtung Justiz zur Verwendung im Rechtspflegerdienst v. 14.3.2017 (Brem.GBl. S. 108, ber. S. 146)
- **Hamburg:** Ausbildungs- und PrüfungsO Rechtspflegerdienst v. 5.7.2011 (HmbGVBl. S. 279, 295), geänd. durch VO v. 20.8.2013 (HmbGVBl. S. 364)
- **Hessen:** Ausbildungs- und PrüfungsO für die Anwärter der Rechtspflegerlaufbahn v. 23.7.1980 (JMBl. S. 645)

→

§ 3[1] Übertragene Geschäfte. Dem Rechtspfleger werden folgende Geschäfte übertragen:

1. in vollem Umfange die nach den gesetzlichen Vorschriften vom Richter wahrzunehmenden Geschäfte des Amtsgerichts in
   a) Vereinssachen nach den §§ 29, 37, 55 bis 79 des Bürgerlichen Gesetzbuchs[2] sowie nach Buch 5 des Gesetzes über das Verfahren in Familiensachen und in den Angelegenheiten der freiwilligen Gerichtsbarkeit[3],
   b) den weiteren Angelegenheiten der freiwilligen Gerichtsbarkeit nach § 410 des Gesetzes über das Verfahren in Familiensachen und in den Angelegenheiten der freiwilligen Gerichtsbarkeit sowie den Verfahren nach § 84 Absatz 2, § 189 des Versicherungsvertragsgesetzes[4],
   c) Aufgebotsverfahren nach Buch 8 des Gesetzes über das Verfahren in Familiensachen und in den Angelegenheiten der freiwilligen Gerichtsbarkeit,
   d) Pachtkreditsachen im Sinne des Pachtkreditgesetzes[5],
   e) Güterrechtsregistersachen nach den §§ 1558 bis 1563 des Bürgerlichen Gesetzbuchs sowie nach Buch 5 des Gesetzes über das Verfahren in Familiensachen und in den Angelegenheiten der freiwilligen Gerichtsbarkeit, auch in Verbindung mit § 7 des Lebenspartnerschaftsgesetzes[6],
   f) Urkundssachen einschließlich der Entgegennahme der Erklärung,
   g) Verschollenheitssachen,
   h) Grundbuchsachen, Schiffsregister- und Schiffsbauregistersachen sowie Sachen des Registers für Pfandrechte an Luftfahrzeugen,
   i) Verfahren nach dem Gesetz über die Zwangsversteigerung und die Zwangsverwaltung[7],

---

(Fortsetzung der Anm. von voriger Seite)
– **Mecklenburg-Vorpommern:** RechtspflegerausbildungsO und PrüfungsO v. 17.6.1994 (GVOBl. M-V S. 786), zuletzt geänd. durch G v. 1.12.2008 (GVOBl. M-V S. 461)
– **Niedersachsen:** VO über die Ausbildung und Prüfung für den Rechtspflegerdienst in der Laufbahn der Laufbahngruppe 2 der Fachrichtung Justiz v. 20.11.2012 (Nds. GVBl. S. 503, ber. S. 610)
– **Nordrhein-Westfalen:** RechtspflegerausbildungsO v. 8.10.2018 (GV. NRW. S. 546), geänd. durch VO v. 5.8.2019 (GV. NRW. S. 533)
– **Rheinland-Pfalz:** Rechtspfleger-Ausbildungs- und PrüfungsO v. 12.8.2011 (GVBl. S. 333), zuletzt geänd. durch VO v. 9.4.2020 (GVBl. S. 135)
– **Saarland:** RechtspflegerausbildungsO v. 2.8.2011 (Amtsbl. I S. 266), geänd. durch VO v. 23.4.2018 (Amtsbl. I S. 249)
– **Sachsen:** Sächsische Ausbildungs- und PrüfungsO Rechtspfleger v. 15.7.2020 (SächsGVBl. S. 438)
– **Sachsen-Anhalt:** Ausbildungs-, Prüfungs- und AufstiegsVO für die Laufbahn des Rechtspfleger- und Justizverwaltungsdienstes v. 23.9.2002 (GVBl. LSA S. 394), zuletzt geänd. durch VO v. 28.9.2020 (GVBl. LSA S. 563)
– **Schleswig-Holstein:** Rechtspfleger-LAPO v. 5.9.2013 (GVOBl. Schl.-H. S. 367)
– **Thüringen:** Thüringer Rechtspflegerausbildungs- und -prüfungsO v. 19.11.2018 (GVBl. S. 712)

[1] § 3 Nr. 2 Buchst. c geänd. mWv 1.9.2013 durch G v. 26.6.2013 (BGBl. I S. 1800); Nr. 2 Buchst. h geänd., Buchst. i angef. mWv 17.8.2015 durch G v. 29.6.2015 (BGBl. I S. 1042); Nr. 2 Buchst. g neu gef. mWv 26.6.2017 durch G v. 5.6.2017 (BGBl. I S. 1476); Nr. 3 Buchst. d geänd. mWv 1.8.2022 durch G v. 7.7.2021 (BGBl. I S. 2363).

[2] Nr. **20**.

[3] Nr. **112**.

[4] Nr. **62**.

[5] **Habersack, Deutsche Gesetze ErgBd. Nr. 42.**

[6] **Habersack, Deutsche Gesetze ErgBd. Nr. 43.**

[7] Nr. **108**.

k) Verteilungsverfahren, die außerhalb der Zwangsvollstreckung nach den Vorschriften der Zivilprozessordnung[1] über das Verteilungsverfahren durchzuführen sind,

l) Verteilungsverfahren, die außerhalb der Zwangsversteigerung nach den für die Verteilung des Erlöses im Falle der Zwangsversteigerung geltenden Vorschriften durchzuführen sind,

m) Verteilungsverfahren nach § 75 Absatz 2 des Flurbereinigungsgesetzes, § 54 Absatz 3 des Landbeschaffungsgesetzes, § 119 Absatz 3 des Baugesetzbuchs[2] und § 94 Absatz 4 des Bundesberggesetzes[3];

2. vorbehaltlich der in den §§ 14 bis 19b dieses Gesetzes aufgeführten Ausnahmen die nach den gesetzlichen Vorschriften vom Richter wahrzunehmenden Geschäfte des Amtsgerichts in

a) Kindschaftssachen und Adoptionssachen sowie entsprechenden Lebenspartnerschaftssachen nach den §§ 151, 186 und 269 des Gesetzes über das Verfahren in Familiensachen und in den Angelegenheiten der freiwilligen Gerichtsbarkeit,

b) Betreuungssachen sowie betreuungsgerichtlichen Zuweisungssachen nach den §§ 271 und 340 des Gesetzes über das Verfahren in Familiensachen und in den Angelegenheiten der freiwilligen Gerichtsbarkeit,

c) Nachlass- und Teilungssachen nach § 342 Absatz 1 und 2 Nummer 2 des Gesetzes über das Verfahren in Familiensachen und in den Angelegenheiten der freiwilligen Gerichtsbarkeit,

d) Handels-, Genossenschafts- und Partnerschaftsregistersachen sowie unternehmensrechtlichen Verfahren nach den §§ 374 und 375 des Gesetzes über das Verfahren in Familiensachen und in den Angelegenheiten der freiwilligen Gerichtsbarkeit,

e) Verfahren nach der Insolvenzordnung[4],

f) (weggefallen)

g) Verfahren nach der Verordnung (EG) Nr. 1346/2000 des Rates vom 29. Mai 2000 über Insolvenzverfahren (ABl. L 160 vom 30.6.2000, S. 1; L 350 vom 6.12.2014, S. 15), die zuletzt durch die Durchführungsverordnung (EU) 2016/1792 (ABl. L 274 vom 11.10.2016, S. 35) geändert worden ist, Verfahren nach der Verordnung (EU) 2015/848[5] des Europäischen Parlaments und des Rates vom 20. Mai 2015 über Insolvenzverfahren (ABl. L 141 vom 5.6.2015, S. 19; L 349 vom 21.12.2016, S. 6), die zuletzt durch die Verordnung (EU) 2017/353 (ABl. L 57 vom 3.3.2017, S. 19) geändert worden ist, Verfahren nach den Artikeln 102 und 102c des Einführungsgesetzes zur Insolvenzordnung[6] sowie Verfahren nach dem Ausführungsgesetz zum deutsch-österreichischen Konkursvertrag vom 8. März 1985 (BGBl. I S. 535),

h) Verfahren nach der Schifffahrtsrechtlichen Verteilungsordnung,

i) Verfahren nach § 33 des Internationalen Erbrechtsverfahrensgesetzes[7] vom 29. Juni 2015 (BGBl. I S. 1042) über die Ausstellung, Berichtigung, Ände-

---

[1] Nr. **100**.
[2] **Sartorius Nr. 300.**
[3] **Habersack II Nr. 27a.**
[4] Nr. **110**.
[5] **Habersack, Deutsche Gesetze ErgBd. Nr. 110b.**
[6] Nr. **110a**.
[7] **Habersack, Deutsche Gesetze ErgBd. Nr. 103p.**

rung oder den Widerruf eines Europäischen Nachlasszeugnisses, über die Erteilung einer beglaubigten Abschrift eines Europäischen Nachlasszeugnisses oder die Verlängerung der Gültigkeitsfrist einer beglaubigten Abschrift sowie über die Aussetzung der Wirkungen eines Europäischen Nachlasszeugnisses;

3. die in den §§ 20 bis 24a, 25 und 25a dieses Gesetzes einzeln aufgeführten Geschäfte
   a) in Verfahren nach der Zivilprozessordnung,
   b) in Festsetzungsverfahren,
   c) des Gerichts in Straf- und Bußgeldverfahren,
   d) in Verfahren vor dem Bundespatentgericht,
   e) auf dem Gebiet der Aufnahme von Erklärungen,
   f) auf dem Gebiet der Beratungshilfe,
   g) auf dem Gebiet der Familiensachen,
   h) in Verfahren über die Verfahrenskostenhilfe nach dem Gesetz über das Verfahren in Familiensachen und in den Angelegenheiten der freiwilligen Gerichtsbarkeit;
4. die in den §§ 29 und 31 dieses Gesetzes einzeln aufgeführten Geschäfte
   a) im internationalen Rechtsverkehr,
   b) (weggefallen)
   c) der Staatsanwaltschaft im Strafverfahren und der Vollstreckung in Straf- und Bußgeldsachen sowie von Ordnungs- und Zwangsmitteln.

§ 4 Umfang der Übertragung. (1) Der Rechtspfleger trifft alle Maßnahmen, die zur Erledigung der ihm übertragenen Geschäfte erforderlich sind.

(2) Der Rechtspfleger ist nicht befugt,

1. eine Beeidigung anzuordnen oder einen Eid abzunehmen,
2. Freiheitsentziehungen anzudrohen oder anzuordnen, sofern es sich nicht um Maßnahmen zur Vollstreckung
   a) einer Freiheitsstrafe nach § 457 der Strafprozessordnung[1] oder einer Ordnungshaft nach § 890 der Zivilprozessordnung[2],
   b) einer Maßregel der Besserung und Sicherung nach § 463 der Strafprozessordnung oder
   c) der Erzwingungshaft nach § 97 des Gesetzes über Ordnungswidrigkeiten[3]

   handelt.

(3) Hält der Rechtspfleger Maßnahmen für geboten, zu denen er nach Absatz 2 Nummer 1 und 2 nicht befugt ist, so legt er deswegen die Sache dem Richter zur Entscheidung vor.

§ 5 Vorlage an den Richter. (1) Der Rechtspfleger hat ihm übertragene Geschäfte dem Richter vorzulegen, wenn

[1] Nr. **90**.
[2] Nr. **100**.
[3] Nr. **94**.

1. sich bei der Bearbeitung der Sache ergibt, dass eine Entscheidung des Bundesverfassungsgerichts oder eines für Verfassungsstreitigkeiten zuständigen Gerichts eines Landes nach Artikel 100 des Grundgesetzes[1)] einzuholen ist;
2. zwischen dem übertragenen Geschäft und einem vom Richter wahrzunehmenden Geschäft ein so enger Zusammenhang besteht, dass eine getrennte Behandlung nicht sachdienlich ist.

(2) Der Rechtspfleger kann ihm übertragene Geschäfte dem Richter vorlegen, wenn die Anwendung ausländischen Rechts in Betracht kommt.

(3) [1] Die vorgelegten Sachen bearbeitet der Richter, solange er es für erforderlich hält. [2] Er kann die Sachen dem Rechtspfleger zurückgeben. [3] Gibt der Richter eine Sache an den Rechtspfleger zurück, so ist dieser an eine von dem Richter mitgeteilte Rechtsauffassung gebunden.

§ 6 Bearbeitung übertragener Sachen durch den Richter. Steht ein übertragenes Geschäft mit einem vom Richter wahrzunehmenden Geschäft in einem so engen Zusammenhang, dass eine getrennte Bearbeitung nicht sachdienlich wäre, so soll der Richter die gesamte Angelegenheit bearbeiten.

§ 7 Bestimmung des zuständigen Organs der Rechtspflege. [1] Bei Streit oder Ungewissheit darüber, ob ein Geschäft von dem Richter oder dem Rechtspfleger zu bearbeiten ist, entscheidet der Richter über die Zuständigkeit durch Beschluss. [2] Der Beschluss ist unanfechtbar.

§ 8 Gültigkeit von Geschäften. (1) Hat der Richter ein Geschäft wahrgenommen, das dem Rechtspfleger übertragen ist, so wird die Wirksamkeit des Geschäfts hierdurch nicht berührt.

(2) Hat der Rechtspfleger ein Geschäft wahrgenommen, das ihm der Richter nach diesem Gesetz übertragen kann, so ist das Geschäft nicht deshalb unwirksam, weil die Übertragung unterblieben ist oder die Voraussetzungen für die Übertragung im Einzelfalle nicht gegeben waren.

(3) Ein Geschäft ist nicht deshalb unwirksam, weil es der Rechtspfleger entgegen § 5 Absatz 1 dem Richter nicht vorgelegt hat.

(4) [1] Hat der Rechtspfleger ein Geschäft des Richters wahrgenommen, das ihm nach diesem Gesetz weder übertragen ist noch übertragen werden kann, so ist das Geschäft unwirksam. [2] Das gilt nicht, wenn das Geschäft dem Rechtspfleger durch eine Entscheidung nach § 7 zugewiesen worden war.

(5) Hat der Rechtspfleger ein Geschäft des Urkundsbeamten der Geschäftsstelle wahrgenommen, so wird die Wirksamkeit des Geschäfts hierdurch nicht berührt.

§ 9 Weisungsfreiheit des Rechtspflegers. Der Rechtspfleger ist sachlich unabhängig und nur an Recht und Gesetz gebunden.

§ 10 Ausschließung und Ablehnung des Rechtspflegers. [1] Für die Ausschließung und Ablehnung des Rechtspflegers sind die für den Richter geltenden Vorschriften entsprechend anzuwenden. [2] Über die Ablehnung des Rechtspflegers entscheidet der Richter.

[1)] Habersack, Deutsche Gesetze ErgBd. Nr. 1.

§ 11[1] Rechtsbehelfe. (1) Gegen die Entscheidungen des Rechtspflegers ist das Rechtsmittel gegeben, das nach den allgemeinen verfahrensrechtlichen Vorschriften zulässig ist.

(2) [1]Kann gegen die Entscheidung nach den allgemeinen verfahrensrechtlichen Vorschriften ein Rechtsmittel nicht eingelegt werden, so findet die Erinnerung statt, die innerhalb einer Frist von zwei Wochen einzulegen ist. [2]Hat der Erinnerungsführer die Frist ohne sein Verschulden nicht eingehalten, ist ihm auf Antrag Wiedereinsetzung in den vorigen Stand zu gewähren, wenn er die Erinnerung binnen zwei Wochen nach der Beseitigung des Hindernisses einlegt und die Tatsachen, welche die Wiedereinsetzung begründen, glaubhaft macht. [3]Ein Fehlen des Verschuldens wird vermutet, wenn eine Rechtsbehelfsbelehrung unterblieben oder fehlerhaft ist. [4]Die Wiedereinsetzung kann nach Ablauf eines Jahres, von dem Ende der versäumten Frist an gerechnet, nicht mehr beantragt werden. [5]Der Rechtspfleger kann der Erinnerung abhelfen. [6]Erinnerungen, denen er nicht abhilft, legt er dem Richter zur Entscheidung vor. [7]Auf die Erinnerung sind im Übrigen die Vorschriften der Zivilprozessordnung über die sofortige Beschwerde sinngemäß anzuwenden.

(3) [1]Gerichtliche Verfügungen, Beschlüsse oder Zeugnisse, die nach den Vorschriften der Grundbuchordnung, der Schiffsregisterordnung oder des Gesetzes über das Verfahren in Familiensachen und in den Angelegenheiten der freiwilligen Gerichtsbarkeit wirksam geworden sind und nicht mehr geändert werden können, sind mit der Erinnerung nicht anfechtbar. [2]Die Erinnerung ist ferner in den Fällen der §§ 694, 700 der Zivilprozessordnung und gegen die Entscheidungen über die Gewährung eines Stimmrechts (§ 77 der Insolvenzordnung) ausgeschlossen.

(4) [1]Das Erinnerungsverfahren ist gerichtsgebührenfrei.

§ 12 Bezeichnung des Rechtspflegers. Im Schriftverkehr und bei der Aufnahme von Urkunden in übertragenen Angelegenheiten hat der Rechtspfleger seiner Unterschrift das Wort „Rechtspfleger" beizufügen.

§ 13 Ausschluss des Anwaltszwangs. § 78 Absatz 1 der Zivilprozessordnung und § 114 Absatz 1 des Gesetzes über das Verfahren in Familiensachen und in den Angelegenheiten der freiwilligen Gerichtsbarkeit sind auf Verfahren vor dem Rechtspfleger nicht anzuwenden.

Zweiter Abschnitt. Dem Richter vorbehaltene Geschäfte in Familiensachen und auf dem Gebiet der freiwilligen Gerichtsbarkeit sowie in Insolvenzverfahren und schifffahrtsrechtlichen Verteilungsverfahren

§ 14[2] Kindschafts- und Adoptionssachen. (1) Von den dem Familiengericht übertragenen Angelegenheiten in Kindschafts- und Adoptionssachen sowie den entsprechenden Lebenspartnerschaftssachen bleiben dem Richter vorbehalten:

---

[1] § 11 Abs. 2 neu gef. mWv 1.1.2014 durch G v. 5.12.2012 (BGBl. I S. 2418).

[2] § 14 Abs. 1 Nr. 3 geänd., Nr. 6 aufgeh. mWv 19.5.2013 durch G v. 16.4.2013 (BGBl. I S. 795); Abs. 1 Nr. 7 geänd. mWv 13.7.2013 durch G v. 4.7.2013 (BGBl. I S. 2176); Abs. 1 Nr. 12 Buchst. b geänd., Buchst. c und Nr. 13 aufgeh., bish. Nr. 14–17 werden Nr. 13–16, neue Nr. 14 geänd. mWv 22.7.2017 durch G v. 17.7.2017 (BGBl. I S. 2429); Abs. 1 Nr. 14 geänd. mWv 31.3.2020 durch G v. 19.3.2020 (BGBl. I S. 541); Abs. 1 Nr. 6 neu gef. mWv 22.5.2021 durch G v. 12.5.2021 (BGBl. I S. 1082); Abs. 2 neu gef. mWv 1.8.2022 durch G v. 10.8.2021 (BGBl. I S. 3424).

1. Verfahren, die die Feststellung des Bestehens oder Nichtbestehens der elterlichen Sorge eines Beteiligten für den anderen zum Gegenstand haben;
2. die Maßnahmen auf Grund des § 1666 des Bürgerlichen Gesetzbuchs[1)] zur Abwendung der Gefahr für das körperliche, geistige oder seelische Wohl des Kindes;
3. die Übertragung der elterlichen Sorge nach den §§ 1626a, 1671, 1678 Absatz 2, § 1680 Absatz 2 und 3 sowie § 1681 Absatz 1 und 2 des Bürgerlichen Gesetzbuchs;
4. die Entscheidung über die Übertragung von Angelegenheiten der elterlichen Sorge auf die Pflegeperson nach § 1630 Absatz 3 des Bürgerlichen Gesetzbuchs;
5. die Entscheidung von Meinungsverschiedenheiten zwischen den Sorgeberechtigten;
6. die Genehmigung einer freiheitsentziehenden Unterbringung oder einer freiheitsentziehenden Maßnahme nach § 1631b des Bürgerlichen Gesetzbuchs und die Genehmigung einer Einwilligung nach § 1631e Absatz 3 des Bürgerlichen Gesetzbuchs;
7. die Regelung des persönlichen Umgangs zwischen Eltern und Kindern sowie Kindern und Dritten nach § 1684 Absatz 3 und 4, § 1685 Absatz 3 und § 1686a Absatz 2 des Bürgerlichen Gesetzbuchs, die Entscheidung über die Beschränkung oder den Ausschluss des Rechts zur alleinigen Entscheidung in Angelegenheiten des täglichen Lebens nach den §§ 1687, 1687a des Bürgerlichen Gesetzbuchs sowie über Streitigkeiten, die eine Angelegenheit nach § 1632 Absatz 2 des Bürgerlichen Gesetzbuchs betreffen;
8. die Entscheidung über den Anspruch auf Herausgabe eines Kindes nach § 1632 Absatz 1 des Bürgerlichen Gesetzbuchs sowie die Entscheidung über den Verbleib des Kindes bei der Pflegeperson nach § 1632 Absatz 4 oder bei dem Ehegatten, Lebenspartner oder Umgangsberechtigten nach § 1682 des Bürgerlichen Gesetzbuchs;
9. die Anordnung einer Betreuung oder Pflegschaft auf Grund dienstrechtlicher Vorschriften, soweit hierfür das Familiengericht zuständig ist;
10. die Anordnung einer Vormundschaft oder einer Pflegschaft über einen Angehörigen eines fremden Staates einschließlich der vorläufigen Maßregeln nach Artikel 24 des Einführungsgesetzes zum Bürgerlichen Gesetzbuche[2)];
11. die religiöse Kindererziehung betreffenden Maßnahmen nach § 1801 des Bürgerlichen Gesetzbuchs sowie den §§ 2, 3 und 7 des Gesetzes über die religiöse Kindererziehung[3)];
12. die Ersetzung der Zustimmung
    a) eines Sorgeberechtigten zu einem Rechtsgeschäft,
    b) eines gesetzlichen Vertreters zu der Sorgeerklärung eines beschränkt geschäftsfähigen Elternteils nach § 1626c Absatz 2 Satz 1 des Bürgerlichen Gesetzbuchs;
13. die im Jugendgerichtsgesetz[4)] genannten Verrichtungen mit Ausnahme der Bestellung eines Pflegers nach § 67 Absatz 4 Satz 3 des Jugendgerichtsgesetzes;

[1)] Nr. **20**.
[2)] Nr. **21**.
[3)] **Habersack, Deutsche Gesetze ErgBd. Nr. 45k.**
[4)] Nr. **89**.

14. die Ersetzung der Einwilligung oder der Zustimmung zu einer Annahme als Kind nach § 1746 Absatz 3 sowie nach den §§ 1748 und 1749 Absatz 1 des Bürgerlichen Gesetzbuchs, die Entscheidung über die Annahme als Kind einschließlich der Entscheidung über den Namen des Kindes nach den §§ 1752, 1768 und 1757 Absatz 3 des Bürgerlichen Gesetzbuchs, die Aufhebung des Annahmeverhältnisses nach den §§ 1760, 1763 und 1771 des Bürgerlichen Gesetzbuchs sowie die Entscheidungen nach § 1751 Absatz 3, § 1764 Absatz 4, § 1765 Absatz 2 des Bürgerlichen Gesetzbuchs und nach dem Adoptionswirkungsgesetz[1)] vom 5. November 2001 (BGBl. I S. 2950, 2953), soweit sie eine richterliche Entscheidung enthalten;
15. die Befreiung vom Eheverbot der durch die Annahme als Kind begründeten Verwandtschaft in der Seitenlinie nach § 1308 Absatz 2 des Bürgerlichen Gesetzbuchs;
16. die Genehmigung für den Antrag auf Scheidung oder Aufhebung der Ehe oder auf Aufhebung der Lebenspartnerschaft durch den gesetzlichen Vertreter eines geschäftsunfähigen Ehegatten oder Lebenspartners nach § 125 Absatz 2 Satz 2, § 270 Absatz 1 Satz 1 des Gesetzes über das Verfahren in Familiensachen und in den Angelegenheiten der freiwilligen Gerichtsbarkeit[2)].

(2) Soweit die Maßnahmen und Anordnungen nach den §§ 10 bis 15, 20, 21, 32 bis 35, 38 bis 41, 44 bis 44c, 44f, 44h, 44j und 47 bis 50 des Internationalen Familienrechtsverfahrensgesetzes[3)] dem Familiengericht obliegen, bleiben sie dem Richter vorbehalten.

§ 15 Betreuungssachen und betreuungsgerichtliche Zuweisungssachen.

(1) [1] Von den Angelegenheiten, die dem Betreuungsgericht übertragen sind, bleiben dem Richter vorbehalten:

1. Verrichtungen auf Grund der §§ 1896 bis 1900, 1908a und 1908b Absatz 1, 2 und 5 des Bürgerlichen Gesetzbuchs[4)] sowie die anschließende Bestellung eines neuen Betreuers;
2. die Bestellung eines neuen Betreuers im Fall des Todes des Betreuers nach § 1908c des Bürgerlichen Gesetzbuchs;
3. Verrichtungen auf Grund des § 1908d des Bürgerlichen Gesetzbuchs, des § 291 des Gesetzes über das Verfahren in Familiensachen und in den Angelegenheiten der freiwilligen Gerichtsbarkeit[2)];
4. Verrichtungen auf Grund der §§ 1903 bis 1905 des Bürgerlichen Gesetzbuchs;
5. die Anordnung einer Betreuung oder Pflegschaft über einen Angehörigen eines fremden Staates einschließlich der vorläufigen Maßregeln nach Artikel 24 des Einführungsgesetzes zum Bürgerlichen Gesetzbuche[5)];
6. die Anordnung einer Betreuung oder Pflegschaft auf Grund dienstrechtlicher Vorschriften;
7. die Entscheidungen nach § 1908i Absatz 1 Satz 1 in Verbindung mit § 1632 Absatz 1 bis 3, § 1797 Absatz 1 Satz 2 und § 1798 des Bürgerlichen Gesetzbuchs;

[1)] **Habersack, Deutsche Gesetze ErgBd. Nr. 45j.**
[2)] Nr. **112**.
[3)] **Habersack, Deutsche Gesetze ErgBd. Nr. 103n.**
[4)] Nr. **20**.
[5)] Nr. **21**.

8. die Genehmigung nach § 6 des Gesetzes über die freiwillige Kastration und andere Behandlungsmethoden;
9. die Genehmigung nach § 3 Absatz 1 Satz 2 sowie nach § 6 Absatz 2 Satz 1, § 7 Absatz 3 Satz 2 und § 9 Absatz 3 Satz 1, jeweils in Verbindung mit § 3 Absatz 1 Satz 2 des Gesetzes über die Änderung der Vornamen und die Feststellung der Geschlechtszugehörigkeit in besonderen Fällen;
10. die Genehmigung für den Antrag auf Scheidung oder Aufhebung der Ehe oder auf Aufhebung der Lebenspartnerschaft durch den gesetzlichen Vertreter eines geschäftsunfähigen Ehegatten oder Lebenspartners nach § 125 Absatz 2 Satz 2, § 270 Absatz 1 Satz 1 des Gesetzes über das Verfahren in Familiensachen und in den Angelegenheiten der freiwilligen Gerichtsbarkeit.

[2]Satz 1 Nummer 1 bis 3 findet keine Anwendung, wenn die genannten Verrichtungen nur eine Betreuung nach § 1896 Absatz 3 des Bürgerlichen Gesetzbuchs betreffen.

(2) Die Maßnahmen und Anordnungen nach den §§ 6 bis 12 des Erwachsenenschutzübereinkommens-Ausführungsgesetzes vom 17. März 2007 (BGBl. I S. 314) bleiben dem Richter vorbehalten.

§ 16[1)] Nachlass- und Teilungssachen; Europäisches Nachlasszeugnis.

(1) In Nachlass- und Teilungssachen bleiben dem Richter vorbehalten

1. die Geschäfte des Nachlassgerichts, die bei einer Nachlasspflegschaft oder Nachlassverwaltung erforderlich werden, soweit sie den nach § 14 dieses Gesetzes von der Übertragung ausgeschlossenen Geschäften in Kindschaftssachen entsprechen;
2. die Ernennung von Testamentsvollstreckern (§ 2200 des Bürgerlichen Gesetzbuchs[2)]);
3. die Entscheidung über Anträge, eine vom Erblasser für die Verwaltung des Nachlasses durch letztwillige Verfügung getroffene Anordnung außer Kraft zu setzen (§ 2216 Absatz 2 Satz 2 des Bürgerlichen Gesetzbuchs);
4. die Entscheidung von Meinungsverschiedenheiten zwischen mehreren Testamentsvollstreckern (§ 2224 des Bürgerlichen Gesetzbuchs);
5. die Entlassung eines Testamentsvollstreckers aus wichtigem Grund (§ 2227 des Bürgerlichen Gesetzbuchs);
6. die Erteilung von Erbscheinen (§ 2353 des Bürgerlichen Gesetzbuchs) sowie Zeugnissen nach den §§ 36, 37 der Grundbuchordnung[3)] oder den §§ 42, 74 der Schiffsregisterordnung, sofern eine Verfügung von Todes wegen vorliegt oder die Anwendung ausländischen Rechts in Betracht kommt, ferner die Erteilung von Testamentsvollstreckerzeugnissen (§ 2368 des Bürgerlichen Gesetzbuchs);
7. die Einziehung von Erbscheinen (§ 2361 des Bürgerlichen Gesetzbuchs) und von Zeugnissen nach den §§ 36, 37 der Grundbuchordnung und den §§ 42, 74 der Schiffsregisterordnung, wenn die Erbscheine oder Zeugnisse vom Richter erteilt oder wegen einer Verfügung von Todes wegen einzuziehen sind, ferner die Einziehung von Testamentsvollstreckerzeugnissen (§ 2368 des Bürgerlichen

[1)] § 16 Abs. 1 Nr. 6 ber. BGBl. 2014 I S. 46; Überschrift neu gef., Abs. 2 eingef., bish. Abs. 2 wird Abs. 3 und Satz 1 neu gef. mWv 17.8.2015 durch G v. 29.6.2015 (BGBl. I S. 1042).

[2)] Nr. **20**.

[3)] Nr. **114**.

Gesetzbuchs) und von Zeugnissen über die Fortsetzung einer Gütergemeinschaft (§ 1507 des Bürgerlichen Gesetzbuchs).

(2) In Verfahren im Zusammenhang mit dem Europäischen Nachlasszeugnis bleiben die Ausstellung, Berichtigung, Änderung oder der Widerruf eines Europäischen Nachlasszeugnisses (§ 33 Nummer 1 des Internationalen Erbrechtsverfahrensgesetzes[1]) sowie die Aussetzung der Wirkungen eines Europäischen Nachlasszeugnisses (§ 33 Nummer 3 des Internationalen Erbrechtsverfahrensgesetzes) dem Richter vorbehalten, sofern eine Verfügung von Todes wegen vorliegt oder die Anwendung ausländischen Rechts in Betracht kommt.

(3) [1] Wenn trotz Vorliegens einer Verfügung von Todes wegen die gesetzliche Erbfolge maßgeblich ist und deutsches Erbrecht anzuwenden ist, kann der Richter dem Rechtspfleger folgende Angelegenheiten übertragen:

1. die Erteilung eines Erbscheins;
2. die Ausstellung eines Europäischen Nachlasszeugnisses;
3. die Erteilung eines Zeugnisses nach den §§ 36 und 37 der Grundbuchordnung oder den §§ 42 und 74 der Schiffsregisterordnung.

[2] Der Rechtspfleger ist an die ihm mitgeteilte Auffassung des Richters gebunden.

§ 17[2] Registersachen und unternehmensrechtliche Verfahren. In Handels-, Genossenschafts- und Partnerschaftsregistersachen sowie in unternehmensrechtlichen Verfahren nach dem Buch 5 des Gesetzes über das Verfahren in Familiensachen und in den Angelegenheiten der freiwilligen Gerichtsbarkeit[3] bleiben dem Richter vorbehalten

1. bei Aktiengesellschaften, Kommanditgesellschaften auf Aktien, Gesellschaften mit beschränkter Haftung und Versicherungsvereinen auf Gegenseitigkeit folgende Verfügungen beim Gericht des Sitzes und, wenn es sich um eine Gesellschaft mit Sitz im Ausland handelt, beim Gericht der Zweigniederlassung:
   a) auf erste Eintragung,
   b) auf Eintragung von Satzungsänderungen, die nicht nur die Fassung betreffen,
   c) auf Eintragung der Eingliederung oder der Umwandlung,
   d) auf Eintragung des Bestehens, der Änderung oder der Beendigung eines Unternehmensvertrages,
   e) auf Löschung im Handelsregister nach den §§ 394, 395, 397 und 398 des Gesetzes über das Verfahren in Familiensachen und in den Angelegenheiten der freiwilligen Gerichtsbarkeit und nach § 6 Absatz 4 Satz 1 des Versicherungsaufsichtsgesetzes,
   f) Beschlüsse nach § 399 des Gesetzes über das Verfahren in Familiensachen und in den Angelegenheiten der freiwilligen Gerichtsbarkeit;
2. die nach § 375 Nummer 1 bis 6, 9 bis 14 und 16 des Gesetzes über das Verfahren in Familiensachen und in den Angelegenheiten der freiwilligen Gerichtsbarkeit zu erledigenden Geschäfte mit Ausnahme der in
   a) § 146 Absatz 2, § 147 und § 157 Absatz 2 des Handelsgesetzbuchs[4],
   b) § 166 Absatz 3 und § 233 Absatz 3 des Handelsgesetzbuchs,

---

[1] **Habersack, Deutsche Gesetze ErgBd. Nr. 103p.**

[2] § 17 Nr. 2 Buchst. e aufgeh. mWv 25.4.2013 durch G v. 20.4.2013 (BGBl. I S. 831); Nr. 1 Buchst. e geänd. mWv 1.1.2016 durch G v. 1.4.2015 (BGBl. I S. 434).

[3] Nr. **112**.

[4] Nr. **50**.

c) § 264 Absatz 2, § 273 Absatz 4 und § 290 Absatz 3 des Aktiengesetzes[1],
d) § 66 Absatz 2, 3 und 5 sowie § 74 Absatz 2 und 3 des Gesetzes betreffend die Gesellschaften mit beschränkter Haftung[2],[3]

geregelten Geschäfte.

§ 18[4] Insolvenzverfahren. (1) In Verfahren nach der Insolvenzordnung[5] bleiben dem Richter vorbehalten:

1. das Verfahren bis zur Entscheidung über den Eröffnungsantrag unter Einschluss dieser Entscheidung und der Ernennung des Insolvenzverwalters sowie des Verfahrens über einen Schuldenbereinigungsplan nach den §§ 305 bis 310 der Insolvenzordnung,
2. das Verfahren über einen Insolvenzplan nach den §§ 217 bis 256 und den §§ 258 bis 269 der Insolvenzordnung,
3. die Entscheidung über die Begründung des Gruppen-Gerichtsstands nach § 3a Absatz 1 der Insolvenzordnung, die Entscheidung über den Antrag auf Verweisung an das Gericht des Gruppen-Gerichtsstands nach § 3d Absatz 1 der Insolvenzordnung sowie das Koordinationsverfahren nach den §§ 269d bis 269i der Insolvenzordnung,
4. bei einem Antrag des Schuldners auf Erteilung der Restschuldbefreiung die Entscheidungen nach den §§ 287a, 290, 296 bis 297a und 300 der Insolvenzordnung, wenn ein Insolvenzgläubiger die Versagung der Restschuldbefreiung beantragt, sowie die Entscheidung über den Widerruf der Restschuldbefreiung nach § 303 der Insolvenzordnung,
5. Entscheidungen nach den §§ 344 bis 346 der Insolvenzordnung.

(2) [1] Der Richter kann sich das Insolvenzverfahren ganz oder teilweise vorbehalten, wenn er dies für geboten erachtet. [2] Hält er den Vorbehalt nicht mehr für erforderlich, kann er das Verfahren dem Rechtspfleger übertragen. [3] Auch nach der Übertragung kann er das Verfahren wieder an sich ziehen, wenn und solange er dies für erforderlich hält.

(3) Hat sich die Entscheidung des Rechtspflegers über die Gewährung des Stimmrechts nach § 77 der Insolvenzordnung auf das Ergebnis einer Abstimmung ausgewirkt, so kann der Richter auf Antrag eines Gläubigers oder des Insolvenzverwalters das Stimmrecht neu festsetzen und die Wiederholung der Abstimmung anordnen; der Antrag kann nur bis zum Schluss des Termins gestellt werden, in dem die Abstimmung stattfindet.

(4) [1] Ein Beamter auf Probe darf im ersten Jahr nach seiner Ernennung Geschäfte des Rechtspflegers in Insolvenzsachen nicht wahrnehmen. [2] Rechtspfleger in Insolvenzsachen sollen über belegbare Kenntnisse des Insolvenzrechts und Grundkenntnisse des Handels- und Gesellschaftsrechts und der für das Insolvenzverfahren notwendigen Teile des Arbeits-, Sozial- und Steuerrechts und des Rechnungswesens verfügen. [3] Einem Rechtspfleger, dessen Kenntnisse auf diesen Gebieten

---

[1] Nr. **51**.
[2] Nr. **52**.
[3] Zeichensetzung amtlich.
[4] § 18 Abs. 1 Nr. 3 geänd. mWv 1.7.2014 durch G v. 15.7.2013 (BGBl. I S. 2379); Abs. 1 einl. Satzteil ber. 2014 I S. 46; Abs. 1 Nr. 3 eingef., bish. Nr. 3 und 4 werden Nr. 4 und 5 mWv 21.4.2018 durch G v. 13.4.2017 (BGBl. I S. 866).
[5] Nr. **110**.

nicht belegt sind, dürfen die Aufgaben eines Rechtspflegers in Insolvenzsachen nur zugewiesen werden, wenn der Erwerb der Kenntnisse alsbald zu erwarten ist.

§ 19[1] **Aufhebung von Richtervorbehalten.** (1) [1]Die Landesregierungen werden ermächtigt, durch Rechtsverordnung die in den vorstehenden Vorschriften bestimmten Richtervorbehalte ganz oder teilweise aufzuheben, soweit sie folgende Angelegenheiten betreffen:

1. die Geschäfte nach § 14 Absatz 1 Nummer 9 und 10 sowie § 15 Absatz 1 Satz 1 Nummer 1 bis 6, soweit sie nicht die Entscheidung über die Anordnung einer Betreuung und die Festlegung des Aufgabenkreises des Betreuers auf Grund der §§ 1896 und 1908a des Bürgerlichen Gesetzbuchs[2] sowie die Verrichtungen auf Grund der §§ 1903 bis 1905 und 1908d des Bürgerlichen Gesetzbuchs und von § 278 Absatz 5 und § 283 des Gesetzes über das Verfahren in Familiensachen und in den Angelegenheiten der freiwilligen Gerichtsbarkeit[3] betreffen;
2. die Geschäfte nach § 16 Absatz 1 Nummer 1, soweit sie den nach § 14 Absatz 1 Nummer 9 und 10 dieses Gesetzes ausgeschlossenen Geschäften in Kindschaftssachen entsprechen;
3. die Geschäfte nach § 16 Absatz 1 Nummer 2;
4. die Geschäfte nach § 16 Absatz 1 Nummer 5, soweit der Erblasser den Testamentsvollstrecker nicht selbst ernannt oder einen Dritten zu dessen Ernennung bestimmt hat;
5. die Geschäfte nach § 16 Absatz 1 Nummer 6 und 7 sowie Absatz 2;
6. die Geschäfte nach § 17 Nummer 1.

[2]Die Landesregierungen können die Ermächtigung auf die Landesjustizverwaltungen übertragen.

(2) In der Verordnung nach Absatz 1 ist vorzusehen, dass der Rechtspfleger das Verfahren dem Richter zur weiteren Bearbeitung vorzulegen hat, soweit bei den Geschäften nach Absatz 1 Satz 1 Nummer 2 bis 5 gegen den Erlass der beantragten Entscheidung Einwände erhoben werden.

(3) Soweit von der Ermächtigung nach Absatz 1 Nummer 1 hinsichtlich der Auswahl und Bestellung eines Betreuers Gebrauch gemacht wird, sind die Vorschriften des Gesetzes über das Verfahren in Familiensachen und in den Angelegenheiten der freiwilligen Gerichtsbarkeit über die Bestellung eines Betreuers auch für die Anordnung einer Betreuung und Festlegung des Aufgabenkreises des Betreuers nach § 1896 des Bürgerlichen Gesetzbuchs anzuwenden.

§ 19a[4] **Verfahren nach dem internationalen Insolvenzrecht.** (1) In Verfahren nach der Verordnung (EG) Nr. 1346/2000 des Rates vom 29. Mai 2000 über Insolvenzverfahren (ABl. EG Nr. L 160 S. 1) und nach Artikel 102 des Einführungsgesetzes zur Insolvenzordnung[5] bleiben dem Richter vorbehalten:

1. die Einstellung eines Insolvenzverfahrens zugunsten der Gerichte eines anderen Mitgliedstaats nach Artikel 102 § 4 des Einführungsgesetzes zur Insolvenzordnung,

---

[1] § 19 Abs. 1 Satz 1 Nr. 5 neu gef. mWv 17.8.2015 durch G v. 29.6.2015 (BGBl. I S. 1042).
[2] Nr. **20**.
[3] Nr. **112**.
[4] § 19a Abs. 3 angef. mWv 26.6.2017 durch G v. 5.6.2017 (BGBl. I S. 1476).
[5] Nr. **110a**.

2. die Anordnung von Sicherungsmaßnahmen nach Artikel 38 der Verordnung (EG) Nr. 1346/2000.

(2) Im Verfahren nach dem Ausführungsgesetz zum deutsch-österreichischen Konkursvertrag vom 8. März 1985 (BGBl. I S. 535) bleiben dem Richter vorbehalten:
1. die Einstellung eines Verfahrens zugunsten der österreichischen Gerichte (§§ 3, 24 des Ausführungsgesetzes),
2. die Bestellung eines besonderen Konkurs- oder besonderen Vergleichsverwalters, wenn der Konkurs- oder Vergleichsverwalter von dem Richter ernannt worden ist (§§ 4, 24 des Ausführungsgesetzes),
3. die Anordnung von Zwangsmaßnahmen einschließlich der Haft (§§ 11, 15, 24 des Ausführungsgesetzes),
4. die Entscheidung über die Postsperre (§§ 17, 24 des Ausführungsgesetzes).

(3) In Verfahren nach der Verordnung (EU) 2015/848[1] und nach Artikel 102c des Einführungsgesetzes zur Insolvenzordnung bleiben dem Richter vorbehalten:
1. die Entscheidung über die Fortführung eines Insolvenzverfahrens als Sekundärinsolvenzverfahren nach Artikel 102c § 2 Absatz 1 Satz 2 des Einführungsgesetzes zur Insolvenzordnung,
2. die Einstellung eines Insolvenzverfahrens zugunsten eines anderen Mitgliedstaats nach Artikel 102c § 2 Absatz 1 Satz 2 des Einführungsgesetzes zur Insolvenzordnung,
3. die Entscheidung über das Stimmrecht nach Artikel 102c § 18 Absatz 1 Satz 2 des Einführungsgesetzes zur Insolvenzordnung,
4. die Entscheidung über Rechtsbehelfe und Anträge nach Artikel 102c § 21 des Einführungsgesetzes zur Insolvenzordnung,
5. die Anordnung von Sicherungsmaßnahmen nach Artikel 52 der Verordnung (EU) 2015/848,
6. die Zuständigkeit für das Gruppen-Koordinationsverfahren nach Kapitel V Abschnitt 2 der Verordnung (EU) 2015/848.

§ 19b Schifffahrtsrechtliches Verteilungsverfahren. (1) Im Verfahren nach der Schifffahrtsrechtlichen Verteilungsordnung bleiben dem Richter vorbehalten:
1. das Verfahren bis zur Entscheidung über den Eröffnungsantrag unter Einschluss dieser Entscheidung und der Ernennung des Sachwalters;
2. die Entscheidung, dass und in welcher Weise eine im Verlaufe des Verfahrens unzureichend gewordene Sicherheit zu ergänzen oder anderweitige Sicherheit zu leisten ist (§ 6 Absatz 5 der Schifffahrtsrechtlichen Verteilungsordnung);
3. die Entscheidung über die Erweiterung des Verfahrens auf Ansprüche wegen Personenschäden (§§ 16, 30 und 44 der Schifffahrtsrechtlichen Verteilungsordnung);
4. die Entscheidung über die Zulassung einer Zwangsvollstreckung nach § 17 Absatz 4 der Schifffahrtsrechtlichen Verteilungsordnung;
5. die Anordnung, bei der Verteilung Anteile nach § 26 Absatz 5 der Schifffahrtsrechtlichen Verteilungsordnung zurückzubehalten.

(2) [1]Der Richter kann sich das Verteilungsverfahren ganz oder teilweise vorbehalten, wenn er dies für geboten erachtet. [2]Hält er den Vorbehalt nicht mehr für

[1] **Habersack, Deutsche Gesetze ErgBd. Nr. 110b.**

erforderlich, kann er das Verfahren dem Rechtspfleger übertragen. [3] Auch nach der Übertragung kann er das Verfahren wieder an sich ziehen, wenn und solange er dies für erforderlich hält.

Dritter Abschnitt. Dem Rechtspfleger nach § 3 Nummer 3 übertragene Geschäfte

§ 20[1)] Bürgerliche Rechtsstreitigkeiten. (1) Folgende Geschäfte im Verfahren nach der Zivilprozessordnung[2)] werden dem Rechtspfleger übertragen:

1. das Mahnverfahren im Sinne des Siebenten Buchs der Zivilprozessordnung einschließlich der Bestimmung der Einspruchsfrist nach § 700 Absatz 1 in Verbindung mit § 339 Absatz 2 und 3 der Zivilprozessordnung sowie der Abgabe an das für das streitige Verfahren als zuständig bezeichnete Gericht, auch soweit das Mahnverfahren maschinell bearbeitet wird; jedoch bleibt das Streitverfahren dem Richter vorbehalten;
2. (weggefallen)
3. die nach den §§ 109, 715 der Zivilprozessordnung zu treffenden Entscheidungen bei der Rückerstattung von Sicherheiten;
4. im Verfahren über die Prozesskostenhilfe
   a) die in § 118 Absatz 2 der Zivilprozessordnung bezeichneten Maßnahmen einschließlich der Beurkundung von Vergleichen nach § 118 Absatz 1 Satz 3 zweiter Halbsatz, wenn der Vorsitzende den Rechtspfleger damit beauftragt;
   b) die Bestimmung des Zeitpunktes für die Einstellung und eine Wiederaufnahme der Zahlungen nach § 120 Absatz 3 der Zivilprozessordnung;
   c) die Änderung und die Aufhebung der Bewilligung der Prozesskostenhilfe nach den §§ 120a, 124 Absatz 1 Nummer 2 bis 5 der Zivilprozessordnung;
5. das Verfahren über die Bewilligung der Prozesskostenhilfe in den Fällen, in denen außerhalb oder nach Abschluss eines gerichtlichen Verfahrens die Bewilligung der Prozesskostenhilfe lediglich für die Zwangsvollstreckung beantragt wird; jedoch bleibt dem Richter das Verfahren über die Bewilligung der Prozesskostenhilfe in den Fällen vorbehalten, in welchen dem Prozessgericht die Vollstreckung obliegt oder in welchen die Prozesskostenhilfe für eine Rechtsverfolgung oder Rechtsverteidigung beantragt wird, die eine sonstige richterliche Handlung erfordert;
6. im Verfahren über die grenzüberschreitende Prozesskostenhilfe innerhalb der Europäischen Union die in § 1077 der Zivilprozessordnung bezeichneten Maßnahmen sowie die dem Vollstreckungsgericht nach § 1078 der Zivilprozessordnung obliegenden Entscheidungen; wird Prozesskostenhilfe für eine Rechtsverfolgung oder Rechtsverteidigung beantragt, die eine richterliche

---

[1)] § 20 Abs. 1 Nr. 4 Buchst. c geänd., Abs. 2 und 3 angef. mWv 1.1.2014 durch G v. 31.8.2013 (BGBl. I S. 3533); Abs. 2 Satz 1 geänd. mWv 16.7.2014 und Abs. 1 Nr. 11 neu gef. mWv 10.1.2015 durch G v. 8.7.2014 (BGBl. I S. 890); Abs. 1 Nr. 8 neu gef. mWv 1.10.2015 durch G v. 10.12.2014 (BGBl. I S. 2082) iVm Bek. v. 23.6.2015 (BGBl. I S. 1034); Abs. 1 Nr. 16a geänd. mWv 17.8.2015 durch G v. 29.6.2015 (BGBl. I S. 1042); Abs. 1 Nr. 1 geänd. mWv 17.6.2017 durch G v. 11.6.2017 (BGBl. I S. 1607); Abs. 1 Nr. 11 und 16a geänd. mWv 29.1.2019 durch G v. 17.12.2018 (BGBl. I S. 2573); Abs. 1 Nr. 13 geänd. mWv 1.8.2021 durch G v. 25.6.2021 (BGBl. I S. 2154); Abs. 1 Nr. 17 neu gef. mWv 1.8.2022 durch G v. 7.7.2021 (BGBl. I S. 2363).

[2)] Nr. **100**.

Handlung erfordert, bleibt die Entscheidung nach § 1078 der Zivilprozessordnung dem Richter vorbehalten;

6a. die Entscheidungen nach § 22 Absatz 3 des Auslandsunterhaltsgesetzes[1)] vom 23. Mai 2011 (BGBl. I S. 898);

7. das Europäische Mahnverfahren im Sinne des Abschnitts 5 des Elften Buchs der Zivilprozessordnung einschließlich der Abgabe an das für das streitige Verfahren als zuständig bezeichnete Gericht, auch soweit das Europäische Mahnverfahren maschinell bearbeitet wird; jedoch bleiben die Überprüfung des Europäischen Zahlungsbefehls und das Streitverfahren dem Richter vorbehalten;

8. die Ausstellung von Bescheinigungen nach Artikel 13 Absatz 1 Buchstabe e und Absatz 3 des Haager Übereinkommens vom 30. Juni 2005 über Gerichtsstandsvereinbarungen;

9. (weggefallen)

10. die Anfertigung eines Auszugs nach Artikel 20 Absatz 1 Buchstabe b der Verordnung (EG) Nr. 4/2009[2)] des Rates vom 18. Dezember 2008 über die Zuständigkeit, das anwendbare Recht, die Anerkennung und Vollstreckung von Entscheidungen und die Zusammenarbeit in Unterhaltssachen;

11. die Ausstellung, die Berichtigung und der Widerruf einer Bestätigung nach den §§ 1079 bis 1081 der Zivilprozessordnung, die Ausstellung der Bestätigung nach § 1106 der Zivilprozessordnung, die Ausstellung der Bescheinigung nach § 1110 der Zivilprozessordnung und die Ausstellung einer Bescheinigung nach Artikel 45 Absatz 3 Buchstabe b, Artikel 59 Absatz 2 und Artikel 60 Absatz 2 der Verordnung (EU) 2016/1103[3)] oder nach Artikel 45 Absatz 3 Buchstabe b, Artikel 59 Absatz 2 und Artikel 60 Absatz 2 der Verordnung (EU) 2016/1104[4)];

12. die Erteilung der vollstreckbaren Ausfertigungen in den Fällen des § 726 Absatz 1, der §§ 727 bis 729, 733, 738, 742, 744, 745 Absatz 2 sowie des § 749 der Zivilprozessordnung;

13. die Erteilung von weiteren vollstreckbaren Ausfertigungen gerichtlicher Urkunden und die Entscheidung über den Antrag auf Erteilung weiterer vollstreckbarer Ausfertigungen notarieller Urkunden nach § 797 Absatz 2 Nummer 2 Buchstabe c der Zivilprozessordnung und die Entscheidung über die Erteilung weiterer vollstreckbarer Ausfertigungen nach § 60 Satz 3 Nummer 2 des Achten Buches Sozialgesetzbuch[5)];

14. die Anordnung, dass die Partei, welche einen Arrestbefehl oder eine einstweilige Verfügung erwirkt hat, binnen einer zu bestimmenden Frist Klage zu erheben habe (§ 926 Absatz 1, § 936 der Zivilprozessordnung);

15. die Entscheidung über Anträge auf Aufhebung eines vollzogenen Arrestes gegen Hinterlegung des in dem Arrestbefehl festgelegten Geldbetrages (§ 934 Absatz 1 der Zivilprozessordnung);

16. die Pfändung von Forderungen sowie die Anordnung der Pfändung von eingetragenen Schiffen oder Schiffsbauwerken aus einem Arrestbefehl, soweit

---

1) **Habersack, Deutsche Gesetze ErgBd. Nr. 103o.**
2) **Habersack, Deutsche Gesetze ErgBd. Nr. 21d.**
3) **Habersack, Deutsche Gesetze ErgBd. Nr. 103i.**
4) **Habersack, Deutsche Gesetze ErgBd. Nr. 103k.**
5) **Habersack, Deutsche Gesetze ErgBd. Nr. 46.**

der Arrestbefehl nicht zugleich den Pfändungsbeschluss oder die Anordnung der Pfändung enthält;

16a. die Anordnung, dass die Sache versteigert und der Erlös hinterlegt werde, nach § 21 des Anerkennungs- und Vollstreckungsausführungsgesetzes[1] vom 19. Februar 2001 (BGBl. I S. 288, 436), nach § 51 des Auslandsunterhaltsgesetzes vom 23. Mai 2011 (BGBl. I S. 898), nach § 17 des Internationalen Erbrechtsverfahrensgesetzes[2] und § 17 des Internationalen Güterrechtsverfahrensgesetzes[3];

17. die Geschäfte im Zwangsvollstreckungsverfahren nach dem Achten Buch der Zivilprozessordnung, soweit sie zu erledigen sind
   a) von dem Vollstreckungsgericht oder einem von diesem ersuchten Gericht,
   b) in den Fällen der §§ 848, 854 und 855 der Zivilprozessordnung von einem anderen Amtsgericht oder
   c) von dem Verteilungsgericht nach § 873 der Zivilprozessordnung

   mit der Maßgabe, dass dem Richter die Entscheidungen nach § 766 der Zivilprozessordnung sowie nach Artikel 34 Absatz 1 Buchstabe b und Absatz 2 der Verordnung (EU) Nr. 655/2014[4] des Europäischen Parlaments und des Rates vom 15. Mai 2014 zur Einführung eines Verfahrens für einen Europäischen Beschluss zur vorläufigen Kontenpfändung im Hinblick auf die Erleichterung der grenzüberschreitenden Eintreibung von Forderungen in Zivil- und Handelssachen (ABl. L 189 vom 27.6.2014, S. 59) vorbehalten bleiben.

(2) [1] Die Landesregierungen werden ermächtigt, durch Rechtsverordnung zu bestimmen, dass die Prüfung der persönlichen und wirtschaftlichen Verhältnisse nach den §§ 114 bis 116 der Zivilprozessordnung einschließlich der in § 118 Absatz 2 der Zivilprozessordnung bezeichneten Maßnahmen, der Beurkundung von Vergleichen nach § 118 Absatz 1 Satz 3 der Zivilprozessordnung und der Entscheidungen nach § 118 Absatz 2 Satz 4 der Zivilprozessordnung durch den Rechtspfleger vorzunehmen ist, wenn der Vorsitzende das Verfahren dem Rechtspfleger insoweit überträgt. [2] In diesem Fall ist § 5 Absatz 1 Nummer 2 nicht anzuwenden. [3] Liegen die Voraussetzungen für die Bewilligung der Prozesskostenhilfe hiernach nicht vor, erlässt der Rechtspfleger die den Antrag ablehnende Entscheidung; anderenfalls vermerkt der Rechtspfleger in den Prozessakten, dass dem Antragsteller nach seinen persönlichen und wirtschaftlichen Verhältnissen Prozesskostenhilfe gewährt werden kann und in welcher Höhe gegebenenfalls Monatsraten oder Beträge aus dem Vermögen zu zahlen sind.

(3) Die Landesregierungen können die Ermächtigung nach Absatz 2 auf die Landesjustizverwaltungen übertragen.

§ 21 Festsetzungsverfahren. Folgende Geschäfte im Festsetzungsverfahren werden dem Rechtspfleger übertragen:

1. die Festsetzung der Kosten in den Fällen, in denen die §§ 103 ff. der Zivilprozessordnung[5] anzuwenden sind;
2. die Festsetzung der Vergütung des Rechtsanwalts nach § 11 des Rechtsanwaltsvergütungsgesetzes[6];

---

[1] **Habersack, Deutsche Gesetze ErgBd. Nr. 103a.**
[2] **Habersack, Deutsche Gesetze ErgBd. Nr. 103p.**
[3] **Habersack, Deutsche Gesetze ErgBd. Nr. 103q.**
[4] **Habersack, Deutsche Gesetze ErgBd. Nr. 103h.**
[5] Nr. **100**.
[6] Nr. **117**.

3. die Festsetzung der Gerichtskosten nach den Gesetzen und Verordnungen zur Ausführung von Verträgen mit ausländischen Staaten über die Rechtshilfe sowie die Anerkennung und Vollstreckung gerichtlicher Entscheidungen und anderer Schuldtitel in Zivil- und Handelssachen.

§ 22[1)] Gerichtliche Geschäfte in Straf- und Bußgeldverfahren. Von den gerichtlichen Geschäften in Straf- und Bußgeldverfahren wird dem Rechtspfleger die Entscheidung über Feststellungsanträge nach § 52 Absatz 2 und § 53 Absatz 3 des Rechtsanwaltsvergütungsgesetzes[2)] übertragen.

§ 23[3)] Verfahren vor dem Bundespatentgericht. (1) Im Verfahren vor dem Bundespatentgericht werden dem Rechtspfleger die folgenden Geschäfte übertragen:

1. die nach den §§ 109, 715 der Zivilprozessordnung[4)] in Verbindung mit § 99 Absatz 1 des Patentgesetzes[5)] zu treffenden Entscheidungen bei der Rückerstattung von Sicherheiten in den Fällen des § 81 Absatz 6 und des § 85 Absatz 2 und 6 des Patentgesetzes sowie des § 20 des Gebrauchsmustergesetzes[6)];
2. bei Verfahrenskostenhilfe (§§ 129 bis 137 des Patentgesetzes, § 21 Absatz 2 des Gebrauchsmustergesetzes, § 81a Absatz 2 des Markengesetzes[7)], § 24 des Designgesetzes[8)], § 11 Absatz 2 des Halbleiterschutzgesetzes, § 36 des Sortenschutzgesetzes) die in § 20 Absatz 1 Nummer 4 bezeichneten Maßnahmen;
3. (weggefallen)
4. der Ausspruch, dass eine Klage, ein Antrag auf einstweilige Verfügung, ein Antrag auf gerichtliche Entscheidung im Einspruchsverfahren sowie eine Beschwerde als nicht erhoben gilt (§ 6 Absatz 2 des Patentkostengesetzes[9)]) oder eine Klage nach § 81 Absatz 6 Satz 3 des Patentgesetzes als zurückgenommen gilt;
5. die Bestimmung einer Frist für die Nachreichung der schriftlichen Vollmacht (§ 97 Absatz 5 Satz 2 des Patentgesetzes, § 18 Absatz 2 des Gebrauchsmustergesetzes, § 4 Absatz 4 Satz 3 des Halbleiterschutzgesetzes, § 81 Absatz 5 Satz 3 des Markengesetzes, § 23 Absatz 4 Satz 4 des Designgesetzes);
6. die Anordnung, Urschriften, Ablichtungen oder beglaubigte Abschriften von Druckschriften, die im Deutschen Patent- und Markenamt und im Bundespatentgericht nicht vorhanden sind, einzureichen (§ 125 Absatz 1 des Patentgesetzes, § 18 Absatz 2 des Gebrauchsmustergesetzes, § 4 Absatz 4 Satz 3 des Halbleiterschutzgesetzes);

---

1) § 22 neu gef. mWv 1.7.2017 durch G v. 13.4.2017 (BGBl. I S. 872).

2) Nr. **117**.

3) § 23 Abs. 1 Nr. 2, 5, 7, 9–13 geänd. (Änd. von Nr. 7 und 12 mangels Textübereinstimmung nicht ausführbar) mWv 1.1.2014 durch G v. 10.10.2013 (BGBl. I S. 3799); Abs. 1 Nr. 5, 7 und 9–12 geänd. mWv 1.7.2016 durch G v. 4.4.2016 (BGBl. I S. 558); Abs. 1 Nr. 10 geänd. mWv 1.8.2021 durch G v. 25.6.2021 (BGBl. I S. 2154); Überschrift neu gef., Abs. 1 einl. Satzteil, Nr. 2, 6 und 9 geänd. mWv 1.8.2022 durch G v. 7.7.2021 (BGBl. I S. 2363); Abs. 1 Nr. 13 geänd. mWv 1.5.2022 durch G v. 10.8.2021 (BGBl. I S. 3490).

4) Nr. **100**.

5) **Habersack, Deutsche Gesetze ErgBd. Nr. 70.**

6) **Habersack, Deutsche Gesetze ErgBd. Nr. 71.**

7) Nr. **72**.

8) **Habersack, Deutsche Gesetze ErgBd. Nr. 69.**

9) **Habersack, Deutsche Gesetze ErgBd. Nr. 70b.**

7. die Aufforderung zur Benennung eines Vertreters nach § 25 des Patentgesetzes, § 28 des Gebrauchsmustergesetzes, § 11 Absatz 2 des Halbleiterschutzgesetzes, § 96 des Markengesetzes, § 58 des Designgesetzes;
8. (weggefallen)
9. die Erteilung der vollstreckbaren Ausfertigungen in den Fällen des § 20 Absatz 1 Nummer 12 dieses Gesetzes in Verbindung mit § 99 Absatz 1 des Patentgesetzes, § 18 Absatz 2 des Gebrauchsmustergesetzes, § 4 Absatz 4 Satz 3 des Halbleiterschutzgesetzes, § 82 Absatz 1 des Markengesetzes, § 23 Absatz 4 Satz 4 des Designgesetzes;
10. die Erteilung von weiteren vollstreckbaren Ausfertigungen gerichtlicher Urkunden nach § 797 Absatz 2 Nummer 1 der Zivilprozessordnung in Verbindung mit § 99 Absatz 1 des Patentgesetzes, § 18 Absatz 2 des Gebrauchsmustergesetzes, § 4 Absatz 4 Satz 3 des Halbleiterschutzgesetzes, § 82 Absatz 1 des Markengesetzes, § 23 Absatz 4 Satz 4 des Designgesetzes;
11. die Entscheidung über Anträge auf Gewährung von Akteneinsicht an dritte Personen, sofern kein Beteiligter Einwendungen erhebt und es sich nicht um Akten von Patentanmeldungen, Patenten, Gebrauchsmusteranmeldungen, Gebrauchsmustern, angemeldeter oder eingetragener Topographien handelt, für die jede Bekanntmachung unterbleibt (§§ 50, 99 Absatz 3 des Patentgesetzes, §§ 9, 18 Absatz 2 des Gebrauchsmustergesetzes, § 4 Absatz 4 Satz 3 des Halbleiterschutzgesetzes, § 82 Absatz 3 des Markengesetzes, § 23 Absatz 4 Satz 4 des Designgesetzes;
12. die Festsetzung der Kosten nach §§ 103 ff. der Zivilprozessordnung in Verbindung mit § 80 Absatz 5, § 84 Absatz 2 Satz 2, § 99 Absatz 1, § 109 Absatz 3 des Patentgesetzes, § 18 Absatz 2 des Gebrauchsmustergesetzes, § 4 Absatz 4 Satz 3 des Halbleiterschutzgesetzes, § 71 Absatz 5, § 82 Absatz 1, § 90 Absatz 4 des Markengesetzes, § 23 Absatz 4 und 5 des Designgesetzes;
13. die Erteilung der vollstreckbaren Ausfertigungen in den Fällen des § 125a des Markengesetzes und § 64 des Designgesetzes.

(2) [1] Gegen die Entscheidungen des Rechtspflegers nach Absatz 1 ist die Erinnerung zulässig. [2] Sie ist binnen einer Frist von zwei Wochen einzulegen. [3] § 11 Absatz 1 und 2 Satz 1 ist nicht anzuwenden.

§ 24 Aufnahme von Erklärungen. (1) Folgende Geschäfte der Geschäftsstelle werden dem Rechtspfleger übertragen:

1. die Aufnahme von Erklärungen über die Einlegung und Begründung
   a) der Rechtsbeschwerde und der weiteren Beschwerde,
   b) der Revision in Strafsachen;
2. die Aufnahme eines Antrags auf Wiederaufnahme des Verfahrens (§ 366 Absatz 2 der Strafprozessordnung, § 85 des Gesetzes über Ordnungswidrigkeiten).

(2) Ferner soll der Rechtspfleger aufnehmen:

1. sonstige Rechtsbehelfe, soweit sie gleichzeitig begründet werden;
2. Klagen und Klageerwiderungen;
3. andere Anträge und Erklärungen, die zur Niederschrift der Geschäftsstelle abgegeben werden können, soweit sie nach Schwierigkeit und Bedeutung den in den Nummern 1 und 2 genannten Geschäften vergleichbar sind.

(3) § 5 ist nicht anzuwenden.

§ 24a[1] **Beratungshilfe.** (1) Folgende Geschäfte werden dem Rechtspfleger übertragen:

1. die Entscheidung über Anträge auf Gewährung und Aufhebung von Beratungshilfe einschließlich der grenzüberschreitenden Beratungshilfe nach § 10 Absatz 4 des Beratungshilfegesetzes[2];
2. die dem Amtsgericht nach § 3 Absatz 2 des Beratungshilfegesetzes zugewiesenen Geschäfte.

(2) § 11 Absatz 2 Satz 1 bis 4 und Absatz 3 ist nicht anzuwenden.

§ 24b Amtshilfe. (1) Die Landesregierungen werden ermächtigt, durch Rechtsverordnung die Geschäfte der Amtshilfe dem Rechtspfleger zu übertragen.

(2) Die Landesregierungen können die Ermächtigung auf die Landesjustizverwaltungen übertragen.

§ 25[3] **Sonstige Geschäfte auf dem Gebiet der Familiensachen.** Folgende weitere Geschäfte in Familiensachen einschließlich der entsprechenden Lebenspartnerschaftssachen werden dem Rechtspfleger übertragen:

1. (weggefallen)
2. in Unterhaltssachen
   a) Verfahren nach § 231 Absatz 2 des Gesetzes über das Verfahren in Familiensachen und in den Angelegenheiten der freiwilligen Gerichtsbarkeit, soweit nicht ein Verfahren nach § 231 Absatz 1 des Gesetzes über das Verfahren in Familiensachen und in den Angelegenheiten der freiwilligen Gerichtsbarkeit anhängig ist,
   b) die Bezifferung eines Unterhaltstitels nach § 245 des Gesetzes über das Verfahren in Familiensachen und in den Angelegenheiten der freiwilligen Gerichtsbarkeit,
   c) das vereinfachte Verfahren über den Unterhalt Minderjähriger;
3. in Güterrechtssachen
   a) die Ersetzung der Zustimmung eines Ehegatten, Lebenspartners oder Abkömmlings nach § 1452 des Bürgerlichen Gesetzbuchs,
   b) die Entscheidung über die Stundung einer Ausgleichsforderung und Übertragung von Vermögensgegenständen nach den §§ 1382 und 1383 des Bürgerlichen Gesetzbuchs[4], jeweils auch in Verbindung mit § 6 Satz 2 des Lebenspartnerschaftsgesetzes[5], mit Ausnahme der Entscheidung im Fall des § 1382 Absatz 5 und des § 1383 Absatz 3 des Bürgerlichen Gesetzbuchs, jeweils auch in Verbindung mit § 6 Satz 2 des Lebenspartnerschaftsgesetzes,
   c) die Entscheidung über die Stundung einer Ausgleichsforderung und Übertragung von Vermögensgegenständen nach § 1519 des Bürgerlichen Gesetzbuchs in Verbindung mit Artikel 12 Absatz 2 Satz 2 und Artikel 17 des Abkommens vom 4. Februar 2010 zwischen der Bundesrepublik Deutschland und der Französischen Republik über den Güterstand der Wahl-Zugewinn-

---

[1] § 24a Abs. 2 geänd. mWv 1.1.2014 durch G v. 5.12.2012 (BGBl. I S. 2418); Abs. 1 Nr. 1 geänd. mWv 1.1.2014 durch G v. 31.8.2013 (BGBl. I S. 3533).

[2] **Habersack, Deutsche Gesetze ErgBd. Nr. 98b.**

[3] § 25 Nr. 3 Buchst. b geänd., Buchst. c angef. mWv 1.5.2013 durch G v. 15.3.2012 (BGBl. II S. 178) iVm Bek. v. 22.4.2013 (BGBl. II S. 413); Nr. 3 Buchst. c geänd., Nr. 4 angef. mWv 11.1.2015 durch G v. 5.12.2014 (BGBl. I S. 1964).

[4] Nr. **20**.

[5] **Habersack, Deutsche Gesetze ErgBd. Nr. 43.**

gemeinschaft, jeweils auch in Verbindung mit § 7 des Lebenspartnerschaftsgesetzes, soweit nicht über die Ausgleichsforderung ein Rechtsstreit anhängig wird;

4. in Verfahren nach dem EU-Gewaltschutzverfahrensgesetz vom 5. Dezember 2014 (BGBl. I S. 1964) die Ausstellung von Bescheinigungen nach Artikel 5 Absatz 1 und Artikel 14 Absatz 1 der Verordnung (EU) Nr. 606/2013 des Europäischen Parlaments und des Rates vom 12. Juni 2013 über die gegenseitige Anerkennung von Schutzmaßnahmen in Zivilsachen (ABl. L 181 vom 29.6.2013, S. 4) sowie deren Berichtigung und Aufhebung gemäß Artikel 9 Absatz 1 der Verordnung (EU) Nr. 606/2013.

§ 25a[1] Verfahrenskostenhilfe. [1] In Verfahren über die Verfahrenskostenhilfe nach dem Gesetz über das Verfahren in Familiensachen und in den Angelegenheiten der freiwilligen Gerichtsbarkeit[2] werden dem Rechtspfleger die dem § 20 Absatz 1 Nummer 4 und 5 entsprechenden Geschäfte übertragen. [2] § 20 Absatz 2 und 3 gilt entsprechend.

Vierter Abschnitt.[3] Sonstige Vorschriften auf dem Gebiet der Gerichtsverfassung

§ 26[4] Verhältnis des Rechtspflegers zum Urkundsbeamten der Geschäftsstelle. Die Zuständigkeit des Urkundsbeamten der Geschäftsstelle nach Maßgabe der gesetzlichen Vorschriften bleibt unberührt, soweit sich nicht aus § 20 Absatz 1 Nummer 12 (zu den §§ 726 ff. der Zivilprozessordnung[5]), aus § 21 Nummer 1 (Festsetzungsverfahren) und aus § 24 (Aufnahme von Erklärungen) etwas anderes ergibt.

§ 27 Pflicht zur Wahrnehmung sonstiger Dienstgeschäfte. (1) Durch die Beschäftigung eines Beamten als Rechtspfleger wird seine Pflicht, andere Dienstgeschäfte einschließlich der Geschäfte des Urkundsbeamten der Geschäftsstelle wahrzunehmen, nicht berührt.

(2) Die Vorschriften dieses Gesetzes sind auf die sonstigen Dienstgeschäfte eines mit den Aufgaben des Rechtspflegers betrauten Beamten nicht anzuwenden.

§ 28 Zuständiger Richter. Soweit mit Angelegenheiten, die dem Rechtspfleger zur selbständigen Wahrnehmung übertragen sind, nach diesem Gesetz der Richter befasst wird, ist hierfür das nach den allgemeinen Verfahrensvorschriften zu bestimmende Gericht in der für die jeweilige Amtshandlung vorgeschriebenen Besetzung zuständig.

---

[1] § 25a geänd. mWv 16.7.2014 durch G v. 8.7.2014 (BGBl. I S. 890); Satz 1 geänd., Satz 2 angef. mWv 19.12.2014 durch G v. 10.12.2014 (BGBl. I S. 2082); Satz 1 geänd. mWv 1.8.2022 durch G v. 7.7. 2021 (BGBl. I S. 2363).

[2] Nr. **112**.

[3] 4. Abschnitt ber. BGBl. 2014 I S. 46.

[4] § 26 geänd. mWv 1.8.2022 durch G v. 7.7.2021 (BGBl. I S. 2363).

[5] Nr. **100**.

Fünfter Abschnitt. Dem Rechtspfleger übertragene Geschäfte in anderen Bereichen

§ 29 Geschäfte im internationalen Rechtsverkehr. Dem Rechtspfleger werden folgende Aufgaben übertragen:
1. die der Geschäftsstelle des Amtsgerichts gesetzlich zugewiesene Ausführung ausländischer Zustellungsanträge;
2. die Entgegennahme von Anträgen auf Unterstützung in Unterhaltssachen nach § 7 des Auslandsunterhaltsgesetzes[1] vom 23. Mai 2011 (BGBl. I S. 898) sowie die Entscheidung über Anträge nach § 10 Absatz 3 des Auslandsunterhaltsgesetzes;
3. die Entgegennahme von Anträgen nach § 42 Absatz 1 und die Entscheidung über Anträge nach § 5 Absatz 2 des Internationalen Familienrechtsverfahrensgesetzes[2] vom 26. Januar 2005 (BGBl. I S. 162).

§ 30 (weggefallen)

§ 31[3] Geschäfte der Staatsanwaltschaft im Straf- und Bußgeldverfahren und Vollstreckung in Straf- und Bußgeldsachen sowie von Ordnungs- und Zwangsmitteln. (1) [1]Von den Geschäften der Staatsanwaltschaft im Strafverfahren werden dem Rechtspfleger übertragen:
1. die Geschäfte bei der Vollziehung der Beschlagnahme (§ 111c Absatz 3 Satz 1 und Absatz 4 Satz 2 und 3 der Strafprozessordnung[4]),
2. die Geschäfte bei der Vollziehung der Beschlagnahme und der Vollziehung des Vermögensarrestes sowie die Anordnung der Notveräußerung und die weiteren Anordnungen bei deren Durchführung (§§ 111k, 111l und 111p der Strafprozessordnung), soweit die entsprechenden Geschäfte im Zwangsvollstreckungs- und Arrestverfahren dem Rechtspfleger übertragen sind,
3. die Geschäfte im Zusammenhang mit Insolvenzverfahren (§ 111i der Strafprozessordnung),
4. die Geschäfte bei der Verwaltung beschlagnahmter oder gepfändeter Gegenstände (§ 111m der Strafprozessordnung) und
5. die Geschäfte bei der Vollziehung der Herausgabe von beschlagnahmten beweglichen Sachen (§ 111n in Verbindung mit § 111c Absatz 1 der Strafprozessordnung).

[2]In Bußgeldverfahren gilt für die Geschäfte der Staatsanwaltschaft Satz 1 entsprechend.

(2) [1]Die der Vollstreckungsbehörde in Straf- und Bußgeldsachen obliegenden Geschäfte werden dem Rechtspfleger übertragen. [2]Ausgenommen sind Entscheidungen nach § 114 des Jugendgerichtsgesetzes[5]. [3]Satz 1 gilt entsprechend, soweit Ordnungs- und Zwangsmittel von der Staatsanwaltschaft vollstreckt werden.

---

[1] **Habersack, Deutsche Gesetze ErgBd. Nr. 103o.**
[2] **Habersack, Deutsche Gesetze ErgBd. Nr. 103n.**
[3] § 31 Abs. 5 Satz 3 geänd. mWv 8.9.2015 durch VO v. 31.8.2015 (BGBl. I S. 1474); Abs. 1 neu gef. mWv 1.7.2017 durch G v. 13.4.2017 (BGBl. I S. 872); Überschrift neu gef., Abs. 1 Satz 1 Nr. 2–4 geänd., Nr. 5 und Satz 2 angef. mWv 1.7.2021 durch G v. 25.6.2021 (BGBl. I S. 2099); Abs. 5 Satz 3 geänd. mWv 1.8.2022 durch G v. 7.7.2021 (BGBl. I S. 2363).
[4] Nr. **90**.
[5] Nr. **89**.

(2a) Der Rechtspfleger hat die ihm nach Absatz 2 Satz 1 übertragenen Sachen dem Staatsanwalt vorzulegen, wenn

1. er von einer ihm bekannten Stellungnahme des Staatsanwalts abweichen will oder
2. zwischen dem übertragenen Geschäft und einem vom Staatsanwalt wahrzunehmenden Geschäft ein so enger Zusammenhang besteht, dass eine getrennte Sachbearbeitung nicht sachdienlich ist, oder
3. ein Ordnungs- oder Zwangsmittel von dem Staatsanwalt verhängt ist und dieser sich die Vorlage ganz oder teilweise vorbehalten hat.

(2b) Der Rechtspfleger kann die ihm nach Absatz 2 Satz 1 übertragenen Geschäfte dem Staatsanwalt vorlegen, wenn

1. sich bei der Bearbeitung Bedenken gegen die Zulässigkeit der Vollstreckung ergeben oder
2. ein Urteil vollstreckt werden soll, das von einem Mitangeklagten mit der Revision angefochten ist.

(2c) [1] Die vorgelegten Sachen bearbeitet der Staatsanwalt, solange er es für erforderlich hält. [2] Er kann die Sachen dem Rechtspfleger zurückgeben. [3] An eine dabei mitgeteilte Rechtsauffassung oder erteilte Weisungen ist der Rechtspfleger gebunden.

(3) Die gerichtliche Vollstreckung von Ordnungs- und Zwangsmitteln wird dem Rechtspfleger übertragen, soweit sich nicht der Richter im Einzelfall die Vollstreckung ganz oder teilweise vorbehält.

(4) (weggefallen)

(5) [1] Die Leitung der Vollstreckung im Jugendstrafverfahren bleibt dem Richter vorbehalten. [2] Dem Rechtspfleger werden die Geschäfte der Vollstreckung übertragen, durch die eine richterliche Vollstreckungsanordnung oder eine die Leitung der Vollstreckung nicht betreffende allgemeine Verwaltungsvorschrift ausgeführt wird. [3] Das Bundesministerium der Justiz und für Verbraucherschutz wird ermächtigt, durch Rechtsverordnung mit Zustimmung des Bundesrates auf dem Gebiet der Vollstreckung im Jugendstrafverfahren dem Rechtspfleger nichtrichterliche Geschäfte zu übertragen, soweit nicht die Leitung der Vollstreckung durch den Jugendrichter beeinträchtigt wird oder das Vollstreckungsgeschäft wegen seiner rechtlichen Schwierigkeit, wegen der Bedeutung für den Betroffenen, vor allem aus erzieherischen Gründen, oder zur Sicherung einer einheitlichen Rechtsanwendung dem Vollstreckungsleiter vorbehalten bleiben muss. [4] Der Richter kann die Vorlage von übertragenen Vollstreckungsgeschäften anordnen.

(6) [1] Gegen die Maßnahmen des Rechtspflegers ist der Rechtsbehelf gegeben, der nach den allgemeinen verfahrensrechtlichen Vorschriften zulässig ist. [2] Ist hiernach ein Rechtsbehelf nicht gegeben, entscheidet über Einwendungen der Richter oder Staatsanwalt, an dessen Stelle der Rechtspfleger tätig geworden ist. [3] Er kann dem Rechtspfleger Weisungen erteilen. [4] Die Befugnisse des Behördenleiters aus den §§ 145, 146 des Gerichtsverfassungsgesetzes[1)] bleiben unberührt.

(7) Unberührt bleiben ferner bundes- und landesrechtliche Vorschriften, welche die Vollstreckung von Vermögensstrafen im Verwaltungszwangsverfahren regeln.

§ 32 Nicht anzuwendende Vorschriften. Auf die nach den §§ 29 und 31 dem Rechtspfleger übertragenen Geschäfte sind die §§ 5 bis 11 nicht anzuwenden.

[1)] Nr. **95**.

Sechster Abschnitt. Schlussvorschriften

§ 33[1] Regelung für die Übergangszeit; Befähigung zum Amt des Bezirksnotars. (1) Justizbeamte, die die Voraussetzungen des § 2 nicht erfüllen, können mit den Aufgaben eines Rechtspflegers betraut werden, wenn sie vor dem 1. September 1976 nach den jeweils geltenden Vorschriften die Prüfung für den gehobenen Justizdienst bestanden haben oder, soweit sie eine Prüfung nicht abgelegt haben, vor dem 1. Juli 1970 nicht nur zeitweilig als Rechtspfleger tätig waren.

(2) Mit den Aufgaben eines Rechtspflegers kann auch ein Beamter des Justizdienstes betraut werden, der im Lande Baden-Württemberg die Befähigung zum Amt des Bezirksnotars erworben hat.

(3) [1] Nimmt ein Beamter des Justizdienstes nach Absatz 2 Aufgaben nach § 3 Nummer 2 Buchstabe b, c oder i wahr, gelten weder § 15 Absatz 1 Satz 1 Nummer 1 bis 3 und 5 noch § 16. [2] Dem Richter bleiben vorbehalten:

1. die Anordnung einer Vorführung nach § 278 Absatz 5 des Gesetzes über das Verfahren in Familiensachen und in den Angelegenheiten der freiwilligen Gerichtsbarkeit[2],
2. die Anordnung, Erweiterung oder Aufhebung eines Einwilligungsvorbehalts und
3. der Erlass einer Maßregel in Bezug auf eine Untersuchung des Gesundheitszustandes, auf eine Heilbehandlung oder einen ärztlichen Eingriff nach § 1908i Absatz 1 Satz 1 und § 1915 Absatz 1 jeweils in Verbindung mit § 1846 des Bürgerlichen Gesetzbuchs[3].

§ 33a Übergangsregelung für die Jugendstrafvollstreckung. Bis zum Inkrafttreten der auf Grund der Ermächtigung nach § 31 Absatz 5 zu erlassenden Rechtsverordnung gelten die Bestimmungen über die Entlastung des Jugendrichters in Strafvollstreckungsgeschäften weiter.

§ 34 Wahrnehmung von Rechtspflegeraufgaben durch Bereichsrechtspfleger. (1) Mit Ablauf des 31. Dezember 1996 ist die Maßgabe zu diesem Gesetz in Anlage I Kapitel III Sachgebiet A Abschnitt III Nummer 3 des Einigungsvertrages[4] vom 31. August 1990 (BGBl. 1990 II S. 889) nicht mehr anzuwenden.

(2) Beschäftigte, die nach dieser Maßgabe mit Rechtspflegeraufgaben betraut worden sind (Bereichsrechtspfleger), dürfen die Aufgaben eines Rechtspflegers auf den ihnen übertragenen Sachgebieten auch nach Ablauf der in Absatz 1 genannten Frist wahrnehmen.

(3) [1] Bereichsrechtspfleger können auch nach dem 31. Dezember 1996 auf weiteren Sachgebieten mit Rechtspflegeraufgaben betraut werden, wenn sie auf Grund von Fortbildungsmaßnahmen zur Erledigung von Aufgaben auf diesen Sachgebieten geeignet sind. [2] Dies gilt entsprechend für Beschäftigte, die bis zu diesem Zeitpunkt nur an Fortbildungsmaßnahmen für die Aufgaben der Justizverwaltung, die von Beamten des gehobenen Dienstes wahrgenommen werden, erfolgreich teilgenommen haben.

---

[1] § 33 Überschrift ber. BGBl. 2014 I S. 46; Abs. 3 angef. mWv 1.1.2018 durch G v. 1.6.2017 (BGBl. I S. 1396).

[2] Nr. **112**.

[3] Nr. **20**.

[4] **Habersack II Nr. 2.**

§ 34a Ausbildung von Bereichsrechtspflegern zu Rechtspflegern.

(1) [1]Bereichsrechtspfleger, die an für sie bestimmten Lehrgängen einer Fachhochschule teilgenommen und diese Ausbildung mit einer Prüfung erfolgreich abgeschlossen haben, erwerben die Stellung eines Rechtspflegers und dürfen mit allen Rechtspflegeraufgaben betraut werden. [2]Die Lehrgänge dauern insgesamt achtzehn Monate und vermitteln den Teilnehmern die wissenschaftlichen Erkenntnisse und Methoden sowie die berufspraktischen Fähigkeiten und Kenntnisse, die zur Erfüllung der Aufgaben eines Rechtspflegers erforderlich sind.

(2) [1]Erfolgreich abgeschlossene Aus- und Fortbildungslehrgänge, an denen ein Bereichsrechtspfleger seit dem 3. Oktober 1990 teilgenommen hat, können auf die für die betreffenden Sachgebiete bestimmten Lehrgänge nach Absatz 1 angerechnet werden. [2]Auf diesen Sachgebieten kann eine Prüfung nach Absatz 1 entfallen.

(3) Die Länder können vorsehen, dass die Prüfung nach Absatz 1 jeweils für die einzelnen Sachgebiete am Ende der Lehrgänge abgelegt wird.

(4) Das Nähere regelt das Landesrecht.

§ 35[1)] *(aufgehoben)*

§ 35a[2)] **Ratschreiber und Beschlussfertiger in Baden-Württemberg.**

(1) [1]Ratschreiber mit Befähigung zum gehobenen Verwaltungs- oder Justizdienst, die bis 31. Dezember 2017 das Amt im Sinne des § 32 des Landesgesetzes über die freiwillige Gerichtsbarkeit mindestens drei Jahre nicht nur zeitweilig ausgeübt haben, dürfen als Beamte im Landesdienst die Aufgaben eines Rechtspflegers in Grundbuchsachen wahrnehmen. [2]Das Land stellt die fachliche Qualifikation durch geeignete Fortbildungsmaßnahmen sicher.

(2) [1]Beamte des mittleren Dienstes, die seit mindestens fünf Jahren im Justizdienst beschäftigt sind und die vor dem 1. Januar 2018 überwiegend als Beschlussfertiger in Grundbuchämtern tätig waren, dürfen als Beamte im Landesdienst die Aufgaben eines Rechtspflegers in Grundbuchsachen wahrnehmen. [2]Vor Wahrnehmung der Rechtspflegeraufgaben haben diese Beamten an für sie bestimmten Lehrgängen einer Fachhochschule erfolgreich teilzunehmen, die insgesamt mindestens acht Monate dauern und die wissenschaftlichen Erkenntnisse und Methoden sowie die berufspraktischen Fähigkeiten und Kenntnisse, die zur Erfüllung der Aufgaben eines Rechtspflegers in Grundbuchsachen erforderlich sind, vermitteln.

(3) Das Nähere regelt das Landesrecht.

§ 36[3)] *(aufgehoben)*

§ 36a Vorbehalt für die Freie und Hansestadt Hamburg. In der Freien und Hansestadt Hamburg gilt § 24 Absatz 2 mit der Maßgabe, dass der Rechtspfleger die dort bezeichneten Anträge und Erklärungen nur dann aufnehmen soll, wenn dies wegen des Zusammenhangs mit einem von ihm wahrzunehmenden Geschäft, wegen rechtlicher Schwierigkeiten oder aus sonstigen Gründen geboten ist.

[1)] § 35 aufgeh. mWv 1.1.2018 durch G v. 15.7.2009 (BGBl. I S. 1798).
[2)] § 35a eingef. mWv 13.12.2014 durch G v. 5.12.2014 (BGBl. I S. 1962).
[3)] § 36 aufgeh. mWv 1.1.2018 durch G v. 15.7.2009 (BGBl. I S. 1798).

100. Zivilprozessordnung

In der Fassung der Bekanntmachung vom 5. Dezember 2005[1)]
(BGBl. I S. 3202, ber. 2006 I S. 431 und 2007 I S. 1781)

FNA 310-4

Lfd. Nr.	Änderndes Gesetz	Datum	Fundstelle	Betroffen	Hinweis
1.–20.	Änderungsgesetze bis einschl. G v. 24.9.2009 (BGBl. I S. 3145) nur noch in den Anmerkungen nachgewiesen				
21.	Art. 8 G zur Umsetzung der DienstleistungsRL in der Justiz und zur Änd. weiterer Vorschriften[2)]	22.12. 2010	BGBl. I S. 2248	§§ 142, 850k, 850l	geänd. mWv 28.12.2010
22.	Art. 6 G zur Ermittlung von Regelbedarfen und zur Änd. des Zweiten und Zwölften Buches Sozialgesetzbuch	24.3.2011	BGBl. I S. 453	§ 115	geänd. mWv 30.3.2011
23.	Art. 3 Zweites ErbrechtsgleichstellungsG	12.4.2011	BGBl. I S. 615	§§ 835, 850k	geänd. mWv 16.4.2011
24.	Art. 2 G zur Regelung von De-Mail-Diensten und zur Änd. weiterer Vorschriften	28.4.2011	BGBl. I S. 666	§ 174	geänd. mWv 3.5.2011
25.	Art. 4 G zur Durchführung der VO (EG) Nr. 4/2009 und zur Neuordnung bestehender Aus- und Durchführungsbestimmungen auf dem Gebiet des internationalen Unterhaltsverfahrensrechts	23.5.2011	BGBl. I S. 898	§ 1077	geänd. mWv 18.6.2011
26.	Art. 1 G zur Änderung des § 522 ZPO	21.10. 2011	BGBl. I S. 2082	§§ 522, 586, 708	geänd. mWv 27.10.2011
27.	Art. 5 G über den Rechtsschutz bei überlangen Gerichtsverfahren und strafrechtlichen Ermittlungsverfahren	24.11. 2011	BGBl. I S. 2302	§ 41	geänd. mWv 3.12.2011
28.	Art. 2 Abs. 27 und Art. 3 G zur Änd. von Vorschriften über Verkündung und Bekanntmachungen sowie der ZPO, des EGZPO und der AO	22.12. 2011	BGBl. I S. 3044	§ 802k § 187 Inhaltsübersicht, §§ 802c, 802f, 802k, 829a	geänd. mWv 30.12.2011 geänd. mWv 1.4.2012 geänd. mWv 1.1.2013

[1)] Neubekanntmachung der ZPO idF der Bek. v. 12.9.1950 (BGBl. I S. 533) in der ab 21.10.2005 geltenden Fassung.

[2)] **Amtl. Anm.:** Artikel 1 Nummer 1 und 2, Artikel 2 bis 5 und 8 Nummer 1, Artikel 9 bis 11 und 15 Nummer 2 und 4 und Artikel 18 dieses Gesetzes dienen der Umsetzung der Richtlinie 2006/123/EG des Europäischen Parlaments und des Rates vom 12. Dezember 2006 über Dienstleistungen im Binnenmarkt (ABl. L 376 vom 27.12.2006, S. 36).

Lfd. Nr.	Änderndes Gesetz	Datum	Fund-stelle	Betroffen	Hinweis
29.	Art. 2 G zur Förderung der Mediation und anderer Verfahren der außergerichtlichen Konfliktbeilegung[1]	21.7.2012	BGBl. I S. 1577	Inhaltsübersicht, §§ 41, 159, 253, 278	geänd. mWv 26.7.2012
				§ 278a	eingef. mWv 26.7.2012
30.	Art. 2 G zur Reform des KapMuG und zur Änd. anderer Vorschriften	19.10.2012	BGBl. I S. 2182	§§ 32b, 145	geänd. mWv 1.11.2012
31.	Art. 1 G zur Einführung einer Rechtsbehelfsbelehrung im Zivilprozess und zur Änd. anderer Vorschriften	5.12.2012	BGBl. I S. 2418	§§ 145, 550, 692, 703b, 851c	geänd. mWv 1.1.2013
				Inhaltsübersicht, Buch 1 Abschnitt 3 Titel 4 Überschrift, §§ 233, 338, 699, 938	geänd. mWv 1.1.2014
				§ 232	neu gef. mWv 1.1.2014
32.	Art. 2 G zur Änd. des AZR-Gesetzes	20.12.2012	BGBl. I S. 2745	§ 755	geänd. mWv 1.1.2013
33.	Art. 4 MietrechtsänderungsG	11.3.2013	BGBl. I S. 434	Inhaltsübersicht, §§ 272, 760, 885	geänd. mWv 1.5.2013
				§ 940a	neu gef. mWv 1.5.2013
				§§ 283a, 885a	eingef. mWv 1.5.2013
34.	Art. 7 G zur Reform des Seehandelsrechts	20.4.2013	BGBl. I S. 831	Inhaltsübersicht, §§ 305a, 786a, 870a, 917, 930, 931, 1031	geänd. mWv 25.4.2013
				§ 30	neu gef. mWv 25.4.2013
				§ 30a	eingef. mWv 25.4.2013
35.	Art. 2 G zur Intensivierung des Einsatzes von Videokonferenztechnik in gerichtlichen und staatsanwaltschaftlichen Verfahren	25.4.2013	BGBl. I S. 935	§ 128a	neu gef. mWv 1.11.2013
36.	Art. 4 G zur Übertragung von Aufgaben im Bereich der freiwilligen Gerichtsbarkeit auf Notare	26.6.2013	BGBl. I S. 1800	§ 797	geänd. mWv 1.9.2013
37.	Art. 22 Amtshilferichtlinie-UmsetzungsG	26.6.2013	BGBl. I S. 1809	§ 759	geänd. mWv 30.6.2013
38.	Art. 3 G zur Verkürzung des Restschuldbefreiungsverfahrens und zur Stärkung der Gläubigerrechte	15.7.2013	BGBl. I S. 2379	§§ 882b, 882e	geänd. mWv 1.7.2014
39.	Art. 1 G zur Änd. des Prozesskostenhilfe- und Beratungshilferechts	31.8.2013	BGBl. I S. 3533	Inhaltsübersicht, §§ 114, 115, 116, 117, 118, 120, 124, 127, 269	geänd. mWv 1.1.2014
				§ 120a	eingef. mWv 1.1.2014

[1] **Amtl. Anm.:** Dieses Gesetz dient der Umsetzung der Richtlinie 2008/52/EG des Europäischen Parlaments und des Rates vom 21. Mai 2008 über bestimmte Aspekte der Mediation in Zivil- und Handelssachen (ABl. L 136 vom 24.5.2008, S. 3).

Lfd. Nr.	Änderndes Gesetz	Datum	Fundstelle	Betroffen	Hinweis
40.	Art. 8 G zur Umsetzung der VerbraucherrechteRL und zur Änd. des G zur Regelung der Wohnungsvermittlung	20.9.2013	BGBl. I S. 3642	§ 29c	geänd. mWv 13.6.2014
41.	Art. 1 G zur Förderung des elektronischen Rechtsverkehrs mit den Gerichten	10.10. 2013	BGBl. I S. 3786, geänd. 2017, S. 2208	Inhaltsübersicht	geänd. mWv 17.10.2013
				§ 371b	eingef. mWv 17.10.2013
				§§ 555, 565	geänd. mWv 1.1.2014
				Inhaltsübersicht, §§ 131, 169, 182, 317, 329, 371a, 416a, 593, 689, 697, 829a	geänd. mWv 1.7.2014
				§§ 130c, 945b	eingef. mWv 1.7.2014
				Inhaltsübersicht	geänd. mWv 1.1.2016
				§ 945a	eingef. mWv 1.1.2016
				Inhaltsübersicht, §§ 174, 195, 298a, 416a, 1088	geänd. mWv 1.1.2018
				§§ 130a, 298	neu gef. mWv 1.1.2018
				Inhaltsübersicht	geänd. mWv 1.1.2022
				§ 130d	eingef. mWv 1.1.2022
42.	Art. 1 G zur Durchführung der VO (EU) Nr. 1215/2012 sowie zur Änd. sonstiger Vorschriften	8.7.2014	BGBl. I S. 890	Inhaltsübersicht, §§ 183, 363, 688, 794, 795, 1067, 1072, 1079, 1086, 1087, 1096, 1097	geänd. mWv 10.1.2015
				Buch 11 Abschnitt 7 (§§ 1110–1117)	eingef. mWv 10.1.2015
43.	Art. 145 Zehnte ZuständigkeitsanpassungsVO	31.8.2015	BGBl. I S. 1474	§§ 19, 115, 117, 130c, 190, 703b, 703c, 753, 758a, 802k, 829, 850c, 850f, 882g, 882h, 945b, 1077	geänd. mWv 8.9.2015
44.	Art. 14 G zur Bereinigung des Rechts der Lebenspartner	20.11. 2015	BGBl. I S. 2010	Inhaltsübersicht, §§ 305, 740, 741, 742, 743, 744, 745, 774, 850a, 852, 860	geänd. mWv 26.11.2015
45.	Art. 6 G zur Änd. des Unterhaltsrechts und des Unterhaltsverfahrensrechts sowie zur Änd. der ZPO und kostenrechtl. Vorschriften	20.11. 2015	BGBl. I S. 2018	§ 945b	geänd. mWv 26.11.2015
				§ 945a	geänd. mWv 1.1.2016
46.	Art. 3 G zur Umsetzung der WohnimmobilienkreditRL und zur Änd. handelsrechtlicher Vorschriften	11.3.2016	BGBl. I S. 396	§§ 688, 690	geänd. mWv 21.3.2016
47.	Art. 2 Zweites G zur Änd. der Haftungsbeschränkung in der Binnenschifffahrt	5.7.2016	BGBl. I S. 1578 iVm Bek. 2019, S. 196	§§ 305a, 786a	geänd. mWv 1.7.2019

Lfd. Nr.	Änderndes Gesetz	Datum	Fundstelle	Betroffen	Hinweis
48.	Art. 1 G zur Änd. des Sachverständigenrechts und zur weiteren Änd. des FamFG sowie zur Änd. des SGG, der VwGO, der FGO und des GKG	11.10. 2016	BGBl. I S. 2222	§§ 404, 407a, 411	geänd. mWv 15.10.2016
49.	Art. 1, 2 und 3 EU-KontenpfändungsVO-DurchführungsG	21.11. 2016	BGBl. I S. 2591, geänd. 2017, S. 2208	Inhaltsübersicht, §§ 79, 119, 753, 755, 802d, 802f, 802g, 802l, 829, 829a, 845, 850f, 850k, 882c, 882d, 882f	geänd. mWv 26.11.2016
				§ 754a	eingef. mWv 26.11.2016
				Buch 8 Abschnitt 6 (§§ 946 –959)	eingef. mWv 18.1.2017
				§§ 882c, 882f, 882g	geänd. mWv 1.11.2017
				§§ 754a, 829a	geänd. mWv 1.1.2018
50.	Art. 7 G zur Reform des Bauvertragsrechts, zur Änd. der kaufrechtlichen Mängelhaftung, zur Stärkung des zivilprozessualen Rechtsschutzes und zum maschinellen Siegel im Grundbuch- und Schiffsregisterverfahren	28.4.2017	BGBl. I S. 969	§ 348	geänd. mWv 1.1.2018
51.	Art. 10 G zur Umsetzung der BerufsanerkennungsRL und zur Änd. weiterer Vorschriften im Bereich der rechtsberatenden Berufe[1]	12.5.2017	BGBl. I S. 1121	§§ 130, 169	geänd. mWv 18.5.2017
				§ 169	geänd. mWv 1.1.2018
52.	Art. 1 G zur Änd. von Vorschriften im Bereich des Internationalen Privat- und Zivilverfahrensrechts	11.6.2017	BGBl. I S. 1607	Inhaltsübersicht, §§ 183, 184, 192, 274, 276, 339, 363, 688, 1067, 1068, 1069, 1090, 1095	geänd. mWv 17.6.2017
				§§ 1070, 1092a	eingef. mWv 17.6.2017
				Inhaltsübersicht, §§ 688, 794, 1100, 1101, 1104	geänd. mWv 14.7.2017
				§ 1104a	eingef. mWv 14.7.2017
53.	Art. 11, 12 G zur Einführung der elektronischen Akte in der Justiz und zur weiteren Förderung des elektronischen Rechtsverkehrs	5.7.2017	BGBl. I S. 2208	Inhaltsübersicht, § 298a	geänd. mWv 13.7.2017
				§§ 130b, 169, 298a, 299, 317, 690, 691, 699, 702, 753	geänd. mWv 1.1.2018
				§§ 692, 702	geänd. mWv 1.1.2020
				§ 753	geänd. mWv 1.1.2022
				§§ 298a, 689	geänd. mWv 1.1.2026

[1] **Amtl. Anm.:** *(abgedruckt in Änderungstabelle Nr.* ***90a****)*

Lfd. Nr.	Änderndes Gesetz	Datum	Fundstelle	Betroffen	Hinweis
54.	Art. 11 Abs. 15 eIDAS-DurchführungsG[1) 2)]	18.7.2017	BGBl. I S. 2745	§§ 130a, 174, 371a	geänd. mWv 29.7.2017
55.	Art. 2 G zur Einführung einer zivilprozessualen Musterfeststellungsklage	12.7.2018	BGBl. I S. 1151	§ 609 Abs. 7	neu gef. mWv 18.7.2018
				Inhaltsübersicht, §§ 29c, 148	geänd. mWv 1.11.2018
				Buch 6 (§§ 606–687)	neu gef. mWv 1.11.2018
				§ 32c	eingef. mWv 1.11.2018
56.	Art. 11 G zur Ums. des G zur Einführung des Rechts auf Eheschließung für Personen gleichen Geschlechts	18.12. 2018	BGBl. I S. 2639	§§ 383, 739	geänd. mWv 22.12.2018
57.	Art. 1 G zur Förderung der Freizügigkeit von EU-Bürgerinnen und -Bürgern sowie zur Neuregelung verschiedener Aspekte des Internationalen AdoptionsR	31.1.2019	BGBl. I S. 54	Inhaltsübersicht	geänd. mWv 16.2.2019
				Buch 11 Abschnitt 8 (§§ 1118, 1119, 1120)	eingef. mWv 16.2.2019
58.	Art. 5 Abs. 26 G zur Einführung einer Karte für Unionsbürger und Angehörige des Europäischen Wirtschaftsraums mit Funktion zum elektronischen Identitätsnachweis sowie zur Änd. des PersonalausweisG und weiterer Vorschriften[2) 3)]	21.6.2019	BGBl. I S. 846	§§ 130c, 702, 814	geänd. mWv 1.11.2019
59.	Art. 10 G zur Umsetzung der RL (EU) 2016/680 im Strafverfahren sowie zur Anpassung datenschutzrechtlicher Bestimmungen an die VO (EU) 2016/679[4)]	20.11. 2019	BGBl. I S. 1724	Inhaltsübersicht, §§ 755, 802d, 802k, 802l, 850k, 882f, 882g, 882h, 947	geänd. mWv 26.11.2019
				§ 882i	eingef. mWv 26.11.2019
60.	Art. 2 G zur Regelung der Wertgrenze für die Nichtzulassungsbeschwerde in Zivilsachen, zum Ausbau der Spezialisierung bei den Gerichten sowie zur Änd. weiterer prozessrechtlicher Vorschriften	12.12. 2019	BGBl. I S. 2633	§§ 44, 67, 127, 128, 130a, 139, 144, 169, 174, 278, 320, 321, 348, 544, 549, 550, 551, 695, 697, 718	geänd. mWv 1.1.2020

[1)] **Amtl. Anm.:** Dieses Gesetz dient der Durchführung der Verordnung (EU) Nr. 910/2014 des Europäischen Parlaments und des Rates vom 23. Juli 2014 über elektronische Identifizierung und Vertrauensdienste für elektronische Transaktionen im Binnenmarkt und zur Aufhebung der Richtlinie 1999/93/EG.

[2)] **Amtl. Anm.:** Notifiziert gemäß der Richtlinie (EU) 2015/1535 des Europäischen Parlaments und des Rates vom 9. September 2015 über ein Informationsverfahren auf dem Gebiet der technischen Vorschriften und der Vorschriften für die Dienste der Informationsgesellschaft (ABl. L 241 vom 17.9.2015, S. 1).

[3)] Die Änd. des Inkrafttretens dieses G durch Art. 154a G v. 20.11.2019 (BGBl. I S. 1626) ist unbeachtlich, da das G bei Erlass des ÄndG bereits in Kraft getreten war.

[4)] **Amtl. Anm.:** *(abgedruckt in Änderungstabelle Nr.* **90***)*

Lfd. Nr.	Änderndes Gesetz	Datum	Fundstelle	Betroffen	Hinweis
61.	Art. 1 Pfändungsschutzkonto-FortentwicklungsG	22.11. 2020	BGBl. I S. 2466, geänd. 2021, S. 850	§§ 850c, 850f	geänd. mWv 8.5.2021
				Inhaltsübersicht, §§ 788, 811, 835, 840, 882a, 954	geänd. mWv 1.12.2021
				§§ 850k, 850l, Buch 8 Abschnitt 2 Titel 5 Überschrift, Abschnitt 4 (§§ 899–910)	neu gef. mWv 1.12.2021
				Anl.	aufgeh. mit Ablauf des 30.11. 2021
62.	Art. 10 KostenrechtsänderungsG 2021	21.12. 2020	BGBl. I S. 3229	§ 115	geänd. mWv 1.1.2021
63.	Art. 3 Sanierungs- und Insolvenzrechtsfortentwicklungs G[1]	22.12. 2020	BGBl. I S. 3256	Inhaltsübersicht	geänd. mWv 1.1.2021
				§ 19b	eingef. mWv 1.1.2021
64.	Art. 8 G zur Verbesserung des Verbraucherschutzes im Inkassorecht und zur Änd. weiterer Vorschriften	22.12. 2020	BGBl. I S. 3320	Inhaltsübersicht, § 79	geänd. mWv 1.1.2021
				§ 753a	eingef. mWv 1.1.2021
65.	Art. 1 G zur Verbesserung des Schutzes von Gerichtsvollziehern vor Gewalt sowie zur Änd. weiterer zwangsvollstreckungsrechtlicher Vorschriften und zur Änd. des InfektionsschutzG	7.5.2021	BGBl. I S. 850	§ 850l	geänd. mWv 1.12.2021
				Inhaltsübersicht, §§ 755, 802c, 802d, 802l, 811a, 813, 850a, 850b, 851c, 929	geänd. mWv 1.1.2022
				§ 811	neu gef. mWv 1.1.2022
				§ 757a	eingef. mWv 1.1.2022
				§§ 811c, 812	aufgeh. mit Ablauf des 31.12. 2021
66.	Art. 7 G zur Reform des Vormundschafts- und Betreuungsrechts	4.5.2021	BGBl. I S. 882	Inhaltsübersicht, §§ 51, 52	geänd. mWv 1.1.2023
				§ 53	neu gef. mWv 1.1.2023
				§ 170a	eingef. mWv 1.1.2023
67.	Art. 8 G zur Fortentwicklung der StrafprozessO und zur Änd. weiterer Vorschriften	25.6.2021	BGBl. I S. 2099	§ 299	geänd. mWv 1.7.2021
68.	Art. 14 G zur Modernisierung des notariellen Berufsrechts und zur Änd. weiterer Vorschriften	25.6.2021	BGBl. I S. 2154, ber. 2022 S. 666	§ 797	neu gef. mWv 1.8.2021

[1] **Amtl. Anm.:** Dieses Gesetz dient der weiteren Umsetzung der Richtlinie (EU) 2019/1023 des Europäischen Parlaments und des Rates vom 20. Juni 2019 über präventive Restrukturierungsrahmen, über Entschuldung und über Tätigkeitsverbote sowie über Maßnahmen zur Steigerung der Effizienz von Restrukturierungs-, Insolvenz- und Entschuldungsverfahren und zur Änderung der Richtlinie (EU) 2017/1132 (Richtlinie über Restrukturierung und Insolvenz) (ABl. L 172 vom 26.6.2019, S. 18).

Lfd. Nr.	Änderndes Gesetz	Datum	Fundstelle	Betroffen	Hinweis
69.	Art. 13 G zur Neuregelung des Berufsrechts der anwaltlichen und steuerberatenden Berufsausübungsgesellschaften sowie zur Änd. weiterer Vorschriften im Bereich der rechtsberatenden Berufe	7.7.2021	BGBl. I S. 2363	§ 130a	geänd. mWv 1.8.2022
70.	Art. 3 G zur Durchführung der VO (EU) 2019/1111 sowie zur Änd. sonstiger Vorschriften	10.8.2021	BGBl. I S. 3424	§§ 1080, 1111	geänd. mWv 18.8.2021
71.	Art. 34 PersonengesellschaftsrechtsmodernisierungsG (MoPeG)	10.8.2021	BGBl. I S. 3436	Inhaltsübersicht, § 50	geänd. mWv 1.1.2024
				§§ 736, 859	neu gef. mWv 1.1.2024
				§ 735	aufgeh. mit Ablauf des 31.12. 2023
72.	Art. 1–3 G zum Ausbau des elektronischen Rechtsverkehrs mit den Gerichten und zur Änd. weiterer Vorschriften[1]	5.10.2021	BGBl. I S. 4607	Inhaltsübersicht, §§ 91, 130a, 168, 174, 183, 186, 193, 195, 278, 317, 699, 702, 724, 753, 829, 840	geänd. mWv 1.1.2022
				§§ 175, 176, 192	neu gef. mWv 1.1.2022
				§§ 173, 193a	eingef. mWv 1.1.2022
				Bish. § 174	aufgeh. mit Ablauf des 31.12. 2021
				§ 173	geänd. mWv 1.1.2023
				§ 173	geänd. mWv 1.1.2024
73.	Art. 1 G zur Durchführung der EU-Verordnungen über grenzüberschreitende Zustellungen und grenzüberschreitende Beweisaufnahmen in Zivil- oder Handelssachen sowie zur Änd. sonstiger Vorschriften	24.6.2022	BGBl. I S. 959	Inhaltsübersicht, §§ 183, 829, 845, Buch 11 Abschnitt 1 Überschrift, §§ 1067, 1069, 1071, Buch 11 Abschnitt 2 Überschrift, §§ 1072, 1073, 1074, 1075, 1089	geänd. mWv 1.7.2022
				§§ 363, 1068	neu gef. mWv 1.7.2022
				§ 1070	eingef. mWv 1.7.2022

[1] **Amtl. Anm.:** Notifiziert gemäß der Richtlinie (EU) 2015/1535 des Europäischen Parlaments und des Rates vom 9. September 2015 über ein Informationsverfahren auf dem Gebiet der technischen Vorschriften und der Vorschriften für die Dienste der Informationsgesellschaft (ABl. L 241 vom 17.9.2015, S. 1).

Vorbemerkung:
Die Änderungen durch G v. 4.5.2021 (BGBl. I S. 882) treten erst mWv 1.1. 2023 in Kraft und sind im Text noch nicht berücksichtigt.
Die Änderungen durch G v. 10.8.2021 (BGBl. I S. 3436) treten erst mWv 1.1.2024 in Kraft und sind im Text noch nicht berücksichtigt.

Nichtamtliche Inhaltsübersicht[1]

[1] Von der Darstellung der einzelnen Paragraphen wurde abgesehen.

dies gilt nicht, wenn der Streitwert der Hauptsache den in § 511 genannten Betrag nicht übersteigt, es sei denn, das Gericht hat ausschließlich die persönlichen oder wirtschaftlichen Voraussetzungen für die Prozesskostenhilfe verneint. [3]Die Notfrist beträgt einen Monat.

(3) [1] Gegen die Bewilligung der Prozesskostenhilfe findet die sofortige Beschwerde der Staatskasse statt, wenn weder Monatsraten noch aus dem Vermögen zu zahlende Beträge festgesetzt worden sind. [2] Die Beschwerde kann nur darauf gestützt werden, dass die Partei gemäß § 115 Absatz 1 bis 3 nach ihren persönlichen und wirtschaftlichen Verhältnissen Zahlungen zu leisten oder gemäß § 116 Satz 3 Beträge zu zahlen hat. [3] Die Notfrist beträgt einen Monat und beginnt mit der Bekanntgabe des Beschlusses. [4] Nach Ablauf von drei Monaten seit der Verkündung der Entscheidung ist die Beschwerde unstatthaft. [5] Wird die Entscheidung nicht verkündet, so tritt an die Stelle der Verkündung der Zeitpunkt, in dem die unterschriebene Entscheidung der Geschäftsstelle übermittelt wird. [6] Die Entscheidung wird der Staatskasse nicht von Amts wegen mitgeteilt.

(4) Die Kosten des Beschwerdeverfahrens werden nicht erstattet.

§ 127a[1)] *(aufgehoben)*

Abschnitt 3. Verfahren[2)]

Titel 1. Mündliche Verhandlung

§ 128[3)] **Grundsatz der Mündlichkeit; schriftliches Verfahren.** (1) Die Parteien verhandeln über den Rechtsstreit vor dem erkennenden Gericht mündlich.

(2) [1] Mit Zustimmung der Parteien, die nur bei einer wesentlichen Änderung der Prozesslage widerruflich ist, kann das Gericht eine Entscheidung ohne mündliche Verhandlung treffen. [2] Es bestimmt alsbald den Zeitpunkt, bis zu dem Schriftsätze eingereicht werden können, und den Termin zur Verkündung der Entscheidung. [3] Eine Entscheidung ohne mündliche Verhandlung ist unzulässig, wenn seit der Zustimmung der Parteien mehr als drei Monate verstrichen sind.

(3) Ist nur noch über die Kosten oder Nebenforderungen zu entscheiden, kann die Entscheidung ohne mündliche Verhandlung ergehen.

(4) Entscheidungen des Gerichts, die nicht Urteile sind, können ohne mündliche Verhandlung ergehen, soweit nichts anderes bestimmt ist.

§ 128a[4)] **Verhandlung im Wege der Bild- und Tonübertragung.** (1) [1] Das Gericht kann den Parteien, ihren Bevollmächtigten und Beiständen auf Antrag oder von Amts wegen gestatten, sich während einer mündlichen Verhandlung an einem anderen Ort aufzuhalten und dort Verfahrenshandlungen vorzunehmen. [2] Die Verhandlung wird zeitgleich in Bild und Ton an diesen Ort und in das Sitzungszimmer übertragen.

(2) [1] Das Gericht kann auf Antrag gestatten, dass sich ein Zeuge, ein Sachverständiger oder eine Partei während einer Vernehmung an einem anderen Ort aufhält. [2] Die Vernehmung wird zeitgleich in Bild und Ton an diesen Ort und in das Sitzungszimmer übertragen. [3] Ist Parteien, Bevollmächtigten und Beiständen nach

---

[1)] § 127a aufgeh. mWv 1.9.2009 durch G v. 17.12.2008 (BGBl. I S. 2586).
[2)] Vgl. §§ 169–197 GVG (Nr. **95**).
[3)] § 128 Abs. 3 geänd. mWv 1.1.2020 durch G v. 12.12.2019 (BGBl. I S. 2633).
[4)] § 128a neu gef. mWv 1.11.2013 durch G v. 25.4.2013 (BGBl. I S. 935).

Absatz 1 Satz 1 gestattet worden, sich an einem anderen Ort aufzuhalten, so wird die Vernehmung auch an diesen Ort übertragen.

(3) [1]Die Übertragung wird nicht aufgezeichnet. [2]Entscheidungen nach Absatz 1 Satz 1 und Absatz 2 Satz 1 sind unanfechtbar.

§ 129 Vorbereitende Schriftsätze. (1) In Anwaltsprozessen wird die mündliche Verhandlung durch Schriftsätze vorbereitet.

(2) In anderen Prozessen kann den Parteien durch richterliche Anordnung aufgegeben werden, die mündliche Verhandlung durch Schriftsätze oder zu Protokoll der Geschäftsstelle abzugebende Erklärungen vorzubereiten.

§ 129a Anträge und Erklärungen zu Protokoll. (1) Anträge und Erklärungen, deren Abgabe vor dem Urkundsbeamten der Geschäftsstelle zulässig ist, können vor der Geschäftsstelle eines jeden Amtsgerichts zu Protokoll abgegeben werden.

(2) [1]Die Geschäftsstelle hat das Protokoll unverzüglich an das Gericht zu übermitteln, an das der Antrag oder die Erklärung gerichtet ist. [2]Die Wirkung einer Prozesshandlung tritt frühestens ein, wenn das Protokoll dort eingeht. [3]Die Übermittlung des Protokolls kann demjenigen, der den Antrag oder die Erklärung zu Protokoll abgegeben hat, mit seiner Zustimmung überlassen werden.

§ 130[1)] Inhalt der Schriftsätze. Die vorbereitenden Schriftsätze sollen enthalten:

1. die Bezeichnung der Parteien und ihrer gesetzlichen Vertreter nach Namen, Stand oder Gewerbe, Wohnort und Parteistellung; die Bezeichnung des Gerichts und des Streitgegenstandes; die Zahl der Anlagen;

1a. die für eine Übermittlung elektronischer Dokumente erforderlichen Angaben, sofern eine solche möglich ist;

2. die Anträge, welche die Partei in der Gerichtssitzung zu stellen beabsichtigt;
3. die Angabe der zur Begründung der Anträge dienenden tatsächlichen Verhältnisse;
4. die Erklärung über die tatsächlichen Behauptungen des Gegners;
5. die Bezeichnung der Beweismittel, deren sich die Partei zum Nachweis oder zur Widerlegung tatsächlicher Behauptungen bedienen will, sowie die Erklärung über die von dem Gegner bezeichneten Beweismittel;
6. die Unterschrift der Person, die den Schriftsatz verantwortet, bei Übermittlung durch einen Telefaxdienst (Telekopie) die Wiedergabe der Unterschrift in der Kopie.

§ 130a[2)] Elektronisches Dokument; Verordnungsermächtigung.

(1) Vorbereitende Schriftsätze und deren Anlagen, schriftlich einzureichende Anträge und Erklärungen der Parteien sowie schriftlich einzureichende Auskünfte, Aussagen, Gutachten, Übersetzungen und Erklärungen Dritter können nach Maßgabe der folgenden Absätze als elektronische Dokumente bei Gericht eingereicht werden.

[1)] § 130 Nr. 1a eingef. mWv 18.5.2017 durch G v. 12.5.2017 (BGBl. I S. 1121).

[2)] § 130a neu gef. mWv 1.1.2018 durch G v. 10.10.2013 (BGBl. I S. 3786); Abs. 1 geänd., Abs. 3 Satz 2 angef. mWv 1.1.2020 durch G v. 12.12.2019 (BGBl. I S. 2633); Abs. 4 Nr. 2 neu gef. mWv 1.8.2022 durch G v. 7.7.2021 (BGBl. I S. 2363); Überschrift geänd., Abs. 2 Satz 2 neu gef., Abs. 4 Satz 1 Nr. 3 geänd., Nr. 4 und 5 eingef., bish. Nr. 4 wird Nr. 6, Satz 2 angef., Abs. 6 Satz 1 geänd. mWv 1.1.2022 durch G v. 5.10.2021 (BGBl. I S. 4607).

(2) [1]Das elektronische Dokument muss für die Bearbeitung durch das Gericht geeignet sein. [2]Die Bundesregierung bestimmt durch Rechtsverordnung mit Zustimmung des Bundesrates technische Rahmenbedingungen für die Übermittlung und die Eignung zur Bearbeitung durch das Gericht.

(3) [1]Das elektronische Dokument muss mit einer qualifizierten elektronischen Signatur der verantwortenden Person versehen sein oder von der verantwortenden Person signiert und auf einem sicheren Übermittlungsweg eingereicht werden. [2]Satz 1 gilt nicht für Anlagen, die vorbereitenden Schriftsätzen beigefügt sind.

(4) [1]Sichere Übermittlungswege sind

1. der Postfach- und Versanddienst eines De-Mail-Kontos, wenn der Absender bei Versand der Nachricht sicher im Sinne des § 4 Absatz 1 Satz 2 des De-Mail-Gesetzes angemeldet ist und er sich die sichere Anmeldung gemäß § 5 Absatz 5 des De-Mail-Gesetzes bestätigen lässt,
2. der Übermittlungsweg zwischen den besonderen elektronischen Anwaltspostfächern nach den §§ 31a und 31b der Bundesrechtsanwaltsordnung[1)] oder einem entsprechenden, auf gesetzlicher Grundlage errichteten elektronischen Postfach und der elektronischen Poststelle des Gerichts,
3. der Übermittlungsweg zwischen einem nach Durchführung eines Identifizierungsverfahrens eingerichteten Postfach einer Behörde oder einer juristischen Person des öffentlichen Rechts und der elektronischen Poststelle des Gerichts,
4. der Übermittlungsweg zwischen einem nach Durchführung eines Identifizierungsverfahrens eingerichteten elektronischen Postfach einer natürlichen oder juristischen Person oder einer sonstigen Vereinigung und der elektronischen Poststelle des Gerichts,
5. der Übermittlungsweg zwischen einem nach Durchführung eines Identifizierungsverfahrens genutzten Postfach- und Versanddienst eines Nutzerkontos im Sinne des § 2 Absatz 5 des Onlinezugangsgesetzes und der elektronischen Poststelle des Gerichts,
6. sonstige bundeseinheitliche Übermittlungswege, die durch Rechtsverordnung der Bundesregierung mit Zustimmung des Bundesrates festgelegt werden, bei denen die Authentizität und Integrität der Daten sowie die Barrierefreiheit gewährleistet sind.

[2]Das Nähere zu den Übermittlungswegen gemäß Satz 1 Nummer 3 bis 5 regelt die Rechtsverordnung nach Absatz 2 Satz 2.

(5) [1]Ein elektronisches Dokument ist eingegangen, sobald es auf der für den Empfang bestimmten Einrichtung des Gerichts gespeichert ist. [2]Dem Absender ist eine automatisierte Bestätigung über den Zeitpunkt des Eingangs zu erteilen.

(6) [1]Ist ein elektronisches Dokument für das Gericht zur Bearbeitung nicht geeignet, ist dies dem Absender unter Hinweis auf die Unwirksamkeit des Eingangs unverzüglich mitzuteilen. [2]Das Dokument gilt als zum Zeitpunkt der früheren Einreichung eingegangen, sofern der Absender es unverzüglich in einer für das Gericht zur Bearbeitung geeigneten Form nachreicht und glaubhaft macht, dass es mit dem zuerst eingereichten Dokument inhaltlich übereinstimmt.

§ 130b[2)] Gerichtliches elektronisches Dokument. [1]Soweit dieses Gesetz dem Richter, dem Rechtspfleger, dem Urkundsbeamten der Geschäftsstelle oder dem

---

[1)] **Habersack, Deutsche Gesetze ErgBd. Nr. 98.**

[2)] § 130b Satz 2 angef. mWv 1.1.2018 durch G v. 5.7.2017 (BGBl. I S. 2208).

Gerichtsvollzieher die handschriftliche Unterzeichnung vorschreibt, genügt dieser Form die Aufzeichnung als elektronisches Dokument, wenn die verantwortenden Personen am Ende des Dokuments ihren Namen hinzufügen und das Dokument mit einer qualifizierten elektronischen Signatur versehen. [2]Der in Satz 1 genannten Form genügt auch ein elektronisches Dokument, in welches das handschriftlich unterzeichnete Schriftstück gemäß § 298a Absatz 2 übertragen worden ist.

§ 130c[1)] Formulare; Verordnungsermächtigung. [1]Das Bundesministerium der Justiz und für Verbraucherschutz kann durch Rechtsverordnung mit Zustimmung des Bundesrates elektronische Formulare einführen. [2]Die Rechtsverordnung kann bestimmen, dass die in den Formularen enthaltenen Angaben ganz oder teilweise in strukturierter maschinenlesbarer Form zu übermitteln sind. [3]Die Formulare sind auf einer in der Rechtsverordnung zu bestimmenden Kommunikationsplattform im Internet zur Nutzung bereitzustellen. [4]Die Rechtsverordnung kann bestimmen, dass eine Identifikation des Formularverwenders abweichend von § 130a Absatz 3 auch durch Nutzung des elektronischen Identitätsnachweises nach § 18 des Personalausweisgesetzes[2)], § 12 des eID-Karte-Gesetzes oder § 78 Absatz 5 des Aufenthaltsgesetzes[3)] erfolgen kann.

§ 130d[4)] Nutzungspflicht für Rechtsanwälte und Behörden. [1]Vorbereitende Schriftsätze und deren Anlagen sowie schriftlich einzureichende Anträge und Erklärungen, die durch einen Rechtsanwalt, durch eine Behörde oder durch eine juristische Person des öffentlichen Rechts einschließlich der von ihr zur Erfüllung ihrer öffentlichen Aufgaben gebildeten Zusammenschlüsse eingereicht werden, sind als elektronisches Dokument zu übermitteln. [2]Ist dies aus technischen Gründen vorübergehend nicht möglich, bleibt die Übermittlung nach den allgemeinen Vorschriften zulässig. [3]Die vorübergehende Unmöglichkeit ist bei der Ersatzeinreichung oder unverzüglich danach glaubhaft zu machen; auf Anforderung ist ein elektronisches Dokument nachzureichen.

§ 131[5)] Beifügung von Urkunden. (1) Dem vorbereitenden Schriftsatz sind die in den Händen der Partei befindlichen Urkunden, auf die in dem Schriftsatz Bezug genommen wird, in Abschrift beizufügen.

(2) Kommen nur einzelne Teile einer Urkunde in Betracht, so genügt die Beifügung eines Auszugs, der den Eingang, die zur Sache gehörende Stelle, den Schluss, das Datum und die Unterschrift enthält.

(3) Sind die Urkunden dem Gegner bereits bekannt oder von bedeutendem Umfang, so genügt ihre genaue Bezeichnung mit dem Erbieten, Einsicht zu gewähren.

§ 132 Fristen für Schriftsätze. (1) [1]Der vorbereitende Schriftsatz, der neue Tatsachen oder ein anderes neues Vorbringen enthält, ist so rechtzeitig einzureichen, dass er mindestens eine Woche vor der mündlichen Verhandlung zugestellt

---

1) § 130c eingef. mWv 1.7.2014 durch G v. 10.10.2013 (BGBl. I S. 3786); Satz 1 geänd. mWv 8.9.2015 durch VO v. 31.8.2015 (BGBl. I S. 1474); Satz 4 geänd. mWv 1.11.2019 durch G v. 21.6.2019 (BGBl. I S. 846).

2) **Sartorius Nr. 255.**

3) **Sartorius Nr. 565.**

4) § 130d eingef. mWv 1.1.2022 durch G v. 10.10.2013 (BGBl. I S. 3786).

5) § 131 Abs. 1 geänd. mWv 1.7.2014 durch G v. 10.10.2013 (BGBl. I S. 3786).

(2) [1]Das niedergelegte Schriftstück ist drei Monate zur Abholung bereitzuhalten. [2]Nicht abgeholte Schriftstücke sind danach an den Absender zurückzusenden.

§ 182[1)] Zustellungsurkunde. (1) [1]Zum Nachweis der Zustellung nach den §§ 171, 177 bis 181 ist eine Urkunde auf dem hierfür vorgesehenen Formular anzufertigen. [2]Für diese Zustellungsurkunde gilt § 418.

(2) Die Zustellungsurkunde muss enthalten:

1. die Bezeichnung der Person, der zugestellt werden soll,
2. die Bezeichnung der Person, an die der Brief oder das Schriftstück übergeben wurde,
3. im Falle des § 171 die Angabe, dass die Vollmachtsurkunde vorgelegen hat,
4. im Falle der §§ 178, 180 die Angabe des Grundes, der diese Zustellung rechtfertigt und wenn nach § 181 verfahren wurde, die Bemerkung, wie die schriftliche Mitteilung abgegeben wurde,
5. im Falle des § 179 die Erwähnung, wer die Annahme verweigert hat und dass der Brief am Ort der Zustellung zurückgelassen oder an den Absender zurückgesandt wurde,
6. die Bemerkung, dass der Tag der Zustellung auf dem Umschlag, der das zuzustellende Schriftstück enthält, vermerkt ist,
7. den Ort, das Datum und auf Anordnung der Geschäftsstelle auch die Uhrzeit der Zustellung,
8. Name, Vorname und Unterschrift des Zustellers sowie die Angabe des beauftragten Unternehmens oder der ersuchten Behörde.

(3) Die Zustellungsurkunde ist der Geschäftsstelle in Urschrift oder als elektronisches Dokument unverzüglich zurückzuleiten.

§ 183[2)] Zustellung im Ausland. (1) [1]Für die Durchführung

1. der Verordnung (EU) 2020/1784 des Europäischen Parlaments und des Rates vom 25. November 2020 über die Zustellung gerichtlicher und außergerichtlicher Schriftstücke in Zivil- oder Handelssachen in den Mitgliedstaaten (Zustellung von Schriftstücken) (ABl. L 405 vom 2.12.2020, S. 40) in ihrer jeweils geltenden Fassung sowie
2. des Abkommens zwischen der Europäischen Gemeinschaft und dem Königreich Dänemark vom 19. Oktober 2005 über die Zustellung gerichtlicher und außergerichtlicher Schriftstücke in Zivil- oder Handelssachen (ABl. L 300 vom 17.11.2005, S. 55; L 120 vom 5.5.2006, S. 23), das durch die Mitteilung Dänemarks vom 22. Dezember 2020 (ABl. L 19 vom 21.1.2021, S. 1) geändert worden ist,

gelten § 1067 Absatz 1, § 1069 Absatz 1 sowie die §§ 1070 und 1071. [2]Soweit nicht für die Zustellung im Ausland die vorgenannten Regelungen maßgeblich sind, gelten für die Zustellung im Ausland die Absätze 2 bis 6.

---

1) § 182 Abs. 3 neu gef. mWv 1.7.2014 durch G v. 10.10.2013 (BGBl. I S. 3786).

2) § 183 neu gef. mWv 13.11.2008 durch G v. 30.10.2008 (BGBl. I S. 2122); Abs. 5 Satz 1 geänd. mWv 10.1.2015 durch G v. 8.7.2014 (BGBl. I S. 890); Abs. 1 eingef., bish. Abs. 1 wird Abs. 2, bish. Abs. 2 wird Abs. 3 und Satz 1 geänd., bish. Abs. 3 und 4 werden Abs. 4 und 5 und neu gef., bish. Abs. 5 aufgeh. mWv 17.6.2017 durch G v. 11.6.2017 (BGBl. I S. 1607); Abs. 2 Satz 2 neu gef., Abs. 5 Satz 1 geänd. mWv 1.1.2022 durch G v. 5.10.2021 (BGBl. I S. 4607); Abs. 1 neu gef., Abs. 2 Sätze 1 und 2 geänd., Satz 3 angef., Abs. 3 und 4, Abs. 5 Satz 2 neu gef., Abs. 6 angef. mWv 1.7.2022 durch G v. 24.6.2022 (BGBl. I S. 959).

(2) [1] Eine Zustellung im Ausland ist nach den völkerrechtlichen Vereinbarungen vorzunehmen, die im Verhältnis zu dem jeweiligen Staat gelten. [2] Wenn Schriftstücke aufgrund solcher Vereinbarungen unmittelbar durch die Post zugestellt werden dürfen, dann soll dies durch Einschreiben mit Rückschein oder mittels eines gleichwertigen Nachweises bewirkt werden, anderenfalls soll die Zustellung auf Ersuchen des Vorsitzenden des Prozessgerichts unmittelbar durch die Behörden des ausländischen Staates erfolgen. [3] Eine Zustellung durch die zuständige deutsche Auslandsvertretung soll nur in den Fällen des Absatzes 4 erfolgen.

(3) Bestehen keine völkerrechtlichen Vereinbarungen zur Zustellung, so erfolgt die Zustellung vorbehaltlich des Absatzes 4 auf Ersuchen des Vorsitzenden des Prozessgerichts durch die Behörden des ausländischen Staates.

(4) Folgende Zustellungen in den Fällen der Absätze 2 und 3 erfolgen auf Ersuchen des Vorsitzenden des Prozessgerichts durch die zuständige deutsche Auslandsvertretung:

1. Zustellungen, deren Erledigung durch die Behörden des ausländischen Staates nicht oder nicht innerhalb einer angemessenen Zeit zu erwarten ist oder für die ein sonstiger begründeter Ausnahmefall vorliegt,
2. Zustellungen an ausländische Staaten sowie
3. Zustellungen an entsandte Beschäftigte einer deutschen Auslandsvertretung und die in ihrer Privatwohnung lebenden Personen.

(5) [1] Zum Nachweis der Zustellung nach Absatz 2 Satz 2 erster Halbsatz genügt der Rückschein oder ein gleichwertiger Nachweis. [2] Im Übrigen wird die Zustellung durch das Zeugnis der ersuchten Behörde nachgewiesen.

(6) [1] Soweit völkerrechtliche Vereinbarungen eine Zustellung außergerichtlicher Schriftstücke ermöglichen, ist für die Übermittlung solcher Schriftstücke in das Ausland das Amtsgericht zuständig, in dessen Bezirk die Person, die die Zustellung betreibt, ihren Wohnsitz oder gewöhnlichen Aufenthalt hat. [2] Bei notariellen Urkunden ist auch das Amtsgericht zuständig, in dessen Bezirk der beurkundende Notar seinen Amtssitz hat. [3] Bei juristischen Personen tritt an die Stelle des Wohnsitzes oder des gewöhnlichen Aufenthalts der Sitz der juristischen Person.

§ 184[1] Zustellungsbevollmächtigter; Zustellung durch Aufgabe zur Post. (1) [1] Das Gericht kann bei der Zustellung nach § 183 Absatz 2 bis 5 anordnen, dass die Partei innerhalb einer angemessenen Frist einen Zustellungsbevollmächtigten benennt, der im Inland wohnt oder dort einen Geschäftsraum hat, falls sie nicht einen Prozessbevollmächtigten bestellt hat. [2] Wird kein Zustellungsbevollmächtigter benannt, so können spätere Zustellungen bis zur nachträglichen Benennung dadurch bewirkt werden, dass das Schriftstück unter der Anschrift der Partei zur Post gegeben wird.

(2) [1] Das Schriftstück gilt zwei Wochen nach Aufgabe zur Post als zugestellt. [2] Das Gericht kann eine längere Frist bestimmen. [3] In der Anordnung nach Absatz 1 ist auf diese Rechtsfolgen hinzuweisen. [4] Zum Nachweis der Zustellung ist in den Akten zu vermerken, zu welcher Zeit und unter welcher Anschrift das Schriftstück zur Post gegeben wurde.

---

[1] § 184 Abs. 1 neu gef. mWv 13.11.2008 durch G v. 30.10.2008 (BGBl. I S. 2122); Abs. 1 Satz 1 geänd. mWv 17.6.2017 durch G v. 11.6.2017 (BGBl. I S. 1607).

§ 185[1] Öffentliche Zustellung. Die Zustellung kann durch öffentliche Bekanntmachung (öffentliche Zustellung) erfolgen, wenn

1. der Aufenthaltsort einer Person unbekannt und eine Zustellung an einen Vertreter oder Zustellungsbevollmächtigten nicht möglich ist,
2. bei juristischen Personen, die zur Anmeldung einer inländischen Geschäftsanschrift zum Handelsregister verpflichtet sind, eine Zustellung weder unter der eingetragenen Anschrift noch unter einer im Handelsregister eingetragenen Anschrift einer für Zustellungen empfangsberechtigten Person oder einer ohne Ermittlungen bekannten anderen inländischen Anschrift möglich ist,
3. eine Zustellung im Ausland nicht möglich ist oder keinen Erfolg verspricht oder

(Fortsetzung nächstes Blatt)

[1] § 185 Nr. 2 eingef., bish. Nr. 2 und 3 werden Nr. 3 und 4 mWv 1.11.2008 durch G v. 23.10.2008 (BGBl. I S. 2026).

ergeht, wenn der Testamentsvollstrecker zur Führung des Rechtsstreits berechtigt ist.

§ 328[1) 2)] Anerkennung ausländischer Urteile. (1) Die Anerkennung des Urteils eines ausländischen Gerichts ist ausgeschlossen:

1. wenn die Gerichte des Staates, dem das ausländische Gericht angehört, nach den deutschen Gesetzen nicht zuständig sind;
2. wenn dem Beklagten, der sich auf das Verfahren nicht eingelassen hat und sich hierauf beruft, das verfahrenseinleitende Dokument nicht ordnungsmäßig oder nicht so rechtzeitig zugestellt worden ist, dass er sich verteidigen konnte;
3. wenn das Urteil mit einem hier erlassenen oder einem anzuerkennenden früheren ausländischen Urteil oder wenn das ihm zugrunde liegende Verfahren mit einem früher hier rechtshängig gewordenen Verfahren unvereinbar ist;
4. wenn die Anerkennung des Urteils zu einem Ergebnis führt, das mit wesentlichen Grundsätzen des deutschen Rechts offensichtlich unvereinbar ist, insbesondere wenn die Anerkennung mit den Grundrechten unvereinbar ist;
5. wenn die Gegenseitigkeit nicht verbürgt ist.

(2) Die Vorschrift der Nummer 5 steht der Anerkennung des Urteils nicht entgegen, wenn das Urteil einen nichtvermögensrechtlichen Anspruch betrifft und nach den deutschen Gesetzen ein Gerichtsstand im Inland nicht begründet war.

§ 329[3)] Beschlüsse und Verfügungen. (1) [1]Die auf Grund einer mündlichen Verhandlung ergehenden Beschlüsse des Gerichts müssen verkündet werden. [2]Die Vorschriften der §§ 309, 310 Abs. 1 und des § 311 Abs. 4 sind auf Beschlüsse des Gerichts, die Vorschriften des § 312 und des § 317 Abs. 2 Satz 1, 2, Absatz 3 und 4 auf Beschlüsse des Gerichts und auf Verfügungen des Vorsitzenden sowie eines beauftragten oder ersuchten Richters entsprechend anzuwenden.

(2) [1]Nicht verkündete Beschlüsse des Gerichts und nicht verkündete Verfügungen des Vorsitzenden oder eines beauftragten oder ersuchten Richters sind den Parteien formlos mitzuteilen. [2]Enthält die Entscheidung eine Terminsbestimmung oder setzt sie eine Frist in Lauf, so ist sie zuzustellen.

(3) Entscheidungen, die einen Vollstreckungstitel bilden oder die der sofortigen Beschwerde oder der Erinnerung nach § 573 Abs. 1 unterliegen, sind zuzustellen.

Titel 3. Versäumnisurteil

§ 330 Versäumnisurteil gegen den Kläger. Erscheint der Kläger im Termin zur mündlichen Verhandlung nicht, so ist auf Antrag das Versäumnisurteil dahin zu erlassen, dass der Kläger mit der Klage abzuweisen sei.

[1)] § 328 Abs. 2 geänd. mWv 1.9.2009 durch G v. 17.12.2008 (BGBl. I S. 2586).

[2)] Die Anerkennung ausländischer Entscheidungen in Ehesachen ist in Art. 30 Brüssel IIb-VO / VO (EU) 2019/1111 **(Habersack, Deutsche Gesetze ErgBd. Nr. 103b/1)** bzw. in § 107 FamFG (Nr. **112**) geregelt.

Vgl. auch: G zu dem Übereinkommen vom 15. April 1958 über die Anerkennung und Vollstreckung von Entscheidungen auf dem Gebiet der Unterhaltspflicht gegenüber Kindern v. 18.7.1961 (BGBl. II S. 1005); AusführungsG zum Unterhaltsvollstreckungsübereinkommen v. 18.7.1961 (BGBl. I S. 1033), zuletzt geänd. durch G v. 27.7.2001 (BGBl. I S. 1887); G zu den Haager Übereinkommen vom 2. Oktober 1973 über die Anerkennung und Vollstreckung von Unterhaltsentscheidungen sowie über das auf Unterhaltspflichten anzuwendende Recht v. 25.7.1986 (BGBl. II S. 825) und das Unterhaltsvollstreckungs-Übereinkommens-AusführungsG v. 25.7.1986 (BGBl. I S. 1156).

[3)] § 329 Abs. 1 Satz 2 geänd. mWv 1.7.2014 durch G v. 10.10.2013 (BGBl. I S. 3786).

§ 331 Versäumnisurteil gegen den Beklagten. (1) [1]Beantragt der Kläger gegen den im Termin zur mündlichen Verhandlung nicht erschienenen Beklagten das Versäumnisurteil, so ist das tatsächliche mündliche Vorbringen des Klägers als zugestanden anzunehmen. [2]Dies gilt nicht für Vorbringen zur Zuständigkeit des Gerichts nach § 29 Abs. 2, § 38.

(2) Soweit es den Klageantrag rechtfertigt, ist nach dem Antrag zu erkennen; soweit dies nicht der Fall, ist die Klage abzuweisen.

(3) [1]Hat der Beklagte entgegen § 276 Abs. 1 Satz 1, Abs. 2 nicht rechtzeitig angezeigt, dass er sich gegen die Klage verteidigen wolle, so trifft auf Antrag des Klägers das Gericht die Entscheidung ohne mündliche Verhandlung; dies gilt nicht, wenn die Erklärung des Beklagten noch eingeht, bevor das von den Richtern unterschriebene Urteil der Geschäftsstelle übermittelt ist. [2]Der Antrag kann schon in der Klageschrift gestellt werden. [3]Eine Entscheidung ohne mündliche Verhandlung ist auch insoweit zulässig, als das Vorbringen des Klägers den Klageantrag in einer Nebenforderung nicht rechtfertigt, sofern der Kläger vor der Entscheidung auf diese Möglichkeit hingewiesen worden ist.

§ 331a Entscheidung nach Aktenlage. [1]Beim Ausbleiben einer Partei im Termin zur mündlichen Verhandlung kann der Gegner statt eines Versäumnisurteils eine Entscheidung nach Lage der Akten beantragen; dem Antrag ist zu entsprechen, wenn der Sachverhalt für eine derartige Entscheidung hinreichend geklärt erscheint. [2]§ 251a Abs. 2 gilt entsprechend.

§ 332 Begriff des Verhandlungstermins. Als Verhandlungstermine im Sinne der vorstehenden Paragraphen sind auch diejenigen Termine anzusehen, auf welche die mündliche Verhandlung vertagt ist oder die zu ihrer Fortsetzung vor oder nach dem Erlass eines Beweisbeschlusses bestimmt sind.

§ 333 Nichtverhandeln der erschienenen Partei. Als nicht erschienen ist auch die Partei anzusehen, die in dem Termin zwar erscheint, aber nicht verhandelt.

§ 334 Unvollständiges Verhandeln. Wenn eine Partei in dem Termin verhandelt, sich jedoch über Tatsachen, Urkunden oder Anträge auf Parteivernehmung nicht erklärt, so sind die Vorschriften dieses Titels nicht anzuwenden.

§ 335[1] Unzulässigkeit einer Versäumnisentscheidung. (1) Der Antrag auf Erlass eines Versäumnisurteils oder einer Entscheidung nach Lage der Akten ist zurückzuweisen:

1. wenn die erschienene Partei die vom Gericht wegen eines von Amts wegen zu berücksichtigenden Umstandes erforderte Nachweisung nicht zu beschaffen vermag;
2. wenn die nicht erschienene Partei nicht ordnungsmäßig, insbesondere nicht rechtzeitig geladen war;
3. wenn der nicht erschienenen Partei ein tatsächliches mündliches Vorbringen oder ein Antrag nicht rechtzeitig mittels Schriftsatzes mitgeteilt war;
4. wenn im Falle des § 331 Abs. 3 dem Beklagten die Frist des § 276 Abs. 1 Satz 1 nicht mitgeteilt oder er nicht gemäß § 276 Abs. 2 belehrt worden ist;

---

[1] § 335 Abs. 1 Nr. 4 geänd., Nr. 5 angef. mWv 1.7.2008 durch G v. 12.12.2007 (BGBl. I S. 2840).

5. wenn in den Fällen des § 79 Abs. 3 die Zurückweisung des Bevollmächtigten oder die Untersagung der weiteren Vertretung erst in dem Termin erfolgt oder der nicht erschienenen Partei nicht rechtzeitig mitgeteilt worden ist.

(2) Wird die Verhandlung vertagt, so ist die nicht erschienene Partei zu dem neuen Termin zu laden.

§ 336 Rechtsmittel bei Zurückweisung. (1) [1] Gegen den Beschluss, durch den der Antrag auf Erlass des Versäumnisurteils zurückgewiesen wird, findet sofortige Beschwerde statt. [2] Wird der Beschluss aufgehoben, so ist die nicht erschienene Partei zu dem neuen Termin nicht zu laden.

(2) Die Ablehnung eines Antrages auf Entscheidung nach Lage der Akten ist unanfechtbar.

§ 337 Vertagung von Amts wegen. [1] Das Gericht vertagt die Verhandlung über den Antrag auf Erlass des Versäumnisurteils oder einer Entscheidung nach Lage der Akten, wenn es dafür hält, dass die von dem Vorsitzenden bestimmte Einlassungs- oder Ladungsfrist zu kurz bemessen oder dass die Partei ohne ihr Verschulden am Erscheinen verhindert ist. [2] Die nicht erschienene Partei ist zu dem neuen Termin zu laden.

§ 338[1] Einspruch. Der Partei, gegen die ein Versäumnisurteil erlassen ist, steht gegen das Urteil der Einspruch zu.

§ 339[2] Einspruchsfrist. (1) Die Einspruchsfrist beträgt zwei Wochen; sie ist eine Notfrist und beginnt mit der Zustellung des Versäumnisurteils.

(2) [1] Muss die Zustellung im Ausland erfolgen, so beträgt die Einspruchsfrist einen Monat. [2] Das Gericht kann im Versäumnisurteil auch eine längere Frist bestimmen.

(3) Muss die Zustellung durch öffentliche Bekanntmachung erfolgen, so hat das Gericht die Einspruchsfrist im Versäumnisurteil oder nachträglich durch besonderen Beschluss zu bestimmen.

§ 340 Einspruchsschrift. (1) Der Einspruch wird durch Einreichung der Einspruchsschrift bei dem Prozessgericht eingelegt.

(2) [1] Die Einspruchsschrift muss enthalten:

1. die Bezeichnung des Urteils, gegen das der Einspruch gerichtet wird;
2. die Erklärung, dass gegen dieses Urteil Einspruch eingelegt werde.

[2] Soll das Urteil nur zum Teil angefochten werden, so ist der Umfang der Anfechtung zu bezeichnen.

(3) [1] In der Einspruchsschrift hat die Partei ihre Angriffs- und Verteidigungsmittel, soweit es nach der Prozesslage einer sorgfältigen und auf Förderung des Verfahrens bedachten Prozessführung entspricht, sowie Rügen, die die Zulässigkeit der Klage betreffen, vorzubringen. [2] Auf Antrag kann der Vorsitzende für die Begründung die Frist verlängern, wenn nach seiner freien Überzeugung der Rechtsstreit durch die Verlängerung nicht verzögert wird oder wenn die Partei erhebliche Gründe darlegt. [3] § 296 Abs. 1, 3, 4 ist entsprechend anzuwenden.

---

[1] § 338 Satz 2 aufgeh. mWv 1.1.2014 durch G v. 5.12.2012 (BGBl. I S. 2418).
[2] § 339 Abs. 2 neu gef., Abs. 3 angef. mWv 17.6.2017 durch G v. 11.6.2017 (BGBl. I S. 1607).

[4] Auf die Folgen einer Fristversäumung ist bei der Zustellung des Versäumnisurteils hinzuweisen.

§ 340a Zustellung der Einspruchsschrift. [1] Die Einspruchsschrift ist der Gegenpartei zuzustellen. [2] Dabei ist mitzuteilen, wann das Versäumnisurteil zugestellt und Einspruch eingelegt worden ist. [3] Die erforderliche Zahl von Abschriften soll die Partei mit der Einspruchsschrift einreichen. [4] Dies gilt nicht, wenn die Einspruchsschrift als elektronisches Dokument übermittelt wird.

§ 341 Einspruchsprüfung. (1) [1] Das Gericht hat von Amts wegen zu prüfen, ob der Einspruch an sich statthaft und ob er in der gesetzlichen Form und Frist eingelegt ist. [2] Fehlt es an einem dieser Erfordernisse, so ist der Einspruch als unzulässig zu verwerfen.

(2) Das Urteil kann ohne mündliche Verhandlung ergehen.

§ 341a Einspruchstermin. Wird der Einspruch nicht als unzulässig verworfen, so ist der Termin zur mündlichen Verhandlung über den Einspruch und die Hauptsache zu bestimmen und den Parteien bekannt zu machen.

§ 342 Wirkung des zulässigen Einspruchs. Ist der Einspruch zulässig, so wird der Prozess, soweit der Einspruch reicht, in die Lage zurückversetzt, in der er sich vor Eintritt der Versäumnis befand.

§ 343 Entscheidung nach Einspruch. [1] Insoweit die Entscheidung, die auf Grund der neuen Verhandlung zu erlassen ist, mit der in dem Versäumnisurteil enthaltenen Entscheidung übereinstimmt, ist auszusprechen, dass diese Entscheidung aufrechtzuerhalten sei. [2] Insoweit diese Voraussetzung nicht zutrifft, wird das Versäumnisurteil in dem neuen Urteil aufgehoben.

§ 344 Versäumniskosten. Ist das Versäumnisurteil in gesetzlicher Weise ergangen, so sind die durch die Versäumnis veranlassten Kosten, soweit sie nicht durch einen unbegründeten Widerspruch des Gegners entstanden sind, der säumigen Partei auch dann aufzuerlegen, wenn infolge des Einspruchs eine abändernde Entscheidung erlassen wird.

§ 345 Zweites Versäumnisurteil. Einer Partei, die den Einspruch eingelegt hat, aber in der zur mündlichen Verhandlung bestimmten Sitzung oder in derjenigen Sitzung, auf welche die Verhandlung vertagt ist, nicht erscheint oder nicht zur Hauptsache verhandelt, steht gegen das Versäumnisurteil, durch das der Einspruch verworfen wird, ein weiterer Einspruch nicht zu.

§ 346 Verzicht und Zurücknahme des Einspruchs. Für den Verzicht auf den Einspruch und seine Zurücknahme gelten die Vorschriften über den Verzicht auf die Berufung und über ihre Zurücknahme entsprechend.

§ 347 Verfahren bei Widerklage und Zwischenstreit. (1) Die Vorschriften dieses Titels gelten für das Verfahren, das eine Widerklage oder die Bestimmung des Betrages eines dem Grunde nach bereits festgestellten Anspruchs zum Gegenstand hat, entsprechend.

(2) [1] War ein Termin lediglich zur Verhandlung über einen Zwischenstreit bestimmt, so beschränkt sich das Versäumnisverfahren und das Versäumnisurteil auf die Erledigung dieses Zwischenstreits. [2] Die Vorschriften dieses Titels gelten entsprechend.

Titel 4. Verfahren vor dem Einzelrichter

§ 348[1)] Originärer Einzelrichter. (1) [1] Die Zivilkammer entscheidet durch eines ihrer Mitglieder als Einzelrichter. [2] Dies gilt nicht, wenn

1. das Mitglied Richter auf Probe ist und noch nicht über einen Zeitraum von einem Jahr geschäftsverteilungsplanmäßig Rechtsprechungsaufgaben in bürgerlichen Rechtsstreitigkeiten wahrzunehmen hatte oder
2. die Zuständigkeit der Kammer nach § 72a Absatz 1 und 2 des Gerichtsverfassungsgesetzes[2)] oder nach dem Geschäftsverteilungsplan des Gerichts wegen der Zuordnung des Rechtsstreits zu den nachfolgenden Sachgebieten begründet ist:
   a) Streitigkeiten über Ansprüche aus Veröffentlichungen durch Druckerzeugnisse, Bild- und Tonträger jeder Art, insbesondere in Presse, Rundfunk, Film und Fernsehen;
   b) Streitigkeiten aus Bank- und Finanzgeschäften;
   c) Streitigkeiten aus Bau- und Architektenverträgen sowie aus Ingenieurverträgen, soweit sie im Zusammenhang mit Bauleistungen stehen;
   d) Streitigkeiten aus der Berufstätigkeit der Rechtsanwälte, Patentanwälte, Notare, Steuerberater, Steuerbevollmächtigten, Wirtschaftsprüfer und vereidigten Buchprüfer;
   e) Streitigkeiten über Ansprüche aus Heilbehandlungen;
   f) Streitigkeiten aus Handelssachen im Sinne des § 95 des Gerichtsverfassungsgesetzes;
   g) Streitigkeiten über Ansprüche aus Fracht-, Speditions- und Lagergeschäften;
   h) Streitigkeiten aus Versicherungsvertragsverhältnissen;
   i) Streitigkeiten aus den Bereichen des Urheber- und Verlagsrechts;
   j) Streitigkeiten aus den Bereichen der Kommunikations- und Informationstechnologie;
   k) Streitigkeiten, die dem Landgericht ohne Rücksicht auf den Streitwert zugewiesen sind.

(2) Bei Zweifeln über das Vorliegen der Voraussetzungen des Absatzes 1 entscheidet die Kammer durch unanfechtbaren Beschluss.

(3) [1] Der Einzelrichter legt den Rechtsstreit der Zivilkammer zur Entscheidung über eine Übernahme vor, wenn

1. die Sache besondere Schwierigkeiten tatsächlicher oder rechtlicher Art aufweist,
2. die Rechtssache grundsätzliche Bedeutung hat oder
3. die Parteien dies übereinstimmend beantragen.

[2] Die Kammer übernimmt den Rechtsstreit, wenn die Voraussetzungen nach Satz 1 Nr. 1 oder 2 vorliegen. [3] Sie entscheidet hierüber durch Beschluss. [4] Eine Zurückübertragung auf den Einzelrichter ist ausgeschlossen.

(4) Auf eine erfolgte oder unterlassene Vorlage oder Übernahme kann ein Rechtsmittel nicht gestützt werden.

§ 348a Obligatorischer Einzelrichter. (1) Ist eine originäre Einzelrichterzuständigkeit nach § 348 Abs. 1 nicht begründet, überträgt die Zivilkammer die

---

[1)] § 348 Abs. 1 Satz 2 Nr. 2 einl. Satzteil geänd. mWv 1.1.2018 durch G v. 28.4.2017 (BGBl. I S. 969); Abs. 1 Satz 2 Nr. 2 geänd. mWv 1.1.2020 durch G v. 12.12.2019 (BGBl. I S. 2633).

[2)] Nr. **95**.

Sache durch Beschluss einem ihrer Mitglieder als Einzelrichter zur Entscheidung, wenn

1. die Sache keine besonderen Schwierigkeiten tatsächlicher oder rechtlicher Art aufweist,
2. die Rechtssache keine grundsätzliche Bedeutung hat und
3. nicht bereits im Haupttermin vor der Zivilkammer zur Hauptsache verhandelt worden ist, es sei denn, dass inzwischen ein Vorbehalts-, Teil- oder Zwischenurteil ergangen ist.

(2) [1] Der Einzelrichter legt den Rechtsstreit der Zivilkammer zur Entscheidung über eine Übernahme vor, wenn

1. sich aus einer wesentlichen Änderung der Prozesslage besondere tatsächliche oder rechtliche Schwierigkeiten der Sache oder die grundsätzliche Bedeutung der Rechtssache ergeben oder
2. die Parteien dies übereinstimmend beantragen.

[2] Die Kammer übernimmt den Rechtsstreit, wenn die Voraussetzungen nach Satz 1 Nr. 1 vorliegen. [3] Sie entscheidet hierüber nach Anhörung der Parteien durch Beschluss. [4] Eine erneute Übertragung auf den Einzelrichter ist ausgeschlossen.

(3) Auf eine erfolgte oder unterlassene Übertragung, Vorlage oder Übernahme kann ein Rechtsmittel nicht gestützt werden.

§ 349 Vorsitzender der Kammer für Handelssachen. (1) [1] In der Kammer für Handelssachen hat der Vorsitzende die Sache so weit zu fördern, dass sie in einer mündlichen Verhandlung vor der Kammer erledigt werden kann. [2] Beweise darf er nur insoweit erheben, als anzunehmen ist, dass es für die Beweiserhebung auf die besondere Sachkunde der ehrenamtlichen Richter nicht ankommt und die Kammer das Beweisergebnis auch ohne unmittelbaren Eindruck von dem Verlauf der Beweisaufnahme sachgemäß zu würdigen vermag.

(2) Der Vorsitzende entscheidet

1. über die Verweisung des Rechtsstreits;
2. über Rügen, die die Zulässigkeit der Klage betreffen, soweit über sie abgesondert verhandelt wird;
3. über die Aussetzung des Verfahrens;
4. bei Zurücknahme der Klage, Verzicht auf den geltend gemachten Anspruch oder Anerkenntnis des Anspruchs;
5. bei Säumnis einer Partei oder beider Parteien;
6. über die Kosten des Rechtsstreits nach § 91a;
7. im Verfahren über die Bewilligung der Prozesskostenhilfe;
8. in Wechsel- und Scheckprozessen;
9. über die Art einer angeordneten Sicherheitsleistung;
10. über die einstweilige Einstellung der Zwangsvollstreckung;
11. über den Wert des Streitgegenstandes;
12. über Kosten, Gebühren und Auslagen.

(3) Im Einverständnis der Parteien kann der Vorsitzende auch im Übrigen an Stelle der Kammer entscheiden.

(4) Die §§ 348 und 348a sind nicht anzuwenden.

§ 350 Rechtsmittel. Für die Anfechtung der Entscheidungen des Einzelrichters (§§ 348, 348a) und des Vorsitzenden der Kammer für Handelssachen (§ 349) gelten dieselben Vorschriften wie für die Anfechtung entsprechender Entscheidungen der Kammer.

§§ 351 bis 354 (weggefallen)

Titel 5. Allgemeine Vorschriften über die Beweisaufnahme

§ 355 Unmittelbarkeit der Beweisaufnahme. (1) [1]Die Beweisaufnahme erfolgt vor dem Prozessgericht. [2]Sie ist nur in den durch dieses Gesetz bestimmten Fällen einem Mitglied des Prozessgerichts oder einem anderen Gericht zu übertragen.

(2) Eine Anfechtung des Beschlusses, durch den die eine oder die andere Art der Beweisaufnahme angeordnet wird, findet nicht statt.

§ 356 Beibringungsfrist. Steht der Aufnahme des Beweises ein Hindernis von ungewisser Dauer entgegen, so ist durch Beschluss eine Frist zu bestimmen, nach deren fruchtlosem Ablauf das Beweismittel nur benutzt werden kann, wenn nach der freien Überzeugung des Gerichts dadurch das Verfahren nicht verzögert wird.

§ 357 Parteiöffentlichkeit. (1) Den Parteien ist gestattet, der Beweisaufnahme beizuwohnen.

(2) [1]Wird die Beweisaufnahme einem Mitglied des Prozessgerichts oder einem anderen Gericht übertragen, so ist die Terminsbestimmung den Parteien ohne besondere Form mitzuteilen, sofern nicht das Gericht die Zustellung anordnet. [2]Bei Übersendung durch die Post gilt die Mitteilung, wenn die Wohnung der Partei im Bereich des Ortsbestellverkehrs liegt, an dem folgenden, im Übrigen an dem zweiten Werktage nach der Aufgabe zur Post als bewirkt, sofern nicht die Partei glaubhaft macht, dass ihr die Mitteilung nicht oder erst in einem späteren Zeitpunkt zugegangen ist.

§ 357a (weggefallen)

§ 358 Notwendigkeit eines Beweisbeschlusses. Erfordert die Beweisaufnahme ein besonderes Verfahren, so ist es durch Beweisbeschluss anzuordnen.

§ 358a Beweisbeschluss und Beweisaufnahme vor mündlicher Verhandlung. [1]Das Gericht kann schon vor der mündlichen Verhandlung einen Beweisbeschluss erlassen. [2]Der Beschluss kann vor der mündlichen Verhandlung ausgeführt werden, soweit er anordnet

1. eine Beweisaufnahme vor dem beauftragten oder ersuchten Richter,
2. die Einholung amtlicher Auskünfte,
3. eine schriftliche Beantwortung der Beweisfrage nach § 377 Abs. 3,
4. die Begutachtung durch Sachverständige,
5. die Einnahme eines Augenscheins.

§ 359 Inhalt des Beweisbeschlusses. Der Beweisbeschluss enthält:

1. die Bezeichnung der streitigen Tatsachen, über die der Beweis zu erheben ist;
2. die Bezeichnung der Beweismittel unter Benennung der zu vernehmenden Zeugen und Sachverständigen oder der zu vernehmenden Partei;
3. die Bezeichnung der Partei, die sich auf das Beweismittel berufen hat.

§ 360 Änderung des Beweisbeschlusses. [1] Vor der Erledigung des Beweisbeschlusses kann keine Partei dessen Änderung auf Grund der früheren Verhandlungen verlangen. [2] Das Gericht kann jedoch auf Antrag einer Partei oder von Amts wegen den Beweisbeschluss auch ohne erneute mündliche Verhandlung insoweit ändern, als der Gegner zustimmt oder es sich nur um die Berichtigung oder Ergänzung der im Beschluss angegebenen Beweistatsachen oder um die Vernehmung anderer als der im Beschluss angegebenen Zeugen oder Sachverständigen handelt. [3] Die gleiche Befugnis hat der beauftragte oder ersuchte Richter. [4] Die Parteien sind tunlichst vorher zu hören und in jedem Fall von der Änderung unverzüglich zu benachrichtigen.

§ 361 Beweisaufnahme durch beauftragten Richter. (1) Soll die Beweisaufnahme durch ein Mitglied des Prozessgerichts erfolgen, so wird bei der Verkündung des Beweisbeschlusses durch den Vorsitzenden der beauftragte Richter bezeichnet und der Termin zur Beweisaufnahme bestimmt.

(2) Ist die Terminsbestimmung unterblieben, so erfolgt sie durch den beauftragten Richter, wird er verhindert, den Auftrag zu vollziehen, so ernennt der Vorsitzende ein anderes Mitglied.

§ 362 Beweisaufnahme durch ersuchten Richter. (1) Soll die Beweisaufnahme durch ein anderes Gericht erfolgen, so ist das Ersuchungsschreiben von dem Vorsitzenden zu erlassen.

(2) Die auf die Beweisaufnahme sich beziehenden Verhandlungen übermittelt der ersuchte Richter der Geschäftsstelle des Prozessgerichts in Urschrift; die Geschäftsstelle benachrichtigt die Parteien von dem Eingang.

§ 363[1)] Beweisaufnahme im Ausland. (1) [1] Für die Durchführung der Verordnung (EU) 2020/1783 des Europäischen Parlaments und des Rates vom 25. November 2020 über die Zusammenarbeit zwischen den Gerichten der Mitgliedstaaten auf dem Gebiet der Beweisaufnahme in Zivil- oder Handelssachen (Beweisaufnahme) (ABl. L 405 vom 2.12.2020, S. 1) in ihrer jeweils geltenden Fassung gelten die §§ 1072 und 1073. [2] Soweit die Verordnung (EU) 2020/1783 für die Beweisaufnahme im Ausland nicht maßgeblich ist, gelten hierfür die Absätze 2 und 3.

(2) [1] Die Beweisaufnahme im Ausland ist nach denjenigen völkerrechtlichen Vereinbarungen vorzunehmen, die im Verhältnis zu dem jeweiligen Staat gelten. [2] Das Ersuchen zur Durchführung der Beweisaufnahme im Ausland ist von dem Vorsitzenden des Prozessgerichts zu stellen. [3] Sieht eine völkerrechtliche Vereinbarung mehrere Wege zur Aufnahme von Beweisen vor, soll die Beweisaufnahme nur dann durch einen deutschen Konsularbeamten erfolgen, wenn ihre Erledigung durch die Behörden des ausländischen Staates nicht oder nicht innerhalb einer angemessenen Zeit zu erwarten ist oder ein sonstiger begründeter Ausnahmefall vorliegt.

(3) [1] Bestehen keine völkerrechtlichen Vereinbarungen zur Beweisaufnahme im Ausland, ersucht der Vorsitzende des Prozessgerichts die Behörden des ausländischen Staates um Aufnahme des Beweises. [2] Ist eine Beweisaufnahme durch diese nicht oder nicht innerhalb einer angemessenen Zeit zu erwarten oder liegt sonst ein begründeter Ausnahmefall vor, so kann der Vorsitzende des Prozessgerichts deutsche Konsularbeamte um Aufnahme des Beweises ersuchen.

[1)] § 363 neu gef. mWv 1.7.2022 durch G v. 24.6.2022 (BGBl. I S. 959).

§ 364 Parteimitwirkung bei Beweisaufnahme im Ausland. (1) Wird eine ausländische Behörde ersucht, den Beweis aufzunehmen, so kann das Gericht anordnen, dass der Beweisführer das Ersuchungsschreiben zu besorgen und die Erledigung des Ersuchens zu betreiben habe.

(2) Das Gericht kann sich auf die Anordnung beschränken, dass der Beweisführer eine den Gesetzen des fremden Staates entsprechende öffentliche Urkunde über die Beweisaufnahme beizubringen habe.

(3) [1] In beiden Fällen ist in dem Beweisbeschluss eine Frist zu bestimmen, binnen der von dem Beweisführer die Urkunde auf der Geschäftsstelle niederzulegen ist. [2] Nach fruchtlosem Ablauf dieser Frist kann die Urkunde nur benutzt werden, wenn dadurch das Verfahren nicht verzögert wird.

(4) [1] Der Beweisführer hat den Gegner, wenn möglich, von dem Ort und der Zeit der Beweisaufnahme so zeitig in Kenntnis zu setzen, dass dieser seine Rechte in geeigneter Weise wahrzunehmen vermag. [2] Ist die Benachrichtigung unterblieben, so hat das Gericht zu ermessen, ob und inwieweit der Beweisführer zur Benutzung der Beweisverhandlung berechtigt ist.

§ 365 Abgabe durch beauftragten oder ersuchten Richter. [1] Der beauftragte oder ersuchte Richter ist ermächtigt, falls sich später Gründe ergeben, welche die Beweisaufnahme durch ein anderes Gericht sachgemäß erscheinen lassen, dieses Gericht um die Aufnahme des Beweises zu ersuchen. [2] Die Parteien sind von dieser Verfügung in Kenntnis zu setzen.

§ 366 Zwischenstreit. (1) Erhebt sich bei der Beweisaufnahme vor einem beauftragten oder ersuchten Richter ein Streit, von dessen Erledigung die Fortsetzung der Beweisaufnahme abhängig und zu dessen Entscheidung der Richter nicht berechtigt ist, so erfolgt die Erledigung durch das Prozessgericht.

(2) Der Termin zur mündlichen Verhandlung über den Zwischenstreit ist von Amts wegen zu bestimmen und den Parteien bekannt zu machen.

§ 367 Ausbleiben der Partei. (1) Erscheint eine Partei oder erscheinen beide Parteien in dem Termin zur Beweisaufnahme nicht, so ist die Beweisaufnahme gleichwohl insoweit zu bewirken, als dies nach Lage der Sache geschehen kann.

(2) Eine nachträgliche Beweisaufnahme oder eine Vervollständigung der Beweisaufnahme ist bis zum Schluss derjenigen mündlichen Verhandlung, auf die das Urteil ergeht, auf Antrag anzuordnen, wenn das Verfahren dadurch nicht verzögert wird oder wenn die Partei glaubhaft macht, dass sie ohne ihr Verschulden außerstande gewesen sei, in dem früheren Termin zu erscheinen, und im Falle des Antrags auf Vervollständigung, dass durch ihr Nichterscheinen eine wesentliche Unvollständigkeit der Beweisaufnahme veranlasst sei.

§ 368 Neuer Beweistermin. Wird ein neuer Termin zur Beweisaufnahme oder zu ihrer Fortsetzung erforderlich, so ist dieser Termin, auch wenn der Beweisführer oder beide Parteien in dem früheren Termin nicht erschienen waren, von Amts wegen zu bestimmen.

§ 369 Ausländische Beweisaufnahme. Entspricht die von einer ausländischen Behörde vorgenommene Beweisaufnahme den für das Prozessgericht geltenden Gesetzen, so kann daraus, dass sie nach den ausländischen Gesetzen mangelhaft ist, kein Einwand entnommen werden.

§ 370 Fortsetzung der mündlichen Verhandlung. (1) Erfolgt die Beweisaufnahme vor dem Prozessgericht, so ist der Termin, in dem die Beweisaufnahme stattfindet, zugleich zur Fortsetzung der mündlichen Verhandlung bestimmt.

(2) [1] In dem Beweisbeschluss, der anordnet, dass die Beweisaufnahme vor einem beauftragten oder ersuchten Richter erfolgen solle, kann zugleich der Termin zur Fortsetzung der mündlichen Verhandlung vor dem Prozessgericht bestimmt werden. [2] Ist dies nicht geschehen, so wird nach Beendigung der Beweisaufnahme dieser Termin von Amts wegen bestimmt und den Parteien bekannt gemacht.

Titel 6. Beweis durch Augenschein

§ 371 Beweis durch Augenschein. (1) [1] Der Beweis durch Augenschein wird durch Bezeichnung des Gegenstandes des Augenscheins und durch die Angabe der zu beweisenden Tatsachen angetreten. [2] Ist ein elektronisches Dokument Gegenstand des Beweises, wird der Beweis durch Vorlegung oder Übermittlung der Datei angetreten.

(2) [1] Befindet sich der Gegenstand nach der Behauptung des Beweisführers nicht in seinem Besitz, so wird der Beweis außerdem durch den Antrag angetreten, zur Herbeischaffung des Gegenstandes eine Frist zu setzen oder eine Anordnung nach § 144 zu erlassen. [2] Die §§ 422 bis 432 gelten entsprechend.

(3) Vereitelt eine Partei die ihr zumutbare Einnahme des Augenscheins, so können die Behauptungen des Gegners über die Beschaffenheit des Gegenstandes als bewiesen angesehen werden.

§ 371a[1)] Beweiskraft elektronischer Dokumente. (1) [1] Auf private elektronische Dokumente, die mit einer qualifizierten elektronischen Signatur versehen sind, finden die Vorschriften über die Beweiskraft privater Urkunden entsprechende Anwendung. [2] Der Anschein der Echtheit einer in elektronischer Form vorliegenden Erklärung, der sich auf Grund der Prüfung der qualifizierten elektronischen Signatur nach Artikel 32 der Verordnung (EU) Nr. 910/2014 des Europäischen Parlaments und des Rates vom 23. Juli 2014 über elektronische Identifizierung und Vertrauensdienste für elektronische Transaktionen im Binnenmarkt und zur Aufhebung der Richtlinie 1999/93/EG (ABl. L 257 vom 28.8.2014, S. 73) ergibt, kann nur durch Tatsachen erschüttert werden, die ernstliche Zweifel daran begründen, dass die Erklärung von der verantwortenden Person abgegeben worden ist.

(Fortsetzung nächstes Blatt)

[1)] § 371a Abs. 2 eingef., bish. Abs. 2 wird Abs. 3 und Satz 2 neu gef., Satz 3 angef. mWv 1.7.2014 durch G v. 10.10.2013 (BGBl. I S. 3786); Abs. 1 Satz 2 neu gef. mWv 29.7.2017 durch G v. 18.7.2017 (BGBl. I S. 2745).

derinkurssetzung zu erwirken und die hierzu erforderlichen Erklärungen an Stelle des Schuldners abzugeben.

§ 824 Verwertung ungetrennter Früchte. [1] Die Versteigerung gepfändeter, von dem Boden noch nicht getrennter Früchte ist erst nach der Reife zulässig. [2] Sie kann vor oder nach der Trennung der Früchte erfolgen; im letzteren Fall hat der Gerichtsvollzieher die Aberntung bewirken zu lassen.

§ 825 Andere Verwertungsart. (1) [1] Auf Antrag des Gläubigers oder des Schuldners kann der Gerichtsvollzieher eine gepfändete Sache in anderer Weise oder an einem anderen Ort verwerten, als in den vorstehenden Paragraphen bestimmt ist. [2] Über die beabsichtigte Verwertung hat der Gerichtsvollzieher den Antragsgegner zu unterrichten. [3] Ohne Zustimmung des Antragsgegners darf er die Sache nicht vor Ablauf von zwei Wochen nach Zustellung der Unterrichtung verwerten.

(2) Die Versteigerung einer gepfändeten Sache durch eine andere Person als den Gerichtsvollzieher kann das Vollstreckungsgericht auf Antrag des Gläubigers oder des Schuldners anordnen.

§ 826 Anschlusspfändung. (1) Zur Pfändung bereits gepfändeter Sachen genügt die in das Protokoll aufzunehmende Erklärung des Gerichtsvollziehers, dass er die Sachen für seinen Auftraggeber pfände.

(2) Ist die erste Pfändung durch einen anderen Gerichtsvollzieher bewirkt, so ist diesem eine Abschrift des Protokolls zuzustellen.

(3) Der Schuldner ist von den weiteren Pfändungen in Kenntnis zu setzen.

§ 827 Verfahren bei mehrfacher Pfändung. (1) [1] Auf den Gerichtsvollzieher, von dem die erste Pfändung bewirkt ist, geht der Auftrag des zweiten Gläubigers kraft Gesetzes über, sofern nicht das Vollstreckungsgericht auf Antrag eines beteiligten Gläubigers oder des Schuldners anordnet, dass die Verrichtungen jenes Gerichtsvollziehers von einem anderen zu übernehmen seien. [2] Die Versteigerung erfolgt für alle beteiligten Gläubiger.

(2) [1] Ist der Erlös zur Deckung der Forderungen nicht ausreichend und verlangt der Gläubiger, für den die zweite oder eine spätere Pfändung erfolgt ist, ohne Zustimmung der übrigen beteiligten Gläubiger eine andere Verteilung als nach der Reihenfolge der Pfändungen, so hat der Gerichtsvollzieher die Sachlage unter Hinterlegung des Erlöses dem Vollstreckungsgericht anzuzeigen. [2] Dieser Anzeige sind die auf das Verfahren sich beziehenden Dokumente beizufügen.

(3) In gleicher Weise ist zu verfahren, wenn die Pfändung für mehrere Gläubiger gleichzeitig bewirkt ist.

Untertitel 3. Zwangsvollstreckung in Forderungen und andere Vermögensrechte

§ 828 Zuständigkeit des Vollstreckungsgerichts. (1) Die gerichtlichen Handlungen, welche die Zwangsvollstreckung in Forderungen und andere Vermögensrechte zum Gegenstand haben, erfolgen durch das Vollstreckungsgericht.

(2) Als Vollstreckungsgericht ist das Amtsgericht, bei dem der Schuldner im Inland seinen allgemeinen Gerichtsstand hat, und sonst das Amtsgericht zuständig, bei dem nach § 23 gegen den Schuldner Klage erhoben werden kann.

(3) [1] Ist das angegangene Gericht nicht zuständig, gibt es die Sache auf Antrag des Gläubigers an das zuständige Gericht ab. [2] Die Abgabe ist nicht bindend.

§ 829[1)] Pfändung einer Geldforderung. (1) [1]Soll eine Geldforderung gepfändet werden, so hat das Gericht dem Drittschuldner zu verbieten, an den Schuldner zu zahlen. [2]Zugleich hat das Gericht an den Schuldner das Gebot zu erlassen, sich jeder Verfügung über die Forderung, insbesondere ihrer Einziehung, zu enthalten. [3]Die Pfändung mehrerer Geldforderungen gegen verschiedene Drittschuldner soll auf Antrag des Gläubigers durch einheitlichen Beschluss ausgesprochen werden, soweit dies für Zwecke der Vollstreckung geboten erscheint und kein Grund zu der Annahme besteht, dass schutzwürdige Interessen der Drittschuldner entgegenstehen.

(2) [1]Der Gläubiger hat den Beschluss dem Drittschuldner zustellen zu lassen. [2]Der Gerichtsvollzieher hat dem Schuldner den Beschluss mit dem Zustellungsnachweis sofort zuzustellen, sofern nicht eine öffentliche Zustellung erforderlich ist. [3]An Stelle einer an den Schuldner im Ausland zu bewirkenden Zustellung erfolgt die Zustellung durch Aufgabe zur Post, sofern die Zustellung nicht nach unmittelbar anwendbaren Regelungen der Europäischen Union zu bewirken ist.

(3) Mit der Zustellung des Beschlusses an den Drittschuldner ist die Pfändung als bewirkt anzusehen.

(4) [1]Das Bundesministerium der Justiz und für Verbraucherschutz wird ermächtigt, durch Rechtsverordnung[2)] mit Zustimmung des Bundesrates Formulare für den Antrag auf Erlass eines Pfändungs- und Überweisungsbeschlusses einzuführen. [2]Soweit nach Satz 1 Formulare eingeführt sind, muss sich der Antragsteller ihrer bedienen. [3]Für Verfahren bei Gerichten, die die Verfahren elektronisch bearbeiten, und für Verfahren bei Gerichten, die die Verfahren nicht elektronisch bearbeiten, können unterschiedliche Formulare eingeführt werden.

§ 829a[3)] Vereinfachter Vollstreckungsantrag bei Vollstreckungsbescheiden. (1) [1]Im Fall eines elektronischen Antrags zur Zwangsvollstreckung aus einem Vollstreckungsbescheid, der einer Vollstreckungsklausel nicht bedarf, ist bei Pfändung und Überweisung einer Geldforderung (§§ 829, 835) die Übermittlung der Ausfertigung des Vollstreckungsbescheides entbehrlich, wenn

1. die sich aus dem Vollstreckungsbescheid ergebende fällige Geldforderung einschließlich titulierter Nebenforderungen und Kosten nicht mehr als 5000 Euro beträgt; Kosten der Zwangsvollstreckung sind bei der Berechnung der Forderungshöhe nur zu berücksichtigen, wenn sie allein Gegenstand des Vollstreckungsantrags sind;
2. die Vorlage anderer Urkunden als der Ausfertigung des Vollstreckungsbescheides nicht vorgeschrieben ist;
3. der Gläubiger eine Abschrift des Vollstreckungsbescheides nebst Zustellungsbescheinigung als elektronisches Dokument dem Antrag beifügt und

---

1) § 829 Abs. 4 Satz 1 geänd. mWv 8.9.2015 durch VO v. 31.8.2015 (BGBl. I S. 1474); Abs. 2 Satz 3 neu gef. mWv 26.11.2016 durch G v. 21.11.2016 (BGBl. I S. 2591); Abs. 2 Satz 2 neu gef. mWv 1.1.2022 durch G v. 5.10.2021 (BGBl. I S. 4607); Abs. 2 Satz 3 geänd. mWv 1.7.2022 durch G v. 24.6.2022 (BGBl. I S. 959).

2) Siehe hierzu die VO über Formulare für die Zwangsvollstreckung (Zwangsvollstreckungsformular-Verordnung – ZVFV) v. 23.8.2012 (BGBl. I S. 1822), geänd. durch VO v. 16.6.2014 (BGBl. I S. 754).

3) § 829a eingef. mWv 1.1.2013 durch G v. 29.7.2009 (BGBl. I S. 2258); Überschrift, Abs. 1 Satz 1 einl. Satzteil, Nr. 1, 3, 4 und Satz 2 geänd. mWv 1.1.2013 durch G v. 22.12.2011 (BGBl. I S. 3044); Abs. 1 Satz 1 Nr. 3 geänd. mWv 1.7.2014 durch G v. 10.10.2013 (BGBl. I S. 3786); Abs. 1 Satz 1 Nr. 1 geänd. mWv 26.11.2016, Abs. 3 aufgeh. mWv 1.1.2018 durch G v. 21.11.2016 (BGBl. I S. 2591).

4. der Gläubiger versichert, dass ihm eine Ausfertigung des Vollstreckungsbescheides und eine Zustellungsbescheinigung vorliegen und die Forderung in Höhe des Vollstreckungsantrags noch besteht.

[2] Sollen Kosten der Zwangsvollstreckung vollstreckt werden, sind zusätzlich zu den in Satz 1 Nr. 3 genannten Dokumenten eine nachprüfbare Aufstellung der Kosten und entsprechende Belege als elektronisches Dokument dem Antrag beizufügen.

(2) Hat das Gericht an dem Vorliegen einer Ausfertigung des Vollstreckungsbescheides oder der übrigen Vollstreckungsvoraussetzungen Zweifel, teilt es dies dem Gläubiger mit und führt die Zwangsvollstreckung erst durch, nachdem der Gläubiger die Ausfertigung des Vollstreckungsbescheides übermittelt oder die übrigen Vollstreckungsvoraussetzungen nachgewiesen hat.

§ 830 Pfändung einer Hypothekenforderung. (1) [1] Zur Pfändung einer Forderung, für die eine Hypothek besteht, ist außer dem Pfändungsbeschluss die Übergabe des Hypothekenbriefes an den Gläubiger erforderlich. [2] Wird die Übergabe im Wege der Zwangsvollstreckung erwirkt, so gilt sie als erfolgt, wenn der Gerichtsvollzieher den Brief zum Zwecke der Ablieferung an den Gläubiger wegnimmt. [3] Ist die Erteilung des Hypothekenbriefes ausgeschlossen, so ist die Eintragung der Pfändung in das Grundbuch erforderlich; die Eintragung erfolgt auf Grund des Pfändungsbeschlusses.

(2) Wird der Pfändungsbeschluss vor der Übergabe des Hypothekenbriefes oder der Eintragung der Pfändung dem Drittschuldner zugestellt, so gilt die Pfändung diesem gegenüber mit der Zustellung als bewirkt.

(3) [1] Diese Vorschriften sind nicht anzuwenden, soweit es sich um die Pfändung der Ansprüche auf die im § 1159 des Bürgerlichen Gesetzbuchs[1)] bezeichneten Leistungen handelt. [2] Das Gleiche gilt bei einer Sicherungshypothek im Falle des § 1187 des Bürgerlichen Gesetzbuchs von der Pfändung der Hauptforderung.

§ 830a Pfändung einer Schiffshypothekenforderung. (1) Zur Pfändung einer Forderung, für die eine Schiffshypothek besteht, ist die Eintragung der Pfändung in das Schiffsregister oder in das Schiffsbauregister erforderlich; die Eintragung erfolgt auf Grund des Pfändungsbeschlusses.

(2) Wird der Pfändungsbeschluss vor der Eintragung der Pfändung dem Drittschuldner zugestellt, so gilt die Pfändung diesem gegenüber mit der Zustellung als bewirkt.

(3) [1] Diese Vorschriften sind nicht anzuwenden, soweit es sich um die Pfändung der Ansprüche auf die im § 53 des Gesetzes über Rechte an eingetragenen Schiffen und Schiffsbauwerken vom 15. November 1940 (RGBl. I S. 1499) bezeichneten Leistungen handelt. [2] Das Gleiche gilt, wenn bei einer Schiffshypothek für eine Forderung aus einer Schuldverschreibung auf den Inhaber, aus einem Wechsel oder aus einem anderen durch Indossament übertragbaren Papier die Hauptforderung gepfändet wird.

§ 831 Pfändung indossabler Papiere. Die Pfändung von Forderungen aus Wechseln und anderen Papieren, die durch Indossament übertragen werden können, wird dadurch bewirkt, dass der Gerichtsvollzieher diese Papiere in Besitz nimmt.

---

1) Nr. **20**.

§ 832 Pfändungsumfang bei fortlaufenden Bezügen. Das Pfandrecht, das durch die Pfändung einer Gehaltsforderung oder einer ähnlichen in fortlaufenden Bezügen bestehenden Forderung erworben wird, erstreckt sich auch auf die nach der Pfändung fällig werdenden Beträge.

§ 833 Pfändungsumfang bei Arbeits- und Diensteinkommen. (1) [1]Durch die Pfändung eines Diensteinkommens wird auch das Einkommen betroffen, das der Schuldner infolge der Versetzung in ein anderes Amt, der Übertragung eines neuen Amtes oder einer Gehaltserhöhung zu beziehen hat. [2]Diese Vorschrift ist auf den Fall der Änderung des Dienstherrn nicht anzuwenden.

(2) Endet das Arbeits- oder Dienstverhältnis und begründen Schuldner und Drittschuldner innerhalb von neun Monaten ein solches neu, so erstreckt sich die Pfändung auf die Forderung aus dem neuen Arbeits- oder Dienstverhältnis.

§ 833a[1)] Pfändungsumfang bei Kontoguthaben. Die Pfändung des Guthabens eines Kontos bei einem Kreditinstitut umfasst das am Tag der Zustellung des Pfändungsbeschlusses bei dem Kreditinstitut bestehende Guthaben sowie die Tagesguthaben der auf die Pfändung folgenden Tage.

§ 834 Keine Anhörung des Schuldners. Vor der Pfändung ist der Schuldner über das Pfändungsgesuch nicht zu hören.

§ 835[2)] Überweisung einer Geldforderung. (1) Die gepfändete Geldforderung ist dem Gläubiger nach seiner Wahl zur Einziehung oder an Zahlungs statt zum Nennwert zu überweisen.

(2) Im letzteren Fall geht die Forderung auf den Gläubiger mit der Wirkung über, dass er, soweit die Forderung besteht, wegen seiner Forderung an den Schuldner als befriedigt anzusehen ist.

(3) [1]Die Vorschriften des § 829 Abs. 2, 3 sind auf die Überweisung entsprechend anzuwenden. [2]Wird ein bei einem Kreditinstitut gepfändetes Guthaben eines Schuldners, der eine natürliche Person ist, dem Gläubiger überwiesen, so darf erst einen Monat nach der Zustellung des Überweisungsbeschlusses an den Drittschuldner aus dem Guthaben an den Gläubiger geleistet oder der Betrag hinterlegt werden; ist künftiges Guthaben gepfändet worden, ordnet das Vollstreckungsgericht auf Antrag zusätzlich an, dass erst einen Monat nach der Gutschrift von eingehenden Zahlungen an den Gläubiger geleistet oder der Betrag hinterlegt werden darf.

(4) Wenn nicht wiederkehrend zahlbare Vergütungen eines Schuldners, der eine natürliche Person ist, für persönlich geleistete Arbeiten oder Dienste oder sonstige Einkünfte, die kein Arbeitseinkommen sind, dem Gläubiger überwiesen werden, so darf der Drittschuldner erst einen Monat nach der Zustellung des Überweisungsbeschlusses an den Gläubiger leisten oder den Betrag hinterlegen.

[1)] § 833a eingef. mWv 1.7.2010, Überschrift neu gef. und Abs. 2 aufgeh. mWv 1.1.2012 durch G v. 7.7.2009 (BGBl. I S. 1707).

[2)] § 835 Abs. 3 Satz 2 neu gef., Abs. 4 angef. mWv 1.7.2010 durch G v. 7.7.2009 (BGBl. I S. 1707); Abs. 4 eingef., bish. Abs. 4 wird Abs. 5 mWv 16.4.2011 durch G v. 12.4.2011 (BGBl. I S. 615); Abs. 3 Satz 2 geänd., Abs. 4 aufgeh., bish. Abs. 5 wird Abs. 4 und geänd. mWv 1.12.2021 durch G v. 22.11.2020 (BGBl. I S. 2466).

§ 836[1) 2)] Wirkung der Überweisung. (1) Die Überweisung ersetzt die förmlichen Erklärungen des Schuldners, von denen nach den Vorschriften des bürgerlichen Rechts die Berechtigung zur Einziehung der Forderung abhängig ist.

(2) Der Überweisungsbeschluss gilt, auch wenn er mit Unrecht erlassen ist, zugunsten des Drittschuldners dem Schuldner gegenüber so lange als rechtsbeständig, bis er aufgehoben wird und die Aufhebung zur Kenntnis des Drittschuldners gelangt.

(3) [1] Der Schuldner ist verpflichtet, dem Gläubiger die zur Geltendmachung der Forderung nötige Auskunft zu erteilen und ihm die über die Forderung vorhandenen Urkunden herauszugeben. [2] Erteilt der Schuldner die Auskunft nicht, so ist er auf Antrag des Gläubigers verpflichtet, sie zu Protokoll zu geben und seine Angaben an Eides statt zu versichern. [3] Der gemäß § 802e zuständige Gerichtsvollzieher lädt den Schuldner zur Abgabe der Auskunft und eidesstattlichen Versicherung. [4] Die Vorschriften des § 802f Abs. 4 und der §§ 802g bis 802i, 802j Abs. 1 und 2 gelten entsprechend. [5] Die Herausgabe der Urkunden kann von dem Gläubiger im Wege der Zwangsvollstreckung erwirkt werden.

§ 837 Überweisung einer Hypothekenforderung. (1) [1] Zur Überweisung einer gepfändeten Forderung, für die eine Hypothek besteht, genügt die Aushändigung des Überweisungsbeschlusses an den Gläubiger. [2] Ist die Erteilung des Hypothekenbriefes ausgeschlossen, so ist zur Überweisung an Zahlungs statt die Eintragung der Überweisung in das Grundbuch erforderlich; die Eintragung erfolgt auf Grund des Überweisungsbeschlusses.

(2) [1] Diese Vorschriften sind nicht anzuwenden, soweit es sich um die Überweisung der Ansprüche auf die im § 1159 des Bürgerlichen Gesetzbuchs[3)] bezeichneten Leistungen handelt. [2] Das Gleiche gilt bei einer Sicherungshypothek im Falle des § 1187 des Bürgerlichen Gesetzbuchs von der Überweisung der Hauptforderung.

(3) Bei einer Sicherungshypothek der im § 1190 des Bürgerlichen Gesetzbuchs bezeichneten Art kann die Hauptforderung nach den allgemeinen Vorschriften gepfändet und überwiesen werden, wenn der Gläubiger die Überweisung der Forderung ohne die Hypothek an Zahlungs statt beantragt.

§ 837a Überweisung einer Schiffshypothekenforderung. (1) [1] Zur Überweisung einer gepfändeten Forderung, für die eine Schiffshypothek besteht, genügt, wenn die Forderung zur Einziehung überwiesen wird, die Aushändigung des Überweisungsbeschlusses an den Gläubiger. [2] Zur Überweisung an Zahlungs statt ist die Eintragung der Überweisung in das Schiffsregister oder in das Schiffsbauregister erforderlich; die Eintragung erfolgt auf Grund des Überweisungsbeschlusses.

(2) [1] Diese Vorschriften sind nicht anzuwenden, soweit es sich um die Überweisung der Ansprüche auf die im § 53 des Gesetzes über Rechte an eingetragenen Schiffen und Schiffsbauwerken vom 15. November 1940 (RGBl. I S. 1499) bezeichneten Leistungen handelt. [2] Das Gleiche gilt, wenn bei einer Schiffshypothek für eine Forderung aus einer Schuldverschreibung auf den Inhaber, aus einem

---

1) § 836 Abs. 3 Sätze 3 und 4 eingef., bish. Satz 4 wird Satz 5 mWv 1.1.2013 durch G v. 29.7.2009 (BGBl. I S. 2258).

2) Beachte hierzu Übergangsvorschrift in § 39 EGZPO (Nr. **101**).

3) Nr. **20**.

Wechsel oder aus einem anderen durch Indossament übertragbaren Papier die Hauptforderung überwiesen wird.

(3) Bei einer Schiffshypothek für einen Höchstbetrag (§ 75 des im Absatz 2 genannten Gesetzes) gilt § 837 Abs. 3 entsprechend.

§ 838 Einrede des Schuldners bei Faustpfand. Wird eine durch ein Pfandrecht an einer beweglichen Sache gesicherte Forderung überwiesen, so kann der Schuldner die Herausgabe des Pfandes an den Gläubiger verweigern, bis ihm Sicherheit für die Haftung geleistet wird, die für ihn aus einer Verletzung der dem Gläubiger dem Verpfänder gegenüber obliegenden Verpflichtungen entstehen kann.

§ 839 Überweisung bei Abwendungsbefugnis. Darf der Schuldner nach § 711 Satz 1, § 712 Abs. 1 Satz 1 die Vollstreckung durch Sicherheitsleistung oder Hinterlegung abwenden, so findet die Überweisung gepfändeter Geldforderungen nur zur Einziehung und nur mit der Wirkung statt, dass der Drittschuldner den Schuldbetrag zu hinterlegen hat.

§ 840[1] Erklärungspflicht des Drittschuldners. (1) Auf Verlangen des Gläubigers hat der Drittschuldner binnen zwei Wochen, von der Zustellung des Pfändungsbeschlusses an gerechnet, dem Gläubiger zu erklären:

1. ob und inwieweit er die Forderung als begründet anerkenne und Zahlung zu leisten bereit sei;
2. ob und welche Ansprüche andere Personen an die Forderung machen;
3. ob und wegen welcher Ansprüche die Forderung bereits für andere Gläubiger gepfändet sei;
4. ob innerhalb der letzten zwölf Monate im Hinblick auf das Konto, dessen Guthaben gepfändet worden ist, nach § 907 die Unpfändbarkeit des Guthabens festgesetzt worden ist, und
5. ob es sich bei dem Konto, dessen Guthaben gepfändet worden ist, um ein Pfändungsschutzkonto im Sinne des § 850k oder ein Gemeinschaftskonto im Sinne des § 850l handelt; bei einem Gemeinschaftskonto ist zugleich anzugeben, ob der Schuldner nur gemeinsam mit einer oder mehreren anderen Personen verfügungsbefugt ist.

(2) [1] Die Aufforderung zur Abgabe dieser Erklärungen muss in die Zustellungsurkunde aufgenommen werden; bei Zustellungen nach § 193a muss die Aufforderung als elektronisches Dokument zusammen mit dem Pfändungsbeschluss übermittelt werden. [2] Der Drittschuldner haftet dem Gläubiger für den aus der Nichterfüllung seiner Verpflichtung entstehenden Schaden.

(3) [1] Die Erklärungen des Drittschuldners können innerhalb der in Absatz 1 bestimmten Frist auch gegenüber dem Gerichtsvollzieher abgegeben werden. [2] Werden die Erklärungen bei einer Zustellung des Pfändungsbeschlusses nach § 193 abgegeben, so sind sie in die Zustellungsurkunde aufzunehmen und von dem Drittschuldner zu unterschreiben.

§ 841 Pflicht zur Streitverkündung. Der Gläubiger, der die Forderung einklagt, ist verpflichtet, dem Schuldner gerichtlich den Streit zu verkünden, sofern

[1] § 840 Abs. 1 Nr. 3 geänd., Nr. 4 und 5 angef. mWv 1.7.2010, Nr. 4 geänd. mWv 1.1.2012 durch G v. 7.7.2009 (BGBl. I S. 1707); Abs. 1 Nr. 4 geänd., Nr. 5 neu gef. mWv 1.12.2021 durch G v. 22.11.2020 (BGBl. I S. 2466); Abs. 2 Satz 1, Abs. 3 neu gef. mWv 1.1.2022 durch G v. 5.10.2021 (BGBl. I S. 4607).

nicht eine Zustellung im Ausland oder eine öffentliche Zustellung erforderlich wird.

§ 842 Schadenersatz bei verzögerter Beitreibung. Der Gläubiger, der die Beitreibung einer ihm zur Einziehung überwiesenen Forderung verzögert, haftet dem Schuldner für den daraus entstehenden Schaden.

§ 843 Verzicht des Pfandgläubigers. [1]Der Gläubiger kann auf die durch Pfändung und Überweisung zur Einziehung erworbenen Rechte unbeschadet seines Anspruchs verzichten. [2]Die Verzichtleistung erfolgt durch eine dem Schuldner zuzustellende Erklärung. [3]Die Erklärung ist auch dem Drittschuldner zuzustellen.

§ 844 Andere Verwertungsart. (1) Ist die gepfändete Forderung bedingt oder betagt oder ist ihre Einziehung wegen der Abhängigkeit von einer Gegenleistung oder aus anderen Gründen mit Schwierigkeiten verbunden, so kann das Gericht auf Antrag an Stelle der Überweisung eine andere Art der Verwertung anordnen.

(2) Vor dem Beschluss, durch welchen dem Antrag stattgegeben wird, ist der Gegner zu hören, sofern nicht eine Zustellung im Ausland oder eine öffentliche Zustellung erforderlich wird.

§ 845[1) 2)] Vorpfändung. (1) [1]Schon vor der Pfändung kann der Gläubiger auf Grund eines vollstreckbaren Schuldtitels durch den Gerichtsvollzieher dem Drittschuldner und dem Schuldner die Benachrichtigung, dass die Pfändung bevorstehe, zustellen lassen mit der Aufforderung an den Drittschuldner, nicht an den Schuldner zu zahlen, und mit der Aufforderung an den Schuldner, sich jeder Verfügung über die Forderung, insbesondere ihrer Einziehung, zu enthalten. [2]Der Gerichtsvollzieher hat die Benachrichtigung mit den Aufforderungen selbst anzufertigen, wenn er von dem Gläubiger hierzu ausdrücklich beauftragt worden ist. [3]An Stelle einer an den Schuldner im Ausland zu bewirkenden Zustellung erfolgt die Zustellung durch Aufgabe zur Post, sofern die Zustellung nicht nach unmittelbar anwendbaren Regelungen der Europäischen Union zu bewirken ist.

(2) [1]Die Benachrichtigung an den Drittschuldner hat die Wirkung eines Arrestes (§ 930), sofern die Pfändung der Forderung innerhalb eines Monats bewirkt wird. [2]Die Frist beginnt mit dem Tag, an dem die Benachrichtigung zugestellt ist.

§ 846 Zwangsvollstreckung in Herausgabeansprüche. Die Zwangsvollstreckung in Ansprüche, welche die Herausgabe oder Leistung körperlicher Sachen zum Gegenstand haben, erfolgt nach den §§ 829 bis 845 unter Berücksichtigung der nachstehenden Vorschriften.

§ 847 Herausgabeanspruch auf eine bewegliche Sache. (1) Bei der Pfändung eines Anspruchs, der eine bewegliche körperliche Sache betrifft, ist anzuordnen, dass die Sache an einen vom Gläubiger zu beauftragenden Gerichtsvollzieher herauszugeben sei.

(2) Auf die Verwertung der Sache sind die Vorschriften über die Verwertung gepfändeter Sachen anzuwenden.

[1)] § 845 Abs. 1 Satz 4 angef. mWv 31.12.2006 durch G v. 22.12.2006 (BGBl. I S. 3416); Abs. 1 Satz 3 aufgeh., bish. Satz 4 wird Satz 3 mWv 1.1.2013 durch G v. 29.7.2009 (BGBl. I S. 2258); Abs. 1 Satz 3 neu gef. mWv 26.11.2016 durch G v. 21.11.2016 (BGBl. I S. 2591); Abs. 1 Satz 3 geänd. mWv 1.7.2022 durch G v. 24.6.2022 (BGBl. I S. 959).

[2)] Beachte hierzu Übergangsvorschrift in § 39 EGZPO (Nr. **101**).

§ 847a Herausgabeanspruch auf ein Schiff. (1) Bei der Pfändung eines Anspruchs, der ein eingetragenes Schiff betrifft, ist anzuordnen, dass das Schiff an einen vom Vollstreckungsgericht zu bestellenden Treuhänder herauszugeben ist.

(2) [1] Ist der Anspruch auf Übertragung des Eigentums gerichtet, so vertritt der Treuhänder den Schuldner bei der Übertragung des Eigentums. [2] Mit dem Übergang des Eigentums auf den Schuldner erlangt der Gläubiger eine Schiffshypothek für seine Forderung. [3] Der Treuhänder hat die Eintragung der Schiffshypothek in das Schiffsregister zu bewilligen.

(3) Die Zwangsvollstreckung in das Schiff wird nach den für die Zwangsvollstreckung in unbewegliche Sachen geltenden Vorschriften bewirkt.

(4) Die vorstehenden Vorschriften gelten entsprechend, wenn der Anspruch ein Schiffsbauwerk betrifft, das im Schiffsbauregister eingetragen ist oder in dieses Register eingetragen werden kann.

§ 848 Herausgabeanspruch auf eine unbewegliche Sache. (1) Bei Pfändung eines Anspruchs, der eine unbewegliche Sache betrifft, ist anzuordnen, dass die Sache an einen auf Antrag des Gläubigers vom Amtsgericht der belegenen Sache zu bestellenden Sequester herauszugeben sei.

(2) [1] Ist der Anspruch auf Übertragung des Eigentums gerichtet, so hat die Auflassung an den Sequester als Vertreter des Schuldners zu erfolgen. [2] Mit dem Übergang des Eigentums auf den Schuldner erlangt der Gläubiger eine Sicherungshypothek für seine Forderung. [3] Der Sequester hat die Eintragung der Sicherungshypothek zu bewilligen.

(3) Die Zwangsvollstreckung in die herausgegebene Sache wird nach den für die Zwangsvollstreckung in unbewegliche Sachen geltenden Vorschriften bewirkt.

§ 849 Keine Überweisung an Zahlungs statt. Eine Überweisung der im § 846 bezeichneten Ansprüche an Zahlungs statt ist unzulässig.

§ 850 Pfändungsschutz für Arbeitseinkommen. (1) Arbeitseinkommen, das in Geld zahlbar ist, kann nur nach Maßgabe der §§ 850a bis 850i gepfändet werden.

(2) Arbeitseinkommen im Sinne dieser Vorschrift sind die Dienst- und Versorgungsbezüge der Beamten, Arbeits- und Dienstlöhne, Ruhegelder und ähnliche nach dem einstweiligen oder dauernden Ausscheiden aus dem Dienst- oder Arbeitsverhältnis gewährte fortlaufende Einkünfte, ferner Hinterbliebenenbezüge sowie sonstige Vergütungen für Dienstleistungen aller Art, die die Erwerbstätigkeit des Schuldners vollständig oder zu einem wesentlichen Teil in Anspruch nehmen.

(3) Arbeitseinkommen sind auch die folgenden Bezüge, soweit sie in Geld zahlbar sind:

a) Bezüge, die ein Arbeitnehmer zum Ausgleich für Wettbewerbsbeschränkungen für die Zeit nach Beendigung seines Dienstverhältnisses beanspruchen kann;
b) Renten, die auf Grund von Versicherungsverträgen gewährt werden, wenn diese Verträge zur Versorgung des Versicherungsnehmers oder seiner unterhaltsberechtigten Angehörigen eingegangen sind.

(4) Die Pfändung des in Geld zahlbaren Arbeitseinkommens erfasst alle Vergütungen, die dem Schuldner aus der Arbeits- oder Dienstleistung zustehen, ohne Rücksicht auf ihre Benennung oder Berechnungsart.

§ 850a[1] Unpfändbare Bezüge. Unpfändbar sind

1. zur Hälfte die für die Leistung von Mehrarbeitsstunden gezahlten Teile des Arbeitseinkommens;
2. die für die Dauer eines Urlaubs über das Arbeitseinkommen hinaus gewährten Bezüge, Zuwendungen aus Anlass eines besonderen Betriebsereignisses und Treugelder, soweit sie den Rahmen des Üblichen nicht übersteigen;
3. Aufwandsentschädigungen, Auslösungsgelder und sonstige soziale Zulagen für auswärtige Beschäftigungen, das Entgelt für selbstgestelltes Arbeitsmaterial, Gefahrenzulagen sowie Schmutz- und Erschwerniszulagen, soweit diese Bezüge den Rahmen des Üblichen nicht übersteigen;
4. Weihnachtsvergütungen bis zu der Hälfte des Betrages, dessen Höhe sich nach Aufrundung des monatlichen Freibetrages nach § 850c Absatz 1 in Verbindung mit Absatz 4 auf den nächsten vollen 10-Euro-Betrag ergibt;
5. Geburtsbeihilfen sowie Beihilfen aus Anlass der Eingehung einer Ehe oder Begründung einer Lebenspartnerschaft, sofern die Vollstreckung wegen anderer als der aus Anlass der Geburt, der Eingehung einer Ehe oder der Begründung einer Lebenspartnerschaft entstandenen Ansprüche betrieben wird;
6. Erziehungsgelder, Studienbeihilfen und ähnliche Bezüge;
7. Sterbe- und Gnadenbezüge aus Arbeits- oder Dienstverhältnissen;
8. Blindenzulagen.

§ 850b[2] Bedingt pfändbare Bezüge. (1) Unpfändbar sind ferner

1. Renten, die wegen einer Verletzung des Körpers oder der Gesundheit zu entrichten sind;
2. Unterhaltsrenten, die auf gesetzlicher Vorschrift beruhen, sowie die wegen Entziehung einer solchen Forderung zu entrichtenden Renten;
3. fortlaufende Einkünfte, die ein Schuldner aus Stiftungen oder sonst auf Grund der Fürsorge und Freigebigkeit eines Dritten oder auf Grund eines Altenteils oder Auszugsvertrags bezieht;
4. Bezüge aus Witwen-, Waisen-, Hilfs- und Krankenkassen, die ausschließlich oder zu einem wesentlichen Teil zu Unterstützungszwecken gewährt werden, ferner Ansprüche aus Lebensversicherungen, die nur auf den Todesfall des Versicherungsnehmers abgeschlossen sind, wenn die Versicherungssumme 5400 Euro nicht übersteigt.

(2) Diese Bezüge können nach den für Arbeitseinkommen geltenden Vorschriften gepfändet werden, wenn die Vollstreckung in das sonstige bewegliche Vermögen des Schuldners zu einer vollständigen Befriedigung des Gläubigers nicht geführt hat oder voraussichtlich nicht führen wird und wenn nach den Umständen des Falles, insbesondere nach der Art des beizutreibenden Anspruchs und der Höhe der Bezüge, die Pfändung der Billigkeit entspricht.

(3) Das Vollstreckungsgericht soll vor seiner Entscheidung die Beteiligten hören.

---

[1] § 850a Nr. 5 geänd. mWv 26.11.2015 durch G v. 20.11.2015 (BGBl. I S. 2010); Nr. 4 neu gef. mWv 1.1.2022 durch G v. 7.5.2021 (BGBl. I S. 850).

[2] § 850b Abs. 1 Nr. 4 geänd. mWv 1.1.2022 durch G v. 7.5.2021 (BGBl. I S. 850).

§ 850c[1)] Pfändungsgrenzen für Arbeitseinkommen. (1) Arbeitseinkommen ist unpfändbar, wenn es, je nach dem Zeitraum, für den es gezahlt wird, nicht mehr als

1. *1178,59 Euro* monatlich,
2. *271,24 Euro* wöchentlich oder
3. *54,25 Euro* täglich

beträgt.[2)]

(2) [1] Gewährt der Schuldner auf Grund einer gesetzlichen Verpflichtung seinem Ehegatten, einem früheren Ehegatten, seinem Lebenspartner, einem früheren Lebenspartner, einem Verwandten oder nach den §§ 1615l und 1615n des Bürgerlichen Gesetzbuchs[3)] einem Elternteil Unterhalt, so erhöht sich der Betrag nach Absatz 1 für die erste Person, der Unterhalt gewährt wird, und zwar um

1. *443,57 Euro* monatlich,
2. *102,08 Euro* wöchentlich oder
3. *20,42 Euro* täglich.

[2] Für die zweite bis fünfte Person, der Unterhalt gewährt wird, erhöht sich der Betrag nach Absatz 1 um je

1. *247,12 Euro* monatlich,
2. *56,87 Euro* wöchentlich oder
3. *11,37 Euro* täglich.[2)]

(3) [1] Übersteigt das Arbeitseinkommen den Betrag nach Absatz 1, so ist es hinsichtlich des überschießenden Teils in Höhe von drei Zehnteln unpfändbar. [2] Gewährt der Schuldner nach Absatz 2 Unterhalt, so sind für die erste Person weitere zwei Zehntel und für die zweite bis fünfte Person jeweils ein weiteres Zehntel unpfändbar. [3] Der Teil des Arbeitseinkommens, der

1. *3613,08 Euro* monatlich,
2. *831,50 Euro* wöchentlich oder
3. *166,30 Euro* täglich[4)]

übersteigt, bleibt bei der Berechnung des unpfändbaren Betrages unberücksichtigt.

(4) [1] Das Bundesministerium der Justiz und für Verbraucherschutz macht im Bundesgesetzblatt Folgendes bekannt (Pfändungsfreigrenzenbekanntmachung)[5)]:

[1)] § 850c Abs. 1–3 neu gef., Abs. 4 und 5 eingef., bish. Abs. 4 wird Abs. 6 und geänd. mWv 8.5.2021 durch G v. 22.11.2020 (BGBl. I S. 2466, geänd. durch G v. 7.5.2021, BGBl. I S. 850).

[2)] Ab 1.7.2022 geltende Beträge gem. Abs. 4 Satz 1 iVm der Pfändungsfreigrenzenbek. 2022 v. 25.5. 2022 (BGBl. I S. 825, auszugsweise wiedergegeben als nichtamtlicher Anhang zur ZPO):

unpfändbar gem. Abs. 1:	Erhöhungsbetrag für die 1. Person gem. Abs. 2 Satz 1:	Erhöhungsbetrag für die 2.–5. Person gem. Abs. 2 Satz 2:	
1 330,16 Euro	500,62 Euro	278,90 Euro	monatlich
306,12 Euro	115,21 Euro	64,19 Euro	wöchentlich
61,22 Euro	23,04 Euro	12,84 Euro	täglich

[3)] Nr. **20**.

[4)] Ab 1.7.2022: **4077,72 Euro** monatlich, **938,43 Euro** wöchentlich, **187,69 Euro** täglich gem. Abs. 4 Satz 1 iVm der Pfändungsfreigrenzenbek. 2022 v. 25.5.2022 (BGBl. I S. 825, auszugsweise wiedergegeben als nichtamtlicher Anhang zur ZPO).

[5)] Siehe die Pfändungsfreigrenzenbek. 2022 v. 25.5.2022 (BGBl. I S. 825), auszugsweise wiedergegeben als nichtamtlicher Anhang zur ZPO.

1. die Höhe des unpfändbaren Arbeitseinkommens nach Absatz 1,
2. die Höhe der Erhöhungsbeträge nach Absatz 2,
3. die Höhe der in Absatz 3 Satz 3 genannten Höchstbeträge.

[2] Die Beträge werden jeweils zum 1. Juli eines Jahres entsprechend der im Vergleich zum jeweiligen Vorjahreszeitraum sich ergebenden prozentualen Entwicklung des Grundfreibetrages nach § 32a Absatz 1 Satz 2 Nummer 1 des Einkommensteuergesetzes angepasst; der Berechnung ist die am 1. Januar des jeweiligen Jahres geltende Fassung des § 32a Absatz 1 Satz 2 Nummer 1 des Einkommensteuergesetzes zugrunde zu legen.

(5) [1] Um den nach Absatz 3 pfändbaren Teil des Arbeitseinkommens zu berechnen, ist das Arbeitseinkommen, gegebenenfalls nach Abzug des nach Absatz 3 Satz 3 pfändbaren Betrages, auf eine Zahl abzurunden, die bei einer Auszahlung für

1. Monate bei einer Teilung durch 10 eine natürliche Zahl ergibt,
2. Wochen bei einer Teilung durch 2,5 eine natürliche Zahl ergibt,
3. Tage bei einer Teilung durch 0,5 eine natürliche Zahl ergibt.

[2] Die sich aus der Berechnung nach Satz 1 ergebenden Beträge sind in der Pfändungsfreigrenzenbekanntmachung als Tabelle enthalten. [3] Im Pfändungsbeschluss genügt die Bezugnahme auf die Tabelle.

(6) Hat eine Person, welcher der Schuldner auf Grund gesetzlicher Verpflichtung Unterhalt gewährt, eigene Einkünfte, so kann das Vollstreckungsgericht auf Antrag des Gläubigers nach billigem Ermessen bestimmen, dass diese Person bei der Berechnung des unpfändbaren Teils des Arbeitseinkommens ganz oder teilweise unberücksichtigt bleibt; soll die Person nur teilweise berücksichtigt werden, so ist Absatz 5 Satz 3 nicht anzuwenden.

§ 850d[1)] Pfändbarkeit bei Unterhaltsansprüchen. (1) [1] Wegen der Unterhaltsansprüche, die kraft Gesetzes einem Verwandten, dem Ehegatten, einem früheren Ehegatten, dem Lebenspartner, einem früheren Lebenspartner oder nach §§ 1615l, 1615n des Bürgerlichen Gesetzbuchs[2)] einem Elternteil zustehen, sind das Arbeitseinkommen und die in § 850a Nr. 1, 2 und 4 genannten Bezüge ohne die in § 850c bezeichneten Beschränkungen pfändbar. [2] Dem Schuldner ist jedoch so viel zu belassen, als er für seinen notwendigen Unterhalt und zur Erfüllung seiner laufenden gesetzlichen Unterhaltspflichten gegenüber den dem Gläubiger vorgehenden Berechtigten oder zur gleichmäßigen Befriedigung der dem Gläubiger gleichstehenden Berechtigten bedarf; von den in § 850a Nr. 1, 2 und 4 genannten Bezügen hat ihm mindestens die Hälfte des nach § 850a unpfändbaren Betrages zu verbleiben. [3] Der dem Schuldner hiernach verbleibende Teil seines Arbeitseinkommens darf den Betrag nicht übersteigen, der ihm nach den Vorschriften des § 850c gegenüber nicht bevorrechtigten Gläubigern zu verbleiben hätte. [4] Für die Pfändung wegen der Rückstände, die länger als ein Jahr vor dem Antrag auf Erlass des Pfändungsbeschlusses fällig geworden sind, gelten die Vorschriften dieses Absatzes insoweit nicht, als nach Lage der Verhältnisse nicht anzunehmen ist, dass der Schuldner sich seiner Zahlungspflicht absichtlich entzogen hat.

[1)] § 850d Abs. 2 neu gef. mWv 1.1.2008 durch G v. 21.12.2007 (BGBl. I S. 3189).
[2)] Nr. **20**.

(2) Mehrere nach Absatz 1 Berechtigte sind mit ihren Ansprüchen in der Reihenfolge nach § 1609 des Bürgerlichen Gesetzbuchs und § 16 des Lebenspartnerschaftsgesetzes[1] zu berücksichtigen, wobei mehrere gleich nahe Berechtigte untereinander den gleichen Rang haben.

(3) Bei der Vollstreckung wegen der in Absatz 1 bezeichneten Ansprüche sowie wegen der aus Anlass einer Verletzung des Körpers oder der Gesundheit zu zahlenden Renten kann zugleich mit der Pfändung wegen fälliger Ansprüche auch künftig fällig werdendes Arbeitseinkommen wegen der dann jeweils fällig werdenden Ansprüche gepfändet und überwiesen werden.

§ 850e Berechnung des pfändbaren Arbeitseinkommens. Für die Berechnung des pfändbaren Arbeitseinkommens gilt Folgendes:

1. [1] Nicht mitzurechnen sind die nach § 850a der Pfändung entzogenen Bezüge, ferner Beträge, die unmittelbar auf Grund steuerrechtlicher oder sozialrechtlicher Vorschriften zur Erfüllung gesetzlicher Verpflichtungen des Schuldners abzuführen sind. [2] Diesen Beträgen stehen gleich die auf den Auszahlungszeitraum entfallenden Beträge, die der Schuldner
   a) nach den Vorschriften der Sozialversicherungsgesetze zur Weiterversicherung entrichtet oder
   b) an eine Ersatzkasse oder an ein Unternehmen der privaten Krankenversicherung leistet, soweit sie den Rahmen des Üblichen nicht übersteigen.
2. [1] Mehrere Arbeitseinkommen sind auf Antrag vom Vollstreckungsgericht bei der Pfändung zusammenzurechnen. [2] Der unpfändbare Grundbetrag ist in erster Linie dem Arbeitseinkommen zu entnehmen, das die wesentliche Grundlage der Lebenshaltung des Schuldners bildet.

2a. [1] Mit Arbeitseinkommen sind auf Antrag auch Ansprüche auf laufende Geldleistungen nach dem Sozialgesetzbuch zusammenzurechnen, soweit diese der Pfändung unterworfen sind. [2] Der unpfändbare Grundbetrag ist, soweit die Pfändung nicht wegen gesetzlicher Unterhaltsansprüche erfolgt, in erster Linie den laufenden Geldleistungen nach dem Sozialgesetzbuch zu entnehmen. [3] Ansprüche auf Geldleistungen für Kinder dürfen mit Arbeitseinkommen nur zusammengerechnet werden, soweit sie nach § 76 des Einkommensteuergesetzes oder nach § 54 Abs. 5 des Ersten Buches Sozialgesetzbuch[2] gepfändet werden können.

3. [1] Erhält der Schuldner neben seinem in Geld zahlbaren Einkommen auch Naturalleistungen, so sind Geld- und Naturalleistungen zusammenzurechnen. [2] In diesem Fall ist der in Geld zahlbare Betrag insoweit pfändbar, als der nach § 850c unpfändbare Teil des Gesamteinkommens durch den Wert der dem Schuldner verbleibenden Naturalleistungen gedeckt ist.
4. [1] Trifft eine Pfändung, eine Abtretung oder eine sonstige Verfügung wegen eines der in § 850d bezeichneten Ansprüche mit einer Pfändung wegen eines sonstigen Anspruchs zusammen, so sind auf die Unterhaltsansprüche zunächst die gemäß § 850d der Pfändung in erweitertem Umfang unterliegenden Teile des Arbeitseinkommens zu verrechnen. [2] Die Verrechnung nimmt auf Antrag eines Beteiligten das Vollstreckungsgericht vor. [3] Der Drittschuldner kann,

---

[1] **Habersack, Deutsche Gesetze ErgBd. Nr. 43.**
[2] **Sartorius ErgBd. Nr. 401.**

2. die Feststellung der Zulässigkeit oder Unzulässigkeit eines schiedsrichterlichen Verfahrens (§ 1032) oder die Entscheidung eines Schiedsgerichts, in der dieses seine Zuständigkeit in einem Zwischenentscheid bejaht hat (§ 1040);
3. die Vollziehung, Aufhebung oder Änderung der Anordnung vorläufiger oder sichernder Maßnahmen des Schiedsgerichts (§ 1041);
4. die Aufhebung (§ 1059) oder die Vollstreckbarerklärung des Schiedsspruchs (§§ 1060 ff.) oder die Aufhebung der Vollstreckbarerklärung (§ 1061).

(2) Besteht in den Fällen des Absatzes 1 Nr. 2 erste Alternative, Nr. 3 oder Nr. 4 kein deutscher Schiedsort, so ist für die Entscheidungen das Oberlandesgericht zuständig, in dessen Bezirk der Antragsgegner seinen Sitz oder gewöhnlichen Aufenthalt hat oder sich Vermögen des Antragsgegners oder der mit der Schiedsklage in Anspruch genommene oder von der Maßnahme betroffene Gegenstand befindet, hilfsweise das Kammergericht.

(3) In den Fällen des § 1025 Abs. 3 ist für die Entscheidung das Oberlandesgericht zuständig, in dessen Bezirk der Kläger oder der Beklagte seinen Sitz oder seinen gewöhnlichen Aufenthalt hat.

(4) Für die Unterstützung bei der Beweisaufnahme und sonstige richterliche Handlungen (§ 1050) ist das Amtsgericht zuständig, in dessen Bezirk die richterliche Handlung vorzunehmen ist.

(5) [1] Sind in einem Land mehrere Oberlandesgerichte errichtet, so kann die Zuständigkeit von der Landesregierung durch Rechtsverordnung einem Oberlandesgericht oder dem obersten Landesgericht übertragen werden; die Landesregierung kann die Ermächtigung durch Rechtsverordnung auf die Landesjustizverwaltung übertragen. [2] Mehrere Länder können die Zuständigkeit eines Oberlandesgerichts über die Ländergrenzen hinaus vereinbaren.

§ 1063 Allgemeine Vorschriften. (1) [1] Das Gericht entscheidet durch Beschluss. [2] Vor der Entscheidung ist der Gegner zu hören.

(2) Das Gericht hat die mündliche Verhandlung anzuordnen, wenn die Aufhebung des Schiedsspruchs beantragt wird oder wenn bei einem Antrag auf Anerkennung oder Vollstreckbarerklärung des Schiedsspruchs Aufhebungsgründe nach § 1059 Abs. 2 in Betracht kommen.

(3) [1] Der Vorsitzende des Zivilsenats kann ohne vorherige Anhörung des Gegners anordnen, dass der Antragsteller bis zur Entscheidung über den Antrag die Zwangsvollstreckung aus dem Schiedsspruch betreiben oder die vorläufige oder sichernde Maßnahme des Schiedsgerichts nach § 1041 vollziehen darf. [2] Die Zwangsvollstreckung aus dem Schiedsspruch darf nicht über Maßnahmen zur Sicherung hinausgehen. [3] Der Antragsgegner ist befugt, die Zwangsvollstreckung durch Leistung einer Sicherheit in Höhe des Betrages, wegen dessen der Antragsteller vollstrecken kann, abzuwenden.

(4) Solange eine mündliche Verhandlung nicht angeordnet ist, können zu Protokoll der Geschäftsstelle Anträge gestellt und Erklärungen abgegeben werden.

§ 1064 Besonderheiten bei der Vollstreckbarerklärung von Schiedssprüchen. (1) [1] Mit dem Antrag auf Vollstreckbarerklärung eines Schiedsspruchs ist der Schiedsspruch oder eine beglaubigte Abschrift des Schiedsspruchs vorzulegen. [2] Die Beglaubigung kann auch von dem für das gerichtliche Verfahren bevollmächtigten Rechtsanwalt vorgenommen werden.

(2) Der Beschluss, durch den ein Schiedsspruch für vollstreckbar erklärt wird, ist für vorläufig vollstreckbar zu erklären.

(3) Auf ausländische Schiedssprüche sind die Absätze 1 und 2 anzuwenden, soweit Staatsverträge nicht ein anderes bestimmen.

§ 1065 Rechtsmittel. (1) [1] Gegen die in § 1062 Abs. 1 Nr. 2 und 4 genannten Entscheidungen findet die Rechtsbeschwerde statt. [2] Im Übrigen sind die Entscheidungen in den in § 1062 Abs. 1 bezeichneten Verfahren unanfechtbar.

(2) [1] Die Rechtsbeschwerde kann auch darauf gestützt werden, dass die Entscheidung auf einer Verletzung eines Staatsvertrages beruht. [2] Die §§ 707, 717 sind entsprechend anzuwenden.

Abschnitt 10. Außervertragliche Schiedsgerichte

§ 1066 Entsprechende Anwendung der Vorschriften des Buches 10.

Für Schiedsgerichte, die in gesetzlich statthafter Weise durch letztwillige oder andere nicht auf Vereinbarung beruhende Verfügungen angeordnet werden, gelten die Vorschriften dieses Buches entsprechend.

Buch 11. Justizielle Zusammenarbeit in der Europäischen Union

Abschnitt 1.[1)] Zustellung nach der Verordnung (EU) 2020/1784

§ 1067[2)] Zustellung durch Auslandsvertretungen. (1) [1] Eine Zustellung nach Artikel 17 der Verordnung (EU) 2020/1784 durch die zuständige deutsche Auslandsvertretung soll nur im begründeten Ausnahmefall erfolgen. [2] Eine Zustellung nach Satz 1 an einen Adressaten, der nicht deutscher Staatsangehöriger ist, ist nur zulässig, sofern der Mitgliedstaat, in dem die Zustellung erfolgen soll, dies nicht durch eine Erklärung nach Artikel 33 Absatz 1 Satz 1 der Verordnung (EU) 2020/1784 ausgeschlossen hat.

(2) Eine Zustellung nach Artikel 17 der Verordnung (EU) 2020/1784, die in der Bundesrepublik Deutschland bewirkt werden soll, ist nur zulässig, wenn der Adressat des zuzustellenden Schriftstücks Staatsangehöriger des Übermittlungsstaats ist.

§ 1068[3)] Elektronische Zustellung. An Adressaten in der Bundesrepublik Deutschland dürfen gerichtliche elektronische Schriftstücke nur nach Artikel 19 Absatz 1 Buchstabe a der Verordnung (EU) 2020/1784 elektronisch zugestellt werden.

§ 1069[4)] Zuständigkeiten nach der Verordnung (EU) 2020/1784; Verordnungsermächtigungen. (1) Für Zustellungen im Ausland sind als deutsche Übermittlungsstelle im Sinne von Artikel 3 Absatz 1 der Verordnung (EU) 2020/1784 zuständig:

[1)] Abschnitt 1 Überschrift neu gef. mWv 13.11.2008 durch G v. 30.10.2008 (BGBl. I S. 2122); Überschrift geänd. mWv 1.7.2022 durch G v. 24.6.2022 (BGBl. I S. 959).

[2)] § 1067 neu gef. mWv 13.11.2008 durch G v. 30.10.2008 (BGBl. I S. 2122); geänd. mWv 10.1.2015 durch G v. 8.7.2014 (BGBl. I S. 890); Abs. 1 eingef. mWv 17.6.2017 durch G v. 11.6.2017 (BGBl. I S. 1607); Überschrift geänd., Abs. 1 neu gef., Abs. 2 geänd. mWv 1.7.2022 durch G v. 24.6.2022 (BGBl. I S. 959).

[3)] § 1068 neu gef. mWv 1.7.2022 durch G v. 24.6.2022 (BGBl. I S. 959).

[4)] § 1069 Überschrift, Abs. 1–3 geänd. mWv 13.11.2008 durch G v. 30.10.2008 (BGBl. I S. 2122); Überschrift, Abs. 2 Satz 1 geänd. mWv 17.6.2017 durch G v. 11.6.2017 (BGBl. I S. 1607); Überschrift, Abs. 1 einl. Satzteil, Abs. 2 Satz 1, Abs. 3 Satz 1 geänd., Abs. 4 eingef., bish. Abs. 4 wird Abs. 5 mWv 1.7. 2022 durch G v. 24.6.2022 (BGBl. I S. 959).

1. für gerichtliche Schriftstücke das die Zustellung betreibende Gericht und
2. für außergerichtliche Schriftstücke dasjenige Amtsgericht, in dessen Bezirk die Person, welche die Zustellung betreibt, ihren Wohnsitz oder gewöhnlichen Aufenthalt hat; bei notariellen Urkunden auch dasjenige Amtsgericht, in dessen Bezirk der beurkundende Notar seinen Amtssitz hat; bei juristischen Personen tritt an die Stelle des Wohnsitzes oder des gewöhnlichen Aufenthalts der Sitz; die Landesregierungen können die Aufgaben der Übermittlungsstelle einem Amtsgericht für die Bezirke mehrerer Amtsgerichte durch Rechtsverordnung zuweisen.

(2) [1] Für Zustellungen in der Bundesrepublik Deutschland ist als deutsche Empfangsstelle im Sinne von Artikel 3 Absatz 2 der Verordnung (EU) 2020/1784 die Geschäftsstelle desjenigen Amtsgerichts zuständig, in dessen Bezirk das Schriftstück zugestellt werden soll. [2] Die Landesregierungen können die Aufgaben der Empfangsstelle einem Amtsgericht für die Bezirke mehrerer Amtsgerichte durch Rechtsverordnung zuweisen.

(3) [1] Die Landesregierungen bestimmen durch Rechtsverordnung die Stelle, die in dem jeweiligen Land als deutsche Zentralstelle nach Artikel 4 der Verordnung (EU) 2020/1784 zuständig ist. [2] Die Aufgaben der Zentralstelle können in jedem Land nur einer Stelle zugewiesen werden.

(4) [1] Zentralstelle des Bundes nach Artikel 4 der Verordnung (EU) 2020/1784 ist das Bundesamt für Justiz. [2] Es unterstützt bei Bedarf die zuständigen Behörden der Länder.

(5) Die Landesregierungen können die Befugnis zum Erlass einer Rechtsverordnung nach Absatz 1 Nr. 2, Absatz 2 Satz 2 und Absatz 3 Satz 1 einer obersten Landesbehörde übertragen.

§ 1070[1)] Sprache eingehender Anträge, Bescheinigungen und Mitteilungen. Aus dem Ausland eingehende Zustellungsanträge, Bescheinigungen über die Zustellung sowie sonstige Mitteilungen nach der Verordnung (EU) 2020/1784 müssen in deutscher oder in englischer Sprache abgefasst oder von einer Übersetzung in die deutsche oder englische Sprache begleitet sein.

§ 1071[2)] Zustellung nach dem Abkommen zwischen der Europäischen Gemeinschaft und dem Königreich Dänemark vom 19. Oktober 2005 über die Zustellung gerichtlicher und außergerichtlicher Schriftstücke in Zivil- oder Handelssachen. Wenn die Verordnung (EU) 2020/1784 im Verhältnis zu Dänemark auf Grund des Artikels 2 Absatz 1 des Abkommens zwischen der Europäischen Gemeinschaft und dem Königreich Dänemark vom 19. Oktober 2005 über die Zustellung gerichtlicher und außergerichtlicher Schriftstücke in Zivil- oder Handelssachen anwendbar ist, gelten die Vorschriften der §§ 1067 bis 1070 entsprechend.

[1)] § 1070 eingef. mWv 1.7.2022 durch G v. 24.6.2022 (BGBl. I S. 959).

[2)] Früherer § 1070 aufgeh. mWv 13.11.2008 durch G v. 30.10.2008 (BGBl. I S. 2122); neu gef. mWv 17.6.2017 durch G v. 11.6.2017 (BGBl. I S. 1607); bish. § 1070 wird § 1071 und geänd. mWv 1.7.2022 durch G v. 24.6.2022 (BGBl. I S. 959).

Abschnitt 2.[1] Beweisaufnahme nach der Verordnung (EU) 2020/1783

§ 1072[2] Beweisaufnahme in den Mitgliedstaaten der Europäischen Union. Soll die Beweisaufnahme nach der Verordnung (EU) 2020/1783 erfolgen, so kann das deutsche Gericht

1. nach den Artikeln 12 bis 18 der Verordnung (EU) 2020/1783 das zuständige Gericht eines anderen Mitgliedstaats um Aufnahme des Beweises ersuchen,
2. unter den Voraussetzungen der Artikel 19 und 20 der Verordnung (EU) 2020/1783 eine unmittelbare Beweisaufnahme in einem anderen Mitgliedstaat beantragen oder
3. unter den Voraussetzungen des Artikels 21 der Verordnung (EU) 2020/1783 und nur in einem begründeten Ausnahmefall einen deutschen Konsularbeamten um Vernehmung eines deutschen Staatsangehörigen in einem anderen Mitgliedstaat ersuchen.

§ 1073[3] Teilnahmerechte. (1) [1]Das ersuchende deutsche Gericht oder ein von diesem beauftragtes Mitglied darf im Geltungsbereich der Verordnung (EU) 2020/1783 bei der Erledigung des Ersuchens auf Beweisaufnahme durch das ersuchte ausländische Gericht oder durch den deutschen Konsularbeamten anwesend und beteiligt sein. [2]Parteien, deren Vertreter sowie Sachverständige können sich hierbei in dem Umfang beteiligen, in dem sie in dem betreffenden Verfahren an einer inländischen Beweisaufnahme beteiligt werden dürfen.

(2) Eine unmittelbare Beweisaufnahme im Ausland nach Artikel 19 Absatz 3 der Verordnung (EU) 2020/1783 dürfen Mitglieder des Gerichts sowie von diesem beauftragte Sachverständige durchführen.

§ 1074[4] Zuständigkeiten nach der Verordnung (EU) 2020/1783; Verordnungsermächtigung. (1) Für Beweisaufnahmen in der Bundesrepublik Deutschland ist als ersuchtes Gericht im Sinne von Artikel 3 Absatz 1 der Verordnung (EU) 2020/1783 dasjenige Amtsgericht zuständig, in dessen Bezirk die Verfahrenshandlung durchgeführt werden soll.

(2) Die Landesregierungen können die Aufgaben des ersuchten Gerichts einem Amtsgericht für die Bezirke mehrerer Amtsgerichte durch Rechtsverordnung zuweisen.

(3) [1]Die Landesregierungen bestimmen durch Rechtsverordnung die Stelle, die in dem jeweiligen Land

1. als deutsche Zentralstelle nach Artikel 4 der Verordnung (EU) 2020/1783 zuständig ist,
2. als zuständige Stelle über Ersuchen um unmittelbare Beweisaufnahme nach Artikel 19 Absatz 1 der Verordnung (EU) 2020/1783 entscheidet.

[2]Die Aufgaben nach den Nummern 1 und 2 können in jedem Land nur jeweils einer Stelle zugewiesen werden.

---

[1] Abschnitt 2 Überschrift geänd. mWv 1.7.2022 durch G v. 24.6.2022 (BGBl. I S. 959).

[2] § 1072 einl. Satzteil geänd. mWv 10.1.2015 durch G v. 8.7.2014 (BGBl. I S. 890); einl. Satzteil, Nr. 1 geänd., Nr. 2 neu gef., Nr. 3 angef. mWv 1.7.2022 durch G v. 24.6.2022 (BGBl. I S. 959).

[3] § 1073 Abs. 1 Satz 1, Abs. 2 geänd. mWv 1.7.2022 durch G v. 24.6.2022 (BGBl. I S. 959).

[4] § 1074 Überschrift, Abs. 1, Abs. 3 Satz 1 Nr. 1 geänd., Nr. 2 neu gef., Abs. 4 eingef., bish. Abs. 4 wird Abs. 5 mWv 1.7.2022 durch G v. 24.6.2022 (BGBl. I S. 959).

(4) [1] Zentralstelle des Bundes nach Artikel 4 der Verordnung (EU) 2020/1783 ist das Bundesamt für Justiz. [2] Es unterstützt bei Bedarf die zuständigen Behörden der Länder.

(5) Die Landesregierungen können die Befugnis zum Erlass einer Rechtsverordnung nach den Absätzen 2 und 3 Satz 1 einer obersten Landesbehörde übertragen.

§ 1075[1)] Sprache eingehender Ersuchen. Aus dem Ausland eingehende Ersuchen auf Beweisaufnahme sowie Mitteilungen nach der Verordnung (EU) 2020/1783 müssen in deutscher Sprache abgefasst oder von einer Übersetzung in die deutsche Sprache begleitet sein.

Abschnitt 3. Prozesskostenhilfe nach der Richtlinie 2003/8/EG

§ 1076 Anwendbare Vorschriften. Für die grenzüberschreitende Prozesskostenhilfe innerhalb der Europäischen Union nach der Richtlinie 2003/8/EG des Rates vom 27. Januar 2003 zur Verbesserung des Zugangs zum Recht bei Streitsachen mit grenzüberschreitendem Bezug durch Festlegung gemeinsamer Mindestvorschriften für die Prozesskostenhilfe in derartigen Streitsachen (ABl. EG Nr. L 26 S. 41, ABl. EU Nr. L 32 S. 15) gelten die §§ 114 bis 127a, soweit nachfolgend nichts Abweichendes bestimmt ist.

§ 1077[2)] Ausgehende Ersuchen. (1) [1] Für die Entgegennahme und Übermittlung von Anträgen natürlicher Personen auf grenzüberschreitende Prozesskostenhilfe ist das Amtsgericht zuständig, in dessen Bezirk der Antragsteller seinen Wohnsitz oder gewöhnlichen Aufenthalt hat (Übermittlungsstelle). [2] Die Landesregierungen können die Aufgaben der Übermittlungsstelle einem Amtsgericht für die Bezirke mehrerer Amtsgerichte durch Rechtsverordnung zuweisen. [3] Sie können die Ermächtigung durch Rechtsverordnung auf die Landesjustizverwaltungen übertragen. [4] § 21 Satz 1 des Auslandsunterhaltsgesetzes[3)] bleibt unberührt.

(2) [1] Das Bundesministerium der Justiz und für Verbraucherschutz wird ermächtigt, durch Rechtsverordnung[4)] mit Zustimmung des Bundesrates die in Artikel 16 Abs. 1 der Richtlinie 2003/8/EG vorgesehenen Standardformulare für Anträge auf grenzüberschreitende Prozesskostenhilfe und für deren Übermittlung einzuführen. [2] Soweit Standardformulare für Anträge auf grenzüberschreitende Prozesskostenhilfe und für deren Übermittlung eingeführt sind, müssen sich der Antragsteller und die Übermittlungsstelle ihrer bedienen.

(3) [1] Die Übermittlungsstelle kann die Übermittlung durch Beschluss vollständig oder teilweise ablehnen, wenn der Antrag offensichtlich unbegründet ist oder offensichtlich nicht in den Anwendungsbereich der Richtlinie 2003/8/EG fällt. [2] Sie kann von Amts wegen Übersetzungen von dem Antrag beigefügten fremdsprachigen Anlagen fertigen, soweit dies zur Vorbereitung einer Entscheidung nach Satz 1 erforderlich ist. [3] Gegen die ablehnende Entscheidung findet die sofortige Beschwerde nach Maßgabe des § 127 Abs. 2 Satz 2 und 3 statt.

[1)] § 1075 geänd. mWv 1.7.2022 durch G v. 24.6.2022 (BGBl. I S. 959).

[2)] § 1077 Abs. 1 Satz 4 angef. mWv 18.6.2011 durch G v. 23.5.2011 (BGBl. I S. 898); Abs. 2 Satz 1 geänd. mWv 8.9.2015 durch VO v. 31.8.2015 (BGBl. I S. 1474).

[3)] **Habersack, Deutsche Gesetze ErgBd. Nr. 103o.**

[4)] Siehe die EG-ProzesskostenhilfevordruckVO v. 21.12.2004 (BGBl. I S. 3538).

(4) [1] Die Übermittlungsstelle fertigt von Amts wegen Übersetzungen der Eintragungen im Standardformular für Anträge auf Prozesskostenhilfe sowie der beizufügenden Anlagen

a) in eine der Amtssprachen des Mitgliedstaats der zuständigen Empfangsstelle, die zugleich einer der Amtssprachen der Europäischen Union entspricht, oder

b) in eine andere von diesem Mitgliedstaat zugelassene Sprache.

[2] Die Übermittlungsstelle prüft die Vollständigkeit des Antrags und wirkt darauf hin, dass Anlagen, die nach ihrer Kenntnis zur Entscheidung über den Antrag erforderlich sind, beigefügt werden.

(5) [1] Die Übermittlungsstelle übersendet den Antrag und die beizufügenden Anlagen ohne Legalisation oder gleichwertige Förmlichkeiten an die zuständige Empfangsstelle des Mitgliedstaats des Gerichtsstands oder des Vollstreckungsmitgliedstaats. [2] Die Übermittlung erfolgt innerhalb von 14 Tagen nach Vorliegen der gemäß Absatz 4 zu fertigenden Übersetzungen.

(6) [1] Hat die zuständige Stelle des anderen Mitgliedstaats das Ersuchen um Prozesskostenhilfe auf Grund der persönlichen und wirtschaftlichen Verhältnisse des Antragstellers abgelehnt oder eine Ablehnung angekündigt, so stellt die Übermittlungsstelle auf Antrag eine Bescheinigung der Bedürftigkeit aus, wenn der Antragsteller in einem entsprechenden deutschen Verfahren nach § 115 Abs. 1 und 2 als bedürftig anzusehen wäre. [2] Absatz 4 Satz 1 gilt für die Übersetzung der Bescheinigung entsprechend. [3] Die Übermittlungsstelle übersendet der Empfangsstelle des anderen Mitgliedstaats die Bescheinigung der Bedürftigkeit zwecks Ergänzung des ursprünglichen Ersuchens um grenzüberschreitende Prozesskostenhilfe.

§ 1078 Eingehende Ersuchen. (1) [1] Für eingehende Ersuchen um grenzüberschreitende Prozesskostenhilfe ist das Prozessgericht oder das Vollstreckungsgericht zuständig. [2] Die Anträge müssen in deutscher Sprache ausgefüllt und die Anlagen von einer Übersetzung in die deutsche Sprache begleitet sein. [3] Eine Legalisation oder gleichwertige Förmlichkeiten dürfen nicht verlangt werden.

(2) [1] Das Gericht entscheidet über das Ersuchen nach Maßgabe der §§ 114 bis 116. [2] Es übersendet der übermittelnden Stelle eine Abschrift seiner Entscheidung.

(3) Der Antragsteller erhält auch dann grenzüberschreitende Prozesskostenhilfe, wenn er nachweist, dass er wegen unterschiedlich hoher Lebenshaltungskosten im Mitgliedstaat seines Wohnsitzes oder gewöhnlichen Aufenthalts einerseits und im Geltungsbereich dieses Gesetzes andererseits die Kosten der Prozessführung nicht, nur zum Teil oder nur in Raten aufbringen kann.

(4) [1] Wurde grenzüberschreitende Prozesskostenhilfe bewilligt, so gilt für jeden weiteren Rechtszug, der von dem Antragsteller oder dem Gegner eingeleitet wird, ein neuerliches Ersuchen um grenzüberschreitende Prozesskostenhilfe als gestellt. [2] Das Gericht hat dahin zu wirken, dass der Antragsteller die Voraussetzungen für die Bewilligung der grenzüberschreitenden Prozesskostenhilfe für den jeweiligen Rechtszug darlegt.

Abschnitt 4. Europäische Vollstreckungstitel nach der Verordnung (EG) Nr. 805/2004

Titel 1. Bestätigung inländischer Titel als Europäische Vollstreckungstitel

§ 1079[1] **Zuständigkeit.** Für die Ausstellung der Bestätigungen nach

1. Artikel 9 Abs. 1, Artikel 24 Abs. 1, Artikel 25 Abs. 1 und
2. Artikel 6 Abs. 2 und 3

der Verordnung (EG) Nr. 805/2004[2] sind die Gerichte, Behörden oder Notare zuständig, denen die Erteilung einer vollstreckbaren Ausfertigung des Titels obliegt.

§ 1080[3] **Entscheidung.** (1) [1] Bestätigungen nach Artikel 9 Abs. 1, Artikel 24 Abs. 1, Artikel 25 Abs. 1 und Artikel 6 Abs. 3 der Verordnung (EG) Nr. 805/2004[2] sind ohne Anhörung des Schuldners auszustellen. [2] Eine Ausfertigung der Bestätigung ist dem Schuldner von Amts wegen zuzustellen. [3] Das gilt nicht, wenn die antragstellende Person Übermittlung an sich zur Zustellung im Parteibetrieb beantragt hat.

(2) Wird der Antrag auf Ausstellung einer Bestätigung zurückgewiesen, so sind die Vorschriften über die Anfechtung der Entscheidung über die Erteilung einer Vollstreckungsklausel entsprechend anzuwenden.

§ 1081 Berichtigung und Widerruf. (1) [1] Ein Antrag nach Artikel 10 Abs. 1 der Verordnung (EG) Nr. 805/2004[2] auf Berichtigung oder Widerruf einer gerichtlichen Bestätigung ist bei dem Gericht zu stellen, das die Bestätigung ausgestellt hat. [2] Über den Antrag entscheidet dieses Gericht. [3] Ein Antrag auf Berichtigung oder Widerruf einer notariellen oder behördlichen Bestätigung ist an die Stelle zu richten, die die Bestätigung ausgestellt hat. [4] Die Notare oder Behörden leiten den Antrag unverzüglich dem Amtsgericht, in dessen Bezirk sie ihren Sitz haben, zur Entscheidung zu.

(2) [1] Der Antrag auf Widerruf durch den Schuldner ist nur binnen einer Frist von einem Monat zulässig. [2] Ist die Bestätigung im Ausland zuzustellen, beträgt die Frist zwei Monate. [3] Sie ist eine Notfrist und beginnt mit der Zustellung der Bestätigung, jedoch frühestens mit der Zustellung des Titels, auf den sich die Bestätigung bezieht. [4] In dem Antrag auf Widerruf sind die Gründe darzulegen, weshalb die Bestätigung eindeutig zu Unrecht erteilt worden ist.

(3) § 319 Abs. 2 und 3 ist auf die Berichtigung und den Widerruf entsprechend anzuwenden.

Titel 2. Zwangsvollstreckung aus Europäischen Vollstreckungstiteln im Inland

§ 1082 Vollstreckungstitel. Aus einem Titel, der in einem anderen Mitgliedstaat der Europäischen Union nach der Verordnung (EG) Nr. 805/2004[2] als Europäischer Vollstreckungstitel bestätigt worden ist, findet die Zwangsvollstreckung im Inland statt, ohne dass es einer Vollstreckungsklausel bedarf.

§ 1083 Übersetzung. Hat der Gläubiger nach Artikel 20 Abs. 2 Buchstabe c der Verordnung (EG) Nr. 805/2004[2] eine Übersetzung vorzulegen, so ist diese in

[1] § 1079 abschl. Satzteil geänd. mWv 10.1.2015 durch G v. 8.7.2014 (BGBl. I S. 890).
[2] **Habersack, Deutsche Gesetze ErgBd. Nr. 103f.**
[3] § 1080 Abs. 1 Satz 3 angef. mWv 18.8.2021 durch G v. 10.8.2021 (BGBl. I S. 3424).

deutscher Sprache zu verfassen und von einer hierzu in einem der Mitgliedstaaten der Europäischen Union befugten Person zu beglaubigen.

§ 1084 Anträge nach den Artikeln 21 und 23 der Verordnung (EG) Nr. 805/2004. (1) [1] Für Anträge auf Verweigerung, Aussetzung oder Beschränkung der Zwangsvollstreckung nach den Artikeln 21 und 23 der Verordnung (EG) Nr. 805/2004[1)] ist das Amtsgericht als Vollstreckungsgericht zuständig. [2] Die Vorschriften des Buches 8 über die örtliche Zuständigkeit des Vollstreckungsgerichts sind entsprechend anzuwenden. [3] Die Zuständigkeit nach den Sätzen 1 und 2 ist ausschließlich.

(2) [1] Die Entscheidung über den Antrag nach Artikel 21 der Verordnung (EG) Nr. 805/2004 ergeht durch Beschluss. [2] Auf die Einstellung der Zwangsvollstreckung und die Aufhebung der bereits getroffenen Vollstreckungsmaßregeln sind § 769 Abs. 1 und 3 sowie § 770 entsprechend anzuwenden. [3] Die Aufhebung einer Vollstreckungsmaßregel ist auch ohne Sicherheitsleistung zulässig.

(3) [1] Über den Antrag auf Aussetzung oder Beschränkung der Vollstreckung nach Artikel 23 der Verordnung (EG) Nr. 805/2004 wird durch einstweilige Anordnung entschieden. [2] Die Entscheidung ist unanfechtbar.

§ 1085 Einstellung der Zwangsvollstreckung. Die Zwangsvollstreckung ist entsprechend den §§ 775 und 776 auch dann einzustellen oder zu beschränken, wenn die Ausfertigung einer Bestätigung über die Nichtvollstreckbarkeit oder über die Beschränkung der Vollstreckbarkeit nach Artikel 6 Abs. 2 der Verordnung (EG) Nr. 805/2004[1)] vorgelegt wird.

§ 1086[2)] Vollstreckungsabwehrklage. (1) [1] Für Klagen nach § 795 Satz 1 in Verbindung mit § 767 ist das Gericht ausschließlich örtlich zuständig, in dessen Bezirk der Schuldner seinen Wohnsitz hat, oder, wenn er im Inland keinen Wohnsitz hat, das Gericht, in dessen Bezirk die Zwangsvollstreckung stattfinden soll oder stattgefunden hat. [2] Der Sitz von Gesellschaften oder juristischen Personen steht dem Wohnsitz gleich.

(2) § 767 Abs. 2 ist entsprechend auf gerichtliche Vergleiche und öffentliche Urkunden anzuwenden.

Abschnitt 5.[3)] Europäisches Mahnverfahren nach der Verordnung (EG) Nr. 1896/2006

Titel 1. Allgemeine Vorschriften

§ 1087[4)] Zuständigkeit. Für die Bearbeitung von Anträgen auf Erlass und Überprüfung sowie die Vollstreckbarerklärung eines Europäischen Zahlungsbefehls nach der Verordnung (EG) Nr. 1896/2006[5)] ist das Amtsgericht Wedding in Berlin ausschließlich zuständig.

---

1) **Habersack, Deutsche Gesetze ErgBd. Nr. 103f.**

2) § 1086 Abs. 1 Satz 1 geänd. mWv 10.1.2015 durch G v. 8.7.2014 (BGBl. I S. 890).

3) Abschnitt 5 (§§ 1087–1096) angef. mWv 12.12.2008 durch G v. 30.10.2008 (BGBl. I S. 2122).

4) § 1087 angef. mWv 12.12.2008 durch G v. 30.10.2008 (BGBl. I S. 2122); geänd. mWv 10.1.2015 durch G v. 8.7.2014 (BGBl. I S. 890).

5) **Habersack, Deutsche Gesetze ErgBd. Nr. 103g.**

§ 1088[1] Maschinelle Bearbeitung. (1) [1]Der Antrag auf Erlass des Europäischen Zahlungsbefehls und der Einspruch können in einer nur maschinell lesbaren Form bei Gericht eingereicht werden, wenn diese dem Gericht für seine maschinelle Bearbeitung geeignet erscheint. [2]§ 130a Absatz 5 Satz 1 gilt entsprechend.

(2) Der Senat des Landes Berlin bestimmt durch Rechtsverordnung, die nicht der Zustimmung des Bundesrates bedarf, den Zeitpunkt, in dem beim Amtsgericht Wedding die maschinelle Bearbeitung der Mahnverfahren eingeführt wird; er kann die Ermächtigung durch Rechtsverordnung auf die Senatsverwaltung für Justiz des Landes Berlin übertragen.

§ 1089[2] Zustellung. (1) [1]Ist der Europäische Zahlungsbefehl im Inland zuzustellen, gelten die Vorschriften über das Verfahren bei Zustellungen von Amts wegen entsprechend. [2]Die §§ 185 bis 188 sind nicht anzuwenden.

(2) Ist der Europäische Zahlungsbefehl in einem anderen Mitgliedstaat der Europäischen Union zuzustellen, gelten die Vorschriften der Verordnung (EU) 2020/1784 sowie für die Durchführung dieser Verordnung § 1067 Absatz 1, § 1069 Absatz 1 und § 1070 entsprechend.

Titel 2. Einspruch gegen den Europäischen Zahlungsbefehl

§ 1090[3] Verfahren nach Einspruch. (1) [1]Im Fall des Artikels 17 Abs. 1 der Verordnung (EG) Nr. 1896/2006[4] fordert das Gericht den Antragsteller mit der Mitteilung nach Artikel 17 Abs. 3 der Verordnung (EG) Nr. 1896/2006 auf, das Gericht zu bezeichnen, das für die Durchführung des streitigen Verfahrens zuständig ist. [2]Das Gericht setzt dem Antragsteller hierfür eine nach den Umständen angemessene Frist und weist ihn darauf hin, dass dem für die Durchführung des streitigen Verfahrens bezeichneten Gericht die Prüfung seiner Zuständigkeit vorbehalten bleibt. [3]Die Aufforderung ist dem Antragsgegner mitzuteilen. [4]Für den Fall, dass der Antragsteller nicht innerhalb der ihm hierfür nach Satz 2 gesetzten Frist das für die Durchführung des streitigen Verfahrens zuständige Gericht benennt, ist der Europäische Zahlungsbefehl aufzuheben. [5]Hierdurch endet das Verfahren nach der Verordnung (EG) Nr. 1896/2006.

(2) [1]Nach Eingang der Mitteilung des Antragstellers nach Absatz 1 Satz 1 gibt das Gericht, das den Europäischen Zahlungsbefehl erlassen hat, das Verfahren von Amts wegen an das vom Antragsteller bezeichnete Gericht ab. [2]§ 696 Abs. 1 Satz 3 bis 5, Abs. 2, 4 und 5 sowie § 698 gelten entsprechend.

(3) Die Streitsache gilt als mit Zustellung des Europäischen Zahlungsbefehls rechtshängig geworden, wenn sie nach Übersendung der Aufforderung nach Absatz 1 Satz 1 und unter Berücksichtigung der Frist nach Absatz 1 Satz 2 alsbald abgegeben wird.

§ 1091[5] Einleitung des Streitverfahrens. § 697 Abs. 1 bis 3 gilt entsprechend.

---

[1] § 1088 angef. mWv 12.12.2008 durch G v. 30.10.2008 (BGBl. I S. 2122); Abs. 1 Satz 2 geänd. mWv 1.1.2018 durch G v. 10.10.2013 (BGBl. I S. 3786).

[2] § 1089 angef. mWv 12.12.2008 durch G v. 30.10.2008 (BGBl. I S. 2122); Abs. 2 geänd. mWv 1.7.2022 durch G v. 24.6.2022 (BGBl. I S. 959).

[3] § 1090 angef. mWv 12.12.2008 durch G v. 30.10.2008 (BGBl. I S. 2122); Abs. 1 Sätze 4 und 5 angef. mWv 17.6.2017 durch G v. 11.6.2017 (BGBl. I S. 1607).

[4] **Habersack, Deutsche Gesetze ErgBd. Nr. 103g.**

[5] Abschnitt 5 (§§ 1087–1096) angef. mWv 12.12.2008 durch G v. 30.10.2008 (BGBl. I S. 2122).

Titel 3. Überprüfung des Europäischen Zahlungsbefehls in Ausnahmefällen

§ 1092[1)] Verfahren. (1) [1]Die Entscheidung über einen Antrag auf Überprüfung des Europäischen Zahlungsbefehls nach Artikel 20 Abs. 1 oder Abs. 2 der Verordnung (EG) Nr. 1896/2006[2)] ergeht durch Beschluss. [2]Der Beschluss ist unanfechtbar.

(2) Der Antragsgegner hat die Tatsachen, die eine Aufhebung des Europäischen Zahlungsbefehls begründen, glaubhaft zu machen.

(3) Erklärt das Gericht den Europäischen Zahlungsbefehl für nichtig, endet das Verfahren nach der Verordnung (EG) Nr. 1896/2006.

(4) Eine Wiedereinsetzung in die Frist nach Artikel 16 Abs. 2 der Verordnung (EG) Nr. 1896/2006 findet nicht statt.

§ 1092a[3)] Rechtsbehelf bei Nichtzustellung oder bei nicht ordnungsgemäßer Zustellung des Europäischen Zahlungsbefehls. (1) [1]Der Antragsgegner kann die Aufhebung des Europäischen Zahlungsbefehls beantragen, wenn ihm der Europäische Zahlungsbefehl

1. nicht zugestellt wurde oder
2. in einer nicht den Anforderungen der Artikel 13 bis 15 der Verordnung (EG) Nr. 1896/2006[2)] genügenden Weise zugestellt wurde.

[2]Der Antrag muss innerhalb eines Monats ab dem Zeitpunkt gestellt werden, zu dem der Antragsgegner Kenntnis vom Erlass des Europäischen Zahlungsbefehls oder des Zustellungsmangels gehabt hat oder hätte haben können. [3]Gibt das Gericht dem Antrag aus einem der in Satz 1 genannten Gründe statt, wird der Europäische Zahlungsbefehl für nichtig erklärt.

(2) [1]Hat das Gericht zum Zeitpunkt der Antragstellung nach Absatz 1 Satz 1 den Europäischen Zahlungsbefehl bereits nach Artikel 18 der Verordnung (EG) Nr. 1896/2006 für vollstreckbar erklärt und gibt es dem Antrag nunmehr statt, so erklärt es die Zwangsvollstreckung aus dem Zahlungsbefehl für unzulässig. [2]Absatz 1 Satz 3 gilt entsprechend.

(3) [1]Die Entscheidung ergeht durch Beschluss. [2]Der Beschluss ist unanfechtbar. [3]§ 1092 Absatz 2 bis 4 findet entsprechende Anwendung.

Titel 4. Zwangsvollstreckung aus dem Europäischen Zahlungsbefehl

§ 1093[1)] Vollstreckungsklausel. Aus einem nach der Verordnung (EG) Nr. 1896/2006[2)] erlassenen und für vollstreckbar erklärten Europäischen Zahlungsbefehl findet die Zwangsvollstreckung im Inland statt, ohne dass es einer Vollstreckungsklausel bedarf.

§ 1094[1)] Übersetzung. Hat der Gläubiger nach Artikel 21 Abs. 2 Buchstabe b der Verordnung (EG) Nr. 1896/2006[2)] eine Übersetzung vorzulegen, so ist diese in deutscher Sprache zu verfassen und von einer in einem der Mitgliedstaaten der Europäischen Union hierzu befugten Person zu beglaubigen.

[1)] Abschnitt 5 (§§ 1087–1096) angef. mWv 12.12.2008 durch G v. 30.10.2008 (BGBl. I S. 2122).
[2)] **Habersack, Deutsche Gesetze ErgBd. Nr. 103g.**
[3)] § 1092a eingef. mWv 17.6.2017 durch G v. 11.6.2017 (BGBl. I S. 1607).

§ 1095[1)] Vollstreckungsschutz und Vollstreckungsabwehrklage gegen den im Inland erlassenen Europäischen Zahlungsbefehl. (1) [1]Wird die Überprüfung eines im Inland erlassenen Europäischen Zahlungsbefehls nach Artikel 20 der Verordnung (EG) Nr. 1896/2006[2)] oder dessen Aufhebung nach § 1092a beantragt, gilt § 707 entsprechend. [2]Für die Entscheidung über den Antrag nach § 707 ist das Gericht zuständig, das über den Antrag nach Artikel 20 der Verordnung (EG) Nr. 1896/2006 entscheidet.

(2) Einwendungen, die den Anspruch selbst betreffen, sind nur insoweit zulässig, als die Gründe, auf denen sie beruhen, nach Zustellung des Europäischen Zahlungsbefehls entstanden sind und durch Einspruch nach Artikel 16 der Verordnung (EG) Nr. 1896/2006 nicht mehr geltend gemacht werden können.

§ 1096[3)] Anträge nach den Artikeln 22 und 23 der Verordnung (EG) Nr. 1896/2006; Vollstreckungsabwehrklage. (1) [1]Für Anträge auf Verweigerung der Zwangsvollstreckung nach Artikel 22 Abs. 1 der Verordnung (EG) Nr. 1896/2006[2)] gilt § 1084 Abs. 1 und 2 entsprechend. [2]Für Anträge auf Aussetzung oder Beschränkung der Zwangsvollstreckung nach Artikel 23 der Verordnung (EG) Nr. 1896/2006 ist § 1084 Abs. 1 und 3 entsprechend anzuwenden.

(2) [1]Für Anträge auf Verweigerung der Zwangsvollstreckung nach Artikel 22 Abs. 2 der Verordnung (EG) Nr. 1896/2006 gilt § 1086 Abs. 1 entsprechend. [2]Für Klagen nach § 795 Satz 1 in Verbindung mit § 767 sind § 1086 Abs. 1 und § 1095 Abs. 2 entsprechend anzuwenden.

Abschnitt 6.[4)] Europäisches Verfahren für geringfügige Forderungen nach der Verordnung (EG) Nr. 861/2007

Titel 1. Erkenntnisverfahren

§ 1097[5)] Einleitung und Durchführung des Verfahrens. (1) Die Formblätter gemäß der Verordnung (EG) Nr. 861/2007[6)] und andere Anträge oder Erklärungen können als Schriftsatz, als Telekopie oder nach Maßgabe des § 130a als elektronisches Dokument bei Gericht eingereicht werden.

(2) Im Fall des Artikels 4 Abs. 3 der Verordnung (EG) Nr. 861/2007 wird das Verfahren über die Klage ohne Anwendung der Vorschriften der Verordnung (EG) Nr. 861/2007 fortgeführt.

§ 1098[4)] Annahmeverweigerung auf Grund der verwendeten Sprache.

[1]Die Frist zur Erklärung der Annahmeverweigerung nach Artikel 6 Abs. 3 der Verordnung (EG) Nr. 861/2007[6)] beträgt eine Woche. [2]Sie ist eine Notfrist und beginnt mit der Zustellung des Schriftstücks. [3]Der Empfänger ist über die Folgen einer Versäumung der Frist zu belehren.

[1)] § 1095 angef. mWv 12.12.2008 durch G v. 30.10.2008 (BGBl. I S. 2122); Abs. 1 Satz 1 geänd. mWv 17.6.2017 durch G v. 11.6.2017 (BGBl. I S. 1607).

[2)] **Habersack, Deutsche Gesetze ErgBd. Nr. 103g.**

[3)] § 1096 angef. mWv 12.12.2008 durch G v. 30.10.2008 (BGBl. I S. 2122); Abs. 2 Satz 2 geänd. mWv 10.1.2015 durch G v. 8.7.2014 (BGBl. I S. 890).

[4)] Abschnitt 6 (§§ 1097–1109) angef. mWv 1.1.2009 durch G v. 30.10.2008 (BGBl. I S. 2122).

[5)] § 1097 angef. mWv 1.1.2009 durch G v. 30.10.2008 (BGBl. I S. 2122); Abs. 1 geänd. mWv 10.1.2015 durch G v. 8.7.2014 (BGBl. I S. 890).

[6)] **Habersack, Deutsche Gesetze ErgBd. Nr. 103e.**

§ 1099[1] Widerklage. (1) Eine Widerklage, die nicht den Vorschriften der Verordnung (EG) Nr. 861/2007[2] entspricht, ist außer im Fall des Artikels 5 Abs. 7 Satz 1 der Verordnung (EG) Nr. 861/2007 als unzulässig abzuweisen.

(2) [1] Im Fall des Artikels 5 Abs. 7 Satz 1 der Verordnung (EG) Nr. 861/2007 wird das Verfahren über die Klage und die Widerklage ohne Anwendung der Vorschriften der Verordnung (EG) Nr. 861/2007 fortgeführt. [2] Das Verfahren wird in der Lage übernommen, in der es sich zur Zeit der Erhebung der Widerklage befunden hat.

§ 1100[3] Mündliche Verhandlung. (1) [1] Das Gericht kann den Parteien sowie ihren Bevollmächtigten und Beiständen gestatten, sich während einer Verhandlung an einem anderen Ort aufzuhalten und dort Verfahrenshandlungen vorzunehmen. [2] § 128a Abs. 1 Satz 2 und Abs. 3 Satz 1 bleibt unberührt.

(2) Die Bestimmung eines frühen ersten Termins zur mündlichen Verhandlung (§ 275) ist ausgeschlossen.

§ 1101[4] Beweisaufnahme. (1) Das Gericht kann die Beweise in der ihm geeignet erscheinenden Art aufnehmen, soweit Artikel 9 Abs. 2 bis 4 der Verordnung (EG) Nr. 861/2007[2] nichts anderes bestimmt.

(2) [1] Das Gericht kann einem Zeugen, Sachverständigen oder einer Partei gestatten, sich während einer Vernehmung an einem anderen Ort aufzuhalten. [2] § 128a Abs. 2 Satz 2, 3 und Abs. 3 Satz 1 bleibt unberührt.

§ 1102[1] Urteil. [1] Urteile bedürfen keiner Verkündung. [2] Die Verkündung eines Urteils wird durch die Zustellung ersetzt.

§ 1103[1] Säumnis. [1] Äußert sich eine Partei binnen der für sie geltenden Frist nicht oder erscheint sie nicht zur mündlichen Verhandlung, kann das Gericht eine Entscheidung nach Lage der Akten erlassen. [2] § 251a ist nicht anzuwenden.

§ 1104[5] Abhilfe bei unverschuldeter Säumnis des Beklagten. (1) [1] Liegen die Voraussetzungen des Artikels 18 Abs. 1 und 2 der Verordnung (EG) Nr. 861/2007[2] vor, wird das Verfahren fortgeführt; es wird in die Lage zurückversetzt, in der es sich vor Erlass des Urteils befand. [2] Auf Antrag stellt das Gericht die Nichtigkeit des Urteils durch Beschluss fest.

(2) Der Beklagte hat die tatsächlichen Voraussetzungen des Artikels 18 Abs. 1 und 2 der Verordnung (EG) Nr. 861/2007 glaubhaft zu machen.

§ 1104a[6] Gemeinsame Gerichte. [1] Die Landesregierungen werden ermächtigt, durch Rechtsverordnung einem Amtsgericht für die Bezirke mehrerer Amtsgerichte und einem Landgericht für die Bezirke mehrerer Landgerichte die Angelegenheiten in europäischen Verfahren für geringfügige Forderungen nach der Verordnung (EG) Nr. 861/2007[2] zuzuweisen, wenn dies der sachlichen För-

---

[1] Abschnitt 6 (§§ 1097–1109) angef. mWv 1.1.2009 durch G v. 30.10.2008 (BGBl. I S. 2122).

[2] **Habersack, Deutsche Gesetze ErgBd. Nr. 103e.**

[3] § 1100 angef. mWv 1.1.2009 durch G v. 30.10.2008 (BGBl. I S. 2122); Abs. 1 Satz 2 geänd. mWv 14.7.2017 durch G v. 11.6.2017 (BGBl. I S. 1607).

[4] § 1101 angef. mWv 1.1.2009 durch G v. 30.10.2008 (BGBl. I S. 2122); Abs. 1, Abs. 2 Satz 2 geänd. mWv 14.7.2017 durch G v. 11.6.2017 (BGBl. I S. 1607).

[5] § 1104 angef. mWv 1.1.2009 durch G v. 30.10.2008 (BGBl. I S. 2122); Abs. 1 Satz 1, Abs. 2 geänd. mWv 14.7.2017 durch G v. 11.6.2017 (BGBl. I S. 1607).

[6] § 1104a eingef. mWv 14.7.2017 durch G v. 11.6.2017 (BGBl. I S. 1607).

liche Verhandlung ergehen. [3]Der Antragsgegner ist vor der Entscheidung zu hören.

(5) [1]Gegen die Entscheidung findet die sofortige Beschwerde statt. [2]Die Notfrist des § 569 Absatz 1 Satz 1 beträgt einen Monat und beginnt mit der Zustellung der Entscheidung. [3]Gegen den Beschluss des Beschwerdegerichts findet die Rechtsbeschwerde statt.

(6) [1]Über den Antrag auf Aussetzung oder Beschränkung der Vollstreckung und den Antrag, die Vollstreckung von der Leistung einer Sicherheit abhängig zu machen (Artikel 44 Absatz 1 der Verordnung (EU) Nr. 1215/2012), wird durch einstweilige Anordnung entschieden. [2]Die Entscheidung ist unanfechtbar.

§ 1116[1)] Wegfall oder Beschränkung der Vollstreckbarkeit im Ursprungsmitgliedstaat. [1]Auf Antrag des Schuldners (Artikel 44 Absatz 2 der Verordnung (EU) Nr. 1215/2012)[2)] ist die Zwangsvollstreckung entsprechend § 775 Nummer 1 und 2 und § 776 auch dann einzustellen oder zu beschränken, wenn der Schuldner eine Entscheidung eines Gerichts des Ursprungsmitgliedstaats über die Nichtvollstreckbarkeit oder über die Beschränkung der Vollstreckbarkeit vorlegt. [2]Auf Verlangen des Vollstreckungsorgans ist eine Übersetzung der Entscheidung vorzulegen. [3]§ 1108 gilt entsprechend.

§ 1117[1)] Vollstreckungsabwehrklage. (1) Für Klagen nach § 795 Satz 1 in Verbindung mit § 767 gilt § 1086 Absatz 1 entsprechend.

(2) Richtet sich die Klage gegen die Vollstreckung aus einem gerichtlichen Vergleich oder einer öffentlichen Urkunde, ist § 767 Absatz 2 nicht anzuwenden.

Abschnitt 8.[3)] Beweis der Echtheit ausländischer öffentlicher Urkunden nach der Verordnung (EU) 2016/1191

§ 1118[3)] Zentralbehörde. [1]Das Bundesamt für Justiz ist Zentralbehörde nach Artikel 15 Absatz 1 der Verordnung (EU) 2016/1191 des Europäischen Parlaments und des Rates vom 6. Juli 2016 zur Förderung der Freizügigkeit von Bürgern durch die Vereinfachung der Anforderungen an die Vorlage bestimmter öffentlicher Urkunden innerhalb der Europäischen Union und zur Änderung der Verordnung (EU) Nr. 1024/2012 (ABl. L 200 vom 26.7.2016, S. 1). [2]Die Verfahren nach diesem Gesetz vor dem Bundesamt für Justiz sind Justizverwaltungsverfahren. [3]Informationen nach Artikel 22 Absatz 2 der Verordnung werden durch das Bundesamt für Justiz mitgeteilt.

§ 1119[3)] Verwaltungszusammenarbeit. (1) [1]Soweit bei der Überprüfung der Echtheit einer öffentlichen Urkunde oder einer beglaubigten Kopie eine Nachfrage bei der ausstellenden deutschen Behörde erforderlich ist, kann sich das Bundesamt unmittelbar an diese Behörde wenden. [2]Dazu nutzt es das Binnenmarkt-Informationssystem unter Beachtung bereits vorhandener Verfahrensstrukturen. [3]Diese Behörden sind im Rahmen ihrer Zuständigkeit neben dem Bundesamt für Justiz auch zuständig für die Beantwortung von Auskunftsersuchen der Mitgliedstaaten der Europäischen Union.

(2) Über Änderungen bei den gemäß Artikel 22 Absatz 1 Buchstabe b der Verordnung einzustellenden Urkunden unterrichtet das Bundesministerium des

---

[1)] Abschnitt 7 (§§ 1110–1117) angef. mWv 10.1.2015 durch G v. 8.7.2014 (BGBl. I S. 890).
[2)] **Habersack, Deutsche Gesetze ErgBd. Nr. 103.**
[3)] Abschnitt 8 (§§ 1118–1120) angef. mWv 16.2.2019 durch G v. 31.1.2019 (BGBl. I S. 54).

Innern, für Bau und Heimat das Bundesamt für Justiz, soweit diese in seine Zuständigkeit fallen.

§ 1120[1] Mehrsprachige Formulare. [1]Mehrsprachige Formulare gemäß Artikel 7 der Verordnung (EU) 2016/1191 werden durch die Behörden ausgestellt, die für die Erteilung der Urkunden zuständig sind. [2]Das Bundesamt für Justiz ist für das Ausstellen der Formulare zuständig, soweit Urkunden des Geschäftsbereichs des Bundesministeriums der Justiz und für Verbraucherschutz oder gerichtliche Urkunden betroffen sind.

[1] Abschnitt 8 (§§ 1118–1120) angef. mWv 16.2.2019 durch G v. 31.1.2019 (BGBl. I S. 54).

Anlage[1)]
(aufgehoben)

Nichtamtlicher Anhang[2)]
(zu § 850c)

[Pfändungsfreibeträge ab 1.7.2022]

Auszahlung für Monate

Euro	Pfändbarer Betrag bei Unterhaltspflicht für … Personen					
Nettolohn monatlich	0	1	2	3	4	5 und mehr
bis 1 339,99	–	–	–	–	–	–
1 340,00 bis 1 349,99	6,89	–	–	–	–	–
1 350,00 bis 1 359,99	13,89	–	–	–	–	–
1 360,00 bis 1 369,99	20,89	–	–	–	–	–
1 370,00 bis 1 379,99	27,89	–	–	–	–	–
1 380,00 bis 1 389,99	34,89	–	–	–	–	–
1 390,00 bis 1 399,99	41,89	–	–	–	–	–
1 400,00 bis 1 409,99	48,89	–	–	–	–	–
1 410,00 bis 1 419,99	55,89	–	–	–	–	–
1 420,00 bis 1 429,99	62,89	–	–	–	–	–
1 430,00 bis 1 439,99	69,89	–	–	–	–	–
1 440,00 bis 1 449,99	76,89	–	–	–	–	–
1 450,00 bis 1 459,99	83,89	–	–	–	–	–
1 460,00 bis 1 469,99	90,89	–	–	–	–	–
1 470,00 bis 1 479,99	97,89	–	–	–	–	–
1 480,00 bis 1 489,99	104,89	–	–	–	–	–
1 490,00 bis 1 499,99	111,89	–	–	–	–	–
1 500,00 bis 1 509,99	118,89	–	–	–	–	–
1 510,00 bis 1 519,99	125,89	–	–	–	–	–
1 520,00 bis 1 529,99	132,89	–	–	–	–	–
1 530,00 bis 1 539,99	139,89	–	–	–	–	–
1 540,00 bis 1 549,99	146,89	–	–	–	–	–
1 550,00 bis 1 559,99	153,89	–	–	–	–	–
1 560,00 bis 1 569,99	160,89	–	–	–	–	–
1 570,00 bis 1 579,99	167,89	–	–	–	–	–
1 580,00 bis 1 589,99	174,89	–	–	–	–	–
1 590,00 bis 1 599,99	181,89	–	–	–	–	–
1 600,00 bis 1 609,99	188,89	–	–	–	–	–
1 610,00 bis 1 619,99	195,89	–	–	–	–	–
1 620,00 bis 1 629,99	202,89	–	–	–	–	–
1 630,00 bis 1 639,99	209,89	–	–	–	–	–
1 640,00 bis 1 649,99	216,89	–	–	–	–	–
1 650,00 bis 1 659,99	223,89	–	–	–	–	–
1 660,00 bis 1 669,99	230,89	–	–	–	–	–
1 670,00 bis 1 679,99	237,89	–	–	–	–	–
1 680,00 bis 1 689,99	244,89	–	–	–	–	–
1 690,00 bis 1 699,99	251,89	–	–	–	–	–
1 700,00 bis 1 709,99	258,89	–	–	–	–	–
1 710,00 bis 1 719,99	265,89	–	–	–	–	–

[1)] Anl. aufgeh. mWv 1.12.2021 durch G v. 22.11.2020 (BGBl. I S. 2466).

[2)] Pfändungsfreibeträge in der **ab 1.7.2022** geltenden Fassung gem. dem Anhang der Pfändungsfreigrenzenbek. 2022 v. 25.5.2022 (BGBl. I S. 825).

Euro	Pfändbarer Betrag bei Unterhaltspflicht für … Personen					
Nettolohn monatlich	0	1	2	3	4	5 und mehr
1 720,00 bis 1 729,99	272,89	–	–	–	–	–
1 730,00 bis 1 739,99	279,89	–	–	–	–	–
1 740,00 bis 1 749,99	286,89	–	–	–	–	–
1 750,00 bis 1 759,99	293,89	–	–	–	–	–
1 760,00 bis 1 769,99	300,89	–	–	–	–	–
1 770,00 bis 1 779,99	307,89	–	–	–	–	–
1 780,00 bis 1 789,99	314,89	–	–	–	–	–
1 790,00 bis 1 799,99	321,89	–	–	–	–	–
1 800,00 bis 1 809,99	328,89	–	–	–	–	–
1 810,00 bis 1 819,99	335,89	–	–	–	–	–
1 820,00 bis 1 829,99	342,89	–	–	–	–	–
1 830,00 bis 1 839,99	349,89	–	–	–	–	–
1 840,00 bis 1 849,99	356,89	4,61	–	–	–	–
1 850,00 bis 1 859,99	363,89	9,61	–	–	–	–
1 860,00 bis 1 869,99	370,89	14,61	–	–	–	–
1 870,00 bis 1 879,99	377,89	19,61	–	–	–	–
1 880,00 bis 1 889,99	384,89	24,61	–	–	–	–
1 890,00 bis 1 899,99	391,89	29,61	–	–	–	–
1 900,00 bis 1 909,99	398,89	34,61	–	–	–	–
1 910,00 bis 1 919,99	405,89	39,61	–	–	–	–
1 920,00 bis 1 929,99	412,89	44,61	–	–	–	–
1 930,00 bis 1 939,99	419,89	49,61	–	–	–	–
1 940,00 bis 1 949,99	426,89	54,61	–	–	–	–
1 950,00 bis 1 959,99	433,89	59,61	–	–	–	–
1 960,00 bis 1 969,99	440,89	64,61	–	–	–	–
1 970,00 bis 1 979,99	447,89	69,61	–	–	–	–
1 980,00 bis 1 989,99	454,89	74,61	–	–	–	–
1 990,00 bis 1 999,99	461,89	79,61	–	–	–	–
2 000,00 bis 2 009,99	468,89	84,61	–	–	–	–
2 010,00 bis 2 019,99	475,89	89,61	–	–	–	–
2 020,00 bis 2 029,99	482,89	94,61	–	–	–	–
2 030,00 bis 2 039,99	489,89	99,61	–	–	–	–
2 040,00 bis 2 049,99	496,89	104,61	–	–	–	–
2 050,00 bis 2 059,99	503,89	109,61	–	–	–	–
2 060,00 bis 2 069,99	510,89	114,61	–	–	–	–
2 070,00 bis 2 079,99	517,89	119,61	–	–	–	–
2 080,00 bis 2 089,99	524,89	124,61	–	–	–	–
2 090,00 bis 2 099,99	531,89	129,61	–	–	–	–
2 100,00 bis 2 109,99	538,89	134,61	–	–	–	–
2 110,00 bis 2 119,99	545,89	139,61	0,13	–	–	–
2 120,00 bis 2 129,99	552,89	144,61	4,13	–	–	–
2 130,00 bis 2 139,99	559,89	149,61	8,13	–	–	–
2 140,00 bis 2 149,99	566,89	154,61	12,13	–	–	–
2 150,00 bis 2 159,99	573,89	159,61	16,13	–	–	–
2 160,00 bis 2 169,99	580,89	164,61	20,13	–	–	–
2 170,00 bis 2 179,99	587,89	169,61	24,13	–	–	–
2 180,00 bis 2 189,99	594,89	174,61	28,13	–	–	–
2 190,00 bis 2 199,99	601,89	179,61	32,13	–	–	–
2 200,00 bis 2 209,99	608,89	184,61	36,13	–	–	–
2 210,00 bis 2 219,99	615,89	189,61	40,13	–	–	–
2 220,00 bis 2 229,99	622,89	194,61	44,13	–	–	–
2 230,00 bis 2 239,99	629,89	199,61	48,13	–	–	–

Euro	Pfändbarer Betrag bei Unterhaltspflicht für … Personen					
Nettolohn monatlich	0	1	2	3	4	5 und mehr
2 240,00 bis 2 249,99	636,89	204,61	52,13	–	–	–
2 250,00 bis 2 259,99	643,89	209,61	56,13	–	–	–
2 260,00 bis 2 269,99	650,89	214,61	60,13	–	–	–
2 270,00 bis 2 279,99	657,89	219,61	64,13	–	–	–
2 280,00 bis 2 289,99	664,89	224,61	68,13	–	–	–
2 290,00 bis 2 299,99	671,89	229,61	72,13	–	–	–
2 300,00 bis 2 309,99	678,89	234,61	76,13	–	–	–
2 310,00 bis 2 319,99	685,89	239,61	80,13	–	–	–
2 320,00 bis 2 329,99	692,89	244,61	84,13	–	–	–
2 330,00 bis 2 339,99	699,89	249,61	88,13	–	–	–
2 340,00 bis 2 349,99	706,89	254,61	92,13	–	–	–
2 350,00 bis 2 359,99	713,89	259,61	96,13	–	–	–
2 360,00 bis 2 369,99	720,89	264,61	100,13	–	–	–
2 370,00 bis 2 379,99	727,89	269,61	104,13	–	–	–
2 380,00 bis 2 389,99	734,89	274,61	108,13	–	–	–
2 390,00 bis 2 399,99	741,89	279,61	112,13	0,43	–	–
2 400,00 bis 2 409,99	748,89	284,61	116,13	3,43	–	–
2 410,00 bis 2 419,99	755,89	289,61	120,13	6,43	–	–
2 420,00 bis 2 429,99	762,89	294,61	124,13	9,43	–	–
2 430,00 bis 2 439,99	769,89	299,61	128,13	12,43	–	–
2 440,00 bis 2 449,99	776,89	304,61	132,13	15,43	–	–
2 450,00 bis 2 459,99	783,89	309,61	136,13	18,43	–	–
2 460,00 bis 2 469,99	790,89	314,61	140,13	21,43	–	–
2 470,00 bis 2 479,99	797,89	319,61	144,13	24,43	–	–
2 480,00 bis 2 489,99	804,89	324,61	148,13	27,43	–	–
2 490,00 bis 2 499,99	811,89	329,61	152,13	30,43	–	–
2 500,00 bis 2 509,99	818,89	334,61	156,13	33,43	–	–
2 510,00 bis 2 519,99	825,89	339,61	160,13	36,43	–	–
2 520,00 bis 2 529,99	832,89	344,61	164,13	39,43	–	–
2 530,00 bis 2 539,99	839,89	349,61	168,13	42,43	–	–
2 540,00 bis 2 549,99	846,89	354,61	172,13	45,43	–	–
2 550,00 bis 2 559,99	853,89	359,61	176,13	48,43	–	–
2 560,00 bis 2 569,99	860,89	364,61	180,13	51,43	–	–
2 570,00 bis 2 579,99	867,89	369,61	184,13	54,43	–	–
2 580,00 bis 2 589,99	874,89	374,61	188,13	57,43	–	–
2 590,00 bis 2 599,99	881,89	379,61	192,13	60,43	–	–
2 600,00 bis 2 609,99	888,89	384,61	196,13	63,43	–	–
2 610,00 bis 2 619,99	895,89	389,61	200,13	66,43		
2 620,00 bis 2 629,99	902,89	394,61	204,13	69,43	–	–
2 630,00 bis 2 639,99	909,89	399,61	208,13	72,43	–	–
2 640,00 bis 2 649,99	916,89	404,61	212,13	75,43	–	–
2 650,00 bis 2 659,99	923,89	409,61	216,13	78,43	–	–
2 660,00 bis 2 669,99	930,89	414,61	220,13	81,43	–	–
2 670,00 bis 2 679,99	937,89	419,61	224,13	84,43	0,50	–
2 680,00 bis 2 689,99	944,89	424,61	228,13	87,43	2,50	–
2 690,00 bis 2 699,99	951,89	429,61	232,13	90,43	4,50	–
2 700,00 bis 2 709,99	958,89	434,61	236,13	93,43	6,50	–
2 710,00 bis 2 719,99	965,89	439,61	240,13	96,43	8,50	–
2 720,00 bis 2 729,99	972,89	444,61	244,13	99,43	10,50	–
2 730,00 bis 2 739,99	979,89	449,61	248,13	102,43	12,50	–
2 740,00 bis 2 749,99	986,89	454,61	252,13	105,43	14,50	–
2 750,00 bis 2 759,99	993,89	459,61	256,13	108,43	16,50	–

Euro	Pfändbarer Betrag bei Unterhaltspflicht für … Personen					
Nettolohn monatlich	0	1	2	3	4	5 und mehr
2 760,00 bis 2 769,99	1 000,89	464,61	260,13	111,43	18,50	–
2 770,00 bis 2 779,99	1 007,89	469,61	264,13	114,43	20,50	–
2 780,00 bis 2 789,99	1 014,89	474,61	268,13	117,43	22,50	–
2 790,00 bis 2 799,99	1 021,89	479,61	272,13	120,43	24,50	–
2 800,00 bis 2 809,99	1 028,89	484,61	276,13	123,43	26,50	–
2 810,00 bis 2 819,99	1 035,89	489,61	280,13	126,43	28,50	–
2 820,00 bis 2 829,99	1 042,89	494,61	284,13	129,43	30,50	–
2 830,00 bis 2 839,99	1 049,89	499,61	288,13	132,43	32,50	–
2 840,00 bis 2 849,99	1 056,89	504,61	292,13	135,43	34,50	–
2 850,00 bis 2 859,99	1 063,89	509,61	296,13	138,43	36,50	–
2 860,00 bis 2 869,99	1 070,89	514,61	300,13	141,43	38,50	–
2 870,00 bis 2 879,99	1 077,89	519,61	304,13	144,43	40,50	–
2 880,00 bis 2 889,99	1 084,89	524,61	308,13	147,43	42,50	–
2 890,00 bis 2 899,99	1 091,89	529,61	312,13	150,43	44,50	–
2 900,00 bis 2 909,99	1 098,89	534,61	316,13	153,43	46,50	–
2 910,00 bis 2 919,99	1 105,89	539,61	320,13	156,43	48,50	–
2 920,00 bis 2 929,99	1 112,89	544,61	324,13	159,43	50,50	–
2 930,00 bis 2 939,99	1 119,89	549,61	328,13	162,43	52,50	–
2 940,00 bis 2 949,99	1 126,89	554,61	332,13	165,43	54,50	–
2 950,00 bis 2 959,99	1 133,89	559,61	336,13	168,43	56,50	0,36
2 960,00 bis 2 969,99	1 140,89	564,61	340,13	171,43	58,50	1,36
2 970,00 bis 2 979,99	1 147,89	569,61	344,13	174,43	60,50	2,36
2 980,00 bis 2 989,99	1 154,89	574,61	348,13	177,43	62,50	3,36
2 990,00 bis 2 999,99	1 161,89	579,61	352,13	180,43	64,50	4,36
3 000,00 bis 3 009,99	1 168,89	584,61	356,13	183,43	66,50	5,36
3 010,00 bis 3 019,99	1 175,89	589,61	360,13	186,43	68,50	6,36
3 020,00 bis 3 029,99	1 182,89	594,61	364,13	189,43	70,50	7,36
3 030,00 bis 3 039,99	1 189,89	599,61	368,13	192,43	72,50	8,36
3 040,00 bis 3 049,99	1 196,89	604,61	372,13	195,43	74,50	9,36
3 050,00 bis 3 059,99	1 203,89	609,61	376,13	198,43	76,50	10,36
3 060,00 bis 3 069,99	1 210,89	614,61	380,13	201,43	78,50	11,36
3 070,00 bis 3 079,99	1 217,89	619,61	384,13	204,43	80,50	12,36
3 080,00 bis 3 089,99	1 224,89	624,61	388,13	207,43	82,50	13,36
3 090,00 bis 3 099,99	1 231,89	629,61	392,13	210,43	84,50	14,36
3 100,00 bis 3 109,99	1 238,89	634,61	396,13	213,43	86,50	15,36
3 110,00 bis 3 119,99	1 245,89	639,61	400,13	216,43	88,50	16,36
3 120,00 bis 3 129,99	1 252,89	644,61	404,13	219,43	90,50	17,36
3 130,00 bis 3 139,99	1 259,89	649,61	408,13	222,43	92,50	18,36
3 140,00 bis 3 149,99	1 266,89	654,61	412,13	225,43	94,50	19,36
3 150,00 bis 3 159,99	1 273,89	659,61	416,13	228,43	96,50	20,36
3 160,00 bis 3 169,99	1 280,89	664,61	420,13	231,43	98,50	21,36
3 170,00 bis 3 179,99	1 287,89	669,61	424,13	234,43	100,50	22,36
3 180,00 bis 3 189,99	1 294,89	674,61	428,13	237,43	102,50	23,36
3 190,00 bis 3 199,99	1 301,89	679,61	432,13	240,43	104,50	24,36
3 200,00 bis 3 209,99	1 308,89	684,61	436,13	243,43	106,50	25,36
3 210,00 bis 3 219,99	1 315,89	689,61	440,13	246,43	108,50	26,36
3 220,00 bis 3 229,99	1 322,89	694,61	444,13	249,43	110,50	27,36
3 230,00 bis 3 239,99	1 329,89	699,61	448,13	252,43	112,50	28,36
3 240,00 bis 3 249,99	1 336,89	704,61	452,13	255,43	114,50	29,36
3 250,00 bis 3 259,99	1 343,89	709,61	456,13	258,43	116,50	30,36
3 260,00 bis 3 269,99	1 350,89	714,61	460,13	261,43	118,50	31,36
3 270,00 bis 3 279,99	1 357,89	719,61	464,13	264,43	120,50	32,36

Euro	Pfändbarer Betrag bei Unterhaltspflicht für … Personen					
Nettolohn monatlich	0	1	2	3	4	5 und mehr
3 280,00 bis 3 289,99	1 364,89	724,61	468,13	267,43	122,50	33,36
3 290,00 bis 3 299,99	1 371,89	729,61	472,13	270,43	124,50	34,36
3 300,00 bis 3 309,99	1 378,89	734,61	476,13	273,43	126,50	35,36
3 310,00 bis 3 319,99	1 385,89	739,61	480,13	276,43	128,50	36,36
3 320,00 bis 3 329,99	1 392,89	744,61	484,13	279,43	130,50	37,36
3 330,00 bis 3 339,99	1 399,89	749,61	488,13	282,43	132,50	38,36
3 340,00 bis 3 349,99	1 406,89	754,61	492,13	285,43	134,50	39,36
3 350,00 bis 3 359,99	1 413,89	759,61	496,13	288,43	136,50	40,36
3 360,00 bis 3 369,99	1 420,89	764,61	500,13	291,43	138,50	41,36
3 370,00 bis 3 379,99	1 427,89	769,61	504,13	294,43	140,50	42,36
3 380,00 bis 3 389,99	1 434,89	774,61	508,13	297,43	142,50	43,36
3 390,00 bis 3 399,99	1 441,89	779,61	512,13	300,43	144,50	44,36
3 400,00 bis 3 409,99	1 448,89	784,61	516,13	303,43	146,50	45,36
3 410,00 bis 3 419,99	1 455,89	789,61	520,13	306,43	148,50	46,36
3 420,00 bis 3 429,99	1 462,89	794,61	524,13	309,43	150,50	47,36
3 430,00 bis 3 439,99	1 469,89	799,61	528,13	312,43	152,50	48,36
3 440,00 bis 3 449,99	1 476,89	804,61	532,13	315,43	154,50	49,36
3 450,00 bis 3 459,99	1 483,89	809,61	536,13	318,43	156,50	50,36
3 460,00 bis 3 469,99	1 490,89	814,61	540,13	321,43	158,50	51,36
3 470,00 bis 3 479,99	1 497,89	819,61	544,13	324,43	160,50	52,36
3 480,00 bis 3 489,99	1 504,89	824,61	548,13	327,43	162,50	53,36
3 490,00 bis 3 499,99	1 511,89	829,61	552,13	330,43	164,50	54,36
3 500,00 bis 3 509,99	1 518,89	834,61	556,13	333,43	166,50	55,36
3 510,00 bis 3 519,99	1 525,89	839,61	560,13	336,43	168,50	56,36
3 520,00 bis 3 529,99	1 532,89	844,61	564,13	339,43	170,50	57,36
3 530,00 bis 3 539,99	1 539,89	849,61	568,13	342,43	172,50	58,36
3 540,00 bis 3 549,99	1 546,89	854,61	572,13	345,43	174,50	59,36
3 550,00 bis 3 559,99	1 553,89	859,61	576,13	348,43	176,50	60,36
3 560,00 bis 3 569,99	1 560,89	864,61	580,13	351,43	178,50	61,36
3 570,00 bis 3 579,99	1 567,89	869,61	584,13	354,43	180,50	62,36
3 580,00 bis 3 589,99	1 574,89	874,61	588,13	357,43	182,50	63,36
3 590,00 bis 3 599,99	1 581,89	879,61	592,13	360,43	184,50	64,36
3 600,00 bis 3 609,99	1 588,89	884,61	596,13	363,43	186,50	65,36
3 610,00 bis 3 619,99	1 595,89	889,61	600,13	366,43	188,50	66,36
3 620,00 bis 3 629,99	1 602,89	894,61	604,13	369,43	190,50	67,36
3 630,00 bis 3 639,99	1 609,89	899,61	608,13	372,43	192,50	68,36
3 640,00 bis 3 649,99	1 616,89	904,61	612,13	375,43	194,50	69,36
3 650,00 bis 3 659,99	1 623,89	909,61	616,13	378,43	196,50	70,36
3 660,00 bis 3 669,99	1 630,89	914,61	620,13	381,43	198,50	71,36
3 670,00 bis 3 679,99	1 637,89	919,61	624,13	384,43	200,50	72,36
3 680,00 bis 3 689,99	1 644,89	924,61	628,13	387,43	202,50	73,36
3 690,00 bis 3 699,99	1 651,89	929,61	632,13	390,43	204,50	74,36
3 700,00 bis 3 709,99	1 658,89	934,61	636,13	393,43	206,50	75,36
3 710,00 bis 3 719,99	1 665,89	939,61	640,13	396,43	208,50	76,36
3 720,00 bis 3 729,99	1 672,89	944,61	644,13	399,43	210,50	77,36
3 730,00 bis 3 739,99	1 679,89	949,61	648,13	402,43	212,50	78,36
3 740,00 bis 3 749,99	1 686,89	954,61	652,13	405,43	214,50	79,36
3 750,00 bis 3 759,99	1 693,89	959,61	656,13	408,43	216,50	80,36
3 760,00 bis 3 769,99	1 700,89	964,61	660,13	411,43	218,50	81,36
3 770,00 bis 3 779,99	1 707,89	969,61	664,13	414,43	220,50	82,36
3 780,00 bis 3 789,99	1 714,89	974,61	668,13	417,43	222,50	83,36
3 790,00 bis 3 799,99	1 721,89	979,61	672,13	420,43	224,50	84,36

Euro	Pfändbarer Betrag bei Unterhaltspflicht für … Personen					
Nettolohn monatlich	0	1	2	3	4	5 und mehr
3 800,00 bis 3 809,99	1 728,89	984,61	676,13	423,43	226,50	85,36
3 810,00 bis 3 819,99	1 735,89	989,61	680,13	426,43	228,50	86,36
3 820,00 bis 3 829,99	1 742,89	994,61	684,13	429,43	230,50	87,36
3 830,00 bis 3 839,99	1 749,89	999,61	688,13	432,43	232,50	88,36
3 840,00 bis 3 849,99	1 756,89	1 004,61	692,13	435,43	234,50	89,36
3 850,00 bis 3 859,99	1 763,89	1 009,61	696,13	438,43	236,50	90,36
3 860,00 bis 3 869,99	1 770,89	1 014,61	700,13	441,43	238,50	91,36
3 870,00 bis 3 879,99	1 777,89	1 019,61	704,13	444,43	240,50	92,36
3 880,00 bis 3 889,99	1 784,89	1 024,61	708,13	447,43	242,50	93,36
3 890,00 bis 3 899,99	1 791,89	1 029,61	712,13	450,43	244,50	94,36
3 900,00 bis 3 909,99	1 798,89	1 034,61	716,13	453,43	246,50	95,36
3 910,00 bis 3 919,99	1 805,89	1 039,61	720,13	456,43	248,50	96,36
3 920,00 bis 3 929,99	1 812,89	1 044,61	724,13	459,43	250,50	97,36
3 930,00 bis 3 939,99	1 819,89	1 049,61	728,13	462,43	252,50	98,36
3 940,00 bis 3 949,99	1 826,89	1 054,61	732,13	465,43	254,50	99,36
3 950,00 bis 3 959,99	1 833,89	1 059,61	736,13	468,43	256,50	100,36
3 960,00 bis 3 969,99	1 840,89	1 064,61	740,13	471,43	258,50	101,36
3 970,00 bis 3 979,99	1 847,89	1 069,61	744,13	474,43	260,50	102,36
3 980,00 bis 3 989,99	1 854,89	1 074,61	748,13	477,43	262,50	103,36
3 990,00 bis 3 999,99	1 861,89	1 079,61	752,13	480,43	264,50	104,36
4 000,00 bis 4 009,99	1 868,89	1 084,61	756,13	483,43	266,50	105,36
4 010,00 bis 4 019,99	1 875,89	1 089,61	760,13	486,43	268,50	106,36
4 020,00 bis 4 029,99	1 882,89	1 094,61	764,13	489,43	270,50	107,36
4 030,00 bis 4 039,99	1 889,89	1 099,61	768,13	492,43	272,50	108,36
4 040,00 bis 4 049,99	1 896,89	1 104,61	772,13	495,43	274,50	109,36
4 050,00 bis 4 059,99	1 903,89	1 109,61	776,13	498,43	276,50	110,36
4 060,00 bis 4 069,99	1 910,89	1 114,61	780,13	501,43	278,50	111,36
4 070,00 bis 4 077,72	1 917,89	1 119,61	784,13	504,43	280,50	112,36
Der Mehrbetrag über 4 077,72 Euro ist voll pfändbar.						

Auszahlung für Wochen

Euro	Pfändbarer Betrag bei Unterhaltspflicht für … Personen					
Nettolohn wöchentlich	0	1	2	3	4	5 und mehr
bis 307,49	–	–	–	–	–	–
307,50 bis 309,99	0,97	–	–	–	–	–
310,00 bis 312,49	2,72	–	–	–	–	–
312,50 bis 314,99	4,47	–	–	–	–	–
315,00 bis 317,49	6,22	–	–	–	–	–
317,50 bis 319,99	7,97	–	–	–	–	–
320,00 bis 322,49	9,72	–	–	–	–	–
322,50 bis 324,99	11,47	–	–	–	–	–
325,00 bis 327,49	13,22	–	–	–	–	–
327,50 bis 329,99	14,97	–	–	–	–	–
330,00 bis 332,49	16,72	–	–	–	–	–
332,50 bis 334,99	18,47	–	–	–	–	–
335,00 bis 337,49	20,22	–	–	–	–	–
337,50 bis 339,99	21,97	–	–	–	–	–
340,00 bis 342,49	23,72	–	–	–	–	–
342,50 bis 344,99	25,47	–	–	–	–	–
345,00 bis 347,49	27,22	–	–	–	–	–

Euro	Pfändbarer Betrag bei Unterhaltspflicht für … Personen					
Nettolohn wöchentlich	0	1	2	3	4	5 und mehr
347,50 bis 349,99	28,97	–	–	–	–	–
350,00 bis 352,49	30,72	–	–	–	–	–
352,50 bis 354,99	32,47	–	–	–	–	–
355,00 bis 357,49	34,22	–	–	–	–	–
357,50 bis 359,99	35,97	–	–	–	–	–
360,00 bis 362,49	37,72	–	–	–	–	–
362,50 bis 364,99	39,47	–	–	–	–	–
365,00 bis 367,49	41,22	–	–	–	–	–
367,50 bis 369,99	42,97	–	–	–	–	–
370,00 bis 372,49	44,72	–	–	–	–	–
372,50 bis 374,99	46,47	–	–	–	–	–
375,00 bis 377,49	48,22	–	–	–	–	–
377,50 bis 379,99	49,97	–	–	–	–	–
380,00 bis 382,49	51,72	–	–	–	–	–
382,50 bis 384,99	53,47	–	–	–	–	–
385,00 bis 387,49	55,22	–	–	–	–	–
387,50 bis 389,99	56,97	–	–	–	–	–
390,00 bis 392,49	58,72	–	–	–	–	–
392,50 bis 394,99	60,47	–	–	–	–	–
395,00 bis 397,49	62,22	–	–	–	–	–
397,50 bis 399,99	63,97	–	–	–	–	–
400,00 bis 402,49	65,72	–	–	–	–	–
402,50 bis 404,99	67,47	–	–	–	–	–
405,00 bis 407,49	69,22	–	–	–	–	–
407,50 bis 409,99	70,97	–	–	–	–	–
410,00 bis 412,49	72,72	–	–	–	–	–
412,50 bis 414,99	74,47	–	–	–	–	–
415,00 bis 417,49	76,22	–	–	–	–	–
417,50 bis 419,99	77,97	–	–	–	–	–
420,00 bis 422,49	79,72	–	–	–	–	–
422,50 bis 424,99	81,47	0,59	–	–	–	–
425,00 bis 427,49	83,22	1,84	–	–	–	–
427,50 bis 429,99	84,97	3,09	–	–	–	–
430,00 bis 432,49	86,72	4,34	–	–	–	–
432,50 bis 434,99	88,47	5,59	–	–	–	–
435,00 bis 437,49	90,22	6,84	–	–	–	–
437,50 bis 439,99	91,97	8,09	–	–	–	–
440,00 bis 442,49	93,72	9,34	–	–	–	–
442,50 bis 444,99	95,47	10,59	–	–	–	–
445,00 bis 447,49	97,22	11,84	–	–	–	–
447,50 bis 449,99	98,97	13,09	–	–	–	–
450,00 bis 452,49	100,72	14,34	–	–	–	–
452,50 bis 454,99	102,47	15,59	–	–	–	–
455,00 bis 457,49	104,22	16,84	–	–	–	–
457,50 bis 459,99	105,97	18,09	–	–	–	–
460,00 bis 462,49	107,72	19,34	–	–	–	–
462,50 bis 464,99	109,47	20,59	–	–	–	–
465,00 bis 467,49	111,22	21,84	–	–	–	–
467,50 bis 469,99	112,97	23,09	–	–	–	–
470,00 bis 472,49	114,72	24,34	–	–	–	–
472,50 bis 474,99	116,47	25,59	–	–	–	–

Euro Nettolohn wöchentlich	Pfändbarer Betrag bei Unterhaltspflicht für … Personen 0	1	2	3	4	5 und mehr
475,00 bis 477,49	118,22	26,84	–	–	–	–
477,50 bis 479,99	119,97	28,09	–	–	–	–
480,00 bis 482,49	121,72	29,34	–	–	–	–
482,50 bis 484,99	123,47	30,59	–	–	–	–
485,00 bis 487,49	125,22	31,84	–	–	–	–
487,50 bis 489,99	126,97	33,09	0,79	–	–	–
490,00 bis 492,49	128,72	34,34	1,79	–	–	–
492,50 bis 494,99	130,47	35,59	2,79	–	–	–
495,00 bis 497,49	132,22	36,84	3,79	–	–	–
497,50 bis 499,99	133,97	38,09	4,79	–	–	–
500,00 bis 502,49	135,72	39,34	5,79	–	–	–
502,50 bis 504,99	137,47	40,59	6,79	–	–	–
505,00 bis 507,49	139,22	41,84	7,79	–	–	–
507,50 bis 509,99	140,97	43,09	8,79	–	–	–
510,00 bis 512,49	142,72	44,34	9,79	–	–	–
512,50 bis 514,99	144,47	45,59	10,79	–	–	–
515,00 bis 517,49	146,22	46,84	11,79	–	–	–
517,50 bis 519,99	147,97	48,09	12,79	–	–	–
520,00 bis 522,49	149,72	49,34	13,79	–	–	–
522,50 bis 524,99	151,47	50,59	14,79	–	–	–
525,00 bis 527,49	153,22	51,84	15,79	–	–	–
527,50 bis 529,99	154,97	53,09	16,79	–	–	–
530,00 bis 532,49	156,72	54,34	17,79	–	–	–
532,50 bis 534,99	158,47	55,59	18,79	–	–	–
535,00 bis 537,49	160,22	56,84	19,79	–	–	–
537,50 bis 539,99	161,97	58,09	20,79	–	–	–
540,00 bis 542,49	163,72	59,34	21,79	–	–	–
542,50 bis 544,99	165,47	60,59	22,79	–	–	–
545,00 bis 547,49	167,22	61,84	23,79	–	–	–
547,50 bis 549,99	168,97	63,09	24,79	–	–	–
550,00 bis 552,49	170,72	64,34	25,79	0,09	–	–
552,50 bis 554,99	172,47	65,59	26,79	0,84	–	–
555,00 bis 557,49	174,22	66,84	27,79	1,59	–	–
557,50 bis 559,99	175,97	68,09	28,79	2,34	–	–
560,00 bis 562,49	177,72	69,34	29,79	3,09	–	–
562,50 bis 564,99	179,47	70,59	30,79	3,84	–	–
565,00 bis 567,49	181,22	71,84	31,79	4,59	–	–
567,50 bis 569,99	182,97	73,09	32,79	5,34	–	–
570,00 bis 572,49	184,72	74,34	33,79	6,09	–	–
572,50 bis 574,99	186,47	75,59	34,79	6,84	–	–
575,00 bis 577,49	188,22	76,84	35,79	7,59	–	–
577,50 bis 579,99	189,97	78,09	36,79	8,34	–	–
580,00 bis 582,49	191,72	79,34	37,79	9,09	–	–
582,50 bis 584,99	193,47	80,59	38,79	9,84	–	–
585,00 bis 587,49	195,22	81,84	39,79	10,59	–	–
587,50 bis 589,99	196,97	83,09	40,79	11,34	–	–
590,00 bis 592,49	198,72	84,34	41,79	12,09	–	–
592,50 bis 594,99	200,47	85,59	42,79	12,84	–	–
595,00 bis 597,49	202,22	86,84	43,79	13,59	–	–
597,50 bis 599,99	203,97	88,09	44,79	14,34	–	–
600,00 bis 602,49	205,72	89,34	45,79	15,09	–	–

Euro	Pfändbarer Betrag bei Unterhaltspflicht für … Personen					
Nettolohn wöchentlich	0	1	2	3	4	5 und mehr
602,50 bis 604,99	207,47	90,59	46,79	15,84	–	–
605,00 bis 607,49	209,22	91,84	47,79	16,59	–	–
607,50 bis 609,99	210,97	93,09	48,79	17,34	–	–
610,00 bis 612,49	212,72	94,34	49,79	18,09	–	–
612,50 bis 614,99	214,47	95,59	50,79	18,84	–	–
615,00 bis 617,49	216,22	96,84	51,79	19,59	0,22	–
617,50 bis 619,99	217,97	98,09	52,79	20,34	0,72	–
620,00 bis 622,49	219,72	99,34	53,79	21,09	1,22	–
622,50 bis 624,99	221,47	100,59	54,79	21,84	1,72	–
625,00 bis 627,49	223,22	101,84	55,79	22,59	2,22	–
627,50 bis 629,99	224,97	103,09	56,79	23,34	2,72	–
630,00 bis 632,49	226,72	104,34	57,79	24,09	3,22	–
632,50 bis 634,99	228,47	105,59	58,79	24,84	3,72	–
635,00 bis 637,49	230,22	106,84	59,79	25,59	4,22	–
637,50 bis 639,99	231,97	108,09	60,79	26,34	4,72	–
640,00 bis 642,49	233,72	109,34	61,79	27,09	5,22	–
642,50 bis 644,99	235,47	110,59	62,79	27,84	5,72	–
645,00 bis 647,49	237,22	111,84	63,79	28,59	6,22	–
647,50 bis 649,99	238,97	113,09	64,79	29,34	6,72	–
650,00 bis 652,49	240,72	114,34	65,79	30,09	7,22	–
652,50 bis 654,99	242,47	115,59	66,79	30,84	7,72	–
655,00 bis 657,49	244,22	116,84	67,79	31,59	8,22	–
657,50 bis 659,99	245,97	118,09	68,79	32,34	8,72	–
660,00 bis 662,49	247,72	119,34	69,79	33,09	9,22	–
662,50 bis 664,99	249,47	120,59	70,79	33,84	9,72	–
665,00 bis 667,49	251,22	121,84	71,79	34,59	10,22	–
667,50 bis 669,99	252,97	123,09	72,79	35,34	10,72	–
670,00 bis 672,49	254,72	124,34	73,79	36,09	11,22	–
672,50 bis 674,99	256,47	125,59	74,79	36,84	11,72	–
675,00 bis 677,49	258,22	126,84	75,79	37,59	12,22	–
677,50 bis 679,99	259,97	128,09	76,79	38,34	12,72	–
680,00 bis 682,49	261,72	129,34	77,79	39,09	13,22	0,19
682,50 bis 684,99	263,47	130,59	78,79	39,84	13,72	0,44
685,00 bis 687,49	265,22	131,84	79,79	40,59	14,22	0,69
687,50 bis 689,99	266,97	133,09	80,79	41,34	14,72	0,94
690,00 bis 692,49	268,72	134,34	81,79	42,09	15,22	1,19
692,50 bis 694,99	270,47	135,59	82,79	42,84	15,72	1,44
695,00 bis 697,49	272,22	136,84	83,79	43,59	16,22	1,69
697,50 bis 699,99	273,97	138,09	84,79	44,34	16,72	1,94
700,00 bis 702,49	275,72	139,34	85,79	45,09	17,22	2,19
702,50 bis 704,99	277,47	140,59	86,79	45,84	17,72	2,44
705,00 bis 707,49	279,22	141,84	87,79	46,59	18,22	2,69
707,50 bis 709,99	280,97	143,09	88,79	47,34	18,72	2,94
710,00 bis 712,49	282,72	144,34	89,79	48,09	19,22	3,19
712,50 bis 714,99	284,47	145,59	90,79	48,84	19,72	3,44
715,00 bis 717,49	286,22	146,84	91,79	49,59	20,22	3,69
717,50 bis 719,99	287,97	148,09	92,79	50,34	20,72	3,94
720,00 bis 722,49	289,72	149,34	93,79	51,09	21,22	4,19
722,50 bis 724,99	291,47	150,59	94,79	51,84	21,72	4,44
725,00 bis 727,49	293,22	151,84	95,79	52,59	22,22	4,69
727,50 bis 729,99	294,97	153,09	96,79	53,34	22,72	4,94

Euro	Pfändbarer Betrag bei Unterhaltspflicht für … Personen					
Nettolohn wöchentlich	0	1	2	3	4	5 und mehr
730,00 bis 732,49	296,72	154,34	97,79	54,09	23,22	5,19
732,50 bis 734,99	298,47	155,59	98,79	54,84	23,72	5,44
735,00 bis 737,49	300,22	156,84	99,79	55,59	24,22	5,69
737,50 bis 739,99	301,97	158,09	100,79	56,34	24,72	5,94
740,00 bis 742,49	303,72	159,34	101,79	57,09	25,22	6,19
742,50 bis 744,99	305,47	160,59	102,79	57,84	25,72	6,44
745,00 bis 747,49	307,22	161,84	103,79	58,59	26,22	6,69
747,50 bis 749,99	308,97	163,09	104,79	59,34	26,72	6,94
750,00 bis 752,49	310,72	164,34	105,79	60,09	27,22	7,19
752,50 bis 754,99	312,47	165,59	106,79	60,84	27,72	7,44
755,00 bis 757,49	314,22	166,84	107,79	61,59	28,22	7,69
757,50 bis 759,99	315,97	168,09	108,79	62,34	28,72	7,94
760,00 bis 762,49	317,72	169,34	109,79	63,09	29,22	8,19
762,50 bis 764,99	319,47	170,59	110,79	63,84	29,72	8,44
765,00 bis 767,49	321,22	171,84	111,79	64,59	30,22	8,69
767,50 bis 769,99	322,97	173,09	112,79	65,34	30,72	8,94
770,00 bis 772,49	324,72	174,34	113,79	66,09	31,22	9,19
772,50 bis 774,99	326,47	175,59	114,79	66,84	31,72	9,44
775,00 bis 777,49	328,22	176,84	115,79	67,59	32,22	9,69
777,50 bis 779,99	329,97	178,09	116,79	68,34	32,72	9,94
780,00 bis 782,49	331,72	179,34	117,79	69,09	33,22	10,19
782,50 bis 784,99	333,47	180,59	118,79	69,84	33,72	10,44
785,00 bis 787,49	335,22	181,84	119,79	70,59	34,22	10,69
787,50 bis 789,99	336,97	183,09	120,79	71,34	34,72	10,94
790,00 bis 792,49	338,72	184,34	121,79	72,09	35,22	11,19
792,50 bis 794,99	340,47	185,59	122,79	72,84	35,72	11,44
795,00 bis 797,49	342,22	186,84	123,79	73,59	36,22	11,69
797,50 bis 799,99	343,97	188,09	124,79	74,34	36,72	11,94
800,00 bis 802,49	345,72	189,34	125,79	75,09	37,22	12,19
802,50 bis 804,99	347,47	190,59	126,79	75,84	37,72	12,44
805,00 bis 807,49	349,22	191,84	127,79	76,59	38,22	12,69
807,50 bis 809,99	350,97	193,09	128,79	77,34	38,72	12,94
810,00 bis 812,49	352,72	194,34	129,79	78,09	39,22	13,19
812,50 bis 814,99	354,47	195,59	130,79	78,84	39,72	13,44
815,00 bis 817,49	356,22	196,84	131,79	79,59	40,22	13,69
817,50 bis 819,99	357,97	198,09	132,79	80,34	40,72	13,94
820,00 bis 822,49	359,72	199,34	133,79	81,09	41,22	14,19
822,50 bis 824,99	361,47	200,59	134,79	81,84	41,72	14,44
825,00 bis 827,49	363,22	201,84	135,79	82,59	42,22	14,69
827,50 bis 829,99	364,97	203,09	136,79	83,34	42,72	14,94
830,00 bis 832,49	366,72	204,34	137,79	84,09	43,22	15,19
832,50 bis 834,99	368,47	205,59	138,79	84,84	43,72	15,44
835,00 bis 837,49	370,22	206,84	139,79	85,59	44,22	15,69
837,50 bis 839,99	371,97	208,09	140,79	86,34	44,72	15,94
840,00 bis 842,49	373,72	209,34	141,79	87,09	45,22	16,19
842,50 bis 844,99	375,47	210,59	142,79	87,84	45,72	16,44
845,00 bis 847,49	377,22	211,84	143,79	88,59	46,22	16,69
847,50 bis 849,99	378,97	213,09	144,79	89,34	46,72	16,94
850,00 bis 852,49	380,72	214,34	145,79	90,09	47,22	17,19
852,50 bis 854,99	382,47	215,59	146,79	90,84	47,72	17,44
855,00 bis 857,49	384,22	216,84	147,79	91,59	48,22	17,69

Euro	Pfändbarer Betrag bei Unterhaltspflicht für … Personen					
Nettolohn wöchentlich	0	1	2	3	4	5 und mehr
857,50 bis 859,99	385,97	218,09	148,79	92,34	48,72	17,94
860,00 bis 862,49	387,72	219,34	149,79	93,09	49,22	18,19
862,50 bis 864,99	389,47	220,59	150,79	93,84	49,72	18,44
865,00 bis 867,49	391,22	221,84	151,79	94,59	50,22	18,69
867,50 bis 869,99	392,97	223,09	152,79	95,34	50,72	18,94
870,00 bis 872,49	394,72	224,34	153,79	96,09	51,22	19,19
872,50 bis 874,99	396,47	225,59	154,79	96,84	51,72	19,44
875,00 bis 877,49	398,22	226,84	155,79	97,59	52,22	19,69
877,50 bis 879,99	399,97	228,09	156,79	98,34	52,72	19,94
880,00 bis 882,49	401,72	229,34	157,79	99,09	53,22	20,19
882,50 bis 884,99	403,47	230,59	158,79	99,84	53,72	20,44
885,00 bis 887,49	405,22	231,84	159,79	100,59	54,22	20,69
887,50 bis 889,99	406,97	233,09	160,79	101,34	54,72	20,94
890,00 bis 892,49	408,72	234,34	161,79	102,09	55,22	21,19
892,50 bis 894,99	410,47	235,59	162,79	102,84	55,72	21,44
895,00 bis 897,49	412,22	236,84	163,79	103,59	56,22	21,69
897,50 bis 899,99	413,97	238,09	164,79	104,34	56,72	21,94
900,00 bis 902,49	415,72	239,34	165,79	105,09	57,22	22,19
902,50 bis 904,99	417,47	240,59	166,79	105,84	57,72	22,44
905,00 bis 907,49	419,22	241,84	167,79	106,59	58,22	22,69
907,50 bis 909,99	420,97	243,09	168,79	107,34	58,72	22,94
910,00 bis 912,49	422,72	244,34	169,79	108,09	59,22	23,19
912,50 bis 914,99	424,47	245,59	170,79	108,84	59,72	23,44
915,00 bis 917,49	426,22	246,84	171,79	109,59	60,22	23,69
917,50 bis 919,99	427,97	248,09	172,79	110,34	60,72	23,94
920,00 bis 922,49	429,72	249,34	173,79	111,09	61,22	24,19
922,50 bis 924,99	431,47	250,59	174,79	111,84	61,72	24,44
925,00 bis 927,49	433,22	251,84	175,79	112,59	62,22	24,69
927,50 bis 929,99	434,97	253,09	176,79	113,34	62,72	24,94
930,00 bis 932,49	436,72	254,34	177,79	114,09	63,22	25,19
932,50 bis 934,99	438,47	255,59	178,79	114,84	63,72	25,44
935,00 bis 937,49	440,22	256,84	179,79	115,59	64,22	25,69
937,50 bis 938,43	441,97	258,09	180,79	116,34	64,72	25,94
Der Mehrbetrag über 938,43 Euro ist voll pfändbar.						

Auszahlung für Tage

Euro	Pfändbarer Betrag bei Unterhaltspflicht für … Personen					
Nettolohn täglich	0	1	2	3	4	5 und mehr
bis 61,49	–	–	–	–	–	–
61,50 bis 61,99	0,20	–	–	–	–	–
62,00 bis 62,49	0,55	–	–	–	–	–
62,50 bis 62,99	0,90	–	–	–	–	–
63,00 bis 63,49	1,25	–	–	–	–	–
63,50 bis 63,99	1,60	–	–	–	–	–
64,00 bis 64,49	1,95	–	–	–	–	–
64,50 bis 64,99	2,30	–	–	–	–	–
65,00 bis 65,49	2,65	–	–	–	–	–
65,50 bis 65,99	3,00	–	–	–	–	–
66,00 bis 66,49	3,35	–	–	–	–	–
66,50 bis 66,99	3,70	–	–	–	–	–

Euro	Pfändbarer Betrag bei Unterhaltspflicht für … Personen					
Nettolohn täglich	0	1	2	3	4	5 und mehr
67,00 bis 67,49	4,05	–	–	–	–	–
67,50 bis 67,99	4,40	–	–	–	–	–
68,00 bis 68,49	4,75	–	–	–	–	–
68,50 bis 68,99	5,10	–	–	–	–	–
69,00 bis 69,49	5,45	–	–	–	–	–
69,50 bis 69,99	5,80	–	–	–	–	–
70,00 bis 70,49	6,15	–	–	–	–	–
70,50 bis 70,99	6,50	–	–	–	–	–
71,00 bis 71,49	6,85	–	–	–	–	–
71,50 bis 71,99	7,20	–	–	–	–	–
72,00 bis 72,49	7,55	–	–	–	–	–
72,50 bis 72,99	7,90	–	–	–	–	–
73,00 bis 73,49	8,25	–	–	–	–	–
73,50 bis 73,99	8,60	–	–	–	–	–
74,00 bis 74,49	8,95	–	–	–	–	–
74,50 bis 74,99	9,30	–	–	–	–	–
75,00 bis 75,49	9,65	–	–	–	–	–
75,50 bis 75,99	10,00	–	–	–	–	–
76,00 bis 76,49	10,35	–	–	–	–	–
76,50 bis 76,99	10,70	–	–	–	–	–
77,00 bis 77,49	11,05	–	–	–	–	–
77,50 bis 77,99	11,40	–	–	–	–	–
78,00 bis 78,49	11,75	–	–	–	–	–
78,50 bis 78,99	12,10	–	–	–	–	–
79,00 bis 79,49	12,45	–	–	–	–	–
79,50 bis 79,99	12,80	–	–	–	–	–
80,00 bis 80,49	13,15	–	–	–	–	–
80,50 bis 80,99	13,50	–	–	–	–	–
81,00 bis 81,49	13,85	–	–	–	–	–
81,50 bis 81,99	14,20	–	–	–	–	–
82,00 bis 82,49	14,55	–	–	–	–	–
82,50 bis 82,99	14,90	–	–	–	–	–
83,00 bis 83,49	15,25	–	–	–	–	–
83,50 bis 83,99	15,60	–	–	–	–	–
84,00 bis 84,49	15,95	–	–	–	–	–
84,50 bis 84,99	16,30	0,12	–	–	–	–
85,00 bis 85,49	16,65	0,37	–	–	–	–
85,50 bis 85,99	17,00	0,62	–	–	–	–
86,00 bis 86,49	17,35	0,87	–	–	–	–
86,50 bis 86,99	17,70	1,12	–	–	–	–
87,00 bis 87,49	18,05	1,37	–	–	–	–
87,50 bis 87,99	18,40	1,62	–	–	–	–
88,00 bis 88,49	18,75	1,87	–	–	–	–
88,50 bis 88,99	19,10	2,12	–	–	–	–
89,00 bis 89,49	19,45	2,37	–	–	–	–
89,50 bis 89,99	19,80	2,62	–	–	–	–
90,00 bis 90,49	20,15	2,87	–	–	–	–
90,50 bis 90,99	20,50	3,12	–	–	–	–
91,00 bis 91,49	20,85	3,37	–	–	–	–
91,50 bis 91,99	21,20	3,62	–	–	–	–
92,00 bis 92,49	21,55	3,87	–	–	–	–
92,50 bis 92,99	21,90	4,12	–	–	–	–

Euro	Pfändbarer Betrag bei Unterhaltspflicht für … Personen					
Nettolohn täglich	0	1	2	3	4	5 und mehr
93,00 bis 93,49	22,25	4,37	–	–	–	–
93,50 bis 93,99	22,60	4,62	–	–	–	–
94,00 bis 94,49	22,95	4,87	–	–	–	–
94,50 bis 94,99	23,30	5,12	–	–	–	–
95,00 bis 95,49	23,65	5,37	–	–	–	–
95,50 bis 95,99	24,00	5,62	–	–	–	–
96,00 bis 96,49	24,35	5,87	–	–	–	–
96,50 bis 96,99	24,70	6,12	–	–	–	–
97,00 bis 97,49	25,05	6,37	–	–	–	–
97,50 bis 97,99	25,40	6,62	0,16	–	–	–
98,00 bis 98,49	25,75	6,87	0,36	–	–	–
98,50 bis 98,99	26,10	7,12	0,56	–	–	–
99,00 bis 99,49	26,45	7,37	0,76	–	–	–
99,50 bis 99,99	26,80	7,62	0,96	–	–	–
100,00 bis 100,49	27,15	7,87	1,16	–	–	–
100,50 bis 100,99	27,50	8,12	1,36	–	–	–
101,00 bis 101,49	27,85	8,37	1,56	–	–	–
101,50 bis 101,99	28,20	8,62	1,76	–	–	–
102,00 bis 102,49	28,55	8,87	1,96	–	–	–
102,50 bis 102,99	28,90	9,12	2,16	–	–	–
103,00 bis 103,49	29,25	9,37	2,36	–	–	–
103,50 bis 103,99	29,60	9,62	2,56	–	–	–
104,00 bis 104,49	29,95	9,87	2,76	–	–	–
104,50 bis 104,99	30,30	10,12	2,96	–	–	–
105,00 bis 105,49	30,65	10,37	3,16	–	–	–
105,50 bis 105,99	31,00	10,62	3,36	–	–	–
106,00 bis 106,49	31,35	10,87	3,56	–	–	–
106,50 bis 106,99	31,70	11,12	3,76	–	–	–
107,00 bis 107,49	32,05	11,37	3,96	–	–	–
107,50 bis 107,99	32,40	11,62	4,16	–	–	–
108,00 bis 108,49	32,75	11,87	4,36	–	–	–
108,50 bis 108,99	33,10	12,12	4,56	–	–	–
109,00 bis 109,49	33,45	12,37	4,76	–	–	–
109,50 bis 109,99	33,80	12,62	4,96	–	–	–
110,00 bis 110,49	34,15	12,87	5,16	0,02	–	–
110,50 bis 110,99	34,50	13,12	5,36	0,17	–	–
111,00 bis 111,49	34,85	13,37	5,56	0,32	–	–
111,50 bis 111,99	35,20	13,62	5,76	0,47	–	–
112,00 bis 112,49	35,55	13,87	5,96	0,62	–	–
112,50 bis 112,99	35,90	14,12	6,16	0,77	–	–
113,00 bis 113,49	36,25	14,37	6,36	0,92	–	–
113,50 bis 113,99	36,60	14,62	6,56	1,07	–	–
114,00 bis 114,49	36,95	14,87	6,76	1,22	–	–
114,50 bis 114,99	37,30	15,12	6,96	1,37	–	–
115,00 bis 115,49	37,65	15,37	7,16	1,52	–	–
115,50 bis 115,99	38,00	15,62	7,36	1,67	–	–
116,00 bis 116,49	38,35	15,87	7,56	1,82	–	–
116,50 bis 116,99	38,70	16,12	7,76	1,97	–	–
117,00 bis 117,49	39,05	16,37	7,96	2,12	–	–
117,50 bis 117,99	39,40	16,62	8,16	2,27	–	–
118,00 bis 118,49	39,75	16,87	8,36	2,42	–	–
118,50 bis 118,99	40,10	17,12	8,56	2,57	–	–

Euro	Pfändbarer Betrag bei Unterhaltspflicht für … Personen					
Nettolohn täglich	0	1	2	3	4	5 und mehr
119,00 bis 119,49	40,45	17,37	8,76	2,72	–	–
119,50 bis 119,99	40,80	17,62	8,96	2,87	–	–
120,00 bis 120,49	41,15	17,87	9,16	3,02	–	–
120,50 bis 120,99	41,50	18,12	9,36	3,17	–	–
121,00 bis 121,49	41,85	18,37	9,56	3,32	–	–
121,50 bis 121,99	42,20	18,62	9,76	3,47	–	–
122,00 bis 122,49	42,55	18,87	9,96	3,62	–	–
122,50 bis 122,99	42,90	19,12	10,16	3,77	–	–
123,00 bis 123,49	43,25	19,37	10,36	3,92	0,04	–
123,50 bis 123,99	43,60	19,62	10,56	4,07	0,14	–
124,00 bis 124,49	43,95	19,87	10,76	4,22	0,24	–
124,50 bis 124,99	44,30	20,12	10,96	4,37	0,34	–
125,00 bis 125,49	44,65	20,37	11,16	4,52	0,44	–
125,50 bis 125,99	45,00	20,62	11,36	4,67	0,54	–
126,00 bis 126,49	45,35	20,87	11,56	4,82	0,64	–
126,50 bis 126,99	45,70	21,12	11,76	4,97	0,74	–
127,00 bis 127,49	46,05	21,37	11,96	5,12	0,84	–
127,50 bis 127,99	46,40	21,62	12,16	5,27	0,94	–
128,00 bis 128,49	46,75	21,87	12,36	5,42	1,04	–
128,50 bis 128,99	47,10	22,12	12,56	5,57	1,14	–
129,00 bis 129,49	47,45	22,37	12,76	5,72	1,24	–
129,50 bis 129,99	47,80	22,62	12,96	5,87	1,34	–
130,00 bis 130,49	48,15	22,87	13,16	6,02	1,44	–
130,50 bis 130,99	48,50	23,12	13,36	6,17	1,54	–
131,00 bis 131,49	48,85	23,37	13,56	6,32	1,64	–
131,50 bis 131,99	49,20	23,62	13,76	6,47	1,74	–
132,00 bis 132,49	49,55	23,87	13,96	6,62	1,84	–
132,50 bis 132,99	49,90	24,12	14,16	6,77	1,94	–
133,00 bis 133,49	50,25	24,37	14,36	6,92	2,04	–
133,50 bis 133,99	50,60	24,62	14,56	7,07	2,14	–
134,00 bis 134,49	50,95	24,87	14,76	7,22	2,24	–
134,50 bis 134,99	51,30	25,12	14,96	7,37	2,34	–
135,00 bis 135,49	51,65	25,37	15,16	7,52	2,44	–
135,50 bis 135,99	52,00	25,62	15,36	7,67	2,54	–
136,00 bis 136,49	52,35	25,87	15,56	7,82	2,64	0,04
136,50 bis 136,99	52,70	26,12	15,76	7,97	2,74	0,09
137,00 bis 137,49	53,05	26,37	15,96	8,12	2,84	0,14
137,50 bis 137,99	53,40	26,62	16,16	8,27	2,94	0,19
138,00 bis 138,49	53,75	26,87	16,36	8,42	3,04	0,24
138,50 bis 138,99	54,10	27,12	16,56	8,57	3,14	0,29
139,00 bis 139,49	54,45	27,37	16,76	8,72	3,24	0,34
139,50 bis 139,99	54,80	27,62	16,96	8,87	3,34	0,39
140,00 bis 140,49	55,15	27,87	17,16	9,02	3,44	0,44
140,50 bis 140,99	55,50	28,12	17,36	9,17	3,54	0,49
141,00 bis 141,49	55,85	28,37	17,56	9,32	3,64	0,54
141,50 bis 141,99	56,20	28,62	17,76	9,47	3,74	0,59
142,00 bis 142,49	56,55	28,87	17,96	9,62	3,84	0,64
142,50 bis 142,99	56,90	29,12	18,16	9,77	3,94	0,69
143,00 bis 143,49	57,25	29,37	18,36	9,92	4,04	0,74
143,50 bis 143,99	57,60	29,62	18,56	10,07	4,14	0,79
144,00 bis 144,49	57,95	29,87	18,76	10,22	4,24	0,84
144,50 bis 144,99	58,30	30,12	18,96	10,37	4,34	0,89

Euro	Pfändbarer Betrag bei Unterhaltspflicht für … Personen					
Nettolohn täglich	0	1	2	3	4	5 und mehr
145,00 bis 145,49	58,65	30,37	19,16	10,52	4,44	0,94
145,50 bis 145,99	59,00	30,62	19,36	10,67	4,54	0,99
146,00 bis 146,49	59,35	30,87	19,56	10,82	4,64	1,04
146,50 bis 146,99	59,70	31,12	19,76	10,97	4,74	1,09
147,00 bis 147,49	60,05	31,37	19,96	11,12	4,84	1,14
147,50 bis 147,99	60,40	31,62	20,16	11,27	4,94	1,19
148,00 bis 148,49	60,75	31,87	20,36	11,42	5,04	1,24
148,50 bis 148,99	61,10	32,12	20,56	11,57	5,14	1,29
149,00 bis 149,49	61,45	32,37	20,76	11,72	5,24	1,34
149,50 bis 149,99	61,80	32,62	20,96	11,87	5,34	1,39
150,00 bis 150,49	62,15	32,87	21,16	12,02	5,44	1,44
150,50 bis 150,99	62,50	33,12	21,36	12,17	5,54	1,49
151,00 bis 151,49	62,85	33,37	21,56	12,32	5,64	1,54
151,50 bis 151,99	63,20	33,62	21,76	12,47	5,74	1,59
152,00 bis 152,49	63,55	33,87	21,96	12,62	5,84	1,64
152,50 bis 152,99	63,90	34,12	22,16	12,77	5,94	1,69
153,00 bis 153,49	64,25	34,37	22,36	12,92	6,04	1,74
153,50 bis 153,99	64,60	34,62	22,56	13,07	6,14	1,79
154,00 bis 154,49	64,95	34,87	22,76	13,22	6,24	1,84
154,50 bis 154,99	65,30	35,12	22,96	13,37	6,34	1,89
155,00 bis 155,49	65,65	35,37	23,16	13,52	6,44	1,94
155,50 bis 155,99	66,00	35,62	23,36	13,67	6,54	1,99
156,00 bis 156,49	66,35	35,87	23,56	13,82	6,64	2,04
156,50 bis 156,99	66,70	36,12	23,76	13,97	6,74	2,09
157,00 bis 157,49	67,05	36,37	23,96	14,12	6,84	2,14
157,50 bis 157,99	67,40	36,62	24,16	14,27	6,94	2,19
158,00 bis 158,49	67,75	36,87	24,36	14,42	7,04	2,24
158,50 bis 158,99	68,10	37,12	24,56	14,57	7,14	2,29
159,00 bis 159,49	68,45	37,37	24,76	14,72	7,24	2,34
159,50 bis 159,99	68,80	37,62	24,96	14,87	7,34	2,39
160,00 bis 160,49	69,15	37,87	25,16	15,02	7,44	2,44
160,50 bis 160,99	69,50	38,12	25,36	15,17	7,54	2,49
161,00 bis 161,49	69,85	38,37	25,56	15,32	7,64	2,54
161,50 bis 161,99	70,20	38,62	25,76	15,47	7,74	2,59
162,00 bis 162,49	70,55	38,87	25,96	15,62	7,84	2,64
162,50 bis 162,99	70,90	39,12	26,16	15,77	7,94	2,69
163,00 bis 163,49	71,25	39,37	26,36	15,92	8,04	2,74
163,50 bis 163,99	71,60	39,62	26,56	16,07	8,14	2,79
164,00 bis 164,49	71,95	39,87	26,76	16,22	8,24	2,84
164,50 bis 164,99	72,30	40,12	26,96	16,37	8,34	2,89
165,00 bis 165,49	72,65	40,37	27,16	16,52	8,44	2,94
165,50 bis 165,99	73,00	40,62	27,36	16,67	8,54	2,99
166,00 bis 166,49	73,35	40,87	27,56	16,82	8,64	3,04
166,50 bis 166,99	73,70	41,12	27,76	16,97	8,74	3,09
167,00 bis 167,49	74,05	41,37	27,96	17,12	8,84	3,14
167,50 bis 167,99	74,40	41,62	28,16	17,27	8,94	3,19
168,00 bis 168,49	74,75	41,87	28,36	17,42	9,04	3,24
168,50 bis 168,99	75,10	42,12	28,56	17,57	9,14	3,29
169,00 bis 169,49	75,45	42,37	28,76	17,72	9,24	3,34
169,50 bis 169,99	75,80	42,62	28,96	17,87	9,34	3,39
170,00 bis 170,49	76,15	42,87	29,16	18,02	9,44	3,44
170,50 bis 170,99	76,50	43,12	29,36	18,17	9,54	3,49

Euro	Pfändbarer Betrag bei Unterhaltspflicht für … Personen					
Nettolohn täglich	0	1	2	3	4	5 und mehr
171,00 bis 171,49	76,85	43,37	29,56	18,32	9,64	3,54
171,50 bis 171,99	77,20	43,62	29,76	18,47	9,74	3,59
172,00 bis 172,49	77,55	43,87	29,96	18,62	9,84	3,64
172,50 bis 172,99	77,90	44,12	30,16	18,77	9,94	3,69
173,00 bis 173,49	78,25	44,37	30,36	18,92	10,04	3,74
173,50 bis 173,99	78,60	44,62	30,56	19,07	10,14	3,79
174,00 bis 174,49	78,95	44,87	30,76	19,22	10,24	3,84
174,50 bis 174,99	79,30	45,12	30,96	19,37	10,34	3,89
175,00 bis 175,49	79,65	45,37	31,16	19,52	10,44	3,94
175,50 bis 175,99	80,00	45,62	31,36	19,67	10,54	3,99
176,00 bis 176,49	80,35	45,87	31,56	19,82	10,64	4,04
176,50 bis 176,99	80,70	46,12	31,76	19,97	10,74	4,09
177,00 bis 177,49	81,05	46,37	31,96	20,12	10,84	4,14
177,50 bis 177,99	81,40	46,62	32,16	20,27	10,94	4,19
178,00 bis 178,49	81,75	46,87	32,36	20,42	11,04	4,24
178,50 bis 178,99	82,10	47,12	32,56	20,57	11,14	4,29
179,00 bis 179,49	82,45	47,37	32,76	20,72	11,24	4,34
179,50 bis 179,99	82,80	47,62	32,96	20,87	11,34	4,39
180,00 bis 180,49	83,15	47,87	33,16	21,02	11,44	4,44
180,50 bis 180,99	83,50	48,12	33,36	21,17	11,54	4,49
181,00 bis 181,49	83,85	48,37	33,56	21,32	11,64	4,54
181,50 bis 181,99	84,20	48,62	33,76	21,47	11,74	4,59
182,00 bis 182,49	84,55	48,87	33,96	21,62	11,84	4,64
182,50 bis 182,99	84,90	49,12	34,16	21,77	11,94	4,69
183,00 bis 183,49	85,25	49,37	34,36	21,92	12,04	4,74
183,50 bis 183,99	85,60	49,62	34,56	22,07	12,14	4,79
184,00 bis 184,49	85,95	49,87	34,76	22,22	12,24	4,84
184,50 bis 184,99	86,30	50,12	34,96	22,37	12,34	4,89
185,00 bis 185,49	86,65	50,37	35,16	22,52	12,44	4,94
185,50 bis 185,99	87,00	50,62	35,36	22,67	12,54	4,99
186,00 bis 186,49	87,35	50,87	35,56	22,82	12,64	5,04
186,50 bis 186,99	87,70	51,12	35,76	22,97	12,74	5,09
187,00 bis 187,49	88,05	51,37	35,96	23,12	12,84	5,14
187,50 bis 187,69	88,40	51,62	36,16	23,27	12,94	5,19
Der Mehrbetrag über 187,69 Euro ist voll pfändbar.						

Lfd. Nr.	Änderndes Gesetz	Datum	Fund-stelle	Betroffen	Hinweis
28.	Art. 7 G zur Umsetzung der RL über alternative Streitbeilegung in Verbraucherangelegenheiten und zur Durchführung der VO über Online-Streitbeilegung in Verbraucherangelegenheiten[1]	19.2.2016	BGBl. I S. 254	§ 8 §§ 14, 16 § 2	geänd. mWv 26.2.2016 neu gef. mWv 26.2.2016 geänd. mWv 1.2.2017
29.	Art. 6 G zur Umsetzung der WohnimmobilienkreditRL und zur Änd. handelsrechtl. Vorschriften[2]	11.3.2016	BGBl. I S. 396	§ 14	geänd. mWv 21.3.2016
30.	Art. 3 G zur Umsetzung der RL über die Vergleichbarkeit von Zahlungskontoentgelten, den Wechsel von Zahlungskonten sowie den Zugang zu Zahlungskonten mit grundlegenden Funktionen[3]	11.4.2016	BGBl. I S. 720	§§ 2, 14, 16	geänd. mWv 18.6.2016
31.	Art. 3 G zur Reform des Bauvertragsrechts, zur Änd. der kaufrechtlichen Mängelhaftung, zur Stärkung des zivilprozessualen Rechtsschutzes und zum maschinellen Siegel im Grundbuch- und Schiffsregisterverfahren	28.4.2017	BGBl. I S. 969	§ 2	geänd. mWv 1.1.2018
32.	Art. 24 Abs. 5 Zweites FinanzmarktnovellierungsG	23.6.2017	BGBl. I S. 1693	§ 2	geänd. mWv 3.1.2018
33.	Art. 3 Drittes G zur Änd. reiserechtlicher Vorschriften[4]	17.7.2017	BGBl. I S. 2394	§ 2	geänd. mWv 1.7.2018
34.	Art. 4 G zur Umsetzung der Zweiten ZahlungsdiensteRL[5]	17.7.2017	BGBl. I S. 2446	§ 14	geänd. mWv 13.1.2018

[1] **Amtl. Anm.:** *(abgedruckt in Änderungstabelle Nr.* **20***)*

[2] **Amtl. Anm.:** Dieses Gesetz dient der Umsetzung der Richtlinie 2014/17/EU des Europäischen Parlaments und des Rates vom 4. Februar 2014 über Wohnimmobilienkreditverträge für Verbraucher und zur Änderung der Richtlinien 2008/48/EG und 2013/36/EU und der Verordnung (EU) Nr. 1093/2010 (ABl. L 60 vom 28.2.2014, S. 34).

[3] **Amtl. Anm.:** Dieses Gesetz dient der Umsetzung der Richtlinie 2014/92/EU des Europäischen Parlaments und des Rates vom 23. Juli 2014 über die Vergleichbarkeit von Zahlungskontoentgelten, den Wechsel von Zahlungskonten und den Zugang zu Zahlungskonten mit grundlegenden Funktionen (ABl. L 257 vom 28.8.2014, S. 214).

[4] **Amtl. Anm.:** Dieses Gesetz dient der Umsetzung der Richtlinie (EU) 2015/2302 des Europäischen Parlaments und des Rates vom 25. November 2015 über Pauschalreisen und verbundene Reiseleistungen, zur Änderung der Verordnung (EG) Nr. 2006/2004 und der Richtlinie 2011/83/EU des Europäischen Parlaments und des Rates sowie zur Aufhebung der Richtlinie 90/314/EWG des Rates (ABl. L 326 vom 11.12.2015, S. 1).

[5] **Amtl. Anm.:** Dieses Gesetz dient der Umsetzung der Richtlinie (EU) 2015/2366 des Europäischen Parlaments und des Rates vom 25. November 2015 über Zahlungsdienste im Binnenmarkt, zur Änderung der Richtlinien 2002/65/EG, 2009/110/EG und 2013/36/EU und der Verordnung (EU) Nr. 1093/2010 sowie zur Aufhebung der Richtlinie 2007/64/EG (ABl. L 337 vom 23.12.2015, S. 35; L 169 vom 28.6. 2016, S. 18).

Lfd. Nr.	Änderndes Gesetz	Datum	Fundstelle	Betroffen	Hinweis
35.	Art. 2 Abs. 6 G zur Änd. des EG-Verbraucherschutzdurchsetzungs G sowie des G über die Errichtung des Bundesamts für Justiz	25.6.2020	BGBl. I S. 1474	§ 4a	neu gef. mWv 30.6.2020
36.	Art. 2 G zur Stärkung des fairen Wettbewerbs	26.11. 2020	BGBl. I S. 2568	§§ 2b, 4e, 5, 13, 13a	geänd. mWv 2.12.2020
				§§ 4, Abschnitt 6 Überschrift, §§ 16, 17	neu gef. mWv 2.12.2020
				§§ 4a, 4b, 4c, 4d, Abschnitt 7 Überschrift	eingef. mWv 2.12.2020
				§ 3	geänd. mWv 1.12.2021
37.	Art. 4 G zur Anpassung des Urheberrechts an die Erfordernisse des digitalen Binnenmarktes[1)]	31.5.2021	BGBl. I S. 1204	§§ 3a, 6	geänd. mWv 7.6.2021
				§ 2a	neu gef. mWv 7.6.2021
38.	Art. 20 TelekommunikationsmodernisierungsG[2)]	23.6.2021	BGBl. I S. 1858	§ 2	geänd. mWv 1.12.2021
39.	Art. 3 G zur Umsetzung der RL über bestimmte vertragsrechtliche Aspekte der Bereitstellung digitaler Inhalte und digitaler Dienstleistungen[3)]	25.6.2021	BGBl. I S. 2123	§ 2	geänd. mWv 1.1.2022
40.	Art. 4 G zu Sofortmaßnahmen für einen beschleunigten Ausbau der erneuerbaren Energien und weiteren Maßnahmen im Stromsektor	20.7.2022	BGBl. I S. 1237	§ 2	geänd. mWv 1.1.2023

Vorbemerkung:
Die Änderung durch G v. 20.7.2022 (BGBl. I S. 1237) tritt erst mWv 1.1. 2023 in Kraft und ist im Text noch nicht berücksichtigt.

[1)] **Amtl. Anm.:** Dieses Gesetz dient der Umsetzung der Richtlinie (EU) 2019/790 des Europäischen Parlaments und des Rates vom 17. April 2019 über das Urheberrecht und die verwandten Schutzrechte im digitalen Binnenmarkt und zur Änderung der Richtlinien 96/9/EG und 2001/29/EG (ABl. L 130 vom 17.5.2019, S. 92; L 259 vom 10.10.2019, S. 86). [...]

[2)] **Amtl. Anm.:** Dieses Gesetz dient der Umsetzung der Richtlinie (EU) 2018/1972 des Europäischen Parlaments und des Rates vom 11. Dezember 2018 über den europäischen Kodex für die elektronische Kommunikation (Neufassung) (ABl. L 321 vom 17.12.2018, S. 36).

[3)] **Amtl. Anm.:** Dieses Gesetz dient der Umsetzung der Richtlinie (EU) 2019/770 des Europäischen Parlaments und des Rates vom 20. Mai 2019 über bestimmte vertragsrechtliche Aspekte der Bereitstellung digitaler Inhalte und digitaler Dienstleistungen (ABl. L 136 vom 22.5.2019, S. 1; L 305 vom 26.11.2019, S. 62).

108. Gesetz über die Zwangsversteigerung und die Zwangsverwaltung

In der Fassung der Bekanntmachung vom 20. Mai 1898[1)]
(RGBl. S. 713)

BGBl. III/FNA 310-14

Lfd. Nr.	Änderndes Gesetz	Datum	Fundstelle	Betroffen	Hinweis
1.–36.	Änderungsgesetze bis einschl. G v. 23.11.2007 (BGBl. I S. 2614) nur noch in den Anmerkungen nachgewiesen				
37.	Art. 32 FGG-ReformG	17.12. 2008	BGBl. I S. 2586	§§ 140, 141, 181	geänd. mWv 1.9.2009
38.	Art. 8 G zur Reform des Kontopfändungsschutzes	7.7.2009	BGBl. I S. 1707	§§ 10, 163	geänd. mWv 11.7.2009
39.	Art. 4 Abs. 4a G zur Reform der Sachaufklärung in der Zwangsvollstreckung	29.7.2009	BGBl. I S. 2258	§ 68	geänd. mWv 1.8.2009
40.	Art. 6 G zur weiteren Erleichterung der Sanierung von Unternehmen	7.12.2011	BGBl. I S. 2582	§ 30d	geänd. mWv 1.3.2012
41.	Art. 146 Zehnte ZuständigkeitsanpassungsVO	31.8.2015	BGBl. I S. 1474	§ 152a	geänd. mWv 8.9.2015
42.	Art. 15 G zur Bereinigung des Rechts der Lebenspartner	20.11. 2015	BGBl. I S. 2010	§ 180	geänd. mWv 26.11.2015
43.	Art. 9 WSV-ZuständigkeitsanpassungsG	24.5.2016	BGBl. I S. 1217	§ 163	geänd. mWv 1.6.2016
44.	Art. 5 Wohnungseigentumsmodernisierungsgesetz (WEMoG)	16.10. 2020	BGBl. I S. 2187	§§ 10, 45, 156	geänd. mWv 1.12.2020
45.	Art. 4 Sanierungs- und InsolvenzrechtsfortentwicklungsG[2)]	22.12. 2020	BGBl. I S. 3256	§ 30g	eingef. mWv 1.1.2021
46.	Art. 2 G zur Durchführung der EU Verordnungen über grenzüberschreitende Zustellungen und grenzüberschreitende Beweisaufnahmen in Zivil- oder Handelssachen sowie zur Änd. sonstiger Vorschriften	24.6.2022	BGBl. I S. 959	§ 6	geänd. mWv 1.7.2022

[1)] Neubekanntmachung des ZVG v. 24.3.1897 (RGBl. S. 97) in der vom 1.1.1900 an geltenden Fassung.

[2)] **Amtl. Anm.:** Dieses Gesetz dient der weiteren Umsetzung der Richtlinie (EU) 2019/1023 des Europäischen Parlaments und des Rates vom 20. Juni 2019 über präventive Restrukturierungsrahmen, über Entschuldung und über Tätigkeitsverbote sowie über Maßnahmen zur Steigerung der Effizienz von Restrukturierungs-, Insolvenz- und Entschuldungsverfahren und zur Änderung der Richtlinie (EU) 2017/1132 (Richtlinie über Restrukturierung und Insolvenz) (ABl. L 172 vom 26.6.2019, S. 18).

Lfd. Nr.	Änderndes Gesetz	Datum	Fundstelle	Betroffen	Hinweis
48.	Art. 2 G zur Durchführung der VO (EU) 2015/848 über Insolvenzverfahren[1]	5.6.2017	BGBl. I S. 1476	§§ 13, 15a, 27, 35, 303a, 305	geänd. mWv 26.6.2017
49.	Art. 24 Abs. 3 Zweites FinanzmarktnovellierungsG	23.6.2017	BGBl. I S. 1693	§ 340	geänd. mWv 3.1.2018
50.	Art. 2 Pfändungsschutzkonto-FortentwicklungsG	22.11.2020	BGBl. I S. 2466	§ 36	geänd. mWv 1.12.2021
51.	Art. 5 Sanierungs- und InsolvenzrechtsfortentwicklungsG[2] [3]	22.12.2020	BGBl. I S. 3256	§§ 3, 3a, 3c, 4, 5, 14, 15a, 18, 19, 21, 39, 55, 56, 56a, 59, 66, 174, 210a, 217, 220, 222, 230, 232, 235, 245, 251, 252, 253, 254, 258, 269f, 270g, 272, 274, 276a, 284, 292, 348, 354	geänd. mWv 1.1.2021
				§§ 270, 270a, 270b, 270c	neu gef. mWv 1.1.2021
				§§ 10a, 15b, 223a, 238b, 245a, 270d, 270e, 270f	eingef. mWv 1.1.2021
52.	Art. 2, 6 G zur weiteren Verkürzung des Restschuldbefreiungsverfahrens und zur Anpassung pandemiebedingter Vorschriften im Gesellschafts-, Genossenschafts-, Vereins- und Stiftungsrecht sowie im Miet- und Pachtrecht[4] [5]	22.12.2020	BGBl. I S. 3328	§§ 286, 287, 287a, 295, 296, 300a, 301	geänd. mWv 1.10.2020
				§ 300	neu gef. mWv 1.10.2020
				§§ 35, 287a, 295, 296	geänd. mWv 31.12.2020
				§ 295a	eingef. mWv 31.12.2020
53.	Art. 2 G zur Verbesserung des Schutzes von Gerichtsvollziehern vor Gewalt sowie zur Änd. weiterer zwangsvollstreckungsrechtlicher Vorschriften und zur Änd. des InfektionsschutzG	7.5.2021	BGBl. I S. 850	§ 36	geänd. mWv 1.1.2022
				§ 98	geänd. mWv 1.11.2022
54.	Art. 5 G zur Vereinheitlichung des Stiftungsrechts und zur Änd. des InfektionsschutzG	16.7.2021	BGBl. I S. 2947	§§ 23, 31	geänd. mWv 1.1.2026

[1] **Amtl. Anm.:** Dieses Gesetz dient der Durchführung der Verordnung (EU) 2015/848 des Europäischen Parlaments und des Rates vom 20. Mai 2015 über Insolvenzverfahren (ABl. L 141 vom 5.6.2015, S. 19; L 349 vom 21.12.2016, S. 6), die zuletzt durch die Verordnung (EU) 2017/353 (ABl. L 57 vom 3.3. 2017, S. 19) geändert worden ist.

[2] **Amtl. Anm.:** Dieses Gesetz dient der weiteren Umsetzung der Richtlinie (EU) 2019/1023 des Europäischen Parlaments und des Rates vom 20. Juni 2019 über präventive Restrukturierungsrahmen, über Entschuldung und über Tätigkeitsverbote sowie über Maßnahmen zur Steigerung der Effizienz von Restrukturierungs-, Insolvenz- und Entschuldungsverfahren und zur Änderung der Richtlinie (EU) 2017/1132 (Richtlinie über Restrukturierung und Insolvenz) (ABl. L 172 vom 26.6.2019, S. 18).

[3] Beachte zu den Änderungen durch dieses G die Übergangsvorschrift in Art. 103m EGInsO (Nr. **110a**).

[4] **Amtl. Anm.:** Artikel 2 dieses Gesetzes dient der Umsetzung der Richtlinie (EU) 2019/1023 des Europäischen Parlaments und des Rates vom 20. Juni 2019 über präventive Restrukturierungsrahmen, über Entschuldung und über Tätigkeitsverbote sowie über Maßnahmen zur Steigerung der Effizienz von Restrukturierungs-, Insolvenz- und Entschuldungsverfahren und zur Änderung der Richtlinie (EU) 2017/1132 (Richtlinie über Restrukturierung und Insolvenz) (ABl. L 172 vom 26.6.2019, S. 18).

[5] Beachte zu den Änderungen durch dieses G die Übergangsvorschriften in Art. 103k und 103l EGInsO (Nr. **110a**).

Lfd. Nr.	Änderndes Gesetz	Datum	Fund-stelle	Betroffen	Hinweis
55.	Art. 35 PersonengesellschaftsrechtsmodernisierungsG (MoPeG)	10.8.2021	BGBl. I S. 3436	§§ 11, 15, 15a, 18, 19, 23, 27, 31, 84, 93, 118, 138, 225a, 227, 230, 260, 276a	geänd. mWv 1.1.2024
56.	Art. 11 G zur Einführung virtueller Hauptversammlungen von Aktiengesellschaften und Änderung genossenschafts- sowie insolvenz- und restrukturierungsrechtlicher Vorschriften	20.7.2022	BGBl. I S. 1166	§§ 270b, 270f	geänd. mWv 27.7.2022
				§ 98	geänd. mWv 1.11.2022

Vorbemerkung:

Die Änderungen durch G v. 7.5.2021 (BGBl. I S. 850) treten teilweise erst mWv 1.11.2022 in Kraft und sind insoweit im Text noch nicht berücksichtigt.

Die Änderungen durch G v. 16.7.2021 (BGBl. I S. 2947) treten erst mWv 1.1.2026 in Kraft und sind im Text noch nicht berücksichtigt.

Die Änderungen durch G v. 10.8.2021 (BGBl. I S. 3436) treten erst mWv 1.1.2024 in Kraft und sind im Text noch nicht berücksichtigt.

Die Änderungen durch G v. 20.7.2022 (BGBl. I S. 1166) treten teilweise erst mWv 1.11.2022 in Kraft und sind insoweit im Text noch nicht berücksichtigt.

nach den Sätzen 1 und 2 in einer Gläubigerversammlung nach, für die das Insolvenzgericht alsbald einen Termin bestimmt.

(2) Auf Beschluss der Gläubigerversammlung ist der Koordinationsplan einem vom Insolvenzverwalter auszuarbeitenden Insolvenzplan zugrunde zu legen.

Achter Teil.[1] Eigenverwaltung

§ 270[2] Grundsatz. (1) [1] Der Schuldner ist berechtigt, unter der Aufsicht eines Sachwalters die Insolvenzmasse zu verwalten und über sie zu verfügen, wenn das Insolvenzgericht in dem Beschluss über die Eröffnung des Insolvenzverfahrens die Eigenverwaltung anordnet. [2] Für das Verfahren gelten die allgemeinen Vorschriften, soweit in diesem Teil nichts anderes bestimmt ist.

(2) Die Vorschriften dieses Teils sind auf Verbraucherinsolvenzverfahren nach § 304 nicht anzuwenden.

§ 270a[3] Antrag; Eigenverwaltungsplanung. (1) Der Schuldner fügt dem Antrag auf Anordnung der Eigenverwaltung eine Eigenverwaltungsplanung bei, welche umfasst:

1. einen Finanzplan, der den Zeitraum von sechs Monaten abdeckt und eine fundierte Darstellung der Finanzierungsquellen enthält, durch welche die Fortführung des gewöhnlichen Geschäftsbetriebes und die Deckung der Kosten des Verfahrens in diesem Zeitraum sichergestellt werden soll,
2. ein Konzept für die Durchführung des Insolvenzverfahrens, welches auf Grundlage einer Darstellung von Art, Ausmaß und Ursachen der Krise das Ziel der Eigenverwaltung und die Maßnahmen beschreibt, welche zur Erreichung des Ziels in Aussicht genommen werden,
3. eine Darstellung des Stands von Verhandlungen mit Gläubigern, den am Schuldner beteiligten Personen und Dritten zu den in Aussicht genommenen Maßnahmen,
4. eine Darstellung der Vorkehrungen, die der Schuldner getroffen hat, um seine Fähigkeit sicherzustellen, insolvenzrechtliche Pflichten zu erfüllen, und
5. eine begründete Darstellung etwaiger Mehr- oder Minderkosten, die im Rahmen der Eigenverwaltung im Vergleich zu einem Regelverfahren und im Verhältnis zur Insolvenzmasse voraussichtlich anfallen werden.

(2) Des Weiteren hat der Schuldner zu erklären,

1. ob, in welchem Umfang und gegenüber welchen Gläubigern er sich mit der Erfüllung von Verbindlichkeiten aus Arbeitsverhältnissen, Pensionszusagen oder dem Steuerschuldverhältnis, gegenüber Sozialversicherungsträgern oder Lieferanten in Verzug befindet,
2. ob und in welchen Verfahren zu seinen Gunsten innerhalb der letzten drei Jahre vor dem Antrag Vollstreckungs- oder Verwertungssperren nach diesem Gesetz oder nach dem Unternehmensstabilisierungs- und -restrukturierungsgesetz[4] angeordnet wurden und

[1] Bish. 7. Teil wird 8. Teil mWv 21.4.2018 durch G v. 13.4.2017 (BGBl. I S. 866).
[2] § 270 neu gef. mWv 1.1.2021 durch G v. 22.12.2020 (BGBl. I S. 3256).
[3] § 270a neu gef. mWv 1.1.2021 durch G v. 22.12.2020 (BGBl. I S. 3256).
[4] **Habersack, Deutsche Gesetze ErgBd. Nr. 110e.**

3. ob er für die letzten drei Geschäftsjahre seinen Offenlegungspflichten, insbesondere nach den §§ 325 bis 328 oder 339 des Handelsgesetzbuchs[1] nachgekommen ist.

§ 270b[2] Anordnung der vorläufigen Eigenverwaltung. (1) [1] Das Gericht bestellt einen vorläufigen Sachwalter, auf den die §§ 274 und 275 anzuwenden sind (vorläufige Eigenverwaltung), wenn

1. die Eigenverwaltungsplanung des Schuldners vollständig und schlüssig ist und
2. keine Umstände bekannt sind, aus denen sich ergibt, dass die Eigenverwaltungsplanung in wesentlichen Punkten auf unzutreffenden Tatsachen beruht.

[2] Weist die Eigenverwaltungsplanung behebbare Mängel auf, kann das Gericht die vorläufige Eigenverwaltung einstweilen anordnen; in diesem Fall setzt es dem Schuldner eine Frist zur Nachbesserung, die 20 Tage nicht übersteigt.

(2) Sind nach dem gemäß § 270a Absatz 1 Nummer 1 übermittelten Finanzplan die Kosten der Eigenverwaltung und der Fortführung des gewöhnlichen Geschäftsbetriebs nicht gedeckt, übersteigen die nach § 270a Absatz 1 Nummer 5 ausgewiesenen voraussichtlichen Kosten der Eigenverwaltung in wesentlicher Weise die voraussichtlichen Kosten des Regelverfahrens oder sind Umstände bekannt, aus denen sich ergibt, dass

1. Zahlungsrückstände gegenüber Arbeitnehmern oder erhebliche Zahlungsrückstände gegenüber den weiteren in § 270a Absatz 2 Nummer 1 genannten Gläubigern bestehen,
2. zugunsten des Schuldners in den letzten drei Jahren vor der Stellung des Antrags Vollstreckungs- oder Verwertungssperren nach diesem Gesetz oder nach dem Unternehmensstabilisierungs- und -restrukturierungsgesetz[3] angeordnet worden sind oder
3. der Schuldner in einem der letzten drei Jahre vor der Antragstellung gegen die Offenlegungsverpflichtungen, insbesondere nach den §§ 325 bis 328 oder 339 des Handelsgesetzbuchs[1] verstoßen hat,

erfolgt die Bestellung des vorläufigen Sachwalters nur, wenn trotz dieser Umstände zu erwarten ist, dass der Schuldner bereit und in der Lage ist, seine Geschäftsführung an den Interessen der Gläubiger auszurichten.

(3) [1] Einem vorläufigen Gläubigerausschuss ist vor Erlass der Entscheidung nach Absatz 1 oder Absatz 2 Gelegenheit zur Äußerung zu geben. [2] Ohne Äußerung des Gläubigerausschusses darf eine Entscheidung nur ergehen, wenn seit der Antragstellung zwei Werktage vergangen sind oder wenn offensichtlich mit nachteiligen Veränderungen der Vermögenslage des Schuldners zu rechnen ist, die sich nicht anders als durch Bestellung eines vorläufigen Insolvenzverwalters abwenden lassen. [3] An einen die vorläufige Eigenverwaltung unterstützenden einstimmigen Beschluss des vorläufigen Gläubigerausschusses ist das Gericht gebunden. [4] Stimmt der vorläufige Gläubigerausschuss einstimmig gegen die vorläufige Eigenverwaltung, unterbleibt die Anordnung.

(4) [1] Bestellt das Gericht einen vorläufigen Insolvenzverwalter, sind die Gründe hierfür schriftlich darzulegen. [2] § 27 Absatz 2 Nummer 4 gilt entsprechend.

---

[1] Nr. **50**.

[2] § 270b neu gef. mWv 1.1.2021 durch G v. 22.12.2020 (BGBl. I S. 3256); Abs. 3 Satz 1 geänd. mWv 27.7.2022 durch G v. 20.7.2022 (BGBl. I S. 1166).

[3] **Habersack, Deutsche Gesetze ErgBd. Nr. 110e.**

§ 270c[1] Vorläufiges Eigenverwaltungsverfahren. (1) Das Gericht kann den vorläufigen Sachwalter *beauftragten*[2], Bericht zu erstatten über

1. die vom Schuldner vorgelegte Eigenverwaltungsplanung, insbesondere, ob diese von den erkannten und erkennbaren tatsächlichen Gegebenheiten ausgeht, schlüssig ist und durchführbar erscheint,
2. die Vollständigkeit und Geeignetheit der Rechnungslegung und Buchführung als Grundlage für die Eigenverwaltungsplanung, insbesondere für die Finanzplanung,
3. das Bestehen von Haftungsansprüchen des Schuldners gegen amtierende oder ehemalige Mitglieder der Organe.

(2) Der Schuldner hat dem Gericht und dem vorläufigen Sachwalter unverzüglich wesentliche Änderungen mitzuteilen, welche die Eigenverwaltungsplanung betreffen.

(3) [1] Das Gericht kann vorläufige Maßnahmen nach § 21 Absatz 1 und 2 Satz 1 Nummer 1a, 3 bis 5 anordnen. [2] Ordnet das Gericht die vorläufige Eigenverwaltung nach § 270b Absatz 1 Satz 2 an, kann es zudem anordnen, dass Verfügungen des Schuldners der Zustimmung durch den vorläufigen Sachwalter bedürfen.

(4) [1] Auf Antrag des Schuldners hat das Gericht anzuordnen, dass der Schuldner Masseverbindlichkeiten begründet. [2] Soll sich die Ermächtigung auf Verbindlichkeiten erstrecken, die im Finanzplan nicht berücksichtigt sind, bedarf dies einer besonderen Begründung. [3] § 55 Absatz 2 gilt entsprechend.

(5) Hat der Schuldner den Eröffnungsantrag bei drohender Zahlungsunfähigkeit gestellt und die Eigenverwaltung beantragt, sieht das Gericht jedoch die Voraussetzungen der Eigenverwaltung als nicht gegeben an, so hat es seine Bedenken dem Schuldner mitzuteilen und diesem Gelegenheit zu geben, den Eröffnungsantrag vor der Entscheidung über die Eröffnung zurückzunehmen.

§ 270d[3] Vorbereitung einer Sanierung; Schutzschirm. (1) [1] Hat der Schuldner mit dem Antrag eine mit Gründen versehene Bescheinigung eines in Insolvenzsachen erfahrenen Steuerberaters, Wirtschaftsprüfers oder Rechtsanwalts oder einer Person mit vergleichbarer Qualifikation vorgelegt, aus der sich ergibt, dass drohende Zahlungsunfähigkeit oder Überschuldung, aber keine Zahlungsunfähigkeit vorliegt und die angestrebte Sanierung nicht offensichtlich aussichtslos ist, so bestimmt das Insolvenzgericht auf Antrag des Schuldners eine Frist zur Vorlage eines Insolvenzplans. [2] Die Frist darf höchstens drei Monate betragen.

(2) [1] Der Aussteller der Bescheinigung nach Absatz 1 darf nicht zum vorläufigen Sachwalter bestellt werden. [2] Der Schuldner kann dem Gericht Vorschläge für die Person des vorläufigen Sachwalters unterbreiten. [3] Das Gericht kann von einem Vorschlag des Schuldners nur abweichen, wenn die vorgeschlagene Person offensichtlich für die Übernahme des Amtes nicht geeignet ist; dies ist vom Gericht schriftlich zu begründen.

(3) Das Gericht hat Maßnahmen nach § 21 Absatz 2 Satz 1 Nummer 3 anzuordnen, wenn der Schuldner dies beantragt.

(4) [1] Der Schuldner oder der vorläufige Sachwalter haben dem Gericht den Eintritt der Zahlungsunfähigkeit unverzüglich anzuzeigen. [2] Nach Aufhebung der Anordnung nach Absatz 1 oder nach Ablauf der Frist entscheidet das Gericht über die Eröffnung des Insolvenzverfahrens.

---

[1] § 270c neu gef. mWv 1.1.2021 durch G v. 22.12.2020 (BGBl. I S. 3256).
[2] Richtig wohl: „beauftragen".
[3] § 270d eingef. mWv 1.1.2021 durch G v. 22.12.2020 (BGBl. I S. 3256).

§ 270e[1] Aufhebung der vorläufigen Eigenverwaltung. (1) Die vorläufige Eigenverwaltung wird durch Bestellung eines vorläufigen Insolvenzverwalters aufgehoben, wenn

1. der Schuldner in schwerwiegender Weise gegen insolvenzrechtliche Pflichten verstößt oder sich auf sonstige Weise zeigt, dass er nicht bereit oder in der Lage ist, seine Geschäftsführung am Interesse der Gläubiger auszurichten, insbesondere, wenn sich erweist, dass
   a) der Schuldner die Eigenverwaltungsplanung in wesentlichen Punkten auf unzutreffende Tatsachen gestützt hat oder seinen Pflichten nach § 270c Absatz 2 nicht nachkommt,
   b) die Rechnungslegung und Buchführung so unvollständig oder mangelhaft sind, dass sie keine Beurteilung der Eigenverwaltungsplanung, insbesondere des Finanzplans, ermöglichen,
   c) Haftungsansprüche des Schuldners gegen amtierende oder ehemalige Mitglieder seiner Organe bestehen, deren Durchsetzung in der Eigenverwaltung erschwert werden könnte,
2. Mängel der Eigenverwaltungsplanung nicht innerhalb der gemäß § 270b Absatz 1 Satz 2 gesetzten Frist behoben werden,
3. die Erreichung des Eigenverwaltungsziels, insbesondere eine angestrebte Sanierung sich als aussichtslos erweist,
4. der vorläufige Sachwalter dies mit Zustimmung des vorläufigen Gläubigerausschusses oder der vorläufige Gläubigerausschuss dies beantragt,
5. der Schuldner dies beantragt.

(2) [1] Die vorläufige Eigenverwaltung wird durch Bestellung eines vorläufigen Insolvenzverwalters zudem aufgehoben, wenn ein absonderungsberechtigter Gläubiger oder Insolvenzgläubiger die Aufhebung beantragt und glaubhaft macht, dass die Voraussetzungen für eine Anordnung der vorläufigen Eigenverwaltung nicht vorliegen und ihm durch die Eigenverwaltung erhebliche Nachteile drohen. [2] Vor der Entscheidung über den Antrag ist der Schuldner zu hören. [3] Gegen die Entscheidung steht dem Gläubiger und dem Schuldner die sofortige Beschwerde zu.

(3) Zum vorläufigen Insolvenzverwalter kann der bisherige vorläufige Sachwalter bestellt werden.

(4) [1] Dem vorläufigen Gläubigerausschuss ist vor Erlass der Entscheidung nach Absatz 1 Nummer 1 oder 3 Gelegenheit zur Äußerung zu geben. [2] § 270b Absatz 3 Satz 2 gilt entsprechend. [3] Bestellt das Gericht einen vorläufigen Insolvenzverwalter, sind die Gründe hierfür schriftlich darzulegen. [4] § 27 Absatz 2 Nummer 4 gilt entsprechend.

§ 270f[2] Anordnung der Eigenverwaltung. (1) Die Eigenverwaltung wird auf Antrag des Schuldners angeordnet, es sei denn, eine vorläufige Eigenverwaltung wäre nach § 270b nicht anzuordnen oder nach § 270e aufzuheben.

(2) [1] Anstelle eines Insolvenzverwalters wird ein Sachwalter bestellt. [2] Die Forderungen der Insolvenzgläubiger sind beim Sachwalter anzumelden. [3] Die §§ 32 und 33 sind nicht anzuwenden.

(3) § 270b Absatz 3 und 4 ist entsprechend anzuwenden.

---

[1] § 270e eingef. mWv 1.1.2021 durch G v. 22.12.2020 (BGBl. I S. 3256).

[2] § 270f eingef. mWv 1.1.2021 durch G v. 22.12.2020 (BGBl. I S. 3256); Abs. 3 geänd. mWv 27.7.2022 durch G v. 20.7.2022 (BGBl. I S. 1166).

§ 270g[1] Eigenverwaltung bei gruppenangehörigen Schuldnern. [1]Wird die Eigenverwaltung oder die vorläufige Eigenverwaltung bei einem gruppenangehörigen Schuldner angeordnet, unterliegt der Schuldner den Kooperationspflichten des § 269a. [2]Dem eigenverwaltenden Schuldner stehen nach Verfahrenseröffnung die Antragsrechte nach § 3a Absatz 1, § 3d Absatz 2 und § 269d Absatz 2 Satz 2 zu.

§ 271[2] [3] Nachträgliche Anordnung. [1]Beantragt die Gläubigerversammlung mit der in § 76 Absatz 2 genannten Mehrheit und der Mehrheit der abstimmenden Gläubiger die Eigenverwaltung, so ordnet das Gericht diese an, sofern der Schuldner zustimmt. [2]Zum Sachwalter kann der bisherige Insolvenzverwalter bestellt werden.

§ 272[4] [3] Aufhebung der Anordnung. (1) Das Insolvenzgericht hebt die Anordnung der Eigenverwaltung auf, wenn

1. der Schuldner in schwerwiegender Weise gegen insolvenzrechtliche Pflichten verstößt oder sich auf sonstige Weise zeigt, dass er nicht bereit oder in der Lage ist, seine Geschäftsführung am Interesse der Gläubiger auszurichten; dies gilt auch dann, wenn sich erweist, dass
   a) der Schuldner die Eigenverwaltungsplanung in wesentlichen Punkten auf unzutreffende Tatsachen gestützt hat,
   b) die Rechnungslegung und Buchführung so unvollständig oder mangelhaft sind, dass sie keine Beurteilung der Eigenverwaltungsplanung, insbesondere des Finanzplans, ermöglichen,
   c) Haftungsansprüche des Schuldners gegen amtierende oder ehemalige Mitglieder des vertretungsberechtigten Organs bestehen, deren Durchsetzung in der Eigenverwaltung erschwert werden könnte,
2. die Erreichung des Eigenverwaltungsziels, insbesondere eine angestrebte Sanierung sich als aussichtslos erweist,
3. dies von der Gläubigerversammlung mit der in § 76 Absatz 2 genannten Mehrheit und der Mehrheit der abstimmenden Gläubiger beantragt wird,
4. dies von einem absonderungsberechtigten Gläubiger oder von einem Insolvenzgläubiger beantragt wird, die Voraussetzungen der Anordnung der Eigenverwaltung des § 270f Absatz 1 in Verbindung mit § 270b Absatz 1 Satz 1 weggefallen sind und dem Antragsteller durch die Eigenverwaltung erhebliche Nachteile drohen,
5. dies vom Schuldner beantragt wird.

(2) [1]Der Antrag eines Gläubigers ist nur zulässig, wenn die in Absatz 1 Nummer 4 genannten Voraussetzungen glaubhaft gemacht werden. [2]Vor der Entscheidung über den Antrag ist der Schuldner zu hören. [3]Gegen die Entscheidung steht dem Gläubiger und dem Schuldner die sofortige Beschwerde zu.

(3) Zum Insolvenzverwalter kann der bisherige Sachwalter bestellt werden.

---

[1] Früherer § 270d eingef. mWv 21.4.2018 durch G v. 13.4.2017 (BGBl. I S. 866); bish. § 270d wird § 270g mWv 1.1.2021 durch G v. 22.12.2020 (BGBl. I S. 3256).

[2] § 271 neu gef. mWv 1.3.2012 durch G v. 7.12.2011 (BGBl. I S. 2582).

[3] Beachte hierzu Übergangsvorschrift in Art. 103g EGInsO (Nr. **110a**).

[4] § 272 Abs. 1 Nr. 1 geänd., Nr. 2 und Abs. 2 Satz 1 neu gef. mWv 1.3.2012 durch G v. 7.12.2011 (BGBl. I S. 2582); Abs. 1 neu gef., Abs. 2 Satz 1 geänd. mWv 1.1.2021 durch G v. 22.12.2020 (BGBl. I S. 3256).

§ 273 Öffentliche Bekanntmachung. Der Beschluß des Insolvenzgerichts, durch den nach der Eröffnung des Insolvenzverfahrens die Eigenverwaltung angeordnet oder die Anordnung aufgehoben wird, ist öffentlich bekanntzumachen.

§ 274[1) 2)] Rechtsstellung des Sachwalters. (1) Für die Bestellung des Sachwalters, für die Aufsicht des Insolvenzgerichts sowie für die Haftung und die Vergütung des Sachwalters gelten § 27 Absatz 2 Nummer 4, § 54 Nummer 2 und die §§ 56 bis 60, 62 bis 65 entsprechend.

(2) [1] Der Sachwalter hat die wirtschaftliche Lage des Schuldners zu prüfen und die Geschäftsführung sowie die Ausgaben für die Lebensführung zu überwachen. [2] Das Gericht kann anordnen, dass der Sachwalter den Schuldner im Rahmen der Insolvenzgeldvorfinanzierung, der insolvenzrechtlichen Buchführung und der Verhandlungen mit Kunden und Lieferanten unterstützen kann. [3] § 22 Abs. 3 gilt entsprechend.

(3) [1] Stellt der Sachwalter Umstände fest, die erwarten lassen, daß die Fortsetzung der Eigenverwaltung zu Nachteilen für die Gläubiger führen wird, so hat er dies unverzüglich dem Gläubigerausschuß und dem Insolvenzgericht anzuzeigen. [2] Ist ein Gläubigerausschuß nicht bestellt, so hat der Sachwalter an dessen Stelle die Insolvenzgläubiger, die Forderungen angemeldet haben, und die absonderungsberechtigten Gläubiger zu unterrichten.

§ 275 Mitwirkung des Sachwalters. (1) [1] Verbindlichkeiten, die nicht zum gewöhnlichen Geschäftsbetrieb gehören, soll der Schuldner nur mit Zustimmung des Sachwalters eingehen. [2] Auch Verbindlichkeiten, die zum gewöhnlichen Geschäftsbetrieb gehören, soll er nicht eingehen, wenn der Sachwalter widerspricht.

(2) Der Sachwalter kann vom Schuldner verlangen, daß alle eingehenden Gelder nur vom Sachwalter entgegengenommen und Zahlungen nur vom Sachwalter geleistet werden.

§ 276 Mitwirkung des Gläubigerausschusses. [1] Der Schuldner hat die Zustimmung des Gläubigerausschusses einzuholen, wenn er Rechtshandlungen vornehmen will, die für das Insolvenzverfahren von besonderer Bedeutung sind. [2] § 160 Abs. 1 Satz 2, Abs. 2, § 161 Satz 2 und § 164 gelten entsprechend.

§ 276a[3) 2)] Mitwirkung der Überwachungsorgane. (1) [1] Ist der Schuldner eine juristische Person oder eine Gesellschaft ohne Rechtspersönlichkeit, so haben der Aufsichtsrat, die Gesellschafterversammlung oder entsprechende Organe keinen Einfluss auf die Geschäftsführung des Schuldners. [2] Die Abberufung und Neubestellung von Mitgliedern der Geschäftsleitung ist nur wirksam, wenn der Sachwalter zustimmt. [3] Die Zustimmung ist zu erteilen, wenn die Maßnahme nicht zu Nachteilen für die Gläubiger führt.

---

1) § 274 Abs. 1 geänd. mWv 1.3.2012 durch G v. 7.12.2011 (BGBl. I S. 2582); Abs. 1 geänd. mWv 1.7.2014 durch G v. 15.7.2013 (BGBl. I S. 2379); Abs. 2 Satz 2 eingef., bish. Satz 2 wird Satz 3 mWv 1.1.2021 durch G v. 22.12.2020 (BGBl. I S. 3256).

2) Beachte hierzu Übergangsvorschrift in Art. 103g EGInsO (Nr. **110a**).

3) § 276a eingef. mWv 1.3.2012 durch G v. 7.12.2011 (BGBl. I S. 2582); Abs. 2 und 3 angef. mWv 1.1.2021 durch G v. 22.12.2020 (BGBl. I S. 3256).

Lfd. Nr.	Änderndes Gesetz	Datum	Fundstelle	Betroffen	Hinweis
38.	Art. 2 G zur Änd. der materiellen Zulässigkeitsvoraussetzungen von ärztlichen Zwangsmaßnahmen und zur Stärkung des Selbstbestimmungsrechts von Betreuten	17.7.2017	BGBl. I S. 2426	Inhaltsübersicht, §§ 62, 104, 167, 293, 313, 317, 326, 327, 328, 330, 331, 337 § 312	geänd. mWv 22.7.2017 neu gef. mWv 22.7.2017
39.	Art. 7 G zur Bekämpfung von Kinderehen	17.7.2017	BGBl. I S. 2429	Inhaltsübersicht, §§ 98, 122, 132, 188 § 129a	geänd. mWv 22.7.2017 eingef. mWv 22.7.2017
40.	Art. 7 G zur besseren Durchsetzung der Ausreisepflicht	20.7.2017	BGBl. I S. 2780	§§ 171, 176	geänd. mWv 29.7.2017
41.	Art. 5 G zum Internationalen Güterrecht und zur Änd. von Vorschriften des Internationalen Privatrechts	17.12. 2018	BGBl. I S. 2573	Inhaltsübersicht, Buch 1 Abschnitt 9 UAbschnitt 1 Überschrift, § 97	geänd. mWv 21.12.2018
42.	Art. 2 G zur Änd. der in das Geburtenregister einzutragenden Angaben	18.12. 2018	BGBl. I S. 2635	§ 168a	geänd. mWv 22.12.2018
43.	Art. 13 G zur Umsetzung des G zur Einführung des Rechts auf Eheschließung für Personen gleichen Geschlechts	18.12. 2018	BGBl. I S. 2639	§ 269	geänd. mWv 22.12.2018
44.	Art. 5 G zur Änd. des BundeswahlG und anderer Gesetze	18.6.2019	BGBl. I S. 834	§ 309	geänd. mWv 1.7.2019
45.	Art. 3 G zur Stärkung der Rechte von Betroffenen bei Fixierungen im Rahmen von Freiheitsentziehungen	19.6.2019	BGBl. I S. 840	Inhaltsübersicht, §§ 70, 104, 151, 310, 312, 313, 321, 327, 329, 330, 331, 337, 339	geänd. mWv 28.6.2019
46.	Art. 5 Abs. 6 G zur Einführung einer Karte für Unionsbürger und Angehörige des Europäischen Wirtschaftsraums mit Funktion zum elektronischen Identitätsnachweis sowie zur Änd. des PersonalausweisG und weiterer Vorschriften[1) 2)]	21.6.2019	BGBl. I S. 846	§ 14a	geänd. mWv 1.11.2019
47.	Art. 2 G zur Anpassung der Betreuer- und Vormündervergütung	22.6.2019	BGBl. I S. 866	§ 277	geänd. mWv 27.7.2019
48.	Art. 2 Zweites G zur besseren Durchsetzung der Ausreisepflicht	15.8.2019	BGBl. I S. 1294	§ 417	geänd. mWv 21.8.2019

[1)] **Amtl. Anm.:** Notifiziert gemäß der Richtlinie (EU) 2015/1535 des Europäischen Parlaments und des Rates vom 9. September 2015 über ein Informationsverfahren auf dem Gebiet der technischen Vorschriften und der Vorschriften für die Dienste der Informationsgesellschaft (ABl. L 241 vom 17.9.2015, S. 1).

[2)] Die Änd. des Inkrafttretens dieses G durch Art. 154a G v. 20.11.2019 (BGBl. I S. 1626) ist unbeachtlich, da das G bei Erlass des ÄndG bereits in Kraft getreten war.

Lfd. Nr.	Änderndes Gesetz	Datum	Fundstelle	Betroffen	Hinweis
49.	Art. 3 G zur Stärkung der Verfahrensrechte von Beschuldigten im Jugendstrafverfahren[1]	9.12.2019	BGBl. I S. 2146	§ 311	geänd. mWv 17.12.2019
50.	Art. 9 G zur Regelung der Wertgrenze für die Nichtzulassungsbeschwerde in Zivilsachen, zum Ausbau der Spezialisierung bei den Gerichten sowie zur Änd. weiterer prozessrechtlicher Vorschriften	12.12. 2019	BGBl. I S. 2633	§ 14	geänd. mWv 1.1.2020
51.	Art. 4 G zur Umsetzung der Entscheidung des Bundesverfassungsgerichts vom 26. März 2019 zum Ausschluss der Stiefkindadoption in nichtehelichen Familien	19.3.2020	BGBl. I S. 541	§ 187	geänd. mWv 31.3.2020
52.	Art. 2 AdoptionshilfeG	12.2.2021	BGBl. I S. 226	Inhaltsübersicht, §§ 108, 187, 195	geänd. mWv 1.4.2021
				§ 189	neu gef. mWv 1.4.2021
				§ 196a	eingef. mWv 1.4.2021
53.	Art. 3 G zur Verbesserung des Schutzes von Gerichtsvollziehern vor Gewalt sowie zur Änd. weiterer zwangsvollstreckungsrechtlicher Vorschriften und zur Änd. des InfektionsschutzG	7.5.2021	BGBl. I S. 850	§§ 87, 96	geänd. mWv 1.1.2022
54.	Art. 8 G zur Reform des Vormundschafts- und Betreuungsrechts	4.5.2021	BGBl. I S. 882, geänd. 2022, S. 959	Inhaltsübersicht, §§ 151, 152, 155a, 168g, 271, 274, 275, 276, 278, 279, 280, 281, 286, 287, 290, 291, 293, 294, 295, 296, 297, 298, 301, 304, 307, 309, 312, 315, 317, 319, 324, 326, 332, 334, 340, 419	geänd. mWv 1.1.2023
				§ 158	geänd. mWv 1.1.2023, insoweit aufgeh. 2022, S. 959
				§§ 168, 277, 285, 292, 299	neu gef. mWv 1.1.2023
				§§ 168a, 168b, 168c, 168d, 168e, 168f, 292a, 309a	eingef. mWv 1.1.2023
				§§ 190, 289	aufgeh. mit Ablauf des 31.12. 2022

[1] **Amtl. Anm.:** Dieses Gesetz dient der Umsetzung der Richtlinie (EU) 2016/800 des Europäischen Parlaments und des Rates vom 11. Mai 2016 über Verfahrensgarantien für Kinder, die Verdächtige oder beschuldigte Personen in Strafverfahren sind (ABl. L 132 vom 21.5.2016, S. 1).

Lfd. Nr.	Änderndes Gesetz	Datum	Fundstelle	Betroffen	Hinweis
55.	Art. 7 Abs. 39 G zur Umsetzung der RL (EU) 2019/2034 über die Beaufsichtigung von Wertpapierinstituten[1]	12.5.2021	BGBl. I S. 990	§ 375	geänd. mWv 26.6.2021
56.	Art. 3 G zum Schutz von Kindern mit Varianten der Geschlechtsentwicklung	12.5.2021	BGBl. I S. 1082	Inhaltsübersicht	geänd. mWv 22.5.2021
				§ 167b	eingef. mWv 22.5.2021
57.	Art. 2 G zur Änd. des Versorgungsausgleichsrechts	12.5.2021	BGBl. I S. 1085	§§ 114, 222, 226	geänd. mWv 1.8.2021
58.	Art. 7 Kinder- und JugendstärkungsG	3.6.2021	BGBl. I S. 1444	§ 166	geänd. mWv 10.6.2021
59.	Art. 26 Abs. 5 FinanzmarktintegritätsstärkungsG	3.6.2021	BGBl. I S. 1534	§ 375	geänd. mWv 1.7.2021
60.	Art. 5 G zur Bekämpfung sexualisierter Gewalt gegen Kinder	16.6.2021	BGBl. I S. 1810	Inhaltsübersicht, §§ 68, 174, 191, 493	geänd. mWv 1.7.2021
				§§ 158, 159	neu gef. mWv 1.7.2021
				§§ 158b, 158c	eingef. mWv 1.7.2021
				§ 158a	eingef. mWv 1.1.2022
61.	Art. 15 G zur Modernisierung des notariellen Berufsrechts und zur Änd. weiterer Vorschriften	25.6.2021	BGBl. I S. 2154	§ 347	geänd. mWv 1.8.2021
62.	Art. 6 G zur Vereinheitlichung des Stiftungsrechts und zur Änd. des InfektionsschutzG	16.7.2021	BGBl. I S. 2947	§ 356	geänd. mWv 1.7.2023
63.	Art. 8 G zur Umsetzung der Digitalisierungsrichtlinie (DiRUG)[2]	5.7.2021	BGBl. I S. 3338	§§ 387, 393, 394	geänd. mWv 1.8.2022
64.	Art. 45 PersonengesellschaftsrechtsmodernisierungsG (MoPeG)	10.8.2021	BGBl. I S. 3436	§§ 376, 387	geänd. mWv 18.8.2021
				Inhaltsübersicht, §§ 374, 375, 376, 378, 379, 380, 382, 388, 392, 393, 394	geänd. mWv 1.1.2024

[1] **Amtl. Anm.:** Dieses Gesetz dient der Umsetzung der Richtlinie (EU) 2019/2034 des Europäischen Parlaments und des Rates vom 27. November 2019 über die Beaufsichtigung von Wertpapierfirmen und zur Änderung der Richtlinien 2002/87/EG, 2009/65/EG, 2011/61/EU, 2013/36/EU, 2014/59/EU und 2014/65/EU (ABl. L 314 vom 5.12.2019, S. 64) sowie der Anpassung der nationalen Gesetze und Verordnungen an die Verordnung (EU) 2019/2033 des Europäischen Parlaments und des Rates vom 27. November 2019 über die Aufsichtsanforderungen an Wertpapierfirmen und zur Änderung der Verordnungen (EU) Nr. 1093/2010, (EU) Nr. 575/2013, (EU) Nr. 600/2014 und (EU) Nr. 806/2014 (ABl. L 314 vom 5.12.2019, S. 1; L 20 vom 24.1.2020, S. 26).

[2] **Amtl. Anm.:** Dieses Gesetz dient der Umsetzung der Richtlinie (EU) 2019/1151 des Europäischen Parlaments und des Rates vom 20. Juni 2019 zur Änderung der Richtlinie (EU) 2017/1132 im Hinblick auf den Einsatz digitaler Werkzeuge und Verfahren im Gesellschaftsrecht (ABl. L 186 vom 11.7.2019, S. 80).

Lfd. Nr.	Änderndes Gesetz	Datum	Fundstelle	Betroffen	Hinweis
65.	Art. 5 G zum Ausbau des elektronischen Rechtsverkehrs mit den Gerichten und zur Änd. weiterer Vorschriften[1]	5.10.2021	BGBl. I S. 4607	§ 14b	neu gef. mWv 1.1.2022
66.	Art. 4 G zur Durchführung der EU-Verordnungen über grenzüberschreitende Zustellungen und grenzüberschreitende Beweisaufnahmen in Zivil- oder Handelssachen sowie zur Änd. sonstiger Vorschriften	24.6.2022	BGBl. I S. 959	§ 158a	geänd. mWv 1.7.2022
				Inhaltsübersicht, §§ 158c, 282, 285, 292, 292a, 294	geänd. mWv 1.1.2023
				§ 310	neu gef. mWv 1.1.2023

Vorbemerkung:

Die Änderungen durch G v. 4.5.2021 (BGBl. I S. 882, geänd. durch G v. 24.6.2022, BGBl. I S. 959) treten erst mWv 1.1.2023 in Kraft und sind im Text noch nicht berücksichtigt.

Die Änderung durch G v. 16.7.2021 (BGBl. I S. 2947) tritt erst mWv 1.7.2023 in Kraft und ist im Text noch nicht berücksichtigt.

Die Änderungen durch G v. 10.8.2021 (BGBl. I S. 3436) treten teilweise erst mWv 1.1.2024 in Kraft und sind insoweit im Text noch nicht berücksichtigt.

Die Änderungen durch G v. 24.6.2022 (BGBl. I S. 959) treten teilweise erst mWv 1.1.2023 in Kraft und sind im Text noch nicht berücksichtigt.

[1] **Amtl. Anm.:** Notifiziert gemäß der Richtlinie (EU) 2015/1535 des Europäischen Parlaments und des Rates vom 9. September 2015 über ein Informationsverfahren auf dem Gebiet der technischen Vorschriften und der Vorschriften für die Dienste der Informationsgesellschaft (ABl. L 241 vom 17.9.2015, S. 1).

§ 156[1] Hinwirken auf Einvernehmen. (1) [1]Das Gericht soll in Kindschaftssachen, die die elterliche Sorge bei Trennung und Scheidung, den Aufenthalt des Kindes, das Umgangsrecht oder die Herausgabe des Kindes betreffen, in jeder Lage des Verfahrens auf ein Einvernehmen der Beteiligten hinwirken, wenn dies dem Kindeswohl nicht widerspricht. [2]Es weist auf Möglichkeiten der Beratung durch die Beratungsstellen und -dienste der Träger der Kinder- und Jugendhilfe insbesondere zur Entwicklung eines einvernehmlichen Konzepts für die Wahrnehmung der elterlichen Sorge und der elterlichen Verantwortung hin. [3]Das Gericht kann anordnen, dass die Eltern einzeln oder gemeinsam an einem kostenfreien Informationsgespräch über Mediation oder über eine sonstige Möglichkeit der außergerichtlichen Konfliktbeilegung bei einer von dem Gericht benannten Person oder Stelle teilnehmen und eine Bestätigung hierüber vorlegen. [4]Es kann ferner anordnen, dass die Eltern an einer Beratung nach Satz 2 teilnehmen. [5]Die Anordnungen nach den Sätzen 3 und 4 sind nicht selbständig anfechtbar und nicht mit Zwangsmitteln durchsetzbar.

(2) [1]Erzielen die Beteiligten Einvernehmen über den Umgang oder die Herausgabe des Kindes, ist die einvernehmliche Regelung als Vergleich aufzunehmen, wenn das Gericht diese billigt (gerichtlich gebilligter Vergleich). [2]Das Gericht billigt die Umgangsregelung, wenn sie dem Kindeswohl nicht widerspricht.

(3) [1]Kann in Kindschaftssachen, die den Aufenthalt des Kindes, das Umgangsrecht oder die Herausgabe des Kindes betreffen, eine einvernehmliche Regelung im Termin nach § 155 Abs. 2 nicht erreicht werden, hat das Gericht mit den Beteiligten und dem Jugendamt den Erlass einer einstweiligen Anordnung zu erörtern. [2]Wird die Teilnahme an einer Beratung, an einem kostenfreien Informationsgespräch über Mediation oder einer sonstigen Möglichkeit der außergerichtlichen Konfliktbeilegung oder eine schriftliche Begutachtung angeordnet, soll das Gericht in Kindschaftssachen, die das Umgangsrecht betreffen, den Umgang durch einstweilige Anordnung regeln oder ausschließen. [3]Das Gericht soll das Kind vor dem Erlass einer einstweiligen Anordnung persönlich anhören.

§ 157[2] Erörterung der Kindeswohlgefährdung; einstweilige Anordnung.

(1) In Verfahren nach den §§ 1666 und 1666a des Bürgerlichen Gesetzbuchs[3] soll das Gericht mit den Eltern und in geeigneten Fällen auch mit dem Kind erörtern, wie einer möglichen Gefährdung des Kindeswohls, insbesondere durch öffentliche Hilfen, begegnet werden und welche Folgen die Nichtannahme notwendiger Hilfen haben kann.

(2) [1]Das Gericht hat das persönliche Erscheinen der Eltern zu dem Termin nach Absatz 1 anzuordnen. [2]Das Gericht führt die Erörterung in Abwesenheit eines Elternteils durch, wenn dies zum Schutz eines Beteiligten oder aus anderen Gründen erforderlich ist.

(3) In Verfahren nach den §§ 1666 und 1666a des Bürgerlichen Gesetzbuchs hat das Gericht unverzüglich den Erlass einer einstweiligen Anordnung zu prüfen.

§ 158[4] Bestellung des Verfahrensbeistands. (1) [1]Das Gericht hat dem minderjährigen Kind in Kindschaftssachen, die seine Person betreffen, einen fachlich und persönlich geeigneten Verfahrensbeistand zu bestellen, soweit dies zur Wahr-

[1] § 156 Abs. 1 Satz 3 neu gef., Sätze 4, 5 und Abs. 3 Satz 2 geänd. mWv 26.7.2012 durch G v. 21.7. 2012 (BGBl. I S. 1577).

[2] § 157 Abs. 1 Satz 2 aufgeh. mWv 1.1.2013 durch G v. 5.12.2012 (BGBl. I S. 2418).

[3] Nr. **20**.

[4] § 158 neu gef. mWv 1.7.2021 durch G v. 16.6.2021 (BGBl. I S. 1810).

nehmung der Interessen des Kindes erforderlich ist. [2]Der Verfahrensbeistand ist so früh wie möglich zu bestellen.

(2) Die Bestellung ist stets erforderlich, wenn eine der folgenden Entscheidungen in Betracht kommt:

1. die teilweise oder vollständige Entziehung der Personensorge nach den §§ 1666 und 1666a des Bürgerlichen Gesetzbuchs[1)],
2. der Ausschluss des Umgangsrechts nach § 1684 des Bürgerlichen Gesetzbuchs oder
3. eine Verbleibensanordnung nach § 1632 Absatz 4 oder § 1682 des Bürgerlichen Gesetzbuchs.

(3) [1]Die Bestellung ist in der Regel erforderlich, wenn

1. das Interesse des Kindes zu dem seiner gesetzlichen Vertreter in erheblichem Gegensatz steht,
2. eine Trennung des Kindes von der Person erfolgen soll, in deren Obhut es sich befindet,
3. Verfahren die Herausgabe des Kindes zum Gegenstand haben oder
4. eine wesentliche Beschränkung des Umgangsrechts in Betracht kommt.

[2]Sieht das Gericht in den genannten Fällen von der Bestellung eines Verfahrensbeistands ab, ist dies in der Endentscheidung zu begründen.

(4) [1]Die Bestellung endet mit der Aufhebung der Bestellung, mit Rechtskraft der das Verfahren abschließenden Entscheidung oder mit dem sonstigen Abschluss des Verfahrens. [2]Das Gericht hebt die Bestellung auf, wenn

1. der Verfahrensbeistand dies beantragt und einer Entlassung keine erheblichen Gründe entgegenstehen oder
2. die Fortführung des Amtes die Interessen des Kindes gefährden würde.

(5) Die Bestellung eines Verfahrensbeistands oder deren Aufhebung sowie die Ablehnung einer derartigen Maßnahme sind nicht selbständig anfechtbar.

§ 158a[2)] [3)] Eignung des Verfahrensbeistands. (1) [1]Fachlich geeignet im Sinne des § 158 Absatz 1 ist eine Person, die Grundkenntnisse auf den Gebieten des Familienrechts, insbesondere des Kindschaftsrechts, des Verfahrensrechts in Kindschaftssachen und des Kinder- und Jugendhilferechts, sowie Kenntnisse der Entwicklungspsychologie des Kindes hat und über kindgerechte Gesprächstechniken verfügt. [2]Die nach Satz 1 erforderlichen Kenntnisse und Fähigkeiten sind auf Verlangen des Gerichts nachzuweisen. [3]Der Nachweis kann insbesondere über eine sozialpädagogische, pädagogische, juristische oder psychologische Berufsqualifikation sowie eine für die Tätigkeit als Verfahrensbeistand spezifische Zusatzqualifikation erbracht werden. [4]Der Verfahrensbeistand hat sich regelmäßig, mindestens alle zwei Jahre, fortzubilden und dies dem Gericht auf Verlangen nachzuweisen.

(2) [1]Persönlich geeignet im Sinne des § 158 Absatz 1 ist eine Person, die Gewähr bietet, die Interessen des Kindes gewissenhaft, unvoreingenommen und unabhängig wahrzunehmen. [2]Persönlich ungeeignet ist eine Person insbesondere dann, wenn sie rechtskräftig wegen einer Straftat nach den §§ 171, 174 bis 174c,

1) Nr. **20**.

2) § 158a eingef. mWv 1.1.2022 durch G v. 16.6.2021 (BGBl. I S. 1810); Abs. 2 Satz 2 geänd. mWv 1.7.2022 durch G v. 24.6.2022 (BGBl. I S. 959).

3) Beachte hierzu Übergangsvorschrift in § 493 Abs. 4.

176 bis 178, 180, 180a, 181a, 182 bis 184c, 184e bis 184g, 184i bis 184l, 201a Absatz 3, den §§ 225, 232 bis 233a, 234, 235 oder § 236 des Strafgesetzbuchs[1] verurteilt worden ist. [3] Zur Überprüfung der Voraussetzungen des Satzes 2 soll sich das Gericht ein erweitertes Führungszeugnis von der betreffenden Person (§ 30a des Bundeszentralregistergesetzes[2]) vorlegen lassen oder im Einverständnis mit der betreffenden Person anderweitig Einsicht in ein bereits vorliegendes erweitertes Führungszeugnis nehmen. [4] Ein solches darf nicht älter als drei Jahre sein. [5] Aktenkundig zu machen sind nur die Einsichtnahme in das erweiterte Führungszeugnis des bestellten Verfahrensbeistands, das Ausstellungsdatum sowie die Feststellung, dass das erweiterte Führungszeugnis keine Eintragung über eine rechtskräftige Verurteilung wegen einer in Satz 2 genannten Straftat enthält.

§ 158b[3] Aufgaben und Rechtsstellung des Verfahrensbeistands. (1) [1] Der Verfahrensbeistand hat das Interesse des Kindes festzustellen und im gerichtlichen Verfahren zur Geltung zu bringen. [2] Er soll zu diesem Zweck auch eine schriftliche Stellungnahme erstatten. [3] Der Verfahrensbeistand hat das Kind über Gegenstand, Ablauf und möglichen Ausgang des Verfahrens in geeigneter Weise zu informieren. [4] Endet das Verfahren durch Endentscheidung, soll der Verfahrensbeistand den gerichtlichen Beschluss mit dem Kind erörtern.

(2) [1] Soweit erforderlich kann das Gericht dem Verfahrensbeistand die Aufgabe übertragen, Gespräche mit den Eltern und weiteren Bezugspersonen des Kindes zu führen sowie am Zustandekommen einer einvernehmlichen Regelung über den Verfahrensgegenstand mitzuwirken. [2] Das Gericht hat Art und Umfang der Beauftragung konkret festzulegen und die Beauftragung zu begründen.

(3) [1] Der Verfahrensbeistand wird durch seine Bestellung als Beteiligter zum Verfahren hinzugezogen. [2] Er kann im Interesse des Kindes Rechtsmittel einlegen. [3] Der Verfahrensbeistand ist nicht gesetzlicher Vertreter des Kindes.

§ 158c[4] Vergütung; Kosten. (1) [1] Führt der Verfahrensbeistand die Verfahrensbeistandschaft berufsmäßig, erhält er für die Wahrnehmung seiner Aufgaben in jedem Rechtszug jeweils eine einmalige Vergütung von 350 Euro. [2] Im Fall der Übertragung von Aufgaben nach § 158b Absatz 2 erhöht sich die Vergütung auf 550 Euro. [3] Die Vergütung deckt auch Ansprüche auf Ersatz anlässlich der Verfahrensbeistandschaft entstandener Aufwendungen ab.

(2) Für den Ersatz von Aufwendungen des nicht berufsmäßigen Verfahrensbeistands ist § 277 Absatz 1 entsprechend anzuwenden.

(3) [1] Der Aufwendungsersatz und die Vergütung sind stets aus der Staatskasse zu zahlen. [2] Im Übrigen gilt § 168 Absatz 1 entsprechend.

(4) Dem Verfahrensbeistand sind keine Kosten aufzuerlegen.

§ 159[5] Persönliche Anhörung des Kindes. (1) Das Gericht hat das Kind persönlich anzuhören und sich einen persönlichen Eindruck von dem Kind zu verschaffen.

(2) [1] Von der persönlichen Anhörung und der Verschaffung eines persönlichen Eindrucks nach Absatz 1 kann das Gericht nur absehen, wenn

---

[1] Nr. **85**.
[2] Nr. **92**.
[3] § 158b eingef. mWv 1.7.2021 durch G v. 16.6.2021 (BGBl. I S. 1810).
[4] § 158c eingef. mWv 1.7.2021 durch G v. 16.6.2021 (BGBl. I S. 1810).
[5] § 159 neu gef. mWv 1.7.2021 durch G v. 16.6.2021 (BGBl. I S. 1810).

1. ein schwerwiegender Grund dafür vorliegt,
2. das Kind offensichtlich nicht in der Lage ist, seine Neigungen und seinen Willen kundzutun,
3. die Neigungen, Bindungen und der Wille des Kindes für die Entscheidung nicht von Bedeutung sind und eine persönliche Anhörung auch nicht aus anderen Gründen angezeigt ist oder
4. das Verfahren ausschließlich das Vermögen des Kindes betrifft und eine persönliche Anhörung nach der Art der Angelegenheit nicht angezeigt ist.

[2] Satz 1 Nummer 3 ist in Verfahren nach den §§ 1666 und 1666a des Bürgerlichen Gesetzbuchs[1)], die die Person des Kindes betreffen, nicht anzuwenden. [3] Das Gericht hat sich in diesen Verfahren einen persönlichen Eindruck von dem Kind auch dann zu verschaffen, wenn das Kind offensichtlich nicht in der Lage ist, seine Neigungen und seinen Willen kundzutun.

(3) [1] Sieht das Gericht davon ab, das Kind persönlich anzuhören oder sich einen persönlichen Eindruck von dem Kind zu verschaffen, ist dies in der Endentscheidung zu begründen. [2] Unterbleibt eine Anhörung oder die Verschaffung eines persönlichen Eindrucks allein wegen Gefahr im Verzug, ist sie unverzüglich nachzuholen.

(4) [1] Das Kind soll über den Gegenstand, Ablauf und möglichen Ausgang des Verfahrens in einer geeigneten und seinem Alter entsprechenden Weise informiert werden, soweit nicht Nachteile für seine Entwicklung, Erziehung oder Gesundheit zu befürchten sind. [2] Ihm ist Gelegenheit zur Äußerung zu geben. [3] Hat das Gericht dem Kind nach § 158 einen Verfahrensbeistand bestellt, soll die persönliche Anhörung und die Verschaffung eines persönlichen Eindrucks in dessen Anwesenheit stattfinden. [4] Im Übrigen steht die Gestaltung der persönlichen Anhörung im Ermessen des Gerichts.

§ 160 Anhörung der Eltern. (1) [1] In Verfahren, die die Person des Kindes betreffen, soll das Gericht die Eltern persönlich anhören. [2] In Verfahren nach den §§ 1666 und 1666a des Bürgerlichen Gesetzbuchs[1)] sind die Eltern persönlich anzuhören.

(2) [1] In sonstigen Kindschaftssachen hat das Gericht die Eltern anzuhören. [2] Dies gilt nicht für einen Elternteil, dem die elterliche Sorge nicht zusteht, sofern von der Anhörung eine Aufklärung nicht erwartet werden kann.

(3) Von der Anhörung darf nur aus schwerwiegenden Gründen abgesehen werden.

(4) Unterbleibt die Anhörung allein wegen Gefahr im Verzug, ist sie unverzüglich nachzuholen.

§ 161 Mitwirkung der Pflegeperson. (1) [1] Das Gericht kann in Verfahren, die die Person des Kindes betreffen, die Pflegeperson im Interesse des Kindes als Beteiligte hinzuziehen, wenn das Kind seit längerer Zeit in Familienpflege lebt. [2] Satz 1 gilt entsprechend, wenn das Kind auf Grund einer Entscheidung nach § 1682 des Bürgerlichen Gesetzbuchs[1)] bei dem dort genannten Ehegatten, Lebenspartner oder Umgangsberechtigten lebt.

(2) Die in Absatz 1 genannten Personen sind anzuhören, wenn das Kind seit längerer Zeit in Familienpflege lebt.

[1)] Nr. **20**.

4. den berufsständischen Organen der freien Berufe, soweit es sich um die Eintragung von Angehörigen dieser Berufe handelt,

(berufsständische Organe) unterstützt.

(2) [1] Das Gericht kann in zweifelhaften Fällen die berufsständischen Organe anhören, soweit dies zur Vornahme der gesetzlich vorgeschriebenen Eintragungen sowie zur Vermeidung unrichtiger Eintragungen in das Register erforderlich ist. [2] Auf ihren Antrag sind die berufsständischen Organe als Beteiligte hinzuzuziehen.

(3) In Genossenschaftsregistersachen beschränkt sich die Anhörung nach Absatz 2 auf die Frage der Zulässigkeit des Firmengebrauchs.

(4) Soweit die berufsständischen Organe angehört wurden, ist ihnen die Entscheidung des Gerichts bekannt zu geben.

(5) Gegen einen Beschluss steht den berufsständischen Organen die Beschwerde zu.

§ 381 Aussetzung des Verfahrens. [1] Das Registergericht kann, wenn die sonstigen Voraussetzungen des § 21 Abs. 1 vorliegen, das Verfahren auch aussetzen, wenn ein Rechtsstreit nicht anhängig ist. [2] Es hat in diesem Fall einem der Beteiligten eine Frist zur Erhebung der Klage zu bestimmen.

§ 382 Entscheidung über Eintragungsanträge. (1) [1] Das Registergericht gibt einem Eintragungsantrag durch die Eintragung in das Register statt. [2] Die Eintragung wird mit ihrem Vollzug im Register wirksam.

(2) Die Eintragung soll den Tag, an welchem sie vollzogen worden ist, angeben; sie ist mit der Unterschrift oder der elektronischen Signatur des zuständigen Richters oder Beamten zu versehen.

(3) Die einen Eintragungsantrag ablehnende Entscheidung ergeht durch Beschluss.

(4) [1] Ist eine Anmeldung zur Eintragung in die in § 374 Nr. 1 bis 4 genannten Register unvollständig oder steht der Eintragung ein anderes durch den Antragsteller behebbares Hindernis entgegen, hat das Registergericht dem Antragsteller eine angemessene Frist zur Beseitigung des Hindernisses zu bestimmen. [2] Die Entscheidung ist mit der Beschwerde anfechtbar.

§ 383[1)] Mitteilung; Anfechtbarkeit. (1) Die Eintragung ist den Beteiligten formlos mitzuteilen; auf die Mitteilung kann verzichtet werden.

(2) Die Vorschriften über die Veröffentlichung von Eintragungen in das Register bleiben unberührt.

(3) Die Eintragung ist nicht anfechtbar.

§ 384 Von Amts wegen vorzunehmende Eintragungen. (1) Auf Eintragungen von Amts wegen sind § 382 Abs. 1 Satz 2 und Abs. 2 sowie § 383 entsprechend anwendbar.

(2) Führt eine von Amts wegen einzutragende Tatsache zur Unrichtigkeit anderer in diesem Registerblatt eingetragener Tatsachen, ist dies von Amts wegen in geeigneter Weise kenntlich zu machen.

§ 385 Einsicht in die Register. Die Einsicht in die in § 374 genannten Register sowie die zum jeweiligen Register eingereichten Dokumente bestimmt

---

1) § 383 Überschrift und Abs. 1 geänd. mWv 1.1.2013 durch G v. 5.12.2012 (BGBl. I S. 2418).

sich nach den besonderen registerrechtlichen Vorschriften sowie den auf Grund von § 387 erlassenen Rechtsverordnungen.

§ 386 Bescheinigungen. Das Registergericht hat auf Verlangen eine Bescheinigung darüber zu erteilen, dass bezüglich des Gegenstands einer Eintragung weitere Eintragungen in das Register nicht vorhanden sind oder dass eine bestimmte Eintragung in das Register nicht erfolgt ist.

§ 387[1] Ermächtigungen. (1) [1]Die Landesregierungen werden ermächtigt, durch Rechtsverordnung zu bestimmen, dass die Daten des bei einem Gericht geführten Handels-, Genossenschafts-, Gesellschafts-, Partnerschafts- oder Vereinsregisters auch bei anderen Amtsgerichten zur Einsicht und zur Erteilung von Ausdrucken zugänglich sind. [2]Die Landesregierungen können diese Ermächtigung durch Rechtsverordnung auf die Landesjustizverwaltungen übertragen. [3]Mehrere Länder können auch vereinbaren, dass die bei den Gerichten eines Landes geführten Registerdaten auch bei den Amtsgerichten des anderen Landes zur Einsicht und zur Erteilung von Ausdrucken zugänglich sind.

(2) [1]Das Bundesministerium der Justiz und für Verbraucherschutz wird ermächtigt, durch Rechtsverordnung mit Zustimmung des Bundesrates die näheren Bestimmungen über die Einrichtung und Führung des Handels-, Genossenschafts-, Gesellschafts- und Partnerschaftsregisters, die Übermittlung der Daten an das Unternehmensregister und die Aktenführung in Beschwerdeverfahren, die Einsicht in das Register, die Einzelheiten der elektronischen Übermittlung nach § 9 des Handelsgesetzbuchs[2] und das Verfahren bei Anmeldungen, Eintragungen und Bekanntmachungen zu treffen. [2]Dabei kann auch vorgeschrieben werden, dass das Geburtsdatum von in das Register einzutragenden Personen zur Eintragung anzumelden sowie die Anschrift der einzutragenden Unternehmen und Zweigniederlassungen bei dem Gericht einzureichen ist; soweit in der Rechtsverordnung solche Angaben vorgeschrieben werden, ist § 14 des Handelsgesetzbuchs entsprechend anzuwenden.

(3) [1]Durch Rechtsverordnung nach Absatz 2 können auch die näheren Bestimmungen über die Mitwirkung der in § 380 bezeichneten Organe im Verfahren vor den Registergerichten getroffen werden. [2]Dabei kann insbesondere auch bestimmt werden, dass diesen Organen laufend oder in regelmäßigen Abständen die zur Erfüllung ihrer gesetzlichen Aufgaben erforderlichen Daten aus dem Handels-, Gesellschafts- oder Partnerschaftsregister und den zu diesen Registern eingereichten Dokumenten mitgeteilt werden. [3]Die mitzuteilenden Daten sind in der Rechtsverordnung festzulegen. [4]Die Empfänger dürfen die übermittelten personenbezogenen Daten nur für den Zweck verwenden, zu dessen Erfüllung sie ihnen übermittelt worden sind.

(4) Des Weiteren können durch Rechtsverordnung nach Absatz 2 nähere Bestimmungen über die Einrichtung und Führung des Vereinsregisters, insbesondere über das Verfahren bei Anmeldungen, Eintragungen und Bekanntmachungen sowie über die Einsicht in das Register, und über die Aktenführung im Beschwerdeverfahren erlassen werden.

(5) Die elektronische Datenverarbeitung zur Führung des Handels-, Genossenschafts-, Gesellschafts-, Partnerschafts- oder Vereinsregisters kann im Auftrag des

[1] § 387 Abs. 2 Satz 1 geänd. mWv 8.9.2015 durch VO v. 31.8.2015 (BGBl. I S. 1474); Abs. 6 angef. mWv 1.8.2022 durch G v. 5.7.2021 (BGBl. I S. 3338); Abs. 1 Satz 1, Abs. 2 Satz 1, Abs. 3 Satz 2, Abs. 5 geänd. mWv 18.8.2021 durch G v. 10.8.2021 (BGBl. I S. 3436).

[2] Nr. **50**.

(4) Mit der Zurückweisung eines Widerspruchs sind dem Beteiligten zugleich die Kosten des Widerspruchsverfahrens aufzuerlegen, soweit dies nicht unbillig ist.

(5) Die Löschung darf nur erfolgen, wenn kein Widerspruch erhoben oder wenn der den Widerspruch zurückweisende Beschluss rechtskräftig geworden ist.

(6) Die Absätze 1 bis 5 gelten entsprechend, wenn die Löschung des Namens einer Partnerschaft eingetragen werden soll.

§ 394[1)] **Löschung vermögensloser Gesellschaften und Genossenschaften.**

(1) [1] Eine Aktiengesellschaft, Kommanditgesellschaft auf Aktien, Gesellschaft mit beschränkter Haftung oder Genossenschaft, die kein Vermögen besitzt, kann von Amts wegen oder auf Antrag der Finanzbehörde oder der berufsständischen Organe gelöscht werden. [2] Sie ist von Amts wegen zu löschen, wenn das Insolvenzverfahren über das Vermögen der Gesellschaft durchgeführt worden ist und keine Anhaltspunkte dafür vorliegen, dass die Gesellschaft noch Vermögen besitzt.

(2) [1] Das Gericht hat die Absicht der Löschung den gesetzlichen Vertretern der Gesellschaft oder Genossenschaft, soweit solche vorhanden sind und ihre Person und ihr inländischer Aufenthalt bekannt ist, bekannt zu machen und ihnen zugleich eine angemessene Frist zur Geltendmachung des Widerspruchs zu bestimmen. [2] Auch wenn eine Pflicht zur Bekanntmachung und Fristbestimmung nach Satz 1 nicht besteht, kann das Gericht anordnen, dass die Bekanntmachung und die Bestimmung der Frist durch Bekanntmachung in dem für die Registerbekanntmachungen bestimmten elektronischen Informations- und Kommunikationssystem nach § 10 des Handelsgesetzbuchs[2)] erfolgt; in diesem Fall ist jeder zur Erhebung des Widerspruchs berechtigt, der an der Unterlassung der Löschung ein berechtigtes Interesse hat. [3] Vor der Löschung sind die in § 380 bezeichneten Organe, im Fall einer Genossenschaft der Prüfungsverband, zu hören.

(3) Für das weitere Verfahren gilt § 393 Abs. 3 bis 5 entsprechend.

(4) [1] Die Absätze 1 bis 3 sind entsprechend anzuwenden auf offene Handelsgesellschaften und Kommanditgesellschaften, bei denen keiner der persönlich haftenden Gesellschafter eine natürliche Person ist. [2] Eine solche Gesellschaft kann jedoch nur gelöscht werden, wenn die für die Vermögenslosigkeit geforderten Voraussetzungen sowohl bei der Gesellschaft als auch bei den persönlich haftenden Gesellschaftern vorliegen. [3] Die Sätze 1 und 2 gelten nicht, wenn zu den persönlich haftenden Gesellschaftern eine andere offene Handelsgesellschaft oder Kommanditgesellschaft gehört, bei der eine natürliche Person persönlich haftender Gesellschafter ist.

§ 395 Löschung unzulässiger Eintragungen. (1) [1] Ist eine Eintragung im Register wegen des Mangels einer wesentlichen Voraussetzung unzulässig, kann das Registergericht sie von Amts wegen oder auf Antrag der berufsständischen Organe löschen. [2] Die Löschung geschieht durch Eintragung eines Vermerks.

(2) [1] Das Gericht hat den Beteiligten von der beabsichtigten Löschung zu benachrichtigen und ihm zugleich eine angemessene Frist zur Geltendmachung eines Widerspruchs zu bestimmen. [2] § 394 Abs. 2 Satz 1 und 2 gilt entsprechend.

(3) Für das weitere Verfahren gilt § 393 Abs. 3 bis 5 entsprechend.

§ 396 (entfallen)

---

1) § 394 Abs. 2 Satz 2 geänd. mWv 1.8.2022 durch G v. 5.7.2021 (BGBl. I S. 3338).
2) Nr. **50**.

§ 397 Löschung nichtiger Gesellschaften und Genossenschaften. [1] Eine in das Handelsregister eingetragene Aktiengesellschaft oder Kommanditgesellschaft auf Aktien kann nach § 395 als nichtig gelöscht werden, wenn die Voraussetzungen vorliegen, unter denen nach den §§ 275 und 276 des Aktiengesetzes[1)] die Klage auf Nichtigerklärung erhoben werden kann. [2] Das Gleiche gilt für eine in das Handelsregister eingetragene Gesellschaft mit beschränkter Haftung, wenn die Voraussetzungen vorliegen, unter denen nach den §§ 75 und 76 des Gesetzes betreffend die Gesellschaften mit beschränkter Haftung[2)] die Nichtigkeitsklage erhoben werden kann, sowie für eine in das Genossenschaftsregister eingetragene Genossenschaft, wenn die Voraussetzungen vorliegen, unter denen nach den §§ 94 und 95 des Genossenschaftsgesetzes[3)] die Nichtigkeitsklage erhoben werden kann.

§ 398 Löschung nichtiger Beschlüsse. Ein in das Handelsregister eingetragener Beschluss der Hauptversammlung oder Versammlung der Gesellschafter einer der in § 397 bezeichneten Gesellschaften sowie ein in das Genossenschaftsregister eingetragener Beschluss der Generalversammlung einer Genossenschaft kann nach § 395 als nichtig gelöscht werden, wenn er durch seinen Inhalt zwingende gesetzliche Vorschriften verletzt und seine Beseitigung im öffentlichen Interesse erforderlich erscheint.

§ 399 Auflösung wegen Mangels der Satzung. (1) [1] Enthält die Satzung einer in das Handelsregister eingetragenen Aktiengesellschaft oder einer Kommanditgesellschaft auf Aktien eine der nach § 23 Abs. 3 Nr. 1, 4, 5 oder Nr. 6 des Aktiengesetzes[1)] wesentlichen Bestimmungen nicht oder ist eine dieser Bestimmungen oder die Bestimmung nach § 23 Abs. 3 Nr. 3 des Aktiengesetzes nichtig, hat das Registergericht die Gesellschaft von Amts wegen oder auf Antrag der berufsständischen Organe aufzufordern, innerhalb einer bestimmten Frist eine Satzungsänderung, die den Mangel der Satzung behebt, zur Eintragung in das Handelsregister anzumelden oder die Unterlassung durch Widerspruch gegen die Aufforderung zu rechtfertigen. [2] Das Gericht hat gleichzeitig darauf hinzuweisen, dass andernfalls ein nicht behobener Mangel im Sinne des Absatzes 2 festzustellen ist und dass die Gesellschaft dadurch nach § 262 Abs. 1 Nr. 5 oder § 289 Abs. 2 Nr. 2 des Aktiengesetzes aufgelöst wird.

(2) [1] Wird innerhalb der nach Absatz 1 bestimmten Frist weder der Aufforderung genügt noch Widerspruch erhoben oder ist ein Widerspruch zurückgewiesen worden, hat das Gericht den Mangel der Satzung festzustellen. [2] Die Feststellung kann mit der Zurückweisung des Widerspruchs verbunden werden. [3] Mit der Zurückweisung des Widerspruchs sind der Gesellschaft zugleich die Kosten des Widerspruchsverfahrens aufzuerlegen, soweit dies nicht unbillig ist.

(3) Der Beschluss, durch den eine Feststellung nach Absatz 2 getroffen, ein Antrag oder ein Widerspruch zurückgewiesen wird, ist mit der Beschwerde anfechtbar.

(4) Die Absätze 1 bis 3 gelten entsprechend, wenn der Gesellschaftsvertrag einer in das Handelsregister eingetragenen Gesellschaft mit beschränkter Haftung eine der nach § 3 Abs. 1 Nr. 1 oder Nr. 4 des Gesetzes betreffend die Gesellschaften mit beschränkter Haftung[2)] wesentlichen Bestimmungen nicht enthält oder eine dieser Bestimmungen oder die Bestimmung nach § 3 Abs. 1 Nr. 3 des Gesetzes betreffend die Gesellschaften mit beschränkter Haftung nichtig ist.

[1)] Nr. **51**.
[2)] Nr. **52**.
[3)] Nr. **53**.

Unterabschnitt 4. Ergänzende Vorschriften für das Vereinsregister

§ 400 Mitteilungspflichten. Das Gericht hat die Eintragung eines Vereins oder einer Satzungsänderung der zuständigen Verwaltungsbehörde mitzuteilen, wenn Anhaltspunkte bestehen, dass es sich um einen Ausländerverein oder eine organisatorische Einrichtung eines ausländischen Vereins nach den §§ 14 und 15 des Vereinsgesetzes[1)] handelt.

§ 401 Entziehung der Rechtsfähigkeit. Der Beschluss, durch den einem Verein nach § 73 des Bürgerlichen Gesetzbuchs die Rechtsfähigkeit entzogen wird, wird erst mit Rechtskraft wirksam.

Abschnitt 4. Unternehmensrechtliche Verfahren

§ 402[2)] Anfechtbarkeit. (1) Der Beschluss des Gerichts, durch den über Anträge nach § 375 entschieden wird, ist mit der Beschwerde anfechtbar.

(2) Eine Anfechtung des Beschlusses, durch den einem Antrag nach § 11 des Binnenschifffahrtsgesetzes oder § 595 Absatz 2 des Handelsgesetzbuchs[3)], auch in Verbindung mit § 78 des Binnenschifffahrtsgesetzes, stattgegeben wird, ist ausgeschlossen.

(3) Die Vorschriften des Handelsgesetzbuchs, des Aktiengesetzes[4)] und des Publizitätsgesetzes[5)] über die Beschwerde bleiben unberührt.

§ 403 Weigerung des Dispacheurs. (1) Lehnt der Dispacheur den Auftrag eines Beteiligten zur Aufmachung der Dispache aus dem Grund ab, weil ein Fall der großen Haverei nicht vorliege, entscheidet über die Verpflichtung des Dispacheurs auf Antrag des Beteiligten das Gericht.

(2) Der Beschluss ist mit der Beschwerde anfechtbar.

§ 404[6)] Aushändigung von Schriftstücken; Einsichtsrecht. (1) Auf Antrag des Dispacheurs kann das Gericht einen Beteiligten verpflichten, dem Dispacheur die in seinem Besitz befindlichen Schriftstücke, zu deren Mitteilung er gesetzlich verpflichtet ist, auszuhändigen.

(2) Der Dispacheur ist verpflichtet, jedem Beteiligten Einsicht in die Dispache zu gewähren und ihm auf Verlangen eine Abschrift gegen Erstattung der Kosten zu erteilen.

§ 405 Termin; Ladung. (1) [1]Jeder Beteiligte ist befugt, bei dem Gericht eine mündliche Verhandlung über die von dem Dispacheur aufgemachte Dispache zu beantragen. [2]In dem Antrag sind diejenigen Beteiligten zu bezeichnen, welche zu dem Verfahren hinzugezogen werden sollen.

(2) Wird ein Antrag auf mündliche Verhandlung gestellt, hat das Gericht die Dispache und deren Unterlagen von dem Dispacheur einzuziehen und, wenn nicht offensichtlich die Voraussetzungen der großen Haverei fehlen, den Antragsteller sowie die von ihm bezeichneten Beteiligten zu einem Termin zu laden.

(Fortsetzung nächstes Blatt)

---

1) **Sartorius Nr. 425.**
2) § 402 Abs. 2 geänd. mWv 25.4.2013 durch G v. 20.4.2013 (BGBl. I S. 831).
3) Nr. **50**.
4) Nr. **51**.
5) Nr. **52b**.
6) § 404 Abs. 2 Satz 2 aufgeh. mWv 25.4.2013 durch G v. 20.4.2013 (BGBl. I S. 831).

Lfd. Nr.	Änderndes Gesetz	Datum	Fundstelle	Betroffen	Hinweis
20.	Art. 3 G zur Einführung eines familiengerichtlichen Genehmigungsvorbehaltes für freiheitsentziehende Maßnahmen bei Kindern	17.7.2017	BGBl. I S. 2424	Anl. 1	geänd. mWv 1.10.2017
21.	Art. 6 G zum Internationalen Güterrecht und zur Änd. von Vorschriften des Internationalen Privatrechts	17.12. 2018	BGBl. I S. 2573	Anl. 1	geänd. mWv 29.1.2019
22.	Art. 5 G zur Stärkung der Rechte von Betroffenen bei Fixierungen im Rahmen von Freiheitsentziehungen	19.6.2019	BGBl. I S. 840	Anl. 1	geänd. mWv 28.6.2019
23.	Art. 10 WohnungseigentumsmodernisierungsG (WEMoG)	16.10. 2020	BGBl. I S. 2187	Anl. 1	geänd. mWv 23.10.2020
24.	Art. 2 KostenrechtsänderungsG 2021	21.12. 2020	BGBl. I S. 3229	§§ 15, 28, 44, 45, Anl. 1	geänd. mWv 1.1.2021
				Anl. 2	neu gef. mWv 1.1.2021
25.	Art. 15 Abs. 11 G zur Reform des Vormundschafts- und Betreuungsrechts	4.5.2021	BGBl. I S. 882	Anl. 1	geänd. mWv 1.1.2023
26.	Art. 5 G zum Schutz von Kindern mit Varianten der Geschlechtsentwicklung	12.5.2021	BGBl. I S. 1082	§ 45	geänd. mWv 22.5.2021
27.	Art. 6 G zur Durchführung der VO (EU) 2019/1111 sowie zur Änd. sonstiger Vorschriften	10.8.2021	BGBl. I S. 3424	Anl. 1	geänd. mWv 1.8.2022

Vorbemerkung:

Die Änderungen durch G v. 4.5.2021 (BGBl. I S. 882) treten erst mWv 1.1. 2023 in Kraft und sind im Text noch nicht berücksichtigt.

2. die Änderungen seit der letzten Veröffentlichung des vollständigen Wortlauts im Bundesgesetzblatt sowie
3. das Inkrafttreten der Änderungen.

§ 63[1)] Übergangsvorschrift. (1) [1] In Verfahren, die vor dem Inkrafttreten einer Gesetzesänderung anhängig geworden oder eingeleitet worden sind, werden die Kosten nach bisherigem Recht erhoben. [2] Dies gilt nicht im Verfahren über ein Rechtsmittel, das nach dem Inkrafttreten einer Gesetzesänderung eingelegt worden ist. [3] Die Sätze 1 und 2 gelten auch, wenn Vorschriften geändert werden, auf die dieses Gesetz verweist.

(2) In Verfahren, in denen Jahresgebühren erhoben werden, und in Fällen, in denen Absatz 1 keine Anwendung findet, gilt für Kosten, die vor dem Inkrafttreten einer Gesetzesänderung fällig geworden sind, das bisherige Recht.

§ 64[2)] Übergangsvorschrift für die Erhebung von Haftkosten. Bis zum Erlass landesrechtlicher Vorschriften über die Höhe des Haftkostenbeitrags, der von einem Gefangenen zu erheben ist, sind die Nummern 2008 und 2009 des Kostenverzeichnisses in der bis zum 27. Dezember 2010 geltenden Fassung anzuwenden.

[1)] § 63 Abs. 1 Satz 1 geänd., Abs. 2 neu gef. mWv 1.8.2013 durch G v. 23.7.2013 (BGBl. I S. 2586).
[2)] § 64 angef. mWv 28.12.2010 durch G v. 22.12.2010 (BGBl. I S. 2248).

Anlage 1[1)]
(zu § 3 Abs. 2)

Kostenverzeichnis

Gliederung

[1)] Anl. 1 geänd. mWv 1.9.2009 durch G v. 6.7.2009 (BGBl. I S. 1696); mWv 1.1.2013 durch G v. 29.7. 2009 (BGBl. I S. 2258); mWv 28.12.2010 durch G v. 22.12.2010 (BGBl. I S. 2248); mWv 18.6.2011 durch G v. 23.5.2011 (BGBl. I S. 898); mWv 1.11.2013 durch G v. 25.4.2013 (BGBl. I S. 935, geänd. durch G v. 23.7.2013, BGBl. I S. 2586); mWv 1.8.2013 durch G v. 23.7.2013 (BGBl. I S. 2586); mWv 1.7.2014 durch G v. 10.10.2013 (BGBl. I S. 3786); mWv 16.7.2014 durch G v. 8.7.2014 (BGBl. I S. 890); mWv 11.1.2015 durch G v. 5.12.2014 (BGBl. I S. 1964); mWv 1.1.2017 durch G v. 20.11.2015 (BGBl. I S. 2018); mWv 1.10.2021 durch G v. 18.7.2016 (BGBl. I S. 1666); mWv 18.1.2017 durch G v. 21.11. 2016 (BGBl. I S. 2591); mWv 1.1.2018 durch G v. 5.7.2017 (BGBl. I S. 2208); mWv 1.10.2017 durch G v. 17.7.2017 (BGBl. I S. 2424); mWv 29.1.2019 durch G v. 17.12.2018 (BGBl. I S. 2573); mWv 28.6. 2019 durch G v. 19.6.2019 (BGBl. I S. 840); mWv 23.10.2020 durch G v. 16.10.2020 (BGBl. I S. 2187); mWv 1.1.2021 durch G v. 21.12.2020 (BGBl. I S. 3229); mWv 1.8.2022 durch G v. 10.8.2021 (BGBl. I S. 3424).

Nr.	Gebührentatbestand	Gebühr oder Satz der Gebühr nach § 28 FamGKG
1600	Verfahren über den Antrag auf Erteilung einer weiteren vollstreckbaren Ausfertigung (§ 733 ZPO)	22,00 €
	Die Gebühr wird für jede weitere vollstreckbare Ausfertigung gesondert erhoben. Sind wegen desselben Anspruchs in einem Mahnverfahren gegen mehrere Personen gesonderte Vollstreckungsbescheide erlassen worden und werden hiervon gleichzeitig mehrere weitere vollstreckbare Ausfertigungen beantragt, wird die Gebühr nur einmal erhoben.	
1601	Anordnung der Vornahme einer vertretbaren Handlung durch einen Dritten	22,00 €
1602	Anordnung von Zwangs- oder Ordnungsmitteln: je Anordnung	22,00 €
	Mehrere Anordnungen gelten als eine Anordnung, wenn sie dieselbe Verpflichtung betreffen. Dies gilt nicht, wenn Gegenstand der Verpflichtung die wiederholte Vornahme einer Handlung oder eine Unterlassung ist.	
1603	Verfahren zur Abnahme einer eidesstattlichen Versicherung (§ 94 FamFG)	35,00 €
	Die Gebühr entsteht mit der Anordnung des Gerichts, dass der Verpflichtete eine eidesstattliche Versicherung abzugeben hat, oder mit dem Eingang des Antrags des Berechtigten.	

Hauptabschnitt 7. Verfahren mit Auslandsbezug

Vorbemerkung 1.7:

In Verfahren nach dem EUGewSchVG, mit Ausnahme der Verfahren über Bescheinigungen nach Abschnitt 3 Unterabschnitt 2 EUGewSchVG, bestimmen sich die Gebühren nach Teil 1 Hauptabschnitt 3 Abschnitt 2.

Abschnitt 1. Erster Rechtszug

Nr.	Gebührentatbestand	Gebühr oder Satz der Gebühr nach § 28 FamGKG
1710	Verfahren über Anträge auf 1. Erlass einer gerichtlichen Anordnung auf Rückgabe des Kindes oder über das Recht zum persönlichen Umgang nach dem IntFamRVG, 2. Vollstreckbarerklärung ausländischer Titel, 3. Feststellung, ob die ausländische Entscheidung anzuerkennen ist, einschließlich der Anordnungen nach § 33 IntFamRVG zur Wiederherstellung des Sorgeverhältnisses, 4. Erteilung der Vollstreckungsklausel zu ausländischen Titeln, 5. Aufhebung oder Abänderung von Entscheidungen in den in den Nummern 2 bis 4 genannten Verfahren und 6. Versagung der Vollstreckung nach den §§ 44b und 44c IntFamRVG	264,00 €
1711	Verfahren über den Antrag auf Ausstellung einer Bescheinigung nach § 57 AVAG, § 48 IntFamRVG, § 14 EUGewSchVG oder § 27 IntGüRVG oder auf Ausstellung des Formblatts oder der Bescheinigung nach § 71 Abs. 1 AUG	17,00 €

Nr.	Gebührentatbestand	Gebühr oder Satz der Gebühr nach § 28 FamGKG
1712	Verfahren über den Antrag auf Ausstellung einer Bestätigung nach § 1079 ZPO und auf Aussetzung der Vollstreckung nach § 44f IntFamRVG	22,00 €
1713	Verfahren nach 1. § 3 Abs. 2 des Gesetzes zur Ausführung des Vertrags zwischen der Bundesrepublik Deutschland und der Republik Österreich vom 6. Juni 1959 über die gegenseitige Anerkennung und Vollstreckung von gerichtlichen Entscheidungen, Vergleichen und öffentlichen Urkunden in Zivil- und Handelssachen in der im Bundesgesetzblatt Teil III, Gliederungsnummer 319-12, veröffentlichten bereinigten Fassung, das zuletzt durch Artikel 23 des Gesetzes vom 27. Juli 2001 (BGBl. I S. 1887) geändert worden ist, und 2. § 34 Abs. 1 AUG	66,00 €
1714	Verfahren über den Antrag nach § 107 Abs. 5, 6 und 8, § 108 Abs. 2 FamFG: Der Antrag wird zurückgewiesen	264,00 €
1715	Beendigung des gesamten Verfahrens durch Zurücknahme des Antrags vor Ablauf des Tages, an dem die Endentscheidung der Geschäftsstelle übermittelt wird, wenn die Entscheidung nicht bereits durch Verlesen der Entscheidungsformel bekannt gegeben worden ist: Die Gebühr 1710 oder 1714 ermäßigt sich auf	99,00 €

Abschnitt 2. Beschwerde und Rechtsbeschwerde gegen die Endentscheidung wegen des Hauptgegenstands

Nr.	Gebührentatbestand	Gebühr oder Satz der Gebühr nach § 28 FamGKG
1720	Verfahren über die Beschwerde oder Rechtsbeschwerde in den in den Nummern 1710, 1713 und 1714 genannten Verfahren	396,00 €
1721	Beendigung des gesamten Verfahrens durch Zurücknahme der Beschwerde, der Rechtsbeschwerde oder des Antrags, bevor die Schrift zur Begründung des Rechtsmittels bei Gericht eingegangen ist: Die Gebühr 1720 ermäßigt sich auf	99,00 €
1722	Beendigung des gesamten Verfahrens ohne Endentscheidung, wenn nicht Nummer 1721 erfüllt ist: Die Gebühr 1720 ermäßigt sich auf (1) Wenn die Entscheidung nicht durch Verlesen der Entscheidungsformel bekannt gegeben worden ist, ermäßigt sich die Gebühr auch im Fall der Zurücknahme der Beschwerde oder der Rechtsbeschwerde vor Ablauf des Tages, an dem die Endentscheidung der Geschäftsstelle übermittelt wird. (2) Eine Entscheidung über die Kosten steht der Ermäßigung nicht entgegen, wenn die Entscheidung einer zuvor mitgeteilten Einigung über die Kostentragung oder einer Kostenübernahmeerklärung folgt.	198,00 €

Nr.	Gebührentatbestand	Gebühr oder Satz der Gebühr nach § 28 FamGKG
1723	Verfahren über die Beschwerde in 1. den in den Nummern 1711 und 1712 genannten Verfahren, 2. Verfahren nach § 245 FamFG oder 3. Verfahren über die Berichtigung oder den Widerruf einer Bestätigung nach § 1079 ZPO: Die Beschwerde wird verworfen oder zurückgewiesen ..	66,00 €
	Hauptabschnitt 8. Rüge wegen Verletzung des Anspruchs auf rechtliches Gehör	
1800	Verfahren über die Rüge wegen Verletzung des Anspruchs auf rechtliches Gehör (§§ 44, 113 Abs. 1 Satz 2 FamFG, § 321a ZPO): Die Rüge wird in vollem Umfang verworfen oder zurückgewiesen	66,00 €
	Hauptabschnitt 9. Rechtsmittel im Übrigen	
	Abschnitt 1. Sonstige Beschwerden	
1910	Verfahren über die Beschwerde in den Fällen des § 71 Abs. 2, § 91a Abs. 2, § 99 Abs. 2, § 269 Abs. 5 oder § 494a Abs. 2 Satz 2 ZPO	99,00 €
1911	Beendigung des gesamten Verfahrens ohne Endentscheidung: Die Gebühr 1910 ermäßigt sich auf .... (1) Wenn die Entscheidung nicht durch Verlesen der Entscheidungsformel bekannt gegeben worden ist, ermäßigt sich die Gebühr auch im Fall der Zurücknahme der Beschwerde vor Ablauf des Tages, an dem die Endentscheidung der Geschäftsstelle übermittelt wird. (2) Eine Entscheidung über die Kosten steht der Ermäßigung nicht entgegen, wenn die Entscheidung einer zuvor mitgeteilten Einigung über die Kostentragung oder einer Kostenübernahmeerklärung folgt.	66,00 €
1912	Verfahren über eine nicht besonders aufgeführte Beschwerde, die nicht nach anderen Vorschriften gebührenfrei ist: Die Beschwerde wird verworfen oder zurückgewiesen .. Wird die Beschwerde nur teilweise verworfen oder zurückgewiesen, kann das Gericht die Gebühr nach billigem Ermessen auf die Hälfte ermäßigen oder bestimmen, dass eine Gebühr nicht zu erheben ist.	66,00 €
	Abschnitt 2. Sonstige Rechtsbeschwerden	
1920	Verfahren über die Rechtsbeschwerde in den Fällen von § 71 Abs. 1, § 91a Abs. 1, § 99 Abs. 2, § 269 Abs. 4 oder § 494a Abs. 2 Satz 2 ZPO	198,00 €
1921	Beendigung des gesamten Verfahrens durch Zurücknahme der Rechtsbeschwerde oder des Antrags, bevor die Schrift zur Begründung der Rechtsbeschwerde bei Gericht eingegangen ist:	

Nr.	Gebührentatbestand	Gebühr oder Satz der Gebühr nach § 28 FamGKG
	Die Gebühr 1920 ermäßigt sich auf	66,00 €
1922	Beendigung des gesamten Verfahrens durch Zurücknahme der Rechtsbeschwerde oder des Antrags vor Ablauf des Tages, an dem die Endentscheidung der Geschäftsstelle übermittelt wird, wenn nicht Nummer 1921 erfüllt ist:	
	Die Gebühr 1920 ermäßigt sich auf	99,00 €
1923	Verfahren über eine nicht besonders aufgeführte Rechtsbeschwerde, die nicht nach anderen Vorschriften gebührenfrei ist:	
	Die Rechtsbeschwerde wird verworfen oder zurückgewiesen	132,00 €
	Wird die Rechtsbeschwerde nur teilweise verworfen oder zurückgewiesen, kann das Gericht die Gebühr nach billigem Ermessen auf die Hälfte ermäßigen oder bestimmen, dass eine Gebühr nicht zu erheben ist.	
1924	Verfahren über die in Nummer 1923 genannten Rechtsbeschwerden:	
	Beendigung des gesamten Verfahrens durch Zurücknahme der Rechtsbeschwerde oder des Antrags vor Ablauf des Tages, an dem die Endentscheidung der Geschäftsstelle übermittelt wird	66,00 €
	Abschnitt 3. Zulassung der Sprungrechtsbeschwerde in sonstigen Fällen	
1930	Verfahren über die Zulassung der Sprungrechtsbeschwerde in den nicht besonders aufgeführten Fällen:	
	Wenn der Antrag abgelehnt wird	66,00 €

Teil 2. Auslagen

Nr.	Auslagentatbestand	Höhe
Vorbemerkung 2: (1) Auslagen, die durch eine für begründet befundene Beschwerde entstanden sind, werden nicht erhoben, soweit das Beschwerdeverfahren gebührenfrei ist; dies gilt jedoch nicht, soweit das Beschwerdegericht die Kosten dem Gegner des Beschwerdeführers auferlegt hat. (2) Sind Auslagen durch verschiedene Rechtssachen veranlasst, werden sie auf die mehreren Rechtssachen angemessen verteilt. (3) In Kindschaftssachen werden von dem Minderjährigen Auslagen nur unter den in Vorbemerkung 1.3.1 Abs. 2 genannten Voraussetzungen erhoben. In den in Vorbemerkung 1.3.1 Abs. 1 genannten Verfahren werden keine Auslagen erhoben; für Kindschaftssachen nach § 151 Nr. 6 und 7 FamFG gilt dies auch im Verfahren über den Erlass einer einstweiligen Anordnung. Die Sätze 1 und 2 gelten nicht für die Auslagen 2013. (4) Bei Handlungen durch das Vollstreckungs- oder Arrestgericht werden Auslagen nach dem GKG erhoben.		
2000	Pauschale für die Herstellung und Überlassung von Dokumenten: 1. Ausfertigungen, Kopien und Ausdrucke bis zur Größe von DIN A3, die a) auf Antrag angefertigt oder auf Antrag per Telefax übermittelt worden sind oder b) angefertigt worden sind, weil die Partei oder ein Beteiligter es unterlassen hat, die erforderliche Zahl von Mehrfertigungen beizufügen; der Anfertigung steht es gleich, wenn per Telefax übermittelte Mehrfertigungen von der Empfangseinrichtung des Gerichts ausgedruckt werden: für die ersten 50 Seiten je Seite .... für jede weitere Seite .... für die ersten 50 Seiten in Farbe je Seite .... für jede weitere Seite in Farbe	 0,50 € 0,15 € 1,00 € 0,30 €
	2. Entgelte für die Herstellung und Überlassung der in Nummer 1 genannten Kopien oder Ausdrucke in einer Größe von mehr als DIN A3 .... oder pauschal je Seite .... oder pauschal je Seite in Farbe	in voller Höhe 3,00 € 6,00 €
	3. Überlassung von elektronisch gespeicherten Dateien oder deren Bereitstellung zum Abruf anstelle der in den Nummern 1 und 2 genannten Ausfertigungen, Kopien und Ausdrucke: je Datei .... für die in einem Arbeitsgang überlassenen, bereitgestellten oder in einem Arbeitsgang auf denselben Datenträger übertragenen Dokumente insgesamt höchstens	 1,50 € 5,00 €
	(1) Die Höhe der Dokumentenpauschale nach Nummer 1 ist in jedem Rechtszug, bei Vormundschaften und Dauerpflegschaften in jedem Kalenderjahr und für jeden Kostenschuldner nach § 23 Abs. 1 FamGKG gesondert zu berechnen; Gesamtschuldner gelten als ein Schuldner.	

Nr.	Auslagentatbestand	Höhe
	(2) Werden zum Zweck der Überlassung von elektronisch gespeicherten Dateien Dokumente zuvor auf Antrag von der Papierform in die elektronische Form übertragen, beträgt die Dokumentenpauschale nach Nummer 3 nicht weniger, als die Dokumentenpauschale im Fall der Nummer 1 für eine Schwarz-Weiß-Kopie ohne Rücksicht auf die Größe betragen würde. (3) Frei von der Dokumentenpauschale sind für jeden Beteiligten und seinen bevollmächtigten Vertreter jeweils 1. eine vollständige Ausfertigung oder Kopie oder ein vollständiger Ausdruck jeder gerichtlichen Entscheidung und jedes vor Gericht abgeschlossenen Vergleichs, 2. eine Ausfertigung ohne Begründung und 3. eine Kopie oder ein Ausdruck jeder Niederschrift über eine Sitzung. § 191a Abs. 1 Satz 5 GVG bleibt unberührt. (4) Bei der Gewährung der Einsicht in Akten wird eine Dokumentenpauschale nur erhoben, wenn auf besonderen Antrag ein Ausdruck einer elektronischen Akte oder ein Datenträger mit dem Inhalt einer elektronischen Akte übermittelt wird.	
2001	Auslagen für Telegramme	in voller Höhe
2002	Pauschale für Zustellungen mit Zustellungsurkunde, Einschreiben gegen Rückschein oder durch Justizbedienstete nach § 168 Abs. 1 ZPO je Zustellung .... Neben Gebühren, die sich nach dem Verfahrenswert richten, wird die Zustellungspauschale nur erhoben, soweit in einem Rechtszug mehr als 10 Zustellungen anfallen.	3,50 €
2003	Pauschale für die bei der Versendung von Akten auf Antrag anfallenden Auslagen an Transport- und Verpackungskosten je Sendung .... Die Hin- und Rücksendung der Akten durch Gerichte gelten zusammen als eine Sendung.	12,00 €
2004	Auslagen für öffentliche Bekanntmachungen .... Auslagen werden nicht erhoben für die Bekanntmachung in einem elektronischen Informations- und Kommunikationssystem, wenn das Entgelt nicht für den Einzelfall oder nicht für ein einzelnes Verfahren berechnet wird.	in voller Höhe
2005	Nach dem JVEG zu zahlende Beträge .... (1) Die Beträge werden auch erhoben, wenn aus Gründen der Gegenseitigkeit, der Verwaltungsvereinfachung oder aus vergleichbaren Gründen keine Zahlungen zu leisten sind. Ist aufgrund des § 1 Abs. 2 Satz 2 JVEG keine Vergütung zu zahlen, ist der Betrag zu erheben, der ohne diese Vorschrift zu zahlen wäre. (2) Auslagen für Übersetzer, die zur Erfüllung der Rechte blinder oder sehbehinderter Personen herangezogen werden (§ 191a Abs. 1 GVG) und für Kommunikationshilfen zur Verständigung mit einer hör- oder sprachbehinderten Person (§ 186 GVG) werden nicht erhoben.	in voller Höhe
2006	Bei Geschäften außerhalb der Gerichtsstelle 1. die den Gerichtspersonen aufgrund gesetzlicher Vorschriften gewährte Vergütung (Reisekosten, Auslagenersatz) und die Auslagen für die Bereitstellung von Räumen .... 2. für den Einsatz von Dienstkraftfahrzeugen für jeden gefahrenen Kilometer	in voller Höhe 0,42 €

Nr.	Auslagentatbestand	Höhe
2007	Auslagen für 1. die Beförderung von Personen .... 2. Zahlungen an mittellose Personen für die Reise zum Ort einer Verhandlung oder Anhörung und für die Rückreise	 in voller Höhe bis zur Höhe der nach dem JVEG an Zeugen zu zahlenden Beträge
2008	Kosten einer Zwangshaft, auch aufgrund eines Haftbefehls in entsprechender Anwendung des § 802g ZPO Maßgebend ist die Höhe des Haftkostenbeitrags, der nach Landesrecht von einem Gefangenen zu erheben ist.	in Höhe des Haftkostenbeitrags
2009	Kosten einer Ordnungshaft .... Maßgebend ist die Höhe des Haftkostenbeitrags, der nach Landesrecht von einem Gefangenen zu erheben ist. Diese Kosten werden nur angesetzt, wenn der Haftkostenbeitrag auch von einem Gefangenen im Strafvollzug zu erheben wäre.	in Höhe des Haftkostenbeitrags
2010	Nach § 12 BGebG, dem 5. Abschnitt des Konsulargesetzes und der Besonderen Gebührenverordnung des Auswärtigen Amts nach § 22 Abs. 4 BGebG zu zahlende Beträge	in voller Höhe
2011	An deutsche Behörden für die Erfüllung von deren eigenen Aufgaben zu zahlende Gebühren sowie diejenigen Beträge, die diesen Behörden, öffentlichen Einrichtungen oder deren Bediensteten als Ersatz für Auslagen der in den Nummern 2000 bis 2009 bezeichneten Art zustehen .... Die als Ersatz für Auslagen angefallenen Beträge werden auch erhoben, wenn aus Gründen der Gegenseitigkeit, der Verwaltungsvereinfachung oder aus vergleichbaren Gründen keine Zahlungen zu leisten sind.	in voller Höhe, die Auslagen begrenzt durch die Höchstsätze für die Auslagen 2000 bis 2009
2012	Beträge, die ausländischen Behörden, Einrichtungen oder Personen im Ausland zustehen, sowie Kosten des Rechtshilfeverkehrs mit dem Ausland .... Die Beträge werden auch erhoben, wenn aus Gründen der Gegenseitigkeit, der Verwaltungsvereinfachung oder aus vergleichbaren Gründen keine Zahlungen zu leisten sind.	in voller Höhe
2013	An den Verfahrensbeistand zu zahlende Beträge .... Die Beträge werden von dem Minderjährigen nur nach Maßgabe des § 1836c BGB erhoben.	in voller Höhe
2014	An den Umgangspfleger sowie an Verfahrenspfleger nach § 9 Abs. 5 FamFG, § 57 ZPO zu zahlende Beträge	in voller Höhe
2015	Pauschale für die Inanspruchnahme von Videokonferenzverbindungen: je Verfahren für jede angefangene halbe Stunde	 15,00 €

Nr.	Auslagentatbestand	Höhe
2016	Umsatzsteuer auf die Kosten .... Dies gilt nicht, wenn die Umsatzsteuer nach § 19 Abs. 1 UStG unerhoben bleibt.	in voller Höhe

Anlage 2[1)]
(zu § 28 Absatz 1 Satz 3)

[Gebührentabelle für Verfahrenswerte bis 500 000 Euro]

Verfahrenswert bis … €	Gebühr … €	Verfahrenswert bis … €	Gebühr … €
500	38,00	**50 000**	601,00
1 000	58,00	**65 000**	733,00
1 500	78,00	**80 000**	865,00
2 000	98,00	**95 000**	997,00
3 000	119,00	**110 000**	1 129,00
4 000	140,00	**125 000**	1 261,00
5 000	161,00	**140 000**	1 393,00
6 000	182,00	**155 000**	1 525,00
7 000	203,00	**170 000**	1 657,00
8 000	224,00	**185 000**	1 789,00
9 000	245,00	**200 000**	1 921,00
10 000	266,00	**230 000**	2 119,00
13 000	295,00	**260 000**	2 317,00
16 000	324,00	**290 000**	2 515,00
19 000	353,00	**320 000**	2 713,00
22 000	382,00	**350 000**	2 911,00
25 000	411,00	**380 000**	3 109,00
30 000	449,00	**410 000**	3 307,00
35 000	487,00	**440 000**	3 505,00
40 000	525,00	**470 000**	3 703,00
45 000	563,00	**500 000**	3 901,00

[1)] Anl. 2 neu gef. mWv 1.1.2021 durch G v. 21.12.2020 (BGBl. I S. 3229).

119. Gesetz über Kosten der freiwilligen Gerichtsbarkeit für Gerichte und Notare (Gerichts- und Notarkostengesetz – GNotKG)[1)]

Vom 23. Juli 2013
(BGBl. I S. 2586)

FNA 361-6

Lfd. Nr.	Änderndes Gesetz	Datum	Fundstelle	Betroffen	Hinweis
1.	Art. 9 G zur Einführung einer Rechtsbehelfsbelehrung im Zivilprozess und zur Änd. anderer Vorschriften	5.12.2012	BGBl. I S. 2418, geänd. 2013, S. 2586	Inhaltsübersicht, § 83 § 7a	geänd. mWv 1.1.2014 eingef. mWv 1.1.2014
2.	Art. 8 Nr. 2 G zur Intensivierung des Einsatzes von Videokonferenztechnik in gerichtlichen und staatsanwaltschaftlichen Verfahren	25.4.2013	BGBl. I S. 935, geänd. 2013, S. 2586	Anl. 1	geänd. mWv 1.11.2013
3.	Art. 8 G zur Übertragung von Aufgaben im Bereich der freiwilligen Gerichtsbarkeit auf Notare	26.6.2013	BGBl. I S. 1800, geänd. 2013, S. 2586	Inhaltsübersicht, §§ 2, 5, 23, 26, 31, Anl. 1 § 118a § 66	geänd. mWv 1.9.2013 eingef. mWv 1.9.2013 aufgeh. mWv 1.9.2013
4.	Art. 3 Abs. 1 G zur Änd. des HGB	4.10.2013	BGBl. I S. 3746	Anl. 1	geänd. mWv 10.10.2013
5.	Art. 22 G zur Förderung des elektronischen Rechtsverkehrs mit den Gerichten	10.10. 2013	BGBl. I S. 3786	Anl. 1	geänd. mWv 1.7.2014
6.	Art. 9 G zur Durchführung der VO (EU) Nr. 1215/2012 sowie zur Änd. sonstiger Vorschriften	8.7.2014	BGBl. I S. 890	Anl. 1 Anl. 1	geänd. mWv 16.7.2014 geänd. mWv 10.1.2015
7.	Art. 5 G zur Durchführung des Haager Übereinkommens v. 30.6.2005 über Gerichtsstandsvereinbarungen sowie zur Änd. des RPflG, GNotKG, AltersteilzeitG und SGB III	10.12. 2014	BGBl. I S. 2082	§§ 6, 23, Anl. 1	geänd. mWv 19.12.2014
8.	Art. 13 G zum Internationalen Erbrecht und zur Änd. von Vorschriften zum Erbschein sowie zur Änd. sonstiger Vorschriften	29.6.2015	BGBl. I S. 1042	§§ 13, 18, 67, 69, 70, 98, Anl. 1 Inhaltsübersicht, §§ 18, 40, 62, Anl. 1	geänd. mWv 4.7.2015 geänd. mWv 17.8.2015
9.	Art. 174 Zehnte ZuständigkeitsanpassungsVO	31.8.2015	BGBl. I S. 1474	§§ 58, 133	geänd. mWv 8.9.2015

[1)] Verkündet als Art. 1 2. KostenrechtsmodernisierungsG v. 23.7.2013 (BGBl. I S. 2586); Inkrafttreten gem. Art. 50 dieses G am 1.8.2013.

Lfd. Nr.	Änderndes Gesetz	Datum	Fundstelle	Betroffen	Hinweis
10.	Art. 4 G zur Abwicklung der staatlichen Notariate in Baden-Württemberg	23.11. 2015	BGBl. I S. 2090	§ 135	geänd. mWv 1.1.2018
11.	Art. 123 Abs. 3 Zweites G über die weitere Bereinigung von Bundesrecht	8.7.2016	BGBl. I S. 1594	§ 58	geänd. mWv 15.7.2016
12.	Art. 4 Abs. 46 G zur Aktualisierung der Strukturreform des Gebührenrechts des Bundes	18.7.2016	BGBl. I S. 1666	Anl. 1	geänd. mWv 1.10.2021
13.	Art. 11 EU-KontenpfändungsVO-DurchführungsG	21.11. 2016	BGBl. I S. 2591	§ 1	geänd. mWv 18.1.2017
14.	Art. 6 Abs. 3 G zur Neuordnung der Aufbewahrung von Notariatsunterlagen und zur Einrichtung des Elektronischen Urkundenarchivs bei der Bundesnotarkammer sowie zur Änd. weiterer Gesetze	1.6.2017	BGBl. I S. 1396	Anl. 1	geänd. mWv 9.6.2017
				Anl. 1	geänd. mWv 1.1.2022
15.	Art. 26 G zur Einführung der elektronischen Akte in der Justiz und zur weiteren Förderung des elektronischen Rechtsverkehrs	5.7.2017	BGBl. I S. 2208	Anl. 1	geänd. mWv 1.1.2018
16.	Art. 7 G zum Internationalen Güterrecht und zur Änd. von Vorschriften des Internationalen Privatrechts	17.12. 2018	BGBl. I S. 2573	Anl. 1	geänd. mWv 29.1.2019
17.	Art. 11 WohnungseigentumsmodernisierungsG (WEMoG)	16.10. 2020	BGBl. I S. 2187	Anl. 1	geänd. mWv 23.10.2020
18.	Art. 4 KostenrechtsänderungsG 2021	21.12. 2020	BGBl. I S. 3229	§§ 1, 34, 136, Anl. 1	geänd. mWv 1.1.2021
				Anl. 2	neu gef. mWv 1.1.2021
19.	Art. 15 Abs. 12 G zur Reform des Vormundschafts- und Betreuungsrechts	4.5.2021	BGBl. I S. 882	Anl. 1	geänd. mWv 1.1.2023
20.	Art. 24 Abs. 7 G zur Modernisierung des notariellen Berufsrechts und zur Änd. weiterer Vorschriften	25.6.2021	BGBl. I S. 2154	Anl. 1	geänd. mWv 1.8.2021
21.	Art. 7 G zur Vereinheitlichung des Stiftungsrechts und zur Änd. des InfektionsschutzG	16.7.2021	BGBl. I S. 2947	Inhaltsübersicht, § 67, Anl. 1	geänd. mWv 1.7.2023
				§ 106	geänd. mWv 1.1.2026
22.	Art. 10 G zur Umsetzung der Digitalisierungsrichtlinie (DiRUG)[1]	5.7.2021	BGBl. I S. 3338	Inhaltsübersicht, §§ 19, 39, 58, 85, 121, Anl. 1	geänd. mWv 1.8.2022

[1] **Amtl. Anm.**: Dieses Gesetz dient der Umsetzung der Richtlinie (EU) 2019/1151 des Europäischen Parlaments und des Rates vom 20. Juni 2019 zur Änderung der Richtlinie (EU) 2017/1132 im Hinblick auf den Einsatz digitaler Werkzeuge und Verfahren im Gesellschaftsrecht (ABl. L 186 vom 11.7.2019, S. 80).

Lfd. Nr.	Änderndes Gesetz	Datum	Fundstelle	Betroffen	Hinweis
23.	Art. 47 PersonengesellschaftsrechtsmodernisierungsG (MoPeG)	10.8.2021	BGBl. I S. 3436	Inhaltsübersicht, §§ 23, 58, 67, 70, 105, 108, Anl. 1	geänd. mWv 1.1.2024

Vorbemerkung:

Die Änderungen durch G v. 4.5.2021 (BGBl. I S. 882) treten erst mWv 1.1.2023 in Kraft und sind im Text noch nicht berücksichtigt.

Die Änderungen durch G v. 16.7.2021 (BGBl. I S. 2947) treten erst mWv 1.7.2023 und mWv 1.1.2026 in Kraft und sind im Text noch nicht berücksichtigt.

Die Änderungen durch G v. 10.8.2021 (BGBl. I S. 3436) treten erst mWv 1.1.2024 in Kraft und sind im Text noch nicht berücksichtigt.

Inhaltsübersicht[1)]

Kapitel 1. Vorschriften für Gerichte und Notare

Abschnitt 1. Allgemeine Vorschriften

[1)] Inhaltsübersicht geänd. mWv 1.1.2014 durch G v. 5.12.2012 (BGBl. I S. 2418, geänd. durch G v. 23.7.2013, BGBl. I S. 2586); geänd. mWv 1.9.2013 durch G v. 26.6.2013 (BGBl. I S. 1800, geänd. durch G v. 23.7.2013, BGBl. I S. 2586); mWv 17.8.2015 durch G v. 29.6.2015 (BGBl. I S. 1042); mWv 1.8. 2022 durch G v. 5.7.2021 (BGBl. I S. 3338).

Kapitel 3. Notarkosten

Kapitel 4. Schluss- und Übergangsvorschriften

Kapitel 1. Vorschriften für Gerichte und Notare

Abschnitt 1. Allgemeine Vorschriften

§ 1[1)] Geltungsbereich. (1) Soweit bundesrechtlich nichts anderes bestimmt ist, werden Kosten (Gebühren und Auslagen) durch die Gerichte in den Angelegenheiten der freiwilligen Gerichtsbarkeit und durch die Notare für ihre Amtstätigkeit nur nach diesem Gesetz erhoben.

(2) Angelegenheiten im Sinne des Absatzes 1 sind auch

1. Verfahren nach den §§ 98, 99, 132, 142, 145, 258, 260, 293c und 315 des Aktiengesetzes[2)],
2. Verfahren nach § 51b des Gesetzes betreffend die Gesellschaften mit beschränkter Haftung[3)],
3. Verfahren nach § 26 des SE-Ausführungsgesetzes,
4. Verfahren nach § 10 des Umwandlungsgesetzes[4)],
5. Verfahren nach dem Spruchverfahrensgesetz[5)],
6. Verfahren nach den §§ 39a und 39b des Wertpapiererwerbs- und Übernahmegesetzes über den Ausschluss von Aktionären,
7. Verfahren nach § 8 Absatz 3 Satz 4 des Gesetzes über die Mitbestimmung der Arbeitnehmer in den Aufsichtsräten und Vorständen der Unternehmen des Bergbaus und der Eisen und Stahl erzeugenden Industrie[6)],
8. Angelegenheiten des Registers für Pfandrechte an Luftfahrzeugen,
9. Verfahren nach der Verfahrensordnung für Höfesachen,
10. Pachtkreditsachen nach dem Pachtkreditgesetz[7)],
11. Verfahren nach dem Verschollenheitsgesetz[8)],
12. Verfahren nach dem Transsexuellengesetz,
13. Verfahren nach § 84 Absatz 2 und § 189 des Versicherungsvertragsgesetzes[9)],
14. Verfahren nach dem Personenstandsgesetz[10)],
15. Verfahren nach § 7 Absatz 3 des Erbbaurechtsgesetzes[11)],

---

[1)] § 1 Abs. 3 Satz 2 angef. mWv 18.1.2017 durch G v. 21.11.2016 (BGBl. I S. 2591); Abs. 2 Nr. 21 geänd. mWv 1.1.2021 durch G v. 21.12.2020 (BGBl. I S. 3229).

[2)] Nr. **51**.

[3)] Nr. **52**.

[4)] Nr. **52a**.

[5)] **Habersack, Deutsche Gesetze ErgBd. Nr. 51b.**

[6)] **Habersack, Deutsche Gesetze ErgBd. Nr. 82b.**

[7)] **Habersack, Deutsche Gesetze ErgBd. Nr. 42.**

[8)] **Habersack, Deutsche Gesetze ErgBd. Nr. 45.**

[9)] Nr. **62**.

[10)] **Habersack, Deutsche Gesetze ErgBd. Nr. 113.**

[11)] Nr. **41**.

16. Verteilungsverfahren, soweit sich die Kosten nicht nach dem Gerichtskostengesetz[1] bestimmen,
17. Verfahren über die Bewilligung der öffentlichen Zustellung einer Willenserklärung und die Bewilligung der Kraftloserklärung von Vollmachten (§ 132 Absatz 2 und § 176 Absatz 2 des Bürgerlichen Gesetzbuchs[2]),
18. Verfahren über Anordnungen über die Zulässigkeit der Verwendung von Verkehrsdaten,
19. Verfahren nach den §§ 23 bis 29 des Einführungsgesetzes zum Gerichtsverfassungsgesetz[3],
20. Verfahren nach § 138 Absatz 2 des Urheberrechtsgesetzes[4] und
21. gerichtliche Verfahren nach § 335a des Handelsgesetzbuchs[5].

(3) [1]Dieses Gesetz gilt nicht in Verfahren, in denen Kosten nach dem Gesetz über Gerichtskosten in Familiensachen[6] zu erheben sind. [2]In Verfahren nach der Verordnung (EU) Nr. 655/2014[7] des Europäischen Parlaments und des Rates vom 15. Mai 2014 zur Einführung eines Verfahrens für einen Europäischen Beschluss zur vorläufigen Kontenpfändung im Hinblick auf die Erleichterung der grenzüberschreitenden Eintreibung von Forderungen in Zivil- und Handelssachen werden Kosten nach dem Gerichtskostengesetz erhoben.

(4) Kosten nach diesem Gesetz werden auch erhoben für Verfahren über eine Beschwerde, die mit einem der in den Absätzen 1 und 2 genannten Verfahren im Zusammenhang steht.

(5) Soweit nichts anderes bestimmt ist, bleiben die landesrechtlichen Kostenvorschriften unberührt für
1. in Landesgesetzen geregelte Verfahren und Geschäfte der freiwilligen Gerichtsbarkeit sowie
2. solche Geschäfte der freiwilligen Gerichtsbarkeit, in denen nach Landesgesetz andere als gerichtliche Behörden oder Notare zuständig sind.

(6) Die Vorschriften dieses Gesetzes über die Erinnerung und die Beschwerde gehen den Regelungen der für das zugrunde liegende Verfahren geltenden Verfahrensvorschriften vor.

§ 2[8] Kostenfreiheit bei Gerichtskosten. (1) [1]Der Bund und die Länder sowie die nach Haushaltsplänen des Bundes oder eines Landes verwalteten öffentlichen Anstalten und Kassen sind von der Zahlung der Gerichtskosten befreit. [2]Bei der Vollstreckung wegen öffentlich-rechtlicher Geldforderungen ist maßgebend, wer ohne Berücksichtigung des § 252 der Abgabenordnung oder entsprechender Vorschriften Gläubiger der Forderung ist.

(2) Sonstige bundesrechtliche oder landesrechtliche Vorschriften, die eine sachliche oder persönliche Befreiung von Gerichtskosten gewähren, bleiben unberührt.

---

[1] Nr. **115**.
[2] Nr. **20**.
[3] Nr. **95a**.
[4] Nr. **65**.
[5] Nr. **50**.
[6] Nr. **118**.
[7] **Habersack, Deutsche Gesetze ErgBd. Nr. 103h.**
[8] § 2 Abs. 4 geänd. mWv 1.9.2013 durch G v. 26.6.2013 (BGBl. I S. 1800, geänd. durch G v. 23.7.2013, BGBl. I S. 2586).

(3) [1] Soweit jemandem, der von Gerichtskosten befreit ist, Kosten des Verfahrens auferlegt werden, sind Kosten nicht zu erheben; bereits erhobene Kosten sind zurückzuzahlen. [2] Das Gleiche gilt, außer in Grundbuch- und Registersachen, soweit ein von der Zahlung der Kosten befreiter Beteiligter die Kosten des Verfahrens übernimmt.

(4) Die persönliche Kosten- oder Gebührenfreiheit steht der Inanspruchnahme nicht entgegen, wenn die Haftung auf § 27 Nummer 3 beruht oder wenn der Kostenschuldner als Erbe nach § 24 für die Kosten haftet.

(5) Wenn in Grundbuch- und Registersachen einzelnen von mehreren Gesamtschuldnern Kosten- oder Gebührenfreiheit zusteht, so vermindert sich der Gesamtbetrag der Kosten oder der Gebühren um den Betrag, den die befreiten Beteiligten den Nichtbefreiten ohne Berücksichtigung einer abweichenden schuldrechtlichen Vereinbarung aufgrund gesetzlicher Vorschrift zu erstatten hätten.

§ 3 Höhe der Kosten. (1) Die Gebühren richten sich nach dem Wert, den der Gegenstand des Verfahrens oder des Geschäfts hat (Geschäftswert), soweit nichts anderes bestimmt ist.

(2) Kosten werden nach dem Kostenverzeichnis der Anlage 1 zu diesem Gesetz erhoben.

§ 4 Auftrag an einen Notar. Die Erteilung eines Auftrags an einen Notar steht der Stellung eines Antrags im Sinne dieses Kapitels gleich.

§ 5[1] Verweisung, Abgabe. (1) [1] Verweist ein erstinstanzliches Gericht oder ein Rechtsmittelgericht ein Verfahren an ein erstinstanzliches Gericht desselben oder eines anderen Zweiges der Gerichtsbarkeit, ist das frühere erstinstanzliche Verfahren als Teil des Verfahrens vor dem übernehmenden Gericht zu behandeln. [2] Gleiches gilt, wenn die Sache an ein anderes Gericht abgegeben wird.

(2) [1] Mehrkosten, die durch Anrufung eines Gerichts entstehen, zu dem der Rechtsweg nicht gegeben ist oder das für das Verfahren nicht zuständig ist, werden nur dann erhoben, wenn die Anrufung auf verschuldeter Unkenntnis der tatsächlichen oder rechtlichen Verhältnisse beruht. [2] Die Entscheidung trifft das Gericht, an das verwiesen worden ist.

(3) Verweist der Notar ein Teilungsverfahren an einen anderen Notar, entstehen die Gebühren für jeden Notar gesondert.

§ 6[2] Verjährung, Verzinsung. (1) [1] Ansprüche auf Zahlung von Gerichtskosten verjähren in vier Jahren nach Ablauf des Kalenderjahres, in dem das Verfahren durch rechtskräftige Entscheidung über die Kosten, durch Vergleich oder in sonstiger Weise beendet ist. [2] Bei Betreuungen und Pflegschaften, die nicht auf einzelne Rechtshandlungen beschränkt sind (Dauerbetreuungen, Dauerpflegschaften), sowie bei Nachlasspflegschaften, Nachlass- oder Gesamtgutsverwaltungen beginnt die Verjährung hinsichtlich der Jahresgebühren am Tag vor deren Fälligkeit, hinsichtlich der Auslagen mit deren Fälligkeit. [3] Ansprüche auf Zahlung von Notarkosten verjähren in vier Jahren nach Ablauf des Kalenderjahres, in dem die Kosten fällig geworden sind.

---

[1] § 5 Abs. 3 angef. mWv 1.9.2013 durch G v. 26.6.2013 (BGBl. I S. 1800, geänd. durch G v. 23.7. 2013, BGBl. I S. 2586).

[2] § 6 Abs. 1 Satz 2 geänd. mWv 19.12.2014 durch G v. 10.12.2014 (BGBl. I S. 2082).

(2) [1] Ansprüche auf Rückzahlung von Kosten verjähren in vier Jahren nach Ablauf des Kalenderjahres, in dem die Zahlung erfolgt ist. [2] Die Verjährung beginnt jedoch nicht vor dem jeweiligen in Absatz 1 bezeichneten Zeitpunkt. [3] Durch die Einlegung eines Rechtsbehelfs mit dem Ziel der Rückzahlung wird die Verjährung wie durch Klageerhebung gehemmt.

(3) [1] Auf die Verjährung sind die Vorschriften des Bürgerlichen Gesetzbuchs[1)] anzuwenden; die Verjährung wird nicht von Amts wegen berücksichtigt. [2] Die Verjährung der Ansprüche auf Zahlung von Kosten beginnt auch durch die Aufforderung zur Zahlung oder durch eine dem Schuldner mitgeteilte Stundung erneut; ist der Aufenthalt des Kostenschuldners unbekannt, so genügt die Zustellung durch Aufgabe zur Post unter seiner letzten bekannten Anschrift. [3] Bei Kostenbeträgen unter 25 Euro beginnt die Verjährung weder erneut noch wird sie oder ihr Ablauf gehemmt.

(4) Ansprüche auf Zahlung und Rückzahlung von Gerichtskosten werden nicht verzinst.

§ 7 Elektronische Akte, elektronisches Dokument. In Verfahren nach diesem Gesetz sind die verfahrensrechtlichen Vorschriften über die elektronische Akte und über das elektronische Dokument anzuwenden, die für das dem kostenrechtlichen Verfahren zugrunde liegende Verfahren gelten.

§ 7a[2)] Rechtsbehelfsbelehrung. Jede Kostenrechnung, jede anfechtbare Entscheidung und jede Kostenberechnung eines Notars hat eine Belehrung über den statthaften Rechtsbehelf sowie über die Stelle, bei der dieser Rechtsbehelf einzulegen ist, über deren Sitz und über die einzuhaltende Form und Frist zu enthalten.

Abschnitt 2. Fälligkeit

§ 8 Fälligkeit der Kosten in Verfahren mit Jahresgebühren. [1] In Betreuungssachen und betreuungsgerichtlichen Zuweisungssachen werden die Jahresgebühren 11101, 11102 und 11104 des Kostenverzeichnisses, in Nachlasssachen die Jahresgebühr 12311 des Kostenverzeichnisses erstmals bei Anordnung und später jeweils zu Beginn eines Kalenderjahres fällig. [2] In diesen Fällen werden Auslagen sofort nach ihrer Entstehung fällig.

§ 9 Fälligkeit der Gerichtsgebühren in sonstigen Fällen, Fälligkeit der gerichtlichen Auslagen. (1) Im Übrigen werden die gerichtlichen Gebühren und Auslagen fällig, wenn

1. eine unbedingte Entscheidung über die Kosten ergangen ist,
2. das Verfahren oder der Rechtszug durch Vergleich oder Zurücknahme beendet ist,
3. das Verfahren sechs Monate ruht oder sechs Monate nicht betrieben worden ist,
4. das Verfahren sechs Monate unterbrochen oder sechs Monate ausgesetzt war oder
5. das Verfahren durch anderweitige Erledigung beendet ist.

---

1) Nr. **20**.

2) § 7a eingef. mWv 1.1.2014 durch G v. 5.12.2012 (BGBl. I S. 2418, geänd. durch G v. 23.7.2013, BGBl. I S. 2586).

(2) Die Dokumentenpauschale sowie die Auslagen für die Versendung von Akten werden sofort nach ihrer Entstehung fällig.

§ 10 Fälligkeit der Notarkosten. Notargebühren werden mit der Beendigung des Verfahrens oder des Geschäfts, Auslagen des Notars und die Gebühren 25300 und 25301 sofort nach ihrer Entstehung fällig.

Abschnitt 3. Sicherstellung der Kosten

§ 11 Zurückbehaltungsrecht. [1] Urkunden, Ausfertigungen, Ausdrucke und Kopien sowie gerichtliche Unterlagen können nach billigem Ermessen zurückbehalten werden, bis die in der Angelegenheit entstandenen Kosten bezahlt sind. [2] Dies gilt nicht, soweit § 53 des Beurkundungsgesetzes[1)] der Zurückbehaltung entgegensteht.

§ 12 Grundsatz für die Abhängigmachung bei Gerichtskosten. In weiterem Umfang, als das Verfahrensrecht und dieses Gesetz es gestatten, darf die Tätigkeit des Gerichts von der Zahlung der Kosten oder von der Sicherstellung der Zahlung nicht abhängig gemacht werden.

§ 13[2)] Abhängigmachung bei Gerichtsgebühren. [1] In erstinstanzlichen gerichtlichen Verfahren, in denen der Antragsteller die Kosten schuldet (§ 22 Absatz 1), kann die beantragte Handlung oder eine sonstige gerichtliche Handlung von der Zahlung eines Vorschusses in Höhe der für die Handlung oder der für das Verfahren im Allgemeinen bestimmten Gebühr abhängig gemacht werden. [2] Satz 1 gilt in Grundbuch- und Nachlasssachen jedoch nur dann, wenn dies im Einzelfall zur Sicherung des Eingangs der Gebühr erforderlich erscheint.

§ 14 Auslagen des Gerichts. (1) [1] Wird eine gerichtliche Handlung beantragt, mit der Auslagen verbunden sind, hat derjenige, der die Handlung beantragt hat, einen zur Deckung der Auslagen ausreichenden Vorschuss zu zahlen. [2] Das Gericht soll eine Handlung, die nur auf Antrag vorzunehmen ist, von der vorherigen Zahlung abhängig machen; § 13 Satz 2 gilt entsprechend.

(2) Die Herstellung und Überlassung von Dokumenten auf Antrag sowie die Versendung von Akten können von der vorherigen Zahlung eines die Auslagen deckenden Vorschusses abhängig gemacht werden.

(3) [1] Bei Handlungen, die von Amts wegen vorgenommen werden, kann ein Vorschuss zur Deckung der Auslagen erhoben werden. [2] Im gerichtlichen Verfahren nach dem Spruchverfahrensgesetz ist ein solcher Vorschuss zu erheben.

(4) Absatz 1 gilt nicht in Freiheitsentziehungssachen und für die Anordnung einer Haft.

§ 15 Abhängigmachung bei Notarkosten. Die Tätigkeit des Notars kann von der Zahlung eines zur Deckung der Kosten ausreichenden Vorschusses abhängig gemacht werden.

§ 16 Ausnahmen von der Abhängigmachung. Die beantragte Handlung darf nicht von der Sicherstellung oder Zahlung der Kosten abhängig gemacht werden,

---

1) Nr. **23**.
2) § 13 Satz 1 geänd. mWv 4.7.2015 durch G v. 29.6.2015 (BGBl. I S. 1042).

1. soweit dem Antragsteller Verfahrenskostenhilfe bewilligt ist oder im Fall des § 17 Absatz 2 der Bundesnotarordnung[1] der Notar die Urkundstätigkeit vorläufig gebührenfrei oder gegen Zahlung der Gebühren in Monatsraten zu gewähren hat,
2. wenn dem Antragsteller Gebührenfreiheit zusteht,
3. wenn ein Notar erklärt hat, dass er für die Kostenschuld des Antragstellers die persönliche Haftung übernimmt,
4. wenn die Tätigkeit weder aussichtslos noch ihre Inanspruchnahme mutwillig erscheint und wenn glaubhaft gemacht wird, dass
   a) dem Antragsteller die alsbaldige Zahlung der Kosten mit Rücksicht auf seine Vermögenslage oder aus sonstigen Gründen Schwierigkeiten bereiten würde oder
   b) eine Verzögerung dem Antragsteller einen nicht oder nur schwer zu ersetzenden Schaden bringen würde; zur Glaubhaftmachung genügt in diesem Fall die Erklärung des zum Bevollmächtigten bestellten Rechtsanwalts,
5. wenn aus einem anderen Grund das Verlangen nach vorheriger Zahlung oder Sicherstellung der Kosten nicht angebracht erscheint, insbesondere wenn die Berichtigung des Grundbuchs oder die Eintragung eines Widerspruchs beantragt wird oder die Rechte anderer Beteiligter beeinträchtigt werden.

§ 17 Fortdauer der Vorschusspflicht. ¹Die Verpflichtung zur Zahlung eines Vorschusses auf die Gerichtskosten bleibt bestehen, auch wenn die Kosten des Verfahrens einem anderen auferlegt oder von einem anderen übernommen sind. ²§ 33 Absatz 1 gilt entsprechend.

Abschnitt 4. Kostenerhebung

§ 18[2] Ansatz der Gerichtskosten. (1) ¹Im gerichtlichen Verfahren werden angesetzt

1. die Kosten des ersten Rechtszuges bei dem Gericht, bei dem das Verfahren im ersten Rechtszug anhängig ist oder zuletzt anhängig war,
2. die Kosten des Rechtsmittelverfahrens bei dem Rechtsmittelgericht.

²Dies gilt auch dann, wenn die Kosten bei einem ersuchten Gericht entstanden sind.

(2) ¹Die Kosten für

1. die Eröffnung von Verfügungen von Todes wegen und
2. die Beurkundung der Ausschlagung der Erbschaft oder der Anfechtung der Ausschlagung der Erbschaft

werden auch dann von dem nach § 343 des Gesetzes über das Verfahren in Familiensachen und in den Angelegenheiten der freiwilligen Gerichtsbarkeit[3] zuständigen Nachlassgericht erhoben, wenn die Eröffnung oder Beurkundung bei einem anderen Gericht stattgefunden hat. ²Für Beurkundungen nach § 31 des Internationalen Erbrechtsverfahrensgesetzes[4] vom 29. Juni 2015 (BGBl. I S. 1042) gilt Absatz 1.

---

[1] **Habersack, Deutsche Gesetze ErgBd. Nr. 98a.**

[2] § 18 Abs. 3 Sätze 1 und 2 geänd. mWv 4.7.2015, Abs. 2 Satz 2 angef. mWv 17.8.2015 durch G v. 29.6.2015 (BGBl. I S. 1042).

[3] Nr. **112**.

[4] **Habersack, Deutsche Gesetze ErgBd. Nr. 103p.**

(3) [1]Für die Eintragung oder Löschung eines Gesamtrechts sowie für die Eintragung der Veränderung eines solchen Rechts bei mehreren Grundbuchämtern werden die Kosten im Fall der Nummer 14122, 14131 oder 14141 des Kostenverzeichnisses bei dem Gericht angesetzt, bei dessen Grundbuchamt der Antrag zuerst eingegangen ist. [2]Entsprechendes gilt für die Eintragung oder Löschung eines Gesamtrechts sowie für die Eintragung der Veränderung eines solchen Rechts bei mehreren Registergerichten im Fall der Nummer 14221, 14231 oder 14241 des Kostenverzeichnisses.

(4) Die Kosten für die Eintragung in das Schiffsregister bei Verlegung des Heimathafens oder des Heimatorts werden nur von dem Gericht des neuen Heimathafens oder Heimatorts angesetzt.

(5) Die Dokumentenpauschale sowie die Auslagen für die Versendung von Akten werden bei der Stelle angesetzt, bei der sie entstanden sind.

(6) [1]Der Kostenansatz kann im Verwaltungsweg berichtigt werden, solange keine gerichtliche Entscheidung getroffen ist. [2]Ergeht nach der gerichtlichen Entscheidung über den Kostenansatz eine Entscheidung, durch die der Geschäftswert anders festgesetzt wird, kann der Kostenansatz ebenfalls berichtigt werden.

§ 19[1)] Einforderung der Notarkosten. (1) [1]Die Notarkosten dürfen nur aufgrund einer dem Kostenschuldner mitgeteilten, von dem Notar unterschriebenen oder mit seiner qualifizierten elektronischen Signatur versehenen Berechnung eingefordert werden. [2]Der Lauf der Verjährungsfrist ist nicht von der Mitteilung der Berechnung abhängig.

(2) Die Berechnung muss enthalten

1. eine Bezeichnung des Verfahrens oder Geschäfts,
2. die angewandten Nummern des Kostenverzeichnisses,
3. den Geschäftswert bei Gebühren, die nach dem Geschäftswert berechnet sind,
4. die Beträge der einzelnen Gebühren und Auslagen, wobei bei den jeweiligen Dokumentenpauschalen (Nummern 32000 bis 32003) und bei den Entgelten für Post- und Telekommunikationsdienstleistungen (Nummer 32004) die Angabe des Gesamtbetrags genügt, und
5. die gezahlten Vorschüsse.

(3) Die Berechnung soll enthalten

1. eine kurze Bezeichnung des jeweiligen Gebührentatbestands und der Auslagen,
2. die Wertvorschriften der §§ 36, 40 bis 54, 97 bis 108, 112 bis 124, aus denen sich der Geschäftswert für die jeweilige Gebühr ergibt, und
3. die Werte der einzelnen Gegenstände, wenn sich der Geschäftswert aus der Summe der Werte mehrerer Verfahrensgegenstände ergibt (§ 35 Absatz 1).

(4) Eine Berechnung ist nur unwirksam, wenn sie nicht den Vorschriften der Absätze 1 und 2 entspricht.

(5) Wird eine Berechnung durch gerichtliche Entscheidung aufgehoben, weil sie nicht den Vorschriften des Absatzes 3 entspricht, bleibt ein bereits eingetretener Neubeginn der Verjährung unberührt.

(6) Der Notar hat eine Kopie oder einen Ausdruck der Berechnung zu seinen Akten zu nehmen oder die Berechnung elektronisch aufzubewahren.

---

1) § 19 Abs. 1 Satz 1 geänd. mWv 1.8.2022 durch G v. 5.7.2021 (BGBl. I S. 3338).

§ 20 Nachforderung von Gerichtskosten. (1) [1] Wegen eines unrichtigen Ansatzes dürfen Gerichtskosten nur nachgefordert werden, wenn der berichtigte Ansatz dem Zahlungspflichtigen vor Ablauf des nächsten Kalenderjahres nach Absendung der den Rechtszug abschließenden Kostenrechnung (Schlusskostenrechnung), bei Verfahren, in denen Jahresgebühren erhoben werden, nach Absendung der Jahresrechnung, mitgeteilt worden ist. [2] Dies gilt nicht, wenn die Nachforderung auf vorsätzlich oder grob fahrlässig falschen Angaben des Kostenschuldners beruht oder wenn der ursprüngliche Kostenansatz unter einem bestimmten Vorbehalt erfolgt ist.

(2) Ist innerhalb der Frist des Absatzes 1 ein Rechtsbehelf wegen des Hauptgegenstands oder wegen der Kosten eingelegt oder dem Zahlungspflichtigen mitgeteilt worden, dass ein Wertermittlungsverfahren eingeleitet ist, ist die Nachforderung bis zum Ablauf des nächsten Kalenderjahres nach Beendigung dieser Verfahren möglich.

(3) Ist der Wert gerichtlich festgesetzt worden, genügt es, wenn der berichtigte Ansatz dem Zahlungspflichtigen drei Monate nach der letzten Wertfestsetzung mitgeteilt worden ist.

§ 21 Nichterhebung von Kosten. (1) [1] Kosten, die bei richtiger Behandlung der Sache nicht entstanden wären, werden nicht erhoben. [2] Das Gleiche gilt für Auslagen, die durch eine von Amts wegen veranlasste Verlegung eines Termins oder Vertagung einer Verhandlung entstanden sind. [3] Für abweisende Entscheidungen sowie bei Zurücknahme eines Antrags kann von der Erhebung von Kosten abgesehen werden, wenn der Antrag auf unverschuldeter Unkenntnis der tatsächlichen oder rechtlichen Verhältnisse beruht.

(2) [1] Werden die Kosten von einem Gericht erhoben, trifft dieses die Entscheidung. [2] Solange das Gericht nicht entschieden hat, können Anordnungen nach Absatz 1 im Verwaltungsweg erlassen werden. [3] Eine im Verwaltungsweg getroffene Anordnung kann nur im Verwaltungsweg geändert werden.

Abschnitt 5. Kostenhaftung

Unterabschnitt 1. Gerichtskosten

§ 22 Kostenschuldner in Antragsverfahren, Vergleich. (1) In gerichtlichen Verfahren, die nur durch Antrag eingeleitet werden, schuldet die Kosten, wer das Verfahren des Rechtszugs beantragt hat, soweit nichts anderes bestimmt ist.

(2) Die Gebühr für den Abschluss eines gerichtlichen Vergleichs schuldet jeder, der an dem Abschluss beteiligt ist.

§ 23[1] Kostenschuldner in bestimmten gerichtlichen Verfahren. Kostenschuldner

1. in Betreuungssachen und betreuungsgerichtlichen Zuweisungssachen ist der Betroffene, wenn ein Betreuer oder vorläufiger Betreuer bestellt oder eine Pflegschaft angeordnet worden ist;
2. bei einer Pflegschaft für gesammeltes Vermögen ist der Pfleger, jedoch nur mit dem gesammelten Vermögen;

[1] § 23 Nr. 5 und 6 aufgeh. mWv 1.9.2013 durch G v. 26.6.2013 (BGBl. I S. 1800, geänd. durch G v. 23.7.2013, BGBl. I S. 2586); Nr. 1 neu gef. mWv 19.12.2014 durch G v. 10.12.2014 (BGBl. I S. 2082).

3. für die Gebühr für die Entgegennahme von Forderungsanmeldungen im Fall des § 2061 des Bürgerlichen Gesetzbuchs[1] ist derjenige Miterbe, der die Aufforderung erlassen hat;
4. für die Gebühr für die Entgegennahme
   a) einer Erklärung über die Anfechtung eines Testaments oder Erbvertrags,
   b) einer Anzeige des Vorerben oder des Nacherben über den Eintritt der Nacherbfolge,
   c) einer Anzeige des Verkäufers oder Käufers einer Erbschaft über den Verkauf, auch in den Fällen des § 2385 des Bürgerlichen Gesetzbuchs,
   d) eines Nachlassinventars oder einer Erklärung nach § 2004 des Bürgerlichen Gesetzbuchs oder
   e) der Erklärung eines Hoferben über die Wahl des Hofes gemäß § 9 Absatz 2 Satz 1 der Höfeordnung

   ist derjenige, der die Erklärung, die Anzeige oder das Nachlassinventar abgegeben hat;

5., 6. *(aufgehoben)*

7. in Handels-, Genossenschafts-, Partnerschafts- und Vereinsregistersachen bei Verfahren, die von Amts wegen durchgeführt werden, und bei Eintragungen, die von Amts wegen erfolgen, ist die Gesellschaft oder der Kaufmann, die Genossenschaft, die Partnerschaft oder der Verein;
8. für die Gebühr für die Entgegennahme, Prüfung und Aufbewahrung der zum Handels- oder Genossenschaftsregister einzureichenden Unterlagen ist das Unternehmen, für das die Unterlagen eingereicht werden;
9. im Verfahren zum Zweck der Verhandlung über die Dispache, soweit das Verfahren mit der Bestätigung der Dispache endet, sind die an dem Verfahren Beteiligten;
10. im Verfahren über die gerichtliche Entscheidung über die Zusammensetzung des Aufsichtsrats, das sich nach den §§ 98 und 99 des Aktiengesetzes[2] richtet, ist die Gesellschaft, soweit die Kosten nicht dem Antragsteller auferlegt sind;
11. im Verfahren über die Eintragung als Eigentümer im Wege der Grundbuchberichtigung von Amts wegen aufgrund des § 82a der Grundbuchordnung[3] ist der Eigentümer;
12. für die Eintragung des Erstehers als Eigentümer ist nur dieser;
13. für die Eintragung der Sicherungshypothek für Forderungen gegen den Ersteher sind der Gläubiger und der Ersteher;
14. im Verfahren nach dem Spruchverfahrensgesetz[4] ist nur der Antragsgegner, soweit das Gericht die Kosten den Antragstellern auferlegt hat, auch diese und
15. in Freiheitsentziehungssachen sind nur der Betroffene sowie im Rahmen ihrer gesetzlichen Unterhaltspflicht die zu seinem Unterhalt Verpflichteten, wenn die Kosten nicht der Verwaltungsbehörde auferlegt sind.

§ 24 Kostenhaftung der Erben. Kostenschuldner im gerichtlichen Verfahren
1. über die Eröffnung einer Verfügung von Todes wegen;

---

[1] Nr. **20**.
[2] Nr. **51**.
[3] Nr. **114**.
[4] **Habersack, Deutsche Gesetze ErgBd. Nr. 51b.**

2. über die Nachlasssicherung;
3. über eine Nachlasspflegschaft nach § 1961 des Bürgerlichen Gesetzbuchs[1]), wenn diese angeordnet wird;
4. über die Errichtung eines Nachlassinventars;
5. über eine Nachlassverwaltung, wenn diese angeordnet wird;
6. über die Pflegschaft für einen Nacherben;
7. über die Ernennung oder Entlassung eines Testamentsvollstreckers;
8. über die Entgegennahme von Erklärungen, die die Bestimmung der Person des Testamentsvollstreckers oder die Ernennung von Mitvollstreckern betreffen, oder über die Annahme, Ablehnung oder Kündigung des Amtes als Testamentsvollstrecker sowie
9. zur Ermittlung der Erben (§ 342 Absatz 1 Nummer 4 des Gesetzes über das Verfahren in Familiensachen und in den Angelegenheiten der freiwilligen Gerichtsbarkeit[2]))

sind nur die Erben, und zwar nach den Vorschriften des Bürgerlichen Gesetzbuchs über Nachlassverbindlichkeiten, wenn das Gericht nichts anderes bestimmt.

§ 25 Kostenschuldner im Rechtsmittelverfahren, Gehörsrüge. (1) Die nach § 22 Absatz 1 begründete Haftung für die Kosten eines Rechtsmittelverfahrens erlischt, wenn das Rechtsmittel ganz oder teilweise mit Erfolg eingelegt worden ist und das Gericht nicht über die Kosten entschieden hat oder die Kosten nicht von einem anderen Beteiligten übernommen worden sind.

(2) [1] Richtet sich eine Beschwerde gegen eine Entscheidung des Betreuungsgerichts und ist sie von dem Betreuten oder dem Pflegling oder im Interesse dieser Personen eingelegt, so schuldet die Kosten nur derjenige, dem das Gericht die Kosten auferlegt hat. [2] Entsprechendes gilt für ein sich anschließendes Rechtsbeschwerdeverfahren und für das Verfahren über die Rüge wegen Verletzung des Anspruchs auf rechtliches Gehör.

(3) Die §§ 23 und 24 gelten nicht im Rechtsmittelverfahren.

§ 26[3]) Bestimmte sonstige gerichtliche Auslagen. (1) [1] Die Dokumentenpauschale schuldet ferner, wer die Erteilung der Ausfertigungen, Kopien oder Ausdrucke beantragt hat. [2] Sind in einem gerichtlichen Verfahren Kopien oder Ausdrucke angefertigt worden, weil der Beteiligte es unterlassen hat, die erforderliche Zahl von Mehrfertigungen beizufügen, schuldet nur der Beteiligte die Dokumentenpauschale.

(2) Die Auslagen nach Nummer 31003 des Kostenverzeichnisses schuldet nur, wer die Versendung der Akte beantragt hat.

(3) In Unterbringungssachen schuldet der Betroffene nur Auslagen nach Nummer 31015 des Kostenverzeichnisses und nur, wenn die Gerichtskosten nicht einem anderen auferlegt worden sind.

(4) Im Verfahren auf Bewilligung von Verfahrenskostenhilfe und im Verfahren auf Bewilligung grenzüberschreitender Prozesskostenhilfe ist der Antragsteller Schuldner der Auslagen, wenn

1. der Antrag zurückgenommen oder vom Gericht abgelehnt wird oder

---

[1]) Nr. **20**.
[2]) Nr. **112**.
[3]) § 26 Abs. 5 angef. mWv 1.9.2013 durch G v. 26.6.2013 (BGBl. I S. 1800, geänd. durch G v. 23.7. 2013, BGBl. I S. 2586).

2. die Übermittlung des Antrags von der Übermittlungsstelle oder das Ersuchen um Prozesskostenhilfe von der Empfangsstelle abgelehnt wird.

(5) Die Auslagen einer öffentlichen Zustellung in Teilungssachen schulden die Anteilsberechtigten.

§ 27 Weitere Fälle der Kostenhaftung. Die Kosten schuldet ferner,

1. wem durch gerichtliche Entscheidung die Kosten des Verfahrens auferlegt sind;
2. wer sie durch eine vor Gericht abgegebene oder dem Gericht mitgeteilte Erklärung oder in einem vor Gericht abgeschlossenen oder dem Gericht mitgeteilten Vergleich übernommen hat; dies gilt auch, wenn bei einem Vergleich ohne Bestimmung über die Kosten diese als von beiden Teilen je zur Hälfte übernommen anzusehen sind;
3. wer für die Kostenschuld eines anderen kraft Gesetzes haftet und
4. der Verpflichtete für die Kosten der Vollstreckung.

§ 28 Erlöschen der Zahlungspflicht. [1]Die durch gerichtliche Entscheidung begründete Verpflichtung zur Zahlung von Kosten erlischt, soweit die Entscheidung durch eine andere gerichtliche Entscheidung aufgehoben oder abgeändert wird. [2]Soweit die Verpflichtung zur Zahlung von Kosten nur auf der aufgehobenen oder abgeänderten Entscheidung beruht hat, werden bereits gezahlte Kosten zurückerstattet.

Unterabschnitt 2. Notarkosten

§ 29 Kostenschuldner im Allgemeinen. Die Notarkosten schuldet, wer

1. den Auftrag erteilt oder den Antrag gestellt hat,
2. die Kostenschuld gegenüber dem Notar übernommen hat oder
3. für die Kostenschuld eines anderen kraft Gesetzes haftet.

§ 30 Haftung der Urkundsbeteiligten. (1) Die Kosten des Beurkundungsverfahrens und die im Zusammenhang mit dem Beurkundungsverfahren anfallenden Kosten des Vollzugs und der Betreuungstätigkeiten schuldet ferner jeder, dessen Erklärung beurkundet worden ist.

(2) Werden im Beurkundungsverfahren die Erklärungen mehrerer Beteiligter beurkundet und betreffen die Erklärungen verschiedene Rechtsverhältnisse, beschränkt sich die Haftung des Einzelnen auf die Kosten, die entstanden wären, wenn die übrigen Erklärungen nicht beurkundet worden wären.

(3) Derjenige, der in einer notariellen Urkunde die Kosten dieses Beurkundungsverfahrens, die im Zusammenhang mit dem Beurkundungsverfahren anfallenden Kosten des Vollzugs und der Betreuungstätigkeiten oder sämtliche genannten Kosten übernommen hat, haftet insoweit auch gegenüber dem Notar.

§ 31[1)] Besonderer Kostenschuldner. (1) Schuldner der Kosten, die für die Beurkundung des Zuschlags bei der freiwilligen Versteigerung eines Grundstücks oder grundstücksgleichen Rechts anfallen, ist vorbehaltlich des § 29 Nummer 3 nur der Ersteher.

[1)] § 31 Abs. 3 Satz 2 angef. mWv 1.9.2013 durch G v. 26.6.2013 (BGBl. I S. 1800, geänd. durch G v. 23.7.2013, BGBl. I S. 2586).

(2) Für die Kosten, die durch die Errichtung eines Nachlassinventars und durch Tätigkeiten zur Nachlasssicherung entstehen, haften nur die Erben, und zwar nach den Vorschriften des Bürgerlichen Gesetzbuchs[1] über Nachlassverbindlichkeiten.

(3) [1] Schuldner der Kosten der Auseinandersetzung eines Nachlasses oder des Gesamtguts nach Beendigung der ehelichen, lebenspartnerschaftlichen oder fortgesetzten Gütergemeinschaft sind die Anteilsberechtigten; dies gilt nicht, soweit der Antrag zurückgenommen oder zurückgewiesen wurde. [2] Ferner sind die für das Amtsgericht geltenden Vorschriften über die Kostenhaftung entsprechend anzuwenden.

Unterabschnitt 3. Mehrere Kostenschuldner

§ 32 Mehrere Kostenschuldner. (1) Mehrere Kostenschuldner haften als Gesamtschuldner.

(2) Sind durch besondere Anträge eines Beteiligten Mehrkosten entstanden, so fallen diese ihm allein zur Last.

§ 33 Erstschuldner der Gerichtskosten. (1) [1] Soweit ein Kostenschuldner im gerichtlichen Verfahren aufgrund von § 27 Nummer 1 oder Nummer 2 (Erstschuldner) haftet, soll die Haftung eines anderen Kostenschuldners nur geltend gemacht werden, wenn eine Zwangsvollstreckung in das bewegliche Vermögen des Erstschuldners erfolglos geblieben ist oder aussichtslos erscheint. [2] Zahlungen des Erstschuldners mindern seine Haftung aufgrund anderer Vorschriften dieses Gesetzes auch dann in voller Höhe, wenn sich seine Haftung nur auf einen Teilbetrag bezieht.

(2) [1] Soweit einem Kostenschuldner, der aufgrund von § 27 Nummer 1 haftet (Entscheidungsschuldner), Verfahrenskostenhilfe bewilligt worden ist, darf die Haftung eines anderen Kostenschuldners nicht geltend gemacht werden; von diesem bereits erhobene Kosten sind zurückzuzahlen, soweit es sich nicht um eine Zahlung nach § 13 Absatz 1 und 3 des Justizvergütungs- und -entschädigungsgesetzes[2] handelt und der Beteiligte, dem die Verfahrenskostenhilfe bewilligt worden ist, der besonderen Vergütung zugestimmt hat. [2] Die Haftung eines anderen Kostenschuldners darf auch nicht geltend gemacht werden, soweit dem Entscheidungsschuldner ein Betrag für die Reise zum Ort einer Verhandlung, Anhörung oder Untersuchung und für die Rückreise gewährt worden ist.

(3) Absatz 2 ist entsprechend anzuwenden, soweit der Kostenschuldner aufgrund des § 27 Nummer 2 haftet und wenn

1. der Kostenschuldner die Kosten in einem vor Gericht abgeschlossenen oder durch Schriftsatz gegenüber dem Gericht angenommenen Vergleich übernommen hat,
2. der Vergleich einschließlich der Verteilung der Kosten von dem Gericht vorgeschlagen worden ist und
3. das Gericht in seinem Vergleichsvorschlag ausdrücklich festgestellt hat, dass die Kostenregelung der sonst zu erwartenden Kostenentscheidung entspricht.

---

[1] Nr. **20**.
[2] Nr. **116**.

Abschnitt 6. Gebührenvorschriften

§ 34[1)] Wertgebühren. (1) Wenn sich die Gebühren nach dem Geschäftswert richten, bestimmt sich die Höhe der Gebühr nach Tabelle A oder Tabelle B.

(2) [1] Die Gebühr beträgt bei einem Geschäftswert bis 500 Euro nach Tabelle A 38 Euro, nach Tabelle B 15 Euro. [2] Die Gebühr erhöht sich bei einem

Geschäftswert bis … Euro	für jeden angefangenen Betrag von weiteren … Euro	in **Tabelle A** um … Euro	in **Tabelle B** um … Euro
2 000	500	20	4
10 000	1 000	21	6
25 000	3 000	29	8
50 000	5 000	38	10
200 000	15 000	132	27
500 000	30 000	198	50
über 500 000	50 000	198	
5 000 000	50 000		80
10 000 000	200 000		130
20 000 000	250 000		150
30 000 000	500 000		280
über 30 000 000	1 000 000		120

(3) Gebührentabellen für Geschäftswerte bis 3 Millionen Euro sind diesem Gesetz als Anlage 2 beigefügt.

(4) Gebühren werden auf den nächstliegenden Cent auf- oder abgerundet; 0,5 Cent werden aufgerundet.

(5) Der Mindestbetrag einer Gebühr ist 15 Euro.

Abschnitt 7. Wertvorschriften

Unterabschnitt 1. Allgemeine Wertvorschriften

§ 35 Grundsatz. (1) In demselben Verfahren und in demselben Rechtszug werden die Werte mehrerer Verfahrensgegenstände zusammengerechnet, soweit nichts anderes bestimmt ist.

(2) Der Geschäftswert beträgt, wenn die Tabelle A anzuwenden ist, höchstens 30 Millionen Euro, wenn die Tabelle B anzuwenden ist, höchstens 60 Millionen Euro, wenn kein niedrigerer Höchstwert bestimmt ist.

§ 36 Allgemeiner Geschäftswert. (1) Soweit sich in einer vermögensrechtlichen Angelegenheit der Geschäftswert aus den Vorschriften dieses Gesetzes nicht ergibt und er auch sonst nicht feststeht, ist er nach billigem Ermessen zu bestimmen.

(2) Soweit sich in einer nichtvermögensrechtlichen Angelegenheit der Geschäftswert aus den Vorschriften dieses Gesetzes nicht ergibt, ist er unter Berücksichtigung aller Umstände des Einzelfalls, insbesondere des Umfangs und der

---

[1)] § 34 Abs. 2 neu gef. mWv 1.1.2021 durch G v. 21.12.2020 (BGBl. I S. 3229).

Bedeutung der Sache und der Vermögens- und Einkommensverhältnisse der Beteiligten, nach billigem Ermessen zu bestimmen, jedoch nicht über 1 Million Euro.

(3) Bestehen in den Fällen der Absätze 1 und 2 keine genügenden Anhaltspunkte für eine Bestimmung des Werts, ist von einem Geschäftswert von 5 000 Euro auszugehen.

(4) [1] Wenn sich die Gerichtsgebühren nach den für Notare geltenden Vorschriften bestimmen, sind die für Notare geltenden Wertvorschriften entsprechend anzuwenden. [2] Wenn sich die Notargebühren nach den für Gerichte geltenden Vorschriften bestimmen, sind die für Gerichte geltenden Wertvorschriften entsprechend anzuwenden.

§ 37 Früchte, Nutzungen, Zinsen, Vertragsstrafen, sonstige Nebengegenstände und Kosten. (1) Sind außer dem Hauptgegenstand des Verfahrens auch Früchte, Nutzungen, Zinsen, Vertragsstrafen, sonstige Nebengegenstände oder Kosten betroffen, wird deren Wert nicht berücksichtigt.

(2) Soweit Früchte, Nutzungen, Zinsen, Vertragsstrafen, sonstige Nebengegenstände oder Kosten ohne den Hauptgegenstand betroffen sind, ist deren Wert maßgebend, soweit er den Wert des Hauptgegenstands nicht übersteigt.

(3) Sind die Kosten des Verfahrens ohne den Hauptgegenstand betroffen, ist der Betrag der Kosten maßgebend, soweit er den Wert des Hauptgegenstands nicht übersteigt.

§ 38 Belastung mit Verbindlichkeiten. [1] Verbindlichkeiten, die auf einer Sache oder auf einem Recht lasten, werden bei Ermittlung des Geschäftswerts nicht abgezogen, sofern nichts anderes bestimmt ist. [2] Dies gilt auch für Verbindlichkeiten eines Nachlasses, einer sonstigen Vermögensmasse und im Fall einer Beteiligung an einer Personengesellschaft auch für deren Verbindlichkeiten.

§ 39[1)] Auskunftspflichten. (1) [1] Ein Notar, der einen Antrag bei Gericht einreicht, hat dem Gericht den von ihm zugrunde gelegten Geschäftswert hinsichtlich eines jeden Gegenstands mitzuteilen, soweit dieser für die vom Gericht zu erhebenden Gebühren von Bedeutung ist. [2] Auf Ersuchen des Gerichts hat der Notar, der Erklärungen beurkundet hat, die bei Gericht eingereicht worden sind, oder Unterschriften oder Handzeichen unter oder qualifizierte elektronische Signaturen an solchen Erklärungen beglaubigt hat, in entsprechendem Umfang Auskunft zu erteilen.

(2) [1] Legt das Gericht seinem Kostenansatz einen von Absatz 1 abweichenden Geschäftswert zugrunde, so ist dieser dem Notar mitzuteilen. [2] Auf Ersuchen des Notars, der Erklärungen beurkundet oder beglaubigt hat, die bei Gericht eingereicht werden, hat das Gericht über die für die Geschäftswertbestimmung maßgeblichen Umstände Auskunft zu erteilen.

[1)] § 39 Abs. 1 Satz 2 geänd. mWv 1.8.2022 durch G v. 5.7.2021 (BGBl. I S. 3338).

Unterabschnitt 2. Besondere Geschäftswertvorschriften

§ 40[1)] Erbschein, Europäisches Nachlasszeugnis, Zeugnis über die Fortsetzung der Gütergemeinschaft und Testamentsvollstreckerzeugnis.

(1) [1]Der Geschäftswert für das Verfahren zur

1. Abnahme der eidesstattlichen Versicherung zur Erlangung eines Erbscheins oder eines Europäischen Nachlasszeugnisses,
2. Erteilung eines Erbscheins oder Ausstellung eines Europäischen Nachlasszeugnisses, soweit dieses die Rechtsstellung und die Rechte der Erben oder Vermächtnisnehmer mit unmittelbarer Berechtigung am Nachlass betrifft,
3. Einziehung oder Kraftloserklärung eines Erbscheins,
4. Änderung oder zum Widerruf eines Europäischen Nachlasszeugnisses, soweit die Rechtsstellung und Rechte der Erben oder Vermächtnisnehmer mit unmittelbarer Berechtigung am Nachlass betroffen sind,

ist der Wert des Nachlasses im Zeitpunkt des Erbfalls. [2]Vom Erblasser herrührende Verbindlichkeiten werden abgezogen. [3]Ist in dem Erbschein lediglich die Hoferbfolge zu bescheinigen, ist Geschäftswert der Wert des Hofs. [4]Abweichend von Satz 2 werden nur die auf dem Hof lastenden Verbindlichkeiten mit Ausnahme der Hypotheken, Grund- und Rentenschulden (§ 15 Absatz 2 der Höfeordnung) abgezogen.

(2) [1]Beziehen sich die in Absatz 1 genannten Verfahren nur auf das Erbrecht eines Miterben, bestimmt sich der Geschäftswert nach dem Anteil dieses Miterben. [2]Entsprechendes gilt, wenn ein weiterer Miterbe einer bereits beurkundeten eidesstattlichen Versicherung beitritt.

(3) [1]Erstrecken sich die Wirkungen eines Erbscheins nur auf einen Teil des Nachlasses, bleiben diejenigen Gegenstände, die von der Erbscheinswirkung nicht erfasst werden, bei der Berechnung des Geschäftswerts außer Betracht; Nachlassverbindlichkeiten werden nicht abgezogen. [2]Macht der Kostenschuldner glaubhaft, dass der Geschäftswert nach Absatz 1 niedriger ist, so ist dieser maßgebend. [3]Die Sätze 1 und 2 finden auf die Ausstellung, die Änderung und den Widerruf eines Europäischen Nachlasszeugnisses entsprechende Anwendung.

(4) Auf ein Verfahren, das ein Zeugnis über die Fortsetzung der Gütergemeinschaft betrifft, sind die Absätze 1 bis 3 entsprechend anzuwenden; an die Stelle des Nachlasses tritt der halbe Wert des Gesamtguts der fortgesetzten Gütergemeinschaft.

(5) [1]In einem Verfahren, das ein Zeugnis über die Ernennung eines Testamentsvollstreckers betrifft, beträgt der Geschäftswert 20 Prozent des Nachlasswerts im Zeitpunkt des Erbfalls, wobei Nachlassverbindlichkeiten nicht abgezogen werden; die Absätze 2 und 3 sind entsprechend anzuwenden. [2]Dies gilt entsprechend, soweit die Angabe der Befugnisse des Testamentsvollstreckers Gegenstand eines Verfahrens wegen eines Europäischen Nachlasszeugnisses ist.

(6) Bei der Ermittlung des Werts und der Zusammensetzung des Nachlasses steht § 30 der Abgabenordnung einer Auskunft des Finanzamts nicht entgegen.

§ 41 Zeugnisse zum Nachweis der Auseinandersetzung eines Nachlasses oder Gesamtguts. In einem Verfahren, das ein Zeugnis nach den §§ 36 und 37 der Grundbuchordnung oder nach § 42 der Schiffsregisterordnung, auch in Ver-

[1)] § 40 Überschrift neu gef., Abs. 1 Satz 1 Nr. 1–3 geänd., Nr. 4, Abs. 3 Satz 3 und Abs. 5 Satz 2 angef. mWv 17.8.2015 durch G v. 29.6.2015 (BGBl. I S. 1042).

bindung mit § 74 der Schiffsregisterordnung oder § 86 des Gesetzes über Rechte an Luftfahrzeugen, betrifft, ist Geschäftswert der Wert der Gegenstände, auf die sich der Nachweis der Rechtsnachfolge erstreckt.

§ 42 Wohnungs- und Teileigentum. (1) [1] Bei der Begründung von Wohnungs- oder Teileigentum und bei Geschäften, die die Aufhebung oder das Erlöschen von Sondereigentum betreffen, ist Geschäftswert der Wert des bebauten Grundstücks. [2] Ist das Grundstück noch nicht bebaut, ist dem Grundstückswert der Wert des zu errichtenden Bauwerks hinzuzurechnen.

(2) Bei Wohnungs- und Teilerbbaurechten gilt Absatz 1 entsprechend, wobei an die Stelle des Grundstückswerts der Wert des Erbbaurechts tritt.

§ 43 Erbbaurechtsbestellung. [1] Wird bei der Bestellung eines Erbbaurechts als Entgelt ein Erbbauzins vereinbart, ist Geschäftswert der nach § 52 errechnete Wert des Erbbauzinses. [2] Ist der nach § 49 Absatz 2 errechnete Wert des Erbbaurechts höher, so ist dieser maßgebend.

§ 44 Mithaft. (1) [1] Bei der Einbeziehung eines Grundstücks in die Mithaft wegen eines Grundpfandrechts und bei der Entlassung aus der Mithaft bestimmt sich der Geschäftswert nach dem Wert des einbezogenen oder entlassenen Grundstücks, wenn dieser geringer als der Wert nach § 53 Absatz 1 ist. [2] Die Löschung eines Grundpfandrechts, bei dem bereits zumindest ein Grundstück aus der Mithaft entlassen worden ist, steht hinsichtlich der Geschäftswertbestimmung der Entlassung aus der Mithaft gleich.

(2) Absatz 1 gilt entsprechend für grundstücksgleiche Rechte.

(3) Absatz 1 gilt ferner entsprechend

1. für Schiffshypotheken mit der Maßgabe, dass an die Stelle des Grundstücks das Schiff oder das Schiffsbauwerk tritt, und
2. für Registerpfandrechte an einem Luftfahrzeug mit der Maßgabe, dass an die Stelle des Grundstücks das Luftfahrzeug tritt.

§ 45 Rangverhältnisse und Vormerkungen. (1) Bei Einräumung des Vorrangs oder des gleichen Rangs ist Geschäftswert der Wert des vortretenden Rechts, höchstens jedoch der Wert des zurücktretenden Rechts.

(2) [1] Die Vormerkung gemäß § 1179 des Bürgerlichen Gesetzbuchs[1)] zugunsten eines nach- oder gleichstehenden Berechtigten steht der Vorrangseinräumung gleich. [2] Dasselbe gilt für den Fall, dass ein nachrangiges Recht gegenüber einer vorrangigen Vormerkung wirksam sein soll. [3] Der Ausschluss des Löschungsanspruchs nach § 1179a Absatz 5 des Bürgerlichen Gesetzbuchs, auch in Verbindung mit § 1179b Absatz 2 des Bürgerlichen Gesetzbuchs, ist wie ein Rangrücktritt des Rechts zu behandeln, als dessen Inhalt der Ausschluss vereinbart wird.

(3) Geschäftswert einer sonstigen Vormerkung ist der Wert des vorgemerkten Rechts; § 51 Absatz 1 Satz 2 ist entsprechend anzuwenden.

Unterabschnitt 3. Bewertungsvorschriften

§ 46 Sache. (1) Der Wert einer Sache wird durch den Preis bestimmt, der im gewöhnlichen Geschäftsverkehr nach der Beschaffenheit der Sache unter Berück-

[1)] Nr. **20**.

sichtigung aller den Preis beeinflussenden Umstände bei einer Veräußerung zu erzielen wäre (Verkehrswert).

(2) Steht der Verkehrswert nicht fest, ist er zu bestimmen

1. nach dem Inhalt des Geschäfts,
2. nach den Angaben der Beteiligten,
3. anhand von sonstigen amtlich bekannten Tatsachen oder Vergleichswerten aufgrund einer amtlichen Auskunft oder
4. anhand offenkundiger Tatsachen.

(3) [1] Bei der Bestimmung des Verkehrswerts eines Grundstücks können auch herangezogen werden

1. im Grundbuch eingetragene Belastungen,
2. aus den Grundakten ersichtliche Tatsachen oder Vergleichswerte oder
3. für Zwecke der Steuererhebung festgesetzte Werte.

[2] Im Fall der Nummer 3 steht § 30 der Abgabenordnung einer Auskunft des Finanzamts nicht entgegen.

(4) Eine Beweisaufnahme zur Feststellung des Verkehrswerts findet nicht statt.

§ 47 Sache bei Kauf. [1] Im Zusammenhang mit dem Kauf wird der Wert der Sache durch den Kaufpreis bestimmt. [2] Der Wert der vorbehaltenen Nutzungen und der vom Käufer übernommenen oder ihm sonst infolge der Veräußerung obliegenden Leistungen wird hinzugerechnet. [3] Ist der nach den Sätzen 1 und 2 ermittelte Wert niedriger als der Verkehrswert, ist der Verkehrswert maßgebend.

§ 48 Land- und forstwirtschaftliches Vermögen. (1) [1] Im Zusammenhang mit der Übergabe oder Zuwendung eines land- oder forstwirtschaftlichen Betriebs mit Hofstelle an eine oder mehrere natürliche Personen einschließlich der Abfindung weichender Erben beträgt der Wert des land- und forstwirtschaftlichen Vermögens im Sinne des Bewertungsgesetzes höchstens das Vierfache des letzten Einheitswerts, der zur Zeit der Fälligkeit der Gebühr bereits festgestellt ist, wenn

1. die unmittelbare Fortführung des Betriebs durch den Erwerber selbst beabsichtigt ist und
2. der Betrieb unmittelbar nach Vollzug der Übergabe oder Zuwendung einen nicht nur unwesentlichen Teil der Existenzgrundlage des zukünftigen Inhabers bildet.

[2] § 46 Absatz 3 Satz 2 gilt entsprechend. [3] Ist der Einheitswert noch nicht festgestellt, so ist dieser vorläufig zu schätzen; die Schätzung ist nach der ersten Feststellung des Einheitswerts zu berichtigen; die Frist des § 20 Absatz 1 beginnt erst mit der Feststellung des Einheitswerts. [4] In dem in Artikel 3 des Einigungsvertrages[1)] genannten Gebiet gelten für die Bewertung des land- und forstwirtschaftlichen Vermögens die Vorschriften des Dritten Abschnitts im Zweiten Teil des Bewertungsgesetzes mit Ausnahme von § 125 Absatz 3; § 126 Absatz 2 des Bewertungsgesetzes ist sinngemäß anzuwenden.

(2) Weicht der Gegenstand des gebührenpflichtigen Geschäfts vom Gegenstand der Einheitsbewertung oder vom Gegenstand der Bildung des Ersatzwirtschaftswerts wesentlich ab oder hat sich der Wert infolge bestimmter Umstände, die nach dem Feststellungszeitpunkt des Einheitswerts oder des Ersatzwirtschaftswerts ein-

---

[1)] **Habersack II Nr. 2.**

getreten sind, wesentlich verändert, so ist der nach den Grundsätzen der Einheitsbewertung oder der Bildung des Ersatzwirtschaftswerts geschätzte Wert maßgebend.

(3) Die Absätze 1 und 2 sind entsprechend anzuwenden für die Bewertung
1. eines Hofs im Sinne der Höfeordnung und
2. eines landwirtschaftlichen Betriebs in einem Verfahren aufgrund der Vorschriften über die gerichtliche Zuweisung eines Betriebs (§ 1 Nummer 2 des Gesetzes über das gerichtliche Verfahren in Landwirtschaftssachen[1]), sofern das Verfahren mit der Zuweisung endet.

§ 49 Grundstücksgleiche Rechte. (1) Die für die Bewertung von Grundstücken geltenden Vorschriften sind auf Rechte entsprechend anzuwenden, die den für Grundstücke geltenden Vorschriften unterliegen, soweit sich aus Absatz 2 nichts anderes ergibt.

(2) Der Wert eines Erbbaurechts beträgt 80 Prozent der Summe aus den Werten des belasteten Grundstücks und darauf errichteter Bauwerke; sofern die Ausübung des Rechts auf eine Teilfläche beschränkt ist, sind 80 Prozent vom Wert dieser Teilfläche zugrunde zu legen.

§ 50 Bestimmte schuldrechtliche Verpflichtungen. Der Wert beträgt bei einer schuldrechtlichen Verpflichtung
1. über eine Sache oder ein Recht nicht oder nur eingeschränkt zu verfügen, 10 Prozent des Verkehrswerts der Sache oder des Werts des Rechts;
2. zur eingeschränkten Nutzung einer Sache 20 Prozent des Verkehrswerts der Sache;
3. zur Errichtung eines Bauwerks, wenn es sich um
   a) ein Wohngebäude handelt, 20 Prozent des Verkehrswerts des unbebauten Grundstücks,
   b) ein gewerblich genutztes Bauwerk handelt, 20 Prozent der voraussichtlichen Herstellungskosten;
4. zu Investitionen 20 Prozent der Investitionssumme.

§ 51 Erwerbs- und Veräußerungsrechte, Verfügungsbeschränkungen. (1) [1]Der Wert eines Ankaufsrechts oder eines sonstigen Erwerbs- oder Veräußerungsrechts ist der Wert des Gegenstands, auf den sich das Recht bezieht. [2]Der Wert eines Vorkaufs- oder Wiederkaufsrechts ist die Hälfte des Werts nach Satz 1.

(2) Der Wert einer Verfügungsbeschränkung, insbesondere nach den §§ 1365 und 1369 des Bürgerlichen Gesetzbuchs[2] sowie einer Belastung gemäß § 1010 des Bürgerlichen Gesetzbuchs, beträgt 30 Prozent des von der Beschränkung betroffenen Gegenstands.

(3) Ist der nach den Absätzen 1 und 2 bestimmte Wert nach den besonderen Umständen des Einzelfalls unbillig, kann ein höherer oder ein niedrigerer Wert angenommen werden.

§ 52 Nutzungs- und Leistungsrechte. (1) Der Wert einer Dienstbarkeit, einer Reallast oder eines sonstigen Rechts oder Anspruchs auf wiederkehrende oder

[1] **Habersack, Deutsche Gesetze ErgBd. Nr. 39a.**
[2] Nr. 20.

dauernde Nutzungen oder Leistungen einschließlich des Unterlassens oder Duldens bestimmt sich nach dem Wert, den das Recht für den Berechtigten oder für das herrschende Grundstück hat.

(2) [1] Ist das Recht auf eine bestimmte Zeit beschränkt, ist der auf die Dauer des Rechts entfallende Wert maßgebend. [2] Der Wert ist jedoch durch den auf die ersten 20 Jahre entfallenden Wert des Rechts beschränkt. [3] Ist die Dauer des Rechts außerdem auf die Lebensdauer einer Person beschränkt, darf der nach Absatz 4 bemessene Wert nicht überschritten werden.

(3) [1] Der Wert eines Rechts von unbeschränkter Dauer ist der auf die ersten 20 Jahre entfallende Wert. [2] Der Wert eines Rechts von unbestimmter Dauer ist der auf die ersten zehn Jahre entfallende Wert, soweit sich aus Absatz 4 nichts anderes ergibt.

(4) [1] Ist das Recht auf die Lebensdauer einer Person beschränkt, ist sein Wert

bei einem Lebensalter von …	der auf die ersten … Jahre
bis zu 30 Jahren	20
über 30 Jahren bis zu 50 Jahren	15
über 50 Jahren bis zu 70 Jahren	10
über 70 Jahren	5

entfallende Wert. [2] Hängt die Dauer des Rechts von der Lebensdauer mehrerer Personen ab, ist maßgebend,

1. wenn das Recht mit dem Tod des zuletzt Sterbenden erlischt, das Lebensalter der jüngsten Person,
2. wenn das Recht mit dem Tod des zuerst Sterbenden erlischt, das Lebensalter der ältesten Person.

(5) Der Jahreswert wird mit 5 Prozent des Werts des betroffenen Gegenstands oder Teils des betroffenen Gegenstands angenommen, sofern nicht ein anderer Wert festgestellt werden kann.

(6) [1] Für die Berechnung des Werts ist der Beginn des Rechts maßgebend. [2] Bildet das Recht später den Gegenstand eines gebührenpflichtigen Geschäfts, so ist der spätere Zeitpunkt maßgebend. [3] Ist der nach den vorstehenden Absätzen bestimmte Wert nach den besonderen Umständen des Einzelfalls unbillig, weil im Zeitpunkt des Geschäfts der Beginn des Rechts noch nicht feststeht oder das Recht in anderer Weise bedingt ist, ist ein niedrigerer Wert anzunehmen. [4] Der Wert eines durch Zeitablauf oder durch den Tod des Berechtigten erloschenen Rechts beträgt 0 Euro.

(7) Preisklauseln werden nicht berücksichtigt.

§ 53 Grundpfandrechte und sonstige Sicherheiten. (1) [1] Der Wert einer Hypothek, Schiffshypothek, eines Registerpfandrechts an einem Luftfahrzeug oder einer Grundschuld ist der Nennbetrag der Schuld. [2] Der Wert einer Rentenschuld ist der Nennbetrag der Ablösungssumme.

(2) Der Wert eines sonstigen Pfandrechts oder der sonstigen Sicherstellung einer Forderung durch Bürgschaft, Sicherungsübereignung oder dergleichen bestimmt sich nach dem Betrag der Forderung und, wenn der als Pfand oder zur Sicherung dienende Gegenstand einen geringeren Wert hat, nach diesem.

§ 54 Bestimmte Gesellschaftsanteile. [1] Wenn keine genügenden Anhaltspunkte für einen höheren Wert von Anteilen an Kapitalgesellschaften und von Kommanditbeteiligungen bestehen, bestimmt sich der Wert nach dem Eigenkapi-

wenn das Verfahren die Ernennung oder Abberufung von Personen betrifft.

(2) Der Geschäftswert im Verfahren über die Verpflichtung des Dispacheurs zur Aufmachung der Dispache (§ 403 des Gesetzes über das Verfahren in Familiensachen und in den Angelegenheiten der freiwilligen Gerichtsbarkeit[1]) beträgt 10 000 Euro.

(3) Ist der nach Absatz 1 oder Absatz 2 bestimmte Wert nach den besonderen Umständen des Einzelfalls unbillig, kann das Gericht einen höheren oder einen niedrigeren Wert festsetzen.

§ 68 Verhandlung über Dispache. Geschäftswert in dem Verfahren zum Zweck der Verhandlung über die Dispache ist die Summe der Anteile, die die an der Verhandlung Beteiligten an dem Schaden zu tragen haben.

§ 69[2] Eintragungen im Grundbuch, Schiffs- oder Schiffsbauregister.

(1) [1] Geschäftswert für die Eintragung desselben Eigentümers bei mehreren Grundstücken ist der zusammengerechnete Wert dieser Grundstücke, wenn das Grundbuch über diese bei demselben Grundbuchamt geführt wird, die Eintragungsanträge in demselben Dokument enthalten sind und am selben Tag beim Grundbuchamt eingehen. [2] Satz 1 ist auf grundstücksgleiche Rechte und auf Eintragungen in das Schiffs- und Schiffsbauregister entsprechend anzuwenden.

(2) [1] Geschäftswert für die Eintragung mehrerer Veränderungen, die sich auf dasselbe Recht beziehen, ist der zusammengerechnete Wert der Veränderungen, wenn die Eintragungsanträge in demselben Dokument enthalten sind und am selben Tag bei dem Grundbuchamt oder Registergericht eingehen. [2] Der Wert des Rechts darf auch bei mehreren Veränderungen nicht überschritten werden.

§ 70[3] Gemeinschaften zur gesamten Hand. (1) [1] Ist oder wird eine Gesamthandsgemeinschaft im Grundbuch eingetragen, sind bei der Berechnung des Geschäftswerts die Anteile an der Gesamthandsgemeinschaft wie Bruchteile an dem Grundstück zu behandeln. [2] Im Zweifel gelten die Mitglieder der Gemeinschaft als zu gleichen Teilen am Gesamthandsvermögen beteiligt.

(2) [1] Ist eine Gesamthandsgemeinschaft im Grundbuch eingetragen und wird nunmehr ein Mitberechtigter der Gesamthandsgemeinschaft als Eigentümer oder werden nunmehr mehrere Mitberechtigte als Miteigentümer eingetragen, beträgt der Geschäftswert die Hälfte des Werts des Grundstücks. [2] Geht das Eigentum an dem Grundstück zu einem Bruchteil an einen oder mehrere Mitberechtigte der Gesamthandsgemeinschaft über, beträgt der Geschäftswert insoweit die Hälfte des Werts dieses Bruchteils.

(3) [1] Ein grundstücksgleiches oder sonstiges Recht steht einem Grundstück gleich; die Absätze 1 und 2 sind entsprechend anzuwenden. [2] Dies gilt auch für Rechte, die im Schiffsregister, im Schiffsbauregister und im Register für Pfandrechte an Luftfahrzeugen eingetragen sind. [3] Dabei treten an die Stelle der Grundstücke die in diese Register eingetragenen Schiffe, Schiffsbauwerke und Luftfahrzeuge, an die Stelle des Grundbuchamts das Registergericht.

(4) Die Absätze 1 bis 3 sind auf offene Handelsgesellschaften, Kommanditgesellschaften, Partnerschaften und Europäische wirtschaftliche Interessenvereinigungen

[1] Nr. **112**.

[2] § 69 Abs. 1 Satz 1 und Abs. 2 Satz 1 geänd. mWv 4.7.2015 durch G v. 29.6.2015 (BGBl. I S. 1042).

[3] § 70 Abs. 3 Sätze 2 und 3 angef. mWv 4.7.2015 durch G v. 29.6.2015 (BGBl. I S. 1042).

(2) [1]Der Wert ist durch den Geschäftswert des ersten Rechtszugs begrenzt. [2]Dies gilt nicht, soweit der Gegenstand erweitert wird.

(3) Im Verfahren über den Antrag auf Zulassung der Sprungrechtsbeschwerde ist Gegenstandswert der für das Rechtsmittelverfahren maßgebende Wert.

§ 62[1)] Einstweilige Anordnung, Aussetzung der Wirkungen eines Europäischen Nachlasszeugnisses. [1]Im Verfahren der einstweiligen Anordnung und im Verfahren über die Aussetzung der Wirkungen eines Europäischen Nachlasszeugnisses ist der Wert in der Regel unter Berücksichtigung der geringeren Bedeutung gegenüber der Hauptsache zu ermäßigen. [2]Dabei ist von der Hälfte des für die Hauptsache bestimmten Werts auszugehen.

Unterabschnitt 2. Besondere Geschäftswertvorschriften

§ 63 Betreuungssachen und betreuungsgerichtliche Zuweisungssachen.

[1]Bei Betreuungen oder Pflegschaften, die einzelne Rechtshandlungen betreffen, ist Geschäftswert der Wert des Gegenstands, auf den sich die Rechtshandlung bezieht. [2]Bezieht sich die Betreuung oder Pflegschaft auf eine gegenwärtige oder künftige Mitberechtigung, ermäßigt sich der Wert auf den Bruchteil, der dem Anteil der Mitberechtigung entspricht. [3]Bei Gesamthandsverhältnissen ist der Anteil entsprechend der Beteiligung an dem Gesamthandvermögen zu bemessen.

§ 64 Nachlasspflegschaften und Gesamtgutsverwaltung. (1) Geschäftswert für eine Nachlassverwaltung, eine Gesamtgutsverwaltung oder eine sonstige Nachlasspflegschaft ist der Wert des von der Verwaltung betroffenen Vermögens.

(2) Ist der Antrag auf Anordnung einer Nachlasspflegschaft oder -verwaltung oder einer Gesamtgutsverwaltung von einem Gläubiger gestellt, so ist Geschäftswert der Betrag der Forderung, höchstens jedoch der sich nach Absatz 1 ergebende Betrag.

§ 65 Ernennung und Entlassung von Testamentsvollstreckern. Der Geschäftswert für das Verfahren über die Ernennung oder Entlassung eines Testamentsvollstreckers beträgt jeweils 10 Prozent des Werts des Nachlasses im Zeitpunkt des Erbfalls, wobei Nachlassverbindlichkeiten nicht abgezogen werden; § 40 Absatz 2 und 3 ist entsprechend anzuwenden.

§ 66[2)] *(aufgehoben)*

§ 67[3)] Bestimmte unternehmensrechtliche Verfahren und bestimmte Vereins- und Stiftungssachen. (1) Der Geschäftswert in einem unternehmensrechtlichen Verfahren und in einem Verfahren in Vereinssachen beträgt

1. bei Kapitalgesellschaften und Versicherungsvereinen auf Gegenseitigkeit 60 000 Euro,
2. bei Personenhandels- und Partnerschaftsgesellschaften sowie bei Genossenschaften 30 000 Euro,
3. bei Vereinen und Stiftungen 5 000 Euro und
4. in sonstigen Fällen 10 000 Euro,

[1)] § 62 Überschrift und Satz 1 geänd. mWv 17.8.2015 durch G v. 29.6.2015 (BGBl. I S. 1042).

[2)] § 66 aufgeh. mWv 1.9.2013 durch G v. 26.6.2013 (BGBl. I S. 1800, geänd. durch G v. 23.7.2013, BGBl. I S. 2586).

[3)] § 67 Abs. 1 einl. Satzteil geänd. mWv 4.7.2015 durch G v. 29.6.2015 (BGBl. I S. 1042).

nicht und auf Gesellschaften bürgerlichen Rechts nur für die Eintragung einer Änderung im Gesellschafterbestand anzuwenden.

§ 71 Nachträgliche Erteilung eines Hypotheken-, Grundschuld- oder Rentenschuldbriefs. (1) Bei der nachträglichen Erteilung eines Hypotheken-, Grundschuld- oder Rentenschuldbriefs ist Geschäftswert der für die Eintragung des Rechts maßgebende Wert.

(2) Für die nachträgliche Gesamtbrieferteilung gilt § 44 Absatz 1 entsprechend.

§ 72 Gerichtliche Entscheidung über die abschließenden Feststellungen der Sonderprüfer. (1) [1] Den Geschäftswert im gerichtlichen Verfahren über die abschließenden Feststellungen der Sonderprüfer nach § 259 Absatz 2 und 3 des Aktiengesetzes[1)] bestimmt das Gericht unter Berücksichtigung aller Umstände des einzelnen Falles nach billigem Ermessen, insbesondere unter Berücksichtigung der Bedeutung der Sache für die Parteien. [2] Er darf jedoch ein Zehntel des Grundkapitals oder, wenn dieses Zehntel mehr als 500 000 Euro beträgt, 500 000 Euro nur insoweit übersteigen, als die Bedeutung der Sache für den Kläger höher zu bewerten ist.

(2) Die Vorschriften über die Anordnung der Streitwertbegünstigung (§ 260 Absatz 4 Satz 2 in Verbindung mit § 247 Absatz 2 und 3 des Aktiengesetzes) sind anzuwenden.

§ 73 Ausschlussverfahren nach dem Wertpapiererwerbs- und Übernahmegesetz. Geschäftswert im Verfahren über den Ausschluss von Aktionären nach den §§ 39a und 39b des Wertpapiererwerbs- und Übernahmegesetzes ist der Betrag, der dem Wert aller Aktien entspricht, auf die sich der Ausschluss bezieht; der Geschäftswert beträgt mindestens 200 000 Euro und höchstens 7,5 Millionen Euro.

§ 74 Verfahren nach dem Spruchverfahrensgesetz. [1] Geschäftswert im gerichtlichen Verfahren nach dem Spruchverfahrensgesetz[2)] ist der Betrag, der von allen in § 3 des Spruchverfahrensgesetzes genannten Antragsberechtigten nach der Entscheidung des Gerichts zusätzlich zu dem ursprünglich angebotenen Betrag insgesamt gefordert werden kann; der Geschäftswert beträgt mindestens 200 000 Euro und höchstens 7,5 Millionen Euro. [2] Maßgeblicher Zeitpunkt für die Bestimmung des Werts ist der Tag nach Ablauf der Antragsfrist (§ 4 Absatz 1 des Spruchverfahrensgesetzes).

§ 75 Gerichtliche Entscheidung über die Zusammensetzung des Aufsichtsrats. Im gerichtlichen Verfahren über die Zusammensetzung des Aufsichtsrats, das sich nach den §§ 98 und 99 des Aktiengesetzes[1)] richtet, ist abweichend von § 36 Absatz 3 von einem Geschäftswert von 50 000 Euro auszugehen.

§ 76 Bestimmte Verfahren vor dem Landwirtschaftsgericht. Geschäftswert ist

1. in Feststellungsverfahren nach § 11 Absatz 1 Buchstabe g der Verfahrensordnung für Höfesachen der Wert des Hofs nach Abzug der Verbindlichkeiten,
2. in Wahlverfahren (§ 9 Absatz 2 Satz 1 der Höfeordnung) der Wert des gewählten Hofs nach Abzug der Verbindlichkeiten,

---

1) Nr. **51**.
2) **Habersack, Deutsche Gesetze ErgBd. Nr. 51b.**

3. in Fristsetzungsverfahren (§ 9 Absatz 2 Satz 2 der Höfeordnung) die Hälfte des Werts des wertvollsten der noch zur Wahl stehenden Höfe nach Abzug der Verbindlichkeiten,
4. in gerichtlichen Verfahren aufgrund der Vorschriften über Einwendungen gegen das siedlungsrechtliche Vorkaufsrecht (§ 1 Nummer 3 des Gesetzes über das gerichtliche Verfahren in Landwirtschaftssachen[1)]) der Geschäftswert des zugrunde liegenden Kaufvertrags.

Unterabschnitt 3. Wertfestsetzung

§ 77 Angabe des Werts. [1] Bei jedem Antrag ist der Geschäftswert und nach Aufforderung auch der Wert eines Teils des Verfahrensgegenstands schriftlich oder zu Protokoll der Geschäftsstelle anzugeben, es sei denn, Geschäftswert ist eine bestimmte Geldsumme, oder ein fester Wert ist gesetzlich bestimmt oder ergibt sich aus früheren Anträgen. [2] Die Angabe kann jederzeit berichtigt werden.

§ 78 Wertfestsetzung für die Zulässigkeit der Beschwerde. Ist der Wert für die Zulässigkeit der Beschwerde festgesetzt, so ist die Festsetzung auch für die Berechnung der Gebühren maßgebend, soweit die Wertvorschriften dieses Gesetzes nicht von den Wertvorschriften des Verfahrensrechts abweichen.

§ 79 Festsetzung des Geschäftswerts. (1) [1] Soweit eine Entscheidung nach § 78 nicht ergeht oder nicht bindet, setzt das Gericht den Wert für die zu erhebenden Gebühren durch Beschluss fest, sobald eine Entscheidung über den gesamten Verfahrensgegenstand ergeht oder sich das Verfahren anderweitig erledigt. [2] Satz 1 gilt nicht, wenn

1. Gegenstand des Verfahrens eine bestimmte Geldsumme in Euro ist,
2. zumindest für den Regelfall ein fester Wert bestimmt ist oder
3. sich der Wert nach den Vorschriften dieses Gesetzes unmittelbar aus einer öffentlichen Urkunde oder aus einer Mitteilung des Notars (§ 39) ergibt.

[3] In den Fällen des Satzes 2 setzt das Gericht den Wert nur fest, wenn ein Zahlungspflichtiger oder die Staatskasse dies beantragt, oder wenn es eine Festsetzung für angemessen hält.

(2) [1] Die Festsetzung kann von Amts wegen geändert werden

1. von dem Gericht, das den Wert festgesetzt hat, und
2. von dem Rechtsmittelgericht, wenn das Verfahren wegen des Hauptgegenstands oder wegen der Entscheidung über den Geschäftswert, den Kostenansatz oder die Kostenfestsetzung in der Rechtsmittelinstanz schwebt.

[2] Die Änderung ist nur innerhalb von sechs Monaten zulässig, nachdem die Entscheidung wegen des Hauptgegenstands Rechtskraft erlangt oder das Verfahren sich anderweitig erledigt hat.

§ 80 Schätzung des Geschäftswerts. [1] Wird eine Schätzung des Geschäftswerts durch Sachverständige erforderlich, ist in dem Beschluss, durch den der Wert festgesetzt wird (§ 79), über die Kosten der Schätzung zu entscheiden. [2] Diese Kosten können ganz oder teilweise einem Beteiligten auferlegt werden, der durch Unterlassung der Wertangabe, durch unrichtige Angabe des Werts, durch unbe-

---

[1)] **Habersack, Deutsche Gesetze ErgBd. Nr. 39a.**

gründetes Bestreiten des angegebenen Werts oder durch unbegründete Beschwerde die Schätzung veranlasst hat.

Abschnitt 3. Erinnerung und Beschwerde

§ 81 Erinnerung gegen den Kostenansatz, Beschwerde. (1) [1] Über Erinnerungen des Kostenschuldners und der Staatskasse gegen den Kostenansatz einschließlich der Ausübung des Zurückbehaltungsrechts (§ 11) entscheidet das Gericht, bei dem die Kosten angesetzt sind. [2] War das Verfahren im ersten Rechtszug bei mehreren Gerichten anhängig, ist das Gericht, bei dem es zuletzt anhängig war, auch insoweit zuständig, als Kosten bei den anderen Gerichten angesetzt worden sind.

(2) [1] Gegen die Entscheidung über die Erinnerung ist die Beschwerde statthaft, wenn der Wert des Beschwerdegegenstands 200 Euro übersteigt. [2] Die Beschwerde ist auch zulässig, wenn sie das Gericht, das die angefochtene Entscheidung erlassen hat, wegen der grundsätzlichen Bedeutung der zur Entscheidung stehenden Frage in dem Beschluss zulässt.

(3) [1] Soweit das Gericht die Beschwerde für zulässig und begründet hält, hat es ihr abzuhelfen; im Übrigen ist die Beschwerde unverzüglich dem Beschwerdegericht vorzulegen. [2] Beschwerdegericht ist das nächsthöhere Gericht, in Verfahren der in § 119 Absatz 1 Nummer 1 Buchstabe b des Gerichtsverfassungsgesetzes[1)] bezeichneten Art jedoch das Oberlandesgericht. [3] Eine Beschwerde an einen obersten Gerichtshof des Bundes findet nicht statt. [4] Das Beschwerdegericht ist an die Zulassung der Beschwerde gebunden; die Nichtzulassung ist unanfechtbar.

(4) [1] Die weitere Beschwerde ist nur zulässig, wenn das Landgericht als Beschwerdegericht entschieden und sie wegen der grundsätzlichen Bedeutung der zur Entscheidung stehenden Frage in dem Beschluss zugelassen hat. [2] Die weitere Beschwerde kann nur darauf gestützt werden, dass die Entscheidung auf einer Verletzung des Rechts beruht; die §§ 546 und 547 der Zivilprozessordnung[2)] gelten entsprechend. [3] Beschwerdegericht ist das Oberlandesgericht. [4] Absatz 3 Satz 1 und 4 gilt entsprechend.

(5) [1] Anträge und Erklärungen können ohne Mitwirkung eines Rechtsanwalts schriftlich eingereicht oder zu Protokoll der Geschäftsstelle abgegeben werden; § 129a der Zivilprozessordnung gilt entsprechend. [2] Für die Bevollmächtigung gelten die Regelungen der für das zugrunde liegende Verfahren geltenden Verfahrensordnung entsprechend. [3] Die Erinnerung ist bei dem Gericht einzulegen, das für die Entscheidung über die Erinnerung zuständig ist. [4] Die Beschwerde ist bei dem Gericht einzulegen, dessen Entscheidung angefochten wird.

(6) [1] Das Gericht entscheidet über die Erinnerung und die Beschwerde durch eines seiner Mitglieder als Einzelrichter; dies gilt auch für die Beschwerde, wenn die angefochtene Entscheidung von einem Einzelrichter oder einem Rechtspfleger erlassen wurde. [2] Der Einzelrichter überträgt das Verfahren dem Gericht zur Entscheidung in der im Gerichtsverfassungsgesetz vorgeschriebenen Besetzung, wenn die Sache besondere Schwierigkeiten tatsächlicher oder rechtlicher Art aufweist oder die Rechtssache grundsätzliche Bedeutung hat. [3] Das Gericht entscheidet jedoch immer ohne Mitwirkung ehrenamtlicher Richter. [4] Auf eine Übertragung oder deren Unterlassungen kann ein Rechtsmittel nicht gestützt werden.

---

1) Nr. **95**.
2) Nr. **100**.

(7) [1]Erinnerung und Beschwerde haben keine aufschiebende Wirkung. [2]Das Gericht oder das Beschwerdegericht kann auf Antrag oder von Amts wegen die aufschiebende Wirkung ganz oder teilweise anordnen; ist nicht der Einzelrichter zur Entscheidung berufen, entscheidet der Vorsitzende des Gerichts.

(8) [1]Die Verfahren sind gebührenfrei. [2]Kosten werden nicht erstattet.

§ 82 Beschwerde gegen die Anordnung einer Vorauszahlung. (1) [1]Gegen den Beschluss, durch den aufgrund dieses Gesetzes die Tätigkeit des Gerichts von der vorherigen Zahlung von Kosten abhängig gemacht wird, und wegen der Höhe des in diesem Fall im Voraus zu zahlenden Betrags ist stets die Beschwerde statthaft. [2]§ 81 Absatz 3 bis 5 Satz 1 und 4 und Absatz 6 und 8 ist entsprechend anzuwenden.

(2) Im Fall des § 14 Absatz 2 ist § 81 entsprechend anzuwenden.

§ 83[1)] Beschwerde gegen die Festsetzung des Geschäftswerts. (1) [1]Gegen den Beschluss, durch den der Geschäftswert für die Gerichtsgebühren festgesetzt worden ist (§ 79), ist die Beschwerde statthaft, wenn der Wert des Beschwerdegegenstands 200 Euro übersteigt. [2]Die Beschwerde ist auch statthaft, wenn sie das Gericht, das die angefochtene Entscheidung erlassen hat, wegen der grundsätzlichen Bedeutung der zur Entscheidung stehenden Frage in dem Beschluss zulässt. [3]Die Beschwerde ist nur zulässig, wenn sie innerhalb der in § 79 Absatz 2 Satz 2 bestimmten Frist eingelegt wird; ist der Geschäftswert später als einen Monat vor Ablauf dieser Frist festgesetzt worden, kann sie noch innerhalb eines Monats nach Zustellung oder formloser Mitteilung des Festsetzungsbeschlusses eingelegt werden. [4]Im Fall der formlosen Mitteilung gilt der Beschluss mit dem dritten Tag nach Aufgabe zur Post als bekannt gemacht. [5]§ 81 Absatz 3 bis 5 Satz 1 und 4 und Absatz 6 ist entsprechend anzuwenden. [6]Die weitere Beschwerde ist innerhalb eines Monats nach Zustellung der Entscheidung des Beschwerdegerichts einzulegen.

(2) [1]War der Beschwerdeführer ohne sein Verschulden verhindert, die Frist einzuhalten, ist ihm auf Antrag von dem Gericht, das über die Beschwerde zu entscheiden hat, Wiedereinsetzung in den vorigen Stand zu gewähren, wenn er die Beschwerde binnen zwei Wochen nach der Beseitigung des Hindernisses einlegt und die Tatsachen, welche die Wiedereinsetzung begründen, glaubhaft macht. [2]Ein Fehlen des Verschuldens wird vermutet, wenn eine Rechtsbehelfsbelehrung unterblieben oder fehlerhaft ist. [3]Nach Ablauf eines Jahres, von dem Ende der versäumten Frist an gerechnet, kann die Wiedereinsetzung nicht mehr beantragt werden. [4]Gegen die Entscheidung über den Antrag findet die Beschwerde statt. [5]Sie ist nur zulässig, wenn sie innerhalb von zwei Wochen eingelegt wird. [6]Die Frist beginnt mit der Zustellung der Entscheidung. [7]§ 81 Absatz 3 Satz 1 bis 3, Absatz 5 Satz 1, 2 und 4 sowie Absatz 6 ist entsprechend anzuwenden.

(3) [1]Die Verfahren sind gebührenfrei. [2]Kosten werden nicht erstattet.

§ 84 Abhilfe bei Verletzung des Anspruchs auf rechtliches Gehör.

(1) Auf die Rüge eines durch die Entscheidung nach diesem Gesetz beschwerten Beteiligten ist das Verfahren fortzuführen, wenn

1. ein Rechtsmittel oder ein anderer Rechtsbehelf gegen die Entscheidung nicht gegeben ist und

---

[1)] § 83 Abs. 2 Satz 2 eingef., bish. Sätze 2–6 werden Sätze 3–7 mWv 1.1.2014 durch G v. 5.12.2012 (BGBl. I S. 2418, geänd. durch G v. 23.7.2013, BGBl. I S. 2586).

2. das Gericht den Anspruch dieses Beteiligten auf rechtliches Gehör in entscheidungserheblicher Weise verletzt hat.

(2) [1]Die Rüge ist innerhalb von zwei Wochen nach Kenntnis von der Verletzung des rechtlichen Gehörs zu erheben; der Zeitpunkt der Kenntniserlangung ist glaubhaft zu machen. [2]Nach Ablauf eines Jahres seit Bekanntmachung der angegriffenen Entscheidung kann die Rüge nicht mehr erhoben werden. [3]Formlos mitgeteilte Entscheidungen gelten mit dem dritten Tag nach Aufgabe zur Post als bekannt gemacht. [4]Die Rüge ist bei dem Gericht zu erheben, dessen Entscheidung angegriffen wird; § 81 Absatz 5 Satz 1 und 2 gilt entsprechend. [5]Die Rüge muss die angegriffene Entscheidung bezeichnen und das Vorliegen der in Absatz 1 Nummer 2 genannten Voraussetzungen darlegen.

(3) Den übrigen Beteiligten ist, soweit erforderlich, Gelegenheit zur Stellungnahme zu geben.

(4) [1]Das Gericht hat von Amts wegen zu prüfen, ob die Rüge an sich statthaft ist und ob sie in der gesetzlichen Form und Frist erhoben ist. [2]Mangelt es an einem dieser Erfordernisse, so ist die Rüge als unzulässig zu verwerfen. [3]Ist die Rüge unbegründet, weist das Gericht sie zurück. [4]Die Entscheidung ergeht durch unanfechtbaren Beschluss. [5]Der Beschluss soll kurz begründet werden.

(5) Ist die Rüge begründet, so hilft ihr das Gericht ab, indem es das Verfahren fortführt, soweit dies aufgrund der Rüge geboten ist.

(6) Kosten werden nicht erstattet.

Kapitel 3. Notarkosten

Abschnitt 1. Allgemeine Vorschriften

§ 85[1)] Notarielle Verfahren. (1) Notarielle Verfahren im Sinne dieses Gesetzes sind das Beurkundungsverfahren (Teil 2 Hauptabschnitt 1 des Kostenverzeichnisses) und die sonstigen notariellen Verfahren (Teil 2 Hauptabschnitt 3 des Kostenverzeichnisses).

(2) Das Beurkundungsverfahren im Sinne dieses Gesetzes ist auf die Errichtung einer Niederschrift (§§ 8, 16b und 36 des Beurkundungsgesetzes[2)]) gerichtet.

§ 86 Beurkundungsgegenstand. (1) Beurkundungsgegenstand ist das Rechtsverhältnis, auf das sich die Erklärungen beziehen, bei Tatsachenbeurkundungen die beurkundete Tatsache oder der beurkundete Vorgang.

(2) Mehrere Rechtsverhältnisse, Tatsachen oder Vorgänge sind verschiedene Beurkundungsgegenstände, soweit in § 109 nichts anderes bestimmt ist.

§ 87 Sprechtage außerhalb der Geschäftsstelle. Hält ein Notar außerhalb seiner Geschäftsstelle regelmäßige Sprechtage ab, so gilt dieser Ort als Amtssitz im Sinne dieses Gesetzes.

Abschnitt 2. Kostenerhebung

§ 88 Verzinsung des Kostenanspruchs. [1]Der Kostenschuldner hat die Kostenforderung zu verzinsen, wenn ihm eine vollstreckbare Ausfertigung der Kostenberechnung (§ 19) zugestellt wird, die Angaben über die Höhe der zu verzinsenden Forderung, den Verzinsungsbeginn und den Zinssatz enthält. [2]Die Verzinsung

---

[1)] § 85 Abs. 2 geänd. mWv 1.8.2022 durch G v. 5.7.2021 (BGBl. I S. 3338).

[2)] Nr. **23**.

beginnt einen Monat nach der Zustellung. [3]Der jährliche Zinssatz beträgt fünf Prozentpunkte über dem Basiszinssatz nach § 247 des Bürgerlichen Gesetzbuchs[1)].

§ 89 Beitreibung der Kosten und Zinsen. [1]Die Kosten und die auf diese entfallenden Zinsen werden aufgrund einer mit der Vollstreckungsklausel des Notars versehenen Ausfertigung der Kostenberechnung (§ 19) nach den Vorschriften der Zivilprozessordnung[2)] beigetrieben; § 798 der Zivilprozessordnung gilt entsprechend. [2]In der Vollstreckungsklausel, die zum Zweck der Zwangsvollstreckung

(Fortsetzung nächstes Blatt)

[1)] Nr. **20**.
[2)] Nr. **100**.

§ 118a[1] **Teilungssachen.** [1] Geschäftswert in Teilungssachen nach § 342 Absatz 2 Nummer 1 des Gesetzes über das Verfahren in Familiensachen und in den Angelegenheiten der freiwilligen Gerichtsbarkeit[2] ist der Wert des den Gegenstand der Auseinandersetzung bildenden Nachlasses oder Gesamtguts oder des von der Auseinandersetzung betroffenen Teils davon. [2] Die Werte mehrerer selbständiger Vermögensmassen, die in demselben Verfahren auseinandergesetzt werden, werden zusammengerechnet. [3] Trifft die Auseinandersetzung des Gesamtguts einer Gütergemeinschaft mit der Auseinandersetzung des Nachlasses eines Ehegatten oder Lebenspartners zusammen, wird der Wert des Gesamtguts und des übrigen Nachlasses zusammengerechnet.

§ 119 Entwurf. (1) Bei der Fertigung eines Entwurfs bestimmt sich der Geschäftswert nach den für die Beurkundung geltenden Vorschriften.

(2) Der Geschäftswert für die Fertigung eines Serienentwurfs ist die Hälfte des Werts aller zum Zeitpunkt der Entwurfsfertigung beabsichtigten Einzelgeschäfte.

§ 120 Beratung bei einer Haupt- oder Gesellschafterversammlung. [1] Der Geschäftswert für die Beratung bei der Vorbereitung oder Durchführung einer Hauptversammlung oder einer Gesellschafterversammlung bemisst sich nach der Summe der Geschäftswerte für die Beurkundung der in der Versammlung zu fassenden Beschlüsse. [2] Der Geschäftswert beträgt höchstens 5 Millionen Euro.

§ 121[3] **Beglaubigung von Unterschriften, Handzeichen oder qualifizierten elektronischen Signaturen.** Der Geschäftswert für die Beglaubigung von Unterschriften, Handzeichen oder qualifizierten elektronischen Signaturen bestimmt sich nach den für die Beurkundung der Erklärung geltenden Vorschriften.

§ 122 Rangbescheinigung. Geschäftswert einer Mitteilung über die dem Grundbuchamt bei Einreichung eines Antrags vorliegenden weiteren Anträge einschließlich des sich daraus ergebenden Rangs für das beantragte Recht (Rangbescheinigung) ist der Wert des beantragten Rechts.

§ 123 Gründungsprüfung. [1] Geschäftswert einer Gründungsprüfung gemäß § 33 Absatz 3 des Aktiengesetzes[4] ist die Summe aller Einlagen. [2] Der Geschäftswert beträgt höchstens 10 Millionen Euro.

§ 124 Verwahrung. [1] Der Geschäftswert bei der Verwahrung von Geldbeträgen bestimmt sich nach der Höhe des jeweils ausgezahlten Betrags. [2] Bei der Entgegennahme von Wertpapieren und Kostbarkeiten zur Verwahrung ist Geschäftswert der Wert der Wertpapiere oder Kostbarkeiten.

Abschnitt 5. Gebührenvereinbarung

§ 125 Verbot der Gebührenvereinbarung. Vereinbarungen über die Höhe der Kosten sind unwirksam, soweit sich aus der folgenden Vorschrift nichts anderes ergibt.

---

[1] § 118a eingef. mWv 1.9.2013 durch G v. 26.6.2013 (BGBl. I S. 1800, geänd. durch G v. 23.7.2013, BGBl. I S. 2586).

[2] Nr. **112**.

[3] § 121 Überschrift und Wortlaut geänd. mWv 1.8.2022 durch G v. 5.7.2021 (BGBl. I S. 3338).

[4] Nr. **51**.

§ 126 Öffentlich-rechtlicher Vertrag. (1) [1]Für die Tätigkeit des Notars als Mediator oder Schlichter ist durch öffentlich-rechtlichen Vertrag eine Gegenleistung in Geld zu vereinbaren. [2]Dasselbe gilt für notarielle Amtstätigkeiten, für die in diesem Gesetz keine Gebühr bestimmt ist und die nicht mit anderen gebührenpflichtigen Tätigkeiten zusammenhängen. [3]Die Gegenleistung muss unter Berücksichtigung aller Umstände des Geschäfts, insbesondere des Umfangs und der Schwierigkeit, angemessen sein. [4]Sofern nichts anderes vereinbart ist, werden die Auslagen nach den gesetzlichen Bestimmungen erhoben.

(2) Der Vertrag bedarf der Schriftform.

(3) [1]Die §§ 19, 88 bis 90 gelten entsprechend. [2]Der vollstreckbaren Ausfertigung der Kostenberechnung ist eine beglaubigte Kopie oder ein beglaubigter Ausdruck des öffentlich-rechtlichen Vertrags beizufügen.

Abschnitt 6. Gerichtliches Verfahren in Notarkostensachen

§ 127 Antrag auf gerichtliche Entscheidung. (1) [1]Gegen die Kostenberechnung (§ 19), einschließlich der Verzinsungspflicht (§ 88), gegen die Zahlungspflicht, die Ausübung des Zurückbehaltungsrechts (§ 11) und die Erteilung der Vollstreckungsklausel kann die Entscheidung des Landgerichts, in dessen Bezirk der Notar den Amtssitz hat, beantragt werden. [2]Antragsberechtigt ist der Kostenschuldner und, wenn der Kostenschuldner dem Notar gegenüber die Kostenberechnung beanstandet, auch der Notar.

(2) [1]Nach Ablauf des Kalenderjahres, das auf das Jahr folgt, in dem die vollstreckbare Ausfertigung der Kostenberechnung zugestellt ist, können neue Anträge nach Absatz 1 nicht mehr gestellt werden. [2]Soweit die Einwendungen gegen den Kostenanspruch auf Gründen beruhen, die nach der Zustellung der vollstreckbaren Ausfertigung entstanden sind, können sie auch nach Ablauf dieser Frist geltend gemacht werden.

§ 128 Verfahren. (1) [1]Das Gericht soll vor der Entscheidung die Beteiligten, die vorgesetzte Dienstbehörde des Notars und, wenn eine Kasse gemäß § 113 der Bundesnotarordnung[1)] errichtet ist, auch diese hören. [2]Betrifft der Antrag die Bestimmung der Gebühr durch den Notar nach § 92 Absatz 1 oder die Kostenberechnung aufgrund eines öffentlich-rechtlichen Vertrags, soll das Gericht ein Gutachten des Vorstands der Notarkammer einholen. [3]Ist eine Kasse nach § 113 der Bundesnotarordnung errichtet, tritt diese an die Stelle der Notarkammer. [4]Das Gutachten ist kostenlos zu erstatten.

(2) [1]Entspricht bei einer Rahmengebühr die vom Notar bestimmte Gebühr nicht der Vorschrift des § 92 Absatz 1, setzt das Gericht die Gebühr fest. [2]Liegt ein zulässiger öffentlich-rechtlicher Vertrag vor und entspricht die vereinbarte Gegenleistung nicht der Vorschrift des § 126 Absatz 1 Satz 3, setzt das Gericht die angemessene Gegenleistung fest.

(3) Das Gericht kann die Entscheidung über den Antrag durch Beschluss einem seiner Mitglieder zur Entscheidung als Einzelrichter übertragen, wenn die Sache keine besonderen Schwierigkeiten tatsächlicher oder rechtlicher Art aufweist und keine grundsätzliche Bedeutung hat.

[1)] **Habersack, Deutsche Gesetze ErgBd. Nr. 98a.**

§ 129 Beschwerde und Rechtsbeschwerde. (1) Gegen die Entscheidung des Landgerichts findet ohne Rücksicht auf den Wert des Beschwerdegegenstands die Beschwerde statt.

(2) Gegen die Entscheidung des Oberlandesgerichts findet die Rechtsbeschwerde statt.

§ 130 Gemeinsame Vorschriften. (1) [1] Der Antrag auf Entscheidung des Landgerichts, die Beschwerde und die Rechtsbeschwerde haben keine aufschiebende Wirkung. [2] Das Gericht oder das Beschwerdegericht kann auf Antrag oder von Amts wegen die aufschiebende Wirkung ganz oder teilweise anordnen; ist nicht der Einzelrichter zur Entscheidung berufen, entscheidet der Vorsitzende des Gerichts.

(2) [1] Die dem Notar vorgesetzte Dienstbehörde kann diesen in jedem Fall anweisen, die Entscheidung des Landgerichts herbeizuführen, Beschwerde oder Rechtsbeschwerde zu erheben. [2] Die hierauf ergehenden gerichtlichen Entscheidungen können auch auf eine Erhöhung der Kostenberechnung lauten. [3] Gerichtskosten hat der Notar in diesen Verfahren nicht zu tragen. [4] Außergerichtliche Kosten anderer Beteiligter, die der Notar in diesen Verfahren zu tragen hätte, sind der Landeskasse aufzuerlegen.

(3) [1] Auf die Verfahren sind im Übrigen die Vorschriften des Gesetzes über das Verfahren in Familiensachen und in den Angelegenheiten der freiwilligen Gerichtsbarkeit[1)] anzuwenden. [2] § 10 Absatz 4 des Gesetzes über das Verfahren in Familiensachen und in den Angelegenheiten der freiwilligen Gerichtsbarkeit ist auf den Notar nicht anzuwenden.

§ 131 Abhilfe bei Verletzung des Anspruchs auf rechtliches Gehör. [1] Die Vorschriften des Gesetzes über das Verfahren in Familiensachen und in den Angelegenheiten der freiwilligen Gerichtsbarkeit[1)] über die Abhilfe bei Verletzung des Anspruchs auf rechtliches Gehör sind anzuwenden. [2] § 10 Absatz 4 des Gesetzes über das Verfahren in Familiensachen und in den Angelegenheiten der freiwilligen Gerichtsbarkeit ist auf den Notar nicht anzuwenden.

Kapitel 4. Schluss- und Übergangsvorschriften

§ 132 Verhältnis zu anderen Gesetzen. Artikel 1 Absatz 2 und Artikel 2 des Einführungsgesetzes zum Bürgerlichen Gesetzbuche[2)] sind entsprechend anzuwenden.

§ 133[3)] Bekanntmachung von Neufassungen. [1] Das Bundesministerium der Justiz und für Verbraucherschutz kann nach Änderungen den Wortlaut des Gesetzes feststellen und als Neufassung im Bundesgesetzblatt bekannt machen. [2] Die Bekanntmachung muss auf diese Vorschrift Bezug nehmen und angeben

1. den Stichtag, zu dem der Wortlaut festgestellt wird,
2. die Änderungen seit der letzten Veröffentlichung des vollständigen Wortlauts im Bundesgesetzblatt sowie
3. das Inkrafttreten der Änderungen.

[1)] Nr. **112**.
[2)] Nr. **21**.
[3)] § 133 Satz 1 geänd. mWv 8.9.2015 durch VO v. 31.8.2015 (BGBl. I S. 1474).

§ 134 Übergangsvorschrift. (1) [1]In gerichtlichen Verfahren, die vor dem Inkrafttreten einer Gesetzesänderung anhängig geworden oder eingeleitet worden sind, werden die Kosten nach bisherigem Recht erhoben. [2]Dies gilt nicht im Verfahren über ein Rechtsmittel, das nach dem Inkrafttreten einer Gesetzesänderung eingelegt worden ist. [3]Die Sätze 1 und 2 gelten auch, wenn Vorschriften geändert werden, auf die dieses Gesetz verweist. [4]In Verfahren, in denen Jahresgebühren erhoben werden, und in Fällen, in denen die Sätze 1 und 2 keine Anwendung finden, gilt für Kosten, die vor dem Inkrafttreten einer Gesetzesänderung fällig geworden sind, das bisherige Recht.

(2) Für notarielle Verfahren oder Geschäfte, für die ein Auftrag vor dem Inkrafttreten einer Gesetzesänderung erteilt worden ist, werden die Kosten nach bisherigem Recht erhoben.

§ 135[1)] Sonderregelung für Baden-Württemberg. (1) Solange und soweit im Land Baden-Württemberg die Gebühren für die Tätigkeit des Notars der Staatskasse zufließen, ist § 2 anstelle von § 91 anzuwenden.

(2) [1]Solange im Land Baden-Württemberg anderen als gerichtlichen Behörden die Aufgaben des Grundbuchamts, des Betreuungs- oder des Nachlassgerichts übertragen sind, sind die Kosten gleichwohl nach diesem Gesetz zu erheben. [2]Der Geschäftswert ist nur auf Antrag festzusetzen. [3]Über die Festsetzung des Geschäftswerts und über die Erinnerung gegen den Kostenansatz entscheidet das Amtsgericht, in dessen Bezirk die Behörde ihren Sitz hat.

(3) Ein Notariatsabwickler steht einem Notariatsverwalter gleich.

§ 136[2)] Übergangsvorschrift zum 2. Kostenrechtsmodernisierungsgesetz. (1) Die Kostenordnung in der im Bundesgesetzblatt Teil III, Gliederungsnummer 361-1, veröffentlichten bereinigten Fassung, die zuletzt durch Artikel 8 des Gesetzes vom 26. Juni 2013 (BGBl. I S. 1800) geändert worden ist, und Verweisungen hierauf sind weiter anzuwenden

1. in gerichtlichen Verfahren, die vor dem Inkrafttreten des 2. Kostenrechtsmodernisierungsgesetzes vom 23. Juli 2013 (BGBl. I S. 2586) anhängig geworden oder eingeleitet worden sind; die Jahresgebühr 12311 wird in diesen Verfahren nicht erhoben;
2. in gerichtlichen Verfahren über ein Rechtsmittel, das vor dem Inkrafttreten des 2. Kostenrechtsmodernisierungsgesetzes vom 23. Juli 2013 (BGBl. I S. 2586) eingelegt worden ist;
3. hinsichtlich der Jahresgebühren in Verfahren vor dem Betreuungsgericht, die vor dem Inkrafttreten des 2. Kostenrechtsmodernisierungsgesetzes vom 23. Juli 2013 (BGBl. I S. 2586) fällig geworden sind;
4. in notariellen Verfahren oder bei notariellen Geschäften, für die ein Auftrag vor dem Inkrafttreten des 2. Kostenrechtsmodernisierungsgesetzes vom 23. Juli 2013 (BGBl. I S. 2586) erteilt worden ist;
5. in allen übrigen Fällen, wenn die Kosten vor dem Tag vor dem Inkrafttreten des 2. Kostenrechtsmodernisierungsgesetzes vom 23. Juli 2013 (BGBl. I S. 2586) fällig geworden sind.

---

1) § 135 Abs. 3 angef. mWv 1.1.2018 durch G v. 23.11.2015 (BGBl. I S. 2090).
2) § 136 Abs. 4 geänd. mWv 1.1.2021 durch G v. 21.12.2020 (BGBl. I S. 3229).

(2) Soweit Gebühren nach diesem Gesetz anzurechnen sind, sind auch nach der Kostenordnung für entsprechende Tätigkeiten entstandene Gebühren anzurechnen.

(3) Soweit für ein notarielles Hauptgeschäft die Kostenordnung nach Absatz 1 weiter anzuwenden ist, gilt dies auch für die damit zusammenhängenden Vollzugs- und Betreuungstätigkeiten sowie für zu Vollzugszwecken gefertigte Entwürfe.

(4) Bis zum Erlass landesrechtlicher Vorschriften über die Höhe des Haftkostenbeitrags, der von einem Gefangenen zu erheben ist, ist anstelle der Nummern 31010 und 31011 des Kostenverzeichnisses § 137 Absatz 1 Nummer 12 der Kostenordnung in der bis zum 27. Dezember 2010 geltenden Fassung anzuwenden.

(5) [1] Absatz 1 ist auf die folgenden Vorschriften in ihrer bis zum Tag vor dem Inkrafttreten des 2. Kostenrechtsmodernisierungsgesetzes vom 23. Juli 2013 (BGBl. I S. 2586) geltenden Fassung entsprechend anzuwenden:

1. § 30 des Einführungsgesetzes zum Gerichtsverfassungsgesetz[1)],
2. § 15 des Spruchverfahrensgesetzes[2)],
3. § 12 Absatz 3, die §§ 33 bis 43, 44 Absatz 2 sowie die §§ 45 und 47 des Gesetzes über das gerichtliche Verfahren in Landwirtschaftssachen[3)],
4. § 102 des Gesetzes über Rechte an Luftfahrzeugen,
5. § 100 Absatz 1 und 3 des Sachenrechtsbereinigungsgesetzes[4)],
6. § 39b Absatz 1 und 6 des Wertpapiererwerbs- und Übernahmegesetzes,
7. § 99 Absatz 6, § 132 Absatz 5 und § 260 Absatz 4 des Aktiengesetzes[5)],
8. § 51b des Gesetzes betreffend die Gesellschaften mit beschränkter Haftung[6)],
9. § 62 Absatz 5 und 6 des Bereinigungsgesetzes für deutsche Auslandsbonds,
10. § 138 Absatz 2 des Urheberrechtsgesetzes[7)],
11. die §§ 18 bis 24 der Verfahrensordnung für Höfesachen,
12. § 18 des Gesetzes zur Ergänzung des Gesetzes über die Mitbestimmung der Arbeitnehmer in den Aufsichtsräten und Vorständen der Unternehmen des Bergbaus und der Eisen und Stahl erzeugenden Industrie[8)] und
13. § 65 Absatz 3 des Landwirtschaftsanpassungsgesetzes[9)].

[2] An die Stelle der Kostenordnung treten dabei die in Satz 1 genannten Vorschriften.

---

1) Nr. **95a**.
2) **Habersack, Deutsche Gesetze ErgBd. Nr. 51b.**
3) **Habersack, Deutsche Gesetze ErgBd. Nr. 39a.**
4) **Habersack II Nr. 6.**
5) Nr. **51**.
6) Nr. **52**.
7) Nr. **65**.
8) **Habersack, Deutsche Gesetze ErgBd. Nr. 82c.**
9) **Habersack II Nr. 127.**

Anlage 1[1)]
(zu § 3 Absatz 2)

Kostenverzeichnis

Gliederung

[1)] Anl. 1 geänd. mWv 1.11.2013 durch G v. 25.4.2013 (BGBl. I S. 935, geänd. durch G v. 23.7.2013, BGBl. I S. 2586); geänd. mWv 1.9.2013 durch G v. 26.6.2013 (BGBl. I S. 1800, geänd. durch G v. 23.7.2013, BGBl. I S. 2586); mWv 10.10.2013 durch G v. 4.10.2013 (BGBl. I S. 3746); mWv 1.7.2014 durch G v. 10.10.2013 (BGBl. I S. 3786); mWv 16.7.2014 und mWv 10.1.2015 durch G v. 8.7.2014 (BGBl. I S. 890); mWv 19.12.2014 durch G v. 10.12.2014 (BGBl. I S. 2082); mWv 4.7.2015 und mWv 17.8.2015 durch G v. 29.6.2015 (BGBl. I S. 1042); mWv 1.10.2021 durch G v. 18.7.2016 (BGBl. I S. 1666); mWv 9.6.2017 und mWv 1.1.2022 durch G v. 1.6.2017 (BGBl. I S. 1396); mWv 1.1.2018 durch G v. 5.7.2017 (BGBl. I S. 2208); mWv 29.1.2019 durch G v. 17.12.2018 (BGBl. I S. 2573); mWv 23.10.2020 durch G v. 16.10.2020 (BGBl. I S. 2187); mWv 1.1.2021 durch G v. 21.12.2020 (BGBl. I S. 3229); mWv 1.8.2021 durch G v. 25.6.2021 (BGBl. I S. 2154); mWv 1.8.2022 durch G v. 5.7.2021 (BGBl. I S. 3338).

Nr.	Gebührentatbestand	Gebühr oder Satz der Gebühr nach § 34 GNotKG – Tabelle A
	Unterabschnitt 4. Rechtsbeschwerde gegen die Endentscheidung wegen des Hauptgegenstands	
12540	Verfahren im Allgemeinen	4,0
12541	Beendigung des gesamten Verfahrens durch Zurücknahme der Rechtsbeschwerde oder des Antrags, bevor die Schrift zur Begründung der Beschwerde bei Gericht eingegangen ist: Die Gebühr 12540 ermäßigt sich auf	1,0
12542	Beendigung des gesamten Verfahrens durch Zurücknahme der Rechtsbeschwerde oder des Antrags vor Ablauf des Tages, an dem die Endentscheidung der Geschäftsstelle übermittelt wird, wenn nicht Nummer 12541 erfüllt ist: Die Gebühr 12540 ermäßigt sich auf	2,0
	Unterabschnitt 5. Zulassung der Sprungrechtsbeschwerde gegen die Endentscheidung wegen des Hauptgegenstands	
12550	Verfahren über die Zulassung der Sprungrechtsbeschwerde: Soweit der Antrag abgelehnt wird:	1,0
	Hauptabschnitt 3. Registersachen sowie unternehmensrechtliche und ähnliche Verfahren	
	Vorbemerkung 1.3: (1) Dieser Hauptabschnitt gilt für 1. Registersachen (§ 374 FamFG), soweit die Gebühren nicht aufgrund einer Rechtsverordnung nach § 58 Abs. 1 GNotKG erhoben werden, 2. unternehmensrechtliche Verfahren (§ 375 FamFG) und ähnliche Verfahren sowie 3. bestimmte Vereins- und Stiftungssachen. (2) Gebühren werden nicht erhoben 1. für die aus Anlass eines Insolvenzverfahrens von Amts wegen vorzunehmenden Eintragungen, 2. für die Löschung von Eintragungen (§ 395 FamFG) und 3. von berufsständischen Organen im Rahmen ihrer Beteiligung nach § 380 FamFG.	
	Abschnitt 1. Vereinsregistersachen	
13100	Verfahren über die Ersteintragung in das Vereinsregister	75,00 €
13101	Verfahren über eine spätere Eintragung in das Vereinsregister .... (1) Bei einer Sitzverlegung in den Bezirk eines anderen Registergerichts wird die Gebühr für eine spätere Eintragung nur durch das Gericht erhoben, in dessen Bezirk der Sitz verlegt worden ist. (2) Die Gebühr wird für mehrere Eintragungen nur einmal erhoben, wenn die Anmeldungen am selben Tag beim Registergericht eingegangen sind und denselben Verein betreffen. (3) Für die Eintragung 1. des Erlöschens des Vereins,	50,00 €

Nr.	Gebührentatbestand	Gebühr oder Satz der Gebühr nach § 34 GNotKG – Tabelle A
	2. der Beendigung der Liquidation des Vereins, 3. der Fortführung als nichtrechtsfähiger Verein, 4. des Verzichts auf die Rechtsfähigkeit oder 5. der Entziehung der Rechtsfähigkeit und für die Schließung des Registerblatts wird keine Gebühr erhoben.	
13102	Bereitstellung von Daten oder Dokumenten zum Abruf ... Die Gebühr entsteht neben jeder Gebühr für eine Eintragung in das Vereinsregister nach diesem Abschnitt gesondert.	1/3 der für die Eintragung bestimmten Gebühr

Abschnitt 2. Güterrechtsregistersachen

Nr.	Gebührentatbestand	Gebühr
13200	Verfahren über die Eintragung aufgrund eines Ehe- oder Lebenspartnerschaftsvertrags ...	100,00 €
13201	Verfahren über sonstige Eintragungen ...	50,00 €

Abschnitt 3. Zwangs- und Ordnungsgeld in Verfahren nach den §§ 389 bis 392 FamFG

Unterabschnitt 1. Erster Rechtszug

Nr.	Gebührentatbestand	Gebühr
13310	Festsetzung von Zwangs- oder Ordnungsgeld: je Festsetzung ...	100,00 €
13311	Verwerfung des Einspruchs ...	100,00 €

Unterabschnitt 2. Beschwerde gegen die Endentscheidung wegen des Hauptgegenstands

Nr.	Gebührentatbestand	Gebühr
13320	Verfahren im Allgemeinen: Die Beschwerde wird verworfen oder zurückgewiesen ... Wird die Beschwerde nur teilweise verworfen oder zurückgewiesen, kann das Gericht die Gebühr nach billigem Ermessen auf die Hälfte ermäßigen oder bestimmen, dass eine Gebühr nicht zu erheben ist.	150,00 €
13321	Verfahren im Allgemeinen: Beendigung des gesamten Verfahrens durch Zurücknahme der Beschwerde oder des Antrags, bevor die Schrift zur Begründung der Beschwerde bei Gericht eingegangen ist ...	75,00 €
13322	Verfahren im Allgemeinen: Beendigung des gesamten Verfahrens durch Zurücknahme der Beschwerde oder des Antrags vor Ablauf des Tages, an dem die Endentscheidung der Geschäftsstelle übermittelt wird, wenn die Entscheidung nicht bereits durch Verlesen der Entscheidungsformel bekannt gegeben worden ist, oder wenn nicht Nummer 13321 erfüllt ist ...	100,00 €

Nr.	Gebührentatbestand	Gebühr oder Satz der Gebühr nach § 34 GNotKG – **Tabelle B**
14120	Eintragung einer Briefhypothek, Briefgrundschuld oder Briefrentenschuld	1,3
14121	Eintragung eines sonstigen Rechts	1,0
14122	Eintragung eines Gesamtrechts, wenn das Grundbuch bei verschiedenen Grundbuchämtern geführt wird: Die Gebühren 14120 und 14121 erhöhen sich ab dem zweiten für jedes weitere beteiligte Grundbuchamt um .... Diese Vorschrift ist anzuwenden, wenn der Antrag für mehrere Grundbuchämter gleichzeitig bei einem Grundbuchamt gestellt wird oder bei gesonderter Antragstellung, wenn die Anträge innerhalb eines Monats bei den beteiligten Grundbuchämtern eingehen.	0,2
14123	Eintragung eines Rechts, das bereits an einem anderen Grundstück besteht, wenn nicht die Nummer 14122 anzuwenden ist	0,5
14124	Nachträgliche Erteilung eines Hypotheken-, Grundschuld- oder Rentenschuldbriefs, Herstellung eines Teilbriefs oder eines neuen Briefs .... Sind die belasteten Grundstücke bei verschiedenen Grundbuchämtern eingetragen, so werden für die gemäß § 59 Abs. 2 der Grundbuchordnung zu erteilenden besonderen Briefe die Gebühren gesondert erhoben.	0,5
14125	Ergänzung des Inhalts eines Hypotheken-, Grundschuld- oder Rentenschuldbriefs, die auf Antrag vorgenommen wird (§ 57 Abs. 2 und § 70 der Grundbuchordnung)	25,00 €
	Unterabschnitt 3. Veränderung von Belastungen	
14130	Eintragung der Veränderung einer in der Vorbemerkung 1.4.1.2 genannten Belastung .... (1) Als Veränderung eines Rechts gilt auch die Löschungsvormerkung (§ 1179 BGB). Für sie wird keine Gebühr erhoben, wenn ihre Eintragung zugunsten des Berechtigten gleichzeitig mit dem Antrag auf Eintragung des Rechts beantragt wird. (2) Änderungen des Ranges eingetragener Rechte sind nur als Veränderungen des zurücktretenden Rechts zu behandeln, Löschungsvormerkungen zugunsten eines nach- oder gleichstehenden Gläubigers nur als Veränderungen des Rechts, auf dessen Löschung der vorgemerkte Anspruch gerichtet ist.	0,5
14131	Eintragung der Veränderung eines Gesamtrechts, wenn das Grundbuch bei verschiedenen Grundbuchämtern geführt wird: Die Gebühr 14130 erhöht sich ab dem zweiten für jedes weitere beteiligte Grundbuchamt um .... Diese Vorschrift ist anzuwenden, wenn der Antrag für mehrere Grundbuchämter gleichzeitig bei einem Grundbuchamt gestellt wird oder bei gesonderter Antragstellung, wenn die Anträge innerhalb eines Monats bei den beteiligten Grundbuchämtern eingehen.	0,1

Nr.	Gebührentatbestand	Gebühr oder Satz der Gebühr nach § 34 GNotKG – Tabelle B
	Unterabschnitt 4. Löschung von Belastungen und Entlassung aus der Mithaft	
	Vorbemerkung 1.4.1.4: Dieser Unterabschnitt gilt für die Löschung einer Hypothek, Grundschuld oder Rentenschuld, einer Dienstbarkeit, eines Dauerwohnrechts, eines Dauernutzungsrechts, eines Vorkaufsrechts, einer Reallast, eines Erbbaurechts oder eines ähnlichen Rechts an einem Grundstück.	
14140	Löschung in Abteilung III des Grundbuchs	0,5
14141	Löschung eines Gesamtrechts, wenn das Grundbuch bei verschiedenen Grundbuchämtern geführt wird: Die Gebühr 14140 erhöht sich ab dem zweiten für jedes weitere beteiligte Grundbuchamt um Diese Vorschrift ist anzuwenden, wenn der Antrag für mehrere Grundbuchämter gleichzeitig bei einem Grundbuchamt gestellt wird oder bei gesonderter Antragstellung, wenn die Anträge innerhalb eines Monats bei den beteiligten Grundbuchämtern eingehen.	0,1
14142	Eintragung der Entlassung aus der Mithaft	0,3
14143	Löschung im Übrigen	25,00 €
	Unterabschnitt 5. Vormerkungen und Widersprüche	
14150	Eintragung einer Vormerkung	0,5
14151	Eintragung eines Widerspruchs	50,00 €
14152	Löschung einer Vormerkung	25,00 €
	Unterabschnitt 6. Sonstige Eintragungen	
14160	Sonstige Eintragung Die Gebühr wird erhoben für die Eintragung 1. eines Vermerks über Rechte, die dem jeweiligen Eigentümer zustehen, einschließlich des Vermerks hierüber auf dem Grundbuchblatt des belasteten Grundstücks; 2. der ohne Eigentumsübergang stattfindenden Teilung außer im Fall des § 7 Abs. 1 der Grundbuchordnung; 3. der ohne Eigentumsübergang stattfindenden Vereinigung oder Zuschreibung von Grundstücken; dies gilt nicht, wenn die das amtliche Verzeichnis (§ 2 Abs. 2 der Grundbuchordnung) führende Behörde bescheinigt, dass die Grundstücke örtlich und wirtschaftlich ein einheitliches Grundstück darstellen oder die Grundstücke zu einem Hof gehören; 4. einer oder mehrerer gleichzeitig beantragter Belastungen nach § 1010 BGB; die Gebühr wird für jeden belasteten Anteil gesondert erhoben, auch wenn es nur der Eintragung eines Vermerks bedarf, oder 5. einer oder mehrerer gleichzeitig beantragter Änderungen des Inhalts oder Eintragung der Aufhebung des Sondereigentums; die Gebühr wird für jedes betroffene Sondereigentum gesondert erhoben; die Summe der zu erhebenden Gebühren beträgt in diesem Fall höchstens 500,00 €, bei der Löschung einer Veräußerungsbeschränkung nach § 12 des Wohnungseigentumsgesetzes höchstens 100,00 €.	50,00 €

Nr.	Gebührentatbestand	Gebühr oder Satz der Gebühr nach § 34 GNotKG **– Tabelle B**
	Abschnitt 2. Rüge wegen Verletzung des Anspruchs auf rechtliches Gehör	
19200	Verfahren über die Rüge wegen Verletzung des Anspruchs auf rechtliches Gehör: Die Rüge wird in vollem Umfang verworfen oder zurückgewiesen	66,00 €

Teil 2. Notargebühren

Nr.	Gebührentatbestand	Gebühr oder Satz der Gebühr nach § 34 GNotKG – Tabelle B

Vorbemerkung 2:

(1) In den Fällen, in denen es für die Gebührenberechnung maßgeblich ist, dass ein bestimmter Notar eine Tätigkeit vorgenommen hat, steht diesem Notar der Aktenverwahrer gemäß § 51 BNotO, der Notariatsverwalter gemäß § 56 BNotO oder ein anderer Notar, mit dem der Notar am Ort seines Amtssitzes zur gemeinsamen Berufsausübung verbunden ist oder mit dem er dort gemeinsame Geschäftsräume unterhält, gleich.

(2) Bundes- oder landesrechtliche Vorschriften, die Gebühren- oder Auslagenbefreiung gewähren, sind nicht auf den Notar anzuwenden. Außer in den Fällen der Kostenerstattung zwischen den Trägern der Sozialhilfe gilt die in § 64 Abs. 2 Satz 3 Nr. 2 SGB X bestimmte Gebührenfreiheit auch für den Notar.

(3) Beurkundungen nach § 67 Abs. 1 BeurkG und die Bezifferung dynamisierter Unterhaltstitel zur Zwangsvollstreckung im Ausland sind gebührenfrei.

Hauptabschnitt 1. Beurkundungsverfahren

Vorbemerkung 2.1:

(1) Die Gebühr für das Beurkundungsverfahren entsteht für die Vorbereitung und Durchführung der Beurkundung in Form einer Niederschrift (§§ 8, 16b und 36 BeurkG) einschließlich der Beschaffung der Information.

(2) Durch die Gebühren dieses Hauptabschnitts werden auch abgegolten
1. die Übermittlung von Anträgen und Erklärungen an ein Gericht oder eine Behörde,
2. die Stellung von Anträgen im Namen der Beteiligten bei einem Gericht oder einer Behörde,
3. die Erledigung von Beanstandungen einschließlich des Beschwerdeverfahrens und
4. bei Änderung eines Gesellschaftsvertrags oder einer Satzung die Erteilung einer für die Anmeldung zum Handelsregister erforderlichen Bescheinigung des neuen vollständigen Wortlauts des Gesellschaftsvertrags oder der Satzung.

Abschnitt 1. Verträge, bestimmte Erklärungen sowie Beschlüsse von Organen einer Vereinigung oder Stiftung

Vorbemerkung 2.1.1:

Dieser Abschnitt ist auch anzuwenden im Verfahren zur Beurkundung der folgenden Erklärungen:
1. Antrag auf Abschluss eines Vertrags oder Annahme eines solchen Antrags oder
2. gemeinschaftliches Testament.

Nr.	Gebührentatbestand	Gebühr oder Satz der Gebühr nach § 34 GNotKG – Tabelle B
21100	Beurkundungsverfahren	2,0 – mindestens 120,00 €
21101	Gegenstand des Beurkundungsverfahrens ist 1. die Annahme eines Antrags auf Abschluss eines Vertrags oder 2. ein Verfügungsgeschäft und derselbe Notar hat für eine Beurkundung, die das zugrunde liegende Rechtsgeschäft betrifft, die Gebühr 21100 oder 23603 erhoben: Die Gebühr 21100 beträgt (1) Als zugrunde liegendes Rechtsgeschäft gilt nicht eine Verfügung von Todes wegen. (2) Die Gebühr für die Beurkundung des Zuschlags in einer freiwilligen Versteigerung von Grundstücken oder grundstücksgleichen Rechten bestimmt sich nach Nummer 23603.	0,5 – mindestens 30,00 €

Nr.	Gebührentatbestand	Gebühr oder Satz der Gebühr nach § 34 GNotKG – **Tabelle B**
21102	Gegenstand des Beurkundungsverfahrens ist 1. ein Verfügungsgeschäft und das zugrunde liegende Rechtsgeschäft ist bereits beurkundet und Nummer 21101 nicht anzuwenden oder 2. die Aufhebung eines Vertrags: Die Gebühr 21100 beträgt	1,0 – mindestens 60,00 €

Abschnitt 2. Sonstige Erklärungen, Tatsachen und Vorgänge

Vorbemerkung 2.1.2:

(1) Die Gebühr für die Beurkundung eines Antrags zum Abschluss eines Vertrages und für die Beurkundung der Annahme eines solchen Antrags sowie für die Beurkundung eines gemeinschaftlichen Testaments bestimmt sich nach Abschnitt 1, die Gebühr für die Beurkundung des Zuschlags bei der freiwilligen Versteigerung von Grundstücken oder grundstücksgleichen Rechten bestimmt sich nach Nummer 23603.

(2) Die Beurkundung der in der Anmerkung zu Nummer 23603 genannten Erklärungen wird durch die Gebühr 23603 mit abgegolten, wenn die Beurkundung in der Niederschrift über die Versteigerung erfolgt.

21200	Beurkundungsverfahren .... Unerheblich ist, ob eine Erklärung von einer oder von mehreren Personen abgegeben wird.	1,0 – mindestens 60,00 €
21201	Beurkundungsgegenstand ist 1. der Widerruf einer letztwilligen Verfügung, 2. der Rücktritt von einem Erbvertrag, 3. die Anfechtung einer Verfügung von Todes wegen, 4. ein Antrag oder eine Bewilligung nach der Grundbuchordnung, der Schiffsregisterordnung oder dem Gesetz über Rechte an Luftfahrzeugen oder die Zustimmung des Eigentümers zur Löschung eines Grundpfandrechts oder eines vergleichbaren Pfandrechts, 5. eine Anmeldung zum Handelsregister oder zu einem ähnlichen Register, 6. ein Antrag an das Nachlassgericht, 7. eine Erklärung, die gegenüber dem Nachlassgericht abzugeben ist, oder 8. die Zustimmung zur Annahme als Kind: Die Gebühr 21200 beträgt .... In dem in Vorbemerkung 2.3.3 Abs. 2 genannten Fall ist das Beurkundungsverfahren für den Antrag an das Nachlassgericht durch die Gebühr 23300 für die Abnahme der eidesstattlichen Versicherung mit abgegolten; im Übrigen bleiben die Vorschriften in Hauptabschnitt 1 unberührt.	0,5 – mindestens 30,00 €

Nr.	Gebührentatbestand	Gebühr oder Satz der Gebühr nach § 34 GNotKG – Tabelle B
	Abschnitt 3. Vorzeitige Beendigung des Beurkundungsverfahrens	
	Vorbemerkung 2.1.3: (1) Ein Beurkundungsverfahren ist vorzeitig beendet, wenn vor Unterzeichnung der Niederschrift durch den Notar oder bevor der Notar die elektronische Niederschrift mit seiner qualifizierten elektronischen Signatur versehen hat der Beurkundungsauftrag zurückgenommen oder zurückgewiesen wird oder der Notar feststellt, dass nach seiner Überzeugung mit der beauftragten Beurkundung aus Gründen, die nicht in seiner Person liegen, nicht mehr zu rechnen ist. Wird das Verfahren länger als 6 Monate nicht mehr betrieben, ist in der Regel nicht mehr mit der Beurkundung zu rechnen. (2) Führt der Notar nach der vorzeitigen Beendigung des Beurkundungsverfahrens demnächst auf der Grundlage der bereits erbrachten notariellen Tätigkeit ein erneutes Beurkundungsverfahren durch, wird die nach diesem Abschnitt zu erhebende Gebühr auf die Gebühr für das erneute Beurkundungsverfahren angerechnet. (3) Der Fertigung eines Entwurfs im Sinne der nachfolgenden Vorschriften steht die Überprüfung, Änderung oder Ergänzung eines dem Notar vorgelegten Entwurfs gleich.	
21300	Vorzeitige Beendigung des Beurkundungsverfahrens 1. vor Ablauf des Tages, an dem ein vom Notar gefertigter Entwurf an einen Beteiligten durch Aufgabe zur Post versandt worden ist, 2. vor der Übermittlung eines vom Notar gefertigten Entwurfs per Telefax, vor der elektronischen Übermittlung als Datei oder vor Aushändigung oder 3. bevor der Notar mit allen Beteiligten in einem zum Zweck der Beurkundung vereinbarten Termin auf der Grundlage eines von ihm gefertigten Entwurfs verhandelt hat: Die jeweilige Gebühr für das Beurkundungsverfahren ermäßigt sich auf	20,00 €
21301	In den Fällen der Nummer 21300 hat der Notar persönlich oder schriftlich beraten: Die jeweilige Gebühr für das Beurkundungsverfahren ermäßigt sich auf eine Gebühr	in Höhe der jeweiligen Beratungsgebühr
21302	Vorzeitige Beendigung des Verfahrens nach einem der in Nummer 21300 genannten Zeitpunkte in den Fällen der Nummer 21100: Die Gebühr 21100 ermäßigt sich auf	0,5 bis 2,0 – mindestens 120,00 €
21303	Vorzeitige Beendigung des Verfahrens nach einem der in Nummer 21300 genannten Zeitpunkte in den Fällen der Nummern 21102 und 21200: Die Gebühren 21102 und 21200 ermäßigen sich auf	0,3 bis 1,0 – mindestens 60,00 €

Nr.	Gebührentatbestand	Gebühr oder Satz der Gebühr nach § 34 GNotKG **– Tabelle B**
21304	Vorzeitige Beendigung des Verfahrens nach einem der in Nummer 21300 genannten Zeitpunkte in den Fällen der Nummern 21101 und 21201: Die Gebühren 21101 und 21201 ermäßigen sich auf	0,3 bis 0,5 – mindestens 30,00 €

Hauptabschnitt 2. Vollzug eines Geschäfts und Betreuungstätigkeiten

Vorbemerkung 2.2:

(1) Gebühren nach diesem Hauptabschnitt entstehen nur, wenn dem Notar für seine Tätigkeit ein besonderer Auftrag erteilt worden ist; dies gilt nicht für die Gebühren 22114, 22125 und die Gebühr 22200 im Fall der Nummer 6 der Anmerkung.

(2) Entsteht für eine Tätigkeit eine Gebühr nach diesem Hauptabschnitt, fällt bei demselben Notar insoweit keine Gebühr für die Fertigung eines Entwurfs und keine Gebühr nach Nummer 25204 an.

Abschnitt 1. Vollzug

Unterabschnitt 1. Vollzug eines Geschäfts

Vorbemerkung 2.2.1.1:

(1) Die Vorschriften dieses Unterabschnitts sind anzuwenden, wenn der Notar eine Gebühr für das Beurkundungsverfahren oder für die Fertigung eines Entwurfs erhält, die das zugrunde liegende Geschäft betrifft. Die Vollzugsgebühr entsteht für die

1. Anforderung und Prüfung einer Erklärung oder Bescheinigung nach öffentlich-rechtlichen Vorschriften, mit Ausnahme der Unbedenklichkeitsbescheinigung des Finanzamts,
2. Anforderung und Prüfung einer anderen als der in Nummer 4 genannten gerichtlichen Entscheidung oder Bescheinigung, dies gilt auch für die Ermittlung des Inhalts eines ausländischen Registers,
3. Fertigung, Änderung oder Ergänzung der Liste der Gesellschafter (§ 8 Abs. 1 Nr. 3, § 40 GmbHG) oder der Liste der Personen, welche neue Geschäftsanteile übernommen haben (§ 57 Abs. 3 Nr. 2 GmbHG),
4. Anforderung und Prüfung einer Entscheidung des Familien-, Betreuungs- oder Nachlassgerichts einschließlich aller Tätigkeiten des Notars gemäß den §§ 1828 und 1829 BGB im Namen der Beteiligten sowie die Erteilung einer Bescheinigung über die Wirksamkeit oder Unwirksamkeit des Rechtsgeschäfts,
5. Anforderung und Prüfung einer Vollmachtsbestätigung oder einer privatrechtlichen Zustimmungserklärung,
6. Anforderung und Prüfung einer privatrechtlichen Verzichtserklärung,
7. Anforderung und Prüfung einer Erklärung über die Ausübung oder Nichtausübung eines privatrechtlichen Vorkaufs- oder Wiederkaufsrechts,
8. Anforderung und Prüfung einer Erklärung über die Zustimmung zu einer Schuldübernahme oder einer Entlassung aus der Haftung,
9. Anforderung und Prüfung einer Erklärung oder sonstigen Urkunde zur Verfügung über ein Recht an einem Grundstück oder einem grundstücksgleichen Recht sowie zur Löschung oder Inhaltsänderung einer sonstigen Eintragung im Grundbuch oder in einem Register oder Anforderung und Prüfung einer Erklärung, inwieweit ein Grundpfandrecht eine Verbindlichkeit sichert,
10. Anforderung und Prüfung einer Verpflichtungserklärung betreffend eine in Nummer 9 genannte Verfügung oder einer Erklärung über die Nichtausübung eines Rechts und
11. über die in den Nummern 1 und 2 genannten Tätigkeiten hinausgehende Tätigkeit für die Beteiligten gegenüber der Behörde, dem Gericht oder der Körperschaft oder Anstalt des öffentlichen Rechts.

Die Vollzugsgebühr entsteht auch, wenn die Tätigkeit vor der Beurkundung vorgenommen wird.

(2) Zustimmungsbeschlüsse stehen Zustimmungserklärungen gleich.

(3) Wird eine Vollzugstätigkeit unter Beteiligung eines ausländischen Gerichts oder einer ausländischen Behörde vorgenommen, bestimmt sich die Vollzugsgebühr nach Unterabschnitt 2.

Nr.	Gebührentatbestand	Gebühr oder Satz der Gebühr nach § 34 GNotKG – Tabelle B
22110	Vollzugsgebühr	0,5
22111	Vollzugsgebühr, wenn die Gebühr für das zugrunde liegende Beurkundungsverfahren weniger als 2,0 beträgt:	
	Die Gebühr 22110 beträgt	0,3
	Vollzugsgegenstand sind lediglich die in der Vorbemerkung 2.2.1.1 Abs. 1 Satz 2 Nr. 1 bis 3 genannten Tätigkeiten:	
	Die Gebühren 22110 und 22111 betragen	
22112	– für jede Tätigkeit nach Vorbemerkung 2.2.1.1 Abs. 1 Satz 2 Nr. 1 und 2	höchstens 50,00 €
22113	– für jede Tätigkeit nach Vorbemerkung 2.2.1.1 Abs. 1 Satz 2 Nr. 3	höchstens 250,00 €
22114	Erzeugung von strukturierten Daten in Form der Extensible Markup Language (XML) oder in einem nach dem Stand der Technik vergleichbaren Format für eine automatisierte Weiterbearbeitung	0,2 höchstens 125,00 €
22115	Neben der Gebühr 22114 entstehen andere Gebühren dieses Unterabschnitts:	
	Die Gebühr 22114 beträgt:	0,1 – höchstens 125,00 €

Unterabschnitt 2. Vollzug in besonderen Fällen

Vorbemerkung 2.2.1.2:

Die Gebühren dieses Unterabschnitts entstehen, wenn der Notar

1. keine Gebühr für ein Beurkundungsverfahren oder für die Fertigung eines Entwurfs erhalten hat, die das zu vollziehende Geschäft betrifft, oder
2. eine Vollzugstätigkeit unter Beteiligung eines ausländischen Gerichts oder einer ausländischen Behörde vornimmt.

22120	Vollzugsgebühr für die in Vorbemerkung 2.2.1.1 Abs. 1 Satz 2 genannten Tätigkeiten, wenn die Gebühr für ein die Urkunde betreffendes Beurkundungsverfahren 2,0 betragen würde	1,0
22121	Vollzugsgebühr für die in Vorbemerkung 2.2.1.1 Abs. 1 Satz 2 genannten Tätigkeiten, wenn die Gebühr für ein die Urkunde betreffendes Beurkundungsverfahren weniger als 2,0 betragen würde	0,5
22122	Überprüfung, ob die Urkunde bei Gericht eingereicht werden kann	0,5
	(1) Die Gebühr entsteht nicht neben einer der Gebühren 22120 und 22121.	

Nr.	Gebührentatbestand	Gebühr oder Satz der Gebühr nach § 34 GNotKG – **Tabelle B**
	(2) Die Gebühr entsteht nicht für die Prüfung der Eintragungsfähigkeit in den Fällen des § 378 Abs. 3 FamFG und des § 15 Abs. 3 der Grundbuchordnung.	
22123	Erledigung von Beanstandungen einschließlich des Beschwerdeverfahrens ...... Die Gebühr entsteht nicht neben einer der Gebühren 22120 bis 22122.	0,5
22124	Die Tätigkeit beschränkt sich auf 1. die Übermittlung von Anträgen, Erklärungen oder Unterlagen an ein Gericht, eine Behörde oder einen Dritten oder die Stellung von Anträgen im Namen der Beteiligten, 2. die Prüfung der Eintragungsfähigkeit in den Fällen des § 378 Abs. 3 FamFG und des § 15 Abs. 3 der Grundbuchordnung ...... (1) Die Gebühr entsteht nur, wenn nicht eine Gebühr nach den Nummern 22120 bis 22123 anfällt. (2) Die Gebühr nach Nummer 2 entsteht nicht neben der Gebühr 25100 oder 25101. (3) Die Gebühr entsteht auch, wenn Tätigkeiten nach Nummer 1 und nach Nummer 2 ausgeübt werden. In diesem Fall wird die Gebühr nur einmal erhoben.	20,00 €
22125	Erzeugung von strukturierten Daten in Form der Extensible Markup Language (XML) oder einem nach dem Stand der Technik vergleichbaren Format für eine automatisierte Weiterbearbeitung ...... (1) Die Gebühr entsteht neben anderen Gebühren dieses Unterabschnitts gesondert. (2) Die Gebühr entsteht nicht neben der Gebühr 25101.	0,5 – höchstens 250,00 €
	Abschnitt 2. Betreuungstätigkeiten	
22200	Betreuungsgebühr ...... Die Betreuungsgebühr entsteht für die 1. Erteilung einer Bescheinigung über den Eintritt der Wirksamkeit von Verträgen, Erklärungen und Beschlüssen, 2. Prüfung und Mitteilung des Vorliegens von Fälligkeitsvoraussetzungen einer Leistung oder Teilleistung, 3. Beachtung einer Auflage eines an dem Beurkundungsverfahren Beteiligten im Rahmen eines Treuhandauftrags, eine Urkunde oder Auszüge einer Urkunde nur unter bestimmten Bedingungen herauszugeben, wenn die Herausgabe nicht lediglich davon abhängt, dass ein Beteiligter der Herausgabe zustimmt, oder die Erklärung der Bewilligung nach § 19 der Grundbuchordnung aufgrund einer Vollmacht, wenn diese nur unter bestimmten Bedingungen abgegeben werden soll, 4. Prüfung und Beachtung der Auszahlungsvoraussetzungen von verwahrtem Geld und der Ablieferungsvoraussetzungen von verwahrten Wertpapieren und Kostbarkeiten, 5. Anzeige oder Anmeldung einer Tatsache, insbesondere einer Abtretung oder Verpfändung, an einen nicht an dem Beurkundungsverfahren Beteiligten zur Erzielung einer Rechtsfolge, wenn sich	0,5

Nr.	Gebührentatbestand	Gebühr oder Satz der Gebühr nach § 34 GNotKG – Tabelle B
	die Tätigkeit des Notars nicht darauf beschränkt, dem nicht am Beurkundungsverfahren Beteiligten die Urkunde oder eine Kopie oder eine Ausfertigung der Urkunde zu übermitteln, 6. Erteilung einer Bescheinigung über Veränderungen hinsichtlich der Personen der Gesellschafter oder des Umfangs ihrer Beteiligung (§ 40 Abs. 2 GmbHG), wenn Umstände außerhalb der Urkunde zu prüfen sind, und 7. Entgegennahme der für den Gläubiger bestimmten Ausfertigung einer Grundpfandrechtsbestellungsurkunde zur Herbeiführung der Bindungswirkung gemäß § 873 Abs. 2 BGB.	
22201	Treuhandgebühr .... Die Treuhandgebühr entsteht für die Beachtung von Auflagen durch einen nicht unmittelbar an dem Beurkundungsverfahren Beteiligten, eine Urkunde oder Auszüge einer Urkunde nur unter bestimmten Bedingungen herauszugeben. Die Gebühr entsteht für jeden Treuhandauftrag gesondert.	0,5

Hauptabschnitt 3. Sonstige notarielle Verfahren

Vorbemerkung 2.3:

Mit den Gebühren dieses Hauptabschnitts wird auch die Fertigung einer Niederschrift abgegolten. Nummer 23603 bleibt unberührt.

Abschnitt 1. Rückgabe eines Erbvertrags aus der notariellen Verwahrung

23100	Verfahrensgebühr .... Wenn derselbe Notar demnächst nach der Rückgabe eines Erbvertrags eine erneute Verfügung von Todes wegen desselben Erblassers beurkundet, wird die Gebühr auf die Gebühr für das Beurkundungsverfahren angerechnet. Bei einer Mehrheit von Erblassern erfolgt die Anrechnung nach Kopfteilen.	0,3

Abschnitt 2. Verlosung, Auslosung

23200	Verfahrensgebühr .... Die Gebühr entsteht auch, wenn der Notar Prüfungstätigkeiten übernimmt.	2,0
23201	Vorzeitige Beendigung des Verfahrens: Die Gebühr 23200 ermäßigt sich auf	0,5

Abschnitt 3. Eid, eidesstattliche Versicherung, Vernehmung von Zeugen und Sachverständigen

Vorbemerkung 2.3.3:

(1) Die Gebühren entstehen nur, wenn das in diesem Abschnitt genannte Verfahren oder Geschäft nicht Teil eines anderen Verfahrens oder Geschäfts ist.

(2) Wird mit der Niederschrift über die Abnahme der eidesstattlichen Versicherung zugleich ein Antrag an das Nachlassgericht beurkundet, wird mit der Gebühr 23300 insoweit auch das Beurkundungsverfahren abgegolten.

23300	Verfahren zur Abnahme von Eiden und eidesstattlichen Versicherungen	1,0
23301	Vorzeitige Beendigung des Verfahrens: Die Gebühr 23300 beträgt	0,3
23302	Vernehmung von Zeugen und Sachverständigen	1,0

Nr.	Gebührentatbestand	Gebühr oder Satz der Gebühr nach § 34 GNotKG **– Tabelle B**
	Abschnitt 4. Wechsel- und Scheckprotest	
	Vorbemerkung 2.3.4: Neben den Gebühren dieses Abschnitts werden die Gebühren 25300 und 26002 nicht erhoben.	
23400	Verfahren über die Aufnahme eines Wechsel- und Scheckprotests .... Die Gebühr fällt auch dann an, wenn ohne Aufnahme des Protestes an den Notar gezahlt oder ihm die Zahlung nachgewiesen wird.	0,5
23401	Verfahren über die Aufnahme eines jeden Protests wegen Verweigerung der Ehrenannahme oder wegen unterbliebener Ehrenzahlung, wenn der Wechsel Notadressen enthält	0,3
	Abschnitt 5. Vermögensverzeichnis und Siegelung	
	Vorbemerkung 2.3.5: Neben den Gebühren dieses Abschnitts wird die Gebühr 26002 nicht erhoben.	
23500	Verfahren über die Aufnahme eines Vermögensverzeichnisses einschließlich der Siegelung .... Die Gebühr entsteht nicht, wenn die Aufnahme des Vermögensverzeichnisses Teil eines beurkundeten Vertrags ist.	2,0
23501	Vorzeitige Beendigung des Verfahrens: Die Gebühr 23500 ermäßigt sich auf	0,5
23502	Mitwirkung als Urkundsperson bei der Aufnahme eines Vermögensverzeichnisses einschließlich der Siegelung	1,0
23503	Siegelung, die nicht mit den Gebühren 23500 oder 23502 abgegolten ist, und Entsiegelung	0,5
	Abschnitt 6. Freiwillige Versteigerung von Grundstücken	
	Vorbemerkung 2.3.6: Die Vorschriften dieses Abschnitts sind auf die freiwillige Versteigerung von Grundstücken und grundstücksgleichen Rechten durch den Notar zum Zwecke der Veräußerung oder Verpachtung anzuwenden.	
23600	Verfahrensgebühr	0,5
23601	Aufnahme einer Schätzung	0,5
23602	Abhaltung eines Versteigerungstermins: für jeden Termin .... Der Versteigerungstermin gilt als abgehalten, wenn zur Abgabe von Geboten aufgefordert ist.	1,0
23603	Beurkundung des Zuschlags .... Die Beurkundung bleibt gebührenfrei, wenn sie in der Niederschrift über die Versteigerung erfolgt und wenn 1. der Meistbietende die Rechte aus dem Meistgebot oder der Veräußerer den Anspruch gegen den Ersteher abtritt, oder 2. der Meistbietende erklärt, für einen Dritten geboten zu haben, oder 3. ein Dritter den Erklärungen nach Nummer 2 beitritt.	1,0

Nr.	Gebührentatbestand	Gebühr oder Satz der Gebühr nach § 34 GNotKG **– Tabelle B**
	Das Gleiche gilt, wenn nach Maßgabe der Versteigerungsbedingungen für den Anspruch gegen den Ersteher die Bürgschaft übernommen oder eine sonstige Sicherheit bestellt und dies in dem Protokoll über die Versteigerung beurkundet wird.	
	Abschnitt 7. Versteigerung von beweglichen Sachen und von Rechten	
23700	Verfahrensgebühr ...... (1) Die Gebühr entsteht für die Versteigerung von beweglichen Sachen, von Früchten auf dem Halm oder von Holz auf dem Stamm sowie von Forderungen oder sonstigen Rechten. (2) Ein Betrag in Höhe der Kosten kann aus dem Erlös vorweg entnommen werden.	3,0
23701	Beendigung des Verfahrens vor Aufforderung zur Abgabe von Geboten: Die Gebühr 23700 ermäßigt sich auf	0,5
	Abschnitt 8. Vorbereitung der Zwangsvollstreckung	
23800	Verfahren über die Vollstreckbarerklärung eines Anwaltsvergleichs nach § 796a ZPO	66,00 €
23801	Verfahren über die Vollstreckbarerklärung eines Schiedsspruchs mit vereinbartem Wortlaut (§ 1053 ZPO)	2,0
23802	Beendigung des gesamten Verfahrens durch Zurücknahme des Antrags: Die Gebühr 23801 ermäßigt sich auf	1,0
23803	Verfahren über die Erteilung einer vollstreckbaren Ausfertigung, wenn der Eintritt einer Tatsache oder einer Rechtsnachfolge zu prüfen ist (§§ 726 bis 729 ZPO)	0,5
23804	Verfahren über den Antrag auf Erteilung einer weiteren vollstreckbaren Ausfertigung (§ 797 Abs. 2, § 733 ZPO) ...... Die Gebühr wird für jede weitere vollstreckbare Ausfertigung gesondert erhoben.	22,00 €
23805	Verfahren über die Ausstellung einer Bestätigung nach § 1079 ZPO oder über die Ausstellung einer Bescheinigung nach § 1110 ZPO	22,00 €
23806	Verfahren über einen Antrag auf Vollstreckbarerklärung einer notariellen Urkunde nach § 55 Abs. 3 AVAG, nach § 35 Abs. 3 AUG, nach § 3 Abs. 4 IntErbRVG oder nach § 4 Abs. 4 IntGüRVG	264,00 €
23807	Beendigung des gesamten Verfahrens durch Zurücknahme des Antrags: Die Gebühr 23806 ermäßigt sich auf	99,00 €

Nr.	Gebührentatbestand	Gebühr oder Satz der Gebühr nach § 34 GNotKG **– Tabelle B**
23808	Verfahren über die Ausstellung einer Bescheinigung nach § 57 AVAG, § 27 IntErbRVG oder § 27 IntGüRVG oder für die Ausstellung des Formblatts oder der Bescheinigung nach § 71 Abs. 1 AUG	17,00 €

Abschnitt 9. Teilungssachen

Vorbemerkung 2.3.9:

(1) Dieser Abschnitt gilt für Teilungssachen zur Vermittlung der Auseinandersetzung des Nachlasses und des Gesamtguts einer Gütergemeinschaft nach Beendigung der ehelichen, lebenspartnerschaftlichen oder fortgesetzten Gütergemeinschaft (§ 342 Abs. 2 Nr. 1 FamFG).

(2) Neben den Gebühren dieses Abschnitts werden gesonderte Gebühren erhoben für
1. die Aufnahme von Vermögensverzeichnissen und Schätzungen,
2. Versteigerungen und
3. das Beurkundungsverfahren, jedoch nur, wenn Gegenstand ein Vertrag ist, der mit einem Dritten zum Zweck der Auseinandersetzung geschlossen wird.

23900	Verfahrensgebühr	6,0
23901	Soweit das Verfahren vor Eintritt in die Verhandlung durch Zurücknahme oder auf andere Weise endet, ermäßigt sich die Gebühr 23900 auf	1,5
23902	Soweit der Notar das Verfahren vor Eintritt in die Verhandlung wegen Unzuständigkeit an einen anderen Notar verweist, ermäßigt sich die Gebühr 23900 auf	1,5 – höchstens 100,00 €
23903	Das Verfahren wird nach Eintritt in die Verhandlung 1. ohne Bestätigung der Auseinandersetzung abgeschlossen oder 2. wegen einer Vereinbarung der Beteiligten über die Zuständigkeit an einen anderen Notar verwiesen: Die Gebühr 23900 ermäßigt sich auf	3,0

Hauptabschnitt 4. Entwurf und Beratung

Abschnitt 1. Entwurf

Vorbemerkung 2.4.1:

(1) Gebühren nach diesem Abschnitt entstehen, wenn außerhalb eines Beurkundungsverfahrens ein Entwurf für ein bestimmtes Rechtsgeschäft oder eine bestimmte Erklärung im Auftrag eines Beteiligten gefertigt worden ist. Sie entstehen jedoch nicht in den Fällen der Vorbemerkung 2.2 Abs. 2.

(2) Beglaubigt der Notar, der den Entwurf gefertigt hat, demnächst unter dem Entwurf eine oder mehrere Unterschriften, Handzeichen oder qualifizierte elektronische Signaturen, entstehen für die erstmaligen Beglaubigungen, die an ein und demselben Tag erfolgen, keine Gebühren.

(3) Gebühren nach diesem Abschnitt entstehen auch, wenn der Notar keinen Entwurf gefertigt, aber einen ihm vorgelegten Entwurf überprüft, geändert oder ergänzt hat. Dies gilt nicht für die Prüfung der Eintragungsfähigkeit in den Fällen des § 378 Abs. 3 FamFG und des § 15 Abs. 3 der Grundbuchordnung.

(4) Durch die Gebühren dieses Abschnitts werden auch abgegolten
1. die Übermittlung von Anträgen und Erklärungen an ein Gericht oder eine Behörde,
2. die Stellung von Anträgen im Namen der Beteiligten bei einem Gericht oder einer Behörde und

Nr.	Gebührentatbestand	Gebühr oder Satz der Gebühr nach § 34 GNotKG – Tabelle B
	3. die Erledigung von Beanstandungen einschließlich des Beschwerdeverfahrens. (5) Gebühren nach diesem Abschnitt entstehen auch für die Fertigung eines Entwurfs zur beabsichtigten Verwendung für mehrere gleichartige Rechtsgeschäfte oder Erklärungen (Serienentwurf). Absatz 3 gilt entsprechend. (6) Wenn der Notar demnächst nach Fertigung eines Entwurfs auf der Grundlage dieses Entwurfs ein Beurkundungsverfahren durchführt, wird eine Gebühr nach diesem Abschnitt auf die Gebühr für das Beurkundungsverfahren angerechnet. (7) Der Notar ist berechtigt, dem Auftraggeber die Gebühren für die Fertigung eines Serienentwurfs bis zu einem Jahr nach Fälligkeit zu stunden.	
24100	Fertigung eines Entwurfs, wenn die Gebühr für das Beurkundungsverfahren 2,0 betragen würde	0,5 bis 2,0 – mindestens 120,00 €
24101	Fertigung eines Entwurfs, wenn die Gebühr für das Beurkundungsverfahren 1,0 betragen würde	0,3 bis 1,0 – mindestens 60,00 €
24102	Fertigung eines Entwurfs, wenn die Gebühr für das Beurkundungsverfahren 0,5 betragen würde	0,3 bis 0,5 – mindestens 30,00 €
24103	Auf der Grundlage eines von demselben Notar gefertigten Serienentwurfs finden Beurkundungsverfahren statt: Die Gebühren dieses Abschnitts ermäßigen sich jeweils um	die Gebühr für das Beurkundungsverfahren
	Abschnitt 2. Beratung	
24200	Beratungsgebühr .... (1) Die Gebühr entsteht für eine Beratung, soweit der Beratungsgegenstand nicht Gegenstand eines anderen gebührenpflichtigen Verfahrens oder Geschäfts ist. (2) Soweit derselbe Gegenstand demnächst Gegenstand eines anderen gebührenpflichtigen Verfahrens oder Geschäfts ist, ist die Beratungsgebühr auf die Gebühr für das andere Verfahren oder Geschäft anzurechnen.	0,3 bis 1,0
24201	Der Beratungsgegenstand könnte auch Beurkundungsgegenstand sein und die Beurkundungsgebühr würde 1,0 betragen: Die Gebühr 24200 beträgt	0,3 bis 0,5
24202	Der Beratungsgegenstand könnte auch Beurkundungsgegenstand sein und die Beurkundungsgebühr würde weniger als 1,0 betragen: Die Gebühr 24200 beträgt	0,3

Nr.	Gebührentatbestand	Gebühr oder Satz der Gebühr nach § 34 GNotKG **– Tabelle B**
24203	Beratung bei der Vorbereitung oder Durchführung einer Hauptversammlung oder Gesellschafterversammlung .... Die Gebühr entsteht, soweit der Notar die Gesellschaft über die im Rahmen eines Beurkundungsverfahrens bestehenden Amtspflichten hinaus berät.	0,5 bis 2,0
	Hauptabschnitt 5. Sonstige Geschäfte	
	Abschnitt 1. Beglaubigungen und sonstige Zeugnisse (§§ 39, 39a BeurkG)	
25100	Beglaubigung einer Unterschrift, eines Handzeichens oder einer qualifizierten elektronischen Signatur .... (1) Die Gebühr entsteht nicht in den in Vorbemerkung 2.4.1 Abs. 2 genannten Fällen. (2) Mit der Gebühr ist die Beglaubigung mehrerer Unterschriften, Handzeichen oder qualifizierter elektronischer Signaturen abgegolten, wenn diese in einem einzigen Vermerk erfolgt.	0,2 – mindestens 20,00 €, höchstens 70,00 €
25101	Die Beglaubigung erfolgt für 1. eine Erklärung, für die nach den Staatsschuldbuchgesetzen eine öffentliche Beglaubigung vorgeschrieben ist, 2. eine Zustimmung gemäß § 27 der Grundbuchordnung sowie einen damit verbundenen Löschungsantrag gemäß § 13 der Grundbuchordnung, 3. den Nachweis der Verwaltereigenschaft gemäß § 26 Abs. 4 WEG: Die Gebühr 25100 beträgt	20,00 €
25102	Beglaubigung von Dokumenten .... (1) Neben der Gebühr wird keine Dokumentenpauschale erhoben. (2) Die Gebühr wird nicht erhoben für die Erteilung 1. beglaubigter Kopien oder Ausdrucke der vom Notar aufgenommenen oder entworfenen oder in Urschrift in seiner dauernden Verwahrung befindlichen Urkunden und 2. beglaubigter Kopien vorgelegter Vollmachten und Ausweise über die Berechtigung eines gesetzlichen Vertreters, die der vom Notar gefertigten Niederschrift beizulegen sind (§ 12 BeurkG). (3) Einer Kopie im Sinne des Absatzes 2 steht ein in ein elektronisches Dokument übertragenes Schriftstück gleich, insbesondere wenn dieses einer vom Notar gefertigten elektronischen Niederschrift beigefügt ist (§ 16d des Beurkundungsgesetzes).	1,00 € für jede angefangene Seite – mindestens 10,00 €
25103	Sicherstellung der Zeit, zu der eine Privaturkunde ausgestellt ist, einschließlich der über die Vorlegung ausgestellten Bescheinigung	20,00 €
25104	Erteilung von Bescheinigungen über Tatsachen oder Verhältnisse, die urkundlich nachgewiesen oder offenkundig sind, einschließlich der Identitätsfeststellung, wenn sie über die §§ 10 und 40 Abs. 4 BeurkG hinaus selbständige Bedeutung hat	1,0

Nr.	Gebührentatbestand	Gebühr oder Satz der Gebühr nach § 34 GNotKG – Tabelle B
	Die Gebühr entsteht nicht, wenn die Erteilung der Bescheinigung eine Betreuungstätigkeit nach Nummer 22200 darstellt.	
	Abschnitt 2. Andere Bescheinigungen und sonstige Geschäfte	
25200	Erteilung einer Bescheinigung nach § 21 Abs. 1 BNotO	15,00 € für jedes Registerblatt, dessen Einsicht zur Erteilung erforderlich ist
25201	Rangbescheinigung (§ 122 GNotKG)	0,3
25202	Herstellung eines Teilhypotheken-, -grundschuld- oder -rentenschuldbriefs	0,3
25203	Erteilung einer Bescheinigung über das im Inland oder im Ausland geltende Recht einschließlich von Tatsachen	0,3 bis 1,0
25204	Abgabe einer Erklärung aufgrund einer Vollmacht anstelle einer in öffentlich beglaubigter Form durch die Beteiligten abzugebenden Erklärung .... Die Gebühr entsteht nicht, wenn für die Tätigkeit eine Betreuungsgebühr anfällt.	in Höhe der für die Fertigung des Entwurfs der Erklärung zu erhebenden Gebühr
25205	Tätigkeit als zu einer Beurkundung zugezogener zweiter Notar .... (1) Daneben wird die Gebühr 26002 oder 26003 nicht erhoben. (2) Der zuziehende Notar teilt dem zugezogenen Notar die Höhe der von ihm zu erhebenden Gebühr für das Beurkundungsverfahren mit.	in Höhe von 50 % der dem beurkundenden Notar zustehenden Gebühr für das Beurkundungsverfahren
25206	Gründungsprüfung gemäß § 33 Abs. 3 des Aktiengesetzes	1,0 – mindestens 1 000,00 €
25207	Erwirkung der Apostille oder der Legalisation einschließlich der Beglaubigung durch den Präsidenten des Landgerichts	25,00 €
25208	Erwirkung der Legalisation, wenn weitere Beglaubigungen notwendig sind: Die Gebühr 25207 beträgt	50,00 €

Nr.	Gebührentatbestand	Gebühr oder Satz der Gebühr nach § 34 GNotKG **– Tabelle B**
25209	Einsicht in das Grundbuch, in öffentliche Register und Akten einschließlich der Mitteilung des Inhalts an den Beteiligten .... Die Gebühr entsteht nur, wenn die Tätigkeit nicht mit einem gebührenpflichtigen Verfahren oder Geschäft zusammenhängt.	15,00 €
	Erteilung von Abdrucken aus einem Register oder aus dem Grundbuch auf Antrag oder deren beantragte Ergänzung oder Bestätigung:	
25210	– Abdruck	10,00 €
25211	– beglaubigter Abdruck .... Neben den Gebühren 25210 und 25211 wird keine Dokumentenpauschale erhoben.	15,00 €
	Anstelle eines Abdrucks wird in den Fällen der Nummern 25210 und 25211 die elektronische Übermittlung einer Datei beantragt:	
25212	– unbeglaubigte Datei	5,00 €
25213	– beglaubigte Datei .... Werden zwei elektronische Dateien gleichen Inhalts in unterschiedlichen Dateiformaten gleichzeitig übermittelt, wird die Gebühr 25212 oder 25213 nur einmal erhoben. Sind beide Gebührentatbestände erfüllt, wird die höhere Gebühr erhoben.	10,00 €
25214	Erteilung einer Bescheinigung nach § 21 Abs. 3 BNotO	15,00 €

Abschnitt 3. Verwahrung von Geld, Wertpapieren und Kostbarkeiten

Vorbemerkung 2.5.3:

(1) Die Gebühren dieses Abschnitts entstehen neben Gebühren für Betreuungstätigkeiten gesondert.

(2) § 35 Abs. 2 GNotKG und Nummer 32013 sind nicht anzuwenden.

25300	Verwahrung von Geldbeträgen: je Auszahlung .... Der Notar kann die Gebühr bei der Ablieferung an den Auftraggeber entnehmen.	1,0 – soweit der Betrag 13 Mio. € übersteigt: 0,1 % des Auszahlungsbetrags
25301	Entgegennahme von Wertpapieren und Kostbarkeiten zur Verwahrung .... Durch die Gebühr wird die Verwahrung mit abgegolten.	1,0 – soweit der Wert 13 Mio. € übersteigt: 0,1 % des Werts

Nr.	Gebührentatbestand	Gebühr oder Satz der Gebühr nach § 34 GNotKG – **Tabelle B**
	Hauptabschnitt 6. Zusatzgebühren	
26000	Tätigkeiten, die auf Verlangen der Beteiligten an Sonntagen und allgemeinen Feiertagen, an Sonnabenden vor 8 und nach 13 Uhr sowie an den übrigen Werktagen außerhalb der Zeit von 8 bis 18 Uhr vorgenommen werden .... (1) Treffen mehrere der genannten Voraussetzungen zu, so wird die Gebühr nur einmal erhoben. (2) Die Gebühr fällt nur an, wenn bei den einzelnen Geschäften nichts anderes bestimmt ist.	in Höhe von 30 % der für das Verfahren oder das Geschäft zu erhebenden Gebühr – höchstens 30,00 €
26001	Abgabe der zu beurkundenden Erklärung eines Beteiligten in einer fremden Sprache ohne Hinzuziehung eines Dolmetschers sowie Beurkundung, Beglaubigung oder Bescheinigung in einer fremden Sprache oder Übersetzung einer Erklärung in eine andere Sprache .... Mit der Gebühr ist auch die Erteilung einer Bescheinigung gemäß § 50 BeurkG abgegolten.	in Höhe von 30 % der für das Beurkundungsverfahren, für eine Beglaubigung oder Bescheinigung zu erhebenden Gebühr – höchstens 5 000,00 €
26002	Die Tätigkeit wird auf Verlangen eines Beteiligten außerhalb der Geschäftsstelle des Notars vorgenommen: Zusatzgebühr für jede angefangene halbe Stunde der Abwesenheit, wenn nicht die Gebühr 26003 entsteht (1) Nimmt der Notar mehrere Geschäfte vor, so entsteht die Gebühr nur einmal. Sie ist auf die einzelnen Geschäfte unter Berücksichtigung der für jedes Geschäft aufgewandten Zeit angemessen zu verteilen. (2) Die Zusatzgebühr wird auch dann erhoben, wenn ein Geschäft aus einem in der Person eines Beteiligten liegenden Grund nicht vorgenommen wird. (3) Neben dieser Gebühr wird kein Tages- und Abwesenheitsgeld (Nummer 32008) erhoben.	50,00 €
26003	Die Tätigkeit wird auf Verlangen eines Beteiligten außerhalb der Geschäftsstelle des Notars vorgenommen und betrifft ausschließlich	

Nr.	Gebührentatbestand	Gebühr oder Satz der Gebühr nach § 34 GNotKG **– Tabelle B**
	1. die Errichtung, Aufhebung oder Änderung einer Verfügung von Todes wegen, 2. die Errichtung, den Widerruf oder die Änderung einer Vollmacht, die zur Registrierung im Zentralen Vorsorgeregister geeignet ist, 3. die Abgabe einer Erklärung gemäß § 1897 Abs. 4 BGB oder 4. eine Willensäußerung eines Beteiligten hinsichtlich seiner medizinischen Behandlung oder deren Abbruch: Zusatzgebühr	50,00 €
	Die Gebühr entsteht für jeden Auftraggeber nur einmal. Im Übrigen gelten die Absätze 2 und 3 der Anmerkung zu Nummer 26002 entsprechend.	

Teil 3. Auslagen

Nr.	Auslagentatbestand	Höhe
Vorbemerkung 3: Sind Auslagen durch verschiedene Rechtssachen veranlasst, werden sie auf die Rechtssachen angemessen verteilt. Dies gilt auch, wenn die Auslagen durch Notar- und Rechtsanwaltsgeschäfte veranlasst sind.		
Hauptabschnitt 1. Auslagen der Gerichte		
Vorbemerkung 3.1: (1) Auslagen, die durch eine für begründet befundene Beschwerde entstanden sind, werden nicht erhoben, soweit das Beschwerdeverfahren gebührenfrei ist; dies gilt jedoch nicht, soweit das Beschwerdegericht die Kosten dem Gegner des Beschwerdeführers auferlegt hat. (2) In Betreuungssachen werden von dem Betroffenen Auslagen nur unter den in Vorbemerkung 1.1 Abs. 1 genannten Voraussetzungen erhoben. Satz 1 gilt nicht für die Auslagen 31015.		
31000	Pauschale für die Herstellung und Überlassung von Dokumenten: 1. Ausfertigungen, Kopien und Ausdrucke bis zur Größe von DIN A 3, die a) auf Antrag angefertigt oder auf Antrag per Telefax übermittelt worden sind oder b) angefertigt worden sind, weil zu den Akten gegebene Urkunden, von denen eine Kopie zurückbehalten werden muss, zurückgefordert werden; in diesem Fall wird die bei den Akten zurückbehaltene Kopie gebührenfrei beglaubigt:	
	für die ersten 50 Seiten je Seite	0,50 €
	für jede weitere Seite	0,15 €
	für die ersten 50 Seiten in Farbe je Seite	1,00 €
	für jede weitere Seite in Farbe	0,30 €
	2. Entgelte für die Herstellung und Überlassung der in Nummer 1 genannten Kopien oder Ausdrucke in einer Größe von mehr als DIN A3	in voller Höhe
	oder pauschal je Seite	3,00 €
	oder pauschal je Seite in Farbe	6,00 €
	3. Überlassung von elektronisch gespeicherten Dateien oder deren Bereitstellung zum Abruf anstelle der in den Nummern 1 und 2 genannten Ausfertigungen, Kopien und Ausdrucke:	
	je Datei	1,50 €
	für die in einem Arbeitsgang überlassenen, bereitgestellten oder in einem Arbeitsgang auf denselben Datenträger übertragenen Dokumente insgesamt höchstens	5,00 €
	(1) Die Höhe der Dokumentenpauschale nach Nummer 1 ist in gerichtlichen Verfahren in jedem Rechtszug, bei Dauerbetreuungen und -pflegschaften in jedem Kalenderjahr und für jeden Kostenschuldner nach § 26 Abs. 1 GNotKG gesondert zu berechnen. Gesamtschuldner gelten als ein Schuldner. (2) Werden zum Zweck der Überlassung von elektronisch gespeicherten Dateien Dokumente zuvor auf Antrag von der Papierform	

Nr.	Auslagentatbestand	Höhe
	Antrag spätestens am Tag vor der Versendung des Entwurfs gestellt wird:	
	je Seite	0,15 €
	je Seite in Farbe	0,30 €
32002	Dokumentenpauschale für die Überlassung von elektronisch gespeicherten Dateien oder deren Bereitstellung zum Abruf anstelle der in den Nummern 32000 und 32001 genannten Dokumente ohne Rücksicht auf die Größe der Vorlage:	
	je Datei	1,50 €
	für die in einem Arbeitsgang überlassenen, bereitgestellten oder in einem Arbeitsgang auf denselben Datenträger übertragenen Dokumente insgesamt höchstens	5,00 €
	Werden zum Zweck der Überlassung von elektronisch gespeicherten Dateien Dokumente zuvor auf Antrag von der Papierform in die elektronische Form übertragen, beträgt die Dokumentenpauschale nicht weniger, als die Dokumentenpauschale im Fall der Nummer 32000 für eine Schwarz-Weiß-Kopie betragen würde.	
32003	Entgelte für die Herstellung von Kopien oder Ausdrucken der in den Nummern 32000 und 32001 genannten Art in einer Größe von mehr als DIN A3	in voller Höhe
	oder pauschal je Seite	3,00 €
	oder pauschal je Seite in Farbe	6,00 €
32004	Entgelte für Post- und Telekommunikationsdienstleistungen	in voller Höhe
	(1) Für die durch die Geltendmachung der Kosten entstehenden Entgelte kann kein Ersatz verlangt werden. (2) Für Zustellungen mit Zustellungsurkunde und für Einschreiben gegen Rückschein ist der in Nummer 31002 bestimmte Betrag anzusetzen.	
32005	Pauschale für Entgelte für Post- und Telekommunikationsdienstleistungen	20 % der Gebühren – höchstens 20,00 €
	Die Pauschale kann in jedem notariellen Verfahren und bei sonstigen notariellen Geschäften anstelle der tatsächlichen Auslagen nach Nummer 32004 gefordert werden. Ein notarielles Geschäft und der sich hieran anschließende Vollzug sowie sich hieran anschließende Betreuungstätigkeiten gelten insoweit zusammen als ein Geschäft.	
32006	Fahrtkosten für eine Geschäftsreise bei Benutzung eines eigenen Kraftfahrzeugs für jeden gefahrenen Kilometer	0,42 €
	Mit den Fahrtkosten sind die Anschaffungs-, Unterhaltungs- und Betriebskosten sowie die Abnutzung des Kraftfahrzeugs abgegolten.	
32007	Fahrtkosten für eine Geschäftsreise bei Benutzung eines anderen Verkehrsmittels, soweit sie angemessen sind	in voller Höhe
32008	Tage- und Abwesenheitsgeld bei einer Geschäftsreise	
	1. von nicht mehr als 4 Stunden	30,00 €
	2. von mehr als 4 bis 8 Stunden	50,00 €

Nr.	Auslagentatbestand	Höhe
31014	Beträge, die ausländischen Behörden, Einrichtungen oder Personen im Ausland zustehen, sowie Kosten des Rechtshilfeverkehrs mit dem Ausland	in voller Höhe
	Die Beträge werden auch erhoben, wenn aus Gründen der Gegenseitigkeit, der Verwaltungsvereinfachung oder aus vergleichbaren Gründen keine Zahlungen zu leisten sind.	
31015	An den Verfahrenspfleger zu zahlende Beträge	in voller Höhe
	Die Beträge werden von dem Betroffenen nur nach Maßgabe des § 1836c BGB erhoben.	
31016	Pauschale für die Inanspruchnahme von Videokonferenzverbindungen:	
	je Verfahren für jede angefangene halbe Stunde	15,00 €
31017	Umsatzsteuer auf die Kosten	in voller Höhe
	Dies gilt nicht, wenn die Umsatzsteuer nach § 19 Abs. 1 UStG unerhoben bleibt.	

Hauptabschnitt 2. Auslagen der Notare

Vorbemerkung 3.2:

(1) Mit den Gebühren werden auch die allgemeinen Geschäftskosten entgolten.

(2) Eine Geschäftsreise liegt vor, wenn das Reiseziel außerhalb der Gemeinde liegt, in der sich der Amtssitz oder die Wohnung des Notars befindet.

Nr.	Auslagentatbestand	Höhe
32000	Pauschale für die Herstellung und Überlassung von Ausfertigungen, Kopien und Ausdrucken (Dokumentenpauschale) bis zur Größe von DIN A3, die auf besonderen Antrag angefertigt oder per Telefax übermittelt worden sind:	
	für die ersten 50 Seiten je Seite	0,50 €
	für jede weitere Seite	0,15 €
	für die ersten 50 Seiten in Farbe je Seite	1,00 €
	für jede weitere Seite in Farbe	0,30 €
	Dieser Auslagentatbestand gilt nicht für die Fälle der Nummer 32001 Nr. 2 und 3.	
32001	Dokumentenpauschale für Ausfertigungen, Kopien und Ausdrucke bis zur Größe von DIN A3, die 1. ohne besonderen Antrag von eigenen Niederschriften, eigenen Entwürfen und von Urkunden, auf denen der Notar eine Unterschrift beglaubigt hat, angefertigt oder per Telefax übermittelt worden sind; dies gilt nur, wenn die Dokumente nicht beim Notar verbleiben; 2. in einem Beurkundungsverfahren auf besonderen Antrag angefertigt oder per Telefax übermittelt worden sind; dies gilt nur, wenn der Antrag spätestens bei der Aufnahme der Niederschrift gestellt wird; 3. bei einem Auftrag zur Erstellung eines Entwurfs auf besonderen Antrag angefertigt oder per Telefax übermittelt worden sind; dies gilt nur, wenn der	

Nr.	Auslagentatbestand	Höhe
	3. von mehr als 8 Stunden	80,00 €
	Das Tage- und Abwesenheitsgeld wird nicht neben der Gebühr 26002 oder 26003 erhoben.	
32009	Sonstige Auslagen anlässlich einer Geschäftsreise, soweit sie angemessen sind	in voller Höhe
32010	An Dolmetscher, Übersetzer und Urkundszeugen zu zahlende Vergütungen sowie Kosten eines zugezogenen zweiten Notars	in voller Höhe
32011	Nach dem JVKostG für den Abruf von Daten im automatisierten Abrufverfahren zu zahlende Beträge	in voller Höhe
32012	Im Einzelfall gezahlte Prämie für eine Haftpflichtversicherung für Vermögensschäden, wenn die Versicherung auf schriftliches Verlangen eines Beteiligten abgeschlossen wird	in voller Höhe
32013	Im Einzelfall gezahlte Prämie für eine Haftpflichtversicherung für Vermögensschäden, soweit die Prämie auf Haftungsbeträge von mehr als 60 Mio. € entfällt und wenn nicht Nummer 32012 erfüllt ist	in voller Höhe
	Soweit sich aus der Rechnung des Versicherers nichts anderes ergibt, ist von der Gesamtprämie der Betrag zu erstatten, der sich aus dem Verhältnis der 60 Mio. € übersteigenden Versicherungssumme zu der Gesamtversicherungssumme ergibt.	
32014	Umsatzsteuer auf die Kosten	in voller Höhe
	Dies gilt nicht, wenn die Umsatzsteuer nach § 19 Abs. 1 UStG unerhoben bleibt.	
32015	Sonstige Aufwendungen	in voller Höhe
	Sonstige Aufwendungen sind solche, die der Notar aufgrund eines ausdrücklichen Auftrags und für Rechnung eines Beteiligten erbringt. Solche Aufwendungen sind insbesondere verauslagte Gerichtskosten und Gebühren in Angelegenheiten des Zentralen Vorsorge- oder Testamentsregisters sowie des Elektronischen Urkundenarchivs.	
32016	Pauschale für die Inanspruchnahme des Videokommunikationssystems der Bundesnotarkammer (§ 78p BNotO):	
	1. für die Beglaubigung einer qualifizierten elektronischen Signatur	8,00 €
	2. für das Beurkundungsverfahren	25,00 €
	Erfolgt die Beglaubigung mehrerer qualifizierter elektronischer Signaturen in einem einzigen Vermerk, entsteht die Pauschale nur einmal.	

Anlage 2[1)]
(zu § 34 Absatz 3)

[Gebührentabellen für Geschäftswerte bis 3 000 000 Euro]

Geschäftswert bis … €	Gebühr **Tabelle A** … €	Gebühr **Tabelle B** … €
500	38,00	15,00
1 000	58,00	19,00
1 500	78,00	23,00
2 000	98,00	27,00
3 000	119,00	33,00
4 000	140,00	39,00
5 000	161,00	45,00
6 000	182,00	51,00
7 000	203,00	57,00
8 000	224,00	63,00
9 000	245,00	69,00
10 000	266,00	75,00
13 000	295,00	83,00
16 000	324,00	91,00
19 000	353,00	99,00
22 000	382,00	107,00
25 000	411,00	115,00
30 000	449,00	125,00
35 000	487,00	135,00
40 000	525,00	145,00
45 000	563,00	155,00
50 000	601,00	165,00
65 000	733,00	192,00
80 000	865,00	219,00
95 000	997,00	246,00
110 000	1 129,00	273,00
125 000	1 261,00	300,00
140 000	1 393,00	327,00
155 000	1 525,00	354,00
170 000	1 657,00	381,00
185 000	1 789,00	408,00
200 000	1 921,00	435,00
230 000	2 119,00	485,00
260 000	2 317,00	535,00
290 000	2 515,00	585,00

[1)] Anl. 2 neu gef. mWv 1.1.2021 durch G v. 21.12.2020 (BGBl. I S. 3229).

Geschäftswert bis … €	Gebühr **Tabelle A** … €	Gebühr **Tabelle B** … €
320 000	2 713,00	635,00
350 000	2 911,00	685,00
380 000	3 109,00	735,00
410 000	3 307,00	785,00
440 000	3 505,00	835,00
470 000	3 703,00	885,00
500 000	3 901,00	935,00
550 000	4 099,00	1 015,00
600 000	4 297,00	1 095,00
650 000	4 495,00	1 175,00
700 000	4 693,00	1 255,00
750 000	4 891,00	1 335,00
800 000	5 089,00	1 415,00
850 000	5 287,00	1 495,00
900 000	5 485,00	1 575,00
950 000	5 683,00	1 655,00
1 000 000	5 881,00	1 735,00
1 050 000	6 079,00	1 815,00
1 100 000	6 277,00	1 895,00
1 150 000	6 475,00	1 975,00
1 200 000	6 673,00	2 055,00
1 250 000	6 871,00	2 135,00
1 300 000	7 069,00	2 215,00
1 350 000	7 267,00	2 295,00
1 400 000	7 465,00	2 375,00
1 450 000	7 663,00	2 455,00
1 500 000	7 861,00	2 535,00
1 550 000	8 059,00	2 615,00
1 600 000	8 257,00	2 695,00
1 650 000	8 455,00	2 775,00
1 700 000	8 653,00	2 855,00
1 750 000	8 851,00	2 935,00
1 800 000	9 049,00	3 015,00
1 850 000	9 247,00	3 095,00
1 900 000	9 445,00	3 175,00
1 950 000	9 643,00	3 255,00
2 000 000	9 841,00	3 335,00
2 050 000	10 039,00	3 415,00
2 100 000	10 237,00	3 495,00

Geschäftswert bis … €	Gebühr **Tabelle A** … €	Gebühr **Tabelle B** … €
2 150 000	10 435,00	3 575,00
2 200 000	10 633,00	3 655,00
2 250 000	10 831,00	3 735,00
2 300 000	11 029,00	3 815,00
2 350 000	11 227,00	3 895,00
2 400 000	11 425,00	3 975,00
2 450 000	11 623,00	4 055,00
2 500 000	11 821,00	4 135,00
2 550 000	12 019,00	4 215,00
2 600 000	12 217,00	4 295,00
2 650 000	12 415,00	4 375,00
2 700 000	12 613,00	4 455,00
2 750 000	12 811,00	4 535,00
2 800 000	13 009,00	4 615,00
2 850 000	13 207,00	4 695,00
2 900 000	13 405,00	4 775,00
2 950 000	13 603,00	4 855,00
3 000 000	13 801,00	4 935,00

120. Gesetz über Kosten in Angelegenheiten der Justizverwaltung (Justizverwaltungskostengesetz – JVKostG)[1)]

Vom 23. Juli 2013
(BGBl. I S. 2586, 2655)

FNA 363-5

Lfd. Nr.	Änderndes Gesetz	Datum	Fundstelle	Betroffen	Hinweis
1.	Art. 12 G zur Einführung einer Rechtsbehelfsbelehrung im Zivilprozess und zur Änd. anderer Vorschriften	5.12.2012	BGBl. I S. 2418, geänd. 2013, S. 2586	§ 22	geänd. mWv 1.1.2014
2.	Art. 2 G zur Schlichtung im Luftverkehr	11.6.2013	BGBl. I S. 1545, geänd. 2013, S. 2586	Anl.	geänd. mWv 1.11.2013
3.	Art. 8 Abs. 5 Bilanzrichtlinie-UmsetzungsG	17.7.2015	BGBl. I S. 1245	Anl.	geänd. mWv 23.7.2015
4.	Art. 176 Zehnte ZuständigkeitsanpassungsVO	31.8.2015	BGBl. I S. 1474	§ 23	geänd. mWv 8.9.2015
5.	Art. 7 G zur Änd. des Unterhaltsrechts und des Unterhaltsverfahrensrechts sowie zur Änd. der ZPO und kostenrechtlicher Vorschriften	20.11. 2015	BGBl. I S. 2018	Inhaltsübersicht, § 1, Anl.	geänd. mWv 1.1.2016
				§ 15a	eingef. mWv 1.1.2016
6.	Art. 5 G zur Umsetzung der RL über alternative Streitbeilegung in Verbraucherangelegenheiten und zur Durchführung der VO über Online-Streitbeilegung in Verbraucherangelegenheiten[2)]	19.2.2016	BGBl. I S. 254	Inhaltsübersicht, § 14, Anl.	geänd. mWv 1.4.2016
				§ 16a	eingef. mWv 1.4.2016
7.	Art. 123 Abs. 4 Zweites G über die weitere Bereinigung von Bundesrecht	8.7.2016	BGBl. I S. 1594	Anl.	geänd. mWv 15.7.2016
8.	Art. 15 Abs. 7 EU-Kontenpfändungs VO-DurchführungsG	21.11. 2016	BGBl. I S. 2591	Inhaltsübersicht, §§ 1, 17, Anl.	geänd. mWv 1.7.2017
9.	Art. 10 G zur Neuordnung der Aufbewahrung von Notariatsunterlagen und zur Einrichtung des Elektro	1.6.2017	BGBl. I S. 1396	Anl.	geänd. mWv 23.6.2017

[1)] Verkündet als Art. 2 2. KostenrechtsmodernisierungsG v. 23.7.2013 (BGBl. I S. 2586); Inkrafttreten gem. Art. 50 dieses G am 1.8.2013.

[2)] **Amtl. Anm.:** Dieses Gesetz dient der Umsetzung der Richtlinie 2013/11/EU des Europäischen Parlaments und des Rates vom 21. Mai 2013 über die alternative Beilegung verbraucherrechtlicher Streitigkeiten und zur Änderung der Verordnung (EG) Nr. 2006/2004 und der Richtlinie 2009/22/EG (Richtlinie über alternative Streitbeilegung in Verbraucherangelegenheiten) (ABl. L 165 vom 18.6.2013, S. 63).

Lfd. Nr.	Änderndes Gesetz	Datum	Fundstelle	Betroffen	Hinweis
	nischen Urkundenarchivs bei der Bundesnotarkammer sowie zur Änd. weiterer Gesetze				
10.	Art. 27 G zur Einführung der elektronischen Akte in der Justiz und zur weiteren Förderung des elektronischen Rechtsverkehrs	5.7.2017	BGBl. I S. 2208	Anl.	geänd. mWv 1.1.2018
11.	Art. 2 Siebtes G zur Änd. des BundeszentralregisterG	18.7.2017	BGBl. I S. 2732, geänd. 2019, S. 1626	Anl.	geänd. mWv 31.8.2018
12.	Art. 6 G zur Förderung der Freizügigkeit von EU-Bürgerinnen und -Bürgern sowie zur Neuregelung verschiedener Aspekte des Internationalen Adoptionsrechts	31.1.2019	BGBl. I S. 54	Anl.	geänd. mWv 16.2.2019
13.	Art. 56 Zweites Datenschutz-Anpassungs- und UmsetzungsG EU[1]	20.11. 2019	BGBl. I S. 1626	Anl.	geänd. mWv 26.11.2019
14.	Art. 2 Drittes G zur Harmonisierung des Haftungsrechts im Luftverkehr	10.7.2020	BGBl. I S. 1655	Anl.	geänd. mWv 17.7.2020
15.	Art. 5 KostenrechtsänderungsG 2021	21.12. 2020	BGBl. I S. 3229	Inhaltsübersicht, §§ 11, 22, 25, Anl. § 5a	geänd. mWv 1.1.2021 eingef. mWv 1.1.2021
16.	Art. 4 Abs. 1 AdoptionshilfeG	12.2.2021	BGBl. I S. 226	Anl.	geänd. mWv 1.4.2021
17.	Art. 15 Abs. 13 G zur Reform des Vormundschafts- und Betreuungsrechts	4.5.2021	BGBl. I S. 882	Anl.	geänd. mWv 1.1.2023
18.	Art. 11 G zur Umsetzung der Digitalisierungsrichtline (DiRUG)[2]	5.7.2021	BGBl. I S. 3338	§§ 1, 6, 16, Anl.	geänd. mWv 1.8.2022
19.	Art. 48 PersonengesellschaftsrechtsmodernisierungsG (MoPeG)	10.8.2021	BGBl. I S. 3436	Anl.	geänd. mWv 1.1.2024

[1] **Amtl. Anm.:** Dieses Gesetz dient der Umsetzung der Richtlinie (EU) 2016/680 des Europäischen Parlaments und des Rates vom 27. April 2016 zum Schutz natürlicher Personen bei der Verarbeitung personenbezogener Daten durch die zuständigen Behörden zum Zweck der Verhütung, Ermittlung, Aufdeckung oder Verfolgung von Straftaten oder der Strafvollstreckung sowie zum freien Datenverkehr und zur Aufhebung des Rahmenbeschlusses 2008/977/JI des Rates (ABl. L 119 vom 4.5.2016, S. 89; L 127 vom 23.5.2018, S. 9).

[2] **Amtl. Anm.:** Dieses Gesetz dient der Umsetzung der Richtlinie (EU) 2019/1151 des Europäischen Parlaments und des Rates vom 20. Juni 2019 zur Änderung der Richtlinie (EU) 2017/1132 im Hinblick auf den Einsatz digitaler Werkzeuge und Verfahren im Gesellschaftsrecht (ABl. L 186 vom 11.7.2019, S. 80).